JOHANN GOTTFRIED HERDER

BRIEFE

Gesamtausgabe

1763–1803

Herausgegeben von
der Stiftung Weimarer Klassik
(Goethe- und Schiller-Archiv)

2001

VERLAG HERMANN BÖHLAUS NACHFOLGER WEIMAR

JOHANN GOTTFRIED HERDER
BRIEFE
Elfter Band
KOMMENTAR
zu den Bänden 1–3

Bearbeitet
von
GÜNTER ARNOLD

2001

VERLAG HERMANN BÖHLAUS NACHFOLGER WEIMAR

Redaktion: Reiner Schlichting, Stiftung Weimarer Klassik

Die Deutsche Bibliothek – CIP-Einheitsaufnahme

Herder, Johann Gottfried /von:
Briefe : 1763 – 1803 / Johann Gottfried Herder.
Hrsg. von Stiftung Weimarer Klassik
(Goethe- und Schiller-Archiv). – Gesamtausg.. –
Weimar : Verl. Hermann Böhlaus Nachf.
ISBN 3-7400-0027-9

Bd. 11. Kommentar zu den Bänden 1 – 3 /
bearb. von Günter Arnold. – 2001
ISBN 3-7400-1178-5

ISBN 3-7400-1178-5

Alle Rechte vorbehalten. Ohne schriftliche Genehmigung des Verlages ist es nicht gestattet, das Werk unter Verwendung mechanischer, elektronischer und anderer Systeme in irgendeiner Weise zu verarbeiten und zu verbreiten. Insbesondere vorbehalten sind die Rechte der Vervielfältigung – auch von Teilen des Werkes – auf photomechanischem oder ähnlichem Wege, der tontechnischen Wiedergabe, des Vortrags, der Funk- und Fernsehsendung, der Speicherung in Datenverarbeitungsanlagen, der Übersetzung und der literarischen oder anderweitigen Bearbeitung.

Gedruckt auf alterungsbeständigem Papier

© 2001 by Verlag Hermann Böhlaus Nachfolger Weimar GmbH & Co.
www.boehlausnf.de
info@boehlausnf.de

Layout: Grafik-Design Fischer, Weimar
Druck und Bindung: Franz Spiegel Buch GmbH, Ulm
Printed in Germany
September/2001

INHALTSVERZEICHNIS

Vorbemerkung 7

Kommentar zu Band 1 9
   April 1763–April 1771 11

Kommentar zu Band 2 201
   Mai 1771–April 1773 203

Kommentar zu Band 3 451
   Mai 1773–September 1776 453

VORBEMERKUNG

> Das Leben eines Autors ist der
> beste Commentar seiner Schriften.
>
> *Vom Erkennen und Empfinden der menschlichen Seele*

Die Zeilenkommentare zu den Briefen setzen die ständige Benutzung der Register (Band 10) voraus. Namen und Werktitel werden so eindeutig angegeben, daß man weitere Erläuterungen im Registerband finden kann. Das betrifft biographische und bibliographische Angaben, aber auch biblisch-mythologische und geographisch-historische Detailfragen. In allen diesen Fällen führt der Stellenkommentar zu den Registererläuterungen hin. Der Zeilenkommentar bringt nach der Angabe von Zeilenzähler und Lemmawörtern nach Möglichkeit zusätzliche biographische Informationen und erklärt entstehungsgeschichtliche Zusammenhänge, literar- und kulturgeschichtliche Sachverhalte, philosophische und theologische Probleme, die in den Briefen tangiert werden. Hinzu kommen Worterklärungen, vor allem bei Bedeutungswandel, Dialektwörtern, von Herder okkasionell gebrauchten und fremdsprachigen Wörtern und metaphorischen Wendungen. Zitate und Anspielungen auf solche werden nachgewiesen. Die für das Verständnis der Briefe und ihren Dialogcharakter wesentlichen Stellen aus den jeweiligen Gegenbriefen werden zitiert oder zusammenfassend wiedergegeben, ein partieller Ersatz für die geplante, gegenwärtig aber aus verschiedenen Erwägungen aufgeschobene Edition sämtlicher überlieferter Briefe an Herder.

Neuermittelte Briefe bzw. handschriftliche Textgrundlagen statt bisheriger Drucke werden in die Chronologie der Briefe eingeordnet, ediert und kommentiert. Die einzelnen Bände erhalten keine Register, aber für den Schlußband sind ergänzende Register zu Band 10 in Vorbereitung, die vor allem die nur in den Erläuterungen, nicht in den Brieftexten vorkommenden Namen erfassen. Ein vollständiges Bibelstellenregister wird alle direkten Bibelzitate, Centos, Paraphrasen und Allusionen in den Briefen nachweisen und in seiner Materialfülle veranschaulichen, in welchem Ausmaß Herders und Karolines Alltagssprache vom biblischen Wort formal wie gedanklich durchsetzt ist. Wenn auch ein extensives Sach- und Begriffsregister wie zur Luther-WA wegen des zu großen Zeit- und Arbeitsaufwandes nicht vertretbar erscheint, soll doch, wie im ersten Briefband angekündigt, ein großzügigeres Verzeichnis der wichtigsten in den Briefen behandelten Probleme und Sachverhalte am Schluß der Briefausgabe stehen.

In den Erläuterungen werden die im Registerband auf S. 841–851 verzeichneten Siglen, Abkürzungen und Kurztitel benutzt. Hinzu kommen ferner die folgenden Siglen:

R	= Registerband
FHA	= Frankfurter Herder-Ausgabe (Werke in elf Bdn. Deutscher Klassiker Verlag, Frankfurt a. M. 1985–2000).
Proß	= Werke, hrsg. von Wolfgang Proß. Bd. I-III, München (Hanser) 1984, 1987, 2002.

Otto	= Schriften zur Literatur, hrsg. von Regine Otto. Bd. I: Über die neuere deutsche Literatur. Fragmente. Bd. II: Kritische Wälder, Berlin, Weimar (Aufbau-Verlag) 1985, 1990.
Damm	= Jakob Michael Reinhold Lenz, Werke und Briefe in drei Bänden, hrsg. von Sigrid Damm, Leipzig 1987.
Kraft	= Johann Heinrich Merck, Briefe, hrsg. von Herbert Kraft, Frankfurt a. M. 1968.
Lavater-Denkschrift	= Johann Caspar Lavater. 1741–1801. Denkschrift zur hundertsten Wiederkehr seines Todestages, hrsg. von der Stiftung von Schnyder von Wartensee, Zürich 1902.
Muncker: Klopstock	= Franz Muncker, Friedrich Gottlieb Klopstock. Geschichte seines Lebens und seiner Schriften, 2. Auflage, Berlin 1900.
Starnes: Wieland	= Thomas C. Starnes, Christoph Martin Wieland. Leben und Werk. Aus zeitgenössischen Quellen chronologisch dargestellt, Bd. I–III, Sigmaringen 1987.
Starnes: Merkur	= Thomas C. Starnes, Der Teutsche Merkur. Ein Repertorium, Sigmaringen 1994.
H.-B.	= Herder-Bibliographie, bearbeitet von Gottfried Günther, Albina A. Volgina, Siegfried Seifert, Berlin, Weimar (Aufbau-Verlag) 1978.
H.-B. II	= Herder-Bibliographie 1977–1992, bearbeitet von Doris Kuhles. Stuttgart, Weimar (Metzler) 1994.

Die in den beiden Bibliographien verzeichneten Quelleneditionen und Schriften der Sekundärliteratur werden in den Erläuterungen mit Angabe der laufenden Nummer verkürzt angeführt. Der indirekten Kommentierung dienen zahlreiche Querverweise innerhalb des Briefœuvres und Verweise auf Parallelstellen in den Werken, vornehmlich nach der historisch-kritischen Gesamtausgabe von Bernhard Suphan, die nach dem Umfang des veröffentlichten Quellenmaterials bisher unerreicht geblieben ist.

KOMMENTAR ZU BAND 1

April 1763 – April 1771

1. An Reichsgraf Karl Florus zu Dohna-Schlodien-Karwinden, *Königsberg, Anfang April 1763*

(ÜBERLIEFERUNG. H: HN XX, 188,135)

10, 12f. meine Umstände] *Vgl. I 28,16; 98,25–32; VII 261,10ff.; VIII 30,50–53; »seinem Äußern sahe man es an, daß er arm war« (ein Kommilitone H.s an Jakob Friedrich Wilpert, um 1805, LB I, 1, S. 137). Vor der Anstellung als Lehrer (zuvor seit Oktober 1762 Inspizient der Elementarschule) am Collegium Fridericianum Ostern 1763 war H.s »ökonomische Lage drückend. Er erzählte uns, daß er sich manchen Tag nur mit einigen Semmeln hingehalten hätte« (Erinnerungen I, S. 47f.).*

2 (N). An den Magistrat in Mohrungen, *Königsberg, 20. April 1763*

6f. Hochgräflich-Dohnaische FamilienStipendium] *H. erhielt es von Ostern (= April) 1763 an (Erinnerungen I, S. 52). Das 1623 gestiftete Dohnasche Stipendium wurde am 18. 2. 1760 von Reichsgraf Karl Florus zu Dohna-Schlodien-Karwinden neu festgelegt. Nach Erhöhung des Stiftungskapitals auf 1209 Taler betrug das vom Magistrat in Mohrungen unter Kontrolle der Königsberger Regierung verwaltete Stipendium jährlich 49 Taler für drei aufeinanderfolgende Jahre (Archiv für vaterländische Interessen oder Preußische Provinzial-Blätter. Neue Folge, hrsg. von O. W. L. Richter, Königsberg, Dezember 1843, S. 477f.).*
9f. testimonium ... diligentiae] *Zeugnis des Fleißes und der Gewissenhaftigkeit, nicht überliefert; an der Theolog. Fakultät war H. nach theolog. Examen am 7. 8. und Zulassungszeugnis der Philos. Fakultät vom 9. 8. am 10. 8. 1762 immatrikuliert worden (LB I, 1, S. 138f., 157; Haym I, S. 35).*

3. An Johann Georg Hamann, *Königsberg, vor dem 8. Juni 1764, zu korrigieren: 8. Juni 1764*

4 den Weg] *Abreise nachmittags 2 Uhr, vgl. zu I 4,5.*
6ff. dunkle Ahndung] *Vorahnung vom Mißerfolg seiner Reise (er traf Moser nicht an, der ihm eine Hofmeisterstelle in Darmstadt vermitteln wollte), Krankheit usw., Bezug auf Gespräche zwischen H. und Hamann.*
7 Kränkungen] *U. a. Hamanns unbezahlter Dienst an der Kriegs- und Domänenkammer, sein Abschied von den »Königsbergschen Zeitungen«, vgl. zu I 18,23f.*
10–41 Ich geh mit Gott! ... sey Du Tod!] *Abschiedsgedicht SWS XXIX, S. 251; Bekenntnis- und Reflexionsdichtung, inhaltlich und formal von Klopstock beeinflußt. H.s intimste Äußerungen der Freundschaft und Liebe gehen unwillkürlich von der Prosa des Briefes in die poetische Form über (vgl. Gedichte an Karoline Flachsland, R, S. 31f.).*
12f., 28 Wolken des HErrn] *Zeichen der Gegenwart Gottes, vgl. 2. Mose 13,21.; 1. Korinther 10,1.*
13 Ruh] *Frieden und Ruhe als oriental. Lebensideal, vgl. 1. Chronik 22,9.*
14, 34 Genius] *Siehe R, S. 725.*
16 Helenens Brüder] *Siehe R, S. 726.*
17 Bruderfreund] *Wie Jonathan zu David, vgl. 2. Samuel 1,26.*
18–21 Gewölk] *Vgl. Beiträge zu Lavaters »Physiognomischen Fragmenten« II, Hamann (vgl. R, S. 22): auf der Stirn »eine dunkle, elastische Wolke«, ein mystisch-prophetischer Zug.*

22 Machineninnerstes] *Anspielung auf Julien-Offray de La Mettries (1709–1751) von Descartes beeinflußte Schrift »L'homme machine« (Leiden 1748) und den von Hamann und H. abgelehnten Vergleich. Das Wort ist eigentlich ein Oxymoron, da Maschinen durch äußere Kräfte angetrieben werden und nur ein Organismus durch innere bewegt wird.*
24 Trieb u. Ahndung] *Dunkle, untere Empfindungen, Gefühl, das dem Wissen vorausgeht.*
25 Herz von Menschenfleisch] *Vgl. Hesekiel 11,19.*
26 frech u. verzagt] *Vgl. Jeremias 17,9.*
30 Taube] *Vgl. 1. Mose 8,8f.*
32 Speise girrt] *Okkasioneller Gebrauch; normal: girren nach Speise.* – Pfingstgebete] *Pfingstsonntag war der 10. 6. 1764.*
33 Bauch des Meers] *Vgl. Jona 2,1ff. (im Leibe des Fisches, ... dem Bauche der Hölle). Von seiner Schiffahrt nach Lübeck und vom Sturm schrieb Hamann, A zufolge, an seinen Vater.*
36 ihm] *Hamann.* – Laub] *Metaphorisch für Besitz, setzt den Vergleich des Menschen mit einem Baum voraus; vgl. Hesekiel 31,3.*
40f. Vorgebürge der Hoffnung] *Siehe R, S. 828.*
42–45 Kuß ... den Besten] *Erstes Zeugnis der lebenslangen Liebe und Anhänglichkeit H.s für Hamann.*

4 (N). AN JOHANN GEORG HAMANN, *Königsberg, nach dem 10. August 1764*

5 Abreise] *Hamann reiste am 8. 6. 1764 ab nach Frankfurt a. M. zu F. K. v. Moser, den er nicht antraf.*
6f. Brief] *Aus Lübeck, 26. 6. 1764 (A zu I 3), hat Hamann nicht an H. abgesandt (vgl. zu I 11,20f.).*
7 Papa] *Johann Christoph Hamann.*
8 Lindners Brief] *Nicht überliefert.*
10 Brittischen Lehrer] *Hamann, sie lasen 1764 zusammen Shakespeares »Hamlet« (vgl. Haym I, S. 76).*
12f. Rhapsodist ... Prose] *Anspielung auf den Untertitel von Hamanns »Aesthetica in nuce«.*
13 Amtsdiplom] *Hier für Brief.*
14 Briefsteller] *Formal korrekt wie nach einem Briefmusterbuch, z. B. von Bohse.*
15 Zeitungscommercium] *Unterhandlungen über die »Königsbergschen Gelehrten und Politischen Zeitungen«.*
15f. Hartknoch] *Er suchte den Freund zur Mitarbeit zu gewinnen.*
16f. Lauson] *Siehe R, S. 680.*
17 Denkwürdigkeiten] *Von Karl Heinrich Langer, am 11. 6. 1764, ebd.*
18 Rigischen Zeitungsnachrichten] *Am 15. 6. 1764, ebd.*
18f. Werners] *Johann Gottfried v. Werner, am 22. 6. 1764, ebd.*
19 Schulzens] *? Johann Schultz, am 15. 6. 1764, ebd.*
19f. Gleims] *»Gespräche mit der deutschen Muse«, am 22. 6. 1764, ebd.*
20–34 Kanter] *»Königsbergsche ... Zeitungen«, Avertissement (hier fast wörtlich wiedergegeben), siehe R, S. 304; vgl. I 18,23f.*
23 vorige Zeitungen] *Februar – Mai 1764 unter der Redaktion Hamanns.*
23 geöhrten] *Geehrten, ironische Wiedergabe von Kanters Aussprache.*

24ff. auswärtigen Gelehrten, ... Pazke)] *Patzke, Herausgeber von »Der Greis«, siehe R, S. 658.*
27f. Preußischen ... Geschmack] *Streben nach einer Regionalzeitschrift, vgl. I 55(N),73.*
31ff. gelehrten Verfaßers] *Hamann.*
32 Reformatorgnade)] *Ironisch.*
34–38 3. eingeschickte Schreiben] *Am 25. 6. 1764, siehe R, S. 680.*
35 das erste] *Verbesserungsvorschläge eines Verehrers der Wissenschaften (Rätsel, Bilderreime, Anagramme, Chronostichen), ein scherzhaftes fingiertes Schreiben. – das zweite] Ebenso, Ankündigung einer latein. Satire in der Art des berühmten Klotz auf die jetzige Literatur.*
35–38 ein Charakter] *Latein. Probestück des zweiten fiktiven Schreibers: »Es zeigt sich der Zuchtmeister der Bücher Leipzigs oder vielmehr der Henker, ein gebürtiger Böhme, von bäurischen Sitten, hartnäckig, anmaßend, geizig: dessen Sinnesart ist nicht ganz ohne Witz, dessen Urteilskraft aber aus Böotien gebürtig usw.« Zu Böotien vgl. R, S. 750.*
40 Lateinische H. Aufseher] *Kanter, der vermutlich dieses Schreiben selbst verfaßt hatte.*
41f. Profeßor Böhm] *Johann Gottlob Böhme, Bücherzensor.*
43 Leipziger Zeitungschreiber] *»Leipziger Zeitung«, siehe R, S. 682.* – credat (Judaeus) Apella] *Horaz, »Sermones«, I, 5, Vers 100.*
44 alles, was Federn hat] *Gesellschaftsspiel von Kindern.*
46 Gout] *Geschmack.*
47f. Fledermäuse] *Chauvesouris, siehe R, S. 112.*
47–51 Trescho] *»Königsbergsche Zeitungen«, am 3. 8. 1764, siehe R, S. 681.*
51f. Poetische Phantasie] *Ebd. »Phantasie«, von Trescho.*
53f. Basedowsche] *Am 29. 6. 1764, siehe R, S. 680.*
55–59 Ein T.] *Am 9., 13., 16. 7. 1764, siehe R, S. 681.*
56f. Schulchrie] *Schulrede (griech.).*
59 Greis] *Patzke, vgl. zu* **24ff.**; *Anspielung auf seinen Stil.*
60 Schneckenschalen] *Am 23. 7. 1764, siehe R, S. 681.*
61 Bremischen Magazin] *Siehe R, S. 653; Irrtum H. s.* – Handlung] *Am 6. 7. 1764, siehe R, S. 680.*
62ff. Morgenländische Geschichte] *Am 10. 8. 1764, siehe R, S. 681.*
65f. Gellius] *»Anmerkungen zum Gebrauch«. Hamann schrieb am 3. 10. 1764 an J. G. Lindner über die »Königsbergschen Zeitungen«: »Gellius und Patzke sind jetzt das würdige Paar.« (ZH II, S. 269f.).*
67, 69ff. Lauson] *Vgl. zu* **16f.**
67 Nachteulen] *»Seyd Eulen meine Musen.« (Hippels »Rhapsodie«, 9. Vers).*
68f. Hippels] *Am 2. 7. 1764, siehe R, S. 680.*
69–72 Willamovius Sammlung] *Am 9. 7. 1764, siehe R, S. 681.*
71 zum Bespeien schön *und* **73** bis zum Seufzen prächtig] *Ostpreuß. Provinzialismen.*
76 Arbeiten] *Die 24 erwähnten Originalstücke.*
76f. Gänsfedern] *Ursprüngl. etwa »Säulen der Gelehrsamkeit« (siehe Anm. ZUM TEXT).*
82 Zeisen] *Johann Daniel Zeise.*
82f. Pastoralschmierereien] *Seelsorgerische Schriften.*
83ff. der Mann] *Trescho, H.s Wohltäter.*
85 Wegners ... Kornmans] *Wegnern, Kornmann.*
86 Buchholz] *Johann Christoph Buchholz.*
87 Klotz] *Kornmann.*

87f. Sokrat] *Hamann.* – Simon, den Lederschneider] *H. im Verhältnis zu Hamann, siehe R, S. 540.*
89f. Sokratischen Ringe] *Siehe Sokrates-Kopf, R, S. 543.*
91f. Rubel] *Infolge der russischen Besetzung Königsbergs bis 1763 (siehe R, S. 780) neben dem preuß. Thaler (Reichsthaler) im Kurs; Honorar für H.s Beiträge zu den »Königsbergschen Zeitungen«: am 23. 4. 1764 »Ostergesang« (siehe R, S. 28), am 14. 5. 1764 Rezension (Willamovius) »Dithyramben« (siehe R, S. 23).*
94 Gulden] *Rheinische, süddeutsche und österreich. Währung; 1fl.= 2/3 Thaler (rl.).*
95 Genie] *In Hamanns Schriften von den »Sokratischen Denkwürdigkeiten« an (nach Edward Young, »Conjectures on Original Composition«, 1759; »Gedanken über die Originalwerke«, Leipzig 1760).*
96f. Ich schwindle ... Verwesung] *Anspielung auf den ersten von Hamanns »Fünf Hirtenbriefen«.*
97 aut Caesar] *Devise von Cesare Borgia.*
98 Böotisches ... Thebe] *Vgl. 109; siehe R, S. 750 und 823.*
98 Pope] *Eine Werkausgabe.*
99 kreuze] *Drei Kreuze machen; sprichwörtlich: froh sein, daß etwas an einem vorbeigegangen ist.*
100 Steidel] *August Wilhelm Steidel.*
103 Kollegio Fridericiano] *Siehe R, S. 780.*
105 schwarz] *Jemandem schwarz sein; sprichwörtlich: böse sein.* – Fingal] *Siehe unter Ossian, R, S. 424.*
106 Italienischen Dichter] *Meinhard, »Versuche über den Charakter«.* – retiré] *Zurückgezogen.*
108 Poetische Stelle] *Professor Poëseos der Universität Königsberg wurde 1765 Johann Gotthelf Lindner, vgl. 111.*
109 Schlegeln] *Gottlieb Schlegel, als Kandidat für die vakante Stelle des Oberinspektors am Collegium Fridericianum angeblich von K. J. M. v. Fürst protegiert.*
110 Arnold] *Daniel Heinrich Arnoldt, Direktor des Collegium Fridericianum, protegierte Domsien.*
113f. Lindner ... erbot!] *Nicht überliefert; vgl. zu I 5(N),5.*
114 Ey] *Ostpreuß. Dialektismus, Interjektion der Verwunderung (vgl. SWS IV, S. 494f.), vgl. I 72,218 (Verlesung nach D); 75,83.*
115 Dithyrambenrezension] *Siehe zu 91f.*
117ff. Willamovius] *Mit Trescho befreundet, nannte in einem Brief an Scheffner, 7. 7. 1765, die »Königsbergschen Zeitungen« »ein Zeughaus der Ketzermacherey und Schmähsucht« (Warda/Diesch IV, S. 688); Briefe an H. sind nicht überliefert.*
119f. Oberländische Dechant] *Trescho, nach H.s Meinung zu ungebildet, um gegen ihn zu schreiben.*
120ff. Studentenliedchen] *Siehe R, S. 694.*
122f. Netz ... Fische] *Vgl. Matthäus 13,47f.*
123 Merkurstab] *H. als Bote, Nachrichtenübermittler wie Merkur, siehe R, S. 731f.*
124 Oelzweig] *Vgl. 1. Mose 8,11.*
125 Göttingen ... Gießen] *In Hamanns überlieferten Briefen über seine Reise nicht erwähnt.*
126 Michaelis] *Johann David Michaelis.*
127 spleen] *Schlechte Laune.*
127f. Herz ... Salomo?] *Sprüche Salomos 30,18f., »das vierte verstehe ich nicht: ... eines Mannes Weg an einer Jungfrau.« = Anspielung auf Hamanns seit 1762 wachsende Liebe zu Anna Regina Schumacher (vgl. Hamann an Lindner, 29. 6. 1763, ZH II, S. 215).*

134 Alcibiades ... Sokrates] *Verhältnis H.s zu Hamann. –* Dodslei] *Dodsley, »A Collection«.*
137 Apoll] *Hamann als H.s Ratgeber und Musenführer, vgl. R, S. 718.*
145 Straßburg] *Hamann war in Straßburg, Colmar und Basel (vgl. ZH II, S. 269). –* Moser] *Vgl. zu 5.*
146 Engelländer] *Englische Bücher (Hamann hat von seiner Reise »wenig mitgebracht«, vgl. ZH II, S. 269).*
147 Schwalbe] *Lessing, »Fabeln«.*
148f. schon 7. Tage ... heraus?] *Nach Hamanns »Aesthetica in nuce«, vgl. »Dithyrambische Rhapsodie« (FHA 1, S. 33).*
150 my blessing] *Mein Segen sei mit Ihnen!*
150f. Saint Preux] *Rousseau, »Julie, ou La nouvelle Heloise«, Bd. 4, 3. Brief.*
152 klingende Schelle] *Vgl. 1. Korinther 13,1.*
153f. Es ist doch ein Wort ... Baltischen Meer] *Vgl. zu I 96(N),62.*

5 (N). AN JOHANN GOTTHELF LINDNER, Königsberg, 29. August 1764

5 Unbekandter] *Hamann hatte vor seiner Abreise seinem »Herzensfreund« Lindner am 9.5.1764 »hier einen Freund an Herder« vermacht (ZH II, S. 255) und diesen mehrfach als Mitarbeiter der »Königsbergschen Zeitungen« erwähnt.*
11 Schriften] *U. a. »Beytrag zu Schulhandlungen«.*
17ff. Ankunft] *Lindner hatte sich um die vakante Stelle des Oberinspektors am Collegium Fridericianum beworben (vgl. ZH II, S. 241, 244f., 247, 251f.); vgl. I 4(N),111f.*
19f. Claßen in prima u. secunda] *Vgl. I 6,35f.; nach Ludwig v. Baczkos Mitteilungen unterrichtete H. »bis 1764 auf Secunda in dem Lateinischen und der Poesie, auch die erste historische und philosophische Klasse« (LB I,1, S. 158).*
22ff. Hrn von Moser] *Vgl. zu I 4(N),5; die Mitteilung von Mosers Reise nach Holland (in hessischem Auftrag), wegen der Hamann ihn in Frankfurt verfehlte, stand in einem nichtüberlieferten Brief Hamanns an seinen Vater.*
24 3. Briefe] *Überliefert nur aus Lübeck, 27.6., und ein späterer aus Frankfurt, 27.8.1764 (ZH II, S. 261f., 266ff.).*
25f. Helmstädt ... Schweitz] *Quelle wie zu 22ff., vgl. zu I 4(N),145.*
27 nicht im heitersten Tone] *Vgl. die hypochondrischen Äußerungen an den Vater am 27.6.1764 (ZH II, S. 261f.).*
29 gemeldet] *Hamann schrieb erst nach seiner Rückkehr nach Königsberg am 3.10.1764 an Lindner (ZH II, S. 268ff.).*

6. AN JOHANN GOTTHELF LINDNER, Königsberg, 5. Oktober 1764

9 Brief] *A zu I 5, nicht überliefert; Anfrage, ob H. die Rigaer Kollaboratorstelle annehmen würde.*
12ff. gemeinschaftlicher Freund] *Hamann war am 29.9.1764 nach Hause zurückgekehrt (vgl. ZH II, S. 268), hatte am 2.10. Herder aufgesucht und am 3.10. an Lindner geschrieben, vgl. zu I 5(N),29.*
17 Pandorens Büchse] *Siehe R, S. 735.*
18 Schlüssel Petri] *Siehe R, S. 712.*
19f. Wolke der Hypochondrie] *Vgl. zu I 3,18ff. und I 5(N),27.*
20f. Bion] *Anekdote nicht ermittelt, nicht in Diogenes Laertios.*

25 böotischen Luft] *Siehe R, S. 750.*
27, 34 Friderike] *Collegium Fridericianum, eine pietistische Gründung, siehe R, S. 780.*
28 Schönfleckchen] *Frz. mouche (Fliege), Schmink- bzw. Schönpflästerchen aus schwarzem Taft, zur Verdeckung von Gesichtsflecken der Damen.*
30f. Rigischen Schuldienst] *Vgl. zu 9.*
31f. Dr. Luthers Brautwerberey] *Anspielung unklar (Luther wollte Katharina v. Bora mit einem anderen Geistlichen verheiraten, diese aber wollte keinen anderen als ihn).*
34 hier mein Vorgesetzter] *Vgl. zu I 5(N),17ff.*
35f. Latinität] *Vgl. zu I 5(N),19f.*
36 groß Secunda] *Obersekunda. – Mathematik ... Französischen] Schon 1763 »Unterricht in der dritten griechischen, französischen, hebräischen und mathematischen Klasse« (nach Baczko und Puttlich, LB I, 1, S. 158, 75).*
41 Stelle] *Vgl. zu 9.*
42 Dreustigkeit] *Dreistigkeit D₂. – usurpiren] Sich etwas anmaßen, in Besitz/Beschlag nehmen.*
43f. Detail der Arbeiten] *Aufgaben und Bedingungen des Rigaer Kollaborators.*
49 Königsberger Freunden] *Hamann, Lauson, Kanter, Hippel, Kant u. a.*
50f. Wer weiß] *H.s ungute Ahnung ging in Erfüllung; vgl. I 13,10–14.*
56 einen Queerstrich machen] *Sprichwörtlich: etwas durchkreuzen.*
57 Antwort] *Auf den zu 12ff. genannten Brief.*

7. AN JOHANN GOTTHELF LINDNER, Königsberg, 16. Oktober 1764

4 Brief] *Nicht überliefert.*
5 Anfrage] *Vgl. I 6,43f.*
8–12 Die Arbeiten] *H.s prinzipielle Bereitschaft, die Rigaer Kollaboratorstelle anzunehmen (vgl. 40ff.).*
13 3 Schuljahren] *Seit 1762, vgl. zu I 1,12f. – Privat-Informationen] Als Hauslehrer.*
14 invito genio] *Wider den Willen seines Genius, ungern.*
15–22 Uebung] *H.s pädagogische Erfahrung.*
17 Handleitung] *(An der Hand leiten) Erteilung des Unterrichts und Rates (von Lindner). – Eurer etc.] Ew. Hochedelgeborn D₂.*
22f. einem Unbekannten] *H. kannte die Rigaer Schulverhältnisse nicht.*
23f. Artikel] *Erfahrung.*
24 versiegelt Buch] *Vgl. Offenbarung des Johannes 5,1.*
27 Zweck oder Mittel] *Kategorien der praktischen Philosophie, in die H. von Kant nach Baumgarten eingeführt wurde; nach dem Kontext unter dem Aspekt der Selbstbildung H.s (26).*
29 Einkünften] *H.s Gehalt als Kollaborator der Domschule betrug 200 Albertustaler (vgl. Sivers, S. 41).*
30 Reisekosten] *Am 13./24. 10. 1764 wurden vom Magistrat auf Vorschlag Lindners 25 Albertustaler Reisekosten bewilligt (ebd.).*
31ff. Abneigung gegen alle Veränderung] *Nach dem Zeugnis Lindners wurde in den Magistratsakten festgehalten, H. verlasse »nichts von besonderer Anziehungskraft« und sei zu längerem Engagement in Riga zu verpflichten (Sivers, S. 40).*
34 keinen Apoll] *Trotz der Anhänglichkeit H.s an Hamann.*
35ff. Nachricht] *Von Lindners wahrscheinlicher Berufung nach Königsberg; vgl. Hamanns Brief vom 17.10.1764, in dem er dem Freund für seine Bemühungen um Herder*

dankte und ihm dessen schleunige Berufung und vorteilhafte Einrichtung (vgl. 51) dringend empfahl (ZH II, S. 270f.).
42 der Lehrer ausstößt in seine Ernte] *Vgl. Lukas 10,2.*
43 öffentliche Sache] *Die Besetzung der Stelle wurde vom Magistrat entschieden.*
44f. Pedaret] *Paidaretos.*
46 das Gegentheil] *H. rechnete kaum mit seiner Berufung.*
47f. Rede] *Schulrede »Ineuntem hominis ...«, siehe R, S. 44; vgl. SWS XXX, S. XI.*
48 Schulmaterie] *»Ueber den Fleiß in mehreren gelehrten Sprachen«, siehe R, S. 44; vgl. SWS XXX, S. XI, Haym I, S. 38f.; Überarbeitung einer Schulrede, von Lindner sogleich anonym in die »Gelehrten Beyträge zu den Rigischen Anzeigen«, 24. Stück, 1764, gegeben. – das übrige –] Wahrscheinlich Gedichtmanuskripte; denn nach Lindners Zeugnis in den Ratsakten verriet der Kandidat »Stärke und Geschmack« in den schönen Wissenschaften (Sivers, S. 40).*

8 (N). AN JOHANN GOTTHELF LINDNER, Königsberg, 31. Oktober 1764

7 Unbekanten ... empfolen] *Vgl. zu I 5(N),***5***; I 7,***35ff.***
17–28 Einem ... Rath zu insinuiren] *(Beibringen) Wörtlich aus dem Brief in die Magistratsakten vom 27.10./7.11.1764 eingegangen; das Angebot dreijährigen Dienstes (***22***) wurde angenommen, Beförderung (***27***) zugesichert, freie Wohnung (***26***) aber nicht (vgl. Sivers, S. 42).*
26 spe succedendi] *Hoffnung auf Amtsnachfolge, beruflichen Aufstieg.*
33 Ausreise] *Vgl. I 10.*
34 jetzigen Schule] *Vgl. I 9(N),***10ff.***; 9a(N),***16f.***
37 Jordanus Brunus] *Giordano Bruno.*
38 Caßiodor] *Cassiodorus. – Kreuzzuge] Reise nach Frankfurt a. M. und in die Schweiz, so genannt auch von Hamann in seinem Abschiedsbrief an Moser, 30.8.1764 (ZH III, S. XXXII), und von Hippel an Borowski, 9.11.1764 (Ferdinand Josef Schneider, Theodor Gottlieb von Hippel in den Jahren von 1741 bis 1781 und die erste Epoche seiner literarischen Tätigkeit, Prag 1911, S. 124).*
40 Schwedenborgs] *Swedenborg.*
44 Ihres Schicksals] *Lindners Berufung nach Königsberg.*
48f. Etablißements] *H.s Einrichtung in Riga, vgl. zu I 7,***35ff.***
50 Logis] *Vgl. I 11,***14f.***
54 ins Blinde] *Ins Ungewisse.*

9 (N). AN JOHANN GOTTHELF LINDNER, Königsberg, 7. November 1764

7 Vokation] *Des Rigaer Magistrats »Vocation an den Candidatum Herder in Königsberg zum Collaborator bey der Cathedral-Schule«, 16./27.10.1764, beschlossen am 13./24.10.1764 (Sivers, S. 41f.).*
8 Brief] *Nicht überliefert.*
10ff. Collegio] *Vgl. zu I 5(N),***19f.***; I 6,***27,36.***
16f. über 8. Tage ... 14. Tage] *Zwischen 14. und 21. November; Abreise H.s erst am 22.11.1764, verzögert durch den Brand Königsbergs 11.–16. November, weil weder Fuhrleute noch Dienstleistungen von Handwerkern zu erlangen waren (vgl. Hamann an Lindner, 23./24. und 28.11.1764, ZH II, S. 272, 275).*

17f. Alt-Martin] *Martinstag, 11. November alten Stils.*
19 Kopie] *Auf der Rückseite von H, vgl. N I 9a.*
24f. Profeßion] *Professur; Lindners Berufung zum Professor Poëseos und Mitglied des Senats der Universität Königsberg erfolgte durch königl. Kabinettsorder im November 1764 (Bekanntmachung in den »Königsbergschen Zeitungen« vom 7.12.1764 als Nachricht »Berlin, den 1. Dec.«), wegen seiner Ämter in Riga trat er die Stelle erst Ostern 1765 an, vgl. I 13(N),4ff.*
28 post Rubiconis aquas] *Siehe R, S. 813.*

9a (N). AN DEN RAT IN RIGA, Königsberg, 7. November 1764

5ff. Collaboratur] *Vgl. zu I 9(N),7.*
15 Reise] *Vgl. zu I 9(N),16f.*
16 Collegii Fridericiani] *Vgl. I 9(N),10ff., zu I 5(N),19f.; I 6,27,36.*
18 Ernte der Arbeiten] *Vgl. zu I 7,42.*
20 berühmten Schule] *Domschule in Riga, siehe R, S. 800; H.s Annahme der Vokation wurde in den Ratsakten vermerkt am 3./14.11.1764 (Sivers, S. 43).*

10. AN KÖNIG FRIEDRICH II. IN PREUSSEN (= Königlich Preußische Regierung in Königsberg), Königsberg, 8. November 1764

3f. Supplicant] *(Bittsteller) Außenaufschrift zur Bezeichnung des Vorgangs; vgl. Hamanns ironischen Ausreiseantrag vom 1.5.1765 nach Kurland (ZH II, S. 328ff.).* – Reisepaß] *Vom 19.11.1764 (I Anm.10).*
8f. Ausreise ... auf 3 Jahre] *Die von H. in I 8(N),22 angebotene Dienstzeit, während die Vokation unbefristet war; vgl. zu I 9(N),7.*
9 Condition] *Dienstverhältnis, Stelle.*
12f. gelobet] *Als Angehöriger der unteren Stände war Herder seit seiner Geburt (ebenso wie Hamann, vgl. dessen Brief an Lindner, 16.3.1765, ZH II, S. 321) in seinem Kanton (Aushebungskreis) in eine Regimentsrolle eingetragen und auch in einer akademischen Laufbahn nicht davor geschützt, plötzlich rekrutiert zu werden. Der ihm am 17.11.1764 vor einer außerordentlichen Sitzung des akademischen Senats abgeforderte Requisitionseid (»de revertendo«), »zurückzukehren, wenn er als Soldat requirirt würde«, hinterließ bei ihm den kränkendsten Eindruck militärischer Sklaverei in seinem Vaterland Preußen (Erinnerungen I, S. 68f.); vgl. II 146(N),124f. Er vermied das Betreten preußischen Gebiets bis zum Besuch bei Gleim in Halberstadt auf der Durchreise nach Weimar im September 1776.*
21 Philosophiae Cultor] *Verehrer der Philosophie.*

11. AN JOHANN GEORG HAMANN, Riga, 5./16. Januar 1765

4 Ankunft] *Ende November, am 1./12.12.1764 in den Rigaer Ratsakten vermerkt (Sivers, S. 43).*
4, 7ff. Brief] *Ohne Adresse, vom 8./19.12.1764, den Hamann durch Fischer am 7.1.1765 erhielt (vgl. ZH II, S. 296), nicht überliefert. Hamann ließ H. durch Lindner (Brief an diesen vom 16.1.1765, ebd., S. 292) grüßen, er freue sich »über seinen glücklichen Anfang«.*

5 Fischer] *Karl Gottlieb Fischer.*
6 blasts] *Starke Windstöße; Shakespeare, »Hamlet«, I/4 Hamlet zum Geist: »Bring with thee airs from heaven, or blasts from hell ...«*
6f. Windes aus der Wüste] *Vgl. Jeremias 13,24.*
8f. Gedächtnißinhalt] *Im vorliegenden Brief rekapituliert (vgl. I 114).*
10 Reich der Todten] *Vgl. R, S. 740; Anspielung auf Fontenelles »Nouveaux Dialogues des morts« 1683 (»Gespräche im Reiche der Todten«, übersetzt von Gottsched, Leipzig 1727), erwähnt in Hamanns »Kreuzzügen des Philologen« (Nadler, Bd. 2, S. 163, 201). – wo man nicht ... gedenket] Vgl. Psalm 88,13.*
11 keine Wiederkunft] *Vgl. Weisheit Salomos 2,5.*
12 Ihnen zu danken] *Berufung durch Hamanns Empfehlungen an Lindner.*
14 Rektors] *Johann Gotthelf Lindner.*
15 4te Bitte] *Luther, »Katechismus«, Vaterunser.*
16 Weib ... pp exclusive.] *Ausgenommen »fromm Gemahl, fromme Kinder« (familiäre und gesellschaftl. Verhältnisse gehören zur Bitte ums tägliche Brot). – Arbeit] Am 7./18.12.1764 war H. in sein Amt als Kollaborator der Domschule eingeführt worden (Sivers, S. 43f.).*
17f. solum papaveriferum, somniferum] *Vgl. Ovid, »Amores« II, 6,31.*
18f. Bekandschaften] *H. fand als Hauslehrer und Freund bald Zugang zu den angesehensten Kaufmannsfamilien Rigas (vgl. Haym I, S. 90). Hamann warnte aber: »Danken Sie Gott, daß Sie mäßige Arbeit haben ... Laßen Sie die lieben Alten Ihre Vertraute seyn und ziehen Sie immer den Umgang der Todten vor« (A).*
20 Stachellecken] *Sprichwörtlich (dagegen angehen), nach Luthers Bibelübersetzung: Apostelgeschichte 9,5. – Lübeck] Hamanns nicht abgesandter Brief, vgl. zu I 4(N),6f.*
21 verstocken] *Durch Luftabschluß und Feuchtigkeit verderben.*
21f. Young] *»Night Thoughts« II, 466f.*
23 Schwarz] *Johann Christoph Schwartz; Hamann schrieb, H. werde dessen Handschrift schon (durch Lindner) erhalten haben (A).*
24ff. Abhandlung von der Ode] *Vgl. zu I 12(N),8f.*
26 Hartknoch] *Er reiste als Gehilfe und Filialleiter Kanters in Mitau ständig nach Königsberg und Riga.*
27 Graeca fide ... kaufe] *Graeca fide mercari – mit griechischem Kredit = mit barem Geld erkaufen, weil die Griechen in den Augen der Römer als unehrlich galten (Plautus).*
27f. Ob die Gottesläugnung] *Von Thourneyser; vgl. I 12(N),10f.*
28f. Journal encyclopedique] *Siehe R, S. 677.*
29f. Rousseau's Platon] *»De l'imitation théâtrale«.*
30f. Nordischen Aufsehers] *Siehe R, S. 659.*
31 über Winckelmanns Nachahmung] *»Beurtheilung der Winkelmannschen Gedanken«. – Ode ... auf die Souvereniteé.] »Auf das Jubelfest der Souveränetät«.*
32 Sylbenmaßen] *»Vom Sylbenmaasse«; vgl. »Ueber die neuere Deutsche Litteratur« (SWS I, S. 208ff.)*
34 45. Stück] *»The North Briton«, siehe R, S. 695; vgl. I 12(N),16.*
34f. Orpheus] *Siehe R, S. 423. – Geßnersche] Von Johann Matthias Gesner; Hamann besaß sie schon (A), vgl. R, S. 423.*
36 Rudera] *Rudus, Schutt bzw. Erzstückchen.*
37 Privilegium] *Freibrief, Erlaubnis.*
38 Anchises ... Nuppenau] *Siehe R, S. 718, für Johann Christoph Hamann, siehe R, S. 225 und 419. Hamann bestellte den Gruß an letzteren nicht (oder den geisteskranken Bruder?), da er ihn zu den unbelehrbaren »eigensinnigen und faulen Geschöpfen« zählte (A);*

mit Nuppenau gab es später Erbschaftsstreitigkeiten, vgl. Hamanns Klage an H. am 10. 6. 1767 über »Niederträchtigkeit u. Habsucht« seiner Verwandten (ZH II, S. 395) und seine Eingabe an den König, September 1769 (ebd., S. 470–475).

12 (N). An Johann Georg Hamann, Riga, etwa Mitte Februar 1765

4f. weggeeilten Briefes] *Nicht überliefert.*
5 Lindner] *Johann Gotthelf Lindner.*
6 scribae] *Scriba, Schreiber.*
7 scriptoris] *Scriptor, Verfasser, Autor.*
8f. Abhandlung] *»Fragmente einer Abhandlung über die Ode«, siehe R, S. 45; in Königsberg begonnen, das Manuskript blieb bei Hamann, der um Anmerkungen gebeten wurde, vgl. I 11,22–27. Hamann wollte eine Abschrift anfertigen, um mit der späteren Fassung vergleichen zu können (B). Vgl. I 15,5f.*
9 langsamen Eile] *Oxymoron.*
10 Evensbiß] *Vgl. 1. Mose 3,6.*
10f. Titius] *Die Übersetzung Thourneysers; vgl. I 11,27f.*
16 Φιλοσοφουμενος] *Philosophierender.*
17 hypochondrisch] *Ein Hauptcharakterzug H.s, vgl. zu I 18,48.*
20 Schritt] *Amtsantritt in Riga.*
24 Agesidamus] *Karl Gottlieb Fischer.*
24ff. Briefe] *Nicht überliefert.*
27f. August] *Augustus, nach Sueton.*
29ff. ihm] *Fischer.*
33ff. Winckelmann] *»Geschichte der Kunst des Alterthums«; H.s Lektüre als triceps vgl. »Odenabhandlung« (SWS XXXII, S. 83f.).*
36 αεργος] *Ein Untätiger.*
37 2ten] *Geschichtsschreiber, daran prinzipielle Kritik H.s: nicht Geschichte, sondern normatives Lehrgebäude; siehe »Älteres Critisches Wäldchen«, R, S. 44.*
38f. Dithyramb] *»Dithyrambische Rhapsodie«, siehe R, S. 45.*
39 Apostille] *Nachschrift zur vorgenannten Parodie, vgl. Gaiers Kommentar (FHA 1, S. 879–917, besonders S. 915ff.).*
40 Goldfinders] *Siehe R, S. 201.*
42 Nachrichter] *»Hamburgische Nachrichten« von Ziegra, siehe R, S. 674.*
43, 45 Berliner] *»Briefe die Neueste Litteratur betreffend«, 15. Teil, siehe R, S. 655.*
43 Göttinger] *»Göttingische Anzeigen«, 7. 8. 1762, siehe R, S. 672. Hamann druckte die 3 genannten Rezensionen mit umfangreichen ironischen Fußnoten ab in »Hamburgische Nachricht«.*
46 Profeßor] *Johann Gotthelf Lindner, vgl. I 13(N),4–7.*
46f. Wilkes] *Hamann hatte von beiden Werken Wilkes' Abschriften gewünscht (B).*
48 Edda] *Vgl. zu 94–113.*
48ff., 56ff. Mallet] *Paul Henri Mallet, von H. (auf Hamanns Anregung; A zu I 14, ZH II, S. 340) doch positiv als Geschichtsschreiber und nordischer Altertumsforscher rezensiert, die Mythologie als »Rüstkammer« für deutsche Dichter empfohlen (SWS I, S. 73f.).*
52–56 Götterlehre] *Plan einer vergleichenden Mythologie, vgl. »Aelteste Urkunde«: Anfang von »Ueber die ersten Urkunden« (R, S. 3), und einer Geschichte der Religionen, vgl. »Ueber die verschiednen Religionen« (R, S. 48).*
58–61 Pausanias] *Auszüge Hamanns in A (undat.; nach Hoffmann, S. 237, der Schluß von B!).*

61ff. Mitau] *Wegen der bedeutenden Bibliothek des Akademischen Gymnasiums.*
63–67 hiesige Bibliotheck] *Rigaer Stadtbibliothek, siehe R, S. 800; Hamann hatte nach H.s Anstellung als Aufseher derselben gefragt (B).*
68ff. Lykophron des Tsetzes] *Von Johannes Tzetzes.*
69f. Winckelmannsche Urteil] *»Geschichte der Kunst des Alterthums«.*
70 Ptolomäus Philadelphus] *Ptolemaios II.*
71–75 muthwilligen Knaben] *H. hatte am 19./30. 1. 1765 den Magistrat um die theolog. Kandidatur und die venia concionandi (Erlaubnis zu predigen) ersucht, bestand am 24. 2./ 7. 3. 1765 das theol. Examen vor dem geistlichen Ministerium und hielt am 15./26. 3. 1765 im Dom die Antrittspredigt (siehe R, S. 40), vgl. Sivers, S. 44, 56.*
73 Reverende] *(Ehrwürdige). Langer, schwarzer Priesterrock der protestant. Geistlichen.*
74f. Heiligen Peter] *Siehe R, S. 801.*
75f. 4ten Bitte] *Vgl. zu I 11,15f.*
76 Lettische Zunge] *Lettisch lernte H. nicht, vgl. I 14(N),67; 28,33f.*
77 Druiden] *Siehe R, S. 723 (vgl. SWS XII, S. 227, a, nach Caesar, »Commentarii de bello Gallico« VI, 14).*
78 Journal] *Hamanns Mitteilungen über seine Lektüre; in B ausführliche Exzerpte aus Leibniz' »Nouveaux Essais«, Friedrich Siegmund Keils Luther-Biographie, Bartolomeo Riccis (1480–1569) »Libri tres de imitatione« (Venedig 1549).*
79ff. Curland] *Hamann hatte in B (ZH II, S. 324) von seiner Absicht geschrieben, wieder als Hofmeister nach Kurland zu gehen.*
83 Schicksal] *Zu H.s Begriff siehe R, S. 738.*
85 meinen Rauch aufgehen laßen] *Sprichwörtlich für »ein Zuhause finden«.*
86 passen ... obscur ... casca] *Beim L' Hombre (Kartenspiel) Wahl neuer Spielkarten, um eine davon zum Trumpf zu machen.*
87f. Ihr Freund] *Lindner. – Schatten] Hamann solle nicht nach Kurland gehen.*
94–113 Edda] *Auszug aus Mallet (zu 48ff.), Hávamál u. a. kompiliert, siehe R, S. 666.*
94 Apophtegmen] *Apophthegmata, Spruchweisheiten.*
96 Dem Gaste] *Hávamál, 3. Strophe.*
96ff. Ein Reisender] *Ebd., 5. Str.*
98f. An einem unbekanten Ort] *Ebd., 9. Str.*
99ff. Den Söhnen] *3. Odinsbeispiel, 1. Str.*
101f. Der Vogel der Vergeßenheit] *Ebd., 2. Str.*
102ff. Der Unsinnige] *Hávamál, 48. Str.*
104f. Reichthümer] *Einzelne Sittensprüche, 7. Str.*
105–108 Heerden] *Hávamál, 68./69. Str.*
108–111 Lobt die Schönheit] *Priameln, 1. Str.*
111ff. Das Feuer] *Ebd., 4. Str. – Die Edda-Strophen wurden nach Felix Genzmers Übertragung (Jena 1920) verifiziert.*

13 (N). AN JOHANN GEORG HAMANN, 23. April/4. Mai 1765

4 Freund] *Johann Gotthelf Lindner; vgl. zu I 9(N),24f.*
5 sieben halbe Monden] *Als Kollaborator seit 7./18. 12. 1764.*
6 Montag, oder Dienstag] *25. 4./6. 5. oder 26. 4./7. 5. 1765. Lindner traf am 15. 5. 1765 in Königsberg ein, Hamann war ihm mit Steidel bis hinter Quednau (Dorf nördl. von Königsberg) entgegengegangen.*
7 Opferpriester] *Gedicht »Der Opferpriester«, siehe R, S. 28; dem Brief beigelegt (vgl. A).*

8–14 einen andern] *Gottlieb Schlegel. Lindner hatte ihn im Dezember 1764 zu seinem Nachfolger empfohlen (vgl. ZH II, S. 285, 294, 318, 330). Schlegel wurde nach einem Interregnum am 27.6./8.7.1765 in sein Amt eingeführt. H., dessen feierliche Introduktion auf diesen Tag verschoben worden war, hielt die Rede »Von der Gratie in der Schule« (SWS XXX, S. 14–28). Die Ode am Schluß (SWS XXIX, S. 24–27, 717) wurde auch in den »Königsbergschen Zeitungen« (11.10.1765) abgedruckt.*
10 ihn sehen] *Schlegel.*
13 blöde] *Schwach, furchtsam, schüchtern.*
15f. Sokratische Wehmutter] *Methode des Schulunterrichts. Sokrates' Mutter war Hebamme; »Sokrates war also bescheiden genung, seine Schulweisheit mit der Kunst eines alten Weibes zu vergleichen, welches blos der Arbeit der Mutter und ihrer zeitigen Frucht zu Hülfe kommt ...« (Hamann, »Sokratische Denkwürdigkeiten«, Nadler, Bd. 2, S. 66).*
18f. Republick] *Städtische Selbstverwaltung.* – **Chaos]** *H.s spätere Einsicht in die Doppelherrschaft von Magistrat und russ. Gouvernement (vgl. SWS IV, S. 406ff.) deutet sich schon an.*
20 Kandidat] *Seit 28.2./11.3.1765 (vgl. SWS XXXII, S. 538; Sivers, S. 44, 56). Vgl. zu I 12(N), 71ff.*
23 gepredigt] *»Von der Unschuld Jesu Christi« (SWS XXXII, S. 241–251); die zweite Predigt war vielleicht die ungedruckte Karfreitags- oder Osterpredigt in der Gertrudenkirche über Lukas 23,33–48 bzw. 1. Korinther 5,6ff. (HN XXII, 8f.).*
25 Rigisches Drama] *Vgl. I 22,56–61.*
27f. Schuldiderot] *Lindners »Beytrag zu Schulhandlungen«, von Hamann verteidigt in »Fünf Hirtenbriefe«; vgl. »Ueber Thomas Abbts Schriften«, 2. Stück (R, S. 14).*
29 Hohenpriester] *Der Ich-Autor der genannten Hamannschen Schrift.*
31–34 Baum] *Geläufige Metapher und Analogie zum Menschen.*
34 Anziehungs- oder Zurückstoßungskraft] *Übertragung mechan.-mathemat. Gesetzmäßigkeiten auf psychologische und soziale Erscheinungen (vgl. SWS IV, S. 468f.).*
35 Bürger] *Vgl. 31.*
36ff. Nordische Entfernung] *Im Sinne der Abgeschiedenheit von der modernen Literaturentwicklung für das Baltikum wie auch für Ostpreußen.*
38 Mosaische Arbeit] *Siehe R, S. 711; metaphor. für eher mühsame als geschmackvolle Arbeit.*
39 Hagedornsche Cabinetter] *Nach Christian Ludwig v. Hagedorn, »Lettre à un amateur«.*
39ff. Geschäftenfülle] *Im Schulamt.*
43 nicht aber in das Land seiner Jugend.] *D. h., Lindner würde nach seinem zehnjährigen Aufenthalt in Riga vieles in Preußen verändert finden.*
44 unterbliebene Antwort] *Auf I 12(N). Das in der Anm. als A bezeichnete Fragment mit Editordatum »April 1765« ist der Schluß von B zu diesem Brief.*
47f. wenn er schläft] *Vgl. Johannes 11,12.*
49 Freunde] *Lindner.* – **über ein Kleines]** *Vgl. Johannes 16,16–19.*
50f. Journal] *Mitteilung der Lektüre, vgl. B zu I 12(N).*
51f. Alter Ehrwürdiger] *Vgl. I 11,38.*
52 Kurland] *Zu I 12(N),79ff.* – *Hamann hatte am 1.5.1765 die Regierung in Königsberg »um die Wohlthat des Ostracismi und einen Reisepaß nach Curland« ersucht (A).*
53 Militz] *Vgl. zu I 10,12f.; Lindner hatte H. erzählt, daß ein Offizier am 15.3.1765 Hamanns verlegten »Abschied« (Ausmusterungsurkunde) sehen wollte und ihn erneut in die Regimentsrolle einschrieb.*
54 Lazarus schläft] *Vgl. Johannes 11,11.*
56 totus in illo] *Horaz, »Sermones«, I,9,2.*
57–60 wie die Philosophie] *Siehe »Problem ...«, R, S. 47. Dazu Hamann: »Ueberlaßen Sie sich nicht der Menge Ihrer Lieblingsideen zu viel. Glauben Sie es mir zu Gefallen, daß*

es keine so allgemeine und nützliche Philosophie zum Besten des Volks giebt, und kein so glücklicher Anfang der Weisheit als die Furcht des HErrn; denn sie hat die Verheißung dieses und eines künftigen Lebens. ... In Ansehung des Problems, an dem Sie arbeiten, besinne mich nicht mehr als was Kant davon zu sagen pflegt. Erfüllen Sie Ihr Versprechen mir näheren Bescheid darüber zu ertheilen ...«

61 alte Neuigkeiten] *Oxymoron, vgl. I 12(N),9.*
63–78 Spalding von den Gefühlen] *»Gedanken über den Werth der Gefühle«.*
72, 77 Ärgerniß u. Thorheit] *Vgl. 1. Korinther 1,23.*
79–86 Göttingschen Prediger] *Heilmann. Hamann stimmte H.s Urteil zu, kritisierte aber die seiner Meinung nach nicht tiefen Einsichten. Er hielt Heilmann für den Verfasser, konzedierte aber, daß es eher der ihm unbekannte Leß sein könne. Die Rezension Hamanns für die »Königsbergschen Zeitungen« sei seinerzeit unterdrückt worden (A).*
83–86 Michaelis] *Johann David Michaelis.*
85 careßirt] *Liebkosen (frz. caresser).*
86 indulget genio suo] *Ist seinem Genius zu Willen.*
87 Kennicotschen Sache] *Benjamin Kennicotts Bibelkollation.*
88ff. Erklärung] *Leß' »Programma ad Johannem 17,3«.*
91–95 Baum des Erkentnißes ... Zankapfel über den Baum] *Von Eduard Fielding. Hamann hielt die »Sittenlehre« noch für die beste dieser Schriften, die ihm zu ungleich schienen, um von einem Verfasser zu sein. Wegen seiner Vorliebe für Beverland habe er Fielding »niemals recht lesen mögen« (A).*
96 Moses in Midian] *Von Johann Christian Lossius.* – Dina] *Von Daniel Neumann.*
97 Delphine in Wälder] *Vgl. Horaz, »De arte poetica«, Vers 30; metaphorisch für einen unwissenden Schriftsteller.*
98 Lindauischen Nachrichten] *»Ausführliche und kritische Nachrichten«, siehe R, S. 646; Hamann sollte sie wohl weiter rezensieren (vgl. R, S. 223).*
99ff. Recherches sur le Despotisme oriental] *Von Boulanger. Hamann besaß das Buch, hielt »einen gewissen Chamberlaine« für den Verfasser und hatte kritische Notizen dazu gemacht (A).*
103 7. Mädchens] *Als Privatschülerinnen.*
104ff. Arndt Berens] *Arend Berens; seine Töchter Johanna Sophia (Hamanns Schülerin »Hänschen«, vgl. A) und Katharina Hedwig.*
105 Gusto] *Geschmack.*
106 Mutter] *Eva Maria Berens, geb. Zuckerbecker.*
107 Ältesten Schwarz] *Johann Hinrich Schwartz.* – Schülerin] *Johanna Sophia Schwartz, ebenfalls Hamann bekannt (A).*
108 Eva *(Maria)* Berens] *Frau von Johann Hinrich Schwartz.*
110 unverheiratheten Frauenzimmer] *Katharina und Anna Berens.*
111 Freund] *Lindner.*
113 cito] *Schnell (Steigerungsformen).*

14 (N). AN JOHANN GEORG HAMANN, Riga, 21. Mai/1. Juni 1765

5 Lindners] *Vgl. zu I 13(N),6.*
6f. Laßet uns ... Abraham] *Vgl. Apostelgeschichte 2,29 und Römer 4,1.*
9–36 Rath] *H. versuchte, Hamann von der Reise nach Kurland, insbesondere zu Tottien, abzubringen; vgl. zu I 13(N),52.*
11 Haus] *Hamanns Vaterhaus war in den Besitz Nuppenaus übergegangen (vgl. ZH II, S. 470).*

13 Socrates ... Hausehre] *Xanthippe.*
16 Aschenhaufen] *Vgl. Hiob 2,8; möglich auch Reminiszenz an den Brand von Königsberg, vgl. zu I 9(N),* **16f***.*
19 machen Sie ... Mammon] *Vgl. Lukas 16,9.*
20 Friedehoff] *Hamann nannte Kurland den »Gottesacker seiner Ruhe« (B).*
22f. der gute Freund] *»... ein guter Freund ist geneigt in sein Haus mich aufzunehmen« (B).*
23ff. Hofrath T ...] *Tottien. Hamann rühmte an ihm »alle Aufmerksamkeit und Zärtlichkeit eines Freundes und rechtschaffnen Mannes« (A).*
24 Unauskommlichkeit] *Baltendeutscher Provinzialismus wie »Friedehoff«.*
26 launischer] *Hypochondrisch. –* Ei] *Vgl. zu I 4(N),***114***.*
27f. Kürbis] *Jona, siehe R, S. 708.*
29 GottgeleitsKuß] *Abschiedskuß vor der Reise.*
30–43 Vorschlag] *Einladung nach Riga; von Hamann, der seine Ruhe sucht, dankend abgelehnt mit der Aufforderung, ihn in den Augustferien in Mitau zu besuchen (A).*
35 ausstehlicher] *Auskömmlicher. –* Kammercopisterei] *Gescheiterte Bemühung Hamanns um eine Anstellung in Königsberg nach einem halben Jahr unbezahlter »Probedienste« bei der Kammerkanzlei (vgl. ZH II, S. 329).*
37 Oekonomie] *Hier Haushaltung, Hausverwaltung.*
39 Kloster] *Herders Wohnung, siehe R, S. 801.*
40 Rumor] *Lärm, Geräusch; Aufsehen.*
41, 68 Bibliotheck] *Siehe R, S. 800.*
43 Arbeit] *Hamann, seit 19.6.1765 im Hause Tottiens in Mitau, bestätigte H., daß »Arbeit und Umgang zu seiner Zufriedenheit unentbehrlich« seien (A).*
45 gesalbt] *Die alttestamentlichen Priester und Propheten wurden dadurch ordiniert (vgl. 2. Mose 28,41; 29,7).*
45f. Micha ... Zedekia] *Siehe R, S. 710, 715.*
49 Phönomenon] *Vgl. zu I 58,13.*
51ff. Rath] *Vgl. zu I 13(N),***57ff***.*
52 Maulwurfshügel] *In der 2. Ausgabe »Ueber die neuere Deutsche Litteratur« für philosophische Abstraktionen gebraucht (SWS II, S. 98).*
54 Veränderung des Rektorats] *Nach Lindners Abschied, vgl. I 13(N),***4ff***.*
55 mehr leben] *»Denken Sie weniger und leben Sie mehr«, hatte Hamann geraten (B).*
56 brauchbarer *und* **61f.** ein Praktischer Weiser] *Die Tendenz von »Problem: wie die Philosophie ...«, siehe R, S. 47. –* Pädagog] *H. hatte sich am Collegium Fridericianum die Lehrmethode lehrend selbst angeeignet; vgl. I 15,25–32.*
57 Einführer] *Lindner, den H. schätzte, hatte anscheinend nicht genügend Zeit für ihn.*
59 wie ein Phrygier] *Verspätet, siehe R, S. 796.*
60 Aeons] *Zeitdauer, Lebenszeit.*
62–66 Zeichnen] *Das zu lernen hatte Hamann ihm vorgeschlagen, aber zugleich einschränkend H.s Kurzsichtigkeit erwähnt (B). Vgl. VI 30(N),***24ff***.*
62f. Mathematik] *Vgl. zu I 6,36.*
64 schwarz] *Sprichwörtlich: verhaßt gemacht.*
64f. Mechanisches Genie] *H.s Ungeschick darin dazu wurde in Berichten schon über seine Kindheit in Mohrungen beschrieben (vgl. Erinnerungen I, S. 19; Mitteilung von Borowsky, LB I,1, S. 79).*
67 Lettische] *Nicht realisiert. Hamann faßte damals den gleichen Vorsatz (A, vgl. Hamann an H., 19.4.1766, an seinen Vater, 15.5.1766, ZH II, S. 366, 369). Vgl. zu I 12(N),***76***.*

69 Frülings] *Gleichnis der Jahreszeiten für Lebensalter.* – cetera coram] *Das übrige mündlich.*
70f. Problem] *Vgl. I 13(N),57ff.* – dem Aether aufgeopfert] *Als ein Luftgespinst aufgegeben.*
71 Fragment] *Fragmente »Ueber die neuere Deutsche Litteratur«, deren Plan offenbar bis auf Gespräche mit Hamann u. a. in Königsberg 1764 zurückreichte: »... vergeßen Sie Ihre Fragmente nicht« (B).*
74ff., 79f. Litteraturbriefe ... AbschiedsKleide] *23. Teil (erschien im Juli 1765), siehe R, S. 654f.; ihre kritische Lektüre als Basis der vorgenannten Fragmente (vgl. LB I, 1, S.134f., Erinnerungen von Bock).*
76f., 79f. Deutsche Bibliotheck] *»Allgemeine deutsche Bibliothek«, siehe R, S. 641; war im 20. Teil der »Briefe die Neueste Litteratur betreffend« angekündigt worden (B).*
77ff. Plan] *Prospekt, Inhaltsangabe der angekündigten Zeitschrift.*
77f. Dido] *Siehe R, S. 722.*
81–87 Lindauischen ... Kants Schönes] *»Ausführliche und kritische Nachrichten«, siehe R, S. 646; Kants »Beobachtungen über das Gefühl des Schönen und Erhabenen«; vgl. zu I 51,87.*
84f. Recensent] *Hamann, »Königsbergsche Zeitungen« 1764, 26. Stück, siehe R, S. 223; Hamann hatte den sich schon jetzt andeutenden erkenntnistheoretischen Apriorismus, die »Vorurteile der Vernunft«, kritisiert und – von dem eher materialistischen Standpunkt Burkes – gegen den Ausschluß des Natürlichen und Sinnlichen vom ästhetischen Mittelmaß des Geschmacks opponiert.*
86 Schweizerische Schreib(art)] *Bildhaftigkeit bzw. Idiotismen (vgl. SWS I, S. 163f.).* – Roußeauische Denkart] *Vgl. zu I 43(N),31f.*
87 Ihr Gott] *Der Schweizer.*
89 Hannchen Berens] *Vgl. zu I 13(N),104ff.*
90 Abt] *H. als Geistlicher.* – Ausniltatartikels] *Auscultatartikels. Siehe R, S. 65 (in B).*
91ff. Baßa] *Hamann hatte über Bassas Bankrott und seine unwahre Behauptung geschrieben, daß Hamann bei ihm Schulden habe (B).*
95f. aufs Land] *Vgl. I 17(N),22f.*
96 Pfingsten] *26. 5. 1765 neuen Stils.*
97 post festum] *Nach dem Fest.*

15. AN JOHANN GEORG HAMANN, Riga, Juli 1765

4 letzten Briefes *und* 5ff. Schreibens] *Wahrscheinlich beide nicht überliefert; vgl. 68ff.*
5, 8ff. Odenabhandlung] *Vgl. zu I 12(N),8f.* – Mitau] *Aufenthalt Hamanns 19. 6. 1765 bis Mitte Januar 1767, unterbrochen durch seine Reise nach Warschau 29. 8. bis Anfang Dezember 1765.*
11 Firmelung] *Befestigung, Einsegnung in der kathol. und griech.-orthodoxen Kirche (wie protestant. Konfirmation); hier für endgültige (Druck-)Fassung der Abhandlung.*
12 Situation] *Lage, Stellung, Zustand (frz. Lehnwort); ein Lieblingswort des jungen H., vgl. I 73(N),15.*
15 Kaufmannsort] *Prinzipielle Kritik am geistig-kulturellen Leben in Riga, vgl. 60–63.*
15f. Prophet ... Tyrus] *Vgl. Jesaja 23,1.*
17 Myopie] *Kurzsichtigkeit. In A zu I 13(N),79ff. charakterisiert Hamann Heilmann als »Myops«, geschaffen für das »detail subalterner Verhältniße« (ZH II, S. 331); in den »Kreuzzügen des Philologen« werden die »Vorurtheile einer philosophischen Myopie« erwähnt (Nadler, Bd. 2, S. 123).*

18 Amt abzuwarten] *Mit gehörigem Fleiß ausüben.*
20ff. Anmerkungen] *Nicht überliefert. Vgl.* Hamanns Kritik am Stil der Fragmente »Ueber die neuere Deutsche Litteratur« in A zu I 24 (ZH II, S. 377).
22 Winckelmann] *»Geschichte der Kunst des Alterthums«, Vorrede.*
24 pomum praecox] *Siehe R, S. 444.*
25–32 Bildung] *Vgl. zu I 14(N),56.*
27 Schicksal] *Siehe R, S. 738.*
27f. pedantischen Mohrungen] *Siehe R, S. 787f.; schulmeisterhaft steif und kleinlich (frz.).*
29f. Zepter ... Dionys] *Dionysios der Jüngere. H. als »Werkstudent«.*
31f. Kant] *Er weckte H.s Enthusiasmus (vgl. die Gedichtfragmente SWS XXIX, S. 240f.), war aber kein Schulmeister (frz. pédant), der ihn Schulmethode gelehrt hätte.*
33 Weltton] *Als Trescho H. 1764 in Königsberg sah, konstatierte er schon eine gewisse Gewandtheit des Umgangs im Vergleich mit seinem schüchternen, unbeholfenen Auftreten in Mohrungen (vgl. LB I, 1, S. 49f.); weltmännische Bildung erlangte H. im Umgang mit der Rigaer Oberschicht.*
33f. Uniformes] *H. dachte nicht gleichförmig mit anderen Studenten und Lehrern.*
34 Gros meines Stabes] *Der größte Teil der Lehrer (»Stab« = Schulstock, vgl. 29f.).*
35f. siebenmonatlicher Embryon] *Siebenmonatskind, Frühgeburt.*
37f. Phlegma eines homme d' esprit] *Gleichgültigkeit, Indifferentismus eines geistigen Menschen.*
38 Enthusiasmus des Genies] *Poetische Begeisterung prägte H.s Stil; sein früher und differenzierter Gebrauch des »Genie«-Begriffs (Hauptkriterien: Schöpferkraft und Originalität) ist in »Ueber die neuere Deutsche Litteratur« dokumentiert (passim, besonders SWS I, S. 251, 254ff., 274ff., 349, 381ff.).*
40 Ungewitter] *Unwetter, heftiges Gewitter, mit Sturm verbunden (vgl. SWS XXIX, S. 319).*
41 hohen Stils] *Winckelmann unterscheidet in seiner »Geschichte der Kunst des Alterthums« für die griech. Kunst die Entwicklungsstufen älterer Stil, hoher Stil, schöner Stil und Stil der Nachahmer.*
42 Chaos] *Der unermeßliche leere Raum bzw. das formlose Urelement vor der Existenz aller Dinge.*
42 Gratie] *Anmut, personifiziert in Grazien, Chariten, siehe R, S. 721.*
43ff. Reife ... Blüthe ... Frucht] *Baummetapher für H.s Entwicklung als Autor; vgl. I 13(N),31–34.*
45 einpropfen] *Einpfropfen.*
46ff. entwerfen] *Die Ausführung von Gedankenentwürfen der Rigaer Zeit läßt sich tatsächlich bis in H.s letzte Werke verfolgen.*
49f. einen Gedanken] *Überfülle und Andrang der Gedanken in den ersten Entwürfen, bei der Ausführung dann Verlust mancher Aspekte.*
50–56 Zeugungsbrunst] *Analogie von sexueller Zeugung und schriftsteller. Schaffen.*
55 Kalibanen] *Person in Shakespeares »The Tempest«.*
58 beurteilen] *In Hamanns nicht überlieferten Anmerkungen (20).* – Scholastikus] *Schulgelehrter.*
59 Collaboureur ... Gottesackers] *Mitarbeiter, Hilfsprediger.*
61 Kunst ... Linsen zu werfen] *Alexander der Große belohnte einen Künstler, der eine Linse durch ein Nadelöhr warf, mit einem Scheffel Linsen (vgl. R, S. 56); ähnlich werde in Riga Dichtkunst für wertlos gehalten.*
62f. Maas, Zahlen, u. Gewicht] *Vgl. 15; Weisheit Salomos 11,21.*

63f. Lieblingsseite] *Neigung zur Schriftstellerei unterdrücken.*
64f. Amazonen] *Siehe R, S. 718.*
68 Trauben lesen] *Aus Hamanns Anmerkungen (20) Nutzen ziehen. – Brief] Vgl. zu **5ff.***
69 Grundriße u. Projekte] *Vgl. zu **46ff.***
71f. Windheim] *Verschiedene Schriften möglich. – Eckel] Ekel, Überdruß.*
73 Michaelis] *Johann David Michaelis, »Gedanken über die Lehre ...«.*
73f. Baile] *Bayle, »Commentaire philosophique«.*
74 Premontval] *»Du Hazard«.*
74f. Reinhard] *Adolf Friedrich Reinhard.*
77 Genius] *Siehe R, S. 725 und »Dämon«, R, S. 722.*
78 Gehts drauf los] *Wahrscheinlich Hamanns Reise mit Tottien nach Warschau gemeint, vgl. zu **5**.*
82f. Gedichte] *Nicht zu ermitteln.*
83 Inlage] *Nicht zu ermitteln.*

16. AN JOHANN GEORG HAMANN, Riga, 5. August 1765

5 Vegesackshof] *Siehe R, S. 826; Eberhard v. Vegesack wurde 1766 Mitglied der Schwarzhäuptergilde.*
5f. einfahren] *Vgl. I 22,46f.*
7 Hartknoch] *Vgl. zu I 11,26.*
8 Zusammenkunft] *H. besuchte Hamann in Mitau 1.–4. 8. 1765 (vgl. I Anm. 16).*
12–23 Zum Nutzen ...] *Siehe R, S. 30; Hamann kritisierte »Zaun von Reben« (**21**) und »Wiederhall« (**23**) als unpassend, »um die Verwandlung des Vergnügens in Nutzen zu erklären«. **18f.** seien Notreime, und »Rosenöl« (**16f.**) sei »für die Sitten unsrer Zeiten« von geringerer Bedeutung als in der Vergangenheit. Das getilgte »Jetzt« (Anm. ZUM TEXT: **15**) sei besser als »Spät« (A).*
13 Damon und Doris] *Siehe R, S. 127.*
16 Gartengötter] *In der Mythologie Priapus (vgl. R, S. 736), hier aber die Rose als Königin aller Blumen.*
20 Trauben geben] *Kinder gebären.*
21ff. Blätter welken ... Wiederhall.] *Vergänglichkeitsgleichnis.*
24 Kantern] *Kanter war damals in Mitau. – Kuß] Diesen ist Hamann »Kantern schuldig geblieben« (A).*
25f. Weibchen u. Ungebohrnen] *Siehe R, S. 304.*
29 Hofrath, die Frau Räthin] *Tottien. – Frau Pastorin] Anna Maria Ruprecht.*
30f. Doctor Lindner, u. seine Frau] *Ehregott Friedrich und Henriette Marie Lindner.*
33 Kloster] *Siehe R, S. 801.*

17 (N). AN SEBASTIAN FRIEDRICH TRESCHO, Riga, 20./31. August 1765

6 lezten Brief] *Nicht überliefert.*
6f. Wiedersehen jenseit des Grabes] *Vgl. das anklagende Epigramm an Trescho, 1765 (nach Erinnerungen I, S. 19 auf Treschos Brief bezogen, nicht abgesandt): »Du willt Vereinigung jenseit des Grabes? ... Und für gehabte Müh Respekt und Dank dazu? ... Du warst der Stock, der starr das Bäumchen bog ..., das Marterkreuz ....« (SWS XXIX, S. 285). Allgemeiner die Anklage von »Tartuffen« in »An Prediger« (SWS VII, S. 282f.).*

7–12 Freiheit … Einfalle] *Ironische Anspielungen H.s auf Treschos asketische Schriftstellerei.*
8 Rowisch] *In der Art der Elizabeth Rowe.*
9 Wielandisch] *Wie Wielands »Briefe von Verstorbenen«.* – **Lethe]** *Siehe R, S. 730.*
10f. Gesundheit] *Trescho war von Jugend auf kränklich und hypochondrisch (LB I, 1, S. 25).*
11 Sterbensbibel] *»Sterbebibel«.* – **Lebensbibel]** *»Die Kunst glücklich zu leben«.*
14f. Scenen] *Kindheitserinnerungen an die heimatliche Landschaft, vgl. SWS IV, S. 464, Erinnerungen I, S. 11, das Gedicht »Träume der Jugend«, Zerstreute Blätter, siehe R, S. 29.*
18 Umgang mit andern] *Vgl. zu I 15,33.*
21ff. Sommer … im Grünen] *H. wurde von seinen großbürgerl. und adligen Freunden auf ihre »Höfchen« (Sommersitze) in der Umgebung Rigas eingeladen. Vgl. »Ein Landlied auf Gravenheide« (SWS XXIX, S. 286ff.), geschrieben als Gast des Mitglieds der Schwarzhäuptergilde Ernst v. Heydevogel (1723–1788) auf dessen Landsitz östlich von Riga, am Südufer des Jägelsees (Aquarell von Johann Christoph Brotze, um 1781; Riga, Bibliothek der Lett. Akademie der Wiss.; Abb. in: Gebhardt/Schauer I, Tafel XXVII, 2).*
26 Kanter] *Er war von seiner Filiale in Mitau im Juli 1765 nach Riga gefahren (vgl. Hamann an seinen Vater, Mitau, 18.7.1765, ZH II, S. 341).* – **Hartknoch]** *Vgl. zu I 11,26; seine Handlung in Riga siehe R, S. 801.*
27f. Hamann] *Vgl. zu I 15,5 und 16,8.*
29 Mohrungschen Freunde] *U. a. Trescho.*
30 Mutter] *Anna Elisabeth H., vgl. Treschos Leichenrede (LB I, 1, S. 31ff.).* – **Stimme aus der Wüste]** *Vgl. Jesaja 40,3.*

18. AN JOHANN GEORG HAMANN, Riga, Ende Februar 1766

4ff. in Ihre Armen] *Hamann hatte H. im Januar 1766 in Riga besucht, wie er ihm aus Warschau am 14.10.1765 versprochen hatte (ZH II, S. 351). Von ihrer herzlichen Freundschaft zeugt Hamanns Anrede »mon petit coeur gauche. Mein allerliebstes Herderchen!« in B₂.*
5 Hypochondrist] *Hamann wie H. auch.*
7 ersten Theil] *»Ueber die neuere Deutsche Litteratur«, 1. Slg.*
7–13 zweiten Theil] *2. Slg.*
9–12 Orientalen … Schweizerischen Theatergeschmack] *Alles in der Druckfassung der 2. Slg. besprochen (letzterer erwähnt SWS I, S. 292, »zehn mitleidige Schweizertragödien nach Griechischer Manier«).*
12 Römer] *Nachbildungen in der 3. Slg. der Druckfassung.* – **Gleim]** *Vgl. I 47,40–44, 54ff.*
13 Franzosen u. Engländer] *Ihre Nachahmung in der deutschen Literatur darzustellen war für die 3. Slg. vorgesehen (vgl. SWS I, S. 355) und wurde 1767/68 in die Disposition der nie ausgeführten 4. Slg. aufgenommen (vgl. SWS I, S. 528 unten; Otto I, S. 673f.). Vgl. I 30,31–34; »Haben wir eine Französische Bühne?«, »Vom Brittischen Geschmack in Schauspielen« siehe R, S. 46 und 48. »Wenn die Ausführung so glücklich geräth als Ihre Disposition, so wünsch ich Ihrem Verleger im voraus Glück«, urteilte Hamann in A. Vgl. auch I 69,45; 70,17ff.*
13 Imprimatur] *Druckgenehmigung; hier Hamanns kompetentes Urteil als H.s »erstgeborner Kunstrichter«, dem er die Manuskripte schickte, vgl. I 20,14ff.*
14 Königsbergschen Zeitungen] *Siehe R, S. 680f.*
14f. Scheffner] *Rezension vom 27.1.1766, siehe R, S. 681.*

16 Critik] *Von H., nichtüberliefertes Mskr., siehe R, S. 23.*
17 Hofmeisterton] *Scheffners Brief an Kanter (»ein Zettelchen«) ist nicht überliefert.*
18 antwortete] *H.s anonyme Antwort an Scheffner ist nicht überliefert. Scheffners darauffolgender erregter Brief an H. wurde ihm von Hartknoch zurückgeschickt, um H. »eine neue Aufwallung zu ersparen« (B zu I 21).*
19 Kantische Rezension] *»Träume eines Geistersehers«, siehe R, S. 23.*
19f. Lindner] *Brief an H. als Einlage in B₂, nicht überliefert.*
20f. lärmende Ode] *Parodie einer Ode von Karl Gottlieb Bock, 14. 2. 1766, siehe R, S. 681.*
21 Osterode] *»Ostergesang«, 23. 4. 1764, siehe R, S. 28.*
23f. Schand- u. Liebespfal] *Am 25. 6. 1764 Kanters »Avertissement an die Leser«, siehe R, S. 304.*
24f. Scheffner] *Vgl. zu 18.*
27–30 Kommißionen] *In B₁ hatte Hamann Georg Berens durch H. um ein Dutzend Flaschen engl. Bier gebeten und H. selbst und seine Wirtin Frau Hartmann um »2 oder 3 Paar Haselhüner«. In B₂ hatte er sich danach erkundigt. In A war er von H.s »Treue in Commißionen nicht so völlig eingenommen«.*
31 meine Komißionen] *Nach der Rückkehr nach Mitau hatte Hamann H.s »Bücher-Commission« nach Königsberg bestellt und Hartknoch für H. Winckelmanns Schriften, »Matinées royales« und Auszüge aus Swedenborgs Werken (ein Mskr.) mitgegeben (B₁), letztere erbat er zurück in A zu I 20.*
39f. Trescho] *Sein Brief nicht überliefert; vgl. zu I 17(N),6f.* – Raillerie] *Spötterei, Scherz.* – Eckel] *Vgl. zu 15, 71f.*
42 eccentrisch] *Überspannt, schwärmerisch.* – ganz Autor] *Vgl. 7–13.*
43 ihrer < Ihrer.
45f. Frauen] *Eva Maria Berens.*
46 nil admirari] *Horaz, »Epistolae«, I, 6,1.*
47 eo plus amare] *Um so mehr lieben.* – curieuse] *Merkwürdig, seltsam.*
48 Hypochondrie] *Krankheitswahn, Schwermut; Modekrankheit der Gebildeten im 18. Jh.*
51f. Briefe voll Auszüge] *Wie B₂ von 20./21. 2. 1766: aus »Freymüthige Nachrichten von neuen Büchern« (siehe R, S. 669f.), u. a. über Swedenborg, Ramler, Klopstock, Horaz.*
51 Philolog] *Hamann nach seinen »Kreuzzügen des Philologen«.*
54 καλους κ'αγαθους] *»Gute hübsche Leute« (aristokrat. Bildungsideal, »Gentleman«) bei Xenophon und Plutarch vgl. »Ueber die neuere Deutsche Litteratur«, 2. Slg. (SWS I, S. 298–306). Zum Mskr. davon Hamann in A zu I 20: »In dem καλος κ'αγαθος scheinen Sie mir mehr Emphasin [Nachdruck] zu finden, oder ihn wenigstens nicht immer recht anzuwenden. Das Wort selbst habe alles Nachsuchens ohngeachtet noch nicht finden können. In Aelian wird das Wort, (das adjectivum) vom Phocion gebraucht, und Kretschmar in seinem Lexico über diesen Autor [Christoph Kretzschmar, Schulrektor, 1700–1764; »Aeliani Operum Tomus 1«, Dresden, Leipzig 1746] sagt davon: summa omnis laudationis [allerhöchstes Lob, vgl. SWS I, S. 304, »ein Scholiast«]. Das καλον scheint mir dem französischen galant homme vollkommen synonym zu seyn, welches in dieser Sprache gleichfalls den honnete homme übertrifft.«* – *Auf Plutarch allgemein als Quelle für καλοκαγαθια wies Hamann in A zu I 22 hin, auf Aristoteles am 10. 6. 1767 (ZH II, S. 395).*
54 Bekandtschaft Homers] *Nachrichten über die Verbreitung und Lektüre seiner Werke in der Antike (vgl. SWS I, S. 297–302).*
55 Freundes] *Tottien.*
55f. Gedanken ... Rathschläge] *Vgl. 7–13.*

19. An Johann Georg Hamann, Riga, Mitte März 1766

4–12 Andenken ... Spence] *In der Hoffnung, daß H. mit Hartknoch nach Mitau komme, behielt Hamann Spences »Polymetis« von den von Dr. med. Ehregott Friedrich Lindner eingepackten Büchern zurück, schrieb aber, daß er ihn nicht schicken könne (B). Seine eigene Lektüre dieses Buches erwähnte er in A, machte H. auch Hoffnung darauf.*
7 Kantersche Betheurungen] *Geschwätzig, wortreich.*
13f. Fabriz] *Johann Albert Fabricius, »Bibliotheca graeca«. Pastor Ruprecht (vgl. zu I 20, 22f.) hatte Hamann für H. den 1. Band gebracht mit der Bitte um schonende Behandlung (B). Am 19.4.1766 versprach Hamann H. den 2. Band nach Rückgabe des 1. (ZH II, S. 366).*
15 Weges] *Vgl. I 20,4–12.* – Lage] *Hamann war nach der Abreise Tottiens und seiner Frau nach Warschau Hausherr (B).*
16 litterarischer Beschäftigungen] *Hamann erwähnte u. a. seine Lektüre des Muratori (B), vgl. zu I 18,51f.*
18 Kommißionen] *Vgl. zu I 18,27–30.*
19 letzter Brief] *B.* – meinen vorigen] *I 18.* – nicht mit einem Schattenzuge] *Irrtum H.s, Hamann ging nur beiläufig auf seine literarischen Mitteilungen ein. (Die Briefe hatten sich nicht gekreuzt, wie O. Hoffmann, S. 22, annahm.)*
20f. Matinées] *»Matinées royales« von Friedrich II. von Preußen; vgl. zu I 18,31; in B fragte Hamann, ob er sie bald zurückerhalte.*

20. An Johann Georg Hamann, Riga, vor dem 24. März 1766

7f. Romanisch] *Romanhaft.*
8 Gesangbuch] *Wenn H. nach Mitau reise, bekomme er vielleicht »noch ein paar Bücher eine liebe Bibel und ein liebs Gesangbuch« mit, das könne ihm »unterwegens gute Dienste thun anstatt der witzigen Gassenhauer«, die H. gewöhnlich mit Hartknoch singe (B).*
9 mein junges Leben] *Siehe R, S. 684.*
10 Öfnung der Ströme] *Vom Eis.*
11 allein] *Ohne Hartknoch.*
13–16 3. Manuskripte] *»Ueber die neuere Deutsche Litteratur«, 1./2. Slg. Hamann schrieb in A:* »Sie haben mir einen sehr vergnügten Abend und Nachmittag gestern gemacht – aber die Zeit ist zu kurz gewesen. Ohne einen sorgfältigen und gelehrten Corrector wird es um den Druck schlecht aussehen. Gegen das Ende ... scheint mir ein Wort zu fehlen. [... Zitat] Mit der Ordnung, dem Reichthum, der Schönheit des Entwurfs sowol als der Ausführung bin im Gantzen zufrieden und freue mich über den Schatz der Einsichten und Einfälle, der Keime, Blüten und Früchte. [Καλος κ'αγαθος vgl. zu I 18,54.] In Ansehung der Dithyramben kann ich die Richtigkeit Ihrer Nachrichten nicht beurtheilen. ... In Ihren Handschriften habe nichts geändert, als etwa ein zweymal geschriebenes Wort ausgestrichen.« *Die zurückerhaltenen Mskr. arbeitete H. erneut um. Vgl. I 24, 12–15. Bei dem 3. Mskr. lag auch die »Nachricht von einem neuen Erläuterer der H. Dreieinigkeit« (siehe R, S. 11), mit der Hamann auch zufrieden war.*
13 Vives] *Hamann hatte am 11.2.1766 H. um sein Exemplar gebeten, weil es das Buch in Mitau nicht gab. In A und am 19.4.1766 (ZH II, S. 367) meldete er H., daß es nicht angekommen war. H. hatte es vermutlich abzuschicken vergessen.*
16f. Commission ... Gefangnen] *Hamann hatte H. in B gebeten, eine von Georg Berens aufbewahrte rote lederne Schachtel mit seinem Patengeld mitzubringen. (O. Hoffmann vermutete unter »Gefangnen« die »Matinées«, vgl. zu I 19,20f.)*

18f. Spence] *Vgl. zu I 19,4–12; von Hamann mit den Mskr.* (**13ff.**) *an Hartknoch für H. übergeben (A), am 19. 4. und am 22. 5. 1766 und 28. 3. 1767 wurde H. an die Rücksendung erinnert (ZH II, S. 366, 372, 388, 390), vgl. I 22,80.*
20f. Lindner] *Er ging nicht nach Petersburg. Auch Hamann rechnete mit der Berufung Lindners (an seinen Vater, 8. und 15. 5. 1766, ZH II, S. 367f.; A zu I 22).*
22f. Pastor Ruprecht] *Johann Christoph Ruprecht, H.s Brief ist nicht überliefert. –* Fabricius] *Vgl. zu I 19,13f.*
23 Meursius] *Dessen »Opera« hat H. offenbar nicht erhalten, in seinen Rigaer Schriften und in HN nicht erwähnt.*
25 Hofraths] *Tottien. –* Bibliothèque universelle] *Siehe R, S. 653.*
Zu I Anm. 20: *Die Notiz bei der Adresse deutet auf einen verworfenen Manuskriptanfang hin, die »Bildersprache der O[rientalen]« oder »O[ffenbarung]« auf die 2. Slg. »Ueber die neuere Deutsche Litteratur«, III. Von den Deutsch-Orientalischen Dichtern (vgl. SWS I, S. 260, 281).*

21 (N). AN JOHANN GEORGE SCHEFFNER, Riga, 6. Mai 1766

8–12 Hartknoch ... Notenwechsel] *Anonym, vgl. zu I 18,17f. Scheffner hatte geschrieben, er sei Hartknoch für die Rücksendung seines 2. Zettels dankbar, weil er »keine Federkriege liebe« und H.s Verdienst schätze. Auch erhebe er auf den Titel eines Kunstrichters »gar keine Ansprüche«.*
15 Repreßalien] *Gegenbeleidigung, H.s nichtüberlieferte Zettel an Scheffner.*
18f. Menschen ... Autor] *Zur Distinktion beider vgl. I 5(N),9f.; 23(N),9; 29(N),33f.; 40(N),17f.; 50(N),7f.; »Journal meiner Reise im Jahr 1769« (SWS IV, S. 346f.).*
20f. Erzählungen] *»Scherzhafte Erzählungen kleiner Satyren«, siehe R, S. 693. Worin er in seinem Urteil darüber recht habe, schrieb Scheffner, sei »eine äußerliche Kleinigkeit«.*
29 Freundschaft] *Auch Scheffner hatte darum gebeten.*

22. AN JOHANN GEORG HAMANN, Riga, Mitte Mai 1766

3 eilfte Kapitel] *Vgl.* **86** *und* **91**.
4 Abreise aus Mitau] *Am 6. 5. 1766 (vgl. Hamann, der »im Vergnügen mit ... Herder vermuthlich zu unmäßig« war, an seinen Vater, 8. 5. 1766, ZH II, S. 367).*
6ff. Schlucken] *Schluckauf bekommt man nach volkstüml. Auffassung, wenn jemand an einen denkt.*
7 curieuse] *Vgl. zu I 18,47.*
15–20 das ist der Freundschaft] *Nicht ermittelt, vermutlich von H. gedichtet.*
25 Ruhe] *Vgl. I 8(N),38f.*
30f. »die Briefe sind stark] *Adaption von Matthäus 26,41.*
32f. die besten Entschlüße ... keine Kinder.] *Sprichwörtliche Redensart.*
34 Pazz] *Christian Gottlieb Patz*
36f. Tottin u. ... Frau] *Tottien.*
41 Kibitka] *Russ. ungefederter, verdeckter Reisewagen.*
43 Gaßenlieder] *Gassenhauer, Volkslieder; vgl. zu I 20,8.*
44 Düna] *Siehe R, S. 758.*
46 Julius Cäsar] *»Du trägst den Cäsar«, siehe R, S. 106. –* Grecourt] *Frivoler Dichter, H. über sich selbst?*

46f. Thore] *Stadttore, siehe R, S. 801.*
48 Feldteufel] *Vgl. Jesaja 13,21.* – Wirthin] *Frau Hartmann in Riga.*
52f., 55 Pasquillzettel ... von H.pp.L] = *Hippel [Lindner ist zu tilgen], anonym, nicht überliefert. H. fühlte sich in Königsberg von Hippel verspottet, vgl. IV 69(N),102f.*
54 schrieb] *I 21(N).* – Komödie] *Vgl. I 13(N),25.*
56ff., 63f. Schlegelsche Lustspiel] *Von Johann Elias Schlegel.*
58f., 63f. Candidaten] *Von Johann Christian Krüger.*
59 Trauerspiel] *Apposition zum folgenden Titel.* – Rhynsolt] *Von Christian Lebrecht Martini.*
60 Patelin] *Von David Augustin de Brueys.*
60f. Kantner] *Anton Gantner.*
62 Projektfach] *Vgl. I 15,13,46ff., 68f.*
63f. Critik] *»Haben wir eine Französische Bühne?«, siehe R, S. 46.*
64 Trauerspiels] *Vgl. I 25(N),52.*
70, 79 3.ten Fragment] *»Ueber die neuere Deutsche Litteratur«, 3. Slg., siehe R, S. 13; vgl. zu I 18,12.* – *Hamann schrieb dazu: »Arbeiten Sie an Ihr drittes und viertes Fragment. Ich kann gegenwärtig unmöglich Ihr Matanasius seyn [= pseudonymer Herausgeber des Meisterwerkes eines Unbekannten = Saint-Hyacinthe, Hyacinthe Cordonnier, Den Haag 1714; vgl. Nadler, Bd. 6, S. 75, 242f.]. Meine Stunde ist noch nicht kommen« (A).*
70ff. Meßkatalog] *Ostermeßkatalog 1766.*
74 Michaelis] *Johann David Michaelis, »Vermischte Schriften«.*
74f. Willamovius] *»De Ethopoeia comica«.*
75f. Zachariä] *Justus Friedrich Wilhelm Zachariä.*
77f. Ungenannten: Fragmente] *»Ueber die neuere Deutsche Litteratur«, 1./2. Slg.*
80 Spence] *Vgl. zu I 20,18f.*
80f. Fabriz] *Vgl. zu I 19,13f.; Hamann erinnerte in A und in A zu I 25 an die Rücksendung.*
81f. Pastor Ruprecht] *Vgl. zu I 20,22f.*
83, 85 Saintfoix] *Saint-Foix, von Hamann mit A übersandt. Auf die Lektüre geht die Bemerkung in der 1. Slg. »Ueber die neuere Deutsche Litteratur« zurück: »So wie schon die alten Gallier zur höchsten Obrigkeit ein Weiberrathhaus gehabt haben ...« (SWS I, S. 236).*
84 Leibniz] *Biographisches, siehe R, S. 344; a. a. O., S. 346: »In Nürnberg hörte er von einer Gesellschaft, die den Stein der Weisen suchte. ... Um ihre Geheimnisse zu erfahren, studierte er alchymistische Bücher, bemerkte sich die dunkelsten Redensarten, schrieb hierauf an den Vorsteher einen Brief, den er selbst nicht verstand, und bat um den Zutritt, den er erhielt ...«*
86 fluctus] *Welle(n).*
87 Ovid] *»Tristia« I,2, Vers 49f. (Nachweis von Dr. Manfred Simon, Jena).*
89f. Marc Aurels] *Marcus Aurelius Antoninus, Gemme.*
91f. Shandyschen ... Onkel Tobias Shandy] *Bezugnahme auf Sternes »Tristram Shandy«; vgl. I 25(N),5f.*

23 N). AN JOHANN GEORGE SCHEFFNER, Riga, 21. Juni/2. Juli 1766

4 Schreiben] *Nicht überliefert.*
5 Disharmonie] *Vgl. I 18,14–26; 21; 22,53ff.*
11 unter einer Antwort] *Keine Beantwortung verdienen.*

11f. Litterar-Umgang] *Vgl. I 15,14f.*
15–81 Fragmente] *»Ueber die neuere Deutsche Litteratur«, 1./2. Slg., hatte Scheffner im Manuskript gesehen, vgl. I 24,61ff. Hartknoch ließ sie anscheinend über Kanters Vermittlung in Berlin drucken.*
19ff. Namen] *H.s Streben nach Anonymität entsprach den Gepflogenheiten der Zeit, vgl. I 29(N),26–31; 31,23–30.*
20 Pythischen Wahrsagern] *Siehe R, S. 737; metaphorisch.*
22 wo gilt ein neuer Prophet] *Vgl. Matthäus 13,57.*
27 über Fragmente] *Über »Briefe die Neueste Litteratur betreffend«. – erste Theil] 1. Sammlung. Vgl. Inhaltsverzeichnis (SWS I, S. 137f.).*
29f., 35f., 52 Claßischen Schriftsteller] *Unter der Rubrik »Charakter unserer Claßischen Schriftsteller« (SWS I, S. 138) untersuchte H. in Fragment I 18. Winckelmann, Hagedorn, Moser, Abbt, Spalding, Mendelssohn, Lessing, Möser und Hamann (SWS I, S. 218–229); Scheffner wünschte noch Ebert, Meinhard und Ramler dazu gerechnet (A). Vgl. I 26(N),15ff.,40ff. und H.s Zurücknahme der »klassischen« Einschätzung der genannten Autoren nach erfolgter Kritik der »Fragmente« in der 2. Ausgabe (SWS II, S. 54–57).*
30, 33, 56 Genie ihrer Sprache ... Geist unsrer Sprache] *»Der Genius der Sprache ist also auch der Genius von der Litteratur einer Nation.« (SWS I, S. 148).*
33 Schreibart] *Stil.*
33, 50 Idiotismen] *Dialektismen, nach H. notwendige Bestandteile einer »sinnlichen Sprache« (vgl. SWS I, S. 160, 162–166).*
34, 49 Inversionen] *Abweichungen von der regelmäßigen Wortstellung, nach H. Kennzeichen einer lebendigen Sprache (vgl. SWS I, S. 190–196).*
38f. wo noch keine Gesezze sind, gelten Gewohnheiten] *»... daß alle Völker nach bloßen Gebräuchen leben, ehe sie Gesezze haben« (SWS I, S. 193).*
40 Philosophische Regeln] *Die philosophische Sprache »folgt blos der Ordnung der Ideen, und hat also keine Inversionen« (SWS I, S. 193). – Beispiele ausgebildeter Sprachen] Der griech. und latein. Sprache (vgl. SWS I, S. 173).*
42f. willkührliche Theil einer Sprache] *Abstraktionen (vgl. SWS I, S. 171) und umgangssprachl. Redensarten (vgl. SWS I, S. 167).*
43 Mondschein] *Die wechselnden Mondphasen.*
44 Modesprache] *Wie Modegeschmack (vgl. I 42,39) von H. überwiegend negativ aufgefaßt.*
44f. Kleinmeisteretiquette] *Vgl. zu I 93,118.*
46f. Sprache der Weltweisheit] *Nach Mendelssohns Auffassung (Zitat aus den »Litteraturbriefen«, SWS I, S. 196f.) war die deutsche Sprache mehr als jede andere lebende Sprache geeignet, die feinsten philosophischen Gedanken auszudrücken.*
48 galante Prose] *Liebesromane bzw. -novellen (nach frz. Vorbild).*
49 Sprache der Einbildungskraft] *Die poetische Sprache der Antike und der Naturvölker, der die Gegenwart entfremdet ist. – Machtwortern] Besonders nachdrückliche Wörter, Idiotismen, einprägsame Metaphern, an denen z. B. die griechische Sprache reich ist (vgl. SWS I, S. 157, 177, II, S. 10f.). »Machtwörter« ist ein von Breitinger in seiner »Fortsetzung der Critischen Dichtkunst« (Zürich 1740, S. 50 u.a.) gebrauchter Terminus (vgl. Proß I, S. 746).*
50 Rhythmik] *Die Auseinandersetzungen um Rhythmus und Metrik im Anschluß an die »Litteraturbriefe« konzentrieren sich auf die Ablehnung des Hexameters im Deutschen und die Befürwortung von Klopstocks freien Rhythmen (vgl. SWS I, S. 204 bis 207).*

51f. haben wir Claßische Schriftsteller schon?] *Vgl. zu 29f.*
53 Philosophische u. Philologische Aussichten] *Die Zusammenfassung der in der 1. Slg. der »Fragmente« erörterten Probleme enthält der »Beschluß, über das Ideal der Sprache« (SWS I, S. 229–240).*
55ff. Sylbenmaaße ... Genie der Sprache ... Deklamation u. Accente] *H. beurteilte im Anschluß an die »Litteraturbriefe« und an Hamanns »Aesthetica in nuce« Hexameter und freie Rhythmen in ihrer Eignung für die deutsche Sprache gemäß der im Vergleich zum Griechischen geringeren Funktion der Akzente im Deutschen und empfahl die freien Rhythmen für die Deklamation (vgl. SWS I, S. 174ff., 204ff., 209f., 232f.).*
59 des Klopstockschen Sylbenmaasses] *Freie Rhythmen, vgl. zu 50 und 55ff.; von H. vorgeschlagen für Dithyramben, Oden, Opern-Arien und Rezitative, Trauerspiele (vgl. SWS I, S. 208ff.).*
60 Dithyramben] *Dithyrambos, ekstatisches Chorlied zur Feier des Gottes Dionysos, woraus die Tragödie entstand; danach der Ode verwandte enthusiastisch-hymnische Dichtung.*
61 Affektstücke] *Oden (vgl. SWS I, S. 208f.).* – ειδος] *Bild, lyrisches Gemälde (vgl. SWS I, S. 209).*
62f. Saturninischen ... Plautianischen Sylbenmaasses] *Nach Saturn bzw. Plautus, siehe R, S. 737 und 442.*
64 Wechselgesprächen] *Nach dem Vorbild von Platos Sokratischen Dialogen (vgl. SWS I, S. 181f.).*
65 Theatergemälden, die Diderot verlangt] *In »Unterredungen« (»Entretiens sur le fils naturel«) in »Das Theater des Herrn Diderot« (vgl. SWS I, S. 210).*
67 Cortes] *Von Justus Friedrich Wilhelm Zachariä.*
67f. Marmontelschen Uebersezzer] *Gottlob Benedikt Schirach.*
68 Magister ... liberalium] *Magister der sieben freien Künste.*
69ff. Dithyramben] *Von Willamovius.*
71 affektirt] *(Die Kenntnis von etwas) vortäuscht, erkünstelt, zur Schau getragen.*
72–81 meine Hypothese] *Über die Entstehung des griech. Dithyrambos, in der Kritik an Willamovius' »Dithyramben« in der 2. Slg. »Fragmente«, IV, 2. »Pindar und der Dithyrambensänger« (SWS I, S. 307–328); vor Erscheinen der 2. Auflage (74f.), die H. für die »Allgemeine deutsche Bibliothek« rezensierte. Nach seiner histor. Auffassung waren Dithyramben nicht mehr möglich.*
80f. sine vitulo] *Ohne Kalb (= ohne Lob und Preis).*
81ff. Griechisches Theater] *»Parallele zwischen den Griechischen und Französischen Tragödienschreibern«, nicht erschienen, siehe R, S. 47.*
83f. Arnaud] *François Thomas Marie Arnaud; Scheffner empfahl H. den »Discours préliminaire« u. a. wegen der guten Gedanken über die Versifikation für seine 81f. genannte Schrift (A). In A zu I 26 verwies er auf seine überwiegend positive Rezension in den »Königsbergschen Zeitungen« vom 19. 9. 1766.*
85f. es noch einmal schreibe] *Vgl. 4f.*
87 ▢] *Logenzeichen, Scheffner war Freimaurer, H. im Juni 1766 in die Rigaer Loge »Zum Schwerdt« aufgenommen worden.*
89 Babet] *Scheffners Frau.*
92f. Hartknoch ... Kant] *Scheffner erwiderte Hartknochs Gruß und übermittelte an H. einen Gruß Kants, der im Geist »jetzt beständig in England« sei, »weil Hume und Rousseau da sind, von denen sein Freund Herr Green ihm bisweilen etwas schreibt« (A).*

24. AN JOHANN GEORG HAMANN, Riga, Juli 1766

7 ratione inversa] *Im umgekehrten Verhältnis. – Kräfte] In seiner Nachschrift von Kants Vorlesungen »Metaphysische Anfangsgründe der Naturlehre« (hrsg. H. D. Irmscher, Kant-Studien, Ergänzungshefte 88, Köln 1964, S. 62) 1762–1764 (nach Baumgartens »Metaphysica«) hatte H. notiert: »Zwei entgegengesetzte Kräfte heben einander auf. Das facit ist O.«*
8 schicke ich alles] *Vgl.* **12f.,15–20.**
9 Schulactus] *Schulrede oder -feier, wahrscheinlich wieder zum Krönungsjubiläum der Kaiserin, vgl. zu I 13(N),***8ff.**
9f. Stumme Person] *Darsteller im Schauspiel ohne Text.*
12ff. Fragmente ... erste Stück] *Vgl. zu I 20,***13ff.**
14 Ende ... Schlußzierrath] *»Beschluß, über das Ideal der Sprache« (SWS I, S. 229–240).*
15 2ten] *Von der 2. Slg. hatte H. den »Vorläufigen Discours« beigelegt (nach A). Hamann, der die 1. Slg. mit Vergnügen zweimal las und um die Fortsetzung der Mskr.-Sendung bat, fand, daß H. seine Arbeit »gewaltig umgeschmoltzen« und mehr Auszüge aus den »Litteraturbriefen« gebracht habe, als ursprünglich beabsichtigt war. Über viele neue Werke und über die Prosodie sei er »kein iudex competens«. Die Ausführungen über die Sprache seien »nach Wunsch detaillirt, einige Puncte in ein eben so gutes philosophisches als ästhetisches Licht gesetzt«. Er kritisierte einige Wortbildungen wie »Naturgenie« (von H. beibehalten, aber in der 2. Ausgabe weggelassen, SWS I, S. 207), den »zu petillanten« [feurigen] Stil und die durch Fragen und Interjektionen zerrissenen Perioden (A).*
15ff. Fabricius] *Vgl. zu I 19,***13f.** *und zu I 22,***80f.**
17ff. Winckelmanns] *»Versuch einer Allegorie«; Hamann fand »wenig Genüge« an der Lektüre (A).*
19f. Saintfoix] *Vgl. zu I 22,83.*
20 neuen Sachen] *Im Ostermeßkatalog 1766.*
22f. Tellers] *»Uebersetzung des Segens Jacobs«; Abhandlung siehe Johann Schmid, R, S. 519.*
24f. Neue Bibliothek] *Band 2, 1./2. Stück, siehe R, S. 652.*
26f. Allgemeine deutsche Bibliothek] *Siehe R, S. 641f.*
28 Herman u. Gunilde] *Von Rudolf Erich Raspe.*
29 Ramlers Lieder der Deutschen] *Ausgabe von 1766.*
31 Home] *»Grundsätze der Critik«.*
32 Spaldings Predigten] *»Predigten«, 1765.*
34 Mitau] *In Hartknochs Filiale.*
34ff. Gleim] *»Lieder Nach dem Anakreon«, vgl. I 32,***44f.**
36 Reiske] *»Demosthenes ...« oder »Animadversiones ...«.*
37 acta litteraria] *Siehe R, S. 641.*
38f. Damms] *»Novum Lexicon Graecum«.*
39f. Bitaubé] *Frz. Ilias-Übersetzung.*
40f. Daphnis u. Chloe] *Von Friedrich Grillo. (Die Urteile über die Titel* **38ff.** *wahrscheinl. aus der »Allgemeinen deutschen Bibliothek« Bd. I und III in der genannten Reihenfolge von Heyne, Mendelssohn, Heyne, vgl. O. Hoffmann, S. 240).*
41f. Tonmeßung] *Von Karl Christian Canzler.*
43 Lindauische Nachrichten] *Vgl. zu I 13(N),98.*
44 Ethopäie] *Vgl. zu I 22,74f.*
46 Abhandlung] *In den »Gelehrten Beyträgen zu den Rigischen Anzeigen«, siehe R, S. 21.*
47–50 Pfingstkantate] *»Die Ausgießung des Geistes«, siehe R, S. 7f.; – vorläufige Abhandlung] »Vorläufige Abhandlung, die den Gesichtspunkt dazu bestimmet«.*

48f. Kantate ... Schlegels] *Gottlieb Schlegel, »Der Hingang Jesu zum Tode«.*
53 Plane] *Vgl. I 22,62.*
54 Paz] *Christian Gottlieb Patz war »Pastor vicarius« geworden und hatte keine Zeit, H. zu schreiben (B).*
55 beßern Zeiten] *Im 9. Stück der »Königsbergschen Gelehrten und Politischen Zeitungen« am 31.1.1766 hatte H. die Programmschrift für das Hallische Gymnasium »Die Hofnung besserer Zeiten für die Schulen« von Johann Peter Miller überwiegend zustimmend rezensiert (SWS I, S. 118–121).*
55f. Urteile ... folgenden Seite] *H. setzte den Brief nicht fort.*
57 besuchen] *Vgl. I 25. – aus Schande] Preuß. Provinzialismus; zu seiner Demütigung.*
58 Tottins] *Zu H.s Aversion vgl. I 14(N),23ff. – H.] Hinz?*
59 Brief] *Nicht überliefert.*
61 Scheffner] *Sein Brief, B zu I 23, ist nicht überliefert.*
62f. Kanter] *Über seine Indiskretion vgl. zu I 23(N),15ff. und zu I 51,19ff.*

25 (N). AN JOHANN GEORG HAMANN, Riga, 16./27. August 1766

5f., 19, 64, 67, 69 Yorik an Tobias Shandy] *Rollenspiel, der erste H., der zweite Hamann; vgl. zu I 22,91f.*
6f. Pansa] *Sancho Pansa, siehe R, S. 111.*
9f. August] *Augustus (Octavianus), Bezug nicht nachgewiesen.*
11 Mitausche Schwärmnacht] *Vor Mitte August alten Stils war H. in Mitau, am 14./ 25. 8. 1766 wieder in Riga (23). Hamann freute sich, daß H. die »Mitausche Schwärmerey noch so gut bekommen« sei, schickte ihm durch Steidel seine vergessenen Strümpfe (»ein ungleiches Paar«) und »Zedel« (Mskr.) nach und lud ihn erneut ein, wenigstens für einen Tag (A).*
12f. 8. Partes orationis] *Redeteile, Wortarten: Substantiv, Verb, Adjektiv, Adverb, Pronomen, Präposition, Konjunktion, Interjektion.*
13 vaeh ... quia p] *Wehe dir, daß du lachst.*
14–18 Esther] *Siehe R, S. 704; Buch Esther 4,16 (Esther will drei Tage fasten), freie Exegese, sexuelle Anspielung nach Hamanns Geschmack.*
16f. Leßer] *Friedrich Christian Leßer; Stelle nicht nachgewiesen.*
17 Weiblichen F ...] *Fotze.*
20 Geschichte des Yoriks] *Siehe R, S. 555.*
21, 24 Göttingischen Zeitungen] *Siehe R, S. 672.*
22 Kastanienwerfer] *Sterne, »Tristram Shandy«, 4. Buch, Kap. 27.*
23 ehegestern] *14./25. 8. 1766. – Xstina] Schröckh, »Allgemeine Biographie«.*
25–46 Boulanger] *»L'Antiquité dévoilée«; Hamann wußte und erwartete nichts davon. Boulanger habe »weder Einsicht noch Ernst und Ehrlichkeit« und sei »von einer ausschweifenden Einbildungskraft, [...] Lügen und Dichten« (A).*
47, 59 Fabriz] *Vgl. zu I 24,15ff.*
48 Muratori] *Hamann hatte das Buch in B zu I 19 erwähnt als vielleicht brauchbar für H.s Zwecke und schickte es Ende 1766 nach Riga (ZH II, S. 388, 390).*
49ff. de pereuntibus] *Von Simonius.*
50 Ferrari] *Hamann fand in beiden Büchern nichts »de litteris pereuntibus« und hatte sie schon an den Besitzer zurückgeschickt (A).*
52 Trauerspiel] *»Mendoza und Alvare«, siehe R, S. 47; vgl. I 22,64.*
53 Planen] *Vgl. zu I 24,53.*

54 Arbeit] *Die 3./4. Slg. »Ueber die neuere Deutsche Litteratur« war für die Ostermesse 1767 angekündigt, die im Ostermeßkatalog 1766 als fertig genannte 1./2. Slg. erschien nach dreimaliger Umarbeitung (vgl. SWS I, S. 295) im Spätherbst 1766 (vgl. I 29,24).*
55–58 griechischer Plato] *Platon-Lektüre ist für alle Teile der »Fragmente« vorauszusetzen (in der 3. Slg. vgl. SWS I, S. 397f., 421), besonders aber auch für das im Ostermeßkatalog 1766 unter dem Titel »Beyträge zur Geschichte des lyrischen Gesanges« angekündigte Fragment »Versuch einer Geschichte der lyrischen Dichtkunst« (SWS XXXII, S. 85–140, vgl. SWS I, S. 465f.).*
59ff. Gerhard Johannes Vossius] *Hamann fand das Buch in Tottiens Bibliothek nicht (A).*
64 Shandysche Mönchenspiele] *Vgl. zu 5f., wahrscheinlich Trinkgelage wie Klosterbrüder.* – **Kohlgärten]** *Literar. Arbeiten (vgl. ZH II, S. 444).*
65 mein Freund] *Hamann.*
66 Trim] *Diener Tobias Shandys in Sternes »Tristram Shandy«; vielleicht Schwander oder Patz, vgl. zu I 24,54. Hamann antwortete, er habe »dem Corporal Trim heute seinen Scheidebrief geschrieben« und sei allein (A).*
72f. Schlegels Banier] *Von Johann Adolf Schlegel.*
74 Taßoischen Amyntas] *In Hamanns Bibliothekskatalog nicht verzeichnet.*
74–80 Abbt] *»De difficillimo progressu«.*
78ff. Baumgartenianer] *Schüler von Alexander Gottlieb Baumgarten.*
78 Mathesis intensiva] *Mathematik intensiver Größen (vgl. SWS IV, S. 103), Berechnung des auf Quantität, Masse und Zeit basierenden Wirkungsgrades.*

26 (N). AN JOHANN GEORGE SCHEFFNER, *Riga*, 23. September/4. Oktober 1766

3 späte Antworten] *B spät als A zu I 23, wegen einer Handverletzung, Krankheit und Brunnenkur Scheffners (B).*
15 Claßischen Schriftsteller] *Zu I 23(N),29f. hatte Scheffner geschrieben: »Das Wort classisch in Ihrem Verstande genommen haben wir freylich classische Schriftsteller« (B).*
17–26 Uebersezzer] *Vgl. »Ueber die neuere Deutsche Litteratur«, 1. Slg. (SWS I, S. 172ff., 178f., 183f.).*
21 Idiotismen] *Vgl. zu I 23(N),33.* – **Hausherren u. Ehemanns]** *»Wer in seiner Muttersprache schreibt, hat das Hausrecht eines Ehmanns, falls er dessen mächtig ist.« Hamann, »Kreuzzüge des Philologen« nach Juvenal, Satura VI, Vers 456 »soloecismum liceat fecisse marito« (Nadler, Bd. 2, S. 126).*
23 nervichtere] *Kraftvollere.*
25f. Engel der Gemeine] *Vgl. Offenbarung des Johannes 1, 20 u. a. (Gemeindevorsteher), hier für »klassischer Autor«.*
26–30 Rammler ... Batteux] *»Einleitung in die Schönen Wissenschaften«.*
27f. Idiotisch und Patriotisch] *Der Eigentümlichkeit der Muttersprache gemäß.*
29 Voici und Voila] *Hier und da.*
30 LitteraturBriefen] *»Briefe die Neueste Litteratur betreffend«; Ramler war nicht Mitarbeiter (so auch A).*
32–39 Mainhard] *Meinhard.*
40, 43 Ebert] *Johann Arnold Ebert. Scheffner wollte Ebert, Meinhard und Ramler zu den klassischen Schriftstellern gerechnet wissen (B).*
42 Homer, Pindar, Shakespeare] *Vgl. »Ueber die neuere Deutsche Litteratur«, 1./2. Slg. (SWS I, S. 178, 210, 293).*

44 Rammlerischen Urteile] *Scheffner stimmte Ramler zu, der ihm von Lessings »Laokoon« schrieb: »Ein nützliches Buch, voll sehr feiner Betrachtungen u. Bemerkungen, nebst einer schönen critischen Gelehrsamkeit, und weitläuftigen Belesenheit; es kann viel Gutes bey Mahlern und Poeten stiften, mehr Gutes vielleicht wie Winckelmanns Schrifften« (B).*
44f. werfe ... weißen Stein] *Zustimmendes Urteil; vgl. Ovid, »Metamorphoses«, XV, Vers 41f. (Mos erat antiquus niveis atrisque lapillis, / his damnare reos, illis absolvere culpa.).*
47 Homer] *Vgl. »Ueber die neuere Deutsche Litteratur«, 2. Slg. (SWS I, S. 258–307).*
48 seine Anmerkungen] *Lessings.*
48f. Samenkörner auf ... Land] *Vgl. Matthäus 13,8.*
50f. Nebeneinander ... Auf einander] *(= Nacheinander) »Laokoon«: Malerei gestalte Körper im Raum, Dichtkunst Handlung in der Zeit; Unterscheidung jedoch im 1. »Kritischen Wäldchen« von H. kritisiert: Das Wesen der Poesie ist Kraft (nach James Harris, »Three Treatises, the first concerning Art, the second concerning Music, Painting and Poetry, the third concerning Happiness«, London 1744; vgl. SWS III, S. 135–139, 158ff.).*
51ff. verbeßerten Lesearten] *Die Interpretation der röm. Schriftsteller durch Lessing und seine abweichende Deutung der Statuen hielt Scheffner für »sehr gegründet« (B).*
53, 131 du Bos] *Dubos.*
53–57, 131 Webb] *»Inquiry« und »Remarks«. Scheffner tadelte, daß Lessing beide Autoren nicht angeführt habe, »da er beyde doch sehr stark genuzt, und ihnen die feinsten Bemerkungen abgelehnt hat« (B).*
58–68 vergleichen] *Winckelmann und Lessing vergleichen wollte H. in der 2. Slg. der 2. Ausgabe »Ueber die neuere Deutsche Litteratur« (vgl. SWS II, S. 162; III, S. IXf.), seine Vorarbeiten gingen in den 1. Abschnitt des 1. »Kritischen Wäldchens« ein (SWS III, S. 7–12). Hier sieht H. bei Lessing die Methode, bei Winckelmann das Resultat der geistigen Arbeit.*
63 Raisonneur] *Beurteiler, Kritiker.*
64 Antiquarius] *Altertumskenner.*
65 auf Winckelmanns Schultern] *Vgl. unter »Laokoon« (R, S. 351).*
66f. Profeßion ... Handwerk] *Beide Denker als Außenseiter der akademischen Gelehrsamkeit.*
68 ingratis Musis] *Wider Willen der Musen, d. h. gegen ihre Veranlagung.*
68f. Einbildungskraft] *Scheffner lobte Winckelmanns bilderreichen Stil, tadelte aber sein Übermaß an Einbildungskraft.*
69 System] *Schon Andeutung der späteren Winckelmann-Kritik im »Älteren Critischen Wäldchen« (R, S. 44).*
71 Hetrurischen] *Etruskischen.*
73 läßige Sünde] *Läßlich (= verzeihlich).*
73ff. Apoll ... Laokoon] *»Geschichte der Kunst des Alterthums«, »Beschreibung des Torso«.*
75 doppelten Beschreibung] *Herkules-»Torso« in der »Bibliothek« und der »Geschichte der Kunst«.*
76f. Betrachtung] *»Erinnerung über die Betrachtung«; Kriterien der Beurteilung von Kunstwerken: 1. Hat der Künstler selbst gedacht oder nur nachgemacht? 2. Form der wahren Schönheit (antike Vorbilder). 3. Künstlerische Meisterschaft, geistvolle Ausarbeitung, nicht mühsame Fleißarbeit.*
78 Gleim] *Bildnis, Kupferstich von Kauke (siehe R, S. 184).*
80 Pythagoräische Wallfarth] *Seelenwanderung; von Scheffner als wirkliche Reise (nach Berlin u. a.) befürwortet (A).*

81f. Ramlers ... Declamation] *Scheffner wünschte, daß H. Ramler eine Horaz-Ode vorlesen hörte. Ramler rühme Ebert und Geßner wegen ihres Deklamierens (B).*
81ff. Klopstocks] *»Von der Nachahmung des griechischen Sylbenmaßes«.*
83f. Einfluß des guten Lesens] *»Die Alten hatten soviel Wohlklang in allem, was sie aufsetzten. Sollte dieses nicht daher gekommen seyn, weil sie gut lesen konnten« (B).*
85 Recension] *Am 8. 9. 1766, siehe R, S. 681.*
86 Mendische Schaubühne] *Von Joachim Friedrich Mende.* – die Mendin] *Adelheid Mende.*
87ff. Gantner] *Vgl. I 22,60f.*
87f. Sauerweit] *Johann Karl Sauerweid.*
89ff. Kirchhöfin] *Kirchhoff.*
93 Lehrmeisters] *Dodsley, »The preceptor«.*
94 Home] *»Grundsätze der Critik.«*
94ff. Principes pour la lecture] *Von Edmond Mallet.*
100 Hume, Roußeau] *Vgl. zu I 23(N),92f. Nach Kants Erzählung aus Greens Briefen berichtete Scheffner in A von Rousseaus Zerwürfnis mit Hume. Da zufällig »der Sohn [François] des ärgsten Feindes« von Rousseau [Genfer Arzt Théodore Tronchin] in demselben Londoner Wirtshaus logierte, habe dieser einen beleidigenden Brief von 18 Bogen an Hume geschrieben und sei mit seiner Lebensgefährtin [Thérèse Levasseur] aufs Land gezogen. Entweder habe Hume »ein Schlange am Busen genährt«, oder Rousseau habe den Verstand verloren.*
103 Siberien] *In übertragener Bedeutung, siehe R, S. 818.*
104–108 Anekdotengelehrter] *Wahrscheinlich Immanuel Justus v. Essen.*
105 Bockischen Collegio] *Von Friedrich Samuel Bock.*
108–111 Grillo] *Scheffner erwähnte ihn als Rezensenten von Willamovius in »Briefe die Neueste Litteratur betreffend«, 21. Teil (siehe R, S. 655) und als Longus-Übersetzer (B).*
111 Klozz] *Klotz' Rezension von Grillos »Daphnis und Chloe« in »Acta litteraria«.*
112 Burmann] *Peter Burman Secundus.* – Neumanns] *David Neumann.*
114 geschwärmt] *Vgl. I 25(N),11.*
115 Kantate] *»Kantate zur Einweihung der Katharinen Kirche auf Bickern«, siehe R, S. 10.*
115f. Componisten] *Boetefeur, nach anderen Quellen Müthel.*
116 gelehrte Beiträge] *Zu den »Rigischen Anzeigen«, siehe R, S. 670.*
117 PfingstKantate] *»Die Ausgießung des Geistes«, siehe R, S. 7f.*
117–120 Oratorium] *H. schuf keine Kantate »Der Tod Jesu« wie Ramler, das Thema hat er gestaltet in der Neubearbeitung »Der Fremdling auf Golgatha« 1776 (SWS XXVIII, S. 84–100, vgl. die Erstfassung 1764, ebd., S. 1–5) und in der »Oster-Kantate« 1781 (siehe R, S. 11).*
121 Erweiterungen] *»Neue Erweiterungen ...«, siehe R, S. 687.* – die Martern des Erlösers] *Anonym, siehe R, S. 665 (vgl. SWS I, S. 60).*
122 Löwe] *Löwen, »Der sterbende Heiland«.* – Hilscher] *Hiller.*
123 Graun] *Er hatte Ramlers »Tod Jesu« vertont.*
125–129 Kantate] *»... daß ich eine glückliche Kantate unter den übrigen Dichtarten gleich nach dem Heldengedicht und dem Drama sezze.« In: »Vorläufige Abhandlung, die den Gesichtspunkt dazu bestimmet« (SWS I, S. 59), vor der Pfingstkantate (vgl. zu 117).*
128 Numerus] *Rhythmus und Metrik.*
131 Leßing] *»Laokoon«.* – Winckelmann] *»Erläuterungen der Gedanken von der Nachahmung der griechischen Werke in der Malerey und Bildhauerkunst und Beantwortung des Sendschreibens über diese Gedanken«, in der 2. Ausgabe der »Gedanken über die*

Nachahmung«, Dresden, Leipzig 1756. – Mengs] *»Gedanken über die Schönheit«.* – Hagedorn] *Christian Ludwig v. Hagedorn, »Betrachtungen über die Mahlerey«.*
132 Breitinger] *»Critische Dichtkunst«* – Bodmer] *»Critische Betrachtungen«.*
134 Krause] *Christian Gottfried Krause.* – als Morgenstern] *Nur ankündigend, vgl. Jesus Sirach 50,6.*
135f. Ramler] *Vgl. zu 26ff.*
136f. ein Leßing] *H. dachte an sich selbst, vgl. 1. »Kritisches Wäldchen« (SWS III, S. 136ff.), 4. »Kritisches Wäldchen« (SWS IV, S. 90–120, über die Musik).* – einen Plato] *Einen Dialog wie Platons »Phaidros«; vgl. auch James Harris, »Three treatises, ... the second concerning music, painting and poetry ...«, London 1744 (»Gespräche ... über die Musik, Malerei und Poesie ...«, übersetzt von Johann Georg Müchler, Danzig 1756; vgl. SWS III, S. 159ff.; Auszug HN XXV, 66): »Harris geht nachher in die Gränzen der Poesie und Tonkunst, wo ich ihm nicht nachfolgen mag. Hier wünsche ich der Dichtkunst noch einen Leßing« (ebd., S. 161).*
137f., 140f. Abhandlung über die Veränderung] *»Von der Verschiedenheit des Geschmacks«, siehe R, S. 49.*
139f. wie fern ist die Schönheit] *Siehe R, S. 21 unten.*
141–145 Ramler ... Oden] *Berlin 1767 (bei den zur Herbstmesse erschienenen Büchern stand oft das folgende Jahr auf den Titelblatt).*
143ff. Granatapfel] *Gedicht und Kommentar hatte Hamann am 29. 8. 1765 für H. abgeschrieben (ZH II, Nr. 309), H. nahm beide in die 3. Slg. der »Fragmente« auf (SWS I, S. 453–459). Scheffner schrieb, Ramler sei mit seiner »Oden«-Ausgabe nicht zufrieden, weil dieses Gedicht darinstehe (A).*
143ff. Critischen Nachrichten] *Siehe R, S. 657; am 2. Jg. hatte Ramler wenig Anteil (A).*
146 Herman u. Gunilde] *Vgl. zu I 24,28.*
147–154, 157f. Briefen über die Merkwürdigkeiten der Litteratur] *Siehe R, S. 655. Zu den 3 letztgenannten Titeln verwies Scheffner auf seine empfehlenden Rezensionen in den »Königsbergschen Zeitungen« vom 19. 9. und 31. 10. 1766. H.s Einschätzung der »Briefe ...« bestätigte er im wesentlichen und lobte die Zeitschrift (A).*
151ff. Griechische Bärte ... Anglo-Gallisirten ... Skaldrischen] *Die Traditionswahl der verschiedenen literarischen Parteien.*
156 Moses] *Mendelssohn.*
157 Skaldrer u. Barden ... Nordisch.] *Der 8. und 11. Brief Gerstenbergs enthält: Kiämpe Viser, Elvers-Höhe, Lied des Asbiorn Prude, Lied der Jomsburger, Egil Skallagrims Befreiungslied und alte runische Poesie.*
158 Moserisch] *Wie Friedrich Karl v. Moser, vgl. »Ueber die neuere Deutsche Litteratur«, 1. Slg. (SWS I, S. 220f.).*
159 meinen Vater] *Gottfried Herder † 1763.*
159f. Reich der Todten] *Vgl. zu I 11,10.*

27. AN ANNA ELISABETH HERDER, *Riga, 19./30. November 1766*

Vgl. I Anm. 27; I 98,34–38.

5 Antheil] *Als Ausreisender hätte H. sein väterliches Erbe (158 Gulden 26 Groschen 6 Pfennige) mit dem preuß. Staat teilen müssen. Die Erbschaftsregelung wurde am 27. 6. 1771 vor dem Gericht in Mohrungen verhandelt unter Beibringung der Quittung von 1766 (nach D).*

28. An Johann Georg Hamann, Riga, Anfang Dezember 1766

4f., 48–53 Mißvergnügen] *Schwere Hypochondrie; H.s Brief darüber nicht überliefert.*
6f. Ihren Brief] *B.*
8 Predigt] *Nicht überliefert; nach O. Hoffmanns Vermutung am 7. 12. (a. a. O., S. 32); überliefert ist aus dieser Zeit eine Bußtagspredigt (über 4. Mose 16,46ff.) vom 15. 12. 1766 vormittags (HN XXII, 16, vgl. SWS XXXII, S. 540).*
12 Wer nicht ...] *Sprichwörtlich.*
13f. Veränderung] *Hamann riet H., da seine »Gesundheit und Gemüthsruhe« bei seiner gegenwärtigen Stelle »leiden«, eine Hofmeisterstelle bei Herrn v. Szoege auf Blankenfeld in Kurland als Hauslehrer seines 13jährigen Sohnes anzutreten, und erwartete seine baldige Entscheidung. In A schrieb er, er habe vor H.s Erklärung die »Thorheit« seines Antrages erkannt.*
15f. Freiheit, und Unabhängigkeit] *Diese rühmte H. später an seiner Rigaer Existenz, vgl. I 53,146f.; 98,48f.; Erinnerungen I, S. 90ff.*
16 Akademie] *Universität Königsberg 1762–1764.*
19 Induktion] *Einführung, Anreizung.*
21 Fruchtbaums] *Arbor pomifera, Plinius, »Naturalis historia« 16,1.*
22 Ahorns] *In Platons »Phaidros«.*
26f. Neider ... sähen] *Vgl. I 98,46f.; besonders Oberpastor v. Essen und Gottlieb Schlegel würden sich über H.s Weggang freuen.*
29f. 3 Jahre] *Vgl. I 8(N),22.*
32 Reisen] *»Eine Verbindung wo Sie Ihre Absichten zu reisen erfüllen können ist also hier abzusehen« (B).*
33 Rahel] *Vgl. 1. Mose 29, 18.30; siehe R, S. 713.*
33ff. Lettische Sprache] *Vgl. zu I 14(N),67. Hamann hatte H. die leichtere Erlernung der Landessprache und »ein festeres Etablissement« in Kurland in Aussicht gestellt (B).*
36 Ruhe] *Hamann hatte H. das Landleben zur Gesundheit und Muße empfohlen.*
41 Pastor Ruprechts] *Dieser ließ H. grüßen und wünschte ihn zum Nachbarn (B).*
42 des Hauses] *Des Herrn v. Szoege.*
43ff. neues Jubiläum] *Hamann solle selbst die H. angetragene Stelle antreten. Darauf ging Hamann nicht ein. Sein Vater war im September 1766 gestorben.*
46 Hans] *Kurzform von Johann.*
51 das lezte] *Suizid-Gedanken?*
54 Vikariat] *Als Kandidat der Theologie, vgl. zu I 12(N),71ff.*
54f. Predigten] *Vgl. 8; als Hilfsprediger anstelle erkrankter Prediger.*
56 Privatconnexionen ... Freunde] *Verbindungen; vgl. zu I 11,18f.*
58 einsamer Vogel] *Vgl. Psalm 102,8.*
59ff. mediciniren] *Eine Augenkur war vorgesehen, vgl. I 31,14; 33(N),84ff. Im Januar 1767 erkrankte H. an Lungenentzündung, vgl. I 31,7ff.; 33(N),6–10.*
60 Achill ... Phthia] *Siehe R, S. 717, 736; Homer, »Ilias«, 9. Gesang: Achilles hat sich aus Zorn über Agamemnon vom Kampf um Troja zurückgezogen und denkt an die Heimfahrt.*

29 (N). An Johann George Scheffner, Riga, Dezember 1766

4 böses Tintfaß] *Scheffner hatte seinen fertigen Brief an H. »mit Tinte begossen« und neu geschrieben (B).*
7 Michaelscatalog] *Herbstmesse 1766.*
7f. Amans malheureux] *Vgl. zu I 23(N),83f.*

8ff. Clodius] »*Prolog bey Eröffnung ...*«.
10–17 Abbts] »*Geschichte des Menschlichen Geschlechts*«. *Scheffner meinte, Abbt habe »zum Historiograph zu viel Feuer und ein zu empfindliches Herz« (B); in A spielte er auf Abbts Tod an.*
15 Hume] »*The History of Great Britain*«.
18f. Huart] *Huarte; Scheffner hatte geschrieben, daß Kant ihn nicht kenne, er aber gern Anmerkungen von diesem lesen möchte (B). In A bot er H. eine frz. Übersetzung an. Vgl. I 37(N),76ff.*
24 Fragmente] »*Ueber die neuere Deutsche Litteratur*«, 1./2. Slg.
25–37 Recension] *Scheffner hatte H.s Werk Anfang Januar 1767 bereits durchgelesen und erneut damit begonnen. Er wisse noch nicht, wer es rezensieren werde (A). H.s Bitte war deutlich genug. Scheffners Rezension in den »Königsbergschen Zeitungen« am 16. 1. 1767 (siehe R, S. 681) wahrte H.s Anonymität, referierte die Hauptideen dieser »vorzüglichen kritischen Schrift«, führte ergänzende Gesichtspunkte vor allem zur frz. Literatur an und wies auf den übermäßig metaphorischen Stil hin.*
33f. der Freund und der Schriftsteller] *Vgl. zu I 21(N),18f.*
36 kennt] *Also Scheffner.*
37 schreyenden Trescho] *Anspielung auf eine Stelle in dessen* »*Kleinen Versuchen im Denken*«.
38 Kantern] *Johann Jakob Kanter.*
38,41 Stöver] *Stoever.*
39 Winckelmannische] *Bildnis, siehe R, S. 622.*
41 Lindner] *Scheffner vermutete, Lindner habe bei der Arbeit an seinem* »*Lehrbuch der schönen Wissenschaften*« *die Anmerkungen über H.s* »*Fragmente*« *vergessen (A).*

30. AN JOHANN GEORG HAMANN, *Riga, Anfang Januar 1767*

3 Ihren Brief] *B.*
4 Steidel] *Er hatte B überbracht.*
8 Fragmente] »*Ueber die neuere Deutsche Litteratur*«; *Hamann hatte nur gefragt, ob die übrigen Teile Ostern erscheinen würden, nach Mitteilung Lindners hätten die »Fragmente« in Berlin viel Aufsehen gemacht.*
9–12 Brief von Nikolai] *Vom 19. 11. 1766 an den anonymen Verfasser der »Fragmente«, mit Lob und Kritik (z. T. fehlender Zusammenhang), Mitteilungen über einzelne Mitarbeiter der »Literaturbriefe«, Klagen über die Schwierigkeiten der Herausgabe der »Allgemeinen deutschen Bibliothek«, Bitte um H.s Mitarbeit (O. Hoffmann: Nicolai, S. 1f.).*
11 Hamannischen Cant] *Sondersprache (engl.). Nicolai ärgerte sich, daß H., »der so gut schreiben kann, sich zu Hamannischen Cant und spitzfindigen Anspielungen herablaße« (ebd.).*
12, 43f. herkommen] »*Alles übrige mündlich*«, *hatte Hamann versprochen (B). Ohne noch einmal H. in Riga zu besuchen, reiste er aber etwa Mitte Januar 1767 von Mitau nach Königsberg (vgl. ZH II, S. 388ff.).*
13f. Exemplar] *Hamann bat um Freiexemplare für sich und Tottien (B).*
16 Verfasser ... leugne.] *Vgl. zu I 23(N),19ff.; 51,19ff.*
18 Lindner ... Kantern] *In Königsberg wußten alle von H.s Autorschaft durch Kanters Schuld; vgl. zu I 23(N),15ff.; 24,62f.*
18f. Kellerschloß an den Mund] *Sprichwörtlich.*
21–36 3te Fragment] *Vgl. zu 8; mehr erschien nicht; zum Inhalt und zur geplanten Fortsetzung siehe R, S. 13.*

31–34 Gallikomanie ... Pope] *Vgl. zu I 18,13; Nachlaßfragmente »Haben wir eine Französische Bühne?« (R, S. 46), »Vom Brittischen Geschmack ...« (R, S. 48), »Vom Lehrgedicht ...« (R, S. 49).*

35 4ten ... 6.)] *Am Ende der 2. Slg. kündigte H. an: »Der 4te Theil soll von der Aesthetik, Geschichte und Weltweisheit reden, wenn diese weite Materie nicht das Maas eines Theils übergeht« (SWS I, S. 355). Am Ende der 3. Slg. wurden diese Materien (Philosophie und Ästhetik) »aufgeschoben, oder aufgehoben: wie das Publikum will« (ebd., S. 528). Vgl. I 31,53ff.; 33(N),49ff.; 36(N),53,57; 39,19ff.; 44,55ff.; 70,17ff. Hamann fragte noch danach am 28.8.1768 und 17.1.1769 (ZH II, S. 420, 431).*

36 Böhmische Dörfer] *Sprichwörtlich, vgl. R, S. 750.*

37–42 Marcell] *Irrtum H.s (vgl. SWS I, S. 542), der eine höhnische Berichtigung in Riedels Rezension (vgl. R, S. 662f.) hervorrief. Hamann hatte um Erklärung des von H. und Moser erwähnten Namens »Marcellus« gebeten (B). In seiner ironischen Rezension des 2.–4. Stücks der »Deutschen Bibliothek« in den »Königsbergschen Zeitungen« vom 2.12.1768 (97. Stück) wies er ausdrücklich auf H.s Belehrung durch den Rezensenten hin (Nadler, Bd. 4, S. 321).*

37 Fabius] *Fabius, Cunctator genannt.*

40f. Moser] *»Treuherziges Schreiben ...«; hier heißt es nur: »Ich erkannte Sie an Gang und Miene, ohngeachtet ich weder ein Marcell ... bin« (SWS I, S. 542).*

41 nomina u. omina] *Namen und Anzeichen.*

41f. Plutarch] *In den »Bioi paralleloi« auch Biographien von Pelopidas und Marcellus.*

44 compatibler] *Verträglicher, mehr zusammenpassend als bei Hamanns Besuch im Januar 1766 (vgl. zu I 18,4ff.).*

45ff. Engländer] *Obwohl Hamann seine Bücher schon eingepackt hatte (B), schickte er am 9.1.1767 Dodsleys »Collection« und erinnerte an die Übersendung von Spence (vgl. zu I 20, 18f.) und Muratori (vgl. zu I 25(N),48) an ihren Besitzer, Gottlob Immanuel Lindner, nach Braunschweig (ZH II, S. 388, 390). Shaftesburys und Shakespeares Werke erhielt H. nicht.*

46f. Verzeichnis u. Handschrift] *= Quittung. Hamann bat darum am 9.1., 16.2. und 28.3.1767 (ZH II, S. 389ff.), danach am 29.7. und 10.8.1767 (ebd., S. 398) und 9.4.1769 (ebd., S. 446f.).*

48 Brownisches Selbstgespräch] *Von Moses Browne, 1770 in den »Königsbergschen Zeitungen«, siehe R, S. 224.*

49ff. Brownes ... Characteristiks] *Von John Brown; vgl. zu I 40(N),88ff.*

52f. Berens] *Johann Christoph Berens. Hamann hatte gefragt, ob er »bald aus Petersburg erwartet« werde (B); am 28.3. und 29.7.1767 bat er um Nachricht von dem alten Freund (ZH II, S. 390, 397).*

54 Paz] *Patz; Hamann hatte von seinem erlangten Pastorat und seiner Verlobung mit der »reichsten Erbin in Mitau, ein stilles, sittsam erzogenes und musicalisches Mädchen« geschrieben (B). Nach einem Brief von Christian Gottlieb Arndt an Hamann vom 25.12.1768 muß Patz jedoch sehr unglücklich geworden sein und auch Hamanns Freundschaft verloren haben (ZH II, S. 428ff.).*

31. AN CHRISTOPH FRIEDRICH NICOLAI, Riga, 19. Februar 1767

5ff. 3. ... Recensionen] *Siehe R, S. 24.*

7ff. Brustkrankheit] *Vgl. zu I 28,59ff.; Nicolai bekundete in A sein Mitgefühl und wünschte H.s Genesung.*

10 Dithyramben] *Rezension siehe R, S. 24.*
11–15 Neanders ... Lieder] *Von Christoph Friedrich Neander (»Allgemeine deutsche Bibliothek« XII, 1, von v. Teubern rezensiert).*
12 eheu! raro] *Ach! selten (Auffassung von der kulturellen Zurückgebliebenheit des Baltikums).*
14 Cur] *Augenkur, vgl. I 33(N),84–90; 35(N),14ff.; 36(N),9ff.*
15 Deutsche Athen] *(und »Dialogische Fabeln«, Berlin 1765) von Willamovius hat H. nicht für die »Allgemeine deutsche Bibliothek« rezensiert; er hatte die Ode 1765 in den »Königsbergschen Zeitungen« kritisiert: eigentlich keine Ode, aber schöne Stellen (SWS I, S. 112ff.).*
18f. freie Hand] *Nicolai nannte die eingesandten Rezensionen »eine wahre Zierde der Bibliothek«, an denen er kaum etwas werde ändern müssen (A).*
23 Namen verschwiegen] *Vgl. zu I 23(N),19ff. Nicolai hatte geschrieben, daß H.s Name (»Harder« in Riga) in Berlin bekannt sei, und ihm nahegelegt, sich ihm zu entdecken (B).*
27–30 Fragmente] *Ähnlich herunterspielend »Ueber die neuere Deutsche Litteratur« als »Vorläuferinnen« I 51,28–32.*
31 Sokratisch ausgefragt] *Im Sinne der mäeutischen Unterrichtsmethode des Sokrates durch Fragen zur Selbsterkenntnis gebracht.*
33 Abbts Tod] *»Ich beweine noch seinen Todt, und da ich ihn genauer als jemand gekannt habe, so weiß ich auch am besten, wie viel unsere Nation bey seinem frühzeitigen Tode verliehret« (B).*
33–36 Ist je ein Autor ... wollen.] *Grundgedanken des Torso »Ueber Thomas Abbts Schriften« (vgl. R, S. 14): »von dem, was ein Schriftsteller sagt, darauf zu schließen, was er könnte sagen!« (SWS II, S. 251).*
38 Schriften] *Nicolai wollte Abbts Werke in 2 Bänden herausgeben (A), vgl. R, S. 51. – Dißertationen] Nicolai versprach H. diese Universitätsschriften (A).*
39, 56 Bild] *Kupferstich von Schleuen, vor Nicolais »Ehrengedächtniß«; in der »Allgemeinen deutschen Bibliothek« wollte er nur Lebende abbilden (A).*
39f. Leichenmonument] *Grabmal in Bückeburg, siehe R, S. 751; mit dem Bildnis als Frontispiz vor Abbts »Sallustius von der Zusammenrottung des Catilina«.*
40ff. Leben] *»Ehrengedächtniß Herrn Thomas Abbt«; Nicolai schickte H. mit A schon »die 3 ersten Bogen«, »ein Werk von wenigen Tagen«, und bat am 6.7.1767 (B zu I 38) um sein strenges Urteil.*
41 Schatte ... Todtenopfer] *Begriffe der antiken Vorstellungswelt, vgl. zu 59.*
43–46 Manibus] *Vergil, »Aeneis«, VI, Vers 883ff.; statt »beatam« (**44**) steht im Originaltext »nepotis«.*
47 Nachahmung der Alten in ihrer Sprache] *Nicolai wünschte H.s Gedanken darüber in seiner Rezension von »Klotzii carmina omnia« (siehe R, S. 24) zu lesen, die ihm selbst wie Schulübungen erschienen (B).*
48 indigitiren] *Hindeuten, einen Fingerzeig geben. Auch H. betrachtete die latein. Gedichte in der Rezension »blos als künstliche Nachbildungen« (SWS IV, S. 240).*
48f. 3ten Theil] *Darin III. »Von einigen Nachbildungen der Römer«, siehe R, S. 13.*
51 Schlegels Geheimnißvoller] *Von Johann Elias Schlegel.*
53ff. vierten Theil] *Vgl. zu I 30,35.*
57f. Bild ... Baumgartens, und ... Heilmanns.] *Vgl. zu 39; Bildnisse von ihnen hatte Nicolai nicht (A).*
58f. Drei Gelehrte] *Vgl. »Denkschrift auf A. G. Baumgarten ...« und »Von Baumgartens Denkart«, R, S. 45, 49.*

59 unbegraben] *Vgl. »Laß nicht unbeweint und unbegraben mich liegen ... damit dich der Götter Rache nicht treffe«, Elpenor zu Odysseus (Homer, »Odyssee«, 11. Gesang, Vers 72f.), Patroklos zu Achilles (»Ilias«, 23. Gesang, Vers 71–74), Priamos über Hektor (24. Gesang, Vers 554). Totenbestattung als religiöse Pflicht der an das Umherirren Unbegrabener glaubenden Griechen (vgl. Sophokles, »Antigone«).*
60 Orakel] *Von Moses Mendelssohn.*
60f. Zweifel] *Von Abbt, bestätigt in A.*
61f. vom Verdienst] *Nicolai ging nicht auf die Frage ein.*
62 Meßcatalogus] *Herbstmesse 1766.*
62f. Schüler Baumgartens] *Nicht persönlich, aber von seinen Schriften (A).*
64 Kleist] *»Ehrengedächtniß« von Nicolai.*
65, 72 an die Ufer der Düna] *Vgl. »Denkschrift auf A. G. Baumgarten« (SWS XXXII, S. 177 unten).*
66 noch ein Jahr] *Das 3. und letzte nach H.s Verpflichtung, vgl. zu I 8(N),***17ff.**
67ff. Berlin] *Vgl. I 53,***166ff.** *Nicolai freute sich über H.s Absicht, nach Berlin zu gehen, versicherte ihn der Hochschätzung der Berliner Gelehrten und bedauerte, daß H. nicht vor Jahren auf die Stelle Büschings (Direktor des »Grauen Klosters«) berufen worden war (A).*
69 sympathetisch] *Gleichempfindend, übereinstimmend, vgl. I 36(N),***65f.**
70ff. über die LitteraturBriefe] *»Ueber die neuere Deutsche Litteratur«.*
74 Celtischen Halbinsel] *Armorica (lat.), Bretagne; bei der Vermischung keltisch-nordischer Vorstellungen im 18. Jh. (anfangs auch bei H., vgl. SWS I, S. 74) auch Bezug auf Dänemark (Jütland) möglich und damit eine Anspielung auf die Schleswigschen »Briefe über Merkwürdigkeiten der Litteratur« (siehe R, S. 655), vgl. I 26(N),***147–158.**
77 Mendelssohn] *Nicolai wollte ihn bitten, H.s »Fragmente« in der »Allgemeinen deutschen Bibliothek« zu rezensieren (B); vgl. zu I 36(N),***69f.** *Am 20. 2. 1768 schrieb Nicolai, daß er seinen Freund, den andere Geschäfte abhielten, darum mahne; am 14. 6. und 26. 11. 1768 machte er die Rezension in der »Bibliothek« vom (nicht realisierten) Erscheinen der 2. Ausgabe abhängig (vgl. O. Hoffmann, S. 17, 20, 27). Eine kurze Anzeige von Nicolai mit Verweis auf diese enthielt Bd. 12/2 im Jahr 1770.*

32. AN JOHANN WILHELM LUDWIG GLEIM, Riga, 20. Februar 1767

(*Zu I Anm. 32, statt* Moskau *lies* Riga.)

4 Egards] *Hochachtungsfloskeln.*
7 Elbe] *Die Elbe ist von Halberstadt etwa 50 km entfernt.* – Ufer der Düna] *Vgl. I 31,***65,72.**
9 Aufmunterung] *»Von allen unsern Kunstrichtern erfüllte noch keiner so ganz, wie Sie, [...] den Begriff des vollkommensten Kunstrichters, den Pope und Horaz uns zeichneten« (B).*
11 Fragmentarische Urtheile] *»Ueber die neuere Deutsche Litteratur«, 2. Slg., IV. 3. Anakreon und Gleim, 4. Tyrtäus und der Grenadier (SWS I, S. 330–337).*
13 Franzose] *Boileau-Despréaux.* – singen] *Lies* siegen.
14f. Sentenz ... Sentiment.] *Anspruch, Sinnspruch ... Gefühl.*
16 Deutsche Kunstrichter] *Vgl. zu 9.*
17 Boßu] *Le Bossu.*
18 Aubignac] *Klassizist. Tragédie.*
19f. La-Mottisch] *In der Art des La Motte; Abkehr H.s vom frz. Klassizismus.*

22 Fragmente] *Vgl. zu 11.*
25–28 Verfasser ... Fairy-Queen] *Thomas Warton, »Observations ...«.*
31ff. Deutschen Dichter ... Kleists Schriften] *Kleist und Lessing lobten Gleims »Kriegslieder« (B). Vgl. »Des Herrn Christian Ewald von Kleist sämtliche Werke. Zweyter Theil«, Berlin 1760: Prosaische Aufsätze VII: »Der Verfasser der vortreflichen Kriegslieder, welcher längst als unser deutscher Anakreon und Katull bekannt gewesen ...« (S. 174). H. über den »Grenadier«: »... hier hat einmal ein Deutscher Dichter über sein Deutsches Vaterland ächt und brav Deutsch gesungen« (SWS I, S. 336).*
33–36 Tod Adams] *Nach Klopstock.*
35f. Aesthetischen Schulmonarchen] *Gottlieb Schlegel.*
37 Philotas] *Nach Lessing.*
40 Pfeil ... Starken] *Vgl. Psalm 127,4.*
41f. veränderten Ausgabe] *Vom »Versuch in Scherzhaften Liedern«, nicht erschienen.*
44 Anakreontischen Liederchen] *»Lieder Nach dem Anakreon«.*
45 Ionisch] *Siehe R, S. 775.*
46–50, 69f. Verbeßerungen ... Natur ... Kunst] *Verstandesmäßige Kunst soll nicht über Naturpoesie dominieren.*
47f. Rammlerschen ... Lieder] *»Lieder der Deutschen«.*
51–70 Probe Ihrer Gedichte] *Gleim sandte verbesserte Fassungen von 5 Gedichten aus dem »Versuch in Scherzhaften Liedern« im Mskr. (vgl. R, S. 191) mit der Bitte um H.s Urteil (B).*
58 Kleist Liedchen] *»Phyllis an Damon«.*
59ff. der erste Kuß] *»Der erste Kuß« (»Lange weigerte mir Doris«, HN XXXII, 122; GSW 1, S. 4–10, »Der Vermittler«), nicht in B erwähnt.*
69f. Dorischen Kriegsklang] *Rauh und hart, wie H. in »Ueber die neuere Deutsche Litteratur« von Pindar urteilte (vgl. SWS I, S. 187, 285, 293); ein Hauptdialekt des Altgriechischen neben Äolisch und Ionisch, vor allem auf dem Peloponnes gesprochen.*
72–75 Bilder] *Nicht genau zu bestimmende Kupferstiche.*
77f. in Jahresfrist] *Vgl. zu I 31,66ff. Auch Gleim äußerte in B den Wunsch nach persönlicher Bekanntschaft.*

33 (N). AN JOHANN GEORGE SCHEFFNER, Riga, März 1767

6ff. Krankheit] *Vgl. zu I 28,59ff.*
7 Plevresie] *Brustfellentzündung.*
8 Paroxismus] *Fieberanfall.*
9 Maschine] *Vgl. zu I 3,22.*
10 Maladie] *Krankheit.*
12–46 Recension der Fragmente] *Vgl. zu I 29(N),25ff. Als Verfasser der Rezension hatte Lindner in seinem Brief an H. vom 7. 2. 1767 (vgl. N I Anm. 9) Scheffner genannt.*
17f. Particularien] *Einzelheiten, nähere Umstände.*
19–28 »Deutsche Hexameter] *In Scheffners Rezension: »... glauben wir auch nicht mit unserm Verfasser daß deutsche Hexameter unmöglich sind.« Und B: »Streiten Sie den Deutschen alles Vermögen Hexameter machen zu können ab? Ich bin nicht ganz der Meynung ... . Die Römer und Griechen glaub ich waren in ihrer Tonmessung nicht so ängstlich, könten wir uns nicht auch mit der gewöhnlichen AussprachsQuantität begnügen?« Vgl. »Nachschrift« der 3. Slg. (SWS I, S. 529f.). Über die Künstlichkeit des deutschen Hexameters im Unterschied zum griechischen vgl. die angeführten Stellen zu I 23(N),55ff.*

29f. Nachahmung der Römer] *3. Slg., III. Kapitel »Von einigen Nachbildungen der Römer«, vgl. R, S. 13. Scheffner riet in in der Rezension von der Übersetzung der röm. Dichter ab, da es sich nur um Nachahmungen der Griechen handle.*
30–33 Ursache ... Lächerlichen] *In der 1. Slg., II. 16. räumte H. ein, daß die frz. Sprache »einen größern Vorrath an Ausdrücken für das Lächerliche« habe als die deutsche (SWS I, S. 215f.). Scheffner nannte als eine Hauptursache »Freiheit im komischen Ton Worte zu schaffen, die mit der ausgedruckten Sache keine Aehnlichkeit haben dörfen«. Vgl. zu I 40(N), 90f.*
36f. bei Seneka ... stellen] *Von einigen der von H. für klassisch gehaltenen neueren deutschen »Originalschriftsteller« (vgl. SWS I, S. 218–229) fürchtete Scheffner, »die Nachwelt werde ihre Buste in den Büchersälen neben den Seneka aufstellen«, d. h. sie werden nicht mehr gelesen werden.*
36ff. Abbt] *Als Rezensent Lindners im 14. und 16. Teil der »Litteraturbriefe« siehe R, S. 655.*
39f. von Orientalischen Dichtern] *2. Slg., III. Von den Deutsch-Orientalischen Dichtern (SWS I, S. 258–284).*
40f. Irrlichte] *Scheffner über H.s Bemerkungen dazu: »... seine Regeln sind keine Labyrinthe, und Irrlichte schmücken nicht seine Theorie.«*
41 plena forma] *In voller Form.*
42f. heruntergerißnen Autoren] *Breitenbauch, Jakob Friedrich Schmidt, Johann Andreas Cramer, Justus Friedrich Wilhelm Zachariä, Klopstock werden in dem zu 39f. genannten Kapitel in unterschiedlichem Maß kritisiert: Ihre orientalisierenden Bilder und nachgeahmten Empfindungen sind dem zeitgenössischen Verständnis nicht angemessen.*
44ff. Sammlen] *Scheffner rühmte H.s »Scharfsichtigkeit in Entdeckung der Quellen und Wege ..., die Verschwendung von Rosen und Orangenblüthen ... nicht ohne Verwunderung warum der Verfasser sie aus allen Gegenden sammelt, als ob sein eigner Boden nicht fruchtbar gnug wäre ...«*
45f. treufleißiger Leser] *Vermutlich Immanuel Justus v. Essen.*
47ff. Allegiren] *Anführen von Literaturnachweisen aus den »Litteraturbriefen«, diese entfielen bei der Umarbeitung der »Fragmente«, die dadurch selbständiger wurden (vgl. SWS II, S. 3f.).*
49ff. höre ... auf] *Vgl. zu I 30,35.*
52ff. Kants Schriften] *Vor allem »Beobachtungen über das Gefühl des Schönen und Erhabenen«.*
54f. Moses] *Mendelssohns Rezension von Kants »Der einzig mögliche Beweisgrund«.*
57 aut aliquid ... nihil.] *Entweder etwas (Bedeutendes) oder nichts.*
58–65 Recension des Vida] *Am 9. 1. 1767, siehe R, S. 681; Scheffner, der um H.s Urteil gebeten hatte (B), bemängelte Klotz' mehr bibliographische als ästhetische Kenntnisse, widersprach in Einzelheiten und skizzierte die Schaffensweise eines großen Odendichters: Ein lyrischer Dichter müsse »im Feuer der Einbildungskraft« schreiben, erst danach die Ideen kombinieren und versifizieren.*
59ff. gar nicht ausstehen] *Gleichzeitig aber Lob in der 2. und 3. Slg. »Ueber die neuere Deutsche Litteratur« (vgl. SWS I, S. 286, 356, 126 139, 468f., 497), weswegen Hamann H. am 27. 12. 1767 vorwarf, »aus Gefälligkeit« wider seine »Ueberzeugung ein Lobredner des Mannes geworden zu seyn«, den er »mit aller möglichen Gleichgiltigkeit und Kälte zu behandeln« rate (ZH II, S. 404).*
64 gegenseitige] *Schon im Entwurf ist die Form zu berücksichtigen.*
65 Ad.] *Wahrscheinlich Trescho (Klotz nannte ihn nach dem Sigle »Adam Trescho«, vgl. ZH II, S. 420, 446); am 2.1.1767 hatte er in den »Königsbergschen Zeitungen«*

Töllners »Anleitung zu einer zweckmäßigern Einrichtung der Predigten über die eingeführten sonn- und festtäglichen Texte« (Züllichau 1766) überwiegend kritisch rezensiert. Daß H. diese Rezensionen nicht billigen würde, vermutete Hamann am 10. 6. 1767 (ZH II, S. 396).
67 Bielefelds erudition] *Scheffner wünschte eine Rezension H.s für die »Königsbergschen Zeitungen« (B).*
68ff. Kaiserin ... Gesezbuch] *Vgl. zu I 73(N),24.*
69ff. Institutions politiques] *Kameralist.-statist. Werk über das europäische Staatensystem.*
72 hem! ... satis!] *Interjektionen der Verwunderung, Klage; sieh da! genug!*
73ff. Hume Discours] *Am 12. 1. 1767, »Von der Erlernung der Historie«, siehe R, S. 681.*
75 Discurse] *Essays.*
76 Rammlersche Stück] *Am 2. 2. 1767, siehe R, S. 681.*
77–80 Pope'schen Ode] *»Ode for Music«.*
78 Weiße] *Christian Felix Weiße.*
81 Winckelmann] *»Anmerkungen ...«.*
82 Abbts] *»Fragment der ältesten Begebenheiten«.*
89 Retraite] *Abgeschiedenheit, Zurückgezogenheit.*
92 fortgehen] *Vgl. zu I 31,66ff.*
93 Dispensation] *Beurlaubung.*
94f. Unanakreontischer und ungelehrter] *Vgl. 85f.*
95 Reichs der Vergeßenheit] *Vgl. zu I 11,10.*
96–100 Königsbergschen Zeitungen ... Unterhaltungen] *Siehe R, S. 696; die geplanten Rezensionen (98ff.), ebd., S. 23f., wurden nicht ausgeführt.*
98f. Michaelis] *»Einleitung in die göttlichen Schriften des Neuen Bundes«.*
99 Semleri] *»Institutio brevior«. – Gleims Tod Adams] Vgl. I 32,33–36.*
101 pia vota] *Fromme Wünsche.*

34. An den Kirchenkonvent der evangelisch-lutherischen Kirchengemeinde in Petersburg, Riga, 28. April 1767

16 unbekannt] *Der Ruf von H.s »besondern Geschicklichkeit, ... ausnehmenden Kenntnissen und Einsichten in Einrichtungen guter Schulen« und von seinen Verdiensten in Riga, seiner »bekannten Gelehrsamkeit und Treue« war nach Petersburg gelangt (B).*
18, 28f. nützlich und brauchbar sein] *Vgl. I 14(N),56; 35(N),36; 61,15f.;63(N),12f.; 72,66f.,74f.*
19f. frühen Jahren] *Vgl. zu I 1,10ff.; 5(N),19f.*
36ff. Seite eines Schulmannes] *Nur davon war in der Vokation die Rede.*
39 Aufnahme] *Verbesserung.*
39–45 Mann von Geschäften ... Direction] *H. traute sich nicht das Verwaltungstalent und die notwendigen organisatorischen Fähigkeiten eines Leiters zu, vgl. I 35(N),39–45.*
57 Rathgeber] *Gott.*
59–69 Vorfall] *Aufgrund einer Niederschrift in den Rigaer Magistratsakten vom 20. 4. 1767 (Sivers, S. 45–50) benachrichtigte H. den Inspektor der Domschule, Johann Christoph Berens, von der Vokation (mit einem Gehalt von 700 Rubeln) und äußerte die Absicht, bei weiterer Beförderung lieber in Riga zu bleiben. Er wünschte die Verbindung seines Schulamtes (bei gewissen dienstlichen Erleichterungen) mit dem Predigeramt und bat um die Ernennung zum Pastor adjunctus bei den beiden vorstädtischen Kirchen, dann*

würde er den Ruf nach Petersburg ausschlagen. Berens trug dem Rat H.s Wünsche vor, und es wurde am 20. 4. beschlossen, dem Pastor von Bickern, Ruhendorff, die Adjunktur der Jesuskirche abzunehmen und diese sowie die der Gertrudenkirche mit insgesamt 40 Albertustalern Einnahme H. zu übertragen. Nach einer Aktennotiz vom 24. 4. 1767 hatten der Oberpastor v. Essen und das Konsistorium keine Einwände gegen H.s »Lehre und Leben« (ebd.), so daß am 25. 4. 1767 die Wahl H.s zum Pastor adjunctus erfolgte (a. a. O., S. 51; LB I, 2, S. 250).*

67 Schularbeiten] *Auf H.s Ersuchen wurde er von der Vertretungspflicht (Vikariat) für andere Lehrer befreit. Die Schüler der von Unterrichtsausfall betroffenen Klassen sollten nach H.s Vorschlag mit in andere Klassen übernommen werden (Sivers, S. 50).*

72 Ordination] *Einweihung in den Predigerstand: am 10. 7. 1767, vgl. I 35(N),73. Am 22. 6. 1767 setzte der Rat den Tag der Ordination und den Tag der Introduktion in der Jesuskirche am 15. 7. fest (a. a. O., S. 53f., 57). Am 13. 6. 1767 wurde H. im theolog. Examen über seine ausgearbeiteten Thesen »De Spiritu sancto« (vgl. R, S. 7) vom geistl. Ministerium geprüft (Sivers, S. 57, vgl. S. 53).*

82 einen Aufseher] *Vgl. I 40(N),33. Nach H.s Absage wurde Lindner von Petersburg aus mit der Vermittlung eines Inspektors beauftragt und gewann dafür Willamovius, von dem er hoffte, er werde »die Inspection würdig bekleiden« (Lindner an Scheffner, 18. 7. und 7. 11. 1767, Warda/Diesch II, S. 327, 329).*

89f. die Namen] *Die Kirchenältesten Lorenz Bastian Ritter, Georg Friedrich Michaelis, Friedrich Wilhelm Poggenpohl, Joachim Haack und die Gemeindevorsteher Wilhelm Heinrich Straßborn, David Johann Harder, Gottlob Friedrich Kroug, Johann David Sievers.*

35 (N). AN SEBASTIAN FRIEDRICH TRESCHO, Riga, 21. Juni – 4. September 1767

8 letzten]? *Vgl. I 17. – Nach diesem Brief erneuerte H. die Korrespondenz mit Trescho erst zwanzig Jahre später, V 234 (vgl. Treschos Erinnerungen, LB I, 1, S. 51f.).*
14ff. Augenkur] *Vgl. I 33(N),84–90; 36(N),9ff.*
15 Palliative] *Linderungsmittel.*
19–22 Schriften ... zu vergleichen.] *»Ueber die neuere Deutsche Litteratur«.*
23–26 Briefe] *Z. B. von Nicolai, Gleim.*
26 gelehrten Wüste] *Vgl. I 15,15.*
27 guter Ruf] *Vgl. zu I 34,16.*
29f. Vokation] *Vom 13./24. 4. 1767, B zu I 34.*
32f. gelehrte Nachrichten] *»Gelehrte Abhandlungen ...«, siehe R, S. 670.*
35f. (si quid ... exiguum)] *Wenn das in mir ist, – was ich fühle, mag es auch gering sein.*
39–45 Oekonomisch] *Vgl. I 34,38–45.*
48ff. Auflauf] *Vgl. I 34,61–65.*
51f. aßociirten Pastor] *Pastor adjunctus, vgl. zu I 34,59ff.*
53f. Schule] *Vgl. zu I 34,67.*
55 Buß- und Marientage] *In Riga 4 Bußtage, zu Beginn des Jahres von der Gouvernementsregierung festgesetzt (vgl. SWS XXXII, S. 538, 540); 3 Marientage, siehe R, S. 709.*
56 Leichen] *Leichenpredigten und Beerdigungen.*
57f. 5 u. 600. Thaler] *Jahresgehalt H.s als Domschullehrer (Kollaborator), Pastor adjunctus und Bibliothekskustos, vgl. I 53,157f.*
58 Ornat] *Amtskleid des Geistlichen.*
59 introducirt] *Vgl. zu I 34,72.*

62 Fortsetzung Ihrer Werke] »*Briefe über die neueste theologische Litteratur*«, 4 Bde, Berlin 1764–1766; 2. Auflage der »*Sterbebibel*«.
73 ordinirt] *Vgl. zu I 34,72.*
73f. 15. u. 29. (Juli)] *Antrittspredigten in der Jesus- und Gertrudenkirche, siehe R, S. 40.*

36 (N). AN JOHANN GEORG HAMANN, Riga, 5. September 1767

3f. Epimenides] *Siehe R, S. 149.*
4 verlohrne Sohn] *Vgl. Lukas 15,11–32.*
5 Stillschweigen] *Von 9.1.–10.8.1767 sechs Briefe Hamanns nicht beantwortet, der durch Hartknoch und Kanter mündlich über H. informiert wurde (vgl. ZH II, S. 397).*
9f. erster] *Wahrscheinlicher der 3., vom 28.3.1767.*
10ff. Augenkur] *Vgl. I 35(N),14ff.*
12f. Vokation] *Vgl. I 34.*
13 Willamovius] *Vgl. zu I 34,82.*
14ff. Pastori adjuncto] *Vgl. zu I 34,59ff.*
19f. Ministerium] *Geistliche Behörde von Riga.*
20, 24f. Oberpastor] *Immanuel Justus v. Essen.*
22f. compatibel] *Zusammenpassend; vgl. 30.*
25 Adjuncto] *Nach Ratsprotokoll vom 9.5.1767 sollte Pastor Ruhendorff (vgl. zu I 34, 59ff.) Adjunkt des Stadtministeriums bleiben (Sivers, S. 52f.).*
26 dem Consistorio vorgestellt] *Am 10.5.1767 (Sivers, S. 52).*
29 Examen] *Nach dem Ratsprotokoll am 20.6. (Sivers, S. 53), nach v. Essens Tagebuch am 13.6.1767 (ebd., S. 57), vgl. zu I 34,72.*
29f. ordinirt u. introducirt] *Vgl. ebd.*
31 Comitantien] *Begleitumstände.*
35 Meße] *Neue Bücher aus dem Ostermeßkatalog 1767.*
37 Hundstagsferien] *23.7.–23.8., beginnend mit dem Frühaufgang des Sirius (Hundsstern).*
37f., 46 Umgang eines Hauses] *Busch.*
40 Kirchensühne] *Vgl. N I Anm. 36.*
42f. der eine Pastor] *Baernhoff oder Gericke.*
48f. ungeduldige und pochende Stücke] *In jedem seiner Briefe forderte Hamann eine Liste seiner an H. geliehenen Bücher und mahnte ihn dringend an die Rückgabe.*
53, 57 4. Theil der Fragmente] *Am 16.2.1767 vermutete Hamann, daß H. daran arbeite (ZH II, S. 389). Vgl. zu I 30,35.*
53ff. anderes Stück unter der Feder] »*Ueber Thomas Abbts Schriften*«, *1. Stück, siehe R, S. 14.*
55 manet ... forsan.] *Es bleibt und wird vielleicht ewig bleiben (vgl. Vergil, »Aeneis«, VI, Vers 617), zitiert in Winckelmanns »Erläuterung der Gedanken von der Nachahmung der griechischen Werke in der Malerei und Bildhauerkunst und Beantwortung des Sendschreibens über diese Gedanken« (Dresden 1756).*
56 geschrieben] *H. wollte das Mskr. (53ff.) Hamann zur Beurteilung schicken.*
57–61, 64 2ten Auflage] »*Ueber die neuere Deutsche Litteratur*«, *siehe R, S. 13f. Hamanns kritischer Rat zur Umarbeitung blieb aus; er las die* »*Fragmente*« *noch einmal* »*mit mehr Bewunderung als sich für einen Kritiker schickt*« *und glaubte, daß H. sein* »*Beytrag sehr entbehrlich seyn*« *würde (A). Sein Versprechen am 7.4.1768, sich durch* »*ein Meisterstück von Kritik*« *der* »*Fragmente*« *um H. und das Publikum verdient zu machen (ZH II, S. 407f.), blieb folgenlos.*

61f. Recension] »*Königsbergsche Zeitungen*«, 27.7.1767 *(vgl. R, S. 681); vgl. I 37(N),* **32–61.** *Hamann nannte am 29.7.1767 Scheffner als Rezensenten und äußerte sich selbst kritisch über* »*den entsetzlichen Abfall des Endes*« *der 3. Slg., an deren Anfang H.* »*um 10 Jahr scheine zugenommen zu haben an Alter, Weisheit und Verstand, für den Apoll und das Publicum*« *(ZH II, S. 397). Lindner schrieb am 18.7.1767 an Scheffner:* »*Gegen das Ende sinket er herab nach eines Kenners Urtheil.*« *(Warda/Diesch II, S. 328).*
62–66 Styl] *Vgl. I 37(N),***46–51***; zu I 51,***30f.***; die Vorrede der 2. Ausgabe (SWS II, S. 5); ein Hauptkriterium in Rezensionen und sonstigen Urteilen.*
66 Berlin] *Vgl. I 31,***68ff.**
67 Hällischen Zeitungen] »*Neue Hallische Gelehrte Zeitungen*« *(vgl. R, S. 687), 13.7.1767 (55. Stück), Rezension der 3. Slg.* »*Ueber die neuere Deutsche Litteratur*«*: der unbekannte Verfasser –* »*ein bewunderswürdiger Orginalgeist*«*.*
68 die einzige] *Allein die.*
68f. Bibliothek der schönen Wissenschaften] »*Neue Bibliothek*«*, Bd. 4/1, siehe R, S. 652.*
69f. Moses] *Mendelssohns Rezension für die* »*Allgemeine deutsche Bibliothek*« *blieb wegen der Ankündigung der 2. Ausgabe ungedruckt und für H. und seine Zeit unbekannt.*
70f. Hamburger] »*Hamburgische Nachrichten aus dem Reiche der Gelehrsamkeit*«*, siehe R, S. 674.*
71 Göttinger] »*Göttingische Anzeigen*«*, 27.3.1767, siehe R, S. 672; Hamann bezweifelte am 10.6.1767, daß H. damit* »*zufrieden seyn*« *werde (ZH II, S. 395).*
71f. actis] *Vgl. zu I 39,***28ff.*** – elogium] *Grabspruch, hier: Lobrede.*
74 Judex competens] *Befugter Richter; vgl. zu* **57ff.**
75 Einfällen] *Vielleicht Anspielung auf den Titel von Hamanns Schrift* »*Abaelardi Virbii Chimärische Einfälle über den zehnten Theil der Briefe die Neueste Litteratur betreffend*« *1761 (auch in* »*Kreuzzüge des Philologen*«*).*
76 Zollnerbude] *Hamann, durch die Erbschaftsteilung (vgl. zu I 11,***38***) in Existenznot geraten, hatte am 25.5.1767 in der Provinzial-Akzise- und Zolldirektion in Königsberg durch Vermittlung Kants und Kommerzienrat Jacobis den Dienst als* »*Secretaire-Traducteur*« *(Übersetzer) angetreten für 20 Reichstaler im Monat, zuerst einen Probemonat ohne Gehalt (an H., 10.6. und 29.7.1767, 7.4.1768, ZH II, S. 395f., 408).*
77 Quartier] *Hamann schrieb am 29.7.1767, daß er eine Wohnung suche, um von den Verwandten wegzukommen (ZH II, S. 396ff.); H.s Wohnung siehe R, S. 801.*
78 Hartknoch] *Er verkaufte seine Mitauer Handlung und zog im Herbst 1767 von Mitau nach Riga, H. speiste bei ihm.* – eklipsiren] *Wie Planeten die Bahn verlassen.*
80–84 Lindners] »*Lehrbuch der schönen Wissenschaften*«*. Hamann vermutete am 16.2.1767, die* »*Castigatio*« *(Zurechtweisung) der* »*Deutschen Bibliothek der schönen Wissenschaften*« *werde* »*dem Lindnerschen Lehrbuch den Boden ausstoßen*« *(ZH II, S. 389), und bedauerte am 27.12.1767 seinen* »*gemishandelten Freund*« *(ZH II, S. 403); vgl. zu I 43(N),* **158ff.**
81 Chorographischer Linien] *Landschaftsbeschreibung, großräumig, ungenau; Gegensatz*
83f. Topographischen Linien] *Ortsbeschreibend, detailgetreu.*
82 verzogner Gesichter] *Karikaturen wie von Hogarth.*
84ff. Charakter Roußeaus] »*Königsbergsche Zeitungen*«*, 3.–10.7.1767, siehe R, S. 681. Hamann wies H. am 29.7.1767 hin auf den* »*unförmlichen Auszug einer engl. Apologie, die den Sterne zum Verfasser haben soll*« *(ZH II, S. 397), vgl. N I Anm. 127.*
85f. Warton] *Joseph Warton.*
86 Uebersetzung] *Von Füßlis* »*Remarks …*«*. Auch nach Lindners Meinung, der Hamanns Auszug in den* »*Zeitungen*« *angeregt hatte, verdiente das originelle Werk, das Kant von seinem engl. Freund, Kaufmann Joseph Green, mitgeteilt wurde,* »*eine würdige Überse-*

zung« (an Scheffner, 20. 6. 1767, Warda/Diesch II, S. 326), die aber erst 1962 erschien (vgl. N I Anm. 127). Hamann selbst meinte in den »Zeitungen«, daß es »vielleicht eben keiner Übersetzung aber doch gewiß eines strengern Auszuges würdig sey« (Nadler, Bd. 4, S. 308).
87–91 Landpriester von Wakefield] *Von Goldsmith, übersetzt von Gellius.*
91f. Menechmen] *Von Sturz.*
93f. Gerstenberg ... Skalden] *»Gedicht eines Skalden«; Nachahmer des Prosastils Hamanns (92f.): in den »Briefen über Merkwürdigkeiten der Litteratur« (vgl. R, S. 655) sind stilistische Einflüsse Hamanns zu erkennen. In Riedels Rezension der »Fragmente« (R, S. 663 oben) wurden die »Briefe« von Hamann hergeleitet, und noch im November 1774 wurde Gerstenberg im »Teutschen Merkur« zur »Hamannischen Parthei« gezählt.*
95 Chrysostom] *Nur kurze Erwähnungen in verschiedenen Schriften (vgl. SWS XXXIII, S. 73).*
96f. Des-Voeux] *Über den Prediger Salomo; vgl. auch R, S. 649.*
97f. Semlers] *»Semleri Historiae ecclesiasticae«.*
98 anti-prodigieuse] *Gegen den Wunderglauben gerichtet, rationalistisch.*
99f. Hirzels Denkmaal auf Blaarer] *Auch Wieland dichtete eine »Ode zum dankbaren Andenken« an den Zürcher Staatsmann (1757).*
101f. Klotzens] *»Beytrag zur Geschichte des Geschmacks ...«. – Winckelmanns Werk] »Geschichte der Kunst des Alterthums«.*
102 Denkstück] *Schaumünze, zu einem denkwürdigen Anlaß geprägt.*
102ff. Wesseling ... Schilter] *Beide Werke in H.s Besitz.*
105 Jacobi Romanzen] *Von Johann Georg Jacobi.*
106f. Clodius] *Vgl. zu I 45,29ff.*
107f. Hamburgische Dramaturgie] *Vgl. I 37(N),71ff.*
109ff. Grillo's] *»Avertissement«, vgl. I 37(N),99–105.*
111 Berlin] *»Neue Typographische Gesellschaft«, siehe R, S. 749.*
112 Heyne] *»P. Virgilii Maronis opera«.*
113ff. Englischen Bücher ... Revers] *Quittung, vgl. zu 48f., zu I 30,45ff.*
114 Blair] *»A Critical Dissertation ...« (vgl. SWS IV, S. 231).*
117f. Friede ... getreue Nachbarn] *Luther, »Katechismus«, Vaterunser, Erklärung der 4. Bitte.*
120 lesen] *A enthielt wieder viele Lektüremitteilungen, u.a. David Cranz (vgl. ZH II, S. 405f.).*
120f. Inlage] *Nicht überliefert.*
122f. Lindnern] *Ein Brief H.s an ihn »nächstens« ist nicht nachweisbar.*
122 nicht lesen] *Wegen 80–84.*
123 Fischern] *Karl Gottlieb Fischer; ein Brief ist aus dieser Zeit nicht nachweisbar.*

37 (N). AN JOHANN GEORGE SCHEFFNER, *Riga, 15.–19. September 1767*

4, 12 Beförderung] *Am 18.4.1767 zum Kriegs- und Domänenrat in Gumbinnen (»Königsbergsche Zeitungen«, 27.4.1767), vgl. die Adresse N I Anm. 37.*
4 ungesehnen] *H. und Scheffner sind sich nie begegnet.*
5ff. Wielands Sympathien] *»Sympathien«, 1756.*
8 Platons Himmel] *Vgl. zu II 146(N),140f.*
9 Zeitungsmusen] *Vgl. zu I 18,14–18; I 21(N),8–12.*
14f. Pfeiler ... Kirche.] *Scheffner begann A mit dem Gegenkompliment: »Ein Strebepfeiler an einem alten gothischen Gebäude macht wenig Aufsehn, allein den Zehe am Fuß*

eines Pigalschen Merkurs [Jean-Baptiste Pigalle, frz. Bildhauer, 1714–1785, berühmt durch »Sandalenbindenden Merkur«, 1744] besieht jeder Kenner genau, findet ihn schön und unentbehrlich«.

16f. wie unter Todten] *Vgl. I 36(N),33–39,43f.*

17ff. Schritt] *Der Eintritt ins geistliche Amt, vgl. zu I 34,59–72.*

18 Chicanen] *Ränke, Hindernisse, Verdruß; vgl. I 36(N),19–33.*

23ff. Bußtage] *Vgl. zu I 35(N),55; von einer Bußtagspredigt am 14.9.1767 über Hebräer 3,12ff. ist eine Disposition erhalten (HN XXII, 33, vgl. SWS XXXII, S. 540); vielleicht ist das Briefdatum H.s unrichtig.*

26 restaurire] *Wiederherstellen.*

27 Kantern] *Kanter war am 10.8.1767 von Königsberg nach Riga abgereist und sollte auch für Hamann Erkundigungen und Bücherbesorgungen bei H. erledigen (vgl. ZH II, S. 398f.).*

32–61 Recension] *Vgl. zu I 36(N),61f.*

33 der erstern] *Vgl. zu I 29(N),25ff.; 33(N),12–46.*

34f. Anfang] *»Im 5ten Stück dieser Zeitung haben wir bereits die zwo erste Sammlungen mit dem ihnen gebührenden Lobe angezeigt, die Fortsetzung giebt uns keine Gelegenheit, dieses Lob uns leid seyn zu lassen.« Danach kurze Inhaltsangabe »über die römische Litteratur«.*

35ff. Excursus ... Ausdrucks] *Zu den Betrachtungen über den Zusammenhang von Gedanken und Ausdruck (SWS I, S. 386–422) bemerkte Scheffner: »Die Materie von der Vereinigung des Gedankens und des Ausdrucks wie sie ineinander wirken, ist unsers Erachtens am vorzüglichsten in dieser Sammlung ausgearbeitet.« Er protestierte in A gegen das Mißverstehen als »academisches Exercitium« und wünschte einen besseren Rezensenten, der H. dazu bewege, »aus so feinen Fragmenten ein herrliches Ganzes zu schaffen«, eine »philosophische Sprachkunst zu liefern«.*

37ff. Mythologie] *»Vom neuern Gebrauch der Mythologie« (SWS I, S. 426–449) enthielt nach Scheffner »viel lesenswürdiges«; er brachte daraus nur zwei Zitate (SWS I, S. 444, 447f. = Original, S. 159, 165).*

39–42 Anmerkungen zur Elegie] *»Von Nachahmung der Lateinischen Elegien« (SWS I, S. 477–491). H. fürchtete selbst, daß seine Anmerkungen einigen Lesern »langweilig gewesen«, es seien jedoch »elegische Noten« (SWS I, S. 491, 2. Anm.). Dazu Scheffner: »Sein Gefühl ist zu fein, um hierin einen allgemeinen Widerspruch für ein Compliment anzunehmen, vielmehr glauben wir ihn nicht zu beleidigen, wenn wir unsre wenigere Zufriedenheit mit seiner Behandlung dieser Dichtart aufrichtig bekennen.«*

40 2ten Auflage] *Die der 3. Slg. kam nicht zustande; H.s Bearbeitung der Anmerkungen über die Elegie ging (der systematische Teil) in das Mskr. des 2. Stücks »Ueber Thomas Abbts Schriften« (siehe R, S. 14) und (der histor. Teil) in das 1. »Kritische Wäldchen« (SWS III, S. 23–36, vgl. SWS I, Einleitung, S. XXXIIIf.) ein.*

42–46 Anfang von den Streitigkeiten ... Klopstocks] *Schreibversehen H.s für »Ein Anhang von einigen Streitigkeiten der Briefe mit Wieland, Cramer, Klopstock« (SWS I, S. 513–526).*

43 piaculum] *Sühnopfer. Scheffner wünschte diesen Abschnitt kürzer und dafür mehr Seiten »der Elegie oder der Laune des Horaz gewidmet«.*

45f. Begegnungen der LitteraturBriefe] *H. bezeichnete trotz dominierender Sympathie (vgl. I 31,68ff.) seinen in Einzelfällen abweichenden Standpunkt.*

46–51 Styl] *Scheffner: »Der Stil dieses dritten Theils hat nicht das Feuer der zween erstern, und in Absicht seiner ist der Verfasser zehn Jahre älter geworden.« Vgl. zu I 36(N), 61f. Am 20.9.1767 bat Scheffner dafür um Verzeihung; nach einem Brief Kanters nach*

seiner Rückkehr von Riga hätte H. einen Ausdruck »halb übel genommen« (Warda/Diesch I, S. 269). Vgl. dagegen I 36(N),62ff.
47f. weniger Nahrungs- und Bilderreichen] *Scheffner ärgerte sich über den Ausdruck, da er die 3. Slg. »für nahrungsreicher« hielt (A).*
49f. 2ten Auflage] *Vgl. zu I 36(N),62–66.*
51 Ursache ... Blumendecke] *Die erstrebte Anonymität, vgl. I 36(N),65f.; zu I 51,30f.*
52–57 Hauptgesichtspunkt] *Gegen die Nachahmung der röm. Literatur, für die Entwicklung einer originalen deutschen Nationalliteratur, in den wahrscheinlich vorher entstandenen einzelnen Vergleichungen des III. Abschnitts (SWS I, S. 450–513) nicht entschieden genug ausgeführt. – Scheffner bedauerte in A, die 3. Slg. nicht zweimal gelesen zu haben, um in der Rezension H.s Gesichtspunkt besser angeben zu können. Er fand aber, daß H. »etwas zu böse auf die armen Römer« sei, deren Mißbrauch doch ihre Nachahmer verschuldet hätten.*
62 Autorschaft] *Vgl. zu I 21(N),18f.*
62f. Spartaner] *Siehe R, S. 819; Abhandlung in den »Rigischen Anzeigen«, R, S. 21: »warfen ihre schwachen Kinder weg« (SWS I, S. 47).*
65f. Stückchen] *Mskr., Hochzeitsgedicht für Hartknoch, das Scheffner mit H.s Korrekturen zurückerbat (A). Hamann schrieb am 10. 8. 1767: »Wünschen Sie H. Hartknoch zu seiner Vermählung alles mögliche Glück« (ZH II, S. 399).*
67 Meße] *Ostermesse 1767. –* Skalden] *Vgl. zu I 36(N),93f.*
67f. instar omnium] *Statt aller anderen (Neuerscheinungen).*
68f. Romanzen] *Vgl. zu I 36(N),105.*
69ff. Giesekens] *Giseke.*
71ff. Leßings] *»Hamburgische Dramaturgie«.*
73f. Klotzens] *Vgl. zu I 36(N),101f.*
74f. Bielefeld] *Vgl. zu I 33(N),67; am 20. 9. 1767 bat Scheffner erneut um H.s Meinung über »diesen savant parvenu« (gelehrten Emporkömmling) und lobte eine Übersetzung (? von Gottsched und Schwabe 1761).*
76ff. Huart] *Vgl. zu I 29(N),18f. – Scheffner antwortete, Huarte verdiene »mit seinen Stolperungen« neben Helvetius zu stehen.*
78ff. Abbts] *Vgl. zu I 33(N),82; Scheffner fand darin unpassende Ausdrücke (A).*
81 Lindners] *Vgl. zu I 36(N),80–84.*
81f. Trescho] *Lobende Rezension, 9.10. 1767, siehe R, S. 681. »Sie haben richtig prophezeit, und eine Hand wird gewis die andre waschen«, schrieb Scheffner (A).*
82 Lindner] *Er hat Treschos »Sterbebibel« nicht rezensiert.*
83 Federballen] *Das noch heute beliebte Ballspiel; vgl. Goethe an H., Anfang Mai 1775.*
83–87 Nicolai] *»War der Brief vom Nicolai nicht ein Werb-Compliment?«, hatte Scheffner in B zu I 33 gefragt, als die Korrespondenz in Königsberg bekannt wurde.*
85 Auftrag] *Vgl. zu I 38,9.*
85f. halben Jahre] *Vgl. zu 16f.*
87ff. Briefen über die Merkwürdigkeiten] *Vgl. zu I 26(N),147ff.*
89–94 Clodius] *»Versuche aus der Literatur und Moral«.*
95 Recension] *Vgl. zu I 36(N),69f.; den voraussichtlichen Band der »Allgemeinen deutschen Bibliothek« (94) hatte Nicolai bereits in B zu I 31 genannt (vgl. O. Hoffmann, S. 5). Auch Scheffner war auf Mendelssohns Urteil gespannt, »ein aufrichtiger edler Kunstrichter, der nie den Mantel nach dem Winde hängt« (A).*
95ff. Bibliothek] *Vgl. zu I 36(N),68f.; Scheffner stand im Hinblick auf die gelehrte Kritik (Garves) an H.s Inversionen auf seiten des letzteren (A).*
97ff. Winckelmanns] *»Anmerkungen über die Geschichte der Kunst des Alterthums« und diese selbst.*

99–103 Grillo's] *Vgl. I 36(N),* **109ff.**
104ff. neuen typographischen Gesellschaft] *Siehe R, S. 749.*
106 Gedichte] *1767 erschien »auf Kosten der typographischen Gesellschaft« eine Neuausgabe der »Lieder nach dem Anakreon«.*
107 Entrepreneur] *Unternehmer.*
108 Thomas] *»Eloge de Descartes«; Bachmann als Übersetzer ist nicht belegt.*
109ff. einen von Ihnen] *Vom 20. 9. 1767 (Warda/Diesch I, S. 268ff.).*
111ff. Willamovius] *Vgl. I 36(N),* **13;** *zu I 34,* **82.**
115 getreuer Pastor Fido] *Mehrfaches Wortspiel: Anspielung auf Scheffners Mitteilung (am 20. 9. 1767) von seiner Übersetzung von Guarinis »Il pastor fido« und gleichzeitig H.s Amtsbezeichnung, eingeschlossen in die deutsch und ital. gleichbedeutenden Epitheta.*

38. AN CHRISTOPH FRIEDRICH NICOLAI, Riga, 10. Oktober 1767

3 nicht ... schreiben können] *Vgl. I 36(N),* **9f.,34f.**
6ff. zwei ... Ehrengedächtniß] *Am 6. 7. 1767 erwähnte Nicolai die Übersendung aus Leipzig durch Hartknoch, darunter »Allgemeine deutsche Bibliothek«, Bd. 4, 1./2. Stück.*
9 aufgetragnen Rezensionen] *Am 2. 5. 1767 (O. Hoffmann, S. 9), vgl.* **26–34;** *I Anm. 31; von Abbt sollte er die »Sallustius«-Übersetzung besprechen (von Wehrmann rezensiert). Am 6. 7. 1767 wünschte Nicolai Rezensionen (vgl. O. Hoffmann, S. 124) von Dusch (***32***), ferner von Duschs »Poetischen Werken«, Lessings Lustspielen (***30f.***), Ramlers Oden (***10***), Abbts »Fragment«, vgl. zu I 33(N),***82*** (von Gatterer rezensiert), von Gisekes Werken (vgl. I 42,19), Heinzes Cicero- und Steffens Quintilian-Übersetzungen (vgl. zu I 69,63) und Millers »Wohlredenheit« (vgl. zu I 69,65).*
10–13 Rammler'schen Oden] *Siehe R, S. 24; Nicolai zeigte das Mskr. der »zu strengen« Rezension Ramler nicht, da dieser sich »allemahl ungern« über seine Werke erkläre. Wegen der Angriffe auf Ramler in der »Deutschen Bibliothek der schönen Wissenschaften« habe er Mendelssohn veranlaßt, eine neue Rezension zu schreiben, die mehr als die (in sie eingearbeitete) Rezension von H. auf Ramlers Verdienste eingehe (A). Vgl. I 42,* **4–11.** *Sie erschien in Bd. 7/1 der »Allgemeinen deutschen Bibliothek« mit Mendelssohns Sigle Q (vgl. SWS IV, Einleitung, S. XII).*
12 Poetischen Ohr *und* **16** stolzen Griechischen Ohr] *Nach H.s sensualistischer Ästhetik entsprechen Prosodie und Rhythmus der Dichtung dem historisch und national unterschiedlich entwickelten Gehörssinn. Deswegen lehnte er die Nachahmung griechischer Versmaße im Deutschen in letzter Konsequenz ab. Vgl. I 33(N),***19–28;*** zu* **16** *besonders SWS I, S. 195 (nach Cicero, »Orator« 44, 150 »iudicium aurium superbissimum«; FHA 1, S. 1066).*
17 Blatt Sprachanmerkungen] *Nicolai ging nicht auf H.s Wunsch ein.*
20–24 Mosessche Rezension] *Vgl. zu I 31,77; 36(N),***69f.***; 37(N),***95.**
21 Umschmelzung] *2. Ausgabe, siehe R, S. 13f.*
26 angezeigten Schriften] *Vgl. zu* **9.**
28 Verdienst] *Abbt »Vom Verdienste« wurde in Bd. 2/1 der »Allgemeinen deutschen Bibliothek« von Resewitz beurteilt.*
28f. Tacitus] *Hat H. doch rezensiert (siehe R, S. 24), da Nicolai in A dringend darum bat; denn er »kenne niemand«, der sich wie H. »auf die Kürze und Körnigkeit des Styles« verstehe. Schon am 2. 5. 1767 hatte er geschrieben, außer H. könnten nach dem Tod Abbts nur Lessing, Meinhard und Mendelssohn »gründlich von dieser Übersetzung urtheilen« (O. Hoffmann, S. 9).*

30f. Leßingschen Lustspiele] *Siehe R, S. 351; Nicolai verzichtete darauf in A (»Allgemeine deutsche Bibliothek«, Bd. 11/1, rezensiert von Buschmann, vgl. zu I 69,66). H.s eingestandenermaßen ungenügende Kenntnis des Theaters ist bezeichnend für seine vorwiegend lyrisch-rhetorische Begabung.*
30 Noachide] *Siehe R, S. 25; Nicolai hatte in A darauf bestanden. 2. Auflage 1772 von Biester rezensiert.*
32f. Briefe zur Bildung des Geschmacks] *Von Dusch, siehe R, S. 24, vgl. I 42,19ff.*
34 Kalliope] *Sammlung von kleinen, meist biblischen Epen, Übersetzungen aus dem Griech. und Mhd. (SWS II, S. 374); H. lieferte keine Rezension, vgl. I 69,60. Es fand sich auch kein anderer Rezensent.*
36 geistlichen Amt] *Vgl. zu I 34,59ff.,72; Nicolai hatte davon durch das Gerücht gehört, wie er in dem sich mit I 38 kreuzenden Brief vom 20.11.1767 schrieb, mit dem er einen nicht überlieferten Brief Lavaters sandte (O. Hoffmann, S. 13f.).*
41ff. Styl] *»Ihre Schreibart verrät Sie alzuleicht«, schrieb Nicolai in A zu I 42 in bezug auf »Ueber Thomas Abbts Schriften« und riet ihm, »sich einen planern Styl anzugewöhnen«, da seine Schriften sonst bald einen Kommentator bekämen. Die Unverständlichkeit infolge vieler Anspielungen hatte Nicolai am 20.2.1768 kritisiert. In A zu II 35 bemerkte er unzufrieden, daß H.s Rezensionen durch »die Lebhaftigkeit sowohl, als das Sonderbare der Schreibart« auffallen würden. Und in A zu II 88: »Ihre Schreibart hat so viel original, daß man Sie kennet, wenn Sie auch Ihren Namen nicht nennen« (vgl. O. Hoffmann, S. 83ff., ausführliche Monita an H.s Wortbildung und metonymischem Wortgebrauch). Noch bei ihrem Zerwürfnis spielten Stilfragen eine wesentliche Rolle, vgl. III 92,50.*
45 Klotz ... Briefe] *Nicht überliefert. – Antwort] I 39; I 38 blieb lange liegen.*

39. An Christian Adolph Klotz, Riga, 31. Oktober 1767

4 Brief] *Nicht überliefert; vgl. I 38,45; 40,6ff.; 42,31ff.; 43(N),217–221; II 124,65f.; SWS IV, S. 341.*
7f., 86 Willamovius] *Vgl. I 36(N),13; 40(N),13–43.*
9 Idealversetzung] *Vgl. 74f.*
11–25 Fragmente] *»Ueber die neuere Deutsche Litteratur«, siehe R, S. 13.*
13 zwote ... Auflage] *Ebd., S. 13f.*
14f. Sprachanmerkungen] *1. Slg. passim; in der 2. Ausgabe einheitlicher, geordneter, inhaltlich erweitert, gedanklich vertieft und bereichert, im Ausdruck verständlicher.*
15ff. Orient] *Das Mskr. der bearbeiteten 2. Slg. umfaßt nur die griech. Literatur, vgl. I 45,33f. Die orientalische Dichtkunst sollte die 4. Slg. aufnehmen, vgl. I 43(N),186.*
17 Neuern] *Die Nachahmungen der Antike in der deutschen und den anderen europäischen Literaturen, vgl. Disposition zum 4. Teil (Otto I, S. 673f.).*
19–23 vierten Theil] *Vgl. zu I 30,35.*
27–33, 36f., 41f., 100 Actis] *»Acta litteraria«, siehe R, S. 641; vgl. I 36(N),71f.*
28f. libris minoribus] *Geringeren Büchern.*
29–32 Moses und Moser] *Siehe R, S. 711 oben. »Jetzo muß der ehrliche Deutsche Leser bei allen Moserischen Schriften [...] bedauren: daß Moses keinen Aaron hat« (SWS I, S. 221, 1. Slg., 18. Fragment). In der 2. Ausgabe »daß Moses ... hat« getilgt.*
30 Aaron] *Siehe R, S. 701.*
32f. Journal und Tribunal] *»... alle unsre Kritici sind Richter; jedes Journal reimt sich mit Tribunal ...« (SWS I, S. 249, 2. Slg., »Vorläufiger Discours«); wie 29f. von Klotz moniert.*
35f. Reim in der Poesie] *Vgl. 86. Humanitätsbrief (SWS XVIII, S. 42–45).*

36–41 Baco] *Klotz plante eine Werkausgabe, vgl. I 78,56; zu H.s eigenen Plänen siehe R, S. 45.*
41 Induktion] *Schluß, Beweis.*
42 Hypothese von der Sprache] *»Von den Lebensaltern einer Sprache« im 2. Fragment der 1. Slg. (SWS I, S. 151–155).*
43f. Sammlungen für den Verstand und das Herz] *Siehe R, S. 693.*
45 wilde] *Sprache wilder Völker.*
46f. Originalsprache] *Die griechische Sprache, während die röm. Literatur diese nachahmt (vgl. 2. Ausgabe, SWS II, S. 19, 78, 106f.).*
48ff., 61 Bibliothek der schönen Wissenschaften] *»Deutsche Bibliothek«, siehe R, S. 662f.*
50–59 Recensent] *H.s Idealvorstellung des helfenden Kritikers (vgl. zu 32f., SWS I, S. 247f.) wurde von Klotz' parteiischen Rezensionsorganen ad absurdum geführt, am ehesten wurden ihr Garves Besprechungen gerecht, vgl. I 36(N),68f.*
55 Apollo] *Als Musenführer, siehe R, S. 718; vgl. Vergil, Ecloga III, Vers 104.*
57 seraphischen Wielands] *Z. B. »Briefe von Verstorbenen«.*
60 Hallischen gelehrten Zeitungen] *»Neue Hallische gelehrte Zeitungen«, siehe R, S. 687. H. erhielt keine Antwort auf diesen Brief.*
62 Casanova] *Giovanni Battista Casanova.*
63f. Jacobi] *Johann Georg Jacobi.* – Arraucana] *Von Ercilla (vgl. SWS XXIV, S. 291f.), erst 1831 in dt. Übersetzung.*
64f. Schrift ... unter der Presse] *»Ueber Thomas Abbts Schriften«, siehe R, S. 14.*
65 libellum] *Büchlein über die feine Lebensart des Horaz, nicht erschienen; vgl. »Ueber Thomas Abbts Schriften«, 2. Stück (SWS II, S. 299, vgl. auch SWS I, S. 492).*
66 libello de felici audacia] *»Dissertatio ...«; lobend angeführt in »Adrastea«, 9. Stück, »Briefe über das Lesen des Horaz« (SWS XXIV, S. 299).*
68f. Geschichte des Geschmacks] *Z. B. »Beytrag zur Geschichte des Geschmacks ...«; vgl. H.s abschätzige Urteile darüber I 36(N),**101f.**; 37(N),**73f.***
75f. Ister des Ovids] *Siehe R, S. 775; metaphorisch als Gegend der Verbannung, als die H. Livland in kultureller Hinsicht ansah, vgl. I 40(N),**40f.***
76 Düna] *Siehe R, S. 758.*
78 Pastor] *Vgl. zu I 34,59ff.*
80 Iuno pronuba] *Siehe R, S. 728.*
81 Einkünfte] *Vgl. I 35(N),57f.* – entsteht] *Mangelt, entgeht (veraltet).*
83ff. Ruf nach Petersburg] *Vgl. I 34.*
88f. Hyperboräischen] *Siehe R, S. 727.*
92, 96 Namen] *H. möchte als Schriftsteller anonym bleiben, vgl. I 51,33ff.*
98ff. Recensenten-Ton] *Wunsch nach sachlicher Kritik ohne persönl. Rücksichten und Animositäten.*
101 inter pocula et vina] *Beim Wein (Redewendung), d.h. vertraulich.*
103 Briefwechsel] *Klotz antwortete nicht, es folgten z. T. boshafte Rezensionen.*

40 (N). AN JOHANN GEORGE SCHEFFNER, *Riga*, 31. Oktober 1767

7f. Klotz] *Vgl. I 39.*
10 Fragmente] *Vgl. I 37(N),**32–61**, zu **35ff.**,**46ff.**,**52ff.***
10f. zweiten Umarbeitung] *Siehe R, S. 13f.*
12 filii ... liberali.] *Hurensöhne, von mißgestaltetem Äußeren, und an Geist nicht gerade so edel.*

13–40 Dithyrambensänger] *Willamovius, vgl. zu I 34,82; 39,7f.*
16 Cain ... Abel] *Vgl. V 119,15f.*
17 Menschen vom Autor] *Vgl. zu I 21(N),18f.*
25f. Recension] *Siehe R, S. 24.*
27ff. Grillo] *Siehe R, S. 655. Willamovius schrieb am 15.11.1766 an Scheffner, er habe sich bei der Umarbeitung der »Dithyramben« für die 2. Auflage »der Critik des Hrn. Prof. Grillo in den Litteraturbriefen bedienet, und mit diesem einsichtsvollen Kunstrichter noch näher darüber correspondiret« (Warda/Diesch IV, S. 691).*
40ff. Exilium] *Vgl. I 15,15; 31,65; zu I 39,75f.*
44 bedaure] *Vgl. I 43(N),226f.; 50(N),27–40.*
45, 56 Philosophische Sprachkunst] *Vgl. zu I 37(N),35ff.*
46f. Lambert] *»Lamberts Organon, in das ich nur geblickt habe, scheint mir voller Materien zu diesem Monument [45] zu seyn. Lambert ist meinem Kopf zu mathematisch, vielleicht gar trocken, schade daß er Deutlichkeit und Schönheit zu sehr für Nebendinge hält – doch eine Fliege muß nicht einen Coloß beurtheilen und überdem muß man Lamberten studieren, nicht lesen« (B₂). Vgl. R, S. 46. Das 3. Buch des »Organon«, »Semiotik oder Lehre von der Bezeichnung der Gedanken und Dinge«, enthält Lamberts Sprachlehre.*
48 Abbt ... Geschichte] *Darin fand Scheffner »einige hübsche Stellen über die Entstehung der Sprache« (B₂).*
49f. Moses Anmerkungen] *Mendelssohn, »Johann Jakob Rousseau ... Abhandlung«.*
50ff. Verwirrung der Sprachen ... Disputation] *»Confusionem linguarum«.*
52f. Süßmilch] *Vgl. II 20(N),19f.*
53f. hätte ich wohl Lust] *Erste Äußerung über eine geplante »Abhandlung über den Ursprung der Sprache«, vgl. R, S. 1.*
55–58, 60 Systeme] *H.s Abneigung gegen Systeme (wie Hamann, vgl. SWS I, S. 228), der fragmentarische Charakter seiner Schriftstellerei und sein offenes assoziativ-kombinierendes Denken, das ein Thema ständig palingenetisch weiterentwickelt, sind Grundzüge seines gesamten Schaffens bis zur metakritischen Polemik gegen Kant.*
55 Erbfehler der Deutschen] *Das könnte u. a. auf Christian Wolffs Schulphilosophie zielen, aber auch auf Winckelmanns »Geschichte der Kunst des Alterthums«, vgl. I 26(N),68f.*
59ff. Fragmente ... Römer] *Vgl. zu I 37(N),52ff.*
65, 71ff. Dionysius] *Dionysios von Halikarnassos. Scheffner fand die »lateinischen Versionen« von Dionysios und Xenophon »sehr gezwungen« (B₂).*
66–70 Xenophon] *»Apomnemoneumata Sokratus«.*
69 süßen Autor] *Xenophon.*
73f. Voßius] *Isaak Vossius.*
75 Samlung vermischter Schriften] *Von Nicolai, siehe R, S. 693. – Scholiasten] Kommentatoren griech. und röm. Autoren in frühchristl. und byzantin. Zeit.*
77 Sprachkunst] *Scheffner glaubte, H. könnte aus Dionysios und Vossius »einen wichtigen Beytrag zur angefangenen höhern Sprachkunst« leisten (B₂).*
77f. Batteux] *»Einleitung in die Schönen Wissenschaften«. Scheffner hatte in B₂ Mendelssohns die Übersetzung und Zusätze Ramlers rühmende Rezension in der »Bibliothek der schönen Wissenschaften und der freyen Künste«, Bd. 3, 2. Stück (1758) erwähnt.*
79 Shaftesburi Charakteristics] *Scheffner erwartete eine Übersetzung H.s; Spalding habe dieses Werk bereits übersetzt, »damit der Verleger seinen englischen Sprachmeister bezahlen möchte, wie Lessing einmal gesagt hat« (B₂; B zu I 48).*
80ff. Stücke ... übersetzt] *Siehe R, S. 536f.*
81 1730] *1738.*
82 von Spalding] *Siehe R, S. 546.*

83f. Abbt] *Shaftesbury-Übersetzung nicht nachweisbar.*
84f. Hamann] *Siehe R, S. 222.*
85f. Uebersetzen] *Erst 1775, siehe »Gott«, 2. Ausgabe, R, S. 8.*
87 Hamanns ... Exemplar] *»Characteristicks«, siehe R, S. 536.*
88f. Browne] *John Brown (nicht »Doctor«), vgl. I 30,49ff.*
89 Grundsatz] *In Shaftesbury, »Sensus Communis«.*
90 Abhandlung] *»Ueber das Lächerliche«, siehe R, S. 48.*
92f., 100ff. der ganzen Dramaturgie] *Scheffner bezweifelte, daß Lessing »der einzige Verfasser« der »Hamburgischen Dramaturgie« sei, und fand, daß er die Hamburger Schauspieler »oft zu sehr« lobe (B₂).*
93 ersten 20. Stücke] *1.5.–7.7.1767.*
94f., 98f. Löwens] *»Anrede« und »Vorläufige Nachricht«. H. sprach dem Hamburger Theater den Anspruch nationaler Repräsentation ab (vgl. SWS II, S. 46).*
101f. wie ich höre] *Falsches Gerücht; Lessing gab vom 32. Stück (18.8.1767) an die »Dramaturgie« nicht mehr stückweise aus, der Rest des 1. Bandes erschien geschlossen zur Herbstmesse, Bd. 2 vom 8.12.1767 bis 15.4.1768 wieder wöchentlich. Lessing hatte die Unterbrechung als Schutzmaßnahme gegen den Nachdruck (auswärts und in Hamburg) am 21.8.1767 in der »Hamburgischen Neuen Zeitung« (vgl. R, S. 674) bekanntgegeben.*
102 Kaiser] *Joseph II.*
103 Rheinwein] *Scheffner hatte über die ungleiche Qualität der Stücke der »Hamburgischen Dramaturgie« gemutmaßt: »... viele scheinen des Morgens nach einem Abendrausch in Rheinwein aufgesezt zu seyn« (B₂).*
104ff. Gleim] *Vgl. I 32. Scheffner fragte nach ihrem Briefwechsel und warnte H. (ähnlich wie Nicolai am Beispiel von Ramlers »Ode an Selim« bzw. »Wiederkehr« in B₂ und A zu I 42 und in A zu I 46) vor Gleims Reizbarkeit, Ruhmsucht und Empfindlichkeit gegen jede Kritik.*
107ff. Philosophisches Lehrgedicht] *Siehe R, S. 30, oben; vgl. I 51,81f. »Schickten Sie nicht einmal den Anfang eines Gedichts über den Menschen an Kant?« fragte Scheffner (B₂).*
110 Creuz] *Creutz. Scheffner freute sich über H.s Lob des Creutzschen Gedichts »Die Gräber« (vgl. SWS I, S. 471, 484) und erwähnte, daß Creutz »lange gefangen saß, weil man muthmaaßte, daß er seiner schönen Fürstin zu sehr gefiel« (B₂).*
111 Huart] *Huarte, vgl. zu I 37(N),76ff.*
112–116 Skalden] *Vgl. zu I 36(N),93f.; Anzeige in den »Königsbergschen Zeitungen«, 14.8.1767 (siehe R, S. 681), in B₂ erwähnt: erläuternder Auszug aus Dalin, Inhaltsangabe, Gedichtauszüge, u. a. anakreontische Szene.*
112f. der Mann ist größer, als unsre Zeit] *»... unser göttlicher Skalde, ... ein Dichter, der in mehr als einer Absicht größer werden kann, als seine Zeit.« (»Ueber die neuere Deutsche Litteratur«, 1. Slg., 2. Ausgabe, SWS I, S. 208, Fußnote).*
113, 138 Numerus] *Rhythmus.*
114f. Bibliothek der schönen Wissenschaften] *»Neue Bibliothek« (vgl. R, S. 652), Bd. 4, 2. Stück.*
115f. Deutsche Bibliothek] *»Allgemeine deutsche Bibliothek« (vgl. R, S. 642), Bd. 5, 1. Stück.*
116 gröste Poet] *Dieser Hochschätzung entsprechen die durchweg rühmenden Urteile über Gerstenbergs Werke (vgl. u. a. SWS I, S. 99, 107, 208, 296, 316, 327, 350, 447; III, S. 25, 324; IV, S. 297, 308–320, 324f.; V, S. 327, 337). Vgl. N IV 26.*
117 in die Scheuren (= Scheunen)] *Die nicht mehr aktiven Dichter.*

122f. Griechische Musen] »*Ihre griechische Litteratur beneid ich Ihnen sehr*«, schrieb Scheffner in B$_1$.
124 Kragen] *Vgl. I 63(N),9; Teil des Predigerornats.*
126f. Falte] *Predigerfalte, vgl. I 53,21–24.*
128f. Französische Litteratur] *Diese kannte Scheffner sehr gut.*
130 Freundin] *Scheffners Frau.*
135 Proselyt] *Neubekehrter der griech. Literatur.* »... *mein Glaube an sie ist recht groß und täglich bedaure ich mehr, daß ich nur Uebersetzungen lesen kann*«, schrieb Scheffner in B$_2$.
136–143 Clodius] *Vgl. zu I 45,29ff.*
139 geblümelt] »... *dieser geblümelte Stil die neueste Modeschönheit*« – Clodius' Vorrede als Beispiel dafür »*ist so voll Blumen und Wortschmuck, daß wir darüber fast keine Gedanken sehen*« *(SWS II, S. 52;* »*Fragmente*«, *2. Ausgabe).*
140ff. Jenaischen Zeitungen] *Abbt und H. mit Plinius und Seneca verglichen, 21. 9. 1767, siehe R, S. 677, Haym I, S. 207.*

41. AN IMMANUEL JUSTUS VON ESSEN, Riga, Januar/Februar 1768

7–13 Johann ... eingeführt wurde] *Text auszugsweise im Tagebuch des Stadtoberpastors:* »*Herr Herder ist A[nn]o 1741 d. 25. Aug. zu Mohrungen geb., stud[ierte] seit 1760 die Philosophie zu Königsberg unter dem M[agister] Kant und die Theologie unter den Herren Doctoren Arnold u. Liliendahl, u. kam A[nno] 1764 hieher als Collaborator an der hiesigen Tuhm-Schule, welcher Titel, so wie die Hülfs-Arbeit für die andern Collegen nunmehro mit seiner Beförderung ins Predig-Amt aufgehöret hat*« *(Sivers, S. 57). Bezeichnend ist die Erwähnung Kants an erster Stelle. Nicht genannt hat H. die Physikvorlesungen von Johann Gottfried Teske (vgl. Erinnerungen I, S. 48, LB I, 1, S. 127).*
7 1741] *Richtig 1744.*
8 1760] *Richtig 1762: H. fälschte seine Vita, um den Eindruck eines normalen Studienganges hervorzurufen.*
11 Arnold] *Daniel Heinrich Arnoldt.*
12 Ruf] *Vgl. zu I 9(N),7.*
13f. Kirchenconvent] *Vgl. I 34.*
16 an Lavater] *Am 12. 1. 1768, nicht überliefert, vgl. I Anm. 41.*
17 Autograph] *Im nächsten Brief an Nicolai (I 42) nicht erwähnt; vgl. aber I 46,23f. Vielleicht hatte H. dem Oberpastor das Blatt Mendelssohns mit Bemerkungen über H.s Rezension von Ramlers* »*Oden*« *(vgl. zu I 38,10ff.) gegeben, das B$_2$ zu I 42 beilag (vgl. O. Hoffmann: Nicolai, S. 15).*

42. AN CHRISTOPH FRIEDRICH NICOLAI, Riga, 13. März 1768

4 Hrn Moses] *H.s Brief ist nicht an Mendelssohn gelangt, sondern auf dem Postweg verlorengegangen (A).*
5 Recension] *Vgl. zu I 38,10ff.*
7 Situation Ihres Orts] *Vgl. I 31,18.*
7f. Klotzische Bibliothek] »*Deutsche Bibliothek der schönen Wissenschaften*«, *Bd. 1, 1. Stück: hämische Rezension (von Klotz) zu Ramlers* »*Oden*« *(Berlin 1767); Klotz lobte Gleim und tadelte Ramler. Mendelssohn sollte die – von H. vorausgesetzten – Verdienste Ramlers betonen und sich dabei indirekt auf diese Rezension beziehen (B).*

8 ab ovo] *Vom Ei her: Horaz, »Epistolae« II, 3, Vers 147: Nec gemino bellum Troianum orditur ab ovo (er beginnt nicht den Trojanischen Krieg mit der Geburt vom Ei [der Leda]).*
12 Zuarbeiten] *Vgl. zu I 38,9,26–34. Nicolai hatte in B_1 B_2 daran erinnert.*
14 Entfernung der Örter] *Auch Nicolai klagte in B_2 über ihre Entfernung voneinander.*
14–18 Recensionen] *Diese betrachtete H. hier wie ein Gespräch.*
19 Gieseke] *Giseke, siehe R, S. 24. Die Rezension entsprach Nicolais eigenen Gedanken (A).*
19f. Geschmacksbriefe] *Vgl. zu I 38,32f.*
22 Noachide] *Vgl. zu I 38,30. – Tacitos] Vgl. zu I 38,28f.*
24–28 Klotzische Anfeindungen] *Vgl. 7f.*
27–31 Mir selbst] *Rezension der »Fragmente« (von Riedel) im 1. Stück der »Deutschen Bibliothek«, siehe R, S. 663.*
31 Schmeicheleien] *B zu I 39; vgl. I 43(N),218f.*
32f. Vorsicht und Gesetztheit] *Vgl. I 43(N),219ff. I 39 ist eher eine Mischung von Verehrung, Lobpreisung, Vertraulichkeit und Widerspruch gegen kritische Einwände.*
36ff. Seichtigkeit] *Vgl. I 33(N),59ff.; 54(N),24f. Nicolai hatte in B_2 anläßlich der Übermittlung von I 39 eindringlich vor Klotz gewarnt, er bestätigte in A H.s Urteil.*
38 Castigator] *Züchtiger, Tadler, Sittenrichter. – Morgenstern] Vgl. zu I 26(N),134.*
39 Modegeschmack] *Überwiegend negative Bedeutung (vgl. Vorrede zur 2. Auflage der »Fragmente«, SWS II, S. 5).*
40 Schattenfolge] *Schattenspiel. – Apollo] Klotz als »Musenführer«.*
42–45 Torso] *»Ueber Thomas Abbts Schriften«, siehe R, S. 14; vgl. I 43(N),188ff. Da er aus dem »Torso« sehe, was H. von Abbts Schreibart halte, hätte er gern eine Rezension H.s über Abbts »Vermischte Werke« gehabt, schrieb Nicolai in B_2. Über H.s Schreibart vgl. zu I 38,41ff.*
47 Waßerflüßen Babylon] *Vgl. Psalm 137,1f.*
48 Situationen] *Vgl. zu I 73(N),15.*
49 Ihrem Cirkel] *Vgl. zu I 31,67ff.*

43 (N). AN JOHANN GEORG HAMANN, *Riga, Ende April 1768*

4 Mitau] *Treffen H.s mit Hamann im August 1765 und Mai 1766, vgl. I 16 und I 22.*
5, 40 Beverland] *Beverland deutete den Sündenfall philosophisch-allegorisch.*
8 Hartknoch] *Er kam am 7. 4. 1768 nach Königsberg (B). – Brief] Hamann schickte ihn nicht zurück, versicherte H. aber, seine Briefe niemandem zu zeigen (A).*
10–139 wie wurden wir aus einem Geschöpf Gottes] *Der 1. Teil des Briefes ist die Keimzelle der »Aeltesten Urkunde«. Vgl. dazu »Bückeburger Gespräche über J. G. Herder 1988«, besonders die Beiträge von R. Otto, G. Arnold, H. Graupner und W. Düsing (H.-B. II, Nr. 1692, 1685, 551, 862). Gleichzeitig »Das Lied von der Schöpfung der Dinge«, siehe R, S. 45.*
11 Geschöpf Gottes] *Nach 1. Mose 1/2.*
11f. Geschöpf der Menschen] *Nach 1. Mose 3.*
13–16 wie ward das Uebel der Welt?] *Nach Leibniz' »Essais de Théodicée« ist das Übel in der Welt notwendig durch die Existenz der Welt selbst bedingt, in der Natur der endlichen (irdischen) Wesen angelegt und den Menschen als Erziehungsmittel dienlich, und Gott hat ihnen mit dem moralischen Übel die Selbstbestimmung ermöglicht. Leibniz war beeinflußt von William King (1650–1728, Lordrichter von Irland, Erzbischof von Dublin), »De origine mali«, London 1702. Vgl. »Aelteste Urkunde«, Bd. 2 (SWS VII, S. 133).*

14 Handwerksphilosophen] *Philosophen vom Fach.*
18 pro positu corporis sui] *Nach der Lage seines Körpers.*
18–32 Roußeau] *»Discours sur cette question«, 1754, ferner der Anfang des »Emile«: »Alles ist gut, wenn es aus den Händen des Schöpfers hervorgeht, alles entartet unter den Händen der Menschen.« Vgl. »Aelteste Urkunde«, Bd. 2 (SWS VII, S. 65, 74).*
21 Pöbels] *Vgl. zu I 73(N),47.*
24 paradoxen Sätze] *Besonders in den beiden Diskursen widersprach Rousseau den herrschenden Meinungen seiner Zeit.*
30 Irrsals] *Das Irrsal, veraltet für Irrtum.*
31f. Kant ... Shandy] *Kant war durch die Lektüre Rousseaus von der Verachtung des ungelehrten »Pöbels« »zurechtgebracht« worden (Randbemerkungen zu »Beobachtungen über das Gefühl des Schönen und Erhabenen«). Er hatte Rousseaus Ideen an H. vermittelt.*
32 Onkel Tobias Shandy] *»Weil es Gott so gefallen hat«; Sterne, »Tristram Shandy«, 3. Buch, Kap. 41.*
33f. Urkunde] *Erste Formulierung des Gedankens einer »Urkunde« göttlicher Provenienz.*
35ff. Orientalisch] *Vgl. »Das Lied von der Schöpfung der Dinge« (siehe R, S. 45) passim.*
38f., 92ff. drittes Kapitel] *Im vorgenannten Entwurf (SWS XXXII, S. 166f.) und in »Ueber die ersten Urkunden des Menschlichen Geschlechts. einige Anmerkungen«, 1768 (FHA 5, S. 88f., 116) wird 1. Mose 3 (»die älteste Offenbarung über die Bestimmung des Menschlichen Lebens«, ebd., S. 114) von 1. Mose 1/2 abgegrenzt, u.a. aufgrund des unterschiedlichen Gottesnamens (vgl. Astruc). Kap. 2 ist jünger, Mose hat als Sammler ältere Urkunden und einzelne Lieder zusammengefügt und ergänzt.*
40–47, 70f., 89f. Allegorien über dasselbe] *Von H. abgelehnt, vgl. »Ueber die ersten Urkunden« (a.a.O., S. 92f.), »Aelteste Urkunde«, Bd. 2 (SWS VII, S. 71f., 77f.); als Fabel und Mythos verstanden.*
40 Origenes] *Begründer allegor. Exegese.*
48ff. Orientalisch ... Poetisch] *Historisch und national einfühlende Lektüre als Voraussetzung des historischen Verstehens.*
51–59 versus 1] *1. Mose 3,1; vgl. »Das Lied von der Schöpfung der Dinge« (SWS XXXII, S. 167), »Ueber die ersten Urkunden« (a.a.O., S. 90–94, 99f., 105), »Aelteste Urkunde«, Bd. 2 (SWS VII, S. 61, 78f., 82f.).*
56 nachahmende Thier des Aristoteles] *»... dadurch unterscheidet der Mensch sich von den anderen Lebewesen, daß er besonders geschickt im Nachahmen ist« (Poetik, Kap. 4).*
61 Quelle unsres Uebels Klugheit] *Vgl. 1. Mose 2,17; 3,5.22 (»wissen, was gut und böse ist«); »Ueber die ersten Urkunden« (a.a.O., S. 97); »Aelteste Urkunde«, Bd. 2 (SWS VII, S. 64f.).*
63f., 71f. Baum des Erkenntnisses] *1. Mose 2,9.17; vgl. »Das Lied von der Schöpfung der Dinge« (SWS XXXII, S. 166); »Ueber die ersten Urkunden« (a.a.O., S. 77ff.); »Aelteste Urkunde«, Bd. 2 (SWS VII, S. 60, 64ff., 84ff.).*
65 Anakreon ... Bathyllus] *Anakreonteia (unecht), Nr. 5, Ruheplatz (»Hier im Schatten, o Bathyllos, setze dich!«).*
66ff. Sokrates] *In Platons »Phaidros«; Phädon] Irrtum H. s.*
69 Apfel der Erkenntnis] *1. Mose 3,6 (»Frucht«); vgl. »Aelteste Urkunde«, Bd. 2 (SWS VII, S. 60, 83). Ursprünglich nach gnostischer und patristischer Auffassung Feigenbaum (Feige Sexualsymbol).*
70, 88f. unwürdigen Verdrehungen Beverlands] *Vgl. »Das Lied von der Schöpfung der Dinge« (SWS XXXII, S. 167), »Ueber die ersten Urkunden« (a.a.O., S. 92f.). Hamann verteidigte Beverland, mit dem H. »zu sultanisch« umgehe, und bekannte sich selbst zur sexuellen Deutung des Sündenfalls. Vgl. zu I 13(N),91–96.*

72–77 Risquo] *Risiko (frz. risque, ital. rischio); aufklärerisch-emanzipatorische Umwertung des Sündenfalls, die in keiner anderen Bearbeitung der »Aeltesten Urkunde« vorkommt, möglicherweise wegen Hamanns Zurechtweisung: »Der Anfang Ihres Briefes schmeckt mehr nach einem süßen als alten Wein. Schonen Sie also Ihren Kopf.« (A).*

76f. zu seyn wie Gott] *1. Mose 3,5. Vgl. »Das Lied von der Schöpfung der Dinge« (SWS XXXII, S. 167), »Ueber die ersten Urkunden« (a.a.O., S. 99), »Aelteste Urkunde«, Bd. 2 (SWS VII, S. 86).*

78–84 Das Weib] *1. Mose 3,6. Vgl. »Ueber die ersten Urkunden« (a.a.O., S. 100f.), »Aelteste Urkunde«, Bd. 2 (SWS VII, S. 87).*

84ff. Die Kindheit des Menschengeschlechts] *Lebensaltertheorie, siehe R, S. 682.*

88f. Beverlanden] *Vgl. zu 70.*

90ff. Eva] *Gottes Verbot 1. Mose 2,17 wurde der später Erschaffenen durch Adam bekannt (1. Mose 3,3), vgl. »Aelteste Urkunde«, Bd. 2 (SWS VII, S. 82).*

92ff. 3te Capitel] *Vgl. zu 38f.*

95–102 Augen aufgethan: Nacktheit] *1. Mose 3,7f.; vgl. »Das Lied von der Schöpfung der Dinge« (SWS XXXII, S. 167), »Ueber die ersten Urkunden« (a.a.O., S. 101ff.), »Aelteste Urkunde«, Bd. 2 (SWS VII, S. 66, 89–94).*

103–113 Nachtheile] *1. Mose 3,14f.; vgl. »Das Lied von der Schöpfung der Dinge« (SWS XXXII, S. 168), »Ueber die ersten Urkunden« (a.a.O., S. 104, 109ff.), »Aelteste Urkunde«, Bd. 2 (SWS VII, S. 66ff.).*

109ff. Nachasch] *Siehe R, S. 711.*

115–126 das Weibliche Geschlecht] *1. Mose 3,16; vgl. »Das Lied von der Schöpfung der Dinge« (SWS XXXII, S. 168), »Ueber die ersten Urkunden« (a.a.O., S. 104, 112f.), »Aelteste Urkunde«, Bd. 2 (SWS VII, S. 63, 101ff.).*

117 göttliche Nationalsänger] *Moses, der »Orientalische Sänger« (104f.) bzw. »Göttliche Sammler« (131) von einzelnen Traditionen »aus dem Munde Gottes« (»Ueber die ersten Urkunden«, a.a.O., S. 116).*

122 Weiberregiment] *Von H. als widernatürlich verurteilt, vgl. »Aelteste Urkunde«, Bd. 2 (SWS VII, S. 103).*

127ff. Ackerbau] *1. Mose 3,17ff.; vgl. »Das Lied von der Schöpfung der Dinge« (SWS XXXII, S. 168), »Ueber die ersten Urkunden« (a.a.O., S. 104, 112f.), »Aelteste Urkunde«, Bd. 2 (SWS VII, S. 67f., 103–106).*

130–139 der Rest] *1. Mose 3, 20–24; in »Das Lied von der Schöpfung der Dinge«, »Ueber die ersten Urkunden« (a.a.O., S. 116) und »Aelteste Urkunde« aber wird das ganze 3. Kapitel als zusammenhängende Urkunde betrachtet.*

131 Göttlichen Sammlers] *Vgl. zu 38f. und 117.*

134 Ein Geschlecht der Lebendigen] *1. Mose 3,20.*

135 Erfindungen des Nothdürftigen] *Kleidung, vgl. 1. Mose 3,21; »Das Lied von der Schöpfung der Dinge« (SWS XXXII, S. 168), »Ueber die ersten Urkunden« (a.a.O., S. 113), »Aelteste Urkunde«, Bd. 2 (SWS VII, S. 107ff.).*

136f. Siehe! Adam ist p] *1. Mose 3,22; vgl. »Ueber die ersten Urkunden« (a.a.O., S. 113f.), »Aelteste Urkunde«, Bd. 2 (SWS VII, S. 108ff.) die unterschiedlichen Deutungen (Erweiterung der Begriffe, später aber als Ironie).*

138f. Unsterblichkeit] *1. Mose 3, 22–24; Baum des Lebens verboten, dazu »Das Lied von der Schöpfung der Dinge« (SWS XXXII, S. 168), »Ueber die ersten Urkunden« (a.a.O., S. 114ff.), »Aelteste Urkunde«, Bd. 2 (SWS VII, S. 76, 111f.). Vgl. I 58,117f.*

139 Cherub] *Siehe R, S. 703.*

140 ketzerischer Bigot] *Hamann als ganz unorthodoxer »Frömmler« (frz.).*

141–147 Quellen] *Hamann ging in A nicht auf H.s Wünsche ein, seine Äußerungen zu 10–139 ließen die ihm vertraute Problematik (siehe R, S. 221, »Origines«) in einem hermeneutischen Geheimnis und waren eher ablehnend, vgl. zu 70–77; zu I 50(N),165.*
145ff. Moses ... Plato] *H.s »Schmeichelei« zurückweisend, gestand Hamann, er habe mit diesen, »mit Christo und Belial, mit dem Gesetz und den Propheten, und leider auch mit Weltweisen und Dichtern gebuhlt« und sich niemals »einen schöpferischen Geist ohne genitalia« vorstellen können (A).*
150 Phyllis] *Eine Geliebte, nach Vergil, »Ecloga« III, Vers 107. Hamann wünschte H. eine Phyllis (A).*
151 fac tuum officium] *Tu deine Pflicht.*
153 Alterthum] *H.s Forschungen zu den Anfängen der Kultur, z. B. hier 10–139.*
155f. Königsberger Streitigkeiten] *Hamann hatte in B$_1$ u. a. über das negative Verhältnis der Königsberger Literaten zur »Deutschen Bibliothek der schönen Wissenschaften« (siehe R, S. 662) berichtet.*
157f. Recension] *Hamanns Rezension des 1. Stücks der vorgenannten Zeitschrift (siehe R, S. 223, unten); H.s Werk »Ueber die neuere Deutsche Litteratur«, das darin rezensiert worden war (siehe R, S. 663), ist nur beiläufig erwähnt.*
158–179 Lindners Zurücksetzung] *Durch die beiden Rezensionen seines »Lehrbuchs der schönen Wissenschaften«. Hamann verteidigte zwar in der vorgenannten Rezension seinen Freund, gab aber H.s kritischen Bemerkungen recht (A). Lindner rechtfertigte in Briefen an Scheffner am 28.11.1767 und Frühjahr 1768 seine Darstellungsweise mit der akademischen Bestimmung des Buches (vgl. Warda/Diesch II, S. 331ff.).*
161f. durchschießen] *Zwischen die bedruckten Seiten eines Buches leere Blätter für Notizen heften. Die Tendenz von H.s kritischen Bucheintragungen (nicht überliefert), aus seinen Rezensionen des »Kurzen Inbegrifs der Ästhetik« (siehe R, S. 25, oben) zu erkennen, ist identisch mit* **164–170.**
163 Zeit des Drucks u. der Verfolgung] *Analog zu einer Formulierung in Gottfried Arnolds »Kirchen- und Ketzerhistorie«: »unterm Kreuz und in der Verfolgung«.*
164 unwankender] *Standhafter, okkasionelle Bildung.*
164f. Augenbranen] *Ältere Form von Augenbrauen.*
168 Collektaneenbuch] *Sammlung von Lesefrüchten. –* orbis pictus] *Gemalte Welt, Bilderbuch für Kinder, in der Art des »Orbis sensualium pictus« (Lateinschulbuch, Nürnberg 1658) von Komensky.*
172 Klotzische Narr] *Klotz selbst.*
173 Bibliothekar] *Riedel.*
174f. letzte Argwohn] *Von der Identität beider Rezensenten, vgl. aber R, S. 356.*
178f. Hällischen neuen Bemüher] *Klotzianer, siehe R, S. 674.*
180–183 Klotz Ihre Stelle zu geben] *Vorschlag Hamanns in B$_1$, in der 2. Ausgabe von »Ueber die neuere Deutsche Litteratur« die Passage über ihn durch Bemerkungen über Klotz zu ersetzen. H. behielt sie mit Veränderungen bei und fügte eine Fußnote gegen Riedels Rezension der Erstausgabe (siehe R, S. 663, oben) hinzu (vgl. SWS I, S. 226–229; Otto I, S. 431ff., 827).*
183–187 erste Theil] *Vgl. I 53,116–123; siehe R, S. 14, oben.*
185 Esel] *Riedel.*
186f. Der 2te ... 4te] *Die Entwürfe nach den Mskr. umfassender als in SWS in Otto I, S. 569–674.*
187 Orientalisch Deutsche Dichtkunst] *In der Erstausgabe 3. Kapitel der 2. Slg. (SWS I, S. 258–284), in der Disposition des 4. Teils (Otto I, S. 673f.) nicht aufgeführt.*
188 Meße] *Ostermesse. –* Torso über Abbt] *Siehe R, S. 14.*

189 LebensBeschreiber] *Nicolais »Ehrengedächtniß Herrn Thomas Abbt«; vgl. I 42,**42–45**.*
– Berliner Zeitungsschreiber] *Derselbe? Vgl. FHA 2, S. 1229.*
190ff. 4. Sammlungen] *Vgl. I 48(N),**68f**.*
192 Werke] *»Thomas Abbts vermischte Werke«.*
192f. Hartknoch] *Vgl. zu 8; Hamann äußerte in B$_2$ seinen Verdruß, »nicht eine Silbe« von H. erhalten zu haben.* – Polypragmatischen] *Vielgeschäftig, ein Hamannscher Ausdruck (vgl. ZH I, S. 449).*
194 Hermessäule] *Siehe R, S. 726.*
195–206 Plan zum Gesetzbuch] *Nakas von Katharina II.; vgl. zu I 73(N),**24**. Hamann hatte in B$_2$ um eine Abschrift gebeten, da der Brief Friedrichs II. an Katharina II. in den »Königsbergschen Zeitungen« vom 21. 3. 1768 seine Neugier geweckt hatte. In A erklärte er, jemand hätte ihn darum ersucht. Vgl. I 50(N),**185f**.*
198, 202 Montesquieu] *»De l'esprit des lois«.*
199 Beccari] *Beccaria.*
206 Corvée] *»Encyclopédie«-Artikel von Boulanger. Vgl. I 50(N),**184**. Hamann, der auf Anregung Kants 1759 die Übersetzung einiger Artikel geplant, den Gedanken aber sogleich verworfen hatte (vgl. ZH I, S. 374), bat in B$_2$ und A um eine Abschrift. In A zu I 50 zweifelte er, daß sie von H.s Hand sei.*
208ff. Winckelmann] *Brief an Paul Usteri (siehe R, S. 622); vgl. SWS III, S. 485 zu 187; Haym I, S. 243. »Winkelmann ist gar nicht der Mann seiner Jugend mehr«, antwortete Hamann.*
209 Ustaritz] *Usteri.*
211 Schweizerprediger] *Nicht zu ermitteln.*
212–215 Jenische Zeitung] *»Jenaische Zeitungen von Gelehrten Sachen«, siehe R, S. 677, die ersten zwei Rezensionen.*
214 Candidaten von Bedlam] *Tollhäusler, vgl. R, S. 748.*
216 »vergöttert«] *Ironisch, da es sich um die »Deutsche Bibliothek der schönen Wissenschaften« (siehe R, S. 662f.) handelte.*
217ff. Klotz] *Brief nicht überliefert.*
217, 226–229 Willamovius] *Durchreise durch Riga Mitte September 1767, vgl. I 37(N), **111ff**.; 39,**7f**.; 40(N),**13ff**.*
219ff. Viertheil Jahr nachher] *H.s Brief an Klotz I 39 (= 11. 11. 1767 neuen Stils) nur 2 Monate danach.*
220ff. erstes Stück ... drittes Stück] *»Deutsche Bibliothek der schönen Wissenschaften«, Rezension Riedels, siehe R, S. 663.*
223 dritten Theils] *»Ueber die neuere Deutsche Litteratur«, 2. Ausgabe, nur Entwürfe, vgl. zu **186f**.*
224f. Arndt] *Christian Gottlieb Arndt; Brief nicht überliefert. »Die hiesige Lebensart ist nicht ganz nach meinem Sinn«, schrieb Arndt am 25. 12. 1768 an Hamann (ZH II, S. 428).*
230 Funeralien] *Leichenreden.* – Abbt] *Siehe R, S. 14; vgl. I 53,**47ff**.; nach dem 1. Stück des »Torso« erschien jedoch kein weiteres.*
231ff. einem Werke] *Werk unter H.s Namen siehe R, S. 49; wahrscheinlich Bezug auf **10–139**.*

44. AN JOHANN ARNOLD EBERT, Riga, 15. Juli 1768

10 Autorlob] *Vgl. die Distinktion von Mensch und Autor, zu I 21(N), **18f**.*
11 Uebersetzer Youngs] *Edward Young, »Night Thoughts«.*
14f. Carolinum] *In Braunschweig, siehe R, S. 750.*

20f. sarmatischen Einsamkeit] *Siehe R, S. 815.*
26 Begegnung meines Orts] *H.s Wertschätzung in Riga.*
32 Jerusalem] *Johann Friedrich Wilhelm Jerusalem.*
34 der Religion] *Protestantismus.*
35f., 43 Mosaischen Briefe] *»Briefe über die Mosaischen Schriften«.*
36–48 Religionsbetrachtungen] *»Betrachtungen über die vornehmsten Wahrheiten der Religion«.*
48 Thetik] *Glaubenslehrsätze.*
49ff. Meßias] *1768 erschien der 3. Bd.*
53f. Charakter Youngs] *Eine Biographie.*
55, 57 vierten Theile] *Vgl. zu I 18,13; 30,35; »Vom Lehrgedicht Youngs«, R, S. 49.*
58 Bande Kunstrichter] *Klotz und seine Anhänger.*
62 Briefwechsels] *Nicht eingetreten.*
65 Zachariä] *Justus Friedrich Wilhelm Zachariä.* – Gärtner] *Karl Christian Gärtner.* – Schmidt] *Konrad Arnold Schmid.*

45. AN CHRISTIAN AUGUST CLODIUS, Riga, 3. August 1768

7ff. Schreiben] *Nicht überliefert.*
8 Krüdner] *Krüdener.*
9 zweite Auflage der ... Fragmente] *Vgl. I 43(N),183ff.; 53,116ff.*
13 satyrisirende Kritik] *Satiriser (frz.), durch Spott lächerlich machen; Satire fälschlich von Satyr (vgl. R, S. 737) hergeleitet.*
14f. Deutschen Journalen] *Vor allem von Klotz.*
20f. Buchs] *Vgl. zu 9.*
22, 36–41 Stelle des ersten Theils] *»Ueber die neuere Deutsche Litteratur«, 1. Slg., 2. Ausgabe, II. »Fragmente über die Eigenheit unserer Sprache. 10. Was könnte man unserer Schreibart für Charakter geben? Für welchen Abwegen hat sie sich zu hüten?« (SWS II, S. 52f.) Vgl. zu I 40(N),139ff.*
23 Versuche] *»Versuche aus der Literatur und Moral«; die Anzeige in den »Jenaischen Zeitungen« vom 21. 9. 1767 (vgl. R, S. 677) hatte H. zur Kritik des Buches veranlaßt.*
28 Durchschnitt Eines Blatts] *Zur Beseitigung, auch an Druckbogen ausgeführt.*
29–36 zweiten Theil] *Das Mskr. (Entwurf) wurde erst in SWS veröffentlicht.*
29ff. Recension, **36** Hauptrecension] *Clodius' »Versuche aus der Literatur und Moral« werden in Abschnitt 9/10 der Ausführungen über die griech. Literatur nach Titel (Dichotomie!) und Tendenz vernichtend beurteilt als haltloses Moralgeschwätz, das weder die Nationaleigentümlichkeit der griech. Dichter noch das Wesen der Dichtkunst überhaupt berücksichtigte (vgl. SWS II, S. 145–155).*
33f. Plane] *»... über die Nationalseite des Schriftstellers ... über die Sitten der Griechischen Dichter« (SWS II, S. 160), »wie fern die Sitten eines Dichters und Schriftstellers in seine Werke Einfluß haben können« (ebd., S. 162). Zusammenhängende Ausführungen H.s darüber vor allem in Abschnitt 10 (SWS II, S. 151–158).*
38 kein Klaßischer Schriftsteller] *In der 3. Slg. der »Fragmente« hatte H. gegen »das verwünschte Wort: Classisch!« (SWS I, S. 412) opponiert, das die antiken Dichter zu Schulpoeten und die neueren Schriftsteller zu Nachahmern mache. In der 2. Ausgabe der 1. Slg. stellte er »klassisch« in Gegensatz zu »eigentümlich« (Idiotismen, vgl. SWS II, S. 47f.) und erklärte: »Ich am allerwenigsten mag ein Brabevta [Preisrichter] Classischer Schriftsteller seyn, da ich selbst keiner bin, und seyn will« (ebd., S. 54).*

39 gepriesensten Schriftsteller] *Hier Clodius.*
41 beschriene Fehler] *Vgl. zu I 36(N),62–66.*
42–55 einem Aufrichtigen] *H.s Stil hier ähnlich wie I 39; vgl. zu I 42,32f.*
54 Antwort] *Nicht erfolgt.*

46 (N). AN CHRISTOPH FRIEDRICH NICOLAI, Riga, 9. August 1768

7, 10 Ihrem Werk] *»Allgemeine deutsche Bibliothek«.*
8f. näher bei Ihnen leben] *H.s Wunsch freute Nicolai, er hielt seine Erfüllung nicht für »ganz unmöglich«, da jedermann in Berlin H. schätze. H. solle seine Gehaltsforderung mitteilen und schreiben, ob er eine Schul-, Prediger- oder Professorstelle wünsche. Bei Gelegenheit würde Nicolai mit Spalding und Teller darüber sprechen (A). In A zu I 49 erwähnte er ein Gerücht über die vakante Stelle des 1. Inspektors der Realschule und 2. Predigers der Dreifaltigkeitskirche in Berlin.*
11 Deutsch lerne] *Anspielung auf Nicolais Kritik an seinem Stil, vgl. zu I 38,41ff.*
12 feriiren] *Ferien machen.*
12f. Schrift] *»Die Anonymische Schrift, der Sie gedenken, sind ohnfehlbar die kritischen Wälder, die in Hartknochs Verlage, bey Breitkopf gedrukt werden«, schrieb Nicolai, mit der Bitte zu veranlassen, daß ihm aus der Druckerei die Aushängebogen geschickt würden, die Lessing doch vor seiner Abreise nach Rom im Februar 1769 (nicht erfolgt) lesen sollte (A_1, A_2, vgl. auch Nicolais Brief an Lessing, Leipzig, 18.10.1768). Vgl. I 53,128–138.*
15 zweite Stück] *Vgl. I 48(N),56–68. Auch daran äußerte Nicolai sein Interesse (A).*
16–19 Zeitungen] *»Neue Hallische Gelehrte Zeitungen« (vgl. R, S. 687), 28.4.1768 (34. Stück), Rezension »Ueber Thomas Abbts Schriften«: »Herr Herder«, seine affektierte und geschminkte Schreibart, diktatorischer Vortrag, habe beleidigend »Professor« als Schimpfwort gebraucht; Zitat aus »Jenaische Zeitungen« vom 11.3.1768 (vgl. R, S. 677).*
16 Journal)] *»Deutsche Bibliothek«, Bd. 2, 5. Stück, siehe R, S. 663.*
20 Moses] *Mendelssohn hatte H. in B grüßen lassen (O. Hoffmann, S. 19).*
23, 27 Gelehrter meines Orts] *Immanuel Justus v. Essen; vgl. I 41,17.*
24ff. Edelmann] *Nicolai konnte nichts über ihn erfahren und glaubte nicht, daß Mskr. vorhanden waren (A).*
31 Teller] *Wilhelm Abraham Teller, von Anfang an Mitarbeiter der »Allgemeinen deutschen Bibliothek«, Sigle A., von Bd. 7 an W. (Mitteilung in A »sub Rosa«, vertraulich).*
32 Moses] *Sigle G, später Q (ebd.).*

47. AN JOHANN WILHELM LUDWIG GLEIM, Riga, Ende Oktober 1768

3f. vorjährigen Briefes] *I 32.*
5–16 Panzer] *Johann Christoph v. Panzer, vgl. I Anm. 32 (statt »Moskau« lies »Riga«).*
9, 11 Dieterichs] *Witwe Dieterich, Gastwirtin.*
12 Hartknoch] *Johann Friedrich Hartknoch.*
16f. Du sollst nicht] *8. Gebot (2. Mose 20,16).*
18ff. Brief] *Auf dem Postweg verloren.*
21–25 Briefe an Jacobi] *»Briefe von den Herren Gleim und Jacobi«.*
24 Worte des Andenkens] *LXV. Brief: Gleim an Jacobi, 18.2.1768, Projekt einer Akademie, deren Mitglieder – »in Berlin Sulzer, in Coppenhagen Klopstock, in Hamburg Lessing, in Halle Klotz, in Leipzig Weiße, in Altona Dusch, in Riga Herder, in Erfurth Riedel, in*

Wien Sonnenfels, in Wittenberg Schröckh, in Hannover Andreä, in Paris Wille« – Verehrer der Talente, Tugend und Verdienste gewinnen, von deren jährlichen Beiträgen »die unbegrabenen großen Männer« Denkmäler erhalten sollen. – LXVII. Brief: Gleim an Jacobi, 20. 2. 1768, mit einer Horaz-Nachdichtung: »Herder, dächt' ich, würde dem Dichter, dem es gelänge den fürtreflichen Römer ganz zu patronymisiren [= verdeutschen], eben so viel critisches Lob ertheilen, als dem andern, der dazu viel zu gewissenhaft wäre.«
26f. sarmatischen Entfernung] *Siehe R, S. 815.*
28f. näher an meinem Gleim] *Gleim wollte in Berlin »Himmel und Hölle« bewegen, »zur Zierde des Vaterlandes«, H. aus seiner »sarmatischen Entfernung zurückzuberufen«, und erwähnte seinen Plan der »Stiftung einer Akademie zu Halberstadt« (A).*
30 neuen Lieder] *»Neue Lieder«, siehe R, S. 189.*
31 Ich weiß ein Mädchen] *»Ein Mädchen«, ebd.*
32–39 Das zweite] *»An Herrn ***«, 1. Strophe, ebd. – Gleim freute sich, daß H. zwei seiner Lieder gefielen (A).*
40f. Chaulieu's] *Vorbild Gleims.*
41 Greßets] *Gresset, Beispiel für Rokokodichter.*
41ff., 54ff. Fragmentensammlung] *Vgl. zu I 18,13.*
43f., 70f. Ballads] *Vgl. die Erwähnungen in »Ueber die neuere Deutsche Litteratur«, 2. Slg. (SWS I, S. 266, 336); vgl. »Neue Bibliothek der schönen Wissenschaften«, Bd. 2/1 (R, S. 652). Auch Gleim war von den »brittischen Ballads« begeistert (A).*
44f. Parthei Kunstrichter] *Klotzianer, vgl. I 44,57f.*
45 namentlich] *Unter Aufdeckung der Anonymität, vgl. I 29(N),28ff.*
46 des Taumels] *Wie zu 48.*
47 Sprachenromans] *»Deutsche Bibliothek«, Bd. 1/1 (vgl. R, S. 663), nach »Neue Bibliothek«, Bd. 4/1 (vgl. R, S. 652; SWS II, S. 369) über »Von den Lebensaltern einer Sprache« (vgl. R, S. 13, oben).*
48 Philosophie] *Einwand Garves in der letztgenannten »Neuen Bibliothek«, die aber kein Organ der Klotzianer war, ebenfalls in der »Deutschen Bibliothek« nachgesprochen (Bd. 1, 3. Stück).*
48f., 51 Bedlam] *Vgl. zu I 43(N),212ff. Gleim, der Freund von Klotz, kannte »diese Dunse« nicht (A).*
53 Hamannische Sekte] *Vorwurf der »Deutschen Bibliothek«, vgl. zu 47.*
54f. Gleim] *Anspielung auf den Titel eines Nachdrucks von zwei »Lieder«-Sammlungen 1749 (vgl. SWS I, S. 330), »Lieder, Fabeln und Romanzen«, Leipzig 1758 = identisch mit dem 3. Teil des »Versuchs in Scherzhaften Liedern«. Gleim war auf H.s Meinung begierig (A).*
57 neuen Ausgabe] *Das Mskr. der 2. Slg. wurde erst in SWS veröffentlicht.*
57–61 Lieder nach Anakreon] *»Lieder Nach dem Anakreon«; das Kapitel »Anakreon und Gleim« der 2. Slg. (SWS I, S. 330–334) enthielt nur eine Fußnote mit dem Hinweis auf die soeben erschienenen Lieder (ebd., S. 332). Die Ergänzungen des für die 2. Ausgabe »Anakreon: Gleim und Gerstenberg« bezeichneten Kapitels charakterisieren sie nicht als Übersetzungen (das war auch nicht Gleims Absicht, A) bzw. Nachahmungen Anakreons, sondern als »Umbildungen desselben in Lieder« (vgl. SWS II, S. 181ff.). Gleim kannte die 2. Ausgabe noch nicht (A) und konnte die 2. Slg. (Mskr.) nicht kennen.*
63 Vorläuferinnen] *Vgl. I 51,31f.*
64 die Hände sinken laßen] *Gleim bedauerte das und versuchte, H. davon abzubringen; bis zu der 40–43 genannten Parallele müsse er kommen (A).*
66 Ausgabe] *Obwohl zu Gleims Lebzeiten sechs verschiedene Nachdruckerausgaben sogenannter »Sämmtlicher Schriften« Gleims erschienen (1765–1803, vgl. Körte, Gleims*

Leben, Halberstadt 1811, S. 536), gab erst sein Großneffe Wilhelm Körte ab 1811 die erste Originalausgabe heraus.
68 Charitinnen] *Siehe R, S. 721.*
73 Tyrtäus] *Vgl. den Vergleich der 2. Slg. »Tyrtäus und der Grenadier« (SWS I, S. 335ff.).*
76 Porträt] *Nicht überliefert.*
77 Parisien] *Barisien.*

48 (N). AN JOHANN GEORGE SCHEFFNER, Riga, spätestens Anfang November 1768

3 Brief] *B.*
5ff. meinen Brief] *Es ist nicht auszuschließen, daß H. ihn gar nicht geschrieben hat.*
12ff. melancholische Denkart] *Vgl. I 28,4f.,48–53.*
13–23 Ort] *Vgl. I 15,12–15,62f.; 44,26ff.; 47,27.*
13f., 32f. meinen Stand] *Vgl. I 40(N),123–127; 53,21–24.*
16 angekettet] *Vgl. zu I 34, 59ff.,72.*
17 Veränderung] *Vgl. I 31,66ff.; 32,76f.; 42,48; 50,11f.; 51,110; 71,28.*
20 Länder u. Menschen] *Vgl. I 51,110f.; 61,23ff.; Abschiedspredigt (SWS XXXI, S. 141f.).*
22 Generalsuperintendentschaft] *Vgl. I 115,5ff.*
26ff. in den Jahren] *Vgl. »Journal meiner Reise im Jahr 1769« (SWS IV, S. 346f.).*
34 dociren] *Unterricht an der Domschule.*
35ff. Charakter eines Gelehrten] *Vgl. wie zu 26ff.*
37 Situationen] *Vgl. zu I 73(N),15.*
40–55 Torso] *Vgl. zu I 42,42ff. Scheffner hatte H. wortreich dafür gedankt, besonders für die letzten Abschnitte der »Einleitung, Die von der Kunst redet, die Seele des andern abzubilden« (SWS II, S. 265ff.), und »mehr solche psychologische Kritiker« gewünscht.*
45–52 Halenser] *Vgl. zu I 46(N),16ff.; auch »Deutsche Bibliothek«, Bd. 2, 5. Stück (vgl. R, S. 663).*
49ff. Stelle] *»... seine ganze Schrift Vom Tode fürs Vaterland ist nicht von einem Professor zu Frankfurt an der Oder: sie ist von einem Manne, der als Mensch fühlte, als Bürger dachte, als Unterthan schrieb« (»Das Bild Abbts: im Torso«, SWS II, S. 269).*
51 Akademie zu Frankfurt] *Abbt war 1760 außerordentlicher Professor der Philosophie in Frankfurt/O.* – pleno corpore] *Insgesamt.*
52 Chikanerien] *Grundlose Streitigkeiten. Vgl. I 46(N),16ff.*
56–68 zweiten Stücks] *Vgl. I 46(N),15; das Mskr. wurde erst in SWS veröffentlicht; siehe R, S. 14. Die Kapitel über Satire und Elegie sind Umarbeitungen der entsprechenden Abschnitte der 3. Slg. »Ueber die neuere Deutsche Litteratur« (SWS I, S. 477–497; vgl. R, S. 13).*
58 Urbanität] *Vgl. zu I 39,65.*
59 drei Briefe] *»Über Abbts Urtheile von Hrn Klotz ersten Schriften« (HN I 39; Auszug SWS II, S. 361ff.; vgl. ebd., S. VIII und Haym I, S. 242).*
61f. lateinischen Gedichten] *»Ueber die Elegien« (SWS II, S. 301–310).*
62 Horaz ... Abbt] *Im 148. und 159. »Litteraturbrief«, siehe R, S. 654 (SWS I, S. 494f.).*
62f. Schuldramata ... geläugnet] *Im 231./232. und 259./260. »Litteraturbrief«, siehe R, S. 655 und 14.*
64 andere Urtheile] *Ebd.*
65ff. Deutsche Sprache ... Wortmischung] *Ebd.; vgl. SWS II, S. VIII.*
68 Sallust] *Vgl. zu I 38,9; SWS II, S. VIIf., Anm. (HN XXVIII, 12, 63–67), geplant: Charakteristik des Sallustianischen Stils, Darlegung der Schwierigkeiten einer Übersetzung, Hervorhebung der sprachlichen Mittel in Abbts Übersetzung.*

68f. 3te Stück ... vierte] *Nicht ausgeführt.*
70–78 Klotz] *»Ueber den Nutzen und Gebrauch ...«. Scheffner fand »außer dem Philologischen fast nichts« in dem Buch (B).*
71f. Winckelmannischen ... Ideen] *»... warum denn Caylus und Winkelmann plündern, die doch jeder Halbkenner kennet!« (3. »Kritisches Wäldchen«, SWS III, S. 475); gemeint »Recueil d' antiquités« und »Geschichte der Kunst des Alterthums«.*
72 Collektaneen] *Vgl. zu I 43(N),168.*
75 Münzen] *Vgl. zu I 36(N),101f.*
75–78 iudex u. vindex] *Richter und Rächer; vgl. I 53,72, aber möglicherweise auch erster Hinweis auf die geplante polemische Abrechnung mit Klotz in den »Kritischen Wäldern« (57–62 die Materialien des 2. Stücks über Abbt für das 2. »Wäldchen«, 70–75 für das 3. »Wäldchen«). Scheffner fragte nach H.s Urteil über 70–78 (B).*
77f. Seele u. Geist u. Herz«] *Unterscheidung der theolog. Begriffe, zuerst in der Paulinischen Theologie, vgl. Hebräer 4,12; 1. Thessalonicher 5,23. Der Geist Gottes erzeugt im irdischen Organismus die Seele, die Ausdruck der Persönlichkeit ist. Das Herz ist der Sitz des Lebens, verstanden als Einheit physiolog. und psycholog. Lebensvorgänge.*
79–85 Journal] *»Deutsche Bibliothek«, siehe R, S. 662f.; Scheffner fand sie in vieler Hinsicht ärgerlich (B).*
80 Deutschen Patrioten] *In literar. Hinsicht, vgl. I 32,30ff.,40. In polit. Hinsicht war H. in Riga russischer Patriot.*
81 Moses, u. Sulzers] *Mendelssohn und Sulzer, Hauptvertreter der Popularphilosophie.*
82 Tändlern] *Im Sinne des anakreontischen Halberstädter Dichterkreises (Klotz und Riedel waren mit Gleim und Johann Georg Jacobi befreundet).*
82 LitteraturBriefe] *Siehe R, S. 654f.*
86 Italienischer Biographie] *Klotz arbeite jetzt »an der italiänschen Biographie«, hatte Scheffner gemeldet (B). In B zu I 63 erwähnte er Klotz' »armseelige Vorrede vor der Biographie« (Warda/Diesch I, S. 281). Hamann brachte am 30. 1. 1769 in den »Königsbergschen Zeitungen« einen Auszug aus Bd. 1; vgl. I 55(N),77f.*
87ff. Geschichte der Hölle] *Nicht ausgeführt.*
89 Bildergeschichte Amors] *Von Scheffner erwähnt (B), in »Ueber den Nutzen und Gebrauch« (vgl. 70ff.), aus Gemmen zusammengestellt, vgl. »Kritische Wälder« (SWS III, S. 268, 325, 353, 361f.).*
90 Wilkes] *Christian Heinrich Wilke. »Wilkens Beyträge p sind Schandflecke«, hatte Scheffner geschrieben (B).*
90f. Antikritikus] *»Der Antikritikus«, siehe R, S. 658.*
92f. Vademecum] *Von Nicolai, siehe R, S. 696.*
93 Leßing] *Vgl. zu 75ff.*
94ff. Shaftesburi] *»Characteristicks«, übersetzt von Wichmann. Scheffner hatte nach H.s Urteil über die Übersetzung gefragt (B).*
97ff. Wichmann] *Beide Briefe nicht überliefert.*
100 Italienischen Arbeiten] *Übersetzungen.*
103, 105ff. Guicciardini] *Scheffner wollte H. nach Abschluß seiner (verschollenen) Übersetzung um »eine Vorrede über den Zustand Europens von 1494–1535« bitten, so weit reiche das 20. Buch Guicciardinis (B).*
103ff. Giannone] *»Politische Geschichte des Königreichs Neapel«.*
108 historischer Versuch] *Über die Renaissance, nicht ausgeführt; vgl. SWS I, S. 370ff.; III, S. 470f.; V, S. 530ff.*
113 Residenz] *Scherzhafter Ausdruck Scheffners (B); Gumbinnen, siehe R, S. 769.*

49. An Christoph Friedrich Nicolai, Riga, 21. November 1768

4ff. Beitrag] *Rezension: (Bodmer) »Die Grundsätze der deutschen Sprache«, siehe R, S. 24.*
7f. Gegner] *Die Klotzianer in ihren Rezensionsorganen; überliefert auch negative Äußerungen über die »Allgemeine deutsche Bibliothek« in Privatbriefen z. B. Weißes und Flögels an Klotz (vgl. O. Hoffmann: Nicolai, S. 125). Im 4. Stück der »Deutschen Bibliothek der schönen Wissenschaften« 1768 (S. 144ff.) wurde ein anonymer »Beytrag zur neuesten Deutschen Critik« (Frankfurt und Leipzig 1768) besprochen, der die »Allgemeine deutsche Bibliothek« als bloßen Titelkatalog bezeichnete.*
10ff. Fragmentenrathe] *»Ueber die neuere Deutsche Litteratur«, 1. Slg., Einleitung: »Die Deutsche Bibliothek hat einen zu weiten Plan, um allgemein zu seyn ...« (SWS I, S. 143).*
14ff. die Artikel der Recensionen] *Die Rezensionen sollten nach Fachwissenschaften geordnet werden wie die darauffolgenden »Kurzen Nachrichten« (= Rubriken »Gottes-, Rechts-, Arzneigelahrtheit, Schöne Wissenschaften, Schöne Künste, Romane, Weltweisheit, Mathemathick, Naturlehre, Naturgeschichte, Chymie und Mineralogie, Philologie, Kritik und Alterthümer, Geschichte, Diplomatick und Erdbeschreibung, Erziehungsschriften, Gelehrte Geschichte, Kriegswissenschaft, Finanzwissenschaft, Münzwissenschaft, Haushaltungskunst, Vermischte Nachrichten«).*
17 ermüdet] *Daran sei »die deutsche Litteratur mit allen ihren Mängeln« schuld (A).*
22 abzuhelfen] *Die Ordnung nach Sachgebieten sei wegen technischer und personeller Schwierigkeiten nicht möglich (A).*
24f. Resewitz u. Heyne] *Sie verließen die Zeitschrift nicht, ebensowenig Moses Mendelssohn (A).*
25f., 40 Leßing] *Er lieferte keine Beiträge (B zu I 31).*
26ff. Klotz] *Er hatte sich 1766 als Mitarbeiter aufgedrängt (Sigle E, vgl. A zu I 42), 1768 aber wegen Nicolais Rezension seiner latein. Münzschriften mit ihm gebrochen (A zu I 46). An den »Litteraturbriefen« war er nicht beteiligt.*
32ff. Verfasser der Litteraturbriefe] *»Nachricht von den Verfaßern der Briefe die Neueste Litteratur betreffend«, Beilage zu A (O. Hoffmann: Nicolai, S. 31f.; danach in: Lessing, Briefe die neueste Literatur betreffend, hrsg. von W. Albrecht, Leipzig 1987, S. 337ff.).*
34f. D., Z.] *Siglen Mendelssohns.*
36f. Fll., G., A.] *Siglen Lessings.*
36 Re, S., T.] *Siglen Nicolais.* – Tz] *Sigle von Resewitz.*
37f. Duschens Virgil] *Georgica-Übersetzung.*
38f. Haug] *Balthasar Haug, rezensiert von Abbt.*
41ff. Pope ... Briefen] *»Pope ein Metaphysiker!« (Mitarbeit), »G. E. Leßings Schrifften«, »Hamburgische Dramaturgie«, »Briefe antiquarischen Inhalts«.*
44ff. Diderot u. Huart] *»Das Theater des Herrn Diderot«, »Johann Huarts Prüfung«. Von Lessings zahlreichen weiteren Übersetzungen nannte Nicolai (in A) »Des Abts von Marigny Geschichte der Araber« und »Eine ernsthafte Ermunterung an alle Christen zu einem frommen und heiligen Leben. Von William Law«, Leipzig 1756; von weiteren Schriften Gedichte in Mylius' »Der Naturforscher« (z. B. »Die drey Reiche ...«, siehe R, S. 349f.), Beiträge zur »Berlinischen Privilegirten Zeitung« (1748–1755, 1758), Vorrede zu »Vermischte Schriften des Hrn. Christlob Mylius« (Berlin 1755), »Die Alte Jungfer. Ein Lustspiel in drey Aufzügen« (Berlin 1749), »Die glückliche Erbin. Ein Lustspiel in fünf Aufzügen« (Fragment, Leipzig 1756), »Leben des Sophokles. Erstes Buch« (Berlin 1760), Rezension (vernichtend) von Christian Gottlieb Lieberkühns (um 1757, Feldprediger in Potsdam) »Die Idyllen Theokrits, Moschus' und Bions, aus dem Griechischen übersetzt« (Berlin 1757) in »Bibliothek der schönen Wissenschaften und der freyen Künste«, Bd. 2, 2. Stück, 1758.*

47f. Philosophischen Schriften ... Phädon] *Weitere Schriften in A nicht genannt.*
49ff. persönlich] *Wunsch nach Bekanntschaft von Nicolai (und Mendelssohn) erwidert (A).*
53f. Briefe Antiquarischen Inhalts] *Vgl. I 53,72ff.*
54ff. Gegner] *Klotz, vgl. I 50(N),167–179.*
55 Gottsched] *Hamann nannte in seiner Rezension des 1. »Kritischen Wäldchens« am 6. 2. 1769 Klotz »Genius Saeculi«, »Anti-Burmannus«, »Gottschedius bifrons« (zweiseitiger Diktator, für dt. und lat. Literatur), »Thersites litteratus« (Nadler, Bd. 4, S. 329).*
58 Beiträge] *Vgl. I 53,45–53; 56,4–16.*

50 (N). AN JOHANN GEORG HAMANN, Riga, 22. November 1768

4 Stummseyn] *Auf drei Briefe Hamanns seit Mai 1768 (vgl. B).*
7ff. Autors] *Vgl. zu I 21(N),18f.*
10 Kabinettsprediger] *Etwa Privatgeistlicher eines Fürsten. –* Orenburg] *Siehe R, S. 792.*
10–13 Divisionsprediger ... Polen] *Russ.-türk. Krieg, siehe R, S. 813.*
10f. Tartarische Steppe] *Siehe R, S. 822.*
12 Diversion] *Veränderung, Abwechslung; dazu und zu 16–22 Hamann: »Ueber Ihre gute Aussichten dorten ist keiner auf der Welt so erfreut wie ich, ... daß Sie an keine Diversion noch Conföderation nöthig haben werden zu denken« (A).*
14 Zwingel] *Zwingli kam als Feldprediger um.*
14f. Nachtrag ... Montague] *»Nachtrag zu den Briefen der Lady Marie Worthly Montague. Aus dem Engl.«, Leipzig 1767; Buch über die Türken.*
15 streitenden Kirche] *Ecclesia militans (gegen Heiden und Ketzer); hier ironisch für Militärseelsorge.*
16–19 Loder] *Johann Loder, vgl. I 53,151–155; 62(N),35ff., 122f.*
24 Lindner] *Vgl. zu I 20,20f.*
25f. Kirchenconventsglieder] *Vgl. zu I 34,89f.*
27–40 Willamovius] *Vgl. I 43(N),226–229.*
33 Abraham] *Siehe R, S. 701.*
34 Brief(e)] *Nicht überliefert.*
36 Präses der Akademie] *Akademie der Wissenschaften in Petersburg, 1725 gegründet auf Initiative Peters I. von seiner Nachfolgerin Katharina I., ihr Präsident (nur nominell) war 1746–1798 Graf Kirill Grigorjewitsch Rasumowski (1728–1803), 1750–1764 letzter Hetman der Ukraine, 1764 Generalfeldmarschall, 1768–1771 Mitglied des Staatsrates.*
38 Lindner] *Er hatte Willamovius nach Petersburg empfohlen, vgl. zu I 34,82.*
40 Mufti] *Siehe R, S. 399.*
42 Landpriester von Wakefield] *Vgl. zu I 36(N),87ff.*
49–55, 186 Mösers Brief an den Vikar] *H.s geplante Antwort wurde nicht ausgeführt.*
53 Vikar in Savoyen] *In Rousseaus »Emile«, 4. Buch.*
54f. Religion zum Klotz ... Lakaien] *Dagegen polemisierte H. 1774 mit »An Prediger. Funfzehn Provinzialblätter«.*
58 Diogenes] *Diogenes von Sinope.*
59–64 viertes Gespräch] *Zu Mendelssohns »Phaedon«, siehe R, S. 47; vgl. I 53,78–100; zu I 58,7ff.*
60 Simmias] *Vgl. I 58,230f.*
63 im Sophokleischen Philoktet der Herkules] *Der zu den Göttern erhobene Herakles erscheint am Schluß als deus ex machina und teilt seinem Freund Philoktet den Willen des Zeus mit.*

64 Nichtswißer] *Sokrates.*
64f. Unsterblichkeit der Seele] *Vgl. I 58.*
65 Moses u. den Propheten] *Lukas 16,29; siehe R, S. 711.*
66 Pythagoräischen Seelenwanderung] *Vgl. I 58,212f.*
67 dignus vindice nodus] *Horaz, »Epistolae« II, 3, Vers 191.*
68f. Philosophie ... Freistadt (Freistätte)] *Mendelssohns Moralphilosophie und natürliche Religion, vgl. zu I 58,166.*
70ff. Charakter Sokrates ... schielend] *Nicht dem historischen Sokrates gemäß, vgl. zu I 58,236.*
71f. Plato u. Xenophon] *Die Sokrates-Bilder in Platons Dialogen und in Xenophons »Apologie«, »Apomnemoneumata« und »Symposion« unterscheiden sich prinzipiell dadurch, daß Platon unter dem Namen seines Lehrers (als idealisierten Dialogpartners) zunehmend eigene philos. Ideen äußerte, Xenophon dagegen in der Darstellung historisch zuverlässiger, aber als mehr praktischer Schriftsteller wohl kaum in der Lage war, Sokrates' Philosophie adäquat zu erfassen. Der Unterschied ihrer Schriften »rührt offenbar von ihrer eignen Denkart her« (SWS XIV, S. 128). Mendelssohn stellte dem »Phädon« voran »Leben und Charakter des Sokrates« (nach Cooper und den Quellen). Anstatt, wie es H. offenbar vorschwebte, nur die Zeugnisse der beiden Griechen wechselseitig aneinander zu messen und zu ergänzen, kritisierte Mendelssohn vom Standpunkt der Aufklärung Sokrates' Geringschätzung der »erhabensten Wissenschaften« (wegen seines ausschließlichen Interesses am Menschen) und führte seinen Glauben an den Dämon auf »Schwachheiten und Vorurtheile« zurück.*
72 zupft] *Kritisiert, dieser Lektüreeindruck H.s läßt sich am Text kaum nachweisen.*
73 Kooper] *Cooper; eine Rechtfertigung des Sokrates vom deistischen Standpunkt, im Gegensatz zu Mendelssohns Bearbeitung ohne metaphysische Tiefe. »Was Cooper herausgegeben ist nichts als eine Schulübung, die den Eckel so wohl einer Lob- als Streit-Schrift mit sich führt«, urteilte Hamann in den »Sokratischen Denkwürdigkeiten« (Nadler, Bd. 2, S. 65).*
74–85 Philosophical Enquiry] *Von Burke; Hamann hatte fast Home für den Autor gehalten (A).*
75 Uebersetzers] *Johann Jakob Harder; vgl. zu I 51,88ff.*
75ff. Vorrede u. Anmerkungen] *Nicht ausgeführt.*
77f. Klotz ... Caylus'] *»Des Herrn Grafen von Caylus vermischte Abhandlungen«.*
78–83 dritte Englische Ausgabe ... Französischen Uebersetzung] *Siehe R, S. 103.*
84 Darjes-Riedel-Hutchesonschen Aesthetik] *Vor allem in Riedels »Theorie der schönen Künste«.*
86 Berens)] *Johann Christoph Berens.*
87–91 Rußischen Platon] *Jeromonach Platon, siehe R, S. 21; vgl. SWS XXXII, S. 536f.*
89f. Homilien des Chrysostoms] *Predigten; vgl. I 36(N),95.*
92f. Graf von der Lippe] *Friedrich Ernst Wilhelm Graf zu Schaumburg-Lippe.*
92–95 Westfeld] *Der Graf, der Abbt ein »marmornes Denkmal ... gesetzt hat, ... der liebenswürdigste beste Mann auf der Welt«, habe H.s Abhandlung »mit dem innigsten Vergnügen gelesen« und lange mit Westfeld darüber gesprochen. H.s »Fragmente« seien Westfelds »Lieblingsbuch«, aber »bei ununterbrochenen Rentkammerarbeiten kann man von gelehrten Sachen ohnmöglich urtheilen«. H. solle Hamann sagen, daß Westfeld »seine Schriften viele Nächte durch studirt hätte« und seiner Meinung nach »auch bald zu verstehen anfinge« (19. 8. 1768, vgl. I Anm. 82).*
96 Hamannischen Club] *Vgl. zu I 47,53; das Gerücht war Hamann auch H.s wegen unangenehm (A).*

98 Hudibras] *Von Samuel Butler.*
99–102 Humischen Essays] *»Von dem Ursprunge und Fortgange der Künste«. Hamann las die Abhandlung H. zuliebe (A).*
101 Kuhhaut] *Der Dido, siehe R, S. 722.*
102 Winckelmanns] *»Geschichte der Kunst des Alterthums«.*
103–107 Yorik's Predigten] *Sterne, »The Sermons«.*
103ff., 112 Laune] *Gemütsbeschaffenheit, Einbildungskraft, vgl. »Ueber die neuere Deutsche Litteratur«, 2. Ausgabe, über humorist. Schriftsteller (SWS II, S. 45–48).*
106 Zürchisch] *Erscheinungsort der Übersetzung.*
107–111 Churchill] *Hamann wußte nicht, daß Churchill Geistlicher war (A).*
113ff. sentimental journey] *Vgl. **180f**.*
115ff. sentiments] *Empfindungen, Meinungen, Gefühle.*
117ff. Tristram] *»Tristram Shandy«.*
120–124 a pindaric Address ... epistles] *Beide Bücher von Christopher Anstey.*
124 Dodsley] *Verleger des zuletztgenannten Buches, von dem Hamann mehr wissen wollte (A).*
125–130 Gay'schen Oden] *Gray, irrtümlich Gay. Hamann hatte für die Oden ein anderes Buch eingetauscht (A).*
126 Collection of several Poems] *Von Dodsley.*
127f. Bentlei] *Bentley junior.*
132, 136 Schröder] *Student, Freund H.s und Hartknochs. Fehler in R: nicht Heinrich Ernst Schroeder, vgl. zu I 72, **157ff**.*
133 Martinstage] *11. 11. alten Stils.*
134, 138f. Miss Berens] *Johanna Sophia Berens, vgl. I 13(N),107.*
135 Schwarz] *Adam Heinrich Schwartz.*
136f. a nuptial wish] *Hochzeitswunsch (Lied), siehe R, S. 525 unter »Schroeder«; dieser ist jedoch nicht der Verfasser.*
139 ausgebracht] *Ins Gerede (Gerücht) gebracht.*
143f. Abimelech zu Gerar] *Siehe R, S. 701, 766; vgl. 1. Mose 20.*
145 Mönchseinsamkeit] *Vgl. I 43(N),150.*
145–151 recueil ... Caylus] *Hamann, der einige Teile frz. gelesen hatte, stimmte H. zu (A).*
151–155 Winckelmannen] *Vgl. zu **102**.*
152 Aegyptern] *Siehe R, S. 743.*
156f. quid quid ... historia] *Juvenal, Satura 10, Vers 174f.*
159ff. Löenschen Reisebeschreibungen] *Hamann hatte die ersten Teile »nicht ohne Vergnügen gelesen« (A).*
161 Origny] *»L' Egypte ancienne«.*
162 Shaw] *»Reisen«.*
165 Ursprung der Wißenschaft] *Siehe R, S. 49 am Schluß; Hamann nannte in A als Hilfsmittel Sir James Denham Steuarts (schott. Nationalökonom, 1712–1780) »Inquiry into the principles of political economy«, London 1767 (schon in B$_1$ sehr empfohlen als »trefflliches Werk voll großer philosophischer Gründlichkeit«, ZH II, S. 418), Goguet, Bochart, Huets »Origines« (»De fabularum Romanensium Origine«, Haag 1683; vgl. Nadler, Bd. 5, S. 52, Nr. 214) und von Nicolas-Sylvestre Bergier (frz. Theologe, 1718–1790) »L'origine des Dieux du paganisme, et le sens des fables découvert par une explication suivie du Poeme d' Hesiod« (Paris 1767), schließlich: »Moses! seine Geschichte u. Philosophie ist immer eine Urkunde aber schwerer als Hesiod zu entziffern.« Dieses sein »Lieblingsthema« habe er fast vergessen, weil »es Gedanken giebt die man nur einmal in seinem*

Leben hat« (ZH II, S. 433, vgl. auch B₁, ebd., S. 416). H.s Problem (und Hamanns A) *schließt unmittelbar an I 43(N),10–147 an.*
166 Wüste des Anfanges] *Vgl. 1. Mose 1,2.*
167f. Leßings Briefe] *Vgl. I 53,72ff. Hamann hielt sie erst für überflüssig, sie sagten* »*nichts als was jedermann dem Klotz hat bey seinem ersten Auftritt ansehen können*« (B₂), *fand aber, Lessing habe sich H.s* »*brav angenommen*« *in* »*diesen Froschmäuselerhändeln*« (B₃). *Im 13. Brief des zur Herbstmesse 1768 erschienenen 1. Teils der* »*Briefe, antiquarischen Inhalts*« *tadelte Lessing einen Rezensenten, der* »*einem Schriftsteller, den er doch ja von weitem erst möchte nachdenken lernen, ehe er das geringste an ihm aussetzt, Schuld gab, er habe nicht gewußt, was ein Torso sey*« (*Bezug auf* »*Herkules im Torso*«, *3. Slg.* »*Fragmente*«, *vgl. SWS I, S. 399 oben; Riedel hatte im 3. Stück der* »*Deutschen Bibliothek*« *H. verdächtigt,* »*Torso*« *für eine Ortschaft zu halten*).
168 Glückwünschungsliede] *Ein solches über die Klotzianer ist H.s* »*Antwort auf das Herausforderungslied*« *an Merck 1771, N I 133,30–135.*
169 Herelios ... Hausenios] *Die Klotzianer Herel, Meusel, Harles, Curtius, Hausen.*
169f. Ceciderunt in profundum] *Sie sind ins Bodenlose gefallen.*
170 in ipso ornando] *Um durch sich selbst zu schmücken.*
171 zu sehr ... gefolgt] »*Ich habe es den Litteraturbriefen immer verdacht, dem genius saeculi und den lateinischen Beyträgen des Klotzischen Witzes zu viel eingeräumt zu haben ... Und es schien mir auch als wenn der Verfasser der Fragmente wider seine Ueberzeugung oder besseres Urtheil in jenen Ton fiele*« (B₁).
171ff. Abbt] *Vgl. zu I 48(N),56–62.*
172f. schönlateinischer] *Vgl. N I 133,96.*
173 Indulgenz] *Nachsicht, Schonung.*
175 zweiten Stück] *Vgl. I 48(N),56–68. –* reklamiren] *Widerrufen.*
176 Idiot] *Unwissender Mensch, Dummkopf (für Klotz).*
179 in seinem Schlamm versinke] *Vgl. Psalm 69,3.*
184 Corvee] *Vgl. zu I 43(N),206.*
185f. Instruktion zum Gesetzbuch] *Vgl. zu I 43(N),195ff.*
186 Möserschen Brief] *Vgl. zu 49ff.*

51. AN IMMANUEL KANT, *Riga, November 1768*

ÜBERLIEFERUNG. H: *seit 1995 wieder in Tartu (Dorpat), UB (1980 im Archiv der Akademie der Wissenschaften der DDR wiederentdeckt; vgl. Mare Rand: Tartuer/Dorpater Herderiana in den Sammlungen Karl Morgensterns. In: Johann Gottfried Herder und die deutschsprachige Literatur seiner Zeit in der baltischen Region, Riga 1997, S. 161f.).*

6 Stillschweigen] *Vielleicht aus Empfindlichkeit wegen der erhaltenen Ratschläge antwortete H. erst nach einem halben Jahr.*
7 Incommensurabilität] *Ungleichmäßigkeit, nicht abmeßbar; H.s amtliche Belastung als Lehrer, Prediger, Bibliotheksadjunkt, vgl. I 52,18ff.,56ff.*
9 uneasiness] *Unbehaglichkeit, nach Lockes* »*Essay Concerning Human Understanding*«.
15f. Briefen ... aus Deutschland ... der Schweiz] *U. a. von Nicolai, Gleim, Lavater (vgl. I Anm. 41).*
18 demonstrativisch] *Beweisführend, vgl. I 26(N),13.*
19–47 Autorschaft] »*Ueber die neuere Deutsche Litteratur. Fragmente*«, *an deren Erfolg Kant* »*mit einer gewissen Eitelkeit Anteil genommen*« *hat, obwohl sie auf H.s* »*eigenem*

Boden gewachsen sind«, und an denen er mit behutsamer Kritik »*die warme Bewegung des jugendlichen Gefühls*« hervorhebt (B). H. spielte die Anerkennung herunter (vgl. I 31, 27–30) und beklagte sich über die Aufdeckung seiner Anonymität, u. a. durch Kanter (24ff., vgl. I 23(N),15–23; 24,61ff.; 30,18f.).
24 abusirt] *Mißbraucht (lat. abutere), durch Klotz und seine Anhänger.*
30f. Blumendecke ... Styls] *Vgl. Vorrede zur 2. Auflage der »Fragmente« (SWS II, S. 5). H.s poetisch-metaphorischer Stil in den »Fragmenten« (vgl. I 36(N),64f.; 53,120f.; Haym I, S. 210ff.) blieb nicht auf seine frühen Werke beschränkt.*
32 Vorläuferinnen] *Vgl. I 47,63.*
33 Namenloses Stillschweigen] *H.s Verleugnen der Autorschaft, das vergeblich war.*
36f. nicht der Ruhesitz] *Absicht, künftig über wichtigere Gegenstände als schöne Literatur zu schreiben.*
38 Modematerien unsres Halbviertheil Jahrhunderts] *In der 2. Hälfte der Periode von 1750–1775 (Vierteljahrhundert) dominierten nach H.s Meinung Journalismus und Kunstrichterei in der Literatur, womit er sich in den »Fragmenten« und »Kritischen Wäldern« auseinandersetzte. Vgl. »Fragmente«, 2. Slg., »Vorläufiger Discours« (SWS I, S. 246–249).*
39–45 Philosophie] *Gewinn, wenn Philosophen Philologie und Altertumswissenschaft betreiben würden. Vgl. »Fragmente«: »... es würde zu einem Philosophischen Geschmack gewöhnen, der in Lesung der Alten sehr nüzlich und nothwendig ist« (SWS I, S. 288).*
49 Montaigne, Hume u. Pope] *Kant hoffte, H. würde ein Lehrdichter wie Pope, mit einer an Montaigne und Hume geschulten Gemütsverfassung (B).*
55 Naturproduktion ... Kunstexperiment] *Gegensatz, als Entwicklung und als Verfall verstanden.*
56f. Baumgartens ... Psychologie] *»Metaphysica«; vgl. »Von Baumgartens Denkart in seinen Schriften«: »o so komme ein Montagne, ein Roußeau, ein Locke, ein Home, mir nach ihrer Seelenkänntniß die Baumgartensche Psychologie zu erklären und voll zu füllen« (SWS XXXII, S. 185f.; Anreicherung der Theorie durch Selbstbeobachtungen in der Art Montaignes).*
58 mit Roußeau schwärmte] *»Komm! sey mein Führer, Rousseau!« (Gedichte 1764 »Entschluß«, SWS XXIX, S. 265; »Der Mensch«, S. 256; XXX, S. 30; vgl. Haym I, S. 367).*
59f. geselliges Thier] ζωον πολιτικον, *Aristoteles, Politeia 3,6. Vgl. »Grundsätze der Philosophie« (1769): »Roußeaus Naturmensch ist nichts etc.« (SWS XXXII, S. 230; vgl. II, S. 69, IV, S. 364).*
62ff. Britannsche Geschichte] *»The History of Great Britain«. Vgl. »Älteres Critisches Wäldchen« (SWS IV, S. 201).*
65 Abriß] *»Abriß des gegenwärtigen natürlichen und politischen Zustandes ...«; Übersetzer unbekannt.*
70f. Leibnitz] *Dessen »Essais de Théodicée« waren nicht beeinflußt von Shaftesburys »Moralists«, beide Denker vertraten unabhängig voneinander die Idee der universalen Harmonie (Lessing vermutete in »Pope ein Metaphysiker!« Shaftesburys Einfluß auf Leibniz).*
73f. Sittenlehren ... Untersuchungen über die Tugend] *Übersetzt von Spalding.*
74–77 Abhandlungen über den Enthusiasmus, u. die Laune] *»A Letter concerning Enthusiasm« und »Sensus Communis« in »Characteristicks«, übersetzt von Wichmann, vgl. I 48(N),97ff.*
78f. Criterium der Wahrheit] *Das Lächerliche, in »Sensus Communis«.*
80 Ihre Meinung] *In der Dissertation bei Antritt des Ordinariats 1770 »De mundi sensibilis atque intelligibilis forma et principiis« (Über Form und Prinzipien der sinnlichen und intelligiblen Welt), einer H. unbekannt gebliebenen Vorarbeit zur »Critik der reinen Ver-*

nunft«, zählte Kant Shaftesbury zu den niederen Moralphilosophen, die sich auf das moralische Gefühl als Triebfeder moralischer Handlungen berufen, während Kants moralischer Imperativ sich auf den reinen Intellekt gründet (Sectio II, § 9).

81f. dunkle rauhe Gedicht] *In B erwähnt, von Kant aufgehobener »kleiner Versuch«, ein philosophisches Lehrgedicht über Zeit und Ewigkeit, siehe R, S. 30, oben; vgl. I 40(N), 107ff.*

82 Lindner] *Anspielung auf sein »Lehrbuch der schönen Wissenschaften«, vgl. I 43(N), 168f.*

83 Aristoteles] περι ποιητικης. – Schlegel] *Gottlieb Schlegel* – Urbanität] *Feine, höfliche (lat. städtisch) Lebensart (hier auf Gegenteil angespielt); vgl. zu I 39,65.*

84ff. werdenden Moral] *»... ich arbeite jetzt an einer Metaphysik der Sitten« (B): Vorbereitung der »Grundlegung zur Metaphysik der Sitten«, Riga 1785; »Metaphysik der Sitten«, 2 Bde, Königsberg 1797 (»Metaphysische Anfangsgründe der Rechtslehre«, »Metaphysische Anfangsgründe der Tugendlehre«).*

87, 91f. Schön u. Erhaben] *»Beobachtungen über das Gefühl des Schönen und Erhabenen«; u. a. im 4. »Kritischen Wäldchen« gerühmt (SWS IV, S. 175f.), H.s Lieblingsschrift unter Kants Werken (vgl. Haym I, S. 49f., 54).*

88–94 Philosophischen Britten] *Burke, »A Philosophical Enquiry ...«, frz. Ausgabe. Nach I 50(N),75ff. beabsichtigte H., eine Übersetzung, zu der er Johann Jakob Harder veranlaßt hatte, zu kommentieren (vgl. SWS IV, S. 103ff., Gerstenbergs Rezension SWS VIII, S. 109f.; Auszug und Anm. HN XXVIII, 2, 71; Haym I, S. 384f.).*

96ff. Philosophischen Hypothesen] *Aus H.s Studienzeit; Kant wies selbst auf seine »in vielen Stücken andere Einsichten« und sein Ziel hin, »die eigentliche Bestimmung und die Schranken der menschlichen Fähigkeiten und Neigungen zu erkennen« (B). Von H.s früher geistiger Selbständigkeit gegenüber Kants Metaphysik zeugen sein »Versuch über das Seyn« (1764, FHA 1, hrsg. von U. Gaier, 1985, S. 9–21) als Kritik an »Der einzig mögliche Beweisgrund zu einer Demonstration des Daseyns Gottes« und die Rezension der »Träume eines Geistersehers« (vgl. R, S. 23), während die in Karolines »Erinnerungen« (Bd. 1, S. 62f.) und in der »Kalligone« (SWS XXII, S. 12f.) behauptete frühe Abneigung eine anachronistisch zurückdatierte Bemerkung aus der Zeit der metakritischen Schriftstellerei ist (vgl. Haym I, S. 50f.). Vgl. Proß I, S. 727f.*

99–102 geistliches Amt] *Zu H.s sozialpädagogisch-aufklärerischer Auffassung des Predigtamts vgl. »Der Redner Gottes« (1765, SWS XXXII, S. 3–11), »Die Homiletik erfodert eine ganz andre Beredsamkeit« (siehe R, S. 45) und die Rigaer Abschiedspredigt (SWS XXXI, S. 122–143, besonders S. 127–131): »... menschliche Seelen glücklich machen; ... ein würdiger Lehrer der Menschheit zu werden«, H.s Predigten »sind immer wichtige Menschliche Lehren und Angelegenheiten gewesen«.*

100 bürgerlichen Verfassung] *Ungeachtet der damals noch positiven Haltung zum aufgeklärten Absolutismus Einsicht H.s in die Trennung der gebildeten Stände vom Volk, woraus er die Erzieherfunktion des Predigers ableitete (vgl. SWS II, S. 326, XXXII, S. 56f.).*

101f. ehrwürdigen ... Volk] *Vgl. »Problem: wie die Philosophie zum Besten des Volkes allgemeiner und nützlicher werden kann«, 1765: »... das Volk verliert seinen ehrwürdigen Namen Volk ...« (SWS XXXII, S. 48f.). Als »ehrwürdigster, weil nützlichster und wertvollster Teil der Nation« wurde das Volk (Arbeiter und Bauern) in Louis de Jaucourts Artikel »Peuple« in Bd. 12 der »Encyclopédie« (1765) bezeichnet. Vgl. auch SWS V, S. 200, VI, S. 104.*

102 Menschliche Philosophie] *Vgl. »Problem ...«: »Einziehung der Philosophie auf Anthropologie« (SWS XXXII, S. 59, 61): »Soll die Philosophie den Menschen nützlich werden, so mache sie den Menschen zu ihrem Mittelpunkt« (ebd., S. 52). H.s Predigt: »eine*

Philosophie der Menschheit« (SWS XXXI, S. 131). Eine gemeinnützige, praxisbezogene Philosophie soll die Schulphilosophie ersetzen, »in dem gesunden Urtheil des commonsense« (SWS II, S. 330).

105ff. Liebe ... Jünglinge u. Dames] *Zu H.s Beliebtheit als Prediger, der er den »Haß der ganzen Geistlichkeit« Rigas verdankte (I 98,42–47) vgl. den Aufschub der Abschiedspredigt I 62(N),97–101; 63(N),24–29.*

109 Liebe von uns selbst anfängt] *Etwa: sich selbst am meisten lieben (Matthäus 19,19 abgewandelt), auch ZH II, S. 395, Hamann an H., 10.6.1767. Vgl. »Liebe und Selbstheit« (siehe R, S. 22): »Die Natur fängt immer vom Einzelnen an ...« (SWS XV, S. 325); Nachschrift von Kants Vorlesung »Praktische Philosophie nach Baumgarten« (Ethica), 1762–1764: »Die Liebe gegen andre ... Die Liebe seiner selbst muß vorausgehen ...« (Kantstudien, Ergänzungsheft 88, hrsg. von H. D. Irmscher, Köln 1964, S. 142).*

110ff. Ort zu verlaßen] *Vgl. I 48(N),13–20; 53,162–171; 61(N), 19–26.*

111 Hierseyns] *Irdisches Dasein.*

112 Diogenes] *Diogenes von Sinope; seine Haltung hier als Verzicht auf Weltkenntnis verstanden (vgl. sprichwörtlich »aus dem hohlen Faß reden«), dagegen »Problem ...« (vgl. zu 101ff.): »Entreiß der Philosophie ihre Diogenes-Kappe und lehre sie Säulen des Staats« (SWS XXXII, S. 48).*

114 Stand] *Vgl. I 53,169f.*

115f. Petersburg] *Vgl. I 34; zu Willamovius' Schwierigkeiten in diesem Amt vgl. I 43(N), 226f.; 50(N),24–40.*

117f. lebendige Kraft] *Gegensatz zur »toten Kraft«, Anspielung auf Kants Erstlingsschrift »Gedanken von der wahren Schätzung der lebendigen Kräfte und Beurtheilung der Beweise, deren sich Herr von Leibnitz und andere Mechaniker in dieser Streitsache bedient haben, nebst einigen vorhergehenden Betrachtungen, welche die Kraft der Körper überhaupt betreffen«, Königsberg 1747 (erschienen 1749), eine kritische Weiterentwicklung der Leibnizschen Kräftelehre, die Berechnung von Kräften bei Bewegungsabläufen betreffend.*

123ff. Briefe] *Ein weiterer Briefwechsel fand nicht statt, Grüße und Nachrichten wurden durch Hamann übermittelt.*

124, 126 Ungemächlichkeit] *Unbequemlichkeit, Beschwerlichkeit, Unlust.*

52. AN DEN RAT IN RIGA, Riga, 6. Januar 1769

Magnifici,
  HochWohl- und HochEdelgebohrne
    Gestrenge, Hoch- und Wohlgelahrte
      Hoch- und Wohlweise Herren
        Bürgermeistere und Herren des Raths,

Ein HochEdler und Hochweiser Rath geruhe, die demüthige Klage eines öffentlich Beleidigten geneigt anzuhören, der seine Zuflucht zu HochDemselben als zu seiner gerechten Obrigkeit nimmt, und sich nach den Gesetzen und der Billigkeit Gnugthuung erbittet.

Der H. Pastor Bärnhof hat am Sonntage nach dem neuen Jahr als dem 4t Januar 1769. öffentlich auf der Kanzel vor seiner Gemeine der Jesuskirche beklaget: wie bejammernswürdig es sey, daß dieselbe einen Adjunctus unterhalte, und doch von ihm keine Hülfe habe. Dies sind seine öffentlichen Worte, die ich mit dem mündlichen und schriftlichen Zeugniße solcher, die ihn gehört, beweisen kann.

Da ich nun zum Adjunkt der Jesusgemeine von Einem HochEdlen und HochWeisen Rath bestellet worden, und ich unter diesem Namen der ganzen Gemeine bekandt bin: so glaube ich erweisen zu können, daß diese öffentliche Anklage, **eine völlige Unwahrheit, eine grobe Personelle Beleidigung, die widerrechtlichste Belangung** und endlich **eine solche Priesterliche Amtsinjurie** sey, daß ich dadurch für meiner ganzen Gemeinde beschimpft worden.

I. **Eine völlige Unwahrheit.** Da ein HochEdler und HochWeiser Rath mich nach meiner Vocation nicht zum Adjunkt des H. Pastoris Bärnhof, sondern zum Adjunkt der Jesusgemeine bestellet hat: so habe ich vermöge dieses Amts eine Anzahl bestimmter Bußtags- und Feiertagspredigten, die ich, so lange ich mein Amt bekleide, noch nie unterlaßen, und noch keine einzige davon selbst einmal durch einen andern verwalten laßen. So gar eben in der Zeit, da H. Pastor B*är*nhof mich öffentlich anklaget, habe ich innerhalb einer Woche 2. solcher Adjunktus Amtspredigten, als am zweiten Weihnachtsfeiertage und NeujahrFeste öffentlich gehalten, und nicht den kleinsten Fest- oder Marientag, da mir als Adjunkt zu predigen oblag, versäumet. Wie sollte es denn seyn, daß die Jesusgemeine von mir keine Hülfe habe?

Außerdem ists meine Pflicht, dem H. Pastor in Nothfällen zu assistiren; und daß ich auch dies gethan, ist der Stadt und Gemeinde bekannt. Ich habe für ihn, schon als Candidat, aus bloßer zuvorkommender Bereitwilligkeit, und als Adjunkt bis auf die kleinsten Amtspflichten, Beicht und Taufe, Krankenbesuche und Kopulationen, und Wochenpredigten vicariiret: so promt vicariiret, daß mir zuweilen die Sonntagpredigt nur Freitag Abend und die Donnerstagandacht nur den Abend vorher angesagt worden, ja daß selbst des Hrn Oberpastor von Eßen HochEhrwürden mir einige mal melden laßen, daß in solchen plötzlichen Anwandlungen lieber die Wochenpredigt zuweilen ausfallen dörfte. Es wird einem bescheidnen Manne schwer, von sich selbst zu reden; hier indeßen ist mein eigen Lob Nothwehr, und das Publikum, das darum weiß, sei über meine Bestrebsamkeit Zeuge.

Nur da ich neben der Adjunktur der Jesuskirche auch andre Arbeiten habe, die mir eben so heilig seyn müßen; die Adjunktur der Gertrudenkirche, und denn insonderheit täglich einige Stunden Schularbeiten; da diese Geschäfte mir eben so wohl von Einem HochEdlen und Hochweisen Rath aufgelegt, und zu wichtig sind, um sie jedesmal nach dem Wink eines andern zu unterbrechen, um ein Ruhepolster für die Bequemlichkeit deßelben zu seyn; so mögen es des Hrn Scholarchen HochWohlgebohrnen und des H. Past*or* Gerike HochWohlEhrwürden bezeugen, ob ich mich zu einer solchen Amtsarbeit je träge und schläfrig finden laßen. Wenn aber solche Arbeiten collidiren; wenn ich wegen der vielen Geschäfte und Nachtwachen schon meine Augen halb, und meine Seelen- und Leibeskräfte einem guten Theile nach aufgeopfert: wenn die Gesuche des Hrn Past*or* Bärnhof um ein beständiges ewiges Vicariiren alsdenn zu dringend und unnöthig werden: freilich so erlauben es mir alle Gesetze, mich entschuldigen zu laßen, und dafür noch nicht die kleinste meiner Amtspflichten zu verkennen.

Von der Art ist der gegenwärtige Fall. Der H. Pastor Bärnhof ließ schon lange vor Weihnachten mir die Predigt auf Epiphanias übertragen. Aus welcher Ursache übertragen? Krankheit konnte es nicht seyn, die er vorschützte, denn wie ging es an, es Wochenlang vorherzuwißen, daß man einen gewißen Tag im Kalender krank und schwach seyn werde? Nichts also ließ sich vorschützen, als was ich mir denken konnte, ein paar Weihnachtspredigten, die zwischen inne vorfielen; und zum Unglück hatte ich deren mehr über mir, als dem Hrn Pastor zutrafen. Schon den Bußtag, schon den 4ten Adventssonntag hatte ich gepredigt; und noch den ersten, und noch den zweiten Weihnachtstag, und noch das Neujahrsfest und noch den Sonntag drauf muste ich meines Amts halber predigen – 6. Predigten, in kaum 14. Tagen – ich weiß nicht, was man mehr von einem Adjunkt fodern könne, der überdem bis dicht an die Feier- und Sonntage mit Schularbeiten besetzt ist. Ich ließ mich also dem Hrn Pastor entschuldigen, weil ich mehr als er zu predigen hätte, und da noch zwischen inne Zeit wäre, einen Kandidaten vorschlagen. Der Vorschlag ward angenommen, wenigstens bekam ich keine Antwort, und da ich indeßen mit dem Hrn Pastor persönlich zusammenkam, noch keine Antwort. Ich war also ruhig, oder vielmehr beschäftigt gnug, um meine noch rückständige 4. Predigten, die mir mein Amt in 8. Tagen auflegte, zu halten.

Und eben da ich endlich matt und müde beschäftigt bin, die letzte zu halten, tritt der H. Pastor auf, mich als einen Unthätigen, Unnützen, Nachläßigen Adjunkt zu brandmalen? mich, der kaum 2. Tage vorher von eben der Kanzel gepredigt, und eben den Tag beschäftigt ist, anderswo zu predigen? mich, der in 14. Tagen 6. ausgearbeitete Predigten hält, und Nächte dabei zu Hülfe nimmt? mich, der ihm immer, beinahe bis zum Aufspringen assistirt hatte, und nebenan noch andre Arbeiten abwarte – mich klagt er an; »welchen bejammernswürdigen Zustand ich anrichte, und die Gemeine, die mich unterhalte, keine Hülfe von mir habe«. E*in* HochEd*ler* und Hochweiser Rath urtheile: w e l c h e   g r o b e   U n w a h r h e i t !

II. Sie ists nicht allein, sie ist grobe Personelle Beleidigung. Auf die Kanzel gehören nach unsrer recipirten Kirchenordnung keine Personalien, und es wird ausdrücklich (Cap*itel* 11. §. 2. *pagina* 10.) jedem Prediger untersagt: »K e i n e s w e g e s   a u s   H a ß   u n d   u n z e i t i g e m   E i f e r ,   n o c h   w e n i g e r   a u s   U n w i l l e n   j e m a n d e n   a u f   d e r   K a n z e l   b e i   N a m e n   z u   n e n n e n ,   e s   w ä r e   d e n n   z u   j e m a n d e s   B e ß e r u n g   g e m e i n e t ,   o d e r   d a   j e m a n d   m ü s t e   i n   d e n   B a n n   g e t h a n   w e r d e n .« Das Kirchenpublikum ist also schon, durch eine rühmliche Ordnung, alles gewohnt, von diesem ehrwürdigen Orte, als wenn es auctoritate magistratus wäre, anzunehmen, und Ahndungen von da aus, als die schärfsten anzusehen, die nur Mördern, Huren, offenbar Lasterhaften zuerkannt werden, die Kirchenbuße thun sollen. Und so muß ich mich ahnden laßen? ich, der eben im Begrif ist, eine andre Kanzel zu besteigen, werde von einer andern proclamirt, wo nur Bösewichte von öffentlichem Ärgerniß proclamirt werden sollen. Je ehrwürdiger und feierlicher das Publikum einer Kirchenversammlung ist: je eindringender eine Verläumdung ist, die daselbst mitten unter andern rührenden Sachen, für Zuhörer, die schon gerührt sind, vorgetragen wird: je mehr ein Prediger auf der Kanzel im Namen Gottes und der Obrigkeit reden soll; desto höher ist eine persönliche Beleidigung von da aus. Sie heißt Empörung und Aufwiegelung des Publikum: sie ist eine Entweihung des Heiligthums: sie ist die gröbste p e r s ö n l i c h e   B e l e i d i g u n g , die in unsrer Welt jemanden geschehen kann.

III. Sie ist noch mehr: sie ist das w i d e r r e c h t l i c h s t e Betragen, und e i n   E i n g r i f   i n   d i e   R e c h t e   d e r   O b r i g k e i t . Wenn die Jesusgemeinde mich unterhält und von mir keine Dienste hat: wenn ich der unnütze, faule, unthätige Adjunkt bin, für den mich H. Pastor Bärnhof zu erkennen beliebt; so hat Ein HochEdler und Hochweiser Rath mich der Jesusgemeine vorgesetzet, und unterhält mich in diesem Amt: so ist also der H. Pastor und ich Parthei: so steht Er und ich unter der uns vocirenden Obrigkeit, wo wir gerichtet werden müßen. Daß aber mein Ankläger sich an seine Gemeinde wendet, und die Kanzel zum Richterstuhle macht; daß er seine Obrigkeit vorbeigehet, und mit einem autorisirten W i r ! »W i r   b e k l a g e n , wie bejammernswürdig es sei, daß W i r keine Hülfe haben«, als ob er im Namen der Gemeine redete, an sie appelliret; ja was appelliret? da er offenbar nicht gegen mich, sondern gegen die Obrigkeit selbst sich erkläret: wie bejammernswürdig es sey, daß in solchem Fall seine Kirche aller weltlichen Aufsicht und Unterstützung der Obrigkeit entnommen und beraubt sei – das ist das widerrechtlichste Verfahren: das ist Eingrif in die Rechte der Obrigkeit, die ich für die meinige erkenne: und ein um so ärgerlicherer Eingrif, da er eine öffentliche Aufwiegelung ist, da er E*inem* ganzen HochEdlen Rath und einem Hochverordneten Consistorio, das über die Pflichten der Kirche wachen soll, zu nahe tritt.

IV. Endlich als Prediger, eben deßelben Orts, eben derselben Gemeine – da werde ich von meinem Collegen, der mit mir eine gute Sache treiben soll, dem ich mit aller persönlichen Geziemenheit und Freundschaft begegnet, der mit mir kurz voraus zusammengewesen, und sich keine stumme Sylbe darüber merken laßen – von dem werde ich priesterlich, mit einem andächtigen, es Gott klagenden Seufzer der Gemeine vorgetragen, als einer, der ihr Brot unnütz ißet, der ihr zur Last ist, von dem sie keine Hülfe hat. – O was ist ein Prediger, wenn er keine Achtung bei seiner Gemeine besitzet? Nichts! und wenn ihm diese Achtung gar öffentlich geraubt wird? Weniger als nichts! Ich bin vor einer Gemeine gebrandmalt, der ich im Namen Gottes und der Obrigkeit selbst Pflichten predigen soll; nichts ist kränkender, als eine Injurie in Sachen meines Amts, meines Predigergewissens; des mir von meiner Obrigkeit im Namen der Heiligen Dreieinigkeit öffentlich aufgetragnen Berufs.

Mein ganzes Herz wird zerrißen, wenn ich meine niedrige Situation überdenke! Eine Kanzel soll ich Pflicht- und Amtsmäßig besteigen, auf der ich, als einer, der wider Amt und Pflicht handelt, öffentlich berüchtigt werde. Lehrer einer Gemeine soll ich seyn, bei der mich ihr Lehrer, deßen Wort bei ihr gelten soll, selbst anschwärzet. Zu sehr fühle ich das Unrecht, und wie kann ich ihm entfliehen? Vor einer Gemeine berüchtigt: vor ihr und vor der ganzen Stadt um meinen Priesterlichen guten Namen gebracht, nehme ich meine Zuflucht zu der Obrigkeit, die mich derselben vorsetzte, und ihn allein wiederherstellen kann. Mein Gewißen spricht dagegen, eher eine Kanzel zu betreten, ehe ich von meiner gerechten und die Ordnung und Gewißensruhe schützenden Obrigkeit Gnugthuung erhalte, die ich von Ihr allein erwarten kann. Der Gott, vor dem ich stehe, und gern mit unbescholtnem Herzen und Gewißen reden will: die Obrigkeit, die mich gesetzet, und durch mich öffentlich vor einer ganzen Gemeine leidet: mein Amt, mein Gewißen – alles verbindet mich, die Ehre meines Priesterlich guten Namens zu retten. Ein Unglücklicher wäre ich, wenn ich ohne Schutz und Vertheidigung öffentlichen Beleidigungen von einer jeden Privatperson ausgesetzt seyn müste – ein unglücklicher Bürger in einer unglücklichen bürgerlichen Verfaßung. Ja endlich der niedrigste, elendeste Prediger der Christenheit, wenn ich, indem ich den heiligen Pflichten meines Amts nachkomme, eben alsdenn mich ausgesetzt sähe, vor meiner Gemeine beschimpft werden zu dörfen. Denn würde ich die Stunde beklagen, da ich ein solches Amt eines Adjunkts, den jeder niedrig gnug hielte, ihn abkanzeln zu können, übernommen, und vor einer Gemeine noch fernerhin öffentlich erscheinen zu müssen, die ihr Lehrer selbst gegen mich aufwiegelt. »Der Pastor, sagt unsre Höchstverordnete Kirchenordnung (Cap*itel* XXIV. §. 28. p*agina* 149.), der Pastor soll sich gegen den Capellan, freundlich, geneigt und höflich bezeugen, und bedenken, daß er sein Mitdiener am Worte sey: er soll ihm, als einem Priester, seine gebührende Ehre laßen, auch seinen Wohlstand und Gutes Ansehen bei der Gemeinde erhalten.«

Dieses Kirchengesetzes gemäß flehe ich also Einen HochEdlen und Hochweisen Rath demüthigst an, sich der Sache eines unschuldig und öffentlich Beleidigten, und seines Gewißens und des Amtes anzunehmen, das Sie ihm selbst zuerkannt. Eher werde ich mich nicht ruhig einen Prediger der Jesusgemeine nennen können, bis E*in* HochEdler und Hochweiser Rath dem geneigte Gnugthuung zu schaffen geruhet, der sich mit aller behörigen Unterwerfung nennet

E*ines* HochEdlen und Hochweisen Raths
unterthäniggehorsamer Diener
Johann Gottfried Herder

Riga d.6.ten Jan. 1769.

ÜBERLIEFERUNG. H: Riga, Zentrales Hist. StA Lettlands. Nach den damaligen Gesetzesvorschriften auf Stempelpapier mit russ. Doppeladler. – Dazu rückseitig Angabe: »Gesuch des Hrn. Pastoris Adjuncti Johann Gottfried Herder, dass Ein HochEdler und Hochweiser Raht ihm, wegen der, von dem Herrn Pastor Baernhoff vor seiner Gemeine der Jesus-Kirche öffentl[ich] ihm zugefügten Beleidigung geneigte Genugthuung zu schaffen geruhen wolle, prod[itum] et lect[um] in Sen[atu] d[ie] 9. Januarii 1769. prod. in Consist[orio] d. 22. Jan[uar] 1769.« – D₁: Johann Christoph Berens: Zwei Manuscripte eines deutschen Klassikers im Rigaschen Rathsarchive, in: Baltische Monatsschrift, hrsg. von August Deubner, Riga, Moskau, Odessa, Bd. 27 (1880), S. 532–538. – D₂: SWS XXXI, S. 733–738. – Bd. I: Textgrundlage: D₁.

ZUM TEXT:
72 auf *nachträglich eingefügt,* 78 keine < keinen, 80 grobe < gröb, **86f.** gewohnt *nachträglich eingefügt,* 108 im Name H *Schreibversehen,* 132 ganzen < Standt > Stadt, 159 unterthäniggehorsamer < unterthänigster.

ERLÄUTERUNGEN:
10 Bärnhof] *Stadtoberpastor v. Essen notierte in seinem Tagebuch 1769:* »9. Januar hat H. Past[or] Adjunct[us] Herder eine Klagschrift beim Rath wider H. P[astor] Bärnhof ratione publicae diffamationis eingereicht, nämlich den 4. Januar hatte selber auf der Kanzel gesagt, es sei bejammernswerth, daß die Jesus-Kirche einen Adjunctum unterhalte, und er doch keine Hilfe von ihm habe. Der H. P. Bärnhof aber hat bald Gelegenheit gefunden durch Vermittelung guter Freunde die Sache beizulegen. Indessen hat E[in] W[ohl]-E[dler] Rath das Verfahren des H. P. B[aernhoff] zur Untersuchung an das Consistorium verwiesen, da denn der H. P. den 22. Januar vorgefordert, und bei dessen bezeugter ernstlicher Reue ihm zwar die Strafe erlassen, sein begangener Unfug ihm aber nachdrücklich verwiesen worden« (Sivers, Humanität und Nationalität, H.-B., Nr. 1927, S. 70). *– Nach der Protokollabschrift des Konsistoriums (der für H.s Supplik eigentlich zuständigen Behörde) vom 22. 1. 1769 versöhnte sich H. auf Veranlassung von Baernhoffs Freunden mit diesem. Trotzdem erachtete der Rat es für nötig, daß Baernhoff vom Konsistorium einen Verweis erhielt mit der Auflage, sich künftig* »aller beleidigenden Ausdrücke auf der Canzel« *zu enthalten. Baernhoff habe seine Übereilung eingestanden und für die Ermahnungen gedankt (nach D₁, S. 538–541).*
15 Adjunkt der Jesusgemeine] *Vgl. zu I 34,72.*
24 Bußtags- und Feiertagspredigten] *Vgl. zu I 35(N),55.*
28 Fest- oder Marientag] *Vgl. ebd.*
32f. als Candidat] *Vgl. zu I 12(N),71ff.*
34 Kopulationen] *Hochzeiten.*
35 vicariiret] *Vgl. zu I 28,54ff.*
42 Adjunktur der Gertrudenkirche] *Vgl. zu I 34,59ff.; Introduktion am 29. 7. 1767 alten Stils.*
43 Schularbeiten] *Als Kollaborator der Domschule, vgl. zu I 9(N),7.*
55 Epiphanias] *Dreikönigsfest, Hohneujahr, 6. Januar.*
72 Unthätigen, Unnützen, Nachlässigen] *Wirksame Reihung pejorativer Attribute, vgl. 101.*
72, 123 brandmalen] *Mit einem Brandmal versehen, brandmarken.*
81–86, 147–151 recipirten Kirchenordnung] *Die 1694 in Livland angenommene schwedische Kirchenordnung von 1687 (vgl. Julius Eckardt, Livland im 18. Jahrhundert, Leipzig 1876, S. 55, 371; SWS XXXII, S. 537f.).*
81 Personalien] *Angelegenheiten von Personen.*

85 Bann] *Kirchenbann, schwerste Strafmaßnahme der Kirchenzucht, bedeutete Exkommunikation (Verweigerung der Sakramente, Ausschluß aus der Kirchengemeinde) mit Folgen bürgerlicher und gesellschaftlicher Ächtung.*
87 auctoritate magistratus] *Durch Ratsbeschluß.*
89 Kirchenbuße] *Disziplinarische Strafmaßnahme der Kirchenzucht zur Besserung des Sünders, Reuebekenntnis vor der Gemeinde, wurde in den letzten Jahrzehnten des 18. Jh. in den protestantischen Ländern abgeschafft, z. B. 1786 in Sachsen-Weimar (vgl. H.s Gutachten 1778–1783, SWS XXXI, S. 752–757).*
91 proclamirt] *Ausgerufen, bekanntgemacht.*
95 im Namen Gottes und der Obrigkeit] *Vgl. Römerbrief, Kap. 13.*
99f., 112 Eingriff in die Rechte der Obrigkeit] *Höhepunkt der rhetorisch aufgebauten, sprachgewaltigen, hyperbolischen Anklage gegen Baernhoff: H. argumentierte politisch und übertrug seine persönl. Kränkung auf den Magistrat, nutzte seine freundschaftlichen Beziehungen zu Ratsmitgliedern aus, um sich gegen die Geistlichkeit zu behaupten (vgl. I 98,46f.).*
104 vocirenden] *Berufenden.*
106 vorbeigehet] *Übergeht.*
106 autorisirten] *Bevollmächtigten.*
117 eine gute Sache treiben] *Das Predigtamt.*
118 Geziemenheit] *Schicklichkeit, Anstand.*
126 Heiligen Dreieinigkeit] *Vgl. die Taufformel Matthäus 28,19.*
129, 131 berüchtigt] *In übles Gerücht gebracht, verrufen.*
137 gesetzet] *Eingesetzt.*
141f. Bürger ... bürgerlichen Verfaßung.] *Als Glied eines Gemeinwesens, als Staatsbürger.*
145 abkanzeln] *Jemandes Vergehen von der Kanzel bekanntmachen.*
148 Capellan] *Hilfs-, Untergeistlicher.*
149 Mitdiener am Wort] *Minister verbi divini (Diener des göttlichen Worts).*
150 Wohlstand] *Hier: das angemessene gute Urteil der anderen.*
156 behörigen] *Gehörig, geziemend.*

53. AN CHRISTOPH FRIEDRICH NICOLAI, Riga, 27. Dezember 1768 und 10. Januar 1769

5 ohne allen gelehrten Umgang] *Vgl. I 35(N),26.*
8 seufzen] *Klagen. Nicolai tröstete, die Vorsehung habe H. »einer höhern Absicht wegen nach Riga gesetzt«, er sei »vielleicht das Licht wodurch eine ganze Provinz erleuchtet wird« (A₁).*
10 Biegung] *Vgl. 21–24.*
12 Karrenzieher] *Kärner, Tagelöhner.*
16 Consortium] *Gemeinschaft, Genossenschaft.*
21–24, 85 Falten ... Predigerfalte] *Vgl. I 40(N),125f.; 69,21; 71,16. Nicolai gab H. recht (A₁).*
21f. Spalding ... Resewitz] *H. kannte beide nur aus ihren Schriften und gedruckten Predigtsammlungen.*
25–33 gegen Klotzen erklären ... erklärender Vortritt] *In der »Berlinischen privilegirten Zeitung« vom 24.12.1768 (SWS IV, S. 337–340), gegen Klotz' und Riedels Rezensionen von »Ueber die neuere Deutsche Litteratur« und »Ueber Thomas Abbts Schriften«.*

37 Ragione di Stato] *Staatsregel, Staatsräson;* »*Della ragione di Stato*« *(Mailand 1583) von Giovanni Botero (1540–1617) war eine Widerlegung der politischen Auffassungen Machiavellis.*
38 Porcelainmachen] *Die Porzellanherstellung gelang in Europa erst zu Beginn des 18. Jh. und blieb bis Mitte des 19. Jh. fürstl. Regal.*
39 Deutschen Bibliothek] *Nicolai wollte H.s Erklärung (mit Zitaten aus den Rezensionen von Klotz und Riedel) in der* »*Allgemeinen deutschen Bibliothek*« *veröffentlichen (B_2).*
40 Brief] *H.s Erklärung, vgl. zu* **25ff.**
40f. Notenexposition] *Die von Nicolai gewünschten Zitate.*
43 Sie] *Klotz und Riedel. –* kältere Erklärung] *Vgl. zu I 56,32ff.*
45 Ugolino] *Von Gerstenberg, H.s Rezension (R, S. 24). –* Tacitos] *Von Nicolai in B_2 erneut eingemahnt; vgl. zu I 56,4f.*
46 aufgetragnen Rest] *Nicolai hatte mit B_1 ein Verzeichnis der H. aufgetragenen Rezensionen geschickt und um ihre Lieferung bis Ostern 1769 gebeten (O. Hoffmann, S. 125f.); vgl. zu I 38,9. In A_1 bat Nicolai erneut um die Rezensionen der Schriften Abbts und Bodmers.*
48 Commentarien] »*Ueber Thomas Abbts Schriften*«*, vgl. zu I 48(N),***56ff.,68f.**
49f. Leßingschen Lustspiele] *Vgl. zu I 38,30f.*
54 Nachrichten von den LitteraturBriefen] *Vgl. zu I 49,32ff. Nicolai hatte die gesamten* »*Litteraturbriefe*« *durchblättern müssen, um H. die gewünschte* »*Nachricht*« *liefern zu können (B_2).*
55f. Marigni] *Vgl. zu I 49,44ff.*
57f. Hällischen Zärtlinge] *Die Rezensenten des 2. Stücks der* »*Deutschen Bibliothek der schönen Wissenschaften*« *1768 fanden, daß Lessings Witz in seinen* »*Lustspielen*« *(1767)* »*ein zärtliches Gefühl*« *beleidige:* »*Kann der Umgang mit der feineren Welt sich mit den Worten: Rabenaas, Stockfisch, Pickelheering, Schlingel u.a[nderes] m[ehr] vertragen? Wie will Herr Lessing die Zweideutigkeiten entschuldigen, die man so häufig bey ihm antrifft, und zwar solche, bey denen die freyeste Pariserin erröthen würde?*« *(O. Hoffmann, S. 126f.).*
60f. Briefe über die Wienerische Schaubühne] *Von Sonnenfels; vgl. I 55(N),***132ff.**
63 zufuhr] *Mit Ungestüm etwas tun.*
68f. Romantischen Briefe] *Von Meister. Vgl. I 56,35–39. Nicolai kannte den Verfasser nicht, fand mit Mendelssohn* »*Spuren eines denkenden Kopfs*« *darin und bat H. um eine* »*ganz unpartheiische*« *Rezension. Von Klotz sei das Buch* »*herunter gemacht*« *worden, von Iselin (in einem Brief) aber gelobt (A_1, A_2).*
72 Antiquarischen Briefe] *Vgl. zu I 50(N),* **167f.** *Nicolai vermutete in B_1, daß H. sie inzwischen gelesen habe. In A_1 meldete er den Druck des 2. Teils (erschien August 1769) und machte Hoffnung auf einen 3. noch vor Lessings geplanter Abreise (im Mai, nicht erfolgt).*
73 Wagsätze] *Gewagte Behauptungen.*
75f. Weltbürger ... aus Lage in Lage] *Anspielung auf Nicolais Mitteilung über Lessings Reise* »*im Februar nach Rom, wo er lange und vielleicht ganz und gar bleiben*« *werde (B_1).*
76 junger, unveralteter Seele] *Vgl. I 55(N),80f.*
79 Riedel] »*Denkmahl des Herrn J. N. Meinhard*«*:* »*es ist unglaublich, schrieb mir Herr Nicolai, mit wie vielem Eifer er den Phädon gelesen*« *(O. Hoffmann, S. 127).*
82 Hauptzweifel] *H. bezweifelte die Existenz der Seele ohne Körper, vgl. I 58,12–39.*
84 im Alterthum] *So z. B. in der altindischen, pythagoreischen und platonischen Seelenwanderungslehre: Nach dem Tod des Körpers sucht die Seele die Wiedergeburt in einem*

anderen Körper. Die Einheit von Körper und Seele wurde auch von den ionischen Naturphilosophen, von Aristoteles und Epikur gelehrt.
85 Falte nach unsrer Religion] *Vgl. 21–24.*
90f., 94f. viertes Sokratisches Gespräch] *Vgl. I 50(N),59–64. Nicolai forderte H., auch im Namen Mendelssohns, auf, sein »Gespräch über die Unsterblichkeit der Seele« zu schreiben, aber »als einen vor sich bestehenden Tractat, und nicht als einen Commentarium über den Phädon« (A_1). Danach sandte er Mendelssohns Antwort auf I 58 und bat H. um Erlaubnis, diese beiden Briefe der im Druck befindlichen 3. Auflage des »Phädon« ohne Erwähnung seines Namens beizufügen (A_2; erneut in B_1 zu I 75). Der Abdruck unterblieb, da H. keine Bewilligung sandte (A zu I 69); vgl. I 69,71–77; 75,37f.*
92 Orakel] *Anspielung auf Mendelssohns »Orakel, die Bestimmung des Menschen betreffend«.*
93 Sokrates von den Todten erwecken] *Mendelssohn soll in der Rolle des Sokrates H.s Zweifel beantworten.*
94 Bibliothek] *»Allgemeine deutsche Bibliothek«.*
97 Sophismen] *Scheinbeweise, Spitzfindigkeiten.*
98 einfache unzerstörbare Substanz] *Leibnizsche Monade.*
100 Philosophischen Bart] *Ironisch; Bart und Mantel als äußerliche Berufsattribute des altgriech. Philosophen.*
101ff., 106f. Memoires de l'Academie de Berlin … von der Energie] *Sulzer, »De l'énergie dans les ouvrages des Beaux-Arts«.*
110ff., 139 Riedels Theorie] *»Theorie der schönen Künste und Wissenschaften«; hier H.s Plan zum 4. »Kritischen Wäldchen« erstmals erwähnt.*
113 Sulzersche Theorie der Empfindungen] *»Untersuchung über den Ursprung der angenehmen und unangenehmen Empfindungen«.*
115 fehlendes Fragmentenbändchen] *Vgl. zu I 30,35.*
116f. Fragmenten] *»Ueber die neuere Deutsche Litteratur«, 2. Ausgabe. Da Riedel noch vor dem Erscheinen der 1. Slg. sich ein Exemplar erschlichen und darauf in den Briefen »Ueber das Publikum« Bezug genommen hatte (119f.), veranlaßte H. den Freund Hartknoch, die ganze Auflage als Makulatur zurückzuhalten. Vgl. I 55(N),21f.,82–88; SWS I, S. XXXIf., IV, S. 339. Die 2. Slg. wurde nicht gedruckt.*
120f. vorigen Ton … Larve] *Vgl. I 36(N),64ff.; 37(N),49ff.; 51,27–31.*
123 Hamännchen] *Bezeichnung der Klotzianer für Hamanns Anhänger; Hamann spielte in seiner ironischen Rezension des 1. Stücks der »Deutschen Bibliothek« am 15.1.1768 auf »die interessanten Legenden … von den kleinen Hamännchen und von der Königsbergischen Secte« an (Nadler, Bd. 4, S. 315).*
125 zum Letzten] *H. hatte keine Zeit, den angenommenen Stil (vgl. 120f.) zu ändern.*
126 Ursach] *Nicolai schrieb, nach dem Gerücht halte H. die 2. Ausgabe der »Fragmente« »wegen einiger Stellen wider Prof. Clodius« zurück. Vgl. zu I 45,22,36–41.*
126f. Ridelius … Klotziusque!!!] *Vgl. zu I 50(N),169.*
128 in 2en Briefen] *In B_1 und B_2, vgl. zu I 46(N),12f.*
129–142 Indeßen … aufbürde.] *Erneut wie mit »Fragmenten« und »Ueber Thomas Abbts Schriften« Versteckspielen H.s mit seiner Autorschaft, an dessen Ernsthaftigkeit niemand glaubte. Vgl. I 55(N),98–106; 56,20–24,41f. Nicolai schrieb, daß er und alle seine Freunde H. für den Verfasser der »Kritischen Wälder« gehalten hätten, ebenso alle Klotzianer. Der Verfasser habe »in einigen Stücken« gegen Lessing unrecht, aber gegen Klotz »ganz frappant recht«, und es sei »eines der besten kritischen Werke« in deutscher Sprache (A_1). Angeblich besitze Klotz einen Bogen des Mskr., den er zum Beweis von H.s Autorschaft mit dem von ihm erhaltenen Brief (I 39) vergleichen wolle (A_2).*

139 über Riedel] *Vgl. zu* **110ff.**
143 freundschaftliche Vorsorge] *Vgl. zu I 46(N),***8f.**
149 Schatten des Hanseatischen] *Vgl. Karolines »Erinnerungen«: »In Riga fand er noch schöne Reste vom Geist der alten Hanseestädte: einen zwar vielfach durchkreuzten und oft gehemmten, aber doch noch regen Gemeingeist, belebt und wirkend zum Wohl des Ganzen. Hier wurden seine eigenthümlichsten Grundsätze über bürgerliche und Staatsverhältnisse geweckt und genährt« (a. a. O., I, S. 91). Kritischer über den abgestorbenen Geist der Hansestädte und speziell die »Scheinrepublik« Riga mit der Doppelherrschaft von kaiserlich-russ. Gouvernement und Magistrat (bis 1787) das »Journal meiner Reise im Jahr 1769« (SWS IV, S. 406ff.).*
149f. Stadt-Ministerium] *Geistliches Ministerium.*
151f. Tod eines ... Greises] *Johann Loder, vgl. I 50(N),***16–19**; **62(N),35ff.,122f.**
156 Desperation] *Aussichtslosigkeit.*
157 600. Thaler Albus] *Albertustaler, seit 1598 in den Niederlanden geprägt (nach dem Statthalter Erzherzog Albert von Österreich benannt), danach in Braunschweig, Preußen u. a.; 1752–1780 in Kurland und Livland als Kurantmünze (in Silber) geprägt. Vgl. I 35(N),***57f.**
159 Bedürfniß des Geistes] *Vgl. I 61,***22ff.**
166 in Berlin Stellen] *Vgl. zu I 46(N),***8f.**
171 Sprache meines Herzens] *Nicolai fand H.s vertrauliche Mitteilungen über seine Lage »liebenswürdig«, erwähnte aber keine Berliner Vakanzen mehr; vgl. zu* **8.**

54 (N). An Gotthold Ephraim Lessing, Riga, erste Hälfte Januar 1769

3f. Zuschrifft eines Unbekannten] *Von fremder Hand, mit Sigle St. (36); vgl. zu I 53,***129ff.***; Haym I, S. 325.*
9 Griechischen Zeugniße] *Homer, »Ilias«; Sophokles, »Philoktetes«; Euripides, »Iphigenie«; Aristoteles, »Politika«, »Peri poietikes«, »Ethika Nikomacheia«; Pausanias; Kallimachos; Pindar; Anthologia Graeca, im 1. »Kritischen Wäldchen« von H. angeführt.*
10 wieder den Laokoon] *H. nahm Partei für Winckelmann, kritisierte aber an beiden Denkern die unhistor. Verabsolutierung der griechischen Kunst zur ästhetischen Norm. Vgl. I 26(N),***58–68.**
12 SendSchreibens] *H. »wollte in Form eines Sendschreibens sprechen, wenn es die Abwechselung und der Inhalt der Materien zugelassen hätte« (1. »Kritisches Wäldchen«, 23. Abschnitt, SWS III, S. 186).*
16 neuester Gegner] *Klotz.*
17 Ritter werden wollen] *Wieland schrieb am Schluß von Nicholas Rowes »Einige Nachrichten von den Lebens-Umständen des Herrn Willhelm Shakespear« in Bd. 8 seiner Shakespeare-Übersetzung (1766) über Warburton, daß »in England wie in Deutschland jeder kleine Postillenreuter [Geistlicher, der nur nach Postillen predigen kann] an ihm zum Ritter werden will.«*
19 Jedes Wort sei verbannt] *»Uebrigens sey jedes Wort, und jede Wendung verbannet, die wider Hrn. L. geschrieben schiene.« (1. »Kritisches Wäldchen«, SWS III, S. 186).*
22 zweite und dritte Theil] *Das 2. »Kritische Wäldchen« (über Klotz' »Epistolae Homericae«, »De verecundia Virgilii«, »Vindiciae Quinti Horatii Flacci«, »Dissertatio De felici audacia Horatii«) erschien (gleichzeitig mit dem 1.) Anfang Januar 1769, das 3. »Wäldchen« (über Klotz' »Beytrag zur Geschichte des Geschmacks und der Kunst aus Münzen«,*

»Ueber den Nutzen und Gebrauch der alten geschnittenen Steine«, »Acta litteraria« u. a.) wohl erst zur Herbstmesse 1769, vgl. I 72,**96**ff.
24f. Seichtigkeit ... so heraufgeschrien] Vgl. I 42,**36**f.
27 Lobeserhebungen] Zu denen H.s vgl. I 39; zu I 33(N),**59**ff.
28 süßen Redner des Lucian] *Nestor in Lukianos' Dialog »Panthea oder die Bilder«.* – Postreuterchen von Amoretten] *Amoretten als »postillons d'amour«.*
29 bekannten neuern Briefwechsel] *»Briefe von den Herren Gleim und Jacobi«,* vgl. I 88,**113**f.; in B zu I 46 als »ewiges Getändel« bezeichnet; 1. »Kritisches Wäldchen« (4. Abschnitt, SWS III, S. 35).
29 Streitigkeit] *Lessings mit Klotz: Letzterer hatte 1766 in »Acta litteraria«, Bd. 3, Heft 3, den »Laokoon« lobhudelnd rezensiert, 1768 aber – wegen nicht von Lessing stammender Rezensionen in der »Allgemeinen deutschen Bibliothek« – diesen in einem Sendschreiben und in »Über den Nutzen und Gebrauch der geschnittenen Steine« angegriffen. Lessings Antwort waren die »Briefe, antiquarischen Inhalts«.*
30f. zweiten Theil Laokoons] *Nur Materialien zur Fortsetzung in einem 2. und 3. Teil wurden 1788 und später aus dem Nachlaß veröffentlicht. In A$_2$ zu I 56 schrieb Nicolai, Lessing werde vor seiner Italienreise den 2. Teil beenden.*
32 Meinung über meine Schrift] *Lessing schrieb am 13. 4. 1769 an Nicolai über die »Kritischen Wälder«:* »Der Verfasser sei indes, wer er wolle: so ist er doch der einzige, um den es mir der Mühe lohnt, mit meinem Krame ganz an den Tag zu kommen.« *Dem Verfasser der »Kritischen Wälder« habe er »wichtigere Erinnerungen zu danken« (»Wie die Alten den Tod gebildet«).*

55 (N). AN JOHANN GEORG HAMANN, *Riga, Mitte März 1769*

3, 7 Divergenten] *Auseinanderlaufende Linien.*
4 Nichtgnugthuende] *Hamann rügte in B$_1$, H. sei ihm auf zwei Punkte eine Antwort schuldig geblieben (über die 2. Ausgabe der »Fragmente« und seine Bitte um Beiträge für die »Königsbergschen Zeitungen«), in B$_2$ seine »meineidige und treulose Verschwiegenheit«.*
9 aßecurirt] *Versichert.* – nur von zwei Augen gelesen] *Vgl. zu I 43(N),**8**; 51,**19**ff. Hamann versicherte in A erneut »auf Treu und Redlichkeit«, daß sich keiner seiner »hiesigen Freunde rühmen« könne, jemals H.s »Hand gesehen zu haben«.*
13 stammeln] Vgl. I 53,**172**f.
15 Anekdoten] *In den Rezensionen der Klotzianer wurden H.s Personalien aufgedeckt.*
17 Halle u. Leipzig u. Jena] Vgl. zu I 46(N), **16**ff.; 47,**46**–**53**.
18 für diesen Ort] *Riga.*
18f. Schrift über das Publikum] *»Haben wir noch jetzt das Publikum und Vaterland der Alten?«*
19 Unterhaltungen] *Siehe R, S. 696.*
19f. Rede über die Kanter] *Königsberger Predigt, siehe R, S. 40.*
20 Brochure auf Kurella] *»Fragment zweener dunkeln Abendgespräche«.*
20f. Hambergers] *»Erster Nachtrag zu dem gelehrten Teutschland«, Lemgo 1768, S. 648 (zu S. 156 des Grundwerkes). Außerdem wird »Ueber die neue teutsche Litteratur. 3 Saml. Riga, 1766; 1767.« angeführt.*
21f. Riedel citirt] *»Ueber das Publikum«. 9. Brief an den Herrn Canonicus Gleim:* »Ein neuerer Kunstrichter, der noch zu sehr taumelt, um den Namen eines philosophischen Kopfs zu verdienen, wirft einen verächtlichen Seitenblick auf den Don Sylvio von Rosalva,

den er nicht gesehen hat, weil er ihn Don Antonio nennet –« (S. 204, Bezugnahme auf die 2. Ausgabe »Ueber die neuere Deutsche Litteratur«, S. 99 = SWS II, S. 46, vgl. S. 368); betreffend Wielands Roman »Der Sieg der Natur über die Schwärmerey, oder die Abentheuer des Don Sylvio von Rosalva« (2 Bde, Ulm 1764), der sich nach H. an Humor und Idiotismen nicht mit Cervantes, Butler, Sterne vergleichen lasse.

22f., 88 Recension ... Klotzischen Bibliothek)] *»Deutsche Bibliothek«, Bd. 3,1 (= insgesamt 9. Stück).*

26 Briefe meines Hamanns] *Briefe an Hamann.*

27 pecatillum] *Von »peccatum«, kleine Sünde.*

27f. Wort der Sicherheit] *Vgl. zu 9.*

29 Peneus] *Antikisierend für: Pregel.*

31 Kollaborator] *Herder.*

33f. Beleidiger u. Beleidigtem] *Weil H. auf mehrere Briefe nicht geantwortet hatte, nahm Hamann an, er hätte ihn beleidigt, und forderte eine Erklärung (B_1). In A konnte er sich nicht mehr daran erinnern.*

35 Citation im Torso] *»Ueber Thomas Abbts Schriften«, 1. Stück: »wenn Philologen auf abentheuerlichen Kreuzzügen, nicht Bilder unsrer Religion, sondern blos der Orientalischen Seite unsrer Religion geben ... um seltsam, fremde, oder gar possierlich zu reden: so mag dies Misbrauch seyn« (SWS II, S. 286, über Hamanns »Kreuzzüge des Philologen«). Der öffentliche Angriff auf Hamanns Stil gehörte zu H.s Versteckspiel, nachdem er als Autor der »Fragmente« zur »Hamannschen Sekte« gezählt worden war, vgl. zu I 47,53. Johann David Michaelis hatte schon 1762 in den »Göttingischen Anzeigen« den »leichtsinnigen Mißbrauch der biblischen Ausdrücke« gerügt (Nadler, Bd. 2, S. 253).*

37 aufgehabnen] *Veraltet für »aufgehobnen«. – exseeriren] Verwünschen.*

38 Absicht] *Hamann wunderte sich, von H. »so unrecht ... verstanden und ausgelegt worden zu seyn« (A). Den Titel erklärte er in seiner kommentierten Sammlung der Rezensionen »Hamburgische Nachricht ...« mit von »den arglistigen Ordensbrüdern und Kreutzherren« in Preußen angelegten Labyrinthen (Nadler, Bd. 2, S. 267). In A schilderte er seine damalige Faszination durch die Sprache der Lutherschen Übersetzung und seine Gegnerschaft sowohl gegen »abgeschmackte Leser« als Nichtleser der Bibel.*

41f. dieser soll weg ... zweite Auflage] *Hamann wünschte keine Änderung bei einer 2. Auflage (A), zu der es aber gar nicht kam. Die Stelle über Hamann wurde in der Cottaschen Gesamtausgabe getilgt.*

43 Proscription] *Ächtung, scherzhaft.*

46 Briefen über das Publikum] *Vgl. zu 21f.; 2. Brief an Herrn Flögel: »Die Kreuzzüge des Philologen lese ich immer noch gern; ich weiß, es ist sein eigener Humour, den er für sich allein hat und für sich behalten mag ewiglich: ich studiere sie so gar und freue mich, wenn ich ihn endlich so verstehe, daß ich zur Noth sein Scholiast werden könnte.« Riedel wandte sich aber gegen die Nachahmer dieses Stils (a. a. O., S. 30). Hamann, der das Buch negativ rezensiert hatte, ging in A nicht auf diese Stelle ein.*

47 übergüldetsten hölzernen Throne] *Scheinbar kostbar, im Innern wertlos.*

48 entschuldigen] *»Die Stelle im Torso hat mich gar nicht angefochten und ich habe meine völlige Rache schon in der Recension davon genommen«, antwortete Hamann. In seiner Rezension vom 27.6.1768 hatte Hamann an der zu panegyrischen Schrift, deren Verfasser »sich zugleich selbst schildert«, den Untertitel »Torso von einem Denkmal« getadelt als Versuch, sich von dem Verfasser der »Fragmente« zu unterscheiden (Nadler, Bd. 4, S. 316f.).*

49 Lares u. Penates] *Siehe R, S. 730. Am 28. 8. 1768 hatte Hamann über die neue Einrichtung von Kanters Laden geschrieben, H. werde »doch auch wohl Lust haben nächstes Jahr« seine »Lares und Penates zu sehen« (ZH II, S. 419).*

50 Zeitungen] *An Kanters und seine »Bitte die Hiesigen [Königsbergschen] Zeitungen nicht so unpatriotisch zu verschmähen« hatte Hamann in B₁ erinnert und absolute Verschwiegenheit über H.s Rezensionen zugesichert. »Sie machen sich eine Ehre daraus ein Deutscher und schämen sich – was noch zehnmal beßer – ein Preuße zu seyn«, schrieb er in B₂.*
52f. drückenden Verbindungen ... in Deutschland] *H.s Mitarbeit an der »Allgemeinen deutschen Bibliothek«.*
53 Anfang gelehrter Beiträge] *»Gelehrte Beyträge zu den Rigischen Anzeigen« waren Ende 1767 eingegangen; es kam zu keinem Neubeginn.*
55 Mitarbeit an den Zeitungen] *Rezensionen für die »Königsbergschen Zeitungen« lieferte H. 1764–1767, danach nur noch 1774 den Aufsatz »Gefundene Blätter«.*
57f. Shakespeare ... Johnsonsche Ausgabe] *Von Samuel Johnson.*
58 verschrieben] *Bestellt.*
62 Brief] *B₁.*
66 Recension meiner Sachen] *H. hatte Scheffners Rezension der 3. Slg. »Ueber die neuere Deutsche Litteratur« vom 27. 7. 1767 gesehen, anscheinend nicht Hamanns Rezension von »Ueber Thomas Abbts Schriften« (vgl. zu 48), obwohl dieser schrieb »die Sie gelesen haben« (A). Vgl. zu* **106**.
67 dieses Jahrs] *Der Jahrgang 1769 der »Königsbergschen Zeitungen« ist verschollen.*
68 in Mitau] *H.s Aufenthalt in Mitau Anfang März 1769, vielleicht als Benutzer der Bibliothek, ist sonst nicht belegt.*
69 Prävenancen] *Zuvorkommenheiten. –* indispensabel] *Unerläßlich, umgänglich.*
72f. Treschoisches Unkraut] *Trescho war ein Hauptmitarbeiter der »Königsbergschen Zeitungen«.*
73 Unkraut unter Weizen] *Vgl. Matthäus 13,25. –* mistet] *Hier »vermischt«. –* Preußische Originalität] *Vgl. zu* **50***; Hamann war zeitlebens Lokalpatriot, H. tendierte schon damals zum »Weltbürger«, vgl. I 53,74ff.*
74 Lambert] *»Lambert und Kant liefern Beyträge«, hatte Hamann in B₁ gemeldet. Vgl. I 40(N),***46f***.*
74f. Ein tüchtiger Direktor] *Kritik H.s an Kanters Redaktion. »Sie haben leider! mehr als zu sehr Recht«, räumte Hamann hinsichtlich der Zeitung ein (A).*
76 Hallenser] *Klotzianer.*
77 Versuch über das Ideal des Menschen] *»Königsbergsche Zeitungen«, 16. 1. 1769, vgl. zu* **67***; Hamann ging nicht darauf ein.*
78 Denkwürdigkeiten Petrarchs] *Rezension Hamanns, 30. 1. 1769.*
80f. über die Verjüngung u. Veraltung Menschlicher Seelen] *Hamann verließ sich – vergeblich – auf die Mitteilung dieser Abhandlung für die Zeitung; darüber würde auch Kant sich freuen, der »die Platonischen Ideen darüber ein wenig entwickelt« sehen möchte (A). Siehe R, S. 48. Der entsprechende Abschnitt über ein psychologisch-pädagogisches Werk am Ende des »Journals meiner Reise« wurde hier gedanklich konzipiert (vgl. SWS IV, S. 447).*
82 neuen Fragmentenauflage] *Vgl. zu I 53,***116f***. In B₁ hatte Hamann um ein Exemplar gebeten (so auch Scheffner in B zu I 63), in A aber darauf verzichtet.*
83 Steidel] *Er überbrachte nur den Brief (A).*
84 sub rosa rosarum] *Unter der Rose der Rosen, streng vertraulich. –* umgeschaffen] *Vgl. IV 18,***26–29***; SWS I, S. XXXVI–XXXIX. Eine Umarbeitung ist nicht erfolgt.*
85f. Curl'scher Schelmenstreich] *Nach Edmund Curll benannt.*
86f. öffentlich drüber beschwert] *Vgl. zu I 53,***25ff***.*
87 Bücher citirt u. recensirt] *Vgl. zu* **21ff***.*

90 Dtsch. und VR] *Siglen von Klotz in der »Deutschen Bibliothek«.* – Lindnern] *Vgl. I 43(N),**158–179**.*
92 Weiße hats mir geschrieben] *Christian Felix Weiße schrieb am 30. 12. 1768 an H., Riedel »soll sich mit dem Anführer seiner Clubb entzweiet haben: vielleicht wäre dies die Epoche seiner Besserung« (LB I, 3, 2. Hälfte, S. 527).* – ich glaub' es aber nicht] *H. hatte recht; das Gerücht darüber, gestützt auf Riedels »Philosophische Bibliothek« (Halle 1768/69), war aber weit verbreitet (vgl. Johann Jakob Nezker, Gymnasialprofessor in Thorn, an Scheffner, 30. 4. 1769, Warda/Diesch III, S. 273).*
93 Klotz an Lindner] *Hamann hatte am 7. 9. 1768 mitgeteilt: »Hofrath Klotz hat an L. geschrieben, getraut sich nicht weder den Hamann noch Adam Trescho wie Er ihn nennt grüßen zu laßen« (ZH II, S. 420). In B$_1$ wollte er sich »über 3 kleine Nebenverhältniße hiesigen Orts nicht einlaßen, die sich auf bloße gelehrte Familienkleinigkeiten beziehen« (ebd., S. 431). In A erläuterte Hamann, die »Familiensachen u. Klotzens Briefe« beträfen Lindners »Lehrbuch« und Klotz' Rezension.*
97 Beilage] *B$_2$ (demnach wurden B$_1$ und B$_2$ zusammen abgeschickt): Hamanns Klage über H.s »Hochverrath«, die »meineidige und treulose Verschwiegenheit« ihm gegenüber: »Ihre Kritischen Wäldchen sind hier!«*
98 Braunschweigischen Zeitungen] *»Gelehrte Beyträge zu den Braunschweigischen Anzeigen«.*
99, 160, 163f. Kritischer Wälder] *Am 21. 3. 1769 brachte die »Berlinische privilegirte Zeitung« die Erklärung »des Verfassers der Fragmente«, daß er an den »Kritischen Wäldern« keinen Teil habe (SWS IV, S. 340). Herders Freunde ärgerten sich über sein erfolgloses »Blindekuhspiel« (Hamann an H., auch Verweise über Vielschreiberei, die ihn – neben seinen Ämtern – als »Polygraphen« und Polyhistor in negativem Licht erscheinen lasse, 13. 3. 1769, ZH II, S. 435), jeder konnte seinen Stil erkennen (Scheffner in B zu I 63).*
99f. Nicolai hats ... geschrieben] *Vgl. zu I 46(N),**12f.**; 53,**129ff**.*
100 Verleger] *Hartknoch.*
101 Präsagium] *Vorzeichen.* – gehe ihm zu Dach] *Hartknoch; sprichwörtlich: einem aufs Dach steigen.*
103 Pythagoräer] *Hamann wünschte Hartknoch in B$_2$ Glück zu seinem »Fortgang in der Pythagoräischen Weltweisheit« (Verschwiegenheit).*
106 profitirt] *Bekanntgegeben. »... meines Wißens haben die Königsbergschen [Zeitungen] sie nicht profitirt«, gab Hamann seinerseits vor (A), der das 1. und 2. »Kritische Wäldchen« am 6. 2. 1769 knapp rezensiert und gewünscht hatte, daß »L-ß-ng oder H-rd-r«, anstatt sich mit Klotz zu streiten, »ihre Muße und Talente vielmehr zu vollendeten Werken sammeln und erhalten« (Nadler, Bd. 4, S. 329).*
107 Hinz] *Der Mitauer Buchhändler, ein enger Freund Hamanns, reiste oft geschäftlich und in Aufträgen der Freimaurerloge nach Königsberg und Riga.*
108 »er gefällt sich sehr gut!«] *»Er gefällt sich sehr in Curl[and] wie ich von andern höre«, hatte Hamann in B$_1$ geschrieben.*
114f. Caractere manqué] *Verfehlter Charakter.*
115 dunkles Wort] *Vgl. 1. Korinther 13,12.*
118 Zügling] *Zögling; Hinz war vorher Hofmeister eines baltischen Adligen. In Königsberg war schon bekannt, daß aus Hinz' »Deputation« und Reise nichts werden würde (A).*
120 Auditeur] *Feldrichter, Regimentsrichter.* – des Herzogs] *Herzog von Kurland.*
123 hiesigen Aussichten] *Vgl. I 50(N),**16–22**; hier zu 9.*
124 favete linguis] *Horaz, Oden III, 1,2: Hütet die Zungen!*
125 Noch Etwas zum Deutschen Nationalgeist] *Von Bülau; Hamann schrieb: »H. Bülow, StadtSecretair in Zerbst ... sub rosa rosarum weil ich ihn unter dieser Bedingung auch er-*

fahren und Ihnen aber die Billigkeit gegen anonyme zutraue welche Sie für sich selbst gefordert haben« (A).
127 Schmidtischen Zusätzen] *Christian Heinrich Schmid, »Zusätze zur Theorie der Poesie«.*
128–132, 139 Musikalische Drama ... Naemi] *Von Johann Wilhelm Rose.*
132f. Sonnenfels Dramaturgie] *»Briefe über die Wienerische Schaubühne«.*
135 Jünglinge, u. Hypochondristen] *»Der Jüngling«, »Der Hypochondrist«.*
137 Rhyngulphs] *Von Kretschmann.* – Lausnitz] *Lausitz.*
138f. altum silentium] *Tiefes Schweigen; nach Vergil, »Aeneis«, X, Vers 63 (quid me alta silentia cogis rumpere).*
140 Denis Oßian] *»Die Gedichte Ossian's«, vgl. zu I 56,10. Der Unterschied zu Homer und daher die Kritik an der Hexametrisirung (147) ist der Hauptgedanke der ebd. genannten Rezension. Hamann wollte die Übersetzung von Lindner ausleihen, der sie gekauft hatte; er selbst hatte die Originalausgabe Macphersons, »The Works of Ossian« (1765), aus London bestellt (Nadler, Bd. 5, S. 98, Nr. 496).*
144 Fama] *Siehe R, S. 724; in emblemat. Darstellung (16./17. Jh.) mit Flügeln und Fanfare.* – Club] *Geschlossene Gesellschaft (engl.).*
145 Jesuit ... Klopstocken] *In der zu I 56,10 genannten Rezension: »Einer aus der Gesellschaft Jesu ... der Klopstocks Freundschaft und seinen Meßias rühmet« (SWS IV, S. 320).*
146 Cesarotti] *Denis übernahm die Anmerkungen aus dessen ital. Ossian-Übersetzung. H. hielt sie trotz ihrer homerisierenden Tendenz für »immer sehr lesenswürdig« (SWS IV, S. 325; vgl. XVIII, S. 448).*
147 Abhandlung ... Blairs] *»A Critical Dissertation ...«*
148f. Mosheims Geschichte Servets] *»Historia Michaelis Serveti«, dt. Übersetzung.*
152f. ein Paar Zeilen ... an mich] *Nicht überliefert. Vgl. zu 118.*
155 Riedelschen Zeitungen] *»Erfurtische gelehrte Zeitungen«.*
157 Capriccio] *Vgl. R, S. 720; im 127. »Litteraturbrief« (im 7. Teil) ein Faunus, der »Gefährte der Fröhlichkeit«, der Lessing beim Fabeldichten hilft.*
157f. Hippelschen Spott] *Hippel verfaßte für die »Königsbergschen Zeitungen« vorwiegend Theaterrezensionen.*
158f. Sulzers Wörterbuch] *»Allgemeine Theorie der Schönen Künste«.*
160ff. kritischen Wälder] *»Erfurtische gelehrte Zeitungen«, 2. und 23.1.1769.*
162 reißenden Wolf] *»Herr Herder hat vor seinem Buche den Kopf des Sokrates; aber inwendig ist er ein reißender Wolf-Aristophanes«, endete Riedels Rezension.*
165 Secretarius Berens] *Vgl. zu I 30,52f.* – Brief] *Briefe an Berens (mit der Bitte um Zusendung seiner 1759 in Riga zurückgelassenen Bücher) legte Hamann seinen Briefen an H. vom 10.6. und 29.7.1767 bei; er erhielt keine Antwort und erkundigte sich danach bei H. vergebens am 10.8.1767, 23.5. und 7.9.1768, 15.3. und 9.4.1769. Vgl. I 62(N), 90–95.*
168f. Fieldings Adam ... Joseph.] *»The History of the Adventures of Joseph Andrews«.*
170f. Physique de la Beauté] *Von Morelly (»Morellus« in A). In Hamanns Bibliothekskatalog nicht verzeichnet (Titel auf einzelnem Notizblatt, Nadler, Bd. 5, S. 279). Nicht nachweisbar ist die im 4. »Kritischen Wäldchen« erwähnte »alte abscheuliche Uebersetzung«, wahrscheinlich Hamanns Exemplar (vgl. SWS IV, S. 88)*
171 Diderots Artikel Beau] *In: »Encyclopédie ...«, Bd. 2, 1752 (vgl. 4. »Kritisches Wäldchen«, SWS IV, S. 148f.). Hamann schrieb am 27.7.1759 an Kant: »Der Artikel über das Schöne ist ein Geschwätz und Auszug von Hutchinson«. Vgl. zu I 43(N),206.*
175 Rhapsodisch] *Zusammenhanglos, bruchstückartig.*
175ff. Klopstocks ... Publikum] *»Von dem Publikum« (Klopstock verstand darunter nur die wahren Kunstrichter und die echten Kenner).*

177 Riedelsche Briefe] *Vgl. zu 21f.,46.*
178 Annehmung des Abadonna] *»Der Messias«, Bd. 4, 18. Gesang.*
178f. Hällischen Bibliothek] *»Deutsche Bibliothek«, 6. Stück; der Abdruck ohne Wissen Klopstocks war so fehlerhaft, daß er das Fragment korrigiert im 202. Stück der »Hamburgischen Neuen Zeitung« vom 20.12.1768 veröffentlichen ließ.*
180f. Oßian] *Die »Ossian«-Dichtungen Macphersons bewirkten zusammen mit Gerstenbergs »Gedicht eines Skalden« die Entstehung der Bardenpoesie Klopstocks (Oden und Bardiete).*
182 Ugolino] *Vgl. zu I 53,45. H. beurteilte in seiner Rezension die Tragödie als ein Charakterdrama »von tiefer Menschlicher Empfindung«, nicht als »Kunstrichter vom Handwerk« nach theatralischen Fehlern (SWS IV, S. 308). Hamann hatte erst eine Seite gelesen und erwartete das gebundene Exemplar von Lindner (A).*
183 Weißianer] *Anhänger von Christian Felix Weiße.*
186 Helden- u. Staatsaktionen] *Haupt- und Staatsaktionen, Bezeichnung von Schauspielerdramen Mitte 17. – Mitte 18. Jh., von Wandertruppen extemporierte Tragödien, durch Gottscheds Theaterreform verdrängt, was H. bedauerte (vgl. SWS II, S. 213ff., 230).*
189 Kriegssteuer] *Wegen des Russisch-türkischen Krieges 1768–1774.*
190, 195 Musikalische Concerte] *Auf die Musikliebe der Rigaer Oberschicht spielte Hamann in A zu I 13 an: »Concerts pflegen sonst dort ein Schlüßel zum Umgang zu seyn.« Vgl. VI 9(N),77f. In der Abhandlung vor der »Pfingstkantate« (vgl. zu I 24,47ff.) rühmte H. den »feinen Musikalischen Geschmack überhaupt an unserm Orte« (SWS I, S. 60).*
193f. quibus ... dedit] *Horaz, Oden I, 24, Vers 3f.*
197, 202 Situation] *Vgl. zu I 73(N),15.*
199 Princeßinnen ... Don-Quixote] *Cervantes, »Don Quijote«, 1. Teil, Kap. 2.*
200f. unter Todten] *Vgl. Psalm 88,6.*
201 Käuzlein in verstörten Städten] *Vgl. Psalm 102,7.*
204 keine Liebesromane] *Wie H. im 1. »Kritischen Wäldchen« ausführt, könne »keine Empfindung ... so leicht von der Würde und Wahrheit ab, und in Phantasterei und Spielwerk hinein gerathen« wie die Liebe (SWS III, S. 34).*
207–210 kleine Ode] *»Erdenglück. An Chloe«, vgl. I 102,166–172; 110,37–53.*
209 Episode der Nanette] *Sterne, »Tristram Shandy«, 7. Buch, Kap. 44.*
211 Beilage zum Dangeuil] *Hamann, Dangeuil-Übersetzung.*
211f. Gemmingen] *Eberhard Friedrich v. Gemmingen, »Ode«.*

56. AN CHRISTOPH FRIEDRICH NICOLAI, *Riga, etwa Mitte März 1769*

3 letzten Brief] *I 53.*
4 Recensionen] *Vgl. I Anm. 56 (Ossian, Tacitus; Demosthenes, Lambeccius).*
8f. Zeitungsschreiber in Halle oder Erfurt] *Klotz oder Riedel.*
9 Uebrigen] *Vgl. zu I 38,9,30,34; I 69,59–65.*
10 Recension des Oßians] *»Die Gedichte Oßians«, siehe R, S. 24; vgl. zu I 55(N),140.*
11 Ugolino] *Vgl. zu I 53,45; 55(N),182.*
12ff. Müllerschen Tacitus] *Von Johann Samuel Müller, vgl. R, S. 24. H.s Urteil in dieser Rezension war so vernichtend, daß er nicht mehr mit rechtfertigenden Antworten des Übersetzers rechnete (vgl. SWS IV, S. 326).*
15 neuen Aufsatz] *Nicolai legte A$_1$ einen (nicht überlieferten) Zettel mit Titeln von 9 Büchern bei, die H. bis Ende Juni 1769 rezensieren sollte. Vgl. zu 9.*

16 vorigen Briefe] *Vgl. I 53,46–50.*
17 Leßing ... Reise.] *Vgl. zu I 46(N),12f.; 53,75f.*
18 Pontus] *Siehe R, S. 797.*
19–26 Meusel ... Brief] *Meusels Brief und H.s Antwort sind nicht überliefert, ein zweiter Brief Meusels vgl. I Anm. 57.*
27f. Recension der neuen Fragmentenauflage] *Vgl. zu I 55(N),22ff.*
29 Kurl'scher Streich] *Vgl. zu I 55(N),85f.*
30 öffentlich protestirt] *Vgl. zu I 53,25ff.*
32 Rath geben können] *Nicolai empfahl H. in A₁, einen Brief zur Veröffentlichung in der »Allgemeinen deutschen Bibliothek«, den »Königsbergschen Zeitungen«, der »Hamburgischen Neuen Zeitung« und dem »Hamburgischen unpartheyischen Correspondenten« zu schreiben, in dem er sich vor dem Publikum über die Aufdeckung seiner Anonymität, die unbewiesene Zuschreibung der »Kritischen Wälder« und die boshafte Rezensierung der 2. Ausgabe der »Fragmente« nach einem aus der Druckerei gestohlenen Exemplar beklagen und Klotz' Anekdotensucht anprangern sollte. H. befolgte Nicolais Rat (vgl. I Anm. 57). Die Veröffentlichung der Erklärung in den oben als 2. und 3. genannten Zeitungen ist nicht nachweisbar, nach Hartknochs Brief vom 1./12.7.1769 erschien sie auch in »Der Antikritikus«, 13. Stück (LB II, S. 32).*
35–39 Romantischen Briefe] *Vgl. zu I 53,68f.*
39ff. Antiquarischen Briefe ... 2ten Theil] *Vgl. zu I 53,72.*
40 Meßkatalogus] *Ostermesse 1769.*
41ff. Verfasser der Kritischen Wälder] *Vgl. zu I 53,129ff.*
44f. Sulzers Wörterbuch] *Vgl. zu I 55(N),158f.; in den »Erfurtischen gelehrten Zeitungen« angekündigt. In A₁ äußerte Nicolai darüber Zweifel, hoffte in A₂ aber auch auf den baldigen Druck des Werkes.*
46ff. Riedels Theorie] *Vgl. zu I 53,110ff.*

57. AN IMMANUEL JUSTUS VON ESSEN, Riga, März 1769

4 Schlötzer] *August Ludwig Schlözer.* – Neander] *Christoph Friedrich Neander.*
5 Blum] *Joachim Christian Blum war Privatgelehrter, H.s Angabe beruht auf einer Verwechslung.*
6 Altenburgischen LitteraturBriefe] *»Litterarische Briefe an das Publikum« von Gottlob Benedikt Schirach. H. wurde darin als Verfasser der »Kritischen Wälder« genannt, darauf berief Meusel sich in seinem Brief an H. (I Anm. 57).*
8 öffentlich protestire] *Vgl. die in I Anm. 57 genannten Erklärungen, in denen aber die »Litterarischen Briefe« nicht erwähnt werden.*
9 Weisischen Brief] *Christian Felix Weiße an H., undat., Herbst 1768 (H: gleiche Provenienz wie I 57, D: ebd., S. 200ff., vgl. SWS V, S. 721).*

58. AN MOSES MENDELSSOHN, Riga, etwa Anfang April 1769

3 Geschäften] *Mendelssohn war seit 1768 Teilhaber der Witwe des Berliner Seidenwarenfabrikanten Isaak Bernhard.*
5 Unsterblichkeit der Seele] *»Phaedon oder über die Unsterblichkeit der Seele in drey Gesprächen von Moses Mendelssohn.« Berlin und Stettin bey Friedrich Nicolai. 1767. – H. erhielt das Buch durch Nicolai von der Leipziger Ostermesse im Mai 1767 (vgl. B zu*

I 38). Der in der Literatur des 18. Jahrhunderts besonders intensiv diskutierte Unsterblichkeitsgedanke bewegte H. zeitlebens. Vgl. die zusammenfassende Darstellung in Rudolf Ungers Aufsatz »Herder und der Palingenesiegedanke« (in Unger: Herder, Novalis und Kleist. Studien über die Entwicklung des Todesproblems in Denken und Dichten vom Sturm und Drang zur Romantik, Frankfurt a. M. 1922, S. 1–23). Vgl. auch die Darstellung der Herder-Mendelssohn-Kontroverse von Marion Heinz, »Die Bestimmung des Menschen« (H.-B. II, Nr. 0607) und die Kommentare in Proß I, S. 851ff. und Proß II, S. 884–893.
6 Demonstrante] *Beweisführer nach der Logik.*
7 Stimme des Zweifels] *Vgl. I 50(N), 57–70; I 53,78–100. Nicolai wünschte in A₁ zu I 53, H. möge sein Gespräch über »Phädon« als selbständigen Traktat vollenden. Überliefert sind nur eine Disposition im handschriftlichen Nachlaß (HN XXV, 77f.) und ein Fragment (SWS XXXII, S. 200f.), in dem nicht Simmias (so I 50 [N],* **60ff.**), *sondern Cebes H.s Zweifel aussprechen soll. Nach Mendelssohns Vorrede gaben Zweifel Thomas Abbts in seinem Briefwechsel mit ihm den wichtigsten Anstoß zum »Phädon«; H. gedachte seiner als »des Philosophischen Zweiflers«, dessen Andenken im »Phädon« gefeiert werde, in seiner Vorrede zu »Ueber Thomas Abbts Schriften« (SWS II, S. 253f.).*
9f. im zweyten Gespräche] *Sokrates' Schüler Simmias und Cebes äußern im zweiten Gespräch des »Phädon« ihre Zweifel an der Unsterblichkeit der Seele. Sokrates erwidert, daß man sich hüten müsse, auf Grund der Meinung, »daß die Vernunft, so wie alle übrigen Dinge auf Erden, nichts Sicheres und Zuverlässiges habe«, zum »Vernunfthasser« zu werden. Nicht die Wahrheit selbst sei ungewiß, sondern der menschliche Verstand oft zu schwach, sie zu fassen. Zweifelsüchtigen gehe es bei der Untersuchung einer Sache nicht um die Wahrheit, sondern darum, recht zu haben und den Beifall der anderen zu erhalten.*
12f. Unzerstörbarkeit der menschlichen Seele] *Im ersten Gespräch legt Sokrates dar, daß die Natur »weder ein Dasein noch eine Zernichtung hervorbringen« bzw. die Kluft zwischen Sein und Nichtsein überspringen könne. Die zerfallenen Teile des Leibes verwandeln sich »durch unendliche Übergänge in Teile eines andern Zusammengesetzten«, die Seele dauere ewig fort und nähere sich stufenweise durch unendliche Vervollkommnung Gott.*
13 Phönomenon] *Erscheinung (griech.), von H. im Anschluß an Leibniz häufig gebraucht (vgl. SWS XXXII, S. 211).*
14 denkende Substanz] *Descartes' res cogitans im Gegensatz zur res extensa (Ausdehnung, sein Begriff für Materie), im zweiten Gespräch des »Phädon« verwendet. H. übernimmt in der Folge jedoch den diesen Dualismus überwindenden, monistischen Substanzbegriff Leibniz' (vgl. SWS XXXII, S. 218, 225f.; Beate Monika Dreike: Herders Naturauffassung in ihrer Beeinflussung durch Leibniz' Philosophie, Wiesbaden 1973, S. 58ff.).*
15f. Körper] *Sokrates definiert im ersten Gespräch den Tod als Trennung des Leibes von der Seele, wodurch letztere, von einem beschwerlichen Gesellschafter befreit, in der Erreichung ihres Endzweckes, der Erkenntnis der Wahrheit, fortschreite. Vgl. zu* **12f.** *Mendelssohn wünschte in A, daß H. alle Stellen im »Phädon« streichen möge, »wo ausdrücklich gesagt wird, daß unsre Seele künftighin ganz ohne Körper seyn wird«. Er habe die Sache unentschieden lassen wollen, teile aber H.s Meinung und sei überzeugt, »daß kein eingeschränkter Geist ganz ohne Körper seyn könne«. Ähnlich im Anhang zur 3. Auflage des »Phädon« (1769).*
17–21 Seele ohne Körper] *Sokrates schiebt im ersten Gespräch den auf die irdische Erfahrung gestützten Zweifel an der Fortexistenz der Seele mit dem Argument beiseite, daß man diese Erfahrung nicht über die Grenzen dieses Lebens ausdehnen dürfe; man würde analog einen Menschen lächerlich finden, der Athen niemals verlassen hätte, aber aus sei-*

ner eigenen Erfahrung schließen wollte, daß keine andere Regierungsform als die demokratische möglich sei.

24f. Belohnungen] *Belohnung dadurch, daß die Seele (körperloser Geist), vom Sinnlichen gereinigt, ungehindert zur Weisheit gelangt. Mendelssohns Sokrates preist am Ende des ersten Gesprächs die erhabenen geistigen Empfindungen, die dem Tugendhaften zuteil werden, der schon auf Erden für seine Seele Sorge getragen hat.*

25f. Predigt] *Spaldings Predigt »Über den Zustand des zukünftigen Lebens als eine eigentliche Folge des gegenwärtigen« in »Predigten von Johann Joachim Spalding, Oberkonsistorialrat und Probst in Berlin«, 2. Ausgabe, Berlin und Stralsund 1768 (S. 331 bis 365). Mendelssohn kannte nach A die Predigt nicht.*

26 beyde Vorstellungsarten] *Vgl. 22f.*

27ff. eine von sinnlichen Begriffen befreite Seele] *Mendelssohn erwiderte in A, daß er »eine von aller Sinnlichkeit befreite Seele« für »eine bloße Chimere« halte. Es sei ein Mißverständnis, wenn H. ihm, der »das Sinnliche in der menschlichen Natur vielmehr für die Blume ihrer Vollkommenheit« ansehe, eine »so monströse Meinung« wie die der »Trennung des Sinnlichen vom Geistigen« zuschreibe.*

30 Caput mortuum] *Rückstand in der Retorte bei trockenen Destillationen.*

31 Vehiculum] *Beförderungsmittel.* – Phantome] *Trugbilder der Einbildungskraft, Hirngespinste.*

35 Pythagoräer u. Platonicker] *Die Pythagoreer (im 5. und 4. Jh. v. Chr.; Neupythagoreer, 1. Jh. v. Chr. bis 3. Jh.) und die Platoniker (im 3. Jh. v. Chr.; Neuplatoniker, 3. bis 6. Jh.) sahen nach den Lehren des Pythagoras und des Plato das Wesen der Seele in ihrer rein geistigen Natur und glaubten an eine Seelenwanderung.*

37ff. Glückseligkeit] *Nach der in der deutschen Aufklärung fortwirkenden eudämonistischen Moralphilosophie Leibniz' besteht die Glückseligkeit im tugendhaften Leben und in der Liebe zu Gott. Im »Phädon« beschreibt Mendelssohn am Ende des ersten Gesprächs die Glückseligkeit der menschlichen Seele im Anschauen der Gottheit, im dritten Gespräch bezeichnet er die Tugend als einzigen Weg zur Glückseligkeit, die in der unendlichen Annäherung an die Vollkommenheiten Gottes bestehe. In A definierte er Glückseligkeit als harmonische Befriedigung aller auf den Fähigkeiten der Seele beruhenden Bedürfnisse und zugleich als Bestimmung des Menschen. H. sah es als Zweck seines geistlichen Amtes an, »Menschliche Seelen glücklich zu machen« (Rigaer Abschiedspredigt, 17./28. 5. 1769, SWS XXXI, S. 131, vgl. S. 126 ff.). Im »Journal meiner Reise im Jahr 1769«, in der Bückeburger Geschichtsphilosophie 1774 und vor allem im zweiten Teil der »Ideen« 1785 (8. Buch, 5. Kapitel) entwickelte er seinen – vornehmlich unter dem Einfluß des englischen Sensualismus säkularisierten und individualisierten – Glückseligkeitsbegriff (vgl. SWS IV, S. 348f., 364, V, S. 509, XIII, S. 333–342), dessen erkenntnistheoretische Voraussetzung die Einheit von Sinneswahrnehmung und Verstand bildet (vgl. SWS VIII, S. 332f.). Sein Gegenentwurf zum einseitigen »Ungeheuer« (39 und 44) war das Ideal der Ganzheit des Menschen (vgl. II 131,20–25).*

40 Orackel] *Im 287. der »Briefe die Neueste Litteratur betreffend« vom 21. und 28. 6., 5. und 12. 7. 1764 erschienen anonym Thomas Abbts »Zweifel über die Bestimmung des Menschen« (Rezension von Spaldings Schrift »Betrachtung über die Bestimmung des Menschen«, 1748, 7. Auflage 1763, vgl. H.s kritische Disposition dazu SWS XXXII, S. 160f.) und Mendelssohns Entgegnung »Orakel, die Bestimmung des Menschen betreffend«.*

41f. Ausbildung von Seelenfähigkeiten] *In A bekräftigte Mendelssohn seine These, »daß die Ausbildung der Seelenfähigkeiten unsere Bestimmung auf Erden sey«.*

45 Thiernatur] *In einer Rigaer Predigt »Ueber das künftige Leben« (1768) äußerte H. sich allgemein über Gemeinsamkeiten und Unterschiede zwischen Mensch und Tier (SWS*

XXXII, S. 344f.), eingehend und die anatomischen Forschungen seiner Zeit auswertend später im ersten Teil der »Ideen« (1784).
46ff. vermischten Wesen] *In A stimmte Mendelssohn H. hinsichtlich der »vermischten Natur« des Menschen (als geistig-sinnliches Wesen, Begriff von Leibniz) zu und erweiterte diese Kennzeichnung auch auf die Tiere.*
47 Association] *Verbindung (von Locke im Zusammenhang von zufälligen Ideenverbindungen verwendet).*
49f. Ein zum Kinde gewordener Denker] *Kind und einseitig spekulativer Denker als entgegengesetzte Extreme menschlicher Natur angenommen.*
51f. Newton ... Affe] *In seiner »Allgemeinen Naturgeschichte und Theorie des Himmels oder Versuch von der Verfassung und dem mechanischen Ursprunge des ganzen Weltgebäudes, nach Newtonischen Grundsätzen abgehandelt« (1755) stellte Kant im »3. Teil, welcher einen Versuch einer auf die Analogien der Natur gegründeten Vergleichung zwischen den Einwohnern verschiedener Planeten in sich enthält« Hypothesen über eine proportional zur Entfernung von der Sonne zunehmende Vollkommenheit der Geisterwelt auf. Danach befinde sich der Mensch in der Mitte zwischen den (fiktiven) primitiven Bewohnern von Venus und Merkur und den erhabenen von Jupiter und Saturn: »Von der einen Seite sahen wir denkende Geschöpfe, bei denen ein Grönländer oder Hottentotte ein Newton sein würde, und auf der andern Seite andere, die diesen als einen Affen bewundern.« Danach zitierte Kant aus Barthold Hinrich Brockes' Übersetzung (1740) von Alexander Popes »Essay on Man« (1733/34) die Verse 29–34 der zweiten Epistel (mit dem Schluß: »Und sahen unsern Newton an, so wie wir einen Affen sehn.«). Vgl. 142.*
53f. Declamation des Sokrates wieder den Leib] *In der Vorrede: »Die lange und heftige Deklamation wider den menschlichen Körper und seine Bedürfnisse, die Plato mehr in dem Geiste des Pythagoras als seines Lehrers geschrieben zu haben scheinet, mußte nach unsern bessern Begriffen von dem Werte dieses göttlichen Geschöpfes sehr gemildert werden; und dennoch wird sie den Ohren manches jetzigen Lesers fremde klingen. Ich gestehe es, daß ich bloß der siegenden Beredsamkeit des Plato zu Gefallen diese Stelle beibehalten habe.« Vgl. zu 15f.*
61 Data] *Angaben.*
61–66 gegenwärtigen Anlagen ... Phänomenon] *H. folgt in der Ablehnung der Seelenwanderung (Metempsychose) Leibniz' »Theodicée« (1710); er befindet sich hier im Widerspruch zu einem eigenen Entwurf »Philosophische Träume: nach den neuern Entdeckungen« im Rigaer Studienbuch O (HN XXVIII, 84r, zitiert SWS XIV, S. 665), wo eine mögliche Entwicklung von niederen zu höheren Daseinsformen bzw. eine Seelenwanderung Pflanze–Tier–Mensch angedeutet wird. In dem vermutlich 1769 nach diesem Brief entstandenen Exzerpt aus den »Nouveaux Essais sur l'entendement humain« (hrsg. von Rudolf Erich Raspe 1765) »Wahrheiten aus Leibnitz« heißt es u. a., Leibniz erkläre, »wie unsre Seelen unvergänglich sind, ohne Metempsychose, sondern Thiere und Menschen leben, empfinden, denken fort: c'est tout comme ici.« (SWS XXXII, S. 218). Mendelssohn antwortete in A: »Auch wir werden Wesen von vermischter Natur bleiben; aber von einer bessern Art als jetzo.«*
67 Seele bauet sich wieder einen Körper] *Vgl. die Lehre von den organischen Kräften im ersten Teil der »Ideen« 1784 (SWS XIII, S. 172) und in den »Gott«-Gesprächen 1787 (SWS XVI, S. 548). »Substanz« und »Phänomenon« ist Leibnizsche Terminologie, »Seele« und »Körper« (bzw. »Leib«) die Platons (und Mendelssohns im »Phädon«).*
72 quidquid est, illud est] *Was ist, das ist. Siehe R, S. 453. – Bereits im »Versuch über das Sein« (1764) taucht diese Formel auf: Der Begriff des Seins »ist der Mittelpunkt aller Gewißheit; da auf der einen Seite alle sinnlichen Etwas und auf der anderen alle Vernunftet-*

was unter ihm stehen; da z. E. der höchste Grad der Demonstration quidquid est, illud est, zunächst an ihn gränzet.« (FHA 1, S. 19). Vgl. V 17,76f.; 62,25. Proß hat in seinem Kommentar (Proß I, S. 810) als erster darauf hingewiesen, daß H. in diesem Brief die Lukrezische Vorstellung vom Kreislauf der Materie auf den Menschen überträgt (zur Lukrez-Rezeption allgemein vgl. ebd., S. 718f.). Die betreffende Stelle (»Aus Nichts wird Nichts; etwas kann nicht aus Nichts werden. Nichts geht unter, es kommt ein Anderes; Nichts kommt, als durch den Tod eines Andern.«) ist enthalten in einem Exzerpt vom 1.8.1766 aus Lucretius Carus »De rerum natura« (HN XXIII, 118, 2–3; SWS XIV, Schlußwort, S. 660).

74 2tes Gespräch] *Nicht im zweiten, sondern im dritten Gespräch des »Phädon« heißt es, die Untersuchung der Frage der Unsterblichkeit gehe nicht »das menschliche Geschlecht allein«, sondern »das gesamte Reich der denkenden Wesen« an (Mendelssohn zählt dazu noch »höhere Geister«).*

76 Verwandlung] *Zu einem rein geistigen Wesen.*

77ff. Insecten] *Daß die Metamorphose der Insekten kein Beweis für eine höhere Existenzform des Menschen nach dem Tode sei, führte Kant in seiner Rezension des ersten Teils der »Ideen« 1785 gegen die nunmehr von H. benutzte falsche Analogie an (vgl. SWS XIII, S. 193).*

78 Auswiklung eines Keims < Entwiklung ihres Keims H; D, S. 152] *Die Korrektur zeigt H.s Festhalten an der Terminologie der – auch von Leibniz vertretenen – Präformationstheorie (begründet im 17. Jh. von Swammerdam, Leeuwenhoek, Malpighi, im 18. Jh. Hauptvertreter Albrecht von Haller und Charles Bonnet), wonach jede Entwicklung in der Natur nur die Auswicklung von eingewickelten (präexistenten) Keimen darstellt. Später, im ersten Teil der »Ideen«, lehnte H. die Präformationstheorie ab (SWS XIII, S. 86f., 165, 172).*

80 Absichten Gottes] *Wiederholt ist im dritten Gespräch des »Phädon« die Rede von den »Absichten Gottes« in bezug auf die allmähliche Vervollkommnung aller Wesen.*

81ff. menschliche Substanz zu zerstören] *Vgl. zu 15f.*

86 Bewußtseyn meines vorigen Zustandes] *Im zweiten Gespräch trägt Cebes seinen Zweifel vor, ob nicht die Fortdauer der Seele nach dem Tode ein dem Schlaf ähnlicher, bewußtloser Zustand ohne Erinnerung sei. Sokrates führt im dritten Gespräch aus, daß nach dem Plan der Schöpfung keine erworbene Fertigkeit der Seele verlorengehe, sondern sich stufenweise weiter vervollkommnen müsse.*

91 fortgehender Entwiklung] *Im dritten Gespräch dienen theistische und ethische Argumente zum Beweis »fortgehender Entwicklung«: die Vollkommenheit der göttlichen Schöpfung und der völlige Amoralismus als Konsequenz der Leugnung der Unsterblichkeit der Seele.*

92f. entwikeln ... bis zu einer Stuffe] *Allmähliche, stufenweise Vervollkommnung als – über den Tod hinausgehende – Bestimmung des Menschen bei Mendelssohn.*

99(=94)f. Menschliche Seite ... zunimmt] *In A lehnte Mendelssohn diesen Satz als unbegründet ab. Man finde keine Gleichheit von Wirkung und Gegenwirkung, aus der auf die Erhaltung der gleichen Quantität geschlossen werden könnte. Er meine die »Fähigkeiten eines alltäglichen Menschen, der in der Gesellschaft lebt, und durch den geselligen Umgang seine Sinne mit Verstand brauchen gelernt hat«, nicht die gegen die »Harmonie aller Fähigkeiten, und Functionen des Menschen« verstoßenden »erworbenen Fertigkeiten des Gelehrten, oder des Virtuosen«. Er »rede von einem Kinde, das täglich neue Dinge erfährt, neue Fertigkeiten erwirbt« usw.*

100f. Lebensalter] *Die Analogie der »Lebensalter« von Pflanze, Tier und Mensch (vgl. SWS XIII, S. 52f.) führt zur Annahme eines Kreislaufs, vgl. 130.*

101 wir als Tiere] *Vgl. zu 45.*
102ff. auf dieses Leben] *Vom christlichen Dogma abweichende Diesseitsbezogenheit und Lebensbejahung wie in der zu 45 genannten Predigt (SWS XXXII, S. 344f.), im »Journal meiner Reise« und in den Fragmenten zu einer »Archäologie des Morgenlandes« (SWS VI, S. 64f.). Vgl. 107f.*
104ff. die Welt vollkomner verlaße] *Im dritten Gespräch des »Phädon« wird der Endzweck des Daseins darin gesehen, daß der Mensch »den Erdboden vollkommener verlassen, als er ihn betreten hat«. Trotz H.s Widerspruch beharrte Mendelssohn in A auf diesem Standpunkt.*
105ff. zuzunehmen u. abzunehmen] *Nach A übersteigt das Zunehmen der Fähigkeiten ihr Abnehmen, Lernen und Anwenden sei identisch, ebenso Erwerben (von Vollkommenheiten) und Genießen. Der Genuß sei nicht die höchste Glückseligkeit, nicht Endzweck und auch kein bloßes Mittel.*
110ff. Fertigkeiten] *In A erklärte Mendelssohn, »Vollkommenheiten, die in jenem Leben nicht zu brauchen sind« seien vielleicht die Fertigkeiten des Gelehrten, aber keine des Menschen. Eine »wohlproportionirte Erweiterung unserer Fähigkeiten« müsse »in jedem zukünftigen Zustande Vollkommenheit seyn«.*
113f. Kräffte] *Nach Leibniz' Prinzip der Erhaltung der Kraft, vgl. »Gott«-Gespräche (SWS XVI, S. 569 unten).*
116 Greise ...!] *In A zitiert, Zustimmung Mendelssohns hinsichtlich der einseitigen Fertigkeiten, die durch die gesellschaftliche Arbeitsteilung bedingt sind. Vgl. über die Veraltung menschlicher Seelen im »Journal meiner Reise« (SWS IV, S. 450).*
117 Thitonus] *Anspielung auf den antiken Mythos von Tithonus, dem seine Gemahlin Aurora zwar Unsterblichkeit, aber nicht ewige Jugend verlieh. Aurora wird im dritten Gespräch des »Phädon« erwähnt. Vgl. »Journal meiner Reise« (SWS IV, S. 447ff.) und »Tithon und Aurora« 1792 (SWS XVI, S. 109–128).*
119f. Aufstreben, Stuffenfolge] *Im dritten Gespräch des »Phädon« und in A behauptete Mendelssohn das stufenweise Emporstreben in der Schöpfung und der menschlichen Seele. H.s entschiedene Ablehnung einer Entwicklung und Steigerung (vgl. 129ff.) zeigt, daß er noch nicht mit Leibniz' Kontinuitätsprinzip vertraut war (vgl. Dreike, a. a. O., S. 68f., 111).*
121–124 Kreislauf des Genußes] *Vgl. die Ablehnung einer durchgehenden Vervollkommnung der Menschheit und die Theorie vom Kreislauf der Geschichte in der Bückeburger Geschichtsphilosophie 1774, »daß jedes Volk, wie jede Kunst und Wißenschaft seine Periode des Wachsthums, der Blüthe und der Abnahme habe« (SWS V, S. 588).*
125 Computation] *Berechnung.*
126ff. Zweck u. Mittel] *Im dritten Gespräch des »Phädon« heißt es, die leblosen Dinge seien vom Schöpfer als Mittel gebraucht worden; die Tiere gehören als sinnlich-empfindende Naturen schon zu seinen Zwecken, seien aber, da nicht zur Vervollkommnung fähig, zugleich Mittel für die Absichten Gottes. Der nach Vollkommenheit strebende Mensch stehe dem Endzweck der Schöpfung am nächsten. – H. bewahrte in seinem dialektisch-teleologischen Weltbild Leibniz' Synthese teleologischen und kausalen Denkens, lehnte aber die anthropomorphistische Verflachung der Teleologie durch Christian Wolff ab (vgl. SWS XIII, S. 23, 194f., XIV, S. 202).*
132f. Alles in der Welt ist gut] *Zustimmung zu Leibniz' Lehre von der prästabilierten Harmonie (»Monadologie«, 1714), die H. später kritisierte (in »Uebers Erkennen und Empfinden in der Menschlichen Seele«, 1774, SWS VIII, S. 249).*
132 Eßenz] *Wesen, Grundbegriff der Scholastik.*
133–138 Alle Kreise ... rükt ihm fort.] *Festhalten an einem statischen Weltbild im Sinne der biblischen Schöpfungslehre (vgl. zu 119f.); Ablehnung der Seelenwanderung. Im Un-*

terschied zum Leibnizschen Deismus meint H. hier, daß eine Entwicklung das ständige regulierende Eingreifen Gottes in die Schöpfung erforderlich machen würde. Mendelssohn antwortete in A: »Für Unordnung kann dem Meister nicht bange werden, denn er hat in der Anlage auf die Beförderung mit gerechnet. Die Dinge rücken ihm nicht fort, sondern nur auf seinen Wink weiter.« Im dritten Gespräch des »Phädon« deutet er als glaubhafte Möglichkeit an, daß sich die Tiere auf einen Wink des Schöpfers »in die Sphäre der Geister emporschwingen werden«.

139f. vollkommen] *Vgl. zu 110ff.*

141f. Lappe ... Ourangoutang] *Vgl. zu 51f. Rousseau hatte in der Preisschrift »Über den Ursprung der Ungleichheit unter den Menschen« (1755), ausgehend von Reiseberichten in »A collection of voyages and travels« (verschiedene Auflagen, London 1732–1747, frz. Übersetzung 1745–1770) und von Lammetries »Histoire naturelle de l'âme« (1745) und »L' homme machine« (1748), die Beantwortung der Frage für unentschieden erklärt, ob die Orang-Utans den Affen oder den Menschen zuzurechnen seien, aber zu ihrer Gleichsetzung mit den Urmenschen tendiert. Im ersten Teil der »Ideen« (1784) lehnte H., gestützt auf zeitgenössische anatomische Erkenntnisse, letztere Auffassung entschieden ab (SWS XIII, S. 115–120, 127f.).*

144 Franke] *August Hermann Francke, von H. im »Journal meiner Reise« unter den Vorbildern für seine Schulreform aufgeführt (SWS IV, S. 371).*

145 Patagone] *Siehe R, S. 795; Gegensatz zu dem die Zivilisation des 18. Jh. verkörpernden Voltaire.*

146 Roman der Ewigkeit] *Wahrscheinlich nach Lavaters »Aussichten in die Ewigkeit« (Bd. 1 und 2, Zürich 1768/69). Im »Phädon« lehnt Sokrates gegen Ende des dritten Gesprächs Mutmaßungen über die Art und Weise des künftigen Lebens der abgeschiedenen Geister im Jenseits ab als eine Beschäftigung der Einbildungskraft der »Dichter und Fabellehrer«.*

147 Antoinette de Bourignon] *Sie gründete eine Sekte und ließ ihre Visionen drucken (u. a. »Du nouveau ciel et la nouvelle terre«, »Pierres de la nouvelle Jérusalem«).* – Lavater] *Vgl. zu 146; II 127.*

148 Bonnet] *»La Palingénésie Philosophique«.* – Tresche] *»Die Wissenschaft, selig und fröhlich zu sterben, oder Sterbe-Bibel in Poesie und Prose«, 2. Auflage 1767; »Todesbetrachtungen aus den Wissenschaften«, 1762.*

148 Moses] *Mendelssohn.*

149 Contrarium] *Gegensatz (H. verachtete Tresche und verehrte Mendelssohn).*

151 »Unsre ... Begierden«] *Bezugnahme auf folgende Stelle im dritten Gespräch des »Phädon«: »Eine jede menschliche Begierde zielet an und für sich selbst in die Unendlichkeit hinaus. Unsere Wissensbegierde ist unersättlich, unser Ehrgeiz unersättlich, ja der niedrige Geldgeiz selbst quälet und beunruhiget, ohne jemals befriediget werden zu können. Die Empfindung der Schönheit suchet das Unendliche; das Erhabene reizet uns bloß durch das Unergründliche, das ihm anhänget: die Wollust ekelt uns, so bald sie die Grenzen der Sättigung berühret.«*

153ff. eingeschränkter Genuß] *Zum Problem des Lebensgenusses und des Gebrauchs aller Fähigkeiten im irdischen Dasein vgl. die Predigt »Ueber das künftige Leben« (SWS XXXII, S. 344f.), die Disposition »Ueber Spaldings ›Betrachtungen über die Bestimmung des Menschen‹« (ebd., S. 160f.) und das »Journal meiner Reise« (SWS IV, S. 346f., 366, 446, 454). H. sah den Ursprung der diesseitigen Bestimmung des Menschen im Sündenfall, vgl. I 43(N),72–77.*

153 Umzirkter] *Durch eine Kreislinie umgrenzter.*

156 Metaphysisch] *Auf das Übersinnliche bezogen.*

157 Analogie] *Die seit Aristoteles als Erkenntnisprinzip bekannte Analogiemethode verdankte H. vor allem Leibniz (vgl. SWS XIII, S. 98, VIII, S. 170).*
159f. Commensurables] *Mit gleichem Maße Meßbares.*
161f. jedes Geschöpf ... das bleibe] *Vgl. zu 119f. und 133ff. Dagegen in den »Ideen« die Theorie der Steigerung der Kräfte und der Kette der Entwicklung (SWS XIII, S. 177, 194).*
163f. Palingenesie] *Wiedergeburt, von H. im Gegensatz zur Metempsychose (vgl. 210ff., 226 und zu 61ff.) akzeptiert im Sinne einer leiblich-geistigen, »menschlichen« Wiedergeburt (im Unterschied zur theologischen und rationalistischen Auffassung von der Unsterblichkeit der Seele allein), mit Tendenz zu einem ethischen Vervollkommnungsglauben (vgl. die Gespräche »Ueber die Seelenwanderung«, SWS XV, S. 303; »Palingenesie« in »Zerstreute Blätter«, 6. Slg., SWS XVI, S. 352, 354, 356). Mendelssohn erwiderte in A:* »*Wider die Palingenesie hätte ich nichts; nur nicht wieder das, was wir gewesen sind! Das Emporstreben ist in der menschlichen Seele, wie wir gesehen, nicht zu läugnen; und das Vergangene ist in der Natur nicht verloren.«*
166 im 3ten Gespräche] *Im dritten Gespräch des »Phädon« beweist Mendelssohn die moralische Notwendigkeit der Unsterblichkeit der Seele hinsichtlich der Gerechtigkeit Gottes und des Zusammenlebens der Menschen in der Gesellschaft (Gewißheit von Belohnung und Strafe im Jenseits).*
167 Zernichtung] *Vernichtung. Vgl. zu 12f.*
168–173 zum Genuß, zur Glükseligkeit] *Vgl. zu 37ff. und 153ff.*
174 jene] *Von der Unsterblichkeit der Seele.*
174ff. Für die Gesellschaft ... Pflicht.] *Im dritten Gespräch wird die Selbstaufopferung des Individuums für das »Wohl des Vaterlandes oder des ganzen menschlichen Geschlechts«, für Gerechtigkeit, Tugend, Religion und Wahrheit zur Pflicht erklärt. Ohne höhere Endzwecke wäre jedem »das Leben sein höchstes Gut«, und jeder wäre im Recht, wenn er zu seiner Erhaltung »den Untergang der ganzen Welt« verursachte.*
178ff. Trieb dazu] *Die Todessehnsucht werde durch die Lehre von der Unsterblichkeit der Seele, nicht durch die von der Palingenesie (vgl. zu 163f.) befördert.*
181 Genieße hier] *Vgl. zu 153ff. und 37ff.*
182f. gegenseitige Lehre] *Religionszweifel und -fanatismus als Folgen der Diesseitsverachtung der Religion und der Lehre von der Unsterblichkeit der Seele.*
185f. Recht, andre zu tödten] *Im dritten Gespräch des »Phädon« greift Sokrates dieses Thema auf, weil sein Freund Kriton ihn einige Tage zuvor zur Flucht aus dem Gefängnis überreden wollte. Sokrates hatte Kriton jedoch überzeugt, daß er es den Gesetzen der Republik Athen schuldig sei, das ungerechte Todesurteil anzunehmen (Dialog in »Leben und Charakter des Sokrates«, nach den antiken Quellen und John Gilbert Coopers »The Life of Socrates«, 1749, dem »Phädon« vorangestellt). Dem Recht der Obrigkeit zur Todesstrafe entspreche auf seiten des Verbrechers die Verbindlichkeit, die Strafe zu erleiden. Im Anhang zur 2. Auflage widerspricht Mendelssohn dem Marchese de Beccaria, der in seinem philanthropischen Werk »Dei delitti e delle pene« (Von Verbrechen und Strafe, 1764) die Todesstrafe für unrechtmäßig erklärt hatte. Im Anhang zur 3. Auflage verallgemeinert Mendelssohn das Problem folgendermaßen:* »*Nun kann keine menschliche Gesellschaft bestehen, wenn das Ganze nicht in gewissen Vorfällen das Recht hat, das Leben eines ihrer Glieder dem gemeinen Besten aufzuopfern.« In A heißt es:* »*Wenn das Recht, Andere zu tödten, politisch ist, so muß es auch menschlich seyn; denn der Mensch ist ein politisch Wesen.« Nach der Verwandtschaft von Politik und Moral im »Lehrbuch der Natur« müsse es auch moralisch sein.*
186ff. Krieg zwischen allen Geschöpfen] *Mendelssohn erwiderte in A, der »Streit in der Natur zwischen Thieren und Thieren, Thieren und Menschen« sei nicht zu leugnen, aber*

der Mensch sei »ein moralisch Wesen, das seine Pflichten und Rechte hat«. Danach halte er »einen auf beiden Seiten gerechten Krieg« zwischen Menschen für unmöglich; ein solcher würde, wie er auch im dritten Gespräch des »Phädon« darlegt, ohne den Glauben an Unsterblichkeit entstehen. Vgl. zu **174ff.**
188f. wer ... überzählen?] *Vgl. 1. Mose 15,5.*
189f. sterbendes Phänomenon, u. eine zerplazende Waßerblase] *Dazu A: »Ein sterbendes Phänomenon, ein umkommender Held und eine zerplatzende Wasserblase sind in Absicht auf das ganze Weltall auch nicht von gleicher Wichtigkeit; ob sie es gleich haben werden müssen, da Pope eine Antithese suchte.« Nach Popes »An Essay on Man«, I, Vers 87–90, sind vor Gott ein herabfallender Sperling und ein umkommender Held, zerstörte Atome oder Systeme, eine zerplatzende Wasserblase und eine vernichtete Welt gleich.*
191 Vorsehung] *Im dritten Gespräch des »Phädon« erklärt Sokrates, daß Zweifel an der Unsterblichkeit der Seele dazu führe, die Vorsehung Gottes zu leugnen. Man würde zwar in der physischen Welt »lauter Ordnung, Schönheit und Harmonie, die allerweisesten Absichten und die vollkommenste Übereinstimmung zwischen Mittel und Endzweck« feststellen, aber in »dem gesellschaftlichen und sittlichen Leben der Menschen« vieles, was der »göttlichen Weisheit und Güte« widerspreche, wie »triumphierende Laster, gekrönte Übeltaten, verfolgte Unschuld« usw. Unter diesen Umständen sei die Vorsehung nur durch die Hoffnung auf ein »zukünftiges Leben« zu rechtfertigen, indem »alle zeitlichen Mängel zu ewigen Vollkommenheiten« dienen.*
192 was ist, ist gut!] *Pope, »An Essay on Man«, I, Vers 289; vgl. zu **132f.***
194 fünf Akte] *Der schon von Seneca und Plotin gebrauchte Vergleich des Lebens mit einem Schauspiel auch in der Predigt »Ueber das künftige Leben« (SWS XXXII, S. 350), im »Briefwechsel über Oßian« (SWS V, S. 168) und, auf die Weltgeschichte angewandt, in »Tithon und Aurora« (SWS XVI, S. 128). Vgl. zu **146.***
197–202 Maasstabe von Moral] *Schon 1769 (also nicht erst in Bückeburg) opponierte H. gegen den rationalen deistischen Gottesbegriff, der von der Reduzierung der Religion auf Naturreligion ausgeht und zur Verabsolutierung vernunftgemäßer Moralprinzipien führt. In der Predigt »Die Haushaltung Gottes bei Menschlichen Angelegenheiten« vom 24.5.1769 erklärte er das Unvermögen der Menschen, »die Haushaltung Gottes mit ganzen Welten und Weltheilen, seine Regierung unter Völkern und Reichen, mit Jahrhunderten und Nationen« zu übersehen, und legte auch in bezug auf das Individuum den Widerspruch zwischen menschlichen Erwartungen und göttlicher Vorsehung dar (SWS XXXII, S. 503, 510ff.).*
203 dieser Vorstellungsart] *Die erörterte monistische Auffassung von Palingenesie, vgl. zu **163f.***
204ff. Erziehe dich ... für dieses Leben!] *Vgl. zu **37ff., 102ff.** und **153ff.** und die Absage an eine ausschließlich jenseitige Bestimmung des Menschen im 25. Humanitätsbrief, »Ueber den Charakter der Menschheit«, § 27 (SWS XVII, S. 120). Ohne auf den Palingenesiegedanken Bezug zu nehmen, entwickelte H. einen solchen lebensverbundenen Erziehungsplan im »Journal meiner Reise« (SWS IV, S. 370–401).*
211 Jüdischen] *Die Juden zur Zeit Christi glaubten nach dem Talmud, daß die menschliche Seele nach dem Tod zur Strafe in einen Tierkörper eingehe. – Christlichen ... Offenbarung] Die übernatürliche, göttliche Lehrmitteilung übervernünftiger Wahrheiten in der Bibel, vor allem durch Christus im Neuen Testament.*
212f. Pythagoras] *Vgl. zu **35.** Die neuere Philosophiegeschichtsschreibung (Eduard Zeller) widerspricht der auch von H. vertretenen sagenhaften Überlieferung, wonach Pythagoras die Lehre von der Seelenwanderung von den Ägyptern übernommen haben soll (vgl. SWS VII, S. 338, XV, S. 297–301).*

217 Jene] »*Schwürigkeiten u. Zweifel*«.
220 diese] »*Bekümmerniße des Herzens*«.
220f. in einem Jahrhunderte ... von der ächten Humanität ferne] *Durch abstrakte Spekulationen und übertriebene Religionsandacht dem ganzheitlichen Menschen entfremdet, vgl. im »Journal meiner Reise« das Wunschbild einer »mit Abstraktionen und Worten unerstickten Jugendseele« (SWS IV, S. 455) und die Zeitalterkritik in den Fragmenten zu einer »Archäologie des Morgenlandes« 1769 (SWS VI, S. 55, 102ff.) wie in der Bückeburger Geschichtsphilosophie, in der H. die morgenländische Patriarchenzeit zum »goldnen Zeitalter der Kindlichen Menschheit« idealisiert, die den Geschmack des 18. Jh. bestimmenden aufgeklärten Franzosen als »Affen der Humanität« beschimpft und statt Menschen als Ideal der Bildung »Maschinen« erblickt (SWS V, S. 481, 506, 537, 539, 541f.).*
223f. Natur der Seele ... Menschheit] *Aufzählung der verschiedenen Beweise für die Unsterblichkeit der Seele, die Mendelssohn im »Phädon« gebraucht.*
225f. unzerstörbare Dauer] *Vgl. zu 12f., 119f. und 163f.*
228–231 ebenfalls in Sokratische Gespräche] *Vgl. zu 7.*
236 Schüler des Sokrates] *In der Vorrede zum »Phädon« begründet Mendelssohn seinen Gebrauch des gleichnamigen Platonischen Dialogs mit der »Menge ungemeiner Schönheiten, die, zum Besten der Lehre von der Unsterblichkeit, genutzt zu werden verdieneten«. Er gibt an, wo er Plato folgt und wo er von ihm abweicht. Im dritten Gespräch habe er »Sokrates fast wie einen Weltweisen aus dem achtzehnten Jahrhunderte sprechen lassen«; er »wollte lieber einen Anachronismus begehen, als Gründe auslassen, die zur Überzeugung etwas beitragen können«. Somit sei ein »Mittelding zwischen einer Übersetzung und eigenen Ausarbeitung« entstanden. Im Anhang zur 3. Auflage erläuterte er den großen Erkenntnisgewinn gegenüber den Anfängen der griechischen Philosophie und betonte: »Überhaupt ist mein Sokrates nicht der Sokrates der Geschichte.« Für das 18. Jh. war Sokrates die Personifikation des Weisen schlechthin (vgl. Benno Böhm: Sokrates im achtzehnten Jahrhundert. Studien zum Werdegang des modernen Persönlichkeitsbewußtseins. Leipzig 1929); die Form und Methode des sokratischen Gesprächs trug wesentlich zum europäischen Publikumserfolg des »Phädon« bei. Mendelssohn legte Sokrates seine eigene Weisheit in den Mund und machte ihn zum Leibnizianer (vgl. seinen Brief an Thomas Abbt vom 22.7.1766). In seiner Selbsteinschätzung als Philosoph und für seine Zeitgenossen, zeitweilig auch für H. (neben Hamann, vgl. I 4(N),134; II 101,60), war er der Sokrates des 18. Jh. (vgl. SWS I, S. 224, II, S. 254 »unsern Sokrates«). H. war sich jedoch stets des historischen Abstands zwischen Sokrates (bzw. Plato) und Mendelssohn bewußt (vgl. I 50(N),70–73; II 174,55ff.; SWS II, S. 87, XI, S. 189, allgemeiner SWS V, S. 568f.).*

   Zur gesamten Problematik ist die Fortsetzung dieser philosophischen Debatte I 76(N) heranzuziehen. Briefe mit Zweifeln, Fragen und Bemerkungen über »Phädon« richteten u. a. auch Isaak Iselin, Raphael Levi, H. D. von Platen, Waldemar Graf von Schmettow und Ludwig Eugen Herzog von Württemberg an Mendelssohn.

59 (N). AN ZOLLKONTROLLEUR BEGROW, Riga, 1764–1769

(Datierung: wahrscheinlich aus der späteren Zeit von H.s Aufenthalt in Riga, da er anfangs über Mangel an Gesellschaft klagte, vgl. I 11,18f.)

5 Sopha] *Wahrscheinlich das Sopha der Frau Busch, vgl. I 116(N),59. – Der Sachverhalt ist nicht zu ermitteln.*

60 (N). AN ZOLLKONTROLLEUR BEGROW, *Riga, 1764–1769*

(Datierung: vgl. zu I 59)

7 Bethlehemitischen Kindermorde] *Matthäus 2,16–18; siehe Bethlehem, R, S. 749; möglicherweise Bezugnahme auf das ebd. genannte literarische Werk wie* **10f.**
10f. Parnaß im Sättler] *Von Daniel Stoppe.*
21 Deprekation] *Abbitte; der Streit zwischen den Freunden wurde beigelegt, wie die späteren freundschaftlichen Briefe H.s an Begrow zeigen.*

61. AN DEN RAT IN RIGA, Riga, 5./16. Mai 1769

Magnifici,
   HochWohl- und WohlEdelgebohrne
      Hoch- und Wohlweise, Hoch- und Wohlgelahrte
         Gestrenge, Großmannveste,
            Hochgeneigte und HochzuEhrende Herren
               Bürgermeistere und Herren des Raths,

Die unschätzbaren und unverdienten Gewogenheiten, deren E*in* HochEdler Rath mich auf so vielfache Weise gewürdigt, geben mir das Zutrauen, daß auch meine gegenwärtige unterthänige Bitte geneigten Eingang finden werde.

Es sind Jahre, da ich an diesem Ort in öffentlichen Ämtern gestanden, und schon ehe ich diesen Ort betrat, sind öffentliche Schularbeiten frühe mein Loos geworden. Von jeher hatte ich die Bestimmung, nur zu lernen, indem ich lehrte, und mich dem Publikum zu erziehen, indem ich andere erzog. Ich suchte nützlich zu werden, und wenn ich das nicht geworden bin, was ich suchte: so mögen mich meine Kräfte, meine Arbeiten, und was mehr als alles gilt, die Gnade meiner Obern entschuldigen.

Indeßen fühle ich so manchen unbefriedigten Wunsch und unausgeführte Anlage in mir, zu lernen und nützlich zu werden, daß ich vielleicht meinen Geist für eine verstümmelte Buste ansehen würde, wenn ich in den Kreis meiner jetzigen Einsichten und Nutzbarkeiten eingeschloßen, mich dahinleben müßte. Es gibt Bedürfniße des Körpers, die Reisen nöthig machen: sollte es nicht dringendere und eben so nothwendige für den Geist geben? – Kurz! Eine Reise nach Deutschland und einige andre Länder ists, die ich mir wünsche, und zu welcher ich von E*inem* HochEdlen Rath geneigte Vergünstigung erbitte.

Einige Einwendungen sehe ich freilich bei diesem, wie bei allen Entschlüßen, die etwas außer dem Wege liegen. »Ich verlasse eine Predigerstelle und Gemeine.« Gemeine, und meine Gemeine ists eigentlich noch nicht, was ich verlasse. Ich werde also immer nicht meinem Stande und Amte untreu; sondern suche vielmehr demselben würdiger zu werden, und wenn kann ich dies auf die genannte Art anders, als noch in meiner Lage? »Ich verlasse einen Ort, der so viel Ursache zu meinem ewigen Dank und Erkenntlichkeit gegeben:« und verlasse ihn auch nicht. Da ich ohne alles auswärtige Engagement reise, als welches ich, in so verschiednen Situationen es mir angetragen worden, bisher ausgeschlagen: wie glücklich wäre ich, wenn die Früchte, die ich zu sammeln gehe, ein Opfer für mein geliebtes Riga seyn könnten – ein Opfer nicht blos der verpflichteten Erkänntlichkeit; sondern auch der Wahl und Zuneigung.

Wenn ich also Einen HochEdlen Rath um die Erlaßung von meinen Stellen demüthigst ansuche: so ists zugleich, mich der Gewogenheit Deßelben von neuem zu empfehlen. Ein geneigter Entschluß für meine Reise; eine Huldreiche Bereitwilligkeit, mir einmal eine Stelle nicht zu verschließen, wo ich meinen Absichten nach der Stadt nützliche Dienste darbringen könne; ein geneigtes Andenken an mich auch in meiner Entfernung – sind dies nicht schon Bitten und Wohlthaten gnug, als daß ich mich noch zu Einer erkühnen könnte, zu der ich 40 kein Anrecht habe? zu der kaum das entschiedenste Verdienst Anrecht hat? – – –

Auch in der Abwesenheit wird mir der Name meiner Obern und Gönner ein theurer, heiliger Name seyn, und mit der tiefsten Achtung und Ergebenheit ersterbe ich als
Eines HochEdlen und HochWeisen Raths
unterthänig gehorsamster Diener 45
Johann Gottfried Herder
Pastor adjunctus der Vorstädtischen Kirchen
und
Riga d.   der Domschule Mitarbeiter

ÜBERLIEFERUNG. *H: Riga, Zentrales Hist. StA Lettlands. Auf amtl. Stempelpapier mit dem russ. Doppeladler. – Dazu rückseitig Angabe:* »Gesuch des Hrn. Pastors-Adjuncti der Vorstädtsch[en] Kirchen und Collaboratoris bey der Dom-Schule, Johann Gottfried Herder, ihn, wegen seiner vorzunehmenden Reisen der Pastor Adjunctus-Stelle und seines bisherigen Schul-Officii zu erlassen. prod[itum] et lect[um] in Sen[atu] d. 8. May 1769.« – *D₁: Johann Christoph Berens: Zwei Manuscripte eines deutschen Klassikers im Rigaschen Rathsarchive, in: Baltische Monatsschrift, hrsg. von August Deubner, Riga, Moskau, Odessa, Bd. 27 (1880), S. 541f. – D₂: SWS XXXI, S. 738f. – Bd. I: Textgrundlage: D₁.*

DATIERUNG: *Reisejournal (SWS IV, S. 345):* »d. 5/16 renoncirt: d. 9/20 Erlaßung erhalten«. – A: »Diesem Gesuche willfahrte der rigaische Rath durch das Protokollverfügen vom 8. Mai 1769 (LB I, 2, Nr. 128) in anerkennendster Weise« *(Berens, a.a.O., S. 543).*

ZUM TEXT:
13 nur *und* **28** kann *nachträglich eingefügt,* **40** Einer < einer.

ERLÄUTERUNGEN:
11 Jahre ... in öffentlichen Ämtern] *H. war in Riga 4½ Jahre Domschullehrer und Bibliotheksadjunkt, zuletzt zwei Jahre auch Pastor adjunctus der vorstädtischen Kirchen.*
12 Schularbeiten frühe] *Am Collegium Fridericianum, vgl. zu I 1; 5(N),19f.*
13 zu lernen, indem ich lehrte] *Docendo discimus (nach Seneca,* »Epistolae morales ad Lucilium« VII, 8: »Homines dum docent, discunt.«*).*
14, 18 nützlich zu werden] *Vgl. I 34,18.*
18f. verstümmelte Buste] *Vgl. I 71,17; Büste von ital. busto (Brustbild, ein Torso ohne Kopf, Arme, Beine).*
22 Reise nach Deutschland] *Vgl. I 31,67.*
26 meine Gemeine] *Als Pastor adjunctus hatte H. keine eigene Gemeinde:* »Eine Gemeine verlaße ich eigentlich noch nicht, da ich keine eigentliche Seelsorge bisher gehabt, da ich keine Beichtkinder, oder mir eigentlich persönlich anvertraute Seelen verlaße; da man es auch nicht der Ordnung gemäß gefunden, mir Beichtstühle anzuvertrauen, so sehe ich mich blos als Hoffnungs- und Hülfsprediger ...« *(Abschiedspredigt, SWS XXXI, S. 142).*
27 suche ... demselben würdiger zu werden] »... von mehr Seiten meinem Stande brauchbar zu werden ... in ihm noch nützlicher und würdiger zu werden.« *(ebd.).*
29f. einen Ort ... Erkenntlichkeit gegeben] »wo ich mehr Liebe und Achtung genoß, als ich verdient« *(ebd., S. 141).*

30f. ohne alles auswärtige Engagement ... bisher ausgeschlagen] »*ohne daß ich etwa ein auswärtiges Engagement verhöle ... Ich hatte oft Gelegenheit gehabt, dies anzunehmen, da es mir in geistlichen und gelehrten Ehrenstellen auswärts angetragen worden; allein ich habe es ausgeschlagen ...*« (ebd.).
32f. Früchte, die ich zu sammeln gehe, ein Opfer für mein geliebtes Riga] »*daß ich mich mit den Früchten, die ich auswärts zu sammeln gehe, diesem geliebten Orte ... als ein angenehmes Opfer darbringen könne*« (ebd., S. 142).
36 Gewogenheit] *In der Entlassungsresolution des Rates (A) wurde H. »auch in seiner Abwesenheit der fernern Wohlgewogenheit Eines Wohledlen Raths versichert«.*
40 noch zu Einer (Bitte)] *H. deutete an, daß er es nicht wage, um Reisegeld zu bitten. Der Rat ging nicht auf die Anspielung ein.*

62 (N). An Johann Georg Hamann, Riga, 11./22., 14./25. Mai und 22. Mai/2. Juni 1769

6 nicht mißbilligen] *Vgl. zu I 68,208.*
7 Ämter ... niedergelegt] *Vgl. I 61.* – ohne Unterstützung] *H. erhielt vom Magistrat kein Reisegeld, wurde aber von seinen Freunden Hartknoch und Georg Berens unterstützt.*
8 auswärtiges Engagement] *Vgl. I 61(N),30f.* – ob nach Nantes] *Vgl. I 65,3f.,51; 66, 6f.*
9 Gustav Berens] *Berens unternahm eine Geschäftsreise nach Frankreich. Die Schiffsladung bestand aus Waren der Großhandelsfirma Berens (livländ. Landesprodukte wie Flachs); Georg Berens hatte am Morgen des 23. 5./3. 6. 1769 das Schiff im russ. Kronszollamt (Tamoschna) zu verzollen (vgl. Erinnerungen I, S. 112). Der Schiffer war Holländer (vgl. »Journal meiner Reise im Jahr 1769«, SWS IV, S. 361f.).*
10 Examen] »*Den 4/15 Mai Examen*« (»*Journal meiner Reise*«, *SWS IV, S. 345*).
11 Dimißion] *Amtsniederlegung, Abschied, Entlassung.* – Scholarchen] *Johann Christoph Schwartz.*
17 500. Reichsthaler Albertus] *Vgl. I 35(N),57f.; zu 53,157.*
19f. Sekretär Berens] *Johann Christoph Berens.*
20 Supplique] *Gesuch, Bittschrift, vgl. I 61; am 8./19. 5. 1769 im Rath verlesen.*
24 Enthusiasmus] *Vgl. I 63(N),25.*
25 Vorsteher] *Kirchenvorsteher und Magistratsbeamte.*
26ff. Sonnabend ... Bescheid des Magistrats] »*d. 9/20 Erlaßung erhalten*« (»*Journal meiner Reise*«, *SWS IV, S. 345), vgl. zu I 61,36; I Anm. 61.*
29 Sonntag ... valediciren] *Verabschieden konnte H. sich in seiner Predigt am 10./21. 5. 1769 (Am Sonntage Trinitatis, SWS XXXII, S. 478–501) noch nicht.*
31 Gorike] *Gericke.*
32 Mittwoch predigen] *Auch die Predigt vom 13./24. 5. 1769 (»Die Haushaltung Gottes bei Menschlichen Angelegenheiten«, SWS XXXII, S. 502–514) war noch nicht die Abschiedspredigt, vgl. 97–101.*
34–37 Kampenhausen] *Johann Christoph v. Campenhausen, vgl.* **102ff.,110f.,119.**
36 lebenden alten Mann] *Johann Loder, vgl.* **122;** *I 50(N),16–20; 53,151–155.*
44 Beichtvater] *Vgl. zu I 61,26.* – turbirte] *Beunruhigte, verwirrte.*
47 Seereise ... Gerücht wiederlegen.] *Die Gräfin L' Estocq reiste zu Lande in ein Kurbad (Karlsbad?).*
51 Nothunterstützung] *Vgl. zu 7.*

52 Gesindelfactionen] *Hier: literarische Parteien.*
56 Wir sind Pilgrimme u. Bürger!] *Vgl. Psalm 39,13; 1. Petrus 2,11; nicht im Text der Predigt (29), vielleicht improvisiert; vgl. das Gedicht »Als ich von Liefland aus zu Schiffe ging« (SWS XXIX, S. 321).*
58f. Rigische jüngste Gericht] *Hier für Stadtklatsch.*
60 avanciret] *Befördert wird.*
61 Türken schlagen] *Russisch-türkischer Krieg 1768–1774.* – Athenienser] *Rigaer neugierig wie Athener, vgl. Apostelgeschichte 17,20f.*
63 Retour] *Rückreise nach Riga, die von Anfang an H.s Absicht war; vgl. I 61,32f.*
66 Figment] *Erdichtung, Fiktion.* – Sentiments] *Empfindungen, Gefühle.*
70 Römischen ... Küsten] *Gedanke an eine Italienreise, vgl. I 67(N),31; 71,69; 74,19; 79,21,24f.*
72 wie einen Stachel] *Vgl. Prediger Salomo 12,11.*
74f. Litterarischen Briefe] *Vgl. zu I 57,6; von Hamann nicht erwähnt.*
77 letzten Brief] *I 55(N).*
78 den Ihrigen] *Hamanns Brief vom 13. und 15.3.1769 (ZH II, Nr. 357).* – Vorwürfe] *Vgl. zu I 55(N),33f.,99.*
79 Bücher] *Vgl. zu I 30,46f. Hamann hatte H. jahrelang an die geliehenen Bücher erinnert, ohne daß H. darauf einging (vgl. ZH II, S. 446). Hartknoch versprach H. in A zu I 66, die Bücher in den nächsten vierzehn Tagen an Hamann abzuschicken (LB II, S. 27).*
80 Burke] *Vgl. I 50(N),74f.*
81f. Essai on ... Homer ... on Mythologie] *Von Blackwell. Hamann hatte H. am 14.9.1768 (B₂ zu I 50) gebeten, die beiden Bücher Hinz zu geben, der sie »gern lesen« wolle (ZH II, S. 421).*
85 Popowitsch] *Johann Siegmund Popowitschs »Untersuchungen vom Meere« wünschte Hamann in B zurück.*
86 Manuscript Bücher ... Convolut] *Ob es sich um Mskr. aus Hamanns Bibliothek (vgl. Nadler, Bd. 5, S. 120) oder um Notizbücher oder Übersetzungen (Shaftesbury) Hamanns handelte, läßt sich nicht ermitteln.*
87 Pindar] *»Pindari Opera« wünschte Hamann am 15.3.1769 zurück (ZH II, S. 436).*
88 Buttler's Hudibras] *Von Samuel Butler.*
89 omissum] *Ausgelassenes, Übergangenes.*
90–95 andern Bücher] *Vgl. zu I 55(N),165. »Sorgen Sie doch daß ich von Secr[etär] Berens Antwort u. die zurückgelaßnen Schaafchen erhalte, besonders da ich mit Vergnügen höre, daß sein Bruder George Ihr guter Freund ist«, schrieb Hamann in B.*
93 Karl] *Karl Berens.*
96, 124 a Dieu] *Gott befohlen! (Je vous recommande à Dieu!).*
96ff. morgende Predigt] *Vgl. zu 32.*
98ff. stummes verwirrtes Kompliment] *Bitte an die Gemeinde, »künftigen Sonntag Nachmittag ... an einem außerordentlichen Sonntag« die Abschiedspredigt halten zu können (SWS XXXII, S. 514, Schluß).*
101 Dienstag oder Mittwoch ... weg] *19./30. oder 20./31.5.1769, vgl. aber 132f.; I 63(N), 39f.*
103f. schriftliche Resolution ... Billet.] *Beide nicht überliefert (vom 13./24.5.1769).*
104–108 Heute morgen ... Visite gehabt.] *»d. 13/24 Einladung von der Krone« (»Journal meiner Reise«, SWS IV, S. 345).*
106 prevenirt] *Zuvorkommend, eine vorgefaßte Meinung haben.*
107 brave] *Bieder, tüchtig.*

109 destiniret] *Bestimmt.*
110 Kaiserliche Ritterschule] *Vgl. H.s Reformprogramm des Rigaer Lyzeums im »Journal meiner Reise« (SWS IV, S. 371–401).*
114 halb-Französischen Geschmack] *Vgl. I 70,**31f.**; 72,**25**; 74,**27f.**; H.s ambivalente Charakteristik der frz. Kultur im »Journal meiner Reise« (Nutzen für H.s Stellung in der Rigaer Gesellschaft, vgl. SWS IV, S. 436).*
115 von Berg] *Friedrich Reinhold v. Berg.*
116 Winckelmann sein Schönes] *»Abhandlung von der Fähigkeit der Empfindung des Schönen«.*
118 von Mengden] *Die livländische Ritterschaft beabsichtigte nach einem Sitzungsprotokoll vom 20. 11. 1769, für den altersschwachen Loder einen Adjunkt anzustellen, der die Hälfte von dessen Rektorengehalt und 200 Reichstaler von der Ritterschaft (die jährl. Zinsen eines von Mengdenschen Legats von 4000 Talern) erhalten sollte, um H. dafür »desto leichter zu bekommen« (Sivers, S. 57f.; B zu I 68, LB II, S. 31).*
128 Lindnern] *Lindner schrieb am 4. 11. 1769 ironisch an Scheffner: »Herder hat der Schule gute Nacht gesagt, auch dem schwarzen Mantel und wandert wie der Comet, hoch auf seiner Bahn hinauf. Die Musen mögen diesen jetzigen Irrstern leiten und führen nach ihrem heiligen Willen« (Warda/Diesch II, S. 340).*
129 an Scheffner] *Vgl. I 63(N).*
130 Wir werden uns wiedersehen.] *H.s Hoffnung erfüllte sich nicht.*
131 Abschied von der Kirche] *Abschiedspredigt vom 17./28.5.1769 (SWS XXXI, S. 122–143).*
131f. drei folgenden Tage] *18./29. 5.–20./31. 5. 1769 Abschied H.s von der Stadt.*
132 heut zu Schiffe] *Vgl. zu I 63(N),**39**.*
132f. Morgen geht die Venus durch die Sonne.] *23. 5./3. 6. 1769, vgl. I 64,**11f.** Zur Beobachtung dieses kosmischen Ereignisses wurden große Expeditionen entsandt: Am 4. 6. 1769 wurde die Sonnenfinsternis von Teilnehmern der ersten Weltumseglung James Cooks auf Tahiti beobachtet, von Georg Moritz Lowitz, Mitglied der Petersburger Akademie, und Akademieadjunkt Inochodzow in Gurjew am Kaspischen Meer, von Kapitän Islenjew in Jakutsk. Die Zeitungen berichteten davon. Hamanns Interesse war H. bekannt durch die zweimalige Erwähnung des vorhergehenden Venusdurchgangs am 6. 6. 1761 in den »Kreuzzügen des Philologen« (Nadler, Bd. 2, S. 139,151).*

63 (N). AN JOHANN GEORGE SCHEFFNER, *Riga*, 15./26. Mai und 22. Mai/2. Juni 1769

(Wie I 62 und nichtüberlieferte Briefe an H.s Mutter, Willamovius u. a. bei seiner Abreise hinterlassen und von Hartknoch bestellt, LB II, S. 27. Damit kreuzte sich ein Brief Scheffners an Hartknoch, worin er um die Rücksendung des Mskr. und um H.s Urteil über Damms Homer-Übersetzung bat und sich über H.s Schweigen auf zwei Briefe beklagte. Vgl. N I Anm. 63).

4ff. Adjunktur ... Collaboratur ... Bibliothekariats] *H.s drei Stellen als Pastor, Lehrer und Bibliothekar, zu letzterem vgl. R, S. 800.*
6f. Meubels u. Bücher verkaufen] *Dazu war nicht mehr Zeit, Hartknoch brachte H.s »hinterlassene Bücher und Sachen« (mit einem genauen Verzeichnis) in sein neues Haus (A zu I 66; LB II, S. 27).*
9 Mantel u. Kragen] *Ornat des protestant. Geistlichen.*

11 unbesorgt, wie Apostel u. Philosophen] *Sorglos, vgl. Matthäus 6, 31.34; von Philosophen vor allem die Kyniker.*
12f. gehe ich in die Welt ... nutzbarer zu werden.] *Vgl. I 34,18.*
13 kurze Ohren] *H. meinte, es gebe Esel in Riga, die ihn mißverstehen würden.*
17 Montag, bis Mitwoch ... Examen] *Vgl. zu I 62(N),10; Osterexamen.*
18 Supplike] *Vgl. zu I 62(N),20. – Sonnabend Antwort] Vgl. zu I 62(N),26ff.*
19 Sonntag ... valediciren] *Vgl. zu I 62(N),29.*
20 diesen Sonntag] *Vgl. zu I 62(N),131. – Dienstag weg.] Vgl. I 62(N),101.*
20ff. Designation] *Vgl. zu I 62(N),103f.*
25 Enthusiasmus seiner Gemeine] *Vgl. I 62(N),24.*
28 ganze Stadt anlaufen] *Vgl. zu I 62(N),131f.*
30f. Ihr Manuscript] *Scheffner hatte H. mit einem nichtüberlieferten Brief am 15.11.1768 das 2. Buch seiner (nicht erschienenen) Guicciardini-Übersetzung geschickt und bat in B um die baldige Rücksendung. Vgl. zu I 48(N),105ff.*
32 retournire] *Vgl. zu I 62(N),63.*
34 Rubikon] *Vgl. zu I 62(N),70. – wieder einen Brief] Mit H.s Abreise aus Riga hörte der Briefwechsel mit Scheffner auf, vgl. V 59(N),138ff.*
35 Nymphen der See nicht lieber haben] *D. h., wenn H. auf der Seereise nicht ertrinke. – A Dieu] Vgl. zu I 62(N),96.*
39 zu Schiff] *»d. 23/3 aus Riga: d. 25/5 in See« (»Journal meiner Reise im Jahr 1769«, SWS IV, S. 345).*

64. AN JOHANN FRIEDRICH HARTKNOCH, SEINE FRAU UND JAKOB FRIEDRICH WILPERT, Vor Anker zwischen Fluß und See *(Dünamündung), 5. Juni 1769*

3f. gestern Abend] *24.5./4.6.1769, Sonntag. Wilpert notierte 1804 für Karoline v. Herders Erinnerungen, »daß wir an einem Sonntag ihn in einer Schaluppe nach der Boldera, und von da auf die Rhede hinaus an Bord des Schiffes begleiteten. Hartknoch und seine Frau, Begerow und Madame Busch waren von der Gesellschaft« (Erinnerungen I, S. 113). Nach den »Rigischen Anzeigen« vom 9.6.1769 (23. Stück) lief ein mit Roggen und Flachs beladenes Handelsschiff unter dem holländischen Kapitän Gerrit Jentz Schaaper mit dem Bestimmungshafen Nantes am 26.5.1769 (alten Stils) aus (= 6.6.1769).*
11f. Am Tage, da ... Sonnenfinsterniß war] *Vgl. zu I 62(N),132f.*
13 großes Ungewitter] *Vgl. das Gedicht »Als ich von Liefland aus zu Schiffe ging« (SWS XXIX, S. 319).*
14ff. Ihrem Briefe] *Nicht überliefert.*
19 Ihrem Kleinen] *Johann Friedrich Hartknoch jun.*
22 Briefen] *Die Abschnitte 32–48 und 49–62.– Einwohner] Wilpert, vgl. I 68,186.*
28f. vor Anker gelegen] *Vom 3.–5.6.1769 wegen des Unwetters.*
30 A Dieu] *Vgl. zu I 62(N),96.*
33 Reisegefährten] *Gustav Berens.*
34f. Vini somnique benignus] *Horaz, »Sermones«, II, 3, Vers 3; in der Satire Vorwurf des Stoikers Damasippus gegen den untätigen Dichter.*
39 Böhnhasengewinnste] *Gewinne aus Pfuscherhandwerk.*
41 sich selbst regieren] *H. durch sein Abschiedsgesuch I 61.*
42ff. Jonas ... Wallfisch] *Buch Jona 2,1; der Prophet »Jona war im Leibe des Fisches drei Tage und drei Nächte«.*
45f. antiker Hartknoch] *Hartknoch als Kenner des Altertums.*

46 Gespenst des Marius ... stabis] *Weder in Suetons noch in Plutarchs Caesar-Biographie erwähnt.* – post Rubicona stabis] *Du wirst jenseits des Rubikon stehen. Vgl. R, S. 813.*
47 von den Küsten des Sundes] *Ankündigung von I 65, I 66.*
49 Wilpert] *Im folgenden Verballhornung des Namens.*
52f. laß ihn ... sich ... erinnern] *Ostpreuß. Dialektismus.*
53 über Flur und Wald umherstreich] *Vgl. I 55(N),168.*
56 Bischofsbowle] *In Nordostdeutschland und im Baltikum beliebter kalter Rotweinpunsch mit Zucker und grüner Pomeranzenschale.*
59 Leßing] *»Die drey Reiche der Natur«, Gedicht (anakreont. Lied).* – Haller] *Albrecht v. Haller, als Physiologe und Botaniker einer der führenden Naturwissenschaftler seiner Zeit.*

65. AN JOHANN FRIEDRICH HARTKNOCH, *Nahe dem Sunde, 18. Juni 1769*

3 weiß aber noch nicht] *Vgl. aber 51.*
4 H. Berens] *Gustav Berens.*
4ff. von Koppenhagen herab ... bestimmte Pflichten und Aussichten.] *Vgl. »Journal meiner Reise im Jahr 1769«: »Wie gut wäre es gewesen mich bei Koppenhagen zu debarquiren [an Land zu gehen] ... Der Geist Klopstocks hatte nicht gnug Anziehung vor mich, um über die kleinen Hinderniße der Reise zu profitiren, und so ward mein ganzer Plan vereitelt. In Deutschland wäre kein Schritt für mich ohne den größesten Nutzen gewesen und meine Beschäftigung wäre in ihrem vollen Feuer geblieben« (literarisch-theologische Gespräche mit Klopstock, Cramer, Resewitz, Gerstenberg). »Funken zu schlagen, zu einem neuen Geist der Litteratur, der vom Dänischen Ende Deutschlands anfange und das Land erquicke« (SWS IV, S. 433ff.).*
7f. Schicksal ... von nirgends aus, Summen zu ziehen weiß] *Risiko der Reise aufgrund des Geldmangels.*
9f. letzte Stunde ... entscheiden.] *»... eine Nacht vor Helsingör hats entschieden. Ich überließ mich meiner Trägheit, meiner Schläfrigkeit, um zwei Tage zu verderben: da mir nichts leichter gewesen wäre, als von Helsingör nach Koppenhagen zu gehen: wir sind fortgesegelt: ich fand mich in der See: ich gehe nach Frankreich« (»Journal meiner Reise«, SWS IV, S. 436).*
11 Meene] *Möen.*
15 guten Wein] *»... guten Rheinwein« (»Journal meiner Reise«, SWS IV, S. 434).*
17f. scherzende Delphinen ... ihnen.] *Gleim, »Romanzen«, 1756.*
19 aus dem Sunde Nachricht] *Vgl. 50f.*
20f. Briefe ... aus Deutschland] *Hartknoch sandte Briefe und Drucksachen als Beischluß am 1./12.7.1769 (LB II, S. 28f.).*
22 Klotzischen 7. Journäle] *Vgl. R, S. 320f. Hartknoch legte letztgenanntem Brief Klotz' Antwort auf H s Erklärung im »Hamburgischen unpartheyischen Correspondenten« bei (vgl. R, S. 675), worin Klotz behauptete, die 2. Ausgabe der »Fragmente« im Buchladen erhalten zu haben, und der Redakteur Wittenberg mitteilte, daß Steidel ihm H. als Verfasser der »Kritischen Wälder« genannt habe (was Hartknoch bezweifelte). Aus Gleims und Johann Georg Jacobis Sendungen an H. schloß Hartknoch, daß Klotz von seinen Anhängern verlassen worden sei.*
23f. Urtheile u. Pasquille in Riga für Eindrücke machen] *»Hier in Riga war wegen des Avertissements [von H., vgl. zu I 56,32] wenig Lärm; man beklagte Sie, schimpfte auf Klotz und frug mich, ob das, was St[eidel] gesagt, wahr wäre. Ueble Urtheile von Ihnen habe ich nicht gehört«, schrieb Hartknoch am 1./12.7.1769 (LB II, S. 30).*

24 Klopstocks ... Lieder] *»Geistliche Lieder«.*
25 Michaelis Hiob] *Johann David Michaelis, Bibel, Bd. 1. Hartknoch schrieb am 16./27. 9. 1769, »Hermanns Schlacht« und »Hiob« seien noch nicht erschienen.*
29f. neue Wohnung einzurichten] *Vgl. zu I 63(N),6f.*
30f. versiegelten Briefe] *Nicht zu ermitteln.*
31f. rückständigen Sachen ... verwahren.] *Vgl. zu I 63(N),6f.*
33 Göttingschen Zeitungen] *H. hatte sie wahrscheinlich ausgeliehen und nicht zurückgegeben. Hamann, der die Zeitung in Königsberg nicht auftreiben konnte, wünschte am 15. 3. 1769 eine Nachricht daraus und verwies H. auf seinen »Oberpraetor« (Vorgesetzten = Oberpastor v. Essen).*
34 Papiere] *H.s Manuskripte.*
35 Pack von Briefen] *Beischlüsse zu diesem Brief, nicht überliefert, vgl. zu 48. Hartknoch schrieb am 6./17. 8. 1769, er habe sie bestellt (an Mengden, Campenhausen u. a.), und wünschte am 16./27. 9. 1769 den Inhalt aller Briefe H.s zu wissen, um sich den Absichten H.s entsprechend verhalten zu können. Berens wolle »heute selbst schreiben«, Campenhausen erst, wenn er »was Reelles« für H. habe (LB II, S. 66, 68f.).*
37 an Sekretär Berens] *Auch H.s Brief an Johann Christoph Berens ist nicht überliefert. Vgl. zu 48.*
38 Steidel] *Vgl. I 68,213f.; zu 22.*
41 Kuße der Freundschaft] *Von Frau Hartknoch erwidert (vgl. LB II, S. 32, 65).*
44 Schröder] *Schröder (vgl. zu I 50(N),132) versicherte den »göttlichen« H. auf Hartknochs Brief vom 1./12. 7. 1769 seiner Hochschätzung (LB II, S. 32).*
45 pro-forma Brief] *Scheinbrief.*
45f. einem andern] *I 66.*
48 Pack von Briefen durch den Schiffer] *Vgl. I 68,108–115. Dieser Brief mit den Beischlüssen kam später nach Riga als I 66 (mit der Post), weil der Schiffer vom Sund erst nach der ostpreuß. Hafenstadt Pillau (am Frischen Haff) segelte (LB II, S. 64, 69).*
49 Briefe meines Freundes] *Gustav Berens' Briefe an seine Brüder, nicht ermittelt.*
52 sonst versprochen haben] *Geld, vgl. I 66,11–14.*
54f. nächstens an ihn schreiben werde] *I 69.*
55–62 an Meusel schreiben] *»Ihre Commission an Hofrath Meusel habe nicht besorgt ... Die Pasquille werden von selbst schweigen«, schrieb Hartknoch am 6./17. 8. 1769 (LB II, S. 64). Die Begründung am 16./27. 9. 1769 (LB II, S. 67): H.s Reise sei in Deutschland keine Neuigkeit mehr, und Hartknoch wollte H. mit einem Brief an Meusel nicht schaden (LB II, S. 67).*
58f. seinen Brief] *Meusels Brief vom 29. 4. 1769 (LB I, 2, S. 447ff.), worin er sich für seinen ersten Brief mit der Zuschreibung der »Kritischen Wälder« (aufgrund der »Litterarischen Briefe an das Publikum«) entschuldigte; vgl. I 56,19–26.*

66. AN JOHANN FRIEDRICH HARTKNOCH, Sund, 8./19. Juni 1769

11–22 Hoc ergo scriptum ... ad me pertingent.] *Wegen der Geldgeschäfte schrieb H. lateinisch, damit es Hartknochs Frau nicht verstehen konnte. Vgl. zu I 68,150.*
15 amico meo] *Gustav Berens.*
23 Cetera per nautam scripsi] *I 65.*
24ff. multas ... litteras] *Die I 65 beigeschlossenen Briefe H.s an Campenhausen, Mengden, Christian Felix Weiße, Frau Busch und Johann Christoph Berens sind nicht überliefert; vgl. zu I 65,35,37,48; 68,108–112; 70,3–9.*
26 quae ad me respondebuntur] *Vgl. zu I 65,20f.; 68,17,27; 70,10ff.*

67 (N). AN ZOLLKONTROLLEUR BEGROW, Nantes, 7./18. Juni 1769

4 voyage de 6. semaines] *Vom 25. 5./5. 6. bis 4./15. 7. 1769, Landung in Paimboeuf in der Loire-Mündung (wegen Ebbe), am 5./16. nach Nantes (»Journal meiner Reise im Jahr 1769«, SWS IV, S. 433, 437f., vgl. Notiz in der Reiseschreibtafel, ebd. Einleitung, S. XIII).*
6 Sterne ... Voyages de Sentiments] *»A Sentimental Journey«.*
19 Purgatoire] *Fegefeuer, siehe R, S. 668.*
20, 49 Berens] *Gustav Berens.*
23f. la Langue Francoise d' une maniere horrible] *Über H.s Vernachlässigung und Unkenntnis der französischen Sprache vgl. »Journal meiner Reise« (SWS IV, S. 346, 366, 436ff., 479). H. schrieb frz. zu seiner Übung.*
26f. fragmens ... lucubrations critiques] *Vor allem »Ueber die neuere Deutsche Litteratur« und »Kritische Wälder« (vgl. SWS IV, S. 347, 363).*
29 Angers] *Vgl. I 68,99ff.*
31 l' Angleterre et Italie] *Vgl. I 71,69.*
32 Socrate: je n'en scais rien] Οιδα ουδεν ειδως. *Ich weiß, daß ich nichts weiß (Platon, »Apologie des Sokrates«). Sokrates' Nichtwissen vgl. R, S. 543.*
33 notre amie] *Frau Busch.*
38 la lettre ... le livre] *»Journal meiner Reise« (Anfang), als Adressatin war ursprünglich Frau Busch gedacht: »Gespielin meiner Liebe, jede Empfindbarkeit, die du verdammst, ... ist auch Tugend ... Du bist tugendhaft gewesen ...« (SWS IV, S. 349f.). »... in den Wäldern in Nantes ... wenn ich ... mein Leben ... für meine Freundin in Gedanken entwarf ...« (ebd., S. 440).*
43f. chanson de Franc-Macons par mer] *»Der Genius der Zukunft«, Juni 1769, siehe R, S. 30.*
52 Inlage] *Nicht ermittelt. –* Sous] *Kleine frz. (Kupfer-)Münze (^{1}/$_{20}$ Livre).*

68. AN JOHANN FRIEDRICH HARTKNOCH, *Nantes, 4./15. August 1769*

4 Einschluß] *Vgl. zu I 65,20ff.*
5f. gute Andenken] *»Sie haben durch Ihre Abreise bei Ihren Freunden mehr gewonnen; man schätzet ein Gut, das man verloren, ungleich höher, als da man es hatte«, schrieb Hartknoch in B.*
13, 15 Schriftstellergedanken] *Abwertung des Autorenruhms wie im »Journal meiner Reise im Jahr 1769«, vgl. zu I 67(N),26f.*
14, 17 Schattenspielen ... Schweizerkerls] *Vor allem Schweizer und Savoyarden zogen als Wanderschausteller über die Jahrmärkte.*
17 schöne Spielewerke!] *In Zedlers »Großem vollständigen Universal-Lexikon aller Wissenschaften und Künste«, Bd. 30, Leipzig und Halle 1741, S. 891, unter »Raritäten-Kasten« erläutert: »Es pflegen gemeine Leute, so mehrentheils Italiäner von Geburth, mit solchen Kasten die Messen in Deutschland zu besuchen, auf den Gassen herum zu lauffen und durch ein erbärmliches Geschrey: Schöne Rarität! Schöne Spielwerck! Liebhaber an sich zu locken, die vors Geld hinein sehen. Weil nun solche Dinge mehr vor Kinder als erwachsene und angesehene Leute gehören, so pfleget man daher Dinge, die man herunter und lächerlich machen will, Schöne Raritäten, schöne Spielwercke zu nennen.«*
17, 27 Gleims Brief] *A zu I 47; beigelegt »Oden nach dem Horatz« (LB II, S. 28f.).*
19f. Dedikation an mich] *Widmungsgedicht »An Herrn Herder« (im Göttinger Musenalmanach 1770) als Mskr., siehe R, S. 189; vgl. zu II 29(N),25. In A warnte Hartknoch*

H., Gleim aufrichtig seine Meinung zu sagen, da er nach Nicolais Zeugnis Kritik übelnehme (LB II, S. 67). Vgl. I 72,**155f**.; 75,**69ff**. H. schrieb jedoch nicht an Gleim.
23, 27 Jacobi ... Gedichte] *Gedichte, 1769 an H. geschickt, siehe R, S. 292. Hartknoch erwähnte in B »Nachtgedanken« und hielt zunächst auch die Oden (zu 17) für Johann Georg Jacobis Werk.*
24f. Abfall ... vom Narren Klotz] *Vgl. zu I 65,**22**.*
30 Klotzens Avertißement] *Vgl. ebd.*
33f. Gesichtspunkt ... aus Frankreich] *Durch den Blick von außen auf die deutsche Literatur verstärkte sich H.s Patriotismus, vgl. I 75,**18–23**.*
35, 37, 203ff. Situation] *Vgl. zu I 73(N),**15**.*
36f. Punkt, den Archimedes ... bewegen] Δος μοι που στω και κινω την γην!
38f. neue ... Auflage meiner ... Schriften] *Nicht realisiert. Hartknoch wünschte in A, daß H. dabei den schon gedruckten Band der »Fragmente«, 2. Ausgabe, berücksichtige und »so wenig wie möglich änderte«, »sorgfältiger im Styl« wäre und an »eine Fortsetzung« (der »Fragmente«) dächte (LB II, S. 69). Vgl. I 72,**150ff**.*
40 elende, kurze Zeitverbindungen] *Wie z. B. die Polemik gegen Klotz und Riedel in den »Kritischen Wäldern«, nach Hamann »Froschmäuselerhändel« (an H., 23. 9. 1768, ZH II, S. 422), vgl. zu I 55(N),**106**. Schluß des 4. »Wäldchens«: »Was habe ich geliefert, das auch, wenn Zeitverbindungen zerstäuben, noch daure, noch bleibe? ...« (SWS IV, S. 198).*
41f. der Summe ... hinzusetzet] *»Zur Gedankenreihe Menschlicher Seelen was hinzuzufügen ...« (Ebd.). Vgl. zu I 73(N),**12ff**.*
43 hasardirte Kritiken] *Zufällige Kritiken ephemerer Publikationen.*
45 Bildsäule] *Metapher für ein überdauerndes Werk.*
45f. Nachdruck der Klotzianer] *Klotz hatte, wie Nicolai in B₂ zu I 69 schrieb, mit dem Nachdruck des entwendeten Exemplars der »Fragmente«, 2. Ausgabe (vgl. zu I 56,**32**) gedroht.*
49 Werk über die hebräische Archäologie] *»Ueber die ersten Urkunden des Menschlichen Geschlechts. einige Anmerkungen«, vgl. zu I 43(N),**38f**. »Geben Sie doch bald Ihre Schrift über die Alterthümer der Hebräer oder den 4ten kritischen Wald, oder einen neuen Theil oder eine neue Ausgabe der Fragmente, oder was es ist, heraus. Ich habe sonst nichts zur Ostermesse«, bat Hartknoch, der die Mskr. kannte, in A (LB II, S. 68). Vgl. aber I 89,**50ff**.*
50, 201 Conjectures] *Von Astruc. In »Ueber die ersten Urkunden« (wie R. Smend vermutet) nach Johann David Michaelis' Anmerkungen zu Lowth' »De sacra poesi Hebraeorum« angeführt: »Ein anderer, dessen Buch und dessen Rezension ich aber nicht Gelegenheit gehabt, zu sehen, hat Mutmaßungen geäußert, daß Moses bei Verfassung seiner Geschichte sich älterer Urkunden bedienet.« (FHA 5, S. 25, 1338). In der »Aeltesten Urkunde«, Bd. 1, als »Geschwätz« abgewertet (SWS VI, S. 331). Astrucs Werk regte H. in Nantes zu dem Entwurf »Ueber Moses« (vgl. R, S. 48) an, von dem er in einem nichtüberlieferten Brief Hartknoch berichtet haben muß; denn dieser schrieb in A zu I 74: »Ueber Ihren Entschluß, Mosis Leben zu schreiben, freue ich mich« (LB III, S. 143). Vgl. darüber R. Otto, H.-B. II, Nr. 1824.*
50–53 Ode ... an Michaelis] *»Als der Verfaßer an einer Archäologie des Morgenlandes arbeitete«; siehe R, S. 30.*
54ff. Variétés literaires] *Hrsg. von François Arnaud und Suard. Hartknoch hatte die Sammlung in seinem Sortiment, ohne den Inhalt zu kennen (A). Vgl. I 71,**56–63**.*
56 Blairs] *»Fragmens de Poésies écrites dans la Langue Erse«.* – hersisch] *Galisch, siehe R, S. 765.*
56f. Briefe über die Chevalerie] *Richard Hurd, »Letters on Chivalry« (Verwechslung H.s), vgl. zu I 71,**58f**.*

57 Italienische Literatur] *»Reflexions sur l' état actuel de la poésie italienne« (in Bd. 1, von Arnaud); Verri, »Reflexions sur l' Esprit ...«. – über Sprachen] »Discours sur les langues« (in Bd. 1, von Arnaud).*
58 Diderots Ehrengedächtnis] *»Eloge de Richardson«.*
59 Abhandlungen Sulzers] *»Lettre de M. Sulzer à un de ses amis« (in Bd. 3, Erläuterung des Plans der »Allgemeinen Theorie der Schönen Künste« im Unterschied zu Gottscheds »Handlexikon«, übersetzt von Arnaud).*
59 Moses] *Mendelssohn, »Ueber das Erhabene und Naive«; »Ueber die Empfindungen« (in Bd. 4, »Réflexions sur la Nature et l' Origine des Sentimens mixtes, composés de Plaisir et de Peine«, übersetzt von Arnaud).*
61 Voltaires Korneille] *»Théâtre de Pierre Corneille«.*
63–73 Französisch] *Vgl. zu I 67(N),23f.*
65f. Sprache des Ohrs ... Sprache der Augen] *Unterschied zwischen Aussprache und Schreibweise.*
75 Legereté] *Leichtigkeit, Flüchtigkeit, Oberflächlichkeit.*
78ff. vortreflichen Dame] *Frau Babut.*
79–82 à propos ... Vous êtes] *»Übrigens, Herr Herder, ist es nicht so, daß Sie über Ihre Literatur geschrieben haben? – Nein, Madame, ich bin nicht derselbe Herder: ich habe nicht die Ehre, Schriftsteller zu sein. – Oh! oh! Sie haben gut reden: man kennt Sie; Sie sind Geistlicher – – Sie sind – – –«*
83–97 junger Schwede ... Koch] *Vgl. »Journal meiner Reise« (SWS IV, S. 446ff.).*
87 Egards] *Rücksichten.*
98 Urtheilen über die Französische Nation ... Theater] *Vgl. »Journal meiner Reise« (SWS IV, S. 413ff., 425ff., 431ff.) und die Aufzeichnungen aus Paris vom 2.12.1769 (ebd., S. 479–486).*
100f. Mitglied der academie] *Nicht ermittelt.*
101 belles lettres] *Schöne Künste.*
102 Memoires] *Denkschriften, hier: Veröffentlichungen der Akademie.*
104 Academie des Exercises] *Gymnasium.*
105–108 Brief] *H.s Brief an Pastor Gericke, vgl. I 72,93. »Past[or] Geriken's Brief erfüllt Ihre Absicht; er zieht in zu viele Hände, als daß er nicht in die Hände einiger Bewunderer Frankreichs fallen sollte, die sich daran ärgern werden; doch habe ich nichts widriges gehört«, meldete Hartknoch in A (LB II, S. 69f.). H. hatte in dem Brief anscheinend die frz. Kultur kritisiert.*
108–112 Briefe durch einen Schiffer] *Vgl. zu I 65,35,48; 66,24ff.*
113ff. Inlage ... Verbeßerung der Domschule] *Vgl. zu I 65,37; Verbesserung der Domschule in Riga, siehe R, S. 48. H.s Pläne seien vergebens, schrieb Hartknoch, es gehe alles »schragenmäßig« (wie im Faulbett; LB II, S. 70).*
118f., 186f. Schlegel] *»Besonders sind der Oberpfarrer und der Rektor Schlegel Ihre Feinde«, hatte Hartknoch in B geschrieben. Schlegel habe ihm gegenüber neulich die »Kritischen Wälder« getadelt und den Verfasser der »Litterarischen Briefe« (vgl. zu I 57,6) gelobt.*
118 dullness] *Dummheit, Stumpfsinn.*
121 Recensionen] *Hartknoch hatte H. geraten, Schlegels »Abhandlung von den ersten Grundsätzen in der Weltweisheit« zu kritisieren, die in seinem Verlag erscheinen solle (B).*
122ff. Moses langer Brief] *Mendelssohns Brief, A zu I 58, war B beigeschlossen. Vgl. I 76.*
124f. Nicolai Brief] *A₂ zu I 56, war ebenfalls Beischluß zu B.*
125–128 Dorow Brief] *Nicht überliefert. »Dorovius will wieder nach Preußen gehen; der Mensch ist beklagenswerth«, schrieb Hartknoch am 14./25.11.1769 (LB II, S. 138).*

127 heautontimorumenischen] *Selbstquälerisch (griech.)*.
128 Weiße Brief] *Christian Felix Weiße an H., 5. 5. 1769 (LB I, 3, zweite Hälfte, S. 525–530, über Messeneuerscheinungen und die Klotzianer).*
128f., 135 Anfang der Antiquarischen Briefe] *Hartknoch hatte den Anfang des von Nicolai überschickten 2. Teils B nicht beigelegt (LB II, S. 28). Vgl. zu I 53,72.*
129 Leßing Ausfälle] *Wegen des 1. »Kritischen Wäldchens« befürchtet.*
130f. Bibliothek der schönen Wissenschaften] *Garve rezensierte die »Kritischen Wälder« in Bd. 9, siehe R, S. 652f. Vgl. I 72,191ff. Eine Abschrift der Rezension sandte Hartknoch mit A zu I 74 (H: Kraków).*
131 Verfasser der litterarischen Briefe] *Vgl. zu 118f. Schirach sei Professor in Helmstedt geworden und habe »in einer Hallischen Zeitung« erklärt, daß er nicht der Verfasser sei, er habe keine Zeit für »Scurrilitäten« (A).* – Sulzers Wörterbuch] *Vgl. zu I 56,44f.*
132 Klopstocks Lieder] *Vgl. zu I 65,24.*
133 Michaelis Hiob] *Vgl. zu I 65,25.*
134 Oßian] *Von Denis, vgl. I 78,52f. Der schon 1768 erschienene Bd. 2 war noch nicht in Riga erhältlich (A).* – Wielands Tristram] *Vgl. zu I 75,101–105.*
135 Laokoon 2ter Theil] *Vgl. zu I 54(N),30f.*
141 Sonntag ... gaben] *Der mit Arbeit überhäufte Buchhändler (vgl. LB II, S. 68) hatte die Sonntage in Riga in Gesellschaft H.s verbracht. Hartknoch schrieb, daß die Jahre seiner Bildung vorbei seien (A).*
147 Hans] *Vgl. zu I 64,19.*
148 A Dieu] *Vgl. zu I 62(N),96.*
149–214 diesen Zettel] *2. Teil des Briefes, wegen der Geldgeschäfte nur für Hartknoch bestimmt, zugleich als Schuldverschreibung (179).*
150 Wechsel] *Vgl. I 66,12ff. Hartknoch schrieb in B, er habe seine Mitausche Handlung für 6000 Reichstaler verkauft und könne H. problemlos die verlangten 200 Taler schicken. Sein Vermögen solle H. auch ferner »gerne zu Diensten stehen« (LB II, S. 31).*
154 Equipirung] *Einrichtung.*
155 Berens] *Gustav Berens.*
158 Sprache ... lernen] *Vgl. zu 63ff.*
160, 178 noch einen Wechsel ... auf 200 Ducaten] *Vgl. I 70,21. Hartknoch sandte mit A einen Wechsel über 200 Albertustaler, über den H. nach der Dauer des Postweges von Riga bis Nantes etwa in 30 Tagen verfügen könne (vgl. I Anm. 72). 200 Dukaten (etwa das Dreifache) habe Hartknoch nicht auf einmal erübrigen können, aber »auf den ersten Wink« solle H. wieder die gleiche Summe erhalten (LB II, S. 65f.).*
167 Same in der Wintererde liegt] *Vgl. Johannes 12,24.*
174f. jetzige Opportunität Ihrer Situation] *Vgl. zu 150.*
177 pressentiment] *Ahnung, Vorgefühl.*
181 andre Seite] *Rückseite des 2. Briefteils.*
182 grossen Brief] *3–148.*
183f., 187f. Begrows Brief] *Nicht überliefert.*
185 Couvert] *Einschluß.* – Schrödern] *Vgl. zu I 65,44.*
186 gewesenen Einwohner] *Wilpert, vgl. I 64,22.*
187 Katzenbuckel] *Zeichen der Dienstfertigkeit und Schmeichelei, vgl. Lessing, »Minna von Barnhelm«, I, 3 (Just über den Wirt: »Wenn ich ihm doch eins auf den Katzenbuckel geben dürfte!«).* – Gerngroß] *Siehe R, S. 178.*
188f. Undankbarkeit] *Oberpastor v. Essen behaupte, daß H. »undankbar« gegen seine Wohltäter sei (B, vgl. B₁ zu I 72, LB II, S. 65, »der undankbarste Mensch unter der Sonne«).*

189 An Dorovius] *Vgl. I 72,****156f.***
192ff. Commerce de la Hollande] *Von Sérionne (vgl. SWS IV, S. 503f.). Hartknoch wollte offenbar die Übersetzung herausbringen, bedauerte aber in A zu I 72, daß schon »Dodsley« (= Schwickert) den Titel im Messekatalog angekündigt habe (LB II, S. 140).*
195 Interêt des nations] *Wie* **192ff.,** *Hartknoch nannte den Verfasser nicht.*
196f. Memoires ... Bidulph] *Von Frances Sheridan.*
199f. Analogie der ältesten Nationen] *Grundgedanke der Einleitung zu »Ueber die ersten Urkunden des Menschlichen Geschlechts«: »Die Völker der Erde sind so wie einzelne Menschen, in ihrer Kindheit sich einander ähnlicher, als in spätern Zeiten ...« (SWS XXXII, S. 148).*
201 großes Werk] *»Les ruines«.*
204 Krone in Riga] *Russ. Generalgouvernement.*
208 Hamann] *Hartknoch zitierte in A aus einem Brief Hamanns: »... ich billige jetzt recht sehr Herder's gewagten Schritt und wünsche, daß selbiger zu unserer gemeinschaftlichen Zufriedenheit ausschlagen mag. Mein Schicksal ist vielleicht nicht so individuell, wie unser Herder zu sagen liebt, daß meine Bücher wie ein Schneeball wachsen, unterdessen das Gehirne verschmolzen und verraucht ist« (LB II, S. 70f.).* – Lindner] *Vgl. zu I 62(N),****128.***
209ff. an meine Mutter zu schreiben] *»An Ihre Mutter habe wegen Ihrer Addresse so deutlich geschrieben, daß sie mich schon verstehen wird«, antwortete Hartknoch (LB II, S. 67f.).*
211 ihre ... Briefe] *Anna Elisabeth H.s Briefe an den Sohn, Oktober 1769, 4.11.1770, 23.11.1771, 15.7.1772 (Gebhardt/Schauer II, Nr. 1–4) sind Zeugnisse pietistischer Gottergebenheit, der erste war Beischluß von A zu I 72 (vgl. LB II, S. 138).*
213f. Steidel ... Mitau.] *Hartknoch ging auf diese Fragen nicht ein. Vgl. I 72,****145.***

69. AN CHRISTOPH FRIEDRICH NICOLAI, Nantes, 5./16. August 1769

10 Schuldner] *In der Lieferung der übernommenen Rezensionen.*
21 Falte] *Vgl. I 53,****21–24.***
21, 28 Situation] *Vgl. zu I 73(N),****15.***
22ff. Klotzischen Gesindel] *H. fürchtete, daß die Angriffe der Klotzianer auf den Schriftsteller H. sein Ansehen als Geistlicher beeinträchtigen würden. Seine zunehmende Beliebtheit in Riga zeigte das Gegenteil. Vgl. zu I 65,****23f.***
25 einer guten Sache] *Predigeramt.*
28 Pöbel] *Der rohe, ungesittete, vom Standpunkt der Aufklärung ungebildete Haufen, von Aberglauben und Vorurteilen geleitet (vgl. SWS IV, S. 361f., XIII, S. 389, XXXII, S. 42); Antonym zu »Volk« (vgl. zu I 51,****101f.****), moralisch abwertend für alle Stände (vgl. SWS IV, S. 422, VIII, S. 15, 22, XIII, S. 371), vgl. I 43(N),****21****; 49,****56****; 50(N),****54****; 69,****28****; 108,****75.***
30 die Stricke fertig] *Vgl. Hesekiel 3,25.*
32 momentane Umstände] *Gustav Berens' Handelsreise nach Nantes.*
32ff. in Koppenhagen debarquiren] *Vgl. zu I 65,****4ff.****,****9f.***
35 Expatriirter] *Ein aus dem Vaterland Verwiesener, vgl. I 70,****14.***
37 Klopstocks Lieder] *Vgl. zu I 65,****24.***
38 Michaelis Hiob] *Vgl. zu I 65,****25.***
38ff. Ramlers Horazische Oden] *»Oden aus dem Horaz«, siehe R, S. 457.*
40 Antiquarischen Briefe] *Vgl. zu I 53,****72.*** – Laokoon] *Vgl. zu I 54(N),****30f.***

41ff. Französisch ... lernen] *Vgl. zu I 67(N), 23f.*
45 Fragmente über die Franzosen fortsetzen] *Vgl. zu I 18,13; 70,17ff.*
47 Wurf im Brette] *Fall des Würfels im Brettspiel.*
49–54 Meßias ... Young] *In B$_2$ hatte Nicolai um Rezensionen folgender Neuerscheinungen gebeten: Klopstock, »Der Messias«, Bd. 3 (»Allgemeine deutsche Bibliothek« XVIII, 2 rezensiert von Johann Jakob Engel); Denis, »Ossian«, Bd. 2; Young, »Nachtgedanken«, Bd. 4 (ebd. XV, 1 von Christoph Daniel Ebeling); Seybold (64; ebd. XX, 1 rezensiert von Esdras Heinrich Mutzenbecher).*
54 Anmerkungen] *Kritische und erläuternde Anmerkungen von Johann Arnold Ebert, siehe R, S. 631.*
55–58 Romantischen Briefe] *Vgl. zu I 53,68f. H. erwartete eine Fortsetzung (die Rezension verfaßte »To.«).*
59 Bodmers Noachide] *Vgl. zu I 38,30.*
60 Kalliope] *Vgl. zu I 38,34.*
60ff. Abbts Fragment ... Heinze Cicero, u. Steffens Quintilian] *Vgl. zu I 38,9 (Heinze und Steffens rezensiert von Mutzenbecher).*
65 Millers Beredsamkeit] *Johann Peter Miller, »Anweisung zur Wohlredenheit«, vgl. zu I 38,9 (3. Auflage 1776 rezensiert von Prediger Noodt).*
65f. Blums Gedichte ... Gesang Rhingulphs] *Beide Titel standen wahrscheinlich in dem B$_1$ beigelegten Verzeichnis von 9 zu rezensierenden Büchern (O. Hoffmann, S. 128, oben), vgl. I Anm. 56 (Blum in »Allgemeine deutsche Bibliothek« XIII, 1 rezensiert von Ebeling).*
66 Hermanns Schlacht] *Klopstocks Bardiet wurde in der »Allgemeinen deutschen Bibliothek«, XII, 2 (1770) von »P.« (= Ehrenfried Engelbert Buschmann, Gerichtssekretär in Stralsund, Dichter, 1743–1806) rezensiert.*
68 Erklärung] *Nicolai wollte während H.s Entfernung von Deutschland geduldig auf seine Beiträge warten (A). Von allen 49–66 erwähnten Werken rezensierte H. später aber nur Denis' »Ossian« und Kretschmanns »Gesang Rhingulphs«, die älteren Entwürfe einer Rezension von Bodmers »Noachide« blieben unveröffentlicht (vgl. SWS II, S. 163–178).*
69 addressirt] *Nicolai adressierte A: »A Monsieur Herder Homme de Lettres, demeurant dans la Maison de Mr. Babus à Nantes en France« (O. Hoffmann, S. 51).*
71 Brief des Hrn Moses] *B zu I 76(N), vgl. I 68,122ff.*
74f. meinen Brief noch nicht abdrucken] *I 58; vgl. I 75,37f.; zu I 53,90f.*
76 Systematischer ... erklären] *I 76(N).*
77 Moses' Antwort] *Vgl. zu I 76(N),121.*
78 Klotz u. sein Anhang] *In B$_1$ und B$_2$ hatte Nicolai H. wiederholt vor Klotz' Niederträchtigkeit gewarnt und ihn der Hochschätzung »aller rechtschaffenen Leute« versichert; er solle sich ja nicht an »die kleinen Kleffer« kehren (O. Hoffmann, S. 44f.).*
79f. Gleim u. Jacobi] *Vgl. zu I 65,22; 68,19f.*
80 Wieland] *Vgl. I 68,28. Wieland veröffentlichte zwar Gedichte (z. B. »Erdenglück«) in der »Deutschen Bibliothek«, war aber kein Klotzianer. Am 15.12.1768 riet er seinem Brieffreund Riedel, sich von dem »kleinen zwergischen Diktator« Klotz zu trennen.*
81f. Avertißements] *Vgl. zu I 65,22.*
82f. Leßing ... abgeben muß] *In den »Briefen, antiquarischen Inhalts«.*
84ff. wieder mich ... erklärte] *Vgl. zu I 68,129. Nicolai ging nicht darauf ein, vgl. zu I 53,129ff.*
87 Weiße ... in Berlin] *Nicolai erwähnte in B$_2$ Christian Felix Weißes freundschaftl. Besuch und äußerte in A seine Vorfreude auf die persönliche Bekanntschaft mit H.*

70. An Johann Friedrich Hartknoch, Nantes, 28. August 1769

3f. keine Briefe] *Der Brief kreuzte sich mit Hartknochs Brief vom 6./17. 8. 1769 (LB II, S. 63ff.).*
4f. mit dem Schiffer aus Helsingöhr geschrieben] *Vgl. zu I 65,35,48; 66,24ff.*
5 Berens] *Wahrscheinlich Georg Berens in Riga.*
11 was Hamann denkt] *Vgl. zu I 68,208.* – Scheffner] »*Scheffner weiß, daß Sie nicht mehr hier sind und wird ohne Zweifel einmal an Sie schreiben*«, *meinte Hartknoch in A und erwähnte ein Schreiben Scheffners über die Guicciardini-Übersetzung mit einem günstigen Gutachten Gatterers in der* »*Allgemeinen historischen Bibliothek*« *(LB II, S. 71): in Bd. 10, 1769,* »*Eines Ungenannten Schreiben an den Professor Gatterer, das Vorhaben einer teutschen Uebersetzung des Guicciardini betreffend*« *(Scheffner hatte am 17. 11. 1768 das 1. Buch als Übersetzungsprobe geschickt mit der Bitte um Beurteilung);* »*Des Prof. Gatterers Antwort auf das vorhergehende Schreiben*« *(25. 3. 1769, Ermutigung des Anonymus zu dieser Arbeit, Empfehlung eines Mittelweges zwischen wörtlicher Übersetzung und Paraphrase). Vgl. zu I 63(N),30f.*
14 Exsulant] *Verbannter, vgl. I 69,35.* – Französiren] *Sitten, Gebräuche und Denkart der Franzosen nachahmen.*
17f. neuen Theil der Fragmente] *Vgl. I 69,45; zu I 18,13.*
19 Bemerkungen] *Über die frz. Kultur, vgl.* »*Journal meiner Reise im Jahr 1769*« *(SWS IV, S. 413–418, 421–437).*
20 meinen Brief] *I 68.*
21, 40ff. 200 Ducaten] *Vgl. zu I 68,160.*
22 fourniren] *Liefern, verschaffen.*
25ff. Encyklopädie ... lernen.] *Vgl. I 72,160f.; Hartknoch hatte in A H.s eigene Formulierung zitiert und sein Unverständnis erklärt:* »*Das können Sie unmöglich aus der Encykl. lernen*« *(LB II, S. 71; Rechtfertigung in A zu I 72, ebd., S. 140).*
27ff. Saisons] *Von Saint-Lambert, vgl. I 71,41–47. Die deutsche Übersetzung rezensierte H. 1772 negativ in den* »*Frankfurter gelehrten Anzeigen*« *(SWS V, S. 430f.): Einige Anmerkungen* »*enthalten manche sehr gute, natürlichgedachte, philosophische Entwicklung einiger Gefühle und Urtheile*« *(der* »*weit gründlichern*« »*Philosophical Enquiry*« *Burkes ähnlich), das Gedicht* »*ist so mittelmäßig*«.
30–33 Fabeln des Sadi] »*Der Rosengarten*«, *Auszug. In der Rezension 1772:* »*äusserst verkehrte, französirte und geschminkte Blümchen ... aus der dritten fremden, unreinen, eckelpomadirten Hand*« *(SWS V, S. 431).*
32 Delaßement] *Erholung.*
34 Eßen, Schlegel] *Vgl. zu I 68,118f.,188f. Nach Hartknochs Antwort war Schlegel* »*ganz geruhig*« *(LB II, S. 68); er wolle für eine Tübinger Preisaufgabe* »*Von der Sünde wider den heiligen Geist*« *kandidieren, habe seine Meinung aber* »*vermuthlich wieder aus Vorreden geholet, denn selbst denken kann er nicht*« *(LB II, S. 70).*
34f. Beschreibung des Deutschen Parnaßes] *Davon könne er* »*nur wenig schreiben*«, *antwortete Hartknoch; denn in den* »*Hallischen*« *und* »*Göttingschen Zeitungen*«, *die er lese, kämen nur für H. unwichtige Werke vor (LB II, S. 67).*
41 Rückruf] *Hier: mögliche Anfrage des auszahlenden Bankiers nach der Deckung des Wechsels.*
43 Verlaßen Sie mich aber nicht] »*Sie können aber allezeit auf meine Unterstützung sichere Rechnung machen*«, *antwortete Hartknoch (LB II, S. 66).*

71. AN JOHANN GEORG HAMANN, Nantes, *Ende August 1769*

5f. Brief ... empfangen] *I 62(N), vgl. zu I 63(N).*
7 durchcaroßirt] *Zu Abschiedsbesuchen im Wagen durch die Stadt gefahren, vgl. I 62(N), 131f.; 63(N),28f.*
8 meiner Mutter u. Ihnen] *Briefe geschrieben.*
10 Humour ... Spleen] *Laune ... schlechte Laune.*
13 zu groß für seine Sphäre zu scheinen] *Vgl. »Journal meiner Reise im Jahr 1769«: »... die Sphäre war [für] mich zu enge« (SWS IV, S. 345).*
14f. Contrarietäten ... Ämtern] *Die Aufdeckung seiner anonymen Schriftstellerei und die Angriffe der Klotzianer fand H. seinem geistl. Stand nachteilig (vgl. SWS IV, S. 345).*
16 Falte meines Geistes] *Vgl. I 53,19–24; auch SWS IV, S. 347.*
17 verstümmelte Büste] *Vgl. I 61,18f.*
19 gewiße Jahre zu nutzen] *Vgl. I 98,57f.*
20 überraschen] *Vgl. I 63(N),16.*
21f. Thränen u. Wünsche aller] *Vgl. I 98,56.*
22 Jugend] *Vgl. I 63(N),24f.*
26f. 6. Wochen ... Reise] *Vgl. I 67(N),4–8.*
28–31 Träume] *Etwa die erste Hälfte des »Journals meiner Reise« enthält H.s universalhistorische, pädagogische und »Politische Seeträume« (SWS IV, S. 401), in der zweiten Hälfte dominiert die Charakteristik der frz. Kultur.*
32 Hamannischen Pastoralschreiben] *Ermahnungen gegen H.s Geheimniskrämerei und Ableugnung der Autorschaft, gegen seine simultane Vielschreiberei und polemische Autorempfindlichkeit, vgl. zu I 55(N),99.*
33 in Nantes ... vertrauter Gesellschaft] *Seit 16. 7. 1769, bei Babut.*
35 entferne mich immer mehr] *Vgl. I 75,18f.*
35–38 Jüngling aus dem Nordischen Gothlande] *Vgl. zu I 68,83ff.*
39 Journal der Reise] *Vgl. I 72,29ff.* – Tristramsche Meinungen] *Nach Sterne, »Tristram Shandy«.*
41 jastreich] *Noch im Gärungszustand, alemann. Dialektismus (vgl. SWS IV, Einleitung, S. XIV, Anm. 2).*
42 Caos] *Chaos.*
42–47 les Saisons] *Vgl. zu I 70,27ff.*
44f. Fabeln des Sadi] *Vgl. zu I 70,30–33.*
46 Arnauld] *Arnaud war Hrsg. des »Journal étranger«.*
48 der König] *Louis XV.* – Ostindische Kompanie] *Vgl. I Anm. 71; R, S. 167.*
52ff. Preisaufgabe in Orleans] *Siehe R, S. 689.*
54f. löblichen Gewohnheit ... verewigen.] *Vgl. »Journal meiner Reise«: »alles pour le Roi« (SWS IV, S. 431).*
57 Variétès literaires et amusantes] *Falsche Titelangabe, siehe R, S. 696.*
58 Diderots Richardson] *Vgl. I 68,58.*
58f. Abhandlung über die Chevalerie] *Von Jarvis; vgl. zu I 68,56f.*
59 Allgarotti] *Algarotti, »Essai«.*
59f. Bollinbrocke] *»Observations sur la Correspondance littéraire de Milord Bolingbroke, ses Ouvrages politiques, et ses Papiers sur différens sujets, avec l' examen des causes et des progrès de sa reputation« (in Bd. 1, von Suard, aus einer engl. Zeitschrift).*
60 Blairs über Oßian] *Vgl. zu I 68,56.*
60f. aus dem Italienischen] *Vgl. zu I 68,57.*
64 Encyklopädie] *Vgl. I 70,25ff.*

66 Wurf des Schicksals] *»Journal meiner Reise«: »Wurf von Zufällen« (SWS IV, S. 345).*
71 Ihr Bruder] *Johann Christoph Hamann jun.*
77 geädert] *Zur Ader gelassen.* – purgire] *Abführen.*
77f. Operation an meinem Auge] *Die Tränenfisteloperation wurde aufgeschoben, vgl. I 108,19–25.*
81f. Raccolta di lettere] *Von Bottari; Auszug Arnauds in Bd. 2 der »Variétés litteraires« (vgl. zu 57), »Notice d'un Recueil de Lettres sur la Peinture, la Sculpture et l'Architecture, écrites par les plus grands maîtres qui ont fleuri dans ces trois arts, depuis le quinzième siècle jusqu'au dix-septième« (Briefe von Michelangelo, Benvenuto Cellini, Jacopo Pontormo, Braccini, Tasso, Bronzino, Francesco da Sangallo, Vasari, Raffael, Annibale und Lodovico Carrachi, Borghini, Salvator Rosa, Tizian u. a.).*

72. AN JOHANN FRIEDRICH HARTKNOCH, Nantes, Ende Oktober 1769

4 meinen Aufenthalt in Nantes wundern] *H. solle so reisen, als ob er nur ein halbes Jahr Zeit dafür hätte, schrieb Hartknoch in B$_2$ im Hinblick auf den »langen Aufenthalt in Nantes, über den sich jedermann wundert« (LB II, S. 67). In A schrieb er beruhigend, er habe die von einigen Rigaern an ihn gerichtete Frage nach H.s Aufenthalt in Nantes falsch verstanden; im Grunde würden in Riga nur seine Freunde noch an ihn denken (LB II, S. 135f.).*
7 Westlichen Meers] *Atlantik.*
9 Bolderah] *Siehe R, S. 750.*
11 Paris ... Mittelpunkt] *Paris war das wichtigste Ziel der Bildungsreisen der jungen Adligen.*
12 lorgniren] *Durch die Lorgnette betrachten.*
13 Coquette] *Buhlerin.*
17 Emils] *Rousseau, »Emile«.* – Shandys] *Sterne, »Tristram Shandy«.*
21 Cotterien] *Geschlossene Gesellschaften zum Vergnügen.*
22 Almairs ... Angola] *Von La Morlière.*
23f. Schillerscher Beutel] *Siehe R, S. 512.*
25 tribunaux subalternes] *Untere (mittelmäßige) Schiedsrichter.*
27ff., 96–101 4.ten Theil der Wälder] *»Kritische Wälder. Viertes Wäldchen über Riedels Theorie der schönen Künste«. Das vor der Abreise aus Riga fertige Mskr. (HN I,42) wurde in Nantes einer kürzenden Überarbeitung unterzogen (vgl. SWS III, Einleitung, S. XIIIf.), aber nicht zum Druck abgeschickt (HN I,43; Erstdruck in LB 1846). Vgl. I 115,85ff. Hartknoch, der das ursprüngl. Mskr. kannte, schrieb in B$_1$, H. solle mit dem »letzten Band der krit. Wälder gegen Riedel ... das ganze Werk krönen, es ist viel gründliche Untersuchung darin« (LB II, S. 64). Vgl. »Journal meiner Reise im Jahr 1769« (SWS IV, S. 443 unten, vgl. S. 49ff.).*
29ff., 173f. mein Tagebuch] *»Journal meiner Reise«: 2. Hefte in Quart bis inklusive des Realschulplanes für das Rigaer Lyzeum (SWS IV, S. 345–401, vgl. Einleitung, S. XIVf.).*
33 Schnuppen] *Schnupfen.*
34 Afterantlitz] *Gesäß.*
35 onguent rosa] *Unguentum rosa, Rosensalbe (frz.).* – Spanischfliegenpflaster] *Spanische Fliege siehe R, S. 819.*
39 den Brief] *Hartknoch soll aus vorliegendem Brief nur den 1. Abschnitt vorlesen.*
43f. Reelles Schreiben] *In B$_2$ ließ Campenhausen H. durch Hartknoch sagen, er werde ihm erst schreiben, wenn er »was Reelles schreiben« könne (LB II, S. 68f.), d. h., wenn die Stellen vakant seien, zu denen H. designiert war; vgl. I 63(N),20f.*

46 Affaire] *Angelegenheit:* »*Mengden ... hat mit dem Gouverneur Ihretwegen geredt; was er ausgerichtet hat, weiß ich nicht*«, *meldete Hartknoch in B₁.*
47 Duc-Paisan] *Bauer-Herzog.*
50–62 Verbeßerungsplan] *Vgl. zu I 68,113ff. H. befürchtete, daß Johann Christoph Berens aus persönl. Eitelkeit die Reform der Domschule verhindern könne.*
62f. Laß ... schreiben] *Ostpreuß. Dialektismus.*
63f. daß Sie ihn nicht suchen dörfen] *Hartknoch schrieb in B₂, er könne Campenhausen wegen einer Antwort nicht* »*bestürmen und beschwerlich fallen*«, *in A rechtfertige er sich wieder, er habe nur einmal bei ihm angefragt und tue nichts ohne H.s Auftrag (LB II, S. 66, 136).*
64f. Schrödersche kleine Parthien] *Heinrich Ernst Schroeder habe als Vikar Loders* »*zwar eine Parthie unter der Geistlichkeit bei der Krone und einigen Kronsbedienten*«, *sei aber kein Konkurrent H.s um die Stelle Loders (B₂). In A meldete Hartknoch, daß Schroeder Landpastor werde (LB II, S. 66, 136). Sein Nachfolger als Subrektor des Lyzeums wurde 1770 nach A zu I 78* »*ein gewisser Protz, der bei Rathsherr Vegesack Hofmeister war*«, *der bedeutende Regionalhistoriker Dr. phil. Johann Christoph Brotze (1742 Görlitz – 1823 Riga, 1783 Konrektor, 1801 Rektor), dessen* »*Sammlung verschiedner Liefländischer Monumente, Prospecte, Müntzen, Wapen etc.*« *(Zeichnungen und deren Beschreibungen) seit 1992 von der Fundamentalbibliothek der Lettischen Akademie der Wissenschaften in Riga herausgegeben wird.*
66–76 Ich arbeite ... würdigen Anschlägen.] *Inhaltliche Übereinstimmung mit »Journal meiner Reise«:* »*Aber Ausführen? ... unsterblich mache!*« *(SWS IV, S. 401).*
69 Sokraten] *Wohl verschrieben, wie Suphan vermutete, weil im »Journal« »den Lykurgen, Solonen« steht (SWS IV, S. 401, vgl. Einleitung, S. XV, Anm. 2).*
77f. litterarischen Publikum] *Vgl. zu I 57,6.*
80 Wälder in Nantes] *Vgl. I 68,91f.; 71,37.*
82 nicht an Meusel geschrieben] *Vgl. zu I 65,55–62.*
82f. Plato ... Stosch] *Aus seiner Handlung meldete Hartknoch in B₂:* »*Für Sie habe ich den Plato, und Spanheim, und Hercule le Thebain von Caylus, und d'Arvieux, und Descr[iption] du Cabinet de Stosch und noch manche andre interessante Neuigkeiten*« *(LB II, S. 68).*
83 Schirach] *Vgl. zu I 68,131.*
84f., 188f. Schlegel] *Vgl. zu I 70,34.*
86–89 Preisfrage ... der Berlinschen Akademie] *Anlaß der* »*Abhandlung über den Ursprung der Sprache*« *(Wie ist zu erklären, daß die ihren Fähigkeiten überlassenen Menschen sich eine Sprache bilden?), vgl. R, S. 689.*
93 Gerike] *Vgl. zu I 68,105–108.* – Avis au peuple] *Nachricht, Mitteilung an das Volk.*
94f. an Zuckerbecker schreiben] *In B₂ und A hatte Hartknoch H. aufgefordert, in seinem nächsten Brief Zuckerbecker, der sein Freund sei, zu grüßen bzw. ihm selbst zu schreiben (LB II, S. 70, 139). Vgl. I 78,28.*
95f. Schriften ... Kritischen Wäldern] *Vgl. zu 27ff.; I 68,38f.,49.*
97 3te Theil] *Vgl. zu I 54(N),22.*
98 Universalregister] *Nur zu* »*Vom Geist der Ebräischen Poesie*« *(beide Teile) hat H. Register erarbeitet (SWS XI, S. 469–475; XII, S. 305–308).*
99 2te Auflage] *Eine 2. Auflage der »Kritischen Wälder« erschien nicht.*
101ff., 214f. dem übrigen, woran ich arbeite] *Vgl. zu I 73(N),12ff.,18f.,54ff. In A fragte Hartknoch:* »*Was ist das, was ich aus Deutschland her von Ihnen lesen soll, wobei man rathen soll, ob Sie es sind?*« *Zum Druck müßte H. eine fremde Abschrift an Breitkopf schicken, weil seine Handschrift erkannt werde wie bei den »Kritischen Wäldern« (LB II, S. 140). Als H. auf A antwortete (I 78), hatte er den Plan eines politischen Werkes schon aufgegeben.*

102 divertiren] *Ablenken, belustigen.*
103 weß ... Ueberschrift.] *Matthäus 22,20.*
107 in Einer Stadt] *Nantes.*
108 Unpäßlichkeit] *Vgl. **33–36**.*
111 Morgen ... nach Paris] *Vgl. I Anm. 72.*
112–115 Sprache] *Vgl. zu I 67(N),**23f**.*
118 Chambre litteraire] *Literaturzirkel. Das Wort war Hartknoch unverständlich (LB II, S. 139).*
118 Ueberfluß von Werken] *Vgl. **168–172**.*
123f. Froschmäuslerkriegen] *Vgl. zu I 50(N),**167f**.; **68,40,43**; Batrachomyomachia, siehe R, S. 646.*
125f. Litteratur ... studirt.] *Nicht nur lesen, um zu rezensieren.*
130f. Nantes nicht so verlasse] *Vgl. **205**.*
133, 137 Traum] *Kontemplation, vgl. I 71,28–31.*
139 glossiren] *Tadelnde Bemerkungen machen.*
143f. Versprechen ... Zahl der Tage] *Vgl. zu I 68,**160**. Hartknoch entschuldigte sich in A, daß er den vorigen Wechsel nicht früher geschickt habe; wegen des Niedergangs des Rigaer Handels seien an zwei Posttagen keine Wechsel erhältlich gewesen. Den beiliegenden Wechsel sende Georg Berens; Hartknoch, dessen Meßgut bei Windau (Kurland) strandete, habe zur Zeit kein Geld (LB II, S. 137f.).*
145 Hinz mit Steidel zusammen] *Vgl. I 68,**214**. In A zu II 17 meldete Hartknoch, daß die Geschäftspartner sich als »Todfeinde« getrennt hätten; Hinz behalte den Buchladen, Steidel wolle einen anderen anlegen.*
145f. Umgang mit dem Buschischen Hause] *Hartknoch antwortete, er verkehre wie zuvor mit Busch; wie habe H. aus seinem (vorletzten) Brief »so nachtheilig« auf sein Herz schließen können (LB II, S. 137).*
147ff. Postscriptum ... Beinfall dieser Frauen] *Frau Busch hatte sich nach B₁ bei einem Wagenunfall den Fuß verstaucht (LB II, S. 65).*
150ff. Fragmente ... Plan] *Vgl. zu I 68,**38f**. Der größere Plan – über die Einwirkung der verschiedenen Nationalliteraturen auf die deutsche Literatur: »Ueber die Wurzeln der Deutschen Litteratur. Fragmente zur Archäologie derselben« (HN XXVIII, 12,17–21; vgl. SWS I, Einleitung, S. XXXVIIff.) - wurde nicht in einem selbständigen Werk realisiert, aber viel später in der 7./8. Slg. der »Briefe zu Beförderung der Humanität« und verstreut in den literarhistorischen bzw. gattungspoetischen Stücken der »Adrastea«. – »Lassen Sie Ihr Versprechen wegen Ausarbeitung einiger Werke kein leeres seyn; arbeiten Sie beständiger, anhaltender über eine Materie, wie hier, und nicht so unordentlich«, antwortete der Verleger (LB II, S. 139).*
153f. Bibliothek der schönen Wissenschaften] *Eine Erklärung H.s erschien nicht.*
155 schreibe an Gleim] *Vgl. zu I 68,**19f**.*
156 an Hamann, Scheffner u. ... Dorovius] *H. hat diese Briefe wahrscheinlich nicht geschrieben.*
157ff. Schröder] *Der Student Schröder (Fehler in R· nicht der Subrektor Schroeder), im November 1769 auf der Suche nach einer Bedienung nach Petersburg gereist, war 1768 in England bei einem verwandten Prediger Bickerton »eine halbe Tagreise von London«; Schröders Bruder konnte keine Angaben zum Kostgeld machen (A; LB II, S. 136f.).*
160f. Unsinn ... Encyklopädie] *Vgl. zu I 70,**25ff**.*
161–165 Prospektus ... zu kennen.] *Vgl. R, S. 134 und 55f. H. suchte in der »Encyclopédie« den Geist des jetzigen Frankreich, er schätzte sie jedoch in Unkenntnis ihrer produktiven Rolle für den weltanschaulichen und wissenschaftlich-technischen Fortschritt der Fran-*

zosen als »das erste Zeichen zu ihrem Verfall« und für den »Mangel an Originalwerken« ein (»Journal meiner Reise«, SWS IV, S. 412f.). In Diderots Prospekt und d'Alemberts Einleitung wurden die Konzeption und der geschichtliche Standort des Gesamtwerks sowie die Einteilung der Wissenschaften nach dem psychologischen Prinzip Bacons erläutert.

167–173 Von Voltaire ... umhergewälzt.] *Hartknoch freute sich, daß H. so viel Interessantes in Frankreich gefunden hatte (LB II, S. 139).*

170f. Bibliothek u. LitteraturBriefe] *»Bibliothek der schönen Wissenschaften und der freyen Künste«, »Briefe die Neueste Litteratur betreffend«.*

171f. Politischen Schriften] *Vgl. I 71,**49ff**.*

172 Geist der Zeit] *Analog zu »L'esprit du siècle« gebildet, mit dessen abstrakt-begrifflichem Gehalt personifizierende Züge verbindend; vgl. I 58,**220**; den Begriff erörterte H. in »Briefe zu Beförderung der Humanität«, Brief 14–16 (SWS XVII, S. 77–81.*

173f. Tagebuch] *Vgl. zu **29ff**.*

176, 186f. aus Deutschland verschwinde] *Hartknoch antwortete, daß in Riga nur noch die Freunde H.s an ihn dächten (LB II, 135f.). Vgl. I 75,**33ff**.*

178 im Buschischen Hause] *»Ich verspreche es Ihnen heilig, gegen Niemand etwas von Ihrer Reise zu erwähnen und im Busch. Hause hat man mir dies auch versprochen« (A, LB II, S. 138).*

179f. ich weiß nicht] *Vgl. I 74,**31**.*

182 LitteraturFragmenten verrieth] *Vgl. zu I 51,**19ff**.*

185f. meine Reise ... Zeitungen?] *»Von Ihrer Reise schweigen alle Journale« (A, LB II, S. 140).*

187 Eclipsiren] *Verschwinden, sich wegschleichen. Nach dem Besuch der Jesuitenschule von La Flèche ging Descartes 1613 nach Paris und lebte 1615/16 versteckt in der Vorstadt Saint-Germain nur für das Studium der Mathematik, nicht einmal seine Familie kannte seinen Aufenthalt. Durch Zufall sah ihn ein Freund auf der Straße und brachte ihn in die adlige Gesellschaft zurück. 1629 bis 1649 wechselte er in den Niederlanden 24mal den Wohnort, um den Status der Einsamkeit und Verborgenheit wahren zu können.*

187f. Thomas auf Deskartes] *In seiner »Eloge de Descartes« pries Antoine Leonard Thomas die geistige Produktivität der Einsamkeit (vgl. das Zitat in FHA 9/2, hrsg. von Rainer Wisbert, Frankfurt a.M. 1997, S. 873f.). Descartes versuchte nach der Devise zu leben: »Bene vixit, qui bene latuit« (Ovid, »Tristia«, III, 4,25: Crede mihi, bene qui latuit bene vixit. – Glaub mir, gut gelebt hat, wer sich gut verborgen hat.).*

188f. Schlegelschen Plans] *Vgl. zu I 70,**34**.*

190 Zollikofer ... Bibliothek?] *Dazu nannte Hartknoch in A nur H.s Erklärung gegen Klotz (vgl. I Anm. 57, zu I 56,**32**). »Von den Gelehrten weiß ich Ihnen nichts zu sagen« (LB II, S. 140).*

191ff. meine Wälder ... Recension] *Vgl. zu I 68,**130f**.*

193f. Klotzische Bibliothek] *»Deutsche Bibliothek«.*

194 litterarischen Briefe] *Vgl. zu I 57,**6**; 68,**118f**.*

196ff. Schlötzers Annalen ... Magazin] *Vgl. zu I 73(N),**23–26**. Hartknoch schickte die Bücher »durch Schiffer Held nach Amsterdam an Fraser« (A zu I 74; LB II, S. 143).*

202 Almanach des Beaux Arts] *Vgl. »Almanach des Muses«, R, S. 644. Gustav Berens erwähnte am 16.12.1769 einen Almanach, den Koch (vgl. I 68,**83,97**) aus Nantes an H. schicken sollte (LB II, S. 132).*

203 Voyage pittoresque] *Malerische Reise, vgl. Lalande.*

210f. Schwarz] *Johann Christoph Schwartz; dessen Mieter ist nicht ermittelt.*

211 Begrow] *»Begrow weiß nichts zu schreiben«, antwortete Hartknoch (LB II, S. 138).*

211f. laß er ... seyn.] *Ostpreuß. Dialektismus.*

212 Michaelsmesse] *Hartknoch meldete als Neuerscheinung Lessings »Briefe antiquarischen Inhalts«, 2. Teil, und »Wie die Alten den Tod gebildet« sowie Michaelis' »Hiob« (vgl. zu I 65,**25**).*
214f. Bald ... nicht.] *Vgl. zu* **101ff.**
216 schon etwas mehr] *Euphemistisch für schwanger.*
218 Fi *(nach D)* lies Ei] *Vgl. zu I 4(N),***114.**
219 Reisender u. Pilgrim] *Vgl. zu I 62(N),***56.**
219f. in Paris sehen wir uns wieder] *In Briefen, vgl. I 74.*
224 Postulat oder Assumtum] *Voraussetzung, in Briefen an andere hat H. diesen Brief erwähnt.*
225f. Sandrart] *Von Hartknoch nicht beantwortet.*
226 le Roi] *Vgl. zu I 68,***201.** *— Caylus] Vgl. I 50(N),***145f.**

73 (N). AN ZOLLKONTROLLEUR BEGROW, *Nantes, 4. November 1769*

5 Freundin] *Amalia Reinholdina Busch.*
10–13 Veränderung] *Von ästhetisch-literarischen Interessen Hinwendung zu praktisch-politischen; der Drang nach Wirksamkeit, Reformator Rigas, Livlands, ja Rußlands zu werden, vgl. »Journal meiner Reise im Jahr 1769« (SWS IV, S. 362f., 401ff.), I 72,66–76.*
11 Klotzische Briefe] *?»Epistolae Homericae«, wahrscheinlicher allgemeine Anspielung auf H.s Auseinandersetzung mit Klotz in den »Kritischen Wäldern«.*
12ff. Beschäftigungen] *Entwurf »Ueber die Bildung der Völker«, siehe R, S. 48; vgl. »Journal meiner Reise« (SWS IV, S. 403ff., 418–421, 464–478); vgl. zu* **60.**
14 Geist der Zeit] *Vgl. zu I 72,***172.** *— Mode] Frz. Lehnwort, im Sinn von Zeitgeschmack, vorwiegend mit pejorativer Wertung, vgl. I 42,39; 51,38; 68,43; 72,13*
15 Situation] *Vgl. zu I 15,***12.**
15, 20 Ort, in den das Schicksal] *Riga, wohin H. zurückkehren wollte; Schicksal siehe R, S. 738.*
16 Regierung] *Katharinas II., als deren Untertan sich der russische Patriot H. noch betrachtete (vgl. »Journal meiner Reise«, SWS IV, S. 370f., 401–405, 408, 473).*
17 Ausrüstungen ... ganz Europa] *Hoffnung H.s auf Reformen durch die russische Kaiserin, die es verstand, ihre freundschaftlichen Beziehungen zu den Enzyklopädisten propagandistisch auszunutzen (vgl. H.s Predigt »Am Namensfeste der Monarchin«, 25.11.1768 alten Stils, SWS XXXI, S. 45).*
18f. Politischen Werke] *»Über die wahre Kultur eines Volks und insonderheit Rußlands« (»Journal meiner Reise«, SWS IV, S. 403), im vertraulichen Gespräch mit Begrow schon in Riga erwähnt. Vgl. zu* **12ff.,67f.**
22–35 Hartknoch Commißion] *Bücherbestellung, vgl. I 72,***196ff.***; hier zusätzlich die Titel d, e, h, i.*
23f. Schlötzers] *Schlözer, »Probe russischer Annalen«; »Johann Joseph Haigold Neuverändertes Rußland«.*
24 Gesetzbuch] *Nakas, Instruction ..., siehe R, S. 485; vgl. dazu meine quellenkundliche Untersuchung »Katharinas II. Große Kommission und Instruktion in der Sicht Herders« in: Europa in der Frühen Neuzeit. Festschrift für Günter Mühlpfordt, Bd. 3: Aufbruch zur Moderne, hrsg. von Erich Donnert, Weimar, Köln, Wien 1997, S. 145–158.*
25 Millers] *Gerhard Friedrich Müller.*
25f. Büschings Abhandlungen] *»Gelehrte Abhandlungen«, siehe R, S. 670; Magazin: »Magazin für die neue Historie«, siehe R, S. 684.*

26, 30 Geographie] *»Neue Erdbeschreibung«, siehe R, S. 105.*
27 Voltaires] *»Franz Maria Arouet ...«, ebd.*
32f. Schiffer] *»Die Bücher, die Sie verlangt, sind durch Schiffer Held nach Amsterdam an Fraser geschickt.« (Hartknoch, A zu I 74).*
38 Gesetzgebung] *Wegen des Russisch-türkischen Krieges wurden am 18./29. 12. 1768 durch kaiserlichen Erlaß die Sitzungen der Gesetzgebenden Kommission eingestellt, letztere wurde am 12./23. 1. 1769 aufgelöst. H.s mangelnde Informiertheit ist zumal bei seinen engen Beziehungen zu Magistrats- und Kronsbeamten Rigas rätselhaft.*
39–42 Sieges] *18. 9. 1769 Vernichtung einer türkischen Armee von ca. 30 000 Mann durch die Russen unter General Weismann (Oberbefehlshaber: Feldmarschall Fürst Alexander Michailowitsch Gallitzin).*
42 Chotzim] *Siehe R, S. 753.*
42ff. groß-Vezir] *Ali Pascha Moldowandschi.*
43 Furchtsamen] *Eminpascha.*
44 Janitscharen] *Siehe R, S. 776.*
45 Perser] *Traditionelle Feinde der Türken.*
46 kleine Völker] *Siehe Kaukasus, R, S. 779.*
47 Pöbel] *Vgl. zu I 69,28.*
47f. Konstantinopel] *Unruhen der vom Fetwa des Großmufti aufgehetzten Volksmassen führten oft zu Palastrevolutionen und Regierungsumbildungen.*
48, 51 Rußische Flotte] *12 Linienschiffe, 12 Fregatten und viele Transportschiffe unter Großadmiral Alexej Grigorjewitsch Orlow hatten im Oktober 1769 Kronstadt verlassen und befanden sich gerade in der Nordsee; vgl. II 3,101f. Noch im Juli hatte H. die Insubordination auf der russ. Flotte kritisiert (vgl. »Journal meiner Reise«, SWS IV, S. 355).*
49f. Griechenland] *Die Griechen, seit 15./16. Jh. von den Türken unterworfen, griechisch-orthodox wie die Russen, waren im April/Mai 1770 zum Aufstand auf der Halbinsel Morea veranlaßt worden, der von den Türken blutig niedergeschlagen wurde (vgl. H.s Skepsis im »Journal meiner Reise«, SWS IV, S. 473).*
51 Frankreich] *Seit 1740 Freundschafts- und Handelsvertrag mit dem Osmanischen Reich; Flottenbeistand gegen Subsidienzahlung (15 Kriegsschiffe) wurde 1770 vom Sultan abgelehnt.*
52 unbewehrte Konstantinopel] *Erst nach der Seeschlacht von Tscheßme (siehe Archipelagus, R, S. 745) wurden 1770 die Dardanellenfestungen durch Tott in Verteidigungszustand gesetzt.*
54ff., 59ff. Werk] *Vgl. zu 12ff.,18f.; wahrscheinlich über den Aufschub der Gesetzgebung informiert, stellte H. seine Arbeiten dafür offenbar Ende 1769 ein.*
56 Orlof] *Grigori Orlow war nach H.s Meinung von Hofparteien unabhängig und als Vermittler geeignet.*
58 verweilen] *Aufhalten, verzögern.*
59ff. Geschäfte] *Katharinas II. Gesetzgebungsprojekt.*
60, 67f. Montesquieu] *»De l'esprit des lois«; »Gedanken bei Lesung Montesquieus«, Nantes 1769 (»Journal meiner Reise«, SWS IV, S. 464–468); Exzerpt HN XXV, 151, Paris 1769 (vgl. zu 24 die quellenkundl. Untersuchung).*
62 Französisch] *Beherrschte H. noch ungenügend für diesen Zweck; vgl. I 67(N),22–28; 68,63–73,158; 69,41ff.; 72,112–115; 119(N),8f.; »Journal meiner Reise«, SWS IV, S. 436f.*
67 nach Paris] *Abreise von Nantes am 4. 11. 1769 (vgl. I Anm. 71).*
70f. Hartknochs] *Vgl. I 68,178; 70,21f.; 72,140–144; 74,16ff. Mit A zu I 70 hatte Hartknoch einen Wechsel über 200 Reichstaler geschickt, der sich verspätete.*
72f. Fraser] *Vgl. I 75,28f.*

75f. Brauchen ... geniessen.] *Vgl. I 58,153ff.,169ff.,181f.,194,204ff.; »Journal meiner Reise«, SWS IV, S. 346f., 453ff.*
77 Epikurärer] *Siehe R, S. 149; nicht abwertend, sondern im Sinne maßvollen Lebensgenusses.*
79f. Welt kennen] *Vgl. I 63(N),12f.*
81f. Böses ... hören müssen] *Vgl. zu I 72,147ff.*
82 Dreigesellschaft] *H., Frau Busch, Begrow; vgl. I 102,85–95.*
85 Westlichen Meers] *Atlantik.*
86 Cirkaßerin] *Siehe R, S. 754.*
89 Bijoux] *Kleinod; frivole Anspielung auf Diderot, »Les bijoux indiscrets«.*

74. AN JOHANN FRIEDRICH HARTKNOCH, *Paris, etwa Mitte November 1769*

4 Komödie, Oper, Tuillerie] *Siehe R, S. 794, vgl. »Journal meiner Reise im Jahr 1769« (SWS IV, S. 435f.).*
5 etwa Einen] *Nicht zu ermitteln.*
6 Commercium Epistolicum] *Briefverkehr.*
6f. Paris ... sehr weitläuftig] *Die erste Weltstadt, die H. sah.*
9 Yorik im Shandy u. in seinen Sentimental Träumen] *Sterne, »Tristram Shandy«, »A Sentimental Journey«; vgl. »Journal meiner Reise«: »... daher hat Yorik Recht, daß es eine zu ernsthafte Nation ist« (SWS IV, S. 432).*
10f. unsres Schröders] *Vgl. zu I 50(N),132f.*
12 Wille] *Vgl. I 77,83–87.*
15 um Ihr Versprechen ... gemahnt] *Vgl. I 72,142ff.*
16f. Magischen Papiere] *Wechsel.*
17f. nervum rerum gerendarum] *Triebfeder aller (zu vollbringenden) Taten = Geld.*
19 Italien zu besuchen] *Vgl. I 71,69; 79,21,24f.*
21f. dem Könige von Frankreich ... zollen.] *In Sternes »Sentimental Journey« trinkt Yorik auf das Wohl des Königs von Frankreich, verwünscht den Postillion und kritisiert die französische Erhabenheit.*
22 Französischer Grandeur] *Größe, Erhabenheit.*
22f. was weiß ich?] *Montaigne: »Que sçais-je?«, Formel des Skeptizismus.*
24 ökonomisiren] *Haushalten, sparsam wirtschaften. –* Pönitenzen] *Bußen, Pein.*
31 Sokratische Wort] *Vgl. I 72,179f.*
33f. Louvre u. Palais Royal] *Vgl. zu 4.*

75. AN CHRISTOPH FRIEDRICH NICOLAI, *Paris, 30. November 1769*

4–7 Nachricht ... befremden würde.] *In B₁ äußerte Nicolai seine Betroffenheit über »die in den Zeitungen gefundene Nachricht« von H.s Abreise von Riga nach Kopenhagen und nahm »den aufrichtigsten Antheil daran«.*
11 H. Resewitz Vorschlag] *In B₂ teilte Nicolai mit, daß Resewitz H. vorschlagen wolle, »mit einem deutschen Prinzen auf Reisen zu gehen«. Mit A übersandte Nicolai den an ihn selbst gerichteten Brief von Resewitz (nicht überliefert, vgl. O. Hoffmann, S. 55). Vgl. I 77, 6–14.*
15, 23 Ihrer Bibliothek] *In B₁ hatte Nicolai nach den H. aufgetragenen Rezensionen für die »Allgemeine deutsche Bibliothek« gefragt, in B₂ aber verständnisvoll Aufschub gewährt, vgl. zu I 69,68.*

18f. Patriotismus für Deutschland] *Das Gefühl der Nationaleigentümlichkeit verstärkte sich durch H.s ambivalentes Verhältnis zur frz. Kultur. Vgl. I 71,34f.*
19 Expatriirten] *Vgl. zu I 69,35.*
20f. Deutsche Literatur ... andre Völker] *Vertiefung der schon in H.s Frühwerk hervortretenden komparatistischen Literaturbetrachtung.*
21f. Deutschen Streitsucht] *Hier auf die literaturkritischen Händel der Klotzianer bezogen. Nicolai wünschte in B₂, »daß des Streitens einmahl ein Ende wäre«.*
24f. stille Gelehrte] *Vgl. II 22,54ff.*
28 in Holland] *Vgl. I Anm. 78.*
29ff. Sachen ... dahin] *Nicolai wollte H. den 10. Band der »Allgemeinen deutschen Bibliothek«, »Briefe, antiquarischen Inhalts«, 2. Teil, »Phädon«, 3. Aufl., u. a. schicken und fragte nach dem Postweg (B). Mit A sandte er an Fraser die I 78,51ff. aufgeführten Neuerscheinungen.*
32 Briefe ... über Nantes] *Nicolai hatte Resewitz H.s Adresse in Nantes mitgeteilt (B₂).*
34 gerne unsichtbar] *Vgl. I 72,176,186f.*
37f. zufrieden, daß mein Brief nicht mit beigedruckt] *I 58; vgl. zu I 53,90f.*
38 wir haben uns zu wenig verstanden] *Vgl. I 68,122ff.; 69,71–77; 76(N),20.*
39 dies Buch] *Vgl. die Erläuterungen zu I 58.*
41 Kriege in Deutschland] *Vgl. zu 21f.*
42ff. Litteraturbriefe] *»Briefe die Neueste Litteratur betreffend«, 16. Teil, 255. Brief (Nicolai) über das »Journal étranger« (vgl. SWS I, S. 186). Die Kenntnis der Franzosen von deutscher Literatur war offenbar geringer, als Nicolai angegeben hatte. Dieser erwiderte in A verbindlich, er glaube gern, »daß die deutsche Streitigkeiten, in Frankreich nicht einmahl dem Namen nach bekannt sind«.*
45 Bielefelds] *Bielfeld; seine statistischen und polyhistor. Schriften hat H. mit Geringschätzung betrachtet, vgl. I 33(N),67–72; hier wahrscheinlich Bezugnahme auf »Progrès des Allemands dans les Sciences, les Belles-Lettres et les Arts etc.« (1767), eine oberflächliche Darstellung.*
46 Geßner] *Salomon Geßner war mit seinen »Idyllen« (frz. Übersetzung 1762 von Michael Huber, 1727–1804) eine europäische Berühmtheit.*
48 nicht für die Französische Nation] *Klopstocks protestant.-christl. Dichtung hatte aufgrund der unterschiedlichen geistesgeschichtl. Voraussetzungen keine nennenswerte Rezeption, auch eine 1768 in Paris erschienene Übersetzung »La Messie, Poëme en dix Chants« (von Junker, d'Antelmy, Liébault) »hat in Paris nicht den geringsten Erfolg gehabt« (»Correspondance littéraire«, 15. 1. 1769).*
49 ein Pansoph] *Alleswisser; nicht zu ermitteln.*
51–55 Diderot] *Vgl. I 77,79; H. erfüllte sein Versprechen 53ff. nicht. Zu den Gemeinsamkeiten H.s mit Diderot vgl. Haym I, S. 373f. (zur umstrittenen Begegnung vgl. Proß I, S. 818).*
52f. Abhandlungen über ... schönen Künsten.] *»Pensées détachées sur la peinture ...«.*
56 Leßings Schriften] *Außer dem 2. Teil der »Antiquarischen Briefe« (ein 3., u.a. gegen Riedels Rezension der »Antiquarischen Briefe« in den »Erfurtischen gelehrten Zeitungen«, sollte folgen) erwähnte Nicolai in B₂ »Wie die Alten den Tod gebildet« und eine Abhandlung »Über die Ahnenbilder der alten Römer« (gegen Klotz' Vorrede zu »Des Herrn Grafen von Caylus vermischte Abhandlungen«, unvollendet, erst im lit. Nachlaß veröffentlicht). – Sulzers Theorie] Vgl. zu I 56,44f. H. erwartete, daß das seit langem angekündigte Werk Riedels Einfluß verdrängen würde.*
57 Riedels Theorie] *Vgl. zu I 53,110ff.; 72,27ff.*
59 mehr gelobt] *1. Teil, 8. Brief: »Ich habe Herr Riedeln aus seinem Buche als einen jungen Mann kennen lernen, der einen trefflichen Denker verspricht ...«*

61 gegen Baumgarten ... u. Sie] *In »Theorie der schönen Künste« und »Ueber das Publikum«.*
65f. Könige in Erfurt] *Der begabte, aber früh unter Klotz' Einfluß geratene Riedel war seit 1768 Professor der Philosophie an der Universität Erfurt. Auch Christian Felix Weiße hatte in seinem Brief an H. am 30.12.1768 den Mißbrauch von Riedels Talenten bedauert (LB I, 3. Abtlg., zweite Hälfte, S. 527).*
67f. mit Gleimen] *In A zu I 38 und B₁ zu I 53 hatte Nicolai erwähnt, daß Gleim mit seinem Freund Ramler wegen dessen Kritik an seinen Fabeln verfeindet sei (vgl. O. Hoffmann, S. 15, 26). In A bestätigte Nicolai das Gerücht von ihrer Versöhnung, die in seinem Haus stattgefunden habe, rechnete jetzt aber selbst mit Gleims Feindschaft wegen einiger künftig in der »Allgemeinen deutschen Bibliothek« erscheinender Rezensionen (ebd., S. 56).*
69f. von ihm u. Jacobi hoffen] *Vgl. I 69,79f. –* an mich geschrieben] *Vgl. I 68,17ff.; 72, 155f.*
70f. ich sage die Wahrheit ...] *Vgl. Römer 9,1.*
72f. Lavater] *Nicolai dachte über ihn ebenso (A). Vgl. zu I 76(N),***127.**
74 3. Briefe] *Vgl. I Anm. 41; II Anm. 127.*
76 3. Fragen vom Heiligen Geist] *»Drey Fragen von den Gaben des heiligen Geistes«, Verzeichnis von Bibelstellen zu Geistesgaben als »übernatürliche Einsichten und Kräfte, ... allen Christen aller Zeiten und Orten ... verheißen, ... bis ans Ende der Welt fortdaurende Gültigkeit der Verheißung des Geistes« (LB II, S. 95, 97f.).*
79ff. Orthodoxie ... Reformationen ... neuer Fanatismus] *3 Strömungen des zeitgenöss. Protestantismus; übereilte »Reformationen« strebten die Neologen an.*
81 Brief an Hrn Moses] *I 76.*
83 8. Louis] *Nicolai hatte am 14.5.1769 zur Ostermesse Steidel 40 Taler in Gold für H. ausgezahlt (O. Hoffmann, S. 51, 129).*
87 Prediger Brunner] *Salomon Brunner.*
88f. verstorbnen Heß] *Johann Felix Heß.*
92f. Lambert, Sulzer] *In A nicht erwähnt.*
93f. Moses ... seine Schriften] *Vgl. I 49,46ff. Nicolai ging in A nicht darauf ein, wollte Mendelssohn aber bald daran erinnern, H. auf I 76 zu antworten.*
98 Leßing] *Lessing sei »mit einem guten Gehalte als Bibliothekar nach Wolfenbüttel berufen worden« mit der Aussicht auf eine Italienreise (A).*
101f. Wieland ... Shandy] *Nicolai wies in A auf ein im Druck befindliches neues Werk »Diogenes« (= »Sokrates Mainomenos«) hin, seinen »Tristram« werde Wieland nicht fortsetzen (die Aufgabe des Projekts der Sterne-Übersetzung meldeten die »Erfurtischen gelehrten Zeitungen« vom 9.10.1769).*
102f. Er hat Leßing ... abgesprochen] *Nicht Wieland, sondern Riedel in der Rezension der »Briefe, antiquarischen Inhalts«, siehe R, S. 667.*
105 Regensburger Reichstagsberichten] *Die Sitzungsprotokolle der ungemein schleppenden Verhandlungen des Immerwährenden Reichstages in Regensburg seit 1663 (bis 1806).*

76 (N). AN MOSES MENDELSSOHN, Paris, 1. Dezember 1769

(Vgl. die Erläuterungen zu I 58. B war Beischluß von B₂ zu I 69.)

4f. unsre Meinungen ... sehr nahe zusammen] *Mendelssohn bedauerte in B, nachdem er erst die Hälfte von I 58 gelesen hatte, von H. mißverstanden zu sein, wo er »vollkommen seiner Meinung« sei. Ihre »Gedanken von der Natur der menschlichen Seele« seien »so*

weit nicht von einander entfernt«, als H. zu glauben scheine. Das betreffe vor allem die »Grundsätze«, könne sich aber auch auf die »Folgen« erstrecken.
6 Prolegomenen] *Vorerinnerungen.*
6f. Hirngespinnst einer unkörperlichen Menschlichen Seele] *Vgl. zu I 58,15f.,27ff.*
8 Platoniker] *»Wie die Platoniker überhaupt den allgemeinen Begriffen ein wirkliches Daseyn zuschrieben, so war es ihnen leicht, Geist und Sinnlichkeit, die man in Gedanken unterscheidet, auch in der Natur für getrennt zu halten« (B). Vgl. I 58,34ff.*
10f. Ausbildung unsrer Seelenkräfte der Zweck unsres Hieseyns] *Vgl. I 58,40ff.*
11 präsupponirt] *Vorausgesetzt, angenommen.*
12, 52 Phänomenon] *Vgl. zu I 58,67.*
13 Organum] *Werkzeug.*
15 drei ersten Seiten Ihres Briefes] *Da H verschollen ist, nach D nicht zu fixieren; wahrscheinlich bis zu den Ausführungen über die vermischte Natur des Menschen, vgl. zu I 58, 46ff. (Mendelssohn II, 1, S. 183f.).*
17 Philosophischgewiß] *Im Unterschied zu empirischer Gewißheit und Glaubensgewißheit auf das philosophische Denken gegründet.*
17ff. Menschliche Seele unzerstörbar] *Vgl. I 58,12f.; die Predigt »Ueber das künftige Leben«, 1768 (SWS XXXII, S. 340f.): »... mein denkendes Ich bleibt immer dasselbe ... so muß auch der einfache, denkende Theil in der Natur bleiben ...« (= Unsterblichkeit der Seele).*
20 nicht der Knote] *Vgl. I 69,72ff.; 75,38.*
21f. transcendentalisch] *Das Sinnliche übersteigend, außerhalb der Grenzen möglicher Erfahrung.*
22 nach der Sprache des Systems] *Wolffsche Schulphilosophie, vgl. I 68,123f.; 69,76.*
24ff. »Ausbildung der Seelenkräfte ... Vollkommenheiten«] *Zusammenfassung von Mendelssohns Ansichten in B: »Wir können weder empfinden noch denken, weder begehren noch genießen, ohne irgend ein Vermögen unserer Seele zu beschäftigen, zu üben, mehr oder weniger in eine Fertigkeit zu verwandeln. Und die Fertigkeiten, die unsere Seele erworben, sind bejahende Bestimmungen und also Realitäten. Wenn diese mit allen übrigen der Seele zukommenden Realitäten in gehöriger Proportion ausgebildet werden, so sind es wahre Vollkommenheiten der menschlichen Seele.«*
28ff. Ausbilden, Lernen ... eine Entwicklung der Kräfte ... in uns] *Nach der Leibnizschen Kräftelehre ist die Entwicklung der Individuen durch immanente organische (substantielle) Kräfte bedingt.*
32f. neue Kräfte ... eine Veränderung des Formellen] *Entwicklung gestand H. nur dem Akzidentiellen zu, nicht dem Substantiellen, dem Seyn der Seele (38f.).*
34f. dunkle Begrif ... Fertigkeit] *Erkenntnisstufen nach Descartes, Leibniz, Wolff.*
36 Modificationen] *Vgl. »Wahrheiten aus Leibnitz« (1769), Auszug aus der Vorrede, dem 1. und 2. Buch der »Nouveaux essais« (SWS XXXII, S. 217).*
39, 41 Masse innerer Kräfte ... specifische Masse] *Vgl. I 58,45. Letzterer Begriff nach Sulzers Abhandlung »Von dem Bewußtseyn und seinem Einflusse in unsere Urtheile«, 1766 (vgl. Proß II, S. 887, 892).*
43, 51 Lernen Nichts als Erinnern] *Nach Platons Lehre von der Anamnesis, in »Menon«.*
44f. Entwickeln in und für diesen Zustand] *Vgl. zu I 58,102ff.,110ff. Nach Mendelssohns Auffassung widersprach die »Einschränkung der erworbenen Vollkommenheiten auf die gegenwärtige Welt ... dem Begriffe der Vollkommenheit«. Es sei »höchster Endzweck« des irdischen Lebens, »an Vollkommenheit zuzunehmen«, und diese Vollkommenheit bleibe auch im künftigen Zustand erhalten (B).*

47ff. einzelne Fertigkeit ... Situation, Anwendung] *Auch Mendelssohn charakterisierte spezielle Fertigkeiten als unbrauchbar für das künftige Leben, vgl. zu I 58,102ff.*
54f., 76–79, 93 Accidentien u. zufällige Modificationen] *Alle erlernten Fertigkeiten fallen mit dem Tod weg, vgl. 65–69.*
55 Fluß der Vergeßenheit] *Lethe.*
56, 66f. das Habituelle] *Das Gewohnte.*
58, 113 sie ist was sie war] *Ablehnung jeder Entwicklung, vgl. zu I 58,119f.,133ff.*
59 vom Maasse ... Vom Virtuosen u. vom Gelehrten] *Mendelssohn unterstellte H. bei I 58,110ff. »bloß die erworbenen Fertigkeiten des Gelehrten, oder des Virtuosen« zu berücksichtigen; »diese verfehlen das Maaß und sündigen wider die so sehr nöthige Harmonie aller Fähigkeiten, und Functionen des Menschen« (B).*
64f. Das Kind ... unterscheiden] *»Was hat die Seele des Kindes verlieren müssen, um die Augen nach dem Licht hinwenden zu lernen? oder die Stimme seiner Wohlthäterin, der Amme, von allen übrigen zu unterscheiden?« (B).*
65–69 Auge u. Ohr ... Organ der Vorstellungen] *Die Fertigkeiten gehen im Tod zusammen mit den Sinnesorganen und dem Gehirn verloren.*
70f. Das Kind im Mutterleibe] *»Wenn das Kind auch im Mutterleibe stirbt, so hat es schon Hunger und Durst, Wärme und Nässe, das Angenehme einer freien, und das Unangenehme einer gezwungenen Lage fühlen gelernt« (B).*
71f. der alltägliche Mensch] *Mendelssohn bezog sich auf die »Fähigkeiten eines alltäglichen Menschen, der ... durch den geselligen Umgang seine Sinne mit Verstand brauchen gelernt hat« (B).*
72f. gelernt, indem sie ... erworben] *»Unser Lernen ist zugleich Anwenden ... Wir genießen im Erwerben, so wie wir durch den Genuß allezeit erwerben« (B).*
75 Wesen unsrer Seele] *Vgl. 17ff.,38f.*
76 acquirirte Accidens] *Erworbene unwesentliche und zufällige Eigenschaft.*
79 positu] *Lage, Stellung (Ablativ).*
83 abstrakte Begriffe als Individuelle Exsistenzen] *Im mittelalterlichen Universalienstreit vertraten die Realisten in verschiedenen Abstufungen (z. B. Johannes Scotus Eriugena, 9. Jh., Thomas von Aquino, 13. Jh.) die Auffassung von der Realität der Allgemeinbegriffe vor den Einzeldingen. In H.s Ablehnung dieser Haltung deuten sich Parallelen zur späteren Polemik gegen Kants Kritizismus an.*
91 Zergliederung der Begriffe] *Begriffsanalyse, hier unter genetischem Aspekt; nach dem »Versuch über das Seyn« (1764) sind nur sinnliche Begriffe unzergliederbar.*
92 phaenomena substantiata] *Phänomene, die zu Substanzen erhoben worden sind (Erscheinungen zu Wesenheiten erhoben), vgl. I 58,65f.*
92, 112 Was ist, das ist] *Vgl. zu 58; I 58,72; »Quidquid est, illud est« siehe R, S. 453.*
97f. »Das Vergangene ... genau zusammen«] *»... das Vergangene ist in der Natur nicht verloren ... Was wir sind und was wir seyn werden, hängt im Übrigen so genau zusammen, daß Ein Zustand aus dem andern vollkommen zu begreifen seyn wird« (B).*
99–114 Das sind ... Welt zerstört.] *Nach W. Proß (vgl. zu I 75,51ff.) beeinflußt von Diderots Artikel »Liaison« in der »Encyclopédie«, Bd. 9 (1765).*
99 Raum und Zeit] *Erfahrungsbegriffe. – Grundstof der Kräfte] Vgl. zu 17ff.*
100 Kette unsrer Zustände] *Vgl. »Catena aurea Homeri«, Homer, »Ilias«, VIII, 18–27.*
100–104 Meine Seele ... verbunden] *Nach der Leibnizschen Kräftelehre bildet sich die Seele nach Absterben des Organismus neue Materie zu (vgl. »Ideen«, 1. Teil, SWS XIII, S. 170–176).*
105f. auf eben der Stuffe in der Reihe der Wesen] *Vgl. zu 58. Im 1. Teil der »Ideen« nahm H. im Anschluß an Jean Baptiste René Robinets »De la nature« (Amsterdam 1761–1766)*

einen fortschreitenden Stufengang der Schöpfung an, der aber in vorgeschichtl. Zeit (dem biblischen Schöpfungsbericht angepaßt) zum Abschluß gekommen sei (vgl. SWS XIII, S. 167ff., 177f.).

110f. Gott ... Baum bleibe.] *Annahme der unveränderlichen Identität der Gattungen, vgl. I 58, 63–66,161f.*

114 so wird die ganze Welt zerstört] *Gedanke einer kosmischen Harmonie, beruhend auf einem Gleichgewicht der Kräfte, vgl. I 58,133–136.*

121 eine zweite Mühe zu nehmen] *Mendelssohn antwortete nicht mehr, da die Auseinandersetzung mit Lavater (127) ihn beschäftigte. Veränderungen und Zusätze zum »Phädon« (3. Gespräch), die H.s Einwürfe berücksichtigen sollten, versprach er Nicolai am 8. 10. 1775 für die 5. Auflage (erst 1814 erschienen), kam aber krankheitshalber nicht mehr dazu. Materialien dafür enthalten seine Anmerkungen zu Abbts »Freundschaftlicher Correspondenz« 1782. Abbt hatte in »Zweifel über die Bestimmung des Menschen« (vgl. zu I 58,40) ähnlich wie H. auf das diesseitige Leben orientiert.*

124f. Bequemen Sie sich ... etwas nach meiner Schwäche] *»Vielleicht klebe ich noch zu sehr an dem System, vielleicht haben Sie sich zu weit davon entfernt«, erklärte Mendelssohn sich ihren Dissens (B).*

127 Lavater ... ein Defi] *Vgl. I 77,103–109; H. erfuhr davon durch B₂ zu I 75. Auf Lavaters zudringliches Bekehrungsschreiben »An Herrn Moses Mendelssohn« (vgl. R, S. 340f.) antwortete dieser mit dem »Schreiben an den Herrn Diaconus Lavater«, einem Bekenntnis zum jüdischen Zeremonialgesetz. – Defi] Herausforderung.*

129 Bonneten] *Lavaters Schreiben ging aus seiner Übersetzung von Charles Bonnets »Palingénésie Philosophique« hervor.*

130f. Physischen Schriften] *»Contemplation de la nature«, »Essai de psychologie«.*

133f. Beweises für die Christliche Religion] *Lavaters Übersetzung der »Palingénésie«.*

136 Axiom] *Nicht zu beweisender Grundsatz.*

77. AN JOHANN FRIEDRICH HARTKNOCH, *Paris, etwa Mitte Dezember 1769*

3 Brief mit Schmerzen erwarte] *Vgl. zu I 72,143f.*

6 Fürstbischof von Lübeck] *Herzog Friedrich August von Holstein-Gottorp. –* ältesten Sohn] *Prinz Peter Friedrich Wilhelm.*

7 Reiseprediger] *Vgl. zu I 75,11.*

8f. Kappelmanns] *Cappelmann.*

10 Koppenhagen] *Vgl. zu I 65,4ff.,9f.*

11f. Sokratischer Dämon] *Siehe R, S. 543.*

13f. Resewitz ... erfahren] *Nicolai hatte B₁ zu I 75 an Resewitz geschickt, der ihn H. in Kopenhagen übergeben sollte; Resewitz fragte zurück nach H.s Aufenthaltsort (etwa Oktober 1769), vgl. zu I 75,32.*

15 ein halb Jahr Zeit] *Den Reisevorschlag, nach dessen Erhalt H. jetzt Zeit und eigene Ausgaben bedauerte, sollte Resewitz ihm schon im Sommer mitteilen (LB II, S. 116).*

16 Metaphysische Tröstungen] *Übernatürlich, durch Religion oder Philosophie.*

17 daß alles Gut sei] *Nach Pope, »An Essay on Man«, I, Vers 289.*

19ff. Angeboten ... werden.] *In Resewitz' Brief vom 11. 11. 1769 (LB II, S. 117).*

23f.,57 nutzbaren Aussichten] *Vgl. zu I 68,113ff.; 72,50ff. »Wie oft denke ich noch an die Unterredung auf dem Schiffe, wie und welche gute Einrichtungen Sie dermaleinst in unserer Stadt machen wollten«, schrieb Gustav Berens an H. auf die Nachricht von der holsteinischen Berufung am 16. 12. 1769 in Bordeaux (LB II, S. 133).*

25 andre Bedingungen vorgeschlagen] *H.s Brief an Resewitz ist nicht überliefert.*
25f. renoncirt] *Entsagt, verzichtet.*
29f. 400. Thaler] *Resewitz hatte vertraulich geraten, 400 Taler jährliches Gehalt und dessen Zusicherung bis zum Antritt einer anderen Stelle zu verlangen (LB II, S. 118).*
32 abschlägigen Antwort] *Obwohl H. sich durch seine Gegenvorschläge völlige Freiheit sichern wollte, wurden sie akzeptiert (Entschließung des Fürstbischofs, Kiel, 11.1.1770; Brief von Resewitz, 20.1.1770, LB II, S. 146ff.). Vgl. I 78,6f.*
35–39 Brief an Kampenhausen] *Nicht überliefert. Campenhausen riet H., den Ruf anzunehmen, weil er sich so ohne Kosten auf Reisen noch mehr bilden könne (LB II, S. 142). Vgl. I 79,16ff.*
39 Magistrat in Riga] *Vgl. zu I 68,113ff.; 72,50ff. Johann Christoph Berens war nach Hartknochs Mitteilung äußerst betroffen über H.s Engagement (A).*
40ff. Mengden ... Versprechungen] *Vgl. I 62(N),117f.; zu I 72,46.*
43 den Ruf laut ausbreiten] *H. wollte damit auf Magistrat und Gouvernement in Riga Druck ausüben. »Die Nachricht von dem Rufe nach Eutin macht hier viel Aufsehen und bei denen, die Sie lieben, viel Unruhe«, antwortete Hartknoch.*
53 Brautschaften] *Hier Berufungen.*
55f. Ihr Leute ... anhange.] *In bezug auf seine Freunde waren H.s Vorwürfe nicht gerechtfertigt.*
58f. Creusa] *Nach Vergil, »Aeneis«, II, 769–793, vgl. R, S. 721.*
62 Berens] *Gustav Berens war in Handelsgeschäften seiner Firma von Nantes nach Bordeaux gereist (8 Schiffe zu befrachten, 2 Schiffsladungen zu verkaufen) und empfahl H. am 2.12.1769 als weitere Reiseroute Amsterdam-England-Kopenhagen-Hamburg; vielleicht würde er sich mit H. in London treffen (LB II, S. 128ff.).*
63f. Örtern, die mich verlangen] *Kiel (wo der holsteinsche Prinz studierte), Eutin.*
66 Paris] *Vgl. R, S. 794.*
69 gout] *Geschmack. Vgl. »Journal meiner Reise im Jahr 1769« (SWS IV, S. 414f., 428).*
77f. Deklamation u. Schauspiel ... Musik und Publikum] *Vgl. die in Paris »2. Dec[ember]« geschriebenen Aufzeichnungen »Schöne Künste. Ueber die Oper« (»Journal meiner Reise«, SWS IV, S. 479–486) und die Notizen »Ueber die Bildung der Völker« (ebd., S. 475ff.).*
79 Diderot] *Vgl. zu I 75,51–55.*
88 Roußeauschen Streitschriften über die Musik] *»Lettre à Grimm«, 1750, 1752; »Lettre sur la musique française«.*
89 paßire] *Werde gehalten.*
91 Universität] *Die einzige Universität in Livland, in Dorpat 1632 gestiftet, 1695 nach Pernau verlegt, ging 1710 ganz ein und wurde 1802 in Dorpat erneuert.*
93 Ihren Kleinen] *Johann Friedrich junior.*
99 Briefe] *B₁, B₂ zu I 75; zu 19ff.*
99–102 Lavater] *Vgl. zu I 75,76.*
103f. Moses ein Defi ... zugeschrieben] *Vgl. zu I 76(N),127–130.*
105ff. ihm aber geschrieben ... bleiben kann.] *Vgl. I 76(N),131–137.*
107 Relation] *Bericht.*
110 über das Schöne] *Vgl. zu I 75,52f.*
110f. hat aufgehört] *Irrtum H.s, vgl. R, S. 670.*
111 nicht soviel Eindruck] *Vgl. zu I 75,42ff.*
113 Harlekin] *Von Nolant du Fatouville.*

78. AN JOHANN FRIEDRICH HARTKNOCH, Amsterdam, Anfang Februar 1770

5 Affaire mit dem Prinzen] *H.s Berufung zum Informator und Reiseprediger des Prinzen Peter Friedrich Wilhelm von Holstein-Gottorp.*
6f. bewilligt, was ich verlangte] *Vgl. I 77,25–30; zu I 77,32. Außerdem wollte der Fürstbischof mit Empfehlungsschreiben nach Petersburg für die künftige Rückberufung H.s nach Riga wirken (LB II, S. 147).*
8–12 Gleichgültigkeit meiner Freunde ... zu geniessen.] *Vgl. zu I 72,4; 77,43,55f. Hartknoch versicherte H. in A seiner »völligen herzinnigen Freundschaft« und rechtfertigte sich gegen den Vorwurf der Teilnahmslosigkeit.*
13 schwer geworden bin] *Durch die Finanzierung der Reise H.s, vgl. zu I 72,143f. In B versprach Hartknoch, mit dem nächsten Brief Geld zu schicken; er habe selbst Schulden, und Steidel sei ihm 2000 Taler schuldig. In A gestand er: »Der Zuschuß, den ich Ihnen zu Ihrer Reise machte, war schwer für mich; allein er ging doch nicht über meine Kräfte.«*
15ff. Aber warum ... mein Ruf ist?] *Zitiert in A, vgl. zu 8–12. Hartknoch glaubte an H.s Rückkehr nach Riga.*
18 ut canis e Nilo] *Nach Phaedrus. In Gaius Julius Solinus, »Collectanea rerum memorabilium« (3. Jh. n. Chr., geographischer Auszug aus Plinius Secundus d.Ä. »Naturalis historia«), 15,12: »Aegyptii canes e Nilo numquam nisi currentes lambant« (Die ägypt. Hunde lecken nur im schnellen Laufen aus dem Nil).*
22 Situationen] *Vgl. zu I 73(N),15.*
27, 29f., 33 50 Ducaten] *Hartknoch übernahm in A diese Schuldforderung Frasers (Wechsel von 100–150 Albertustalern) und versprach H. bis Ende März die gleiche Summe. Fraser solle an Zuckerbecker nichts von den 50 Dukaten schreiben, damit außer Georg Berens niemand von H.s Unterstützung durch Hartknoch erfahre.*
28, 35 mein Brief an ihn] *Nicht überliefert.*
36 in eine Bestimmung] *Vgl. zu 5.*
42 Amsterdam, oder London] *Am 2.12.1769 hatte Gustav Berens aus Bordeaux geschrieben, H. werde in Amsterdam seinen Bruder Georg treffen und mit ihm nach England reisen (LB II, S. 129f.). In B_1 erwähnte Hartknoch Georg Berens' bevorstehende Reise (ebd., S. 137), in B_2 aber ist diese auf »künftigen Frühling« verschoben (ebd., S. 143).*
43 Elisäischen Feldern] *Jenseits.*
45 Ihre Kleinen] *Johann Friedrich junior und die Zwillinge Friedrich und Karl (vgl. R, S. 231), deren Geburt Hartknoch in B_1 gemeldet hatte (LB II, S. 137).*
51ff. Nicolai hat ... zugeschickt] *Vgl. zu I 75,29ff.*
51 Michaelis Hiob] *Vgl. zu I 65,25. – Leßings Briefe] Vgl. zu I 53,72. – Ramlers Oden] Vgl. zu I 69,38ff.*
51f. Klopstocks Bardit] *»Hermanns Schlacht«.*
52 seine Lieder] *Vgl. zu I 65,24. – Moses Phädon] Mendelssohn, »Phaedon«, 3. Auflage. – Moses an Lavater] Vgl. zu I 76(N),127.*
52f. Dennis] *Vgl. zu I 55(N),140.*
53f. Ihr Pack] *Vgl. zu I 72,196ff.*
54f. Wieland ... Diogenes] *Vgl. zu I 75,101f.*
55 Riedel ... den Cudworth, **56** Klotz den Bako] *Nicht realisierte Pläne.*
56 Ruhnke] *Ruhnken fand das Fragment einer Rhetorik von Longinos.*
56f. Schultens] *Albert Schultens, »Hariri consessus«; hier anscheinend mit dessen Sohn verwechselt.*

79. An Johann Friedrich Hartknoch, Hamburg, 29. April 1770

4 in Eutin] *Am Eutiner Hof weilte H. von Mitte März bis 17. 7. 1770 (vgl. Erinnerungen I, S. 149), mit Unterbrechung durch einen zweiten Aufenthalt in Hamburg Ende April (der erste von Ende Februar bis etwa 10. 3. 1770).*
7 in meiner Situation] *Vgl. zu I 78,5; 82,37f.; II 2,8–11; 41,121f.; 47,39.*
12 meine Predigten] *Als ehemaliger Theologiestudent konnte Hartknoch H.s lebendige und geistvolle Predigtweise beurteilen.*
13 Manschetten] *Wahrscheinlich kostbare Spitzenmanschetten; H. kleidete sich modebewußt wie ein Abbé (vgl. WA I 27, S. 302f.). So sah ihn im März 1770 in Hamburg Johann Friedrich Breyer (1738–1826), seit 1770 Philosophieprofessor in Erlangen (nach Hartknochs Brief aus Berlin vom 1. 6. 1770, LB III, S. 33).*
14 Neider] *Der Eutiner Hofprediger und Superintendent Wolf beschuldigte H. nach seinen freisinnigen Predigten des Sozinianismus, ohne damit etwas zu bewirken (Mitteilung von Justizrat Trede, Eutin 1804, LB III, S. 43f.).*
14f. Weltbaus ... Attraktion u. Resistenz] *Die in der Bewegung der Himmelskörper wirksame Newtonsche Anziehungskraft war H. aus Kants »Allgemeiner Naturgeschichte und Theorie des Himmels«, 2. Teil, 1. Hauptstück: »Von dem Ursprunge des planetischen Weltbaues überhaupt und den Ursachen ihrer Bewegungen«, geläufig; wie andere mechanische und mathematische Gesetzmäßigkeiten übertrug H. sie analog zur Natur auf die zwischenmenschlichen Beziehungen (vgl. Einzelne Blätter zum »Journal meiner Reise im Jahr 1769«, SWS IV, S. 464f., 469). – Resistenz] Widerstand; das Gegensatzpaar ist eigentlich Attraktion und Repulsion (Anziehung und Zurückstoßung).*
15 Riga entsagt] *Hartknoch beschwor H. in B, seine Rigaer Pläne nicht zu vergessen.*
16 Spiritus vitales] *Lebensgeister.* – Kampenhausens Brief] *Vgl. zu I 77,35–39; der A zu I 77 beigeschlossene Brief Campenhausens erwähnt in B (LB III, S. 22).*
19 in Leipzig] *Hartknoch schrieb, daß er zur Ostermesse nach Leipzig reise.* – Paßanöderei] *Abneigung H.s, sich Reisepässe durch die deutschen Territorialstaaten zu beschaffen? Dennoch schlug Hartknoch in A vor, sich auf seiner Rückreise nach Berlin »auf den halben Weg« mit H. zu treffen (LB III, S. 29f.).*
20 Johann] *24. Juni; Antritt der Bildungsreise des Prinzen Peter Friedrich Wilhelm am 17. 7. 1770 (vgl. Haym I, S. 393).*
22 studiren] *Schon in Paris hatte H. begonnen, sich durch Lektüre auf eine Reise nach Italien vorzubereiten (Exzerpt von Lalande).*
23 schreiben] *H. hatte Hartknoch keine Messeneuerscheinung geliefert; vgl. zu I 72, 27ff.,101ff.,150ff. Vor H.s Reise mit dem Prinzen wünschte Hartknoch, der resigniert nach einer Neuausgabe der »Fragmente« fragte, noch ein Werk von ihm (A).*
23 Papagei] *Mögliche literar. Anspielung nicht ermittelt (vgl. SWS VIII, S. 217 unten; nicht kommentiert in FHA 4, S. 376); vielleicht ständig gleiche Vertröstung des Verlegers durch H. gemeint.*
25ff. mich zuerst nennen werde] *Vgl. zu I 43(N),231ff.; jetzt aber meinte H. nicht die »Archäologie des Morgenlandes«, sondern die nach seinen größtenteils in Paris verfaßten Studien (»Von der Bildhauerkunst fürs Gefühl. Gedanken aus dem Garten zu Versailles«, u. a., SWS IV, S. 444f., VIII, S. 88–115) niedergeschriebene Eutiner Fassung der »Plastik«, siehe R, S. 12. Vgl. I 89,24. Hartknoch wünschte das Buch am 23. 6./4. 7. 1770 (vgl. I Anm. 89) für die Herbstmesse und hatte Breitkopf auf H.s Anweisungen vorbereitet (LB III, S. 28, 34).*

27 lectiones Venusinas] *»Lectiones Venusinae«. Hartknoch konnte das Buch auf der Messe in einem gestohlenen Exemplar einsehen, aber nicht lesen; über H. erzähle Klotz manches in der Vorrede (A).*
28 sit] *Es möge sein.*
29 Bohn] *Johann Karl Bohn. Hartknoch schrieb, daß er mit Bohn keine Geschäftsverbindung habe, aber den Hamburger Buchhändler (Johann Henrich) Herold (um 1743 – nach 1800) bitten werde, auf seine Rechnung H. alles Gewünschte zu schicken (A und 26. 5. 1770, vgl. I Anm. 79).*
31f. Bertrams] *Philipp Ernst Bertram.*
32f. Kirchenhistorie] *»Semleri Historiae ecclesiasticae«.*
35 Encyklopädie] *»Allgemeine Theorie der Schönen Künste«. Am 1. 6. 1770 (vgl. I Anm. 79) schrieb Hartknoch aus Berlin, daß bereits 23 Bogen davon ausgedruckt seien und Sulzer ihm gegenüber »die Schwächen dieses Werks« betont habe (LB III, S. 33).*
35 Geßners isagoge] *Gesner, »Primae lineae isagoges«.*
36 andrer Compendien] *Schulbücher H.s, vgl. R, S. 693.*
40 Leßing] *Lessing schrieb am 3. 3. 1770 an Johann Arnold Ebert von H.s Ankunft in Hamburg »vor einigen Tagen«: »Es hat mir notwendig sehr angenehm seyn müssen, diesen Mann von Person kennen zu lernen; und ich kann Ihnen itzt nur so viel von ihm sagen, daß ich sehr wohl mit ihm zufrieden bin.«*
41 vielkinderichter Hartknoch] *Vgl. zu I 78,45.*
42 Neuigkeiten] *In A berichtete Hartknoch von drei durch ihn zurückgeschickten Briefen Westfelds an H. – Zuckerbecker habe einen Sohn bekommen, Frau Busch sei schwanger. Hinz sei zur Messe gereist, Georg Berens bleibe bis Juni in Riga (vgl. zu I 78,42).*
43 erkennen ... Jünger seid.] *Vgl. Johannes 13,35; I 98,52.*

80. AN RUDOLF ERICH RASPE, *Kassel, Anfang August 1770*

3 Kunsthaus] *Auf der Rennbahn gelegen, jetzt Naturkundemuseum (Gebäude des 1603–1606 von Wilhelm Vernucke errichteten Schauspielhauses Ottoneum, 1696 zur Kunstkammer umgebaut von Paul du Ry); Vorläufer des 1769–1779 von Simon Louis du Ry erbauten Museum Fridericianum. Reichhaltige Sammlung antiker und mittelalterl. Skulpturen, Gipsabgüsse, Gemäldegalerie, Münzkabinett, Gemmensammlung, Mineralienkammer, Bibliothek.*
5 von Hofe losgemacht] *Die Reisegesellschaft des Prinzen Peter Friedrich Wilhelm von Holstein-Gottorp besuchte die fürstlichen Höfe in Kassel, Darmstadt und Karlsruhe.*

81. AN KAROLINE FLACHSLAND, *Darmstadt, 20. August 1770*

4 Geheimen Raths] *Andreas Peter v. Hesse. –* alten Phädon] *Von Mendelssohn, 1767; nicht die 2. oder 3. Auflage 1768 bzw. 1769.*
6 Reisebüchern beiliegenden Roman] *Aus der Reisebibliothek des Prinzen Peter Friedrich Wilhelm von Holstein-Gottorp, nicht zu ermitteln.*
9 Natur zu empfinden] *Von Beginn an ein Leitmotiv dieses Briefwechsels.*
10 Frau Geheime Räthin] *Friederike Katharina v. Hesse.*

82. AN GRAF FRIEDRICH ERNST WILHELM ZU SCHAUMBURG-LIPPE, Darmstadt, 24. August 1770

7 bis in Sarmatien] *Siehe R, S. 815. Vgl. I Anm. 82; zu I 50(N),* **92–95***; zu 79,* **42** *(von 3 erwähnten Briefen ist nur einer vom 1. 2. 1770 überliefert).*
13 zweiten Reise] *Vgl. zu I 78,5.*
16 Anerbietungen] *Durch Westfeld am 1. 2. 1770: das vakante »geistliche Primariat [Oberprediger] nebst einer Konsistorialrathstelle«, ein »neues schönes Wohnhaus«, »gewiß 700 Thaler« Besoldung, Reisegeld, eventuell »eine Zulage«, das Amt des Beichtvaters der Gräfin, theologische Lehrfreiheit, Muße zum Studieren durch Verminderung der Amtsgeschäfte, ständiger Umgang mit dem Grafen und Teilnahme an der herrschaftlichen Tafel, auf Wunsch Versetzung in den weltlichen Stand. In der Nähe gebe es gute Buchhandlungen (Celle, Minden, Hannover, Lemgo), die Universitäten Göttingen und Rinteln, viele Gelehrte (u. a. Möser). Am 29. 7. 1770 schrieb Westfeld, wohl 20 seiner Briefe hätten H. verfehlt; H. könne selbst die Bedingungen der Besoldung und anderen Vorteile wählen (LB III, S. 46–50). Nach einer nichtüberlieferten (?) späten Antwort auf Westfelds Brief vom 19. 8. 1768 (LB I, 2, Nr. 104), die Westfeld am 26. 4. 1769 dem Grafen schickte, schien H. damals »zu fürstlichen Bedienungen keine Neigung zu haben« (Heidkämper, S. 31).*
18ff. in Sachen der Religion und der Erziehung] *Aufkläreisches Wirken im Amt, vgl. I 51,***101ff.**
22 eines großen Mannes] *Vgl. 54.*
22f. unrömischen Zeitalter] *Nach H.s Anwendung der Lebensaltertheorie in »Auch eine Philosophie der Geschichte zur Bildung der Menschheit« war die Römerzeit das »Mannesalter Menschlicher Kräfte und Bestrebungen« (SWS V, S. 499), die Gegenwart eher greisenhaft schwächlich.*
24 in einem neuen Stande] *Dem weltlichen Stand, vgl. zu* **16.**
30 Situation] *Vgl. zu I 73(N),* **15.**
31 Licht zu sammeln] *Aufklärungsmetapher.*
33ff. Aufträge ... zu reisen.] *Vgl. zu I 75,***11***; 77,6f.*
36f. aller vorbehaltnen Freiheit] *Vgl. I 77,***25–29.**
37f. Zutrauen] *Vgl. I 79,***10.**
40f. ein Opfer und ein Verlust nützlicher Jahre] *Schon in Eutin sah H. die Unzweckmäßigkeit des Reiseplans und den negativen Einfluß des Oberhofmeisters auf den Prinzen und erlangte die Erlaubnis, auch während der Reise um seinen Abschied bitten zu dürfen, wenn er nicht zu nützen glaube (Erinnerungen I, S. 146f.). Vgl. I 94(N),***4ff.**, **15ff.**
42f. meine Stelle ... ersetzen] *Vgl. I 94(N),***9–13.**
45 kleinen Aufschub hoffen] *Einverständnis des Grafen in A.*
46 Einrichtungen und äußerlichen Anstalten] *Die Bedingungen der Besoldung u. a. ließ H. den Grafen selbst bestimmen, d. h., er nahm die Anerbietungen (vgl. zu* **16***) an, wie Westfeld am 31. 8. 1770 schrieb (LB III, S. 119f.). Vgl. III 259,***52f.**
50 Reise nach Italien] *In A Zustimmung des Grafen »zu der nach Verlauf einiger Jahre Gegenwart in Bückeburg ... intendirten literarischen und gewiß der gelehrten Welt in vielerlei Betracht ersprießlichen Reise nach Italien« (LB III, S. 121).*
54f. Apollo Deutschlands] *Als Förderer der Künste. Tatsächlich galt das Hauptinteresse des Grafen der Festung Wilhelmstein im Steinhuder Meer, siehe R, S. 820.*

83. An Karoline Flachsland, Darmstadt, 25. August 1770

3 Geburtstages] *Vgl. II 100,121f.; III 259,53ff. »Den 25. August feierten wir seinen Geburtstag in dem kleinen Kreis der Freunde, bei M[ademoise]lle Ravanell [Gouvernante der Darmstädter Prinzessinnen] im Schloß; da gab er mir seinen ersten Brief ...« (Erinnerungen I, S. 152).*
12-24 Ihr Bild] *Charakteristik und Psychogramm der jungen Karoline nach Kriterien der Empfindsamkeit und der Verliebtheit, vgl. 78ff.*
23 sich Ihrer Familie angenommen] *Der wie sie verwaisten Geschwister Flachsland, siehe R, S. 162.*
33 die beiden ersten male] *Vgl. II 33,10f.,48-51; H. beschreibt die allmähliche Entstehung seiner Zuneigung und betont seine Beständigkeit.*
35 Herr Anger] *Personifikation der Blumenwiese bei Kristan von Hamle, siehe R, S. 332; H. las den Darmstädter Freunden aus Bodmers »Sammlung von Minnesingern« vor (hier Bd. 1, 46b).*
39 Fasanerie] *Siehe R, S. 755. »Unvergeßlich ist mir die Darmstädter Phasanerie, wo er in der Stille des Waldes, in der feierlichen Einsamkeit des Ortes Klopstoks Ode: ›Als ich unter den Menschen noch war –‹ mit seiner seelenvollen Stimme aus dem Gedächtniß recitirte!« (Erinnerungen I, S. 151). Karoline verglich sich in A mit Meta Klopstock.*
42 nach der Predigt] *Am 19. 8., vgl. I Anm. 81. »... von dieser Zeit an waren unsere Seelen nur Eins und sind Eines: unser Zusammenfinden war Gottes Werk« (Erinnerungen I, S. 152).*
43 Psyche] *Siehe R, S. 452, 736f.*
45 den folgenden Tag] *20. 8.*
48 uns Morgen wieder zu finden] *Seit der Predigt H.s am 19. 8. sahen er und Karoline sich täglich (Erinnerungen I, S. 152).*
56 gestern] *24. 8. – Vorwürfen und Zweifeln] »... vergeßen Sie mein wunderliches Mistrauen?« (A).*
63f. der Eindruck ... der einzige und ganz der erste] *Vgl. I 91,82ff.; 98,80ff.; VIII 30,72f.*
65 Geschlechte] *Fehlt H. – kennen gelernt, geliebt und geschätzt habe] Vgl. I 98,76–79.*
67 Scenen einer ewigen Freundschaft] *Vgl. I 98,84; empfindsamer Ausdruck für Ehe, vgl. 73ff.*
69, 87 schönen Seele] *Nach Platons ψυχη καλη, vor allem durch den Pietismus verbreiteter Begriff, von Rousseau (»La nouvelle Héloïse«, Vorrede) und Wieland gebraucht (»Was ist eine schöne Seele?«, »Agathon«, 13. Buch, Kap. 7), danach Goethe, »Wilhelm Meisters Lehrjahre«, 6. Buch: »Bekenntnisse einer schönen Seele«. Vgl. I 88,61f.*
69 Situationen] *Vgl. zu I 73(N),15.*
72 Freundschaftsbriefe] *Bewußte Abgrenzung von galanten, verführerischen Liebesbriefen, vgl. 25f.; I 91,64f.,73ff.*
78f. Unschuld ... Tugend] *Schlagworte des Sentimentalismus.*
90 Brief von Ihrer Hand] *In A leidenschaftliche Erwiderung der Liebe, »wann es möglich ist noch stärcker« (Sprache der Natur gegen Konvenienz); H. möge ihr »SchutzEngel« sein.*

84. An Karoline Flachsland, Darmstadt, 27. August 1770

3 Abschiedes] *Nach Abfassung des Briefes ermöglichte Merck den Liebenden unerwartet noch einen ungestörten Abschied in seiner Wohnung, vgl. I 85,5-17; 86,3ff.,14.*
4 Wald, und Klopstock] *Am Morgen des 26. 8. schrieb Karoline, H. solle »heute« wieder »im Klopstock« lesen; um ungestört zu sein, würden sie »in den Wald« gehen (A zu I 83).*

5 vereitelt] *Durch H.s Unpäßlichkeit, vgl. I 86,30f.*
12f. Nicht ich der Ihrige ... Schutzengel] *Vgl. zu I 83,90; I Anm. 112.*
14 gräulichen Zwang] *Karolines Abhängigkeit im Hause ihres launischen Schwagers Andreas Peter v. Hesse, den sie tyrannischer Bevormundung beschuldigte.*
16 einzige Viertheilstunde] *Vgl. I 85,6; 86,3.*
18, 32 Situation] *Vgl. zu I 15,12.*
32 schöne Seele] *Vgl. zu I 83,69.*
41 Ton des Wohlstandes] *Des Anstandes, der Konvenienz.*
43 das einzige Blatt] *A zu I 83.*
49 Gehör] *Karoline hatte oft Ohrenschmerzen.*
53 kein Schicksal mehr trennt] *»... sehen wir uns hier nicht mehr, so sehen wir einander gewis im Himmel«, schrieb Karoline und zitierte aus Klopstocks Ode »An Fanny« (= An Daphnen, vgl. R, S. 315) Vers 23 »Dann trennt kein Schicksal mehr die Seelen«.*

85. AN KAROLINE FLACHSLAND, *Mannheim und* Heidelberg, 28. August 1770

3 Mannheim] *Vgl. I 86,32–42.*
6 letzte Viertheilstunde] *Vgl. I 86,3; zu I 84,3; das Gedicht »Als ich aus Euren Armen entrann!« (SWS XXIX, S. 483ff.).*
23 Kerl mit der Davidsharfe] *Wandermusikant.*
25 dem Prinzen] *Peter Friedrich Wilhelm von Holstein-Gottorp.*
27 Psyche] *Vgl. zu I 83,43.*
41f. Griechin] *Idealisierende Bezeichnung H.s für Karoline wegen ihrer Natürlichkeit, Einfalt und starken Empfindung (35f.), vgl. II 25,62f.; VI 15(N),59.*
47f. Engagemens und Aussichten] *Vgl. I 82; auch die nicht aufgegebene Hoffnung auf eine Rückberufung nach Riga.*
57f. schöne Seele] *Vgl. zu I 83,69.*
59, 72 Situation] *Vgl. zu I 73(N),15; hier konkret zu I 84,14.*
65f. Minna von Barnhelm] *H.s Kritik der Titelheldin Lessings vgl. I 95,115–124.*
66 Geheime Rat] *Andreas Peter v. Hesse.*
67ff. Hypochondristen] *Von Gerstenberg, 12./14. Stück, siehe R, S. 658. »Der zärtliche Neffe des Hypochondristen gefällt mir viel beßer, [als »Minna von Barnhelm«], ich habe ihn wohl sechsmal ... gelesen« (A zu I 88).*

86. AN JOHANN HEINRICH MERCK, Heidelberg, 28. August 1770

3, 13 letzte Viertheilstunde] *Vgl. zu I 84,3; 85,6.*
6 Madame Hoffmann] *Marie Antoinette H., Frau von Wilhelm Christian Hoffmann (1722–1796), Syndikus in Umstadt; Nachbarin Mercks.*
7 einmündigen] *Analogiebildung zu »einhändigen«.*
8 salva venia] *Mit Verlaub zu sagen.*
11 Bergstraße] *Siehe R, S. 748.*
14 Herr Besteller] *Vgl. zu I 84,3.*
15–18 Mais ... honnêteté] *»Aber, nebenbei bemerkt, was denkt davon Madame, unsere kleine Französin aus dem Waadtland? Das ist ohne Zweifel nicht die Gewohnheit ihres lieben Vaterlandes, wenn auch romanhaft – – – Viele Komplimente den französischen Sitten, sowohl ihrer Höflichkeit als auch ihrer Schicklichkeit.«*

20ff. eine Scene ... einem Roman] *Vergleich des wirklichen Lebens mit der Literatur des Sentimentalismus.*
24 Ihre doppelte Freundin] *Karoline als Freundin Mercks und seines Freundes H.*
28 in einer Wüste] *Vgl. I 93,6; 96,20; 102,254; 104,98; 133,20; hier bezogen auf Karolines Leben bei Hesse, vgl. zu I 84,14.*
30f. Unpäßlichkeit ... Seele.] *Feststellung der physisch-psychischen Einheit.*
31f. Ankunft in Mannheim] *27. 8. 1770 abends.*
34ff. Tankred] *Von Voltaire; negativer Eindruck H.s bei einer Aufführung in Paris, vgl. zu I 77,77f. (SWS IV, S. 480).*
36 Situationen] *Vgl. zu I 15,12.*
39f. Modellhaus der Antiken] *Antikengalerie in Mannheim, siehe R, S. 785.*
41–46 meiner Plastik] *Vgl. zu I 79,25ff.; darüber hatte H. in Darmstadt mit dem Kunstsachverständigen Merck gesprochen. Dessen noch in II 16,23f. von H. gewünschten Anregungen wurden nicht wirksam, da er infolge ihrer Entzweiung das Mskr. der Druckfassung nicht zu Gesicht bekam.*
42f. Plastik des Herzens auf Seiten des Ausdrucks hinweisen] *Bildkünstlerische Wiedergabe seelischer Regungen; H.s Streben nach »Anfangsgründen ... zu einer Erkenntniß des Geistes in seinen Formen, eine Art von Plastik der Seele« (Eutiner Fassung, SWS VIII, S. 152).*
51ff. Voila ... Franci.] *Da ist eine kleine Betrachtung nach Art Ihrer kleinen Philosophin [Louise Francisque Merck]. Küssen Sie sie in meinem Namen und in der Eigenschaft des Herrn Pastors mit der äußersten Zärtlichkeit und Freundschaft, auch meinen kleinen Franz.*
53 Franci] *Franz Anton Merck.*
54 verdauen] *Merck litt an Verdauungsstörungen (Obstipation), vgl. Hermann Bräuning-Oktavio, Johann Heinrich Mercks Ehe. In: Archiv für das Studium der neueren Sprachen und Literaturen, Bd. 126, Braunschweig 1911, S. 321ff.*
55 Flüchtling und Pilger] *Vgl. zu I 62(N),56.*
62 benedeie] *Segne (Bildung aus »benedicere«).*
64 Geheimen Rats] *Vgl. zu I 85,66.*
69 starkgesättigtes Mutterchen] *Louise Francisque war schwanger; im September 1770 hatte sie eine Fehlgeburt, vgl. I 93,183ff.*

87 (N). AN FRIEDRICH DOMINICUS RING, *Karlsruhe, 30. August 1770*

3 Madame] *Karoline Christine Ring.*
5 Manuscript] *Rings Exzerptenbuch (UB Freiburg), darin u. a. Abschriften von Oden Klopstocks, vgl. I 88,173f.; 90(N),19–29; 140(N),43f.*

88. AN KAROLINE FLACHSLAND, *Karlsruhe, 30. August und 1. September, Straßburg, 5. September 1770*

10 Viertheilstunde] *Vgl. zu I 85,6ff.*
15 ersten Morgen ... in Carlsruhe] *Vgl. I Anm. 87.*
16–21 noch einmal ... drücken] *Vergegenwärtigung der Abschiedsszene vom 27. 8. 1770.*
19 Griechin] *Vgl. zu I 85,41f.*
23 um mich Schatten] *Trotz der negativen Erfahrungen in seiner derzeitigen Funktion (vgl. zu I 82,40f.) hatte H. die Entscheidung noch nicht getroffen.*
24, 28, 38, 41 Situation] *Vgl. zu I 73(N),15.*

31, 102 Prinzen] *Vgl. zu I 85,25.*
31 angekettet] *Metaphorisch.*
35 in Darmstadt] *Vgl. zu I 86,28.*
37 Cirkel zur Bildung] *Der Kreis der »Empfindsamen« um Merck war ein solcher Zirkel. Vgl. 64f.*
45 Meta] *Vgl. zu I 83,39.* – Schutzengel] *Vgl. zu I 83,90.*
52 Schönheiten zu entwickeln] *»es wird ein göttliches Geschäft vor mich seyn, mich nach Ihrer so liebenswürdigen, schönen Seele, zu bilden« (A). H. empfahl sich als Erzieher einer »schönen Seele« (61f.); vgl. zu I 83,69.*
58 Melancholie] *»Ihre Melancholie, macht mich oft traurig« (A).*
73, 82 Unterscheidung] *Auszeichnung.*
75 Marggraf] *Markgraf Karl Friedrich von Baden-Durlach. »ich freue mich mit Ihnen über den Fund eines guten Fürsten« (A). Vgl. I 139,7–18.*
79 Einrichtung ... Menschlichen Geschlechts] *Vgl. H.s Ende 1769 entwickelten Reformideen, zu I 73(N),12ff.*
81 Markgräfin] *Karoline Luise von Baden-Durlach.*
90 gelehrten Frauenzimmer] *Vgl. I 95,53f.,59ff. Karoline bedauerte »die gelehrte Markgräfin«, da eine »empfindsame, gutherzige Fürstin« in ihrem Land mehr Gutes stiften könnte. Karoline selbst habe »der Himmel in Gnaden« vor Gelehrsamkeit »ein wenig zuviel bewahrt« (A).*
95 ein 14. Tage] *Aufenthalt in Karlsruhe nur eine Woche.*
104 Agathon] *Nach A las auch Karoline Wielands »Geschichte des Agathon«, sie erwähnte die Stelle »von der magischen Kraft der Music« (1. Teil, 5. Buch, Kap. 5) und »die Zusammenkunft des Agathon und der Psyche beym Mondschein« (2. Teil, 7. Buch, Kap. 7).*
109 dritten langen Brief] *H.s 3. Brief an Karoline nach der Abreise aus Darmstadt ist I 91, dem jedoch eine (nichtüberlieferte) Antwort vorausging, vgl. I 91,5–8. Möglicherweise ist ein Brief H.s verloren. Sein erster ist I 85.*
112, 145, 173 hiesigen Gelehrten] *Friedrich Dominicus Ring.*
112, 145, 173 Gott sei bei uns!] *Vgl. I 95,54–57. Karoline wiederholte den Ausruf in bezug auf die Markgräfin (A).*
113 Büchern von Empfindung] *Belletristik, besonders des Sentimentalismus.*
114 Briefe Gleims und Jacobis] *»Briefe von den Herren Gleim und Jacobi«.*
119–132 Purpurroter ... Mund] *Ebd., Beilage zu Brief XL. Karoline kannte das »allerliebste Gedicht« (A).*
135ff. Sammlung ... Gesangbuch?] *Vielleicht angeregt durch Rings Manuskript (vgl. zu I 87,5), nicht zustande gekommen, viele Gedichtabschriften aber verstreut in HN.*
139 Gerstenbergs Tändeleien] *Karoline erwähnte darin noch den »Geschmack eines Kußes« (A).*
146ff. Klopstockschen Stücke ... zuschreiben?] *Bis zur Herausgabe der »Darmstädter Ausgabe« der Oden ein wichtiger Bestandteil des Briefwechsels.*
153 ein zweites süßes Andenken] *Das erste war A zu I 83.*
162 Hrn Merck ... übeln Verdauung] *Vgl. zu I 86,54. Merck schickte Karolines Briefe an H. und empfing dessen Briefe an Karoline.*
165 distinguirt] *Ausgezeichnet.*
166f. nicht hat predigen hören] *Vgl. I 140(N),67ff. H. bekam in Straßburg Anfang April 1771 eine Einladung nach Karlsruhe und hielt dort an einem Wochentag im Schloß eine die Hofgesellschaft beeindruckende Predigt, bevor er über Darmstadt nach Bückeburg reiste (Ring, S. 104f.).*
173 Klopstocksche Oden] *Vgl. zu I 87(N),5.*

179–283 Andern Sterblichen schön] *Vgl. I Anm. 88; 123,32ff.; Darmstädter Ausgabe, Nr. 31.*
215 R.... inn] *»Radikin« (Darmstädter Ausgabe), Johanna Elisabeth Radike.*
217 Doris] *Albrecht v. Hallers verstorbene Frau Marianne.*
218 jüngere Doris] *Hallers Tochter Marianna.*

89. AN JOHANN FRIEDRICH HARTKNOCH, Straßburg, 5. September 1770

6ff. Ihre Klagen] *»Unsere arme Stadt wird Sie nun wohl nicht mehr sehen, und was wird aus meinem Kinde werden?« (23. 6./4. 7. 1770, LB III, S. 35). »Ach, könnten Sie je Ihrer Versprechungen vergessen, ... mein Kind zu erziehen?« (B). In A begründete Hartknoch seine und anderer Rigaer Klagen mit der Unersetzbarkeit H.s als Prediger und in seinen anderen Talenten.*
7 stille Winke] *»Stille Winke kann ich Ihnen nicht geben, worin sollen diese bestehen ...?« (A).*
10f., 20 was weiß ich] *Vgl. zu I 74,22f.*
11f. Revolutionen] *Umwälzungen (zu H.s Verwendung des Begriffs vgl. H.-B. II, Nr. 0918). Die skeptische Geschichtsauffassung, die in »Auch eine Philosophie der Geschichte« ausgeführt wurde.*
12 Fortstöße und **18** Druckkräfte] *Vgl. zu I 79,14f.*
16ff. Reise mit dem Prinzen] *Vgl. zu I 82,40ff.; 85,25; 88,23.*
21 die Zeit ... Wahrheit.] *Veritas, röm. Göttin der Wahrheit, Tochter des Saturn (Kronos, siehe R, S. 729). In emblemat. Darstellungen des 16./17. Jh. sucht Chronos (Saturn) seine verborgene Tochter Veritas. Vgl. Seneca, »De ira« II, 22,3 (»Veritatem dies aperit ...«); Sophokles, »König Ödipus«, Vers 1212f. (»Die Zeit entdeckte dich. Sie sieht alles ...«).*
22 nach mir fragen] *»Alle Rigenser und selbst viele Rathsherren haben sich bei mir nach Nachrichten von Ihnen erkundigt. Kampenhaußen frug mich nach Neuigkeiten von Ihnen« (B).*
24 Plastik] *Eutiner Fassung, vgl. zu I 79,25ff.; Hartknoch hatte in B auf die Herausgabe unter H.s Namen gedrängt. Zur nächsten Messe erhoffte er, damit das durch manche schlechte Bücher »sehr gesunkene« Renommee seines Verlages »wieder zu heben«. Der Prinz schrieb am 5. 6. 1771: »Was macht Ihre Plastik? Da bin ich auch damalen Schuld daran gewesen, daß Sie sie nicht geendet haben.« (Vgl. II Anm. 34).*
24 brach] *Brach an.*
26ff. der Einzige, Schöpflin] *Schoepflin, der einzige Straßburger Gelehrte, für den H. sich interessierte. Vgl. Goethes positive Charakteristik Schoepflins und seiner einflußreichen Verbindungen in »Dichtung und Wahrheit« (WA I 28, S. 45–49).*
27 historiographe de France] *Titel des königl. Geschichtsschreibers.*
33 Unbeständigkeit des Karakters] *Hartknoch wies in A diesen Vorwurf zurück, zweifelte aber an H.s Freundesliebe.*
35 Brittischer] *Etwa im Sinne von weltmännischem, selbstsicherem Auftreten (vgl. SWS XVIII, S. 209, Anm.).* – wärmer] *Gefühlvoller.*
36 Französisch und unbeständig] *Stereotype Nationalpsychologie, scheinbar bestätigt durch H.s überwiegend negatives Urteil über die (konventionelle) frz. Kultur im »Journal meiner Reise im Jahr 1769« (vgl. SWS IV, S. 431ff.; Erinnerungen I, S. 124f.).* – Fleisch im Salze] *Pökelfleisch.*
38 Charakter zu bilden] *Vgl. I 98,14f.,26f.,33,50,74f.*
41, 51 Situation] *Vgl. zu I 15,12.*
43 Einen Mann] *Merck.*

44 ein Frauenzimmer] *Karoline Flachsland.*
45 kleinen Höfen] *Eutin, Kassel, Darmstadt.*
46 den besten Fürsten] *Vgl. zu I 88,75. Hartknoch bedauerte in A, daß H. so wenig von der »Reise durch Deutschland, von dem Fürsten von Baden-Durlach und den beiden merkwürdigen Menschen in Darmstadt« geschrieben habe.*
48 Wielands Beiträge] *»Beyträge zur Geheimen Geschichte des menschlichen Verstandes und Herzens«. Vgl. II 4,150ff.*
50 sein Diogenes] *»Sokrates Mainomenos«.*
50f. viele Punkte meiner Ebräischen Archäologie] *»Sie warten mit allen Ihren Sachen so lange, bis ein Anderer Ihnen so nahe kommt, daß dieser Ihre Entdeckungen für seine Einfälle halten kann.« Wieland sei in den »Beyträgen« H.s Meinung »ziemlich nahe gekommen« (antirousseauist. Gesellschaftskonzeption); H. solle den Traktat »über die origines des menschlichen Geschlechts« zum Druck schicken (A).*
54f. Begrow ... Brief] *Nicht überliefert.*
55f. Madame Busch] *H. wollte ihr zur Geburt ihrer Tochter schreiben (nicht überliefert).*
56 meine Briefe] *Nicht überliefert.*
58f. Sekretäre Berens u. Schwarz] *Johann Christoph Berens, Adam Heinrich Schwartz. In A ließ Berens H. herzlich grüßen.*
62 meiner Mutter] *Hartknoch hatte ihr H.s Brief und H. ihre Antwort zugeschickt (A). Vgl. I 115,95f.; zu I 68,209ff.*
65 Kur meines Auges] *Vgl. zu I 71,77f. Hartknoch hatte von Krebserkrankungen einiger Rigaer Frauen berichtet und H. geraten, bei Gelegenheit sein Auge behandeln zu lassen (B).*

90 (N). AN FRIEDRICH DOMINICUS RING, Straßburg, 5. September 1770

8 Madame] *Vgl. zu I 87(N),3.*
15ff. Posthause] *Vgl. I 93,89f.*
18 erwarte Briefe] *Aus Bückeburg und Darmstadt.*
19 Klopstocksche Oden] *Vgl. zu I 87(N),5.*
20 denen mitgenommenen] *Darunter »Petrarka und Laura«, vgl. I 88,179–283.*
21 an Bodmer] *»An Herrn Bodmer«.*
22 Zürcher Seefahrt] *»Fahrt auf der Zürcher See«.*
22f. »als ich unter den Menschen noch war«] *»Die Verwandlung«.*
23 »am Thor des Himmels stand ich] *»An Meta«, von Füßli.*
24 einen Psalm] *»Psalm«, 1753. – eine an Gott] »An GOtt«. – Meta] Irrtümlich statt »Fanny«.*
25 »wenn ich nun todt bin«] *»An Fanny« = »An Daphnen«.*
28 das ganze Manuscript] *Vgl. zu I 87(N),5.*
31 Ihr Schwager] *Philipp Heinrich Wieland (siehe unter Ring).*
33 Mindesheim] *Münzesheim.*
37 Durchlauchtigen Prinzen] *Von Baden-Durlach.*

91. AN KAROLINE FLACHSLAND, Straßburg, 9. und 10. September 1770

3f. Laura ... Petrarca *und* 143 Petrarca und seiner Laura] *Vgl. I 88,179–283.*
10 Abschiede] *Vgl. zu I 84,3.*
22 empfindliches] *Empfindsames.*

22, 29 Situation] *Vgl. zu I 73(N),15.*
23 Absichten des Eutiner Hofes] *Vgl. zu I 82,40f.*
25 aufzuhören, Herder zu seyn] *Vgl. I 89,38ff.*
26 Entschluß] *Vgl. zu I 88,23.*
27f. Schicklichkeit für ... das Publikum] *Vgl. I 94(N),24f.*
28 den Prinzen] *Vgl. zu I 85,25.*
33 Ball] *Am 27. 8. 1770 in Darmstadt, als H. in Mannheim war (vgl. 37).*
40 Provinzialdichter] *Siehe R, S. 451.*
42f. Schwäbischen Minnesänger] *Siehe R, S. 390.*
43 damals noch halb unbekannt] *Am 19. 8. 1770, vgl. zu I 83,35,42.*
45 als ich unter den Menschen noch war] *Vgl. zu I 90(N),22f.*
46 wie Blitz, durch die Seele] *Vgl. 158; I 93,7; 108,60; 112,97. Vgl. »Vom Erkennen und Empfinden der menschlichen Seele«, mittlere Fassung: »Furcht, Freude, Schrecken, was plötzlich wie ein Blitzstral trift« (SWS VIII, S. 278); »Der Genius der Zukunft« (SWS XXIX, S. 322, Anm.).*
51ff. Shakespears] *»Othello«, Desdemona, IV/3, vgl. I 112,95ff. –* Sophokles] *»Aias«, »Ödipus auf Kolonos«. –* Euripides] *»Hyppolitos«, Begegnung mit Artemis (Diana).*
59 Träume] *Vgl. III 181(N),55–59.*
61 Einsiedlerin] *Vgl. I 86,27f.; 92,34.*
62, 164 Zellchen] *Karolines Zimmer, Anspielung auf Johann Georg Jacobis Gedicht »An Belindens Bett«.*
64 Verneinungen] *Vgl. I 85,51ff.*
65–75 Eine Mansperson ... in Handlungen reden kann.] *H. wollte Karoline nach seinem Tugendideal keine Liebeserklärungen machen, solange er aufgrund seiner unsicheren sozialen Lage ihr nicht verbindlich die Ehe (ewige Zärtlichkeit) versprechen konnte. Vgl. zu I 83,72.*
68 Französischen Liebestrauerspiele] *Vgl. »Journal meiner Reise im Jahr 1769«: »So wird keine wahre zärtliche Liebe mehr die Scene eines Franzosen von Geschmack seyn. – Man sehe sie selbst auf ihrem Theater: welche ausstudirte Grimassen! einförmige Galanterien! ... die wahre eheliche Liebe wird nicht gespielt« (SWS IV, S. 414f.).*
78f. süße, himmlische Scenen] *Szenen der Ehe.*
82 viele Frauenzimmer hochgeschätzt] *Frau Busch, Madame Babut u. a.*
84, 100 Griechische Jugend] *Vgl. zu I 85,41f.*
85f., 160 Blödigkeit] *Schüchternheit, Bescheidenheit, vgl. 177ff.*
88f., 99f. schöne Seele] *Vgl. zu I 83,69.*
91 Sprache auseinander zu gehen scheint] *Karolines Sprache der Liebe und H.s Sprache der tugendhaften Freundschaft (vgl. Cordula Haux, Der Brautbriefwechsel zwischen Caroline Flachsland und Johann Gottfried Herder, Magisterarbeit Bielefeld 1988) führten wiederholt zu Mißverständnissen und ernsten Konflikten (vgl. I 99 passim).*
92f. Umständen ... 100. Gulden] *Karoline lebte als Waise im Hause ihres Schwagers Andreas Peter v. Hesse; vielleicht handelte es sich um eine Pension des Landgrafen Ludwig IX. von Hessen-Darmstadt.*
110 Mängel und Fehler] *H. wollte sie überwinden im Hinblick auf ein künftiges Leben mit Karoline.*
118 Bild der Gottheit] *In Gestalt Karolines.*
122f. andre Reihe von Gedanken und Wünschen] *Vgl. zu 65–75.*
125 auf die beziehen] *Auf Karoline.*
129 kleine Arbeit geben] *H. beauftragte Karoline mit dem Abschreiben von Klopstock-Oden, bevor er vom Plan zur »Darmstädter Ausgabe« wußte (Hesse sammelte schon seit*

Ende 1769; vgl. Höpfners Briefe an Boie, 18. und 28. 2. 1770, Consentius, S. 65f.). – Geheime Rath] *Andreas Peter v. Hesse.*
130 Sammlung vermischter Schriften] *Von den »Bremer Beiträgern«, siehe R, S. 693.* – Bremischer Beiträge] *»Neue Beyträge zum Vergnügen des Verstandes und Witzes«, siehe R, S. 686. Viele Klopstock-Oden in der »Sammlung«, nur einzelne in den »Beyträgen«.*
132 englisches] *Von »Engel« abgeleitet wie I 92,18; 95,163; 98,132; 99,225; 101,3; 102,125,223,236.*
133ff. die Abschrift ... Ihnen Mühe] *Die beiden Oden sind in Karolines Handschrift überliefert, außerdem »Elegie. Daphnis und Daphne« (1748 entstanden, 1771 umgearbeitet als »Selmar und Selma«, Muncker/Pawel I, S. 58f.), in HN XXXII, 22.*
134 wenn ich nun todt bin] *Vgl. zu I 90(N),25.*
134f. von der Fahrt auf der Zürchersee] *Vgl. zu I 90(N),22.*
136, 139f. mein Gesangbuch] *Vgl. zu I 88,135ff.*
141 euch, Stunden, grüß ich] *Vgl. I 92,75–118.*
142 vorigen Briefe] *I 88.*
143 Gesicht] *Vision.* – Petrarca] *Vgl. zu 3f. »Vor das unvergleichliche Gedicht vom Klopstock küße ich Ihnen vortrefligster Freund, es ist mir noch ganz neu, ... mein Petrarca« (A zu I 88).*
144–148 Notenblatt unsres Abschiedes] *Nicht überliefert; nicht ermittelt. Vgl. I 95,43.*
155 im Walde] *Vgl. zu I 83,39.*
157–160 zum erstenmal die Frage ... doch verstanden.] *An den Tagen des geselligen Umgangs im Kreise der Darmstädter »Empfindsamen« vor I 83.*
160–164 meinem Abschiede ... anlächelte] *Vgl. zu I 84,3.*
166f. Sonntag meines Abschiedes] *26. 8. 1770, der Tag vor der Abreise aus Darmstadt; vgl. I 86,30.*
169f. morschen Situation] *Vgl. zu I 73(N),15; 88,24–30.*
172 Auge operiren lassen] *Vgl. I 71,77ff.; 89,65f.; 90(N),30; 108,5–25.*
178 bescheidne Unbestimmtheit] *Vgl. zu 65ff.,85f.,91.*
181 Ihren Bruder] *Wahrscheinlich Karolines ältester Bruder, Friedrich Sigmund Flachsland, von dem sie geschrieben hatte.*

92. AN KAROLINE FLACHSLAND, *Straßburg, 12. September 1770*

8, 23 Merckischen Briefe] *Vgl. I 93,19f.*
8 Sonntagsfahrt] *Ausfahrt der »Empfindsamen« in den Wald bei Darmstadt, am 2. 9. 1770.*
10, 60, 139 den Fels umarmen] *Vgl. I 93,5f.*
14 Idyllenscene] *Vgl. I 103,4–11.*
17 letzte Augenblick] *Vgl. zu I 85,6.*
18 englische] *Vgl. zu I 91,132.*
19 schönen Seele] *Vgl. zu I 83,69.*
25, 56 Dunkelheit] *Vgl. I 88,23.*
30 Schutzengel] *Vgl. zu I 84,12f.*
34 Einsiedlerin] *Vgl. I 91,61.*
41f. »Ihren Vertrauten ... Herzens«] *Zitat aus B.*
43 Träumen u. Bildern] *Vgl. »Bilder und Träume«, Titel der Gedichtauswahl der 3. Slg. »Zerstreute Blätter« (SWS XV, S. 517).*
45 Sache ... schwüriger.] *Vgl. I 91,26ff.*

46 Italien] *Vgl. I 94(N),26.* – Bückeburg] *Vgl. I 93,88.* – Riga] *Vgl. zu I 89,6ff.*
46f. Prophetin] *Vgl. »meine Schutzgöttin, eine große Prophetin«, Anm. zu dem Gedicht »An die Schutzgöttin meines Lebens« (SWS XXIX, S. 488).*
48 Schwager] *Andreas Peter v. Hesse, vgl. I 98,5f.*
51 Abgöttin] *Vgl. I 91,38.*
56f. Vorsehung ... Weise] *Vgl. I 58,191; allegorische Darstellung der in der röm. Mythologie personifizierten Providentia, in der Emblematik des 16./17. Jh. mitunter als Minerva.*
59 Leitstern] *Vgl. Matthäus 2,9.*
61 Felsenscene in der Julie] *»Julie, ou La nouvelle Héloïse«, Bd. 1, 26. Brief (Saint-Preux an Julie: Feuerstelle unter einem Felsen am Genfer See mit der Aussicht auf Julies Haus); Bd. 4, 17. Brief (Saint-Preux an Mylord Eduard: Bootsfahrt und Spaziergang mit der verheirateten Julie zu diesem Felsenplatz). H. kannte den Roman schon in Königsberg (vgl. Auszug HN XXVI, 5, 99, Haym I, S. 367).*
63 Vorrede] *Als »Herausgeber und Mitarbeiter« warnte Rousseau tugendhafte Leserinnen vor dem Roman: »Sittenrichter werden an seinem Inhalt viel auszusetzen finden ..., den ehrbaren Frauen muß es zum Ärgernis gereichen ... Ein züchtiges Mädchen liest keine Liebesgeschichten.«* – gefährlichen Scenen] *Bd. 1–3: leidenschaftliche Liebesbriefe: Saint-Preux und Julie.*
64 die guten, die lehrenden] *Bd. 4–6: Sitten- und Tugendroman (Einfluß der Briefromane Samuel Richardsons): Julie als Frau von Wolmar.*
68 Platonische Ode] *Ode, die von Seelenliebe handelt, vgl. I 88,176–283.*
70 Scenen zwischen Petrarca und Laura] *I 88,229–283; vgl. zu I 91,143.*
72 andre versprochne Schuld] *Vgl. I 91,141; »Als der Dichter den Messias zu singen unternahm« (vgl. R, S. 315), hier 75–118.*
73 unterstreichen] *Im Text gesperrt.*
88 Salem] *Engel, Schutzgeist des Jüngers Johannes im »Messias« III, Vers 467, XII, Vers 848.*
107 Schmid] *Johann Christoph Schmidt (I).*
108 Thabors] *Siehe R, S. 823.*
109 vom Weltgerichte] *Schmidt arbeitete 1748 an einem Gedicht über das Weltgericht.*
110 erhabnen Schwester] *Maria Sophia Schmidt, später Streiber.*
116 Seraphinn] *Siehe R, S. 714.*
119 Schmidtin] *Vgl. zu 110.* – Ode auf die Zürcherfahrt] *Vgl. zu I 90(N),22.*
120 Mollerin] *Meta Moller, später Klopstock.*
121 Untreue] *»Fanny« Schmidt hatte Klopstocks Liebe nicht erwidert und am 26. 2. 1754 J. L. Streiber geheiratet; im gleichen Jahr, am 10. 6., ehelichte Klopstock Meta Moller.*
123 Ode ... Doppelliebe] *Vgl. zu I 90(N),23; 123,42.*
125 Schweizerblatte] *Vgl. zu I 123,39f.*
128f. gelehrtes Frauenzimmer] *Vgl. zu I 88,90.*
131 Roman] *Hier: Dichtung im Unterschied zur Wirklichkeit.*
134 Quodlibet] *Durcheinander, etwas Zusammenhangloses.*

93. AN JOHANN HEINRICH MERCK, Straßburg, 12. September 1770

4–7 die arme Unschuldige ... rührende Scene] *Vgl. I 92,8–11; nach B.*
5, 67 Fels] *Hügel im Bessunger Wald bei Darmstadt, vgl. »An die Schutzgöttin meines Lebens« (SWS XXIX, S. 488 oben), zu II 82,11–16.*
7 wie der Blitz] *Vgl. zu I 91,46.*

8 elektrische Empfindung] *Vgl. »Vom Erkennen und Empfinden der menschlichen Seele«, mittlere Fassung: »Der Elektrische Nervenstrom ist Flammenschrift des Schöpfers in uns für den innern Menschen« (SWS VIII, S. 287).*
9f. den Tag] *2. 9. 1770, vgl. zu I 92,8.*
10 den Kopf verwüstete ... Getümmel des Hofes] *In Karsruhe, vgl. I 88,167f.*
13 Schutzgeister] *Vgl. I 95,209; 102,189; 112,52.*
15 Lacunen] *Lücken.*
15f. zur Bildsäule machten] *Erstarren ließen.*
17f. Geschichte ... in der Schweiz] *Mercks Liebe und Hochzeit.*
21 Dollmetscher] *Vgl. I 96,46; Merck sollte außerdem zusätzliche Informationen über Karoline liefern, vgl. 64–69.*
24 Scene von solcher Art] *Vgl. 4–7.*
26 Yorik] *Sterne, »A Sentimental Journey«.*
28f. in Nordamerika] *Unter Naturvölkern seien Idyllenszenen häufiger als in der Zivilisation, vgl. I 103,8f. – Vgl. Iselin, »Philosophische Muthmaßungen über die Geschichte der Menschheit«, Bd. 1, 2. Buch: »Von dem Stande der Natur«: »Sollen wir den wahren Menschen in den Wäldern von Nordamerika suchen?« (Ausgabe Karlsruhe 1784, Bd. 1, S. 149).*
31ff. »Sie ... zerreißen!«] *Zitat aus B.*
35 Katarakten des Nils] *Siehe R, S. 790; Anspielung auf ihr Getöse.*
37 Iphigenien, Hekuben, Polyxenen] *In Tragödien von Euripides.* – Oresten] *In Tragödien von Aischylos, Sophokles, Euripides.*
38 Antigonen] *In Tragödien von Sophokles.* – Elektren] *In Tragödien von Sophokles und Euripides.* – Philokteten] *Tragödie von Sophokles.*
40, 45f. dergleichen Scenen] *Vgl. 4–7.*
41 Echo] *Siehe R, S. 723.*
43f. in Wachstafeln ... Marmor] *Vergleich der Seele in der Vorrede von Leibniz' »Nouveaux Essais«.*
44 Leimadern] *Lehmadern.*
46 hinreisender Erdmensch] *Hinreißender Erdenmensch; vgl. 1. Mose 2,7.*
52 Situationen] *Vgl. zu I 15,12.*
55 im Dunkeln] *Vgl. I 92,25,56.*
56–59 »Sie suchen ... naße Auge«] *Zitat aus B.*
60 meines Accents] *H.s preuß. singender Tonfall (Karoline Schlegel an Luise Gotter, 25.12.1796: »kurländischer Akzent«, vgl. Haym II, S. 880).*
63 meiner Freundin] *Karoline Flachsland.*
70 wie ich war] *H. hatte mit Prinz Peter Friedrich Wilhelm von Holstein-Gottorp über seine nutzlose Stellung gesprochen (vgl. zu I 82,40f.), aber noch nicht seine Entlassung verlangt.*
73 Geheimen Rat] *Von Cappelmann.*
74 Er] *Der Prinz.*
77 auf seiner Seite] *Cappelmanns.*
80 brusque] *Ungestüm, unhöflich.*
82f. Umstände ... Vorsehung] *Vgl. I 92,56f.*
84 Augur] *Altrömischer Priester, Wahrsager aus Flug, Fressen und Geschrei der Vögel.*
85 Damiens] *Siehe R, S. 126.*
86 freundschaftliche Vorwürfe] *Vgl. zu I 89,6ff.*
87 Argwöhne meines Karakters] *Vgl. I 89,33.*
88 Brief von Bückeburg] *A zu I 82.*

90 Postcommission] *Vgl. I 90(N),**14–18**.*
93 noch im Geist logire] *»Gasthof zum Geist« an der Nikolausbrücke, H.s erstes Quartier in Straßburg, vgl. R, S. 821.*
95 Philosophie de la Nature] *Von Delisle de Sales. In den »Göttingischen Anzeigen« vom 1. 8. 1771 (91. Stück, Rezension des 1. Teils von Feder) wird die populäre Methode des Autors folgendermaßen charakterisiert: »Ein Stück rednerisches Räsonnement, ein Fragment von einem Gedichte, philosophische Erzählungen, wahre und halbwahre Anekdoten aus der Geschichte und Erdbeschreibung, eine Kritik über irgend einen berühmten Schriftsteller, ein Gespräch, ein Briefwechsel« (a. a. O., S. 779).*
95 Der erste Theil] *1. Buch: von den natürlichen moralischen Gesetzen überhaupt und von ihrer Existenz; 2. Buch: der Mensch im Verhältnis zu Gott.*
96f. der zweite] *Geschichte des Fanatismus (über die im Namen der Religion verübten Greueltaten); 3. Buch: vom Menschen, von der Seele und der Geschichte des menschlichen Verstandes.*
98f. si l'ame … immaterielle] *»Wenn die Seele existiert, wenn sie einfach (nicht zusammengesetzt), tätig, unkörperlich ist«.*
100 des Sens … Imagination] *»Von den Sinnen, dem Gesicht, Gehör, Gedächtnis, der Einbildungskraft«.*
101 3 Statuen des Büffon, Condillac und Bonnet] *Geschichte des Verstandes, dargestellt in dieser Fiktion (u. a. nach Bonnets »Essai de psychologie«), die von Delisle kritisiert wird. Vgl. »Abhandlung über den Ursprung der Sprache«: »Alle Zergliederungen der Sensation [Empfindung] bei Buffons, Condillacs und Bonnets empfindendem Menschen sind Abstraktionen« (SWS V, S. 62). »… man laße, nach Buffons Manier … dies gewordne Geschöpf sich allmälich sammlen« (ebd., S. 94; der »philosophische Adam« im »Versuch einer Geschichte der lyrischen Dichtkunst«, 1766, SWS XXXII, S. 128; nach Buffons »Histoire naturelle de l'homme«, Paris 1749, Kapitel »Des sens en général«, vgl. Proß I, S. 722).*
102 de l'Esprit … solide] *»Vom lebhaften, gründlichen, hellen, richtigen Verstand« u. a., die Modifikationen des menschlichen Verstandes im 3. Teil (nach Voltaires Erzählung »L'ingénu«, Das Naturkind, 1767).*
104 Geschichte jener Frauen] *Im 2. Teil. – stupriren] Schänden.*
106f. Pythagoras spricht] *Im 2. Teil ein angebliches Fragment eines Gedichts des Pythagoras (über die Empfindungen von Tieren und Pflanzen).*
108f. Gespräch zwischen Voltaire … Auster] *Im 3. Teil, »Das Vernunftschauspiel«; es soll beweisen, daß in allen Wesen, nach Graden gestaffelt, Vernunft existiere, am höchsten im Menschen, der allein einen Begriff von Gott habe.*
109 Voltaire] *Irrtum H.s, im Buch Newton.*
110 Leibnitzischen Philosophie] *Der Autor bezog sich an verschiedenen Stellen positiv auf Leibniz, ohne ihn, so H.s Eindruck, verstanden zu haben.*
111–117 Schaftesburi] *Shaftesbury (vgl. I 51,69–80) vertrat von einem deistischen Standpunkt aus in »The Moralists« die Auffassung von der Harmonie des Weltganzen und in »An Inquiry concerning Virtue« die Unabhängigkeit der (im Wesen des Menschen gegründeten) Tugend von der Religion.*
114f. Leibniz] *In »Essais de Théodicée«.*
117 Weltgeist] *Spiritus mundi, nach Platons »Timaios«, Plotin u. a. als Gottheit und Weltprinzip; ordnender Weltgeist in Shaftesburys »The Moralists« III, 1 (vgl. H.s »Gott«, SWS XVI, S. 540).*
118 Kleinmeister] *Vgl. I 23(N),**44f.**; Ausdruck der Geringschätzigkeit, Übersetzung von petit-maître, von Hamann gebraucht in »Wolken«, »Aesthetica«, »Leser und Kunstrichter« (Nadler, Bd. 2, S. 100, 217, 341).*

119f. für einen Professor der Metaphysik kaum] *Als ein populäres Buch mit vielen Fehlern und Ungenauigkeiten, ohne philosophische Tiefe und Beweiskraft, nicht für Fachphilosophen bestimmt (Fazit der Rezension Feders, »Göttingische Anzeigen von gelehrten Sachen«, 1., 8. und 26. 8. 1771, 91., 94. und 102. Stück).*
120 unentbehrlich] *In bezug auf den Adressaten irrtümlich für »entbehrlich«.*
122 rare Sammlung] *»Dr. Johann Philipp Lorenz J. H. Fil. Withofs Gedichte«.*
126 Ode auf die Liebe] *»Gedanken über die Liebe«, in vorgenannter Sammlung.*
128 Redlichkeit] *»Gedanken über das Wesentliche in der Redlichkeit«, ebd. – das neue Gedicht] »Die Redlichkeit«.*
134–139 Sie ist die Laute] *»Frühlings Gedanken«, in der Sammlung (zu **122**). Vgl. in »Vom Erkennen …« (zu **8**): »Der Weltgeist spielet mit seinem Finger auf dem Saitenspiel aller beseelten Wesen: Eine grosse Harmonie aber auf unzälige Arten verändert« (SWS VIII, S. 280).*
141 wo er von der Wissenschaft redet] *Withof.*
143–155 Nichts fürchtet … um meine Harfe schwebt!] *»Das Vermögen des menschlichen Körpers«, in der Sammlung (zu **122**).*
150 Magus] *Magier, Zauberer; hier Withof.*
156 andre ebenfalls seltne Sammlung] *»Aufmunterungen in Moralischen Gedichten«.*
157 Ode auf die Himmelfahrt] *»Der Sieg des Heilandes«.*
158 Sokrates] *»Socrates, oder von der Schönheit«, in der Sammlung (zu **156**).*
159f. rauhe holprichte, unausstehlich barbarische Dichter] *Diese Wertung stimmt überein mit der in HN XXVIII 10, a-b exzerpierten Rezension der »Aufmunterungen« durch Mendelssohn in der »Bibliothek der schönen Wissenschaften und der freyen Künste«, Bd. 1, 1. Stück (S. 88: »Seine Verse sind nichts weniger als wohlklingend, sein Ausdruck ist hart und öfters sehr dunkel, seine Wortfügung fremde und unbiegsam … Allein bey allen diesen Fehlern bleibt ihm eine Menge von vorzüglichen Schönheiten, die uns öfters mitten im Lesen alle seine Rauhigkeit vergessen läßt«). Durch H.s zunehmende Wertschätzung lehrhafter Dichtung wurde Withof einer seiner meistzitierten Lieblingsdichter. Im 50. der »Briefe, das Studium der Theologie betreffend« nannte er ihn seiner Gedanken und Begeisterung wegen einen »Plato-Shaftesbury« (SWS XI, S. 124).*
160f. er redet vom Betrachter der Natur] *In »Das Vermögen der menschlichen Seele«, in der erstgenannten Sammlung (zu **122**).*
162–181 Oft lobt er … erschaffen kann.] *Ebd.*
166 Salz ist dumm] *Vgl. Matthäus 5,13.*
168 besoin] *Bedürfnis (frz.).*
183 meinen Brief] *Nicht überliefert.* – Schrecken] *Vgl. zu I 86,69.*
185 Franzi] *Vgl. zu I 86,53.*
188 Bombons] *Bonbons.*
189 wegzugehen] *Euphemistisch für sterben. Von sieben Kindern Mercks starben vier in jungen Jahren.*
191 Heß] *Andreas Peter v. Hesse.* – den Rath] *Vielleicht Rat Hoffmann, Mercks Nachbur.*

94 (N). An Geheimrat von Cappelmann, Straßburg, 20. September 1770

4 meinem Accord] *Vgl. zu I 82,**40f.***
5 dem Bischofe] *Herzog Friedrich August von Holstein-Gottorp.*
7f. nächstens nach Eutin] *H.s Entlassungsgesuch an den Herzog ist nicht überliefert.*

10 Ich bins nicht] *Der schon berühmte Prediger und Schriftsteller fühlte sich in einer unwürdigen, subalternen Funktion.*
12 Prinz] *Vgl. zu I 85,25.*
16 keine Reise] *Vgl. I 98,70. – Situationen] Vgl. I 88,24.*
25 Primariat] *Vgl. zu I 82,16.*

95. AN KAROLINE FLACHSLAND, *Straßburg*, 20. September 1770

13 Spaße] *Älterer Plural.*
14 in Kiel, und Eutin] *Vor Mitte März 1770 traf H. Prinz Peter Friedrich Wilhelm an seinem Studienort Kiel und fuhr mit ihm nach Eutin, vgl. zu I 79,4.*
16 eine Freundin] *Karoline.*
20 Nachmittage] *Vgl. zu I 83,42. »Den Nachmittag sah ich ihn, stammelte ihm meinen Dank ...« (Erinnerungen I, S. 152).*
22 Psyche und Danae] *Weibliche Hauptpersonen in Wielands »Geschichte des Agathon«: Psyche, unschuldiges junges Mädchen, Sklavin der Apollo-Priesterin Pythia in Delphi, Agathon in platon. Seelenliebe verbunden (2. Teil, 7. Buch); Danae, reife Schönheit, Hetäre, Agathons Geliebte (1. Teil, 4.–6. Buch).*
23 Minnesängern] *Vgl. I 91,42f. – daß der Wald sich über uns freute] Nach Walther von Klingen, siehe R, S. 602.*
31f. daß wir uns nie wiedersähen] *Solche Erwägungen H.s (vgl. I 99, 128f.,136f.), sein schulmeisternder Ton (vgl. zu 88) und Mißverständnisse der Korrespondenz lösten Karolines Absagebrief aus (B zu I 99).*
32 diese 8. Tage] *19.–27. 8. 1770 in Darmstadt, vgl. zu I 83,42; 84,3.*
35 Musik] *Zu H.s Musikliebe vgl. Wilhelm Dobbek, Johann Gottfried Herders Musikalität (H.-B. II, Nr. 1428).*
36–40 früh in so schlechte Hände gefallen ... zum Klavier] *H. lernte in der Schule in Mohrungen Klavierspielen. In Königsberg fehlten »Geld und Zeit, um an Clavierübungen zu denken«, zum Erlernen des Mechanischen hatte er keine Geduld (Erinnerungen I, S. 10, II, S. 298f.).*
41 Klavierspieler] *Andreas Peter v. Hesse.*
43 Trauermarsch] *Nicht verifizierbar. – Abschiedsliedchen] Vgl. I 91,144–148.*
44 Sie fliehet fort] *»Amynth« von Ewald Christian v. Kleist. – Fleischersche] Lieder von Friedrich Gottlob Fleischer.*
47 Saitenspiel] *Vgl. 1. Samuel 16,14–23: Davids Saitenspiel vertreibt König Sauls Schwermut.*
48 Oekonomie] *Haushaltung.*
51f. Laute zu lernen] *Nicht ausgeführte Absicht.*
53 das gelehrte Frauenzimmer] *Vgl. zu I 88,90. H. hielt an der stereotypen Rollenverteilung der Geschlechter fest und wandte sich gegen das Frauenstudium (vgl. 69ff.).*
54ff., 82–87 Eigentliche Gelehrsamkeit ... unnatürlich] *Vgl. I 88,112,145,173; »Journal meiner Reise im Jahr 1769«: Selbstbezeichnung »ein Tintenfaß von gelehrter Schriftstellerei« (SWS IV, S. 347). H.s Ideal war die harmonische Entwicklung aller menschlichen Anlagen im Gegensatz zur einseitigen Ausbildung der Verstandeskräfte.*
58 Einzigen wahren Menschlichen Geschöpfe] *Menschliche Integrität war nach H. nur im privaten, häuslichen Bereich möglich.*
59 Exercierplatz] *Das Nonplusultra der Deformation des Humanen, hier als Pars pro toto der gegenwärtigen Welt (vgl. »Auch eine Philosophie der Geschichte zur Bildung der*

Menschheit«, SWS V, S. 547).
60f. Arabische Sprüchwort] *Noch 1800 in seiner Rezension der »Gedichte von Sophie Mereau« (vgl. R, S. 28) unterschied H. »männliche und weibliche Poesie«, da »dem Mann die Henne widrig ist, die wie ein Hahn kräht« (SWS XX, S. 363).*
62–79 Frauenzimmer ... zu erreichen sucht?] *H.s Bildungsprogramm für Karoline – empfindsame Lektüre (z. B. Klopstock), Seelenbildung im Hinblick auf Liebhaber, Ehemann, Familie, Kindererziehung – entspricht den geschlechtsspezifischen Eigenschaften und Aufgaben, die Rousseau im 5. Buch des »Emile«, »Sophie ou la femme« (hierin auch Ablehnung gelehrter Frauen), erörtert hat.*
88 Sie selbst darnach richten] *H.s schulmeisternde Belehrungen zu ihren Lektüremitteilungen über Lessings »Minna von Barnhelm« (90–140), über Klopstock (144–151) und Salomon Geßner (167–171) kränkten Karoline, vgl. I 99,24f.,41–46,54ff.*
89f. »Minna ... gefallen!«, **123** »unnatürlich«, **124f.** »Daß Kammermädchen ... nicht!«] *Zitate aus B vom 10. 9. 1770.*
91 Hamburgische Zeitungsschreiber] *»Hamburgischer unpartheyischer Correspondent«, siehe R, S. 675.*
91f. Pariserwitzling auf dem Parterr] *Geistreich sein wollender Pariser Theaterbesucher aus dem großen Publikum. In H.s Rezension von Elizabeth Montagus »Versuch über Shakespears Genie und Schriften« spotten »die Witzlinge des Französischen Parterrs« über Shakespeares Stücke (SWS V, S. 312).*
97 Dialogirte Geschichte] *Dialogieren (frz. dialoguer): in Gesprächsform kleiden. H. gebrauchte den Begriff hier nicht im Sinne von Lessings »Hamburgischer Dramaturgie« (24. Stück, 21. 7. 1767)– »... die Tragödie ist keine dialogierte Geschichte« –, d. h., historische Wahrheit macht nicht das Wesen des Dramas aus (so auch H. im »Shakespear«-Aufsatz).*
99f. Verwicklung ... Nichts an.] *Desinteresse H.s an der Dramaturgie.*
103, 132ff. Jost] *Just.*
104 Oberstin] *Dame in Trauer, Witwe des Stabsrittmeisters v. Marloff (I/5–6). – Pudel] Just erzählt Tellheim von seinem Hund (I/8); Tellheim fordert ihn auf, diesen mitzunehmen (I/10).*
110 bittern ruhigen Lachen] *»... das schreckliche Lachen des Menschenhasses ... Ich habe nie fürchterlicher fluchen hören, als Sie lachen« (Minna v. Barnhelm in IV/6).*
112f., 131 Christliche, feige, heuchlerische Seelen] *Charakteristik der Wirts in I/2.*
113f. Pistolen ... hinter seinem Bett] *I/10.*
117f. Komödiantenmäßige Begriffe] *Minna spielt Tellheim einen Streich, indem sie als angeblich Enterbte zum Schein die Verlobung aufhebt (IV/1, V/5, V/9, V/12).*
120 betet und den Armen gibt] *II/3, II/7, IV/2.*
121 dem verzweifelnden Tellheim zuspricht] *IV/6.*
126f. Soldat u. Kammermädchen] *Wachtmeister Paul Werner und Kammerjungfer Franziska Willig.*
128f. Werner ... Anerbietungen] *Werner bringt dem verarmten Tellheim Geld vom Verkauf seines Bauernhofs (I/4, I/12, III/7, V/1, V/11).*
134 Brief überbringt] *III/1, III/2.*
142 mein Petrarca] *Vgl. I 88,260–283; zu I 91,143.*
142f. wenn ich nun todt bin] *Vgl. zu I 90(N),25.*
147 von Engeln zu Teufeln] *H.s Kritik der Engel, der Hölle und Teufel in dem »Gespräch zwischen einem Rabbi und einem Christen über Klopstocks Meßias« in der 2. Slg. der Fragmente »Ueber die neuere Deutsche Litteratur« (SWS I, S. 281f.; ebd., S. 541 Plan einer Fortsetzung) als vom Dichter nicht verwendeter »Maschinen« wiederholte sich im*

19. der »Briefe, das Studium der Theologie betreffend« (SWS X, S. 221), den Frau v. Winthem für Klopstock beleidigend fand (A zu IV 280).
149 Epopeendichter] *In dem zu 147 genannten Dialog hatte H. Schönheit in einzelnen Teilen des* »Messias« *gefunden,* »nur im Ganzen nicht den rechten Epischen Geist« (SWS I, S. 284) – *eine vernichtende Kritik des unepischen Sujets.*
153 Wundarzt ... Blut laufen] *H. unterzog sich einem Aderlaß.*
155 Profeßor ... in Karlsruhe] *Boeckmann oder Kölreuter.*
158 sombren] *Düster, schwermütig.*
163 Ihr Bild] *Selbstcharakteristik Karolines in B, vgl. 183–189.* – englische] *Vgl. zu I 91, 132.*
164 äußeres Bild] *Porträt.* – Wohlstand] *Vgl. zu I 84,41.*
167f. Geßners] *Vgl. I 98,138–145.*
168f. zu wenig im Kreise der Leidenschaften] »Ueber die neuere Deutsche Litteratur«, *2. Slg.,* »Theokrit und Geßner«: »Eine Leidenschaft, eine Empfindung höchst verschönert, hört auf, Leidenschaft, Empfindung zu seyn« (SWS I, S. 340).
171 Geßnerische Schäfer] »Schäfer, nicht Menschen« *(ebd., S. 346).*
172 haben Sie nichts ... gelesen?] *Vgl. I 99,67.*
176f. Tod eines Engels] *Clarissa Harlowes Tod.*
186 Liebhaberin des Tragischen] *Vgl. I 99,56.*
188 Portraitmahlerin] *Vgl. 163f.*
195, 199 blöde] *Vgl. zu I 91,85f.*
198f. an einem Frauenzimmer Bescheidenheit u. Blödigkeit] *Auch nach Rousseau (vgl. zu 62–79) die wünschenswerten Eigenschaften der Frau.*
201f. Veränderlichkeit] *Vgl. I 98,89f.; 99,71; zu I 98,5f.*
204 die Oden] *Die I 91,134f. erbetenen Abschriften Karolines, vgl. zu I 90(N),22,25.*
205 Hermann u. Thusnelda] »Thusnelda« *oder* »Germanikus und Thusnelda« *von Füßli, beide anonym in Zürich veröffentlicht, deswegen Bodmer zugeschrieben; siehe unter Klopstock, R, S. 317 oben. Klopstocks gleichnamige Ode kann hier nicht gemeint sein.*
206f. Bardische Liebesoden] *Vgl. I 98,161–261; 110,168–303.*
209 Schutzgeist] *Vgl. zu I 83,90.*
213 Tracaßerien] *Verdrießlichkeiten, Quälereien. Vgl. I 94.*
214 Briefe u. Vokation] *A zu I 82.*
215 hier hangt es vest] *H. mußte die Entlassung vom Eutiner Hof erlangen.*

96 (N). AN JOHANN HEINRICH MERCK, *Straßburg, etwa 20. September 1770*

8 meine bisherigen Briefe] *Überliefert nur I 86 und 93.*
9 Hiobsbothschaft] *Vgl. R, S. 705; auf die überlieferten Briefe kaum anwendbar.*
10f. Aufsätze] *Hier für Briefe.*
12 Falte] *Vgl. I 53,21–24; Aufrichtigkeit wurde von beiden Korrespondenten wechselseitig zunehmend in Frage gestellt, vgl.* **16ff.**
13 Papiere] *Hier für Briefe.* – Momus] *Siehe R, S. 732; nach Lukians Dialog* »Hermotimos«.
14 Dr*] *Dreck.*
16f. Armensündersentschuldigung] *Wie ein bestrafter Verbrecher; Bezug nicht zu ermitteln.*
22–26 Statue ... tastet ... Anblick!] *Gedanken H.s als Autor der* »Plastik«, *vgl. zu I 86,* **41–46,42f.**

23 Vater Tobias Shandy] *Irrtümlich für Walter Shandy, siehe R, S. 555 unten.*
28f. zur Würksamkeit ... zum Glücke!] *Wirksamkeit als Daseinszweck, vgl. I 72,74f.; 95,86, führt nach H.s auf Leibniz' Monadenlehre gründetem Eudämonismus zur individuellen Glückseligkeit, vgl. zu I 58,37ff. Nach »Vom Erkennen ...« (vgl. zu I 93,8) muß Empfindung sich zum Erkennen erheben, »um Menschenleben, That und Glückseligkeit zu werden« (SWS VIII, S. 332).*
30f. Elektrische Funke] *Vgl. zu I 93,8.*
34 Strasburg] *H.s negatives Urteil über die Stadt ist wesentlich bedingt durch seine anfangs ungeklärte Lage, später durch die langwierige und schmerzhafte, schließlich mißlungene Behandlung seiner Tränenfistel.*
40 wie ein Bär, umherwerfe] *Wie ein bei der Jagd von Hunden angefallener Bär sich nach allen Seiten verteidigend.*
42 über Wien und Konstantinopel] *Diese Orte waren in der Reiseroute des Prinzen Peter Friedrich Wilhelm von Holstein-Gottorp nicht vorgesehen (Frankreich, England, Italien).*
45 unaussehende Liebe] *Nicht äußerliche oder unabsehbare Liebe.*
46 Kreti und Pleti] *Siehe R, S. 709.*
48 unser Dollmetscher] *Vgl. I 93,21f.*
49 laß sie sich ... belästigen] *Ostpreuß. Dialektismus (vgl. SWS II, S. 383f.).*
51 Jüngsten Tag] *Weltgericht (Offenbarung des Johannes); hier Synonym für »immer«.*
55 Sie erst gesund] *Vgl. I 93,183ff.*
58f. gedenke ... an meine Sünde] *Vgl. 1. Mose 41,9. H. hatte vergessen, an Hamann zu schreiben (vgl. I 71,3). H.s nächster Brief ist II 101, Hamann hatte zuvor geschrieben.*
61 Aetherischen Geistes] *Vgl. I 109,16; 111,16.*
62 wie Moser sagt] *»Treuherziges Schreiben eines Layen-Bruders« am Schluß: »Sie haben den Stern gesehen, lassen Sie andere Irrwischen nachlaufen. Es ist Ein Wort, siegelmäßig vor jeden Autor und auch vor unsere Freundschaft, hier am Bach des Mayns, dort am Balthischen Meer: 1 Cor[inther] III, 11-15. Dixi!« (Ende des 258. Literaturbriefes).*
63 Creuz] *Creutz, siehe R, S. 122.*
64 neue Ausgabe] *»Oden und andere Gedichte«, 1771 von H. rezensiert, siehe R, S. 24.*
64-68 Gellerts Bild] *Bildnis, siehe R, S. 176. Zu H.s extremer Geringschätzung Gellerts findet sich in seinen Werken keine Entsprechung. Merck hatte 1763 in Leipzig Vorlesungen Gellerts gehört, H. aber kannte ihn nicht persönlich.*
69 Ihre alte Vettel aus Caßel] *Vgl. zu I 105,28. – Ausspruch] Nicht zu ermitteln.*
70f. tant pis ... tant mieux] *Um so schlimmer ... um so besser; vgl. Sterne, »A Sentimental Journey«.*
72 Preller] *Schläge.*
73 arbeite jetzt im ersten Buch Mosis] *»Archäologie des Morgenlandes«, vgl. I 105, 43-49.*
76 was gewißes] *Vgl. zu I 95,215.*

97 (N). AN LOUISE FRANCISQUE MERCK, *Straßburg, etwa 20. September 1770*

4 toute malade] *Vgl. I 93,183ff.*
10 ce beau pais ... laissée] *Nicht korrekt: H. identifizierte hier die frz. Schweiz (Frau Mercks Heimat) mit Frankreich.*
11 l'autre solitude] *Frau Mercks Einsamkeit in Darmstadt.*
15 silences] *Vgl. I 93,182f.; 96(N),53f.*
17 ces jours] *H.s Aufenthalt in Darmstadt, 14 Tage, vgl. I Anm. 81 und 84.*

98. An Karoline Flachsland, Straßburg, 22. und 24. September 1770

5 Unruhen, Fragen, Zweifel] *H. beantwortete sie indirekt durch seine Autobiographie 9–90; vgl. I 99,174ff.*
5f. das schöne Gemälde Ihres Schwagers von mir] *Andreas Peter v. Hesse hatte H. wahrscheinlich als unruhigen, unzuverlässigen Mann charakterisiert, vgl. 89f.; I 99,171ff.*
8 verbrennen] *Vgl. 135f.; I 99,75–80,187ff.*
9 nicht dürftigen Mittelmäßigkeit] *H.s Eltern lebten »bei geringem Einkommen, zwar arm, doch nicht eben dürftig« (Erinnerungen I, S. 4); soziale Verhältnisse einer Handwerker-, Schulmeister- und Ackerbürgerfamilie.*
10f. Empfindsamkeit und Rührung] *Die pietistische Religiosität im Elternhaus.*
11 einsamen Gedankentraums] *Vgl. das Gedicht »Die Dämmerung«, 1769 (SWS XXIX, S. 315ff.), »Ueber die Bildung Menschlicher Seelen« (einzelne Blätter zum »Journal meiner Reise im Jahr 1769«, SWS IV, S. 464).*
13 Mütterlich] *Etwa: Liebling der Mutter.*
14f. Charakter] *Refrain der Selbstdarstellung, auch 26f.,33,50,75; Antwort auf 5f.; vgl. I 99,175f.*
16 Vorurtheilen] *Die Eltern sahen in ihrer Armut und in H.s Tränenfistel Hindernisse für das von ihm erstrebte Theologiestudium.*
17 ein Heuchler] *Trescho, vgl. zu I 17(N),6f. Trescho bestärkte H.s Eltern in ihrer Absicht, den Sohn ein Handwerk erlernen zu lassen. H. erfuhr nie, daß Trescho ihm dennoch zur Aufnahme eines Studiums behilflich sein wollte; denn am 3.3.1762 bat er den Königsberger Theologen Ludwig Ernst Borowski (1740–1831), für H.s kostenlose Aufnahme in das Collegium Fridericianum zu sorgen (nach Johannes Sembritzki, H.-B., Nr. 2324).*
20 Rußischen Oberfeldarzt] *Schwartz-Erla, ein Bekannter von H.s Eltern, nahm ihn im Sommer 1762 nach Königsberg mit, um ihn die Chirurgie zu lehren und sein Auge zu heilen; auch wollte er ihm zu einem kostenlosen Studium der Medizin in Petersburg verhelfen (Erinnerungen I, S. 26).*
23 ließ mich immatriculiren] *Vgl. zu I 2(N),9f.*
24f. dem ich anvertraut war] *Vgl. zu 20.*
28 schrieb ich meinen Eltern] *Der Brief, etwa nach Mitte August 1762, ist nicht überliefert.*
29 Schilling] *Norddeutsche Scheidemünze, etwa 3 Groschen, oder engl. Münze von etwa 1/2 Gulden.*
30 gelehrt] *Am Collegium Fridericianum, vgl. zu I 5(N),19f.; 6,36.*
31 diese Jahr] *August 1762 – November 1764.*
34 Mein Vater starb] *Gottfried Herder, †26.9.1763. – Mutter und Geschwister] Siehe R, S. 242; die jüngere Schwester Katharina Dorothea heiratete erst 1766.*
34f. Schwäger] *Beide Schwäger H.s waren Alkoholiker.*
36 aus dem Lande] *H.s Berufung nach Riga, vgl. zu I 9(N),7.*
36f. mit ... dem Könige theilen] *Vgl. zu I 27, 5.*
37 an meine Curatoren] *Christian Klautke, vgl. I Anm. 27.*
38f. älteste Schwester] *Anna Luise Neumann.*
41 Waisen] *Johann Christoph Neumann.*
42f. Freundschaft dreier der würdigsten Leute] *Begrow, Georg Berens, Johann Christoph Berens oder auch Hartknoch.*
46 Haß der ganzen Geistlichkeit] *»Besonders sind der Oberpfarrer [v. Essen] und der Rektor [Gottlieb] Schlegel Ihre Feinde«, schrieb Hartknoch in A zu I 66, am 23.6./4.7.1770 aber: »Die Geistlichkeit z. B. sucht das Publikum in den Ton zu stimmen,*

daß Sie zwar ein schöner Geist, und ein Philosoph, aber kein Prediger wären, Ihre Predigten wären Nichts als moralische Abhandlungen.« Die Geistlichen waren neidisch auf den »vielen Zulauf« zu H.s aufklärerischen, aber rührenden Predigten (LB III, S. 35f.).
47 kriechenden Geschöpfe] *Vor allem Gottlieb Schlegel, vgl. I 68,***118,186f.**
48 in Liefland so frei ... gelebt] *Vgl. zu I 28,***15f.**
52 ihren Christus] *Gleichnishaft verwendet, vgl. I 79,***43.**
52f. Günstling des Gouvernements u. der Ritterschaft] *Vgl. I 62(N),***105–120.**
55 unglücklichen Freundin] *Frau Busch.*
55f. Vorschlägen einer kurzsichtigen Gutherzigkeit] *Campenhausen wollte H. zum Adjunkt Loders machen (vgl. Erinnerungen I, S. 102, 112).*
56 unter Thränen u. Aufwallungen] *Vgl. I 62(N),***21f.,30,98,121; 63(N),24f.; 71,21f.**
57 ging ich weg] *Vgl. I 61.*
58 blicke in die Welt] *Vgl. I 51,***110f.; 63(N),12.**
60 2. vereinigte gute Stellen] *Vgl. zu I 35(N),***57f.**
61 mißgerathen u. sich falsch gewundert] *Vgl. I 62(N),***39–47; 63(N),14ff.** *H.s Mutter und Christian Felix Weiße glaubten, H. reise »mit einem vornehmen Herrn« (A zu I 72).*
62 durch Frankreich u. Holland] *Juli 1769 – Februar 1770.*
62f. England u. Italien] *Vgl. I 89,***16f.**
63 verschwenderisch gereiset] *Hartknoch unterstützte H. selbstlos, ermahnte ihn aber wiederholt zur Sparsamkeit (16./27. 9. 1769, 14./25. 11. 1769, LB II, S. 66,138).*
66 Briefe zur Reise mit dem Prinzen] *Vgl. I 75,***11f.; 77,6f.**
67f. ohne ... mich zum Sklaven zu machen.] *Vgl. I 77,***25–30.**
69 die Reise nicht vollenden] *Vgl. zu I 82,***40f.**
70 keine Reise für mich] *Vgl. I 94(N),***16.**
72 wo ich gefeßelter bin] *Vgl. I 94(N),***12.**
73 Liebe zu Italien] *Katharina Dorothea Güldenhorn erzählte Karoline aus H.s Kindheit, er habe ihr einst auf der Landkarte Italien gezeigt und ausgerufen: »O mein Italien! dich muß ich einmal sehen.« (Erinnerungen I, S. 10).*
76ff. Ich kenne ... das Frauenzimmer ... verheirathete Freundin] *Vgl. I 102,***82–122.** *Außer Frau Busch hatte H. verheiratete Freundinnen u.a. in Anna Benigna Hartknoch, Eva Maria Berens und Frau Babut.*
80f. die Eindrücke ... die Ersten und Einzigen wären] *Vgl. I 83,***63ff.**
84ff. ewige Scenen der Freundschaft ... ausbilden können.] *H.s Auffassung von der Ehe, vgl.* **91ff.,96ff.;** *I 83,***67.**
89 Veränderung] *Vgl. zu* **5f.;** *I 95,***201f.**
91 Welt eines Menschlichen Herzens *und* 93 Reichthum der schönen Natur] *Leitbegriffe des Sentimentalismus.*
94ff. Zwecke für die Welt ... für sich zu leben entgegen?] *Das Bestreben, gemeinschaftliche (gesellschaftliche) und individuelle Zwecke zu vereinbaren, ist der Angelpunkt von H.s religiös fundierter, eudämonistischer Geschichtsphilosophie und Humanitätsauffassung. Vgl. besonders »Ideen zur Philosophie der Geschichte der Menschheit«, 2. Teil, 8./9. Buch, 3. Teil, 15. Buch; »Briefe zu Beförderung der Humanität«.*
99f. gebildete ... weibliche Seele werden?] *Vgl. zu I 88,***52.**
101f. Epheu ... kein Fels] *Vgl. I 92,***10; 93,5,67.**
102 O *[Lücke]* bluteten] *Vgl.* **129f.**
108f. Deinen Gedanken] *Gedanken an Dich.*
112f. die Scenen] *Vgl. zu* **84ff.**
114 hoffe nicht] *H.s melancholische Zweifel an einer gemeinsamen Zukunft mit Karoline, vgl. I 99,***189–196.**

115 der Zufall und das Verhängniß] *Fatalistische Geschichtsauffassung, vgl. »Auch eine Philosophie der Geschichte zur Bildung der Menschheit«.*
118f. Wenn habe ich ... geworden.] *»Ueber die Bildung Menschlicher Seelen« (vgl. zu 11): »Ich ward nie, was ich werden sollte, wozu mich Nothwendigkeit und Umstände machen wollten, sondern immer was anders« (SWS IV, S. 464).*
120ff. denken Sie nicht .... Jemandes Glück in der Welt zu machen.] *H.s Zweifel an sich selbst trotz aller Beteuerungen aufrichtiger Liebe schienen Karolines Schwager recht zu geben (vgl. zu 5f.) und lösten ihren Absagebrief aus.*
126f. die allein glücklichmachenden Scenen der Menschheit] *Vgl. zu 84f.*
131 in der Hand Gottes] *Vgl. Prediger Salomo 9,1.*
132 englische] *Vgl. zu I 91,132.*
134f. eine Männliche Seele] *Aufrichtig und tapfer, fähig zur Entsagung.*
138–145 Ihres Geßners Tod Abels] *Salomon Geßner, »Der Tod Abels«, vgl. I 95,167f. In den »Unterhaltungen und Briefen über die ältesten Urkunden« 1771/72 rühmte H. die »rührenden Situationen« dieser »Familiengeschichte« und ging auf die einzelnen Personen ein (»Briefe. An Minna«, SWS VI, S. 168f.). Hier wie in einem früheren Entwurf »Ueber die Deutsche Litteratur. Fragmente zur Archäologie derselben« (HN I, 31; vgl. SWS VI, Einleitung, S. XIII) fragte er nach dem Charakter Kains. Schon in den »Fragmenten« (vgl. zu I 95,168f.) hieß es dazu: »Abel zu fromm: Cain zu übertrieben und unwahrscheinlich« (SWS I, S. 347).*
146 Klopstocks Ode an Gott] *I 99,227–331.*
147 nach einer richtigen Ausgabe abgeschrieben bekommen] *2. Ausgabe, Hamburg 1752; Abschrift von Ring, vgl. I 90(N),24f.; 99,60–63.*
148 niedliche Abschriften] *Vgl. I 91,133ff.*
149f. an Aedon] *»Aedon«, siehe R, S. 314f.*
152 den 12. Mai ausgenommen] *Vgl. I 123,19f.*
157 im Hypochondristen] *Vgl. zu I 85,67ff.*
159f. Brief voll lauter Fragen] *Im 7. Stück, siehe R, S. 658.*
161–198 Mingalens Elegie, 199–213 Der Tapfere Fingal *(aus: »Temora«, 4. Buch),* **216–261 Roscrana** *(aus: »Temora«, 3. Buch)]* *Siehe R, S. 38, 424; vgl. I 95,206ff.; 99,197f.; Anm. 98.*

99. AN KAROLINE FLACHSLAND, Straßburg, 1. Oktober 1770

13 den andern Posttag] *Donnerstag, 4. 10. 1770.*
24f. »Ich ... gemacht!«, 41–46 »Böser ... wäre!«, 54ff. »Sie ... hat?«, 70f. »Sie ... würde«, 85f. »Daß ... mich«, 123 »von Reue ... u.s.w.«, 123ff. »Ich ... Ende!«, 127ff. »Auch ... Ende!«, 136f. »Sie ... sehen?«] *Zitate aus Karolines Absagebrief.*
26f. Minna von Barnhelm] *Vgl. I 95,89–140.*
29 den Autor ... kenne] *Vgl. I 79,39f.*
31 Critisch recht geben] *Das Gegenteil war der Fall, vgl. I 95,137.*
34 über Menschliche Charaktere] *Vgl. I 95,98,101,108,120f.,131.*
35f. Menschen kennen gelernt] *Vgl. I 51,102f.,111.*
37f. Sie wird von mir ... lernen] *Vgl. zu I 88,52.*
43 alles Delikate und Undelikate] *Vgl. I 95,124–128.*
44 Vorurtheil gegen die Comedien] *Vgl. I 95,89f.*
48f. auch ich die Komödien nicht ausstehen kann] *Vgl. dagegen I 22,56ff. Obwohl die deutsche Komödie nach H.s Auffassung zu sehr die französische nachahmte, hielt er sie*

für notwendig als »*Schule der Sitten*« (»*Haben wir eine Französische Bühne?*«, *SWS II, S. 224; vgl. SWS IV, S. 483).*
54 Sie drohen meinem Klopstock] *Vgl. I 95,143–151.*
59 Hamburg ... Zürch] *Briefe H.s an Bode, Claudius und Lavater sind aus dieser Zeit nicht überliefert. Claudius schickte H. im Herbst 1770 »eine Eisode« und versprach noch mehr Stücke Klopstocks (LB III, S. 224f.).*
59 seine kleinsten Stücke zu bekommen] *H. begann in Riga mit dem Sammeln von Oden-Abschriften, vgl. I 11,31f.; eine Zusammenstellung der Abschriften im Nachlaß in: Dieter Lohmeier, Herder und Klopstock (H.-B., Nr. 2207), S. 203f.*
60–66 neulich ein Stück aus Heilbrunn] *Vgl.* **227–331**; *I 90(N),24f.;* **98,146ff.** *Heilbronn statt Karlsruhe irrtümlich oder um Ring nicht zu verraten.*
66 jetzt, diesem Briefe zugut] *Nicht zu dem Zweck, Karolines Liebe zurückzuerbitten, wollte H. Klopstocks (nichterfülltes) schwärmerisches Gebet um »Fanny« in der »Ode an Gott« benutzt haben – trotz der offensichtlichen Parallele* **213ff.**
67 Haben Sie das gelesen?] *Vgl. I 92,60ff.;* **95,172; 98,146,157f.**
71 unruhigen Schicksal] *Vgl. I 84,18f.;* **98,87ff.**
74 jetzt zum Ersten mal ... hoffte!] *Karolines Liebe.*
75 meine Briefe zu verbrennen] *Vgl. I 95,215,* **98,8.**
98 Herz! gib dich zur Ruhe!] *Vgl. Homer, »Odyssee«, XX, Vers 18.*
101 die Ursache] *Vgl. zu I 95,88;* **98,5f.**
104f. zuerst ... an Sie zu schreiben] *I 83.*
109 meine ... Briefe] *Aus Straßburg I 88, 91, 92, 95, 98. –* überlästigende] *Beschwerliche.*
112f. mein Paradies] *Vgl. I 83,* **61f.,67;** *84,53f.;* **85,75; 102,155; II 109,12f.**
123 von Reue des Briefwechsels] *Vgl.* **85f.,90f.**
137 uns je wieder zu sehen] *Vgl.* **140;** *I 83,85; 84,22f.,52;* **95,31f.**
138 im Walde] *Bei Darmstadt, vgl. I 83,43,47;* **91,155.**
139 aus Eutin Antwort] *Vgl. zu I 94(N),7f.;* **95,215.** – nach Bückeburg] *Vgl. I 95,214.*
144–148 im zweiten oder dritten Briefe] *Vgl. I 91,65–75,174–178.*
150f. »nie ... kommen!«] *Zitat aus B zu I 92 (nicht überliefert).*
152 weibliche Absichten] *Heiratsabsichten.*
154 himmlische Freundin *und* 157 Weib] *Gegensatz von platonischer Seelenliebe und Geschlechtsliebe.*
157 Gipfel Ihrer Würde) als ein Weib] *Aus Bodmers »Sammlung von Minnesingern« konnte H. den Vers Walthers von der Vogelweide kennen: »Wîp muoz iemer sîn der wîbe hoehste name ...«*
159f. Aussichten ... Planen] *Vgl. I 83,67,74f.; 88,49f.; 91,78f.,170f.*
161f. vorigen Bekenntniß ... Tugend] *Vgl.* **145–148.**
165 Französischer Galanterien] *Vgl. I 83,26,29; 91,68f.*
171ff. Bild, das Ihr Schwager von mir machte] *Vgl. I 98,5f.*
175–183,188f. Scenen aus meinem Leben] *I 98,6–90.*
176–179 das Ende ... der Seele käme.] *Vgl. I 98,80–88.*
184 diesen lasen] *I 98.*
189–196 Den Melancholischen Zettel ... zugleich] *I 98,***105–137.**
197 Elegie Mingalens] *I 98,161–198.*
205f. im Walde] *Vgl. I 83,43,47.*
207–210 da Du auf meinem Schoosse sassest] *Vgl. zu I 85,6; 88,16–21.*
212 Deinem Schutzengel] *Vgl. zu I 83,90.*
214f. vom Himmel erflehte] *Vgl.* **295ff.,** *zu 66.*

218f. mehr hab ich Dich geliebet] *Vgl. zu I 91,65–75.*
223 Mannheim] *Karoline war dort zu Besuch.*
225 Englisches] *Vgl. zu I 91,132.*
231 8. ersten Strophen] *Die Strophen 1–7 und 13.*

100. AN KAROLINE FLACHSLAND, Straßburg, 2. Oktober 1770

(2. Brief auf Karolines Absagebrief)

8f. »Um Ihrer Ruhe ... vergessen!«, 36f. »Dies ... schreibe!«, 59 »Schreiben Sie nicht mehr!«, 80f. »es schauert ... ein wenig!«] *Zitate aus Karolines Absagebrief.*
14f., 18f. Es war eine Zeit] *Erinnerung an ihre Begegnungen in Darmstadt.*
19–27 auf meinem Schoosse ... mir schreiben!] *Vgl. I 99,207–210.*
35 Klopstockschen Lieder ... abgeschrieben] *Vgl. I 91,133–138.*
37f. fielen mir wie Mühlensteine aufs Herz] *Sprichwörtlich: bereiteten mir großen Kummer.*
50 Ihr Klopstock für seine Meta] *»... glauben Sie daß ich wie eine Meta Sie liebe?« (A zu I 83).*
53f. »Siehe ... mein Herz!«] *Fingierte Rede Karolines.*
57 fühlbares] *Empfindsames.*
69 Sie haben mich unwürdig unverdient begegnet] *Ungerecht behandelt, vgl.* **45ff., 69ff.**
73f. Behorchungen] *Ein Liebesbriefwechsel zwischen Nichtverlobten war gegen die Konvenienz. H. und Karoline hielten ihre Briefe geheim und fürchteten wiederholt Indiskretionen Mercks oder das Bekanntwerden im Hause v. Hesses.*
77 die vorige Wunde] *Karolines Vorwurf, H. sei ihrer Briefe überdrüssig.*
83 Billigkeit und Gerechtigkeit] *Tautologie.*
86 qui pro quo] *Vertauschung, Verwechslung, hier für Metapher, Metonymie.*
92 ewig das Glück meines Lebens] *Vgl. I 83,61f.; 91,78f.,170f.*
97f. Sie ist nicht werth ... Thräne weiht!] *Ode von Eberhard Friedrich v. Gemmingen (Schluß).*

101. AN KAROLINE FLACHSLAND, Straßburg, 4. Oktober 1770

(3. Brief auf Karolines Absagebrief)

3 Englisches] *Vgl. zu I 91,132.*
6 gequälte Uebelthäter] *Vgl. I 100,31.*
8f. Unschuld ... beleidigt] *Vgl. I 100,14,39,42.*
10f. das Opfer nicht mehr wollen] *Vgl. I 100,59.*
11 Ihre Briefe] *Aus dem Anfang der Korrespondenz von Karoline nur überliefert A zu I 83 und A zu I 85.*
17ff. die ihr Gesicht ... goß] *Vgl. I 100,19–27.*
22ff. Ach es war nur ... Stimme!] *Vgl. I 98,249ff.*
26 Nichts verführendes, Galantes] *Vgl. zu I 83,72.*
30f. FranzösischDeutschen Orte] *Straßburg.*
32 Seraphim] *Siehe R, S. 714.*
47 unser Briefwechsel eingerichtet] *Vgl. I 99,132ff.*

102. AN KAROLINE FLACHSLAND, Straßburg, 8., 9. und 10. Oktober 1770

4 Sonnabend, Sontag ... Montag] *6., 7. und 8. 10. 1770.*
5 an die Tafel] *Mittagstisch von Prinz Peter Friedrich Wilhelm von Holstein-Gottorp.*
13f. Himmlischen Engeln, die sich freuen] *Vgl. Lukas 15,10.*
14 ein Hirte sein abirrendes Schaf] *Vgl. Lukas 15,6.*
16 des Evangeliums] *Des Neuen Testaments.*
17 auch das Uebel ... in Deiner Welt gut] *Nach Leibniz' »Essais de Théodicée«.*
23 Silbersee] *Erinnerung H.s an den Mohrunger See, vgl. das Gedicht »Die Dämmerung« (R, S. 30).*
31 ich setze mich an Ihre Stelle] *Vgl. 24–29.*
34 Ihnen nichts ... zu verzeihen] *Karoline hatte sich für ihren Absagebrief entschuldigt.*
39 Dornritzungen] *Hier für Verletzungen durch Mißverständnis.*
49 auf Zucker zu tröpfeln] *Wie bittere Arznei, um sie zu versüßen.*
51f. wenn wirs uns einander sagen! Uns schreiben] *Damit wollte H. für die Zukunft alle Fehldeutungen und Mißverständnisse in der Korrespondenz verhindern.*
57ff. »der ein langjähriger Briefwechsel] *Zitat aus dem Absagebrief, vgl. I 100,80f.*
60 Friedensartikel] *Vgl. I 110,23; 117,29.* – Conventionstraktate] *Übereinkunft, Verträge.*
65 sonder Fehde zu halten] *Vertragsformel.*
68 Läufling] *Flüchtiger Höriger, Leibeigener (russ. beglez); H. vertraut aus Steckbriefen in den »Rigischen Anzeigen« (vgl. R, S. 670, oben).*
68f. am Ufer des Rheins] *In Straßburg.*
69 hinter dem Berge Melibokus] *In Darmstadt, vgl. R, S. 787.*
71–74 der verklagende Geist ... auf ewig!] *Sterne, »Tristram Shandy«, 6. Buch, 8. Kapitel: Onkel Toby über den todkranken Leutnant Le Fever: »Er soll aber nicht sterben, Herrgott!« – »Jener Klägergeist, der mit diesem Fluch gleich zum Himmel aufflog in die Kanzlei des himmlischen Gerichts, errötete, als er ihn abgab, doch als der Engel der Erinnerung ihn ins Buch eintrug, ließ er eine Träne auf den Fluch fallen und löschte ihn damit für alle Ewigkeit aus« (Übersetzung von Rudolf Kassner).*
76f. »daß es beßer wäre, uns nicht mehr zu schreiben!«] *Zitat aus dem Absagebrief.*
82f. »da ist schon ... gelaßen!«] *Zitat aus B oder fiktive Gegenrede Karolines aufgrund von I 98,55.*
84–123 unglückliche Freundin] *Frau Busch.*
87 andern ehrlichen Kerl] *Begrow.*
88 Zwei runde Jahre] *1767–1769.*
89f. Uebel unsrer Augen] *Tränendrüsenfistel.*
95 und – nichts mehr!] *Im »Journal meiner Reise im Jahr 1769« bedauernde Reflexionen H.s über die von ihnen geübte Entsagung (vgl. SWS IV, S. 349f.).*
100–106 Sie begleitete mich ... schied] *Vgl. zu I 61,3f.,13.*
107 von ihrem Manne ... Briefe.] *Briefe von Nikolaus Jakob Busch an H. sind nicht überliefert.*
112 an meinem Abschiedstage] *23. 5./3. 6. 1769.*
113 Abbts Buch ... von ihm selbst bekommen] *H. hat seiner Vorrede zu »Ueber Thomas Abbts Schriften« zufolge mit Abbt »nie Briefe gewechselt« (SWS II, S. 251). »Vom Verdienst« rezensierte er in den »Königsbergschen Zeitungen« vom 13. 9. 1765 (SWS I, S. 79ff.).*
122 die Stelle meines Briefes] *I 98,55.*
125 Englische] *Vgl. zu I 91,132.*

125ff. so eine Freundin, als Sie sich vielleicht gedacht] *Eine unverheiratete Geliebte hätte H. nicht verlassen, sondern dank seiner Rigaer Ämter heiraten können.*
134 Lustausfahrt auf die künftige Welt] *Karoline hatte in B wohl auf irdisches Glück verzichtet.*
135, 272, 281 Griechin] *Vgl. zu I 85,41f.*
136 Merck zu begleiten] *Einer ihrer Ausflüge im August 1770 in Darmstadt.*
140 Traumgötter der Liebe] *Söhne des Schlafs, siehe R, S. 738.*
141 beklecke] *Beflecken, beschmieren; hier: beschreiben.*
141ff. II. P. S. ... dasteht.] *Am Rand geschrieben.*
142 Verbrennen] *Vgl. I 95,215 (am Rand geschrieben).*
149 kleinen Scherz] *Vgl. 57–69,78–81,134–137.*
151 Körnchen Salz] *Nach Plinius' d.Ä. »Naturalis historia« 23,8, »cum grano salis« (mit ein bißchen Witz).*
151 Ihrer Sünde Schuld] *Vgl. Psalm 32,5.*
153 darinn fortfahren] *Mit dem Scherzen.*
155 paradiesischen Freundschaft] *Vgl. I 99,112f.*
160 Last der Studien und des Nachdenkens] *Vgl. die Klage über die versäumte Jugend im »Journal meiner Reise« (SWS IV, S. 346f.).*
161 Runzeln] *Vgl. I 53,21.*
164 zu den würdigsten Sorgen der Menschheit vereinigen] *In der Familie (vgl. »Ideen zur Philosophie der Geschichte der Menschheit«, 2. Teil, 9. Buch, 4. Kapitel, SWS XIII, S. 375).*
166–172 ach! warum o Psyche] *»Erdenglück. An Chloe«; Anfang der 2. Strophe, ungenau, nach dem Gedächtnis zitiert, im Original statt »Psyche« (= Karoline Flachsland) Chloe.*
174f. Familienverdruß] *Vgl. zu I 91,92ff.; 100,73f.*
187 in Ihre Umstände einigen Einfluß] *Vgl. I 91,174f.*
190f. Griechische Munterkeit] *Vgl. zu I 85,41f.*
199 zur Ausbildung, zur Lecture] *Vgl. zu I 88,52; 95,62–79.*
203 Mißverständniße] *Karolines Absagebrief.*
207 Prinzen] *Vgl. zu 5.*
208 unerwarteten Brief] *Absagebrief.*
209 die 8. Tage über] *1.–8. 10. 1770.*
212f. Zeres und Zulima] *Friedrich v. Hagedorn, »Zemes und Zulima«.*
214f. das Kleistische] *Ewald Christian v. Kleist, »Die Versöhnung«.*
217f. Schatte der Phyllis] *Phyllis, Geliebte im vorgenannten Gedicht; Anspielung auf Frau Busch.*
218, 220 Lesbia] *Geliebte Catulls, im Kontext offenbar verwechselt mit Horaz' Lydia.*
219 InterimsThyrsis] *Einstweiliger Liebhaber, nach Kleists Gedicht »Die Versöhnung«.*
221 Mit Dir ... zu sterben!] *Horaz, »Oden«, III, 9,24.*
223, 236 englische] *Vgl. zu I 91,132. – Psyche] Vgl. I 83,43.*
226 3. Briefen] *I 99, 100, 101.*
227 Bardenlieder] *I 98,161–261. – Klopstocks Ode] I 99,227–331.*
241 stille Viole] *Sprichwörtlich das Veilchen als Sinnbild der Bescheidenheit.*
250f. Ihr Brief] *Der Absagebrief (B zu I 99–I 101).*
252 pour Monsieur Herder] *Adresse.*
256 kleines Zellchen] *Karolines Zimmer.*
257 Wohlstand] *Konvenienz.*
260f. Belindens Bettchen] *Gedicht von Johann Georg Jacobi, »An Belindens Bett«.*
265 Klopstocksche Oden] *Vgl. I 100,35. – Abschiedsarie] Vgl. I 91,144–148.*
266 Briefwechsel ja nicht zur Last] *Vgl. I 96,46f.*

267f. Argwohn erregen ... in Verlegenheit brächte.] *Vgl. zu I 100,73f.*
269 Schwester] *Vgl. zu I 81,10.*
273–278 jenen Abend vom Platze] *Am 19.8.1770 in Darmstadt, am Abend nach H.s Predigt, vgl. I 83,42ff.*
278f. Morgens drauf an Sie schrieb] *I 81.*
279 Winckelmann] *»Geschichte der Kunst des Alterthums«?*
281f. seidnes Band] *Vgl. I 110,29ff.*

103. AN KAROLINE FLACHSLAND, Straßburg, 14. Oktober 1770

5 Geßnersche Idyllen] *Vgl. zu I 95,168f.,171.*
6 Kleistische] *Siehe R, S. 310, unten.*
8f. »Arabische ... Lettische.«] *Von den genannten Nationalitäten sind in H.s »Volksliedern« Araber und Amerikaner (nordamerikan. Indianer) nicht vertreten, aber in der Gliederung »Stimmen der Völker« für eine »palingenisirte Sammlung«, 1803 (SWS XXV, Einleitung S. XI; SWS XXIV, S. 266).*
11–64 Idylle aus den Plainen von Languedock.] *Sterne, »Tristram Shandy«, 7. Buch, Kapitel 44 (vgl. N, S. 798 zu 103).*
11, 13, 73f., 126 Plainen] *Ebenen.*
12 von Merck erzälen] *Merck begleitete 1766 als Hofmeister einen Herrn v. Bibra nach Südfrankreich und Norditalien.*
22, 52 Nymphen] *Hier: Landmädchen.*
23 Karoußel] *Ringelrennen; hier: Rundtanz der Landbevölkerung.*
26 Sanct Bogarus] *Heiliger Bougre (frz. »zum Henker! zum Teufel!«).*
49 Rondelet] *Rondel (Ringellied, Tanzliedchen).*
52 Unison] *Unisono, Einklang, in der gleichen Tonhöhe.*
53 Krone] *Crown, engl. Silbermünze von 5 Schilling.*
54 Sous] *Sou, frz. kupferne Scheidemünze, 1/20 Livre.*
68f. Warum ... endigen?] *Vgl. 59–62.*
72 in Westphalen] *Vgl. 94.*
74f. Maulesel] *Vgl. 23–29.*
77 gnädigen Abschied] *Vgl. I 105,11–18.*
87 ein Augenarzt] *Lobstein.*
89 je Paris wieder zu sehen] *Wie in Nantes (vgl. I 71,77f.) hatte H. auch in Paris an eine Operation seiner Tränenfistel gedacht.*
92 Schweizerrepubliken] *Vgl. I 105,20.*
94 nach Bückeburg] *Vgl. I 95,214.*
96 Alliirter des Hofes] *Verbündeter, tatsächlich aber Verwandtschaftsbeziehungen zwischen Holstein-Gottorp und Hessen-Darmstadt.*
104f. meines Vaterlandes] *(Ost-)Preußen.*
107 unser Wald] *Vgl. zu I 84,4. – vergrünt] Dichterisch: hat aufgehört zu grünen.*
108 meinen Kleist las] *»Aus Klopstoks Messias die schönsten menschlichen Scenen, aus Klopstoks Oden, aus Kleist (seinem und meinem Lieblingsdichter), aus den Minnesängern, las er uns vor ... In Klopstok und Kleist haben auch unsre Seelen sich gefunden« (Erinnerungen I, S. 151).*
111 Balsambüsche] *»Die Balsamgänge sind der botanische Garten« (Anm. H.s zu »An die Schutzgöttin meines Lebens«, 1770, SWS XXIX, S. 486).*
113 nur immer zwo Sylben] *Vgl. I 91,159f.*

116 auf meinem Schooße] *Vgl. I 100,19f.*
117 Augenbrane] *Augenbraue, ältere Form neben Augenbraune.*
120 Hütte aufzuschlagen] *Nach der Reise seßhaft werden.*
120f. Liefland ist, wie ein Traum] *H. rechnete nicht mehr mit einer Berufung, vgl. I 105, 35f.; zu II 17,11f.*
123 nach meiner Anordnung] *Bei seinem Abschied hatte H. aus Rücksicht auf Loder gebeten, seine Designation geheimzuhalten; vgl. I 62(N),121ff.*
124 Vorschläge und Aussichten] *Vgl. zu I 82,16,46,50.*
125 wie ihn Abbt gemahlt] *»Geschichte des Menschlichen Geschlechts« (Vorrede). – wie ihn andre mahlen] Vgl. zu I 50(N),92–95.*
126 im Briefe] *B zu I 107.*
126ff. Plänen] *Plainen; vgl. 59ff.*
128 sanfte Blonde] *Karoline.*
130 Ihr Schwager] *Vgl. zu I 98,5f.*
132 Ihrer Schwester] *Vgl. zu I 81,10.*
134 Ihren morgenden Brief] *Vgl. I 104,7ff.*
135 zwei Briefe] *Vgl. aber I 102,226.*
139 Aufräumen, und Trennen] *H.s Trennung von der Reisegesellschaft des Prinzen von Holstein-Gottorp.*
140 Pränumeriren] *»Vorauszahlung« Karolines mit Briefen.*

104. An Karoline Flachsland, Straßburg, 15. Oktober 1770

6f. die wenigen Unruhen] *Durch Karolines Absagebrief.*
10 meinen unglücklich zögernden Brief] *I 102.*
11 Lebenslauf der Empfindungen] *Durch den Postweg tritt eine Informationsverzögerung zwischen den Empfindungen von Briefschreiber und Adressatin ein: Karoline hatte noch nicht die Antwort auf ihren Versöhnungsbrief.*
17, 53f. schöne Seele] *Vgl. zu I 83,69.*
21f., 30ff. gezweifelt ... Nichts begriffen] *Vgl. I 99,4ff.*
25 Französischen Galanten Liebe] *Vgl. I 99,165.*
26 unverfälschten Menschlichen Natur] *Rousseauistischer Gedanke.*
27 Unbeständigkeit] *H. hatte Karoline doch Unbeständigkeit vorgeworfen, vgl. I 100,68; 101,17,20.*
39f. Offenheit] *Karoline hatte sich für ihre Offenheit in A zu I 83 (vgl. zu I 83,90) entschuldigen zu müssen geglaubt; H. könne deswegen schlecht von ihr denken, vgl. 57,61.*
40 Anfangsschreiben] *I 83.*
41, 50ff. Romanhaften Verzierungen] *Ziererei, unnatürliches, gekünsteltes Verhalten weiblicher Romanfiguren, speziell in frz. Romanen, vgl. H.s Kritik im »Journal meiner Reise im Jahr 1769« (SWS IV, S. 414, 425f.).*
43–49 »Ich habe ... einzubilden«] *Shakespeare, »Hamlet«, III/1 (Hamlet zu Ophelia), wörtlich zitiert nach Wielands Übersetzung.*
51f. ganze Französische Nation anspeie] *Hyperbolisch, bezieht sich nur auf die dominierende höfische Kultur, der es nach H.s Auffassung an Originalität mangelte (vgl. SWS IV, S. 413f.; Erinnerungen I, S. 124f.).*
54f. keusche Brust ... dem Monde entblößen?] *Klischeevorstellung der Empfindsamkeit.*
65f. Französische Galanterien] *Vgl. I 99,165.*
71 Liebe ... Empfindung] *Wertbegriffe des Sentimentalismus.*

75 vortreffliche Seiten Ihres Herzens] *Vgl. I 102,19ff.*
76 Sittenlehrerin] *In engerer Bedeutung Lehrerin des gesellschaftlichen Wohlverhaltens, in weiterer Moralistin.*
76–84 »Sie wissen ... u.s.w.«] *Zitat aus B; vgl. I 91,65f.,74f.,85f.,178; 99,145ff.,162ff.*
87 Tellheim] *Vgl. I 95,101–115; hier Anspielung auf den Ausspruch der Kammerzofe Franziska:* »Man spricht selten von der Tugend, die man hat; aber desto öfter von der, die uns fehlt.« *Und Minna v. Barnhelm resümiert, daß Tellheim nie von Tapferkeit, Rechtschaffenheit und Edelmut spreche, aber oft von Ökonomie (II/1). H. wollte dementsprechend künftig nicht mehr von Bescheidenheit schreiben.*
91 bald nach Darmstadt] *H. kam erst in der ersten Aprilwoche 1771.*
94 auf meinem Schooße] *Vgl. I 103,116.*
97 Insel in der Welt] *Vgl. I 91,114.*
98 Wüste] *Vgl. I 102,254.*
99 Melibokus] *Vgl. I 102,69.*
102 Aufsatz von Lebensumständen] *I 98,6–90.*
103f. in einer ganz andern Verbindung zurückbegehrt] *Nach Karolines Aufkündigung des Briefwechsels, vgl. I 99,187ff.*

105. AN JOHANN HEINRICH MERCK, Straßburg, 15. Oktober 1770

4ff. dänische Ministerium verändert] *Der Leibarzt und Konferenzrat Struensee und Königin Karoline Mathilde stürzten die bisherige Regierung und leiteten Reformen im Sinne des aufgeklärten Absolutismus ein. H.s Informationen kamen vom Eutiner Hof.*
5, 75f. Bernstorff] *Johann Hartwig Ernst, Graf von Bernstorff, der Premierminister, wurde am 6.9.1770 durch königl. Edikt entlassen und ging am 3.10.1770 auf seine holsteinischen Güter. Klopstock begleitete ihn und nahm noch im Oktober seinen Aufenthalt in Hamburg. Basedow wurde 1771 nach Dessau berufen.*
7f. Conseil] *An die Stelle des Ministerrats trat die Kabinettsregierung Struensees.*
8f. russische Minister] *Philosophow (Filosofoff) beleidigte seinerseits Struensee und verließ im Dezember 1770 Kopenhagen.*
12 Ansuchen ... Abschied] *Beide Schriftstücke nicht überliefert; vgl. I 91,22–29; 94,4–8,23f.; 95,217f.; 103,77f.; 107,6ff.*
13 Bischof ... Herzogin] *Friedrich August, Herzog von Holstein-Gottorp, und Herzogin Ulrike Friederike Wilhelmine.*
14ff. Prinz] *Peter Friedrich Wilhelm von Holstein-Gottorp.*
17f. Hofdame] *Fräulein Duhamel.*
19 Leben ... Nachtwache!] *Vigilia; vgl. Psalm 90,4; möglicherweise auch Einfluß von Youngs* »Night Thoughts«.
20 Basel oder Zürch] *Zum Plan einer Schweizreise vgl. I 103,92f.; 110,155; II 92,73ff.*
21 Auge ... kuriren] *Vgl. I 108,5–18.*
22 Grafen] *Friedrich Ernst Wilhelm Graf zu Schaumburg-Lippe hatte H. am 1.9.1770 zum Konsistorialrat und Oberprediger von Bückeburg berufen.* – hinaufstutzen] *Langsam gehen, stolzieren.*
23 gestern und heut ... fromm] *Kirchgang Sonntag und Montag.*
23f. Geheimen Rath] *Herr v. Cappelmann.*
25 vorbeischleiche] *An Darmstadt, auf der Reise nach Bückeburg; vgl. I 103,94–97.*
27 Cabinetsprediger] *H. weilte im August 1770 als Reiseprediger im Gefolge des Erbprinzen von Holstein-Gottorp (vgl. zu 14ff.) am Hof in Darmstadt.*

28 steinernen Sonnenschirm] *Darmstädter Schloß, z. T. aus dem 15. Jh., im 16. Jh. umgebaut, Hauptteil 1716–1726 erbaut von Oberbaumeister Louis Remy de La Fosse (1666–1726). – Fürstin von Cassel] Friederike Charlotte Prinzessin von Hessen-Kassel.*
29 der Kreis] *Darmstädter Hof, den H. wegen seines Abschieds vom verwandten Eutiner Hof meiden wollte; vgl. I 103,94–97.*
30f. Gespenst im Hamlet] *Shakespeare, »Hamlet«, I/4.*
35 Freundin] *Karoline Flachsland.*
35–38 Liefland … Eutin … Bückeburg] *Aufzählung von H.s bisherigen Stellen und Berufungen.*
36 andern Ruf] *Nach Bückeburg; H. hatte mit seiner Rückkehr nach Riga gerechnet.*
40 verlassen] *Vgl. I 104,97f.*
41f. Nachschall] *Vgl. H.s Gedicht »Der Nachhall der Freundschaft« (SWS XXIX, S. 94ff.).*
43–49 Hieroglyphe] *H.s Entdeckung der Schöpfungs- oder Sabbat-Hieroglyphe (regelmäßiges Sechseck) als mnemonische Figur der ersten Unterweisung des Menschengeschlechts durch Gott zur Einsetzung des Sabbats, nicht als Geschichte der Schöpfung, 1. Mose 1 bis 2,3 (vgl. SWS VI, S. 39, 44, 292, 339, 447), der Grundgedanke des 1. Bandes der »Aeltesten Urkunde« (siehe R, S. 3f.). Dazu war nicht H.s (wahrscheinlich spätere) Kenntnis von Johann Sigismund Elsholtz' (1623–1688) »Anthropometria, sive De mutua membrorum corporis humanae proportione & Naevorum harmonia libellus« (2. Ausgabe Frankfurt/Oder 1663) erforderlich, wie Ralph Häfner, Herders Kulturentstehungslehre, Hamburg 1995, S. 249ff. meint (alle notwendigen Aussagen waren in den 52ff. genannten Quellen, vor allem bei Philon, zu finden). Die Siebenzahl war Strukturierungsprinzip von Werken H.s (U. Gaier).*
46 Metaphysik und Physik der Schöpfung] *H. bekämpfte in der »Aeltesten Urkunde« die Genesis-Deutungen der Physikotheologen und Metaphysiker (vgl. SWS VI, S. 197–212).*
47 Gesang] *»Gedächtnißlied für ein singendes Volk« (SWS VI, S. 44; XXXII, S. 163).*
47f. 6 Tage … etc.] *Vgl. 2. Mose 20,9 (= Die heiligen zehn Gebote, 3. Gebot). – vor* 50 W. *(nach D_1D_2), lies* Ω. *(Das Hexagon mit griech. Vokalbuchstaben SWS VI, S. 339.)*
50 ägyptischen Götterlehre] *Vgl. den gleichnamigen Abschnitt im 2. Teil der »Aeltesten Urkunde« (SWS VI, S. 345–365).*
51 Thot's oder Theut's] *Siehe R, S. 740.*
52 gemeinen] *Allgemein bekannt, häufig, verbreitet. –* Jablonsky] *Paul Ernst Jablonski. –* Philo] *Philon von Alexandria.*
53 Clemens … Jamblichus] *Clemens Alexandrinus, Eusebios von Caesarea, Orpheus (hrsg. von Eschenbach), Porphyrios, Jamblichos.*
54 Gale] *Thomas Gale. – Zu den vorgenannten Vertretern der »prisca theologia« vgl. H. B. Nisbet, Die naturphilosophische Bedeutung …, H.-B. II, Nr. 1691.*
57f. Moses] *Siehe R, S. 710. – Daß das 1. Kapitel Genesis viel älter sei als Moses, hat H. in Kenntnis der Quellenscheidungshypothese Astrucs nicht erst im 2./3. Teil der »Aeltesten Urkunde« 1774 nachzuweisen versucht (vgl. SWS VI, S. 325–335, 448), sondern schon in den Vorarbeiten bzw. früheren Fassungen »Das Lied von der Schöpfung der Dinge« (SWS XXXII, S. 165), »Ueber die ersten Urkunden des Menschlichen Geschlechts« (FHA 5, S. 23ff., 37ff.) und »Archäologie des Morgenlandes« (SWS VI, S. 65–70) erörtert.*
58–62 Aegypter … andern Sprache] *H.s Hypothese einer orientalischen Ursprache, von der das Hebräische ein »hinterlassenes Werk« sei, in einem ungedruckten Exposé »Wahrer Ursprung der Hieroglyphe« von Oktober 1770 am Ende des Mskr. »Ueber die ersten Urkunden«, wurde in den späteren Bearbeitungen nicht ausgeführt, es finden sich nur vereinzelt vage Andeutungen (vgl. SWS VI, S. 337, 360). Vgl. »Vom Geist der Ebräischen*

Poesie«, 1. Teil (SWS XI, 430f., 442ff.), Hebräisch – »eine der ältesten Töchter ... der Ursprache« (ebd., S. 444).
61 Hebräisch] *Hat 22 Buchstaben (Konsonanten und 3 Halbvokale), Vokale werden durch Punktation bezeichnet. – 7 Vokalen] Vgl. SWS VI, S. 336f.; XI, S. 240. – 3 moris] Mora (Plur. morae), Pause, Längenzeichen; 1 mora = Zeitdauer einer kurzen Silbe.*
63ff. Brief] *Wenn es sich um den drängenden Brief Westfelds vom 14. 10. 1770 handelt (vgl. LB III, S. 227f.), wäre der vorliegende Brief um einige Tage später zu datieren.*
64 Buch Mosis] *Erstes, siehe R, S. 648. – Perser ... Phönicier!] Dem Nachweis der Schöpfungshieroglyphe bei den Ägyptern gilt der 2. Teil der »Aeltesten Urkunde«, der 3. untersucht u. a. die Mythologie der Phönizier, Perser und Sabäer (vgl. R, S. 796, 813).*
65 Beruf] *Hier: Neigung.*
66 Flachsland] *I 104.*
67 très humble serviteur] *Sehr ergebener Diener.*
70 Keblah] *In Mekka, siehe R, S. 787. – Uebersetzer ... Shaw?)] »Herrn Thomas Schaws Reisen«.*
73–79 Menschen] *Claudius, H. hatte ihn im März 1770 in Hamburg getroffen. Claudius hatte ihm am 25. 3. 1770 und undat. im Herbst 1770 (über sein Zeitungsprojekt) geschrieben (LB III, S. 20f., 224ff.).*
80 Stundenbiographien] *H. malte sich die Stunden bei den Freunden aus.*
81f. Bilder ... Schweizer] *Fahrender Schweizer Schausteller mit Guckkasten, vgl. zu I 68,17.*
84 Briefe] *I 95, auch noch I 98, auf die Karoline mit einem nichtüberlieferten Absagebrief antwortete.*
84f. Abschied] *Bei Merck am 27. 8. 1770 (I Anm. 84), vgl. I 85,5ff.; 86,3ff.*

106. AN CHRISTIAN FRIEDRICH GOTTHARD WESTFELD, Straßburg, 15. Oktober 1770

3 meinen Brief aus Strasburg] *Vom 16. 9. 1770, nicht nachweisbar. H. hatte hinsichtlich seiner Entscheidung erneut um Aufschub gebeten (vgl. I 82,45) und nach seiner Besoldung und den Amtspflichten gefragt. Westfeld bedauerte in seiner Antwort vom 14. 10. 1770 die Verzögerung von H.s »seit drei viertheil Jahren« ersehnter Ankunft und verwies wegen der Bedingungen auf sein Schreiben vom 1. 2. 1770 (vgl. zu I 82,16). Die Aufgaben seien eine Predigt wöchentlich, das Beichtehören, die Konsistorialsitzungen; die Aufsicht über Schulen und Armenwesen nur freiwillig (LB III, S. 227f.).*
6f. Erlaßung] *Entlassung, vgl. I 105,12ff.*
10 neuen Herrn] *Graf Wilhelm zu Schaumburg-Lippe.*
11 stille Plane der Nutzbarkeit] *Vgl. I 82,18–21.*
14f. innliegende Annahme der Vokation] *I 107.*
16 nur 3. Wochen] *Vgl. I 140(N),28ff.*
19f. mir habe mahlen laßen] *Wer H. über Westfeld berichtet hat, war nicht zu ermitteln.*

107. AN GRAF FRIEDRICH ERNST WILHELM ZU SCHAUMBURG-LIPPE, Straßburg, 16. Oktober 1770

6 meine Erlaßung am Eutinschen Hofe] *Erst nach dem 20. 9. 1770 erbeten, vgl. I 94(N), 7f.; 105,12ff.*
11 Pflichten ... in der Vokation] *Als Konsistorialrat und Oberprediger in Bückeburg.*

13 was die Vokation nicht benennet] *Vgl. zu I 106,3.*
18 Vorbild des Außerordentlichen und Großen] *Vgl. I 82,17f.,22f.,25f.*
19 kleinen Kur] *Vgl. I 106,16. Der Graf und Westfeld erwähnten den erneuten Aufschub nicht und äußerten ihre Freude über H.s demnächst zu erwartende Ankunft in Bückeburg.*

108. AN KAROLINE FLACHSLAND, Straßburg, 17. Oktober 1770

6 Molkentrank] *Molkenkur zur Reinigung des Blutes nach erfolgtem Aderlaß, einem Präventivmittel der alten Medizin.*
12f. Ende der folgenden Woche] *Die Tränenfisteloperation wurde am 22.10.1770 durchgeführt, vgl. I 110,5ff.,14.*
19ff. zum siebenden mal ... Anstalten gemacht] *In Mohrungen, Königsberg (vgl. zu I 98, 20), Riga (vgl. zu I 35(N),14ff.), Nantes (vgl. zu I 71,77f.), Paris (vgl. zu I 103,89), Kiel oder Eutin, Straßburg.*
27f. Hand aus den Wolken] *Emblematisches Motiv, die Hand Gottes, die Vorsehung.*
30 ein Quartier] *H. zog aus dem Quartier des Prinzen von Holstein-Gottorp in den Gasthof zum Louvre garni, vgl. R, S. 821, oben.*
31f. ein Andrer ... zuweilen Gesellschafter] *Pegelow.*
40f. verhüllende Wundbinde] *Vgl. I 109,19.*
45–51 O Gott ... Leben!] *Hypochondrische Anwandlung, vgl. 85–89; I 28,48–53; 100, 3–7.*
60 Blitz durch die Seele] *Vgl. zu I 91,46.*
62 Prophetische Kraft der Seele] *Vgl. I 77,11f.; 91,52ff.; 102,202; 112,9–16.*
65f. stummen Worten Liebe redeten] *Vgl. I 83,43ff.*
66f. Abschiedsstunde] *Vgl. I 91,160ff.*
73 Weißens Romeo und Juliette] *Christian Felix Weiße, »Romeo und Julie, ein bürgerliches Trauerspiel in fünf Aufzügen«, Verarbeitung des Shakespeare-Stoffes in Prosa zu einem Rührstück mit aufklärerischer Moral in den klassizistischen drei Einheiten.*
75, 80 Pöbelwitz der Zwischenscenen ... Zwischenscenen voll Schlägereien] *Vor allem I/1 und III/1.*
76f. in der Uebersetzung] *Vgl. I 110,94–99.*
78f. ein Stück der Liebe ... die wenigen Scenen ... von dieser Materie] *I/5, II/2, III/5.*
83 über Minna] *Vgl. I 95,89–140; 99,24–53.*
94 schon vier Briefe an Sie] *I 102; 103; 104; 108.*
94f. noch keinen bekommen] *Karolines letzter Brief war vor Empfang von I 102 geschrieben (vgl. I Anm. 104).*
102f. Familie Ihres Namens] *Flachsland, Familie in Straßburg um 1770, nicht mit Karoline verwandt.*
104 Vaterland] *H. gebrauchte das Wort noch vorwiegend im Sinne des landschaftlichen bzw. territorialstaatlichen Patriotismus, hier also für Karolines Heimat Elsaß (größtenteils frz. Gouvernement; Karolines Geburtsdorf Reichenweier gehörte zu der württemberg. Grafschaft Horburg bei Colmar, die 1801 an Frankreich kam), in I 13,(N),43; 103,105; 111,24 (wie auch Hamann) für sein Herkunftsland Preußen, aber vereinzelt auch schon für Deutschland als Sprach- und Kultureinheit, vgl. I 75,23.*

109. AN JOHANN HEINRICH MERCK, Straßburg, 17. Oktober 1770

3 Sohn der Trägheit] *Vgl. 77. Merck hatte auf mehrere Briefe H.s nicht geantwortet, vgl. 5f.*
4 langsamer Dauung] *Vgl. 53f.; zu I 86,54. –* Rentmeister] *Kriegszahlmeister, vgl. 53,67.*
9 wie Kain und Esau] *Henry (Emanuel) Merck.*
10 der Kleine] *Franz Anton Merck. –* pfiffiger Jacob] *Siehe R, S. 706.*
12 Posaune des Aufgangs] *Vgl. Offenbarung des Johannes, Kap. 8.*
13 in eine Zeit des Dunkels] *Während der Augenkur.*
15, 32 Reichs der Schatten] *Hades.*
16 Sohn der Lüfte] *Sylphe, vgl. I 96,53f.; 111,16.*
17–25 Siehe! ... in Schatten] *Die bevorstehende Tränenfisteloperation.*
20 Stirnblatt des Stolzes] *Vgl. das goldene Stirnblatt, den Priesterschmuck Aarons, 2. Mose 28,36.*
27 mit heiterm Auge] *Mit gesundem Auge.*
28 Kinder des Melibokus] *Die Freunde in Darmstadt.*
34 gemahlte Worte] *Schrift.*
36 meiner Freundin] *Karoline Flachsland.*
37 versiegelte Auge] *Vgl. 19.*
40 Blatt von Lumpen] *Erst im 19. Jh. wurde Holz der wichtigste Rohstoff für die Papierherstellung.*
41 dem Barden die Stimme der Vorwelt] *Vgl. zu II 37,74–92.*
42 Kuß der himmlischen Laura] *Vgl. I 91,3f.*
43 irrdischen Quell'] *Vaucluse, siehe Sorgue, R, S. 818.*
50 Gewebe des verkehrten Teppichs] *Rückseite des Teppichs; vgl. »Dithyrambische Rhapsodie«: »die alte Schrift, die verkehrte Seite der Tapeten« (FHA 1, S. 32), über Hamanns »Aesthetica in nuce«: Übersetzung als »Bilder in Zeichen ... kommt ... mit der verkehrten Seite von Tapeten überein« (Nadler, Bd. 2, S. 199), nach Wentworth Dillon, 4. Earl of Roscommon (1633–1685), »An Essay on translated verse« (1684): »the wrong side of a Turky tapistry«. »Gewebe des verkehrten Teppichs« auch in Mercks Gedicht »Im Merz. An A. + W.« (Merck, Werke, H.-B. II, Nr. 1680, S. 119).*
60 die arme Kranke] *Vgl. I 97(N),4.*
63 Zauberer der Blindheit] *Herder.*
68 Gemählde meiner Freundin] *Vgl. I 93,24ff.*
78 Vogelfüße] *Unleserliche Schrift.*
(A: »*An den StrafPropheten: Der du sendest aus der SchmerzenHöle/Wunder aus der Tiefe deiner Seele!« Einmaligkeit H.s, der nicht seinesgleichen habe. »Lieben kannst du nicht,/du must nur strafen ...«; H.-B. II, Nr. 1680, S. 116f.*).

110. AN KAROLINE FLACHSLAND, Straßburg, 28. Oktober 1770

5 meiner Operation] *Tränenfisteloperation am 22.10.1770, vgl. 6f.,14. –* an Merck] *Nicht überliefert.*
8 Wicke] *Wieche, Docht; nach Goethes Beschreibung der Operation in »Dichtung und Wahrheit« ein Pferdehaar (WA I 27, S. 305). Vgl. I 131,5ff.*
15 mit verbundnen Augen] *Bei der Hinrichtung.*
18 »laßen ... nicht operiren!«] *Zitat aus B.*
19f. Hohenpriester ... Fackeln und Lampen] *Vgl. Matthäus 26,47; Johannes 18,3.*
21 sehet da! ich bins!] *Vgl. Johannes 18,5.*

22 Friedenmacherin ... Präliminarien und Artikel] *Vgl. I 102,60,68; Präliminarien = vorläufige Übereinkunftspunkte.*
25 verbrennen] *Vgl. I 95,215; dazu 102,142f.*
25f. Leichname der Briefe ... begraben werden sollen?] *Vgl. I 102,64f.*
29ff. das Band ... der Hofnung] *Vgl. I 102,281ff.*
35 ratihabirt] *Bestätigt, genehmigt.*
37 »ach! warum o Chloe«] *»Ach! warum, o Chloe, sind's nur Träume« (vgl. I 102, 166–169), Beginn der 2. Strophe von Wielands Gedicht »Erdenglück. An Chloe«.*
38 Klotzens Bibliothek] *»Deutsche Bibliothek«, siehe R, S. 662f.*
39 2te oder 3te] *4. Stück. – Partie aus Idris] Wielands »Idris«, Auszüge aus dem 3. und 5. Gesang.*
40 Schmierblatt] *Wegen der ständigen Angriffe auf H., siehe R, S. 663.*
42 Idylle aus den Plainen von Languedock] *Vgl. I 103,11–64.*
43–53 Ach, warum ... mit Nannetten gehn!] *Vgl. zu 37, 3. Strophe (von insgesamt 5), von H. geringfügig verändert, vgl. 54.*
56 ein andres von Yorik] *Im HN ist keine Sterne-Übersetzung überliefert.*
58f. unter Juden ... Samaritanern umhergeworfen] *Studien zur »Archäologie des Morgenlandes«, vgl. I 105,43–64; 140(N),8–11.*
66 letzte Täuschungen] *H.s Sehnsucht nach Karoline.*
67 die ersten] *H.s wissenschaftliche Ideen, vgl. 58f.*
68f. das Eitle und Windige in den Wißenschaften] *Vgl. Prediger Salomo 1,16ff.*
69f. Schoos und Busen einer Freundin] *Vgl. Hohelied Salomos 7,3f.*
75f. Mingala und Roskrana] *Vgl. I 98,161–261.*
76–80, 87 Klopstock u. Geßner ... unsres Jahrhunderts] *Vgl. I 95,144ff.,167ff.*
80 in den alten Schottischen Bardenliedern] *H. hielt (wie viele seiner Zeitgenossen) die sentimentalischen Ossian-Dichtungen Macphersons für echt und setzte sie als Poesie der Urzeit der empfindsamen Dichtung des 18. Jh. (vgl. 76–80) entgegen.*
86 Celtische Hütte ... Nebel] *Ossianische Motive, vgl. II 18,26; 23,59ff.*
93 uns schreiben können, wie wir sind] *Vgl. I 102,43ff.*
94 Romeo und Julie] *Vgl. I 108,74–82.*
96 schlechten Uebersetzung] *In der negativen Beurteilung der Wielandschen Shakespeare-Übersetzung folgte H. Gerstenbergs »Briefen über Merkwürdigkeiten der Litteratur«, 14.–18. Brief.*
97 Wielanden] *»Shakespear Theatralische Werke«, vgl. I 111,13f.,16f.*
99 Sympathien und Pantheen] *»Sympathien«, 1756; »Araspes und Panthea«, 1760.*
100 Seraphins] *Siehe R, S. 714; in Wielands »Briefen von Verstorbenen«.*
103 Wieland in den Noten] *Zu »Romeo und Juliette« I/2 in einer Fußnote: »Es ist ein Unglük für dieses Stük, welches sonst so viele Schönheiten hat, daß ein grosser Theil davon in Reimen geschrieben ist.« Wieland lobt die Harmonie der Reime Popes, Priors und Chaulieus; aber Shakespeares »gereimten Verse sind meistens hart, gezwungen und dunkel; der Reim macht ihn immer etwas anders sagen als er will, oder nöthigt ihn doch, seine Ideen übel auszudrüken ... Shakespears Genie war zu feurig und ungestüm, und er nahm sich zu wenig Zeit und Mühe seine Verse auszuarbeiten ...« Zu I/2–I/6, II/4, III/4, III/8, IV/5 und IV/6 weisen Fußnoten auf weggelassene »Non-Sensicalische Zeilen«, »abgeschmakte Reime« und Wortspiele, »schmuzige Scherze« und »Zoten«, auf »kindisches Spiel« mit dem Doppelsinn der Worte und auf unanständige Reime im engl. Original hin. Anstelle der Musikantenszenen (»Rüpelszenen«) am Ende des 1. und 4. Aufzugs stehen Inhaltsangaben; auch der gereimte Pilgrimsdialog (vgl. zu 107ff.) ist in Prosa wiedergegeben.*

105 Romanzensprache] *Etwa: volksliedhaft knappe und metaphorische Sprache wie in Romanze und Ballade.*
107ff. Gespräch ... auf dem Ball] *»Romeo und Julia«, I/5.*
108 Pilgrimmen] *Romeo als Pilgrim, Julia in der Analogie eines Heiligenbildes.*
109f., 120 Romantisch ... abentheurlich] *Synonyme, nach der Bezeichnung »romantisch« (seit 17. Jh.) für märchenhaft-phantastische Dichtungen (Ritter-Romane, Romanzen) des Mittelalters, vorwiegend aus romanischen Sprachen (romantique).*
111 durch alle dies Mißrathen] *Trotz der z. T. verständnislosen Übersetzung Wielands.*
112f. Steckenpferd] *Metonymisch gebraucht für »Lieblingsbeschäftigung«, seit Zückerts Übersetzung von Sternes »Tristram Shandy« Berlin, Stralsund 1769ff. (hobbyhorse, 1. Buch, Kap. 7/8, 2. Buch, Kap. 12, 3. Buch, Kap. 24).*
114 studirt] *Vgl. zu I 4(N),10 und die zahlreichen Auszüge, Übersetzungsproben und Kommentare zu Dramen Shakespeares aus der Rigaer Zeit (HN, S. 382f., vgl. SWS XXV, S. 329).*
117 Katechismusfragen] *Vgl. I 114,9f.*
125 Auf dem Balle] *I/5.*
125f. im Garten ... bei Mondschein] *II/2.*
126 Psyche] *Vgl. I 83,43.*
128 bei Bruder Lorenz] *II/6.*
128f. In der Nacht ... zum Fenster herausgestiegen] *III/5.*
130 im Grabe] *V/3.*
134 Tibald] *Tybalt, Julias Vetter.*
135 in Reimen] *Vgl.* **105–110.**
136 Wieland in den Noten] *Vgl. zu* **103.**
137 Philosophin der Liebe] *Vgl. I 114,9.*
138f. Französischen galanten Liebe] *Vgl. I 99,165.*
140 Appelles] *Apelles; vgl. »Lobgesang auf meinen Landsmann Johann Winkelmann«, 1768: »der Liebe Lehrerin, die Phantasie, (Mehr als Apelles lehrte sie!)« (SWS XXIX, S. 300). Nach Winckelmanns »Geschichte der Kunst des Alterthums« (1. Teil, Kap. 4, 2. Stück: Von dem Wesentlichen in der Kunst, Weibliche Gottheiten) unterrichtete Apelles die Hetäre Lais d. J. in der Liebe: Wie die Mediceische Venus in Florenz stellte Winckelmann sich »diejenige Lais vor, die Apelles im Lieben unterrichtete, ... wie sie sich das erstemal vor den Augen des Künstlers entkleiden müssen«.*
141 philesischen Apollo] Ἀπόλλων φιλήσιος, *siehe R, S. 718.*
143 armen nackten Mädchen] *Karoline beklagte ihre Besitzlosigkeit.*
144f. die wahre ... Liebe ... nackt] *Nach dem »Pervigilium Veneris«, siehe R, S. 689.*
151 Talubbe] *Russischer, aus kleinen Fellen zusammengenähter Pelz.*
155 Schweiz] *Vgl. I 103,92f.*
156 Melibokus] *Siehe R, S. 787.*
157 Schottischen Celtischen Bardenhügeln in Westphalen] *Vgl.* **80,86f.**; *Analogie wegen der nördlichen Lage Bückeburgs am Wesergebirge und der zusammen mit Karoline ersehnten Idylle.*
158 Paßport] *Passeport (frz.), Paß, Geleitsbrief.*
164, 167 Lade des Bundes] *Bundeslade zur Aufbewahrung der Gesetzestafeln, Heiligtum der Israeliten, mit goldener Deckplatte (2. Mose 25,17, Luther-Übersetzung: Gnadenstuhl). Vgl.* **32ff.**
166 schwarzen Bock der Lappländer] *Siehe R, S. 738.*
167 Cherubim] *Siehe R, S. 703. Zwei Cherubim aus Gold bedeckten mit ihren Flügeln den goldenen Gnadenstuhl, der auf der Bundeslade stand (2. Mose 25,18–21).*

168–255 Scenen aus der Liebesgeschichte Uthals und Ninathoma's *(aus: »Berrathon«)*, **260–299** Lied Bragela's nach ihrem Cuchullin *(aus: »Der Tod Cuchullins«)] Siehe R, S. 38, 424; vgl. I Anm. 110.*
256f. Gerstenbergs: Ariadne auf Naxos] *Vgl. Inhaltsangabe in »Ariadne-Libera«, 1802, Vorrede (SWS XXVIII, S. 309).*
302f. Deine Seele sei gesegnet, Sohn von Semo] *»Ruh' und Segen deiner Seele! Semo's Sohn« (aus: »Der Tod Cuchullins«), siehe R, S. 38,424; »eines der schönsten, sanftesten Grablieder, die wir kennen« (ältere Fassung der Rezension von »Die Gedichte Ossians«, Bd. 2/3, SWS V, S. 418).*
304f. Nun laßt uns den Leib begraben] *Von Michael Weiße.*

111. AN JOHANN HEINRICH MERCK, Straßburg, 28. Oktober 1770

(Wenn der zu 5 angegebene Bezug richtig sein sollte, wäre dieser Brief auf später, I 133 aber auf früher zu datieren.)

4 vierzehn Tage] *Vgl. I 105.*
5 Klotzisches Gassenlied] *Vgl. I 133(N),23,30–133? oder ein nichtüberliefertes Gedicht.*
7 vor Jahr und Tag] *Vgl. zu I 110,114.*
9 Shakspeare] *Gesprächsthema H.s und Mercks im August 1770 in Darmstadt, vgl. I 110,112f. – thorzettelmäßig] Torzettel, von Torwächtern an den Stadttoren ausgestellte Passierscheine; hier aber im Sinne Hamanns (»Arschwische, die einer meiner alten Schulmeister Thorzeddel nannte«; an H., 3.1.1768, ZH II, S. 406) und Hartknochs (H. solle aus Hartknochs Briefen »fein bald Thorzettel machen, weil sie so elend sind«; an H. 14./25.11.1769, LB II, S. 139).*
10f. Altmutterreimen] *Großmutterreime (oberdt.).*
13 unübersetzbar] *In zwei Rezensionen der Wielandschen Übersetzung (durch Nicolai) in der »Allgemeinen deutschen Bibliothek«, Bd. 1 (1766), Bd. 11 (1770), hieß es, Shakespeare sollte gar nicht übersetzt werden, er müsse in jeder Übersetzung verlieren. Ähnlich hatte schon Christian Felix Weiße in der »Bibliothek der schönen Wissenschaften«, Bd. 9 (1763), geurteilt. In seiner Rezension des »Versuchs über Shakespears Genie und Schriften« 1771 (siehe R, S. 24 unten) ermunterte H. Eschenburg zur Übersetzung als Probe, daß Shakespeare »so gar unübersetzlich nicht sey, wie uns manche einreden wollen« (SWS V, S. 316). Die Vorbemerkung zum 2. Buch der »Alten Volkslieder« (Mskr., 1774; »Lieder aus Shakespear«) »Wäre Shakespear unübersetzbar?« antwortet ausweichend (»Wahrscheinlich sollt ichs nicht Uebersetzung nennen …«, SWS XXV, S. 33), die zahlreichen Übersetzungsproben, gerade von diesen Liedern, und ihre produktive Nachwirkung (durch die »Volkslieder« 1778/79) bis zu A. W. Schlegel beweisen jedoch die Übersetzbarkeit Shakespeares (obgleich auch im Verzeichnis der »Volkslieder« I, 2,11–13; 3,22 die Unübersetzbarkeit der Lieder behauptet wird, SWS XXV, S. 303, 307).*
13 Wieland meistens nicht übersetzt] *Lieder in Shakespeares Dramen hat Wieland nur selten in Versen übersetzt, mitunter in Prosa; am häufigsten ließ er sie ganz weg und machte dazu Inhaltsangaben oder Fußnoten (vgl. Reinhard Tgahrt, Weltliteratur, H.-B. II, Nr. 1614, S. 140f.). In »König Lear« I/13 (in Bd. 1) brachte Wieland die Lieder des Narren in englischer Sprache in der Fußnote und bemerkte dazu: »Der Uebersezzer bekennt, daß er sich ausser Stand sieht, diese, so wie künftig noch manche andre Lieder von gleicher Art zu übersezzen; denn mit dem Reim verliehren sie alles.«*
14f. Ariels Probe … beide Liederchen, die im tempest] *In »The Tempest«.*

15 Zauberton] *»Fünf Faden tief ...«; »wie Zauberton aus einer andern Welt« (SWS XXV, S. 52).*
16 ätherisch sylphenfreudig] *»Wo die Biene saugt«.*
16f. von Wieland ... jämmerlich travestirt] *Übertriebene Kritik H.s aufgrund seines negativen Gesamturteils von Wielands Übersetzung; die Liedchen können sich neben den späteren Übersetzungen durchaus sehen lassen (vgl. Tgahrt, a. a. O., S. 145f.). Das zweite: »Wo die Biene saugt, saug' ich;/Im Schooß der Primul lagr' ich mich;/Dort schlaf' ich, wenn die Eule schreyt;/Ich flieg', in steter Munterkeit,/Fern von des Winters Ungemach/Dem angenehmen Sommer nach;/Wie frölich wird künftig mein Aufenthalt seyn/Unter den Blüthen im düftenden Hayn!«*
18 Moses] *Mendelssohn, Auszug aus Joseph Warton, »An Essay on the Writings and Genius of Pope«: »Ich sauge, wo die Biene saugt,/Und in der Schlüsselblume Glöckchen/Verweil ich, wenn die Eulen schrein,/Und flieg, nach Sonnen Untergang/Auf einer Fledermaus Rücken/Lustig mit ihr fort./Lustig, lustig will ich nunmehr leben,/Unter Blüthen, die am Aste hängen.«*
18 Uebersetzer des Essay] *In Nicolais »Sammlung vermischter Schriften«, Bd. 6, siehe R, S. 693.*
19 wie ich Sie befriedige] *H.s Nachdichtungen der Lieder Ariels (SWS XXV, S. 51f., 207, 209).*
21 Kuckuckssliedchen] *In »Love's Labour's Lost« V/10.*
22–26 cuckold oder cocu ... Todtenruferin] *Volksaberglauben, siehe R, S. 696.*
23 Schach-Baham] *Person in »Le Sopha« von Crébillon.*
24 Provinzialglauben meines Vaterlandes] *Ostpreußens.*
26f. vom Englischen ganz abgegangen] *Im Original des »Winterliedes« in »Love's Labour's Lost« ist der Eulenruf lustig. H.s Nachdichtung: »Komm mit! Komm mit! komm mit! ein böser Klang« (SWS XXV, S. 56).*
27ff. come away, come away death] *In »Twelfth Night« II/4; vgl. SWS V, S. 161f.*
30 take, oh take] *In »Measure for Measure« IV/1.*
30 alte Lieder] *Neben der Darstellung von Charakteren und Leidenschaften sowie von Geschichte interessierte H. an Shakespeares Dramen vornehmlich die Aufnahme volkstümlicher (Lied-) Traditionen bzw. ihre lyrisch-balladesken Einlagen.*
33 Hume] *Vgl. I 51,57–67. –* westlichen Inseln] *Western Islands, Hebriden.*
34 Macpherson] *Macpherson, aus dem schott. Hochland gebürtig, lebte meist in London.*
35f. in ... Ton des Landherzens wild singen hören] *Vgl. »Auszug aus einem Briefwechsel über Oßian«: »Als eine Reise nach England noch in meiner Seele lebte – ... wie sehr ich damals auch auf diese Schotten rechnete! ... Dä will ich die Gesänge eines lebenden Volks lebendig hören ...« (SWS V, S. 167).*
36 in Hexametern und griechischen Sylbenmaßen] *Zu H.s Kritik an Denis' Ossian-Übersetzung vgl. zu I 55(N),140; »Briefwechsel über Oßian« (SWS V, S. 160).*
37 bebalsamte] *Balsamierte.*
40 Hochehrwurdige Herr] *Geistlicher.*
41 Phrenesie] *Wahnsinn, Raserei.*
42f. Geister- und Hexen- und Feenwelt] *Elemente des engl. Volksaberglaubens in Shakespeares Dramen; wesentlicher Angriffspunkt der Vertreter des klassizistischen Theaters und der gelehrten älteren Aufklärung seit Voltaires »Lettres philosophiques ou Lettres sur les Anglais« (engl. 1733, frz. 1734). Vgl. Mercks Rezension von Eschenburgs Übersetzung des Shakespeare-Essays von Elizabeth Montagu in den »Frankfurter gelehrten Anzeigen« vom 17. 3. 1772 (22. Stück): »Voltaire lacht, daß sich die ganze Nation zu einem Schauspiel dränge, wo Geister, Rasende, Hexen, Feen und Unholde die Akteurs sind ... Eine*

ganze Nation ... betrügt sich nicht in der Wahl ihres Vergnügens ...« (Kap. 6 des Essays handelt »von den übernatürlichen Wesen in der dramatischen Poesie«, vgl. SWS V, S. 315). *In Nicholas Rowes »Some account of the Life of William Shakspere« in seiner Ausgabe »Shakspere's Works«, 1709 (Stelle nicht enthalten in Wielands Übersetzung in Bd. 8 seiner Ausgabe), abgedruckt in Warburtons und Johnsons Ausgaben:* »But certainly the greatness of this author's genius does no where so much appear, as where he gives his imagination an entire loose, and raises his fancy to a flight above mankind, and the limits of the visible world. Such are his attempts in The Tempest, Midsummer Night's Dream, Macbeth, and Hamlet.«

44f. unter solchen Märchen] *Nur in einer Elegie (von Ende 1763)* »Wo bin ich? – in Einsiedeleyen ...« *finden sich Spuren davon (*»Gespenster«*, *»Feen«*, *»Geisterstimmen«*, *»Hekate«*, *»Eulen«*, SWS XXIX, S. 230f.). Zu H.s Märchentheorie vgl. H.-B. II, Nr. 1277.*

45f. Feendivertissement im Midsummer-night's dream] *Von den Feenszenen im* »Sommernachtstraum« *(in II/1, II/2, III/1, III/2, IV/1, V/Schluß) hat Wieland nur die letzte weggelassen, andere z. T. um* »ekelhafte Ausdrüke« *gekürzt. Fußnote zur Schlußszene:* »Es ist mir unmöglich gewesen, diese Scene, welche ohnehin bloß die Stelle eines Divertissement vertritt, in kleine gereimte Verse zu übersezen; in Prosa aber, oder in einer andern Versart als in kleinen Jamben oder Trochäen, würde sie das Tändelnde und Feen-mässige gänzlich verlohren haben, das alle ihre Anmuth ausmacht.« *Zu H.s Nachdichtungen aus verschiedenen Feenszenen (SWS XXV, S. 42f., 57, 112ff.) gehört auch Pucks Lied* »Jetzt da brüllt der Hunger-Leu« *(ebd., S. 43) aus der Schlußszene. Divertissement = Zerstreuung, Lustbarkeit.*

47 Hexenscene im Macbeth, wo sie kochen] *IV/1. Bei Wieland kurze Inhaltsangabe in Prosa; erst Macbeths Dialog mit den Hexen übersetzt:* »Aller Zeit und Mühe ungeachtet, die man auf diese abentheuerliche Hexen-Scenen verschwendet hat, ist es doch nicht möglich gewesen, das Unförmliche, Wilde und Hexenmäßige des Originals völlig zu erreichen ...« *Dazu Gerstenberg in* »Briefe über Merkwürdigkeiten der Litteratur«, *18. Brief:* »Die Hexen in Macbeth scheinen Wielanden etwas Abgeschmacktes; mir scheinen sie ein glückliches Ideal zu seyn, das mit dem grauenvollen Begriffe des Königs-Mörders und der rauhen Scene dieser Begebenheit in naher Verwandtschaft steht. Als Schakespear die Idee eines solchen Mörders in seinem Genie hin- und herwandte, mußten nothwendige fürchterliche Bilder daraus hervorspringen, die er, wie wir wissen, mit großem Beyfall seiner Landsleute einzuflechten gewußt« *(S. 303). Vgl. H.s Nachdichtung SWS XXV, S. 46ff. (die 1. und 2. Hexenszene ebd., S. 45f.; eine Adaption der 3. vgl. SWS XXIX, S. 515).*

48 durchbubbeln] *To bubble: murmeln, gurgeln, sprudeln.*

49f. Monologen aus Lear, Hamlet, Macbeth, Midsummer-night's dream] »König Lear«, *aus I/2, I/4, II/4, III/2 (SWS V, S. 256f.; XXV, S. 37–41);* »Hamlet«, *aus III/1 Monolog über Leben und Tod (SWS V, S. 255f.; XXV, S. 34f.; auch das engl. Original und die Übersetzungen Wielands und Mendelssohns in FHA 3, S. 943f.), aus IV/5 (SWS XXV, S. 59, 291–295);* »Ein Sommernachtstraum«, *aus I/1, III/2 (SWS XXV, S. 41f., 112), vgl. zu* **45f.**

51 Macbeths Dolch-Monologen] *Aus I/5, II/1 (SWS V, S. 253ff.; XXV, S. 35f.).*

52 die Hexen zuletzt meine Stube ausfegten] *In Pucks Lied (vgl. zu* **45f.** *am Schluß) fegt Puck das Haus aus.*

55 Shakespeare, von dem ich nie aufhören kann] *Vgl.* »Dichtung und Wahrheit« *(WA I 28, S. 75), wonach u.a. die Lektüre von H.s* »Shakespear«-*Aufsatz (1773) einen unmittelbaren Eindruck von den Gesprächen mit H. in Straßburg 1770/71 verschaffen könne.*

56 Operation] *Vgl. zu I 110,5.*

60 Narrenhut] *Im Unterschied zur Narrenkappe zuckertütenförmig; hier ironisch für mittelalterliches Promotionsbarett. –* Doctor der Theologie] *Vgl. I 116(N),23. In Bückeburg* wollte H. 1773 wegen einer gewünschten Berufung an die Universität Göttingen den Titel erwerben, wozu ihm Prinz Peter Friedrich Wilhelm von Holstein-Gottorp behilflich sein sollte (vgl. Haym I, S. 415, Anm. 8).

112. AN KAROLINE FLACHSLAND, Straßburg, etwa 1. November 1770

3f. Weißagung] *Vgl. I 108,55f.,63f.*
9 jeder Mensch hat einen Genius] *Nach Shaftesbury, »Soliloquy« (vgl. SWS XXII, S. 360).*
10 Prophetische Gabe] *Vgl. zu I 108,62.*
15 Ahndung] *Ahnung, »ein dunkles Gefühl«, das »wo möglich in helle Gedanken zu verwandeln« sei (»Ueber Wissen, Ahnen, Wünschen, Hoffen und Glauben« in »Zerstreute Blätter«, 6. Slg., 1797, SWS XVI, S. 383).*
16 Dämon des Sokrates] *Siehe R, S. 543.*
24f. Orakel] *Vgl. I 108,63.*
26 gesunde Vernunft ... Magistratsspruch] *In seiner empirischen, auf die Ganzheit menschlicher Kräfte zielenden Anthropologie lehnte H. die Oberherrschaft der einseitigen Ratio ab (vgl. »Vom Erkennen und Empfinden der menschlichen Seele«).*
27 Umstand] *Vgl. I 93,82f.*
31–44 als unsre Seelen sich] *Vgl. das dem Brief beigelegte Gedicht »An die Schutzgöttin meines Lebens« (SWS XXIX, S. 486, ab Mitte); I 83,43ff.; 91,159f.; 92,15ff.*
35 Erinnerung aus Platons Welten] *Anamnesis-Theorie, vor allem im Dialog »Menon«.*
48 KräuterGarten der Landgräfin] *Herrengarten in Darmstadt, siehe R, S. 755.*
49 bin kein Dichter] *Vgl. II 29(N),5f.*
51f. warum Sie mir heute nicht gut wären?] *Vgl. I 91,156ff.*
54 AbschiedsScene] *Vgl. I 88,10–21; das beigelegte Gedicht (zu 31–44, ebd., S. 487, oben).*
57f. Scenen der Vergangenheit] *H.s Begegnungen mit Karoline in Darmstadt im August 1770.*
58 vom Paradiese zu träumen] *Vgl. I 91,78; 99,112f.*
60 mehr als ein Brief] *Zu H.s Skepsis im Hinblick auf die Zukunft vgl. I 83,84f.; 84,18f.,22f.; 85,45ff.; 88,56ff.; 98,112–131.*
63ff. Moralische Ungleichheiten] *Vgl. I 99,56f.*
67f. veränderte Situation] *Vgl. zu I 73(N),15; 112,27.*
69 stumme Ahndungen] *Vgl. zu 15.*
72 Denkmal Spaldings auf seine Frau] *? »Das Glück des häuslichen Lebens« (Predigt über Johannes 2,1–11), Berlin 1765. Vgl. zu II 98,36ff.*
76 Scripturen] *Schriften. – in Eutin] Vgl. zu I 79,4; vielleicht hatte H. die Schrift dort einem Bekannten geliehen.*
76f. In Leiden ... mit Leisring gelesen] *H. war Ende Januar 1770 in Leiden drei Tage mit Franz Michael Leuchsenring zusammen, der sich dort als Hofmeister des studierenden hessen-darmstädtischen Erbprinzen aufhielt. Vgl. I 127(N),78–81; III 29,50ff.*
86–92 Othello ... Desdemona] *Karoline hatte in B von ihrer Lektüre der Shakespeareschen Tragödie geschrieben. H. charakterisiert hier den Anfang der Szene V/2; seine Nachdichtung in den »Volksliedern« umfaßt Teile von IV/3 und V/2 (SWS XXV, S. 36f., 57f., 285–288).*
93ff., 99f. Das arme Ding ... singt Weide, Weide] *Desdemonas Lied aus IV/3 (SWS XXV, S. 57f., 287).*

97 ein Blitzstral] *Vgl. Shakespeare, »A Midsummernight's dream«, I/1, »brief as the lightning in the collied night« (auch in Hamanns »Aesthetica in nuce«, Nadler, Bd. 2, S. 208), H.s Übersetzung I 129,45. Vgl. I 91,46,50–53.*
101–104 *»Ach es ist süße ... weinen!«] Zitat aus B.*

113. AN CHRISTIAN FRIEDRICH GOTTHARD WESTFELD, *Straßburg, etwa 6. November 1770*

4 Reisegeld] *40 Louisd'or (nach B).*
17 Operateurs] *Lobstein.*
19 Schnuppe] *Schnupfen (umgangssprachl.).*
24 Kalypso] *Siehe R, S. 729.*

114. AN KAROLINE FLACHSLAND, *Straßburg, erste Hälfte November 1770*

7 Geheime Rat dem Landgrafen] *Die Protokollreferate des Geheimen Consiliums in Darmstadt mußte Andreas Peter v. Hesse an den in Pirmasens residierenden Landgrafen Ludwig IX. senden.*
10 über Shakespears Romeo] *Vgl. I 110,116–139, von Karoline beantwortet.*
11 Magister aller sieben Künste] *Magister septem artium liberalium, mittelalterliche akademische Würde (Lehrmeister der Grammatik, Arithmetik, Geometrie, Musik, Astronomie, Dialektik, Rhetorik).*
12 Hamlet] *Vgl. I 117,41f.*
21 ersten Soldatenwache] *I/1.*
21f. alle Gespensterscenen] *In I/1, I/4, I/5, III/4.*
22 Selbstgespräche Hamlets] *In II/2, III/1, III/3, IV/4.*
23f. todt liegt, u. sagt ... denken?] *V/2. Der sterbende Hamlet bittet Horatio, der Welt sein Schicksal zu melden.*
25 Philosophie über Seyn u. Nichtseyn] *III/1; vgl. zu I 111,49f.*
27 schnuppige Nase] *Vgl. zu I 113,19.*
30 am Berge Melibokus] *Vgl. zu I 109,28.*
33ff. Liedchen an die Schutzgöttin] *Vgl. zu I 112,31–44. Welcher Vers (= Strophe) ausgelassen worden war, läßt sich nicht ermitteln. Vgl. I 117,45f.*

115. AN JOHANN FRIEDRICH HARTKNOCH, *Straßburg, 21. November 1770*

5, 103f. fatale Tod des GeneralSuperintendenten] *Jakob Andreas Zimmermann, am 8./19.10.1770. Hartknoch meldete den für H. »wichtigen Vorfall«, besonders wenn er »jetzt hier wäre«, am nächsten Tag. Man halte in Riga H., »Probst Lange und Pastor Reusner« u. a. für die Kandidaten, H. »fast überall oben an.« Wenn H. hier wäre, würde »niemand Anderm diese Stelle zu Theil werden«. Dann könnte er »viele gute Anordnungen« in der Kirche machen, »diese einzige Betrachtung« müsse ihn von der Annahme »eines anderen Engagements« abhalten. H.s Andenken in Riga sei »keineswegs erloschen«; als Prediger, seiner »übrigen Talente nicht zu gedenken«, sei er nicht zu ersetzen (B). Vgl. I 116(N),68ff.*
10 mein Alter] *Mit 26 Jahren war H. zu jung für das höchste kirchliche Amt Livlands.*

10f. Klotzische Streitigkeiten] *Trotz H.s vielfacher Bedenken (bis hin zur Verleugnung der Autorschaft) hatten die literarischen Querelen seinem Ansehen in Riga nicht geschadet. Nach B zu I 89 hatte Johann Melchior Goeze, den H. im April 1770 in Hamburg besucht hatte (vgl. I Anm. 79), an Oberpastor v. Essen geschrieben, H. sei »in den schönen Wissenschaften und in der Kritik« berühmt, als Theologe noch unbekannt. Daß er Klotz »zum Schweigen gebracht« habe, sei verdienstvoll (LB III, S. 82).*
11f. Unwißenheit in der Lettischen und Esthnischen Welt] *Schon wegen H.s Unkenntnis der Sprachen, vgl. zu I 12(N),76.*
13 eine Politische Person] *Politisch: gesellschaftlich klug. Wie drei Jahre zuvor bei der Petersburger Berufung fühlte H. sich dazu nicht in der Lage, vgl. I 35(N),39ff.*
13f. ducem gregis ecclesiastici] *Führer der kirchlichen Herde, vgl.* **19**; *»dux gregis« = Stier oder Widder; Ovid, »Amores«, III, 13,17: Duxque gregis cornu per tempora dura recurvo (und der Führer der Herde mit rückwärtsgebogenem Horn an den harten Schläfen).*
15f. predigen braucht ja der GeneralSuperintendent nicht] *Vgl. I 116(N),72f.*
16 Schultalente ... entnimmt man ... dem Lyceo] *Wenn H. Generalsuperintendent würde, könnte er nicht als Rektor des Lyzeums wirken, wozu er 1769 designiert worden war, vgl. I 63(N),20f.*
18 Panzersche concilium deorum minorum gentium] *Johann Christoph v. Panzer und andere Pastoren, ironisch »Götterversammlung der kleinen Leute«, also ohne Einfluß.*
24 GeneralGouverneur] *Graf Johann George von Browne, der bei der Stellenbesetzung seine Macht zeigen werde. Für Hartknoch war die Haltung des Gouvernements unklar.*
25 unzugangbar] *Vgl. aber I 62(N),105f.,111ff.*
26–33 Reusner] *Vgl. I 116(N),70–74. Generalsuperintendent wurde der von Hartknoch auch genannte Jakob Lange, zuvor Pastor in Wohlfahrt.*
26f. Zauberkraft des Regens ... Danae] *Siehe R, S. 722; H. vermutete, daß Reusner durch Bestechung die Stelle erhalten würde, vgl. I 122a(N),22.*
27 Bischofshute] *Scherzhaft, denn das Bistum/Erzbistum Riga war 1566 säkularisiert worden.*
29 an Loders Stelle] *Zu der H. designiert war, vgl. zu* **16**.
32 Stabträger] *Der dem Bischof den Bischofsstab voranträgt.*
33 in einem Briefe] *Ein Brief H.s an Reusner ist nicht nachweisbar.*
34 Etablißements] *Versorgungen, Einrichtungen (= Berufungen).*
36f. die Stelle bei dem Prinzen ... aufgegeben] *Vgl. I 89,15ff.; 105,12.*
37f. die Stelle ... bei dem Grafen von Lippe angenommen] *Vgl. I 107.*
39 Anträge an mich] *Vgl. zu I 50(N),92f.; 82,16,50; Anm. 82.*
43 Radien] *Strahlen, hier: Beziehungen, vgl.* **48**.
46ff. diesen Ruf ... verkündigen] *Vgl. I 116(N),79f. Damit wollte H. die Rigaer Obrigkeit drängen, ihn zum Generalsuperintendenten zu machen.*
47f. aufs Schloß hin ... radiiren] *Beziehungen zum Gouverneur haben.*
51 Hoffnung ans Lyccum ctwa vergeblich] *Vgl.* **28ff.**; *I 116(N),75ff.*
52 Oberconsistorium ewig zu Esels zu haben] *Vgl. 116(N),81f.; zu* **46ff.**
56 Simulation] *Verstellung.*
56f. die Stimme eines Predigers in der Wüste] *Vgl. Jesaja 40,3.*
57 Ihre Lunge] *Anspielung auf Hartknochs Lungenkrankheit.*
60 homme de lettres] *Literat, Gelehrter. – Diener des Göttlichen Worts] Verbi Divini Minister, Titel des protestant. Geistlichen.*
64 Ausfahrenheit] *Kränkung. – Mein Herz] Erwiderung von Hartknochs Beteuerung seiner Liebe und Freundschaft, vgl. zu I 89,33.*

65 Hamann mit dem Licht] *Episode in Königsberg vor Juni 1764.*
66 Scriptur] *Schriftstellerei.*
69f. Thränenfistel ... an Begrow schreiben.] *Vgl. I 116(N),24–41.*
70 Universität in Strasburg] *H.s negatives Urteil erscheint sachlich unberechtigt.*
70f. mit alten Deutschen Handwerksfontangen à la Francoise aufgestutzt] *Fontangen: Bandschleifen im Kopfputz der Damen. Sinngemäß: Die ursprüngl. deutsche Universität war in der seit 1697 frz. Stadt den frz. Akademien angepaßt.*
72 Plastik] *Vgl. I 89,25f. – Orientalische Archäologie] Vgl. zu 78; 125,37f.; 140(N), 9ff.*
74, 91 Schlegel] *Gottlieb Schlegel.*
74 Bakonischen Buch] *»Abhandlung von den ersten Grundsätzen in der Weltweisheit«; Hartknoch hatte es schon in B₁ zu I 72 als sein Verlagswerk angekündigt (LB II, S. 64). »Bakonisch« hier ironisch gemeint, da H. Bacon verehrte, Schlegel aber zutiefst verachtete.*
76 zwischen Leßing und mir] *Zwischen »Laokoon« und dem »Ersten kritischen Wäldchen«; vgl. H.s unveröffentlichte Rezension der Abhandlung Schlegels (SWS V, S. 414f.). Schlegel habe nach Ausweis seiner absurden Interpretation den Laokoon in Rom nicht gesehen – »denn dahin ist freilich von Riga aus etwas zu weit zu sehen!« (ebd., S. 415) –, auch nicht in einer Gemme oder einem Kupferstich.*
78 frappante Entdeckungen] *Vgl. I 105,43–64.*
79f. Englische Litteratur] *Shakespeare, Sterne, Goldsmith, Volkslieder, Shaftesbury u. a.*
80f. an Geist u. an Körper nervichter] *Vgl. I 116(N),56ff.*
82f. in würksamen Situationen ... verändern] *Vgl. I 112,67f.*
83f. meinem Herzen keine Nativität stellen] *Horoskop über H.s, wie Hartknoch befürchtete, erkaltende Freundschaft (B).*
85f. 4. Walde] *Hartknoch beklagte sich, daß H. das Mskr. nicht zum Druck an Breitkopf geschickt hatte (B). Vgl. zu I 72,27ff.,99.*
89 nächstens was Merkliches] *H.s nächstes Werk war die »Abhandlung über den Ursprung der Sprache«, Hartknoch aber erhielt erst 1773 von ihm Mskr. zum Druck (»Auch eine Philosophie der Geschichte«, »Älteste Urkunde«, »An Prediger«, »Alte Volkslieder«).*
91f. Ihres lieben, treuen Schlegels Abhandlungen] *Ironisch (wie 94), vgl. zu 74. Um neue Verlagswerke zu erhalten, hatte Hartknoch Schlegel auch Alexander Gerards »Gedanken von der Ordnung der philosophischen Wissenschaften« (1755) aus dem Engl. übersetzen lassen (an H., 23. 6./4. 7. 1770, LB III, S. 34).*
92 über die symbolischen Bücher] *Schlegels Mskr. »Erörterung des beständigen Werths der symbolischen Bücher« hatte Hartknoch für die Ostermesse 1771 in Verlag genommen (B).*
93 Sünde gegen den Heiligen Geist] *Vgl. zu I 70,34.*
95 meiner Mutter] *Vgl. zu I 89,62. »Wie können Sie von ihr mehr Briefe erwarten, ohne zu schreiben«?, hatte Hartknoch vorwurfsvoll gefragt (B). H.s Briefe an sie sind nicht überliefert.*
97 lapis infernalis] *Höllenstein, Silbernitrat, Ätzmittel.*
100 Fraser] *Der Brief ist nicht überliefert. Fraser hatte auch die während H.s Reise eingegangenen Briefe, u. a. von Westfeld, übersandt (B). – Zuckerbecker die 50. Dukaten] Vgl. zu I 78,27; Hartknoch hatte die Schuld bei Fraser anscheinend nicht getilgt.*
102 Über den Hund ... über seinen Schwanz kommen.] *Sprichwörtlich; Hartknoch soll die gesamten Unkosten H.s übernehmen.*
103ff. Diese Briefe] *Beischluß, vgl. I 116(N),77f.,87f.*

116 (N). An Zollkontrolleur Begrow, Straßburg, nach dem 21. November 1770

5f. A*-Löchern] *Arschlöchern. An Begrow schrieb H. in besonders salopp-vulgärem Stil, vgl.* 66,82,104; *I* 67(N),17; 73(N),89f.; 122a(N),15,18,44,46ff.,50f.,55f.,68f.
10 Bischofsbowl] *Vgl. zu I* 64,56.
11 offnen Leibes] *Ohne Verdauungsprobleme.*
12 maddert] *Schneidet, von frühnhd. »mader« (Schnitter).*
14 Erben von Norwegen] *Titularanspruch des Prinzen Peter Friedrich Wilhelm aufgrund der Verwandtschaft von Holstein-Gottorp mit dem in Dänemark/Norwegen herrschenden Zweig des Hauses Oldenburg.*
16 gnädigen Eltern] *Herzog Friedrich August und Herzogin Ulrike Friederike Wilhelmine. – degagiren] Eine Verbindlichkeit lösen.*
18f. sonderbaren Bedingungen] *Vgl. zu I* 82,16.
32 Sanct Paulus seinen Pfal im Fleisch] *Vgl.* 2. *Korinther* 12,7 *(Deutung umstritten).*
33 Sanct Elephant seinen Ring] *Etwa wie der Nasenring des Tanzbären.*
37 Cloack] *Kloake, Abzugskanal. – da stehen die Ochsen am Berge] Sprichwörtlich: ratlos vor einer Schwierigkeit stehen.*
41 unsre Freundin Busch] *Vgl. I* 102,89f.
44 Ihres Freundes] *Begrows Vetter Pegelow (vgl. »Dichtung und Wahrheit«, WA I* 27, *S.* 306, 310, 314, 345).
46 Milchform] *Milchgeschirr.*
48 Altweiberei] *Geschwätzigkeit wie alte Weiber.*
51 Nichtshaberei] *Armut.*
59 auf dem Buschischen Sopha] *Vgl. I* 102,86–95.
60 Mademoiselle Berens] *Katharina Berens?*
60f. Kanzelpuppe, Bücherwurm, Schulklepper] *Vgl. »Journal meiner Reise im Jahr 1769« (SWS IV, S.* 345ff.).
62 Kritischen Wäldern] *Vgl. I* 67(N),26f.; 72,125; *»Journal meiner Reise« (SWS IV, S.* 363).
63f. neuen Situationen] *Vgl. zu I* 73(N),15.
67 umhervexirt] *Irreführt.*
68 Generalsuperintendent] *Vgl. zu I* 115,5.
70 eine Stelle vorlesen] *Vgl. I* 115,5–23.
71 H. von Reusner] *Vgl. I* 115,26–33; 122a(N),22. *Reusner war am* 17. 4. 1768 *von Kaiser Joseph II. geadelt worden. – Frau Gemalin] Gertrud Juliane, geb. von Schultzen; ihr gehörten die Erbgüter Adriamünde, Sassenhof und Memküll.*
72 Bischofsmütze] *Metaphorisch für das Amt des Generalsuperintendenten von Riga, vgl. zu I* 115,27.
73f. Eßenschen Schlange] *Oberpastor v. Essen; vgl.* 1. *Mose* 3,15.
75f. Oberprediger, Consistorialrath, Inspektor der Schulen] *Vgl.* 17f.
76 an Loders Stelle nicht rücken] *Vgl. I* 115,28ff.
77f. an den GeneralGouverneur u. Kampenhausen schreiben] *Vgl.* 87f.; *I* 115,23ff.,103ff.
79f. verkündigen Sie meine Stelle] *Vgl. I* 115,45–50.
80 aufs Schloß] *Sitz des Gouvernements.*
81 Dahl] *Begrows Vorgesetzter, vgl. I* 122a(N),18f.,23f.
82 OberConsistorium von dummen Dorfteufeln] *Vgl. I* 115,52f.
84ff. die Dürftigkeit ... nach einer Verbeßerung schmachte.] *Vgl. I* 122a(N),19f.; *zu I* 115,5. *Über die Schwierigkeiten, Bildungswesen und Kirche in Livland zu reformieren, schrieb H.* 1772 *die einsichtsvolle Rezension »An das Lief- und Estländische Publikum« (SWS V, S.* 346–349).

87f. Briefe ans Gouvernement] *Vgl. 77ff.*
90f. Kanal nach Liefland ganz verschloßen] *Wenn H. nicht Generalsuperintendent würde, vgl. I 115,28ff.*
92 Buschin] *H.s Briefe an Frau Busch sind nicht überliefert.*
93 couvertiren] *Die untere Hälfte der Rückseite ist für Adresse und Faltung freigelassen worden (besondere Kuverts waren noch die Ausnahme, z. B. I Anm. 83). Vgl. VI 48,81f.*
95f. Borsdörferapfel] *Siehe R, S. 750.*
100f. gute Kanäle] *Beziehungen; so schrieb Hartknoch in A zu I 78, Begrow sei nach Reval gereist, um »seine Umstände zu verbessern« (LB III, S. 23).*

117. AN KAROLINE FLACHSLAND, Straßburg, 2. Dezember 1770

4 so lange nicht geschrieben] *Seit I 114.*
8 aus dem letzten Briefe] *H.s letzter Brief an Merck ist I 111 (vielleicht auf später zu datieren), wahrscheinlich handelte es sich um einen nichtüberlieferten späteren Brief (vgl. I 131,10f.).*
11 Situation] *Vgl. zu I 73(N),15.*
12 selbst auf jemand gewartet] *Auf H.s Ankunft in Bückeburg, vgl. B zu I 113.*
16 fast täglich 2. oder 3. Leute] *Pegelow, Goethe, Jung, vgl. »Dichtung und Wahrheit«, 10. Buch (WA I 27, S. 302–322; vgl. WA IV 1, S. 256ff.).*
18f. ein Sauertopf werde] *H.s hypochondrische Veranlagung war längst vorgegeben.*
21 Scheidemünzen] *Kleine Münzen.*
21f. in der Höle der Einsamkeit ... Charaktere] *Vgl. I 36(N),37; 51,52; 68,202f.; 72,75f.*
24 Unhöflichkeiten gemacht] *Abweisen von Besuchern, vgl. I 124,15f. Der Bibliothekar des Johanniterklosters und Theologieprofessor in Straßburg Elias Stöber (1719–1778), von dem H. Bücher entlieh, schrieb (undat.) an Ring, daß er H. »verschiedene mal vergeblich gesucht« habe. Er sei »bey seinen Büchern eingeschlossen« (Erich Schmidt: Briefe von Herder an Ring. Im neuen Reich, 1879, Bd. 1, S. 997).*
26 empreßirt] *Eifrig bemüht.*
28 Lecture ex officio] *Lektüre von Amts wegen, als Dienst, also »Pflichtlektüre«. Vgl. I 121,12f.*
29 Friedensartikel] *Vgl. zu I 102,60; 110,22f.*
33 Orden des blauen Hosenbandes] *Siehe R, S. 676.*
39 Königsbergische Philolog] *Hamann.*
41 mich oft verwechselt] *Vgl. I 30,11; 47,53; 50(N),96; 53,123. – Hamlet] Vgl. I 114,12f.*
44 Briefe nur couvertire] *Vgl. zu I 88,162.*
45f. ausgelaßnen Vers] *Vgl. I 114,33ff.*

118 (Text) = II 26a (Erläuterungen)

119 (N). AN LOUISE FRANCISQUE MERCK, Straßburg, 2. Dezember 1770

3f. siecle de silence] *Vgl. I 117,4.*
18 la sainte civilité Francoise] *Vgl. I 86,18.*
22f. Votre convalescence] *Vgl. I 93,184f.; 97(N),4.*
35 Mon nés est encore encloué] *Vgl. I 116(N),24,29.*

37 je m'approche de ma liberation] *Aufgrund dieser vagen Aussage ist keine Datierung möglich. H. verließ Straßburg Anfang April 1771, vgl. zu I 88,166f.*
40 la solitude] *Vgl. I 117,18–22.*
43 une petite ride] *Vgl. I 53,19–24; 71,16; 96,12.*
45 Reibaz] *Siehe R, S. 461.* – Lowenhaupt)] *Adam Graf von Löwenhaupt.*
48 si je ne serois pas Alexandre] *Alexander der Große, Anekdote mit Diogenes.*
50 il me n'a pas écrit] *Vgl. I 117,43.*
52 exorciser ses Demons de paresse] *Vgl. I 109,3,5f.,53–66.* – uneasiness] *Vgl. zu I 51,9.*
54f. Votre petit Francie] *Vgl. I 93,185–189.*
63 à Bukebourg] *Vgl. zu I 117,12.*
64 Egyptienne, Grecque et Ebraique] *Ägyptische, griechische und hebräische Quellen, vgl. I 105,50–64; 140(N),10.*
65 ombres] *Vgl. I 110,61ff.,65.*

120. AN GRAF FRIEDRICH ERNST WILHELM ZU SCHAUMBURG-LIPPE, Straßburg, 10. Dezember 1770

6 schon so lange] *Seit August 1770, vgl. I 82,27f.,44.*
8 Thränenfistelkur] *Seit Mitte Oktober 1770, vgl. I 107,19f.; 113,7–24.*
11 einen Schein] *Den Anschein absichtlicher Verzögerung.*
13f. in Strasburg so gelegen] *Durch den guten Ruf der Medizinischen Fakultät, insbesondere Lobsteins.*
15 milde Gnade] *Vgl. zu I 113,4.*
17 Bildsäule eines großen Mannes] *H. schrieb an den Grafen immer im Stil ehrerbietiger Distanz, vgl. I 82,22,25f.,54f.; 107,18.*

121. AN KAROLINE FLACHSLAND, Straßburg, etwa 20. Dezember 1770

5 Wehe] *Vgl. Offenbarung des Johannes 9,12.*
6 mein langes Stillschweigen] *Vgl. I 117,4.*
6f. gähnender Brief] *I 117.*
8 heben wieder ... den Briefwechsel auf] *B erinnerte H. etwas an I 99,85f.*
9 galanten Mittelsmann] *Vermutlich hatte Karoline vorgeschlagen, daß H., um sein Auge zu schonen, ihr nur in Briefen an Merck Nachrichten zukommen lassen sollte, vgl. 15.*
12f. in officio der Bibliothek der schönen Wissenschaften] *Siehe R, S. 652; vgl. I 117,28. Im Auftrag Andreas Peter v. Hesses durchsuchte Karoline diese und andere Zeitschriften nach Klopstock-Oden und schrieb die Oden ab. Vgl. zu I 91,129.*
16 krank gewesen] *Merck schrieb am 29.12.1770 an Höpfner, H. habe »hefftige Anfälle eines hitzigen Fiebers ausgestanden«; bei seiner Kur seien »Schmerzen, Zeit, Geduld und Geld vergebens verschwendet worden« (Kraft, S. 11).*
18 Kranz des ersten Mai] *Frühlingsfeier.*
20 ein Pack Geschmiere weggeschickt] *Nach Berlin das Mskr. der Preisschrift »Abhandlung über den Ursprung der Sprache« (Reinschrift, Abschrift von Schreiberhand, nur Korrekturen H.s, damit man ihn nicht an seiner Schrift erkennen sollte; hrsg. von Claus Träger, H.-B., Nr. 409), vgl. I 131,88ff.; II 7,3f.; 50,22f.*
21 ein beßer Quartier nehmen] *Vgl. I 122a(N),25ff.*
21f. geliehnen Büchern] *Vgl. I 141.*

23 Weihnachten zusammen] *Vgl. zu I 119(N),37.*
27f. schicken ... Brief zurück] *Vgl. I 100,38ff.*
28 das Zeichen zwischen mir und Dir!] *Vgl. 2. Mose 31,13.*

122. AN KAROLINE FLACHSLAND, *Straßburg, Ende Dezember 1770*

6f. meine Schmerzen ... Zeitaufwand vergebens] *Das hatte H. auch an Merck geschrieben, wie dieser an Höpfner übermittelte, vgl. zu I 121,16; ähnlich Pegelows Mitteilung an Goethe (WA I 27, S. 314).*
10f. Krankheit] *Vgl. zu I 121,16.*
11 an Merck] *Nichtüberlieferter Brief, etwa vom 18. Dezember 1770.*
17–23 die Lage in meiner Höle] *Verhaltene Andeutung von H.s Leiden in Straßburg.*
31 artiger] *Angenehm, hübsch. – Sekretair] Vgl. zu I 121,12f.*
31ff. Gerstenbergisch-Shakespearsche Todtenliedchen] *Aus Gerstenberg, »Die Braut«: »Legt, Mädchen, mir von Eichenlaub/Ein Kränzchen auf die Baare./Streut Weidenblätter über mich;/Sagt, daß ich treu gestorben./Mein Freund war falsch, doch ich war treu,/Seit ich das Licht erblickte:/Drum, Freundinn Erde, gleite sanft/Auf meinen Leichnam nieder.« Das Lied erinnerte H. an das Liedchen Desdemonas in »Othello«, vgl. zu I 112,93ff.*
34 Erdenfreuden p] *Klopstock, »Stabat Mater« (vgl. 44), 14. Strophe.*
37 wie Wieland übersetzt hat] *Vgl. zu I 110,96; 111,13,16f.,45f. Anerkennend aber H.s Anm. zu dem folgenden Lied: »Wieland hats schon und vortreflich übersetzt, ob wir gleich seinen Shakespear nicht bei Hand haben« (SWS XXV, S. 57).*
38 Sanct Johannis Traum] *»Ein Sommernachtstraum«, wahrscheinlich aus II/5 das »Schlummerliedchen der Feen« für Titania (SWS XXV, S. 57).*
39ff. 4. Liederchen aus Oßian] *Vgl. zu I 126,27f.*
40 in der Uebersetzung] *Von Denis.*
41f. beiden fehlenden Klopstockschen Oden] *Vgl. I 123,30–33.*
42 Geheimen Rath] *Andreas Peter v. Hesse.*
42f. Eine auf das Schrittschuhlaufen] *Vgl. zu I 123,34–37.*
46 an den König] *»Ode an den König«.*

122a (N). AN ZOLLKONTROLLEUR BEGROW, *Straßburg, etwa Dezember 1770*

5 Herrn Vetter] *Pegelow, an der Universität Straßburg immatrikuliert am 13.11.1770 (Haym I, S. 419).*
8 Augenpatiente] *Vgl. I 116(N),24–44.*
11 Leßings Esel] *»Briefe die Neueste Litteratur betreffend«, 6. Teil, 111. Brief: »Ich weiß, daß ein feuriges Pferd auf eben dem Steige, samt seinem Reuter, den Hals brechen kann, über welchen der bedächtliche Esel, ohne zu straucheln gehet.« Vgl. auch Lessings »Lieder«: »Niklas« (»Mein Esel sicherlich/muß klüger sein als ich./ ... /Er fand sich selbst in Stall hinein,/und kam doch von der Tränke.«). – Flügel an der Windmühle] »Briefe, antiquarischen Inhalts«, 2. Teil, 55. Brief; Lessing vergleicht sich mit einer Windmühle: »Wen meine Flügel mit in die Luft schleidern, der hat es sich selbst zuzuschreiben ...«*
13 Bischof] *Vgl. I 116(N),10.*
13f. Prätendent zur liefländischen Bischofskappe] *Vgl. zu I 115,27; 116(N),72.*
16, 19, 23 bei Dahlen] *Vgl. zu I 116(N),81.*
19f. nützliche Projekte ... Kirch u. Schulen in Liefland] *Vgl. zu I 115,5; 116(N)84ff.*

21 Hilde] *Hartknoch hatte ihn nicht als Kandidaten genannt, vgl. zu I 115,5. – General-Gouverneurin] Eleonora Christina Gräfin von Browne.*
22 Reußner durch Geld] *Vgl. zu I 115,26f.*
26 mein Quartier verändert] *H. war etwa am 20. 12. 1770 in die Nähe der Wohnung Pegelows gezogen (vgl. III 43,6f.), siehe R, S. 821 oben.*
29f. Ihre Sphäre ... anders in Riga] *Vgl. zu I 116(N),**100f**.*
33f. Die besten Freundschaften ... die männlichen] *In A₃ zu I 16 hatte dagegen Hamann behauptet:* »*Freundschaft ist wie nichts gegen Mädchenliebe*« *(ZH II, S. 352).*
35 post varios casus, post tot discrimina rerum] *Nach mannigfaltigen Ereignissen, nach der Entscheidung aller Dinge.*
36 Englisch u. Rußisch] *Englisch war für den Seehandel wichtig, Russisch die Amtssprache der Zollverwaltung (Kronszollamt).*
37 Sandhügel ... wo Silber wächst] *Sprichwörtlich: zu Wohlstand gelangen. –* verzweifle, in Riga zu leben] *Vgl. I 115,7f.,**28ff**.; 116(N),**90f**.*
40f. Straßburg ... ein Lumpenloch] *Vgl. zu I 115,70.*
40ff. die Mediciner ausgenommen] *Vgl. zu I 120,13f.*
41 Arsloch] *Arschloch (niederdt.).*
44 distillirt] *Destilliert. –* in die F** zu greifen] *Fotze.*
45 Accoucheurhandwerks] *Geburtshelfer.*
47f. bedeckten Gang] *Chemin couvert, im frz. Festungsbau (Marschall de Vauban, Festungsbaumeister, 1633–1707) Vorwall im toten Winkel des Hauptwalles. In Sternes* »*Tristram Shandy*«*, 2. Buch, Kap. 6, hat Onkel Toby, dessen Steckenpferd die Festungsbaulehre ist, Verständnis dafür, daß Mrs. Shandy zu ihrer Entbindung außer dem Arzt eine Hebamme kommen ließ:* »*Meiner Schwägerin würde es vielleicht unangenehm sein, käme eine Mannsperson ihr so nahe an ihren verdeckten Weg.*«
51 ob sein Pinsel zum Malen taucht *(taugt)*] *Nach Hamann,* »*Leser und Kunstrichter*«*.*
55 Dams] *Dames (frz.).*
59 dabei ists geblieben] *Pegelow erklärte z. B. über H.s sprachphilosophische Preisschrift,* »*daß er gar nicht eingerichtet sei, über so abstrakte Materien zu denken*« *(*»*Dichtung und Wahrheit*«*, 10. Buch, WA I 27, S. 310).*
62 Busch] *Vgl. zu I 102,**107**.*
64 Schröder] *Vgl. zu I 50(N),**132**.*
64f. den braven Georg] *Georg Berens, vgl. I 89,**56f**.*
65 Pastor Holst] *Nicht eindeutig zu verifizieren, siehe R, S. 274.*
68 Zerreißen Sie ... diesen Brief] *Wegen seiner sterneschen Frivolität.*

123. An Andreas Peter von Hesse, Straßburg, 2. Januar 1771

6f. ein fliegendes Blatt ... ein Verzeichniß Klopstockischer Oden] *Verzeichnis von Oden (Anzahl unbestimmt, sicher nicht nur die 13, auf die H. eingeht), vgl. I 124,4f. Merck sandte ein gleiches am 29. 12. 1770 an Höpfner mit der Bitte Hesses,* »*sogleich das beikommende Register von Klopstocks Oden durchzugehen und zu sehen, ob Sie nicht einige haben, die ihm fehlen, und im Fall Sie deren welche besitzen, mit der nächsten Post zu überschicken, um sie gegen andere, die Ihnen fehlen, auszutauschen*« *(Archiv für das Studium der neueren Sprachen und Literaturen, 65. Jg., Bd. 126, Braunschweig 1911, S. 322; Kraft, S. 42ff.).*
16 Zahl 3 bis 5] *Nicht verifizierbar; das Verzeichnis entsprach nicht der späteren Anordnung der Oden im Druck der* »*Darmstädter Ausgabe*«*.*

16f. 8 bis 12 alle 5 des Aufsehers] »*Der nordische Aufseher*«, *siehe R, S. 659.*
18 Zahl 6] *Nicht verifizierbar.*
19f. Zahl 7 die Nachtigallenode] »*Aedon*«, *vgl. I 98,149–153.*
21 Beiträge] »*Neue Beyträge zum Vergnügen des Verstandes und Witzes*«, *danach* »*Sammlung Vermischter Schriften*«, *siehe R, S. 686f., 693.*
22 Schmidt aus Braunschweig] *Johann Christoph Schmidt, aus Langensalza gebürtig. In der* »*Sammlung Vermischter Schriften*« *waren vermutlich von Schmidt* »*Trinklied*«, »*Liebeslied, zur Nachahmung des Trinkliedes*« *(Bd. 1, 5. Stück, 1749);* »*Ode an Herrn Kl...ck*«, »*Das Vorrecht der Dichter*«, »*Die Nachahmung*«, »*Mein Thun und Wandel*«, »*Die ersten Mädchen*« *(6. Stück, 1749);* »*An Herrn K ... einen Virtuosen*« *(Bd. 2, 4. Stück, 1750).*
23 Zahl 2 und 13] *Nicht verifizierbar.*
25f. Zahl 1 ... Choriambische Ode] *Von Johann Adolf Schlegel; Choriambus = viersilbiger Versfuß aus Choreus (= Trochäus) und Jambus* _ UU _ .
27 Herrman und Thusnelde] *H. meinte hier offenbar nicht die gleichnamige Klopstock-Ode, bei der ja kein Anlaß bestand, sie Bodmer zuzuschreiben, sondern eine Ode Füßlis, vgl. zu I 95,205.*
29 Fehlende Oden] *Vgl. 75ff.; I 122,41ff.*
30 als er am Messias dichtete] *Vgl. zu I 92,72 (–118); jetzt schickte H. noch eine Abschrift, da Hesse von H.s Briefwechsel mit Karoline nichts erfahren durfte.*
31 Archiv der Schweizerischen Kritik] *Siehe R, S. 645; darin erneuter Abdruck der Ode.*
31f. Gerstenberg ... in den Hamburger Zeitungen] »*Hamburgische Neue Zeitung*«, *siehe R, S. 674f. Zu dem in Bodmers* »*Archiv*« *veröffentlichten* »*Brief [Klopstocks], der die Meßiade ankündigt*« *(27. 9. 1748) bemerkte Gerstenberg:* »*Nebenher wird eine Ode von Klopstock angeführt, die wir noch nirgends gelesen hatten, die voll des edelsten dichtrischen Feuers ist, aber in der Versification einige Mängel hat, welche sich der große Dichter itzt nicht vergeben würde. ... wir zweifeln ..., daß er mit der Bekanntmachung dieser Ode, die eine seiner ersten zu seyn scheint, sehr zufrieden seyn werde.*«
32f. Die halb Petrarchische] »*Petrarch und Laura*«, *vgl. I 88,179–283; erneut abgeschrieben, wie zu 30.*
33 Manuscript, aus dem ich sie habe] *Von Ring, vgl. I 88,173–176.*
34–37, 55, 75ff. aufs Schrittschuhlaufen ... eignen Handschrift.] »*Eisode*«; *H. hatte die Ode mit dem Versprechen, er solle* »*bald noch mehr haben*«, *mit Claudius' undat. Brief vom Herbst 1770 erhalten (LB III, S. 224f.). Weder Klopstocks Reinschrift noch eine Abschrift ist im HN überliefert.*
36 Skaldische Mythologiekunde] *Die* »*Eisode*« *ist eine der ersten Bardendichtungen Klopstocks. Der von Gerstenberg begründete Gebrauch altnord. Mythologie in der Dichtkunst war noch ungewohnt. Vgl. II 28(N),85.*
38ff. am Thor des Himmels stand ich] *Ode* »*An Meta*« *von Füßli (anonyme Klopstock-Nachahmung), vgl. I 92,122–127.*
39f. Zürchischen freien Nachrichten ... 1747] »*Freymüthige Nachrichten von neuen Büchern*« *1760, siehe R, S. 669f.*
40 zu Riga in Abschrift] *Vgl. I 92,122; auch von Ring hatte H. eine Abschrift erbeten, vgl. I 90(N),23; 128,62–65; 135,5,70ff.; 137,10ff. Im HN nicht überliefert.*
41ff. fast Mahomedanische Kühnheiten aus dem Himmel] *Das lyrische Ich (der fingierte Klopstock) erbittet von Gott seine Geliebte (Fanny). Im Traum in den Himmel versetzt, erhält er von seinem Schutzgeist Salem eine andere, die für ihn bestimmt ist (Meta = Klopstocks Frau). H. spielte an auf die im Koran (17. Sure: Die Nachtfahrt. Geoffenbart zu Mekka, Vers 1) nur angedeutete, von islamischen Exegeten verbreitete Legende von Mohammeds Himmelsreise unter Leitung des Engels Gabriel (Traumvision, vgl. SWS XIV, S. 426, XV, S. 576).*

42 Familiengeschichte seiner doppelten Liebe] *Vgl. zu I 92,*121; *II 65,*59–68.
44ff. selbst vor seiner Ode an Gott] »*An GOtt*«. *Vorbericht, Einwand Klopstocks gegen die Veröffentlichung 1751:* »Man schreibt oft nur für sein eignes Herz und für sehr wenige Freunde, und Arbeiten von der Art haben so wenig die Mine, öffentlich zu erscheinen, als jenes berühmte kleine Haus des Sokrates für ganz Athen gebaut war.«
46ff. auf seine Done] »*An Done*«, *vgl. I 128,*62; *II 23,*5ff. *Nicht in der* »*Darmstädter Ausgabe*«. – zu Metas Nachfolgerin inauguriren] *Der seit vier Jahren verwitwete Klopstock bewarb sich 1762/63 vergeblich um die bereits verlobte Luise Sidonie Wilhelmine Elisabeth Diedrich.*
47 Licenz] *Freiheit; hier: zu große Freiheit (gegen den Willen des Dichters, der diese Ode in keine seiner Ausgaben aufnahm).*
51 ein eigen veranstalteter Band Klopstockischer Oden] »*Oden*«, *Hamburg 1771; Klopstocks eigene Sammlung, die erste authentische Ausgabe der Oden, erschien erst im Oktober 1771, ein halbes Jahr nach der* »*Darmstädter Ausgabe*«, *vgl. II 33,*121ff.
52 Lateinisch-deutsche Lettern] *Klopstock hat für den Druck seiner* »*Oden*«-*Ausgabe selbst die Lettern entworfen.*
53 Prosodischen Fehler] *Klopstock ahmte die griechischen Silbenmaße im Deutschen nach und legte bei seinen Oden größten Wert auf exakte metrische Formen (deren Schemata er z. T. beifügte). In den verstreuten, nicht autorisierten Abdrucken seiner Oden (nach fehlerhaften Abschriften) wurde dagegen oft verstoßen.*
54 unskansibel] *Nicht zu skandieren.*
57 Augenkur] *Vgl. I 122,*6ff.,17–23.
58f. meinen und Klopstocks Freunden] *Gleim, Claudius, als Korrespondent auch Resewitz.*
60 Operateurs] *Lobstein.*
62 letztern Sommer] *Im August 1770.*
68 Mademoiselle Schwester] *Karoline Flachsland.*
77 Wie das Eis hallt!] *Initium der* »*Eisode*«.

124. AN KAROLINE FLACHSLAND, *Straßburg, nach dem 2. Januar 1771*

3 Brief an den H. Geheimen Rat] *I 123.*
4 Aufsatz] *Vgl. zu I 123,*6f.
6 Abschreiberin] *Karoline Flachsland.*
7 Ode ... an den Mondschein] *Siehe R, S. 317f.*
8 Schmidt] *Vgl. zu I 123,*22.
9f. mündlich gesagt] *Andreas Peter v. Hesse durfte nichts von ihrem Liebesbriefwechsel wissen.*
13 gemeinschaftlichen Freundes] *Merck.*
14 Einsamkeit] *Vgl. I 117,*18–25.
19ff. Lear] »*König Lear*«, *aus 1V/7.*
23f. wiedernatürlichen Falle] *Vgl. I 116(N),*30f.
28 Handschuh hinwerfe] *Fehdehandschuh.*
30 den Nachmittag nach der Operation] *Vgl. zu I 110,*5.
35–50 Lappländisches Liedchen] »*Die Fahrt zur Geliebten*«, *siehe R, S. 16; hier die älteste Fassung (SWS XXV, S. 405f., Fußnote; HN XIV, 152):* »*O Sonne! dein hellster Schimmer bestrale den Orra-See!*« *(Abschrift Karolines im* »*Silbernen Buch*«, *HN XX, 124; andere Fassungen HN XIV, 20, 143, 150). Die 2. Fassung im* »*Auszug aus einem Briefwechsel über Oßian*« *(SWS V, S. 171f.), die 3. im Mskr.* »*Alte Volkslieder*« *(SWS XXV, S. 93), die 4. in*

»Volkslieder«, 2. Teil (SWS XXV, S. 405ff.). Latein. Quelle: Johannes Scheffer (dt. Altertumsforscher, 1621–1679, Professor der Beredsamkeit und des Staatsrechts in Upsala), »Lapponia, id est Regionis Lapponum et gentis nova et verissima descriptio«, Frankfurt 1673, S. 282ff. (vgl. SWS XXV, S. 398); danach in Morhof, »Unterricht von der Teutschen Sprache und Poesie«, S. 378. Vgl. Andreas Kelletat (H.-B. II, Nr. 1307).
36 Kleistische Nachahmungen] *Ewald Christian v. Kleist, »Lied eines Lappländers«.*
37 nach diesem gemacht] *Nach Lessings irriger Vermutung in »Briefe die Neueste Litteratur betreffend«, 33. Brief, folgte Kleist unmittelbar Scheffers »Lapponia« (tatsächlich aber Elizabeth Rowes Nachdichtung, die ihrerseits auf Richard Steeles »Spectator« zurückgeht, vgl. FHA 3, S. 1121).*
41–45 ihm die Zeit lang ward ... Richtwege versuchen] *Vgl. »Briefwechsel über Oßian«: »... dem sein Weg zu lange wird ... Der ... auf seine vorwandernde Gedanken, auf seine Lust, Richtsteige zu suchen ... wie sehnlich zurück kommt!« (SWS V, S. 172).*
41, 46f. Orrasee] *Siehe R, S. 792.*
45 Richtwege] *Durch den Wald gehauener Weg, abkürzender Fußpfad.*
47 Melibokus] *Vgl. zu I 109,28.*
49 hübsch stillsitzenden Menschen] *Herder.*
51 Noch ein Gedichtgen ... auf der andern Seite] *Auf der Rückseite der nichtüberlieferten Handschrift des »Lappländischen Liedchens« stand die »Elegie« (»Wohin? – was seh ich weit und breit?/verflogne Jugendträume –«, SWS XXIX, S. 346, Abschriften im »Silbernen Buch«), nach Redlichs Vermutung nach einem engl. Gedicht, von Arthur Henkel in die Gedichte Mercks aufgenommen (H.-B. II, Nr. 1680, S. 111).*
54 mit Zittern schreib' ich dieses Blatt] *Nach Schauers Vermutung (Anm. 25) vielleicht der Anfang des Abschiedsliedes »Wo Lieb und Wehmut ringen«, vgl. R, S. 698.*
56 drumm Freundin Erde!] *Vgl. zu I 122,31ff. Ähnlich der Schluß der »Elegie«: »Komm, Gruftkleid! mich mit Freuden/in Brautgewand zu kleiden!« (SWS XXIX, S. 346).*
58 unsre Gesellschaft] *Bei H.s Aufenthalt in Darmstadt auf der Reise nach Bückeburg.*
63 Psyche] *Vgl. zu I 83,43.*

125. AN KAROLINE FLACHSLAND, *Straßburg, erste Hälfte Januar 1771*

5 Philomele] *Siehe R, S. 736.*
7 einen Brief von mir] *I 124.*
7f. an den H. Geheimen Rat] *I 123.*
10f. Merck Beschuldigungen] *Daß H. nicht schreibe.*
14f. Madame Wahrheit] *Allegorische Vorstellung der Veritas als Göttin, vgl. zu I 89,21.*
15 dasige Krankheit] *Vgl. I 122,10ff.*
23 dem Winterwinde] *Vgl. Shakespeare, »Wie es euch gefällt«, II/10, Waldlied (»Stürm', stürm' o Winterwind!«, SWS XXV, S. 254f., Anm., Übersetzung von 1770).*
31 Narbe] *Von der Tränenfisteloperation.*
32f. im Namen ... Planeten] *König Lear (vgl. I 124,19ff.) sagt sich in I/1 von der Vaterpflicht gegen Cordelia los »bei der Sonne, bei Hekate, der Nacht und den Planeten«.*
35f. die Züge ... abdrücken] *Vgl. das Schweißtuch der Heiligen Veronika, eine berühmte kathol. Reliquie, worin nach der Legende Jesus auf dem Weg zur Kreuzigung sein Gesicht abgedrückt habe (Reliquien in Rom, Turin, Mailand, Besançon, Toulouse u.a.).*
37 Zauberer aus Norden] *Vgl. I 109,63; möglicherweise auch Assoziation zum »Magus in Norden«. – hundert Bücher lieset] Vgl. I 105,52ff.; 141,4; Auszüge aus Hyde, Kircher u.a. (HN III, 22f.), Studien zur »Archäologie des Morgenlandes«.*

38 Caraktere] *Hier: Zeichen, Geheimschrift (die Hieroglyphe I 105,48ff.).*
38f. Kreis der Beschwörung] *Vgl. die Verwünschungen des Zauberers Prospero und Calibans in Shakespeares »Sturm« I/2, II/2; auch die Hexenszenen in »Macbeth«, vgl. I 111, 47f.*
47f. Heinrich u. Katharine] *»Heinrich und Kathrine« (»Vor Zeiten war in Engelland«, SWS XXV, S. 166–169, Fußnoten; HN XIII 154, 363f.), aus Allan Ramsays »Tea-Table Miscellany« (vgl. SWS XXV, S. 301); erwähnt im »Briefwechsel über Oßian« (SWS V, S. 163), in dessen 1. Fassung (Mskr.-Fragment HN II, 5) Übersetzung am Schluß.*
53f. süß, wie die Rose-Königin!] *In der 2. Strophe: »als eine Kön'gin Rose süß!/schön, als die Morgensonne!« (SWS XXV, S. 167).*
55 diese Flecken] *Drei Tintenflecke auf dem Brief.*
56 Sonne u. Mond] *Vgl. 32f.*

126. AN KAROLINE FLACHSLAND, *Straßburg, etwa 14. Januar 1771*

4f. ich möchte ... schicken könne?] *Zitat aus B. – Stabat mater] Vgl. zu I 122,34.*
14 mein Stillschweigen] *H. hatte mehrere Posttage nicht geschrieben.*
18 Garbe ... Aufbinden] *Landwirtschaftl. Metapher für Mühe.*
20 Sanct Patricius] *Siehe R, S. 430.*
22 Gedicht von Colma] *Siehe R, S. 424; Trauergedicht, Klage Colmas um Geliebten und Bruder, die einander im Zweikampf getötet haben, vgl. »Erstes kritisches Wäldchen« (SWS III, S. 28f.). Nach Alexander Gillies, Herder und Ossian (H.-B., Nr. 3474), S. 28, scheint Karoline Flachsland eine Nachdichtung (nach einer dt. Übersetzung) versucht zu haben, die ebenso wie die von H. (25f.) nicht überliefert ist. Auch Goethe hat 1771 in Straßburg »Colmas Gesang« übersetzt und später in den 2. Teil von »Die Leiden des jungen Werthers« eingefügt (WA I 19, S. 166–169).*
23 im Original] *Im Englischen.*
27f. 4. Bardenlieder] *Vgl. I 122,39ff.; eigene Ossian-Übersetzungen H.s, aus »Temora« (Schluß des 4. Buches: »Inischuna«) und aus »Darthula«, siehe R, S. 38 und 424.*
28 Darthula] *Hier »Darthula's Grabesgesang«, siehe R, S. 38.*
29 Heinrich u. Kathrine] *Vgl. zu I 125,47f.*
29f. vergeßenen 2. Stellen aus der Johannisnacht] *Vgl. I 129,31–62.*
32 meine Henker] *Die Ärzte, vgl. I 128,12ff.*
33 Propfe] *Pfropfen (niederdt.).*
35 eine hübsche Romanze] *Vgl. I 128,60f.*

127 (N). AN JOHANN HEINRICH MERCK, *Straßburg, etwa Mitte Januar 1771*

3–39 But why ... to evil –«] *Siehe N I Anm. 127; aus Füßlis »Remarks«.*
3–6 But why ... a snake there?] *Aus Kap. 4: »Heloise« (La Nouvelle Heloise).*
3 But why does Julia die?] *Vgl. Rousseau, »La nouvelle Héloïse«, Bd. 6, 11. Brief.*
8–11 he had ... with exsistence] *Aus Kap. 7: »On French Musick« (Über die französische Musik).*
14–39 Virtue indeed ... to evil –«] *Aus Kap. 10.*
19f. Aristippus] *Aristippos.*
20 Archimedes] *Heureka-Anekdote.*
22 Cimmerians] *Kimmerier, siehe R, S. 729.*

37ff. Urtheil eines andern Mannes ... to evil –«] *Nach Füßli aus einem anonymen frz. Mskr. über Rousseau.*

40 Weibmännerhaufe] *Haufen von Weibermännern (Männer, die den Frauen unterwürfig sind).*

41 Schurken, von Hume zu Voltaire] *Wie Füßli ergriff H. Partei für Rousseau, gegen dessen »Verfolger«. – Walpole] »Lettre du Roi de Prusse«.*

42 kein tieferes Loch in die Erde] *Zeichen tiefster Geringschätzung H.s für Ouvrier.*

43 Maharam Motha] *Fluch des Todes (arabisch). –* alten Schulknaben] *Rousseau.*

48 Ruffheads Leben des Pope] *»The Life of Alexander Pope«.*

49 Tristram Shandy] *H. hielt das 8. Buch in dt. Sprache für keine Übersetzung des 1765 erschienenen Originals, sondern für eine Fälschung.*

51 Iphikles] *Siehe R, S. 728.*

52f. Heinrich u. Kathrine] *Vgl. zu I 125,47f.*

54f. Abhandlungen] *H.s eigenhändige Niederschriften der »Abhandlung über den Ursprung der Sprache« (vgl. HN II, 1–3) und Fragmente zur »Archäologie des Morgenlandes«, vgl. I 131,88–91.*

56ff. Fabeln] *Mercks Fabeln. H. fühlte sich von ihnen getroffen (ähnlich wie II 80,76ff.), obwohl sie schon vor Mercks Bekanntschaft mit ihm entstanden waren. In »Die beyden Baumeister« z. B. spricht der eine wortreich von der Baukunst, der andere erklärt sich bereit, den Tempelbau auszuführen, was die Überlegenheit der künstlerischen Praxis über die Theorie beweisen soll (vgl. Johann Heinrich Merck, Werke, hrsg. von Arthur Henkel, Frankfurt a. M. 1968, S. 84f. und 635; die anderen in R, S. 382 angeführten Fabeln ebd., S. 67, 85f., 86ff. und 635).*

58 Verbum auxiliare] *Hilfsverb.*

59 Formelncopia vom weißen Bär] *Sterne, »Tristram Shandy«, 5. Buch, Kap. 43: Walter Shandy fragt unter Anwendung aller Hilfsverben nach einem weißen Bären.*

60 von ihnen] *Von den Fabeln.*

61 Sehepunkt] *Gesichtspunkt.*

62 Contour] *Umriß.*

64 das Wahreste Ganze] *Die Einheit des Ganzen ist der Kern von Lessings Fabeltheorie.*

66 ohne Hans La Fontaine] *Nicht in der – auch in Lessings Abhandlungen über die Fabel (in »Fabeln« 1759) kritisierten – geschwätzig-amüsierenden Breite in La Fontaines Fabeln.*

66 Deutschen Strenge des Albert Dürers] *H. schätzte Dürer von den deutschen Malern am meisten (vgl. VI 8(N), 45–53), seine charakteristische (= realistische) Kunst würdigte Goethe in »Von Deutscher Baukunst« (1773) und »Erklärung eines alten Holzschnittes, vorstellend Hans Sachsens poetische Sendung« (1776), Merck in »Einige Rettungen für das Andenken Albrecht Dürers gegen die Sage der Kunstliteratur« (Der Teutsche Merkur, Sept. 1780; Merck, Werke, a. a. O., S. 423–430).*

67 ein paar Proben] *Vier abschriftl. übersandte Fabeln (vgl. zu 56ff.). Der (nach Lessings Vorbild) von H. gewünschten Kürze entsprach die Mehrzahl der (ihm nicht bekannten) Fabeln Mercks.*

69 einen andern Chirurgus] *Zusätzlich zu Lobstein Busch, vgl. I 128,12ff.*

75 Schmids Anthologie Theil 2] *Christian Heinrich Schmid, »Anthologie der Deutschen«; darin Klopstocks »Stabat Mater« (vgl. R, S. 318).*

76 Zeitungen] *Nicht ermittelt; die Rezension der »Anthologie« in den »Göttingischen Anzeigen« (Zugabe, 2. Stück, 12. 1. 1771) enthielt keinen Hinweis auf ein Gedicht Klopstocks.*

77 Sammlung Ihrer Fürstin] *Die für die Landgräfin Henriette Karoline von Hessen-Darmstadt veranstaltete Oden-Sammlung, vgl. I 123,7ff.*
78 Leisgenring] *Leuchsenring, vgl. zu I 112,76f.*
83f. Todtendämmerung ... der Morgenländsche Seher weißagte!] *Vgl. I 109,15,31–34.*

128. AN KAROLINE FLACHSLAND, *Straßburg, etwa 23. Januar 1771*

4 Einsamkeit] *Vgl. I 117,18–22.*
5 Kartenblätter] *Goethe berichtet in »Dichtung und Wahrheit«, daß Pegelow, H. und er gewöhnlich abends zusammen L'hombre spielten (WA I 27, S. 310). Ein kompliziertes Kartenspiel span. Herkunft für drei Spieler mit 40 Blättern.*
12f. den andern Chirurgus] *Busch, vgl. I 127(N),69; 131,15ff.*
15 einen Faden] *Vgl. I 131,19–27.*
17f. Nachrichten aus entfernten Welttheilen] *Ein nichtüberlieferter Brief Hartknochs oder Begrows über die Einführung des neuen Generalsuperintendenten von Riga, vgl. zu I 115,26–33.*
25 meinen vorigen Brief] *I 126.*
30–44 Liedchen unsres Freundes Merck] *»Ballad. den 16. Jan[uar] 1771«. Merck hatte es zur Übersendung an H. an Karoline geschickt (17.1.1771; Kraft, S. 44).*
32 Schlittenschelle] *Im 3. Vers »Der Schelle Silber Ton!«*
34–37 Und murre ... näher.] *Ende der 1. Strophe.*
38–41 Der Bach ... wieder.] *Ende der 2. Strophe.*
42f., 88f. Und wenn ... Thräne schicke] *Ende der 4. Strophe, voraus geht, auf H. bezogen: »... an des Melibokus Fuß?/Damit mein Auge heiter/nach unserm wundersamen Mann / von seiner Spitze blicke.«*
44 Das Ende davon] *8. Strophe: »Die Glocken füll bis oben an/mit tiefen Sterbetönen,/ damit getröstet ich dann kann/abtrocknen meine Thränen,/und glaube, dieser Klageton/sey Einer meiner Freunde!/Ein Genius! Ein GötterSohn!/Der mit mir um ihn weinte.« (H.-B. II, Nr. 1680, S. 112ff.).*
46f. der unter Todten ... nichts gedenket!] *Vgl. Psalm 88,6.13.*
48ff. meine Gedichte] *»Die Dämmerung«, »Auf meinen ersten Todten!«, »Lobgesang auf meinen Landsmann Johann Winkelmann«, siehe R, S. 30.*
53 jene arme Feldmaus] *Horaz, »Sermones« (Satiren) II, 6,79–117 (Geschichte von der Feldmaus und der Stadtmaus).*
54f. Eins über Umstände] *Vgl. I 102,100–106; H. legte I 128 das Gedicht bei »Als ich von Liefland aus zu Schiffe ging«, siehe R, S. 30.*
57ff. Liedchen vom Bache] *Veröffentlicht in »Volkslieder«, 2. Teil, siehe R, S. 29.*
60f. schönen Rosemunde] *Vgl. zu I 130,44ff.*
62 Klopstock an Done] *Vgl. zu I 123,46ff.*
62ff. am Thor des Himmels] *Vgl. zu I 123,38ff.*
63f. Ode an Fanny] *– »An Daphnen«.*
66 Landpriester von Wakefield] *Vgl. I 50(N),42–49; Goethes Bericht in »Dichtung und Wahrheit« über H.s Vorlesung (WA I 27, S. 340–345).*
68 sehr gut übersetzt!] *Von Gellius.*
71 jener ehrliche Mann] *La Fontaine. –* Baruch] *Siehe R, S. 702.*
76 schöne Seele] *Vgl. zu I 83,69.*
83 schwarzer Punkt im Meer] *Vgl. das zu 54f. genannte Gedicht, Strophe 7/8: »... da ist ihr Boot nur ... ein schwarzer Punkt im Meer. ... Alles uns wird seyn/ein schwarzer Punkt*

im Meer!« (SWS XXIX, S. 320).
90 das Stück] *Vgl. zu* **30–44**.
92 Melibokus] *Vgl. zu I 109,28.*

129. AN KAROLINE FLACHSLAND, Straßburg, Anfang Februar 1771

3 Uebersicht] *Im Sinne von »etwas übersehen«.*
5 Nachlaß] *Im Sinne von »etwas vernachlässigen«.*
7 »Ob Ariadne .... könne«] *Zitat aus B.*
8f. wir Philosophen ... nicht wißen] *Sokrates' Nichtwissen.*
14ff. verlaßene Ariadne] *Siehe R, S. 719; Gerstenbergs Kantate, vgl. I 110,256f.*
19f. auf der Leinwand oder der Opernbühne] *Der Ariadne-Mythos war ein beliebtes Sujet der bildenden Kunst (in Paris konnte H. im Louvre anonyme frz. Gemälde der »Verlassenen Ariadne« und der »Schlafenden Ariadne« aus der 1. Hälfte des 17. Jh. sehen, vielleicht auch in Amsterdam Gemälde mit diesem Sujet von Josaphat Araldi?, 16. Jh., u. a.) und des Musiktheaters (Elisabeth Frenzel, Stoffe der Weltliteratur, Stuttgart 1988, S. 56: im 17./18. Jh. mehr als 40 Ariadne-Opern).*
23–29 »ihre Frülingstage ... Ängsten bedroht!«] *Ungenaue Zitate aus Gerstenberg, vgl. H.s Rezension der »Bibliothek der schönen Wissenschaften«, Bd. 12, 2. Stück, in »Königsbergsche Zeitungen«, 25. 11. 1765, 94. Stück (SWS I, S. 99).*
31–62 Scene aus Shakespeares Johannisnacht] *»Ein Sommernachtstraum«, aus I/1; vgl. I 126,30; andere Fassung in »Alte Volkslieder« (SWS XXV, S. 41f.).*
33 Wielands Uebersetzung] *Vgl. I 111,49f.*
57 Karthago's Kön'gin] *Dido, siehe R, S. 722.*
64ff. Ode von Wieland] *»Erdenglück. An Chloe«; Abschrift nicht überliefert. In den Strophen 4/5 wird die Hoffnung auf irdisches Glück, Freundschaft und Liebe als Illusion entlarvt.*
68 H. Geheimen Rat] *Andreas Peter v. Hesse.*
68–71 Lyrischer Sylbenmaaße] *Siehe R, S. 314 oben.*
72–75 Willkommen, o silberner Mond!] *»Die frühen Gräber« (1. Strophe); eins von 30 metrischen Beispielen.*
76 Absicht seiner Sammlung] *Der von Hesse veranstalteten »Darmstädter Ausgabe«, siehe R, S. 314.*
78f. mir ein Logis anzubieten] *Vgl. zu I 124,58;* **135,37f.; 136, 32–37, 43, 54f.**
82 wieder versucht werden] *Vgl. I 131,24–27.*
89 weder Tint noch Feder] *Ab 81 dünnere Schriftzüge.*
92 Ihr Sekretariat] *Vgl. zu I 121,12f.*
93ff. Ring des Gyges] *Siehe R, S. 212.*
96 Thomas Fitzosborne Briefe] *Von Melmoth.*
102f. Gedicht eines Skalden] *Vgl. I 40(N),***112ff.***

130. AN KAROLINE FLACHSLAND, Straßburg, Februar 1771

5f. Einige Ihrer Personen nur noch dem Namen nach kenne] *H. kannte noch nicht Fräulein v. Roussillon, vgl. I 137,54f.; SWS XXIX, S. 521.*
8 Luftkörbchen] *Metaphorisch für einen kurzen, inhaltslosen Brief, der fast nur Kuvert ist.*

9 Arien aus Montezuma] *Oper von Graun; noch in B zu II 39 schrieb Karoline, daß sie »zuweilen italienische Arien von Graun« für sich abschreibe (Schauer I, S. 361).*
12–25 Französische Lekture ... mit einer Freundin ... mit diesen Briefen] *»Briefe der Lady Montague«; die frz. Übersetzung hatte H. mit Frau Busch in Riga gelesen.*
16 mit Ihnen in die Türkei zu reisen] *Die Briefe noch einmal mit Karoline zu lesen.*
18 nicht Sir Isaak Newton] *Zitat aus den »Briefen« (vgl. R, S. 414); d.h., das sinnliche Vergnügen sei dem wissenschaftlichen Ruhm vorzuziehen.*
26–32 Landpriester von Wakefield] *Vgl. zu I 128,66,68.*
31 kleinen Beitrag] *Vgl. zu I 138,70ff.*
33–36 Uebelnehmen verbitte] *Vgl. I 126,4ff., worauf Karoline in einem ihrer nächsten Briefe reagiert hatte.*
37f. Zank über Minna] *Vgl. I 95,89–137; 99,24–53.*
40 Friede] *Vgl. I 102,68.*
41 Schmierpoesien] *Eigene Gedichte.*
44ff. die schöne Rosemunde] *»Einst herrscht' ein König« (SWS XXV, S. 135–143, 299, Fußnoten a₂; andere Fassung im Mskr. »Alte Volkslieder«, ebd., S. 13–19; zwei verschiedene Niederschriften HN XIII, 153, 362). Nach Redlich (SWS XXV, S. 657) erste Übersetzung H.s nach dem engl. Text »Fair Rosamond« (vgl. R, S. 155) in der »Neuen Bibliothek der schönen Wissenschaften«, Bd. 2, 1. Stück, 1766 (Percy-Rezension Raspes, dessen Übersetzung H. in der ungedruckten 2. Fassung der 2. Slg. »Ueber die neuere deutsche Litteratur«, SWS II, S. 186, und im »Briefwechsel über Oßian«, SWS V, S. 203, tadelte).*
46f. Robinson Crusoe] *Von Defoe, wahrscheinlich die Schilderung vom 14.4.1660.*

131. AN JOHANN HEINRICH MERCK, Straßburg, Februar 1771

3 Von Jupiter ... der Beginn!] *Nach Vergil, »Ecloga« III, 60.*
4, 43 LeibMedicus Leuchsenring] *Johann Ludwig Leuchsenring.*
6 Einbohrung in die Nase] *Vgl. zu I 110,5.*
8, 25, 37 mein Professor] *Lobstein.*
9 Entianwurzel] *Enzian, Gentiana, Arznei.*
10f. voriges Jahr ... geschrieben.] *In einem nichtüberlieferten Brief an Merck vor Dezember 1770, vgl. I 117,8.*
12 Fabius cunctator] *Metaphorisch für Lobstein, siehe R, S. 155.*
12f. Ligament] *Band, hier Augenlidmuskel.*
16 Busch] *Vgl. I 127(N),69.*
19 ein Faden eingebracht] *Vgl. I 128,15.*
28 amplissimi Medicorum-Chirurgorum consilii] *Hochansehnliche ärztlich-chirurgische Beratung.*
31 sinus lateralis] *Seitenhöhle.*
33 Vergette] *Lockenrolle, Haaransatz über der Schläfe (frz. Haarmode seit Mitte 18. Jh.).*
35 Commißur] *Zusammenfügung.*
36 Bücherzeichnißen] *Bücherzeugnissen.*
39f. Beutelschneidern] *Diebe, hier die Ärzte, deren letzlich nutzlose Behandlung kostspielig war.*
43 Freundes Rath] *Leuchsenring riet offenbar von weiteren Operationen ab.*
46 setaceum] *Haarseil (Pferdehaar) durch den Tränenkanal.*
48 heterogener Körper] *Fremdkörper.*
52 HungerKur] *Ein Präventivmittel der alten Medizin.*

54f. Hoffmannischer Lebensbalsam u. liquor anodynus] *Von Friedrich Hoffmann.*
55f. Dichtereien wieder beilege] *Vgl.* **69ff.**; *I* **128,48ff.** *Ende 1770 hatte Merck von H. erhalten:* »*eine große Menge Balladen, Lappländische Lieder, übersetzte Lieder aus Shakespear pp.*« *(Höpfner an Boie, 31. 1. 1771, Consentius, S. 69).*
56 Spartaner] *Wegen seiner lakonischen Ausdrucksweise (mit wenigen Worten viel sagen).*
57f. Gedicht auf meinen πρωτοθνητον (Erstverstorbenen)] »*Auf meinen ersten Todten!*«, *vgl. zu I* **128,48ff.**
59 Einholung Winckelmanns] *Vgl. ebd.* – Himmelsaccenten] *Himmelstöne, vgl.* **63.**
60 die ziemlich unnütze Diane] *In der Fassung des Winckelmann-Hymnus von 1768 die 2. Strophe:* »*In fliegendem Gang,/der ist und war! im Jagdklang,/mit Pfeilgefieder und Nymphenschaar,/Diane, komm! der dich besang,/die Blicke besang, die Siegekühn/unfühlbarschön, über Welt hin fliehn – –/entnimm ihn!*« *(SWS XXIX, S. 297). Zugrunde liegt Winckelmanns Beschreibung in der* »*Geschichte der Kunst des Alterthums*«*, 1. Teil, Kap. 4, 2. Stück: Von dem Wesentlichen in der Kunst, Weibliche Gottheiten:* »*Diana ist mit allen Reizungen ihres Geschlechts begabt, ohne sich derselben bewußt zu scheinen: denn da sie im Laufen oder Gehen vorgestellt ist, so geht ihr Blick gerade vorwärts und in die Weite ...*« *(vgl.* »*Briefe zu Beförderung der Humanität*«*, SWS XVII, S. 355f.). H. wollte mit dem Bild ausdrücken, daß die von Winckelmann beschriebenen Götter ihm im Tod nicht zu Hilfe kamen (vgl.* »*Denkmahl Johann Winkelmanns*«*, SWS VIII, S. 481).*
60f. kaum Lust zu ändern] *H. hat in der Fassung von 1771 (SWS XXIX, S. 296, 1770?) den Namen der Göttin und aus ihrer Beschreibung die Attribute* »*Jagdenklang, mit Pfeilgefieder und Nymphenschaar*« *weggelassen, in der Fassung von 1773 im* »*Buch der Gräfin Maria*« *(S. 77, vgl. S. 40f., 81ff.) letztere (*»*mit fliegendem Klang und Pfeilgefieder und Nymphenschaar*«*) wieder verwendet und* »*Diane*« *als Fußnote angefügt.*
61 Endymion] *Siehe R, S. 723.*
62 Κηρ] *Siehe R, S. 729; Fußnote H.s:* »*Die Griechische* κηρ! *der frühe, plötzliche, gewaltsame, blutige Tod!*« *(SWS XXIX, S. 296).*
63 Eva, Adam] *Anspielung auf 1. Mose 3,6f.*
65ff. Götterausschweifungen] *Abschweifungen vom Gedankengang des Gedichts durch Anrufung von Göttern.* »*Älteres kritisches Wäldchen*« *(vgl. R, S. 44) über die 6. Olympische Ode:* »*Ich will Pindar in seiner Göttergenealogie nicht weiter nachfolgen; denn sie ist seine Lieblingsausschweifung ...*« *(SWS IV, S. 208). Im* »*Zweiten*« *und* »*Dritten kritischen Wäldchen*« *rechtfertige H. Pindars Digressionen gegen Klotz' Tadel* »*toller Ausschweifungen*«*, ohne jedoch wie die Kommentatoren Erasmus Schmidt (1616) und Abraham Friedrich Rückersfelder (1762) schulmäßige Ordnung in Pindars Oden zu finden. Er wollte den Dichter vielmehr aus seinen individuellen, lokalen, nationalen und historischen Bedingungen verstehen (vgl. SWS III, S. 348ff., 444–448). Das von Horaz' Ode IV, 2 (Vergleich mit einem reißenden Bergstrom) ausgehende Rezeptionsmißverständnis Pindars als eines rasenden Dithyrambensängers und die Tradition einer regellosen, wild-emotionalen* »*pindarischen Ode*« *– so z. B. das Gedicht* »*An sich, den Pindar-Nachahmer*« *(vor 1764, SWS XXIX, S. 262) und* »*Ueber die neuere Deutsche Litteratur*«*, 2. Slg.,* »*Pindar und der Dithyrambensänger*« *(SWS I, S. 307–330) – wurde in H.s Werken zunehmend durch die Einsicht in den kunstvollen, überlegten Strophenbau des Griechen verdrängt (vgl.* »*Briefe zu Beförderung der Humanität*«*, SWS XVIII, S. 104,* »*Kalligone*«*, SWS XXII, S. 152,* »*Adrastea*«*, SWS XXIV, S. 337).*
69 Geburtstagsode, die schon alt] »*Mein Schicksal*«*, August 1770 (SWS XXIX, S. 340ff.) oder die Ode von 1764,* »*An seinen Genius. Am Geburtstage d. 25. August*« *(ebd., S. 247f.) bzw.* »*An die Mitternacht*« *(ebd., S. 249). –* 2. andre, die jünger sind] *Nach LB III, S. 332, 2. Fußnote, zwei im Mskr. fehlende Oden.*

70 die aufs Christenthum] »*An das Oekumenische Christenthum*«, *siehe R, S. 31 oben; ein* »*Kompendium der Kirchengeschichte des Alten Testaments*«, *handelt aber nicht von den alten Hebräern, sondern bekämpft die dunkle Macht der römischen Kirche, die durch die Aufklärung überwunden wird (vgl.* »*Ideen zur Philosophie der Geschichte der Menschheit*«, *4. Teil;* »*Christliche Schriften*«, *4./5. Slg.).*
71, 91 sub rosa] *Unter dem Siegel der Verschwiegenheit. Antikes Symbol der Rose, seit dem Humanismus als sprichwörtl. Redensart.*
73f. sine partium studio] »*Ohne Parteilichkeit*« *sollte Merck seine Eindrücke von H.s Oden mitteilen.*
75–78 Bilderstellung] *H.s Metaphorik, nicht anschaulich, sondern eher abstrakte Gedanken wiedergebend, Reflexionsdichtung.*
79, 82f. die Dämmerung] *Vgl. zu I 128,48ff.; offenbar von Merck gelobt.*
81f. dunkler Empfindungen] *Klopstocks Lyrik fehlte nach H.s Meinung mehr noch als seinen eigenen Gedichten Anschaulichkeit und Klarheit. Vgl. I 91,126ff. Schillers Charakterisierung Klopstocks als* »*musikalischen Dichter*« *in* »*Ueber naive und sentimentalische Dichtung*« *(SNA 20, S. 455f.) traf auch auf ihn zu. Vgl. Dieter Lohmeier, Herder und Klopstock (H.-B., Nr. 2207), S. 193ff.*
88 Fahrwagen] *Fahrende Post, vgl. I 137,50f.; der Brief ging mit reitender Post voraus.*
88ff. Philosophische Abhandlung über die Sprache] *Vgl. zu I 127(N),54f. H. hatte die Reinschrift trotz seiner Erkrankung (vgl. zu I 121,16) rechtzeitig abgeschickt (vgl. zu I 121,20), wollte aber bei Merck – für den Fall eines Mißerfolgs – den Eindruck erwecken, er habe die Preisschrift gar nicht eingereicht.*
90 der 2. Theil] »*Auf welchem Wege der Mensch sich am füglichsten hat Sprache erfinden können und müßen?*« *(Im der Reinschrift vorausgehenden Mskr., HN II, 1–4, sind keine Unterschiede im Schriftbild festzustellen.)*
90f. der Anfang der Bibel] *Fragmente zur* »*Archäologie des Morgenlandes*«, *siehe R, S. 44f. Wahrscheinlich handelte es sich hier nur um den 1. Aufsatz (Paraphrase von 1. Mose 1–2,3)* »*Die Mosaische Schöpfungsgeschichte: ein alt-morgenländisches Gedächtnißlied zur Feier der Schöpfung und der Sabbathstiftung*« *(SWS VI, S. 3–70; Titel nach LB I, 3, erste Hälfte, S. 416; HN III, 3, 4); denn der 2. und 3. Aufsatz sind theoretischen Inhalts. Vgl. zu I 105,43–49.*

132. AN KAROLINE FLACHSLAND, *Straßburg, Februar/März 1771*

3 Brief] *Da H. nur ein Gedicht schickte, das sich auf das* **4–7** *vorangestellte Zitat (über Karolines schwache Augen) aus B bezog, ist die Bezeichnung* »*Brief*« *ironisch gemeint.*

133 (N). AN JOHANN HEINRICH MERCK, *Straßburg, Februar/März 1771*

(Vgl. I Anm. 111, Datierung. Möglicherweise sind beide Briefe von November/Dezember 1770, I 111 nach I 133? Für das bisherige Datum spricht die bevorstehende Abreise aus Straßburg, **11, 14,** *von der jedoch auch schon I 117,25 die Rede war.)*

3f. umgewandten Kleides] *Vgl. das ähnliche Bild I 109,50.*
5 Gedichte sandte] *Vgl. I 128,48ff.; 130,41; 131,55f., die zugehörige Erläuterung weist auf frühere Sendungen (mit nichtüberlieferten Briefen) hin; danach I 137,40–49.*
14f. verwaisten Fremdlinge der Litteratur] *Im frz. Straßburg hatte H. keinen Zugang zu deutschen Neuerscheinungen.*

16 Buchhändler aus Frankfurt] *Johann Georg Fleischer.*
18f. mein Ding nicht verstehen] *Wahrscheinlich das Gedicht »Die Dämmerung«, über das Merck ihm geschrieben hatte, vgl. I 131,79; möglich aber auch »Lobgesang auf meinen Landsmann Johann Winkelmann«, vgl. I 131,59–68, oder eins der zuletzt übersandten Gedichte I 131,69ff.*
23 der Gassenhauer] *Vgl. 30–133.*
30 Herausforderungslied] *Mercks Gedicht ist nicht nachweisbar.*
32f. Gleimischen Elegie] *»Davids Klagegesang« in »Briefe von den Herren Gleim und Jacobi«, Beilage zu Brief 58.*
47 Kriegeslieder! Gluglugu!] *»Neue Kriegslieder mit Melodien« von Karl Renatus Hausen. Hamann zitierte in A zu I 55 das H. verspottende 5. Lied: »Aus einem düstern Wäldchen sah/uns anfangs Herder zu./Beym sechsten Schuß trat er auch nah/und schrie Glugluglugu!/Auch Trommelschläger Trescho schlug/das Kalbfell voll von Muth./Sein hocherleuchtet Köpfchen trug/zum Schirm den breitsten Hut.«*
50 Hundert neun Bibliotheken] *Klotz' Zeitschriften, besonders die »Deutsche Bibliothek«, siehe R, S. 662f.*
52 Ephemeren] *Tagesschriftstellerei der Klotzianer.*
60 Staatspräfationen] *Vorreden.*
61 Akta] *»Acta litteraria«, siehe R, S. 641. – Zeitungen] »Neue Hallische Gelehrte Zeitungen«, siehe R, S. 687. – Glu, glu!] Vgl. zu 47.*
62 Lectiones Venusinae] *Vgl. zu I 79,27f.*
63 Roms lieber, weißer Schwan] *Horaz; Hamann nannte ihn im 4. seiner »Fünf Hirtenbriefe« den »Venusinischen Schwan« (Nadler, Bd. 2, S. 363) nach seinem Geburtsort Venusia, ein humanistischer Schultopos. In der Ode II, 20 (an Maecenas) hatte Horaz prophezeit, daß er sich nach seinem Tod in einen weißen Schwan verwandeln würde (»album mutor in alitem«, in H.s Übersetzung »zum weißen Schwane wandelt die Brust sich um«, SWS XXVI, S. 255).*
66–133 Klotz und Riedel] *Wirkliche und fiktive Anhänger und Verehrer des weltberühmten Klotz werden aufgezählt und verkünden seine Größe.*
72 Magister Schlegel] *Gottlieb Schlegel in Riga.*
76 Schmidt] *Christian Heinrich Schmid.*
76f. Flegels] *Schimpfwort und Karl Friedrich Flögel.*
97 Hamburgs Staatscorrespondent] *»Hamburgischer unpartheyischer Correspondent«, siehe R, S. 675.*
106f. Meister aller sieben Künst'] *Vgl. zu I 114,11.*
108 Münz- und Gemmengeister] *Anspielung auf »Beytrag zur Geschichte des Geschmacks und der Kunst aus Münzen« und »Ueber den Nutzen und Gebrauch der alten geschnittenen Steine«.*
116 Hagedorn] *Christian Ludwig v. Hagedorn.*
117ff. der Mann ... aus durchborter Nase] *H. nach seiner Tränenfisteloperation.*
122 Hochzeitdorfs] *Lonay bei Morges.*
128 Töchter Gottes] *Musen.*
134 Bravade] *Hohnrede, Großprahlerei; hier Mercks »Herausforderungslied«.*
135 FroschmäuslerKriegs] *Batrachomyomachia, siehe R, S. 646; Hamann nannte H.s Streit mit Klotz »Froschmäuselerhändel« (an H., 23. 9. 1768, ZH II, S. 422).*
136 weg werde] *Abreise aus Straßburg.*
137f. Schnuppen, der die ganze Cur aufhält] *Vgl. I 111,57; 113,19; 114,27; 116(N),26; 119(N),35f. (Datierung?).*
142f. jene Zwillinge im Leibe der Mutter] *Thamar, siehe R, S. 715.*

143 mit dem rothen Kriegsfaden] *Serah kam zuletzt heraus, vgl. 1. Mose 38,30. »Kriegsfaden«, weil in Preußen die in die Regimentsrolle eingeschriebenen Söhne der ärmeren Bevölkerungsschichten von Geburt an eine rote Binde tragen mußten. Vgl. zu I 10,12f.*
144 der Becken] *Das weibliche Becken beim Geburtsvorgang.*
144–148 weihet Ihr ... mit Stahlfedern?] *An das Ehepaar Merck gerichtete Frivolitäten.*
146 stopft das Schlüsselloch zu] *Vgl. Sterne, »Tristram Shandy«, 8. Buch, Kap. 35.*
147 eine Uhr ... nicht aufzuziehen] *Ebd., 1. Buch, Kap. 1,4: Der pedantische Vater Tristrams, Walter Shandy, zieht am ersten Sonntagabend jedes Monats seine Standuhr auf und erfüllt immer dann die eheliche Pflicht.*

134. An Karoline Flachsland, *Straßburg, etwa 11. März 1771*

3 Statt meines Briefes] *Vgl. I 132,3; 136,4–18; 138,3–45.*
5 auch Eine aus der Heiligen Zahl] *Empfänger der nur in 34 Exemplaren gedruckten »Darmstädter Ausgabe« (Mitteilung in B oder durch Merck), Angehörige des Darmstädter Hofes und wenige Auswärtige (u. a. Herder).*
12 Weltumstreicherin] *Karoline hatte über ihre Lektüre von Reisebeschreibungen geschrieben. Vgl. zu I 130,12–25.*

135. An Andreas Peter von Hesse, *Straßburg, 13. März 1771*

5 am Thor des Himmels] *Vgl. I 123,38ff.,48f.; 137,9–12. Auch Boie hatte die Ode nicht an Hesse geschickt (vgl. Consentius, S. 69); die Quelle der »Darmstädter Ausgabe« ist nicht bekannt.*
6f. welchem ansehnlichen Reihen (= Reigen) von Schwestern] *In dem H. übersandten, für ihn bestimmten Exemplar der »Darmstädter Ausgabe«, siehe R, S. 314.*
11f. beiliegendes Gedicht] *»Zu einer Sammlung Klopstock'scher Oden und Elegien«, siehe R, S. 31.*
13 halbe Elegie] *Vgl. I 136,62–67; 137,29–35.*
14 meine wenige Dichtergabe] *Vgl. II 29(N),5f.*
16 Divulgation] *Verbreitung, Kundmachung.*
20 Gießenschen Antrag] *Hesse bot H. die vakante zweite theolog. Professur in Gießen und eine Superintendentur mit Einkünften von ca. 1000 Gulden an, Voraussetzung sei die theolog. Doktorpromotion. Vor kurzem seien Karl Friedrich Bahrdt und Johann Christoph Friedrich Schulz an die Universität berufen worden (B). Vgl. I 136,56–61.*
23 drei ansehnlichen Ämtern] *Als Reiseprediger des Erbprinzen von Holstein-Gottorp mit der Zusicherung einer Professur oder einer Predigerstelle (vgl. I 77,7,19ff.), als Oberprediger und Konsistorialrat in Bückeburg (vgl. zu I 82,16), als Rektor des Lyzeums und Pastor an der Jakobskirche in Riga (vgl. I 63,20f.).*
24ff. gegen den Grafen] *Vgl. zu I 82,16,50; 106,3; 107,19; 113,4. Am 15.1.1771 hatte H. wegen seiner Augenkur erneut um Aufschub seines Dienstantritts gebeten (H nicht nachweisbar), und der Graf ließ ihm durch Westfeld am 10.2.1771 schreiben, er möge sich erst auskurieren lassen (LB III, S. 334f.). Westfelds Angebot zufolge hatte H. am 25.2.1771 mit dem Versprechen seiner baldigen Ankunft noch einmal um 40 Louisd'or Reisegeld gebeten (H nicht nachweisbar), das jener ihm am 7.3.1771 schickte (LB III, S. 359f.). Als H. schon in Darmstadt war, bat Westfeld am 13.4.1771 H., dem Grafen »die Ursachen der Verzögerung« selbst zu schreiben, und fragte nach dem Empfang des Geldes (LB III, S. 375).*

26 seit anderthalb Jahren] *Erst seit Februar 1770, vgl. zu I 82,16.*
27f. noch wenig als Theologen gezeigt] *Vgl. zu I 115,10f.*
29f. keimende Dornen Theologischen Akademienzwists] *Gießen galt als Hochburg der Orthodoxie (vgl. Benner, R, S. 74), Bahrdt war bald als heterodox verrufen.*
32 reizenden Nachbarschaft] *Der empfindsame Kreis in Darmstadt.*
36 dritte Gewogenheit] *Nach dem Exemplar der Oden und dem Stellenantrag.*
37f. in dem Hause ... genießen zu können] *Quartierangebot bei Hesse für H.s Aufenthalt in Darmstadt auf der Durchreise nach Bückeburg, von H. abgelehnt. Vgl. I 129,77–80; 136,31–44,48–56.*
42 Decke meines Gefängnisses] *H.s privates Krankenzimmer in Straßburg.*
48f. Oden Klopstocks u. Rammlers] *Hesse hatte wohl im August 1770 im Gespräch mit H. oder in einem nichtüberlieferten privaten Brief an H. die Oden Ramlers kritisiert.*
50f. süße ... Sprache ... Jugendphantasien] *Betrifft Klopstocks Oden, das folgende (52) die Ramlers. Vgl. die – allerdings von Mendelssohn redigierte – positive Einschätzung von Ramlers »Oden« in der »Allgemeinen deutschen Bibliothek« (R, S. 24).*
56f. Lessing ... ins Urteil] *Hesse war wohl der Meinung, Lessing sollte lieber dichterische Werke wie »Philotas« und »Miß Sara Sampson« schreiben als kirchengeschichtliche Abhandlungen wie »Berengarius Turonensis«.*
57 Lessing der Bibliothekar] *Vgl. zu I 75,98.*
58 lutherischen Bibliothek] *Die herzogliche Bibliothek in Wolfenbüttel war schon im 18. Jh. eine der berühmtesten Deutschlands.*
59 Orthodoxie] *Der orthodoxe Kirchenhistoriker Walch hatte in seiner ausführlichen Rezension im 150. Stück der »Göttingischen Anzeigen« am 15.12.1770 Lessings sachkundige Vorstellung des von ihm in der wolfenbüttelschen Bibliothek aufgefundenen, bisher unbekannten Mskr. von Berengarius gerühmt, die neues Licht auf die Ketzergeschichte werfe.*
60 den Reformirten einen Hauptmann (zu entreißen)] *Der Abendmahlsstreit zwischen Berengarius und Lanfranc war bisher nur aus den parteiischen Darstellungen des letzteren bekannt, und »die Reformirten suchten am meisten zu behaupten, daß Berengarius mit ihnen übereingestimmt ... Berengarius hat gewis nicht die reelle Gegenwart des Leibes und Blutes Christi im Abendmal, sondern nur die Brodverwandlung geleugnet: er ist daher kein Reformirter, sondern ein Lutheraner, wie wir iezt reden würden ...« (Walch, a.a.O.).* – den Katholiken einen Heiligen (zu entreißen)] *Lanfranc, kein Heiliger, aber Erzbischof und als Dogmatiker eine Autorität, war »der Urheber und Ankläger«, er ging gegen Berengarius »nicht ohne List und Betrug« vor (ebd.). Auch Papst Leo IX. kann gemeint sein, der Berengarius als Ketzer verdammte.*
61 Eines Jahrhunderts] *11. Jh.* – 2 Concilien weg zubeuten] *»... mehrere angegebene Concilien, besonders das zu Paris, sind erdichtet« (ebd.). Lessing hielt das Concilium zu Paris für »ganz erlogen«, ähnlich die Synode zu Brionne und alle Concilien unter Papst Viktor II.*
62f. der unlitterarische Klopstock] *Der ungelehrte Dichter (literatus = Gelehrter).*
63 Sanct Eusebius] *Eusebios von Caesarea.* – Sanct Clemens] *Clemens Alexandrinus; vgl. I 105,53. »Sanct« in beiden Fällen ironisch wie 59.*
65 Ehrwürdiger Herr in Westphalen] *H.s künftiges Amt in Bückeburg.* – Dichtermanna] *Vgl. 2. Mose 16,31f.*
67 Registratorin] *Karoline Flachsland als Abschreiberin (71) und Ordnerin der Oden für die »Darmstädter Ausgabe«.*
68 der erste Aufsatz] *Vgl. I 123,6f.; 124,4ff.*
70 eine Abschrift der authentiken Ausgabe einer derselben] *Vgl. I 137,9–12.*
73 Autorzwiste] *Vgl. I 138,72–77.*
73f. Geheime Räthin] *Friederike v. Hesse.*

136. AN KAROLINE FLACHSLAND, Straßburg, nach Mitte März 1771

5 meinem Schweigen als Schreiben] *Vgl. I 117,3ff.,29ff.; 121,6ff.,13ff.,24–28; 125,3; 126,13f.; 128,3f.; 129,3ff.; 132,3ff.; 134,3f.*
10f. wüsten Insel] *Vgl. I 130,47.*
11 4. eck] *Vgl. zu I 135,42.*
16 Gedichtschicken] *Vgl. I 132,8–35.*
22 Cur fehlgeschlagen!] *Vgl. zu I 122,6f.*
25f. erwarte jetzt nur Einen Brief] *Das Reisegeld, vgl. zu I 135,24ff.*
26f. dem Noah die Taube] *Vgl. 1. Mose 8,12.*
27 Ueber ein Kleines ... nicht sehen.] *Vgl. Johannes 16,16.*
32 Umstand, über den ich so verlegen war] *Vgl. zu I 135,37f.*
33f. süßesten Gelegenheiten] *Zusammensein mit Karoline (44f.).*
37 Der andre Vorschlag] *Bei Merck zu wohnen.*
38 der Professor aus Caßel] *Höpfner, der nach Gießen berufen worden war, Freund Mercks.*
41 da ich nun schreiben muste] *Vgl. I 135,36–40.*
43 wenn mich Merck bei sich nimmt] *H. wohnte bei Merck. Gleim erwähnte in B zu II 96, daß er im gleichen Bett wie H. geschlafen habe. »Merck wird Ihnen mehr von ihm sagen, er hat bey ihm logirt«, schrieb Karoline in B zu II 8.*
46 wie Romeo u. Julie] *Vgl. I 110,124–131.*
54f. Höflichkeitsfallstricke] *Hesses Einladung.*
56 Antrag nach Gießen] *Vgl. zu I 135,20.*
62f. das weinerliche Gedicht über Klopstocks Oden] *Vgl. zu I 135,11f.; Beginn der 19./20. Strophe: »Ihr sollt mit Klopstock weinen!« (SWS XXIX, S. 349).*
71 Ode an die Freunde] *»An des Dichters Freunde« (nach Abschrift Boies).*
72 Die letzten Oden] *Die letzten 5 Oden der »Darmstädter Ausgabe«, Nr. 43–47, hatte H. noch nicht gekannt (vgl. I 137,25): »An Herrn Gleim«, »Die Chöre« (»Goldener Traum, du, den ich nie erfüllt seh«, 1767 entstanden; Muncker/Pawel I, S. 191ff.), »Ode« (»Himmlischer Ohr hört das Getön«, 1764 entstanden; Muncker/Pawel I, S. 164f.), »Der Tod« (»O Anblick der Glanznacht! Sternheere«, 1764 entstanden; Muncker/Pawel I, S. 157f.), »Siona« (»Töne mir, Harfe des Palmenhains«, 1764 entstanden; Muncker/Pawel I, S. 166f.). Sie waren zuvor ungedruckt, ihre Quelle Abschriften Boies (Consentius, S. 72).*
73 Etwas Steifes u. Schweres] *Die choriambischen Verse, in denen 2 Hebungen aufeinanderstoßen.*
76 Tod- u. Moderhöle] *Vgl. I 122,17; 128,46; 138,9f.; II 13,12.*
77 ein halb Jahr] *Die Augenkur hatte Mitte Oktober 1770 begonnen.*
84 Aethna] *Vermutlich Anspielung auf die in erdgeschichtl. Zeit vulkanische Beschaffenheit Hessens, u. a. des Melibokus.*

137. AN JOHANN HEINRICH MERCK, Straßburg, nach Mitte März 1771

7 Eleusinischen Mysterien] *Siehe R, S. 723; hier scherzhaft.*
8 Drucke Klopstockscher Oden] *»Darmstädter Ausgabe«, siehe R, S. 314.*
9 Correktor] *Karoline Flachsland im Auftrag Hesses, vgl. I 135,67,71f.*
10, 16 Abschrift von der an Meta] *Vgl. zu I 123,38ff.; 135,70. H. hatte die Abschrift von Rings Mskr. genommen, vgl. zu I 123,40.*

13 heiligen 34.] *Vgl. zu I 134,5.*
15 nicht zu skandiren] *H. beanstandete vor allem Fehler, die den Rhythmus zerstörten.*
17 die Abschriften ... die ich geliefert] *Vgl. I 123,29–37; hinzu kamen die an Karoline geschickten Abschriften, vgl. I 88,179–283; 92,75–118; 99,227–331.*
18f. andern Menschen ein Wort gesagt] *Die Drucklegung der »Darmstädter Ausgabe« wurde bis zum Erscheinen geheimgehalten, möglicherweise war auch Karoline Flachsland über den Zweck ihrer Abschreibetätigkeit nicht informiert.*
20f. Schulrektor ... Ausgabe seines Helden] *Altphilologische Klassikereditionen gehörten bis ins 19. Jh. zum Berufsbild des humanistischen Pädagogen.*
23 Pindarischer] *Vgl. zu I 131,65ff.*
24 Ode an die Freunde] *Vgl. zu I 136,71.*
25 Die 5. letzten Oden] *Vgl. zu I 136,72.*
25f. Die beiden Musen] *Zuvor ungedruckt, nach Raspes Abschrift.*
26f. über die Nachahmer] *»Die Nachahmer«; wie zu 25f.*
30f. jetzigen Menschenfeindlichen Denkart] *Vgl. I 135,13,18f.,39; 136,19–24,75f.; 138,9f.,21,42f.*
31f. Antwortsdank] *Vgl. zu I 135,6f.*
33 rivalisire] *H. mit seinem an Hesse gesandten Gedicht (vgl. zu I 135,11f.) nicht gegen Mercks Gedicht »Nachhall vom Bardengesang. Bey Sammlung der Klopstokschen Oden in Darmstadt dem HErrn Geheimden Rath Hesse gewidmet« (veröffentlicht von Hermann Bräuning-Oktavio, H.-B., Nr. 2325, S. 22f.; auch H.-B. II, Nr. 1680, S. 117ff.), das Merck (oder Karoline Flachsland) ihm anscheinend mitgeteilt hatte.*
34f. aufrichtige Bitte] *Vgl. I 135,14ff.; 136,65–69.*
37ff. Gaßenhauer] *Vgl. I Anm. 137; siehe R, S. 33.*
38 Ihre Sympathieode] *»Als mir geboten ward Freundschaft und Sympathie zu besingen«; im Februar 1771 an Fräulein v. Roussillon gerichtet. Merck brachte darin zum Ausdruck, daß »in Fürstenhallen Gesang von Sympathie und Freundschaft« keinen Platz habe (H.-B. II, Nr. 1680, S. 114ff.). Nach H.s noch pessimistischerer Antwort ist nur »in Schäferhütten« ein Nachhall davon zu finden.*
40 Abschrift meiner Gedichte] *Für Mercks Sammlung (44), vgl. zu I 133(N),5.*
43 Kinderlieder, Lieder] *Nicht verifizierbar. In seinem Brief vom Herbst 1768 (vgl. N II Anm. 180a) fragte Christian Felix Weiße nach H.s Verbesserungen zu seinen (Weißes) Kinderliedern.*
45 Wust von Papieren] *Mskr., das H. 1769 aus Riga mitgenommen hatte, und danach entstandene Aufzeichnungen. Andere Papiere H.s wurden mit seinen Büchern bis zur Absendung nach Bückeburg von Hartknoch aufbewahrt, vgl. zu I 63(N),6f.; II 149, 11–15.*
47f. Fragmente ... über die Menschliche Seele] *»Die Welt der Menschlichen Seele«, 1764, siehe R, S. 30; vgl. auch »Fragment eines Lobgesanges an die Menschliche Seele. nach Altdeutscher Manier!« (SWS XXIX, S. 312ff.).*
48 Fragmenten (Samlung 3. Lukrez)] *»Ueber die neuere Deutsche Litteratur«, 3. Slg. Darin: Vom Lukrezischen Gedicht, siehe R, S. 13.*
51 ein Pack Manuscripte] *Vgl. I 131,88–91.*
51ff. ein Buch ..., das Hamann übersetzt ... hat] *Dangeuil-Übersetzung.*
54f. Fräulein von Roußillon unbekannter Weise] *Vgl. zu I 130,5f.*
58f. Brief mit Einer Inlage nach Bückeburg] *Wahrscheinlich die nichtüberlieferte Bitte um Reisegeld vom 25. 2. 1771, vgl. zu I 135,24ff.; 136,25f.*

138. AN KAROLINE FLACHSLAND, Straßburg, 28. März 1771

3–7 Meine Briefe ... sprechen?] *Vgl. zu I 136,5.*
8–13, 78 Vogel der Luft] *H.s Vergleich, vielleicht durch eine literarische Quelle (?) angeregt, erinnert an »Eine Bilderfabel für Göthe«, 1773, siehe R, S. 32 (»Zerknickt sein Flügel«, »Sträuberücken«, SWS XXIX, S. 530f.).*
17f. die ersten Briefe ... die folgenden] *H.s Briefe waren nicht immer so hypochondrisch wie die zuletzt geschriebenen.*
19 Lethes] *Siehe R, S. 730.*
21 der Misanthropische Gedanke] *Vgl. I 137,30f.*
27 Schauspiel Ihrer edlen Neigungen] *Vgl. I 88,47f.; 99,225; 128,76. –* Ehrgeiz] *Das sei nicht Karolines Motiv für ihre Freundschaft mit H. gewesen.*
33f. so soll ... componiren!] *Zitat aus B. Wegen der zunehmenden kommunikativen Redundanz von H.s Briefen hatte ihm Karoline erneut die Einstellung der Korrespondenz (bzw. ihre Veränderung) angeboten, vgl. I 99,85f.,124f.; 121,8.*
42f. Narben ... am unglücklichen Auge] *Operationsnarben.*
46–56 Romanze in Wakefield] *Romantische Ballade »The Hermit, or Edwin and Angelina« aus Goldsmith, »Der Landprediger von Wakefield«, Kap. 8 (insgesamt 39 Strophen), siehe R, S. 37.*
57–69 Liedchen ..., das Olivie ... singt] *»Ein Liedchen zur Laute«, aus Kap. 24 (HN XIII, 371; hier die Fassung 1771, HN XVIII, 151, SWS XXV, S. 687), vgl. R, S. 37.*
70ff. Elegie auf den tollen Hund] *»Elegie auf den Biß eines tollen Hundes«, aus Kap. 17 (HN XIII, 371, XVIII, 151, XX, 7), siehe R, S. 37; nach H.s Auffassung in der Übersetzung von Gellius »gar nicht mehr zu kennen« (SWS XXV, S. 568), vgl. I 130,31f.*
72ff. Autorzank mit Ihnen] *Vgl. I 135,67–73; auch an Merck, I 137,7–21.*
76f. Ode vor dem Meßias] *»Zueignung des Messias an den König in Dännemark«; nach »Der Messias«, Bd. 1, Halle 1760.*
77f. verfluchten Straßburg] *Vgl. I 122a(N),40f.; das Urteil ist bedingt durch das Mißlingen der Tränenfisteloperation, vgl. I 140(N),36f.*
80 am Rande der Gruft] *Vgl. zu I 135,42.*
82 Einige Blicke ... mehr erklären] *Das Liebeseinverständnis werde sich nach dem Zusammentreffen mit Karoline wiederherstellen.*

139. AN MARKGRAF KARL FRIEDRICH VON BADEN-DURLACH, Straßburg, 28. März 1771

7 dem besten Fürsten] *Vgl. I 89,46f.*
8–12 Unterredung ... Gesinnungen] *Vgl. I 88,75–80,165.*
10 Farbe des Purpurs] *Farbe des Fürstenmantels; Sinnbild fürstl. Macht.*
13f. machten den Fürsten ... kennbar!] *D.h., er unterschied sich durch diese positiven Eigenschaften von den Höflingen.*
15 großen und seltnen Beispiels] *Ebenso an Graf Wilhelm zu Schaumburg-Lippe, vgl. I 107,17f.*
19 Erbprinz] *Karl Ludwig.*
20f. einer Fürstin] *Markgräfin Karoline Luise, vgl. I 88,81–92.*
23 Schätzung] *Davon zeugte noch die Einbeziehung H.s in die Diskussion einer allgemeinen deutschen Akademie 1787/88.*

140 (N). AN FRIEDRICH DOMINICUS RING, *Straßburg, etwa 28. März 1771*

9ff. Antiquarische Nachspürungen] *Vgl. I 105,43–64.*
11 Trennung vom Prinzen] *Vgl. I 105,11–19.*
12f. unseligste Einfall ... mir in Karlsruhe eingegeben] *Vgl. I 90(N),30f.*
16f. Reise ... nicht so ganz zuverläßig] *Vgl. I 89,15–18.*
17f. Umstände] *H. gewann aufgrund seines Mißverhältnisses zu Cappelmann zunehmend den Eindruck von einer seiner unwürdigen, subalternen Stellung, vgl. I 94(N),9ff.,19–22.*
24ff. Posten ... angenommen.] *Vgl. I 107,9–18.*
25f. vielen Zuvorkommenheiten] *Vgl. zu I 135,24ff.*
27 ut canis e Nilo] *Vgl. zu I 78,18.*
30 zweimal drei Monathe] *Seit Oktober 1770.*
32f. Auge ärger, als es war] *Vgl. I 136,19–24.*
34 Ophthalmomachie] *»Augenkrieg«, abgewandelt nach Batrachomyomachia, siehe R, S. 646.*
43f. Klopstockschen Oden] *Aufgrund von H.s Bitte I 90(N),28f. hatte Ring ihm sein Mskr. geschickt.*
45 Klotz] *Klotz hatte Rings Ausgabe von Schoepflins latein. Reden und seine Biographie des Gelehrten in »Acta litteraria«, Bd. 5,3 negativ beurteilt und Rings Schrift »Noch mehr Paragraphen« (Frankfurt/Leipzig 1768) in der »Deutschen Bibliothek«, Bd. 3, 12. Stück, 1769 verspottet. Latein. und dt. Entwürfe einer Parodie auf Klotz befinden sich in Rings Nachlaß (UB Freiburg).*
47 de galantismo] *»Über die Ausschweifung«, eine solche Schrift nicht ermittelt. – Machiavellismo] Skrupellose Machtpolitik, nach Machiavelli. Auch im übertragenen Sinn gebraucht, z. B. Michael Lilienthal, »De Machiavellismo literario«, Königsberg 1713 (Nadler, Bd. 5, S. 58, Nr. 140).*
48 2ten Theil der Antiquarischen Briefe] *Die Briefe 51–57 im 2. Teil stellen die vernichtende Abrechnung Lessings mit Klotz, die Entlarvung seiner Heuchelei, seiner Lügen und Verleumdungen dar. Am Schluß des 56. Briefes hat Lessing die Definition vorgezeichnet: »... wenn jemals die Unart elender Kunstrichter, zur Mißbilligung und Verspottung des Schriftstellers die Züge von dem Menschen, von dem Gliede der bürgerlichen Gesellschaft zu entlehnen, einen Namen haben soll, so muß sie Klotzianismus heißen.«*
54 meine Danksagung] *I 139.*
56 Hofräthin] *Karoline Christine Ring.*
59f. Brief der Gräfin von Wartensleben] *Vgl. I 143,86.*
59 Agathon] *Wieland, nach seinem Roman »Geschichte des Agathon«.*
64–67 eine Stelle angetragen ... in Gießen] *Vgl. zu I 135,20.*
68f. vor Ihm zu predigen] *Vgl. zu I 88,166f.*

141. AN JEREMIAS JAKOB OBERLIN, *Straßburg, Herbst 1770 – Frühjahr 1771*

3 Willfährigkeit auf der Bibliothek] *Oberlin war Kustos der Stadt- und Universitätsbibliothek in Straßburg.*
4 den Schöpflinschen Hyde] *Schoepflin hatte schon zu seinen Lebzeiten seine Bibliothek der Universität vermacht. Zu H.s Beschäftigung mit altpersischer Religion nach Hyde vgl. »Aelteste Urkunde des Menschengeschlechts«, Bd. 1, 3. Teil, Kap. 3 (Sabaismus), Kap. 6 (Religion Zoroasters; SWS VI, S. 447ff., 452f., 463f., 492f.) und I Anm. 141.*

141a (N). AN JOHANN WOLFGANG GOETHE, *Straßburg, Herbst 1770 – Frühjahr 1771*

Vgl. N I 141a, Anm.

5 mehr von außen als innen] *Nach Goethes Darstellung in »Dichtung und Wahrheit« war der Vorwurf H.s berechtigt. In »hunderterlei Thätigkeiten zersplittert«, nutzte Goethe damals seine Klassikerausgaben gar nicht (WA I 27, S. 311).*
6 von Göttern ..., von Gothen oder vom Kothe] *Gustav v. Loeper führte den Namen Goethe (Göthe) auf eine Abkürzung von Gottfried, ähnlich wie Götz, zurück (Nachweis in obengenannter Anm.).*

141b (N). AN JOHANN WOLFGANG GOETHE, *Straßburg, Herbst 1770 – Frühjahr 1771*

Vgl. N I 141b, Anm.

142. AN KAROLINE FLACHSLAND, *Frankfurt, 20. April 1771*

3f. Haben ... gewesen?] *»Ja, mein Ewiggeliebtester, ich habe Ihre letzte Bitte erfüllt, ich bin seit Samstag so gelaßen und heiter, als ... die Tage nach unserm ersten Abschied ...« (A).*
5f. in eben dem Kämmerchen] *In Mercks Haus, vgl. zu I 136,43.*
11 Unschuldsgöttin] *Vgl. I 83,10–24.*
14 Unschuldsbild] *Vgl. II 3,139,150.*
18f. Leidenszeit in Strasburg] *Vgl. I 140(N),30ff.*
22 Vorschlüße] *Voraussagen.*
23f., 76f. Herzenverstummte Freundegesellschaft] *»... mir blutet noch das Herz, wenn ich an diese Tage, die wir wahrhaftig ganz anderst verdienten, denke« (A). In ihren »Erinnerungen« (I, S. 160) berichtete Karoline, daß H. und sie »kurze glückliche Stunden zusammen waren, die nur, leider! durch das Kritisiren einiger Freunde, die sich in unser Beider Verhältniß mischten, und es nach ihrer Denkart modeln wollten, gestört wurden«. Der Hauptstörenfried Franz Michael Leuchsenring und Karolines Freundschaft mit ihm sind ein wichtiges Diskussionsthema des Briefwechsels zwischen H. und Karoline bis zu ihrer Heirat, vgl. zu II 1,107–193.*
32 Evenement] *Begebenheit, Ereignis (frz.).*
39 Naheit] *Nähe.*
40 Göttin] *Schutzgöttin, vgl. I 114,33.*
45 ein Engel] *Schutzengel, vgl. I 84,13.*
49 das Ziel vor Augen hält] *Leitstern, vgl. I 92,59; 143,32ff.*
53f. substanziirt] *Verselbständigt.*
56f. Zuckerwerk u. Näscherei von Empfindungen] *Warnung vor dem krankhaft übertriebenen Empfindsamkeitskult, den Leuchsenring in Darmstadt zelebrierte und den Goethe 1774 in »Ein Fastnachtspiel vom Pater Brey« verspottete. Vgl. aber H.s Wohlgefallen an empfindsamen Szenen I 93,4–7,15f.,24–33; 98,10f. Der Empfindsamkeitskult (als elitäres, unverbindliches Gesellschaftsspiel) und das ernste Liebesverhältnis H.s und Karolines schlossen im Grunde einander aus.*
61 Empfindungströdler] *Leuchsenring.*

62f. TrödelKram von Empfindungen aus aller Welt] *So in Leuchsenrings Briefen aus seiner Brieftasche, die er allen Freunden vorlas.*
64ff. Bestimmung ... würdiges Frauenzimmer] *Vgl. zu I 95,62–79.*
67 Magellonen] *Siehe R, S. 730f.*
72–75 Unsre Briefe ... süßere Gesellschaft] *Der intime Briefwechsel sollte beide für das gestörte Wiedersehen entschädigen.*
78 Ihr Kämmerchen] *Vgl. I 143,11ff. Karoline ihrerseits legte sich nach H.s Abreise »eine Stunde« in sein Bett in Mercks Haus, wo sie Abschied genommen hatten; »und wie alle Thränen verweint waren, dann fühlte ich (o laßen Sie mir hier ein wenig Sinnlichkeit!) wie süße der Ort wo Sie geschlafen« (A).*
83 weil ich aus muß] *Laut Goethes Brief an H. vom September 1771 besuchte H. Goethes Eltern und unterhielt sich mit Cornelia Goethe, die ihm auf sein »anhaltendes Gesuch« dennoch die »fürtrefflichen« Jugendwerke des Bruders nicht geben wollte (WA IV 2, S. 5).*
86f. Scheiden, als uns zum Besten] *»Gott ... weiß es am besten, warum wir jetzt getrennt sind«; Karoline sah den Sinn darin, daß sie Zeit habe, sich zu H. »hinauf zu bilden« (A).*

143. AN KAROLINE FLACHSLAND, Kassel, 23. April 1771

3 Caßel] *H.s Reise von Darmstadt nach Bückeburg ging über Frankfurt, Gießen (vgl. A zu I 142, Schauer I, S. 173), Kassel und Rinteln (Westfeld holte ihn dort ab, vgl. seine Briefe an H., 10.2. und 13.4.1771, LB III, S. 335, 375; Erinnerungen I, S. 176).*
6, 13f. Ihr Bild ist mit mir gezogen] *»... ich bin bey Dir ... in Deinem Reisewagen« (A zu I 142).*
11 Ihr heiliges Schlafzimmerchen] *Vgl. I 102,255–263.*
12 Belindens Bettchen] *Vgl. zu I 102,260f.*
19f. durch Sie geheiligt] *Vgl. I 142,11.*
24 Seelenvereinigung] *Auch Karoline bekannte sich zu dieser platon. Liebe: »Deine ganze Seele schwebt so rein, so heilig um mich herum« (A).*
32f. Du bist beßer ... geworden!] *Wechselseitige Vorbildfunktion der Liebenden, vgl. zu I 142,86f.*
39f. Blumenunschuld] *Vgl. I 142,10ff.*
48 der Mörder Ihrer Ruhe] *Vgl. I 142,6ff. Karoline wies diese Selbstbezichtigung H.s zurück: »Das warst Du nicht, Du zarte gefühlvolle Seele; mein Engel warst Du und bist Du ...« (A).*
49 des Frülings der Seele] *»... mir hat noch keine FrühlingsSonne so schön in mein Zimmerchen und meine Seele geschienen als die jetzige« (A).*
61 alle meine Neuigkeiten in Bückeburg] *Karoline erwartete diese Briefe »mit dem süßesten Vergnügen«; es schmeichelte ihr, die Vertraute seines Herzens zu sein (A).*
66 eine Gesellschafterin] *Auch Karoline sah in dem abwesenden H. ihren ständig gegenwärtigen Gesellschafter (A).*
71 Emil Deutsch] *Hesse habe Rousseaus »Emile« nur in frz. Sprache, sie werde aber die Übersetzung in Darmstadt »zu erwischen« suchen (A). Karoline hoffte, wenigstens die ersten zwei Teile zu bekommen (A zu II 1), entschloß sich dann aber, an dem Original Französisch zu lernen (A zu II 9; A_2 zu II 12), beendete die Lektüre am 23.10.1771 (A_1 zu II 30) und wollte gern Herder-»Emils« (vgl. II 19,15f.) Sophie sein (A_2 zu II 30).*
73 Menschlich-rührenden Stellen ... im 3. u. 4. Theil] *Unter anderem das »Glaubensbekenntnis des savoyischen Vikars« und die Geschichte der Liebe von Emil und Sophie.*
78 unter einer maulenden Gesellschaft] *Vgl. zu I 142,23f.*

80ff. Fleischers Oden] *Vgl. zu I 95,44. In B₁ zu II 4 meldete Karoline den Empfang der Musikalien, Hesse habe sich »recht sehr darüber gefreut«. Sie spiele oft »Falle doch, auf Doris Augenlider« (Text: Gleim, »An den Schlaf« aus »Versuch in Scherzhaften Liedern«, 3. Teil, 1758; GSW 1, S. 148; Nachdichtung eines engl. Liedes. Dt. und engl. Text in Mendelssohns Rezension des Nachdrucks »Lieder, Fabeln und Romanzen«, Leipzig 1758, »Bibliothek der schönen Wissenschaften«, Bd. 3, 2. Stück, 1758) und sehe in Gedanken oft H. am Klavier sitzen, der alle diese Lieder gesungen und vorgespielt habe (Schauer I, S. 194f.).*
83 Liebe, du Göttin zärtlicher Herzen] *Lied von Justus Friedrich Wilhelm Zachariä.*
86 Brief der Gräfin Wartensleben] *Vgl. I 140(N),59f., Druck von Ring erhalten, der von seiner Schwägerin A. L. Volz in Wetzlar eine Abschrift bekommen hatte.*
87 Agathon] *Vgl. zu I 88,104.*
87f. ihn zusammen zu lesen, eine Feenlaube] *D.h., um die Geliebte her zu zaubern (vgl. »St. Johanns Nachtstraum«: »Zauberlaube, wo seh ich dich?«, SWS XXIX, S. 367). Karoline, an »Röteln oder Masern« erkrankt, wollte auch, sobald sie das Bett verlassen könne, ihren »Liebling Agathon« lesen (A).*
90 Adreße an Ihren Bruder] *Besorgt, daß Leuchsenring über Merck hinter ihren geheimen Liebesbriefwechsel kommen könnte, wollte H. seine Briefe an Friedrich Sigmund Flachsland adressieren, der nicht zu den »Empfindsamen« gehörte. Karoline legte in A die Adresse bei.*
93f. an den H. Geheimen Rat] *II 13. Ein ostensibler Brief an Karoline wurde nicht beigelegt, den gleichzeitigen Brief II 12 schickte H. nicht über Hesse.*
95 warum Leuchsenring ... verdorben] *Vgl. zu I 142,23f. »... werden Sie doch diesem armen kranken Mann nicht ganz böse, sein Körper wird hoffentlich fester und daher auch seine Seele werden« (A).*

Brief-Anhang

a) AN EINE ÄLTERE DAME (?), *Königsberg, 1762–1764*

(ÜBERLIEFERUNG. H: HN XX, 188, 104f.)

18 Daphne] *Siehe R, S. 722.*
22 Züglingen] *Zöglingen.*
24 Aedelkeit] *Edelkeit.*
26 das 4te Gebot] *Vgl. 2. Mose 20,12.*

b) AN EINEN FREUND, ZUM ANTRITT EINER RICHTERSTELLE IN DANZIG, *Königsberg, 1764*

(ÜBERLIEFERUNG. H: HN XX, 188, 65f., 83ff., Entwürfe und Niederschrift der Lobrede.)

15 Vaters] *Daniel Gralath (1708–1767), Bürgermeister von Danzig.*
17 Brabeuta] *Kampfrichter, Preisrichter; Richter überhaupt (lat., griech.).*
26 zweiten Schöpfern der Wissenschaften] *Die Humanisten in der Renaissance; die Grundlagen der Wissenschaften sind – nach Vorleistungen der Babylonier und Ägypter – im antiken Griechenland entstanden.*

32 Areopagit] *Richter am ältesten und berühmtesten Gerichtshof in Athen auf dem Areshügel (Areiopagos) südwestl. der Akropolis.*
35–38 Was bindet ... gebrauchen.] *Die Allegorie der Justitia mit verbundenen Augen, Waage und Schwert, Personifikation der Gerechtigkeit schon in der röm. Antike, seit 16. Jh. als Skulptur und Emblem verbreitet, im Zeitalter der Aufklärung als unpassend abgelehnt.*
39 Aberglaube das oberste Gesetz] *Im Mittelalter.*
43 die Rechte aus der Weltweisheit bessert] *Natur- und Vernunftrecht, durch die Philosophie der Aufklärung humanisiertes Recht.*
48f. Sprache der Empfindung ... Sprache der Natur] *Grundgedanke des »Romans« »Von den Lebensaltern einer Sprache« in der 1. Slg. »Ueber die neuere Deutsche Litteratur«, 1767 (vgl. SWS I, S. 152f.).*
51 Gral] *= Gralath, Daniel.*

c) AN EINEN FRANZÖSISCHEN SCHRIFTSTELLER (?), Riga, 1764/1765

(Datierung und Übersetzung korrigiert N, S. 799. Nur Sprachübung, der fiktive Adressat war Hamann.

ÜBERLIEFERUNG. H: HN XXVI, 5, 116, 119, *Studienbuch »Beiträge fürs Gedächtniß«, Königsberg/Riga.)*

7f. regarde ... dechifrer la Juno.] *Anspielung auf den Ixion-Juno-Mythos (vgl. R, S. 728) in Hamanns »Schriftsteller und Kunstrichter«.*
9f. un œil d'un fetu ... l'œil d'autrui.] *Sprichwörtlich, vgl. Matthäus 7,3ff.; Lukas 6,41f. Vgl. auch »Dithyrambische Rhapsodie«, 1764, 2. Gesang: »den enthusiastischen Sparren des Sonnenstrahls im Auge« (= Hamann; FHA 1, S. 35; vgl. R, S. 45).*
10ff. Montesquieu et Holberg ... des amans.] *»Dithyrambische Rhapsodie« (a. a. O.): »So sahe die Schöne zwei Liebende im Monde, wo der Geistliche 2. Glockentürme sahe: so sahen jene Triumvirs, Montesquieu und Holberg und Voltaire in der Geschichte des Römischen Reichs allemal ihre eigene Margot ravaudeuse.« Im ersten Teil dieses Satzes bezog H. sich auf ein Helvetius-Zitat in Kants »Versuch über die Krankheiten des Kopfes«. Die Menschen sehen nicht, was da ist, sondern was sie sehen wollen; das galt nach H.s Meinung auch für Montesquieus »Considérations sur les causes de la grandeur des Romains« und Holbergs »Allgemeine Kirchenhistorie«.*
12f. le Faunus Prusse notre Saint-Preux de Rousseau] *Hamann, verglichen mit dem Hauslehrer in »Julie, ou La Nouvelle Héloïse«.*
13 un Emile moins philosophe] *Einen weniger philosophischen Emil (verglichen mit dem Helden von Rousseaus pädagogischem Roman »Emile«) sah eigentlich Kant, nicht Hamann, im Sohn des »Ziegenpropheten« Jan Pawlikowicz Zdomozyrskich Komarnicki in seinem Hamanns Nachricht in den »Königsbergschen Zeitungen« vom 10. 2. 1764 angehängten »Raisonnement«.*
14 Saint Jean] *Der Ziegenprophet (R, S. 497); »Dithyrambische Rhapsodie« (a. a. O.): Wo der »Hofzeitungsschreiber« Hamann »einen heiligen Johann ... itzsch sahe, und ihn anbetet, bemerkt der Rousseauische HofPhilosoph [= Kant] den Antityp des Emils«.*
19–25 livres de memoires] *In der »Apostille« der »Dithyrambischen Rhapsodie« (a. a. O., S. 38f.) kritisierte H. »die eingeflochtnen Memoires« Hamanns, der »sein Buch zum Schlüssel sein selbst, und sich bloß zum Schlüssel seines Buchs macht. Narren sind wir, wenn wir sein Buch ohne ihn zu kennen, lesen; und Narren als seine Vertraute, denen er einbildet, sie wissen was von ihm, und siehe da! sie wissen nichts!«*

KOMMENTAR ZU BAND 2

Mai 1771 – April 1773

1. AN KAROLINE FLACHSLAND, *Bückeburg, 1. Mai 1771*

5f. meine Briefe von Frankfurt u. Caßel] *I 142 und 143.*
9 HochzuEhrenden feinen Herzen] *Franz Michael Leuchsenring, vgl. zu I 142,23f.*
12 wer weiß, was es ist?] *Auch Karoline wartete lange auf H.s Brief: »Das ist eine fatale Post! 10 ganzer Tage unter wegs« (A).*
16 nicht gleichgültig] *Karoline versicherte H. in A ihrer beständigen Liebe, Anbetung und Verehrung.*
24f. Gefährtin ... meiner Reise] *Vgl. zu I 143,6.* – Schutzgöttinn] *Vgl. zu I 112, 31–44.*
32 Ihr lieber Brief] *Vgl.* **99f.**
35 in Caßel] *Vgl. zu I 143,3.*
38 ein Mißton] *Vgl. zu I 142,23f.*
41 Schmidt] *Christian Heinrich Schmid.*
42 Geheimen Rath] *Andreas Peter v. Hesse.*
42f. Englisches Theater] *»Es verlangt mich recht sehr nach dem Englischen Theater« (A). Vgl. zu II 97,119–122.*
44, 48 Delikateße] *Feingefühl, Zartgefühl.*
46–51 Monimia] *Vgl. II 97,120f.*
48 undelikate Situation] *Monimia heiratet heimlich Castalio. Dessen Bruder Polydore täuscht sie in der Hochzeitsnacht in der Rolle ihres Ehegatten. Die Brüder töten sich im Duell, und Monimia nimmt Gift.*
52f. Eines Reisenden ... als Einsiedler] *Karoline bedauerte, daß H. »wie ein Einsiedler« gereist war: »O laßen Sie sich durch mein Andenken keine vergnügte Augenblicke rauben!« (A).*
53 viel Bekantschaften] *Raspe, Engelbronner und andere Professoren am Collegium Carolinum, vgl. I 80; II 5,40.*
55 Seit Sonnabend hier] *Am 27. 4. 1771.*
57 in Einem Hause] *Bei Westfeld.*
59 eines Amts] *Vgl. zu I 82,16.*
60 Schulz] *Schulze, Vogt, obrigkeitliche Person.*
63 gleich zum Thor heraus] *Karoline schrieb H.s Einbildungskraft die Schuld an seiner Enttäuschung von Bückeburg zu, spottete »in der That eine gute Ursache, den Coffer eingepackt gelaßen, fortgereißt und andre Menschen gesucht« und riet ihm zur Geduld, dann werde er in Bückeburg »auch Menschen, Freunde und Freundinnen finden« (A).*
64f. mein Ehrwürdiger College] *Duve.*
65 meinen Mantel in der Tasche] *Vgl. Goethes Beschreibung in »Dichtung und Wahrheit« (WA I 27, S. 302) und seine Epistel an H. vor dem 20. 2. 1776 (WA IV 3, S. 32). Karoline schrieb über H.s Einführung in die Kirche: »Sie mit Ihrem hohen Toupee und kleinen Mantel neben dem Herrn Kollege so leicht, als wenn Sie ihm über den Kopf springen könnten« (A).*
67 Aufsperrens] *Maulaufsperren, Verwunderung, Karoline beruhigte H. darüber: »... sorgen Sie nichts, in etlichen Monathen bleiben alle Fenster zu« (A).*
69 schnakisch] *Spaßig, lächerlich (Adelung).*
71 in meinem Hause] *Pfarrhaus in Bückeburg, Abb. in: Gebhardt/Schauer I, Tafel XXIX. »Sagen Sie mir ja, wie es in Ihrem Hauße aussieht, damit ich Sie finde, wenn ich Sie besuche« (A). H. zog kurz vor dem 25. 5. 1771 ein, vgl. II 4,28.*
75 der Fürstin] *Charlotte Friederike Amalie Fürstin zu Schaumburg-Lippe.*
76 Sonntag soll ich mich einführen] *Antrittspredigt am 5. 5. 1771, siehe R, S. 41.*

77 Dienstag ins Konsistorium] *H.s Introduktion ins Konsistorium fand am 7.5.1771 statt (vgl. Heidkämper, S. 32f.).*
79 den Grafen] *Wilhelm Graf zu Schaumburg-Lippe.*
84, 93 im Paradiese] *Vgl. zu I 99,112f.*
84f. den Koffer nicht auszupacken] *Vgl. zu 63.*
85f. von Reisen ... Hofleben] *Vgl. I 61 (N); zu I 79,4; 80,5.*
86 kleinen Stadt] *Bückeburg hatte um 1770 ca. 2000 Einwohner.*
87f. auf den Hals ... auf die Nase zu fallen] *In A ironisch zitiert.*
89 unterscheidet] *Mit Auszeichnung behandelt. –* darf] *Brauche.*
97 buchstabiren zu können] *Vgl. II 3,80f. –* anderthalb] *In A paraphrasiert: »Ich habe nur anderthalb Frauenzimmer gesehen, und keine die über meine Freundin geht!«*
99, 209 Englischen] *Vgl. zu I 91,132.*
105 heiter u. gelassen] *»...ich bin seit Samstag so gelaßen und heiter, als ich die Tage nach unserm ersten Abschied ... gewesen bin;...ich bin so heiter und gelaßen, als ichs in meinem Leben nicht gewesen« (B). Vgl. I 142,3f.*
107 ein verstudirter Mensch] *Leuchsenring glaubte, H. hätte sich gegen Karoline auch anders betragen können, lebe aber mehr in seiner »Gelehrsamkeit als Empfindung«. Karoline jedoch sei mit H. »völlig zufrieden«, empfinde zwar in seiner Gesellschaft ihre Schwäche, wolle aber alles nachholen, um sich zu ihm »hinauf zu bilden« (B).*
110–193 Leuchsenrings Denkart ... Wehmuth.] *Karoline bedauerte in A, daß sie mit B (vgl. zu 107) H.s Erklärung gegen Leuchsenring veranlaßt hatte, und entschuldigte den Darmstädter Freund mit seiner Krankheit.*
113 in Holland] *In Leiden, vgl. zu I 112,76f.*
115f. kränkliche Empfindsamkeit] *Vgl. zu I 142,56–63.*
117–121 Bedrückung, Einsamkeit ... aus dem Herzen sprach.] *Begründung der situationsbedingten wechselseitigen Täuschung über einander.*
120 Menschheit verhungerten Frankreich] *H.s im »Journal meiner Reise« reflektierte negative Eindrücke von der französischen Kultur, vgl. zu I 58,220f.*
122 intolerante Denkart] *Auch von Karoline abgelehnt, entsprach ihrer Meinung nach nicht dem »im Grunde« guten Charakter Leuchsenrings (A).*
123 Jacobi] *Johann Georg Jacobi, vgl. I 88,113f. In B_1 zu II 4 beteuerte Karoline, sie sei nicht »unter den Jacobiten ... die wahren menschlichen Empfindungen werden ganz herunter getändelt.«*
128 bei die Jacobis] *Zu Johann Georg und Friedrich Heinrich Jacobi nach Düsseldorf.*
133 Hemsterhuis] *Dessen Schriften kannte H. noch nicht, vgl. II 118 (N),14–17. –* schönen Magellonen] *Vgl. I 142,67.*
135f. zeigt uns ... Briefe, u. Bänder] *Leuchsenrings bekannte Indiskretion, sein Hausieren mit empfindsamen Briefen, vgl. 154ff.; I 142,62f.*
145f. in welchem wir – kurz gewesen sind.] *Vgl. zu I 142,23f.*
146 Mein Betragen gegen Sie] *Vgl. zu 107.*
150 Busenstiche] *Vgl. I 91,24. Kränkungen.*
155 Düßeldorf] *Vgl. zu 128.*
156 Amors aus Wachs boßirt] *Anspielung auf Gleims Gedicht im Musenalmanach Christian Heinrich Schmids »An den Herrn Canonikus Jacobi«, siehe R, S. 189.*
157 Zwecken des Menschen] *Vgl. I 95,71–82; 142,64ff.*
160 Knabenmännerchen] *Empfindsame Jünglinge wie Leuchsenring.*
165 Jacobischen Menschenhaß] *Vgl. 123f.*
165f. süßeste Romantische Zeit] *Vgl. zu I 110,109f.; 142,23f. Auch Karoline »blutete noch das Herz«, weil sie diese Tage im April 1771 »ganz anderst verdienten« (B).*

167 des ersten mals] *Im August 1770.*
169 Fräuleins Werner u. Neufville] *Adlige Fräulein in Darmstadt.*
173 guten Urtheile] *Vgl. zu* **110ff.,122.**
176 ein Mörder] *Vgl. I 142,6f.*
180, 210 in eine Wüste] *Vgl. zu I 86,28.*
182 die Seele] *Karoline.*
184f. in deren ... ruht.] *Von Karoline auf H.s Freundschaft angewandt:* »in deßen ... ruht« (A).
191 nie ein Jacobischer Umgang] *Vgl. zu I 142,56f.*
196ff. Nennen Sie ... erinnert?] *Vgl. zu I 142,78. Mit der Textveränderung* »neben« *statt* »im Bett« *widerlegte H. Karolines Selbstbezichtigung der Sinnlichkeit im Sinne seines Tugendideals, vgl.* **200–203,210f.;** *I* **83,10–16; 142,14.**
204 in Bückeburg ist niemand] *Vgl. zu* **97.**
207 bin zu unwürdig] *Vgl. II 3,64. H. solle nicht* »von Unwerth und allem diesen« *sprechen, wenn er Karoline* »nicht traurig machen« *wolle (A). Vgl. zu* **107.**
212 Elysium] *Vgl. II 18,40; zu I 99,112f.*
217 Schwachheit, Zweifeln] »...sey redlich gegen mich, verhele mir nicht die geringste veränderte Situation Deines Herzens« (B).
223 nicht mich würdig betragen!] *Vgl. zu* **107.**
224 eine Aufmunterung an Ihnen] *Vgl. I* **84,21; 143,32f.**
231f. wahre Würde ... Männlichkeit] *Vgl. I* **91,65–75; 99,66,162; 102,38.**
234 Thräne der Wehmuth] *Tribut an die Empfindsamkeit trotz Leuchsenrings Übertreibungen. Vgl. I* **91,162f.; 100,20f.**
237 geborgten Zimmer] *Vgl. zu* **57.**
239 Schwester] *Friederike v. Hesse.*

2. AN CHRISTOPH FRIEDRICH NICOLAI, Bückeburg, 6. *Mai 1771*

4 lange aus unserm Briefwechsel hinaus] *Vgl. I 75.*
7 Resewitz] *Vgl. zu I* **75,11.**
8 Beifall, und Zutrauen] *Vgl. I* **79,10ff.; 82,37f.,42f.; 98,66f.**
9f. lebte ich ... in Holstein] *Vgl. zu I* **79,4.**
10 in Johann] *Vgl. zu I* **79,20.**
11 auf den Weg ... nach Straßburg] *Über Hamburg, Hannover, Kassel, Darmstadt, Karlsruhe.*
12ff. Schaumburgschen Ruf ... anzunehmen] *Vgl. zu I 50 (N),***92–95; 82,16; 107,11ff.** *Nach Abbts Beschreibungen hielt Nicolai es für* »eine große Annehmlichkeit«, *dem Grafen Wilhelm zu Schaumburg-Lippe nahe zu sein. Im Falle einer Italienreise hatte er befürchtet, daß H. wie Lessing durch die Liebe zur Antike von der deutschen Literatur weggeführt worden wäre (A).*
14ff. nicht ohne Empfindlichkeit ... Erlaßung zu suchen.] *Vgl. I 94 (N);* **105,12ff.; 107,6–9.**
17 in meinem Karakter] *Vgl. I* **91,25f.; 98,74f.**
19 Reise nach Rom] *Vgl. I 94(N),***26.**
21 Anstandes wegen vor der Welt] *Vgl. I 94(N),***24ff.**
23 von Paris nach Kiel] *Vgl. I Anm. 77; zu I* **95,14.**
25 Augenkur] *Vgl. I* **136,19–24; 140(N),27–33.** *Nicolai forderte H. auf, zur Heilung seines Auges nach Berlin zu kommen, wo Johann Georg Zimmermann sich einer Bruchoperation unterziehen werde (am 24.6.1771, vgl. Johann Friedrich Meckel,*

»Tractatus de morbo hernioso congenito singulari et complicato feliciter curato«, Berlin 1772, rezensiert in *»Frankfurter gelehrte Anzeigen«*, 10.7.1772). H. solle einen ärztlichen Krankenbericht schicken, Nicolai wolle die besten Ärzte für ihn konsultieren (A). *Vgl. II 22,71ff.; 46,17f.*

26 Partikularien] *Einzelheiten, Besonderheiten, nähere Umstände.*
27 Versäumniße an der Bibliothek] *Vgl. zu I 69,49–54,68.*
32 Einiges zur Bibliothek beitragen] *Nicolai freute sich über das Angebot und sandte gleich einige Bücher zur Rezension (vgl. II 22); denn Rezensenten, »die mit philosophischem Scharfsinn ein Buch durchschauen, und selbst über dasselbe neue Gedanken sagen«, seien selten (A).*
34 Iselins Schriften] *»Vermischte Schriften« (zur Staatswissenschaft, Ökonomie und Moral), nicht von H. rezensiert.*
36 in allem Neuen ... zu fremde] *Vgl. I 133(N),15.*
38 Ratzeberger] *»Vademecum für lustige Leute«. Nicolai freute sich über H.s Zustimmung zu dieser »Schnake ... gegen Scheinheilige verdammende Bedenkenschreiber« (A).*
40 Antitheatralische Dunse] *Johann Melchior Goeze eiferte gegen das Theater und schrieb gegen Johann Ludwig Schlosser, Prediger in Bergedorf (1738–1815), Verfasser von »Neuen Lustspielen« (Bremen 1767), »Theologische Untersuchungen der Sittlichkeit der heutigen Schaubühne überhaupt; wie auch der Fragen: Ob ein Geistlicher, insonderheit ein wirklich im Predigt-Amte stehender Mann, ohne ein schweres Aergernis zu geben, die Schaubühne besuchen, selbst Comödien schreiben, aufführen und drucken laßen, und die Schaubühne, so wie sie itzo ist, vertheidigen, und als einen Tempel der Tugend, als eine Schule der edlen Empfindungen, und der guten Sitten, anpreisen könne?« (Hamburg 1769). – Dunse] Nach engl. »dunce«, Dummkopf (von Gegnern des Scholastikers Duns Scotus wurde dessen Personenname als pejoratives Appellativum gebraucht; danach Popes Satire auf die Dummheit »Dunciad« 1728, H.s Entwurf einer »Dunciade« 1767, SWS XXIX, S. 731).*
42 Abbts Briefen] *»Freundschaftliche Correspondenz mit Mendelssohn und Nicolai«. Nicolai wünschte eine nähere Erklärung, welche Stellen H. »anstößig« seien, sein Urteil sei ihm »sehr wichtig« (A). Vgl. II 22,57–60.*
46 mit Schwefelfeuer verbrennen Sie ihn] *Vgl. Offenbarung des Johannes 19,20. Nicolai bewahrte alle empfangenen Briefe in seinem Verlagsarchiv auf und stellte sie 1804 Karoline v. Herder für die Werkausgabe leihweise zur Verfügung (vgl. O. Hoffmann: Nicolai, S. 114–120).*
48 Sekte oder Bande] *Dazu bekannte Nicolai sich: »Es kann seyn, daß wir auch einerley Arten der Vorurtheile hatten, aber auch deßen schämen wir uns nicht; das Publicum mag es wissen« (A).*
52 Idiot] *Vgl. 36; zu I 50(N),176.*

3. AN KAROLINE FLACHSLAND, *Bückeburg, 11. Mai 1771*

4 Krankheit] *Nach ihrem letzten Brief (22.4.1771, B zu II 1) lag Karoline drei Tage im Fieber und bekam »die Röteln oder Masern«, infiziert von ihrer »kleinen Base« (v. Hesse).*
8 Ahndungen] *Vgl. zu I 112,15.* – Weißagungen] *Vgl. I 108,55f.,63f.* – Schutzgeister] *Vgl. zu I 93,13.*
11 schon beßer sind!] *H. solle ihretwegen »ganz unbesorgt« sein, da sie »wieder völlig wohl« sei (B).*

12 an Merck ... u. Alle schreiben] *Nicht erfolgt.*
18 Alles verdorben wird] *Vgl. zu I 142,23f.*
19 Dämon des bösen Schicksals] *Vgl. I 102,159; II 4,61–66.*
20 Romantische Zeit] *Vgl. zu I 110,109f.*
24 Spielwerk] *Vgl. zu I 68,17.*
25 Geschichte Deiner Krankheit] *Den Tag nach H.s Abreise (vgl. I Anm. 142) »fing schon das Fieber an mit Husten, Brustweh, Kopfweh, Schnupfen«, Sonntag nahm es zu, Montag mußte Karoline sich nach einer Visite ins Bett legen, gegen alles gleichgültig und gefühllos, einer Lungenentzündung nahe. Donnerstag abend, als es sich besserte, erhielt sie H.s Brief I 143, der zu ihrer Genesung beitrug. Mit den Masern habe sie »abscheulich« ausgesehen. Ihr Schwager sei sehr besorgt um sie gewesen, habe ihr vorgelesen oder Klavier gespielt (A).*
27f. Saint Preux ... Blattern lag] *Rousseau, »Julie, ou La nouvelle Héloise«, Bd. 3, 14. Brief.*
29 elenden] *Armselig (Adelung).*
43f. niesen, oder Ohrenklingen] *Wenn H. an sie denke. Vgl. zu I 22,6ff. H. solle beim Mondschein an sie denken: »Dann brauchen wir kein Ohrenklingen, der gute, stille, verschwiegene Gedankenfreund [vgl. I 129,74] sey unser Erinnrer!« (A).*
49 mich u. Bückeburg] *Wechselseitig enttäuschte Erwartungen, vgl. II 1,64–70.*
50, 104 vom Grafen] *Vgl. zu II 1,79.*
52 Einholer] *Vgl. zu I 143,3. – Unterhändler] Vgl. zu I 82,16.*
55 Blödigkeiten] *Vgl. zu I 91,85f.*
56 malaise] *Unbehagen.*
58 Einsamkeit] *Vgl. 81f.; zu I 117,21f. – Glückseligkeit] Vgl. I 91,79,171; 99,213ff.; 100,91f.*
60, 103 Situation] *Vgl. zu I 73(N),15.*
63f. Schutzgöttin] *Vgl. zu I 112,31–44.*
67 Reeller, u. beßer werde!] *Vgl. 117ff.; zu II 1,224.*
75 meinem Genie u. meinem Charakter] *Vgl. zu I 15,38; 98,14f.*
79 Wüste Köpfe!] *»Unter den obern Classen des übrigen Publicums fand Herder lauter ungebildete Menschen, die weder Geist noch Herz schätzten« (Erinnerungen I, S. 295; das Urteil wird in einer Fußnote z.T. relativiert).*
80f. Weiber ... Bildsamkeit!] *Im Gegensatz zu Karoline gesehen, die H. im Briefwechsel nach seinen geschlechtsspezifischen Vorstellungen bildete, vgl. I 88,47–54; 95, 53–80; 102,198ff.; durch den ganzen Brautbriefwechsel passim, vgl. die diskurstheoretische Magisterarbeit »Eine empfindsame Liebe« von Cordula Haux, Bielefeld 1988.*
86 Einsiedler] *Topos für H.s Bückeburger Existenz bis April 1773. – Philosoph u. Schäfer] Vorstellung einer anakreontischen Lebensweise.*
87 Garte] *Ältere Form von »Garten«. Die für das Naturempfinden des Sentimentalismus bezeichnende Vorliebe für das Gartenleben wurde bei H. noch durch orientalische Paradiesvorstellungen theologisch fundiert (vgl. SWS VII, S. 60), siehe R, S. 793. Vgl. II 6,27ff.*
89 Wald u. Gebürgen] *Harl, siehe R, S. 771.*
92 geliebtes Bild] *Karoline in H.s Vorstellung, vgl. I 143,6.*
94ff. Gedanke ... Bild der Seele] *In der 3. Sammlung »Ueber die neuere Deutsche Litteratur. Fragmente« erklärte H., »daß Gedanke und Wort, Empfindung und Ausdruck sich zu einander verhalten, wie Platons Seele zum Körper« (SWS I, S. 397).*
96 Gattin Cuchullins] *Bragela, vgl. I 110,265; siehe R, S. 720f.*
98f. Anwartschaft ... zu werden] *»... ich fürchte, Bückeburg und der Kreis in dem Sie sind und würken, ist viel zu klein und unbedeutend für Sie, ... Sie sind für keine kleine*

Sphäre gemacht; ... so sehr und so gern Sie jetzt Einsamkeit lieben, und Anwartschaft zu einer LandpriesterStelle zu haben glauben« (A).
100 Landpastoridyllen] *Nach dem Vorbild von Goldsmith,* »*The Vicar of Wakefield*«, *vgl. zu I 128,66.*
101 Gelehrsamkeit] *Vgl. zu I 95,54ff.*
101f. in den Archipelagus ... wünschen.] *Vgl. zu I 73(N),10–13,48,52; siehe R, S. 745.*
»*... werfen Sie nicht alles Gute so schlechterdings in den Archipelagus, dort nützt es nichts, aber Ihnen ists doch immer Lebensstab, sich daran zu halten«* (A).
103f. wie das Storchnest auf den Altar] »*Beicht bey Statsgefangnen und hundert solche Sachen zu hören und zu sehen, dazu schicken Sie sich freilich als wie das Storchnest auf den Altar«* (A).
106 Feiertage] *Pfingsten, 1771 der 19./20. 5. – aufs Land] Baum, siehe R, S. 747.*
108 Minden] *Siehe R, S. 787.*
112 hier laßet uns Hütten bauen] *Vgl. Matthäus 17,4.*
112f. Nach Liefland ... schreibe ihn ab] *Am 10./21. 4. 1771 bot Campenhausen H. das Rektorat des Kaiserlichen Lyzeums, das Diakonat an der Kronskirche (Jakobskirche) und das Assessorat im Oberkonsistorium (mit einem Jahresgehalt von 500 Albertustalern) in Riga an (vgl. II Anm. 17). In dem II 17 beigeschlossenen Brief an Campenhausen (nicht überliefert) stellte H. Bedingungen (Rang des Scholarchen und Propstes), die jener nicht erfüllen konnte (A zu II 17).*
113 zarte Bande wegfallen] *Zu Frau Busch, vgl. II 10,29ff. Karoline beklagte H. in der Annahme, er sei* »*von dieser Freundin, die so viel ausgebildeten Charakter, Güte und Attachement*« *für ihn hatte,* »*hintergangen worden*«*, und fragte besorgt, ob* »*diese Trennung niedre Ideen gegen das Frauenzimmer*« *bei ihm erregt habe. Sie erklärte sich damit jetzt sein pessimistisches Gedicht an Merck* »*Als sein Freund Sympathie und Freundschaftswonne sang*« *(siehe R, S. 33) und bat ihn* »*mit Thränen ... nur noch ein bischen Glauben an Freundschaft und Tugend*« *zu behalten.*
121 Celtischen Hütte] *Vgl. II 23,61,67,85,121; zu I 110,86,157.*
122 im Beichtstuhl] *Erst allmählich verdrängte in der evangelischen Kirche in der 2. Hälfte des 18. Jahrhunderts die allgemeine Beichte (vom Prediger gesprochenes Sündenbekenntnis) die aus dem Katholizismus übernommene Privatbeichte.*
123f. Staatsgefangnen Präsidenten] *Lehenner, seit April 1758 unter Arrest, war habsburgisch gesinnt; wie seine beschlagnahmten Briefe bewiesen, hatte er den im Siebenjährigen Krieg auf Preußens Seite kämpfenden und von der Reichsacht bedrohten Grafen Wilhelm von der Regierung bringen und eine kaiserliche Landesadministration bewirken wollen (vgl. Schaumburg-Lippe III, S. 123ff., 468 zu Nr. 150).*
125 früh soll ich predigen!] *Vgl. II 15,15f.; II 24.*
127f. Brieftasche ... geschenkt] *Bei H.s Besuch in Darmstadt im April 1771 (? eine Brieftasche aus rotem Leder vgl. Freitag/Juranek, Nr. 150).*
128f. Caroline ... unterstrichen] *Ihr Exemplar der Darmstädter Ausgabe* »*Klopstocks Oden und Elegien*«*, siehe R, S. 314.*
129 Oßian] *Die Übersetzung von Denis oder* »*Fingal*«*, Hamburg 1764 (siehe R, S. 424f.).*
130f. am blauen Briefbande] *Vgl. I 102,281ff.; 110,29ff.*
132 Catharina u. Maria Theresia] *Die russische und die deutsche Kaiserin verschenkten als höchste Auszeichnung ihre diamantengeschmückten Miniaturbildnisse.*
134 wie Lilie u. Rose] *Vgl. I 88,65; 102,238f.; II 4,119.*
138–166 Das du selbst bist ...] *Siehe R, S. 32.*
150 Himmelsunschuldsengel] *Vgl. I 83,9–24,78f.; 86,29; 142,11.*

4. AN KAROLINE FLACHSLAND, *Bückeburg, 25. Mai 1771*

3 Ich ... vergeßen?] *»... vergeßen Sie unter allem diesem Vergnügen und vielleicht kleinem Geräusch Ihr Mädchen in Darmstadt nicht« (B_1).*
11 Wald] *Vgl. zu II 3,89.*
11f. Gartens, an einem Wall] *Vgl. II 3,87f.*
13 Mondschein] *Vgl. I 85,26f.,31f.; II 174,44ff.*
14 Nachtigall] *Vgl. II 3,90; 6,22f.*
15f. unaussprechlich sind Sie dabei!] *»... wir sind vielleicht jetzt mehr beysammen als sichs solche körperliche Menschen nicht träumen können« (B_1). »... ich bin bey Ihnen, in Ihrem Garten, oder Zimmer oder Wald« (A). Vgl. zu I 143,6,24,66,87f.*
19 Unschuld] *Vgl. zu II 3,150.*
21 Ausbleiben eines Briefes] *Vgl.zu II 1,12 (Zitat aus B_2, nach Empfang von II 1).*
24f. Feiertage ... Priesterarbeiten] *Vgl. zu II 3,106.*
26 Zähnschmerzen] *Vgl. II 8,15ff. –* Fluß] *Nervenschmerzen, Rheumatismus.*
28 Einzug in mein Haus] *Vgl. zu II 1,71.*
29 Trinitatisfest] *1771 der 26. 5.*
30f. schwarzweißen Gespenstern ... nennen.] *H.s Briefe. In B_1 wünschte Karoline »einen so süßen Abdruck Ihrer Seele«.*
37 Sie sind ... gesund] *»Ich bin wieder so wohl, und heitrer, das versichre ich Sie, als jemals, nur noch ein wenig träge und müde« (B_2).*
38 Ihr letzter Brief] *B zu II 3; vgl. zu II 3,11.*
41 Ausfahrt zwischen den Felsen] *»Heute waren wir mit Merck und seiner Frau und Leuchsenring an dem einzigen romantischen Ort hier, an dem Berg und zwey Teichen und jenem Felsen im Wald« (B_1). Vgl. zu I 92,8; 93,5.*
41–47 Ihrem schwarzen Marienschleier] *Wegen der überstandenen Masern: »...daß ich diese erste schöne Mayenluft unter einem schwarzen Flornen Schleier (wegen meiner Haut und Farbe, wenn Sies erlauben) genießen muß, ich habe ein sehr gutes Ansehen darunter vor eine Nonne, mit meinem Mariengesicht« (B_1). Dieses Bild inspirierte H. zu dem folgenden Gedicht* 48–119 *(die gleiche Form wie II 3,138–166). »Die vertraute Hülle, die mich vor der Welt verborgen, ist nun weg«, meldete Karoline in A.*
51 Schäferliebe] *Anakreontisches Motiv.*
52f. verödet ... unsre Freudezeit] *Vgl. zu I 142,23f.*
56f. Schmerzen ... Gefängnißgram.] *Die langwierige, mißlungene Behandlung von H.s Tränenfistel in Straßburg, vgl. zu I 110,5; 135,42; 140(N),30ff.*
63 KainsAngesicht] *Vgl. 1. Mose 4,15.*
67 des Laurers] *Franz Michael Leuchsenring.*
70 Scheidestunde] *Vgl. I Anm. 142; zu I 142,78.*
74 Geist der Krankheit] *Vgl. zu II 3,4,25.*
80 Drohte gar mit Tod.] *»Aber wißen Sie, daß ich um einen Schritt an jenem Ufer gewesen, wo man so bald nicht wieder zurück kan? und wenn ich gestorben, welches mir aber nicht geahndet, hätten Sie mir mein Grabschriftchen machen müßen!« (B_1).*
82 Schutzgott, Dämon] *Vgl. I 95,209; 102,189; 112,9ff.*
91 Frülingsunschuldsblume] *Vgl. I 95,208f.; 102,238f.; 143,39.*
92f. Heilge ... Liebeswonne,* 95ff. Wonneblick ... Muttergottes Adel] *Das traditionelle Gegensatzpaar Sinnlichkeit und Heiligkeit vereint H. hier in einer Synthese zur Verherrlichung der Geliebten.*
106–109 daß sie vor der Welt ... Ruhe athme!] *Zitiert in A.*

117ff. das geröthete ... Rose zu der Lilie!] *Kontrafaktur zu Friedrich v. Logaus (1604–1655) Sinngedicht »Wie willst du weiße Lilien zu roten Rosen machen?/Küss' eine weiße Galatee: sie wird errötend lachen.« in Lessings 36. Brief (26.4.1759) der »Briefe die Neueste Litteratur betreffend«.*
122 Petrarchische] *Petrarcas kunstvolle Kanzonen und Sonette.*
124f. Geschenk des Herzens ... Nachdenkens.] *Karolines Dank für das voranstehende Gedicht: »...ich will Dein Herz ungekünstelt. Die sanfte liebliche Einfalt der Natur, die stille Begeisterung eines Herzens wie das Deinige rührt mich mehr als alle Kunst, und ist für mich Leben und Elysium« (A).*
128, 130, 216 Predigt enden] *H. bereitete am Sonnabend die Sonntagspredigt vor, vgl. 29.*
131f. wiedergeschenkten Freundin] *Nach ihrer Krankheit und Todesgefahr, vgl. zu 80.*
135f. erste Nachricht ... trögen.] *Vgl. II 3,9ff.*
141 Mistrauen meiner Freunde] *Merck, Goethe, Leuchsenring.*
146f. welch ein Glück ... genießen!] *Vgl. I 98,84ff.,92ff.*
147 Der Traum des Prometheus] *In Wielands »Beyträgen zur Geheimen Geschichte des menschlichen Verstandes und Herzens«. Karoline schrieb nach der Lektüre: »... es hat mir ungemein gefallen, daß er den menschlichen Körper so veredelt,... o sind wir nicht gute, glückliche Geschöpfe! es hängt nur von uns ab vergnügt zu seyn« (B$_1$).*
150 ersten Besuch] *Mitte August 1770 in Darmstadt.*
151 voll] *Begeistert.*
155 Situationen der Menschheit] *Vgl. zu 146. –* Concurrenz] *Zusammentreffen.*
159 den LeibMedicus zu sprechen] *Vgl. zu I 131,4. Er sei mit der Herzogin von Pfalz-Zweibrücken-Birkenfeld nach Bergzabern abgereist und habe bedauert, H., mit dem er am meisten harmoniere, nicht in Pyrmont sprechen zu können.*
161 aufgewallet bin] *Gefühl gezeigt habe. –* an ihn schreiben] *Vgl. II Anm. 82.*
161f. nicht als Gelehrter, sondern als Mensch] *Diese Distinktion gehörte zu den Grundpositionen vor allem des jungen H. und gipfelte in den Ausführungen des »Journals meiner Reise im Jahr 1769«. Vgl. zu I 21(N),18f.; 95,54ff.; II 136(N),35–40.*
162 der andre Leuchsenring] *Franz Michael Leuchsenring beobachte Karoline »außerordentlich« und glaube, sie »wäre zurückhaltender gegen ihn geworden, ... er siehts und hörts und erklärt sichs aus der Natur« (B$_1$). Vgl. 182–185.*
164 Magenkrämpfen] *Vgl. zu I 143,95.*
168 Hoffmannische Tropfen] *Vgl. zu I 131,54f. –* auf Zucker] *Vgl. zu I 142,56f.*
170 Antworten ... einen sondern Zettel] *Leuchsenring bat durch Karoline »um einige Nachricht von dem Charakter und der Person des Herrn von Reitern [Reutern], nahe bey Riga, ... und wo er sich jetzt aufhält«, H. würde ihn »vermuthlich kennen«. Zweitens fragte er, ob Merck ihm von H.s »Manuscripten etwas mittheilen« dürfe (B$_1$). A zufolge hat H. dem Brief keine Antworten an Leuchsenring beigelegt und wurde von Karoline daran erinnert. Vgl. II 8,177–181.*
172f., 177f. daß es ... erklären möchte.] *Es bleibe bei Leuchsenrings Wunsch, »daß die Sache sich zu Ihrem Vortheil erklären möchte« (B$_1$); vielleicht H.s Bückeburger Existenz betreffend oder seine erwartete Berufung nach Livland, vgl. zu II 3,112f.*
174ff. auf den Wallfischfang ... präsentirt] *Für H.s Stand und Bildung extreme, unpassende Situationen.*
175 Novazembla] *Siehe R, S. 791. –* Mohr] *Ursprünglich Bewohner Mauretaniens (maurus, Maure), dann überwiegend Bezeichnung der schwarzen Afrikaner (Neger).*
176 Koffee präsentirt] *Coffee (engl.), das um 1670 in Deutschland und Frankreich eingeführte exotische Getränk wurde an Fürstenhöfen oft von Dienern afrikanischer*

Herkunft dargereicht, auf Repräsentationsbildnissen jener Zeit gehören sie zur Staffage.
179 Milch- u. Käseseelen] *Vgl. II 1,127ff. »... sein kranker Körper hat die meiste Schuld an seiner jetzigen Empfindung, es ist alles schlaff und aufgelöst an ihm, und kan keine andere als Milchspeise genießen« (B_2). – Sanct Jacobi] Vgl. zu II 1,123.*
180 Schleimartigsten Verehrer] *Leuchsenring.*
181 dem ---] *Anstelle eines Schimpfwortes für Leuchsenring.*
183 Beobachtergeist] *Vgl. zu 162.*
187 Beicht] *Nach Adelung korrekte Wortform. Vgl. zu II 3,122.*
188 erwünschten Brief] B_2.
189f. freundschaftliche Vorsprecherin] *Fürsprecherin (Nebenform dazu); Karoline entschuldigte sich in B_2 für »diese kleine Apologie vor einen Freund ... Vergeben Sie ihm alles, er hats wider Willen und Vorsatz gethan.« Vgl. zu 179; I 143,95; II 1, 110-193.*
193f. meinem vorigen Briefe] *II 1; denn II 3 kreuzte sich mit B_2.*
196f. meine Einbildung ... überhöht] *Vgl. zu II 1,63.*
199 nicht lobeskarg] *Vgl. II 1,71ff.*
200 Menge erster Visiten] *Vgl. II 1,58f.,75-78,216; 3,69.*
202 freundschaftliche Verabredung] *Vgl. zu I 143,61.*
203 vom Lobe meines Herrn] *Karoline wünschte zu wissen, ob H. mit Graf Wilhelm sympathisiere (B zu II 3), »der von allen die ihn würklich kennen außerordentlich erhoben wird« (B_2). Vgl. II 8,67-70.*
205 gnädige Satyrenschreiberin] *Karolines ironischer Briefstil in B_2, vgl. zu II 1,63,65.*
207 Früchte bringe in Geduld] *Vgl. Lukas 8,15.*
207f. Schwärmerei gegen Sie untersagen] *H. schwärme in allen Briefen von ihr: »... seyn Sie Schwärmer, wo und wie Sie wollen, ... nur in der Freundschaft und Liebe gegen ein armes Mädchen seyn Sies nicht!« Karoline befürchtete, daß er sie nicht immer »in einem so schmeichelhaften Lichte« sehen würde (B_2).*
208, 213 Mariengesichts] *Vgl. zu 41-47.*
216 communiciren] *Zum Abendmahl gehen.*
217f. Ort unsres ersten Briefes] *»... vor 2 Tagen war ich im Schloß zum erstenmal wieder in dem Zimmerchen, wo Sie mir den ersten Brief ... gegeben. [I 83] ... süßes Erinnren an jene Zeiten ... Es war der heiligste Ort für mich« (B_2).*
219 A Dieu!] *Vgl. zu I 62(N),96.*

5. AN RUDOLF ERICH RASPE, Bückeburg, 31. Mai 1771

5 Hymens] *Siehe R, S. 727. Raspe hatte am 9.4.1771 in Berlin geheiratet. Mit »des jungen Hymens Liebkosungen« entschuldige er seine späte Antwort (A).*
8 nach Kaßel kam ... Sie nicht fand] *Vgl. II 1,35f.,52f.*
11,10f. Engelbrunner] *Engelbronner; es ist unklar, ob H. diesem geschrieben oder ihn doch in Kassel gesprochen hatte.*
15 im vielgebietenden Deutschlande ... abgetrennt] *Anspielung auf die absolutistische Kleinstaaterei.*
17 Umgang der Seele] *H., ein »Prometheus«, möge sein »hellbrennendes Feuer« in Raspes »lehrbegierige Seele« gießen (A).*
20 aus Berlin] *Vgl. zu 5.*
21 mehr ... in Verbindung!] *Raspe war Mitglied der »Royal Society« in London.*

23 Exsulanten] *Vgl. zu I 70,14.*
25 Durchreise in Kaßel] *Vgl. I 80.*
26 unsrer schönen und häßlichen Litteratur] *Ironische Infragestellung des Terminus »Schöne Literatur« (les belles lettres, »schöne Wissenschaften«).*
27 Krankengefängniß zu Strasburg] *Vgl. zu II 4,56f.*
28 völligen Ignoranten] *Vgl. II 2,36,52f.*
30 in Pyrmont] *Vgl. II 39,99ff.; H. kam erst im Juli 1772 dorthin (II Anm. 92).*
31 Westfeld] *Raspe schätzte H. und Westfeld glücklich, daß sie Graf Wilhelm dienten, »der eine sehr lehrreiche Erscheinung« sei »für so viele andere unseres und künftiger Jahrhunderte«, ein »Scipio« (A).*
32 neuen Stande] *Raspes Ehestand.*
33 Waßer zu Siloah] *Siehe R, S. 818.*
35 Ihren Alten] *Johann Hermann Döring.*
37 Reliques of ancient English Poetry] *Von Percy; sie waren »an einen abwesenden Freund verliehen«, Raspe schickte sie mit A (4. 8. 1771). Vgl. II 103,5f.*
38f. in Liefland] *Vgl. zu I 63(N),6f.; II 64,62ff.*
40 Tischbein] *Johann Heinrich d.Ä.*
42 Madame] *Elisabeth Raspe.*
44 Ermahnungen der Karschin] *»An Herrn Hofrath Raspe«, Hochzeitsepisteln (2 Lieder an Raspe, 2 an seine Braut), Einzeldrucke 1771.*
46f. Weint, ihr Grazien] *Frei nach dem Anfang von Catulls Carmen 3 (auf den Tod von Lesbias Sperling).*
47f. Seines Mädchens Kränzchen ist hin!] *Nicht nach Catull, nicht antik. Das Motiv des verlorenen Jungfernkranzes (symbolisch für die verlorene Jungfernschaft eines Mädchens) ist in der europäischen Volksdichtung (deutsche, baltische, slawische Volkslieder) seit dem Mittelalter verbreitet.*
48f. aus Katull weiter] *Anspielung auf Catulls leidenschaftliche erotische Lyrik und Epithalamien.*

6. AN KAROLINE FLACHSLAND, *Bückeburg, 7. und 8. Juni 1771*

6 meinen letzten Brief] *II 4.*
8f. Ihren neulichen Brief] *B.*
9 deplacirter] *Nicht an der ihm gebührenden Stelle; vgl. zu I 73(N), 15.*
10 der glücklichste Bediente] *Vgl. II 47,22.*
12 unsinnigen Handwerksmäßigen] *Alle amtlichen Verrichtungen außer den Predigten.*
14 Achtung des Herrn] *Vgl. II 8,65f.,68f.,77f.*
16 Ruf der Gelehrsamkeit] *H.s Rigaer Veröffentlichungen, insbesondere »Ueber Thomas Abbts Schriften«, hatten den Grafen überhaupt erst auf ihn aufmerksam gemacht und die Berufung nach Bückeburg veranlaßt. Vgl. zu I 50(N),92–95. Nach Westfelds Schilderung war die Bevölkerung des kleinen Landes, Geistliche, Beamte und Offiziere eingeschlossen, ohne alle wissenschaftliche Bildung und durch Reformprojekte Abbts gegen Gelehrte voreingenommen (Erinnerungen I, S. 291f., 295ff.). Vgl. II 49, 44ff.*
17f. Wohlgestalt meines Wesens] *Harmonische Ausbildung der Persönlichkeit.*
19 Eine gesellige Linde] *Die Liebe zu einem Baum ist das Sujet des Gedichts »Der Lorbeerkranz«, vgl. II Anm. 41; R, S. 14 unten. Schauers Hinweis auf die Romanze »Die Gräfin Linda« (SWS XXV, S. 338–343) entbehrt jeder Grundlage.*

22f. Die Nachtigall ... der Mondschein] *Vgl. II 4,12ff.*
25 Ihren Geßner gelesen] *»Idyllen von dem Verfasser des Daphnis«, Ihren]* Nicht etwa Karolines Exemplar, sondern weil es sich um einen ihrer Lieblingsdichter handelte; vgl. I 95,167ff.,98,138.
26 Mylon] *Der junge Hirt Mylon hat einen Singvogel gefangen, will einen Käfig bauen, um ihn Chloe zu schenken und dafür Küsse zu erhalten, aber der Vogel ist weggeflogen.*
27 Rasenbänke] *Vgl. II 12,8.*
28 den Wall abstechen] *Vgl. II 3,88; 4,12.*
29f. welcher kalte Schauer] *Karoline antwortete resignierend:* »Ihr kleiner Schauer in die Zukunft, und bey mir eine Hoffnung- und Wünschungslose Nacht der Zukunft! was sollen alle diese Ahndungen? Soll ich Ihnen meine Meinung darüber sagen? oder wollen Sie mir die Ihrige sagen?... Wir sind keine Kinder mehr, und das Schicksal wird ja nicht von Menschen regiert« *(A).*
38 Einsiedlerin] *Vgl. I 91,61; 92,34.*
39f. Ihren letzten reichhaltigen Brief] *B.*
41 Ihrer Krankheit] *Vgl. zu II 3,25.*
42 Wielands Amadis] *»Der Neue Amadis«. Karoline hatte ihn »zur Helfte nur, gelesen. Ein Comisches Gedicht, voller Satyren über ein halb Dutzend Töchter des Sultan Bambos, über Spröde und Keusche, und Coketten, und Dicke und Blonde, ... Don Parasol und Mademoiselle Collifischon hatten meine Schwester und mich ungemein amusiert. Es fließt ihm [Wieland] wie ein Strom, und verheert die schöne Welt unter beyden Geschlechtern wie der Vesuv, wenn er Feuer speyt, es bleibt nichts mehr an ihnen übrig« (B). »... das lustigste, launigste Buch, wie wird Ihnen Olinde darinnen gefallen? Herr Amathis ist ein wenig zu Butterartig, er schmelzt bey jedem Sonnenblick« (A).*
44 Shaftesburi] *Vgl. II 8,115ff.; I 51,68–80.*
45 Romantisch] *Vgl. zu I 110,109f.*
47 Mein Herr ... im Lager] *Vgl. II 8,11f. Graf Wilhelms in mehreren Kriegen bewährte große militärische Fähigkeiten führten zur Militarisierung des Kleinstaates (jeder 16. Einwohner war Soldat, vgl. Erinnerungen I, S. 281).*
50f. nach Lemgo] *Vgl. II 8,18ff.*
52ff. An den H. Geheimen Rat ... schreiben darf] *Vgl. I 143,92ff.* »Er wartet auf Briefe von Ihnen, spricht sehr oft und viel guts von Ihnen ... Es wird mir lieb seyn, wenn Sie bald an den Geheimen Rath schreiben« *(B).* »Schreiben Sie doch an ihn ... Legen Sie keinen Brief an mich bey; sagen Sie nur im Vorbeygehen etwas von mir, daß Sie mir gut und mein Freund sind« *(A).*
59f. O hätte ich mein ganzes Leben zurück] *Das verfehlte Leben war ein Grundgedanke des »Journals meiner Reise« (vgl. SWS IV, S. 346f.).*
63f. – Komt ... Ewigkeit! –] *Vgl. II 136(N),81ff. Sprichwort, als Lied nicht ermittelt.*
66 besten Freunde meiner Jugend] *Vielleicht Karl Gottlieb Fischer (Schauer vermutete den jungen Kurella).*
68 Bilderin] *Bildnerin, vgl. II 8,188f.; I 84,21f.*
72 frankiren] *Das Postgeld bezahlen; Briefmarken gab es erst Mitte des 19. Jahrhunderts (England 1840, Deutschland 1849).*
73 Reichspost] *Regal der Fürsten Thurn und Taxis.*
74 Pygmalion] *Vgl. II 19,28ff.*
75 Bruder] *»Mein Bruder war durch Ihr Zutrauen innig gerührt« (A). Vgl. zu I 143, 90.*

7. AN CHRISTOPH FRIEDRICH NICOLAI, *Bückeburg, Mitte Juni 1771*

3f. meine Schrift ... erhalten] *Vgl. zu I 121,20; 131,88ff. Formeys diesbezügliche Mitteilung vgl. N II Anm. 20. Es war Formey ein wahres Vergnügen, H. von dessen Sieg benachrichtigen zu können. Die anonym unter der Devise »Vocabula sunt notae rerum« eingesandte Schrift sei in der letzten Versammlung am 6. Juni gekrönt worden. H. erhalte gegen Quittung die Preismedaille; er möge Formey mitteilen, auf welche Weise er sie ihm schicken solle.*
5f. Formey ... anzuweisen] *Brief nicht überliefert; vgl. N II 20.*
7 die Post im Preußischen] *Nicolai schickte die Münze mit der fahrenden Post, er hatte keine andere Gelegenheit. H.s Sieg freute ihn, weil er sein Freund und ein Deutscher sei und die »so französisch gesinnte Akademie ... die Verdienste der Deutschen von Zeit zu Zeit erkennen muß« (A).*
10 Meinen andern Brief] *II 2. Nicolai schrieb, daß H. seine Antwort inzwischen erhalten haben müsse, und ging noch einmal auf die darin gewünschten Rezensionen ein (A). Vgl. II 22,4ff., 13f.*
12 Urtheile von der Preisschrift] *H.s Sieg werde Klotz »ein Dorn im Auge« sein (A zu II 2). Vgl. II 35,22; 50(N),7–12,22–48.*

8. AN KAROLINE FLACHSLAND, *Bückeburg, 22. Juni 1771*

5 die Hände aus dem Spiel haben wolle] *Vgl. I 99,85f.; 100,79ff.*
11 Lagerzeit] *Vgl. II 6,47.*
12 Garnisonprediger] *Duve.*
13 Reichsposttag] *In Bückeburg Sonnabend und Mittwoch.* – ennuyanten] *Vgl. I 111,61.*
15f. Zähnschmerzen] *Vgl. II 4,26; 9,174ff. Karoline äußerte ihr Mitgefühl und teilte Ratschläge ihrer Schwester mit (A).*
18 Ritt nach Lemgo] *Am 10./11.6., vgl. II 6,50f.*
24 letztern Sonntag] *16.6.1771, vgl. 50ff.*
25 Ariadne auf Naxos] *Vgl. zu I 110,256f., vielleicht die Komposition von Johann Christoph Friedrich Bach.*
27 morgen] *Sonntag, 23.6.*
29 Lebensbuch] *Buch des Lebens, vgl. Offenbarung des Johannes 20,12.*
33–52 Das schönste ... thun sollte?] *Weil Sophie v. La Roche nach Leuchsenrings Zeugnis mit H. sympathisiere, zitierte Merck in seinem Brief an sie vom 27.6.1771 diese Worte H.s »an die Freundin seines Herzens« (Johann Heinrich Merck, Briefe, hrsg. von Herbert Kraft, Frankfurt a. M. 1968, S. 47f.).*
34 die Fräulein Sternheim] *»Geschichte des Fräuleins von Sternheim«.*
36 würklich seine Freundin] *Die Vorrede des Herausgebers, ein Brief an seine ungenannte Freundin, beginnt mit der Entschuldigung, daß er ihr Manuskript drucken ließ. Karoline antwortete, die Verfasserin sei »Wielands erste Geliebte, die auch noch immer den ersten Platz in seinem Herzen hat, Sophie la Roche« (A). Albrecht v. Haller hielt in seiner Rezension des 1. Teils in den »Göttingischen Anzeigen« vom 3.10.1771 (118. Stück) Wieland selbst für den Verfasser und beharrte noch in der Anzeige des 2. am 13.2.1772 (19. Stück) trotz der Zuschreibung an Madame La Roche auf den Stilkriterien des Herausgebers.*
38 das durchgehende Dämmernde] *»... ich bin entzückt, daß wirs so zusammen gefühlt ... ach! das süße Dämmernde! es ist ganz die Natur meiner Seele« (A).*

39f. wenn die Geschichte fortgesetzt u. geendigt wird] *H. und Karoline hatten nur den 1. Teil lesen können, der 2. erschien erst im Herbst 1771, vgl. II 36.*
40 Amadis] *Vgl. zu II 6,42.*
47f. Alle, die Wieland darinn tadelt!] *Vgl. 56f.; zu II 37,111–115.*
51 unglückliche Schritte] *Das leichtfertige Vertrauen Sophie v. Sternheims zu dem Wüstling Lord Derby, der sie durch eine Scheinheirat verführt und ins Elend stürzt.*
55 Romantische Situationen] *Vgl. zu I 110,109f.*
56f. Eigensinn für den Engländer ungenehmigen] *Wieland tadelte des Fräuleins v. Sternheim »ein wenig eigensinnige Prädilektion [Vorliebe] für die Mylords« in der Vorrede und in einer Fußnote zu dem Brief von Mylord Seymour an den Doktor T**.*
65f. was ich … geschrieben habe] *Vgl. II 6,10–16.*
67 vom Grafen geschwiegen] *Vgl. II 3,104ff.; 4,203f.*
72 Despotismus] *Kleinstaatlicher Absolutismus, vgl. zu II 6,47. H.s »Stillschweigen von Bückeburg« habe Karoline zu bösen Vorahnungen veranlaßt, die leider wahr seien (A).*
74 Lieblinge] *Günstlinge, Favoriten des Grafen.*
78 speise nicht ordentlich am Hofe] *D. h. nicht regelmäßig; vgl. zu I 82,16. Karoline lobte, daß H. als »weiser Mann« sich nicht zum Hofe drängte und so von den »Intriguen des Hofs« frei bleibe. Der »arme Abbt« musse ihm zum warnenden Exempel dienen (A).*
79 invitirt] *Eingeladen.*
80f. zu sehr … Lieblingssätze] *Vgl. II 100,23ff.,29–32.*
82 weltlichen Geschäften] *Vgl. zu I 82,16.*
84f. Regierungsconferenz] *Vgl. zu II 157.*
86, 110f. Preis bei der Berliner Akademie] *Vgl. zu II 7,3f. Karoline hatte die Nachricht von Merck und freute sich darüber; H. solle gestehen, daß ihm die Auszeichnung »nicht gleichgültig« sei (A).*
88f. in den Zeitungen … in Diensten habe] *Nach einer Mitteilung Wippermanns wunderte der Graf sich damals, »daß man ihm Herdern in Bükeburg noch lasse« (Erinnerungen I, S. 185). Die »Göttingischen Anzeigen von Gelehrten Sachen« hatten schon am 28.1.1771 (12. Stück) die Berufung H.s nach Bückeburg als »einen neuen Beweis der Beurtheilung vorzüglicher Genies« durch den Grafen gewürdigt.*
91f. für das Land zu groß] *Vgl. II 100,31.*
93f. zweideutigen Politischen Nutzen] *Nach Westfeld (vgl. zu II 6,16) Neuerungen und Projekte, »aus denen doch am Ende nie etwas anderes herauskomme, als Zerrüttung, Geldverlust und Unzufriedenheit. Noch war den Bükeburgern gar zu gegenwärtig, was alles für Unheil Abbt anzurichten im Begriffe gewesen war, und in ihrem Herzen erklärten sie es für eine besondere Gnade der Vorsehung gegen das arme Land, daß sie diesen gefährlichen Mann von dem Schauplatze abgerufen hatte, ehe von seinen Planen noch viel zur Ausführung gekommen war« (ebd., S. 291f.).*
100 Furier] *Hofdiener (im Hofmarschallamt), der Lieferungen an den Hof veranlaßt und Gäste einladt.*
101 Caßandra] *Von Antonio Conti, komponiert von Bach.*
105f. nicht die größeste Einwirkung] *Westfeld berichtete, daß sie »nirgends einzuwirken und nirgends mitzusprechen wagte« (Erinnerungen I, S. 295).*
115, 175 Höllenschmerzen] *Vgl. 15f.*
118 Ihren Brief] *B.*
119 Gleim u. Wieland] *»Ich bin noch in einem süßen Traum von Freundschaft. Gleim und Wieland waren hier; sie brachten einen Nachmittag bis nach Mitternacht bey uns zu« (B); am 31.5.1771 in Mercks Haus. Zu einem empfindsamen Kongreß hatten sich Mitte Mai Wieland, die Brüder Jacobi und Franz Michael Leuchsenring im Hause La Roches in*

Ehrenbreitstein getroffen. Leuchsenring begleitete Wieland über Mainz und Frankfurt nach Darmstadt. Mit Gleim hatte Wieland eine Zusammenkunft in Dieburg (zwischen Frankfurt und Darmstadt) verabredet (vgl. Starnes I, S. 395–402).
119ff. geredt ... kennet] *Vgl. II 96,71ff. Leuchsenring sage, daß H. mit Wieland »nicht in gutem Vernehmen« sei. H. habe ihn in den »Fragmenten« wegen eines Buches »attaquirt«, das nicht von ihm sei. Wieland verlange, daß H. ihm öffentlich »Gerechtigkeit widerfahren« lasse (A).*
121 »dem ... Gleim«] *»Merck, Leuchsenring und ich schlangen uns in einer Ecke des Fensters um den alten, guten, sanften, muntern, ehrlichen Vater Gleim und überließen uns unsrer vollen Empfindung der zärtlichsten Freundschaft. Hätten Sie doch dies sanftheitre Gesicht des guten Alten gesehen! er weinte eine Freudenthräne, und ich, ich lag mit meinem Kopf auf Merks Busen« (B).*
122 seit 2. Jahren Antwort schuldig] *Auf Gleims Brief vom 13. 6. 1769, vgl. I Anm. 47.*
123ff. »ich ... bewegten!«] *Zitat aus B, nach der Schilderung der empfindsamen Szene zu 121: »Du wirst doch glauben, daß Du dabey warest? o mehr als dabey!«*
126f. Gleim will Psyche singen!] *»Gleim hieß mich ein gutes Mädchen, Psyche, und hat mich lieb und will mir ein Liedchen machen« (B).*
128f. Urtheilen ... ihn nicht.] *»Er ist im ersten Anblick nicht einnehmend, mager, Blatternarbicht, kein Geist und Leben im Gesicht, kurz, die Natur hat an seinem Körper nichts für ihn gethan.« Ferner kritisierte Karoline Wielands Kälte, Redseligkeit, »Autorstolz und Eitelkeit«, er habe sich aber »als ein guter Vater, Ehemann und Freund gezeigt« (B).*
129 die goldnen Gaben der Venus] *Äußere Schönheit; nach Homer, »Ilias«, 3. Gesang, Vers 64: »die Gaben der goldenen Aphrodite« (Übersetzung von Voß).*
130 Michael ... streitet] *Vgl. Offenbarung des Johannes 12,7; hier metaphorisch für Gegensätze.*
136 Kopien an Freunde] *Nach der Vorrede zur »Geschichte des Fräuleins von Sternheim« bezweckte der Druck des Manuskripts, »Copeyen für alle unsre Freunde und Freundinnen ... machen zu lassen«.*
138 mehr erleuchtet, als zerschmelzet] *Wieland als Schriftsteller der Verstandesaufklärung, nicht der Empfindsamkeit betrachtet.*
139ff. Was sind ... gemacht hat.] *»... ich allein war Schuld an jenem Augenblick, ach! wie viele Thränen hat er mich gekostet! Mußte ich Ihnen denn auch auf meiner schwächsten Seite bekannt werden! Sieh, Du hattest mich ganz in Deiner Gewalt; wärest Du nicht beßer als ich gewesen, wo wäre mein Ideal (ach, leider nur Ideal!) von Tugend geblieben?« (B).*
145 auf Dich ... einst sterben!] *Alttestamentliche Geste des Besitzergreifens und Segnens. Zitiert in A zu II 9.*
145f. Ihr Schleier ist weg] *Vgl. zu II 4,41–47.*
147 Pygmalion] *Siehe R, S. 737.*
148 am Fenster] *Vgl. I 91,156; 102,275; oder eine Szene bei H.s Aufenthalt in Darmstadt im April 1771.*
149 ewig mein Mädchen] *»...ich auf ewig Dein Mädchen! o wie glücklich bin ich!« (A).*
149–153 was für ... Kinder mehr!«] *Vgl. zu II 6,29f. In A entschuldigte Karoline sich für das pessimistische Ende von B.*
154 Düsternheiten] *»... niemals hab ich Dich verkennt; nie die süßen Düsterheiten in Deinem Gesicht misdeutet, ... wir waren da immer nur Eine süßmelancholische Empfindung zusammen« (A).*
155 Zephyrs] *Siehe R, S. 742.*

156–159 süße Wolke ... Zeichen Kains!] *Vgl. zu II 4,63. Karoline widersprach H.s Auslegung entschieden (A).*

163 die Sternheim so gefühlt] *Karoline hatte das Buch als Geschenk ihres Schwagers erhalten und fand darin ihr* »ganzes Ideal von einem Frauenzimmer! sanft, zärtlich, wohlthätig, stolz und tugendhaft« *(B). Der Roman sei ganz nach ihrem Gefühl,* »alles intereßiert von Anfang bis Ende. ach das süße Dämmernde! es ist ganz die Natur meiner Seele«. *Sie warte* »mit der äußersten Ungedult auf die Fortsetzung« *(A).*

166 Ihren Klagen ... sind!] »...ach, wie weit bin ich noch von meinem Ideal von mir selbst weg!« *(B).*

167f. mit der Asche ihrer Eltern] *Bevor Sophie v. Sternheim von ihrer Tante an den Fürstenhof gebracht wird, füllt sie Bildnismedaillons ihrer verstorbenen Eltern mit Erde aus deren Gruft, um sie als Reliquien mitzunehmen.*

169 liebreich edler ... gethan!] *Anspielung auf Karolines Sorge für ihre Geschwister.*

172 ein armes Mädchen] *Vgl. zu I 110,143; II 4,207f.*

174 Spansche Fliege] *Siehe R, S. 819.*

176 elektrisieren] *Vgl. zu II 9,174ff.*

177ff. Was soll ... kann.] *Vgl. zu II 4,170.*

178 Reuter] *Vgl. II 82,19–25.*

182 Oden auf Postpapier] *Karoline hatte H.s* »Oden auf schön PostPapier schön abgeschrieben und schöne, süße Stunden dabey gehabt«, *das müßte ihm doch mehr bedeuten* »als aller laute Gelehrtezeitungsweyhrauch« *(B). Die Abschrift habe sie für sich selbst angefertigt, außer ihrer Schwester habe die Gedichte* »niemand gesehen und gehört« *(A).*

183 Merck] *Merck sei ihr und H.s* »bester Freund«; *bei Wielands und Gleims Besuch habe er ihr bekannt, daß er H.* »unendlich allen diesen Leuten vorzöge« *(B).* – ich schreibe nächstens] *II 21 (N).*

183f. an den H. Geheimen Rath] *II 13; vgl. zu II 6,52ff.*

184f. Du liebst ... im Sommer!] *Im August 1770. Vgl. II 9,12–15. Karoline beteuerte in A leidenschaftlich ihre unverminderte Liebe; vgl. zu 149–153.*

185f. die Gräfin niederkommt] *Vgl. II 9,155.*

186 nach Pyrmont] *Vgl. zu II 5,30.*

187 Göttingen] *Vgl. II 39,99; H. kam erst im Februar 1772 dorthin, vgl. II Anm. 54(N).*

188 Bilderin] *Bildnerin seiner Seele, vgl. I 84,21f.; II 3,65ff.; 4,9; 6,68.*

189 zweite Schöpferin] *Vgl. zu 188; der Ausdruck vermutlich beeinflußt von H.s damaliger Shaftesbury-Lektüre, vgl. 115f. Ein wahrer Dichter ist* »a second Maker: a just Prometheus under Jove« (»Soliloquy, or Advice to an Author«). – Gedankenfreundin] *Vgl. zu II 3,43f.*

9. An Karoline Flachsland, *Bückeburg*, 2. Juli 1771

4f. Wolke, von Düsternheit] *Vgl. zu II 8,154.*

6–9 »Der einzige ... Briefe!«] *Zitat aus dem Ende von B, vgl. zu II 8,149–153.* »Der einzige Plan ...« *ist Karolines Absicht, mit ihrem Bruder zusammenzuziehen.*

10f. Vergehen auf meiner Seite] *An dergleichen hatte Karoline nicht gedacht (A).*

12–15 leugnen Sie ... sind dunkler] *Wiederholung von H.s Argwohn II 8,184f., für den er sich II 10,5–8 entschuldigte, nachdem er A zu II 8 erhalten hatte. In A zu diesem Brief beteuerte Karoline erneut ihre unveränderte Liebe und wies den Vorwurf von* »Kälte oder Mistrauen in den Charakter eines Mannes« *zurück, den sie* »über alles in der Welt anbete«. *H.s Bild habe* »keine dunkle Gestalt angenommen«, *und fremde Urteile könnten es* »in alle Ewigkeit nicht« *verdunkeln.*

16 Ihrem letzten Briefe] *B.*
17ff. von Güte ... nimmt] *Karoline empfand den Vorwurf sehr hart, H. »noch mit einem guten Herzen täuschen zu wollen« und Empfindungen zu erzwingen (A).*
24 erste Mädchenliebe] *Vgl. I 83,63ff.; 98,80f.; 99,213ff. »Mädchenliebe? es können zehn Mädchen Dich nicht so lieben wie ich« (A).*
26f. Roman] *Vgl. I 136,44; zu I 92,131; 104,41.*
27 Aufrichtigkeit] *Vgl. I 102,37f.; zu 104,39f.*
31f. Ihres Herzens ... nie werth] *»Sie sollen wegen mir niemals in Zwang seyn, ich sehe und fühls, daß ich Ihres Herzens nicht werth bin ... Sie müßen mich ja nicht lieb haben, weil ich Ihnen das erstemal, als Sie mich sahen, gefallen« (A).*
35f. beßernden Schutzengel] *Vgl. I 84,13; 92,30; II 3,65ff.*
41 unschuldig ... wie ein Engel] *Vgl. II 3,139,147,150,156f.*
42f. zum ... Zwange] *Vgl. zu 31f.*
46 Verholenheit] *Verborgenheit (altes Partizip von »verhehlen«).*
47–141 Denke ... Mädchens Bild –] *Gedicht in der gleichen Form wie II 3,138–166; 4,48–119.*
57 ein Gleim Dich singet] *Vgl. 100,143f.; zu II 8,126ff.*
59–91 Wiße, Mädchen ... schönen Pfad] *»... mein höchstes Lob ist, daß ein Jüngling wie Du in der Ferne mich liebt, mich segnet, mich in seine Arme schließt, daß ich Freundin, Gespielin seiner Einsamkeit seyn darf, sein Morgenbild! und ach! wenn ich nur werden könnte, einst, nur wenig, Trost und Freude Deines Lebens!« (A).*
65f. Dich ... fühlt], **98–106** ist ... Lebenstrost!] *Zitiert in A, 102–106 zweimal.*
107–141 Sieh ... Mädchens Bild –] *»Du denkst früh unter den Rosen an mich! ach ich habe nicht ihre Blätterreitze, nicht Rosen und Lilien wie andre junge Mädchens, o möchte meine Seele Dir süßere Düfte, schönere Blätterreitze zeigen!« (A).*
142 O nehmen ... übel] *Karoline antwortete, daß sie ihn »vor jede Zeile küßen möchte«, wenn sie könnte.*
143 Lemma von Gleims Liede] *Vgl. 57f.,100.*
148 von Liefland] *Vgl. II 10,28–36.*
149 neuen Amadis] *Vgl. zu II 6,42; 13,51–56.*
150f. reiche Ernte ... angenehm?] *»Das einzige« von H., was Karoline an ihre Brust drücken könne (A).*
151f. an Merck u. den H. Geheimen Rat schreiben] *Vgl. zu II 8,183f. »...mich dünkt, Sie haben kein großes Empreßement an den G. R. zu schreiben, da der Mann sich aber gerne mit Eitelkeit nährt, warum wollen Sie ihm nicht einen Löfel voll geben?« (A).*
152 Ihren Brief] *A zu II 8; vgl. 9f.*
155 die Gräfin niedergekommen] *Geburt der Comtesse Emilie am 30. 6. 1771.*
156 schief angenommen] *Der Graf, der in der Folge sein einziges, frühverstorbenes Kind sehr liebte, war über das Ausbleiben eines männlichen Erben, der ihm prophezeit worden war, niedergeschlagen, »blieb fast einen ganzen Tag allein und sah niemand« (Erinnerungen I, S. 195).*
159 Pergolese] *Vgl. II 10,40.*
160 getauft, Dankpredigt gehalten] *Taufe der Comtesse Emilie und Predigt beim Kirchgang der Gräfin Maria am folgenden Sonntag, 7. 7. 1771 (HN XXII,100), vgl. II 10,53.* – Consistorium] *Vgl. II 10,4; 11,7.*
161 als Patronus ... in Stadthagen] *Vgl. II 45,5f.*
162 nach Pyrmont oder Göttingen] *Vgl. zu II 8,186f.*
163 nach Caßel] *Vgl. II Anm. 183.*
164 zu gehen denke] *Karoline bat H., »bey dem unbeständigen Wetter« nicht zu Fuß zu reisen (A).*

168f. daß Sie ... haben?] *Karoline wollte »keinen Besuch wie neulich« (im April), um nicht so oft Abschied nehmen zu müssen (A).*
174ff. Zähnschmerzen ... Electricitätskette] *Vgl. II 8,175f.; 10,9f. Die 1755 von dem schweizerischen Pädagogen und Physiker Martin v. Planta (1727–1772) erfundene Elektrisiermaschine (Reibung handkurbelgetriebener Glasscheiben an Lederkissen) wurde in der Medizin des 18. Jahrhunderts gegen Nervenschmerzen gebraucht.*
178 Thal u. Waßerfall] *H. solle dort an Karoline denken (A).*
179 Leuchsenring] *Leuchsenring sei »seit 4 Wochen in Bergzabern« (Residenz der Herzogin von Pfalz-Zweibrücken-Birkenfeld) »bey seinen Liebhaberinen« Fräulein v. Roussillon und v. Ziegler; er habe einmal an Karoline geschrieben (A).* – an Gleim schreiben] *Vgl. zu II 8,122; erst II 96.*
182 Marientage] *Mariä Heimsuchung.*
182f. mein Geburtstag ... ersten Brief] *I 83; »ich werde den 25. August als einen Festtag feiren, ich habe ein neues Leben da angefangen – er fällt gerade auf einen Sonntag, was werden Sie daran predigen? wir wollen unserm guten Gott danken, daß er uns zusammen geführt« (A).*

10. AN KAROLINE FLACHSLAND, *Bückeburg, 6. Juli 1771*

3 Mercks Brief] *An Merck, nicht überliefert.*
4 Consistorialakten] *Vorbereitung der vierteljährlichen Konsistorialsitzung am 9.7.1771; vgl. II 9,160; 11,7.*
5 meines Argwohns] *Vgl. II 8,184f.* – in einem Briefe] *II 9,12–20.*
6f. himmlisch ... erklärten.] *B (A zu II 8).*
9 Zähnschmerzen] *Vgl. II 9,174–177.*
11 übergehen] *Vorübergehen.*
12 Freundschaft ... Schwester!] *Frau v. Hesse habe H. »unendlich lieb« und lobe ihn immer (B). Vgl. zu II 8,15f.*
13f. Abschied genommen] *Am 19.4.1771, vgl. I Anm. 142.*
15 schlechte Welt] *Karoline bezeichnete die Ehe ihrer Schwester als »Sklaverei« (B). Der theologische Gedanke einer Kompensation im Jenseits ist gleichnishaft formuliert in der Geschichte vom reichen Mann und armen Lazarus (Lukas 16,19–31). Vgl. eine ältere Niederschrift zum 17. Buch der »Ideen« (SWS XIV, S. 566).*
16 Preis der Akademie] *Vgl. zu II 8,86.*
17 von Lemgo] *Vgl. II 8,18ff.* – den Brief] *Vgl. N II Anm. 20; zu II 7,3f.*
18 KabinettsSekretär] *Wippermann.*
20 Zeitungen] *Nicht ermittelt. Vgl. II 8,86ff.*
20f. fürchte ... Streitschriften.] *Vgl. II 17,31–35; 50(N),22–44; 80,63ff.,81–85; 88,85–104; 101,8–41.*
22 Lieblingsideen] *Wie den gottlichen Ursprung der Sprache oder – die Gegenseite – ihre mögliche Erfindung*
23 die 29. Schrift] *Nach Adolf Harnack: Geschichte der Königlich Preußischen Akademie der Wissenschaften zu Berlin, Bd. I, 1. Hälfte, Berlin 1900, S. 414, wurden 31 Preisschriften eingereicht.*
24f. mein Streitgewehr ... verscharrt] *Karoline gratulierte ihm dazu: »...was ist alle Critick? laßt die Hunde bellen, der Weise wandelt wie der hohe Mond ruhig fort.« H. sei darüber »zu weit erhaben, als sich in Gefechte mit Zwergen einzulaßen« (A). Vgl. III 32,29f.*
26 Wielands Groll] *Vgl. zu II 8,119ff.*

27 Brief] *Friedrich Sigmund Flachslands Brief an H. ist nicht überliefert. Vgl. zu II 6,75. Die »Bestellung der Briefe« ging danach wieder über Merck, der nach Karolines Befürchtung als Freund sonst beleidigt gewesen wäre (B).*
28 Sachen ... aus Liefland] *Vgl. II 9,148; zu II 3,113.*
30 ihre Briefe] *Nicht überliefert.*
32–36 Brief eines Freundes] *Hartknochs, B zu II 17 vorausgehend, nicht überliefert. Nach der Lektüre des Briefes, den Karoline mit Dank für H.s Offenherzigkeit mit A zurückschickte, meinte sie, er würde sich in Riga wohler fühlen als in Bückeburg. »... ich bedaure Sie, daß Sie so viel gutes und wahre Freunde entbehren müßen.« Riga sei für H. wohl »der liebste Ort«; er solle seine »arme Freundin« trösten, »wenn ihr Mann stirbt«, und »wie ehemals ihr wahrer thätiger Freund« sein (A).*
37 Erdbeeren] *Vgl. II 12,11; vgl. das Gedicht »Erdbeeren«, 1772 (SWS XXIX, S. 368f.). Karoline erzählte in A, sie habe mit Mercks und ihrer Schwester »in einem Garten vor der Stadt ganz wollüstig Kirschen gegeßen«.*
39 Bilde meiner Freundin] *Die Rose, vgl. II 9,134.*
40 Pergolesis Stabat mater] *Vgl. II 9,157ff.*
40–43 andre Arie ... Pergoletto] *R, S. 433, »Il prigionero superbo« nach Schauer aufgrund einer Mitteilung des Musikhistorikers Max Friedländer (1852–1934) ist falsch. Es handelte sich um eine Arie des Vaters aus der Oper »Demofoonte«, Libretto (1733) von Pietro Metastasio (1698–1782), nachdem er entdeckt hat, daß er sein Kind im Inzest gezeugt hat: »Misero pargoletto, il tuo destin non sai! Ah non li dite mai, qual era il genitor!« (»Unglücklicher Knabe, du kennst dein Schicksal nicht! Ach, sagt ihm niemals, wer sein Vater war!« – Beschreibung der Szene und Zitat in der Besprechung von François Jean Marquis de Chastellux, »Essai sur l'Union de la Poesie et de la Musique« (Haag, Paris 1765) in »Neue Bibliothek der schönen Wissenschaften und der freyen Künste«, Bd. 2, 2. Stück, Leipzig 1766, S. 302). Vertont wurde »Demophoon« von 30 Komponisten, u. a. von Caldara (1733), Mancini (1735), Gluck (1742), Graun (1746), Hasse (1748) und Jommelli (1770); welche Musik H. hörte, ist nicht zu ermitteln.*
45f. Nach Göttingen ... Kirchgang] *Vgl. zu II 9,160ff.*
48 einzige geistige Wonne] *Vgl. I 99,92–95; 101,29–34.*
53 predigen] *Vgl. zu II 9,160.*

11. AN GRAF FRIEDRICH ERNST WILHELM ZU SCHAUMBURG-LIPPE, Bückeburg, 6. Juli 1771

7 nächsten Dienstag] *9. 7. 1771, vgl. II 9,160f.; 10,4.*
13 Kirchenagende] *Kirchenbuch (Formelbuch), Kirchenvorschrift für Liturgie und Ritual, großenteils aus der Reformationszeit stammend, mußte in der zweiten Hälfte des 18. Jahrhunderts im Sinne der Aufklärung erneuert werden.*
13 10.ten Sonntag nach Trinitatis] *1771 am 4. 8.*
13f. die Geschichte der Zerstörung der Stadt Jerusalem] *Siehe R, S. 664, vgl. S. 777.*
15f. Ritter mit den silbernen Schlüßeln] *»Historia von der Schönen Magelona«, siehe R, S. 676.*
16 bow'r der Fair Rosemund] *Vgl. R, S. 155; die gleichnamige Ballade in den »Volksliedern« (SWS XXV, S. 13–19, 135–143), worin ihre unzugängliche Burg (bower = Landsitz) in Woodstock beschrieben ist (ebd., S. 14, 136).*
16f. großen Thor] *»...ein ehernes großes starkes Thor, am innern Tempel, da zwanzig Männer anheben mußten, wenn man es wollte aufthun, welches mit starken eisernen*

Schlössern und Riegeln verwahret war, hat sich um die sechste Nachtstunde selbst aufgethan« (vgl. zu 13f.).
21 eine Schande des Jahrhunderts] *Unzeitgemäß, vgl. 29.*
22ff. der Christliche Haß gegen eine ... Nation] *Mit der Verfolgung Jesu durch die Juden bemäntelter Antisemitismus christlichen Pöbels, vgl. 36.*
27 Episteln ... Gesangbüchern] *In »Die Sonn- und Festtäglichen Episteln und Evangelia«, als Anhang z. B. zum »Gothaischen Gesang-Buch« von 1767, ist diese Geschichte enthalten (S. 74–80).*
31 Wahrheit der Weißagung Jesus] *Vgl. Matthäus 24,15–36.*
34 Skandal von Legende] *Vgl. 29.*
36 Vorurtheile unter dem Pöbel] *Religiöser Fanatismus des Pöbels hatte in der Geschichte unzählige Greueltaten bewirkt, so auch die Judenpogrome im Mittelalter (u. a. ein Aspekt der Kirchengeschichtsschreibung der Aufklärung seit Gottfried Arnold). Davon zu unterscheiden ist eine positive Bewertung von »Vorurteil« als traditionsbezogene, altbewährte Erkenntnis in H.s Bückeburger Geschichtsphilosophie (vgl. SWS V, S. 482).*
36f. Religion und Staat disparat machen] *Das Staatsdenken des Grafen Wilhelm entsprach dem aufgeklärten Despotismus.*
42 Landschulmeistern] *H. war sich der Wichtigkeit der Landschullehrer für die Bildung des Volkes bewußt und wollte sie auf ihre Eignung hin prüfen. In Weimar setzte er nach mehr als zehnjährigen Bemühungen 1788 die Gründung eines Landschullehrerseminars durch.*
49 Konsistoriumstelle] *Als Konsistorialrat.*
58 Einführung des Jacobischen Katechismus] *Von Johann Friedrich Jacobi (siehe R, S. 292); Einführung in der Grafschaft Schaumburg-Lippe auf Ersuchen des Superintendenten Johann Christian Wilhelm Meier von Graf Wilhelm am 14. 9. 1770 befohlen (Reskript im Niedersächs. StA Bückeburg).*
64 Katechism zarter Kinder] *Vgl. 71f.,74f.,150f.,182–187.*
67 Völligkeit] *Vollkommenheit, Vollständigkeit.*
75 Exoterischen Unterricht] *Allgemeinverständlich, volksmäßig.*
79, 107–110 Euklides] *Beispiel für ein klassisches Lehrbuch.*
86 Concilium] *Allgemeine Versammlung kirchlicher Würdenträger zur Entscheidung über Kirchenprobleme (kathol. Kirche). Protestantische Synoden entstanden erst im 19. Jahrhundert.*
88f. Sokratischen Methode] *Vgl. zu I 31,31; III 127,107ff.*
100 das immer gleichartige Ja] *Die Antworten im Jacobischen Katechismus lauten durchweg »Ja« oder »Nein«, es werden nur Entscheidungsfragen, keine Bestimmungsfragen gestellt.*
102 Aeltern] *Eltern, Komparativ von »alt«, Bezeichnung von Eheleuten im Verhältnis zu ihren Kindern (Adelung).*
108 Triangel] *Dreieck (triangulus).*
116 Christliche Papageyen] *Die Glaubenslehren undurchdacht und ungefühlt nachplappern, im Gegensatz zur Entwicklung der eigenen Seelenkräfte selbständiger christlicher Persönlichkeiten.*
117–179 Lehrbuch der Katechisation ... Spruchconcordanz ist.] *Nachweis der Nichteignung des Jacobischen Katechismus als öffentliches Lehrbuch (127,153f.,159f.,188ff.) für den Religionsunterricht.*
132 einen Stand] *Hier der Katechet.*
140 Muttermilch, 150 Milchspeise] *Metaphorisch für den Jacobischen Katechismus, der nur für kleine Kinder brauchbar sei.*

143f. Hoffmanns Physische Kinderfragen] *Von Johann George Hoffmann, gelobt im »Journal meiner Reise« (SWS IV, S. 373).*
144 Physik] *Naturkunde.*
152,210 Palliative] *Bemäntelnde, verhüllende, hinhaltende Mittel.*
155 Symbolischen Bücher] *Siehe R, S. 694; in den Provinzialblättern »An Prediger« gegen deistische Neuerungen verteidigt (vgl. SWS VII, S. 279f.).*
156 Paktum] *Vertrag, Übereinkunft.*
159 Kinder ... gehen sollen] *Konfirmanden, vgl. 190.*
161f. Speners Katechism ... Irrthümer] *Vgl. z. B. die Streitschrift von Deutschmann.*
163–168 Moral ... Glaubenslehre ... Katechese der Moral] *Auch in »An Prediger« forderte H. die Verbindung beider: »Ohne Glaubenslehre ist keine Christliche Moral möglich«. Der Prediger soll aber »kein Lehrer der Moral, sondern Diener der Religion« sein (SWS VII, S. 249), Moral ist nicht sein Hauptzweck.*
165 Kohl] *Unsinn, von hebr.»kol«(Rede).*
171f. »trink ... Magens willen.] *Vgl. 1. Timotheus 5,23.*
172f. Wer ... zu schanden«.] *Vgl. Sprüche Salomos 10,5.*
175 Schulordnung] *Vgl. III 127.*
177f. des Vorigen] *Katechismus von Gesenius.*
179 Spruchconcordanz] *Register der Bibelsprüche.*
192 ein andres Buch] *»Kurze Einleitung in die Christliche Glaubens- und Sittenlehre in Frage und Antwort«, Hannover 1764.*
198–203 daß der Jacobische Katechism .... bleibe.] *In einem Reskript vom 8.7.1771 an das Konsistorium (Niedersächs. StA Bückeburg) erklärte Graf Wilhelm, daß durch die Einführung des Jacobischen Katechismus keinesfalls der Gebrauch anderer zum Unterricht dienlichen Bücher verboten sei. Durch eine von H. unterzeichnete Konsistorialverfügung vom 1.10.1771 (ebd.) wurde der Katechismus von Gesenius (199f.) wiedereingeführt, der Jacobische nur noch für den Unterricht in den ersten Schuljahren zugelassen. Vgl. II 28,128; III 192,11–16; 210,4–26; 218,4–15.*
199f. Ordnung des Heils] *»Die Ordnung des Heils nach Anleitung des Kathechismus Luthers«, anonym, Halle o. J.*
206 beiden Protestantischen Kirchen] *Der lutherischen und der reformierten.*
206f. noch kein völlig gutes Lehrbuch] *H. selbst gab 1798 »Luthers Katechismus« (vgl. R, S. 11) heraus.*
207–210 Oberkonsistorium ... krönen.] *In den »Göttingischen Anzeigen« dieser Jahre ist keine derartige Nachricht enthalten.*

12. AN KAROLINE FLACHSLAND, *Bückeburg, 13. Juli 1771*

4 wieder gut Wetter] *Vgl. II 10,37.*
5f. nicht von hier kommen] *Vgl. zu II 10,45.*
7 Spanische Fliege] *Siehe R, S. 819.*
8 Rasenbänken] *Vgl. II 6,27; 9,172. Karoline erkundigte sich auch nach der Einrichtung des Hauses (A_1).*
10 Klopstock] *Wahrscheinlich Oden.*
11 an den H. Geheimen Rath geschrieben] *II 13. Karoline dankte H. dafür und berichtete, wie zufrieden ihr Schwager »mit dem freundschaftlichen und vornehmlich unterredenden Ton« des Briefes sei (A_1). – Erdbeeren] Vgl. II 10,37.*

12 Etwas über Shakespear] »*Shakespear*«, 1. Entwurf (siehe R, S. 12). Merck und sie seien darauf »begierig«, schrieb Karoline (A₁).
14 über die Lieder alter Völker] »*Auszug aus einem Briefwechsel über Oßian und die Lieder alter Völker*« (siehe R, S. 5). In A₂ fragte Karoline, ob H. mit seiner »Arbeit über die Lieder der Alten zufrieden« sei; vermutlich habe er ihren »Posttag darüber vergeßen«, sie habe »seit 3 Wochen keinen Brief«.
15 einen Mann in Hamburg] *Vgl. II 149,92ff.; 168,46–49;* H. hatte Johann Joachim Christoph Bode im April 1770 in Hamburg kennengelernt und ihm Beiträge versprochen, vgl. Haym I, S. 455. Bode dankte dafür »recht sehr« am 17. 9. 1771 (V. u. a. Herder III, S. 283).
16 Klopstock] *Pindar-Übersetzung* (irrtümliche Zuschreibung), »*Vom Sylbenmaasse*«, siehe R, S. 319.
17 Briefe über Merkwürdigkeiten der Litteratur] *Siehe R, S. 655.*
18 im Baum] *Vgl. zu II 3,106.*
20 Fasanerie bei Darmstadt] *Vgl. I 83,39.* – überlei] *Übrig;* hier wahrscheinlich in der Bedeutung »ohne Partner«.
22 Als ich unter den Menschen noch war] *Klopstocks Ode »Die Verwandlung«;* vgl. zu I 83,39. Karoline erinnerte sich an die Situation und zitierte die zwei letzten Verse der Ode (A₁).
25 Das Reiten] *Vgl. II 8,18; 39,95ff.* Karoline war im Alter von »13, 14 Jahr ... zuweilen geritten«, hatte aber wegen der Gefahr damit aufgehört (A₁).
28 gemeine gute Seelen] *Das einfache Volk.*
29 Sittenlehren] *Karoline wurde dadurch abgeschreckt,* H. »eine kleine Predigt zu halten« (A₁).
30 Marienbild] *Vgl. zu II 4,41–47.*
33f. zu unwürdig] »O schreiben Sie nichts von Unwürdigkeit, ... Gott, wie fühle ich das Gegentheil!« (A₁).
35 vorletzten Brief] *II 9.*
38 ist toll] *Drängt, will fort.*

13. An Andreas Peter von Hesse, Bückeburg, 13. Juli 1771

12 Höle in Straßburg] *Vgl. I 117,21; 122,17; 128,29; 135,13; 136,75f.; 138,9,80.*
12f. kurze Durchgang ... Freunde] *H.s etwa zweiwöchiger Aufenthalt in Darmstadt bis zur Abreise nach Bückeburg am 19. 4. 1771.*
14f. den ich ... zurückwünschte] *Vgl. zu I 142,23f.*
20f. Freunden der Vorzeit] *Hier die Darmstädter Freunde.*
29 Meine Lage] *Vgl. II 6,10–16.*
31 Credulität] *Leichtgläubigkeit.*
34 Abbts Briefwechsel] *Vgl. II 2,41ff.; 22,63 66.* H.s anscheinend von Westfeld beeinflußtes Urteil ist nicht gerechtfertigt, z. B. korrespondierte Abbt noch am 28. 8. 1766 mit Mendelssohn über die Unsterblichkeit der Seele.
35 vom Verdienst] *Vgl. H.s Rezension in den »Königsbergschen Gelehrten und Politischen Zeitungen« vom 13. 9. 1765 (SWS I, S. 79ff.).*
38ff. alle Geschäfte ... ein Ende machte.] *Vgl. zu II 8,93f.*
42f. Monument aus Schaumburgschem Marmor] *Grabmal Abbts in der Schloßkapelle in Bückeburg; Abbildung als Titelblatt von Abbts »Sallustius« (vgl. SWS II, S. 379 zu 253), die Inschrift von Graf Wilhelm verfaßt (vgl. Erinnerungen I, S. 272).*

47f. unter ... Freundschaft!] *Vgl. zu I 131,71.*
49 Gleim und Wieland] *Vgl. zu II 8,119.*
51–56 Wielands Amadis ... gemacht] *Vgl. zu II 6,42f.*
56 Sternheim] *Vgl. II 8,33–60.*
58 Yorik's ... Schriften] *Von Gellius.*
59 pensées] *Gedanken, Maximen, Aphorismen; vgl. dazu »Adrastea«, 3. Stück (1802, SWS XXIII, S. 233–241).*
60 Spruchkästlein] *»Güldnes Schatzkästlein«.*
65 Klopstocks Oden] *Vgl. zu I 123,51.*
66 Jerusalems ... Wilhelm«] *Vgl. II 48(N),60–64.*
68 Erbprinzen von Darmstadt] *Ludwig X.* – Gesangbuchsfabrikant] *Ouvrier.*
70f. Thümmels ... »Wilhelmine«] *Karoline berichtete von der Wirkung dieses Briefes auf ihren Schwager: »... wie es vollends auf die Wilhelmine von Thümmel kam, so hatten Sie ganz gewonnen; denn Sie müßen wißen, daß er vor einigen Monathen wie toll auf der Wilhelmine geritten und sie fast auf den Mist geworfen. Und in der That ist es das elendeste Buch, das ich jemals gelesen, ohne Moral, ohne Charakter, ohne interreßante Situationen, ohne alles. Die Inoculation der Liebe habe ich nicht gelesen« (A₁ zu II 12).*
73 Frommann] *Ehrhard Andreas Frommann.* – Bergen] *Klosterbergen, siehe R, S. 780.*
75 Froriep] *Justus Friedrich Froriep, außerordentlicher Theologieprofessor in Leipzig, wurde 1771 Nachfolger Bahrdts in Erfurt.*
76 ihren Kleien] *»Kley«, Schlamm, Kot, Lehm (Adelung).*
77, 81 Schmidt] *Christian Heinrich Schmid.*
78 Bubenzirkel] *Der Klotzianer.*
79f. alle Ehrliebende, ... gegen sich] *Schmids »Almanach der deutschen Musen« 1770 (siehe R, S. 644), ein Plagiat des Göttinger »Musenalmanachs« (R, S. 685), war u.a. in den Hamburger »Unterhaltungen«, Bd. 9, 2. Stück, angeprangert worden.*
80 Wieland ... können] *Wieland und Schmid waren Professorenkollegen in Erfurt. Wegen des marktschreierischen Literatentums Schmids distanzierte Wieland sich von ihm beizeiten (vgl. Starnes I, S. 358).*
82 Spalding ... Briefe an Gleim] *Siehe R, S. 545f. Die ohne Gleims Wissen erfolgte Publikation anakreontischer Tändeleien in Spaldings zwanzig Jahre zuvor (1746–1757) verfaßten Freundesbriefen war dem angesehenen Theologen peinlich, in seinen »Erklärungen« (siehe R, S. 546 oben; u.a. in den »Erfurtischen gelehrten Zeitungen« vom 6.5.1771 und im »Hamburgischen unparthei'schen Correspondenten« vom 15.5.1771) griff er Gleim als vermutlichen Herausgeber an, bezweifelte seine Ehre und Billigkeit und bereute den Briefwechsel mit ihm (vgl. Starnes I, S. 405; Johann Gottfried Gruber, Wielands Leben, Bd. 3, Leipzig 1828, S.65f.). Gleim war darüber traurig, daß »selbst die Spaldings durch einen armseligen Bischofsstab zu Narren werden« und »ihre Freundschaft für läppische Tändeley« erklärten (an Leuchsenring, Marburg, 17.6.1771). Merck urteilte wie H. nach der Lektüre der bewußten Briefe: »Außer einer einzigen warmen Stelle auf die Freundschaft und dann 3 oder 4 muntere Stellen, die er als Bräutigam oder junger Ehemann geschrieben, und die gerade die sind, die seinem Herzen Ehre machen, und weswegen der Herausgeber entschuldigt ist, daß er die Sammlung dem Publiko vorgelegt hat, ist alles andere wahrhaftig so, daß man es auf öffentlichem Markte sagen und hören dürfte« (an Gleim, 27.6.1771; Hermann Bräuning-Oktavio, Johann Heinrich Mercks Ehe mit Luise Franziska, geb. Charbonnier. In: Archiv für das Studium der neueren Sprachen und Literaturen, Bd. 126, Braunschweig 1911, S. 313f.). In der Rezension des »Almanachs der deutschen Musen« 1772 in den »Frankfurter gelehrten Zeitungen« vom 21.1.1772 (von Merck u.a.) wurde gesagt, daß Gleim »tödlich verwundet« worden*

sei »durch die, ohne sein Vorwissen, geschehene Bekanntmachung dieser Briefe« infolge der »Zudringlichkeit eines unbedeutenden Menschen«. Dieser war der Buchhändler Johann Christoph Ernst Klopstock, ein jüngerer Bruder des Dichters (Friedrich Gottlieb Klopstock. Werke und Briefe. Historisch-kritische Ausgabe, Briefe Bd. V/2: Briefe 1767–1772, Kommentar, hrsg. von Klaus Hurlebusch, Berlin, New York 1992, S. 855). Vgl. II 28(N),**42ff.**; III 102(N),**83ff.**
86 seine Wilhelmine] *Vgl. I 112,72–81.*
87 Predigten] *Mehrere gedruckte Sammlungen.*
90f. plaudere ... mein Gewäsch] *Vgl. zu II 12,11.*
100 Schwiegerin] *Hier ältere Nebenform von »Schwägerin«; Hauptbedeutung jedoch »Schwiegermutter«. – sanften Schwester] Friederike v. Hesse.*
101 Westphälischen Einsiedlers] *Herder.*
102 fatale Bote] *Etwa »der leidige, unvermeidliche«; vgl. II 19,61.*
104 Briefcurtesien] *Briefcourtoisien, Briefhöflichkeiten.*

14. AN JOHANN KONRAD GEORG, Bückeburg, 16. Juli 1771 = 1773 = N III 16a.

15. AN GRAF FRIEDRICH ERNST WILHELM ZU SCHAUMBURG-LIPPE, Bückeburg, 8. August 1771

6 zum Behuf eines Werks] *Für die Ausarbeitung der »Plastik«, vgl. II 16,23–27.*
8 Raccolta Antiker Statuen«] *Von Paolo Alessandro Maffei. Nicht in den Materialien zur »Plastik« erwähnt, war in der Bückeburger Schloßbibliothek anscheinend nicht vorhanden.*
15 Frühpredigt] *Vgl. zu II 24.*
19 Stadthagen] *Siehe R, S. 820.*
22 Göthenburg] *Jetenburg, siehe R, S. 777.*
24 für die ganze Gemeine] *Das Gesuch zeugt von H.s Bemühungen um den Aufbau einer konstanten Predigtgemeinde, wie er sie in Riga hatte.*

16. AN KAROLINE FLACHSLAND, *Bückeburg, 10. August 1771*

3 Voriger Sonntag] *Vgl. zu I 83,**42**; 102,**274f.***
4 dieselbe Predigt] *Über Lukas 19,41–48, vgl. R, S. 41.*
5f. der Kirchenrechnung nach ... Geburtstag war.] *Vgl. II Anm. 16; zu II 9,**182f.***
7 Erinnern ... Zeiten] *»... ich lebe und träume ganz darinnen« (A). Karoline erinnerte H. daran, wie er aus Klopstocks »Messias« die Geschichte von Cidli und Gedor (Bd. 3, 15. Gesang) vorgelesen und sie geweint habe.*
11–15 mein Bild ... Elfenbeinschatten] *Vgl. R, S. 241 oben. »Blick ists kaum, und Bildung gar nicht, Gott was sind Sie geschändet worden!« H. selbst habe sich »tiefer und ewiger« in ihre Seele gegraben. »Die elende Kunst, wie wenig kan sie fürs Herz thun!« (A). Am Schluß von B zu II 10 hatte Karoline an das versprochene Porträt erinnert.*
12 kein Amorino] *Kleiner Amor. »... warum ein so ernsthafter Blick auf dem Bilde? ist nicht zwischen dem Blick eines amorino und dieses Ernsthaften noch viele Stufen?« (A).*
15 Belinde-Heiligthum] *Vgl. zu I 102,**260f.***
16 brauche kein Bild von Ihnen] *Vgl. zu II 18,**35.***

18 an Merck schreiben] *Zuletzt vgl. II 10,3.*
20ff. Abschrift von Roußeau ... dieser Herren.] *Siehe R, S. 482.*
23 an mich schreibe] *»... er wird Ihnen oft und viel schreiben, er ist Ihr wahrer Freund« (A).*
23f. an meine Plastik gehen] *Vgl. II 19,24ff.; zu I 86,41–46. »Ich bin froh, daß Sie Ihre Plastick zur Gefährtin nehmen. Merck hat mir davon erzehlt, daß ers über alles, was Sie jemals gemacht haben, hinaussetzt« (A). Erst im Winter 1777/78 wurde die Druckfassung fertiggestellt, vgl. IV 18,3–6.*
25 kein Menschliches Angesicht] *Vgl. II 3,79ff.*
26f. mein Buchhändler ... toll.] *Vgl. zu I 89,24; II 17,23ff. Die zuletzt erfolgten Mahnungen Hartknochs sind nicht überliefert, vgl. II 17,3ff.*
28 Manna in der Wüste] *Vgl. 2. Mose 16,31f.*
33 ohne Roman gesprochen] *Ohne sentimentalische Liebeserklärung, vgl. I 136,44.*
36–39 O was ... nicht würdig!] *Umschreibung für H.s Vorstellungen von einer späteren Ehe mit Karoline. Sie versicherte, »alles mit Geduld erwarten und auch tragen« zu können, und bat ihn, »es der Vorsehung zu überlaßen« (A).*
40 liebste Cidli] *Vgl. zu 7.*
44 eine ganze Geschichte von Bückeburg] *Karoline erwartete, daß H. ihr diese anvertrauen würde; sie hätte ihn längst darum gebeten, sei aber »zu schüchtern gewesen« wegen seiner Amtsarbeiten (A). Vgl. II 19,31; 23,17ff.*
45f. mein Geburtstag ... Freude seyn!] *Vgl. II 9,182ff.; 19,4f.*

17. AN JOHANN FRIEDRICH HARTKNOCH, *Bückeburg, Mitte August 1771*

3 Ihre Vorwürfe] *Nicht überliefert.*
5f. Meine Seele ... unverändert] *Vgl. zu I 89,33; 115,83f.*
7ff. mein Stillschweigen ... zu brechen] *Vgl. I 72,175–180; 89,20–23. Hartknoch hatte H., der sich »mit aller Gewalt vor seinen Freunden verstecken« wollte, »durch vier oder fünf Briefe« gesucht (A).*
11–14 Stillschweigen bei Campenhausen ... läge er noch.] *Vgl. II Anm. 17; zu II 3,112f. In der Zwischenzeit hatte Schröckh die Vokation erhalten, aber abgelehnt (A).*
13 Ihren 2ten Brief] *Nicht überliefert.*
15 Augenkur] *Vgl. I 136,19–25; 140(N),27–34.*
17 Ihrem Besuche] *Hartknoch wollte anscheinend vor der Leipziger Ostermesse im April 1771 nach Bückeburg reisen, wo H. erst am 27.4.1771 eintraf.*
18,44 arme Buschin] *B enthielt die Nachricht vom Tod ihres Mannes, Nikolaus Jakob Busch, von dessen Krankheit Hartknoch zuvor geschrieben hatte, vgl. zu II 10,32–36. Hartknoch war einer der vom Magistrat bestellten Vormünder der Witwe und sorgte in ihrer sozialen Notlage für sie und ihre Kinder, vgl. II 64,98–102.*
20 Divination] *Weissagung, Vorahnung.*
21 diese ruhige Scene des Alters] *Frau Buschs Ehe war nicht glücklich gewesen, vgl. I 102,84ff. Hartknoch wies H. jedoch auf ihre schlechte wirtschaftliche Situation, Mittellosigkeit und Abhängigkeit von ihrem Bruder hin (A).*
23f. an Breitkopf ... freie Hände] *Vgl. zu I 79,25ff. Fertige Druckmanuskripte könne H. an Breitkopf oder an Fickelscherr in Jena schicken. Die »Einrichtung des Drucks« könne er selbst machen; darüber erwartete Hartknoch sofortige Nachricht (A). H.s nächste Werke vgl. zu I 115,89.*
26f. schrieben ... skandalisirten.] *Dieser Brief Hartknochs (A zu I 115) ist nicht überliefert. – skandalisirten] Daran Anstoß nahmen.*

28,30 Flegels, Esels] *Umgangssprachlicher Plural.*
28f. Bischof ... kommen.] *Vgl. I 105,12ff.; 107,6–9.*
31 Preisschrift] *Vgl. zu II 7,3f.*
33f. Einiges ... geändert] *Zu den geringfügigen Eingriffen seitens der Akademie vgl. II 20(N),16–22. Die Textvergleiche von Reinhold Steig (SWS V, Vorbericht, S. XIVf.), Claus Träger (vgl. zu I 121,20), Wolfgang Proß (H.-B. II, Nr. 77) und Ulrich Gaier (FHA 1, 1985, S. 1275) weisen keine derartigen Änderungen nach.*
34 ein großer Streit] *Vgl. zu II 10,20f.*
36 die Berense] *Nach B hatte Johann Christoph Berens zu seinem Bruder Gustav über Gottlieb Schlegel gesagt: »Dem Lumpenhunde haben wirs zu danken, daß wir Herdern verloren haben.« – Schrödern] Auf dem Rand des von Hartknoch wieder aufgemachten B versicherte Schroeder H. seine »unveränderte Hochachtung« (H: Kraków). Es handelte sich nicht um den Subrektor Heinrich Ernst Schroeder (für diesen ist R, S. 525 nur die Belegstelle I 72,64f. gültig), sondern um einen mit H. und Hartknoch befreundeten Studenten, der 1768 in England war.*
38f. Lieben ... Licht werden –] *»Wollte Gott, Sie machten Licht und ließen mich Ihre Seele sehn, so wie Sie in der meinigen lesen. Was habe ich während der Zeit ihres Stillschweigens gelitten! Urtheilen Sie daraus, ob ich Sie liebe« (A).*
39 die Ihrigen] *Nach A erwartete Hartknochs Frau ihre Niederkunft, der älteste Sohn war bei seinem Schwager Dr. Hummius in Mitau.*
41 Predigten] *Hartknoch versprach ihre »sichere« Übersendung, die erst Ostern 1772 möglich sei (A).*
42 Brief an meine Mutter] *Nicht überliefert. Vgl. zu I 89,62; 115,95. In ihrer Antwort vom 23.11.1771 (Gebhardt/Schauer II, Nr. 3) beklagte sie den Mißerfolg von H.s Augenkur, schrieb von ihrer Lungenkrankheit und vom Befinden verschiedener Verwandter und übermittelte Grüße von Skubich.*
43f. Superintendentur ... ausgeschlagen!] *Vgl. zu I 135,20.*
46 paar Worte an sie] *Nicht überliefert. – Schlegel] Vgl. zu 36. Schlegel war im Sommer 1771 »durch den grösten Theil von Deutschland, vielleicht ad imitationem Herderi« gereist, um »den Ton aller berühmten Canzelredner zu hören, und Abgüße von antiken Statuen zu sehen u. zu samlen« (A zu II 22). Am 15.9.1771 dankte er aus Berlin Klotz für die »gütigste Aufnahme« und seine »freundschaftlich-redliche Denkungsart« (D: wie I 39, ebd., S. 59f.). Vgl. zu II 103,79–86. Nach A war er schon auf der Rückreise in Königsberg.*
46f. An Begrow ... antworten.] *Begrows Briefe und H.s Antwort sind nicht überliefert, vgl. II 64,129.*

18. AN KAROLINE FLACHSLAND, *Bückeburg, 17. August 1771*

4 in 14. Tagen ... gesehen] *Karoline hatte keine Gelegenheit zu schreiben, sie war »aus ihrem Zimmer vertrieben, und einige Tage in der Meße zu Frankfurt und helfen Brautsachen für ihre Baase und Pfarrer Fröbel einkaufen« (A).*
5f. des elenden Briefwechsels überdrüßig] *Vgl. 22f.; I 99,123ff.; 100,79f.*
9, 12, 25f. Verse aus dem Traum gemacht] *Vgl. II 23,40–49,53–132.*
12 rändigen] *Breiter unbeschriebener Rand.*
12f. morgen] *Sonntag.*
15 anweht] *Vgl. Karolines Adaption eines Minnesängerverses (Herzog von Anhalt, aus Bodmers »Sammlung von Minnesingern«): »Tritt weg, laß mich der Wind anwehen, er kommt vom fernen Freunde mir – « (A zu II 6; vgl. Schauer II, S. 414).*

19 Umwandlung meiner] *Um Karolines würdiger zu werden, vgl. 30f. H. dürfe sie »nicht mehr betrüben« und fragen, ob sie ihn mit seinen Fehlern lieben könne (A).*
25f. – Ach Gott! ... Schottlands-Hütte?] *Vgl. II 23,67,117.*
29 Hier ist Nichts!] *Vgl. II 3,79ff.*
32f. Was ists ... könnten?] *Vgl. zu II 8,149–153. H. solle ihretwegen »niemals in Zwang seyn«, die »ganze Geschichte von dieser Bewegung« könne sie ihm nicht sagen; »o wenn wir jemals uns mündlich wieder sprechen, erzähle ichs Ihnen auf Ihrem Schoos und Sie werden darüber lächeln« (B₁).*
33 Sitzen ... Schoos?] *Gegenwärtigkeit in der Phantasie, vgl. 23f.; zu I 143,66.*
35 Kein Mahler] *In A versprach Karoline ihr Porträt, es möge »garstig oder schöner« als sie sein. Vgl. II 31,52,86–93.*
36 mein Bild] *Vgl. zu II 16,11–15.*
37f. Augenbrane] *Vgl. zu I 43(N),164f.*

19. AN KAROLINE FLACHSLAND, *Bückeburg, 27. und 28. August 1771*

3 Ausgereist] *Vgl. zu II 9,162. Auch Karoline hatte »seit 3 Wochen keinen Brief« erhalten und vermutete in B₁, daß H. verreist sei.*
4f. meinen Geburtstag ... gefeirt] *Vgl. II 9,182ff.; 16,45f.*
7, 19–22 mein Bild] *Vgl. zu II 16,11–15.*
9 Roußeau] *Vgl. zu I 143,71. »...es ist eine undankbare Arbeit, Wörter auswendig zu lernen, aber für Rousseau thue ich alles; mir ist er ein Heiliger, ein Prophet, den ich fast anbete« (B₁).*
11 Mutter- u. Kindersächelchen, 14 Mütterlichen Gedanken] *Vgl. II 23,28ff. »... ist da böses darinnen, wenn ich wünsche, dereinst Kinder zu erziehen, helfen Menschen aus ihnen bilden, die ihrem ersten Gefühl und der Natur getreu sind, und nicht durch die Last der Vorurtheile und die Farbe der Welt, die ich so sehr haße, sich von sich selbst so weit entfernen« (A zu II 25).*
17 Briefe] *B₂; Mercks Brief ist nicht überliefert.*
18, 33 Gedicht] *Merck, »An den Mond« (H.-B. II, Nr. 1680, S. 125ff.).*
19 Manna] *Vgl. zu II 16,28.*
20f. einen Pfal ... mein Gott!] *Vgl. Jesaja 44,13ff. H.s Porträt war Karoline »heiliger als Pfahl und Waßer den Heiden« (A).*
23 Hand voll Waßer] *Anekdote von Aelian.*
24 Plastik] *Vgl. zu II 16,23f.*
24f. nach Hannover] *Erst im Februar 1772 kam H. nach Hannover, vgl. II 48(N),26f.; 103,53.*
25 Wallmodenschen Sammlung] *Von Wallmoden-Gimborn.*
27 Consistenz] *Bestandheit.*
28 meinen Pygmalion] *Siehe R, S. 47.*
28ff. an Mercks Fenster ... versprach] *Im August 1770 oder April 1771.*
29 Fußgestelle der Liebesgöttin] *Vgl. II 31,7. Anscheinend besaß der Kunstliebhaber Merck einen großen Abguß einer Venus-Statue.*
31 Von Bückeburg] *Vgl. zu II 16,44.*
36f. Ende Ihres Briefes von Ihrem Bruder] *»... er hat die beste Hoffnung seines Lebens, seine einzige Freundin, verlohren, – sie hat sich geheurathet ohne ihm eine Sylbe davon zu schreiben. Dieser Zufall macht mich ganz niedergeschlagen« (B₂).*
42 entdecken ... Verlauf] *Friedrich Sigmund Flachsland hatte »vor ohngefähr 4 Jahren« als Student in Gießen mit der jüngsten Tochter Benners Freundschaft geschlossen. Schon als er*

nach Darmstadt zurückkehrte, habe sie mit ihm brechen wollen. »... der Tugend will sie ein Opfer bringen, und meinen Bruder nicht heurathen.« Ursachen seien Tugend »aus dem Grandison« Richardsons, »übelverstandene Religion und düstre Moral ihres Vaters« (A).
47 Einem meiner Freunde] *Nicht zu ermitteln.*
54f. das geläuterte Gold, aus diesem Feuer] *Vgl. Offenbarung des Johannes 3,18.*
59 Glaube ... nicht sieht] *Vgl. Hebräer 11,1.*
61 der fatale Bote] *Vgl. zu II 13,102.*

20 (N). AN JOHANN HEINRICH SAMUEL FORMEY, Bückeburg, 28. August 1771

5 Anmerkungen ... wollte] *In einem nichtüberlieferten Brief an Formey von Mitte Juni 1771 wegen Übersendung der Preismedaille durch Nicolai (vgl. II 7,5ff.) hatte H. Anmerkungen angekündigt. Es kam nicht dazu, ebensowenig zu einem später beabsichtigten Nachtrag, vgl. II 50(N),31–42.*
8f. Einwurfe vorbauen] *Vgl. zu II 10,20f.*
11f. mein Amt ... wegbliebe] *Vgl. N II Anm. 20. Auf dem Titelblatt des Drucks blieb nur »Von Herrn Herder.«*
14 invertirt] *Umgestellt.*
16 Änderungen der Akademie] *Vgl. zu II 17,33f. Sulzer (vgl. N II Anm. 70; R, S. 865) hatte sich »die Freyheit genommen«, ein paar Ausdrücke über Süßmilch »etwas zu mäßigen«.*
23 Die Medaille] *Vgl. zu II 7,3f.,5f.,7.*

21 (N). AN JOHANN HEINRICH MERCK, Bückeburg, Ende August 1771

3f. Abschrift des Roußeauschen Manuscripts] *Vgl. zu II 16,20ff.*
6 Diderots Regrets] *Vgl. II 67,4f.*
8–19 Alles ... andächtig.] *Zitiert in Mercks Brief an Sophie v. La Roche vom 10.9.1771 (Kraft, S. 53f.).*
8 Verfaßerin der Sternheim] *Landgräfin Karoline von Hessen-Darmstadt und Merck hatten Frau von La Roche eingeladen; aus Geldmangel konnte sie aber erst im Mai 1772 nach Darmstadt reisen (vgl. ihren Brief an Wieland vom 24.8.1771, Wielands Briefwechsel, Bd. 4, S. 348); vgl. zu II 77,9ff.*
16 Divinationen] *Vgl. zu II 17,20.*
20 über Shakespeare] *Äußerungen in B.*
20ff. neuere Versuch ... übersetzt] *Von Elizabeth Montagu, eine Rechtfertigung Shakespeares gegen die Vorwürfe Voltaires und gegen die Vorherrschaft des französischen Theaters; H.s Rezension vgl. II 22,37–41. H. urteilte von der überlegenen genetischen Betrachtungsweise seines »Shakespear«-Aufsatzes (vgl. zu II 12,12f.) aus: Shakespeares Schönheiten werden nicht gezeigt, »wie sie geworden sind« (SWS V, S. 315). Noch stärker betonte Merck in seiner späteren Rezension, sichtlich unter H.s Einfluß, die in dem Buch fehlenden historischen Bedingungen Shakespeares (vgl. zu I 111,42f.).*
26 Search] *Tucker, »Das Licht der Natur«, 1. Teil: Metaphysische Psychologie (2. Sittenlehre, 3./4. Unsterblichkeit der Seele, Eigenschaften Gottes, 5. Göttliche Gerechtigkeit, Natur der Dinge, Vorsehung), von H. weniger geschätzt als die schottischen Moralphilosophen (vgl. SWS V, S. 452).*
28 Smiths Theorie] *Adam Smith.*

30 Sympathie] *Instinktive Gefühlsübereinstimmung, Gleichempfindung mit einem anderen, von Smith zuerst als Grundlage der meisten Gemütsbewegungen erkannt.*
34f. Tiraden aus Shakespeare ... vermehre.] *Vgl. I 111,6–30,41–54; Manuskripte (HN XIII, 236–277), »Alte Volkslieder«, 2. Buch (SWS XXV, S. 33–60).*
36 seit ... ancient Poetry] *Vgl. zu II 5,37.*
38 Griechische Musik] *In »Ueber die neuere Deutsche Litteratur«, 3. Sammlung, bezeichnete H. die »Phrygische Musik, die rasend machte« als »älteste und roheste Tonkunst«, worauf die dorische Musik folgte (SWS I, S. 312f.). Nach dem »Vierten kritischen Wäldchen« war »bei der Griechischen Musik harmonisch wißenschaftliche Kunst nichts; und lebendiger Ausdruck alles. ... eine sehr einfache Melodie; eine für uns unausstehliche Einförmigkeit ..., starke Accente, sehr reiche und feine Verschiedenheit der Tonarten, grosse Abwechselungen der Modulation« (SWS IV, S. 119f.).* – Semitonien] *Halbtöne zwischen den Intervallen.*
38f. Kunst der Harmonie] *Zusammenklang mehrerer Töne oder Stimmen; die antike Musik kannte noch keine Polyphonie.*
39f. Anzahl aufs Papier geworfen] *Manuskripte altschottischer und englischer Volksliederübersetzungen (HN XIII, 77–235), »Alte Volkslieder«, im 1. und 3. Buch.*
40 Einige ... beilege] *Vgl. II 23,20–24; 25,31ff.*
43ff. in allen Winkeln ... skandirt sind.] *Vgl. »Auszug aus einem Briefwechsel über Oßian«: »... Lieder des Volks ... auf Strassen, und Gassen und Fischmärkten ..., die oft nicht skandirt ... sind« (SWS V, S. 189). Vgl. II 103,12–21.*
46f. Westphalen ... frißt] *Sprichwort: »Westphalia non cantat.«*
48 Gesang] *Vgl. zu II 19,18.*
48f. Feier unsrer vorjährigen Tage] *Vgl. zu II 19,4f.*
49f. meine Freundin] *Karoline.*
51 Kind] *Adelheid Merck, geb. 8. 9. 1771.*

22. AN CHRISTOPH FRIEDRICH NICOLAI, *Bückeburg, Ende August 1771*

3 5. Bogen Manuscript] *Rezensionen, vgl. II Anm. 22; R, S. 24.*
4f. Batteux ... Urtheile] *Die Übersetzung von »Les beaux arts ...« in 3. Auflage; ein kunsttheoretisches Standardwerk von kanonischer Geltung von Gottsched bis Anfang des 19. Jahrhunderts, z. B. als Grundlage von Sulzers Ästhetik. Diderot wandte sich gegen die Ausschließlichkeit des Nachahmungsprinzips und gegen die Nichtbeachtung der Verschiedenheit der Künste (»Le Salon« 1767). H. kritisierte »ein sehr verderbliches Buch« von »seichtem Gewäsche, ohne Beispiele, Proben und Anschauen« (SWS V, S. 281f.) vernichtend. Wie u. a. auch aus Goethes Rezension von Sulzers Schrift »Die Schönen Künste« (vgl. R, S. 563) hervorgeht, stellte die idealisierende Wiedergabe der Natur für den aus der Empfindung und Einbildungskraft selbst naturhaft schaffenden Künstler des Sturm und Drang einen Anachronismus dar. Die Besprechung von Bd. 16, 1. Stück der »Allgemeinen deutschen Bibliothek« von Goethe, Merck u.a. in den »Frankfurter gelehrten Anzeigen« vom 14. 8. 1772 empfahl H.s Batteux-Rezension »allen jungen Leuten, die ihr Gefühl des Guten und Schönen zu entwickeln streben. Hier werden ihnen die Fesseln abgenommen, in die ein hergebrachter Unterricht der schönen Wissenschaften sie schmiedet.«*
6f. Abhandlungen ... u. dergleichen] *In den der Übersetzung angehängten Abhandlungen und in Noten zur Übersetzung polemisierte Johann Adolf Schlegel gegen Batteux und deutsche Kunsttheoretiker (Baumgarten, Flögel, Lessing, Mendelssohn, Sulzer). H. sprach ihm die Kompetenz dafür ab (vgl. SWS V, S. 283f.).*

7, 9 Ansprünge auf Moses] »Schlegel hat in seiner neuen Ausgabe des Batteux Hrn Moses wegen der Recension der vorigen Ausgabe angegriffen, und hat ihn wenigstens, was die Schäfergedichte betrift, wahrhaftig nicht verstanden« (B). Schlegels angehängte Abhandlung »Von dem eigentlichen Gegenstande des Schäfergedichts« hatte Mendelssohn im 85.–87. der »Briefe die Neueste Litteratur betreffend« 1760 zum Ausgangspunkt seiner Definition der Idylle gemacht (vgl. »Ueber die neuere Deutsche Litteratur«, 2. Slg, SWS I, S. 337f.). Nach B zu I 31 hatte auch H. damals Mendelssohn »nicht richtig genug verstanden«. In der Rezension teilte er Mendelssohns erweiterten Idyllenbegriff, während Schlegel darunter nur »Paradies, und ursprüngliche Menschheit und Glückseligkeit« subsumierte (SWS V, S. 288).

9f. gegen Rammler] Gegen Ramlers Übersetzung von Batteux' »Cours de belles lettres« (3. Auflage 1769), die H. der Schlegelschen Übersetzung vorzog (vgl. SWS V, S. 282), richteten sich Schlegels »Zusätze in den Abhandlungen von der Harmonie des Verses und dem Reim« (ebd., S. 288). Von beiden sei aber unbestritten Ramler »der genauere Prüfer ... des Wohlklanges, zumal in lyrischen Gedichte« (ebd., S. 289).

10f. Gellert-Gottschedischen Schule] Anachronistische dichtungstheoretische Auffassungen der Frühaufklärung.

11 des Namens] Des Ansehens, vgl. zu **4f.**

12 Titel u. Buch] Ironischer »Rückblick auf Buch und Titel« am Ende der Rezension (SWS V, S. 289f.).

13 Briegleb über Horaz] Dieses Buch war »von den Klotzianern, so unüberlegt gelobt worden«, blieb aber so weit hinter allen Erwartungen zurück, daß Nicolai eine »recht gründliche« Rezension wünschte (B). Er stimmte der vernichtenden Rezension H.s zu, die ihm »die Klotzische Schule ... aufs neue über den Hals ziehen« würde, ließ aber einige Metaphern und Gleichnisse weg, die ihm »alzukühn, oder nicht paßend schienen«. Den treffenden Vergleich Brieglebs »mit einem Dorfprediger« am Anfang wollte er stehenlassen (A); er wurde jedoch schließlich nicht abgedruckt (vgl. SWS V, S. 303), was H. mißfiel, vgl. II 133,**29ff**.

14 Jacobische Süßigkeiten] Vgl. zu II 1,**123**. »... ein süßlicher, zierlicher Pedant« (SWS V, S. 306).

15 Herrnhutianisten] Siehe R, S. 772.

16f. so wenig ... vorausgesetzt] Brieglebs Erklärungen waren nach H.s Auffassung »das ärmste Weibergewäsche«, »Knabenmäßig«, »Kindergewäsche« und setzten weder »Menschenverstand« noch Latein- und Geschichtskenntnisse voraus (vgl. SWS V, S. 303ff.).

18 Ode ... Gemälde] »... jede von diesen Oden ist ein Ganzes, ein Gemählde, ein fortschreitendes Gemählde« (ebd., S. 305).

19 Klotzischen Posaune] Vgl. zu **13**.

20ff. Heine ... Zeitungen] Eine Besprechung von Christian Gottlob Heyne wurde nicht ermittelt; die »Göttingischen Anzeigen« von 1770/71 enthalten keine Rezension dieses Buches.

23 Recension von Creuz] Eine psychologisch einfühlsame Abhandlung über Creutz als metaphysischen Vertreter der von Edward Young ausgehenden Weltschmerz-, Nacht- und Grabespoesie, 15 Druckseiten in der »Allgemeinen deutschen Bibliothek«. Darüber in der zu **4f.** genannten Rezension in den »Frankfurter gelehrten Anzeigen«: »Ein Denkmal dem Abgeschiednen im Vorhof des Tempels der Musen aufgerichtet, das ihn als Dichter für alle Lobreden schadlos hält. Es ist mehr selbstständiges Werk als Recension, und es wird kein denkender Geist, kein fühlendes Herz dazu treten, ohne mit dem innigsten Intuitionsvergnügen lang um dasselbe zu verweilen.«

24–36 Sie loben ... kleine Nachrichten.] »Hr. Prof. Garve hat in der Neuen Bibl[iothek] der sch[önen] Wiss[enschaften] diese neue Ausgabe auch recensirt und Hrn Schlegel über verschiedene Sachen, ganz richtig belehret« (B, hier zu **4f.**).

37 Webb] *Übersetzung der »Observations...«, zusammen rezensiert mit der Montagu-Übersetzung, vgl. zu II 21(N),20ff. Mit der Rezension hatte H. Nicolai »wirklich einen Gefallen gethan«, da er Eschenburg als Freund schätzte (A).*
39f. Uebersetzungen ... aus Shakespeare] *In beiden Werken; von H. als Beweis dafür gesehen, daß eine Übersetzung Shakespeares »möglich sey, die die Wielandsche sehr übertreffe« (SWS V, S. 311). Mit seinem öffentlichen Lob wollte er Eschenburg zu dieser verdienstlichen Arbeit aufmuntern (vgl. ebd., S. 316).*
42 Die Barden] *Vgl. II 35,3–12. Nicolai hatte der Bardendichtung »noch nicht Geschmack abgewinnen können« (A). In A zu II 2 hatte er zuerst nach H.s Urteil darüber gefragt und den »Bardengeschmack, der itzt so sehr einreißet«, als »poetische Ueppigkeit« eingeschätzt, »die weder unserer Regierungsform, noch unserer Lebensart, unsern philosophischen Begriffen, und unsern Empfindungen entspricht«.*
43 übersende die Bücher] *Vgl. II 35,15; 88,14–18.*
44 Theologischen Sachen] *»Künftiges halbe Jahr, werde ich Ihnen auch Theol. Recens. auftragen« (A). Nach SWS, HN und der Korrespondenz hat H. jedoch keine entsprechenden Rezensionen für die »Allgemeine deutsche Bibliothek« geliefert und auch keine Aufträge dazu erhalten. Nicolai hatte wohl Bedenken, bei den Berliner Neologen durch H.s unkonventionelle und nicht den Zeittendenzen angepaßte Auffassungen Anstoß zu erregen, wie ja auch seine spätere verständnislose Aburteilung der »Aeltesten Urkunde« zeigte, vgl. zu III 92,35f.*
– theologia liberalis u. elegantioris] *H. meinte wohl die freisinnige, neologische Theologie.*
45 Resewitz] *Vgl. I 75,85ff.; zu I 49,24f.*
47 Sarmatischen Lieflande] *Siehe R, S. 815. Als Hilfsbibliothekar der lutherischen Domschule hatte H. leichter Zugang zu theologischen Werken als in dem (mit Ausnahme der Gräfin Maria) theologisch eher indifferenten Bückeburg.*
48 Schlegels Schreiben an Sie] *Gottlieb Schlegels »Schreiben an Hrn. Friedr. Nicolai« war nach A schon rezensiert.*
49 Recension über ihn] *Vgl. zu I 115,74,76; in der »Allgemeinen deutschen Bibliothek« von Engel rezensiert.*
51f. über ... symbolischen Bücher] *Vgl. zu I 115,92.*
52 ein schaler Kopf] *Vgl. I 13(N),11–15; 68,118f. Auf Schlegels Durchreise nach Riga hatte Nicolai »einige Stunden mit ihm verdorben«; er hielt ihn für einen »von den dümmsten Gelehrten«, die er in seinem Leben gesehen hatte (A). Vgl. zu II 17,46.*
54f. Westfeld ... Bibliothek gehen.] *Darauf ging Nicolai in A nicht ein. Westfeld hatte in Bd. 4–8 der »Allgemeinen deutschen Bibliothek« etwa 20 Rezensionen verfaßt (O. Hoffmann, S. 131).*
55 jetzt mehr Muße] *Westfeld war mit Graf Wilhelms militärisch-despotischer Regierung unzufrieden, strebte von Bückeburg fort und vernachlässigte manche Amtsgeschäfte, so daß er im August 1772 von der Aufsicht über die Verproviantierung der Wilhelms-Inseln im Steinhuder Meer (vgl. R, S. 820) dispensiert wurde (vgl. Schaumburg-Lippe III, Nr. 448).*
56 mein Einziger Umgang] *Vgl. II 3,52–56; 146(N),62f.; zu II 23,137f. H.s negatives Bild Bückeburgs war weitgehend durch die selbst enttäuschten Westfelds geprägt (vgl. Erinnerungen I, S. 180ff.).*
57 Abbts Briefen] *Vgl. II 2,41f.; zu II 2,42; erneute Nachfrage nach H.s Urteil in B.*
59 Handwerksmine] *Vgl. zu II 2,48; 13,34.*
61 Professoren aus Rinteln] *Vgl. II 50 (N),73–78.*
63 Romanen] *Liebesverhältnissen.*
64 Abbts Geist im Leben] *Selbsttäuschung H.s, der in »Ueber Thomas Abbts Schriften« mehr sich selbst, wie er als Schriftsteller sein wollte, als den ihm nur aus Büchern, nicht »im Leben« bekannten Popularphilosophen gezeichnet hatte.*

66 dem Verdienst] *Vgl. II 13,34ff.*
67 Graf ... geschmeichelt.] *In den nunmehr veröffentlichten Briefen rühmte Abbt den ihm freundschaftlich verbundenen Grafen Wilhelm, z. B. im Oktober 1765 an Mendelssohn:* »Denken Sie ja nicht, daß der Graf von der Lippe einer unserer gewöhnlichen grossen Herren sey. Wenn Sie ihn bey Tische ganze Stellen aus dem Shakespear mit der vollen Empfindung des Inhaltes her sagen hörten, und ihn bey einer gestirnten Nacht mit philosophischem Tiefsinn und bescheidenem Zweifel, über die wichtigsten Materien, die den Menschen angehen, sprechen hörten, so würden Sie Ihn hochschätzen. Wozu Sie noch setzen müssen, daß er sein Handwerk, die Kriegeskunst zu einem hohen Grade der Vollkommenheit studirt hat.« Er »ist äusserst mäßig an seiner Tafel, und hat auf Wein, Spiel und Weiber nichts zu verwenden. Seine ganze Zeit ist ausser dem thätigen Leben dem Studiren gewidmet« *(Mendelssohn II, Nr. 271).*
68 Hrn Moses Krankheit] *Mendelssohn litt an Schwindel, sobald er* »nur wenige Seiten, mit Nachdenken« *las, und war nicht zu geistiger Arbeit fähig. Deswegen hatte Nicolai die seinem Freund zugedachte Batteux-Rezension H. übertragen (B).*
68f. Zusätze seiner neuen Ausgabe] *3. Auflage des* »Phaedon«*, vgl. zu I 53,90f.; 76(N),***121.**
71 mein Auge nicht zu vernachläßigen] *Vgl. zu II 2,25; 46,17f.*

23. AN KAROLINE FLACHSLAND, *Bückeburg, 7. September 1771*

3-7, 22 Gedicht ... seines Herzens] *Vgl.* **150-178;** *zu I 123,46ff.; II Anm. 23. Die von Klopstock nie veröffentlichte Ode handelt von seiner mißglückten Werbung.* »Es ist ein einfaches Gedicht, mehr Lied als Ode, mit weichem, innigem Ausdruck des Empfindens« *(Muncker: Klopstock, S. 347). Karoline zitierte daraus* **155f.** *und lobte* »die sanfte Sprache« *(A).*
8 Geheimen Rat] *Andreas Peter v. Hesse.*
10 Sache Ihres Bruders] *Vgl. zu II 19,36f.,***42.**
17 Von Bückeburg ... zu schreiben] *Vgl.* **133f.,145ff.;** *zu II 19,31.*
18 Hagenburg] *Siehe R, S. 769.*
19 laß er ... seyn] *Veraltet für: Möge, soll er sein. –* dörfen] *Brauchen.*
20f. Altschottischer u. Englischer Lieder] *Vgl. II 21(N),***39ff.** *Sie waren* »ein wahres Geschenk« *für Karolines Herz,* »der alte, ehrliche, gute, einfältige Ton« *rührte sie und ihre Schwester sehr (A). Besonders erwähnte sie* »Wiegenlied einer unglücklichen Mutter« *(SWS XXV, S. 164ff.),* »Wilhelms Geist« *(siehe R, S. 16),* »Lied aus dem Gefängniß« *(SWS XXV, S. 516ff.),* »Weg der Liebe« *(ebd., S. 358ff., zitiert Vers 15f.) und* »Die Todtenglocke« *(ebd., S. 278-281, zitiert Refrain Vers 5-8).*
26 Roußeau's Emil] *Vgl. II 19,14ff.; zu I 143,71.*
28 Sachen u. Studien des Gewerks] *Theologische Studien und Amtsarbeiten (Kirchen- und Schulsachen, Armenwesen); Schauer vermutete – wahrscheinlich zu Unrecht – darunter* »Unterhaltungen und Briefe über die ältesten Urkunden« *(vgl. R, S. 3).*
28f. gute Mann ... Herzen] *Rousseau,* »Émile«*, zu I 95,62-79; II 19,11,14.*
30ff. wie Er ... läßt.] *Die Situation entspricht der Entstehung des Entwurfs zum 1.* »Discours« *auf dem Wege von Paris nach Vincennes, wo Rousseau Diderot im Gefängnis besuchte (1749, geschildert im 2. Brief an den obersten Zensor, Chrétien Guillaume de Lamoignon de Malesherbes, 12. 1. 1762, und in* »Les Confessions«*, 8. Buch).*
32 Vorurtheile u. Gewohnheit] *Vgl. zu II 11,36.*
33 Prediger der Menschheit] *In eigentlicher Bedeutung gilt diese Bezeichnung noch mehr für H.s Selbstverständnis als Prediger, vgl. I 51,98-103.*

34 müßen ihn ... thun.] *Rousseauismus als Erziehungspraxis eingefordert.*
35 Muse] *Vgl. I 102,**201**; 112,**56**; II 39,**91ff**.*
38 mit Fehlern u. Gebrechen] *Vgl. zu II 18,19.*
40–132 »Wenn Traumes-Mädchen«... nur machen kann.] *Vgl. II 18,7–12,25f. Die ganze 1. Strophe **43–49** und 7. Strophe abgewandelt **99–103** zitiert in A, statt »Traumes-Mädchen« dort »bester Jüngling« (= Herder); wechselseitiges poetisches Liebes- und Treuebekenntnis. **46–49** erneut zitiert in A zu II 26.*
55f. in Darmstadt ... Abschied nahmen] *Vgl. I 142,**4ff**.; zu I 142,**78**.*
57, 69 Fingal] *Von Ossian, siehe R, S. 424,724. – Träumen in Prose] Im 3. Stück der »Adrastea« 1801 deutete H. den Traum als eine Untergattung der Märchenpoesie (vgl. SWS XXIII, S. 287–292).*
61, 67, 85, 115, 121, 129 Schottlands Hütte] *Ossianisches Motiv. »... aber wo ist Schottlands Hütte, die ich nicht zeigen kan? wo der rauschendwilde Baum, ein LiebesDach, der edle Seelen schirmen kan?« (A). Vgl. **86ff.**,**116**. Heinz Stolpe führte das Hüttenmotiv in H.s Bardendichtung auf Klopstocks Ode »Fahrt auf der Zürcher See« zurück (Vers 73: »O so bauten wir hier Hütten der Freundschaft uns!«, nach Matthäus 17,4), den Ossian-Bezug interpretierte er in seiner einfühlsamen Darstellung aus den Quellen als patriotische »vaterländische Phantasmagorie« und Gegenbild gegen die duodezabsolutistischen Fürstenhöfe wie in Bückeburg (H.-B., Nr. 2750, S. 385–405).*
63 brünstig] *Sehr leidenschaftlich (Adelung).*
69–82 Greis Fingals Menschen ... Wunden] *H.s Einsamkeit in Bückeburg, vgl. **136–140**.*
70, 92 Sklaven, 89 Niedertracht, 93 Knechtetiteltand, **95ff**. Viehesdummheit, ... Pöbelniederträchtigkeit] *Bekenntnishafte, schärfste Anklage H.s gegen die gesellschaftlichen Verhältnisse in Deutschland um 1770, wie er sie ganz konkret am Bückeburger Hof erlebte. Vgl. zu 61.*
91 unser freies Vaterland] *Sarkasmus, vgl. zu 61,70. Ähnliche Gedanken in den letzten Strophen des Gedichts »An den Genius von Deutschland«, 1770 (vgl. SWS XXIX, S. 332).*
118 Zephir] *Siehe R, S. 742.*
131 bleibt in Ihrer Hand] *Vgl. zu 70.*
133f. noch nie ... dieses Orts] *Vgl. zu I 82,16; II 1,63; 3,79,98f.; 8,72.*
137f. auch selbst ... ertragen kann] *In Westfelds Haus, vgl. zu II 22,56. »... bald überzeugte ihn sein richtiges Gefühl, ... daß [Westfelds] ihm fremdartige Naturen seyen. Und doch konnte er mit ihnen nicht brechen; [Westfeld] war der einzige gebildete Mann, den er kannte, mit dem er Geistesverkehr und Umgang haben konnte« (Erinnerungen I, S. 183).*
140 bastille oder Bicêtres] *Siehe R, S. 747, 749.*
140ff. Indeßen ... reife.] *Vgl. I 117,19–22.*
150–178 Klopstock An Done] *Vgl. zu 3–7.*
180f. Du Sängerin der Nächte!] *Siehe R, S. 665, vgl. S. 736; 3 Strophen (von Gleim?): »Du Sängerin der Nächte, du liebe Philomele, du singst ja so kläglich; was ist dir widerfahren? Ich glaube, daß du liebest./Ach lieber kleiner Vogel, ich liebte auch wie du liebst, und bin der Stadt entflohen ...« (HN).*

24. AN JOHANN CHRISTIAN WILHELM MEIER, Bückeburg, 7. September 1771

3ff. Verfügung] *Vgl. II 15,12–32. Graf Wilhelm hatte dem Konsistorium in einem Reskript vom 9. 8. 1771 mitgeteilt, daß H. und der Superintendent Meier in Stadthagen »nicht ferner die Früh-Predigt, sondern die Vormittags-Predigt allezeit halte« (H: Niedersächs.*

StA Bückeburg). Am 2. 10. 1771 appellierte Prediger Duve in einer Bittschrift an den Gerechtigkeitssinn des Grafen. Er wollte wie zuvor die Hauptpredigten abwechselnd mit H. halten, sonst verliere er die Achtung seiner Gemeinde. Er verehrte H., mit dem ein nichtüberlieferter »unangenehmer Briefwechsel« vorausgegangen war, als »Gelehrten erster Größe«, wollte aber nicht sein Diakon sein. Es scheint, daß der Graf nach einem Antwortentwurf aus Hagenburg vom 4. 10. 1771 seinen Befehl zurückgenommen hat (H: Niedersächs. StA Bückeburg).

25. AN KAROLINE FLACHSLAND, *Bückeburg, 11. und 14. September 1771*

6f. traurig u. sympathetisch für Ihren Bruder] *Vgl. zu II 19,36f.*
7 so lange nicht geschrieben] *Vgl. II Anm. 23.*
8 alle meine Briefe] *II 18; 19; 23.*
14 mein Herz mit dem Ihrigen zusammengehört] *Im gleichen Sinn erwiderte Karoline, sie »schlafe und erwache und lebe und denke so innig« mit ihm (A).*
17 in Briefen meine Gesellschafterin] *Vgl. I 143,66; II 1,24.*
18 Posttage] *Vgl. zu II 8,13.*
22f. Ihre vorigen Briefe ... wisse] *»Der Herr G[eheime] R[at] merkt, und spricht und hört und sieht nichts von unsrer Freundschaft; mir ists unendlich lieb« (B_1).*
24f. bei Empfang ... merket.] *Karoline erzählte, daß ihr Schwager nach Empfang von II 13 sie »sehr früh ... auf sein Zimmer zu einer Taße Chokolade« eingeladen und ihr »etwas sehr schönes zu zeigen« versprochen habe; »er war ... so gerührt, daß ich mein Gesicht wegwenden mußte« (B_2 zu II 16). Vgl II 13,94–100.*
25f. Unsre Freundschaft] *Vgl. II 104,29.*
27 unsre Briefe verstecken] *Vgl. zu I 88,162; 100,73f.*
29 davon ... Proben!] *Vgl. zu I 143,23f.*
31 alte Lieder geschickt] *Vgl. zu II 23,20f. – wieder einige] Darunter waren »Wehgeschrei der Liebe« (»O Weh, o weh. Schottisch«, SWS XXV, S. 202ff.) und »Die weinende Chloe« (nach Prior, ebd., S. 552); Karoline gefiel das erste besser, sie »gehöre wohl in eine Schottische Hütte mit Stroh bedeckt« (A).*
34 Shakespeare] *Vgl. zu II 12,12. Der 2. Entwurf entstand Anfang 1772 (SWS V, S. 232–252), die Druckfassung im Januar 1773.*
35 Plastik] *Vgl. zu II 16,23f. – Moses] »Aelteste Urkunde«, vgl. II 54(N),4–20.*
36 Julius Cäsar] *Karoline hatte die Tragödie noch nicht gelesen, wollte es aber »nächstens« tun (A). In A_1 zu II 30 lobte sie Cäsars Glauben an »seine Unschuld und Tugend« und tadelte den »undankbaren Brutus« und Porcias Ungeduld, »glühende Kohlen zu verschlucken«.*
37ff. Brutus] *Vgl. II 78,68–73.*
41ff. Sie haben ... vermuthen.] *Vgl. zu II 8,119ff.; 10,24f. Mercks Brief ist nicht überliefert. »M[erck] und L[euchsenring] haben nur im Vorbeygehn davon gesprochen, es wäre nicht gut so früh zu criticiren. Das machte Eindruck bey mir, ich mußte meinem Freund meine Gedanken darüber sagen« (A).*
44f. keine ... seyn soll.] *Mit Ausnahme der späten Kant-Kritiken »Metakritik« und »Kalligone« sind H.s Werke nicht mehr unmittelbar kritische Schriften wie »Ueber die neuere Deutsche Litteratur« und »Kritische Wälder«, sondern erörtern genuin sachbezogene Themen und Probleme; sie enthalten aber in unterschiedlichem Maße kritische Elemente, am schärfsten »An Prediger«, worin die historische Inhaltsbestimmung des geistlichen Amts in die Polemik gegen Spalding eingebettet ist. Mäßigung im polemischen Urteil ist in den Bückeburger Schriften durchaus nicht zu verspüren.*

47, 49 Wahrheit u. Beförderung des Lichts] *Schlagworte der Aufklärung, der jede Kritik nach H.s Vorstellung zu dienen hat. Nach Karolines Meinung sollte H.* »überall als Mensch und Menschenfreund« *erscheinen und* »die Untersuchung und Vertheidigung der Wahrheit« *nicht geschehen* »auf Unkosten eines Mannes, der seinem Irrthum einen lächerlichen Mantel umgehängt« *hat. Anschließend entschuldigte Karoline sich für ihre unweibliche Äußerung (vgl. zu I 95,53,62–79) und wollte sich* »diesem philosophischen Gespräch künftig enthalten« *(A).*
48 Leuchsenring] *Sein ganzes Wesen erschien H. unwahr, vgl. zu II 1,123.*
51 sehen ... fühlen] *Der gesunden Natur gemäß ist der Gebrauch aller Sinne.*
52f. Brillen ... verderben] *Metaphorisch für ein bewußt kleinliches, überkritisches Herangehen an die Wirklichkeit.*
55 Schneckenmäßig] *Vgl. I 104,12. –* Reife] *Vgl. II 23,139–142. –* Mäßigung] *In der Ehe mit Karoline vollzog sich dann eine graduelle Mäßigung von H.s Charakter, wie Merck bei H.s Besuch in Darmstadt im Juli 1775 feststellte (an Höpfner, Ende Juli 1775, vgl. Kraft, S. 139), grundsätzlich änderte er sich aber nicht; vgl. zu 44f.*
57 wenn Sternheim kommt] *Vgl. zu II 21,8. Nach Darmstadt schrieb Frau v. La Roche einen Vorwand. Merck erwähnte in seinem Brief an sie vom 10.9.1771 die* »traurigen Nachrichten« *(in ihrem nichtüberlieferten Brief an ihn, vgl. Kraft, S. 52), Karoline schrieb in A:* »Die vortrefliche Sternheim kommt nicht, ihr Mann und Sohn und eine kleine Unpäßlichkeit hindern sie.«
61 Sind Sie krank, todt] *Vgl. I 118,7 (= II 26a).*
62f. Griechischen Grazie] *Vgl. zu I 85,41f.*

26. AN KAROLINE FLACHSLAND, Bückeburg, 18. September 1771

4 Monathe lang] *B war einen Monat zuvor geschrieben.*
6 Gram um Ihren Bruder] *Vgl. zu II 19,36f.,42.*
6f. Mercks ... pflegte] *Vgl. zu I 88,162.*
7 seiner Frauen Niederkunft] *Vgl. II 28,21–33; zu II 21,50f.*
11 »Sie sind krank!«] *»Ich bin nicht krank, ich bin nicht tod, denn ach so hätte ich Ihr süßes Briefchen ja nicht mehr lesen und küßen können. Und wie? Denken Sie so stumm gehe ich von Ihnen weg. o nein o nein!« Danach Zitat von II 23,46–49 (A).*
11 Katarrhs] *In B_2 zu II 18 erwähnte Karoline ihren* »hartnäckigen Katharr ... seit 14 Tage«.
12 Kur] *In B_1 zu II 19 schrieb Karoline von einer* »WaßerCur«, *die sie* »Morgends trinke« *(nach B_2 zu II 18* »Schwalbacher Waßer« *zur Reinigung des Blutes).*
16 geritten] *Vgl. II 27,52ff.*
16f. Mondschein ... andre Welt versetzte] *Vgl. zu II 174,44f.*
18 zum traurigen Bilde Ihrer Krankheit] *Vgl. II 27,58ff.*
19 Crisis] *Entscheidung.*
23 Besorgniß] *H. befürchtete sogar den Tod Karolines; vgl. I 118,7,10 (= II 26a).*
31f. mein einziges ... Menschenseligkeit] *Vgl. I 100,91f.; II 4,145ff.; 16,32–39.*
32f. das Schrecklichste] *Leben in Einsamkeit oder Suizid, vgl. II 4, 140ff.*
35f. mir nicht antworten wollten] *Karoline vermutete den Verlust eines ihrer Briefe auf dem Postweg (A).*
38 Ahndung]*= Ahnung. Nach Adelung noch* »Ahndung« *in doppelter Bedeutung: 1. dunkle Empfindung des Zukünftigen (heute* »Ahnung«), *2. Bestrafung (*»Ahndung« *heute).*
40 Engel] *Vgl. II 23,59.*
43f. um des Ersten ... Herzen] *Vgl. I 83 und A.*

26a (= I 118). AN JOHANN HEINRICH MERCK, *Bückeburg, etwa 18. September 1771*

(bisher datiert: Straßburg, 2.Dezember 1770; Umdatierung, vgl. N, S. 798)

7 krank, oder todt seyn] *Vgl. II 26,11,20ff.,38ff.*
7f. grausame Schonung] *Vgl. II 26,25f.*
13 zwei Worte] *Vgl. II 26,24.*
16f. Himmel ... empfangen!] *Vgl. II 26,26f.*

27. AN KAROLINE FLACHSLAND, *Bückeburg, 2. Oktober 1771*

4 Feldgeschrei] *Wildes Geschrei der Soldaten beim Angriff, um den Feinden Schrecken einzujagen; hier in übertragener Bedeutung für II 23,9–16; 25,3–8,58–66; 26 und 26a.*
6 Merck ... habe.] *II 26a.*
7f. seinem Schreiben ... Zwang äußert] *Nicht überliefert. Karoline verstand das nicht, da Merck ihr »schon so oft gesagt« habe, daß er H. liebe und »über alle, die er kennt, hinaussetzt«. Vielleicht sei es eine Laune von ihm (A).*
11f. Ihre Tante, die Braut ... Brautsituationen] *Vgl. zu II 18,4.*
14 Versorgung in Neuwith] *Frau v. La Roche habe »neulich« an Merck geschrieben, »daß Wieland vielleicht nach Neuwied geht und eine Academie dort aufricht«, und wünsche, daß H. dort Hofprediger würde (B₁). An Wieland äußerte sie diesen Wunsch am 7.9.1771 (Wielands Briefwechsel, Bd. 4, Nr. 349, S. 357). In A schrieb Karoline, sie sei gleich der Meinung gewesen, daß H. sich nicht zu den Herrnhutern und nach Neuwied schicke. Siehe R, S. 414, 790.*
20f. Wind ... verbreitet hätte.] *Von H.s Unzufriedenheit in Bückeburg sei Frau v. La Roche nichts bekannt. Merck habe ihr einmal geschrieben, daß H. »einsam ohne Freunde« dort lebe (A).*
21 Meine Stelle] *Vgl. II 13,29–34.*
26 Liefland] *Vgl. zu II 17,11–14.*
28 Sollicitationen] *Inständige Bitten, Anforderungen. – als ordentlicher Hofprediger am Eutinschen Hofe] Dafür sind in den Archiven in Eutin und Oldenburg und im HN keine Quellenbelege vorhanden (Schauer, Anm. 65). Vgl. II 28(N),114f.*
33 im Hannöverschen] *1773–1776 bewarb H. sich um eine Professur in Göttingen.*
34 in Berlin] *Vgl. I 53,166ff.; zu I 46(N),8f. – Einsiedler] Vgl. II 3,86.*
36 Ärgerniß über andre Schurken] *Vgl. zu II 22,56.*
37 Avantüriers, wie der Herr selbst] *Offiziere in wechselnden ausländischen Diensten, von H. als Abenteurer betrachtet (1773–1776 war H. mit einem solchen – Zanthier – befreundet). Graf Wilhelm war großbritannischer und portugiesischer Feldmarschall.*
41ff., 45 Johannes ... Liebe.] *Vgl. 1. Johannesbrief 4,18. Karoline schrieb dazu: »Weg mit Furcht, was hat sie mit uns zu thun, wir lieben uns!« (A).*
43 Nach Gießen] *Vgl. zu I 135,20. Friederike v. Hesse wünschte H.s Anstellung als Theologieprofessor in Gießen (B₁). Karoline aber teilte H.s Meinung, »in ein Land wie das hiesige, unter Menschen wie die hiesigen, in einen elenden Ort wie Gießen« und H. »unter Herren Kollegen wie die Gießer ... ist vielleicht ärger als nach Sibirien vertrieben« (A).*
44 nur als Gelehrter leben zu müssen] *Vgl. zu I 95,54ff.*
49 meiner Mißlage] *Vgl. zu 20f. Karoline sollte den Gerüchten entgegenwirken.*
51–115 schöne Naturscenen ... Blick in die Natur] *Erstmals äußerte sich H.s tiefes Naturgefühl in ausführlichen Beschreibungen, um die Geliebte an seinen Empfindungen teil-*

haben zu lassen. Die Beschreibung der »Reiße beym Mondschein und Morgenröthe« entzückte Karoline, sie bat ihn, weiterhin »solche feuerliche Scenen zu beschreiben« (A). Es handelt sich hier um einen Text, für den die Klassifizierung »Präromantik« nicht verfehlt erscheint.

53,59f. Sorgen über Ihr Stillschweigen] *Vgl. II 26,15ff.*
54ff. gute Mutter ... Schurken, ihren Mann] *Helwing, vgl. III 78,14.* »... gehn Sie oft, wenn Sie können, zu der unglücklichen gutherzigen Frau nach Lemgo ... Ich bin der blauaugichten guten Mutter mit ihren Kindern recht gut« (A).
55 schwarzen Augenwimpern] *Daran erinnerte H. sich 24 Jahre später, vgl. VII 161, 39–42. – Wir ritten]* H. und Westfeld.
57f., 60, 64 der Mond ging auf] *Von Klopstocks Oden beeinflußte Mondscheinromantik des Sentimentalismus war ein Leitmotiv von H.s und Karolines Liebesbriefwechsel von Anfang an, vgl. I 85,26,31.*
61, 99 Romantische] *Vgl. zu I 110,109f.*
69–78 Morgenröthe] *Das neue Naturgefühl und eine literarische Anregung, Geßners »Der Tod Abels«, waren die Grundlagen für H.s Deutung des allmählichen Sonnenaufgangs als tägliches Lehrstück Gottes an die Menschen über die Schöpfungsgeschichte in der »Aeltesten Urkunde« (vgl. SWS VI, S. 258–277; Suphans Einleitung, S. XIIf.) – ein Gedanke, der in der Urfassung »Ueber die ersten Urkunden des Menschlichen Geschlechts« noch nicht vorkommt (vgl. Rudolf Smend in: Schriften zum Alten Testament, FHA 5, S. 1363f.), aber als »Gemälde des werdenden Tages« bereits der Hauptgedanke der ersten drei »Unterhaltungen über die ältesten Urkunden« ist (vgl. SWS VI, S. 132–159). Karoline wandte wie H. das Bild auf ihre Liebesbeziehung an:* »Ich glaube es fest und zuversichtlich, daß Menschen dauerhaft glückselig seyn können, ... so wird unsere Liebe und Freundschaft immer, immer schöne heilige Morgenröthe seyn« (A).
72 ordentlich hin war] *Aus der Wirklichkeit entrückt, hingerissen.*
79f. armen Bauer ... erlaubt ist] *Anscheinend ein Witwer mit kleinen Kindern, der erst nach einem Trauerhalbjahr wieder heiraten durfte.*
80f. Dispensation um die Hälfte] *Eine gebührenpflichtige Erlaubnis zu früherer Heirat. Karoline lobte H. für die »Wolthat an einem armen Bauer« (A).*
81 Pack mit Büchern] *Von Johann Christian Dieterich, vgl. II 29(N),28ff.*
84f. ging mit Sokrates spatzieren] *Hamann, »Sokratische Denkwürdigkeiten«, 3. Abschnitt: »Er lobte einen Spatziergang als eine Suppe zu seinem Abendbrodt« (Nadler, Bd. 2, S. 79). Vgl. R, S. 543.*
86 23. Psalm] *»Der Herr ist mein Hirte; mir wird nichts mangeln« usw.; H.s Adaption 121–148, mit Varianten auch SWS XII, S. 319f.*
87 »das du mein Schätzgen bist«] *Norddeutsches Volkslied, siehe R, S. 697.*
90 Rinteln] *Siehe R, S. 802.*
94 Kette kleiner Gebürge voll Wald] *Wesergebirge, südlich von Bückeburg.*
96 gräfliche Schloß] *Das Bückeburger Schloß war damals eine Wasserburg.*
97f. Englischen Lieder] *Die Sammlung Percys, vgl. zu II 5,37.*
98 Kuppeln] *Nach Adelung runde Dachform, Kuppe für Bergspitze, Gipfel; hier für Baumwipfel.*
101f. wilde Blumen, ... Liebeliedern] *Thymian, Kälberkropf, Veilchen, Muscusrose, Geißblatt, Klee in »A Midsummernight's dream« II/2; Rosmarin, Vergißmeinnicht, Fenchel, Akelei, Raute, Maßliebchen in »Hamlet« IV/5; Kuckucksblumen in »Love's Labour's Lost« V/10; Schlüsselblümchen in »The Tempest« V/1.*
105ff. Freuden- u. Liebeslieder] »... gehn Sie oft dorthin, wo Sie lustige Dorfmädchen singen hören« (A). *Die Standesschranken machten es dem obersten Geistlichen un-*

möglich, wie der Student Goethe im Elsaß 1771 selbst Volkslieder zu sammeln. Vgl. II 21(N),**46f.**

111 liebsten Schülerin in Liefland] *Johanna Sophia Schwartz.*
112 Bußlieder gegeben] *Für die Liturgie angegeben zum Kirchengesang.* – Vorgängerin] *Witwe des am 7.2.1770 gestorbenen Amtsvorgängers Daniel Ernst Knefel.*
114 Alles mit Ihnen theilen] *Vgl. I 102,***162ff.**
116 des Glücks ... nicht werth!] *Vgl. II 9,***31f.**
117ff. »Aber ich ... selig für uns!«] *Zitat aus* B₁.
120 Sie müßens singen] *Vgl. zu* **86f.** *»Ihr Morgenländisches Liedchen ist tröstend, wenn ich eine Melodie darauf wißte, sänge es oft.« Noch tröstender wäre es, wenn H., der einmal Harfe oder Laute spielen lernen wollte, sie als »Abendländischer David« begleitete. Karoline zitierte die 6. und 4. Strophe (A).*
148f. Wahlhall' ... der Erwählten!] *»Die schönste Genetische Erklärung des Himmels« (SWS XII, S. 320) ist wie viele andere etymologische Versuche H.s falsch, vgl. R, S. 742.*
150 wieder einen Brief] B₂.
151 Versichrung von Merck] *Merck habe »bey seiner Ehre versichert«, Karolines verlorenen Brief fortgeschickt zu haben. Vgl. II Anm. 27.* – Ihr Bruder] *Vgl. zu II 19,***36f.**,**42**. *Ihr Bruder habe »sich an diesem Mädchen betrogen« und sei jetzt völlig trostlos* (B₂).
152 Einem meiner Freunde] *In Königsberg oder Riga, nicht zu ermitteln.*
155 Becher der Schicksale] *Vgl. Psalm 75,9.*
157f. leidige Tröster] *Vgl. Hiob 16,2.*
158 garstige Vater] *Benner.*
159 Veränderung der Akademie] *Andreas Peter v. Hesse leitete als Kurator eine Reform der orthodoxen Universität Gießen ein, indem er auf die Berufung von Vertretern der Aufklärung als Professoren Einfluß nahm. Vgl. zu I 135,***20**. *Hesse hatte in B zu I 135 angekündigt, »daß Gießen bald gänzlich verwandelt werden wird«.*
160 Grandison] *Vgl. zu II 19,***42**.
161 seine Trösterin] *Karoline hatte geschrieben, sie würde ihrem Bruder »eine Trösterin seyn«* (B₂).
163 der Deserteur] *Von Sedaine und Monsigny. Karoline war in Frankfurt (vgl. zu II 18,***4***) in dieser Operette, die dort »30mal« aufgeführt wurde. Obwohl sie »Comödie und Musick einzeln liebe«, kam es ihr »widersinnig« vor, »Affecten und zumal heftige und traurige absingen zu hören«. Für »alles das Schlechte und Unnatürliche« habe sie das Lied »nun werd ich sie bald wiedersehen« entschädigt, das der Deserteur »in einem Wald nicht weit von dem Hauße seines Mädchens« sang* (B₂).
164 Brüssel] *Aufenthalt H.s Weihnachten 1769, vgl. I Anm. 77.*
167 Schottische Lieder] *Vgl. zu II 21(N),***39ff.**; **23,20f.**; **25,31**.
168 Empfindungsschauer] *Von seelischen Empfindungen hervorgerufener Schauer. Vgl. Klopstocks Ode »An Gott« (Initium: »Ein stiller Schauer deiner Allgegenwart ...«)*
171 von den Eskimaux] *Vgl. »Todtenlied. Grönländisch« in »Volkslieder« (SWS XXV, S. 421f., vgl. S. 93ff.) und »Auszug aus einem Briefwechsel über Oßian« (SWS V, S. 197f.).*
172 mehr Schottische Lieder] *Vgl. II 41,***35–38**; **68,51–54**.
172f. Alle Klopstocksche Oden] *Vgl. II 33,***121ff**.
175 Seraphim] *Siehe R, S. 714.*
175f. O wärest ... lieben könntest!] *»Dies ganze Herz ist ewig dein« (A).*
177 ein Bild von Ihnen] *Vgl. zu II 18,***35**. *Karolines Porträt war wegen einer Erkrankung des Malers und seiner Überhäufung mit »Arbeit an Hoff« noch nicht fertig (A). Vgl. II 33,***3–33**.

28 (N). AN JOHANN HEINRICH MERCK, *Bückeburg, Anfang Oktober 1771*

5 beide Brieftage] *Vgl. zu II 8,13.*
6 Merkstäbe] *Altertümliche Kalenderformen. Vgl. im 1. Band der »Aeltesten Urkunde« die Sabbat-Hieroglyphe als mnemonische Figur, zu I 105,43–49 (SWS VI, S. 294ff.) und die Zeitrechnung der Ägypter (ebd., S. 375–386).*
9, 41 letzten Brief] *Nicht überliefert.*
9 Schauder] *Nach Adelung Intensivierung, höherer Grad von »Schauer« (Reaktion auf Kälte; Abscheu, Grauen, feierliche Ergriffenheit). Ein auf Alexander Gottlieb Baumgartens Bestimmung der dunklen Seelenkräfte gegründeter Schlüsselbegriff für H.s Befindlichkeit im »Journal meiner Reise« 1769 (Proß I, S. 810; Wisbert in FHA 9/2, S. 866; SWS IV, S. 348, 438).*
12 das grüne Blättchen ... Erde.] *Herbstgefühl, vgl.* **139;** *II 31,96–100; hier auf Mercks Psyche übertragen.*
15 in einem Briefe] *Nicht überliefert.*
17f. Freund ... verlohren] *Zur Entfremdung zwischen H. und Merck vgl.* **120f.;** *II 27,7ff.;* **37,28ff.;** *122,27ff.,63ff.;* **132,8ff.,40ff.**
24 Entbindung Ihrer Frauen] *Vgl. II 21(N),50f.*
27 Ihr Mädchen] *Vgl. zu II 21(N),51.*
28 arme Frau] *Vgl. zu I 97(N),11.*
32 Mutterseele zu zeigen] *Wenn das einjährige Mädchen mit Püppchen spielen würde.*
34 einst meine Freundin war] *Vgl. I 97(N); 119(N).*
42f. Spalding ... Jugendbriefe] *Vgl. zu II 13,82.*
45ff. Sekte ... Liebesbriefchen] *Vgl. Gleim, »Briefe von den Herren Gleim und Jacobi«.*
49 billets de confession] *Beichtzettel; nach der Aufhebung des Edikts von Nantes 1685 zur Zwangskonvertierung der Hugenotten eingeführt.*
50ff. mit diesen ... verlohren] *H. dachte dabei vor allem an Leuchsenrings Empfindsamkeitskult; vgl. II 1,135–138; 25,47ff.*
55 Jacobi] *Johann Georg Jacobi, vgl. aber II 36,81–84.*
59 Winkelsache] *Etwas Verborgenes, nicht für die Öffentlichkeit Bestimmtes.*
63, 67ff., 75 Hallers Roman] *»Usong«. Ein Staatsroman im Sinne des aufgeklärten Absolutismus, in dem der persische König Usun Hassan (1408–1478, König seit 1468) aus dem turkmenischen Stamm vom Weißen Hammel (Aq-Qojunlu) als vollkommener Herrscher idealisiert ist. In der Rezension der »Göttingischen Anzeigen« vom 19.12.1771 (151. Stück) werden die Maßnahmen seiner Regierung aufgezählt. In den »Frankfurter gelehrten Anzeigen« vom 14.2.1772 (13. Stück) wird der Roman sehr ironisch (nach Bräuning-Oktavio von Merck, eventuell mit Beteiligung Goethes) als »Persischer Telemach« bezeichnet (als Nachahmung von Fénelons Fürstenspiegel »Les Aventures de Télémaque«, Paris, Haag 1699).*
64 Physiologie] *»Elementa Physiologiae corporis humani«, von H. für anthropologische Fragen der »Aeltesten Urkunde« benutzt (vgl. SWS VI, S. 268; VII, S. 11, 24, 90).*
65 Oekonomie] *Haushaltung, Naturordnung (griech.).*
69 den ganzen Menschen] *Die harmonische Einheit von Verstand und Gefühl, die Totalität aller Erkenntnis- und Gefühlskräfte, im Gegensatz zum einseitigen Rationalismus war ein Hauptpostulat des Sturm und Drang; vgl. II 131(N),18–24; »Philosophei und Schwärmerei« (R,S.22): »Ein Mensch, der allein Kopf seyn will, ist so ein Ungeheur, als der allein Herz seyn will; der ganze gesunde Mensch ist beides« (SWS IX, S. 504).*
70 Zimmermanns Leben von ihm] *Johann Georg Zimmermann, »Das Leben des Herrn von Haller«.*

72 der Geistvollste Compilator unsres Jahrhunderts] *Vielleicht wurde Merck dadurch zu der Formulierung in der Rezension (vgl. zu 63) angeregt: »Wenn ... ein Compilator auf dem Steckenpferde der Empfindung reitet ...« Am 28.2.1772 schrieb Merck an Sophie v. La Roche: »...wie kann auch der Boden einer Compilator-Seele, der vierzig Jahr über nicht umgekehrt worden, etwas anders tragen, als diese Dornen und Disteln?« (Kraft, S. 66).*

77ff. fliegende Blätter ... des Herzens] *»Der Wandsbecker Bothe«, siehe R, S. 662.*

79 Silbersaiten] *Saiten der Harfe oder Laute aus Silberdraht, hier metaphorisch.*

82 Der Hypochondrist] *2. Auflage, siehe R, S. 658.*

83–87 Eisoden von Klopstock ... Braga's Erscheinung] *»Braga« (nicht in der Darmstädter Ausgabe), siehe R, S. 316; »Eisode« (in der Darmstädter Ausgabe), ebd., S. 317. Vgl. Merck an Höpfner, 1.11.1771: »Haben Sie den Hypochondristen gesehen die neue Ausgabe? Es sind 2 Eisoden darinne, die besser sind als die unsrige« (Kraft, S. 59).*

86 Schrittschuhsylbenmaas] *Freie Rhythmen. »Schrittschuh« = Nebenform von Schlittschuh.* – Braga's] *Siehe R, S. 720.*

88 Frankfurt] *Neben Leipzig ein Zentrum des Buchhandels.*

90 unter den ältesten Völkern] *Studien H.s für die »Aelteste Urkunde«, vgl. I 105,64.*

91, 107 ersten Kinderideen des Menschlichen Geistes] *Lebensaltertheorie auf die Urgeschichte angewandt.*

91 simplifiiren] *Simplifizieren (lat. korrekte Form).*

92f. ältsten Buch ... Hiob] *Siehe R, S. 649. Religiöse und ethische Ideen und Einflüsse der aramäischen Sprache sind nach Erkenntnissen des 19. Jh. Kriterien für eine sehr späte Entstehung in nachexilischer Zeit. Vgl. dazu Rudolf Smend (FHA, 5, S. 1442 zu 770,26) und Christoph Bultmann (FHA 9/1, S. 1025 zu 246,13).*

93 kaum mehr als Uebersetzung] *Vgl. »Briefe, das Studium der Theologie betreffend«, 11. Brief: »... in welcher Sprache ursprünglich das Buch verfaßt sey? wird wohl ein Räthsel bleiben« (SWS X, S. 131). »Vom Geist der Ebräischen Poesie«, 1. Teil, 5. Gespräch: Alciphron vermutet, Moses habe das Gedicht »aus dem Arabischen übersetzt«. Eutyphron aber hält es für »nicht übersetzt, sondern Ebräisch geschrieben« (SWS XI, S. 310).*

96 Druidentempel] *Siehe R, S. 723. Paradigmatisch für Altertümliches.* – Katholischen Kirche] *Metaphorisch für Verfälschung von etwas Altem; vgl. VI 23(N),72–79.*

97 Reise in die Arabische Wüste] *Vgl. zu II 146(N),128; hier in übertragener Bedeutung: »... mehr als alles, erläutert das Lesen arabischer Dichter« (SWS X, S. 131).*

98 Aschenhaufe] *Vgl. Hiob 2,8. Hiob »hält einen gelehrten Consessum auf seinem Aschenhaufen« (SWS X, S. 132).* – einge] *Einige.*

99 Streittone] *In der zeitgenössischen Theologie.* – Michaelis neue Uebersetzung] *Johann David Michaelis, Bibel-Übersetzung, Bd. 1, 1769.*

100 Stücke ... geworfen] *H.s Nachdichtung des Buches Hiob siehe R, S. 37.*

101f. Klopstock ... über die Litteratur] *»Briefe über Merkwürdigkeiten der Litteratur«, Fortsetzung (Übersetzung Schönborns), siehe R, S. 655.*

103 Straußentflug geht] *Wie die flugunfähigen Strauße am Boden haften bleibt.* – Pindar] *Vgl. zu I 131,65ff.*

105 Reliques] *Von Percy, vgl. zu II 27,167.*

106, 119 meine Freundin] *Karoline Flachsland.*

107 Kindertöne] *Vgl. zu 91.*

110 Reise meines gewesnen Prinzen] *Vgl. zu II 34(N),260.*

111 aus den Zeitungen] *Die gelehrten Anzeigen brachten nach den Rezensionen kurze Nachrichten von akademischen Berufungen, von Todesfällen und Reisen bekannter oder fürstlicher Personen; vgl. I 93,90f.* – meine Prophezeiungen] *Vgl. I 89,15–18.*

114 aus Brüßel geschrieben] *Vgl. zu II 34(N),260.*
115 Salböl über Salböl] *Zur alttestamentlichen Priesterweihe benutzt (vgl. 3. Mose 8,12); hier metaphorisch für höchstes Lob. –* HofpredigerStelle] *Vgl. II 27,27–30.*
116f. Brutus ... beßer mit ihm.] *Siehe R, S. 99; Verwechslung mit Lazarus (Johannes 11,12). Von H. auf sich selbst bezogen.*
117 Ein Jahr erst vorbei] *H. glaubte, danach von seinen Verpflichtungen gegenüber dem Grafen zu Schaumburg-Lippe frei zu sein und einer anderen Berufung folgen zu können.*
120 Stillschweigen] *Vgl. II 26a (= I 118); 37,3ff.*
126f. »das Leiden« ... sehen?] *Zitat aus B, vgl. zu 9. Merck hatte auf Karolines schwierige Familienverhältnisse hingedeutet, vgl. zu II 30,67–71.*
127f. der Einge] *Einzige.*
130f. unsre Hütte ... aufschlagen] *Vgl. Matthäus 17,4.*
135 Consistorialia] *Kirchenamtliche Mitteilungen.*
136 Jacobischen Katechismus abgeschaft] *Vgl. II 11,57–213.*
136f. aus den Schulen nichts zu machen] *Vgl. II 11,39–55.*
137 das Land ... lächerlich] *Vgl. II 27,36f.; 253(N),108f.*
137f. Kirchenverfassung ein Aergerniß] *Vgl. II 11,12–37.*
139 Wald sich entlaube] *Vgl. 11ff.; II 31,96ff. (deswegen II 28 statt »Anfang« vielleicht »nach Mitte Oktober 1771« zu datieren).*
140 Manuscript auf den Heiligen Anno] *Annolied, siehe R, S. 645; vgl. II 169(N),15–21.*

29 (N). AN HEINRICH CHRISTIAN BOIE, Bückeburg, 8. Oktober *1771*

5f. nie ein Dichter ... erscheinen will] *Boie, der H. seit dessen Reise mit Prinz Peter Friedrich Wilhelm von Holstein-Gottorp (vgl. I Anm. 80) kannte (Knebel II, S. 85, 87ff.), hatte ihn zur Mitarbeit am Musenalmanach für 1772 (vgl. R, S. 685) eingeladen.*
7 aus Jugendpapieren] *H. hat sie wahrscheinlich ungedruckt zurückerhalten, vgl.* **22f.**
8f. Uebersetzungen ... der Kürze wegen] *Nachdichtungen; gedruckt wurden »Das Geschrey der Kabale«, »Wein und Wasser« (nach Prior), »Süßer Wahn« (SWS XXIX, S. 58f., vgl. S. 104, Anm. S. 721f., 726), »Die weinende Chloe« (nach Prior), »Der Verliebte« (SWS XXV, S. 552f.), »Das Eine in der Natur« (nach Sir Henry Wotton; ebd., S. 521f.).*
13f. Verschwiegenheit meines Namens] *H.s Gedichte erschienen 1772–1774 mit der Sigle O. In seiner Rezension des Musenalmanachs für 1773 (vgl. zu II 124,44) schrieb Merck: »Die Stücke unter O. verrathen einen Mann, der der Sprache als Meister und Schöpfer zu gebieten weiß.«*
17f. die LiebesTaube ... bei Prior] *Siehe R, S. 450.*
19 Schmidt] *Christian Heinrich Schmid, »Biographie der Dichter«.*
20 es gar wegließen] *H.s Nachdichtung von Priors »Taube« (vgl. R, S. 38) blieb ungedruckt; vgl. II 32(N),8ff.*
21 das Zeichen] *Vgl. zu 13f.*
24 Antwort an Gleim] *Vgl. II 32(N),14–18.*
25 Zueignung an mich] *»An Herrn Herder« im Musenalmanach für 1770, siehe R, S. 189; vgl. zu I 68,19f. Boie bedauerte »ein paar sonderbare Späße« darin (an Knebel, 1.3.1771; Knebel II, S. 91f.).*
29 Bücher] *Vgl. zu II 27,81.*
30f. Ferguson's moral Philosophy] *Vgl. zu II 85,84–87.*
31 Memoires de Petrarque] *Vgl. zu II 31,121–124.*

34 Französischen Bücher] *Bei der erhaltenen Sendung, vgl. 29. –* geheftet] *Im 18. Jahrhundert wurden die aus der Druckerei gelieferten unaufgeschnittenen Bogen vom Buchhändler verkauft. Die Käufer ließen sie nach ihrem individuellen Geschmack binden.*
35 Aufnahme] *Verbesserung. Vielleicht darüber Gespräch bei H.s Aufenthalt in Göttingen im Februar 1772.*

29 a. AN DAS SCHAUMBURG-LIPPISCHE ARMENDIREKTORIUM, Bückeburg, 12. Oktober 1771

P. T.

Gegen die Suppliken und Vorstellungen habe ich nichts einzuwenden. Da aber zu Aufnahme in dergleichen Anstalten doch immer auch Ansicht der Personen gehört: so dünkte es mich rechtlicher und Ordnungsmäßiger, mir solche nicht vorzuenthalten und Votum inoculatum geben zu dörfen.

Bückeburg d. 12. Okt.   Herder

ÜBERLIEFERUNG. H: *Bückeburg, Niedersächs. StA; Ecclesiastica generalia, Pflegehaussachen.* – D: *ungedruckt.*
DATIERUNG: *auf demselben Blatt oben ein Votum von Justizrat Knefel vom 11. 10. 1771.*
ERLÄUTERUNGEN: *Vgl. Brigitte Poschmann: Herders Tätigkeit als Konsistorialrat und Superintendent in Bückeburg (H.-B. II, Nr. 0439). Dem Armendirektorium gehörten an H., Knefel, Kammerrat Schmidt. Herder wollte die Supplikanten, die um Aufnahme ins Pflegehaus ersuchten, selbst sehen, um seine Entscheidungen aufgrund ihrer Bedürftigkeit und Gebrechlichkeit, d. h. ihrer sozialen und gesundheitlichen Verhältnisse, zu fällen.*
4 Suppliken] *Bittschriften.*
6f. Votum inoculatum] *Stimmabgabe ohne Augenschein.*

30. AN KAROLINE FLACHSLAND, Bückeburg, etwa 5. und 16. Oktober 1771

3 Schon wieder keinen Brief] *Vgl. II Anm. 23. Auch Karoline hatte »3 Wochenlang« keinen Brief erhalten (A₁). –* fodern] *Nach Adelung norddeutsche Nebenform von »fordern«.*
6f. mir meine Briefe erlauben] *Daß H. ihr schreiben dürfe. Vgl. I 99,108f.,211.*
7 bloße Buchstabenmalerei] *Vgl. II 31,67ff.*
8f. nicht die Einbildung ... müde werde!] *Daß Karoline wenigstens nicht aufhöre, an ihn zu denken.*
9 schönen Seele] *Vgl. zu I 83,69.*
11 Elsaßer Sprachschall] *Karoline war Elsässerin, sie verbrachte ihre Kindheit in Reichenweier bis zur Übersiedlung der Familie nach Pirmasens 1761. Mit Andreas Peter v. Hesses Familie zog sie 1768 nach Darmstadt.*
16–25 Voraus war ich ... einem andern Leben.] *H. konstatierte bei sich einen psychischen Reifeprozeß. Vgl. die Selbsteinschätzung I 98,89f.; II 25,55f.*
22 Divination] *Ahnung, Weissagungsgabe.*

25 Hoffnung zu einem andern Leben] *Vgl. II 23,49,130.*
25f. in Ihren Schoos u. ... Busen weinen] *Konglomerat von Erotik und Empfindsamkeit, vgl. 28 und 90f.; II 79,53.*
29f. die wir leider je gehabt] *Im August 1770 und April 1771.*
33 alle Ruhe u. Gleichgültigkeit] *H. fürchtete, daß Karolines Gefühle für ihn erkalten würden. Vgl. 59. Karoline widersprach in A$_1$ und A$_2$ heftig; diese Vorstellung H.s und seine Bitte, seine »geneigte Freundin zu seyn«, waren für sie fast ein Grund, ihm böse zu werden.*
38 ganze ... Natur] *Vgl. I 83,11–15.*
40 wie Kind oder Knabe] *Liebe ertrotzen wollen.*
41–45 Mein Freund Claudius ... gesucht.] *Claudius schrieb am 20. 9. 1771: »Ich habe ein Mädchen liebgewonnen, ein einfältiges, ungekünsteltes Bauernmädchen. – Wenn Sie mir dort eine kleine Stätte auf dem Lande bereiten könnten (welche es auch sei, Sie wissen, was ich für Künste kann), wenn Du es kannst, so sei darum gebeten, Du, pro tempore Bändiger des Bucephalus der Bückeburgischen Geistlichkeit, Du –!« (Nachlaß I, S. 363).*
46 geliehnen Taße] *Von Frau Westfeld. –* Koffee] *Coffee (engl.).*
47 ihm voll Rührung geschrieben] *Nicht überliefert, vgl. N, S. 798 oben. »Ihr letzter Brief hat mir Mark und Bein erfreut«, antwortete Claudius (undat., Nachlaß I, S. 364). Bode schrieb am 26.10.1771, Claudius sei seitdem in H. »fast mehr als in sein Mädchen verliebt« (ebd.). Karoline wünschte, daß H., sie und Claudius mit seinem Mädchen zusammenleben könnten (A$_2$).*
50 unabhängiger Prälat] *Vgl. H.s positive Bewertung seiner Bückeburger Stelle II 27,21–25.*
51 Ardennerwald] *Siehe R, S. 745. Karoline stellte sich Shakespeares Stück frivol vor und wagte es nicht aus ihres Schwagers Bibliothek zu fordern. »...aber liebster Freund, ohne alles jungfräuliche Gezier, denn wozu das, wenn mein Herz redet – Sie eilen zu sehr mit Ihrem Ardenner Wald – kaum kennen wir uns ja, ... leben Sie noch mit Ihrer kleinen, lieben, leichten Coquetterie, die mir so wohl gefiele, fort, das ernsthafte männliche Leben möchte noch immer zu früh kommen.« Sie wolle erst einige Jahre bei ihrem Bruder leben; H. sei noch frei und müsse sein Glück nicht »einem kleinen armen Mädchen aufopfern« (A$_2$).*
53 Leibautors] *Lieblingsautor.*
54 abbrechen muste] *Zeile 53.*
56 letzten Briefe] *II 27; 28. –* Zettelchen] *B (darin: »Merck verreißt nach Frankfurt«).*
61 geschriebne Seite] *Bis 53.*
65f. Gedanken ... ohne Zweck!] *Vgl. 13ff.*
67–71 Winkelchen Ihrer Seele ... ihr Herz!] *In A$_1$ vertraute Karoline dem Geliebten ihre schwierige, zwangvolle Situation an: Seit 5 Jahren lebte sie im Hause Andreas Peter v. Hesses, der vor allem seine Frau hart behandelte. Ihr Bruder war noch immer unglücklich wegen seiner Freundin (vgl. zu II 27,151ff.). Neu erfuhr H., daß Karolines älteste Schwester »Maitreße beym Landgraf in Pirmasens war« und »zerstört an Seel und Körper« herumirrte, »Gott weiß wo?«.*
70 leiden müssen] *Vgl. II 28(N),126.*
73 Theilgebung] *Vertrauen; Wortbildung H.s, Antonym zu »Teilnehmung«.*
74 wie weit ... entfernt?] *Karoline kannte keinen weiten Weg zwischen ihren Herzen (A$_1$).*
75f. Kämmerchen ... Heiligthum] *Vgl. I 142,78; 143,11.*
81 als »Maria«] *Als Kranke, Leidende; vgl. zu II 4,41–47.*
82f. Gefällt Ihnen ... folgen!] *Vgl. I 99, 132ff.; 101,47; 102,60; 110,22f.; 117,29f. Karoline bat H. in A$_2$, ihr den Briefwechsel nicht zu entziehen, »das einzige«, worin sie lebe. Sie wollte künftig ihre Briefe als ein »kleines Tagebuch« ihrer Beschäftigungen anlegen.*

85f. Koran] *Von Mohammed; 68. Sure (Die Feder).*
88–92 Meine Seele ... Stäte gönnen.] *Gedanke der Metempsychose, vgl. zu I 26(N),80.
»– o Deine Seele ist kein Fremdling bey mir und flattert nicht um mich herum, hier, hier
dies Herz ist ihr Zellchen und wirds ewig seyn« (A₁).*
92 Stäte] *Ältere Nebenform von »Stätte«.*
98 Clarißa] *Von Samuel Richardson; vgl. I 95,173–181; II 41,39–112.*
99 Lieder] *Vgl. II 32(N),10f.; 41,111f. – ich quäle Dich ... im Traum.] »Ich habe einige
Zeit so viel im Traum mit Ihnen zu thun, ... ists nicht wunderbar, Du hast mich im Traum
gequält« (A₁).*

31. AN KAROLINE FLACHSLAND, *Bückeburg, etwa 20. und 23. Oktober 1771*

5 seit so langer Zeit] *Der letzte empfangene Brief war A zu II 26.*
6f. am Fenster] *Vgl. II 8,148; vgl. zu II 19,29.*
10 Seele] *Vgl. II 30,88ff.*
12 Theologischer Arbeiten ohne Kopf] *Amtsverrichtungen.*
14 Geßners Daphnis] *Vgl. zu II 6,25.*
18 2. Gräfinnen] *Nach Vermutung Schauers (Anm. 68) die Gräfinnen Eleonore Auguste
Amalie und Karoline Ferdinande Maria von Bentheim-Steinfurt.*
20 Morgens Drei] *Karoline sorgte sich um H.s Gesundheit und bat ihn, sich für sie und
die Welt, der er noch so viel nutzen könne, zu schonen (A₂).*
26 Inisthuna] *Ossian, »Der Krieg von Inisthona«.*
29 Fittig der Abendröthe begraben] *Metapher im Stil Klopstocks.*
30 Nachtfreude] *Präromantische Empfindung wie das geschilderte Naturerleben überhaupt, vgl. II 27,57–75.*
31 Einmal mein Selbst seyn] *Umschreibung für »meine Gattin«, vgl. 1. Mose 2,24.*
35f. Wenn Liebe ... nicht zu sehr] *Nach H.s Gefühl hielt ihre Liebe sich die Waage.*
37 Gedichte ... Claudius] *Die meisten Abschriften von Gedichten Claudius' in HN sind
wahrscheinlich aus späterer Zeit. Karoline fand sie »schön, leicht, unschuldig und Deutsches Herz darinnen«, das sie überall entzücke, aber Herder stehe weit über Claudius (A₂).*
39 Deutsches Kattenmädchen] *Karoline war zwar Elsässerin, lebte aber in Hessen. Die
Hessen sahen ihre Ahnen im Stamm der Chatten. Der Name war aus Tacitus' »Germania« (Kapitel 30ff.) und »Annales« bekannt; die Schreibweise »Katten« gebrauchte Klopstock in dem Bardiet »Hermanns Schlacht«.*
40f. Und gut ... Aug.] *Vers 3f. der 4. Strophe aus Claudius' »Auch ein Lied. Ich bin ein
deutscher Jüngling« (in »Der Wandsbecker Bothe« vom 23. 4. 1771, Nr. 65), Pendant zu
Klopstocks Ode »Vaterlandslied« (Abschrift HN XX, 140).*
42f. mein Refrain] *Vgl. II 9,31f.; 27,115f.*
45 letzten Brief, Mistrauen] *Vgl. II 30,71–81.*
49 Eltern- ... Bruderliebe!] *In B bedauerte Karoline ihre »armen unglunklichen Geschwister«. Erst mit D₁ zu II 33 wurde H. ganz in ihre Familiensorgen eingeweiht.*
51 im Walde sprachen] *Im Wald bei Darmstadt im April 1771, von Leuchsenring belauscht; vgl. zu I 142,23f. Vielleicht aber auch während der ersten Bekanntschaft im August 1770, vgl. I 83,43.*
52, 86ff. Ihr Bild] *Vgl. zu II 27,177.*
53 beßer mahlen laßen] *Damals anscheinend nicht erfolgt. – Brief ... hüpfend toll]
Sprunghafte Assoziationen als Ausdruck der Gefühle, kein geregelter Briefstil nach dem
Briefstellerbuch (vgl. Bohse). Vgl. 112; II 33,86f.*

55–58 Deines blauen Auges ... Jünglings seyn] *Vgl. zu **40f.**, vorletzte (6.) Strophe.*
63 dazugeschaffen] *Zum Glück.*
67f. Silberlaute des Herzens] *Vgl. II 28(N),79.*
69f. Scenen der ... Freundschaft.] *Vgl. zu I 83,67.*
71 meinen ersten Brief] *I 83.*
73 die Augen niedergeschlagnes Mädchen] *Ungrammatische Fügung: Gebrauch des Perfektpartizips in aktiver Bedeutung.*
75 dem blaßen Jüngling] *Franz Michael Leuchsenring. Der Brief an ihn von August 1770 – er war damals in Leiden – ist nicht überliefert.*
78 Marionetteneifer] *Eifer wie eine Marionette, vgl. I 142,61f. – Stunden verdorben] Vgl. zu I 142,23f.; II 1,165f.*
79f. meinen Namen stinkend gemacht] *Vgl. 1. Mose, 34,30; 2. Mose 5,21; 1. Samuel 27,12. H. sei gegen Leuchsenring ungerecht; dieser könne H.s Namen nicht verächtlich machen und würde es auch nicht tun. H. stehe in Darmstadt im »besten Andenken« (A_2).*
83f. Kein Gedanke an mich ... Sanct Johannes] *Vgl. Offenbarung des Johannes 2,4. Vgl. II 27,41f.*
86 Ihr Bild schicken] *Vgl. zu 52.*
88, 89 dafür] *Davor.*
90 tichten u. trachten] *Vgl. 1. Mose 6,5. »tichten« (dichten) in älterer Bedeutung »nachdenken« (Adelung).*
94 schöne Herbstzeit] *Vgl. 110f., 119f.; II 28(N),10–13.*
96 gelben u. falben] *Vgl. die Bückeburger Geschichtsphilosophie (SWS V, S. 558), 27. »Humanitätsbrief« (SWS XVII, S. 140), »Homer und Ossian« (SWS XVIII, S. 458).*
97–101 ein Geschlecht von Blättern ... von der Erde verschwindet] *Homer, »Ilias«, 6. Gesang, Vers 145–149: »Wie die Blätter im Walde, so sind die Geschlechter der Menschen! Einige Blätter verwehet der Wind zur Erden, und andre treibt der knospende Wald, in der zeugenden Wärme des Frühlings, so der Menschen Geschlecht! Die wachsen, und jene verwelken« (Voß). Nach Blackwell, »An Enquiry«, S. 206 der deutschen Übersetzung, ist das Gleichnis für die Hinfälligkeit des Menschen »ganz aus dem Musäus genommen« (= Musaios, legendärer attischer Sänger, Schüler von Orpheus). Vgl. auch das aus dem Druckmanuskript der »Volkslieder« weggelassene »Herbstlied« (SWS XXV, S. 595f.).*
104f. kein Volk ... angesehen hat] *Vgl. »Ideen zur Philosophie der Geschichte der Menschheit« am Ende des 13. Buches (über die altgriechischen Staatsmänner): »Das Principium dieser Weisen war eine der Natur abgelernte ächte Menschen-Weisheit« (SWS XIV, S. 150).*
105–109 ein Stückgen ... nicht werth!] *Der »Grieche« ist H. selbst, siehe R, S. 674; Volkslieder, Griechisch, »Noth und Hoffnung«, R, S. 16.*
112 lieber reich fühle] *Vgl. zu 53.*
113 Blüthe ihrer Tage genießen] *Vgl. zu 97–101.*
114 Oßian Freuden seiner Jugend sang] *Lieder von Jagden und Kriegszügen, d.h. von kraftvollen Taten.*
115f. frühentkräftetes ... Jahrhundert] *Vgl. H.s hohnvolle Kritik seines Zeitalters in der Bückeburger Geschichtsphilosophie (SWS V, S. 534–553).*
121f. Nachrichten zum Leben Petrarchs] *Vgl. II 29(N),31ff.; 37,45–61. Johann Georg Müller nannte das Werk in seinen »Bekenntnissen merkwürdiger Männer«, Bd. 1, S. 193, »eines der unterhaltendsten und lehrreichsten Bücher nicht nur für die Kenntnis des menschlichen Herzens, sondern auch für die Staatsgeschichte seiner Zeit«. Karoline wünschte von Petrarca und Laura »zuweilen kleine Nachrichten zu hören« (A_2).*
122 Verwandter der Laura] *Der Abbé de Sade, ein Onkel des Marquis de Sade.*

125f. einem Fremden ... Asche ist] *Petrarca besang Laura, die Frau eines anderen, noch als Tote.*
129 Jacobitchen] *Siehe R, S. 293. Karoline dachte sich Petrarca »immer nur als sanfter zarter Mann« (A₂).*
129–133 in allem Betracht ... Petrarch!] *Vgl. die Würdigung Petrarcas im 55. »Humanitätsbrief« (SWS XVII, S. 269–272). Müller (vgl. zu* **121f.***) beschrieb nach de Sades Quellenwerk Petrarcas Verdienste um die Erhaltung antiker römischer Handschriften (a. a. O., S. 266f.).*
134 Einsamkeit, **137** Empfindung der Wüste] *Vgl. II 3,78–82.*
141 liebe Laura] *Die Lektüre Abbé de Sades. –* Bild meiner lieben Flachsland] *Vgl.* **86–93.**

32 (N). AN HEINRICH CHRISTIAN BOIE, *Bückeburg, vor dem 9. November 1771*

5 Kalenderbeiträge] *Vgl. zu II 29(N),***8f.**
8 Die Taube der Venus] *Vgl. II 29(N),***17–21.**
10 Lovelace an Belford] *Aus Samuel Richardson, »Clarissa Harlowe«; von Boie trotz H.s Zurücknahmeorder im Musenalmanach 1773 veröffentlicht; siehe R, S. 35.*
14–18 Die Antwort an Gleim ... bleiben!] *Vgl. II 29(N),***24–27;** *siehe R, S. 30 unten.*
19 nach Göttingen] *Erst im Februar 1772 konnte H. sich von seinen Amtsverrichtungen frei machen, um in der Göttinger Universitätsbibliothek Studien für die »Aelteste Urkunde« zu treiben; vgl. II 38(N),***3–8;** *N II Anm. 54.*
22 verborgen] *Vgl. zu I 72,***187f.**
24 den einzigen Kästner] *Nur (Abraham Gotthelf) Kästner.*

33. AN KAROLINE FLACHSLAND, *Bückeburg, 9. November 1771*

3, 10, 33, 87, 93, 103, 108 Ihr Gemälde] *Bildnis, 1771; siehe R, S. 162. Mit B₂ übersandt: »... mein Portrait ..., das heute fertig wurde, hier ists, aber dreimal dicker als ich, könnte ich doch das Bild meiner Seele mitschicken«.*
6 Lineamente] *Gesichtszüge.*
7 Marienblick] *Vgl. II 4,***208,213;** **12,30;** *zu II 4,***41–47.** – Schalkheit] *Vgl. II 4,***42,94.**
8 Augenbran] *Vgl. zu I 103,***117.**
10f. der erste Blick ... wenig zu sagen] *Vgl. I 83,***33–38.** *Es war von H. aus nicht Liebe auf den ersten Blick.*
13 erst)] *Die schließende Klammer gehört hinter* können. – abmüßigen] *Sich Muße nehmen, eine Tätigkeit deswegen aufschieben (Adelung).*
16 Engel aus dem Paradiese] *Vgl. »Engel Gottes« I 98,***135;** **100,19;** *II 49,***5;** **52,15;** *»Engel des Himmels« II 12,***36.**
16f. eine edle schwarzgekleidete Pilgrim] *Vgl. II 4,***41–47;** *vgl. das Gedicht »Caroline Flachsland im Bilde mir!« (zu II 36,***87***)· »Bist du vom Himmel daniedergekommen? hineingeschlüpft Engel, ins täuschende Pilgergewand?« (SWS XXIX, S. 498). »Pilgrim« (maskulin und feminin gebraucht) = der Pilger, die Pilgerin (Wallfahrer).*
18–22 unwißend der eigenen Würde ... Tugend –] *Gelegenheitsverse; nach Schauer, Anm. 72, Vorstufe des zu* **16f.** *angeführten Gedichts, tatsächlich aber keine textuelle Entsprechung.*
23 Alles ist unnennbar] *H., der in der 3. Sammlung »Ueber die neuere Deutsche Litteratur« das Verhältnis von »Gedanke und Wort, Empfindung und Ausdruck« zueinander*

»wie Platons Seele zum Körper« interpretiert hatte (SWS I, S. 397), empfand die Unmöglichkeit einer völlig adäquaten Wiedergabe der Gefühle mit sprachlichen Mitteln. Vgl. II 3,93–96.

26f. elendes Lob von Schönheit] H. liebte in Karoline vor allem ihre »schöne Seele«; vgl. I 83,69.

29 ihr Bild der Seele zu geben] Vgl. zu 3.

31 Sakrament] Religiöses Gnadenmittel.

34–38 Mißverständniße ... den Ardennerwald] Vgl. zu II 30,51.

39 Gedanke ... eines guten Jungen] Vgl. II 30,41–51.

40f. Forttraum] Okkasionelle Wortbildung H.s wie »Fortgebäude« in der Bückeburger Geschichtsphilosophie (SWS V, S. 566), Determinativkompositum, den Prozeßcharakter des Grundwortes bezeichnend.

41f. den Brief gar nicht fortschicken wollte] Vgl. II 30,61ff.

42f. Ausguß Eines Abends] Vgl. II 30,54f.

45 Der ArdennerWald] Vgl. II 30,52f.

48 das Unedle] Hier für bloße sinnliche Liebe.

48f. Ihr erster Eindruck ... Unschuld gewesen] Vgl. I 83,10–24.

50 zu so ungelegner Zeit] Kurz vor der Abreise mit dem Prinzen von Holstein-Gottorp aus Darmstadt; vgl. I Anm. 85.

53f. beim Abschiede ... weinten] Vgl. I 100,19–27.

54 als meine Schutzfreundin sang] Vgl. zu I 112,31–44; 114,33ff.

55 Ihre Gegenwart] Vgl. I 143,6–25; II 1,24f.,203f.; 3,92; 4,14ff.; 6,38,68f.; 9,77ff.; 10,38f.; 27,66f.; 31,30f.,110f.

60f. zum Opfer meiner Bequemlichkeit machen] H. wollte als ein Mann von Ehre (63) nur bei gesicherten materiellen Verhältnissen Karoline heiraten; vgl. I 99,145–148.

63f., 89f. Sentiment] Gefühl.

65f. »eilender« Gedanke] An eine voreilige Verbindung, vgl. zu II 30,51.

69ff., 81f., 105 unseliges Mißverständniß ... fortzusetzen!«] In B$_2$; vgl. zu II 30,82f.

69 Coquetterie] Vgl. zu II 30,51.

75 Kleist gelesen] Vgl. I 103,107f. – der Landgräfin Walde] Vgl. I 83,39,47.

76 Petrarchisch] Siehe R, S. 436.

83 Ihr Brief] B$_2$.

87 »Kaum kennen wir uns«] Zitat, vgl. zu II 30,51.

90 Schneeflocken ... Rosen] Bilder der Vergänglichkeit.

91 gute Ausrichtungen] Vorbereitung auf ein gemeinsames Leben.

92 anmuntern] Aufmuntern. – Vaterland] Vgl. zu I 108,104.

93 Kranz] Corona (Krone), militärische Ehrenzeichen der Römer aus Lorbeer oder Gold. – Vorbild] Vgl. I 84,21.

94 tröste Deinen Bruder] Vgl. zu II 19,42; 27,161. In B$_2$ hatte Karoline erneut über dessen »Melancholie ... seit dem Verlust seiner Freundin« und deren »übelverstandene Religion« geschrieben. Vgl. zu II 30,51,67–71.

95 Schwester ... blutendes verirrtes Schaf] Vgl. Psalm 119,176; zu II 30,67–71.

98f. wegen Zuversicht ... verdienen dörfen] H. glaubte, den Vorwurf der Unzuverlässigkeit nicht zu verdienen. Karoline hatte in B$_2$ die Möglichkeit in Erwägung gezogen, daß ihm etwas an ihr mißfallen und er sie nicht lieben könne.

100, 113f. tausend Meilen] Bildlich; die Entfernung zwischen Bückeburg und Darmstadt beträgt nur ca. 40 Meilen. Vgl. zu II 47,85.

103f. Klagen von Unwürdigkeit] Passim in den Briefen beider Liebenden, das einer des anderen nicht wert sei.

107 In Ihrer Seele muß im Dunkeln –] »... ich weiß nicht welcher Argwohn bey Ihnen, in meiner Seele etwas im Dunklen sehen will« (A).
111f. Dein Oberrichteramt] *Klopstocks Ode* »Als der Dichter den Messias zu singen unternahm«, *Vers 37f. (R, S. 315)*.
117f. Was Merck ... gesagt hat] *Zitat in B₁ vom Sommer 1771:* »... er ist ganz verändert, sonst war er wie ein Vogel auf dem Zweige«. *Vgl. II 30,16–25*.
120 solche – Situationen] *H.s Lage in Bückeburg, vgl. zu II 31,134*.
121 Klopstocks Oden] *Die erste authentische Ausgabe. Bode hatte sie am 26.10. an H. geschickt, ein weiteres Exemplar am 20.11.1771 (V. u. a. Herder III, S. 284). Vgl. II 38 (N),17–25*.
122 durch den Geheimen Rat] *Vgl. II 13,65. Die Übersendung der* »Oden« *an Karoline hätte ihren geheimen Briefwechsel aufgedeckt*.
123 ganz weg] *Hingerissen. Dasselbe empfanden Karoline und Frau v. Hesse, die* »einen halben Tag darinn geblättert« *und über* »Die todte Clarissa« *geweint haben (A). – das 2te Buch] Jugend- und Liebesoden*.
125f. Phantom von Vaterlande] »Sie wißen, wie sehr ich mein armes deutsches Vaterland liebe ... ach leider! daß unser Vaterland nur Phantom und Schatten unsrer Väter ist! ... dann muß man sich verborgenes Vaterland schaffen« (A).
126, 130 Cidli] *Meta Klopstock; vgl. II 37,39f. und die Oden auf Cidli (R, S. 318)*.
127f. o wäre ich da ... vorzulispeln] *Vgl. II 37,33ff*.

34 (N). AN PRINZ PETER FRIEDRICH WILHELM VON HOLSTEIN-GOTTORP, Bückeburg, 9. November 1771

8 Spruch Jacobi] *Brief des Jakobus 5,13–17. Dazu im folgenden 10–95 als Antwort auf eine briefliche Frage des Prinzen; zum Jakobus-Brief selbst 21–32,55–58. Vgl. II 41,147–150; 48(N),5–10*.
11–19 Ist jemand krank ... ein Mensch u. s. w.] *Paraphrase von Jakobus 5,14–17. Vgl. H.s Übersetzung in* »Briefe zweener Brüder Jesu« *(SWS VII, S. 499); dazu die Bemerkung:* »Was muste es für ein Mann seyn, der von der Kraft des Gebets (K. 5,15–18) als von simpeln Thatsachen also sprechen konnte« *(ebd., S. 509)*.
21–30 Vom Kranken ... Diener Gottes!«] *H.s Exegese von 11–19*.
22f.,27f. Elias ... Wundergebete] *Siehe R, S. 703; die Totenerweckung (der Sohn der Witwe zu Zarpath) vgl. 1. Könige 17,17–24; Gebet um Trockenzeit vgl. 1. Könige 17,1*.
30ff. Und solch Gebet ... vergeben seyn.] *Jakobus 5,15*.
35f. Sünde ... heiligen Klang] *Im Zentrum des kirchlichen Sündenbegriffs steht das peccatum originale (Erbsünde), dessen alle Menschen von Geburt an schuldig sind, aber durch die Gnade Christi erlöst werden*.
37 Ursprache] *Hebräisch (Altes Testament), Griechisch (Neues Testament)*.
37f., 45ff., 51f. Sünde ... u. Krankheit] *Sünde und Gebrechen stehen nach der Bibel zueinander in einem Kausalverhältnis; Krankheit ist Ausdruck und Folge begangener Sünde*.
40ff. Er hat ... unsre Schwachheit] *Vgl. Jesaja 53,4–6; Matthäus 8,17*.
42f. Christus half ... beladen waren] *Vgl. Markus 1,34*.
43f. Stehe auf ... geheilet] *Vgl. Matthäus 9,2 (Heilung eines Gichtbrüchigen)*.
52f. Du bist ... nicht mehr!] *Vgl. Johannes 5,14 (Heilung eines Kranken am Teich Bethesda)*.
53f. Bekenne einer ... gesund werdet.] *Jakobus 5,16*.
54–57 Sucht in eurem ... denn betet] *H.s Erläuterung von 53f*.

61 ersten brüderlichen Kirche] *Urchristentum.*
64ff. Ich sprach: ich will ... anruffen u. s. w.] *Vgl. Psalm 32,5f.*
67 alle andre Bußpsalmen] *Psalm 6, 19, 25, 51, 90, 102, 130.*
69–95 dem Nächsten ... fodert.] *Vorbehalte gegen das Sündenbekenntnis, das man nur Gott schuldig sei, gegenüber einer beleidigten Person, woraus sich negative Folgen ergeben können; vgl. 71,75–82.*
83 Salomo] *Sprüche Salomos; siehe R, S. 649.*
83ff. der Weise ... andern Leuten.] *Sprüche Salomos 12,23; vgl. 13,16; 14,3; 15,14; 29,11; Jesus Sirach (siehe R, S. 650) 21,28.*
90f. »ich will ... gedacht werden] *Vgl. Jakobus 5,20; 1. Petrus 4,8; Sprüche Salomos 10,12; Jesaja 43,25; Jeremia 31,34.*
91 ich will ... werfen«] *Vgl. Micha 7,19.*
96 zweiten Frage] *Über die Rolle großer Männer in der Weltgeschichte (von H. bestritten), Erörterung 101–228. Ein Text im Umfeld der Bückeburger Geschichtsphilosophie und der Preisschrift »Ursachen des gesunknen Geschmacks«.*
99 Bouhours] *»Les entretiens d'Ariste et d'Eugène«.*
101ff. was macht ... einer Religion?] *Vgl. zu 222. Nach H.s Meinung ist die Wahrheit einer Lehre unabhängig vom Zeitalter ihrer Entstehung.*
107–113 Der Stoß ... seiner Art] *Reflexionen über die gesellschaftlichen Bedingungen geistiger Arbeit, Anregungen und Förderung durch die Mitwelt im Epochenzusammenhang. Vgl. »Ursachen des gesunknen Geschmacks«: »... warum die grossen Männer immer zusammen leben,... sie sind alle zusammen nichts als konsoner Punkt Einer Saite« (SWS V, S. 645). Daß große Männer durch »Nacheiferung« immer zu gleicher Zeit lebten, konnte H. am Schluß des 1. Buches der »Historia Romana« des Velleius Paterculus (1. Jh. n. Chr.) lesen (zitiert in Blackwells »Enquiry«, dt. Übersetzung, S. 90f.,93).*
113 siecle] *Jahrhundert; Zeit, Zeitalter, Kulturepoche.*
114,130 goldne Zeit] *Siehe R, S. 725.*
115 Zwischenzeit] *Nicht glanzvolle Zeit zwischen kulturellen Blütezeiten.*
115f. Knechtischem Nachahmungsgeist] *Vom Standpunkt der nach Originalwerken trachtenden Sturm und Drang-Ästhetik der schwerste Vorwurf.*
118ff. übertriebnen Märchen ... unter Friedrich dem Großen] *Der nach Goethes literarhistorischem Abriß im 7. Buch von »Dichtung und Wahrheit« (vgl. WA I 27, S. 104ff.) in die Literaturgeschichte eingeführte Begriff des »Zeitalters Friedrichs des Großen« bahnte sich schon um 1770 an, der verehrende Beiname datiert vom Ausgang des Siebenjährigen Krieges (vgl. »Ueber die neuere Deutsche Litteratur«, 2. Ausgabe, SWS II, S. 159; »Kritische Wälder«, SWS III, S. 415). Vgl. Bückeburger Geschichtsphilosophie: »... deßen Namen unsre Zeit mehr trägt und zu tragen verdient, als das Zeitalter Ludwigs« (SWS V, S. 581). Voltaire unterscheidet in der »Introduction« von »Le Siècle de Louis XIV« nur vier glückliche Zeitalter in der Entwicklung des Geistes und der Künste: 1. unter Perikles bzw. Alexander dem Großen, 2. unter Cäsar und Augustus, 3. unter den Medicis, 4. unter Ludwig XIV.*
119 Aegypten] *Unter den Ptolemäern.* – Leo] *Papst Leo X., ein Medici; siehe R, S. 428.*
121 Rußische Heiligen] *Siehe R, S. 486.*
123 die grösten Männer ... finstersten Zeiten] *Vgl.* **136–140,147–150.** *»Ursachen des gesunknen Geschmacks«: »Die Genies, die die Italienische Sprache in Dichtkunst und Prose gebildet, hatten auf die Medicis nicht gewartet, vielmehr in trübseligen Zeiten das Werk ihrer Berufung gethan« (SWS V, S. 634).*
127 durch eigne Stärke größer] *»Die größten Männer nach der Zeit, ... musten Durchbruch nehmen, um freiere Luft zu athmen« (ebd., S. 643). Unveröffentlichte Niederschrift*

zu »Ueber Thomas Abbts Schriften«: »Ununterstüzzt von Reichthümern und Bequemlichkeit, oft mitten in Verfolgungen, verwiesen des Landes, in Zerrüttungen des Staats – da wachte das Feuer der Muse auf« (SWS II, S. 364). H.s Quelle war vermutlich Lessings 332. Literaturbrief (»Briefe die Neueste Litteratur betreffend«, 23. Teil, 4.7.1765) mit dem Zitat aus Meinhards »Versuchen über den Charakter und die Werke der besten italienischen Dichter«: »Man irret sehr, wenn man den Mangel großer Genies zu gewissen Zeiten dem Mangel der Belohnungen und Aufmunterungen zuschreibt. Das wahre Genie arbeitet, gleich einem reißenden Strome, sich selbst seinen Weg durch die größten Hindernisse.«
129–132 Moses ... Moses!] *Siehe R, S. 710; vgl. H.s Entwurf »Ueber Moses« (R, S. 48) und das »Moses«-Kapitel am Ende des 1. Teils »Vom Geist der Ebräischen Philosophie« (SWS XI, S. 450–459); dazu Regine Otto (H.-B. II, Nr. 1824).*
131f. seines Bruders Aaron Gott werden] *Siehe R, S. 701; vgl. 2. Mose 4,16 (SWS XI, S. 459).*
132ff. David ... verfolgt] *Siehe R, S. 703; vgl. 1. Samuel 16-30.*
134 Richter u. Helden] *Josua, Othniel, Ehud, Samgar, Barak, Gideon, Jephthah, Simson, Samuel.*
137ff. Zeit schildern ... seines Jahrhunderts] *Vgl. »Ideen zur Philosophie der Geschichte der Menschheit«, 17. Buch (SWS XIV, S. 290–295); »Vom Erlöser der Menschen« (SWS XIX, S. 155f.).*
139f. das war ... seinen Sohn!] *Vgl. Galater 4,4.*
142 erstes Hinderniß] *Vgl. zu 127.*
144 Gegentheil] *Vgl. 122f.*
145f. die Brutus und Scipionen ... Augusts] *Seine wahre Größe verdankte Rom der Republik, während in der Kaiserzeit der römische Geschmack verfiel; vgl. »Ursachen des gesunknen Geschmacks« (SWS V, S. 624–633).*
146 Orpheus ... Ptolomäus] *Die klassische Dichtung der Griechen entstand in einer frühen Zeit, in der der urzeitliche Mythos noch im Volk lebendig war. An Ptolemaios' hellenistischem Hof bildeten sich außer Theokrit keine großen Dichter (ebd., S. 613f., 621); fürstliches Mäzenatentum brachte nur »Hofgeschmack« hervor, der »dem wahren Poetischen Genie wirklich oft hinderlich gewesen« (SWS II, S. 364). Meinhard (vgl. zu 127) hatte erklärt, »daß allemal auf die Zeiten der großen Beschützer der Künste Zeiten des übeln Geschmacks und des falschen Witzes gefolgt sind«. Die größten Dichter Griechenlands, Roms, Italiens und Frankreichs lebten lange vor dem jeweiligen goldenen Zeitalter (vgl. »Hodegetische Abendvorträge« 1799, 6. Abend, SWS XXX, S. 516f.).*
147 Kanzler Baco] *Francis Bacon; vgl. seine Klage über die Beschränkung auf das nützliche Wissen in »Ursachen des gesunknen Geschmacks« (SWS V, S. 652).*
148 Roger Baco] *Roger Bacon; vgl. Bückeburger Geschichtsphilosophie: »... da sie erfanden, wars stille« (SWS V, S. 532). »Ideen zur Philosophie der Geschichte«, 4. Teil: Er »sann ... in seiner Celle wunderbare Dinge aus, die ihm in seinem Orden mit Haß und Gefängniß belohnt ... wurden« (SWS XIV, S. 490).*
149f. unser Deutsche Kepler ... Hungers sterben muste.] *Keplers und Newtons Leben im Vergleich, erwähnt im ursprünglichen 114. »Humanitätsbrief« (»Der Deutsche Nationalruhm«, SWS XVIII, S. 211), wurde im 6. Stück der Zeitschrift »Adrastea« ausgeführt (SWS XXIII, S. 539–549).*
151–154 Die wahren ... Schule, Epoche] *Daß nur Nachahmer Schulen bilden, ist angesichts der Schulen Pythagoras', Platons, Aristoteles', Epikurs, Plotins eine leicht widerlegbare Behauptung.*

156 Aber nun auf Luthern!] *Von dem zweiten erörterten Problem (zu 96) spaltet sich als dritter großer Schwerpunkt des Briefes (156–228) die Frage nach der geschichtlichen Größe des deutschen Reformators ab.*
159ff. die Frage wiederholen ... Lehre?] *Vgl.* **101ff., 251ff.**
162–165 Kein Vernünftiger Mensch ... schwache Seiten.] *H.s Charakteristik Luthers als eines Durchschnittsmenschen (vgl.* **206f., 214)** *war theologisch begründet mit der Paulinischen Lehre von der Torheit der Weisen und der Weisheit Gottes 1. Korinther 1,25–28; das war auch die Grundlage von Hamanns christlicher Lebensform und Schriftstellerei (»Über die Auslegung der Heiligen Schrift«, 1758; Nadler, Bd. 1, S. 6). Vgl.* **218–221;** *Arnold, Luther im Schaffen Herders (H.-B. II, Nr. 0795), S. 254ff. Dagegen hat der katholische Germanist Michael Embach, Das Lutherbild J. G. Herders (H.-B. II, Nr. 0797), den Paulinischen Aspekt ignoriert und den Luther dieses Briefes als »großes Individuum und genialen Menschen« im Sinne des Sturm und Drang mißverstanden, »der diese geschichtlichen Prozesse gewissermaßen aus seiner autonomen personalen Potenz heraus selbständig erzeugt« (a. a. O., S. 156, 158).*
163 Göttlichen Propheten, wie die in der Heilgen Schrift] *Siehe R, S. 713, 649 unten. In der älteren Niederschrift »An Prediger« apostrophierte H. den Reformator als »Bote Gottes ans Volk! Ueberbringer und Dollmetscher des Worts für Welt und Nachwelt! Prophet!« (SWS VII, S. 190). Hamann hatte Luther gelegentlich in Briefen (z. B. an Gottlob Immanuel Lindner, 9. 3. 1759; ZH I, S. 294) und wohl auch in Gesprächen mit H. einen »Propheten« genannt. Schon in der lateinischen Trauerrede am 22. 2. 1546 in der Schloßkirche zu Wittenberg reihte ihn Melanchthon an die Propheten des Alten Bundes an (vgl. Julius Köstlin, Martin Luther. Sein Leben und seine Schriften, Elberfeld 1883, Bd. 2, S. 636f.). Als »großen deutschen Propheten« hat Johannes Mathesius Luther in der Vorrede seiner Biographie in Predigten bezeichnet, die H. im 2. Band der »Aeltesten Urkunde« anführte. Dies blieb ein Topos in der lutherischen Orthodoxie.*
164f. Er war ... schwache Seiten.] *Vgl. »Vom Erkennen und Empfinden«: »Luther kämpfte lange mit sich, ehe er mit der Welt anfing zu kämpfen, und blieb immer, Trotz eiserner Härte und Stärke, im Werke seines Berufs, im Privatleben der weichste und redlichste Mann, der mit sich selbst mehr rang, als manche von ihm glauben – – « (SWS VIII, S. 230).*
166 nicht den Mann, sondern die Lehre] *Vgl.* **224f., zu 162–165.** *Im Sinne der Bückeburger Geschichtsphilosophie sah H. in Luther nur das »blinde Werkzeug« Gottes (SWS V, S. 531f.).*
167–172 Lehre ... Teufelswerk haße] *Aufklärerisches Verständnis der Reformation als Befreiung von Aberglauben und Gewissenszwang, wie H. im Anschluß an Lessing zusammenfassend im 17. und 18. »Humanitätsbrief« formuliert hat: »Er griff den geistlichen Despotismus, der alles freie gesunde Denken aufhebt oder untergräbt, als ein wahrer Herkules an, und gab ganzen Völkern, und zwar zuerst in den schwersten, den geistlichen Dingen den Gebrauch der Vernunft wieder« (SWS XVII, S. 87; vgl. 111. Brief, § 64 aus Lessings »Anti-Goeze«, SWS XVIII, S. 196). Noch Hegel verstand – bei einer größeren geschichtsphilosophischen Tiefe seiner Interpretation – die Reformation als Beginn der deutschen Aufklärung, die durch das fortschreitende Prinzip des Rechts gewaltsame Umwälzungen wie in der Französischen Revolution unnötig gemacht habe (vgl. Arnold, wie zu* **162–165,** *S. 258f., 263f.).*
169f. kam sie ... Lehre Christi selbst] *Luthers ständige Berufung auf die Bibel und die reine Lehre des Evangeliums (Botschaft von Christus) wurde als Rückkehr zu dem von allen historischen Schlacken (des Katholizismus und Papsttums) freien Urchristentum angesehen. Vgl.* **225f.**

173f. Offenbarung ... Wort Jesu] *Im prophetischen Wort und in den Evangelien.*
175 theurer an, als Gold u. Silber] *Vgl. Jesus Sirach 41,25.*
179f. Paulus ... u. Luther] *Die bedeutendsten Theologen des Urchristentums und der Neuzeit, auf Titelblättern alter Luther-Bibeln mitunter als Randfiguren (z.B. »Biblia«, Wittenberg 1541).*
180f. Reden Christi] *»Sprüche und Sprüchwörter, ... Parabeln und Bilder« (21. der »Briefe, das Studium der Theologie betreffend«, SWS X, S. 243). »... er sprach meistens nur kurze Sprüche, und kleidete seine Lehren nach Jüdischer Weise gern in Gleichniße ein, von denen er selbst sagte, daß sie nicht allen verständlich wären« (ältere Niederschrift zum 17. Buch der »Ideen«, SWS XIV, S. 500).*
181 bei Matthäus und Johannes] *Siehe R, S. 651, 707, 710. Das Matthäus-Evangelium hielt H. für die freie Übersetzung des hebräischen Urevangeliums (vgl. SWS XIX, S. 424), das Johannes-Evangelium für ein viel späteres philosophisch-dogmatisches Werk (vgl. »Von Gottes Sohn«, SWS XIX, S. 285). Matthäus war für H. »der populärste, wie Johannes der geistigste der Evangelisten« (»Erläuterungen zum Neuen Testament«, SWS VII, S. 428).*
181–186 das Pabstthum ... eckeln muß] *Aufzählung von Erscheinungsformen und Dogmen des Katholizismus, die in den Evangelien nicht zu finden sind.*
182 Fegfeuer] *Im Fegfeuer büßen nach der katholischen Lehre die Seelen wegen geringer Sünden eine bestimmte Zeit, während die Höllenstrafen für Todsünden ewig sind.*
182f. Abläße ... Sünden] *Ihr Mißbrauch löste die Reformation aus. »Was jede Reformation anfing, waren Kleinigkeiten« (Bückeburger Geschichtsphilosophie, SWS V, S. 531).*
183 7. Sakramente] *Kirchliche Gnadenhandlungen: Taufe, Abendmahl, Firmelung, Buße, letzte Ölung, Priesterweihe, Ehe (röm.-kathol. und griech.-orthodoxe Kirche). Im Protestantismus nur Taufe, Abendmahl, anfangs auch Buße.*
183f. Abgötterei an Todtenbeinen] *Reliquienkult, vgl.* **192.**
184f. Drangsale ... Seele zu retten] *Verfolgung, Folter und Hinrichtung von Ketzern durch die Inquisition, Hexenverbrennungen, Exorzismus.*
188f. Matthäi ... 5–7.] *Siehe R, S. 651. »Hätten wir blos diese Sammlung von Sinnsprüchen aus dem Munde Christi, so wären sie gnug, uns keinen Zweifel darüber zu laßen, was Er das Reich Gottes nannte, und worinn er die Pflicht, Würde und Glückseligkeit der menschlichen Natur setzte. Ja würden diese Sprüche befolgt; so wäre das Reich Gottes in einer unzerstörbaren Menschenglückseligkeit bei uns« (»Vom Erlöser der Menschen«, SWS XIX, S. 169f.). Vgl. Arnold (wie zu* **162–165***), S. 241.*
193 zu seyn, wie Gott] *Vgl. Matthäus 5,48.*
193f. Gott auf keinem Berge ... anbeten] *Vgl. Johannes 4,21.* – im Geist u. in der Wahrheit anbeten] *Vgl. Johannes 4,24.*
194 reines Herzens seyn] *Vgl. Matthäus 5,8; »Erläuterungen zum Neuen Testament« (SWS VII, S. 429).*
194f. mit keinem ... prangen] *Vgl. Matthäus 6,1–4; 23,5.*
195 zu Gott in der Kammer beten] *Vgl. Matthäus 6,6.*
195f. mit ... Posaunen Herr! Herr! zu ruffen] *Vgl. Matthäus 6,2; 7,21f.; »Erläuterungen zum Neuen Testament« (SWS VII, S. 431).*
198 diese einzige Rede] *Vgl.* **188f.**
200 über sie gepredigt] *2 Predigten H.s über die Bergpredigt sind erst aus dem Jahr 1774 überliefert (SWS XXXI, S. 323–338).*
202 mehr als Plato u. alle Weisen] *Vgl. das latein. Sprichwort »Amicus Plato, sed magis amica veritas«, nach Platons »Phaidon« 91 C; vgl. Aristoteles, »Nikomachische Ethik« I 4; Luther, »De servo arbitrio«, 1525 (»Amicus Plato, Amicus Socrates, sed praehonoranda veritas«); Cervantes, »Don Quijote«, 2. Teil, Kap. 51.*

203f. in so dunkler Zeit ... grösserer Triumph] *Vgl.* **123–128, 223f.**
206 ehrliche Mönch aus Deutschland] *Vgl. Bückeburger Geschichtsphilosophie: »dieser unfeine, unwißende Mönch, Luther« (SWS V, S. 531); ältere Niederschrift »An Prediger«: »Luther war ein gemeiner Mönch« (SWS VII, S. 214). – polirt] Fein, gesittet, gebildet.*
207 Leo des zehnten] *Vgl. zu* **119.** *Luthers Romaufenthalt fiel in das Pontifikat Julius' II.*
208 nach Rom] *In Aufträgen des Augustinerordens (Klärung von Streitigkeiten zwischen deutschen Klöstern um eine Reform des Ordens) wanderte Luther mit einem Nürnberger Bruder im November 1510 nach Rom (Ankunft zum Jahresende), zurück im Februar 1511 (in Erfurt Anfang April).*
208f. wozu das Geld ... abgezwungen würde] *Der Bau von Sanct Peter war mit Ablaßgeldern finanziert worden (vgl. Tischreden, Bd. 3, Nr. 3846). Vgl. »Vom Einfluß der Regierung auf die Wissenschaften«: »Wenn Leo die schöne Peterskirche von Sünden der Deutschen baute, so wurde diese Sünde ihm hart gestraft« (= durch die Reformation, SWS IX, S. 395).*
209f. was für ein Ungeheur der Pabst ... ward] *Luther hat Julius II., der sich seit August 1510 im Feldlager in der Romagna (Krieg gegen Frankreich) aufhielt, nicht gesehen.*
210f. sahe alle den Gräuel] *Luther erlebte Rom vor allem als frommer Pilger. Die sittlichen Mißstände der damaligen römischen Kurie hat er erst später bewußt reflektiert, u. a. in vielen Tischreden (besonders Bd. 3, Nr. 3478/79, Bd. 5, Nr. 5484), auf denen auch die Darstellung in Mathesius' 1. Predigt beruht. Vgl. Köstlin (wie zu* **163***), Bd. 1, S. 105f.*
211 poli] *Poliert (frz.), vgl. zu* **206.** *– Hofgesindel] Diminutivform von »Hofgesinde« mit pejorativer Wertung.*
212 Mönch aus Thüringen] *Luther kam aus dem Augustinerkloster in Erfurt und stammte aus einer Bauernfamilie aus Möhra (zwischen Eisenach und Salzungen).*
212f. PetersKirche ... u. der Leda] *Sanct Peter, siehe R, S. 806. Vgl. »Zweites Kritisches Wäldchen« über den synkretistischen Gebrauch der Mythologie in der italienischen Renaissancekunst: »Leo der zehnte vergab Christliche Sünden, und wandte die heiligen Summen auf das unheilige Schöne der Heiden: in die Tempel Italiens kam David und Apollo, Christus und Belial neben einander, und die Geschichte Jupiters und Leda auf die Thüre des heil. Römischkatholischen Peters« (SWS III, S. 232).*
214, 218 barbarische] *Ungesittet, ungebildet; Antonym zu »poli«, vgl.* **219.**
214ff. begrif ... u. reformirte.] *Der Kausalzusammenhang zwischen dem Renaissancekunstwerk und der Reformation ist ein metaphorisches Konstrukt H.s im Kontext. In der Bückeburger Geschichtsphilosophie dagegen sprach H. Skulpturen Apollos, Christus' und der Leda gleichermaßen jede Wirkung ab (vgl. SWS V, S. 543).*
218 Providenz Gottes] *Die göttliche Vorsehung bestimmt nach H.s Vorstellung den Gang der Geschichte, während der Mensch nur als »Ameise ... auf dem großen Rade des Verhängnißes« kriecht (ebd., S. 531).*
220f. nicht das Edle ... diese 10. Verse] *Vgl. zu* **162–165.**
222 Ihrer Hypothese] *Etwa: daß Luthers Lehre durch ihre Entstehung in einer unaufgeklärten Zeit in ihrer Gültigkeit beeinträchtigt sei; vgl.* **101ff., 159ff., 251ff.**
224f. großer Mann im grossen Jahrhundert] *Sprachliche Anlehnung an die Geschichtsphilosophie Voltaires, in der das Jahrhundert der Aufklärung verherrlicht wird.*
225f. seine Lehre ... Christi] *Vgl. zu* **169f.**
229f., 232, 237ff. den dunkeln Grund der Seele] *In seinen psychologischen Ahnungen ging H. noch hinter Alexander Gottlieb Baumgarten zurück, der die sinnliche Erkenntnis in der »Ästhetik« wissenschaftlich zu erfassen versuchte. H.s gleichsam tastende Formulierungen über den Bereich des Unbewußten und die Pathologie der Seele erscheinen der Tendenz nach wie eine Vorwegnahme der Tiefenpsychologie des 20. Jahrhunderts.*

231 vor Ihnen ... gesessen] *Am Eutiner Hof und als Informator und Reiseprediger des Prinzen, in der Zeit von März bis Oktober 1770.*
232ff. dunkeln Abgrunde ... dunkelen Äußerung] *Der Prinz wurde 1775 geisteskrank. Von seiner Reise kehrte er 1771 melancholisch zurück, vgl. II 41,**148**.*
236 wahre Ergebenheit] *Vgl. **307–310**.*
236–245 machen Sies ... auf Lebenslang stumpf macht.] *Vgl. **253ff**. Diese Briefstelle, in der H. den Prinzen vor dunklen Eindrücken und Grübeleien warnte, zeigt ihn als hervorragenden Psychologen und befähigten Erzieher. Vgl. N III 16a.*
247ff. dunkle Eindrücke ... dunkle Zweifel] *H. hatte Anzeichen einer Neigung des Prinzen zum Katholizismus festgestellt. Vgl. III 16a(N),**19ff.**; 179,**6ff.**; 201,**64–69**.*
249 Kirchen ... Maria] *Vgl. II 42(N),**40ff.***
252 Zweifel ... aus dem Zeitalter] *Vgl. **101ff.**,**159ff.**, zu **222**.*
256 Acker ... in Dorn u. Disteln] *Vgl. 1. Mose 3,18.*
260 eine Reise geendigt] *Vgl. II 28(N),**110–114**; 41,**124–136**. In seinem freundschaftlichen Brief an H. aus Brüssel (vgl. N II Anm. 34) hatte der Prinz noch an dem Plan einer Italienreise für den Herbst 1771 festgehalten.*
263 Durch Länder durchgejagt] *Seinem Brief zufolge durch Frankreich, Niederlande, Holland, England. – weißen Brittischen Küsten] Kreidefelsen an der Kanalküste bei Dover.*
264 einer andren Nation] *Der französischen.*
265 durchdringend] *Etwa: scharfsinnig, tiefgründig.*
266 verzogne Striche] *Vgl. zu I 36(N),**82**.*
270 einen Bund machen] *Biblischer Ausdruck für »beschließen«; vgl. Hiob 31,1.*
270f. sich außer sich ... nie gethan.] *Nach H.s Eindruck war die Psyche des Prinzen introvertiert.*
272 attachiren] *Anheften, sich an etwas hängen, etwas liebgewinnen.*
273 schreibe frei] *Ohne Rücksicht auf den fürstlichen Rang des Adressaten. Vgl. **304f.**; II 41,**150–155**.*
273–283 Ihre Seele ... ewig nagen.] *Psychogramm des Prinzen, Merkmale des in Untätigkeit verharrenden Melancholikers, der zu (religiösem) Irrsinn neigt. Vgl. H.s Interesse am Seelenleben von Wahnsinnigen »nach Gesetzen geistiger Verbindung« im 5. Buch der »Ideen«, Kapitel 4 (SWS XIII, S. 183).*
282 die wildsten Spekulationen] *Vgl. zu **232–249**.*
283 Prometheus] *Siehe R, S. 736.*
284–291 Beschäftigung ... Ende einer Arbeit] *Empfehlung einer Beschäftigungstherapie, dafür metaphorisch »Drehbank«, Erziehung zu Ausdauer und Zielstrebigkeit.*
293f. mit jenem Römer ... kürzer faßen zu können.] *Vgl. H.s Sulzer-Rezension (zu II 150,**7–13**): »Ich glaub', es war Cicero, der einmal schrieb, daß sein Brief aus Mangel der Zeit so lang wäre« (SWS V, S. 389; Stelle in »Epistolae« nicht ermittelt).*
298ff. Zutrauen ... Diensten!] *Vgl. die weiteren Briefe H.s an den Prinzen.*
300 das Deutsche Schreiben] *Ein Prinz, der deutsch schrieb, war noch im späten 18. Jahrhundert eine Ausnahme. Auch Graf Wilhelm zu Schaumburg-Lippe betonte gelegentlich seine unvollkommene Beherrschung der deutschen Sprache (A zu III 195; 196; 197; vgl. N, S. 804f.). In einer älteren Niederschrift zum 9. Buch, Kapitel 4 der »Ideen« resignierte H. in bezug auf die Fürsten Deutschlands als Adressaten, da sie »die barbarische Sprache«, in der er schrieb, »nicht verstehen und also verachten« (SWS XIII, S. 455).*
304f. unterthänigst verbitte ... im Auge gehabt.] *Vgl. **273**.*
306 FormularBerlocken] *Vorschriftsmäßige Kleinigkeiten (breloque) des höfischen Briefstils.*

35. An Christoph Friedrich Nicolai, Bückeburg, etwa Mitte November 1771

3 die Barden] *Barden-Rezensionen vgl. II Anm. 35; zu II 22,42. Nicolai dankte für die Rezensionen, schickte sie aber zurück, damit H. die beiden fehlenden Gedichte Kretschmanns noch einbeziehen konnte, und bat ihn, »ein paar Worte zu ändern«, um Denis und Kretschmann, die allgemein gelobt worden seien, »etwas zu schonen« (A). Vgl. II 50(N),59; 88,12f.* – Denis Recension] *Zu »Bardenfeyer am Tage Theresiens« (R, S. 25): »Da also nirgend im Zustande unsrer Verfassung, Lebensart, Sitten, Wissenschaft, Kunst und Denken von den wichtigsten bis zu den unwichtigsten Stücken Bardit angetroffen wird – welche Brodlose Kunst ists, Bardenfeier anzustellen« (SWS V, S. 333).*
6ff. wie Oßian u. die Skalden ... unsre Poesie nationalisiren] *Das Programm einer Nationalpoesie durch stärkere Rezeption der nordischen Mythologie neben der griechisch-römischen zieht sich bei H. bis zum »Horen«-Aufsatz »Iduna« und dem Aufsatz »Zutritt der nordischen Mythologie zur neueren Dichtkunst« im 10. Stück der »Adrastea« hin. Während H. in seinen Rezensionen nur die Auswüchse der Bardendichtung kritisierte, sprach ihr Wieland in seinen Anmerkungen und Zusätzen zu Christian Heinrich Schmids Aufsatz »Ueber den gegenwärtigen Zustand des teutschen Parnaßes« (vgl. R, S. 660) im »Teutschen Merkur« von Mai/Juni 1773 jeden Wert ab und wies auf die Gefahren eines übersteigerten Nationalgefühls hin.*
10 Hrn Moses Meinung] *Über Kretschmann oder die Barden überhaupt teilte Nicolai in seinen Briefen H. nicht Mendelssohns Meinung mit.*
11f. von Oßian an ... zusammen blieben.] *H.s Rezensionen von »Die Gedichte Ossians« und den Bardendichtungen Denis' und Kretschmanns (vgl. R, S. 25) wurden zusammenhängend in Bd. 17, 2. Stück (S. 437–466) der »Allgemeinen deutschen Bibliothek« abgedruckt.*
12ff. Cramers Luther] *Diese Rezension schickte H. nicht; sie blieb unveröffentlicht, siehe R, S. 25. In seiner B₃ zu II 88 beigelegten Bücherliste hatte Nicolai vermerkt »bleibt zum Melanchthon« (eine weitere Ode Johann Andreas Cramers). Die spätere Anzeige beider Oden ist von Nicolai selbst (SWS V, Vorbericht, S. XXV, Anm.).*
15 Bücher zurück] *Vgl. II 88,14f.*
16f. meinen Brief ... Antwort] *A auf II 22 kreuzte sich mit diesem Brief.*
19ff. meine Preisschrift ... Rechnung beifügten?] *Mit A schickte Nicolai 3 Exemplare der »Abhandlung über den Ursprung der Sprache« für 1 Thaler 12 Groschen. Sie war schon Anfang Januar 1772 erschienen, als Nicolai verreist war.*
22 mündlichen Urtheilen darüber] *Vgl. zu II 7,12. »Man lobt es im Ganzen sehr, als eine scharfsinnige Untersuchung, die mehr leistet als einer der Vorgänger geleistet hat, und uns der Wahrheit viel näher bringt.« Man tadle aber an H.s »Schreibart, die sonst so lebhaft und körnigt ist, die Begierde zum Sonderbaren« (A).*
24 H. Moses] *Vgl. zu II 22,68. Nicolai übermittelte eine Empfehlung Mendelssohns, dessen Gesundheit »leidlich« wäre, aber noch keine ernsthafte Arbeit ermöglichte (A).*
25 seine Schriften] *Vgl. II 22,68ff.*
27f. Sulzers ... Wörterbuch] *Vgl. II 37,119–126. H. schätzte Mendelssohns Arbeiten mehr, vgl. I 58; 76(N).*
29–32 Lambert ... mehr.] *H. war Lamberts philosophischer Mathematik in vielem verpflichtet (z. B. Naturgesetze der Geschichte und des Kosmos), konnte sich aber in seinen gnoseologisch-psychologischen Untersuchungen nicht auf ihn stützen.*
31 Sensus communis] *Gesunder Menschenverstand.*
33 Polypragmatiker] *Vielgeschäftiger.* – die Garve, die Flögels] *Von H. wenig geschätzte Popularphilosophen (Pluralform: stellvertretend für mehrere).*

35 Klotz] *Nicolai meldete H. mit aufrichtigem Bedauern, daß Klotz gestorben sei und seine Frau »in sehr elenden Umständen« verlassen habe (A).*
36 Bibliotheken u. Magasinen] *Klotz' Zeitschriften, siehe R, S. 320f.*
38f. mein Auge ... Weg bahnen.] *Vgl. zu II 22,71. Nicolai freute sich darauf, H. in Berlin zu sehen (A). Es kam aber nicht dazu.*

36. AN KAROLINE FLACHSLAND, *Bückeburg, 16. November 1771*

3 Sternheim] *Vgl. zu II 8,34–60; der 2. Teil war zur Herbstmesse erschienen.*
5 vorigen Mitwoch] *13.11.*
6ff. an Merck ... zu haben scheint] *Vgl. II 37,98ff.*
8–13 man lernt ... auch hier.] *Das Lektüreerlebnis wird mit Bekanntschaften im realen Leben verglichen.*
13–23 Derby als Ehemann ... verließ!] *Beschrieben in Briefen des Fräuleins von Sternheim an ihre Freundin Emilia und des Mylord Derby an seinen Freund (Reclam-Ausgabe Stuttgart 1994, S. 210–231).*
14 angeschauert] *Erschütterung des Lesers über Derby.*   das gute Schaafchen] *Das durch eine Scheinheirat betrogene Fräulein von Sternheim.*
15 Ahndung] *Ahnung.*
17ff. die Fenstervorhänge ... Bücher aushält] *Szenen beschrieben a. a. O., S. 220ff.*
18f. verbrannten Bücher ... haben sollten] *»... etliche englische Schriften von Mylord, ... übergebliebene Zeugnisse seiner durch Beispiel und Verführung verderbten Sitten ... Ich warf sie auch alle ... in den Ofen, weil ich nicht vertragen konnte, daß diese Bücher und ich einen gemeinsamen Herrn, und Wohnplatz haben sollten« (a. a. O., S. 213).*
19f. Freuden der Kindererziehung störet] *Die Titelheldin unterrichtet zwei arme Nichten ihrer Wirtin in einem einsamen Dorf; in den drei Wochen von Derbys Anwesenheit darf sie ihre Schülerinnen nicht sehen.*
22f. vorm Stuhl kniend] *Nach Empfang des Abschiedsbriefs von Derby mit der Enthüllung der Scheinheirat beschreibt die Kammerjungfer Rosina das Verhalten der betrogenen und verlassenen Titelheldin: »... sie ißt nichts; sie ist den ganzen Tag auf den Knien vor einem Stuhl, da hat sie ihren Kopf liegen; unbeweglich, außer, daß sie manchmal ihre Arme gen Himmel streckt, und mit einer sterbenden Stimme ruft: ›Ach Gott, ach mein Gott!‹« (a. a. O., S. 225f.).*
24 Seymour ... sich wälzte] *Lord Seymour, der die Titelheldin liebt, kommt zufällig in das Dorfwirtshaus, in dem sie gewohnt hat, und wirft sich »mit halb zerrütteten Sinnen« auf ihr Bett, ihr Schicksal beweinend (a. a. O., S. 263f.). Diese Szene beeindruckte auch Karoline sehr (A_1).*
26f. neue Thätigkeit ... arbeitet!] *Unter dem sprechenden Namen »Madam Leidens« und mit einer großen weißen Leinenschürze als charakteristischem Kleidungsstück gründet die Titelheldin eine Schule für Dienstmädchen und führt vorübergehend den Haushalt einer durch Verschwendung verarmten Familie (a. a. O., S. 234–252).*
28 Seher u. Pflanzenphilosophen Rich] *Lord Rich, älterer Bruder von Lord Seymour, ein weitgereister einsamer Gartenkenner und Philosoph, der sich in die bei Lady Summers lebende Madam Leidens verliebt hat und ihre Seele durchschaut (a. a. O., S. 282 bis 298).*
29f. ihre bebende Hand] *Beim Blumenbinden für ein Fest zu Ehren Lord Derbys, der die Nichte von Lady Summers geheiratet hat (a. a. O., S. 297).*

31 der Bösewicht] *Der verbrecherische Lord Derby läßt die Titelheldin, deren Existenz seinem Ansehen schaden könnte, entführen und in den ärmlichsten Verhältnissen in den schottischen Bleigebirgen gefangenhalten (a. a. O., S. 299–302).*
32 Ihre Klagestimme in Schottland] *Vgl. II 37,105. Das an ihre Freundin Emilia gerichtete Tagebuch der »Madam Leidens in den schottischen Bleygebürgen« (a. a. O., S. 303–321), nach Mercks Rezension (vgl. zu 36) »die Ergießung des edelsten Herzens in den Tagen des Kummers«.*
32f. die Aussicht ... Trost genommen ist] *Im »Gedanken des unverdienten Elends« konnte die Titelheldin in der ersten Zeit nach ihrer Verschleppung nicht beten (a. a. O., S. 308). Auch die karge Natur der schottischen Bleigebirge ist gemeint; als Kontrast dazu »die schöne Aussicht« von Tweedale: »... unsere Freundin erzählte, wie gerührt sie gewesen, Gottes schöne Erde wiederzusehen« (a. a. O., S. 334, 339).*
33f. endlich gefunden] *Der todkranke Lord Derby, der vom Tod der Titelheldin überzeugt ist, schickt Lord Rich und Seymour nach Schottland, um ihren Leichnam exhumieren und in seinem Familienbegräbnis beisetzen zu lassen. Sie finden sie am Leben bei Lady Douglas (a. a. O., S. 322–330, 335–339).*
34 Rich ihr Kind nun nimmt] *Lord Rich erhält den zweiten Sohn der Titelheldin (Lady Seymour) als seinen Erben zur Erziehung (a. a. O., S. 344, 347f.).*
35, 37 originale Betrachtungen] *Vgl. II 37,108f. Die moralischen und psychologischen Reflexionen der Titelheldin, Lord Richs und Seymours.*
36 als Roman oder Geschichte] *D. h. als fiktiv. Ähnlich heißt es in Mercks Rezension des 2. Teils in den »Frankfurter gelehrten Anzeigen« vom 14. 2. 1772 (13. Stück) über die Kritiker: »... alle die Herren irren sich, wenn sie glauben, sie beurtheilen ein Buch – – es ist eine Menschenseele ... keine Composition für das Publikum ... Das ganze ist gewiß ein Selbstgespräch, eine Familienunterredung, ein Aufsatz für den engeren Cirkel der Freundschaft«. Die Verfasserin habe in »ihren Sentiments«, die von einem nur groben, nicht künstlerisch überzeugenden Handlungsgerüst getragen werden, »ihr ganzes System der Thätigkeit und des Wohlwollens« ausgebreitet.*
38ff. Seymur ... Rich ... wir – Deutsche] *Vgl. zu 24 und 28; Deutsche seien weniger zur Empfindung fähig als Engländer. H. stifte durch seinen Geist und sein Herz mehr Gutes als Seymour und Rich, antwortete Karoline (A_2).*
43–50 dieselbe ewige Würksamkeit ... Ruhe finden laßen.] *H. verglich Karoline mit dem Fräulein von Sternheim, und sie nahm es sich als nachahmenswertes Vorbild an (A_2).*
45 übrigen] *Schreibversehen für »ihrigen«.*
45f. Bleigebürge] *Vgl. zu 31.*
47f. Madame Leidens ... Schürzchen] *Vgl. zu 27.*
52, 54ff., 79 meinem letzten Briefe] *II 33.*
53 Ihren Brief] *B_2.*
55 beunruhigen] *In A_2 bedauerte Karoline, daß H. ihr Herz »noch nicht so ganz« kenne und annehme, daß sie über seine Erklärung ihres Mißverständnisses (vgl. zu II 30,51) unruhig werde. »Wir sind überhaupt auch närrische Leute mit unserm Misverständniß« (Schauer II, S. 415 oben).*
57 unwürdiger] *Vgl. zu II 33,103f.*
59 Ihrem Heiligen Bilde] *Vgl. II 33,3–33.*
63 Eden] *Paradies, siehe R, S. 793.*
66f. kalten Rath ... wählen!] *In B_2 hatte Karoline geschrieben, daß H. »noch im wählen« frei sei, da er glücklich werden müsse und sie vielleicht nicht lieben könne.*
68 Uebergabe u. Selbstentfernung] *Auf Karolines Entsagung reagierte H. seinerseits mit einer Verzichtserklärung und Selbstüberwindung.*

70 Mine] *Miene; hier Ausdruck der Empfindungen in der Erscheinung.*
72f. das Herz Ihrer Freundschaft] *Vgl. II 30,36ff.*
73 vorigen Plane] *Zu H.s Lebensplan gehörte Karolines Vorbild- und Erziehungsfunktion, über die sie ihn bessern sollte; vgl. I 142,41–52.*
77f. Verlust Ihrer ... fühlte.] *Ohne Karolines Achtung würde H. nicht mehr leben wollen.*
81 Jacobis Aglaja u. Wahrheit] *Vgl. II 37,116ff. Diese Stücke und das Gedicht »An Elisen« gefielen Karoline »viel mehr als seine ersten Sachen« (B_1).*
83 sein Bruder] *Karoline hatte geschrieben, daß Friedrich Heinrich Jacobi »unausstehlich plappert«, d. h. indiskret sei (B_1).*
85 Klopstock] *Vgl. zu II 33,121–126. Karoline erhielt das Buch erst, als Andreas Peter v. Hesse die Lektüre beendet hatte, und schrieb in A_3 begeistert über die »Cidli«-Oden und die Vaterlandsoden: »...o Schande, daß Deutschland so gefallen ist!«*
86 von Sternheim] *In A_1 dankte Karoline für H.s Ausführungen über den Roman, über den sie ihm zuvor in der Annahme, er habe den 2. Teil noch nicht gelesen, ihre gleichlautenden Empfindungen mitgeteilt hatte. Ihre emotionalen Lektüreeindrücke rekapitulierte sie ausführlicher in A_2.*
87 Reverie] *Träumerei, das Gedicht vgl. II Anm. 36.*
88f. Theil Ihrer gegenwärtigen Situation] *Vgl. II 33,94ff.; zu II 30,67–71. Darauf beziehen sich die Strophen 14–17 des Gedichts (SWS XXIX, S. 500 von oben). »... was haben Sie mir so viel himmlisches bey meinem Bilde gesagt!« antwortete Karoline gerührt (A_2).*
90f. Sie zeigen ... Niemand?] *»Noch tausend Umarmungen für Ihre Verse, liebes gutes Herz! ich zeige sie niemand, das Himmelreich ist für mich allein« (A_3).*
93 zu Nichts da] *Vgl. II 101,171f. »Wenn Sie Ihre ganze Situation ansehen, sind Sie doch immer glücklich, haben tausend Gelegenheit Guts zu thun, öffentliche Würksamkeit durch predigen und Ihr Amt, ... aber freilich wünsche ich nicht, daß Sie in Bickeburg bleiben« (A_2).*
96 Leuchsenring] *Einzige Zeile auf S. 4 des Briefbogens. Darüber scherzte Karoline: »Was hat Ihnen noch immer Leuchs. gethan, daß Sie ihn oben an ein Viereck von einer schönen weißen Seite gesetzt? gerade als wenn er in das Thal des Untergangs fallen sollte. Der arme Mensch! Haben Sie mitleiden mit ihm, vielleicht liegt er in einem Schweizer Thal begraben, denn ... seit 4 oder 6 Wochen« seien »keine Briefe von ihm ankommen.« In Zürich habe man ihn »verheurathen wollen, aber der empfindsame Schmetterling floh weg«. In Bern habe er sich über Albrecht v. Haller geärgert; vielleicht sitze er jetzt zu den Füßen Julie v. Bondelis. Karoline wollte bald an Leuchsenring schreiben, damit er nicht glaube, daß ihr Herz »nur für einen Freund Platz hat« (A_3). Leuchsenring weilte von September 1771 bis Anfang Januar 1772 in der Schweiz.*

37. AN JOHANN HEINRICH MERCK, *Bückeburg, 16. November 1771*

4 unsrer Freundin] *Karoline Flachsland.*
5, 23f. Ihrer Situation] *Vgl. I 93,20–24.*
7 4 oder 5 Personen unter uns] *H., Karoline, Merck, Franz Michael Leuchsenring, Fräulein v. Roussillon.*
9 evenementsleeren] *Ohne Ereignisse.*
11f. Alles zu enttrödeln] *Insbesondere die Klärung des Verhältnisses zwischen H. und Karoline, vgl. zu 29f.*
17 der Revers von meiner Freundin] *Merck gehört in H.s Andenken zu Karoline wie die Rückseite (Wappen) zur Münze.*

19f. Ihre Briefe ... aufbewahrt] H. hat wegen des späteren Zerwürfnisses mit Merck (vgl. R, S. 381) dessen Briefe vernichtet.
20 in das Bündlein der Lebendigen mitversiegelt] Vgl. 1. Samuel 25,29.
22f. langer Anschlag eines Tones] Metapher für Mercks anregende Wirkung.
24 Abgötter] Götzendiener, hier: Verehrer Mercks.
27f. Brücke ... wie ein Haar«] Arabisches Sprichwort über die Brücke zum Jenseits (ins Paradies), »al Sirat«: »... wer sich ... eines nicht erstatteten Unrechts bewußt ist, muß an der Brücke warten, bis sein Feind kommt, und sich mit ihm versöhnen, oder Mittel der Erstattung suchen, eh er hinüber könnte« (»Zerstreute Blätter«, 6. Sammlung, »Das Land der Seelen«, SWS XVI, S. 321).
29f. Ihnen unser Verhältniß zu dauernd werden dürfte] Vgl. *11f. Merck fand, daß H. seine Freundin zu lange in einer ungeklärten Situation warten lasse; vgl. II 104,7ff.; 124,17ff.*
30f. Furcht ist ... Kleinmuth.] Vgl. Matthäus 8,26.
32 im Lesen Klopstock's] Vgl. zu II 33,**121–126**; 36,**85**.
34 das 3te Buch besser vorlesen zu können] Vgl. II 33,**125–128**.
37–42 3 Gottheiten ... das letzte!] Vgl. II 33,**123ff.**; 38(N),**23ff.**
39f. Vaterland ... in den Sinn gekommen] Vgl. II 33,**125f.**
41 Messiade] Die im engeren Sinne religiösen Oden erschienen H. wie ein Nachtrag zum Epos »Der Messias«.
42 seine Seele] H.s Rezension der »Oden« (vgl. R, S. 25) wertete diese als Ausdruck »der großen Seele Klopstocks« (SWS V, S. 362).
46 Mémoires de Petrarque] Von Sade; vgl. zu II 31,**121ff.** Erwähnt in »Briefe, das Studium der Theologie betreffend« (SWS XI, S. 87), »Humanitätsbriefe« (SWS XVII, S. 269–272) und Vorrede zu Johann Georg Müllers »Bekenntnissen« (vgl. R, S. 21; SWS XVIII, S. 365).
49f. »unvollendetes ... von Innen«] Vermutlich aus Sade übersetzt.
52f. theile ich Ihnen ... mit] Nicht erfolgt.
53f. Confessionen ... an den Sanct Augustin] Petrarca, »Drei Gespräche von der Verachtung der Welt«, 3. Gespräch (1. über den Tod, 2. über die Nichtigkeit des irdischen Lebens).
54f. in den Gegenden] Merck weilte 1766 als Hofmeister von Heinrich Wilhelm v. Bibra in der französischen Schweiz und in Südfrankreich (Lyon, Avignon, Marseille, Toulon, Toulouse).
56 Sorgue] Siehe R, S. 818.
58 Wahrheit seiner Geschichte] Sades »Mémoires« sind eine exakte kulturgeschichtliche Quelle, aber die familiengeschichtlichen Traditionen über Laura sind nicht authentisch.
59ff. noch über Boccaz und Dante ... geben möchte] Nicht erfolgt.
62 mich Klopstock störte] Das Erscheinen seiner »Oden«-Ausgabe.
62f. der englische Ossian] »The Works of Ossian, the Son of Fingal. In Two Volumes. Translated from the Galic Language by James Macpherson. The Third Edition«, London 1765; im Oktober 1771 von Goethe aus der Bibliothek seines Vaters übersandt (vgl. VIII Anm. 408; WA IV 1, S. 264; 2, S. 3f.; Gillies, S. 33–36).
63f. Klopstock's 3tes Buch] Vgl. II 33,**125f.** Darin hat sich »fast die ganze Manier Klopstocks dabei etwas geändert« (zweite Ossian-Rezension, SWS V, S. 323).
65f. daß Ossian ... Bardentöne lauten?] Die Lektüre von Klopstocks bardischen Oden brachte H. auf den Gedanken, daß Ossian wie die Bardendichtung übersetzt werden müßte. Vgl. I 55(N),**142f.**; das Unpassende des homerischen Hexameters in Denis' Übersetzung »Die Gedichte Oßians« war der Haupteinwand schon in H.s erster Ossian-Re-

zension, in der er wünschte, daß der Übersetzer »sich mehr um die Barden- und Skaldensylbenmaasse bemühete« (SWS IV, S. 324).
66 Macpherson's Prose] *Diese, die deutsche Hexameter-Übersetzung und die gälischen Proben aus dem 7. Buch von* »Temora« *(vgl. R, S. 424), miteinander verglichen (zweite Ossian-Rezension, SWS V, S. 332), bestärkten H. in der zu* **65f.** *angeführten Auffassung.*
68 Tautologien der Meistersänger] *Häufung sinngleicher Wörter als ein Merkmal archaischer oder altertümelnd stilisierter Poesie.*
70 Füllwiederholungen] *Tautologien.*
71 Nebelharfe] *Ossians Harfe, die im Nebel ertönt (vgl. SWS V, S. 325).*
72 hieroglyphische Sprache] *Sinnbildlich, dunkel, geheimnisvoll.*
74–92 Probe ... blau (grün) etc.] *»A Specimen of the Original of Temora, 7th Book« (in Macphersons* »Temora«, *1763, S. 227–247); vgl. N, S. 721, Anm. zu IV 33a. H.s Text ist fast völlig identisch mit Goethes Interlinearübersetzung (WA IV 50, S. 3f.). Vgl. die Strophen 1, 5 und 6 der Nachdichtung* »Erinnerung des Gesanges der Vorzeit« *in* »Volkslieder«, *II. Teil, 2. Buch, Nr. 16 (SWS XXV, S. 429f.). Dazu im Inhaltsverzeichnis: »Versuche einer Uebersetzung nach den von Macpherson gegebnen Proben des Originals aus der Temora«. H. bezeichnete sich hier als »Herausgeber (denn die Uebersetzung ist nicht von ihm)«, was trotz der gegenteiligen Erläuterungen C. Redlichs, B. Suphans und noch U. Gaiers (SWS XXV, S. 539, dazu S. 679f.; SWS IV, S.494; FHA 3, S. 1135), denen die Goethesche Übersetzung nicht vorlag, ernst zu nehmen ist.*
78 Alpins] *Siehe R, S. 718.*
83 Ullin und Carril und Raono] *Siehe R, S. 741, 720, 737.*
85 Selma] *Siehe R, S. 738.*
93ff. hat Klopstock ... vorzieht?] *Dazu H. in der* »Oden«*-Rezension: »Er fodert Alcäus und Apollo, Oßian und Britten und Gallier und Nachahmer des Horaz auf, daß er sie übersungen, daß sie des lyrischen Stabes Ende, er aber ihn ganz blitzen gesehn, daß sein großes Vorbild die Natur, der Tonbeseelte Bach sey u. s. f.« (SWS V, S. 356). Vgl. Klopstocks Ode* »Der Bach« (»Bekränzt mein Haar, o Blumen des Hains«, *1766 entstanden), D: Hamburger Slg. 1771 (Muncker/Pawel I, S. 182ff.), Strophen 8–14; Str. 8: »o schlief'/in der Trümmer Graun Alzäus nicht selbst:/rühmt' ich mich kühneres Schwungs, tönte, stolz/rühmt' ichs, uns mehr Wendung fürs Herz«; Str. 10: »Der große Sänger Ossian folgt/der Musik des vollen Baches nicht stets.«*
96–100 Sternheim ... frappire.] *Vgl. II 36,3–8.*
101f. durch Activität ... erhole] *Vgl. zu II 36,26f.*
103 Derby als Ehemann] *Vgl. zu II 36,13–23.*
103f. Seymour ... wickelt] *Vgl. zu II 36,24.*
104 Rich ... erräth] *Vgl. zu II 36,28.*
105 Todtenstimme aus den Bleigebirgen] *Vgl. zu II 36,32. –* Hiob] *Hiobs Klagen,* »Buch Hiob« *(vgl. R, S. 649), Kapitel 3, 6/7, 10, 14, 16/17, 19, 30.*
106 diese vortreffliche Frau] *Sophie v. La Roche.*
108 Lieblingsgedanken] *Vgl. zu II 36,35ff.*
110 weit mehr als Clarisse] *Vgl. II 41,39* **112**. *Karoline las mit Friederike v. Hesse Richardsons Roman* »Clarissa Harlowe« *und bezeichnete die Titelheldin und das Fräulein von Sternheim als »zwey Engelsschwestern« (A₁ zu II 36).*
111–115 Wieland's Noten ... sagen!] *Vgl. zu II 8,56f. In der Vorrede empfahl Wieland das Werk seiner Freundin als moralisch nützlichen Frauenroman, nicht als Kunstwerk. Auch die Fußnoten haben die Tendenz des moralisch-psychologischen Vernunfturteils und kritisieren zuweilen vom Standpunkt des rechthaberischen Kunstrichters Sprache und Stil*

(Ausgabe Stuttgart 1994, S. 9–17; 53, 81, 88, 91f., 108, 119, 127, 130, 150, 163, 189, 198, 215, 222f., 254, 284).
116ff. Jacobi] *Vgl. zu II 36,***81**.
119–126 Sulzer's Wörterbuch] *Vgl. II 35,***27ff.***; zu I 79,***35. *Unabhängig voneinander, aber von ähnlichen ästhetischen Grundpositionen ausgehend, beurteilten Merck in den »Frankfurter gelehrten Anzeigen« vom 11.2.1772 (12. Stück) und H. in der »Allgemeinen deutschen Bibliothek« 1774 (vgl. R, S. 25) Sulzers Hauptwerk als ein den – durch Ankündigungen seit langem geweckten – Erwartungen nicht entsprechendes Unternehmen, das die Kräfte eines einzelnen Verfassers überstieg. Sulzer hatte als eklektischer Philosoph geurteilt, zu wenig als praktischer Kunstkenner und -liebhaber. Übereinstimmend vermißten beide Rezensenten Artikel zur Kritik und Literaturgeschichte und zur Charakteristik einzelner Künstler sowie zur Technik in den Künsten und lobten die umfangreichen philosophisch-psychologischen Erklärungen abstrakter Ideen. Sulzers moralisierende Tendenz und seine Parteilichkeit für seinen Landsmann Bodmer wurden als Anachronismen angesehen. Herder kritisierte insbesondere die fehlende genetische Begründung der Begriffe, aber Sulzer hielt Geschichte nicht für relevant, um den gesellschaftlichen Nutzen der Künste nachzuweisen. Zur Entstehung, inhaltlichen Konzeption und langen Wirkung des Lexikons bis in die Vormärzzeit vgl. Johan van der Zande in: Das Achtzehnte Jahrhundert, Jg. 22, Heft 1, Wolfenbüttel 1998, S. 87 bis 101.*
123f. aus Ihrem Gedicht] *Fabeln, »Die beyden Baumeister«, vgl. zu I 127(N),***56ff.** *Nachschrift: »So Freund, beschämt ein Blatt von Dir, Ein Vers Homers, Ein Zug von Shakspear Zehn Bände Schmitt- und Klotz- und Riedelsches Geschmier.«*

38 (N). AN HEINRICH CHRISTIAN BOIE, *Bückeburg, vor dem 23. November 1771*

4 vergebne Mühe machen muß] *H. hatte durch Boie für einen Bibliotheksaufenthalt in Göttingen ein oder zwei Zimmer bestellt, vgl. II 32(N),***19–27***. Er konnte erst im Februar 1772 kommen.*
6 Pyrmont] *Vgl. zu II 5,***30***. – Amtshinderniße] Vgl. II 39,***99–104***.*
11 meine Meinung sagen] *In den überlieferten Briefen an Boie hat H. sich nicht über den Musenalmanach für 1772 geäußert, wahrscheinlich im Gespräch im Februar 1772.*
11ff. Aufs folgende Jahr … zu Dienst.] *Vgl. zu II 95(N),***5ff.***; 1773 erschienen von H. weniger Beiträge als 1772, vgl. zu II 29(N),***8f***.*
14ff. Ueber Sulzer … suchen müste.] *H. äußerte sich hier zurückhaltender als gegenüber Merck II 37,***119–126***. Boie hatte anscheinend sehr negativ über das Kunstlexikon geurteilt, aber über Klopstock als dessen begeisterter Verehrer und Odensammler.*
17f. Exemplar … weiter schickte] *Vgl. N II Anm. 38; II 33,***121f***.*
19f. vortrefliche Verbeßerungen … wahre Schöpfung?] *In seiner »Oden«-Ausgabe 1771 hatte Klopstock aus Patriotismus in einigen älteren Oden die griechische Mythologie mit der nordisch-keltischen vertauscht; vgl. zu II 88,***76***. Wie Boie am 30.12.1771 an Knebel nach Potsdam schrieb, konnte er, an die erste Lesart gewöhnt, erst allmählich an den Änderungen Gefallen finden (Knebel II, S. 113).*
21 die meisten andren Barden] *Vgl. II 32(N),***16f.***; 35,***3–11***.*
22ff. 3. Gegenständen … der Dritte.] *Vgl. II 33,***123ff.***; 37,***37–42***. Boie zitierte an Knebel (wie zu ***19f.***):* »Gott, Mädchen und Vaterland ist sein Thema. Einer meiner Freunde meint, daß man Mädchen, Vaterland und Gott nach der Art sagen müsse, wie er sie behandelt.«

39. AN KAROLINE FLACHSLAND, *Bückeburg, etwa 23. November 1771*

3–66 Sie ist ... der güldensten Kette würdig!] *Das in Wortwahl und Strophenbau klopstockisierende Gedicht antwortete auf B, in dem Karoline ihre unverminderte Liebe zu H. und ihre Sorge um ihn zum Ausdruck brachte.*
10f. das Herz ... Bild der Ermuntrung] *Sowohl Karolines Bildnis (vgl. II 33,3–33) als auch sie selbst als H.s Vorbild (II 33,93).*
15–18 Der Liebe Thräne ... hervorzuweinen!] *Karolines Anteilnahme am Schicksal ihrer Geschwister, vgl. zu II 33,94f.*
20ff. »Jene! ach ... gestorben!«] *Karolines Mutter (Rosina Katharina Flachsland) hatte nach dem Tod des Vaters (Johann Friedrich Flachsland) »10 Jahr 8 Kinder durch ihre Sorge und MutterHerz und fast aus nichts erzogen, und gewiß ihr Leben um uns verlohren. ach Gott, sie war die beste Mutter. sie hat wenig mit ihren Kindern vernünftelt, aber immer Gutes gethan und rechtschaffen gehandelt« (B).*
23, 27 Ihr gleiche Tochter!] *Karoline.*
24f., 29 die verwundete gedrückte Herd'] *Die verwaisten Geschwister Flachsland, vgl. zu 15–18.*
27 Unschuldlamm] *Karoline.*
31–34, 37f., 52f., 66 »Noch sind ... Glieder sammle?«] »*Sollte in unsern Zeiten nicht das Gute mehr verborgen als öfentlich seyn, das zerstreuten einzelnen Ringen von einer Kette gleicht, der nur das zusammenschmieden fehlt? aber leider! sieht man keine Kette und nichts Ganzes. Dagegen wollen wir einen schönern glücklichern Ring im Verborgnen machen« (B). Vgl. Homer, »Ilias«, 8. Gesang, Vers 18–27.*
35, 38 Prophetin] *Karoline, vgl. II 23,122.*
39–66 Zu Dir Ein Kreis nur ... würdig!] *Vgl. zu 31ff. H.s Idealvorstellung einer ersehnten Ehe mit Karoline, der er selbst sich für unwürdig hielt.*
43 seelgen] *Beseligen.*
53f. uns zu sammlen Freunde] *Wie Claudius, vgl. II 30,41–51; zu II 30,47.*
62–65 der Wonne Gipfel ... Dir hangen] *H.s Wunschbild gemeinsamer Kinder mit Karoline wie in der letzten Strophe von »St. Johanns Nachtstraum«: »...Mein edles Weib! den Knaben am Mutterarm! an Mutterbrust das sanftere Mädchen!« (SWS XXIX, S. 367).*
66 güldensten Kette] *Vgl. zu 31ff., Homer.*
67 die beiden besten Strophen] *Die 5. und 8., vgl. zu 20ff. und 31–34.*
71 beiden vorgehenden Briefen] *II 33; 36.*
71f. meines dummen Mißverstehens] *Eigentlich Karolines Mißverständnis, vgl. zu II 30,51; 33,34–38,69ff.; 36,55. In A_2 schrieb Karoline, H. dürfe seine Worte nicht bereuen; »ohne den Misverstand« hätte er ihr nicht sein »reines Herz« so erklärt.*
72 im Zirkel Ihrer Klagen] *Im Kreis, inmitten der Klagen Karolines über das Unglück ihrer Geschwister; vgl. zu II 30,51,67–71. In B erwähnte sie »den Klageton« ihrer Briefe aufgrund der »Harmonie« ihrer Herzen.*
76f. meine Seele ... zu erklären] *Vgl. II 33,47–67; zu 71f.; zu II 36,55.*
81 meine Gesundheit] *In B hatte Karoline ihn gebeten, für seine Gesundheit zu sorgen und nicht »Morgends um 3 uhr« in den Garten zu gehen; vgl. zu II 31,20. – in Höle] Vgl. I 117,21f. Auch Karoline saß ohne Gesellschaft des »Freundschaftszirkels« in ihrer »Winterhöhle« (A_2).*
82 China] *Siehe R, S. 753; vgl. II 46,20ff. – meine Nase] Karoline fragte danach besorgt in A_2. Vgl. II 46,12–19.*
84f. Klopstock ... abgeschickt] *Vgl. II 41,26ff.; zu II 33,121–126; 36,85.*

85 meine Lieder] »*Geh Du Stolzer, und schicke mir nur Deine Lieder und Winterlied an Mademoiselle*« *(A₂)*.
86 Winter- und Hungersnoth] *Metaphorisch: wenn keine bessere Lektüre (wie Klopstock) vorhanden ist.*
86f. Winterlied] *Vgl. II 49,81–85; Anm. 49.*
88f. Arbeiten ... Frühlingswind wehen] *Deswegen nannte ihn Karoline in A₂ einen »trägen Jüngling«.*
90 als wenn Du die Ursache wärest] *Merck hatte Karoline gefragt, ob H. an der »Plastik« oder »sonst etwas« arbeite. Sie hoffe, daß ihr »Andenken« H. nicht »an etwas Gutem stören« werde (B). Vgl. zu II 16,23f.*
90f. was sich ... einbilden!] *H. solle den »garstigen hochwürdigen ConsistorialGeist« austreiben, der »die Weiblein und Mägdlein verscheuchen« könne (A₂).*
95 predigen u. eßen] *Predigen als Brotberuf: nur als Scherz zu verstehen.* – meine Ritte] *Vgl. II 8,18; 12,25ff.; 27,53.*
97 zu wild reite] *Vgl. Johann Georg Zimmermann, »Kleine Aufsätze«, Nr. 44.*
99 nach Pyrmont u. Göttingen] *Vgl. II 5,30f.; 8,187f.; 38(N),5f.*
100 starb mein Kollege] *Stohlmann; als sein Nachfolger wurde am 6.11.1771 ernannt (Introduktion Anfang Dezember 1771) Albrecht Karl Schmidt.*
101 Residenz] *Bückeburg.*
102f. Windelcerimonien des Christkindleins] *Christi Geburt, die Weihnachtsfesttage.*
104 die Bibliothek brauchen] *Universitätsbibliothek Göttingen, vgl. II 32(N),19f.; 54(N),22f.*
105f. die Harfe versuchen] *Vgl. zu II 27,120.*
107 wo um Hermann die Harfen tönten] *Vgl. II 92,14f. Die Harfe, ein im Altertum und Mittelalter weitverbreitetes Musikinstrument, war auch bei den keltischen und altgermanischen Völkern in Gebrauch.*

39a. AN JOHANN CHRISTIAN WILHELM MEIER, Bückeburg, 25. November 1771

PP

Da wir zu wissen nöthig finden welche Dorfschaften ganz oder nur zum Theil bey einer jeden Kirche in hiesigen Lande eingepfarret nicht weniger an welche Schulen die Kinder in den Dörfern angewiesen, so habt ihr die dazu nöthigen Nachrichten von denen Predigern und Schulmeistern des fordersamsten einzuziehen und mittels Bericht anhero einzusenden.

Bückeburg den 25 Nov. 1771.   Herder

ÜBERLIEFERUNG. H: *Bückeburg, Niedersächs. StA; von Schreiberhand, eigenhändige Unterschrift.* – Adr: *An den Superintendenten Meier in Stadthagen.* – D: *ungedruckt.* – A: *nicht überliefert.*

ERLÄUTERUNGEN: *Im Dezember 1771 wurden im Auftrag des Konsistoriums Verzeichnisse aller Kirchdörfer der Grafschaft Schaumburg-Lippe angefertigt (Acta Pfarr- und Schulbezirke). Zu H.s Bemühungen um die Verbesserung des Schulwesens vgl. II 11, 39–48.*

40. An Graf Friedrich Ernst Wilhelm zu Schaumburg-Lippe, *Bückeburg, nach dem 28. November 1771*

5 Votum] *Dazu B:* »*Es haben membra des Directorium unsrer Armen-Cassen jeder sein Votum einzuschicken, auf welche Art zum Besten des gemeinen Wesens überhaupt und vornehmlich derer sehr Alten, auch anderen Unvermögenden und Dürftigsten die Überschüsse bey einigen Armen-Cassen und in specie bey dem hiesigen Pflegehaus anzuwenden seyn mögten.*« *Mitglieder des Direktoriums waren außer H. die Justizräte Knefel und Albrecht Karl Schmidt. Von letzteren beiden liegen im Niedersächs. StA Bückeburg Vota vom 29. bzw. 28.11.1771 vor, denen zufolge statistische Übersichten,* »*Armentabellen*«, *angefertigt wurden, um eine individuell differenzierte Armenfürsorge zu ermöglichen.*
7f. meinem kurzen Hieseyn] *Seit 27.4.1771.*
10f. das Detail von Lokalumständen und Nothdürften] *Die jährlich von den einzelnen Ämtern und Kirchspielen erneuerten Armentabellen hatten folgende Rubriken: Gesundheit, Wohnung, Lebenswandel, Familienverhältnisse, früherer Lebensunterhalt, Ursache der Armut, Verdienstmöglichkeit (D$_2$, S. 76).*

41. An Karoline Flachsland, *Bückeburg, 4. Dezember 1771*

5f. Rittergüter ... Römischen Reichs] *Ironisch über die deutsche Vielstaatlichkeit.*
8, 14, 22, 182 wieder taub] *In B bezeichnete Karoline sich als* »*armes halbtaubes Mädchen*« *infolge des schlechten Wetters und ihres Schnupfens.*
9 Zuflüße der Säfte] *Nach der von Christoph Ludwig Hoffmann begründeten Humoralpathologie wurden alle Krankheiten mit der Zirkulation der Flüssigkeiten und Säfte (humores) im Körper erklärt.*
10 Leuchsenring] *Johann Ludwig Leuchsenring. Karoline berichtete in A von ihm nur, daß er mit dem Undank des Hofes* »*ohne einen Kreuzer Belohnung für die treuen Dienste*« *in zwölf Jahren als Leibarzt seine Entlassung gefordert und erhalten hatte.*
14f. Stimme ... verstummen] *Karoline teilte H. in A mit, daß sie wieder hören könne, aber Spaniol (Schnupftabak) schnupfen müsse.*
20 Alles Laut ... Gesang] *Musikalische Charakteristik der Dichtersprache Klopstocks. In seiner* »*Oden*«-*Rezension schrieb H. u. a. von einem* »*Tanz von Tönen*«, *von* »*Gesang der Seele*«, »*Melodie*« *und* »*musikalischem Leben*« *in seiner Sprache (SWS V, S. 356, 358, 360).*
22 mein Schriftliches in Ohr schreien] *Die nachdrücklichen Ermahnungen, auf ihre Gesundheit zu achten (8–24).*
23 Ich nicht sehen?] *H.s Tränenfistelkrankheit.*
26 Klopstock] *Vgl. zu II 33,121–126; 36,85.*
28 doch Einmal fodern] *Vgl. zu II 39,85.*
28–34 Rhapsodie ... verschließen.] *Sammelwerk von Liedern, vgl. II Anm. 41. In A dankte Karoline besonders für die* »*Geschichte des Apolls, das rührendste göttlichste Stück*« (= »*Der Lorbeerkranz*«), »*Die Dämmerung des Lebens*« *und* »*Ein Soldatenmährchen*«; *letzteres habe sie ihrer Schwester vorgelesen.*
29 Klopstocks lyrische Poesie] *Vgl. II 33,123–127; 37,37–44.*
29f. Der Traum] *Vgl. zu II 49,81–84.*
30 Impromtus] *Impromtus Einfälle des Augenblicks, Stegreifgedichte.*
35ff. Schottischen Liedern] *Vgl. zu II 27,167,172.*

39f. Clarißel *Vgl. zu II 30,98. Karoline las den Roman zusammen mit ihrer Schwester; sie bewunderte das »edle, unschuldige, erhabene Herz« Clarissas, bangte um sie bei Lovelace, »der so viel Verstand und Herz zum Bösen hat«, und verurteilte ihre »niederträchtigen Anverwandten« in den ersten zwei Teilen des Romans (B).*
40 Cromla-Hügel] *Siehe R, S. 721; hier für eine Gegend bei Bückeburg.*
43f. aus meiner Jugend ... übriggeblieben?] *Vgl. I 95,173–181; H.s Urteil über Clarissas Charakter war jetzt, auch unter dem Eindruck der »Sternheim«-Lektüre (vgl. II 37,109ff.), negativer als in seiner Jugendzeit.*
44f. ob der Autor ... sollte?] *Karoline, noch bei der Lektüre des 3. Teils, freute sich über H.s Urteil über die ersten Teile; sie selbst »hätte nicht das Herz, etwas gegen den großen Mann Richardson zu sagen« (A).*
46–52 Lovelace] *Der Erbe eines Lords, ein sehr gebildeter und äußerlich anziehender junger Mann ohne jede Moral und Tugend, Archetyp des verführerischen Wüstling. Clarissa tadelt die ausschweifende Lebensart des Freigeistes, erfährt die ganze Wahrheit über seine Lasterhaftigkeit aber erst, als sie sich in seiner Gewalt befindet. Karoline hielt Lovelace für »die gröste Misgeburt der Natur, Verstand ohne Herz« (A).*
49, 96 läuft ihm endlich in die Arme] *Clarissas unmenschliche Geschwister und harte Eltern wollen das vollendet schöne, kluge, tugendhafte und fromme Mädchen aus Gier nach Vergrößerung ihres Reichtums zur Heirat mit dem sehr reichen, aber äußerlich und charakterlich abstoßenden Gutsbesitzer Roger Solmes zwingen. Lovelace bewirkt durch hinterhältige Intrigen, daß Clarissa im Elternhaus in strenger Gefangenschaft gehalten wird und nur bei ihm Zuflucht suchen kann. Unter Vortäuschung von Verfolgung und Gefahr entführt er Clarissa gewaltsam und bringt sie in ein Londoner Bordell, wo sie ebenfalls eine Gefangene ist. Da Lovelace die Ehe als Beschränkung seiner sexuellen Freizügigkeit haßt, will er Clarissa mit Betrug und Gewalt zu seiner Beischläferin machen. An ihrer standhaften Tugend gescheitert, läßt er sich von den Huren verleiten, einen Schlaftrunk zu gebrauchen und Clarissa im Zustand der Bewußtlosigkeit zu vergewaltigen. Sie entflieht zweimal, lehnt seine reumütigen Ehegesuche ab und stirbt an gebrochenem Herzen. Lovelace wird von ihrem Cousin im Duell getötet.*
52, 55f., 111ff. Scheintugend mit dem Krügermädchen] *»Das Rosenknöspchen. Lovelace an Belford« (SWS XXV, S. 553ff.), nach »Clarissa«, Bd. I, Brief 34 (H.s Paraphrase folgt z. T. wörtlich der deutschen Übersetzung): Lovelace, von der Großmutter des siebzehnjährigen Waisenkindes in der Dorfschenke »Zum weißen Hirsch« bei Haroweburg gebeten, das arme »Krügermädchen« (Krug = Wirtshaus, niedersächs. Bezeichnung) nicht zu verführen, will durch seine Scheintugend Clarissas Herz gewinnen und ermahnt seinen Freund gleichfalls zur Enthaltsamkeit. Vgl. II 32(N),10f.; 95(N),19ff.*
53 Betrügerbrief] *»Die Geschichte der Clarissa« (Michaelis' Übersetzung), Bd. 2, Göttingen 1748, S. 204–208 (im 19. der insgesamt 537 Briefe des Romans). Lovelace schreibt bei Tagesanbruch in einer Laube im Wald am Haus der Harlowes einen Brief voller Vorwürfe, um Clarissa zu einer geheimen Zusammenkunft an der Gartenmauer zu veranlassen, die sie ihm in ihrem letzten Brief versprochen hat.*
59 Flickanlage] *Diesen Eindruck bekam H. infolge seiner unzusammenhängenden Lektüre (vgl. 41–44). Der umfangreiche Briefroman (ca. 5200 S.) – Richardson nennt ihn »dramatische Erzählung« (Bd. 7, Göttingen 1751, S. 895) – hat im Gegenteil die Stringenz eines Trauerspiels nach einem der christlichen Religion gemäßen Plan: Die leidende Tugend wird der härtesten Prüfung unterworfen und kann nur im Jenseits »ihre vollkommenste Belohnung« erlangen (ebd.).*
61, 94f. Howe] *Anna Howe, Clarissas beste Freundin, an die sie ihre meisten Briefe richtet, während Lovelace meistens an seinen Freund Belford schreibt. Anna ist leidenschaft-*

licher als Clarissa und hat mehr Weltkenntnis. Wenn aber Clarissa solche hätte, »dann wäre die Unschuld nicht in ihrem höchsten Grade erschienen« (Karoline in B).
67, 70 ihrer andern Tyrannen] *Vor allem Clarissas Bruder Jakob (81) und ihre Schwester Arabella, beide widerwärtige Charaktere, die auf ihre persönlichen Vorzüge und auf ein ihr testamentarisch vererbtes Gut des Großvaters (vgl. 79) neidisch sind, sie ständig kränken und durch ihr Dienstpersonal überwachen lassen.*
68, 71, 89 ein süßer, trunkner Traum] *Clarissa, deren Sinnlichkeit im Gegensatz zu ihrem Tugendbegriff gering entwickelt ist, kann Lovelace nicht lieben, solange sie nicht von seiner ständig geheuchelten moralischen Besserung überzeugt ist. Sie gesteht zuletzt, daß sie ihn unter dieser Prämisse einmal hätte lieben können. Einer Ehe mit ihm würde sie, wenn sie frei über sich verfügen könnte, den ledigen Stand mit karitativen Aufgaben vorziehen. Nach ihrer Schändung will sie, ihres guten Rufs und des individuellen irdischen Glücksanspruchs beraubt, nicht auch noch ihr Seelenheil durch den gott- und gewissenlosen Wüstling gefährden lassen. Nicht aus Liebe, sondern durch verhaßten Zwang und Intrigen ist sie unverschuldet ins Unglück geraten. Vgl. zu 61.*
77 Haß ihres Vaters] *Clarissas Vater verflucht sie, den einstigen Liebling der Familie, nach ihrer als geplante Flucht aufgefaßten Entführung, nimmt aber den Fluch zurück, als es ihr gesundheitlich schlecht geht. Die Mutter ist unterdrückt und machtlos, die anderen, unversöhnlichen Verwandten vertreten die Familieninteressen des Besitzes geschlossen wie eine Phalanx gegen die alleinstehende und verarmte und von dem reichen Lovelace verfolgte Clarissa.*
83 Junker- u. Tyrannenhause] *Der Familie Harlowe.*
84, 87f. Pochen] *Ungestüm und trotzig zanken; jemandem drohen; jemanden drangsalieren; auf etwas stolz sein (Adelung).*
85 Junkerhufen] *Rittergut (»die Hufe« nach Adelung eingehegtes Ackerland).*
87f. ein ungehorsames ... Mädchen] *Clarissa liebt ihre Eltern über alles, will aber ihr persönliches Glück nicht der Familie (= dem Bruder) aufopfern und verstößt daher gegen das vierte Gebot. Als »Herausgeber« angeblich authentischer Briefe bezeichnet Richardson in der Vorrede als seinen Hauptzweck, »die Eltern zu warnen, daß sie ihre Rechte über ihre Kinder in Heyraths-Sachen nicht allzuweit treiben« (Bd. 1, S. b 4 verso).*
91 Brief an Morden] *Clarissa hat einen Brief an den in Florenz lebenden Cousin Oberst Morden angefangen, aber resigniert, weil sie ihn in der Heiratsangelegenheit auf der Seite ihrer Verwandten sah. Morden hätte als Testamentsvollstrecker sie in den Besitz ihres Gutes setzen und vor Lovelace schützen können.*
95 Howens Vorschläge] *Vor der Zwangsverheiratung mit Solmes mit ihr gemeinsam nach London fliehen; später eine sofortige Heirat mit Lovelace anstreben (während Clarissa aus moralischer Abneigung dessen Anträge wiederholt zurückwies).*
96f. dem treuen ... Lovelace?] *Clarissa vertraut dem Heuchler und Betrüger leichtsinnig.*
99 Canzleisprache] *Die bestimmte Formalitäten befolgende Schreibart der Kanzleien (Verwaltungs- und Gerichtsbehörden).*
100 Cabinet] *Geheimzimmer; vertrautestes Kollegium eines Fürsten (im Gegensatz zur offiziellen Kanzlei); Sammlung von Kostbarkeiten (nach Adelung). Hier für die wahre Liebe.*
102 Ausmalen der Situationen] *Richardsons eindringliche psychologische Charakteristik der Personen, die minutiöse Analyse ihrer Handlungen, Überlegungen und Gefühle; das einfühlende Sichhineinversetzen des Autors in die handelnden Personen.*
103 in den letzten Theilen] *Enthaltend Clarissas Schändung, Flucht, Verfolgung, Verlassenheit, Krankheit und Tod. Wieland wollte sich in seiner Jugend darüber »bald blind weinen« (Gespräch mit Böttiger, 18. 10. 1795; Starnes II, S. 456).*

107f. ich rede also nur von der Anlage] *H. kritisierte die Charakteranlage Clarissas und bewunderte ihr seliges Ende im Hinblick auf die durch den sentimentalen Roman erzielte Rührung.*
110 ein zu dürres, trocknes Mädchen] *Vgl. zu 68.* »*Sie ist ein heiliger, heiliger Engel, ... aber das kalte wunderliche, rückhaltende Herz war mir immer ein Stein des Anstoßes. ... die kalte lehrende Predigerin*«. *An Clarissa vermißte Karoline das Gefühl* »*warmer Menschheit*« *(A)*.
111ff. Lovelace rohen Brief ... zu suchen] *Vgl. zu 52.*
113 die vorher angesetzten Stücke] *Vgl. zu 28–34.*
117f. der Prinz ... trennte] *Vgl. I 105,14–17.*
121f. bei Hofe ... ich genoß] *Vgl. I 79,9–12; 98,66f.*
125 aus Karlsruh] *H.s Station auf der Reise von Straßburg nach Darmstadt, vgl. zu I 88,166f.*
127 Brief vom Prinzen aus Brüssel] *Vgl. zu II 34(N),260,263. Der Prinz entschuldigte sich in dem Brief für das H. angetane* »*Unrecht*« *und manche* »*Quälerei*«.
129–132 schrieb aber ... nach Eutin] *Nicht nachweisbar.*
131 der Fürstin in Darmstadt] *Friederike Charlotte Prinzessin von Hessen-Kassel.*
133 broullirt] *Überworfen, entzweit, uneins.*
134, 136f., 158f. Gouverneur] *Cappelmann. – in Religionszweifeln] Vgl. II 34(N), 229–254.*
137 alles vorausgesehen] *Vgl. I 98,68f.; zu I 82,40f.*
140–145 dortige Musikdirektor ... Gewäsche] *Der Brief von Johann Heinrich Hesse ist nicht überliefert.*
142 deßen Sohn] *Vgl. II 47,41–50.*
143, 146, 149 der Herzogin] *Ulrike Friederike Wilhelmine Herzogin von Holstein-Gottorp. – Hofpredigerstelle] Vgl. zu II 27,28. Der alte Hofprediger, Wolf, war 1771 gestorben.*
146f. als Feigenblatt] *Als Deckmantel, Vorwand für etwas.*
148f. Er und ... schrieben] *Die Briefe von Prinz Peter Friedrich Wilhelm von Holstein-Gottorp und Fräulein Duhamel an H. sind nicht überliefert.*
150ff. antwortete ich ... seine Fragen kehrte] *II 34(N).*
152 da Ihr Bild ankam] *Vgl. II 33,3–33.*
153ff. Zustand seiner Seele ... mahlen könnte.] *Vgl. II 34(N),239–292.*
156f. sonderbar grübelnder Kopf] *Vgl. II 34(N),233f.*
160 das erste Wort haben (als Begleiter)] *H. als Reisebegleiter des Prinzen zu engagieren.*
163 Hofrivalitätssache] *Zwischen Holstein-Gottorp und Schaumburg-Lippe.*
164 mit diesem Hofe] *Graf Wilhelm zu Schaumburg-Lippe war reformiert, sein Hofprediger hieß Catel.*
165 Consistorial Rat] *Vgl. zu I 82,16.*
169 nach Italien] *Vgl. zu II 34(N),260. Karoline redete H. zu, mit dem Prinzen zu reisen:* »*Das Zutrauen, die Liebe, die Achtung des Prinzen und seines Hoffs*« *würden ihn dazu verbinden. Er müsse* »*die Welt und ihre Herrlichkeit sehen*« *und dürfe sich nicht* »*in Westphalen einschließen*« *lassen (A).*
170 resigniren ... Platz] *Seine Stelle in Bückeburg aufzugeben. Dazu forderte Karoline ihn nachdrücklich auf, da ja seine Situation in Bückeburg* »*so schief, so leer, so hinkend*« *sei und er nicht* »*die geringste Verbindlichkeit gegen den Grafen*« *habe. Nach der Reise habe er* »*in Berlin und Hannover*« *gute Aussichten (A). Vgl. II 27,33f.*
172–178 im Beichten ... sagen kann] *H. setzte Karolines Verschwiegenheit voraus; vgl. zu I 143,61.*
182 Hephata] *Vgl. Markus 7,33f.*

42 (N). AN PRINZ PETER FRIEDRICH WILHELM VON HOLSTEIN-GOTTORP, Bückeburg,
    7. Dezember 1771

5–71 Allerdings ... am unbequemsten.] *Über Charakter- und Seelenbildung des Prinzen.*
5–8 Moralische Regel ... Individuelle Moral] *Konsequente Anwendung des Individualitätsprinzips in H.s psychologischen Betrachtungen, vgl.* **37ff.** *Darüber in der Bückeburger Geschichtsphilosophie: »Niemand in der Welt fühlt die Schwäche des allgemeinen Charakterisirens mehr als ich« (SWS V, S. 501).*
13ff. Jesuitischen Moral] *Der Zweck heiligt die Mittel, nach der Devise »Omnia ad majorem Dei gloriam«.*
15ff. Regeln des Wahren ... als Mathematische Grundsätze] *Nach dem Analogieprinzip (u. a. Leibniz) wurden Gesetzmäßigkeiten in der geistig-sittlichen Welt analog den Gesetzen in der Natur angenommen. In den »Ideen« benutzte H. mathematische Theoreme von Johann Heinrich Lambert als »Naturgesetze« der Geschichte (Maximum-Minimum, Beharrungszustand, Gleichgewicht und Harmonie, Gesetz des Pendels, der Kette, der spiralförmigen Entwicklung in Gegensätzen u. a., SWS XIV, S. 225–235).*
18f. die vorige Wahrheit] *Vgl.* **7f.**
23–28 Güte des Herzens ... ärgsten Wildheit] *Persönlich gute Charaktereigenschaften eines Fürsten können mißbraucht werden und in ihren Wirkungen ins Gegenteil umschlagen. Vgl.* **35ff.**
29–34 Ueberhaupt ... auch verrechnen] *Der Begriff des Guten ist nicht individuell, sondern nach der Wirksamkeit in der Welt zu bestimmen; der Mensch ist ein gesellschaftliches Wesen.*
34–37 ein Prinz ... mißbraucht zu werden] *Vgl. zu* **23–28.**
38f. in den Wind geschrieben] *Sprichwörtlich für »vergebens«.*
40ff. das Marienzeichnen und die Tempelbauwerke] *Vgl. II 34(N),***248ff.**
43–50 dunkles Gewebe in der Seele ... erhellen.] *Vgl. zu II 34(N),***229.** *Ordnung und Aufklärung der Seelenkräfte sollten nach H.s Rat der Religionsschwärmerei des Prinzen entgegenwirken.*
50–55 Wehe dem ... hören.] *Untere und obere Erkenntniskräfte müssen ganzheitlich zusammenwirken, keine Seite darf ignoriert werden; in seinem Handeln aber soll man sich von der Vernunft leiten lassen. Vgl. »Vom Erkennen und Empfinden der menschlichen Seele«.*
56–64 Wie schön ... seyn kann.] *Betrachtung über die gesellschaftliche Bedingtheit der Ausbildung der Individualität: Der Prinz scheint dazu mehr Möglichkeiten zu haben als gewöhnliche Menschen, die meist schon von Kindheit an der Notwendigkeit folgen müssen, andererseits ist er durch seinen Stand unfreier als jeder andere.*
65–69 Prinzlichkeit ... nicht könnten?] *Anstatt nur über das ihm Unmögliche zu klagen, sollte der Prinz alles tun, was in seinen Kräften stand.*
72f. Westphälischen Winkel] *Damals eine sprichwörtlich kulturlose Gegend, vgl. II 21(N),***46.**
74–79 ein – Raphael] *Falsche Zuschreibung einer »Himmelfahrt Christi«, siehe R, S. 455.*
75, 83f. Fürsten Ernst] *Vgl. zu II 48(N),***12–25.**
77–80 die Mengsische] *»Himmelfahrt« von Mengs, vgl. VIII 387,***62.**
80f. Ludwich Carrachen] *Gemälde von Lodovico Carracci.*
82 Correggio ... Guidos] *Im Bückeburger Schloß gibt es kein Bild des ersteren, aber mehrere aus der Schule Renis.*
84 Mausoleum] *In Stadthagen, siehe R, S. 820.*
87 auf der Reise] *Vgl. zu II 34(N),***263.**

88 Brief aus Brüßel] *Vgl. zu II 34(N),260.*
89 in Brüßel, Antwerpen] *H. war hier Ende Dezember 1769/Januar 1770 (vgl. I Anm. 77).*
90 Cartons] *Raffaels »Szenen aus dem Leben der Apostel«.* – HamptonKourt] *Siehe R, S. 770.*
91 Fortsetzung von Volkmanns Reisen] *»Historisch-kritische Nachrichten von Italien«, Bd. 3.*
92 Deschamps Reise] *Descamps'»Voyage pittoresque«, Übersetzung von Volkmann.*
93 Leben der Maler] *Argenvilles »Abrégé de la vie«, Übersetzung von Volkmann »Nachrichten aus dem Leben«; hier verwechselt mit Descamps'»La Vie des Peintres«.*

43. AN GRAF FRIEDRICH ERNST WILHELM ZU SCHAUMBURG-LIPPE, Bückeburg, 11. Dezember 1771

5 Examen der Schule in Stadthagen] *Vgl. II 45,5f.*
14–17 unproportionirte Vertheilung ... drei Punkten] *Reformbedürftig erschienen H. die Proportionen des Unterrichts, der altsprachliche Unterricht und die Ausbildung des Gedächtnisses anstelle des Verstandes.*
22 Unpäßlichkeit] *Vgl. II 41,179.*
23 Sonntagsvakanze suppliren] *Den erkrankten Prediger zu vertreten.*

44. AN GRAF FRIEDRICH ERNST WILHELM ZU SCHAUMBURG-LIPPE, *Bückeburg, nach dem 15. Dezember 1771*

5 abgeschriebnen Predigt] *Die Lektüre der »den 15ten dieses hier gehaltenen Predigt« H.s (im HN nicht überliefert), die er dem Grafen auf sein Verlangen in Abschrift überschickte, hat diesen an den Vorzug erinnert, einen so talentvollen Mann zu besitzen (A). Vgl. II 8,87–90.*
6 jener Mann ... Waßer] *Vgl. zu II 19,23.*
13 großen Mannes] *Vgl. I 82,22.* – Philosophen] *Voltairianer, Skeptiker, vgl. II 46,34ff.*
13f. auch Predigten lieset] *Der Graf bekannte, vor H.s Predigten keine gelesen zu haben (A).*

45. AN KAROLINE FLACHSLAND, *Bückeburg, 18. Dezember 1771*

3 lange keinen Brief] *Der letzte = II 41.*
4 zweier Posttage] *Vgl. zu II 8,13.*
5 Sonnabend 8. Tage] *7.12.1771.*
5f. Mittwoch ... Stadthagen] *Nach II 43,5ff. Dienstag, 10.12.1771.*
6ff. Sonnabend darauf ... zu predigen] *14.12.1771.*
11f. Ihrem ... träumen] *In B zu II 41 hatte Karoline geschrieben, daß sie in H. eine »so schöne männliche Seele« verehre, die weit ihr »Ideal und Traum davon übertrift«. Alles, was er tue und rede, sei ihr »Engelsstimme«; durch das Mißverständnis mit dem Ardennerwald (vgl. zu II 30,51) habe sie seine »Seele in dem heiligsten Licht gesehen«.*
12–39 wenn irgend Ein Mensch ... nicht Traum sey?] *Psychologische Selbstanalyse H.s wie in I 98 und im »Journal meiner Reise im Jahr 1769«.*
12ff. wenn irgend Ein Mensch ... Nichts geworden ist] *Vgl. zu 70ff.*
14 Bekenntniß der Sünde] *Vgl. II 34(N),23,53,64,71ff.*
18–25 meine Einbildung ... geworden ist.] *Vgl. I 15,24–45; »Journal meiner Reise« (SWS IV, S. 347f.).*

25f. keine Einzige ganze That! ... Situation!] *Vgl.* **51ff.**; *zu I 73(N),***10–13,15**.
30ff. jedes reifere Jahr ... stärken muß.] *Im »Journal meiner Reise« hatte H. die altersbedingte Entwicklung der menschlichen Psyche problematisiert: »Die Menschliche Seele hat ihre Lebensalter, wie der Körper« (SWS IV, S. 448).*
35ff. durch Deren Anblick ... wie sie seyn lerne] *Vgl. I 84,***21f.***; II 33,***10–16,93**.
40f. hier würklich noch keinen Freund] *Vgl. II 23,***137**.
42ff. bitterster Feind] *Duve, vgl. zu II 24,***3ff.**
46–49 der Landesherr ... Eigensinn bewiesen] *Vgl. II 100,***16–32**. *Graf Wilhelm und H. trennten Stand (Distinktion Fürst/Mensch), Beruf (Held/Philosoph), Alter und Charakter.*
54f. aus meinem Briefe ... gewesen] *Vgl. zu II 36,***55**.
56, 59, 65 Ihr Freund] *Franz Michael Leuchsenring.*
60f. Kindheit-Kloster- u. Schäferunschuld] *Stereotype Topoi der Empfindsamkeit.*
62f. seiner erdichteten Welt] *Vgl. II 4,***163ff.**
66f. allgemeine, weise Urtheile ... einzelne Stücke] *Vgl. II 42(N),***5ff.,37ff.**
70ff. Eigentlich ... Redlichen nie.] *Vgl. III 122(N),***30–36***; H.s Predigt »Von den Schranken und Mißlichkeiten bei Nachahmung auch guter Beispiele und Vorbilder« (12. 1. 1772, über Römerbrief 12,1–6): »... daß jeder das ist, was Er und in der Welt kein andrer als Er seyn soll« (SWS XXXI, S. 186).*
73f. sich in eines andern Seele ... mediciniren] *Das erste (Einfühlung) war H.s wichtigstes hermeneutisches Prinzip (vgl. »Ueber Thomas Abbts Schriften«, 1. Stück, Einleitung, SWS II, S. 257–267; Bückeburger Geschichtsphilosophie, SWS V, S. 501ff.), das zweite (als Psychotherapeut zu wirken) versuchte er bei Prinz Peter Friedrich Wilhelm von Holstein-Gottorp, vgl. II 34(N),***229–292***; 42(N),***40–71***. In seinen Predigten hat H. sich »gerne in die Person Andrer versetzt und in einzelne Temperamente eingelassen: denn einmal handelt doch jeder Mensch nach solch persönlicher und ihm eigner Denkart; er muß sich also selbst sehen, stark und lebhaft geschildert sehen, Beweggründe aus seinem Herzen und nach der Wendung seiner Seele hören: oder man predigt tauben Ohren« (Rigaer Abschiedspredigt, SWS XXXI, S. 130f.).*
74ff. den Rath des andern ... Gesundheit.] *Das Fremde muß durch individuelle Erfahrung angeeignet werden.*
77 Moralischen Briefe] *Psychologische Reflexionen* **8–76**. *Karoline dankte in A dafür.*
80 ins Bad] *Von Karoline als Anzeichen einer Krankheit gedeutet (A); im 18. Jh. diente das Bad vornehmlich Heilzwecken; nur Kranke gingen zum Bader (Wundarzt) in die öffentliche Badestube.*
81 schöne Seele] *Vgl. zu I 83,***69**.
83 Ihre Genesung] *Vgl. zu II 41,***8***. Nach* B_1 *war Karoline »wieder völlig wohl«.*
84ff. was Sie von Merck sagen] *»Unser FreundschaftsZirkel mit Merck will sich dies Jahr nicht mehr so vertraut schließen als ehemals.« Merck mußte den hessen-darmstädtischen Prinzessinnen täglich drei Stunden Englischunterricht erteilen und mit Fräulein v. Roussillon spazierengehen* (B_2). *Letzterer karitativer Freundschaftsdienst verursachte seine schlechte Laune und sein Stillschweigen auf H.s Brief II 37 (A).*
90 nicht zu frankiren] *H. als Empfänger wollte das Porto bezahlen.*

46. AN KAROLINE FLACHSLAND, *Bückeburg, 28. Dezember 1771*

3 lange Zeit ... nicht geschrieben] *Seit II 45 zehn Tage.*
6 Christkindlein geboren] *Weihnachtspredigten u. a. kirchliche Amtspflichten.*
8, 55 Engel] *Vgl. II 33,***16***; 47,***4–10**.

8ff. Ihr Ohrentod ... schnupfen Sie] *Vgl. zu II 41,8,14f.*
12 meine Nase] *Karoline hatte sich in B₁ und B₂ besorgt danach erkundigt.*
14–17 Operation ... Knochen geolt] *Vgl. I 116(N),24–40; 131,5–20; zu I 110,5.*
18 nach Berlin] *Vgl. II 50,53; zu II 22,71. Auch Karoline riet H. zur Reise nach Berlin (A).*
18f. an den armen Doctor Leuchsenring ... nächstens.] *Vgl. II 82,33f. In B₁ schrieb Karoline von Johann Ludwig Leuchsenrings Kummer um »seine Frau und Familie«, in B₂ vom »Hofundank« ihm gegenüber, vgl. zu II 41,10. A zufolge blieb er doch Leibarzt der Herzogin von Pfalz-Zweibrücken-Birkenfeld.*
20 China] *Vgl. zu II 39,82.*
23 meinem hiesigen Leben] *Vgl. zu II 41,170. Nach A dachte Karoline von Bückeburg »äußerst böse und wenn es ein Paradies wäre«; sie haßte den Ort, wo ihr Freund H. »nicht vergnügt« war.*
24 Unnützlichkeit] *Vgl. II 47,16f.; 100,32ff.*
25, 35f. was ist ... Leben?] *Vgl. 1. Chronik 29,15.*
26 Mitteltinten] *Mezzotinto (ital.), in der Malerei mittlere Farbtöne, die den Übergang zwischen verschiedenen Farben bilden.*
27f. wie Blitze in der Nacht] *Vgl. zu I 112,97.*
30 Zu den Füßen ... Leuchsenring] *Vgl. zu II 36,96.*
31 Bestimmung ... Tausenden] *Nach dem Individualitätsprinzip Betonung der unendlichen Unterschiede in der Bestimmung der Menschen.*
32f. Savoyarden ... trinkt] *Kalkhaltiges Wasser in den Alpen, das nach Auffassung der Zeit kropferzeugend wirkte.*
34ff. mein Herr ... Nichts sei] *Vgl. zu II 44,13; auch Prediger Salomo 1,2.*
37 Tod Jesu] *Kantate von Johann Christoph Friedrich Bach; vgl. Georg Schünemann, Johann Christoph Friedrich Bach (H.-B. Nr. 2021), S. 156, Anm. 111 (Autograph von 1769).*
38 Trummler und Pfeifer] *Konzert- und Kapellmeister Bach, die Musiker der Hofkapelle Münchhausen, Wedemeyer, Bötger, Kemenau, Hoffmann, Wächter, Voß, Johann Christian Friedrich Struve u. a. (Schünemann, a. a. O., S. 52f., 64). Trummler ältere Form von »Trommler« (Trommelschläger).*
39f. Pflanzenleben ... Welt verrechnet] *Die Nichtigkeit des Individuums im Weltplan Gottes ist ein Aspekt von H.s theologisch fundierter Bückeburger Geschichtsphilosophie: »Insekt einer Erdscholle, ... würkest du nicht selbst mit ... zu höhern dir unbekannten Zwecken?« (SWS V, S. 559f.).*
41 Lebensalter ... Glücks] *Die Lebensalter des Individuums hat H. psychologisch differenziert betrachtet im Plan eines »Werks über die Jugend und Veraltung Menschlicher Seelen« im »Journal meiner Reise« (SWS IV, S. 447–461). Zur Wandlung des Glücksbegriffs der Aufklärung vgl. zu I 58,37ff. Das Fazit der Bückeburger Geschichtsphilosophie wie auch der »Ideen« ist, daß jedes Lebensalter, individuell und als Geschichtsepoche verstanden, seine ganz spezifische, unverwechselbare Auffassung von Glück hat (SWS V, S. 508–512; XIII, S. 333–342).*
42 für Ihren Freund] *D. h. für sich selbst (so verstanden in A) oder für Leuchsenring, vgl. zu 30.*
43–46 Nachricht ... halten muß.] *Karoline hatte Leuchsenring »versprechen müßen, alle Wochen zu schreiben«, schrieb ihm aber »nur zweymal nach Bergzabern und ein Billet von 3 Zeilen in die Schweiz«. Sie hatte vom ersten Ort »nur 2 kleine Billet« erhalten, die H. lesen dürfe (B₁). H. wollte nicht für eifersüchtig gehalten werden, vgl. 55ff.; II 52,10ff.*
50 empfindsamen Freunde, älter, als ich] *Leuchsenring war zwei Jahre jünger als H., aber seine Freundschaft mit Karoline war älter.*

52f. Dein freundschaftliches ... groß gnug] *Vgl. zu II 36,96.*
54 das schöne Vorbild] *Vgl. 62–65; I 84,21f.; II 45,35ff.*
55ff. Geben Sie ... auf!] *Karoline fragte in A, ob H. »nicht der Erste Freund« in ihrem Herzen sein und sie etwa an Leuchsenring weisen wolle.*
58f. Blume ... Dornengeheges.] *Vgl. Salomos Hohelied 2,2.*
61f. jeden Gedanken ... machen muß.] *Aufmunterung Karolines zum Selbstgefühl ihrer unverwechselbaren Individualität.*

47. AN KAROLINE FLACHSLAND, *Bückeburg, etwa 8. Januar 1772*

4, 85 Erscheinung ... eines Engels] *Vgl. zu II 46,8.*
8, 11 auf der Welt allein] *Vgl. I 100,5ff.*
14–17 Der hiesige Ort ... Nichts gethan] *Vgl. zu II 46,23f.; dagegen II 49,10ff.,69ff. Die im Niedersächs. StA Bückeburg aufbewahrten Konsistorialakten dokumentieren H.s ausgedehnte Routinearbeiten in Konsistorium, Armendirektion und Schulwesen, die für ihn unbefriedigend waren, weil er infolge Geldmangels – die kostspielige Unterhaltung der Festung Wilhelmstein war dem Grafen wichtiger als die Neuorganisation der Schulen – seine Reformideen nicht verwirklichen konnte (Erinnerungen I, S. 183f.).*
15 Sie mich gleich damals schalten] *Vgl. zu II 1,63.*
17 noch Nichts gethan] *Vgl. II 48(N),31f.,35ff.*
21 hieher vexirt] *Getäuscht, angeführt durch falsche Versprechungen und Vorstellungen.*
22 der glücklichste von Bückeburg] *Vgl. II 6,10.*
22f. Herr ... u. Schwager] *Graf Wilhelm und Gräfin Maria zu Schaumburg-Lippe, Graf Ferdinand Johann Benjamin und Gräfin Wilhemine Henriette zu Lippe-Biesterfeld.*
24 Dornküßen] *Dornenkissen.*
25–29 Mit dem Prinzen zu reisen] *Vgl. II 41,158ff.,167ff. Karoline fragte in B₂ nach den Anträgen an H. aus Eutin und wünschte ihm die Italienreise.*
29 valedicirt] *Abschied genommen.*
30 Eine Prophezeiung] *Vielleicht über die künftige Geisteskrankheit des Prinzen.*
32 etourdi] *Unbesonnener, Leichtfuß (frz.).*
33 seine Mutter] *Herzogin Ulrike Friederike Wilhelmine von Holstein-Gottorp.*
35f. summarischen Auszüge ... Landgraf.] *Vgl. zu I 114,7. Anspielung auf Karolines Geständnis in B₂, daß sie Merck auf seine Frage über den Inhalt von II 41 informiert habe (H.s »Ruf nach Eutin«).*
37 Hofprediger] *Vgl. II 27,28ff.; 41,143f. Nach Mercks Meinung war die Stelle für H. ungeeignet (B₂).*
39 Alles feierte ... mich] *Vgl. I 79,10ff.; 82,37f.; 115,40.*
41–52 Hier ist ein elender Mensch ... zeigen laßen] *Vgl. II 41,140–145; der Sohn von Johann Heinrich Hesse wollte Hofprediger in Eutin werden, die Stelle erhielt im Oktober 1772 ein Eutiner Theologe (Schauer, Anm. 83). H.s Brief (52) ist nicht nachweisbar.*
56 Alle Dinge ... begegnet] *Vgl. zu I 98,118f.*
58 Bückeburger Bleigebürgen] *Erinnerung an die Lektüre von Sophie v. La Roches Roman »Geschichte des Fräuleins von Sternheim«, vgl. zu II 36,31ff.*
59 ich werde ... beßer] *Vgl. I 117,18–22.*
61f. Lazarus ... mit ihm!] *Vgl. zu II 28(N),116f.*
62 2. Werke unter der Hand] *»Aelteste Urkunde«, »Plastik« (Schauer, Anm. 83, nennt statt dessen die Bückeburger Geschichtsphilosophie).*
66 lerne an die Tugend glauben] *Vgl. zu 85.*

67–74, 87f. Schwester ... eines Bruders] *In der Furcht vor ehelicher Verantwortung (vgl. 77f.) wollte H. die Tugend der Entsagung demonstrieren. Karoline ging in A_1 und A_2 darauf ein: »edles, schönes BruderHerz, ... liebster Bruder, ach mein süßer Bruder«.*
77 Erdenklos] *Vgl. 1. Mose 2,7.*
80 Geburtstägen ... Freudenfeuer] *Wie Leuchsenring bei den Darmstädter Empfindsamen.*
82f. Unser Briefwechsel ... geworden!] *H. charakterisierte damit treffend den klassischen Briefwechsel des Sentimentalismus in Deutschland.*
85 2. entfernte Pilgrimme] *»... traue mir zu, daß ich an Tugend glauben kan, wir zwey Pilgrime, Du, mein Bruder, ich Deine Schwester, 50 Meilen von einander« (A_1).*
87 In Unschuld u. Tugend!] *Vgl. I 99,165ff.*
88f. Sprich, antworte rede herzlich] *Eindringlicher Stil durch Reihung von Synonymen (Steigerung, Intensivierung).*
91 Dinge gegen mich zu haben] *»Nichts in der Welt habe ich gegen Dich, edelster erhabenster Jüngling« (A_1).*

48 (N). AN PRINZ PETER FRIEDRICH WILHELM VON HOLSTEIN-GOTTORP, *Bückeburg, 14. Januar 1772*

5f., 8 Auslegung ... Jakobus 5.] *Vgl. II 34(N),8–95.*
7 Anwendung] *Vgl. 9.*
10 Jacobus (Kapitel 1.)] *Vgl. Vers 5.*
12–17 Fürst Ernst] *Von Holstein-Schaumburg. Der Fürstentitel wurde Graf Ernst 1619 vom Kaiser verliehen, dem er dafür ein Darlehen gewährte (Dieter Brosius, Fürst Ernst im Urteil der Zeitgenossen. In: Schaumburg-Lippische Mitteilungen, Heft 20, Bückeburg 1969, S. 10).*
15 Wiederspruch Dännemarks] *König Christians IV.*
18 Schloß] Umbau in manierist. Stil. – sehr gutem Geschmack] *Kunstgeschmack wurde dem Fürsten Ernst aufgrund seiner Bauten und der von ihm 1606 eingerichteten Hofkapelle nachgerühmt (Brosius, a. a. O., S. 7ff.; Hermann Salzwedel, Musik am Hofe des Fürsten Ernst, ebd., S. 11ff.).*
19ff. Kirche] *Siehe R, S. 751 unten; es war keine kathol. Kirche.*
23 Constitutionen] *Einrichtungen, Anordnungen.*
24 der angebliche Raphael] *Vgl. zu II 42(N),74–79.* – die Gemälde] *Vgl. zu II 42(N), 80f.,82; gekauft von Graf Friedrich Christian zu Schaumburg-Lippe, nicht von Fürst Ernst (Mitteilung von Fürst Philipp Ernst zu Schaumburg-Lippe).*
25 Statuen] *Barocke Bronzeskulpturen u. a. von Adriaen de Vries (um 1560–1627), mytholog. Sujets im Schloß Bückeburg, eine Auferstehung im Mausoleum in Stadthagen.* – d'Argenville] *Vgl. zu II 42(N),93.*
26 Wallmodensche Sammlung] *Vgl. II 103,53f.; Anm. 54.*
27 rangirt] *Geordnet aufgestellt.*
28 Sammlung ... aus Wien] *Wallmoden-Gimborn war großbritannischer Gesandter in Wien.*
30 Versuche] *Zur moralischen Selbsterziehung, vgl. 41ff.; II 42(N),5–71.*
32 noch nichts zu Ende gebracht] *Vgl. II 47,17.*
33f. Menschlichen Leben ... Prediger Salomo] *Prediger Salomo, Kapitel 1/2.*
42f. dem Ideal ... im Sinne habe!«] *Vgl. III 122(N),30ff.*
44 nach Göttingen ... Bibliothek] *Vgl. zu II 39,104.*

45–50 wahre Entdeckungen ... fürs Jahrhundert] *Vgl. II 54(N),10–17; III 36(N), 11–18.*
49 hätte ich ... habe] *H. fühlte selbst, daß die Ausführung seiner Werke hinter dem Reichtum seiner ursprünglichen Ideen zurückblieb.*
51 Plastik] *Eutiner Fassung, vgl. II 25,35.*
52 Bibel und Weltgeschichte] *Lektüre für die »Aelteste Urkunde« und die mit ihr zusammenhängende Bückeburger Geschichtsphilosophie.*
53f. Klopstocks ... neuern Gesänge] *»Der Messias«, Bd. 3.*
55 modulante Stimme] *Abwechselnd fallend und steigend.*
56f. Sternheim ... u. Seymours] *Vgl. II 8,33–60; 36,3–39.*
57ff. zu Richs ... u. wollen.] *Vgl. II 36,38–42.*
60f. Braunschweigschen Prinzen] *Herzog Wilhelm Adolph von Braunschweig-Lüneburg-Wolfenbüttel.*
61 in der Moldau geblieben] *Der zur russischen Armee abkommandierte preuß. Offizier war im Donaufürstentum Moldau (vgl. R, S. 788) im Feldlager an einer Epidemie gestorben. Er wird im Briefwechsel zwischen Voltaire und Friedrich II. von Preußen am 27.7., 18.8., 12.10., 30.10. und 21.11.1770 erwähnt.*
62f. vom Abbt Jerusalem ... Entwurf] *Johann Friedrich Wilhelm Jerusalem, »Entwurf von dem Charakter ...«.*
65 Aventurier] *Abenteurer, Glücksritter.*
67ff. Heldengedicht ... in Französisch] *Information H.s aus Jerusalems Schrift. Friedrich II. schrieb am 30.10.1770 an Voltaire, sein verstorbener Neffe habe »ein episches Gedicht entworfen: es behandelt die Eroberung Mexikos durch Fernando Cortez. Das Werk umfaßt zwölf Gesänge« (Aus dem Briefwechsel Voltaire – Friedrich der Große, hrsg. von Hans Pleschinski, Darmstadt 1992, S. 455f.). Ein deutsches Heldengedicht zum gleichen Sujet hatte Justus Friedrich Wilhelm Zachariä begonnen (vgl. SWS XVIII, S. 256).*

49. AN KAROLINE FLACHSLAND, Bückeburg, 24. Januar 1772

3 gar keine Briefe mehr] *Der zuletzt erhaltene war B$_2$ zu II 47.*
5 Engel Gottes in der Wüsten] *Vgl. 1. Mose 16,7. Auch zu 71f.*
6 Ihr Bild] *Vgl. II 33,3–33. – Ihr Brief] Jeder beliebige Brief Karolines.*
10ff., 68–72 Ich fange ... Freude Theil.] *Die Seelenfreundschaft mit der gleichaltrigen Gräfin Maria zu Schaumburg-Lippe gehörte zu den religiösen Grunderlebnissen H.s, ihre gottergebene Frömmigkeit wurde ihm im gleichen Maße exemplarisch für sein ganzes Leben wie das gelebte Christentum seines Freundes Hamann. H.s religiöse Verinnerlichung in der Bückeburger Zeit ist undenkbar ohne die Vorbildwirkung der von ihm hochverehrten, nach ihrem frühen Tod als »Ewigheilige« verklärt gesehenen Gräfin (vgl. SWS XXIX, S. 537).*
13 Carita] *Vgl. III 223,37; siehe R, S. 720.*
15f. Lippe Bisterfeld] *Lippe-Biesterfeld.*
16 eine verlaßene Waise] *Ihre Mutter starb bei ihrer Geburt; Gräfin Maria lebte bis 1760 bei ihrem Vater, dann bis zu ihrer Verheiratung 1765 bei ihrer einzigen Schwester (vgl. III 247,51–54), der verwitweten Gräfin von Promnitz auf Drehna (Niederlausitz), seit 1764 Gräfin von Solms-Baruth (in Schlesien).*
17f. Pietisten ... in die Hände gefallen] *In seiner Vorbemerkung zu einer Auswahl aus den Briefen der Gräfin an H. charakterisierte Johann Georg Müller H.s befreienden Einfluß, der sie aus »einer drückenden religiösen Beschränktheit und Ängstlichkeit, in die sie durch frühern Umgang gerathen war, ... aus der finstern Schulstube eines geseßlichen, mystisch-*

pietistisch-ascetischen Methodismus zu lichtvollern Ansichten des Christenthums und zu umfassendern Einsichten in die Wege Gottes erhoben« habe (Erinnerungen I, S. 326). Die Hallischen Pietisten forderten z. B. von einem Bekehrten, daß er »Tage und Stunden der Angst, des höchsten Bußkampfs« angeben könne. Gräfin Maria resümierte in dem zu 51 genannten Brief, daß daraus nur »traurige Schlüsse und furchtsame Hoffnungen zurückblieben« (ebd., S. 332).
20 auf ihr Porträt geheurathet] *Graf Wilhelm lernte sie »durch einen Brief, den sie an ihren Zwillingsbruder geschrieben hatte [Ferdinand Johann Benjamin Graf zur Lippe-Biesterfeld war sein Adjutant], und durch ihr Portrait kennen« (Erinnerungen I, S. 192). Das wenige Jahre später von Ziesenis gemalte Porträt zeigt ihre außergewöhnliche, zarte Schönheit (vgl. R, S. 505), die Karoline an eine »Madonna Raphaels« erinnerte (Erinnerungen I, S. 193).*
21 Blödigkeit] *Vgl. zu I 91,85f.*
22 Rückhaltung] *H. hielt sich vom Hofe fern, vgl. II 8,76–79. –* Schwangerschaft] *Vgl. II 8,185f.; 9,155. –* Bette] *Wochenbett, Geburt der Comtesse Emilie.*
23 Viertheiljährige Reise] *Eine Genesungsreise, nicht ermittelt. Vgl. 55–59.*
25f. ich bewunderte ... könnte] *H. urteilte aufgrund der extremen äußeren und geistigen Gegensätze, wußte aber nichts von der Seelenharmonie der Ehepartner.*
33 einen Brief] *Am 1.1.1772 mit einem Neujahrsgeschenk (Denkmünze mit dem Bildnis des Grafen Wilhelm). Sie dankte H. für seine Predigten, die »schon manches Herz zur Besserung und Nachdenken geführt« haben. Nachdem ihre Seele »in einer gewissen Irre war«, hoffte sie, durch H.s »öffentliche Lehrstunden ... mehr Licht« zu bekommen, und kündigte an, ihren »Lehrer« bei Unklarheiten um Erläuterung zu bitten. »Seyn Sie gerne bei uns und unterstützen auch in diesem Lande die Bemühungen meines so verehrungswürdigen Gemahls« (Erinnerungen I, S. 329ff.).*
34 vom Himmel gefallen] *Vgl. Jesaja 14,12. Hier Metapher für Überraschung.*
36 Ich antwortete] *Nicht überliefert.*
38 zum Concert eingeladen] *Vgl. II 46,37f.*
39f. Philosophisch moralische Predigt] *Vgl. II 46,34–37.*
41 den Brief] *H.s Antwort.*
42, 47 die Sternheim] *Vgl. zu II 8,34.*
43f. meine Predigten ... gemein haben] *Vgl. die Rigaer Abschiedspredigt: H.s Predigten »sind immer wichtige Menschliche Lehren und Angelegenheiten gewesen ... eine Philosophie der Menschheit« (SWS XXXI, S. 129,131).*
44ff. der Einzige ... predigen)] *Vgl. II 6,15f.*
47 Anmerkungen] *Im Gespräch.*
49 die Predigt] *Nicht ermittelt. Aus dieser Zeit scheint nur die Predigt vom 12.1.1772 (SWS XXXI, S. 172–194) überliefert zu sein. In ihrem Dankbrief (vgl. zu 51) beteuerte die Gräfin, daß die ihr »übersandte vortreffliche Predigt ... tröstlich, unterrichtend« für sie war (Erinnerungen I, S. 331).*
50 Spaldings Bestimmung des Menschen] *In einem sehr kritischen Entwurf darüber um 1766 notierte H. bei Spalding fehlende Gesichtspunkte und »lauter Sophismen« (SWS XXXII, S. 160f.). Gräfin Maria aber wurde durch Spaldings Gedanken »über Religion, Unsterblichkeit, menschliche Erwartungen und Entschlossenheit ... gerührt«. Ihre von H. gelenkte Lektüre sollte sie zum künftigen ersten Unterricht ihrer Tochter befähigen (Erinnerungen I, S. 334).*
51 einem Briefe] *Vom 24.1.1772 (Anm. 49), vgl. zu 17f.,49,50. Gräfin Maria wünschte H. Zufriedenheit mit seinem Leben in Bückeburg und äußerte ihre Freude über seine Gegenwart.*

56–59 sie ist zart … nicht lange leben –] *Die Ahnung eines frühen Todes brachte die Gräfin selbst oft in ihren Briefen zum Ausdruck (1.1.1772: »in dem vielleicht noch kurzen Rest meines Lebens«, Erinnerungen I, S. 330).*
60 den Meßias] *Vgl. zu II 48(N),53f.*
61f. im letzten Briefe gesagt] *Der gekürzte Abdruck in den »Erinnerungen« enthält keine Äußerung über die Hofkonvenienz, die es H. verwehrte, die Gräfin allein zu besuchen.*
63 des Herrn] *Graf Wilhelm.*
68f. Ihnen vielleicht Kleinigkeit] *»Die Geschichte und Vorfall mit der vortreflichen Gräfin« rührte Karoline und ihre Schwester »außerordentlich«. Für Karoline war es »gewiß nichts Kleines vom Bettler an bis zur Fürstin eine schöne menschliche Seele zu finden«. H. und die Gräfin sollten einander trösten, H. sollte der »armen Waise … einen recht schönen Himmel« zeigen als Ersatz »für Alles in der Welt« und Karoline immer etwas von ihr schreiben (A_1).*
71 einen solchen Engel] *Gräfin Maria.*
73ff. über die »Unsterblichkeit … Gespräche schreiben.] *Vgl. I 58 und 76(N). Der Plan der »Sokratischen Gespräche« wurde nicht ausgeführt, vgl. II 68,24ff. Ähnliche Gedanken enthielt die Predigt »Ueber die dunkeln und hellen Aussichten« vom 3.5.1772 (R, S. 41).*
78 eine Freundin an Ihnen] *Als eine solche behandelte die Gräfin H.s Frau seit 1773 wirklich (Briefwechsel, Besuche, Einladungen).*
81–84 die beiden … Das Winterliedchen] *Vgl. II Anm. 49.*
86 als meine Schwester] *Vgl. zu II 47,67–74.*
88–91 beigelegten Brief] *II 47, vgl. ebd. 55–92.*
95 Ihre … Schwester] *Friederike v. Hesse erwiderte H.s Andenken (A_1).*

50 (N). An Christoph Friedrich Nicolai, Bückeburg, Anfang Februar 1772

4 Ton des Mißtrauens] *H. vermutete, daß Nicolai befürchtete, ihn mit seinen kritischen Bemerkungen (vgl. zu II 35,22) zu kränken. Dagegen 5ff.*
7f. Hätte sich … erbarmet] *Vgl. zu II 20(N),16. Es lassen sich keine Änderungen nachweisen.*
10f. allein gedruckt? … Auszug?] *Siehe R, S. 1. Vgl. zu II 35,19ff. Nach A hatte Christian Friedrich Voß die Fortsetzung der bei Haude & Spener erschienenen »Mémoires de l'Académie de Berlin« (siehe R, S. 684) und »folglich auch die Preisschriften in Verlag genommen«, war aber durch eine Abmachung mit der Akademie nicht verpflichtet, »die Französische Auszüge, oder die concurrirenden Stücke zu drucken«.*
11, 43 Merians … Auszug] *Siehe R, S. 383. Kurzes Résumé in den »Mémoires« von 1771 (Berlin 1773). Merian entschuldigte sich für seinen ungedruckten Auszug in einem der II 70(N),18f. erwähnten Lobbriefe, vgl. R, S. 864. Während Merian ebd. sich mit der Unfähigkeit der frz. Sprache entschuldigte, H.s Geniestil adäquat wiederzugeben, konstatierte W. Proß durch Textvergleich, »daß ein scheinbares Manifest des Sturm und Drang sich mühelos in die französische Prosa einer Akademie-Abhandlung übersetzen ließ« (Proß II, S. 915).*
12 Ich wünschte … haben.] *Vgl. II 52,24–29.*
13 den Recensionen] *H.s Rezensionen (z. B. von Johann Adolf Schlegels Batteux-Übersetzung) würden durch »die Lebhaftigkeit sowohl, als das Sonderbare der Schreibart« in der »Allgemeinen deutschen Bibliothek« »sehr hervorstechen« unter den »ruhig reflectirenden« Rezensionen. Nicolai habe schon in seinem vorigen Brief (A zu II 22) darüber seine Unzufriedenheit geäußert (B).*

17 Abbtischen Briefwechsels] *Vgl. zu II 2,42.* »*Sie wißen schon aus den Abbtischen Briefen, daß ich ein Wortgrübler bin*« *(A zu II 88, vgl. Hoffmann, S. 83ff., über H.s Häufung der* »*sonderbarsten Metaphern*« *und uneigentlichen Wortgebrauch).*
18 Hrn Moses] *Mendelssohn.*
19 das Sonderbare] *In der Preisschrift sei die Schreibart* »*schön; ... an einigen Stellen alzuschön, alzublumig, alzumetaphorisch, alzuconcis*«*; H. suche sie nicht, sondern sie entspreche seiner Denkungsart (A).* »*Ihre Schreibart hat so viel original, daß man Sie kennet, wenn Sie auch Ihren Namen nicht nennen ... Sie ist körnig, feurig, ausdrükend, edel, nachdrüklich.*« *Nicolai wünschte,* »*daß sie nicht so sehr nachdruksvoll wäre*« *(A zu II 88).*
20 labes ... conquisitae] *Angespritzte Flecken ... ausgesuchte Lockmittel; anscheinend ein Cicero-Zitat, Stelle nicht ermittelt.*
22f. die Preisschrift ... Decembers gemacht] *Vgl. zu I 121,20; 131,90. Sie wurde mehrfach umgeschrieben: drei Niederschriften zum 1. Teil, zwei zum 2. vorhanden (HN II, 1–4).*
23 Einwürfe der Gegner] *Der Theologen wie Süßmilch, vgl. I 40(N),52ff.*
24 die Frage] *Vgl. I 72,86–89; siehe R, S. 689. Der Ursprung der Sprache hatte die Berliner Akademie seit mehr als zwanzig Jahren beschäftigt – seit dem von Condillac beeinflußten Aufsatz des Akademiepräsidenten Pierre Louis Moreau de Maupertuis (1698–1759)* »*Réflexions sur l'origine des langues et la signification des mots*« *(1748), gefolgt von Beausobre, erneut Maupertuis, Süßmilch, Johann David Michaelis und Sulzer (vgl. Proß II, S. 895–903, 907–910).*
26 so schreiben zu können] *H. bereute seinen emotional geprägten, stellenweise sehr saloppen Stil, der die Akademiemitglieder verletzen konnte; z.B. göttlicher Ursprung der Sprache sei* »*der gräßlichste Unsinn*« *(SWS V, S. 145). Vgl. II 53,5–17; 57(N),29f.; 61,11–16. Sulzer hatte nach seinem Brief (vgl. R, S. 865) einige zu harte Ausdrücke über Süßmilch vor dem Druck gemäßigt (am Text nicht nachweisbar), fand aber, H. habe dem* »*wirklich ganz unphilosophischen Mann*« *nicht Unrecht getan.*
28 Lebhaftigkeit] *Vgl. zu 13 und 26.*
29f. Zwecke ... böse.] *H. befürchtete nachteilige Auswirkungen im geistlichen Amt. Vgl. 33,38f.,46f. Nicolai antwortete, H. sei wegen der Preisschrift* »*alzusehr besorgt*«*; sie mache ihm nach dem allgemeinen Urteil aller Akademiemitglieder Ehre. Zwar habe er* »*die Beantwortung der Frage nicht ganz erschöpft*«*, aber* »*sehr nützliche Sachen ... zum Theil sehr gut gesagt*«*.*
31ff., 57f. Nachtrag] *Vgl. III 32,37f. Nicolai riet als Freund (vgl. 48) entschieden davon ab, daß H. seine Schrift* »*auf gewisse Weise widerlegen*« *und erniedrigen wollte. Damit würde er seine Fehler nur Halbkennern zeigen (Kenner sähen sie ohnehin); anstatt überellt zusammenhanglose Zusätze zu liefern, sollte er später für eine neue Auflage oder eine Aufsatzsammlung die Abhandlung* »*mit Muße*« *umarbeiten (A). Ein Avertissement (Ankündigung) des Nachtrags hatte H. an Merian und Sulzer geschickt; letzterer antwortete, daß die Schrift* »*schon zu weit verbreitet*« *sei (so schrieb auch Merian), um noch* »*ein besondres Blatt*« *beifügen zu können. Für* »*Härtigkeiten oder Nachläßigkeiten*« *im Ausdruck könne H. sich in einer Gelehrtenzeitung entschuldigen.*
33 präveniren] *Zuvorkommen.*
34 Exemplare ausgegeben] *Vgl. zu 31ff.*
35 zur Meße] *Ostermesse.*
37f. Die Klotzische Schule ... geschmähet] *Vgl. I 42,24–28; 53,25–28; zu I 49,26ff.; 56,32.*

43f. vorigen Deutschen Beitrage] *Vgl. 31ff.,57f.*
44ff. Französische Uebersetzung] *Voß und Nicolai selbst waren als Verleger nicht daran interessiert; man würde auch nicht leicht einen Übersetzer finden (A). Erst nach mehr als zweihundert Jahren erschienen zwei vollständige frz. Übersetzungen der Sprachursprungsschrift von P. Pénisson und D. Modigliani (H.-B. II, Nr. 0226, 0227).*
45 Verleger] *H. dachte dabei an Hartknoch.*
53 in einer Wüste] *Vgl. II 8,112; 16,28; 23,137; 49,5.*
54 Reise nach Berlin] *Vgl. zu II 35,38f. Nicolai sah H.s Ankunft »mit großem Verlangen entgegen«, er wollte mit ihm u. a. über seinen Stil »plaudern« (A).*
55 Beihülfe] *Wegen des Nachtrags, vgl. 35–42.*
57 H. Moses Meinungen] *Mendelssohn hatte »seiner Krankheit wegen« die Preisschrift noch nicht lesen können (A).*
59 der Recension] *Vgl. II 88,12f.; zu II 35,3. – über Batteux] Vgl. zu 13; II 22,4f.,6f.*
61 Boge] *Ältere (nach Grimm die richtige) Form von »Bogen«; nicht bei Adelung verzeichnet.*
62 Recension Sulzers] *In A zu II 22 aufgetragen. »Sulzers Wörterbuch enthält schöne Sachen, ist aber kein volkommen Werk. Manche Artikel sind unbegreiflich seicht, manche auch fehlerhaft. Ich hoffe von Kennern Anmerkungen, über die Artikel aus der Baukunst, Malerey und Musik zu erhalten, und sie Ihrer Recension beyzufügen« (A). Vgl. II 88,81ff.*
64 sein Versprechen nicht erfüllt] *Vgl. II 35,27ff.; zu II 37,119–126.*
64f. Ueber Klopstocks Oden] *Vgl. II 88,20–80. Darüber hatte Nicolai in A zu II 22 seine und seiner Berliner Freunde Meinung gesagt, ohne die von H. erbetene Rezension im geringsten beeinflussen zu wollen. Viele Oden Klopstocks widerstrebten seinem Geschmack. Viele geistliche waren ihm wegen des zugrunde liegenden theologischen Systems unverständlich. Den »poetischen Taumelkelch« der Bardenmode lehnte er ab und bevorzugte die durch die Klassiker-Lektüre und die bildenden Künste bekanntere griechische Mythologie in der Dichtung. Für die barbarischen »alten Celten« hegte er keine »Nationalempfindung«, sondern nahm mehr Anteil »an Athen und Sparta«.*
68 mit Fleiß] *Absichtlich, vorsätzlich.*
69 Ihre Rechnung] *Bücherrechnung (5 Taler 18 Groschen) und Rezensionshonorar (40 Reichstaler = vgl. zu 71), mit A zu II 22 übersandt: H. hat für 8 Druckbogen Rezensionen insgesamt 45 Reichtaler 18 Groschen erhalten (O. Hoffmann, S. 132).*
71 Ihr erstes Geschenk] *Vgl. zu I 75,83.*
73ff. Die beiden Pasquille über Abbts Briefe] *Nicolai kannte sie noch nicht und bat H., sie ihm zu schicken (A). Vgl. II 88,111f.*
74 Haßenkamp] *Hassencamp. Auch die Rezensenten seiner Schrift in den »Frankfurter gelehrten Anzeigen« vom 7.1.1772 (2. Stück) hat es »verdrossen, daß Abbts Andenken mit ärgerlicher Anecdotensucht [wegen seiner kritischen Bemerkungen über die Universität Rinteln in Privatbriefen] geschändet werden soll«. – La Porte] Porte*
78f. Umstände von Klotzes Tod] *Vgl. zu II 35,35. Klotz war an einem Gallen- und Fleckfieber gestorben und hatte seine Witwe in »äußerst elendesten Umständen« zurückgelassen. Die anderen Professoren mußten »eine Collecte zu seiner Beerdigung« veranstalten. Seine Manuskripte und Korrespondenzen hatte er größtenteils verbrennen lassen. Nicolai bedauerte seinen frühen Tod, weil er auf bessere wissenschaftliche Leistungen gehofft hatte (A).*
80 Ihren Rath] *Vgl. zu 31ff.*

51. AN GRAF FRIEDRICH ERNST WILHELM ZU SCHAUMBURG-LIPPE, Bückeburg, 7. Februar 1772

5f. Dänischen Briefpapiere] *Eine Papiersorte, dazu nichts ermittelt.*
7 Reise nach Göttingen] *Der Graf bewilligte das Urlaubsgesuch. Vgl. II 52,30ff.*
10 Zwecken der Litteratur] *Quellenstudium für die »Aelteste Urkunde«, vgl. II 54(N), 19–26.*

52. AN KAROLINE FLACHSLAND, *Bückeburg, 10. Februar 1772*

5–9 Weil ... zu schreiben.] *H. hat den situationsbezogenen Brief vernichtet aus Rücksicht auf mögliche Mißverständnisse durch die Adressatin. Später aber teilte er ihr aus Italien impulsiv Ärger und Sorgen mit, die vergangen waren, wenn der Brief ankam. Vgl. VI 33(N), 15–23; 38(N),4–17.*
10 des Winkes auf den Briefwechsel] *Vgl. zu II 46,43–46. In B entschuldigte sich Karoline erneut für die zwischen ihr und Leuchsenring gewechselten »3 Briefchen« und beteuerte H. ihre Offenherzigkeit und Redlichkeit.*
14 schöne Seele] *Vgl. zu I 83,69.*
18 Leuchsenrings Brief] *Das B beigelegte »Zettelchen« an Karoline, das sie zurück erbat und das H. von der »unbedeutenden Art« ihrer Freundschaft mit Leuchsenring »überzeugen« sollte (nicht überliefert). – Zurückkunft] Vgl. zu II 36,96. Erst in B zu II 63 teilte Karoline Leuchsenrings Ankunft aus Bern »vor 8 Tagen« (letzte Januarwoche 1772) mit.*
21 Hemsterhuis] *Vgl. II 1,133. Leuchsenring hatte ihn 1770 in Holland kennengelernt.*
24 den letzten Straus] *Streit, Kampf.*
24–29 Preisschrift] *Vgl. II 50(N),12,22–30; 53,5–17.*
26 erste rüde Stoß] *Vgl. II 50(N),46.*
28 Wind der Prüfung] *Vgl. Hiob 1,19.*
30 nach Göttingen] *Vgl. zu II 51,7,10.*
32f. meine Geschäfte hier u. mein Beutel accompagniren] *Die Amtsgeschäfte in Bückeburg und H.s Geldmangel hinderten ihn ebenso wie der kurze Urlaub, Karoline in Darmstadt zu besuchen.*
34 Melibokus] *Siehe R, S. 787.*
35f. Pygmalion an Elise] *Siehe R, S. 737. Wie der Bildhauer vor seiner Schöpfung, nach*
39ff. *hier umgekehrt. Vgl. I 142,41–55.*
36f. diese Kantate] *Ramlers »Pygmalion«, komponiert von Johann Christoph Friedrich Bach, »eine Solokantate für Baß oder Alt mit Streichquartett- und Continuo-Begleitung«, Aufführung durch die Hofkapelle (vgl. zu II 46,38) am Sonntag, 9. 2. 1772 (vgl. G. Schünemann, H.-B. Nr. 2021, S. 110f., 160, Anm. 190: Autograph der Partitur in der StB).*

53. AN GRAF FRIEDRICH ERNST WILHELM ZU SCHAUMBURG-LIPPE, Bückeburg, 10. Februar 1772

6 eine Schrift] *»Abhandlung über den Ursprung der Sprache«.*
7 nicht geschrieben zu haben wünschte] *Vgl. II 50(N),7ff.,12; 52,25ff. Graf Wilhelm las die Schrift zweimal wegen ihrer »Vortrefflichkeit« und um den Anlaß für diesen Wunsch H.s zu finden. Durch H.s »Scharfsinn und Genie« seien darin »die wahren Unterscheidungszeichen der Menschheit von der thierischen Natur deutlicher dargethan, als bisher von den größten Philosophen geschehen ist« (A, dazu N, S. 799). Vgl. II 61.*

8f. Eile ... gewesen] *Vgl. II 50(N),22–26.*
10 Denkart so sehr geändert] *Vgl. II 122,30,35f.*
11 das ganze Publikum] *Vgl. II 50(N),46f.*
12f. Vorbild ... Denkers] *Vgl. zu II 44,13.*
15 Französischen Ausgabe] *Vgl. zu II 50(N),44ff.*
16f. Menschlichen ... Schriftstellers] *Vgl. zu I 21(N),18f.*

54 (N). AN CHRISTIAN GOTTLOB HEYNE, *Göttingen, Mitte Februar 1772*

4 Arbeit] *Vgl. zu II 51,10.*
5 allemal ists verredet] *Ihre Gespräche waren allgemeiner. Vgl. Boie an Knebel, 2.3.1772:* »Ich habe acht der schönsten Tage gehabt. Herr Herder ist hier gewesen, und jeden Abend sind Herr Heyne, er und ich bei einander gewesen. Er ist mein Freund geworden, und diese Verbindung ist mir für Geist und Herz gleich angenehm. Sie wissen noch nicht halb, welch ein tiefdenkender Kopf er ist. Und Gelehrsamkeit mit so viel Gefühl und Genie vereinigt kannt' ich noch nie. Wir haben noch wichtige Sachen von ihm zu erwarten. Seine Preisschrift werden Sie schon gelesen haben. Er hat sehr viele Untersuchungen über unsere ältere Sprache und Poesie angestellt. In den Schleswigschen Merkwürdigkeiten erscheint Ostern die erste Probe davon« *(Knebel II, S. 118f.).*
6f. einem Stück ... wißen] *1. Mose 1–2,3.*
7 eine Rune] *Altgermanisches Schriftzeichen, hier metaphorisch für die Schöpfungshieroglyphe, vgl. zu I 105,43–49.*
8 seit Jahrtausenden verkannt] *Vgl. III 25,14; 35,15f.*
8f. Symbolgebäude] *Vgl.* »Aelteste Urkunde«, *Bd. 1, 1. Teil, VI.* »Hieroglyphe« *(SWS VI, S. 288ff.).*
9f. Zeugniß des ganzen Alterthums] *Vgl. zu I 105,64; Nachweis der Schöpfungshieroglyphe bei allen Völkern des Altertums (vgl. SWS VI, S. 324).*
10ff. ändert in der Theologie ... Zeitmeßer] *Die Sabbathieroglyphe als mnemonische Figur der Zeitrechnung, vor allem bei den Ägyptern (vgl. SWS VI, S. 294ff., 375–386; analytisches Inhaltsverzeichnis, S. 506f.).*
14 simplifiirt] *Vereinfacht (frz.).*
15f. Ursprung der Buchstaben ... Aegyptischen Hieroglyphe] »Aelteste Urkunde«, *Bd. 1, 2. Teil,* »Aegypten. I. Sieben heilige Laute, V. Aegyptische Symbolik« *(SWS VI, S. 336–345, 387–394).*
16 Mythologie] *A.a.O., II.* »Aegyptische Götterlehre« *(ebd., S. 345–365); 3. Teil, I. Phönizische, III. Syrisch-chaldäische, VI. Zoroastrische Mythologie (SWS VI, S. 426–435, 445–452, 491–500).* – Kabbala] *A.a.O., 3. Teil, V.* »Jüdische Philosophie« *(SWS VI, S. 484–490).*
17 wie ein Marktschreier] *Vgl. II 64,53; der marktschreierische Stil der Titel III 25,13–18 ist im Druck etwas abgeschwächt.*
18 seit drei Jahren] *In Riga 1768, vgl. zu I 43(N),10–139, in Straßburg 1770, vgl. I 105,43–62.*
20 voll Bücher] *Aus der Universitätsbibliothek Göttingen entliehen. H. arbeitete nicht im Lesesaal, sondern in seinem Logis; vgl. II 32(N),21ff.,24f.* – Revision] *Hier Überprüfung seiner Hypothesen anhand der Quellen.*
22–25 vom Katalog ... enthalten.] *Teile des Sachkatalogs (Catalogus realis, systematischer wissenschaftlicher Katalog), noch erhaltener handschriftlicher Bandkatalog.*
22f. in Ihrem Namen] *Heyne war Oberbibliothekar, ein Benutzer hätte den Katalog nicht nach Hause bekommen.*

27 Romantischer Plan] *Vgl. zu I 110,109f.; II 70(N),11–16.*
29 Naivete] *Natürlichkeit, liebenswürdige Einfalt und Offenherzigkeit.*
30 Komplimentengrimaße] *Förmliche, geheuchelte Höflichkeitsbezeigung.*

55 (N). AN CHRISTIAN GOTTLOB HEYNE, Göttingen, Mitte Februar 1772

4 Bogen Einleitung] *Heyne, »Einleitung in das Studium der Antike« (24 S. Oktav = 1,5 Bogen; nach §§ gegliedert). Vgl. II 85 (N),75–79.*
6 Auswahl] *Heyne hat Diplomatik, gelehrte Kritik, Inschriften, Numismatik und Architektur ausgeklammert.*
8 ersten Kapitel] *Heyne hatte H. nach seinem Urteil über den 1. Abschnitt gefragt: »Von den alten Kunstwerken überhaupt, und von den verschiedenen Arten der Kenntniß derselben« (Gegenstandsbestimmung und Abgrenzung). Es folgten 2. »Geschichte der Kunst überhaupt, und Nachrichten von den Kunstwerken der Aegyptier, der Perser und der Etruscer insonderheit« und 3. »Kenntniß der Kunstwerke, die sich von den Griechen und Römern erhalten haben« (untergliedert nach den Rubriken zu 14).*
9 simplifiirt] *Vgl. zu II 54(N),14.*
9f. Daß im 1. §. das Bild ... vorkommt] *I. Abschnitt, § 1, 2. Absatz: »Die Formen der Körper, als Abbildungen der Gegenstände selbst, lassen sich entweder in das Runde, oder auf der Fläche vorstellen. Dieß ist Bildnerey und Malerey; und die Künste sind die bildenden Künste.« 3. Absatz: »Die sinnlichen Zeichen zum Ausdruck der Bilder, die die Seele von den sinnlichen Gegenständen hat, sind entweder vorübergehende: Geberden, Bewegungen, Töne; ihrer bedienen sich Tanzkunst, Schauspielkunst, Beredsamkeit, Dichtkunst, Tonkunst; oder dauerhafte und beständige, diese sind Bilderschrift, Hieroglyphen, Buchstabenschrift.« Heyne unterschied den Grad der Wiedergabe des Gegenstandes nach den verschiedenen Künsten.*
12f. Psychologischen Unterschied ... Malerei] *Hauptgedanke von H.s »Plastik«: Bildhauerei schafft die schöne Form für die tastende Hand, Malerei eine Fläche für das Auge. »Im Gesicht ist Traum, im Gefühl Wahrheit« (SWS VIII, S. 8f.). – Boie hatte schon vorher erfahren, »daß H. an einem Werke über die Künste arbeitet. Kenner, die es gesehen, sagen, daß es das einzige seiner Art ist. Er leitet aus den einfachsten Grundsätzen Wirkungen her, die bisher noch gar nicht zu erklären gewesen sind« (an Knebel, 8. 1. 1771; Knebel II, S. 88f.).*
14 Fachwerk des Kastens] *Die Rubriken für die Einteilung der Kunstwerke, vor allem zum 3. Abschnitt (vgl. zu 8): Statuen, Büsten, Hermen, Köpfe, erhobne Bildwerke (Reliefs), geschnittene Steine (Gemmen), Gemälde. Der Leitfaden zu den Vorlesungen Heynes wurde in den »Göttingischen Anzeigen« vom 7. 5. 1772 (55. Stück) und in den »Frankfurter gelehrten Anzeigen« vom 6. 10. 1772 (80. Stück) beschrieben, der Rezensent in den letzteren (nach Bräuning-Oktavio vielleicht Merck) hat aus Vorlesungsnachschriften »die vortheilhafteste Idee von der Ausführung im Vortrage« erhalten.*

56. AN CHRISTIAN GOTTLOB HEYNE, Göttingen, etwa 19. Februar 1772 = 20. Februar 1772

(vgl. H.s Eintragung in dem von Paul Kahl im Lichtenberg-Jahrbuch 2000 veröffentlichten Stammbuch von Höltys Freund Johann Thomas Ludwig Wehrs, ein Zitat aus Klopstocks Ode »Der Rheinwein«, »Göttingen den 20. Febr. 772. Vor der Abreise.«)

3 Manuscript] *Vgl. zu II 54(N),27.*

57 (N). AN CHRISTIAN GOTTLOB HEYNE, *Bückeburg, 21. Februar 1772*

3 meinem Neste] *Bückeburg.*
6 Heiterkeit] *Vgl. 20f.; II 59,10–15. Auch Heyne war über H.s Freundschaft glücklich, schrieb von Eindrücken, deren sein Herz »ganz entwohnt war«, und versprach »Freundschaft bis in den Tod« (A). Er bewies diese noch zuletzt durch seine Mitarbeit bei der Herausgabe der ersten Gesamtausgabe von H.s Werken.*
10ff. der Abend ... darstellte] *Vgl. II 59,58–67. In A zu II 58(N) erinnerte Therese Heyne H. an ihres Mannes »rührende Erzählung«, in der er seine »eigenen Verdienste« verschwieg, und bedauerte, daß H. »an diesem schönen und traurigen Abend so spät« gekommen war.*
15 nicht werth] *Heyne seinerseits rühmte H.s »schöne, liebenswürdige, edle Seele«, die ihm »auf dem Pfade des Lebens Gesellschafterin werden« solle (A).*
18 einer Wüste] *Vgl. II 50(N),53; zu I 86,28.*
20 Ihres ganzen Exempels] *Vgl. 12ff.*
22 kleiner Manichäer] *Heyne war von kleiner Statur; er lebte nach seinen eigenen Worten (A) gefühlsmäßig abgestumpft und vor der Welt abgeschlossen, in seine Arbeit vergraben, asketisch wie ein Manichäer.*
26 Hiob ... letzten Kapitel] *Im 42. (letzten) Kapitel wird der durch furchtbare Schicksalsschläge in seinem Gottvertrauen geprüfte Hiob durch Gottes Gnade reicher als zuvor und stirbt »alt und lebenssatt«.*
28 Theodicee Gottes] *Nach Leibniz' gleichnamigem Werk die Rechtfertigung Gottes wegen des Übels in der Welt.*
29 Preisschrift] *Vgl. zu II 50(N),26.*
30 Manuskript] *Vgl. zu II 54(N),27.*
31 Plastik] *Vgl. zu II 70(N),47ff.*
32 Ihr Urtheil] *Heyne als Kunstsachverständiger, vgl. zu II 55(N),4ff.*
33 alle drei] *Preisschrift, Manuskripte zur »Aeltesten Urkunde« und zur »Plastik«.*
34 Autorgefühl] *Vgl. zu I 21(N),18f.*
37 Gatterer] *»Einleitung in die Universalhistorie« oder ein Band der »Allgemeinen historischen Bibliothek« (vgl. R, S. 642).*
38 meinen Plan] *»Aelteste Urkunde«.*
39 Georgi] *Georgius; Heyne schickte den »schrecklichen Wust« mit A. Vgl. II 76(N).*
42 meiner Untersuchung] *Wie zu 38.*
43 für unsre Zeit wichtig] *Vgl. III 75,26–32.*

58 (N). AN THERESE HEYNE, *Bückeburg, 21. Februar 1772*

3ff. schweigenden Mine ... nicht verließ] *Vgl. zu II 57(N),10ff. Ihr »stilles Schweigen« mußte H. ihren Abschiedsschmerz gezeigt haben (A).*
4 tiefeingedruckten Empfindung] *Vgl. II 59,32–37.*
5 kleiner Philosoph] *Der damals zehnjährige Sohn Karl Wilhelm Ludwig.*
7 auf meiner Rückreise] *H. sei es ihrem Herzen schuldig gewesen, auf der Rückreise an sie zu denken. Therese Heyne ging auf H.s Ton begeisterter empfindsamer Freundschaft ein und übertraf ihn darin noch (A).*
14 Situation] *Vgl. zu I 73(N),15.*
16 Roman Ihrer Denkart] *H. räumte die Möglichkeit ein, daß seine enthusiastische Vorstellung von der Freundin nicht mit ihrem wirklichen Charakter übereinstimmte. Sie wies*

ihn in A auf ihre Fehler, »*Träume, Enthusiasmus und Schwärmereien, die oft traurige Folgen haben können*« *hin. Ihr kummervoller Gefühlsüberschwang (ihr waren vier Kinder gestorben, zwei davon an den Blattern) und ihre* »*unermüdete Einbildungskraft*« *im Sinne der Empfindsamkeit charakterisierten sie als Hysterikerin.*
19 Briefwechsel] *Trotz des anfänglichen Enthusiasmus sind zwischen beiden nur wenige Briefe gewechselt worden; nach H.s Verheiratung korrespondierten die beiden Frauen miteinander.*
23f. als Mutter ... deutsche Frau] *H. schrieb ihr Vorbildfunktionen zu. Sie behauptete, die* »*Bande als Frau und Mutter*« *hätten ihre Todessehnsucht überwunden (A). Ihre ungeliebte Tochter Therese, die spätere Frau Georg Forsters, schilderte dagegen in einer autobiographischen Aufzeichnung ihre Mutter als schwärmerische, faule und schamlose Person, die den Haushalt vernachlässigte, ihre Kinder ohne Erziehung und Aufsicht in Schmutz, Unordnung und Ärmlichkeit in der Gesellschaft von Straßenjungen fast verwahrlosen ließ und ihren guten, mit Arbeit überhäuften Mann bis zu ihrem Tod (an der Schwindsucht) durch primitive Liebhaber demütigte (vgl. Ludwig Geiger, Therese Huber. 1764 bis 1829. Leben und Briefe einer deutschen Frau, Stuttgart 1901, S. 1–9).*
25 Bisarrerien] *Sonderbarkeiten, Wunderlichkeiten.*
28 wie weit ... seyn wollte.] *Vgl. III 122(N),***30ff.**
30 kommen Sie ... zu Hülfe.] *Sie wollte ihm in seinen* »*tugendhaften Bemühungen*« *behilflich sein und empfahl ihren Mann als Vorbild (A).*
36 Ihren Freund] *Heyne.*
37 in Ihrem Hause leben lassen] *An H. denken.*
45 Der kleine Zettel] *Darin hatte Frau Heyne während H.s Aufenthalt in Göttingen nach ihm gefragt und um seinen Besuch gebeten (A).*
46 Ihrem Klopstock] *H. hatte bei Heynes Klopstock vorgelesen und sein Exemplar der Hamburger* »*Oden*«*-Ausgabe mit dem von Frau Heyne getauscht, wofür sie am Schluß von A dankte. Vgl. II 59,***38–41.**

59. AN KAROLINE FLACHSLAND, *Bückeburg, 22. Februar 1772*

3,5 dem Briefe] *II 52.*
4 nach Göttingen] *Vgl. II Anm. 54(N).*
8 einem grossen ... Plane] *Vgl. II 48(N),***44ff.**; *54(N).*
10f. Lebenslang] *Die Freundschaft mit Heyne währte bis über H.s Tod hinaus, vgl. zu II 57(N),***6.**
11 einen Freund u. eine Freundin] *Vgl. II 50(N),***51ff.** *Karoline lobte H.s Gesinnung,* »*den Fund zweyer Menschenseelen der Gelehrsamkeit ... unendlich vorzuziehen*« *(A).*
13 Eine voraus verkannt] *H. hatte Heyne in der 2. Fassung der* »*Fragmente*« *und in den* »*Kritischen Wäldern*« *als* »*stillen Kenner der Alten*« *sehr gerühmt (SWS II, S. 115; III, S. 55, 320) und war überrascht, in ihm einen empfindsamen Menschen zu finden. Vgl.* **16f.**
16f. lateinischen Manne] *Klassischer Philologe.*
18 die beste Mutter] *Vgl. zu II 58(N),***23f.** *Das von H. geschilderte* »*Bild von der guten guten Mutter*« *rührte Karoline (A).*
23 Durchreise durch Göttingen] *Ende Juli 1770, vgl. I Anm. 80.*
27 Wöchnerin] *Das Kind ist bald nach der Geburt gestorben.*
34f. ihre ordentliche ... versenkt werde.] *Vgl. II 58(N),***3–10.**

35 nahe an 40.] *Therese Heyne war damals 41 Jahre alt.*
38ff. Klopstockische Oden ... gewechselt] *Vgl. zu II 58(N),46.*
39 Die Erste ... lesen können)] *Außer Karoline.*
42f. ihrem Manne ... ihren Kindern] *Vgl. zu II 58(N),23f.,30.*
46 das liebe Du] *Kinder hatten im 18. Jh. ihre Eltern mit »Sie, Herr Vater, Frau Mutter« anzureden; ein vertrauliches Verhältnis war damals nicht üblich, sondern Respekt der Kinder und Strenge der Eltern.*
50 Krümme] *Krumme Beschaffenheit eines Dinges (Adelung).*
52,55 Sentiment] *Gefühl, Empfindung.*
58 Den letzten Abend ... erzält] *Vgl. zu II 57(N),10ff. In »Christian Gottlob Heyne. Biographisch dargestellt von Arnold Hermann Ludwig Heeren« (Göttingen 1813) sind autobiographische Aufzeichnungen Heynes, des Sohnes eines Leinewebers, über seine in der größten Dürftigkeit, bittersten Not und Verachtung verbrachte Jugend und über die ebenso traurigen Umstände seiner Liebe zu Therese Weiß in den Wirren des Siebenjährigen Krieges, als beide durch den Brand von Dresden 1760 alles verloren, abgedruckt (S. 5–28, 48–68). In Heynes Erzählung wird H. vieles an seine eigene Jugend erinnert haben.*
59f. sein Studiren ... zu danken hat] *1718 ging Heyne mit 2 Gulden zum Studium (Philologie, Rechtswissenschaft) an die Universität Leipzig. Völlig mittellos, ohne Freitische oder Stipendien war er oft nahe am Verhungern: »Ein einziges gutes Herz fand ich an dem Mädchen, das die Aufwartung im Hause besorgte. Sie legte für meine nöthigsten Bedürfnisse, für mein Brod täglich aus, und setzte fast ihre ganze Habe aufs Spiel, da sie mich so sehr darben sah« (bei Heeren, a. a. O., S. 25).*
60f. 10. Jahre ... von Unterdrückern] *Nach seinem Magisterexamen 1752 verlangte ihn der kursächsische Premierminister Heinrich Reichsgraf von Brühl (1700–1763), durch eine latein. Elegie auf ihn aufmerksam gemacht, in Dresden zu sehen, speiste ihn aber mit Versprechungen ab. Erst nach eineinhalb Jahren erhielt Heyne nach vielem Antichambrieren eine dürftig bezahlte Stelle (100 Taler jährl.) als Kopist an der Brühlschen Bibliothek, wo ihn sein Vorgesetzter, der satirische Dichter Johann Christoph Rost (1717–1765), schikanierte. Als Hauslehrer des Grafen Hans Moritz von Brühl erhielt er nur Almosen, das Kopistengehalt wurde im Krieg nicht ausgezahlt (a. a. O., S. 33–36, 43–46).* – trotzigsten Seele] *Über seine Empfindungen als Kind berichtete Heyne: »Statt von dem Schimmer der Wohlhabenheit dieser Reichen, die sich von gedarbten Brosamen so vieler Hunderte nährten, mich zur Furcht oder Scheu blenden zu lassen, war ich mit Grimm gegen sie erfüllt. Das erstemal, da ich in der Schule von Tyrannenmord hörte, ward die Vorstellung lebhaft in mir, ein Brutus an allen den Unterdrückern der Armen zu werden« (a. a. O., S. 7f.).*
62f. bis er ... wo er ist.] *1763 wurde Heyne auf die Stelle des 1761 verstorbenen Johann Matthias Gesner an die Universität Göttingen berufen. Aufgrund seiner Ausgaben »Albii Tibulli quae exstant Carmina« (Leipzig 1755) und »Epicteti Enchiridion« (ebd. 1756) empfahl ihn der selbst vorgeschlagene Ruhnken in Leiden und prophezeite den baldigen Ruhm seiner Gelehrsamkeit im ganzen gebildeten Europa. Der Antrag gelangte an Heyne durch seinen Lehrer Ernesti (a. a. O., S. 74ff.).*
63f. Münchhausens Briefe ... seinem Kinde] *In Heerens Heyne-Biographie sind vom ersten Brief am 26. 2. 1763 (S. 81) bis zum letzten am 16. 11. 1770 (S. 128ff.), wenige Tage vor dem Tod des Premierministers und Universitätskurators, Zeugnisse aus dieser zunehmend vertraulichen und freundschaftlichen, mehr als 500 Briefe umfassenden Korrespondenz abgedruckt (vgl. S. 101).*
63–66 aufs schwärzeste angemahlet ... des schwärzesten Kerls] *Vor Heynes Antritt suchte Münchhausen in akademischen Angelegenheiten Rat bei dem schon damals berühmten*

Johann David Michaelis, hatte aber, nach seinen Briefen an Heyne, kein unbedingtes Zutrauen zu ihm (Heeren, a. a. O., S. 95f.). Der 53f. idealisierte Heyne hat gegenüber H. seinen Vorgänger Michaelis negativ charakterisiert, vgl. zu II 76(N),72; III 19,36–43. Michaelis war provisorisch Gesners Bibliotheksdirektorat übertragen worden, Heyne zunächst nur 2. Bibliothekar, bis der durch eine Personalentscheidung beleidigte Direktor sein Amt im Dezember 1763 niederlegte und es Heyne übertragen wurde (a. a. O., S. 97, 102f.). Aus dieser Zeit datiert das Mißverhältnis zwischen beiden, noch verstärkt durch den von Münchhausen gewünschten Übergang der Redaktion der »gelehrten Anzeigen« und des Sekretariats der »Societät der Wissenschaften« von Michaelis auf Heyne 1770 (a. a. O., S. 116ff.). In einer Niederschrift über die Societät kurz vor seinem Tod lastete Heyne dem 1770 ausgetretenen Michaelis »Herrschsucht und Mangel aller guten Aufführung gegen andere« an (a. a. O., S. 123). Das nominelle Direktorat wechselte seit 1770 jährlich, aber die wirkliche Leitung lag beim Sekretär.
68 habe seine innige Liebe.] *Vgl. zu II 57(N),6.*
68f. An seiner Frauen ... gearbeitet zu haben] *Als Erzieher wie insgeheim H. als »Pygmalion« Karolines, vgl. II 52,35f.; 68,7f.*
75 wie ein Engel] *Karoline.*
76f. »suche ... u. sollst!«] *Vgl. II 58(N),28; III 122(N),30ff.*
79 Ihren wunderbaren Brief] *B, ein exaltiert leidenschaftlicher Liebesbrief: »Vor Freude und Glückseligkeit bin ich fast außer mir, ... mein armes Herz will zur Brust heraus –«.*
81 weinende Sünderin] *Als Karoline II 47 und 49 (gleichzeitig) erhielt, ging sie »herum wie eine Mißethäterin und weinte fast laut« vor Rührung (B).*
83 aus meinem Briefe] *Vgl. II 47,66–89; 49,88–94.*
85 von welchen Briefen] *Karolines »2 letzten Briefe« (B zu II 52 und der noch nicht eingegangene B zu II 63) solle H. verbrennen und vergessen; sie sei »seit etlichen Monathen in der jämmerlichsten Agitation [Gemütsbewegung]« und habe ihr »armes Herz übertäubt mit lesen, arbeiten und zeichnen« (B). Vgl. zu II 46,55ff.; 47,91; 52,10,18.*
88 Nebel] *Metapher für Mißverständnis. »Laß doch allen Nebel zwischen uns schwinden« (A).*
96 kein Glied werth bin] *H.s Antwort war Karoline »durch die Seele gegangen«, sie stimmte ihrerseits ihre »alte Klage von Unwürdigkeit« an (A).*
96f. Mir gingen ... zu trösten – –] *H. weinte, und Therese Heyne glaubte, seine Geliebte sei ihm abgeneigt.*
98ff. Ihre Lila] *Schon in B_2 zu II 19 hatte Karoline von Mercks Bekanntschaft mit »Fräulein von Ziegler, Hofdame bey der Landgräfin von Homburg, ein außerordentlich empfindsames Mädchen« erzählt, die er »fast mit Maria bey Yorick« vergleiche. Jetzt hatte sie »vor 14 Tagen« in Darmstadt mit ihr eine empfindsame Freundschaft geschlossen. »Sie ist ein süßes schwärmerisches Mädchen, hat ihr Grab in ihrem Garten gebaut, ein Thron in ihrem Garten, ihre Lauben und Rosen, wenns Sommer ist, und ihr Schäfchen das mit ihr ißt und trinkt« (B). – Gedicht auf sie] »Den 26ten August. Lila, warum ist dein Auge trübe« (H.-B. II, Nr. 1680, S. 130f.) hatte Karoline in Mercks Abschrift B_1 zu II 33 beigelegt. Sie erwähnte die Übersendung in B, ein von Merck einem Bänkelsänger abgekauftes Lied »Schönste Zigeunerin« habe dabeigelegen (A).*
99 O wäre ich Dichter] *Vgl. II 68,93ff.*
100 Arkadien] *Siehe R, S. 719; Lilas Garten.*
101 Yoriks Maria] *In Sternes »A Sentimental Journey«.*
102 Ihren Geburtstag] *»Lila ... hat mir an meinem GeburtsTag ein blaues Herzchen an einem weißen unschuldsBand zum Band unsrer Freundschaft geschickt« (B).*

60. AN GRAF FRIEDRICH ERNST WILHELM ZU SCHAUMBURG-LIPPE, *Bückeburg*,
22. Februar 1772

5 gestrige Ankunft] *H.s Rückkehr aus Göttingen, vgl. II 57(N),3.*
7 Kästner] *Vgl. II 32(N),***24***; 67,***25***. Graf Wilhelm hatte seit 1767 mit Abraham Gotthelf Kästner korrespondiert, dieser ihm seine mathematischen Schriften und Vorlesungen übersandt (Schaumburg-Lippe III, Nr. 348, 356, 418, 472, 478, 505). Ende 1770 hatte der Graf als Zeichen seiner Hochachtung eine Medaille auf Kästner prägen lassen (ebd., Nr. 422, S. 510).*

61. AN GRAF FRIEDRICH ERNST WILHELM ZU SCHAUMBURG-LIPPE, *Bückeburg*,
24. Februar 1772

5 eines Buchs] *Nicht zu ermitteln.*
7 gnädige Beifall] *Vgl. zu II 53,7.*
8f. einer andern Arbeit ... vor dem Jahrhundert zu erscheinen] *Vgl. II 64,56f.; zu II 18(N),* **45–50.**
10 Blöde] *Schwäche, Schüchternheit (Adelung).*
11f. der Ton so sehr mißfiel] *Vgl. zu II 50(N),***26***.*
12 Streitton] *Dieser kennzeichnet in noch stärkerem Maße die »Aelteste Urkunde« (vor allem gegen Johann David Michaelis' rationalistische Bibelexegese).*
12f. Satyre auf die Akademie] *Vgl. zu II 101,***27ff***.*
13f. aus Patriotism ... Deutschen] *Die Preisschrift ist im französischen Straßburg geschrieben worden; vgl. zu I 75,***18f***.; II 7,7.*
14f. Armseligkeiten ... erlaubt hatte] *Die Formulierung der Preisaufgaben und die Preisverteilung durch die Königl. Preußische Akademie der Wissenschaften hatte mitunter, wie bei der gegen die Leibnizsche Philosophie gerichteten Preisfrage für 1755 (siehe Adolf Friedrich Reinhard), zu aufsehenerregenden Streitigkeiten und höhnischen Äußerungen auswärtiger Gelehrter über die Akademie geführt (vgl. Adolf Harnack, Geschichte der Königlich Preußischen Akademie der Wissenschaften zu Berlin, Bd. I, erste Hälfte, Berlin 1900, S. 403–409). Meist aber war die Frage gut gewählt und das Urteil der Preisrichter begründet.*
17 Einwurf über die fehlenden Dokumente] *Graf Wilhelm wünschte, daß »die progressive Vervollkommnung des menschlichen Geschlechts im gantzen ... wirklich durch die Erfahrung und Geschichte bestätiget würde«. Dazu müßte man »eine allgemeine und zugleich genaue Wissenschaft von den Nationalfähigkeiten, Kenntnissen, Tugenden und Untugenden aller Völker in den älteren und gegenwertigen Zeiten« haben und danach »die verschiedenen Verhältnisse der Wehrte ... des Menschlichen Geschlechts von Zeit- zu Zeitalter vergleichen« (Schaumburg-Lippe III, Nr. 440).*
19 Ueberlieferung ... einigen Völkern] *Graf Wilhelm fragte: » ... werden die Kenntniße der Menschen von Zeitalter zu Zeitalter wirklich immerfort gehäufet? ... Oder müssen nicht viele bey denen folgenden Generationen notwendig wieder verlöschen? ... Ist Vermehrung der Kenntnisse und Verbesserung der Menschen einerley?« (ebd.). Bezugspunkt war das 4. »Naturgesetz« im 2. Teil: »So wie nach aller Wahrscheinlichkeit das Menschliche Geschlecht ein Progreßives Ganze von Einem Ursprunge in Einer großen Haushaltung ausmacht: so auch alle Sprachen, und mit ihnen die ganze Kette der Bildung« (SWS V, S. 134).*
20 »Buchstabenkultur«] *Beschränkung der kulturellen Überlieferung auf die schriftliche Tradition. H. stützte seine Hypothese von der genetischen Einheit des Menschenge-*

schlechts (Ursprung aus einem Paar) mit Wachters in »*Naturae et Scripturae Concordia*« *(Leipzig und Kopenhagen 1752) ausgeführter Theorie, »daß so viel Völker ein Alphabet haben, und doch fast nur Ein Alphabet auf dem Erdboden sey ... Die Morgenländischen Alphabete sind im Grunde Eins: das Griechische, Lateinische, Runische, Deutsche u. s. w. Ableitungen: das Deutsche hat also noch mit dem Koptischen Buchstaben gemein« (SWS V, S. 14,138f.). Vgl. Proß II, S. 938f. und den Auszug aus Wachter über die Erfindung der Buchstabenschrift in Proß' Einzelausgabe der Preisschrift (Reihe Hanser, München 1978, S. 208–213).*
21 Kreislauf oder Chaos] *H. lehnte die von Graf Wilhelm vorgetragene lineare Fortschrittstheorie ab. In der 1774 erschienenen Bückeburger Geschichtsphilosophie dominiert über den Fortschrittsgedanken die zyklische Lebensaltertheorie als Strukturprinzip einer für den Menschen undurchschaubaren schicksalhaften Theodizee.*
24f. »keine Philosophie ... noch möglich] *Vgl. »An Prediger« (1774): »Philosophie der Menschheit, und derselben wahre Geschichte, – niemand als ein Priester Gottes wird sie dereinst schreiben« (SWS VII, S. 300).*

62. AN KAROLINE FLACHSLAND, *Bückeburg, 26. Februar 1772*

4f. gar zu unruhige Briefe] *B und B zu II 52. Vgl. zu II 59,79,81,85.*
8f. Bogenschützin ... Rosenknospen.] *Karoline griff in A die anakreontischen Bilder auf und war als »arme Bogenschützin« froh, daß ihr »guter Engel ... die Dornen von den Rosenknospen weggethan«, d. h., daß H. ihre Briefe nicht übelgenommen hatte.*
10 keine Situation] *Nach Westfelds Bericht hatte H. als Prediger in Bückeburg (anfangs) keine Resonanz, und »auch die Consistorialrathsstelle verschaffte ihm keinen Wirkungskreis« (Erinnerungen I, S. 297f.). Vgl.* **20f.**; *zu II* **47,14–17**.
10 Lobe der Preisschrift] *Vgl. zu II 53,7.*
11 Last Sorgen] *Nach Westfelds Schilderung wurde die gesamte Verwaltung, Wirtschaft und Landeskultur durch die für das kleine Land überdimensionalen militärischen Ambitionen des Grafen in Mitleidenschaft gezogen (vgl. Erinnerungen I, S. 280f.).*
13 Gegenvergeltung] *Dafür, daß Karoline ihm Leuchsenrings Brief geschickt hatte, vgl. zu II 52,18.*
13f., 31 letzten Brief der Gräfin] *Nicht überliefert. Karoline beteuerte bei der Rücksendung, daß er nur in ihrer Hand war, »ein sanfter, lieber Brief«, in dem die Gräfin ihrem Lehrer, einem »außerordentlichen Mann« und »Segen Gottes für diejenigen«, zu denen er berufen sei, Gottes Lohn wünschte. Die Lektüre »solcher Abdrücke und Beschreibungen schöner Seelen« versöhnte Karoline mit ihrem eigenen Schicksal (A).*
16 Jerusalem] *Vgl. zu I 44,36–48. Gräfin Maria hatte an H. über das ihr geliehene Buch geschrieben.*
17ff. einfältig ... Verstande mache.] *Karoline wies das Lob zurück, sie könne sich als »junges Mädchen« an Verstand nicht mit der Gräfin vergleichen.*
20 Unbehaglichkeit] *Vgl. II 74(N),12f.*
23 vortreflichen Paar] *Heynes, vgl. II 59.*
24f. der Acker trägt Schlamm u. Dorn)] *Vgl. 1. Mose 3,17f.*
25f. So bald ... Ihnen mehr] *Über Therese und Christian Gottlob Heyne finden sich in H.s weiteren Briefen an Karoline keine ausführlichen Mitteilungen.*
26f. Lilamädchen] *Vgl. zu II 59,98ff. In B_1 zu II 68 teilte Karoline Briefe von ihrer Freundin mit und erwähnte ihr einsames Leben in Homburg und ihre unerwiderte Liebe zu Rathsamshausen.*

27f. nächstens schreiben] *Aus dieser Zeit sind keine Briefe an Mercks überliefert. In B zu II 52 hatte Karoline Grüße von Frau Merck übermittelt, die »ihrem schwarzäugichten Mädchen eine gute Deutsche Mutter« sei, und H. um »einige Phrases« in französischer Sprache als Einlage in seinen nächsten Brief an sie (nicht an Merck) gebeten.*

63. AN KAROLINE FLACHSLAND, *Bückeburg, 29. Februar 1772*

3, 11 Gott Puck] *Siehe R, S. 737. Karoline kannte Puck aus »St. Johannisnachtstraum«; sie hatte sich gewundert, daß H. nicht auf die im Brief mitgeteilten Rezepte eingegangen war (A).*
6 ein Brief] *B, eine Woche älter als B zu II 59, war nach Göttingen und wieder zurück geschickt worden.*
9 2. andre … Briefe] *B (vom 7. und 8. 2., als ein Brief abgeschickt) zu II 59 und 62.*
12f. Doktorin … 2. Recepten!] *Dr. Leuchsenring riet H., nicht Chinarinde (vgl. II 39,82) zu gebrauchen, sondern ein Vierteljahr lang beigelegte Rezepte. Die Operation in Straßburg (vgl. I 136,19–24) habe »nicht das geringste« geholfen (B). Karoline hatte Leuchsenring von sich aus konsultiert, da H. ihm nicht schrieb (vgl. II 46,18f.). H. solle streng Diät halten; »die ganze Welt weiß ja, wie sehr Sie schwärmen und so Vielerley und Bischoff trinken u. s. w.«. Wenn er aber gesund sei, solle er keine Arznei nehmen (A). Vgl. zu I 64,56.*
14 Nerven nicht gespannt] *Nach Dr. Leuchsenrings Ferndiagnose waren H.s Nerven ohne Chinarinde »genug gespannt« (B).*
19 Ihr Bild] *Vgl. II 33,3–32.*
20 gläuben] *Fnhd. Umlaut (Luther-Deutsch).*
23, 33 Franz Leuchsenring] *Vorname zur Unterscheidung vom Doktor (40), dessen Rezepte erwähnt wurden. Leuchsenring hatte H. durch Karoline um Erlaubnis gebeten, einige Gedichte, wie an Merck »Als sein Freund Sympathie und Freundschaft sang« (vgl. R, S. 33), seinen empfindsamen Freunden und Freundinnen in der Schweiz mitteilen zu dürfen (B). An seine Bitte hatte Karoline in B zu II 59 und A$_2$ zu II 49 erinnert.*
25 Undeutschen Deutschland] *Im Kontext die Schweiz.*
26 an grosse … Köpfe –] *Besonders Susanne Julie von Bondeli, Leuchsenrings Freundin, »eine der grösten weiblichen Köpfe und mit Roußeau in Briefwechsel«, verlangte H.s Lieder (B).*
27–30 Da ist ja … gezwungen!] *Die Gedichte, die Karoline von ihm hatte, erschienen H. ungeeignet zum Weitergeben. In A verzichtete Karoline auf diese Vermittlung; Leuchsenring habe sie »so oft wegen der Oden gequält«.*
30 Den Juden … Thorheit!] *Vgl. 1. Korinther 1,23.*
32 H. Zeitungsschreiber, 41 Zeitungsapotheker] *Merck war, wie Karoline in B$_2$ zu II 46 vertraulich mitgeteilt hatte, »vom Neuen Jahr an der Directeur über die Frankfurter gelehrte Zeitung«. Er stammte aus einer alten Apothekerfamilie. Seit 1658 war die Darmstädter Engel-Apotheke in Familienbesitz, Mercks 1741 verstorbener Vater, Stiefbruder, Neffe (späterer Schwiegersohn) und dessen Nachkommen waren Apotheker. Adelheid Mercks Sohn Heinrich Emanuel gründete das Pharmazieunternehmen Merck-Darmstadt (vgl. Johann Heinrich Merck. Ein Leben für Freiheit und Toleranz. Gedenkausstellung zum 250. Geburtstag und 200. Todestag, bearbeitet von Fritz Ebner und Mitarbeitern, Darmstadt 1991, S. 18f., 203).*
32ff. Neuigkeiten … gefunden hat.] *Nach B hatte Leuchsenring in Zürich viele interessante Männer, vor allem Bodmer, kennengelernt, in Bern »viele Frauenzimmer«. Merck sollte H. mehr von Leuchsenring schreiben (A), was er nach A$_1$ zu II 69 auch getan hat.*

38 Pegasus] *Wenn H. von seinem »närrischen Pegasus absteige«, solle er an sein Mädchen denken (A).*
39 Gottschedisch] *Scherzhaft: nach Gottscheds Dichtungstheorie.*
43 der Erbprinz mit Grimm] *Friedrich Melchior Grimm hatte der Landgräfin Karoline zuliebe den Erbprinzen Ludwig X. von Hessen-Darmstadt nach England und zurück nach Darmstadt begleitet und war »nur einige Tage« in Darmstadt, um nicht »viel an seiner Correspondance litteraire, die er an viele Teutsche Höffe hält« zu versäumen (A).*
44ff. Geheime Rat ... so übel u. s. w.] *Andreas Peter v. Hesse sei »gesund, zu gesund, ... zuweilen artig und zuweilen unartig«. H. müsse nach Italien reisen und komme da durch Darmstadt, prophezeite Karoline (A).*
46f. schöne Zigeunerin, blanke [*weiße*] Weißagerin] *Vgl. zu II 59,98ff. am Schluß (da der zitierte Brief Karolines erst vom 9. 3. 1772 ist, hat H. die Lieder doch erhalten, oder die Übereinstimmung war zufällig). »Blancke Mueter« wird Adelheid im 5. Aufzug der Urfassung des »Götz von Berlichingen« von der Zigeunerin genannt, die ihr aus der Hand weissagt (WA I 39, S. 142ff.); vgl. II 68,47f.; Anm. N II 83 b (S. 699). H. hat das Mskr. damals gelesen.*
47ff. Tom Jones ... überall ist!] *Nach B las Karoline gerade mit ihrer Schwester Henry Fieldings Roman, eines ihrer »liebsten Bücher«. Sophia Westerns Muff ist ein Liebesfetisch: Tom küßt ihren Muff zuerst (4. Buch, Kap. 14). Sophia küßt ihren Muff, weil Tom ihn geküßt hat (5. Buch, Kap. 4). Sie läßt den Muff als Zeichen im Wirtshaus in Upton zurück, Tom findet ihn; ihr Vater, auf der Suche nach der Tochter, sieht ihn bei ihm (7. Buch, Kap. 5–7).*
49f. Muf ... weiß ich nicht.] *Für H. (Thomas) erfüllte Karolines Exemplar der Darmstädter Odenausgabe die Funktion des Muffes (vgl. R, S. 314 unten). Karoline (Sophia Western) kannte aus der Lektüre »den lieben süßen Muff« und beteuerte H., daß sie sein Odenexemplar und »Yorick, der aus den ersten glücklichen Tagen zurückblieb« wie den Muff behandle (A). Schauer vermutete hier den I 81,6 übersandten Roman (Anm. 97). Es handelte sich wahrscheinlich um Sternes »A Sentimental Journey«.*

64. AN JOHANN FRIEDRICH HARTKNOCH, *Bückeburg, Ende Februar 1772*

4 ich bin nicht verändert] *Vgl. II 17,3–6; zu II 80,6.*
6 in den Umständen] *Im Dezember 1771 war Hartknochs 1. Frau im Alter von 22 Jahren gestorben.*
8 im Briefe unserer Freundin] *Frau Buschs Briefe an H. sind nicht überliefert.*
9 schreckliche Stelle] *Die Nachricht von dem Todesfall. In einem nichtüberlieferten Brief hat H. sie auch Karoline mitgeteilt; denn in A zu II 59 schrieb diese: »... wie bedaure ich Ihren armen Freund in Riga! trösten Sie ihn bald bald, Engel Gottes, Sie können es ja, und werden von Ihrem Freund gerufen.«*
10f. Personen ... gegeben haben] *Karoline Flachsland, Gräfin Maria und Therese Heyne haben in dieser Zeit H.s Seelenentwicklung beeinflußt.*
12f. Einsamkeit solches Gefühls ... selbst] *Vgl. II 122,35–39.*
14 Erster Freund] *Zeitlich und nach dem Vertrauensverhältnis.*
15 Glückseligkeit] *Im Familienleben, vgl. I 72,215–218.*
16 in einer Wüste] *Vgl. zu II 57(N),18.*
21, 29ff. Erziehung Ihrer Nachgebliebnen] *Hartknochs Kinder Johann Friedrich und ein damals halbjähriger Sohn, der ein Jahr später an der Blatternimpfung starb (B$_2$ zu II 166), wurden bei seinem Schwager Dr. Hummius in Mitau erzogen (A). Vgl. zu I 89,6ff.*

25f. zarten Zweige ... geschätzt] *Die Kinder von Frau Hartknoch; an letztere sind in H.s Briefen nur freundschaftliche Grüße enthalten.*
26ff. ich ließ ... der Menschheit] *Vgl. II 146(N),29–45.*
28 die Zeiten] *In Riga.*
31–36 wozu das gut ist] *Christliches Vertrauen auf die Vorsehung wie in der Bückeburger Geschichtsphilosophie.*
39ff. vorigen Misverstand ... nicht gefallen] *Wechselseitige Vorwürfe in nichtüberlieferten Briefen wie schon II 17,3ff., zu II 17,38f. Hartknoch hatte sich von H. »ganz hintangesetzt« gesehen. »Vergeben Sie mir meinen Kaltsinn; ich liebe Sie nunmehr wieder sehr, und eben so stark als damals, da Sie in Riga waren« (A).*
43–47 um der Einlage an Buschin ... Groschen werth] *Vgl. II 17,45f. »...ich bin kein solcher Filz, daß ich etliche Groschen Porto anrechnete, wie Sie mir aus einer Stelle meines Briefes [nicht überliefert] demonstrirten« (A).*
47ff. meine Freundschaft ... auf der Erde finde] *Vgl. I 102,85–122.*
52 versprochne Bücher] *Vgl. I 115,89f.; II 17,23ff. Hartknoch hatte in jedem Brief um ein Werk H.s für seinen Verlag gebeten. In A wünschte er, wie schon oft, eine überarbeitete Ausgabe der »Fragmente über die neuere Deutsche Litteratur« und das 4. »Kritische Wäldchen«.*
53–57 ein Marktschreier ... zu erscheinen.] *Mit der »Aeltesten Urkunde«, vgl. II 54(N),17; zu II 57(N),43.*
55 auf den Sommer] *H. kam im Sommer 1772 nicht nach Göttingen.*
56f. Entdeckung ... vor dem Jahrhundert] *Vgl. II 48(N),50; 61,9.*
58f. das Saamenkorn ... reift] *Vgl. Johannes 12,24.*
61f., 132 aus meiner Höle ... fertig waren.] *Vgl. 2. Mose 24,12.18.*
63f. meine Bücher ... addressiren] *Vgl. zu I 63,6f.; II 102,4ff.; 146(N),57; Anm. 149. Hartknoch versprach, die Bücher, von denen er mit H.s Erlaubnis viele verkauft hatte, mit der ersten Schiffsgelegenheit von Riga abzuschicken (A und A zu II 102).*
66 frühen Schulbücher] *Siehe R, S. 693. »Alle Ihre Handbücher sind da« (A).*
67f. Agrikola Sprüchwörter] *Von Johannes Agricola, vgl. zu II 149,13.*
68f. Pack Papiere] *Studienbücher, Exzerpte, Übersetzungen, Gedicht- und Werkmanuskripte aus der Königsberg-Rigaer Zeit.*
69, 133f. Predigten] *Vgl. zu II 17,41. Aus dem Briefwechsel geht nicht hervor, daß Hartknoch sie zur Leipziger Messe mitbrachte. – der Paßport] Paß, Frachtschein.*
70 Tische u. Bettstelle] *»Stühle, Tische, Bettstellen u. s. w. geht gar leicht auf der Reise in Stücken, und Sie können alles das über Bremen von England haben« (A). Vgl. II 80,94.*
72 sens-commun] *Gesunder Menschenverstand.*
72f. nichts Unnützes schicken] *Vgl. aber II 149,11ff.*
73 Bette] *Oberdeutsche Nebenform des Plurals, insbesondere für Federbetten, Bettgestelle dagegen »Better« (Adelung).*
75 Lambert] *Johann Heinrich Lambert, »Anlage zur Architectonic«. – Schlegel] Gottlieb Schlegel, »Erörterung des beständigen Werths der symbolischen Bücher«. Vgl. II 22,51f.; zu I 115,92. – Le Bret] »Staatsgeschichte der Republik Venedig«. Den Druck eines Fortsetzungsbandes erwähnte Hartknoch in A₂ zu II 149.*
76f. Fragmente ... Schaden gethan habe] *Vgl. zu I 53,116f.; 68,38f.; 72,150ff. Resigniert antwortete Hartknoch, H. werde »doch aber nicht Wort halten«, was ihn wegen des daraus sprechenden »Kaltsinns« sehr schmerze.*
78 4ten Wald] *Vgl. zu I 72,27ff.; 115,85f.*
80 im 16. Band ... Bibliothek] *Vgl. zu II 22,4f.,23.*
80f. Skaldenabhandlung] *Vgl. zu II 12,14,17; die Zeitschrift erschien nicht mehr.*

82 Königsbergsche Zeitungen] *Anscheinend zuvor in einem nichtüberlieferten Brief erwähnt.*
84f., 131 Hamann? ... Trübe seyn!] *Richtige Ahnung H.s wegen seiner Preisschrift. »Hamann hat Ihre Abhandlung vom Ursprung der Sprachen sehr mitgenommen, und ist Willens, wie Kanter sagt, eine weit bitterere Schrift gegen Sie drucken zu lassen, die er schon in petto hat. Hier ist die Recension Ihrer Abhandlung. Sie können dem allen vorbeugen, wenn Sie bald an ihn schreiben« (A).*
86 über unsre Lecture] *Wielands »Goldenen Spiegel« kannte Hartknoch noch nicht, sonst waren von Neuerscheinungen Beattie, (Meiners) »Revision der Philosophie«, (Schlossers) »Katechismus für das Landvolk« für ihn interessant (A).*
86f. Klopstocks Oden] *Vgl. zu I 123,51. Hartknoch ging nicht darauf ein, auch nicht auf »Geschichte des Fräuleins von Sternheim« (90, vgl. zu II 8,34,36) und »Geschichte des Agathon«(93).*
94 Gerstenberg, Ramler] *Vgl. I 40(N),116f.; VI 34(N),74f.*
96 Ihrem Hans] *»Ihr Hänschen [Johann Friedrich] ist 3 1/2 Jahr, ein munterer, dreister, allerliebster Junge« (A). Vgl. zu 21.*
97 der Cirkel] *Hartknoch lebte jetzt »ganz ohne Freundschaft, Cirkel u. s. w.« (A).*
98 noch in Liefland] *Vgl. II 27,111; 80,48.*
99–102 Buschin] *Vgl. zu II 17,18,21. Hartknoch distanzierte sich zunehmend von der gemeinsamen Freundin, obwohl er ihr half: »Buschin ist gar nicht die Frau für mich, was Sie auch sagen mögen« (A). Am 10./21. 8. 1773, vgl. III Anm. 18 (N, S. 802), nannte er sie eine »lächerliche Precieuse«.*
107 Schlegel] *Gottlieb Schlegel, vgl. zu II 17,46; 22,52.*
109f. Ursprung der Sprache] *Hartknoch nannte als Verfasser Tiedemann »aus Bremervörde, der bei uns Hofmeister ist« (A). Vgl. II 88,10; zu II 101,4ff.*
110 Harder] *Von dem neuen Rektor des Rigaer Lyzeums, der »eben so dumm und eigenliebig, wie Schlegel, und noch ein paar Grade boshafter« war, druckte Hartknoch ein Schulprogramm (A).*
111 Enquiry ... Garve übersetzte?] *Vgl. zu I 51,88; II 124,63ff. Schon in A zu I 72 teilte Hartknoch mit, daß er Christian Felix Weiße um die Vermittlung einer Burke-Übersetzung gebeten und ihm Stellen aus H.s (nichtüberliefertem) Brief an Harder abgeschrieben habe, damit Weiße sehe, welchem Plan H. bei der Ausgabe gefolgt sein würde. Nach A hatte ihm Garve die Fertigstellung der Übersetzung mit begleitenden Abhandlungen bis Michaelis versprochen. In B (vgl. N, S. 801) und A_2 zu II 149 berichtete Hartknoch, daß das Buch zur Michaelismesse 1772 ohne diese Abhandlungen erschienen war, nachdem ihn Garve wegen der Anmerkungen ein Jahr hingehalten und sich mit seiner Krankheit entschuldigt hatte (in Wirklichkeit habe er in dieser Zeit Ferguson übersetzt). »Harder wird sehr böse werden, wenn er sieht, daß es nicht seine Übersetzung ist«; man hätte sie nehmen können, da Garve sein Übersetzung auch nicht kommentiert hat (A_2 zu II 149).*
113 Stande Ihrer Handlung] *Die Handlung war »lebhaft«, Hartknoch hatte viel Arbeit, und seine Umstände waren »erträglich genug«, doch hatte er durch seinen Hauskauf und -bau (seit Juli 1771) 11–12000 Reichstaler Schulden (A).*
116 Georg Berens] *Er war Kompagnon seines Bruders Karl. Hartknoch stimmte H. zu, daß er »besser als wir alle« sei, und eiferte ihm nach (A).*
121 Gustav] *Gustav Berens war in Libau in Kompagnie mit Immermann (A, nach H: Kraków).*
122 Bruder im Rathe] *Johann Christoph Berens, noch immer Liebhaber der französischen Literatur und der Politik, war Ratsherr geworden (A).* **– Notar Schwarz]** *Adam Heinrich Schwartz. Hartknoch schrieb, er könne H.s Grüße nicht ausrichten, weil er die Fragen der Rigaer nach ihm nicht beantworten könne (A).*

125 die Situationen] *Vgl. zu I 73(N),15.*
128 Fischers Geschichte von Siberien] *Von Johann Eberhard Fischer; Hartknoch wollte sie zusammen mit anderen Büchern schicken (A, nach H). Vgl. II 85(N),60.*
129 Begrow] *Ein späterer Brief H.s an ihn ist nicht überliefert. Hartknoch berichtete, daß Begrow auf die Stelle eines Lizentverwalters hoffe, mit seinem Logis und seiner Wirtin zufrieden sei, aber sich immer mit Frau Busch streite (A, nach H).*
131 Hamann] *Vgl. zu 84f.*
132 in der Höle] *Vgl. zu 61f.*
133f. Predigten u. Briefe] *Vgl. zu 69.*
134 wenn Sie kommen] *Hartknoch antwortete, er habe H. »diesen Sommer« besuchen wollen, aber Ostern falle dieses Jahr zu spät (19. 4., erst danach fand die Leipziger Messe statt) und »unser Johann übereilt uns« (die Rigaer Johannismesse, Johannistag 24. 6.), vgl. III 164,31.*

65. AN KAROLINE FLACHSLAND, *Bückeburg, 7. März 1772*

4 Bulerinnen] *Liebhaberinnen (nach Adelung ist das ursprünglich neutrale Wort »buhlen« für »lieben« schon überwiegend negativ gefärbt im Sinne unerlaubter Liebe).*
5 Einsamkeit] *Vgl. II 64,12; 85(N),98.*
10f. das Unnütze … Daseyns] *Vgl. II 47,14–17; 62,20f.*
11f. ich werde … nur denke] *Das bildende Vorbild Karolines, vgl. II 52,35f.*
14f. Bedürfniß] *Mangel (Adelung).*
18 ein Klopstock] *»… niemand, niemand soll mich sonst lieben als mein Herder. Lassen Sie doch Klopstock weg. Er war glücklicher mit seiner Meta als Du, armer Herder, mit Deinem Mädchen« (A).*
20 Schöne] *Schönheit (nach Adelung als Abstraktum veraltet). Vgl. zu I 83,69.*
22 Bangigkeiten … damals] *»…es war blos Krankheit, daß ich misvergnügt war« (A). Vgl. zu II 59,85.*
24 bürgerliche Rückhaltungen] *Zurückhaltung gemäß den im alltäglichen Leben in der kleinen Welt (im Gegensatz zu Hof und Adel) geltenden Konventionen.*
26f. das Gebot … schreiben] *Vgl. I 102,42–47,60ff. »Setzen Sie auch keinen Ton mehr vest, in welchem Sie mir schreiben wollen; wie unser Herz sprechen will, mag es immer sprechen« (A, ähnlich zuvor in B₂).*
27f. Empfindung … Seele] *Die Beschreibung von Seelenzuständen ist das wichtigste Charakteristikum des Sentimentalismus.*
30 süßes Bild] *Vgl. 35f.,80f.*
33f. 2. Leute … getrennt werden] *Ehescheidungen wurden vom Konsistorium vollzogen, vgl. N, S. 797 oben.*
35 Concerte] *Am Hof, vgl. zu II 46,38; 52,36f.*
38 Madratzchen] *Kleines Kissen, Kompresse, vgl. zu II 63,12f.*
40f. Doktor Leuchsenring … schreiben.] *Vgl. II 82,32ff.*
42f. in Göttingen … gehört] *Von Boie, der mit Gleim (70f.) befreundet war; vgl. zu II 54(N),5.*
42–72 von Klopstock … u. mir mittheilen.] *H. betrachtete Klopstocks »Fanny-Oden« als Erlebnisdichtung (vgl. 61f.), des Dichters Leben und Werk in unmittelbarem Zusammenhang. Vgl. »Vom Erkennen und Empfinden der menschlichen Seele« (1778): »Das Leben eines Autors ist der beste Commentar seiner Schriften« (SWS VIII, S. 208).*
43 Lazarus u. Cidli] *In »Der Messias«, Bd. 1, 4. Gesang (siehe R, S. 312).*

44 zwiefache Cidli im Meßias] *Im 4. Gesang die Tochter des Jairus, im 15. Gesang (in Bd. 3) die Geliebte Gedors (nach Muncker: Klopstock, S. 98, dem letzten Gespräch Klopstocks mit Meta vor ihrem Tod nachgebildet).* – Oden auf Fanny] *»An Fanny«, »Die Verwandlung«, »Petrarch und Laura«, auch »Die Stunden der Weihe«, »Aedon«, »Salem« 1748 (S. 60ff.), »Selmar und Selma« (erst »Daphnis und Daphne«) 1748 (S. 58f.), »Die künftige Geliebte« 1748 (S. 31–35), »Der Abschied« 1748 (S. 65–70), »An Gott« und die Hochzeitsoden »Elegie« 1748 (S. 35ff.) und »Die Braut« 1749 (S. 79ff.). Nachweise R, S. 314–318; von den dort nicht aufgeführten Oden hier die Seiten in Muncker/ Pawel I.*

45ff. Fanny ... geben müßen] *Maria Sophia Streiber, geb. Schmidt. Klopstock wurde nicht gemeinsam mit seiner Cousine mütterlicherseits in Langensalza erzogen. »Fannys« Vater, ein vermögender Kaufmann, starb ein Jahr nach ihrer Geburt, ob die Mutter sie bei ihrer standesgemäßen Heirat mit Johann Lorenz Streiber beeinflußt hat, ist unbekannt.*

48 von dem Gefühl] *Nach der schwärmerischen Vorstellung Klopstocks in seinen Oden; in Wirklichkeit war die »Schmidtin« nach Urteilen von Zeitgenossen eine nüchterne Geschäftsfrau.*

49f. elenden Winkel Deutschlands] *Eisenach.*

52 Märtrerin] *Fehlurteil H.s aufgrund der poetisch übertreibenden, sachlich falschen Mitteilungen Gleims, vgl. zu 70f. »Märt(e)rer« nach Adelung eingedeutschte (normale) Form des griech. Lehnworts Märtyrer.*

53f. Klopstock ist ... verfallen] *Klopstock war im Sommer 1749 und erneut im Frühjahr 1750 längere Zeit krank und von Gedanken an das Jenseits erfüllt, von tiefer Melancholie aber von 1748 bis Frühjahr 1752 wegen seiner unerwiderten, hoffnungslosen Liebe zu »Fanny«.*

54 Wenn einst ich todt bin] *»An Fanny«(= »An Daphnen«, R, S. 315).* – wenn du entschlafend] *»An Fanny« (siehe ebd.).*

55 Petrarch] *»Petrarch und Laura«.* – die Verwandlung] *Siehe R, S. 317.*

56 die Liebe der Cidli] *Vgl. zu 43, 44.*

57ff. An Meta ... ihn so sehr] *Margaretha Moller liebte den Dichter des »Messias« schon vor der persönlichen Bekanntschaft. Bei seinem dreitägigen Besuch in Hamburg 4.–7. 4. 1751 auf der Reise nach Kopenhagen rührte er sie mit der Erzählung von seiner unglücklichen Liebe zu Tränen. Ihr tiefempfundenes Mitleid beeindruckte Klopstock, der durch diese neue Liebe Abstand zu »Fanny« gewann (Muncker: Klopstock, S. 249–256, nach Klopstocks Briefen).*

60 an Meta »Am Thor des Himmels!«] *Vgl. zu I 123,38ff.*

63 in Meta nur immer Fanni] *Über die »Doppelliebe« vgl. I 92,120–127; 123,38–43.*

65 Mich dünkt der Unterschied so unendlich] *Nach H.s »Oden«-Rezension (vgl. R, S. 25) »webt ein andrer Geist der Art und Leidenschaft in jedem individuellen Stück des Verf. Die Oden an Fanny (er hat nur Eine derselben behalten) sind ganz andre, als die an Cidli« (SWS V, S. 353).*

65f. wenn ich ... verwandle] *H. versetzte sich als Leser durch Divination in die Seele des Autors.*

66f. Oden auf Cidli ... grossen Sammlung] *Siehe R, S. 318. Außer »Clarissa« hatten alle die Überschrift »An Cidli« bzw. »Cidli«, die endgültigen Überschriften sind aus der Ausgabe von 1798.*

67 nur Ein Andenken an Fanni] *In seine Hamburger »Oden«-Ausgabe 1771 hat Klopstock nur »An Fanny« (= »An Daphnen«) aufgenommen.*

70f. wenn Gleim ... erzählt hatte] *Vgl. zu 42f.,52. Gleim fuhr als Klopstocks Vertrauter im Juni 1751 nach Langensalza und brachte ihm die definitive Absage »Fannys«*

(Muncker: Klopstock, S. 253f.). *Karoline ging nicht auf H.s Frage ein wie auf die ganze Oden-Interpretation. Vgl. zu* **18**.
72 hat Wieland den Ton gehabt] *Wieland »spricht ziemlich viel«, berichtete Karoline in B zu II 8 von Gleims und Wielands Besuch in Darmstadt.*
74f., 80 Vielleicht kommt heut ein Brief!] *Vgl.* **83**.
76 Thomas lesen!] *Vgl. II* **63,47–50**.
76f. von der Schweiz erzählen] *Vgl. zu II* **63,23–26**.
78 abgeschiedne] *Karoline beteuerte, trotz der Entfernung ständig bei H. zu sein (A).*
79 ein paar Klosterfräulein] *Östlich von Bückeburg im evangelischen Konvent Obernkirchen (im Hessen-Kasselschen Anteil der Grafschaft Schaumburg), dessen Kapitularin (Stiftsdame) Karoline v. Donop mit H. befreundet war (vgl. LB III, S. 45).*
80 Ihr Gemälde, u. Ihren Schatten] *Vgl. zu II* **33,3; 66,98**.
83 Ihren Brief] *B₂.*
84 zurück komme] *Von Obernkirch.*
85 Allem dem Zeuge entnehmen] *In B₂ schrieb Karoline über »Kümmerniße« wegen ihrer zwei Brüder und ihrer ältesten Schwester und über ihre Unzufriedenheit im Hause des oft tyrannischen Andreas Peter v. Hesse. Den Dezember und Januar sei sie an Katarrh und Magenbeschwerden krank gewesen. In A beruhigte sie H. über ihren Zustand, ihr Schwager tue ihr »gewiß nichts zu leid«, sie und ihre Schwester lebten von ihm meist getrennt.*

66. AN KAROLINE FLACHSLAND, *Bückeburg, 10. und 11. März 1772*

4 diesen Brief] *B.*
5f. O Gott ... zur Bekannte] *Vgl. Klopstocks Bitte um die Geliebte »An Gott«, I* **99,302ff**.
9ff., 22f. nicht verkennen ... verkannt haben.] *Fortwährende Mißverständnisse.*
12, 18 ewiges Bekenntniß] *Der Verehrung Karolines. Damit wollte H. jedem künftigen Mißverständnis vorbeugen.*
19ff. unsre Briefe ... verhallt ist] *Kommunikationsschwierigkeiten durch den Postweg. Vgl. zu II* **52,5–9**.
24 Manna] *Vgl. zu II* **16,28**.
25f. rothen Wonnetage] *Die Festtage waren in den Kalendern zur Unterscheidung rot gedruckt.*
28f. Sie müssen ... oder –] *Vgl.* **5ff**.
30 leiden müssen] *Vgl. zu II* **65,85**.
32–36 »ach, was wird ... gewöhnt«] *In sich gekürztes Zitat aus B.*
39–43 nicht offen gnug] *H.s offiziell ungeklärtes Verhältnis zu Karoline.*
44 Gegenthat] *Vgl.* **94–97**.
46f. als es sich darf merken laßen] *Vgl. I* **99,160–165**.
47f. kalte Vernünftelei ... gute Empfindung der Natur] *Schlagworte des Sturm und Drang.*
49 Mein Herz will, daß ich] *Nach dieser Formulierung ist ersteres eine dem Subjekt übergeordnete Kraft.*
51 Begegnung ... in Gießen] *Nach B hatte Karoline auf eine Anstellung ihres Bruders Friedrich Sigmund in Gießen gehofft, wohin sie mitgezogen wäre und H. oft »auf halbem Wege« hätte treffen können.*
53f. weinen sehen! u. mit Ihnen weinen] *H.s Tribut an die Empfindsamkeit, die er nur in der Leuchsenringschen Hypertrophie verurteilte.*

55 »Einem vestgesetzten Ton«] *Zitat aus B. Vgl. zu II 65,26f.*
57 »wider Ihren Willen« besucht] *Zitat aus B, worin Karoline sich auf II 52,30f. bezog.*
58f. Stelle eines alten Briefes] *Vgl. zu II 9,168f.*
59f. nicht recht »mit Anstand«] *H. war nicht mit Karoline verlobt, vgl. zu 39–43. Da H. ohne »geistlichen Anstand« auf die Kanzel gehe, »warum nicht ohne weltlichen Anstand nach D[armstadt]?« (A₂, Nr. 103 Druckfehler statt 102).*
61 Bruder ... placirt?] *Vgl. zu 51. Er wartete noch immer auf die ihm vor drei Jahren vom Landgrafen versprochene Anstellung (A₁). In A₁ zu II 68 schrieb Karoline: »Dummköpfe werden hier alles, und andre vergißt man und will sie nicht. Mein Bruder ist kein Esprit fort, er hat aber gesunde Vernunft und sein elendes Handwerk gelernt und Ehrlichkeit, daß er zehnmal den Dienst versehen kan, um den er bittet«. Vgl. zu II 148,95. – älteste Schwester] »... ihr Kopf ist von lauter Hexen und Teufel, die in der Welt und um sie herum schwärmen und ihr übels thun wollen, angefüllt, daß sie fast nicht mehr zu heilen ist, und so achtet sie keine Verbindung von Mann, Kind oder Geschwister, und irrte so in der Gegend um Strasb[urg] herum.« Durch das Ehegericht in Straßburg sei sie wieder zu ihrem Mann gebracht worden (A₁ zu II 68).*
62 Pilgerin] *Vgl. II 33,16f.; zu II 47,85. Im »Pilgergewand« sah H. sie in dem II Anm. 36 genannten Gedicht.*
64–72, 93 daß Sie sich trösten ... zu gut werden.] *H. tröstete Karoline als Psychologe, indem er sie auf ihre Individualität verwies (68), um ihr Selbstbewußtsein zu heben. Individualität wurde im Sturm und Drang heiliggesprochen, vgl. Mercks Rezension von Wielands »Gedanken über eine alte Aufschrift« (Leipzig 1772) in den »Frankfurter gelehrten Anzeigen« vom 20.3.1772 (23. Stück): »Unter allen Besitzungen auf Erden ist ein eigen Herz die kostbarste, und unter tausenden haben sie kaum zween.« Vgl. zu II 46,61f.; III 122(N),30ff.*
74 Simon Petrus] *Vgl. Lukas 5,8.*
77–80 An meine Schreiberei ... zusammen] *Vgl. zu I 21(N),18f. »Nicht den berühmten Mann, Dich selbst lieb ich« (A vom 13.4.1772, Nr. 103).*
82 Geheimen Rats] *Andreas Peter v. Hesse. »... mir ist herzlich leid, daß ich die Mad[emoiselle] Schwägerin des Geheimenraths hier bin. Die Tochter vom Amtsschaffner Flachsland, der noch in dem Städtchen, wo wir wohnten, geliebt ist, ist meine gröste Ehre« (A, ebd.).*
82f. sammle zur Geschichte ... Menschheit] *Zur »Aeltesten Urkunde« und Bückeburger Geschichtsphilosophie.*
86 Lazarus schläft] *Vgl. II 47,61f.*
86f. Maria] *Lazarus' Schwester, siehe R, S. 710. »Lazarus schläft nun – und Deine Schwester Maria ist unsichtbar bey Dir« (B).*
88 sich zu fühlen] *Vgl. zu 64–72. –* nicht zu weinen] *Vgl. Johannes 11,31.33. –* Elsaßerliedgen] *Karoline wollte H. die Melodie des Menuetts schicken und ihn »nur um eine Strophe« dazu bitten (B). Am 13.4.1772 hatte sie die Noten noch nicht. Siehe R, S. 666.*
89 Musik] *Karoline hatte erfreut mitgeteilt, daß auf ihre Bitten ihr Schwager »zuweilen ein Trio mit etlichen Violinen will spielen lassen« und »fast alle Abend« sie mit ihrer Schwester ihre »alten Elsaßer Liedchen« singe (B).*
90 wöchentlich Zweimal] *Konzert am Hofe.*
98 Papiergesichtgen] *Karolines Silhouette, vgl. II 65,80.*
99f. daß Leuchsenring ... geworfen hätte!] *»Leuchsenring ... hätte fast zur Wolke in unsern Briefen werden können« (B); Karoline befürchtete ein Mißverständnis aus Eifersucht, vgl. zu II 46,43–46,50,55ff.; 52,10,18; 63,23,27–30,32ff.*

67. AN HEINRICH CHRISTIAN BOIE, *Bückeburg, vor dem 14. März 1772*

Zu II Anm. 67. ÜBERLIEFERUNG siehe N, S. 800. – A: 19. April 1772, Impulse 10, S. 275ff.

3 Inlage] *Boie schickte mit A »die angenehmen Beylagen« (?) zurück.*
4f. Diderots Stück über den Schlafrock] *»Regrets sur ma vieille robe de chambre«, vgl. II 21(N),6.*
7 Millarsche Werk] *Wahrscheinlich die deutsche Übersetzung, vgl. H.s Rezension in den »Frankfurter gelehrten Anzeigen«, R, S. 26.*
9, 11ff. historische Bibliothek] *»Allgemeine historische Bibliothek«, siehe R, S. 642.*
10 Ihr Buch von ihm] *Vgl. zu II 57(N),37.*
14 historischen Instituts] *1764 von Gatterer gegründet als »Königliches Institut der historischen Wissenschaften zu Göttingen«.*
15 abmüssigen] *Abnötigen, erübrigen. – Englischen Büchern aus der Pfütze] Siehe R, S. 666. Am 19.4.1772 schickte Boie an H. ein Verzeichnis der Bücher, die alle noch geheftet werden mußten (Impulse 10, S. 276). Bis zum 9.2.1773 hatte er noch immer nicht mit Johann Christian Dieterich über die »Meerbücher« gesprochen (ebd., S. 282). Am 25.11.1779 schickte Boie einige »Seewasserbücher« (Impulse 11, S. 266f.).*
17 geraubte Stunden] *Bei H.s Aufenthalt in Göttingen im Februar 1772, vgl. II 32(N); 54(N).*
18 gerne gethan] *Vgl. zu II 54(N),5.*
20ff. lassen Sie ... Herzens dauren.] *H.s und Boies inhaltsreicher literarischer Briefwechsel dauerte bis 1789 (Impulse 10/11). H. wirkte an Boies »Musenalmanach« und »Deutschem Museum« mit, Boie half bei der Redaktion von H.s »Volkslieder«-Sammlung.*
23 Zusammenflusse der Musen und NichtMusen] *Göttingen.*
24 wo Varus geschlagen ward] *Varus, Publius Quinctilius; Schlacht im Teutoburger Wald 9 n.Chr.*
25 Heine, Kästner, Diez] *Vgl. II 70(N),61. – Die Glocken läuten] Zur Predigt.*
26 wüste] *Durcheinander, zerstreut.*
28 Dietrich] *Vgl. zu 15. – Gays] Fehler der Textgrundlage für »Guys«. Merck rezensierte die deutsche Übersetzung im 95. Stück der »Frankfurter gelehrten Anzeigen« am 27.11. 1772.*
29 Cook] *John Cook. Am 14.1.1772 von Merck im 4. Stück der »Frankfurter gelehrten Anzeigen« kurz angezeigt als »ein elendes Buch von einem unwissenden Medicus und kurzsichtigen Beobachter«, dessen »vollkommenste Unwissenheit in der Landessprache ... die lächerlichste Nachricht erzeugt«. Eine ausführliche Rezension in den »Göttingischen Anzeigen« vom 24.8.1772 (102. Stück) korrigiert viele Details.*

68. AN KAROLINE FLACHSLAND, *Bückeburg, 21. März 1772*

5 Vergeistung und einer kleinen Himmelfahrt] *Möglicherweise Reminiszenz an Mohammeds Himmelsreise (nach Jean Gagnier, »Vie de Mahomet, traduite et compilée de l'Alcoran, des traditions authentiques, de la Sonna et des meilleurs auteurs«, Amsterdam 1732, vgl. SWS XIV, S. 426).*
6 Alle Materien] *In B_1, B_2 z.B. über Heynes, Goethe, Schlosser, Volkslieder-Nachdichtungen und Gedichte H.s, einen Brief der Gräfin Maria.*
8 mit etwas List vorgelegt] *Vgl. I 88,51f.; zu II 59,68f.*

10f. Schwärmerei ... vorwerfen)] *Vgl. zu II 4,207f. In A_2 zu II 31 nannte Karoline ihn »kleiner süßer Schwärmer«.*

11 nur den kleinen halben Theil] *In A_2 zu II 49 hatte Karoline gebeten: »liebe mich nur halb so viel als ich Dich, so bin ich immer die Glückseligste«.*

15–19, 24 Unsre arme Gräfin ... falsch wären.)] *Gräfin Maria zu Schaumburg-Lippe litt an der Auszehrung (Schwindsucht), ebenso ihr Zwillingsbruder, vgl. II 77,49f.,55.*

15f. meiner Rückkehr aus Göttingen] *Vgl. II 60,5.*

19f. Geburtstag des Königs von Portugall] *Namenstag, siehe R, S. 446. Er wurde am Bückeburger Hof gefeiert, da Graf Wilhelm portugiesischer Generalmarschall war und bis zu seinem Tod für die Reorganisation des portugiesischen Militärs aus der Ferne wirkte (Briefwechsel mit dem Premierminister Marques de Pombal u. a., Entsendung schaumburgischer Offiziere und Unteroffiziere nach Portugal).*

20 hinging] *An den Hof.*

24ff. Ueber die Unsterblichkeit ... Nichts geschrieben.] *Vgl. zu II 49,73ff. In B_2 hatte Karoline danach gefragt und an H.s Versprechen II 49,77 erinnert.*

26–29 Was ich ... Spaas.] *Vgl. II 62,13–19; zu II 62,17ff.*

28 Emballage] *Hülle, vgl. zu II 62,13f.*

31 »Predigten«] *Wie um nicht hinter Gräfin Maria in H.s Augen zurückzustehen, wollte auch Karoline etwas von ihm lesen, »was Predigten oder Unterricht ist« (B_2).*

34–40 Meine Predigten ... erbauen wollen] *Eine grundsätzliche Aussage H.s über Inhalt und Methode seiner Homiletik, vgl. zu I 51,99–102.*

36 meistens unaufgeschrieben] *Vgl. III 52,65–70; 107,4–13; 134,136–145. Die zum größten Teil erst nach H.s Tod in der Gesamtausgabe der Werke veröffentlichten Predigten und weitere aus dem handschriftlichen Nachlaß in SWS XXXI und XXXII, viele ungedruckte in HN XXII, darüber hinaus eine Vielzahl von Predigtdispositionen (vgl. den 45. der »Briefe, das Studium der Theologie betreffend«), schmale Papierstreifen mit H.s Kurzschrift im GSA und JGM, sind von der Forschung noch nicht gebührend berücksichtigt worden.*

37f. zum Nachtheil der Meisten] *Anscheinend in dem Sinn, daß H.s freie Predigtweise den Bückeburgern unverständlich war.*

38 Federleichte Person] *Vgl. zu II 1,65.*

39 Kragen u. hinten ein Mäntelchen] *Vgl. zu I 63(N),9. – so diese] H.s Predigten.*

40 erbauen wollen] *Im herkömmlichen Sinn wären sie nicht erbaulich.*

42f. Göthe ... Spazzenmäßig] *H. hatte in Straßburg an Goethe ein leichtfertiges, oberflächliches Wesen gerügt. Vgl. zu I 141a(N),5. In B_1 berichtete Karoline vom Besuch Goethes und Schlossers bei Merck: »wir waren zwey Nachmittage und ich beym MittagEßen beysammen. Göthe ist so ein gutherziger muntrer Mensch, ohne gelehrte Zierrath, und [hat] sich mit Merks Kindern so viel zu schaffen gemacht, und eine gewiße Ähnlichkeit im Ton oder Sprache oder irgendwo mit Ihnen, daß ich ihm überall nachgegangen.«*

43f. der Einzige ... besuchte] *Vgl. zu I 117,16. »Er hat 6 Monath in Strasb. mit Ihnen gelebt, und sprach recht mit Begeistrung von Ihnen. ich habe ihn von diesem Augenblick an recht lieb bekommen« (B_1).*

45f. einige gute Eindrücke ... werden können.] *Die Begegnung mit H. in Straßburg war außerordentlich bedeutsam für die geistige Biographie Goethes, die von H. ausgehenden Wirkungen sind aus Goethes gesamtem Schaffen nicht wegzudenken. Vgl. meine komprimierte Darstellung in: Goethe-Handbuch, Bd. 4/1, hg. von Hans-Dietrich Dahnke und Regine Otto, Stuttgart/Weimar 1998, S. 481–486.*

46f. außer Briefwechsel mit ihm] *Goethe hatte zuletzt Ende 1771/Anfang 1772 geschrieben (WA IV 2, Nr. 85).*

47f. Eine mir zugeschickte würklich schöne Produktion] *»Urgötz«, vgl. N II 83b und die Anm.*

49 2. Romanzen] *Nachdichtungen engl.-schott. Balladen.*

50 ein paar] *Im Kontext »zwei«.* – Edward] *»Den 2t Nachmittag haben wir auf einem hübschen Spaziergang und in unserm Hauße bey einer Schale Punsch zugebracht. ... Göthe und ich tanzten nach dem Klavier Menueten und darauf sagte er uns eine vortrefliche Ballade von Ihnen her, die ich noch nie gehört ›Dein Schwerd, wie ists vom Blut so roth Edward, Edward?‹ er hat sie mir auf meine öftere Bitte den anderen Tag nach seiner Rückkunft in Franckfurt, aber ohne Brief, geschickt« (B₁; vgl. SWS XXV, S. 19ff.).*

52 Einen Bogen voll] *Vgl. II Anm. 68. Karoline freute sich »über den Bogen voll Romanzen. Das arme Gretchen! und die arme Pilgrime! wie oft sind doch die besten treusten Seelen getrennt« (A₁). »noch tausend Dank für die Lieder, in unser Paradies soll kein Feind« (A₂). »Liebe und Ehre« sei ein »hübsches Pendant« zu dem einst mit H. gelesenen Minnesinger-Lied »als man noch rechter Liebe pflag, da pflag man auch der Ehre« (von Heinrich von Veldeke in Bodmers Sammlung; A₃). Vgl. I 91,42f.* – *»Ehre und Liebe« (nicht in SWS) ist eine Adaption nach Sir Richard Lovelace (1618–1658), »To Lucasta, on going to the wars« (in »Lucasta; Epodes, Odes, Sonnets, Songs, etc.«, London 1649; Percy, »Reliques«, Bd. 3, S. 259).*

55 Augenblicken der Empfindung u. Lecture] *Das Sporadische und Okkasionelle von H.s poetischer Produktion.*

56 Ton eines Stücks] *H. ging bei seinen Nachdichtungen vom Klangbild und Rhythmus aus.*

60f. so lange vergeßen habe] *Zu schicken.*

62ff. Unterschied ... ganz von mir] *»Gretchens Geist« (SWS XXV, S. 561–565) verglichen mit »Wilhelms Geist« (ebd., S. 72ff., 523–526; vgl. zu II 23,20f.). Die erste Ballade, nach einer neueren Fassung der alten schottischen »Wilhelm und Margreth« (SWS XXV, S. 192–195; Percy, Bd. 3, S. 121–125) von David Mallet (Percy, Bd. 3, S. 310–313), wurde aus dem Druckmskr. des 1. Teils der »Volkslieder« 1778 weggelassen (vgl. SWS XXV, S. 302, Inhaltsverzeichnis, Nr. 7 und Anm., »Gretchen und Wilhelm«). Da H. hier die beiden Fassungen miteinander verglich, ist »Wilhelms Geist« (andere Ballade mit umgekehrter Konstellation) offenbar ein Schreibversehen für »Wilhelm und Margreth«. In Mallets Bearbeitung dominieren die Elemente des Schauerlichen von Grab und Verwesung, die in der alten Ballade ganz fehlen.*

65 Griechische Lieder] *Vgl. »Alte Volkslieder« (SWS XXV, S. 85ff.), »Volkslieder« (ebd., S. 272ff., 403f., 407f.), »Zerstreute Blätter«, 2. Slg. (SWS XXVI, S. 157–183, Gedichte z. T. mit Liedcharakter).* – Hiob] *Vgl. zu II 28(N),100.*

65f. Hohelied Salomons] *»Lieder der Liebe«, 1778 erschienen, drei vollständige Mskr. von 1776 (vgl. SWS VIII, S. XIIIf.), zuvor viele übersetzte Einzelstücke, die in HN VI, 11–24 aber meist auf 1776 datiert sind.*

68 verfuschert] *Verpfuscht.*

69 tiefe ... Seele] *Vgl. zu II 23,20f.; 25,31.*

71–84 Leuchsenring] *Erneute Warnung Karolines vor dem empfindsamen Schwärmer wie II 1,110–193, diesmal aber gelassen und ohne Bitterkeit. Vgl. zu II 63,23,32ff. Karoline war über Leuchsenrings Abreise froh, er hatte sie und ihre Schwester »so abgespannt«, daß sie »nicht einmal den Thomas Jones lesen konnten« (A₂).*

75–78 ihre gute, offene Natur] *Vgl. II 1,201f.; 4,167; 46,61; 66,67ff.,72.*

82 mit jeder neuen Person] *Vgl. zu 85.*

84 Apostel Leuchsenrings] *Vgl. zu I 142,56f.* – ausgesandt ... Evangelium] *Parodie des Missionsbefehls Matthäus 28,19.*

85 Jacobis] *Vgl. II 1,122f.,128,133,165,191.* – **Pontilly's]** *Vgl. zu II 63,26.*
85f. Meine vortrefliche Freundin] *Karoline.*
86 in ihr selbst] *In sich selbst.*
91–97 Ihre Lila ... wieder Eins] *Mit B₁ hatte Karoline die an sie gerichteten Briefe ihrer Freundin Luise v. Ziegler gesandt, Zeugnisse schwärmerischer Empfindsamkeit; in einigen wurde H. erwähnt (nicht überliefert). Vgl. zu II 59,98ff.; 62,26f.*
92 Mercks ... Briefe] *Nicht überliefert.*
93ff. wenn ich ... hinüberzöge.] *Vgl. II 59,99ff.*
99 Reise nach Italien] *Vgl. zu II 41,169; 63,44ff.*
99f. Briefwechsel mit dem Prinzen] *Vgl. II 71(N),5ff.*
101 »der alltägliche Talisman«] *Geld.*
103 meine Diät] *Vgl. zu II 63,12f.*
105 Bischof] *Vgl. zu I 64,56.*
106 mit Blute besiegelt] *Durch einen Aderlaß, vgl. zu I 108,6. In A₁ erkundigte Karoline sich sehr besorgt nach H.s Gesundheit, bedauerte ihn und ermahnte ihn, »hübsch ordentlich« zu leben.*
107f. Seiner HochWürden] *H. über sich selbst ironisch.*
108 Arzneien] *Vgl. II 63,17f.*
111 Der Mensch] *Boie, vgl. zu II 29(N),5f.*
112 die kleinsten, schlechtsten Stücke] *Vgl. zu II 29(N),8f.*
113 wie Psyche dahin gekommen] *»Süßer Wahn« (SWS XXIX, S. 59; Musenalmanach 1772, S. 160). Die 3. Strophe »Nimm mir den Wahn,/Auch Psyche, Psyche trüge,/Sie täusche auch!« lautete zuvor: »Nimm mir den Wahn,/Auch meine Phyllis trüge,/sie buhle auch –« In B₁ berichtete Karoline von ihrem »kleinen Schrecken«, als sie, »gestern« hinter ihrem den Musenalmanach vorlesenden Schwager stehend, das Gedicht »boshaft verändert« sah (Variante zitiert). In A₁ beteuerte sie: »O Psyche täuscht Dich nicht, ihren einzigen Freund!« »Psyche« (vgl. R, S. 452, 736f.) nannte H. die Freundin schon im August 1770 (vgl. I 83,43), nicht erst, wie Redlich zu »Süßer Wahn« anmerkte (SWS XXIX, S. 722), in dem I 112 beigelegten Gedicht (Anm.; vgl. SWS XXIX, S. 488 unten: »Du bist ja meine Psyche!«).*
114 aus Delikateße] *Zartgefühl, Rücksicht.*
114f. nicht habe schicken wollen] *Karoline hatte eine Abschrift von H. erhalten (B₁), sie zitierte die 1. Strophe schon in A zu II 3.*
115 Puck] *Vgl. zu II 63,3.*
117 solls auch niemand wißen] *Vgl. zu II 29(N),13f.* – **viel weniger u. s. w.]** *In Gedanken zu ergänzen: »daß Psyche Karoline Flachsland ist.«*
118–123 Merck] *H. war ihm noch für seine Vermittlerrolle dankbar (vgl. I 93,21ff.). Vgl. zu II 73,8ff.*
125 mit mir zu theilen.] *Ihre Eindrücke und Gefühle.*
126 Schwester] *Friederike v. Hesse.*
127 an Madame Merck schreiben] *Vgl. zu II 62,27f.*
129 Sonnabend] *H. mußte noch die Predigt vorbereiten.*

69. AN KAROLINE FLACHSLAND, Bückeburg, etwa 28. März 1772

3 gestern; u. ehegestern] *Auch Karoline berichtete in A₁ von »zwey schönen FrühlingsTagen, gestern und vorgestern«, von einer Kahnfahrt zu »einem einsamen MeierHof im Wald, wo ringsum ein Graben und Wasser war« mit ihren Brüdern und den Kindern ihrer Schwester.*

4 Hügel] *Im Wald bei Bückeburg.* »... machen Sie doch den Hügel der Liebe und Hoffnung nicht mit einem Seufzer traurig« (A₁).
9f. meinem Garten ... Grasbank] *Vgl. II 3,87–90; 6,27f.; 12,8ff.*
13ff. unbestimmt ... Verschloßenheit der Herzen] H. hatte Karoline noch keinen Heiratsantrag gemacht.
15 Das letzte] *Daß H.s Klagen unnütz wären, d. h., daß Karoline ihn nicht liebte.*
17 den Ersten Wink] *Karoline sollte mit der Klärung ihrer Beziehungen den Anfang machen. In A₁ kündigte sie an, im nächsten Brief zu sagen, was sie wünsche, und bat schon im voraus um Verzeihung, falls es H. beleidigen sollte. Vgl. zu II 77,39–48.*
18f. meine Unthätigkeit vorgerückt] *Vgl. zu II 39,88f*
19f. Druck der Wolke] *Vgl. zu I 6,19f.; 110,92.*
22f. Schicksal u. die Vorsehung] *Thematisiert in der Bückeburger Geschichtsphilosophie.*
27f. geben Sie mir Ihr Herz ... neu wieder!] »... mein Herz? ach das kan ich ja nicht mehr geben, ist es denn nicht bey Dir Engel Gottes? ... willt Du es so lange behalten als es Dir gefällt, süßer Freund?« (A₁).
28–32 bleiben Sie für sich ... gegen mich.] *Vgl. zu II 66,64–72.*
32f. Liebe zwischen ... Einsiedlern] »Behüte der Himmel, daß uns zwey Einsiedlern die Klagen unsrer Entfernung unnütz werden!« (A₁).
35 honetten Dame in der Schweiz] *Vgl. zu II 63,26. – grossen Lama] Dalai Lama, siehe R, S. 125. Vgl. die gleichzeitige Lektüre von Georgius II 70(N),4ff. – Tartarei] Siehe R, S. 822.*
40 Emilia Galeotti] *Nicolai hatte gerade* »Emilia Galotti« *als Geschenk an H. geschickt (B₂ zu II 88).*
42 Weibspersonen] *Vgl. I 95,117f.; II 70(N),36f.*
44f. zu früh entblätterte Rose] *Vgl. R, S. 350 (Emilia zu ihrem Vater). Vgl. zu II 93, 53–58.*
45 Geheime Rat] *Andreas Peter v. Hesse.*

70 (N). AN CHRISTIAN GOTTLOB HEYNE, Bückeburg, 3. April 1772

4 garstigen Augustiners] *Georgius. H. studierte das Werk für die* »Aelteste Urkunde«. *Merkwürdigerweise wird es darin nie erwähnt, und im HN finden sich keine Exzerpte.*
6f. Fasten- Präparations- und Armendirektionsarbeiten] *Predigten, Konfirmandenunterricht; vgl. Anm. zu II 29a.*
10 in dem Wuste] *Ausdruck Heynes, vgl. zu II 57(N),39.*
11–17 das dumme Manuscript ... frei kommen] *Vgl. II 54(N),27; 76(N),73f. Älteste Niederschrift (a) der* »Unterhaltungen und Briefe über die ältesten Urkunden« *(SWS VI, S. 131–187; HN III, 8, 11ff.), fragmentarisch, in Dialogform. In A zu II 76(N) lobte Heyne H.s Gabe, unfaßbare* »Begriffe anschauend zu machen«, *und den Grundgedanken:* »die sogenannte Schöpfungsgeschichte ein poetisches Fragment, ... das Gemälde der Schöpfung unter dem Bilde eines werdenden Tages«. *Daß es aber zugleich* »Hieroglyphe von Sieben« *und* »Gebot der Sabbathsfeier« *sein sollte, erschien ihm als* »Künstelei«, *die nicht zur* »Einfalt der alten Welt« *passe. Über vieles Dunkle, besonders über die Hieroglyphe, könnte er sich nur im Gespräch mit H. erklären. Vielen* »herrlichen Gedanken«, *die im Widerspruch zur zeitgenössischen Theologie ständen, stimmte er mit Bewunderung zu, so der Begründung der* »gottesdienstlichen Begriffe« *mit dem* »Hang der Morgenländer zur Ruhe«, *dem Unpassenden der alten orientalischen Religion für den neuzeitlichen Norden und der* »verschiedenen Idee vom Sabbath in der ersten Zeit«.

17 jenen Satyrstänzen] *In dem Mskr. »Alte Volkslieder« 1773 über die Tänze der nordamerikanischen Indianer in Kriegsbemalung: »Die AltGriechische Komödie in ihrem Ursprunge? sie ist noch ganz, wie sie Horaz beschreibt, mit Hefen und Tanz in den satyrischen Spielen und Mummereien derselben Wilden da!« (SWS XXV, S. 84). Vgl. Horaz, »De arte poetica liber«, Vers 277: »quae canerent agerentque peruncti faecibus ora« (die singen und agieren, die Gesichter mit Weinhefen beschmiert) – damit die Schauspieler nicht erkannt wurden (bevor die Masken in Gebrauch kamen). Die Satyrspiele folgten in der attischen Tragödie als Abschluß auf die tragische Trilogie. – H. wollte als kritisierter Autor nicht erkannt werden.*

18f. Akademie in Berlin ... Lobbriefe] *Von Merian, Sulzer (N II Anm. 70; Impulse 13, S. 264–269); auch von Nicolai (A zu II 50); vgl. Erläuterungen zu II 50(N) passim. –* zurückkam] *Am 21. 2. 1772 aus Göttingen nach Bückeburg.*

19ff. Sulzers kleine Schrift] *»Die Schönen Künste in ihrem Ursprung«. In Goethes programmatischer Rezension (nach Bräuning-Oktavio Beteiligung Mercks) in den »Frankfurter gelehrten Anzeigen« vom 18. 12. 1772 (101. Stück) gänzlich verurteilt wegen der Reduzierung der Künste auf »die Verschönerung der Dinge« zum Zweck der »moralischen Besserung«, die angeblich dem Beispiel der Natur folge. Nach Goethe richtet sich die Kunst vielmehr gegen »die zerstörende Kraft« der Natur, sie ist lebendiger Ausdruck aller »Empfindungen und Kräfte« des künstlerischen Individuums. Sulzer als »psychologischer Theorist« habe den »Künstlergeist« und den »wahren Einfluß der Künste auf Herz und Sinn« nicht begriffen. Vgl. zu II 85,70; 88,82ff. Heyne dagegen fand es von H. eigensinnig, »das Moralische geradezu aus den schönen Künsten zu verbannen«, und wollte seine Gedanken über den Zweck der Kunst »deutlicher wissen« (A zu II 76).*

22 ganzes Wörterbuch] *Vgl. zu II 37,119–126. –* Westphalen] *Vgl. zu II 21(N),46f.*

23 Bildsäulen] *Vgl. Bückeburger Geschichtsphilosophie: »Können diese Bildsäulen, und wenn ihr sie an Weg und Pfosten stellt, jeden Vorbeigehenden in einen Griechen verwandeln, daß er sie so ansehe, so fühle, sich so in ihnen fühle? Schwer!« (SWS V, S. 543). Ähnlich in der »Plastik« (vgl. SWS VIII, S. 62 unten). –* Pergelese] *Pergolese.*

24 Natur ... zu hören.] *Das Kunstempfinden vergangener Zeiten ist unwiederholbar; auf Naturempfindung gegründet, läßt es sich nicht künstlich reproduzieren.*

26 Mahlerakademieleins] *Kunstnachrichten, Beschreibungen von Gemäldeausstellungen der Akademien, Anzeigen von Kupferstichen, Lebensbeschreibungen von Malern. H. war ein Verehrer der antiken Plastik, hatte aber für die anderen bildenden Künste wenig Verständnis.*

28 nicht die Alpen paßirt] *Die Renaissancekunst blieb nach H.s Meinung auf Italien beschränkt. Später schätzte er Dürer, vgl. VI 8(N),45–55.*

28f. Moralischen Blendwerke] *Nach Sulzers Schrift (vgl. zu 19ff.) waren die Künste nicht »Nationalsache« der Griechen, sondern diese hatten sie im Osten von den Chaldäern und im Westen von den Etruskern erhalten. Hinsichtlich der Etrusker hat Heyne wenig später in seiner Akademievorlesung »De fabularum religionumque« das Gegenteil dargelegt.*

31 Leßings Emilie] *Vgl. II 69,40–45; 71(N),80–93.*

32 in Braunschweig ... Kühnheiten!] *Aktuelle Absolutismuskritik am Fürstenhof, vgl. 34f.; II 72,10.*

35 Rolle der großen Herren] *Der Kammerherr Marinelli, einflußreiches Faktotum des Prinzen, veranlaßt Mord und Entführung und geht straflos aus. Vgl. II 71(N),82ff.; 91ff.;* **37.** *»Humanitätsbrief« (SWS XVII, S. 182–186).*

36 Witz] *Geist, Verstand; Vermögen der Seele, Ähnlichkeiten zu entdecken (Adelung). –* Sentenzen, Sinnsprüche] *Vgl. II 69,44f.; 74(N),48ff.*

36f. weiblichen Schwachheiten] *Vgl. I 95,117ff.; II 69,42; SWS XVII, S. 185.*

38 Nerve] *Nach Adelung Sehnen, »Spannadern«; (Nerven)Fasern (mask., fem.).*

39 Spanischen Bücher] *Heyne versuchte, sie von Graf Wilhelm kostenlos für die Universitätsbibliothek zu bekommen.*
43 von Hannover aus Bezahlung aufgedrungen] *Das Universitätskuratorium in Hannover (durch Georg Friedrich Brandes) hatte die Bücher bezahlt.*
47 Georgi] *Vgl. zu* **4**.
47ff. Manuscripts über die Künste] *»Plastik«, Eutiner Fassung, siehe R, S. 12.*
50 Entschuldigung des Nicht-Antwortens] *Auf A zu II 58(N); vgl. II 74(N),* **3ff.**
51 eine Lecture] *Nicht zu ermitteln (in A nicht erwähnt).*
53 einige Griffe aus der Laute zu hören] *Therese Heyne war die Tochter des berühmten Lautenvirtuosen in der Dresdner Hofkapelle Sylvius Leopold Weiß (1686–1750; sein Kupferstichbildnis nach einem Gemälde von Balthasar Denner ist Frontispiz von »Neue Bibliothek der schönen Wissenschaften und der freyen Künste«, Bd. 1/1. Stück, Leipzig 1765); sie und ihr Bruder konnten selbst gut spielen; vgl. zu II 85(N),* **93f.** *Heyne war selbst unmusikalisch, liebte aber die Musik zeitlebens sehr (Heeren, S. 410f.).*
55 Perioden, wie ein Irrländer] *Im Sinne von »ungereimt, närrisch«. Die Engländer betrachteten die von ihnen unterdrückten Iren als Dummköpfe, etwa wie die deutschen »Schildbürger«. Vgl. II 149,* **16** *Irrländerstreich.*
57 das Nichts des Menschlichen Lebens] *Vgl. den Vergleich Mensch – Ameise in der Bückeburger Geschichtsphilosophie (SWS V, S. 531f.).*
61 Kästner u. Dieze] *Vgl. II 67,* **25**. *– Prozeß] Abraham Gotthelf Kästner machte sich als Satiriker viele Feinde. Nach Briefen an Heyne vom 10. und 17. 4. 1768 hatte Münchhausen (vgl. zu II 59,* **63f.**, *Heeren, S. 108f.) den »satyrischen Geist des H. Kästners« im Göttinger Intelligenzblatt als nachteilig für die Universität beklagt und die Polizeikommission auf ihn angesetzt.*

71 (N). AN PRINZ PETER FRIEDRICH WILHELM VON HOLSTEIN-GOTTORP, Bückeburg, 4. April 1772

6 in Göttingen] *Im Februar 1772, vgl. II 54(N).*
7 Fastenwochen] *Altkirchlicher Brauch der 40tägigen Fastenzeit vor Ostern (1772 Anfang März bis Mitte April).*
8 Vergleichungen ... ein Spiel] *Vgl. »Vom Erkennen und Empfinden der menschlichen Seele«: »Keine zwei Sandkörner sind einander gleich ...« (SWS VIII, S. 226). Zu dieser Problematik hier* **20–34**.
9, 94–101 Plutarch] *»Vergleichende Lebensbeschreibungen«.*
14f. Voltaire hat Zeitalter verglichen.] *Vier goldene, vgl. zu II 34(N),* **118ff.**
17–26 Geist der Zeit ... Einerlei Kleider anhaben.] *Reflexion im Sinne des historischen Individualitätsprinzips.*
18 Nichts Neues unter der Sonne] *Vgl. Prediger Salomo 1,9.*
19 Rad der Zeiten] *Antikes Denkbild, von H. oft gebraucht, z. B. in »Denkmahl Johann Winckelmanns« (SWS VIII, S. 481) und »Ideen« (Slawen-Kapitel, SWS XIV, S. 279); vgl. auch »Rad des Schicksals« bei Boethius.*
22f. allein ... weiter bringt] *Fortsetzung der Erörterung historischer Größe in II 34(N),* **105–228**. *Hier wird sie mit der Leistung für den Fortschritt identifiziert.*
30 Metempsychose] *Siehe R, S. 732.*
36 decomponiren] *Auseinandernehmen. Descartes' Methode zur Lösung eines Problems: es in so viele Teilprobleme zerlegen, wie notwendig ist (»Discours de la méthode pour bien conduire sa raison et chercher la vérité dans les sciences«, Leiden 1637, II,15).*

41 Jerusalems Lob] *Vgl. zu II 48(N),62f.*
45 Briefe des Reichsrates Schäfers] *»Briefwechsel zwischen Sr. Königl. Hoheit, dem Prinzen Gustav von Schweden, und Sr. Excellence, dem Herrn Reichsrath Grafen von Scheffer«, Greifswald 1772 (übersetzt von Thomas Heinrich Gadebusch). Abdruck des Briefwechsels, der 1756 begann, aus der Zeit vom 15.3.1759 – 23.8.1760. Der Herausgeber Georg Giädda hat die Briefe aus dem Französischen ins Schwedische übersetzt, da die schwedische Nation die Jugend ihres verehrten Königs zu kennen wünschte (Vorrede).*
46 illustren Eleven] *Gustav III. von Schweden, ein Vetter des holsteinischen Prinzen, als Kronprinz.*
49f. pedantischer Geistarmer Reflexionston] *Der Rezensent in den »Frankfurter gelehrten Anzeigen« vom 1.5.1772 (nach Bräuning-Oktavio war es Schlosser) hat dagegen die Briefe, die auf »die Ausbildung des Verstandes« zielen, »mit Vergnügen gelesen«. Nach Einschätzung des liberalen Historikers Friedrich Christoph Schlosser sind sie »so voll von lehrenden, rühmenden, geglätteten, sogenannten akademischen Redensarten des Hofstils, daß die eigentliche Meinung des Verfassers sich schwer herausfinden läßt«, und die gedruckte Korrespondenz beweise, daß Gustav III. »schon als Knabe zum Hofmann und Sophisten und Rhetor verbildet« war (Geschichte des achtzehnten Jahrhunderts und des neunzehnten bis zum Sturz des französischen Kaiserreichs mit besonderer Rücksicht auf geistige Bildung, 5. Auflage, Bd. 3, Tübingen und Leipzig 1879, S. 137, 129).*
52 Dialektiker] *Rhetoriker, gelehrter Klopffechter.*
53 lieux-communs] *Gemeinplätze.*
56f. Pilatus ... Wahrheit?] *Vgl. Johannes 18,38.*
60 Zeitung aus ... Gartenwesen] *Themen der Briefe sind u.a. der erwartete Tod Ferdinands VI. von Spanien und die Thronfolge Karls III. von Neapel, die Attentate auf Joseph I. von Portugal und seinen Minister (Marques de Pombal) 1758/59 und die 1760 geplante Verschönerung der Gartenanlagen des königlichen Schlosses Ekholmsund.*
61ff. der Erzieher ... zu reden fände.] *Nach H.s Meinung hat Scheffer Gelegenheiten als Prinzenerzieher versäumt.*
67 discuriren] *Sich unterhalten.* – Voltairen einmal angegriffen] *Graf Scheffer zitiert aus Voltaires »Essai sur l'histoire générale« dessen Urteil über Königin Elisabeth von England: »Ihr Volk war ihr erster Liebling, nicht weil sie es würklich liebte; denn wer liebet sein Volk?« (S. 250f.). In Voltaires Meinung, »daß die besten Könige mit ihren Völkern umgiengen, als wenn sie solche liebeten, daß es ihnen an dieser Empfindung selbst aber fehle«, sahen Erzieher und Prinz übereinstimmend »eine wahre Beleidigung für alle Könige, selbst für alle Menschen« (S. 255).*
69 sens-commun] *Gesunder Menschenverstand.*
71f. kein Schriftsteller oder Künstler] *Für künftige Regenten ist eine praxisorientierte Erziehung erforderlich, vgl. 76f. In »Soliloquy« (2. Teil, 1. Abschnitt) rühmte Shaftesbury Jakob I. als gelehrten Schriftsteller, wollte aber »künftigen Regenten diesen Schriftstellercharakter eben nicht empfehlen«. Man sollte »die Arbeiten im wissenschaftlichen Fache hinfort lieber den Köpfen der Privatpersonen anvertrauen« (»Des Grafen von Shaftesbury philosophische Werke«, Bd. 1, S. 278f.).*
75 im FlügelKleide] *Kleid kleiner Mädchen mit zwei breiten flügelähnlichen Bändern auf dem Rücken (Adelung).*
81 Emilia Galotti] *Vgl. II 70(N),31–38.*
82 Stand eines Prinzen] *Hettore Gonzaga, Prinz von Guastalla. Vgl. II 69,44; SWS XVII, S. 183f.*

83 Teufel u. Minister] *Vgl. zu II 70(N),35.*
90 Scene mit dem Maler] *I/4, der Prinz und Conti.*
93 Petrus Hahnenruf] *Vgl. Matthäus 26,74; hier im Sinne von »Mahnung, Warnung«.*
94 Plutarchs Leben] *Vgl. 9–14.*

72. AN GRAF FRIEDRICH ERNST WILHELM ZU SCHAUMBURG-LIPPE, *Bückeburg,*
    7. April 1772

10 das Erste Trauerspiel in Deutschland] *»Emilia Galotti«, nicht der Chronologie, sondern dem Rang nach das erste; vgl. zu II 70(N),32.*

73. AN KAROLINE FLACHSLAND, *Bückeburg, 19. April 1772*

4 »Christ ist auferstanden!«] *Ostergruß (»Christus resurrexit!«).*
5 Auch die Natur steht auf!] *Verbindung des christlichen Dogmas mit dem heidnischen Frühlingsmythos; vgl. IV 165,50f.; 169,15f.*
8 Merck] *Vgl. zuletzt II 37.*
8f. Ihre Nachrichten] *Aufgrund von II 68,118–123 vermutete Karoline, Merck habe über ihre gegenseitige Entfremdung geklagt. Ursache war der Vorwurf ihrer gekränkten Schwester, mit Merck vertrauter zu sein als mit ihr, und dessen liebloses Verhalten zu seiner Frau, worüber ihm Leuchsenring »einen wahren FehdeBrief geschrieben« habe (B). Vgl. zu II 75,25.*
9 an Einer Veranlaßung schuld seyn?] *H. sollte sich darum nicht sorgen, Merck sei sein »wahrer Freund« (A).*
10 thun Sie ihm ganz gewiß Unrecht] *Vgl. II 75,15–29,63.*
11 Brief von Gleim] *Vgl. II Anm. 73.*
11f. Phyllis? ... der eifersüchtige Mann?] *Karoline und H.; denn Gleim schrieb: »Zu Darmstadt schlief ich in einem Bette, in welchem er geschlafen hatte [= H. bei Merck im April 1771], noch eins so sanft; mit einer Phyllis, mit welcher er ein Bündniß der Freundschaft errichtet hatte, that ich zärtlicher, als ich, um des eifersüchtigen Mannes willen, hätte thun sollen«. Vgl. zu II 8,119–121. Karoline vermutete, daß Leuchsenring Gleim über ihre Freundschaft mit H. informiert hatte; den »eiffersüchtigen Mann« kannte weder sie (A) noch Merck (A₂ zu II 79). Vgl. II 77,31–38.*
13 Emilie Galotti] *Vgl. II 69,40–46. Nach A hatte Karoline das Stück noch nicht gelesen; nach A zu II 75 war es in Frankfurt nicht zu haben, und H. ging auf ihre Bitte nicht ein, es ihr und Merck zu schicken. Vgl. zu II 93,53f.*
16 in der Wüste, so gar ohne Zweck] *Vgl. II 8,112; 16,28; 23,137; 46,23f.; 47,14–17; 49,5; 50(N),53; 57(N),18; 65,10f.; 74(N),10–13.*
17ff. Claudius ... Hymen Loblieder!] *Anfang April 1772 teilte Claudius H. seine Heirat am 15.3.1772 mit, bei der Klopstock, der Rektor des Gymnasiums in Altona, Ehlers, Bode, Schönborn u. a. Trauzeugen waren. »Und nun ist Betty mein. O Hymen, Hymenäe, fein!« (Nachlaß I, S. 369ff.). Siehe R, S. 727. Dazu Karoline: »Dem guten Claudius allen Segen Gottes! möchte seine Betti ihm alles vergolden, und möchte ichs dem thun können, den ich ewig, ewig liebe!« (A).*
21 Ich muß an die Predigt!] *Karoline bat H., »ein andermal früher oder später zu predigen, denn das Briefchen war ein gar zu kurzer schöner Ostermorgen« (A).*

74 (N). AN THERESE HEYNE, Bückeburg, 24. April 1772

3f. so spät schreibe oder gar antworte] *Therese Heyne hatte in B₂ geklagt über »dieses lange und unerträgliche Stillschweigen« auf ihren Brief, »den die feurigste, reinste und heiligste Freundschaft geschrieben hatte«. H. solle ihre Seele »ganz vor sich offen sehn«, sie sei »ganz Gefühl«. Nach H.s Besuch und seiner Lesung von Klopstock-Oden hoffte sie, er werde ihre Empfindungen erwidern.*
8 wegschwamm] *H.s Abreise von Göttingen, in Empfindungen »schwimmend«, vgl. II 57(N),5–9.*
10f. Wüste an ... u. Einsamkeit.] *Vgl. zu II 73,16.*
12f. Unbehaglichkeit ... Unnützlichkeit] *Vgl. II 62,20f.; 65,10f.*
14 Hochschätzung] *U.a. durch Heynes, den Grafen und die Gräfin zu Schaumburg-Lippe.*
16 Ich bins] *D.h. aufgemuntert zu leben.*
17f. Gleim ... hinbestellt] *»Meinem Herder hats in Göttingen gefallen, mir auch. Wie also, wenn wir eine Zusammenkunft in Göttingen verabredeten? etwa nach Pfingsten?« (B zu II 96). Es wurde nichts daraus.*
20f. beiliegendes Exemplar Klopstockischer Oden] *»Klopstocks Oden und Elegien«, Darmstadt 1771, Karolines Exemplar. Vgl. II 75,36–40. In A zu II 76(N) kündigte Heyne, dem die Oden auch »ein sanftes Vergnügen gemacht« hatten, ihre Rücksendung »nächstens« an. Dann erhielt Boie dieses Exemplar leihweise, der am 19. 4. 1772 darum gebeten hatte (vgl. III Anm. 65 und R, S. 314 unten).*
21f. Germanikus ausgenommen] *Nicht nur »Germanikus und Thusnelda«, sondern auch »An Meta« (vgl. zu I 123,38ff.) war von Füßli, aber als Klopstock-Ode in die Darmstädter Sammlung aufgenommen worden.*
23ff. in seiner Ausgabe ... seines Herzens] *Klopstocks eigene Ausgabe »Oden« (Hamburg 1771) enthält nicht »An Gott«, »Petrarch und Laura« und natürlich nicht »An Meta«.*
30 des Namens der davor steht] *Vgl. zu 20f.*
31 incorrekten Drucks] *Vgl. I 135,67–73; 137,10–21.*
36f. Geklätsch ... zu erhalten] *Vgl. zu II 73,11f.*
38ff. David ... Salomo] *Ein »neues Trauerspiel« Klopstocks, »David« (nach 2. Samuel 24, 1763 begonnen), erwähnte Claudius in seinem Hochzeitsbrief (vgl. zu II 73,17ff.). Es gefiel H. nicht, vgl. II 85(N),90; 88,20f. In »Salomo« (nach 1. Könige 11) hatten ihn nur die heidnischen Szenen gerührt (2.»Kritisches Wäldchen«, SWS III, S. 245f.). Klopstocks biblische Trauerspiele sind als Dramen künstlerisch mißlungen und fanden wenig Resonanz (Muncker: Klopstock, S. 347–358).*
42ff. Tugendmuthlosigkeit ... zu seyn!] *Noch nachdem ihr Bräutigam, Graf Appiani, erschossen worden ist, fürchtet Emilia Galotti, den Verführungskünsten des Prinzen zu erliegen, und zieht den Tod durch den Dolch vor (V/7).*
47 von der Seite des Durchdachten] *Vgl. II 70(N),33; 93,54.*
48f. Die Einzige Maxime ... zu fein!«] *Odoardo Galotti über seine Tochter (V/7).*
51f. Tod Abels ... Parodie] *Vgl. zu I 98,138–145. Eine Parodie des Prosa-Epos von 1758 ist nicht nachweisbar. Vielleicht stammte das Gerücht aus einem nichtüberlieferten Brief Boies, der am 1.5.1772 an Knebel nach Potsdam schrieb: »G[eßner] soll seinen Tod Abels selbst parodirt haben, und zwar auf eine Art, die die größte Feinheit voraussetzt, und die strengsten Forderungen der Kritik beinah erschöpft. Ich habe das Werk nicht gesehen, aber ich wünsche dessenungeachtet, daß der Verf[asser] nicht parodirt hätte« (Knebel II, S. 127).*
54f. Anekdoten ... verhaßt] *Später benutzte H. Anekdoten gern zur Charakterisierung historischer Persönlichkeiten (Ludwig XIV., Peter I. in »Adrastea«, SWS XXIII, S. 108–116, 437–442).*

56ff. habe das ... oder leer.] *Während Geßner als Idyllendichter nicht nur in Deutschland, sondern in ganz Europa berühmt war, kritisierte H. den Mangel der Charakterdarstellung in seinen Werken, vgl. zu I 98,138–145.*
59f. Landschaften ... einer Figur] *Geßners Radierungen und Gouachen stellen meist idyllische Landschaften dar, die Hirten und Schäfer sind nur Staffage.*
61 Baumschlag] *Die Darstellung des Laubwerks, in der Geßners Stärke als Landschafter lag.*
67 Ihre liebe Kleine] *Plural (= lieben Kleinen).*
67f. meine Freundin] *Karoline Flachsland.*
68f. so sonderbar ... Grafen)] *In Sternes »A Sentimental Journey« weist Yorick sich aus durch den Hinweis auf Hamlets Yorick in einer Shakespeare-Ausgabe, die zufällig auf dem Tisch des Grafen in Versailles liegt. Karoline wurde durch ihren Namen auf den Oden (vgl. zu 20f.) vorgestellt.*

75. AN KAROLINE FLACHSLAND, *Bückeburg, 25. und 29. April 1772*

3 Wie lange ... keinen Brief] *B wie zu II 73.*
5f. Feiertage] *Ostern, vgl. II 73,3f.*
11 Hochachtung] *Vgl. II 74(N),14f. Gegenteilig aber 66–70.*
14 Zweck zu leben] *Vgl.* 45–49; *zu II 73,16.*
15ff. Mit Merck ... Briefe gewesen] *Unter »Briefen« verstand H. die innige wechselseitige Mitteilung, die ihm in seiner Korrespondenz mit Merck zu fehlen schien. Vgl.* 19–23; II 122,27ff.
17f. Ueber Sie ... geklagt] *Vgl. zu II 73,8f.*
25 thut ihm Leuchsenring Unrecht] *Vgl. II 73,10. Leuchsenring hatte Merck geschrieben, »er wäre ein Mann ohne Character, hätte nur imaginative Empfindung, und hat überhaupt seine Aufführung mit seiner Frau äußerst mißbilliget« (B).*
27 Verstand] *Merck verdiene »alle Achtung seines Verstandes wegen« (B).*
27f. Politik ... ein garstiges Wort!)] *Merck habe »viel Politick«, sei aber »noch kein Mann ohne Charackter« (B). Hier Politik im Sinne von Weltklugheit, Gewandtheit im Umgang.*
30 Todsünden] *Aufgrund von Matthäus 12,45, 1. Johannesbrief 5,16f., Paulus' Römerbrief 1,29–32 und 1. Korintherbrief 6,9f. von den ital. Scholastikern Petrus Lombardus (um 1100–um 1160) und Thomas von Aquino (1225–1274) festgelegt: Stolz, Geiz, Unkeuschheit, Neid, Unmäßigkeit, Zorn, Trägheit. Hier Bezugnahme auf die letzte.*
30f. an sein gutes Weib ... Erinnrung] *Vgl. zu II 62,27f.*
33f. wieder so kurz ... schreibe.] *Wie II 73, auch I 132 und 134.*
36 Ihren Klopstock] *Vgl. II 74(N),20–35.*
41 David] *Vgl. zu II 74(N),38ff.*
43 Fasten- u. Feierwoche] *Die Osterwoche, 1772 Mitte April.*
45 unstables] *Instabil, unbeständig (franz. »stable«, dauerhaft, fest). – arm in der Tasche] Geldknappheit, von Karoline, die H.s Besuch im Herbst wünschte, bedauernd zitiert: »Aber Ihre arme Tasche!« (A).*
48 Arbeiten ans Publikum] *Schriftstellerei.*
50ff. Nachtigall ... mich sieht] *»... ich bin auf Ihrem Gartenhügel bey Ihrer Nachtigall, aber ich fliege nicht mit dem armen Vogel von Ihnen weg« (A).*
52f. In Stille ... Seele!] *Die »gute ruhige Seele« in H.s Brief machte Karoline »die schöne FrühlingsTäge noch einmal so schön« (A).*
56f. Würfe! ... Prädestination!] *Schicksalsgedanke der Bückeburger Geschichtsphilosophie. »– o die leidige Praetestination! wir fühlen sie auch schwer genug. Aber doch*

immer fortgelebt, ruhig und sich gebeßert; es muß ... doch endlich was Gutes daraus kommen« (A).
62, 70f. nicht den Frühling so allein] *Karoline genoß »die schöne Welt Gottes« nicht »so einsam« wie H., sondern in Waldspaziergängen mit Schwester und Bruder (A).*
63 Merck ... so verkannt!] *Vgl. zu II 78,10f.*
64f. Aufreihen ... zerstreut lägen!] *Vgl. zu II 39,31–34.*
71f. Schafft ... Mammon] *Vgl. Lukas 16,9.*
73 seit 6. Wochen] *Übertreibung. – Mitwoch ... der letzte] Empfang von B am 15.4.1772, also zwei Wochen zuvor.*
75 die erste Konfirmation der Kinder] *»Der beste Segen für Sie und die Kinder Ihrer Gemeine die Sie so lieben – ist die junge unschuldige Liebe nicht eine süße Belohnung?« (A).*
80 die Minnesinger] *Bodmer, »Sammlung von Minnesingern«. Vgl. I 91,42f.*
81 Jener Minnesänger uns bekannt machte] *Im August 1770; vgl. zu I 95,23.*
82 mine libe Suesse] *Von H. improvisierte mhd. Anrede der Geliebten.*

76 (N). AN CHRISTIAN GOTTLOB HEYNE, *Bückeburg, Anfang Mai 1772*

3 garstige Quartant] *Vgl. zu II 70(N),4. Nach Schlözer (vgl. zu 35) ein »fast 5 Alphabete starker Quartant, der doch wol 5 Blätter wirklich brauchbare geographische, historische und politische Nachrichten von diesem Lande enthalten mag«.*
5–11, 37 Gatterers Auszug] *In der »Allgemeinen historischen Bibliothek«, siehe R, S. 642. Darüber Heyne: »Daß der Auszug ohne Kopf abgefaßt sein mußte, dachte ich lange schon bei flüchtigem Durchblättern. So viel ich weiß, ist er nicht von Herrn Gatterer, sondern von Herrn Eyring« (A).*
8f. Gatterers ... aus Indien] *Nach seiner »Einleitung in die synchronistische Universalhistorie« lag der biblische Garten Eden in Südasien, von dort breiteten sich die Menschen nach Indien, Tibet und der Mongolei (Mungalei) aus. In Baktrien und Nordwestindien sah Gatterer den Mittelpunkt der Ausbreitung. Die alte Universalgeschichte gliederte er in das Sprachensystem, das Mosaische Bevölkerungssystem, das Persische, Mazedonische, Römische und Parthisch-Persische Völkersystem.*
10, 25 der Mönch] *Georgius.*
12–46 Die Geschichte des Buchs] *»Ihre recht klassisch abgefaßte genauere Nachricht von dem Buche ist mir sehr schätzbar« (A).*
13, 17 Beier] *Bayer. – La Croze] Akademiemitglied in Berlin, polyglotter Polyhistor, von Friedrich II. als »gelehrtester Mann Berlins, das Repertorium des gesamten gelehrten Deutschlands« bezeichnet (an Voltaire, Mai 1739).*
18 Jablonski] *Schüler von La Croze; vgl. I 105,52. Das »Pantheon Aegyptiorum« war die Hauptquelle für den 2. Teil der »Aeltesten Urkunde« (SWS VI, S. 336, Anm. a).*
19 Schmidt, Deguignes] *Friedrich Samuel Schmidt, Guignes.*
22 Litaneiaufsatz] *Klagelbedartiger Aufsatz. – La Croze Briefen] »Thesaurus epistolicus«.*
26 Reisebeschreibung der Mißionäre] *Von Penna und Beligatti; Quelle des 2. Teils des »Alphabetum Tibetanum«.*
27 Horatius Rabellensis] *Penna (»Orazio aus Ravello«).*
35 Kapuciner] *Vgl. zu 26. Nach Schlözers »Briefwechsel« (vgl. R, S. 655), Bd. 5, Heft 28, 1779, S. 201, hielten sich seit 1707 ständig Kapuzinermissionare in Lhasa auf.*
37 Gatterer] *Vgl. zu 5–11. In dem Auszug wurde nicht zwischen Falschem und Authentischem in der Kompilation unterschieden.*

38 Beausobre] *Vgl. II 144(N),* **46.** – υστερον πρωτερον] *»Das Hintere voran, das Spätere eher«, falsche Reihenfolge.*
39 Anachronism] *Nach dem 3. Teil der »Ideen« ein »Buch voll wüster Gelehrsamkeit; indessen … das Hauptbuch, das wir von Tibet haben« (SWS XIV, S. 22).*
40 Lamareligion] *Nördliche Form des Buddhismus, seit dem 7. Jh.in Tibet (seit 15. Jh. Kirchenstaat) und in der Mongolei von Mönchen ausgeübt. Die tibetanische Religion hat H. im 2. und 3. Teil der »Ideen« überwiegend negativ, als »widrig« und »widerlich«, »eine Art Päbstlicher Religion«, charakterisiert (SWS XIII, S. 414f.; XIV, S. 20–23,309). Er folgte darin dem von äußerlichen Analogien der Bräuche ausgehenden, auf Missionsberichte gegründeten Urteil Kants, der in seinen Vorlesungen über physische Geographie 1763/64 den Lamaismus als »ein in das blindeste Heidentum ausgeartetes katholisches Christentum« und den Dalai-Lama als »ein wahres Ebenbild des Papstes« bezeichnet hatte (H.s Nachschrift HN XXV, 44,5; vgl. Ulrich Faust, Mythologien des Ostens, H.-B. II, Nr. 0843, S. 29).*
40–43 Manicheism … verschmelzen] *Der Manichäismus war ein im 3. Jh. entstandener kosmopolitischer Synkretismus aus christlichen, gnostischen, neuplatonischen, jüdischen, chaldäischen und altpersischen (zarathustrischen) Elementen, der sich im 4. Jh. von Persien aus über Syrien, Kleinasien, Ägypten, Nordafrika und Italien ausbreitete, als Ketzerbewegung verfolgt wurde, im 6. Jh. nach Asien (Indien, Turkestan, China) auswich und ähnlich wie der Nestorianismus (Thomaschristen) bis ins späte Mittelalter die asiatischen Religionen beeinflußte (vgl. »Aelteste Urkunde«, SWS VI, S. 474; »Ideen«, 4. Teil, SWS XIV, S. 308f.).*
43f. 2. Töchter Einer Mutter] *Manichäismus und Lamaismus als Abkömmlinge altasiatischer Religionen.*
45f. Einzelnen Betrüger zum Vater aller Religionen] *Hier Mani (Manes). Die von Voltaire, den Enzyklopädisten und deistischen Aufklärern vertretene Priesterbetrugshypothese (vgl. »Aelteste Urkunde«, 2. Teil, SWS VI, S. 368, 395), die zuerst im 16. Jh. in dem anonymen atheistischen Traktat »De Tribus Impostoribus« (die Religionsstifter Moses, Christus und Mohammed als Betrüger) verbreitet worden ist, widerstrebte H.s religiöser Gesinnung und seiner historischen Auffassung der Religionen. In Blackwells »An Enquiry« (1735) und Humes »A Natural History of Religion« (London 1757; H.s Exzerpt 1766, SWS XXXII, S. 193–197) fand er die Erklärung von Mythos und Religion in der anthropomorphen Personifizierung nicht rational erfaßter, unbekannter Naturkräfte, die den Menschen in archaischer Zeit »Schrecken und Furcht« einflößten (»Versuch einer Geschichte der lyrischen Dichtkunst«, 1766/67, SWS XXXII, S. 105ff.,110–113; »Ueber die ersten Urkunden des Menschlichen Geschlechts«, Einleitung, ebd., S. 148; »Ideen«, 1. Teil, SWS XIII, S. 162). Erst später, als der Sinn der heiligen Symbole aus dem Bewußtsein schwand, gebrauchten die Priester die Religion betrügerisch als Machtinstrument zur Herrschaft über das unwissende Volk (»Ideen«, 2. Teil, SWS XIII, S. 389f., 460f.).*
47ff. Renaudots Reise … Mullersche Ausgabe]] *Vgl. II 85(N),* **50f.***; 94(N),* **41–44.**
48 Marcus Paulus Venetus] *Siehe Polo.*
49 histoire … la Croix] *Pétis de la Croix. Vgl. II 85(N),* **27.**
57 Der junge Mensch] *Ein angehender Göttinger Student aus Bückeburg, nicht ermittelt.*
64 Schlötzers Nordgeschichte] *Die als 31. Teil der »Allgemeinen Welthistorie« (vgl. R, S. 643f.) erschienene »Allgemeine nordische Geschichte« Schlözers war eine verdienstvolle Kompilation aus den damals authentischsten Quellen (als solche gewürdigt im 4. Teil der »Ideen«, SWS XIV, S. 267) mit einem eigenen »Abriß der nordischen Geschichte überhaupt« und kritischen Anmerkungen zu den Abhandlungen von Gerhard Schöning (»Von der Unwissenheit der alten Griechen und Römer in der Erd- und Geschichtkunde des Nor-*

dens« und »Beschreibung des Finnischen Nordens, besonders in Ansehung Skandinaviens«), Stritter (»Geschichte der Slaven vom Jahre 495 bis 1222 aus den Byzantinern beschrieben«), Johann Eberhard Fischer (Auszug aus der Einleitung zur »Sibirischen Geschichte«), Ihre (»Von dem alten Quenland«, »Reisen der Skandinavier nach Constantinopel und in andre Länder seit dem 9. Jahrhundert« und »Über das Alter der Runen in Schweden und ihren Ursprung überhaupt«), Johann Erichsen (»Reisen der Isländer«), Bayer (»Beschreibung des Russischen Nordens in der Mitte des 10. Jahrhunderts, nach den Nordischen und Byzantinischen Schriftstellern«). Nach A beruhigte die Übereinstimmung von H.s negativem Urteil mit seinem eigenen Heyne sehr, den das allgemeine Lob dieses Buches irritiert hatte. Ungerechtfertigte abschätzige Bemerkungen H.s über dieses Werk finden sich 1773 in der Rezension der »Untersuchungen« Thunmanns im »Wandsbecker Bothen« (R, S. 26) und in den »Gefundenen Blättern« in den »Königsbergschen Zeitungen« 1774 (R, S. 21).*
65 Siegbeute prangen] *Akkusativobjekt anstelle des präpositionalen Objekts »mit ...«.*
67 historischer Pyrrhonism] *Zweifelsucht, nach Pyrrhon.*
67f. sein critischer Ton kleinartig] *Vgl. III 139,54ff.*
68 Klotzischen Bibliothek] *»Deutsche Bibliothek«.*
71f. Sanct Georg aus Rußland] *Einer der wichtigsten Heiligen Rußlands; hier Bezeichnung Schlözers, der Akademiemitglied in Petersburg war.*
72 Erzengel Michaelis] *In A zu II 85(N) nannte Heyne Johann David Michaelis »unsern Erzengel [Michael] mit dem farbichten Kleide und Marktgolde«, ein Zitat aus H.s Rezension von »D. J. Sal. Semleri Paraphrasis« in den »Frankfurter gelehrten Anzeigen« (R, S. 26; SWS V, S. 443f.). »Marktgold«, nach Adelung entweder auf dem Markt erzielt oder dort verkauft; vielleicht eine Anspielung auf die Michaelis nachgesagte Geldgier, vgl. III 19,42f. Der von H. in seiner Rigaer und Weimarer Zeit geschätzte Bibelexeget wurde in den Bückeburger Schriften wegen seiner z.T. platt rationalistischen Aktualisierung bekämpft, die vom Standpunkt poetisch-historischer Einfühlung in den Geist des Orients unhaltbar erschien. H.s negative Haltung zu Schlözer und Michaelis war außerdem beeinflußt von Gesprächen mit Heyne im Februar 1772. Vgl. zu II 59,63–66.*
73 Mein Manuskript] *Vgl. zu II 70(N),11–17.*
75 Engels essai] *Vgl. II 85(N),27–31.*
76 Rudbeckianism] *Ungegründete, abenteuerliche Hypothesen wie von Olof Rudbeck, der »mit Witz und Scheingründen der Welt Unwahrheiten aufbürdete« (Thunmann in seinen »Untersuchungen«, zitiert in der zu 64 am Schluß erwähnten Rezension, SWS XXXIII, S. 205). Z. B. gehörte zu den »Rudbeckischen Grillen«, daß »sich von dem Ursprung aller Völker auf der ganzen weiten Erde Bescheid in Mose finden lasse, und in der Geschichte aller Nationen von der Arche Noah's auszugehen sey« (Eichhorn, »Johann David Michaelis«, 1793, S. 168).*
77 Ihre Geschichte] *Bearbeitung der »Allgemeinen Weltgeschichte« von Guthrie u.a., 7. Teil, 2 Bde (Türkische, mongolische, indische und persische Geschichte), Leipzig 1772. Vor dem Abschluß der »elenden historischen Arbeit« hatte Heyne große Abneigung davor, »die letzte Hand anzulegen« (A).*
77f. Ihre Archäologie] *Nur der Grundriß der »Einleitung« war gedruckt erschienen (die Archäologie-Vorlesungen erst 1821), vgl. II 85(N),75; zu II 55(N),4. Heynes Vorlesungsmskr. hat H. offenbar nie erhalten, vgl. II 90(N),50f.; 95(N),56f.; III 65(N),9–13.*
79 Ihr Geist heiter?] *Von vielen Korrespondenzen, Geschäften, Kollegien (»Homer, Horaz oder Cicero und Archäologie, jeden Tag dreifache Vorbereitung«), Akademievorlesungen geplagt und mißmutig, wünschte Heyne, durch einen Besuch H.s Heiterkeit zu erlangen (A).*
80 Kästner, Diez] *Vgl. II 67,25; 70(N),61.*

77. AN KAROLINE FLACHSLAND, *Bückeburg, 13. Mai 1772*

3–8 Wenn Sie ... Mannsperson redet.] *»Zur Vergeltung des Muthwilligen Anfangs« seines Briefes schickte Karoline ihm »einige Empfindungsstücke von unserm großen Freund Göthe« (A), »Elysium. An Uranien« (WA I 4, S. 189ff.), »Pilgers Morgenlied. An Lila« (ebd., S. 192f.) und »Felsweihe-Gesang an Psyche« (ebd., S. 187ff.).*
5f. Hämorrhoiden] *H. litt daran zeitlebens. Die erbliche Veranlagung dazu verschlimmerte sich bei August v. H., der 1838 nach einer mißlungenen Operation zur Entfernung der Hämorrhoiden starb (Gebhardt/Schauer I, S. 81).*
9 Madame Sternheim u. Fräulein La Roche] *Nach B_1 hatte Merck Goethe, der ihn besucht hatte, zurück nach Frankfurt begleitet, um Frau v. La Roche und ihre Tochter Maximiliane zu treffen und in sein Haus nach Darmstadt einzuladen. In B_2 berichtete Karoline enttäuscht von der Zusammenkunft in der letzten Aprilwoche 1772 in Darmstadt: »welch eine andere Erscheinung als die simple erhabene Sternheim! ... eine feine zierliche Frau, eine Hofdame, eine Frau nach der Welt mit tausend kleinen Zierrathen, ... eine Frau voll Witz, voll sehr feinem Verstand ... sie hat uns mit ihrer allzuvielen Coquetterie und Representation nicht gefallen ... man sieht überall, daß sie ein Geschöpf von Wieland ist«. In A gab Karoline zu, daß die Enttäuschung ihren falschen Erwartungen von dem »Luftbild Sternheim« zuzuschreiben sei, und bedauerte Frau v. La Roches »ganzes Leben an kleinen Höfen, in Zwang, in Unterdrückung«.*
14f. Haben Wirs nicht ... weggekommen sind.] *Bei H.s Aufenthalt in Darmstadt im April 1771, vgl. zu I 142,23f.*
16f. eine so sotte Figur gespielt] *Karoline urteilte in B_2 von sich selbst, sie habe »eine sotte [einfältige] Figur in der Gesellschaft« gespielt, die Mutter und Tochter La Roche »mit Witz regierten«.*
18 in die blaue Luft] *Metapher für Phantasiewelt, vgl. zu 9 am Schluß.*
19 den großen Göthe] *Vgl.* **27ff.***; zu 3–8. Karoline hatte in beiden vorausgehenden Briefen enthusiastisch von den Besuchen des »Wanderers« in Darmstadt geschrieben: von gemeinsamen Waldspaziergängen, dem Singen von H.s Nachdichtung »Waldgesang« aus »As You like it« (SWS XXV, S. 253), Lesungen aus »Gottfried von Berlichingen«, Goethes Liebesenttäuschung, seinen Liedern (B_1), seinem Zorn über das Auftreten der La Roche, seiner Namensinschrift in einen Felsen im Darmstädter Wald (B_2). – Heidenbekehrer Leuchsenring] Vgl. zu II 68,**84***; Goethe, »Ein Fastnachtspiel vom Pater Brey«, 1774 (WA I 16, S. 68, Vers 220–226). – Milady Seymour] Frau v. La Roche.*
20 Schulz] *Johann Christoph Friedrich Schulz. – H. Barth, H. Ouvrier] Der unruhige Bahrdt werde »bey der ersten Gelegenheit« Gießen verlassen, und Ouvrier strebe nach einem Pfarramt in Preußen (B_2).*
21f. Die Menschliche Figur ... ich habe.] *Vgl. Lukas 24,39.*
23 Die Nachtigall] *Vgl. II 75,**50ff***. »Gestern hörte ich Nachtigallen« (B_2).*
31 Gleims Brief] *Vgl. II 73,**11***.*
32 den eifersüchtigen Mann] *Vgl. zu II 73,**11f***.*
33 letzten sonderbaren Miston] *Vgl. zu I 142,23f.*
35 daß man von unsrer Freundschaft weiß] *Karoline vermutete, es wäre H. nicht lieb, daß die »ganze Welt« – wahrscheinlich durch die Geschwätzigkeit Leuchsenrings – von ihrer Freundschaft erfahre (B_2).*
39–48 Ihr letzter Brief ... Welt an!] *Karoline hoffte, H. mit der Erklärung nicht zu beleidigen, daß es »die einzige Hoffnung« ihres Lebens sei, einmal mit ihm zusammen zu leben. Sie wollte nichts wünschen, was für ihn »im Geringsten Unbequemlichkeit« sei und er nicht ausführen könnte. H. sollte sich erklären, ob seine Umstände es »jemals er-*

lauben, ein armes Mädchen aufzunehmen«; sie würde sich in ihr Schicksal ergeben (B₁). Vgl. zu II 69,17.
44 keine Fremde mehr] *Fremdheit.*
45 nächstens ... machen] *Vgl. II 78,27–41,47–62; 79,14–29,39ff. Erst mit II 91,24–39 erhielt Karoline von H. ein Heiratsversprechen.*
46 Gießen] *Mit ihrer Schwester hatte Karoline darüber gesprochen, ob H. nach Benners Tod dessen Nachfolge antreten würde. Trotz der »elenden« Gesellschaft dort und den »Schurken« an der Fakultät wollte sie H.s Meinung wissen (B₂).*
49 Zwillingsbruder] *Ferdinand Johann Benjamin Graf zur Lippe-Biesterfeld.*
50f. Einen Monat unterschieden] *H. war zwei Monate jünger.*
51f. Witwe ... zurückgeht] *Vgl. zu II 175,23.*
54 Wickeleien] *Verwirrungen; Intrigen (Grimm), vgl. II 22,9. – Theilnehmung] H.s Predigt »Ueber die dunkeln und hellen Aussichten« hatte die Gräfin getröstet und »recht aufgerichtet« beim Verlust ihres »vertrautesten Freundes«, wofür sie am 5. 5. 1772 dankte und H. ihrerseits Mut zusprach und ihrer Freundschaft versicherte (Erinnerungen I, S. 337–340).*
55 Zeichen des neuen Lebens] *Gräfin Maria wollte, wie sie an H. schrieb, in der Erziehung ihrer Tochter Emilie und in der Liebe zu Graf Wilhelm glücklich sein (ebd., S. 339).*
56f. Schmidt ... beilegen muß] *Klamer Eberhard Karl Schmidt, vgl. II 78,41–46.*
61 Jemand aus Liefland] *H. rechnete auf einen Besuch Hartknochs von der Leipziger Messe. Vgl. zu II 64,134.*

78. AN KAROLINE FLACHSLAND, Bückeburg, 16. oder 20. Mai 1772

4 meine Billette] *Billette aus dieser Zeit sind nicht nachweisbar, wahrscheinlich meinte H. den kurzen Brief II 73.*
6 »meine Freundin ... Uebels.«] *Karoline dachte »niemals Uebels wenn lang kein Brief kommt«, da H. »Geschäfte, Zerstreuung und vielleicht auch ein wenig – Träge« habe (A).*
7 Der letzte] *B.*
9 3. Wochen] *Vgl. II Anm. 78.*
10f. Nebel ... zerflossen] *Karoline berichtete in B, daß »die Wolke« ihres Mißverständnisses mit Merck »zerfließen mußte«, d. h. sie habe sich mit ihm ausgesprochen und ausgesöhnt. Merck habe sie wegen der Eifersucht seiner Frau meiden müssen. Nach der Ehe von Friederike v. Hesse sei das die zweite, in die Karoline wider Willen Eifersucht gebracht habe.*
12 im ersten Briefe] *Nicht überliefert.*
14–17 Seine Frau ... verlieren will.] *Karoline hielt Frau Merck für (psychisch) krank (B), ebenso H. in seinen Briefen an sie, vgl. I 97(N),4; 119(N),27.*
19 Leuchsenring ... Zuträger] *Seine Einmischung verschlechterte das Verhältnis des Ehepaars Merck.*
24 thun Sie ... zu trösten] *Karoline war nach A auch mit Frau Merck ausgesöhnt, die wegen Mercks Lieblosigkeit mehr traurig als eifersüchtig sei.*
27 unsre nähere Situation] *H.s ungeklärtes Verhältnis zu Karoline, vgl. II 77,45ff.; 80,43–47.*
28ff. meinen hiesigen Zustand] *Widerspruch zwischen äußerer Würde und geringer Wirksamkeit in seinem Bückeburger Amt, vgl. II 47,14–17.*
32 opfre diesen Sommer noch auf] *Wahrscheinlich beabsichtigte H., danach eine andere Stelle zu suchen.*
33 »daß Alles ein Nichts ist«] *Vgl. Prediger Salomo 1,2.*

40f. ein mühselig Streben ... Menschlichen Lebens] *Vgl. Psalm 90,10.* Karoline hatte sich »niemals das glückliche Menschenleben als eine romanhafte Wiese gedichtet, die mit lauter Blumen besäet ist«, sondern sah ihre »süße Bestimmung« darin, »dereinst gute Gattin und gute Mutter zu seyn!« *(A). Vgl. II 84,37ff.*
41 »Minna«] *»An meine Minna«, vgl. II 77,56f.; Anm. 78.*
43 Romantische Liebe] *Vgl. zu I 110,109f.*
47 ein Glück schmecken] *»Schmecken« als intensives Fühlen, pietistischer Wortgebrauch, vgl. Psalm 34,9.*
49–55 Um Bückeburg ... hinzaubern?] *Äußerung im Widerspruch zu 28 und 32, als ob der Ort in H.s Plänen für ihr persönliches Glück keine Rolle spielen würde.*
50 Gehäge] *Mit einer Hecke umschlossener Ort.* – Aue] *Vgl. II 27,126f.*
51 Hütte] *Biblische bzw. ossianische (vgl. II 23,61) Metapher für »Zuhause«.*
57 das Erste] *Vgl. 52.*
60 Zweifel ... verhindert.] *Vgl. zu II 75,45.* Karoline empfahl H. »eine Sparbüchse, um so viel für diese Reise zu sammeln« *(B).*
63 Nach Italien zu gehen] *Vgl. zu II 68,99.*
66 Göthe] *Vgl. zu II 77,19.* Goethe war für »3 Monath« nach Wetzlar gegangen *(B).* Karoline übermittelte in ihrem Brief an ihn vom 13.6.1772 die Nachrichten über »Berlichingen« und »Brutus«; H. lasse ihn »tausendmal grüßen« *(RA I, Nr. 5).*
67 Berlichingen] *Vgl. N II 83b.*
68 »Brutus«] *Älteste Fassung (Mskr.), siehe R, S. 6f.*
69 der auch für u. wider nichts umkam] *In den »Ideen« wird Brutus' Untergang und der Untergang der alten Senatsrepublik als gesetzmäßig dargestellt (vgl. SWS XIV, S. 178–182,188, 250), da Rom »kein Rom mehr war« (ebd., S. 188). Die Monarchie war auf der Tagesordnung.*
69f. einer meiner LieblingsHelden] *Vgl. II 25,36–40.*
70f. etwas meiner Lieblingsphilosophie] *Vgl. 40f.; II 79,43–48. »Brutus«, 2. Handlung, 1. Szene: »Armseligkeit! ... Mühseligkeit!« (SWS XXVIII, S. 19; Druckfassung S. 60f.).*
72 in Musik gesetzt] *Von Johann Christoph Friedrich Bach.* Gräfin Maria schrieb am 28.2.1774 an Karoline Herder, sie habe »gestern abend« den »Brutus« gehört, Bach sei in der Vertonung »sehr glücklich gewesen«. Zur zweiten Aufführung am 3.3.1774 lud sie H. und Karoline ein (H: Kraków, vgl. Haym I, S. 508f.). Letztere hatte schon in A zu II 78 und A₂ zu II 79 um die Noten gebeten, um sich die Musik spielen zu lassen. – lugubren] *Traurig, unheilvoll (lat.).*
74 »Maria am Grabe Lazarus«] *Vgl. II 153,30ff.*
75 einem Mädchen] *Karoline.*
77 Ihr Traum, u. Ihre Decke!] *Durch die vorausgehende Anrede abgeschwächte erotische Anspielung auf Karolines Traumerlebnis von »Donnerstag Nacht« in B: Zufällig hatte sie H.s Brief I 99 gelesen. Bekümmert über die Unruhe, die sie ihm damals durch ihren Absagebrief gemacht hatte, ging sie zu Bett. »auf einmal war mir bey wachender Seele und Augen, als kämen Sie ... zu mir ... mein ganzer Körper zitterte – ach ich war ganz im Himmel – meine arme Decke habe ich tausendmal umarmt, Sie warens und warens doch nicht – ich konnte lange lange nicht ruhig werden – ich war ganz außer mir –«.*

79. AN KAROLINE FLACHSLAND, *Bückeburg, 23. Mai 1772*

4 in 4. Wochen] *Karolines letzte Briefe waren vom 1. (B) und 8.5.1772 (B zu II 78).* – kleines Stillschweigen] *Vgl. II 78,3.*
12 Nachtigallengesang] *Vgl. II 77,23ff.*

14 mein Äußres] *Vgl. II 78,27ff.*
17ff. in Göttingen ... Profeßorleben] *Gespräche darüber mit Heyne im Februar 1772. Vgl. zu II 98,32; 171(N),6ff.*
20 Nichtigkeit des Pastorleben] *In Bückeburg, vgl. zu II 47,14–17.*
22 eine elende Sache] *H. hielt vier Wochenstunden Vorlesungen für eine sehr geringfügige Belastung.*
24 als Weltlicher] *H. wollte sein geistliches Amt nicht aufgeben, vgl. II 98,31ff.*
25 Charakter] *Titel, Stand.*
25f. stehe ich ... im Licht] *Bemerkt werden, Aufmerksamkeit erregen.*
26 die ganze Welt ... würken.] *Vgl. zu I 73(N),10–13. Wie dann auch 1789 erhoffte H. sich von einer Berufung an die Universität Göttingen einen größeren Wirkungskreis.*
29f. alte Deutschen ... Weiblein erkannt] *Vgl. Tacitus, »De origine, situ, moribus ac populis Germanorum«, Kap. 8: »inesse quin etiam sanctum aliquid et providum putant, nec aut consilia earum aspernantur aut responsa neglegunt« (»Den Frauen ist sogar, wie die Germanen meinen, eine gewisse Heiligkeit und Sehergabe eigen, und deshalb achten sie ihren Rat und hören auf ihren Bescheid.« Übersetzung von Curt Woyte, 1925).*
32f. König David ... Abisai von Sunem.] *Irrtümlich für »Abisag von Sunem« (R, S. 701), vgl. 1. Könige 1,3.*
34 noch nicht an Gleim geantwortet] *Vgl. II 96.*
35f. Agathon] *Vgl. zu I 88,104. Karoline freute sich darauf; ihre kleine Bibliothek werde »ein kleines Heiligthum« (A₂).*
36 Rosenfarb] *Attribut der Morgenröte, der »rosenfingrigen Aurora«.*
37 Harfenmann] *Vgl. I 85,23. – in Mannheim den Mond] Vgl. I 85,26f.,31.*
39,49 meine Minna!] *Vgl. II 77,56; 78,41,46.*
42 mein Brutus] *Vgl. II Anm. 79; zu II 78,68.*
43 Geschichte] *Vgl. zu II 138,92. – Shakespear] Vgl. II 25,36f.*
44ff. Lieblingssituation] *Vgl. zu II 78,70f.*
45ff. Rade des Schicksals] *Vgl. zu II 34(N),218. Zuerst bei Boethius nachgewiesene Geschichtsmetapher, auch »Glücksrad«, »Rad der Zeiten«, von H. wiederholt verwendet (vgl. SWS VIII, S. 481; XIV, S. 279).*
48 Lieblingsselbstmord unter dem Sternhimmel] *3. Handlung, 3. Szene: »Brutus unter dem Sternhimmel« (SWS XXVIII, S. 25ff.).*
49f. Schreibe mir doch ... ans Herz gehen!] *Karoline fand die Anfangsszenen »grausend, und feierlich«, die letzte Handlung sei »die rührendste, erhabenste«, außerdem die (von ihr zitierte) Arie »Armseligkeit!« (vgl. zu II 78,70f.).*
53 ich winde ... Busen.] *Vgl. II 138,22ff. Aus Prüderie druckte Düntzer: »ich greife nach Deinem weisen Herzen.« (Nachlaß III, S. 258).*

80. AN JOHANN FRIEDRICH HARTKNOCH, *Bückeburg, zweite Hälfte Mai 1772*

6 weder vergeßen, noch vernachläßigt] *»... daß mich mein Freund Herder, ich will nicht sagen vergessen, aber doch vernachlässigen könnte« (B). Vgl. zu II 64,39ff.*
8 ein paar meiner Freunde] *Karoline Flachsland, Merck, Goethe.*
10 Plan eines ... Vergeßenheit] *Vgl. 47ff.; zu II 17,7ff.*
15 »Ich rede ... von mir«] *»...wenn ich von mir selbst rede, ich entschuldige es damit, daß Sie recht sehr viel von sich in Ihrem Briefe reden« (B).*
18 aus dem Ton heraus] *Ton der vertraulichen Freundschaft. Vgl. aber zu II 64,39ff.*
19 wenn wir uns nicht sehen] *Vgl. zu II 64,134.*

23 Verdienste um mich] »... *wüßte ich keinen Freund außer meinem Berens, der mehr für Sie aufgeopfert hätte als ich*« (B).
25f. vielleicht abändern können] H. wollte durch Schriften Hartknochs Auslagen für seine Reise 1769/70 ersetzen.
27f. Erziehung Ihres Kindes] *Vgl. zu I 89,6ff.; II 64,96.*
32 sehr unbehäglich hier] *Vgl. II 79,14f.,52.*
33f. Vorsehung] *Vgl. I 92,56f.*
36 mein Herz schreiben] »*Ich habe ganz aufrichtig geschrieben und verlange auch Ihr Herz zu sehen*« (B). *Vgl. II 102,33ff.*
39 vergebens gehoft] *Vgl. zu II 77,61.*
39f. habe kein Geld ... dürftig] *Vgl. zu II 78,60.*
43 beste Mädchen] *In A zu II 102 sandte Hartknoch 106 Reichstaler holländisch Courant und versprach weitere Geldüberweisungen, damit H. heiraten könne (dieselbe Summe mit A₂ zu II 111 und zu Weihnachten).*
44 2. Jahre] *Seit August 1770 (Beginn des Liebesverhältnisses mit Karoline Flachsland).*
48 Aufopfrung Lieflands! ... Freunden!] *Vgl. zu I 89,6ff.; II 149,7f.*
51 Meine arme Mutter] »*Kanter sagte mir, Ihre Mutter wäre in sehr schlechten Umständen; was soll ich gegen [für] sie thun, u. wollen Sie nicht durch mich an ihr schreiben?*« (B).
52 als eine Erscheinung] *Als ein Phantom.*
53 gelehnte] *Geliehene, wahrscheinlich von Westfeld.* – 50. Thaler] *In A zu II 81 versprach Hartknoch, das Geld mit nächster Post zu übermitteln. Am 15. 7. 1772 dankte H.s an Lungenschwindsucht leidende Mutter dem Sohn für* »*50 Reichstaler und 60 Groschen an gangbahrer Müntze*« (*vgl.* **108ff.**), *sie habe sie* »*mit vielen Trähnen empfangen*« (*Gebhardt/Schauer II, S. 6*). *Vgl.* **II 112,14.** *Wie H.s Schwester Güldenhorn ihm am 7. 11. 1772 schrieb, wurden davon 50 Gulden während der Krankheit ausgegeben, der Rest deckte etwa zur Hälfte die Begräbniskosten am 7. 9. 1772 (ebd., S. 9).*
55,58 Situationen] *Vgl. zu I 73(N),15.*
57 Der Jüngling] »*Da wohnt der Enthusiasmus der Freundschaft*« (»*Journal meiner Reise im Jahr 1769*«, *über Lebensalter der Seele, SWS IV, S. 448*).
61 Ich träume ... meinem Leben!] *Als Landpastor zusammen mit Karoline.*
63–70 An Hamann ... durchaus schlecht.] *Vgl. zu II 64,84f.* »*Königsbergsche Zeitungen*«, *26. Stück, 30. 3. 1772, siehe R, S. 224. Hamann vertrat gegen H.s menschlichen den göttlichen Ursprung der Sprache, fand in seiner Schreibart viel theatralische Aktion, stellenweise* »*Galimathias*« *und wenig* »*Besonnenheit*«, *bezweifelte ironisch die Beweiskraft seiner Erklärungen und Zeugnisse und kündigte die* »*Zweifel und Orakul ... eines kabbalistischen Philologen*« *über die akademische Preisfrage an.*
67 mit ihrem Ton ... zufrieden.] *Vgl.* **II 17,31–35;** *50(N),***22–30.**
72 mit gutem Herzen von ihm gegangen] *Vgl. I 62(N).*
74f. mit 3. Leuten ... sein würden)] *Merck, Goethe, Karoline Flachsland, vgl. I 117,39ff.; 137,51f.*
75f.,92 Fratzenvorrede vor Warners Gicht] *Siehe R, S. 222 unten.*
76ff. das Theologische Monstrum] »*Man wird es meines Erachtens einem evangelischen Geistlichen eher vergeben können, ein Arzt zu seyn, als ein Erbschichter ein unverschämter Wucherer, ein* αισχροκερδης *ein abgöttischer Geizhals, ein hinkender Baalspfaffe und Nachfolger des von seiner Eselinn gezeichneten Bileams, ein Nachsteller und Kuppler reicher Wittwen und Mägdchen, ein undankbarer Verräther unschuldiger Waysen, ein von herrnhutischer Trunkenheit wiederschallendes Erzt* κυμβαλον αλαλαζον *ein Glied der Gesellschaft Jesu, wie der Beutelträger Judas Ischariot, der seine Amtsbrüder selbst im*

Beichtstuhl betrügt und die Scheidemünze mit ihnen theilt, unterdessen er die Schaustücke in seine Spaarbüchse scharrt, der sein Haus wie eine Spinne baut – Dir, aufmerksame Leser! schaudert vor allen Scheusalen dieses übertünchten Grabes wie vor einem Gräuel der Verwüstung an heiliger Stäte!« (Nadler 4, S. 440). – Hartknoch ließ Hamann »etwas von dem Inhalte« dieses Briefes wissen (nach A) und veranlaßte damit seinen Versöhnungsbrief (B zu II 101). Noch in A zu III 113 erinnerte Hamann H. an seine »großen egaremens du coeur et de l'esprit in Prosa und Versen«: »Was haben Sie nicht in Warners Vorrede über die Gicht gesehen ... « (ZH III, S. 131). – Wie H.s Mutter schrieb (vgl. zu 53), hatte H. »Herrn Pfarr [Skubich] gebeten er soll alles zum besten wenden wenn Du beleidiget wirst er sagte er weiß nicht worin ich sagte das ist ihm wohl bewußt wegen dem Preis den er vor erhalten und nun verworfen ist Herr Hamann hat doch recht treu mit Dir gehandelt ich bin recht unruhig gewesen bis ich erfahren habe wer es getan hat da habe ich mich zufrieden gegeben ich habe die Zeitungen selbst gelesen« (Gebhardt/Schauer II, S. 6).
79f., 89ff. als er sich von allen getrent hat] *Mißtrauisch und verärgert, unterstellte H. hier Hamann, der in seinen Freundschaftsverhältnissen treu und zuverlässig war, den zynischen Abbruch der Beziehungen.*
81f. seine Schrift] *Hamanns angekündigte »Zweifel« (vgl. zu 63–70); es erschien nur »Des Ritters von Rosencreutz letzte Willensmeynung«, während die »Philologischen Einfälle und Zweifel« ungedruckt blieben.*
82 Personalien schont] *Aus seinen Erfahrungen als entlarvter Anonymus der »Fragmente« und »Kritischen Wälder« fürchtete H. aus der Mitteilung von Personalien Nachteile im geistlichen Amt.*
85f. KonsistorialRats Kompliment] *H.s derzeitiger Titel.*
86 Herr Herder] *Im Titel der akademischen Preisschrift (vgl. R, S. 1); im Text von Hamanns Rezension (vgl. zu 63–70) fünfmal genannt.*
89 eccentrischen] *Schwärmerisch.*
94 Meubles] *Vgl. zu II 64,70. –* Büchern] *Vgl. zu II 64,63f.; 145,17.*
98 Weiße] *Zu ihrer Korrespondenz vgl. Anm. N II 180a.*
100 was die Leute sagen] *Vgl. I 68,208f.*
101 Georg Berens] *Vgl. zu II 64,116.*
104 Brief an meine Mutter] *Vgl. II 112, der vielleicht doch nicht Beischluß zu II 111, sondern schon zu II 81 gewesen ist und von Hartknoch zugleich mit dem Geld übermittelt wurde. H.s Mutter wünschte dem Sohn am 15. 7. 1772 (vgl. zu 53) »viel tausend seegen« zur beabsichtigten Heirat (vgl. II 112,4,10). In einem nichtüberlieferten Brief hat H. damals Skubich gebeten, sich um seine kranke Mutter zu kümmern (vgl. N, S. 800 zu 112).*
105 meiner hiesigen Stelle] *Hartknoch schrieb in B, er wisse nicht, ob H. noch mit seiner Lage zufrieden sei.*
107 mein Herr] *Graf Wilhelm zu Schaumburg-Lippe.*
108ff. Das Geld] *Vgl. zu 53.*

81. AN JOHANN FRIEDRICH HARTKNOCH, *Bückeburg, Ende Mai 1772*

3 Brief voriger Woche] *II 80.*
8 kleinen Neveu] *Johann Christoph Neumann. Vgl. II 100,107–112; 112,5.*
9 Ihren Johann] *Hartknochs ältester Sohn Johann Friedrich. »Das Project, meinen Hans zu sich zu nehmen, nehme ich in sofern an, wenn ich keine andere Mutter für ihn finde, und Sie heiraten. Bis dahin soll kein sterblicher Mund etwas erfahren« (A).*
10 sub Rosa!] *Vgl. zu I 131,71.*

11 Englischen u. Französischen Büchern] *Hartknoch antwortete, er könne alle französischen Bücher beschaffen; wegen der englischen wende er sich an Buchhändler Heydinger in London. Künftig wolle er bei wichtigen Aufträgen H.s an Elmsley schreiben (H: Kraków).*
13–32 Hyde ... Scaliger] *Alle erwähnten Autoren und Werke siehe R. Hartknoch »konnte von den verlangte Büchern nichts besorgen«, da er Leipzig gleich nach Empfang dieses Briefes verließ (A).*
15f. Porphyrius ... Clemens Alexandrinus u. Eusebius] *Von Hartknoch aus Riga erhalten, vgl. II 149,18f.*
17 Lemgoische Handlung] *Meyersche Buchhandlung, siehe R, S. 386.*
18 meiner Preisschrift] *Vgl. zu II 53,6.*
19 cum resignatione humillima] *Mit der tiefsten Ergebenheit.*
20 Schriften fertig] *Hartknoch bat in A zum wiederholten Male um die Fertigstellung der »Fragmente« oder »Kritischen Wälder«.*
21 Inlage] *Nicht überliefert.* – Madame Busch] *Vgl. zu II 17,18; 64,99–102.*
24 armer Wittwer] *Vgl. zu II 64,6.*
28 Stoßisches Cabinet] *Vgl. zu I 72,82f. Schreibweise nach »Bibliothek der schönen Wissenschaften und der freyen Künste«, Bd. 5, 1. Stück (1759): »Nachrichten von dem berühmten Stoßischen Museo in Florenz von dem Herrn Winkelmann an den Herrn L. R. v. H., Florenz den 13 Jänner 1759« (S. 23–33).*
29 Hesychius complet] *H. erhielt die beiden Bände einzeln, vgl. II 149,20 und III 35,4.*
30 Suidas] *Vgl. III 35,4.*
31 Vignoles] *Vgl. II 149,18.*
34 alten Bücherkrämer] *Hartknoch empfahl den Antiquarius Thürmann in Leipzig, der aber »etwas theuer« sei (A).*

82. AN KAROLINE FLACHSLAND, *Bückeburg, 6. Juni 1772*

3 Psyche] *Vgl. zu II 68,113.*
4 alle drei Gedichte] *Vgl. zu II 77,3–8. Goethe habe die drei Stücke aus Wetzlar an Fräulein v. Ziegler »zum austheilen« geschickt (B).*
6 als ein Zauberkreis] *In Goethes »Felsweihe-Gesang an Psyche« (Vers 35–42); vgl. aber 11–16.*
6f. Bekantschaft mit Fräulein Roußillon] *Im April 1771 in Darmstadt.*
8,17 Lila] *Fräulein v. Ziegler war nach Homburg zurückgekehrt und hatte Karoline zum Abschied eine Blume geschickt, »die Französisch Lilla heißt«(frz. »Lilas«, Flieder). Lila wünschte, H. kennenzulernen; anscheinend war Goethe in sie verliebt (B).*
10 meine Freundschaft erneuren] *Vgl. N I Anm. 141a; Anm. 141b.*
13, 35f. eine zu traurige Figur] *»Und aus den Reihn verlieret/sich Psyche zwischen Felsen/und Sträuchen weg und traurend/um den Abwesenden [= Herder]/lehnt sie sich über den Fels. ... Trübe blickt dein Aug/in den Bach hinab/und eine Thräne quillt ...«*
13f. Impromptu von Antwort] *Vgl. II Anm. 82; 83,19–23. Karoline zitierte in A aus dem »goldenen Lied« Vers 3–9 (»Trauerort ... die Nachtigall«) der 3. Strophe und die letzten Verse (»das Knöspchen Hoffnungsrose!«) und verstand es als Liebeserklärung.*
15f., 35f. den Felsweiher ... Amte gesetzt werden.] *Vgl. zu II 93,9ff. »Was hat Ihnen Göthe, der «irre Götzenpriester«, gethan? glauben Sie nicht, daß Wahrheit in der Felsweihe ist, und daß mir im innern alles fehlt, weil Sie mir fehlen« (A).*
17 Abschiedsblume] *Wortbildung Karolines, vgl. zu 8.*

19 H. von Reutern] *Vgl. II 8,178–181. Karoline fragte nach seinem Charakter, weil die »arme Lila« ihn geliebt hatte; sie sei aber seit langem »ruhig« und »könnte sich nun nicht entschließen, nach Liefland zu gehen« (B).*
28 An Madame Merck] *Wegen ihrer Eifersucht über die Abreise der Fräulein v. Roussillon und v. Ziegler erfreut, habe sie »vergnügt« erzählt, daß H. in seinem letzten Brief an Merck (nicht überliefert) sie und ihr kleines Mädchen erwähnt habe.*
28f. an Göthe ... Roußillon] *Vgl. II Anm. 82.*
31 Gesund bin ich ja] *Karoline sorgte sich um seine Gesundheit (B).*
32 Arznei] *Vgl. II 65,38–41.*
33f. »Mann auf die Tapete«] *Frau v. La Roche hatte bei ihrem Besuch in Darmstadt Dr. Leuchsenring »un homme sur une tapisserie« genannt (B₂ zu II 77); anscheinend hatte er auf sie einen so geringen Eindruck gemacht wie Tapetenfiguren, die ja nur grob gezeichnet sind und als Muster viele Male vorkommen (etwa: Dutzendmensch).*
35f. kein Fels ... eingeweiht] *Vgl. zu 13.*

83. AN KAROLINE FLACHSLAND, Bückeburg, 13. oder 17. Juni 1772

3f. Sie werden ... müde] *Von Karoline zitiert und leidenschaftlich gekränkt dementiert.*
6 Göthischen Wandrer] *»Der Wandrer«, siehe R, S. 198. »Göthe steckt voller Lieder, Eins, von einer Hütte, die in Ruinen alter Tempel gebaut, ist vortrefflich« (B₁ zu II 77). Karoline hatte das Gedicht aus Wetzlar erhalten: »Der Wanderer bey den Ruinen – die Frau mit dem Knaben auf dem Arm – und der Wandrer mit dem Knaben auf dem Arm – und die letzte Bitte um eine Hütte am Abend – o ich kan Ihnen nicht sagen, wie alles das mir in die Seele geht. Gott, wo werden wir, zwischen der Vergangenheit erhabnen Trümmern unsere Hütte flicken? Hütte der Liebe – oder des Kummers« (B).*
9f. Schwalbennest ... den Trümmern] *Vers 131: »Hoch baut die Schwalb' an das Gesims«.*
10 Romantisch] *Vgl. zu I 110,109f.*
14f. 8. Tage später] *»Der Wandrer« wurde mit B geschickt, die drei anderen Gedichte (vgl. zu II 82,4) mit B zu II 82.*
17f. Untreue ... dortigen Freundes] *Karoline verdächtigte in B Merck, einen ihrer Briefe unterschlagen zu haben.*
19 mein Stück] *Vgl. zu II 82,13f.*
23 laßen ... fallen.] *Darauf reagierte Karoline empfindlich wie auf 3f.; sie habe mit dem »Rosenknöspchen« ruhig »in die Zukunft« geträumt »für einen Himmel« mit H.; jetzt wolle er es ihr »wieder aus dem Herzen reißen« (A). Vermutlich hat Karoline eine Abschrift an Goethe geschickt.*
25 Ihrem Cirkel] *Darmstädter Empfindsame. H. hatte sich ihrer Stimmung inzwischen entfremdet, vgl. 30f.*
26f. Jahrlauf ... Lebensweise] *Genetisch individualisierende Betrachtung.*
32 kucke] *Hochdeutsch für »gucke« (Adelung). – Tubus] Fernrohr. » ... gucken Sie nicht mit Brille und Tubus, mein Herz ist nicht so entfernt von Ihnen« (A).*
34 Minna] *Vgl. II Anm. 78. »Für Minna möchte ich Sie so süß, so himmlisch küßen, als das Lied selbst ist. Es ist wahr, romantisch und ... gegen das Ende wirds ganz himmlisch!« Merck wollte es abdrucken lassen (B).*
35ff. Wieland hat ... Versöhnung wünscht] *Nicht nachweisbar. Zu H.s Mißverhältnis zu Wieland vgl. zu II 8,119ff.; 96,69–73.*
38 Klopstock] *H. lernte ihn erst im Mai 1783 in Hamburg kennen.*
40 Ihrer Beisorge] *Vgl. zu II 82,31.*

41 nach Pyrmont gehe] *Vgl. II 91,44; 92,23–34.*
43 An Göthe] *Vgl. N II 83b.* – erwarte heut jemand] *Jemand, der von Königsberg bzw. Riga erzählen konnte; nicht ermittelt.*
44f. Duft alter Zeiten] *»Hat vielleicht eine alte Freundin aus Riga (weil Sie eben so in Zauberduft von dorther schwammen …) ihren alten Platz wieder genommen?« (A).*
46 Elysisch] *Wie im Elysium.*
47f. lehrreiche Erinnerin] *Vgl. zu II 78,40f.*
48 Liebe nie Begierde] *H. bezog sich vermutlich auf II 78,77 und 79,53. Karoline verstand die Briefstelle nicht: »Bin ich denn eine so lehrreiche Predigerin, die gegen Ungestüm und dergleichen predigt? Vielleicht liebte oder liebe ich Sie zu ungestüm?« Es sei ja ihre »Erste und gewiß letzte Liebe« (A).*
49 Mißverständniß der Worte] *Mehr noch in A, vgl. zu 3f. und 23. Karoline glaubte aber selbst, daß es »Mißverständniß« sei, und widerrief ihre Klagen und Zweifel nach Empfang von II 84.*
50 Französisch] *Vgl. zu I 143,71. Karoline lernte weiterhin durch französische Lektüre, erlangte aber keine Fertigkeit im Verstehen und Sprechen. In A zu VI 81(N) lehnte sie es ab, ohne H. mit dem weimarischen Hof nach Karlsbad zu gehen, um dort auf seine Rückkehr aus Italien zu warten: »Ich kann nicht französch u. mag nicht unter ihnen die Stumme u. Dumme sein. es ist genug daß Du meine Armut weißt« (5.6.1789; Meier/Hollmer, S. 492; vgl. Italienreise, S. 398).*
50 Hamiltons Werke] *Anthony Count Hamilton, vgl. II 84,57–60. Merck besaß Hamiltons Schriften und wollte sie Karoline zu lesen geben (A$_1$ zu II 91).*
51 Wieland … preiset] *Von Hamilton übernahm Wieland die Rokoko-Mode des poetischen Fragments (Friedrich Sengle, Wieland, Stuttgart 1949, S. 214). Das Epos »Idris« war als »eine Art von Gegenstück zu den ›Vier Facardins‹ [= mohammedanische Religionsgelehrte] des Grafen Anton Hamilton« gedacht (Vorrede), der auch in »Die Abentheuer des Don Sylvio von Rosalva« (1764) und in »Der Neue Amadis« erwähnt wurde.*
52 Jacobi in Jenen] *In Briefen, vgl. Johann Georg Jacobi, »Briefe von den Herren Gleim und Jacobi«.*
52f. Wieland in diesen] *In Romanen: »Die Abentheuer des Don Sylvio von Rosalva«, »Geschichte des Agathon«, »Der Goldne Spiegel«.*

83a. AN GRAF FRIEDRICH ERNST WILHELM ZU SCHAUMBURG-LIPPE, *Bückeburg, 18. Juni 1772*

5 Beikommende unterthänigste Bitte] *Vgl. II 86, 8–11.*

83b (N). AN JOHANN WOLFGANG GOETHE, *Bückeburg, Mitte Juni 1772*

Siehe N II 83b, Anm.

84. AN KAROLINE FLACHSLAND, *Bückeburg, etwa 24. Juni 1772*

3f. HofnungsKnöspchen Rose] *Vgl. zu II 82,13f. Dank für »ein Blätchen« von Karolines »RosenKnöspchen in unsern LiebesGebüschen«, das sie abgebrochen hatte und mit ins Bett nahm (B$_3$).*

4 das meinige] *Ebenfalls dem Brief beigelegte Rosenblätter.*
6f., 12, 17, 20, 26 murmeln] *»Unverständlich sprechen«, in der Sprache der Bibel »murren« (Apostelgeschichte 6,1) oder »beschwören« (Jesaja 8,19). Von Karoline als liebreicher »Verweiß« verstanden (A_2), »Dein liebes gutes Murmeln, das mich anklagen wollte und doch nicht wollte« (A_3).*
8f. immer so ruhig ... zu leben] *H. solle an ihren Klagen erkennen, ob sie ohne ihn »behaglich lebe und ewig so entfernt« von ihm zu leben wünsche (A_1).*
11 Urtheil eines ... Todes.] *Zweifel, ob Karoline ihn noch liebe; aber Gewißheit vgl.* **23.**
16 über mein Betragen] *Vgl.* **53ff.**; *zu I 91,65–75.*
22 sind wir nicht ... zu kalt] *Karoline erklärte, H. besitze ihr »ganzes Herz«; nicht »Kälte«, sondern »Schüchternheit« habe sie, der man in Darmstadt Zweifel an H.s Liebe einreden wollte, gehindert, »die Erste zu seyn, von einer ewigen edlen Verbindung zu reden«. Vgl. zu II 91,36. Die zweite Ursache sei ihre Armut: »ein armes Mädchen«, das »gerade nur so viel besitzt, um sich vielleicht einen Rock zu kaufen« (A_2).*
25 Romantisch] *Vgl. II 3,49; zu I 110,109f.*
28f. so verschloßen ... sei Du es nicht!] *Karoline sollte sich zuerst erklären; vgl. zu* **22**; *sie verlangte aber auch von H. Offenheit: »warum willt du aber, daß ich allein sprechen soll, bin ich denn Deiner Vertraulichkeit nicht werth?« (A_2).*
33 als Briefsteller gar] *Als professionelle Briefschreiber im Auftrag anderer, ohne echtes Gefühl, unwahr, konventionell, förmlich.*
37ff. »meine ganze ... ichs erlebe.«] *Zitat aus B_1 (vgl. zu II 78,40f.).*
42ff. Vielleicht fallen ... reifen helfe.] *»Die Blüthenblätter mögen abfallen, wenn die Frucht reift! aber was bin ich armes Flämmchen statt einer herrlichen Sonne –« (A_2). Vgl. H.s Metapher seiner Frühreife I 15,24.*
50 Himmel u. Elysium] *Das erwartete H. von Karoline.*
53 Unbestimmtheit u. Schweigen] *Vgl. zu* **16.**
55 Führerin des Lebens] *Vgl. zu II 23,128ff.*
57 Werke Hamiltons] *Vgl. zu II 83,50f.*
59 Jacobi u. Wieland] *Vgl. zu II 83,52f.*
60 goldnen Spiegel] *Vgl. II 85(N),62–69.*
61f. Romantische Feen Johanniszeit] *Vgl. das II 91 beigelegte Gedicht »St. Johanns Nachtstraum« (SWS XXIX, S. 364–368), mit »Rosen und blühnden Bohnen« (Vers 2), Johanniswürmchen (»Sommerwurm«, Verse 45–73, zwei erläuternde Fußnoten S. 366), dazu Ulrich Gaiers Kommentar in FHA 3, S. 1473ff.*
62 Ährenkorns] *»... gefällt Ihnen die gute liebe Kornähre auch so wohl? ich gehe niemals vor einem Kornfeld vorbey, ohne die ären zu streicheln« (A_2).*
63 mit mir theilen!] *»... theilen Sie alles mit mir, ich thue es ja auch« (A_2).*
65 Blödigkeit] *Vgl. zu I 91,85f. In der Nachschrift von A_1 kündigte Karoline an, ihre Gedanken darüber zu schreiben. Vgl. zu* **22.**
68f. Beschreibung einer Westphälischen Bauerhütte] *Eine solche Beschreibung ist nicht nachweisbar. Am 14.8.1772 (B_3 zu II 100) bat Karoline um das versprochene »Liedchen von der schönen altdeutschen Hütte«. In A_2: »was soll uns die Welt! eine gute, alte, schöne Deutsche Hütte ist genug für uns, wenn wir zusammen sind.«*
69 weiß Papier] *II 79 mit dem Mskr. der mittleren Fassung des »Brutus« war an Karolines Bruder kuvertiert (II Anm. 79), was Merck, der gewöhnlich die Briefe übermittelte, nicht wissen sollte. Um ihm »Brutus« geben zu können, ohne seinen Argwohn zu wecken, sollte H. in den nächsten an Mercks Adresse gesandten Brief an Karoline »etliche Bogen weiß Papier« als Attrappe des Mskr. einlegen, das schon in ihrem Besitz war (B_1, B_3).*

85 (N). AN CHRISTIAN GOTTLOB HEYNE, *Bückeburg, zweite Hälfte Juni 1772*

4 Länge] *In H 8 volle Seiten beschrieben.* – Efforts] *Anstrengung (franz.).*
8 Ihre böse Geschäfte] *Heynes viele dienstliche Verpflichtungen als Universitätsprofessor, Bibliothekar, Redakteur der »Göttingischen Anzeigen«, Sekretär der Göttinger »Sozietät der Wissenschaften«, vgl. zu II 76(N),* **79***.*
9 Urtheil über mein Manuscript] *Vgl. zu II 70(N),* **11–17***.*
11 Ihre Einwendung ... von Herzen] *Heyne war froh, daß H. ihm seine »Zweifel über den Gang der Abhandlung« nicht übelnahm (A).*
13 Besoin] *Bedürfnis (franz.).*
15 Huetische Stoppeleien] *Metonymisch (Ährenlese) für eine mühsame und kleinliche polyhistorische Kompilation wie Huets Schriften bzw. zusammengestoppelt nach diesen. Vgl. »Erläuterungen zum Neuen Testament«: »... daß Homer seine Mythologie aus Huet und Banier zusammengestoppelt« habe, sei eine absurde Behauptung (SWS VII, S. 359 unten); 48. der »Briefe, das Studium der Theologie betreffend«: »Huetii commentarius ... hie und da kleinlich« (SWS XI, S. 87).*
15f. Ersten Simplicität] *Vgl. zu II 70(N),* **11–17***.*
17f. in einer zweiten Religion ... zum Wochenkalender] *Heyne fragte, wann H ihn in seine »Hieroglyphen, Ziffern und Kalender einmal einen Blick weiter thun« lasse (A). »Politischer Wochenkalender« steht im Mskr. der »Vierten Unterhaltung« (SWS VI, S. 161). Im ersten Teil der »Aeltesten Urkunde« handelt Kap. V. »Tagwerke« (SWS VI, S. 277–288) von der Einteilung des Lebens in Arbeit und Ruhe, das VII. »Sabbat« (ebd., S. 304–314) von der Sabbatstiftung nach 2. Mose 20,9–11.*
18f. ad oculum] *Durch Augenschein.*
21 Buchstab, Hieroglyphe u. Ziffer] *Vgl. »Aelteste Urkunde«, 1. Teil, Kap. VI. »Hieroglyphe« (ebd., S. 288–303), 2. Teil »Aegypten«, Kap. I. »Sieben heilige Laute« (ebd., S. 339ff.).*
22 simple Zeugniße, historische Data] *Im 2. (von Ägypten) und 3. Teil (altasiatische Religionen, besonders die zoroastrische). Vgl. III 51,* **10f***.*
23 velitiren] *Plänkeln, drohen (lat.).*
24f. alle kritische Kälte ... Unpartheilichkeit] *Bei der »Aeltesten Urkunde« ist eher das Gegenteil der Fall.*
27 meiner Wüste] *Bückeburg in wissenschaftlicher Hinsicht (weder Gelehrte noch Bücher).* – Timur u. Engel] *Pétis de la Croix und Samuel Engel, vgl. zu II 76(N),* **49,75f***.*
31 Stoppeln ... des Brandes werth] *Metapher für völlige Wertlosigkeit, vgl. Jesaja 47,14.*
32f. Deguignes Schuking] *Guignes, »Le Chou-king« (»Buch der Urkunden«), vgl. II 94(N),* **12***; 99(N),* **3–17***.*
33f. Jones ... orientalischen Poesie] *»Histoire de Nader-Chah«, angehängter »Traité«. Heyne schickte ihn mit B zu II 127a(N).*
34 Das Erste] *Schuking.*
34f. letztens ... vergeßen] *Bei seinem Aufenthalt in Göttingen im Februar 1772.*
37 Noth ... Wollust] *Schuking wollte H. für die »Aelteste Urkunde« auswerten (darin nicht erwähnt), über die orientalische Poesie zu seinem Vergnügen lesen.*
39 Zoroaster] *Anquetil-Duperron, »Zend-Avesta«, vgl. II 81,* **14***. Damals waren gerade alle drei Bücher verliehen. »Zendavesta« hatte »der ehrliche Gatterer seit Michaelis v[origen] J[ahrs] bei sich, um eine Recension zu machen«. Ein Auszug sollte in seiner künftigen »neuen Bibliothek« erscheinen (A). Dabei handelte es sich wahrscheinlich um das in Göttingen 1772–1781 in 16 Bänden erschienene »Historische Journal« Gatterers.*

40 damals] *Vgl. zu **34f.***
41 seine Religion herleitet] *»Aelteste Urkunde«, 3. Teil, VI. »Religion Zoroasters« (SWS VI, S. 491–500): »... aus Chaldäa, oder dem nordlichen Iran«, die altpersische Religion von Dshemshid und der Mithras-Kult (ebd., S. 491, 494, 500).*
45 Braminen Sprache] *Siehe R, S. 720; vgl. II 94(N),**13**. »Über die Braminensprache habe ich kaum mehr als ein mager Wort zu sagen, aber auch das muß ich versparen« (A).*
46 Dow] *In H.s Besitz; im 3. Teil der »Ideen« als Quelle über die Bramanen angeführt (SWS XIV, S. 26f.).*
47 Gauren] *Vgl. II 101,**102ff.***
49 Indianischen] *Ältere Form von »Indischen«.*
50f. Renaudot ... Müller] *Vgl. II 94(N),**41–44**; zu II 76(N),**47ff.**; Andreas Müller.*
52 Postfrei] *Heyne hatte im Kurfürstentum Hannover Postfreiheit (B). Vgl. die Adressen N II Anm. 99, 127a, 144: »franco Hannover«.*
54 Stadthagen ... Hagenburg] *Siehe R, S. 820, 769. Vgl. »Hagenburger Brieftasche« in den Adressen N III Anm. 148, 154.*
55 Posaunen der Frankfurter von Schlötzer] *»Posaunen« wie »Gaßentrompeter« (**56**) für übermäßiges Lob in den entsprechenden Rezensionen der »Frankfurter gelehrten Anzeigen«, am 25. und 28. 2. 1772 über Schlözers »Allgemeine nordische Geschichte« (siehe R, S. 669), vgl. zu II 76(N),**64**. Nach Heynes Auffassung hatte »der Recensent den Geist der Compilation in einen Schöpfergeist verwandelt« (B): Schlözer war am Schluß der 16seitigen Besprechung als »forschender Geist«, »Mann von Genie« und einer der »wenigen wahren Geschichtforscher« bezeichnet worden.*
56f. Revision der Philosophie] *Anonym, von Meiners; Rezension von Schlosser am 16. 6. 1772 (siehe R, S. 669). Nach Heynes Auffassung hatte der enthusiastische Rezensent geglaubt, H. sei der Verfasser (A).*
57 Schloßer] *Von Schlosser war nur die letztgenannte Rezension, die erste nach Bräuning-Oktavio wahrscheinlich von Friedrich August Wilhelm Wenck, a. o. Prof. der Geschichte in Leipzig (1741–1810).*
57f. Katechismus fürs Landvolk] *»Katechismus der Sittenlehre für das Landvolk«.*
60f. Fischers Siberien ... Zurücknahme thun müßen.] *Vgl. zu II 64,**128.**; 76(N),**64**. »Zurücknahme« bedeutet möglicherweise, daß H. eine Gegenrezension zu Schlözer beabsichtige. Oder wollte er das negative Urteil über Schlözer revidieren? »Siberien« nach dem franz. »la Sibérie«.*
62 goldnen Spiegel] *»Der Goldne Spiegel«, vgl. II 84,**60–63**. In B hatte Heyne gefragt, ob H. das Buch schon habe: Wielands Genie entwickle sich »zu seinem Vortheil ... Das meiste ist zwar en second gedacht; vielleicht fast alles; aber die Einkleidung, wenn sie auch gleich selbst erborgt ist, hat doch einen eigenen Charakter«. In A wies Heyne auf Feders sehr anerkennende Rezension des Staatsromans in den »Göttingischen Anzeigen« vom 23. 7. 1772 (88. Stück) hin.*
66 Agathon] *Vgl. II 64,**93**.*
70f. Sulzers Schriftgen ... widerlegen] *Vgl. zu II 70(N),**19ff**. Es handelte sich um ein Gerücht: Boie schrieb an H. am 19. 4. 1772, »daß W[ieland] wider Sulzern eine Moral der schönen Künste schreibt« (Impulse 10, S. 276). Wieland hat Sulzer nicht widerlegt, sondern nur eine kurze Rezension in den »Erfurtischen gelehrten Zeitungen« vom 11. 6. 1772 verfaßt (Starnes I, S. 431; vgl. ebd., S. 428, Sulzer an Zimmermann, 1. 6. 1772).*
73f. Im Grunde ... Eins seyn.] *Die Einheit des Wahren, Guten und Schönen nach Shaftesbury und den Griechen; vgl. zu I 18,**54**.*

75 Grundriß von Archäologie] *Vgl. zu II 55(N).* »*Sie thun dem dürren Geripp der Archäologie zu viel Ehre an, da Sie es nur erwähnen. Es ist und soll mehr nicht sein als Fachwerk, um nur die Sachen in erträglicher Ordnung zu halten.*« *Heyne wünschte, einmal* »*über die Methode ausführlich*« *mit H. zu sprechen (A).*
76 Kuhhaut] *Kuhhaut der Dido, siehe R, S. 722.*
80ff. Aeneide] *Heynes kommentierte Ausgabe* »*P.Virgilii Maronis opera*«, *2. Teil. Heyne verlangte, H. solle dabei wie Sem und Japhet bei dem betrunkenen Noah (1. Mose 9,23)* »*die Blöße des armen Commentators*« *zudecken (A).*
82 Buch der Höllenfart] »*Aeneis*«, *6. Buch, vgl.* »*Aelteste Urkunde*«, *2. Teil, Kap. VI.* »*Aegyptisch-Orpheische Politie*« *(SWS VI, S. 407f.). Dazu wollte H. Heynes Kommentar nutzen. – Ihr Grieche]* *Heynes Pindar-Edition, vgl. II 171(N),40.*
84 Meße] *Neuerscheinungen zur Ostermesse 1772. – in rubro] Titel im Messekatalog rot gedruckt. – in nigro] Inhalt der Bücher in Druckerschwärze (H. hat sich mehr davon versprochen).*
84f. Fergusons MoralPhilosophie] »*Anfangsgründe der Moralphilosophie*« *(BH 3425).*
86f. Meister Garve] *Der Übersetzer; vgl. II 22,24–35. Seine Abneigung gegen H. Vgl. VIII 359,29–34.*
88 Millar ... Beattie] *Vgl. II 101,123ff.*
89 Leßings ... Beitrag] »*Zur Geschichte und Litteratur*«, *1. Beitrag.*
90f. Klopstocks David] *Vgl. II 74(N),38ff.*
92 klaßischer Mann] *Heyne als Altphilologe. – messis in herba] Ovid,* »*Heroides*«, *XVI. (XVII.)* »*Epistula Helenae*«, *Vers 263* »*Sed nimium properas, et adhuc tua messis in herba est*« (»*Aber du beeilst dich zu sehr, deine Ernte ist noch im grünen Halm*« = *ist noch fern).*
93f. im Lautenduft] »*Kommen Sie bald hieher ... In ein paar Wochen kommt meiner Frauen Bruder her, ein junger Virtuose auf der Laute*« *(B). Therese Huber beschrieb ihren Onkel Weiß:* »*ein schlechter, unangenehmer Mensch und sehr guter Lautenspieler von Profession*« *(Geiger, S. 4; vgl. zu II 58,23f.).*
95 die garstigste Schuld] *Heyne hatte über seine Arbeitsüberlastung geklagt, vgl. zu II 76(N),77,79.*
99 geistlich? weltlich?] *Erste Anfrage nach einer möglichen Anstellung in Göttingen (vgl. 97). Heyne ging darauf nicht ein.*

86. AN GRAF FRIEDRICH ERNST WILHELM ZU SCHAUMBURG-LIPPE, Bückeburg, 28. Juni 1772

8 deßen Bitte ich übergeben] *Vgl. II 83a. – Graf Wilhelm unterzeichnete noch am gleichen Tag die Vokation für Tidemann zum reformierten Stadthagener Pfarramt und ließ sie ihm zusenden (A· Schaumburg-Lippe III, Nr. 447).*
10 Buchhändler] *Wahrscheinlich Johann Heinrich Cramer, vgl. II 102,7f.*
12 Sander] *Philipp Sander.*

87. AN GRAF FRIEDRICH ERNST WILHELM ZU SCHAUMBURG-LIPPE, *Bückeburg, Ende Juni 1772*

5f. beikommenden Thiermenschen-Philosophen] *Hamanns Schrift* »*Des Ritters von Rosencreuz letzte Willensmeynung*«. *Vgl. II Anm. 87 (irrtümlich), berichtigt N, S. 800.*

88. An Christoph Friedrich Nicolai, Bückeburg, 2. Juli 1772

3 letzte Zuschrift] *B₃. Nicolai sandte eine mit A. bezeichnete Liste der von H. noch nicht erledigten Rezensionen älterer Bücher, eine mit B. bezeichnete Liste von Messenovitäten mit der Bitte um Rezension (vgl. zu 14f.) und eine mit C. bezeichnete Liste der von H. noch nicht zurückgesandten Bücher (O. Hoffmann, S. 77) mit der Bitte um Rückgabe.*
5–11 Leßings Schriften ... Aeneide] *H.s Rezensionen siehe R, S. 25; 10f. ebd., Nichtüberlieferte Rezensionen.*
9 Ans Lief- u. Esthländische Publikum] *Von Hupel. Nach Nicolais Vermerk auf Liste C. von H. nicht zurückgesandt.*
10 Versuch über den Ursprung der Sprache] *Vgl. zu II 64,109f.*
11 Aeneide] *»Der Aeneide erstes Buch«, Bützow und Wismar 1770 (anonym).*
12f. Denisschen u. Bardenrecensionen] *Vgl. zu II 35,3. Nicolai war mit den Änderungen zufrieden (A).*
14f. beikommenden Verzeichniß] *Vgl. zu 3.*
15f. Sulzers ... Oden] *Mit A zu II 22 erhalten.*
18 Sulzers Lexikon] *Vgl. zu 81; I 79,35.*
20 Klopstocks ... verschonen] *Nicolai bestand auf H.s Rezensionen. Es spiele keine Rolle, wenn H.s Auffassungen von den seinen abwichen; denn er wolle die »Allgemeine deutsche Bibliothek« nicht zur Verbreitung seiner eigenen Meinungen gebrauchen. »Ich überlaße jedem Dichter seine Manier, und jedem Leser seinen Geschmack« (A). Vgl. zu II 50(N),* **64f.;** *133,3ff.*
21 David] *Vgl. zu II 74(N),38ff. Nicolai ließ H.s Rezension (siehe R, S. 25) drucken, obwohl er darüber mit ihm »ein Hühnchen zu pflücken« [= rupfen] hätte (A zu III 21). H. las »David« nicht als Theaterstück, sondern als »dramatisirte Religionsgeschichte! eine große biblische Begebenheit« (SWS V, S. 363) in der Sprache der Empfindung und deutete die Volkszählung als Kriegsvorbereitung.*
24–78 Eine Ode ... Riß meiner Gedanken.] *Nicolai war »begierig« auf die weitere Ausführung von H.s Gedanken »von der Schönheit der Klopstokischen Oden« in der Rezension (A). Darin führte H. die Gliederungspunkte a und b aus und ließ c weg.*
24f. a) als ... Empfindung] *Hier 29–38. In der »Oden«-Rezension die 1. Hälfte mit dem großen Zitat aus Luthers Vorrede zum Deutschen Psalter, 1531 (SWS V, S. 350–355).*
25f. b) als ein Musikalisches Gebäude] *Hier 39–55. Die 2. Hälfte der Rezension mit den Ausführungen über die Silbenmaße (SWS V, S. 355–360).*
26ff. c) als ein künstliches Mythisches] *Hier 56–77. Vgl. zu 24–78.*
29 Ausströmungen der Empfindung] *»Ausfluß, einer begeisterten Einbildungskraft, oder eines erregten Herzens« (SWS V, S. 350).*
30 unerkünstelte Natur] *»Welche Natur! ... Naturgeist, die ganze Fülle des Herzens« (ebd.).*
35 manche religiöse Stücke Klopstocks] *»Möge der Autor als Mensch, als Religionsverwandter denken, was er wolle: als Dichter mußt du ihm glauben« (ebd., S. 352). Vgl. zu II 50(N),* **64f.**
37f. mit Rammler über Friedrich] *»... sollte es nicht eben so viel Ungläubige an Rammlers Friedrich geben können, als Ungläubige an Klopstocks Jesus Christus?« (SWS V, S. 352). Nicolai teilte den Friedrich-Kult in Ramlers Oden auf Friedrich II., denn man könne »nicht läugnen, daß Fr[iedrich] ein großer Geist, ein großer Held, ein großer König sey« (A).*
39 Musikalische Sprache] *Nicolai glaubte, über den Zusammenhang der griechischen Poesie mit der Musik Entdeckungen gemacht zu haben: Hexameter und Pentameter hät-*

ten »das Tempo und die Klangfüße eines Pohlnischen Tanzes« gehabt. Während Prosodie und Rhythmus der Griechen durch die Musik bedingt gewesen seien, könne man nicht wie Klopstock ihnen »ähnliche neue Versgebäude ausdenken«, da die deutsche Sprache der Gegenwart nicht von Quantität und Musikbegleitung bestimmt sei (A). Dasselbe hatte H. im 4. »Kritischen Wäldchen« über die Entstehung der Musik des Altertums aus der Sprache dargelegt (SWS IV, S. 117f.). Vgl. zu II 150,**44ff**. Als »Oden«-Rezensent fühlt H. »musikalisches Leben ... in der Sprache« (SWS V, S. 360), zieht aber die einfache Melodie des Liedes den zu künstlichen neueren Silbenmaßen Klopstocks vor.
41ff. Substantiven- u. Verbenklangs ... erklärt] *In »Von der Sprache der Poesie« in »Der nordische Aufseher«, Bd. 1, 26. Stück (vgl. SWS I, S. 156,166).*
42 Scholiasten] *Kommentatoren antiker griechischer Schriftsteller.*
43 Melodie der Worte] *In der Rezension wird wiederholt die »Melodie« in den Silbenmaßen gerühmt (SWS V, S. 357ff.).*
51 ohne Proportion u. Ründe] *Von H. wird bezweifelt, daß Klopstocks neu erfundene Silbenmaße »die unaufgehaltene Ründe und Glätte haben, die wir in den schönsten und gebrauchtesten Sylbenmaassen der Griechen finden« (ebd., S. 357).*
53 Ihre Bemerkung ... Baukunst] *In A zu II 22 hatte Nicolai die Dichtkunst mit der Baukunst verglichen, in der »nur wenige Proportionen ... zugleich, Festigkeit und Annehmlichkeit« haben, und diese hätten die Griechen »erschöpft«.*
56 Regeln der bloßen Convention] *Überlieferte Odennormen von H. nach Inhalt (a), Form (b) und Stoff (c) abgelehnt zugunsten poetischer Individualität (58–77).*
60 Ikonisches Gemälde] *Bildlich, im Sinne eines Abbildes (εικων, Bild).*
71 Braga] *Siehe R, S. 720.* – Celtische Mythologie] *Siehe R, S. 753. Ihre Anwendung in der Bardendichtung lehnte Nicolai ab, vgl. zu II 50(N),***64f***. Nach H.s Rezension »kann der Dichter ... fodern«, daß man die »Altdeutsche Mythologie« so ansehe, »wie er will!« (SWS V, S. 355).*
76 Lobgesang ... Eislauf] *»Wingolf«, »Der Eislauf«. Das erste Gedicht schien dem Rezensenten »indeß in seiner alten Griechischen Gestalt doch noch mehr Jugend und Naturgeist zu athmen« (ebd., S. 360). »Der Eislauf«, worin die altnordische Mythologie nicht angewandt ist, steht in H.s Brief irrtümlich für die »Eisode« (»Die Kunst Tialfs«).*
81 Ueber Sulzer ... Materialien] *Nicolai erwartete sie »mit Begierde« (A). Vgl. zu II 50(N),***62***. Nach B$_3$ und nach A zu III 48 sollten Beiträge von einem Maler und einem Musiker angefügt werden. Im Anschluß an H.s Rezension (vgl. R, S. 25) folgten die Ausführungen des Dresdner Hofbaumeisters F.A. Krubsacius (»Allgemeine deutsche Bibliothek«, Bd. 22, 1. Stück, S. 35–92).*
82ff. Sulzers Moralitätssucht] *Vgl. zu II 37,***119–126***; 70(N),***19ff.***; 85(N),***70f***. Nicolai schickte mit B$_2$ Sulzers Schrift »Die Schönen Künste« und erklärte sich gegen dessen »Grundsätze von der Gründung der schönen Wißenschaften auf die Moral«. Seiner Meinung nach könne nur »bey einem barbarischen Volk, ein Poet Gesetzgeber seyn.« Zwar habe die Poesie auch in »aufgeklärten Zeiten ... moralischen Nutzen«, aber die »wahre Verbindung der Moral mit den schönen Wißenschaften« sei »noch nirgend recht erörtert«. Mendelssohn wollte das einmal tun.*
85 Hamanns Schriften] *Vgl. II 101,***36–39***. Im Auftrag Kanters hatte Nicolai mit B$_3$ Hamanns »Zwo Recensionen nebst einer Beylage« (vgl. 103f.) und »Des Ritters von Rosencreuz letzte Willensmeynung« übersandt. Es seien »nur 12 Exemplare abgedrukt worden« (nach Nadler 3, S. 419 bezog sich das auf die Rezensionen aus den »Königsbergschen Zeitungen«). Nicolai »traute sich nicht zu sagen«, ob die Schrift für oder gegen H.s Preisschrift geschrieben sei. Mendelssohn glaubte, Hamann zufolge hätten »die Menschen die Sprache durch eigne Kräfte erfunden«. Nach Nicolais Meinung behauptete Hamann, »sie*

sey den Menschen von Gott im Anfange besonders eingegeben«. H. möge entscheiden, wer von ihnen recht habe.
85f. die ganze Frage ... Göttlich] Hamann setzt »*Gott zum Ursprung aller Wirkungen*« voraus. »*Folglich ist alles göttlich, und die Frage vom Ursprung des Übels läuft am Ende auf ein Wortspiel und Schulgeschwätz heraus. Alles Göttliche ist aber auch menschlich; weil der Mensch weder wirken noch leiden kann, als nach der der Analogie seiner Natur ...*« (»Rosencreuz«, Nadler 3, S. 27).
88 die Frage] Vgl. *zu I 72,86–89.*
88f. Gott ... die Natur.] »*Weil die Werkzeuge der Sprache wenigstens ein Geschenk der alma mater Natur sind, ... und weil, ... der Schöpfer dieser künstlichen Werkzeuge auch ihren Gebrauch hat einsetzen wollen und müssen: so ist allerdings der Ursprung der menschlichen Sprache göttlich*« (Nadler, a. a. O.).
89 durch Thiere] *Wie das Eichelnessen von den Schweinen* (Nadler 3, S. 29), *so haben die ersten Menschen auch die Sprache von den Tieren erlernt.* In »Zwo Recensionen« (»Beylage« am Schluß) wird gefragt, »*durch welchen Unterricht die erste, älteste, ursprüngliche Sprache dem menschlichen Geschlecht mitgetheilt worden? – Der menschliche Unterricht fällt von selbst weg; der mystische ist zweydeutig, unphilosophisch, unästhetisch ... Es bleibt also, ... nichts als der thierische Unterricht übrig.*« Die Tiere haben das »*Vorrecht der Erstgeburt*« (Nadler 3, S. 21f.). Hamann hat den Tier-Mensch-Bezug danach in den »Philologischen Einfällen und Zweifeln« weiter erörtert (Nadler 3, S. 37ff.,42–46).
91 Wort Gottes gehört] »*Jede Erscheinung der Natur war ein Wort ... Alles, was der Mensch am Anfange hörte, ... war ein lebendiges Wort; denn Gott war das Wort*« (»Rosencreuz«, Nadler 3, S. 32). Für Hamann ist »Logos« das schaffende göttliche Urwort nach Johannes 1,1 (»Biblische Betrachtungen eines Christen«, Nadler 1, S. 52; »Betrachtungen zu Kirchenliedern«, 1758, ebd., S. 296).
96f. was ich nicht ... in meinem Aufsatz hingeworfen] *Wie II 80,65f.; 101,13f.* behauptete H. hier, in seiner Sprachabhandlung dieselben Ideen vertreten zu haben wie Hamann. Das war eine Selbsttäuschung H.s, der ja gegen Süßmilch den göttlichen Ursprung der Sprache auf das entschiedenste bestritten hatte; vgl. *zu II 50(N),26.* Neuere Interpreten, wie Ulrich Gaier, sind der Auffassung, daß es sich um ein wechselseitiges Mißverständnis gehandelt habe und Hamanns und Herders Ansichten über den Ursprung der Sprache sich im Grunde nicht unterschieden (H.-B. II, Nr. 1387, S. 156).
98 seinen ganzen jetzigen Zustand] Am Schluß von »Zwo Recensionen« beschreibt Hamann, der »*unter Frohnvögten längstens in ein erzapulejisches Lastthier verwandelt, fünf Stunden Morgens und vier Stunden Abends Säcke trägt*« (Metapher für seinen Dienst als »Secrétaire-Traducteur« beim Zoll), seine materiell eingeschränkten Umstände: »*einen grauen umgewandten Frack*«, »*Diät auf Halbbier [Dünnbier] und kalte Küche*«, die ihm durch die »*schönen Künste und Wissenschaften*« geraubte Zeit, die er lieber mit dem »*Wächslinge seiner Seele*« [Sohn Johann Michael] und an der »*Wiege seiner kleinen Magd*« [älteste Tochter Elisabeth Regina] verbringen sollte (Nadler 3, S. 23f.). Am Schluß des »Rosencreuz« (ebd., S. 33) erwähnt er ebenso Sohn (»Johann Michel Joseph Nazir«) und Tochter (»Lisette Reinette«).
99 Zustand des Landes, **102** Jeremiade über Preußen] Durch das von Friedrich II. nach dem Siebenjährigen Krieg eingeführte französische Steuersystem (indirekte Steuern auf Lebensmittel und Gebrauchswaren) bereicherten sich die ins Land geholten französischen Finanzbeamten und Steuerpächter (»*Pächter und Beutelschneider*«, »*Finanzer und Neufindler*«), während die Bevölkerung darbte: Die »*verlorne Landeskinder*«, die »*verarmten und gelästerten Unterthanen*«, können mit den Schweinen bei Trebern »*offene Tafel hal-*

ten, unterdessen die Götter und Colonisten [= der König und seine Regiefranzosen] des Landes Gold in sich saufen und unter sich lassen« (»Rosencreuz«, Nadler 3, S. 28ff.).
99 Personalbeziehungen, seine Vorstellung von Berlin] *»Jene warmen Brüder ..., die Sophisten zu Sodom-Samaria, ... [nach Bayles Lexikon-Artikel »Lamia«:] des Demetrius Nardenbalsam riecht ... nach einer glans regia« (ebd., S. 29f.). Nach B₃ konnte Mendelssohn Nicolai »sehr sinnreich« erklären, wie die von Hamann beschimpfte »Accise Regie ... nebst den Mastupratoren und Sodomitern« (Anspielungen auf Friedrichs II. und Prinz Heinrichs Homosexualität) in diese Abhandlung über die Sprache gekommen sei.*
100 Moses Prediger Salomo] *»... die Weisheit Salomonis im Frühprediger« (ebd., S. 29) bezieht sich nach Hamanns Fußnote auf die Friedrich II. zugeschriebenen »Matinées royales«, die Hamann für authentisch hielt (vgl. zu I 19,20f.). Nach Elfriede Büchsel, Johann Georg Hamann: Über den Ursprung der Sprache (Hamanns Hauptschriften erklärt, Bd. 4), Gütersloh 1963, S. 186, ist es eine anonyme Satire auf Friedrich II. »Salomo« war Hamanns Chiffre für den König (vgl. »Au Salomon de Prusse«); Voltaire hatte schon 1740 »le Salomon du Nord« besungen. Unklar ist, ob »Moses« sich (irrtümlich) auf Mendelssohn bezieht, der 1770 einen hebräischen Kommentar des »Prediger Salomo« herausgegeben hatte, oder auf den in den »Zwo Recensionen« (ebd., S. 22) erwähnten alttestamentlichen Moses.*
101f. Ende der Schrift ... in Erfüllung gegangen] *»Wohl dem, der zwey oder drey, ja vier Jahre wartet, bis sich die Meynung dieses letzten Willens aufschließt, dessen geheimer Verstand noch versiegelt ist!« (»Rosencreuz«, ebd., S. 33). Das hatten Nicolai und Mendelssohn »beide nicht verstanden«, und ersterer fragte H. nach dem Sinn (B₃). Da Hamann seine Schrift im Titel auf »1770« vordatiert hatte, rückte die Zeit der prophezeiten Offenbarung nahe.*
103 Windstreiche] *Eine dem »Windbeutel« Kanter angemessene Handlung.*
104 bei Schwickert drucken] *»Zwo Recensionen« hatte in Wirklichkeit Kanter in Königsberg gedruckt, »Bey Dodsley und Compagnie« auf dem Titelblatt ist fingiert.*
105 Eberhards Apologie] *Johann August Eberhards »Neue Apologie des Sokrates« hatte Nicolai mit B₃ geschickt in der Hoffnung, daß es H. »nicht misfallen« werde. Vgl. II 150, 48–51.*
108 Scholze] *Scholz. Nicolai ging nicht auf H.s Frage ein.*
111 Pasquill auf Abbt] *Von Porte, vgl. zu II 50(N),73ff.*
112 Staupbesen] *Großer Rutenbesen, mit dem ein Missetäter vom Henker öffentlich am Schandpfahl gestäupt (ausgepeitscht) wurde (Adelung).*
113 die Handlung] *Meyersche Buchhandlung in Lemgo, siehe R, S. 386.*

89. AN JOHANN DANIEL ZERSSEN, Bückeburg, 3. Juli 1772

9f. ungebotnen Festefeier] *Graf Wilhelm zu Schaumburg Lippe hatte mehrere vorreformatorische kirchliche Feiertage aufgehoben. In einigen Dörfern der Grafschaft, u. a. Bergkirchen, kam es zu Zusammenrottungen der Bauern, die den Gottesdienst am Nachmittag des Johannistages (24. 6.) mit Gewalt erzwingen und in die Kirche eindringen wollten.*
13 die vorm Consistorio gewesnen] *Abgesandte der Bergkirchener Gemeinde hatten vor dem Konsistorium in Bückeburg Klage erhoben gegen Pastor Zerssen, der sich an die landesherrliche Anordnung hielt.*
13–18 »ob ihnen ... werden sollte.«] *Gesuch der Bergkirchener Bauern.*
25f., 38 Zusammenkunft ... ad consistorium] *Zu diesem im Juli 1772 angekündigten Predigerkonvent beim Konsistorium wurde bisher nichts ermittelt.*

31 Ihres Kirchspiels] *Der Sprengel (Amtsbezirk des Pfarrers) Bergkirchen.*
35f. Kirchenbauerconvente] *Zusammenkünfte der Bauern in der Kirche ohne den Pfarrer.*
41 tumm] *Dumm (niederdt.).*

90 (N). AN HEINRICH CHRISTIAN BOIE, *Bückeburg, vor dem 11. Juli 1772*

4 Musenunordnung] *Boie hatte H. um Beiträge zum Almanach für 1773 gebeten und ihn offenbar ungeduldig gemahnt.*
6 Katalogus] *Messekatalog, Katalog einer Bücherauktion oder ein Lagerkatalog Johann Christian Dieterichs, den Boie H. geschickt hatte.*
8 Dodsley Collection] *Robert Dodsley, »A Collection of Poems«. Nach SWS XXV, S. 675 zu 328 ist damit Percys Sammlung gemeint, vgl. aber* **13** *Reliques.*
9 Enquiry into the Origin] *Von Burke, vgl. II 95(N),31.*
11 Verunzierten] *Wasserschäden, vgl. zu II 67,15.*
12f. Shakespeare] *Vgl. III 110,89; die Werkausgaben in H.s Besitz siehe R, S. 537. Die Ausgabe von Theobald (BH 6701-8) mit Wasserflecken, was auch Boie am 9.2.1773 an H. schrieb (Impulse 10, S. 282).*
13 Drydens Miscellanies] *»Miscellaneous Works«, nicht in BH verzeichnet. –* Reliques] *Von Percy, vgl. II 95(N),33. –* Ramsai] *Allan Ramsay, »The Ever Green«. –* Tom Jones] *Von Henry Fielding.*
13f. Monatschriften] *Englische Journale, siehe R, S. 666.*
16 Westphalen] *Vgl. zu II 70(N),22.*
17 Michaelische Bogen] *Am 19.4.1772 hatte Boie »Poetische Briefe« von Johann Benjamin Michaelis geschickt. –* Engel] *Samuel Engel, »Geographische und kritische Nachrichten«.*
17–22 Warton] *Thomas Warton, »Observations on the Faerie Queene of Spenser«. Davon wünschte H. von Eschenburg einen Auszug in der Montagu-Rezension (SWS V, S. 315), vgl. zu II 21(N),20ff.*
18 Zauberzeit zu Sanct Johann] *Vgl. II 84,61ff.*
20 Bleifeder] *Bleistift.*
23 Rammlerschen Stücke ... opera omnia] *Gedichte in »Karl Wilhelm Ramlers Lyrische Gedichte«.*
25 Busten ... Terminis] *Büsten (vgl. zu I 61,21); Grenzsteine, Hermen.*
26 Der Eine] *Ramler.*
27 der andre] *Horaz, den Ramler nachahmte.*
28 Karlsruh] *H. war Ende August/Anfang September 1770 und Anfang April 1771 Gast am Hof in Karlsruhe.*
30 lepidissimum pedantorum] *Den Zierlichsten der Pedanten.*
32 nicht ärgere] *Boie hatte als Hofmeister im Dezember 1769 einen adligen Zögling nach Berlin gebracht und dort bis Anfang März 1770 unter den Gelehrten und Künstlern gelebt, Ramler fast täglich besucht und war von seiner Kunst der Deklamation und Versifikation begeistert (vgl. Weinhold, S. 26, 29f., 159f.).*
33 Ode an »die Rosenblättrige Phantasie«] *Hölty, »An die Phantasie«.*
34 pervigilium Veneris] *Bürger, »Die Nachtfeier der Venus«. Am 8. und 27.8.1772 schrieb Boie an Knebel über Ramlers Verbesserungen dieses Gedichts (Knebel II, S. 133, 135).*
37 schöne Devise] *In Ludwig August Unzers »Devisen auf deutsche Gelehrte«.*
38–41 H. Dieze] *Dessen unpoetische Darstellung der spanischen Literatur rügte Unzer.*

42f. das Ganze unüberdacht] *In den »Frankfurter gelehrten Anzeigen« (vgl. R, S. 26) kritisierte H. die »Devisen« als »eine elende oder mittelmäßige Burschenarbeit, in dem Winkel eines Städtchens voll Provincialgeschmack« (SWS XXXIII, S. 221).*
44 Zweite Ausgabe der Allmanache] *Dieterich wollte die seit 1770 in seinem Verlag erschienenen Göttinger »Musenalmanache« nachdrucken.*
45 Vignetten] *Diese hatte Johann Wilhelm Meil (1733–1805), Maler und Kupferstecher in Berlin, gestochen (vgl. Weinhold, S. 233).*
47 Jones Persische Gedichte] *Die Herausgabe persischer Gedichte hatte William Jones angekündigt in seiner »Abhandlung von der orientalischen Poesie«, vgl. II 118(N),7ff.; zu II 85(N),33f.*
48 Rosengarten] *Anspielung auf Sadis »Rosengarten«, vgl. zu III 242,6ff.*
50 Heines Archäologie] *Vgl. zu II 76(N),77f.*
52 Kästner, Feder] *Abraham Gotthelf Kästner und Feder hatte H. bei seinem Aufenthalt in Göttingen im Februar 1772 kennengelernt.*
55 am Tage des Gerichts] *Vgl. Matthäus 10,15.*
56 in Stunde der Theurung] *Vgl. Apostelgeschichte 11,28; Offenbarung des Johannes 3,10. Prophetische Sprache H.s besonders in der Entstehungszeit der »Aeltesten Urkunde«, vgl. III 75,30–35.*

91. AN KAROLINE FLACHSLAND, *Bückeburg, 11. Juli 1772*

3 Ernte an Briefen] B_1 *und* B_2, *lange Briefe voller Liebesbekenntnisse und Hoffnung »einer ewigen edlen Verbindung«.*
8 mein Stillschweigen] *Wegen seiner Armut und der Unzufriedenheit mit der Bückeburger Stelle wich H. lange einer Erklärung aus und machte Karoline keinen Heiratsantrag. Vgl. I 91,74f.,178; 99,145–148,165ff. Er begründete seine Haltung mit vier Punkten 12–28.*
10f. Mißtrauen auf sich selbst] *Vgl. I 98,120ff.*
14 ein Vogel ohne Nest] *Vgl. Jesaja 16,2; Matthäus 8,20.*
16 Leuchsenring] *Vgl. II 1,107–193; zu I 142,23f.*
18f. von Ihnen Ueberraschung ... Sie zurückkämen?] *Hypothese H.s, daß Karoline sich im August 1770 übereilt und unüberlegt in ihn verliebt und ihn nach Leuchsenrings Ankunft nicht mehr geliebt hätte.*
21 HochWürdigkeit] *H.s geistliches Amt.*
22f. bezeugten Sie ... für diesen Ort] *In A zu II 1 hatte Karoline das negative Urteil H.s über Bückeburg für übereilt erklärt, in A zu II 3 aber eingeräumt, daß die Stadt und der Wirkungskreis »viel zu klein und unbedeutend« für ihn war. In* B_3 *zu II 100 widerrief sie diese Auffassung: »Denken Sie nicht auch, daß man in einer Strohhütte (ich nehme es nicht romanhaft) recht glücklich leben kan? und überall! ... Weder Bick[eburg] noch ein Ort in der Welt, Riga, Gött[ingen], Berlin, was weiß ich noch mehr, ist mir zuwider, wenn Sie da sind. ... Was für Vergnügen und Seligkeit können sich zwey Herzen auch in einer Einöde verschaffen. ... eine kleine glückselige Familie wird einmal die ganze schönste Welt für mich seyn.«*
24ff. Wenn ich ... unglücklich zu machen.] *Vgl. zu 8.*
27f. in ein Bette ... nicht gebettet] *Negation des Sprichworts »sich ins gemachte Bett legen«; hier metaphorisch für Heirat unter ungünstigen Voraussetzungen, »dürres Stroh« als Bett der Armen.*
31f. der glatte Kieselstein ... treuer Hand.] *Zunächst Metapher für etwas Wertloses, aber Beständiges. »O gib mir immer den ... treuer Hand« (A_1).*

35 ewig an Sie ketten] *Vgl. II 75,64f.*
36 Was Sie zu Ihrer Schwester] *»Meiner Schwester sagte ichs oft, daß ich mich mit keinem Menschen in der Welt als Ihnen verbinden würde« (B₂).*
37–39 mein liebes Mädchen ... der Ja spreche.] *Ehegelöbnis vor Gott.*
40f. mit Ihnen nächstens mehr sprechen] *Karoline wünschte, daß H. »künftigen Herbst oder Frühjahr nur auf ein paar Tage« nach Darmstadt käme, »um uns unser ganzes Herz mittheilen zu können« (B₂).*
41 Unsere Herzen sind entsiegelt!] *In der Ungewißheit ihrer Situation hatte Karoline H. wiederholt zu einer Erklärung gedrängt (vgl. zu II 77,39–48); diesmal erneut: »Du hast ein so geduldiges Lämmchen zu Deinem Mädchen. ... warum willt Du aber, daß ich allein sprechen soll ... warum willt Du denn nicht auch offenherzig gegen mich seyn?« (B₂). Zu H.s Erklärung gehörte auch das beigelegte Gedicht »St. Johanns Nachtstraum« (II Anm. 91), der »flammende SommerliebesTraum«, aus dessen letzter Strophe Karoline in A₁ zitierte, daran zweifelnd, »so ein glückliches Weib und glückliche Mutter zu werden«.*
43 Baum] *Siehe R, S. 747.*
44 Pyrmont] *Vgl. II 92,23–34.*
45 Schmink] *Schminke.*
47 Ihrem Bruder] *Vgl. zu II 66,61. In B₁ hatte Karoline geschrieben, daß ihr Bruder wegen der Unzufriedenheit des Landgrafen mit ihrem Schwager und mit Ernestine Goll noch lange auf eine Anstellung warten müsse.*
49 Moser] *Friedrich Karl v. Moser hatte als leitender Minister Karolines Schwager in der Gunst des Landgrafen verdrängt. Vgl. zu II 93,49.*

92. AN KAROLINE FLACHSLAND, *Bückeburg, Mitte Juli 1772*

3 unsre Herzen u. Sinne] *Vgl. zu II 91,41.*
4ff. Sanct Johann ... uns wartet.] *Vgl. II 84,61f. und das in II Anm. 91 genannte Gedicht.*
7 Unschuld ... Glückseligkeit] *Topoi der Empfindsamkeit.*
9 Olympische Aussicht] *Vergleich, siehe R, S. 792.*
11 durch Deine Kraft ... beßer machen] *Vgl. II 52,35f.*
13f. Romantischten] *Romantischsten, vgl. zu I 110,109f.*
14,49 Feld, wo Hermann focht] *Teutoburger Wald, vgl. II 39,107.*
15 fürchterliches ... Thal] *Das Gefühl für die heroische Landschaft erwachte in der Literatur und Malerei des präromantischen Sentimentalismus (z. B. ossianische Landschaften), nachdem lange Zeit idyllische Arkadienszenen (wie bei Nicolas Poussin und Claude Lorrain) den künstlerischen Geschmack bestimmt hatten.*
16f. so viel ... abgehen möchte] *H. hielt Arminius für einen Verräter, vgl. IV 122(N),18–24; er wich also von Klopstocks Idealbild des Cheruskerfürsten ab (Oden »Hermann und Thusnelda«, Bardiet »Hermanns Schlacht«).*
19f. Traubengebürge, u. Cedernhaine] *Weinberge und Zedernwälder als Beispiel südlicher, mediterraner Flora.*
20f. Würfe des Erdballs] *Gebirge.*
21f. die Menschen ... unähnlich.] *Ähnliche Tendenz wie in Goethes und Mercks Rezension der »Charakteristik der vornehmsten Europäischen Nationen. Aus dem Englischen« in den »Frankfurter gelehrten Anzeigen« vom 27.10.1772 (»polirte Nationen« ohne »charakteristische«,»eigene Empfindungen«).*

23 Pyrmont] *Vgl. II 39,**99**; 83,**41f.**; 97,**115**. Zu H.s Aufenthalt vgl. II Anm. 92; R, S. 798.* – Spieltische] *Glücks- und Hasardspiel in Spielbanken zur Unterhaltung.* – Alleenpuppen] *Vornehme Kurgäste.*
26 Engel ... Siloah] *Vgl. Johannes 9,7; R, S. 818.*
31f. Athmosphäre ... mehr schwamm] *Über Analogien zwischen Wasser und Luft vgl. das »Reisejournal 1769« (SWS IV, S. 350ff.).*
33 die Zigeunerhorden vorbei jagte] *An den Zigeunerhorden vorbei jagte. Das aus Indien stammende Wandervolk zog seit dem 15. Jh. auch durch Deutschland. Vgl. die wenigen Bemerkungen im 4. Teil der »Ideen«, 16. Buch, Kap. 5 (»Fremde Völker in Europa«, SWS XIV, S. 284f.).*
36 Staub u. Asche] *Vgl. Hiob 42,6.*
39 Lasen] *Verlesung für »Lahen« (Lasen D$_2$; in D$_1$ weggelassen); siehe R, S. 729. Vgl. »Ideen zur Philosophie der Geschichte der Menschheit«, 2. Teil, 10. Buch, Kap. 4 und 6 (SWS XIII, S. 415, 434), »Liebe und Selbstheit« (»Der Teutsche Merkur«, Dezember 1781; SWS XV, S. 314).* – Elohim] *Siehe R, S. 703.*
41 Eya, wären wir da!] *Refrain in Petrus Dresdensis' Weihnachtslied »In dulci jubilo«.*
45 Rosen] *Vgl. zu II 9,**107–141**; 84,**3f.***
48 Ihr Rosenwort ... des Lebens.] *Vgl. zu II 91,**3**. »Haben Sie Aussicht, daß die Frucht in etlichen Jahren reif wird seyn und wir sie zusammen – brechen?« (B$_2$).*
49 Mond] *Ein Leitmotiv des Briefwechsels ist die Seelenvereinigung der Liebenden im Anblick des Mondes. Vgl. I 85,**26ff.**,**31f.**; II 4,**13ff.**; 26,**16ff.**; 27,**57–67**; 31,**21**,**28**,**95**. »Ach vergeße doch nicht so ganz unsern lieben Mond. ich hatte gestern Abend [6. 8. 1772] eine herrliche Nacht, Mond, Waldhörner, und großes glänzendes Kornfeld aus meinem Kämmerchen – ach denke doch, mein Süßer, daß in solchem Augenblick ich ganz bey Dir bin« (A zu II 93).* – Hermannswälder] *Vgl. zu **14**.*
52 Feldthiere u. Koththiere!] *Vgl. Psalm 104,11; Jesus Sirach 10,9.* – Ein paar Kinder] *Zwei Kinder: Westfelds Sohn (geb. um 1770) und Tochter (geb. Januar 1772).*
58 Liebe u. Vater- u. Mutterfreude] *»Was für ein guter Gott ists, der uns Liebe-, Vater- und MutterFreuden gegeben hat, ich darf nicht daran denken« (A).*
58f. dieser Kleinen] *»... es soll mein Mädchen, meine Tochter werden« (A).*
60 Diderots zwei Erzählungen] *In den »Contes Moreaux et Nouvelles Idylles«, vgl. II 93, **59f.**; 97,**117f.**; 107(N),**93f.**; 119,**41**. »Die erste von Did[erots] Erzehlungen [»Die beiden Freunde von Bourbonne«] ist ganz vortrefflich – die 2te hab ich zu geschwind bey einer Colik gelesen und nur halb verstanden« (A).*
62f. Wielands goldner Spiegel] *Vgl. II 84,**60**; zu II 85(N),**62–69**. Mit dem Staatsroman, einer Mischung von Gesellschaftssatire im Stil Voltaires und ernstgemeintem Fürstenspiegel, warb Wieland vergeblich um die Gunst Josephs II. Seine literarischen Bemühungen um Fürstengunst wurden von Zeitgenossen sehr früh wahrgenommen: Boie schrieb über den »Goldnen Spiegel« am 6. 7. 1772 an Knebel, es sei wohl gut, daß Wieland »sich durch einige Frivolitäten den Weg in die Cabinette der Großen gebahnt, die ihn nun allenfalls doch lesen werden, und sich sonst wenig um einen deutschen Philosophen bekümmert hätten.« Boie bewunderte »besonders die Leichtigkeit, mit der er von den wichtigsten Dingen redet, und sie anschaulich macht« (Knebel II, S. 132). Karoline wollte den Roman »nächstens« lesen (A).*
66f. dem kleinen glücklichen ... armen Emirsgast] *In Kap. 3–5 des 1. Teils erzählt der Hofphilosoph Dr. Danischmend dem Sultan Schach-Gebal als Einschlafgeschichte die rousseauistische Idylle von den »Kindern der Natur«, einem von der Welt abgeschiedenen kleinen Volk in Arabien, das nach den Gesetzen des weisen Psammis in Mäßigkeit, Arbeit und Gesundheit, ohne Wissenschaften und Künste glücklich lebt. Der durch Ausschweifungen entkräftete Emir genießt nach einem Überfall durch Räuber die Gastfreundschaft*

dieses tugendhaften Völkchens. Durch den Kontrast zu seinem eigenen Leben verzweifelt, wird er Derwisch und verbreitet eine menschenfeindliche Sittenlehre.
67f. im letzten Theil ... seines Volkes wird] *Im 4. Teil des Romans wird erzählt, daß der Tyrann Isfandiar als König von Scheschian alle seine Verwandten ermorden läßt. Der weise Wesir Dschengis opfert seinen eigenen Sohn, um den Prinzen Tifan retten zu können. Er erzieht ihn in ländlicher Abgeschiedenheit in Unkenntnis seiner Herkunft nach naturrechtlichen Prinzipien zum Menschen. Als der Tyrann in einer Revolution getötet wird, entdeckt Dschengis seinem Pflegesohn das Geheimnis. Tifan will dem Vaterland in der Not beistehen und erweist sich bei allen Unternehmungen als der Beste, so daß er zum König erwählt wird. Mit Dschengis verfaßt er ein »Buch der Pflichten und Rechte«, das die Monarchie einschränkt und auf Gesetze gründet. Ausführlich wird seine wohltätige Regierung im Sinne des aufgeklärten Absolutismus beschrieben. Der Rezensent in den »Frankfurter gelehrten Anzeigen« vom 27.10.1772 (nach Bräuning-Oktavio vermutlich Schlosser und Merck) lobt die »meisterhafte« Schilderung des Despotismus und zweifelt an der Möglichkeit der Fürstenerziehung.*
72 zurück] *Nach Pyrmont.*
73 von Moser] *Vgl. zu II 91,49; 93,49.*
74 Schweizerreise] »*... haben Sie nicht Lust, M[erck] mit seiner Frau künftiges Frühjahr in die Schweiz zu begleiten und wieder mit ihm zurück? er bleibt ohngefähr 3 Monath drinnen. Göthe geht auch mit ... Dann reißten drey Männer zusammen, die nicht überall zu dritt sind« (B₁).*
76 brunetten Freundin] *Frau Merck.*

93. AN KAROLINE FLACHSLAND, Pyrmont, etwa 25. Juli 1772

3 keine Briefe] *Vgl. II Anm. 93. In A wunderte Karoline sich, daß H. ihren Brief vom 17.7.1772 (B₁ zu II 97) noch nicht hatte, und vermutete, daß Merck ihre Briefe vor der Absendung »8 Tage liegen« ließ. Vgl. II 98,3f.*
7 Göthe hat an mich geschrieben] *Vgl. II Anm. 93.*
10 einen Götzenpriester gescholten] »*Antwort auf die Felsweihe an Psyche«, Vers 6f. »... und ein irrer Götzenpriester/der diesen Fels erstieg und ungeweiht ihn sang«. Vgl. zu II 82,15f. Goethes Reaktion: »... habt Ihr was wider mich, so sagts. ... So will ich Euch auch sagen, daß ich letzt über Eure Antwort auf die ›Felsweihe‹ aufgebracht worden bin, und hab' Euch einen intoleranten Pfaffen gescholten; das ›Götzenpriester‹ und ›frecher Hand den Namen einzwang‹ war nicht recht. Hatte ich unrecht, einen Traueraccord vor Eurem Mädchen zu greifen, mußtet Ihr mit Feuer und Schwert drein tilgen?« (WA IV 2, S. 18).*
12f. die Freiheit ... nur wollte«] »*... soll Euch künftig in dem Recht, Euerm Mädchen melancholische Stunden zu machen, kein Eingriff geschehn« (ebd., S. 18f.).*
14 Wollen Sies mir erklären] »*Sie nehmen das, was Goethe geschrieben, auch in zu weitem Umfang ... Daß ich nicht so leicht und lustig bin wie Goethe, das ist wahr, ... aber der gute Goethe weiß nicht woher.« Gründe ihrer Schwermut seien die Aussichtslosigkeit ihres ältesten Bruders, ihre schwächliche Gesundheit, »die beständige Schulmeisterei und Dummheit« Andreas Peter v. Hesses. Goethe habe das »nicht so gemeint« (A). Vgl. II 98, 7–11.*
16ff. Goethe ist ... bleiben wird.] *Diese Äußerung bezeugt H.s frühe Kritik am Sturm und Drang und seine richtige Voraussicht der künftigen Resignation Goethes.*
18–22 Seine Liebe ... nicht gleichgültig ist] »*Ihr bleibt immer Freunde zusammen, das hoff ich, und Ihr müßt Euch zusammen durch eine oft unüberdachte Wendung nicht verkennen« (A).*

23f. Erklärung einer Stelle ... Briefe] »... *ach denken Sie, man hat mir so oft, oft gesagt, daß Sie mich nicht so ganz liebten, daß vielleicht ein guter, ehrlicher Zug von mir Sie im ersten Augenblick überrascht hätte, daß Sie mich vielleicht dazumal liebten, aber es sey gesunken und – Gott weiß, was für elendes Zeug mir gesagt wurde*« (B₂).

25 sonst sind Sie doch wohl!] *Vgl. zu* **14**.

30f. süßen Andenken ... u. genießen!] »... *wenn Sie doch alle die Glückseligkeit in meinem Arm fänden die Sie verdienen! großer Gott, was ist das für ein trauriger Gedanke, daß das nicht seyn wird*« (A).

33 Altes Testament] *Symbolisch für H.s vergangenes Leben.*

35 meine Sorge ... zu Ihnen bin?] »... *ach laßen Sie sichs doch keine Sorge und Nebel seyn, was Sie bey mir sind. gute, edelste menschliche Seele, Du bist mein einziger Gedanke Tag und Nacht, Aussicht und Hoffnung und glückseliges Leben der Zukunft*« (A).

42f. Fehler u. Thorheitstreich] »*Ihre Klagen kan ich ohnmöglich mehr hören, von Thorheit, Fehler und dergleichen. ich weiß von allem dem kein Wort –*« (A).

47f. vorwärts sehen u. Handausstrecken] *Vgl. Philipper 3,13. Geste, die eine Handlung oder eine Rede ankündigt (vgl. Jeremias 6,12; Sprüche Salomos 1,24; Apostelgeschichte 26,1).*

49 Zustand des Geheimen Rats] *Vgl. II 91,48f. Karoline berichtete ausführlich über die Zurücksetzung Hesses im Amt hinter dem Präsidenten F. K. v. Moser, von dem der Landgraf die Tilgung seiner riesigen Schulden erhoffte. Hesse, mit den andern beiden Geheimräten in Ungnade, habe sich dabei ganz gelassen betragen* »*als ein wahrer Mann ohne Eitelkeit*«; *er habe* »*dergleichen Auftritte mehr erlebt*« (A).

53 Von Leßing haben Sie ganz Recht] *Nach der Lektüre des Trauerspiels schrieb Karoline:* »... *mich dünkt, Leßing hat nie geliebt, wenigstens nie tief in der Seele, und er hat nicht Emilia Galotti, sondern die schwachen, elenden Leute die Prinzen schildern wollen*« (B₁).

54 alles nur gedacht] »,*Emilia Galotti' ist auch nur gedacht, und nicht einmal Zufall oder Caprice spinnen irgend drein. Mit halbweg Menschenverstand kann man das Warum von jeder Scene, von jedem Wort, möchte' ich sagen, auffinden*«, *hatte Goethe geschrieben, den es ärgerte, daß auch in seiner* »*Geschichte Gottfriedens von Berlichingen*« »*alles nur gedacht*« *war* (WA IV 2, S. 19).

57 Weiber würdig schildern] *Das sprach H. dem Dramatiker Lessing ab, vgl. I 95,117f.*

59 Geßners Idyllen ... Diderots Erzälungen] »*Moralische Erzaehlungen und Idyllen*«, *vgl. II 92,60ff.*

60 solls hinüber] *Vgl. II 119,40–45.*

61 Göthens Berlichingen zurück] *Vgl. II 78,67; N II 83b(N).*

64 es auch nur gedacht ist] *Vgl. zu* **54**.

65 Brunnen] *Vgl.* **8**. – erste Jugendstudien] *Unklar, ob eines der frühen Studienbücher mit Exzerpten und eigenen Entwürfen (HN) oder gedruckte Schullehrbücher gemeint sind.*

94 (N). AN CHRISTIAN GOTTLOB HEYNE, Bückeburg, Anfang August 1772

5 wiederkommende Bücher] *Vgl.* **41–44**; *II 85(N),50f.*

6 alle todt?] *Heynes Antwort auf II 85(N) kreuzte sich mit diesem Brief.*

7 meine ... Saumseligkeit] *Vgl. zu II 74(N),3f.*

12 Schuking] *Vgl. zu II 85(N),32f.*

13 »über ... Sanskritsprache«] *Vgl. zu II 85(N),45.*

14 Holwells Theil 2.] »*Interesting historical events*«. *Vgl. zu II 99(N),31. H. hatte das Buch im Februar 1772 in Göttingen eingesehen.*

15 das älteste Buch] *Holwell veröffentlichte Bruchstücke aus dem »Chartah Bhade des Bramah« (= Satapatha-Brahmana), Ritualvorschriften für Brahmanen, vedische Prosa, die zur ältesten überlieferten indischen Literatur gehört (vgl. Klaus Mylius, Geschichte der Literatur im alten Indien, Leipzig 1983, S. 73).*
19 Ulugbeys Tafeln] *Von Greaves. Vgl. II 127a(N),3.*
22f. einem neuen Lichte ... Geographie] *Vgl. II 54(N),10–13.*
24 Michaelis in seinem Bochart] *Johann David Michaelis, »Spicilegium geographiae«.*
25 der Nubier] *Geographus Nubiensis (R, S. 177 nach Jöchers »Gelehrten-Lexicon«, vgl. R, S. 670). Es handelt sich um die 1154 in Palermo fertiggestellte Erdbeschreibung »Nushat-ul-muschtak« des arabischen Geographen Idrisi aus Ceuta (Abu-Abdallah Muhammad al Edrisi, 1099–1164).*
26 abgeleiteter Mühlenbach] *Keine ursprüngliche Quelle.*
27–31 Kästner] *Abraham Gotthelf Kästner, »Vermischte Schriften«, 2. Teil, Altenburg 1772 (in Oktav). In Sinngedichten, aber auch in Aufsätzen und wissenschaftlichen Schriften leistete sich der Satiriker derbe Witze und Zoten über seine Gegner. Vgl. zu II 70(N),61.*
33 wie Freund Leßing] *Kupferstich von Bause nach dem Gemälde von Graff (siehe R, S. 348). Heyne wurde 1776 von Johann Heinrich Tischbein d.Ä. gemalt.*
34ff. Wie hat ... so rühmen?] *A nicht vorhanden. Nach B zu II 85(N) wollte Heyne Pfingsten mit seiner Familie »eine Ausflucht nach Cassel machen«.*
34 Raspe] *Heyne korrespondierte mit ihm freundschaftlich seit Beginn der sechziger Jahre (vgl. Hallo, S. 38, 46f.).*
35f. Frau von – Runkel ... rühmen?] *Eine Dresdner Freundin, Mitarbeiterin und Herausgeberin der Briefe der Gottschedin, deren 3 Teile in den »Göttingischen Anzeigen« vom 4.1.1772 (2. Stück) und 13.7.1772 (84. Stück) als unterhaltender, »angenehmer Beytrag zur deutschen Litteratur« und zur Bildung des Briefstils (S. 14), als »angenehmes Geschenk« an die Literaturliebhaber (S. 708) gelobt worden war.*
38f. suppliciren] *Eine Bittschrift (Supplik) einreichen; hier Bitte an Therese Heyne, statt ihres vielbeschäftigten Mannes zu schreiben, vgl. 6f.*
41–44 Renaudot] *Vgl. II 85(N),50.*
42 La Croze Briefwechsel] *Vgl. zu II 76(N),22.*
43 über ihn gebellet] *U.a. »Lettre apologétique«.*

95 (N). AN HEINRICH CHRISTIAN BOIE, Bückeburg, vor dem 9. August 1772

4f. Ihr letztes ... nicht verstanden.] *B nicht überliefert.*
5ff. Meine Beiträge] *Zum Göttinger Musenalmanach 1773, vgl. zu II 38(N),11ff.; unter der Sigle O. vier Nachdichtungen: »Aus dem Gefängniß« (SWS XXV, S. 516ff.); »Kaiser Hadrians Sterbelied« (ebd., S. 552, aus »Vita Hadriani« von Aelius Spartianus); »Das Rosenknöspchen«, vgl. zu II 32(N),10; 41,52 (ebd., S. 553ff.); »Süße Einfalt« (ebd., S. 555).*
9ff. an Ramler ... seine Verbeßerungen] *Boie, der Ramler seiner Verskunst wegen verehrte (vgl. zu II 90(N),32), hatte ihm Gedichte für den Musenalmanach zur metrischen Verbeßerung gesandt, darunter auch anonyme Beiträge von H. (sein Sigle vgl. zu II 29,13f.).*
10f. dies Stück ... dem Englischen] *»Süße Einfalt«, nach Percys »Reliques«, Bd. 3, S. 170 (»The Sweet Neglect«, aus Ben Jonsons Komödie »The Silent Woman« I/1, 1609). Vgl. Text und handschriftliche Varianten SWS XXV, S. 555.*
15 unsrer ersten Abrede] *Vgl. II 29(N),13ff.*
16 »aus dem Gefängniße«] *Nach Percy, Bd. 2, S. 325f. (»To Althea from prison«, von Richard Lovelace, 1642, aus seinem Gedichtband »Lucasta«, 1649).*

19f. Lovelace an Belford] »*Das Rosenknöspchen*«, vgl. zu **5ff.**
20 tabulis] »*Tabula*«, *Schreibtafel, Verzeichnis, Buch.*
23 Blätter ... Wansbecker] *Gedichte, die bereits im* »*Wandsbecker Bothen*« *veröffentlicht waren (vgl. SWS XXV, S. 568ff.; XXVI, S. 164ff.; XXIX, S. 35–39). Sie wurden nicht erneut abgedruckt.*
27 jeder meiner Bitte] *H. hatte stets Bücherwünsche an Boie; vgl.* **55f.**; *II* **67,7–10**; **90(N),7–14**; **118(N),7**; **128(N),45f.**
29 guten Dämonen] *H. beschäftigte sich damals für die* »*Aelteste Urkunde*« *mit asiatischer Mythologie, vgl. II* **92,38f.**
31 Dodslei u. Burke] *Vgl. II* **90(N),8f.**
33,64 2. Theile der Reliques] *Von Percy; 2 Bände versehentlich übersandt anstelle von Bänden der* »*Collection of Poems*« *Dodsleys.*
34 Was ... folge] *Boie sandte die fehlenden Bände beider Ausgaben.*
36f. Ihren Brief] *Nicht überliefert.*
39 Koffeetrunk] *Ältere Form für* »*Kaffee*« *(engl. coffee).* – Gedichten] *Die im folgenden erwähnten als Mskr.*
40ff. Liedchen an die Nachtigall] »*An die Nachtigall*«, *2 dreistrophige Lieder im Musenalmanach 1773: von Johann Nikolaus Götz (vgl. R, S. 205) und von Friedrich Schmit (vgl. R, S. 522); unklar, welches von beiden gemeint ist. Oder* »*An Aedon*« *(vgl. Klopstocks gleichnamige Ode, R, S. 314f.), wie die beiden folgenden* **42–48** *ein Gedicht Boies im gleichen Almanach.*
42–46 Aegle an Medon] »*Lieber Jüngling, sage mir:/Geh' ich Abends nur von dir,/warum fühl' ich diesen Schmerz?/Warum zittert so mein Herz?/Lieber Jüngling, sage mir:/Fühlst du dieses auch in dir?*« *Vgl. die* »*kleine englische Elegie*« *in* »*Ueber die neuere Deutsche Litteratur. Fragmente*«, *3. Slg. (SWS I, S. 491).*
46ff. an Daphne] »*Kannst du den Schimmer deiner Stadt/Mit mir, o meine Daphne, fliehen?*« *(Musenalmanach 1773, S. 99f.; Weinhold, S. 299f.).*
49f. Hrn Bürger ... beitragen können.] *Bürger hatte durch Boies Vermittlung die Stelle des Gerichtsamtmannes der Familie von Uslar in Altengleichen bei Göttingen erhalten, wie Boie H. schon am 19. 4. 1772 geschrieben hatte (vgl. Impulse 10, S. 277).*
52 Briticism] *Hier gemeint Boies Stelle als Hofmeister englischer adliger Studenten der Göttinger Universität.*
55 Fodrung mancher Englischen Sachen] *Vgl. zu II* **67,15**. *Boie hatte am 19. 4. 1772 auch einen Freund in London erwähnt, der ihm im Tausch gegen deutsche Bücher englische schicken wolle (Impulse 10, S. 276).*
56 Heine Archäologie] *Vgl. zu II* **76(N),77f.**
59 Schuking] *Vgl. zu II* **85(N),32f.** – sub Rosa dictum!] *Vgl. zu I* **131,71.**
61 Druidenstück] *Vgl. II* **32(N),14–18**; *siehe R, S. 30f.* – Lobgesang an Winckelmann] *Vgl. I* **131,59–68**; *II* **118(N),19–22**; **128(N),24–27**.
63f. ein paar andre] *Zwei Nachdichtungen aus Percys* »*Reliques*«, *unter der Vielzahl der überlieferten nicht zu verifizieren.*

96. An Johann Wilhelm Ludwig Gleim, *Bückeburg, 9. August 1772*

4 letzten Mahn- u. Strafbrief] *B, vgl. II* **73,11f.**; **77,31–34**. *H. hatte A zu I 47 nicht beantwortet, vgl. zu II* **8,122.**
12 gegen uns ... aufgebrachte Seele] *Außer seinen* »*Liedern für das Volk*« *(Halberstadt 1772), in B als* »*Bauer- und Gärtnerlieder*« *bezeichnet, hatte Gleim sein satirisches Ge-*

dicht »*Die beste Welt, von Gleim und Jacobi*« (Halberstadt 1772; vgl. GSW 3, S. 5–10: »*Die Schäferwelt*« 1743) *übersandt. Darin:* »*Ein Priester that noch keine Bubenstücke; die Höll' und Höllenfurcht war noch von keiner Kraft, es machte noch kein Satan tugendhaft: kein Kettenzwang in tiefen Finsternissen, kein Schwefelpful erschreckte die Gewissen! ... Das Krokodill, die Katzen und die Affen ernährten da noch keine faule Pfaffen ...*« *In A zu II 73 hatte Karoline* »*Die beste Welt*« *und die Schriften über Spalding (vgl. zu II 13,82)* »*beklagenswerthe Sachen*« *genannt. In A klagte Gleim* »*einem Priester ins Angesicht über Priesterbosheit*«, *wegen der in Berlin die Ausgabe seiner Schriften nicht zustande gekommen sei.*
16 Hinken auf beiden Seiten] *Sprichwörtlich für Unredlichkeit.*
19 Klopstock an Gleim] *Ode* »*An Herrn Gleim*«, *6. Strophe:* »*Seinen brennenden Durst, Freunden ein Freund zu seyn!/Wie er auf das Verdienst deß, den er liebet, stolz ...* « (*charakterisiert Gleim als Freund, Anakreontiker und preußischen Patrioten*).
22 auf keiner Reise] »*Sie versprachen mir, auf Ihrer Reise in Deutschland binnen Jahr und Tag unfehlbar mich zu besuchen. Vorwürfe wollen wir uns aber nicht machen, wir wollen lieber das Versäumte nachholen*« (B). *Vgl. I 32,77ff.*
24 Göttingen] *Gleim hatte H.* »*mit der heißesten Sehnsucht nach seiner persönlichen Bekanntschaft*« *eine Zusammenkunft in Göttingen nach Pfingsten 1772 vorgeschlagen. Sie lernten sich erst im Juli 1775 in Pyrmont kennen, vgl. III 175(N),68f.*
25 Heine] *Heyne.* – Kästner] *Abraham Gotthelf Kästner.*
27 eisernen Jahrhunderts] *Nach dem Mythos vom Goldenen Zeitalter das letzte und schlechteste (vgl. R, S. 725);* »*eisern*« *auch wegen der vielen Kriege.*
32 Ich bin ... lebendig todt] *Wegen seiner isolierten und wirkungslosen Existenz in Bückeburg, in dieser Bedeutung auch die folgenden drei mythischen Identifikationsfiguren (vgl. R, S. 736, 740).* – Lazarus im Grabe] *Johannes 11, vgl. II 78,74.*
36f. Singen Sie mich ... Niemanden hier.] *H.s* »*Verbot*«, *ihn oder* »*sonst Jemand in Bückeburg zu singen*«, *bewies Gleim, daß über ihn Gerüchte umliefen, obwohl er da niemanden kenne (A).*
37 aus einem Jacobischen Briefe] *Nicht überliefert. Schon 1769 hatte Gleim in einem Brief an Scheffner über H. gedichtet, der* »*mit Adlerblick in Epopoe und Lied/die Häßlichkeit und auch die Schönheit sieht*« (*zitiert in A zu I 66). Vgl. zu I 68,19f.*
40f. Einmal als Ihren Freund ... würdig seyn werde.] *Vgl. die verschiedenen Gedichte an H. unter Gleims Gedichten an Personen, R, S. 187.*
43f. jenem dunklen Wege ... Aeneas mit seiner Führerin] *Vergil,* »*Aeneis*«, *6. Buch: Aeneas von der Sibylle Deiphobe zum Gang durch den Hades aufgefordert. Vgl. zu II 85(N),82.*
45 Ich bin ... sollte eine Elegie?] *Von Gleim in A verständnislos zitiert. H. meinte, am ehesten käme ein Klagelied auf ihn in Frage.*
47f. zu große Zuversicht gehabt] *Resignation H.s in seinen Vorstellungen von der Wirksamkeit im geistlichen Amt.*
51 Kopf ohne Herz u. Brust] *Sturm und Drang-Gedanke vom ganzen Menschen, der Einheit von Verstand und Gefühl, vgl. II 131(N),20ff.*
58 Ausgabe Ihrer Schriften] *Vgl. zu I 47,66. Nach A war der Hauptgrund für ihr Nichterscheinen die Nachlässigkeit Johann Georg Jacobis, der sie herausgeben wollte. Vgl. auch zu 12 am Schluß.*
59 ein alter Balladensänger] *Vgl. I 47,69ff.*
60 Benzler u. Schmidt] *Anscheinend lagen Gleims Sendung Gedichte von ihnen bei. Benzler aus Lemgo hatte sich einige Zeit bei Gleim aufgehalten.*
62 Minnesinger ... letzte Gedicht] *Klamer Eberhard Karl Schmidt, vgl. II 78,41–46.*

69–73 die Wolke ... in Absicht auf mich] *Vgl. zu II 8,119ff.; III 169,33–36. Dem 124. der »Briefe die Neueste Litteratur betreffend« (von Mendelssohn) folgend, hatte H. in »Ueber die neuere Deutsche Litteratur. Fragmente«, 2. Slg, Wegelins anonyme »Letzte Gespräche Socratis und seiner Freunde« Wieland zugeschrieben und sehr abschätzig beurteilt (vgl. SWS I, S. 306f.). Gleim versprach, H. mit Wieland in seinem nächsten Brief auszusöhnen (A).*
74 Ausfodrung meiner] *Wieland, »Poetische Schriften«, 3. Auflage, Bd. 3, S. 210 (Erklärung gegen die falsche Zuschreibung in H.s »Fragmenten«).*
77 Agathon] *Vgl. II 64,93.*

97. An Karoline Flachsland, Bückeburg, 11. und 12. August 1772

3 Bücher] *Vgl. 113–125, 132f.*
8 Beelzebub, Mammon, u. Leviathan] *Alttestamentliche Teufel, Götzen und Ungeheuer als Symbole für das H. immer fehlende Geld.*
9 arm gebohren u. erzogen] *Vgl. I 98,9,16f. »ich will Deine ganze Armuth mit Dir theilen: Dein Herz ist reicher als die ganze Welt – aber wehe thut mirs, daß ich so nackend und blos bin, nicht einmal so viel habe als ein Lappländisches Mädchen haben muß« (A). Vgl. I 124,35–50.*
10 durch die Welt ... fast ohne Geld] *Vgl. I 98,28–33,63ff. Ähnliche Selbstabrechnung wie I 98. »Tausend Dank für Ihren kleinen LebensLauf« (A).*
11 Charakter, Temperament] *Vgl. I 98,89. – Freithulichkeit] Freizügiges Benehmen (okkasionelle Wortbildung).*
12 Verschwendung] *Vgl. I 98,59f.,63.*
13 mit dem Metall ... Bube!«] *Geld leichtfertig ausgegeben.*
13f. auf andrer ... Beutel] *Allein Hartknoch finanzierte H.s Reise.*
15 dumme Situation hieselbst] *H.s Unzufriedenheit mit seiner Existenz in Bückeburg, vgl. 84–87. »... geahndet hatte ich es schon lange, daß Du mit Deinem großen wunderbaren Kopf niemals dachtest, Landpriester in Bück[eburg] zu werden« (A).*
17f. viele Menschen ... geändert] *Scheinbare Entfremdung H.s von Hartknoch und Hamann, vgl. II 64,3–6,39ff.; 80,6ff.,63–93.*
27f. ohne die ... weggehen würde] *Von Bückeburg oder vgl. zu I 28,51.*
32 gezwackt würde] *Von Gläubigern bedrängt. – auf hundert Meilen ab] Im Irrtum.*
33 Wohlstand] *Anstand, Konvenienz.*
34 Sots] *Dummköpfe (frz.).*
35 Lumperei] *Armselige, nichtswürdige Sache (Adelung).*
37f. ich selbst ... verändert!] *Vgl. 17f.,23; durch die Annahme der Berufung nach Bückeburg.*
40 in Liefland gelebt] *Vgl. I 98,12 58.*
41f. 3. derselben ... RomanKöpfe] *Wie erdichtete Gestalten; vgl. zu I 98,42–45.*
42 Palette des Dichters] *Metapher für poetisches Schöpfertum, nach Horaz' Wendung »ut pictura poesis« (»Epistulae« II,3 »De arte poetica liber«, Vers 361).*
47 Träume] *Vgl. III Anhang d, Beilage.*
49 Wiederkunft] *Hoffnung Hartknochs und der anderen Rigaer Freunde.*
50f. Wehen ... Strohhalms] *Betrachtung über den Zufall, die Wirkung geringfügigster Ursachen; vgl. V 156,38ff.*
53–60 Anklagen ... verzweifeln möchte.] *»Psychoanalytische« Selbstbetrachtung.*
62 ahnden] *Ahnen.*

63 Situation in Eutin] *Vgl. zu I 78,5.*
65 Agathon] *Nach Schauer, Anm. 126, Bezeichnung für Prinz Peter Friedrich Wilhelm von Holstein-Gottorp. Wegen des früher einsetzenden Briefwechsels mit dem Prinzen (vgl. N II Anm. 34) muß sich »Ersten« (66) auf das Epitheton beziehen.*
65f. Nonsensikalischen Brief] *Unsinniger, nichtssagender Brief des Prinzen, nicht überliefert; daraus Zitat 67–73.*
76f. eine Psychische Sache] *H. ahnte die pathologische Veranlagung des Prinzen.*
82 an einen Unglücklichen ... gelegt!«] *Indem H. den Prinzen verlassen hat.*
84 der Edle Platz] *Ironisch.*
85f. als ganzer Mensch] *Vgl. II 131(N),21.*
86 KanzelProphet] *Selbstironisch für »Pfarrer, Seelsorger«.*
87 in eine Grube getreten] *Bückeburg als tiefe Enttäuschung verstanden, vgl. 103. »Grube« ist im Alten Testament ein Ort des Unglücks und Verderbens, vgl. Psalm 7,16; 35,7.*
89 Edelstein, in dem Ringe] *Vgl. 2. Mose 28,11. Der in Gold gefaßte Edelstein ist ein emblematisches Motiv, gebraucht z. B. von Kaiser Heinrich in Bodmers »Sammlung von Minnesingern«.*
90 Empfindung läßt sich nicht sagen] *Wenn überhaupt, dann ist in diesem klassischen Briefwechsel des Sentimentalismus Empfindung an der Grenze des Sagbaren ausgesprochen worden. Vgl. I 93,64ff.*
91f. Koth u. Wurm u. Erde] *Vgl. Psalm 22,7; Jesus Sirach 10,9f. Über die Sinnlosigkeit des menschlichen Lebens vgl. auch Prediger Salomo, 1. Kapitel. Goethe schrieb an H., etwa 12.5.1775 (WA IV 2, S. 262): »... eine gefühlte Welt ... Ein belebter Kehrigthaufen!«*
94 Morgen.] *Am 12.8.1772 geschrieben.*
96f. Schicksal ... Folge unsrer Schuld] *Vgl. 1. Mose 3,17–19. »Du bist ein Mann, und kannst so viel Schicksal ertragen ...« (A).*
103ff. Höllenfahrt ... folgen muß] *Nach dem Katechismus folgen Auferstehung und Himmelfahrt (Glaubensbekenntnis, 2. Artikel: Von der Erlösung).*
107 gesunden Verstand bekommen] *Absage an Schwärmerei und Spekulation, die hochfliegenden Pläne der Jugend. »... wie der JugendPlan und JugendSeele zugleich bricht und brechen muß«, beklagte Karoline mit H., er werde aber »überall Gutes thun, überall glücklich seyn« (A).*
109 eines Weibes wie Du werth] *»O was für selige Zeiten werden für mich kommen. ich bin oft ganz außer mir bey dem Gedanken, Herders Weib zu werden« (A).*
110 unser Vermälungstag] *I 83 und A dazu als Verlobungsbriefe betrachtet. Karoline war froh, daß wegen der Erkrankung des Landgrafen ein Ball verschoben wurde; so konnte sie H.s »GeburtsTag, unsern Festtag, still und heilig feiern« (A).*
113 Geßners Büchlein] *Vgl. zu II 93,59. Wenig später erschien in den »Frankfurter gelehrten Anzeigen« vom 25.8.1772 Goethes abwertende Rezension, in der den Idyllen des »mahlenden Dichters« wahres menschliches Interesse und Handlung abgesprochen wurde (Anfang 1773 erschien eine Gegenrezension Christian Felix Weißes in der »Neuen Bibliothek der schönen Wissenschaften«, vgl. Bräuning-Oktavio, S. 421f.). Ähnlich hatte H. in I 95,167–171 geurteilt.*
116 lesen?] *H. wünschte, die Idyllenszenen mit Karoline nachzuempfinden.*
117 Diderots erste Erzälung] *Vgl. zu II 92,60.*
118 Schmidts Gedichten] *Klamer Eberhard Karl Schmidt, »Phantasien Nach Petrarka's Manier«, vgl. II 119,54. Nach B$_2$ hatte Karoline das Buch dem Rektor des Darmstädter Pädagogiums, Helfrich Bernhard Wenck (1739–1803), Regionalhistoriker und Mitarbei-*

ter der »Frankfurter gelehrten Anzeigen«, »bey einer schönen Promenade« mit Merck »aus der Tasche gestohlen«.
119–122 Otwai] *Die beiden Tragödien siehe R, S. 426. Vgl. II 119,54.*
120 Monimie] *Vgl. zu II 1,48.* – Belvedere] *Belvidera: ihr Mann Jaffier, Teilnehmer einer Verschwörung gegen den Senat von Venedig, verrät die Verschworenen aus Liebe zu ihr, um ihren Vater zu retten, tötet seinen besten Freund, um ihn vor dem Schafott zu bewahren, und begeht Selbstmord. Belvidera wird wahnsinnig.*
123f. Uebersetzung »vom verlaßenen Dorf«] *Von Goldsmith, vgl. II 109,14f.*
127 O wenn ... bald!] »Denke doch nicht eher an unsre Vereinigung, ewiggeliebtester H., bis es Ihre Bequemlichkeit nicht mehr hindert« *(A).*
132 Die Bücher] *Vgl.* **113–125.**

98. AN KAROLINE FLACHSLAND, *Bückeburg, 15. August 1772*

3 Merck] *Vgl. zu II 93,3.*
7f. über Freund Göthe] *Vgl. zu II 93,14.*
9 Wolke der Dämmerung u. Melancholie] *Vgl. zu II 82,13; 93,12f.*
13 voriger Brief] *II 97.*
17 Ihrem Schoos, **20** Ihrem Busen] *Vgl. II 79,53.*
18 Gedanke unsrer Vereinigung] *Vgl. II 97,127.*
23ff. aus dem Hause des Geheimen Rats] *Karoline war seiner »beständigen Schulmeisterei und Dummheit« müde und wollte mit ihrer ältesten Schwester zusammenwohnen (B). Schon in B_2 zu II 92 hatte sie angekündigt, zu ihrem Bruder zu ziehen, da sie im Hause ihres Schwagers, der »ein grober und garstiger Mann« sei, nicht bleiben wolle.*
26 Waisenartiges] *Das vorgesehene Haus in einem Dorf »nur eine Stunde« von Darmstadt habe »die Lage und Aussicht eines Klosters«; sie »werde also keine Waise, sondern eine Nonne werden« (A_1).*
27ff. ich verbiete es Dir] *Vgl. II 100,115ff. In A_1 fragte Karoline, ob sie H. »gehorsam oder ungehorsam seyn« solle.*
32 den geistlichen Stand zu ändern] *In A_2 zu II 79 hatte Karoline geäußert, es würde ihr »wehe thun«, H. »niemals mehr predigen zu hören«, wenn er als Professor nach Göttingen berufen würde. In B erinnerte sie ihn an ihren Rat, »beym Predigtamt zu bleiben«, und fragte nach seiner Meinung.*
34f. Bädern! ... Nächte!] *Karoline hatte am 5./6. 8. 1772 »warme Bäder genommen«, hatte danach »üble weinerliche Nächte«; durch »ein kaltes Bad« war sie wiederhergestellt (B).*
36f. Spaldings Blatt ... gerühmet.] *Vgl. I 112,71–83.* »Spalding gefällt mir nicht ganz auf dem Blatt, so kalt und so Gebotte- und Hauptstückmäßig, aber sein edles Weib ganz, ganz. Besonders die Stelle ›sie suchte sich das Bewußtseyn von Gott so geläufig und gleichsam natürlich zu machen, daß sie es in alle ihre Geschäfte und Freuden einmischen mögte.‹ Vortreflich! und sterbend ist sie ein Engel, wie sies lebend gewesen muß seyn«. *Auch H. müsse Karoline einmal nach sich selbst bilden (A_1).*
38f. Hauskalender] *Wie Luthers Katechismus, vgl. zu 36f.*
40 Monat unsrer ersten Bekanntschaft] *August 1770.*
41 wie Romantisch] *Vgl. zu I 110,109f.*
43 meine Armuth zu theilen] *Vgl. zu II 97,9.*
45 langen Brief] *II 100.*
46 hoffe u. dulde!] *Vgl. Ovid, »Tristia«, V,11,7 »Perfer et obdura! Multa graviora tulisti«.* – ewig in meinen Armen] »Nimm mich in Deine Arme; da bin ich ja ewig« (A_1).

99 (N). An Christian Gottlob Heyne, Bückeburg, etwa Mitte August 1772

3 Schuking] *Vgl. zu II 85(N),32f.; mit B übersandt. Auszüge HN XXVII, 2,1–17. Siehe R, S. 693.*
5 Premare] *Vorrede zum »Schuking« über Vorgeschichte und Mythologie (S. XLIV–CXXXVIII), vgl. SWS XIII, S. 414, Anm. b. – Visdeli] Visdelou, Anhang zum »Schuking« über das mythologische Buch Y-king (S. 404–436).*
9f. Deguignes ... sein Mukden] *Siehe R, S. 788; das Gedicht des derzeitigen Kaisers von China, Kien-Loung, über die Hauptstadt der Mandschurei, mit de Guignes' Anmerkungen über Geographie, Naturgeschichte und alte chinesische Bräuche.*
13f. Hypothese von Aegypten u. Sina] *»Mémoire, dans lequel on prouve que les Chinois sont une colonie égyptienne«, erwähnt im »Journal meiner Reise im Jahr 1769« (SWS IV, S. 352f.), im 2. Teil der »Aeltesten Urkunde« abgelehnt als »Sina-Aegyptische Träume« (vgl. SWS VI, S. 356f.). Auch von de Pauw widerlegt (ebd., S. 368, Anm. a), vgl. III 30,6f.*
19 hinter der Decke fast wie ein Gaukler] *»Aber wann werden Sie, lieber geheimnißvoller Gaukler, mich durch Ihre Hieroglyphen, Ziffern und Kalender einmal einen Blick weiter thun lassen?« (B). Heyne hegte Zweifel an H.s Plan der »Aeltesten Urkunde«. »Hinter der Decke spielen«: sprichwörtlich für »betrügen«.*
23 a tanto viro!] *»Von solchem Mann!« H. wollte sich mit seinen vorläufigen Hypothesen vor dem großen Altertumskenner keine Blöße geben.*
26 dux et fax] *Führer und Fackel (zum Vorleuchten).*
28f. Futtersack ... ums Haupt zu werfen.] *Wie den Pferden. H. vermutete, daß Heyne ihm viel Material für die »Aelteste Urkunde« geben könnte, bat aber nur um einzelne Bücher (nur Körner! Ähren!). – jener Reiskianer] Ein Schüler von Johann Jakob Reiske; Sachverhalt nicht ermittelt.*
30 Dreustigkeit] *Dreistigkeit, in bezug auf H.s Bücherwünsche.*
31 d'Anquetil ... Ulugbey] *Nach Rückgabe des »Schuking« wollte Heyne Jones, dann Anquetil schicken (B). Vgl. II 94(N),14,19; zu II 85(N),33f.,39. H. erhielt zuerst Holwell (mit dem nichtüberlieferten A; umfangreiche Auszüge HN XXVII, 4), Jones und Ulugbey mit B zu II 127a(N), zuletzt Anquetil mit B zu II 144(N).*
32 distinguiren] *Unterscheiden.*
33ff. bei Büttner ... der Zettel] *Ein B beigelegter Zettel, nicht überliefert. Heyne konsultierte Christian Wilhelm Büttner als Sprachgelehrten über die »Braminensprache«; vgl. zu II 85(N),45.*
36 La Croze'] *Vgl. II 76(N),22f.; 94(N),42.*
37 Nachrichten der Dänischen Mißionare] *Von Ziegenbalg und seinen Nachfolgern.*
38 Baldeus] *Philippus Baldaeus, vgl. II 144(N),46f.*
41–46 Etrurien] *Siehe R, S. 761; vgl. zu II 127a(N),4. Möglicherweise hatte Heyne eine Ankündigung beigelegt. Schon in B zu II 85(N) hatte er eine vorzubereitende »Vorlesung in der Societät« erwähnt.*
41f. Göttingischen Vorrath] *Einschlägige Werke in der Universitätsbibliothek.*
42 Noten zu Gutthrie] *Guthrie, »Allgemeine Weltgeschichte«, Heynes Bearbeitung von Bd. 1–4, »Alte Geschichte«, Leipzig 1765–1767.*
47 über die Frankfurter Zeitung so bezüchtigt] *H. stritt gegenüber dem Freund seine Mitarbeit ab. Heyne hatte über H.s Rezension »J. D. Michaelis Mosaisches Recht« (vgl. R, S. 26) schadenfroh geschrieben: »Mein Gott, was für ein schreckliches Gericht hat die Frankfurter [Zeitung] über den Mann ein paar Mal ergehen lassen! und über unsern Schl[özer]! Eine so wohlthätige Recension, als eine ist. Denn hier konnte es doch niemand sagen, und doch stimmt alles, was ich kenne, dem gesunden Urtheile bei. Aber hoffen Sie*

nicht lange unentdeckt zu bleiben; die Ihnen eigne Farbe des Ausdrucks und der Imagination verräth Sie zu sehr.« Als Gegenbeispiel einer sehr anerkennenden Rezension erwähnte er die von Feder über H.s »Abhandlung über den Ursprung der Sprache« in den »Göttingischen Anzeigen« vom 29. 6. 1772 (B). Vgl. III 19,**27–53**; 31(N),**35ff**.
48f. Kästner ... an Westfeld] *Abraham Gotthelf Kästners Brief an Westfeld ist nicht nachweisbar.*
50 abeat!] *Weg damit!*
51 von der Frau Hofräthin so vergeßen] *Therese Heyne hatte nicht mitgeschrieben; sie würde »ehestens« auf II 74(N) antworten (B). Vgl. II 99(N), Anm. A.*
52 Vergeltung] *Vgl. zu II 74(N),***3f.*
57 was Zwiefaches] *Zwei Bücher aus der Göttinger Bibliothek; vgl. II 127a(N),***3.*

100. AN KAROLINE FLACHSLAND, *Bückeburg, 22. August 1772*

8f. Vorwurf ... zu schweigend] *In B₃ entschuldigte Karoline, daß sie von ihrer ältesten Schwester schrieb, da H. sie »an so wenigem ... antheil nehmen« lasse. »Sie wollen sich niemals so ganz erklären« (B₁). Deswegen folgte die Situationsbeschreibung* **16–54**.
14f. unangenehme Ideen ... schuld bin] *Vgl.* II 97,**10–16,96–100**.
16 Situation gegen den Grafen] *Vgl.* **31f**.; II 3,**104ff**.; 8,**67–71**; 45,**44–50**.
17 einem Landhause] *Baum, siehe R, S. 747.*
24 Spekulation u. Metaphysik] *Vgl.* **31f**.; II 8,**80f**.; III 246,**7f**.
27 auditores] *Zuhörer.*
28 moquiret] *Sich lustig gemacht.*
33f. Pastor ohne Gemeine! ... ohne Consistorium] *Enttäuschung H.s seit Antritt seines Amtes in Bückeburg, hier kein angemessenes Wirkungsfeld zu haben. Vgl. II 105(N),***28f.*
35 Lieblingsideen von Predigtamt] *Vgl. vor allem den Aufsatz »Der Redner Gottes« (1765; SWS XXXII, S. 3–11; vgl. A₁ zu VI 64), später ausführlich entwickelt in »An Prediger. Funfzehn Provinzialblätter« und »Briefe, das Studium der Theologie betreffend« (vgl. R, S. 4f.).*
37 jede neue Predigt ... eckel.] *Das änderte sich, als H. 1773 die »Leben Jesu«-Predigten begann (vgl. N, S. 711, Anm. III 124a).*
37f. habs schon unterstrichen ... Schuld bin] *Vgl.* **14f**.
39 Zustand des Landes] *Vgl.* II 8,**72f**.
40 mich vielleicht entfernter gemacht] *H. hatte zu isoliert gelebt.*
41 Betriebniß] *Betriebsamkeit, Bestrebung.*
42 lange Vakanz] *H.s Vorgänger, der Konsistorialrat und Oberpastor Knefel, war am 7. 2. 1770 gestorben (Nicolaus Heutger, Herder in Niedersachsen, Hildesheim 1971, S. 19); H. trat sein Amt am 1. 5. 1771 an.*
43 gelehrt, fein, ein Hofmann, vornehm] *Gründe für H.s Distanz zur Bückeburger Gemeinde, vgl.* **49ff**., **65f**.; II 27,**107ff**.
44 Societät] *Gesellschaft im Sinne von Akademie, wissenschaftlicher Vereinigung.*
46 elenden Räthe] *In Konsistorium, Armendirektion, Justizkanzlei.*
49 großen Haufen guter Leute] *Das einfache Volk, d. h. Kleinbürger und Bauern.*
50 aus angeführten Ursachen] *Vgl.* **43**.
51 Republik] *»Res publica«, Gemeinwesen (hier nicht Staatsform).*
54 Soldaten u. bevestigten Inseln] *Anspielung auf Graf Wilhelms kleinstaatlichen Militarismus und seine Musterfestung Wilhelmstein im Steinhuder Meer, siehe R, S. 820. In Schaumburg-Lippe hatte er die allgemeine Wehrpflicht eingeführt (obwohl er das in einem*

Schreiben vom 9.7.1770 an die Hannoversche Regierung dementierte; Schaumburg-Lippe III, Nr. 413); um 1770 unterhielt er ca. 2000 Soldaten (Schauer, Anm. 130).
56 Ihre Anwesenheit] *Vgl. 63ff.*
60 wie man träumt? ... Welt ändern?] *Vgl. zu II 97,107.*
61 in verdorbnen Verfaßungen ... glücklich] *Wie H.s weiteres Leben im kleinstaatlichen Absolutismus zeigte, konnte das private Refugium sein wachsendes Unbehagen an den politischen Verhältnissen nicht kompensieren.*
67 das dumme Ding] *Das fehlende Geld, vgl. II 97,7–19.*
73 Theilgebung] *Antonym zu »Teilnehmung«.*
74 Mittelmäßigkeit des Schicksals] *Hinweis auf fehlenden Besitzstand.*
76 ich Verwöhnter! Ueppiger!] *Anspielung auf seinen verschwenderischen Lebensstil.*
78–82 Es kommt ... beigetragen habe.] *Vgl. 91f. Wegen seiner Schulden konnte H. noch nicht heiraten. Vgl. II 111,30–39,52ff.*
83f. vom Prinzen ... Jemand bedachte.] *H. hatte, als er die Stelle bei Prinz Peter Friedrich Wilhelm von Holstein-Gottorp aufgab, keine Forderungen gestellt.*
85 entsagte also einem Gehalt] *Durch das Abschiedsgesuch I 61.*
85f. traute Freunden mehr zu] *Vgl. zu II 97,13f.*
86 an diesem Ort so geirrt] *Bückeburg.*
87f. Geld ... noch nicht.] *Mit der Auszahlung seines jährlichen Gehalts von 600 Talern durch die Schaumburg-Lippische Rentkammer gab es ständig Schwierigkeiten, vgl. H.s Mahnungen III 24; 59; 66; 143 (Bitte um quartalsweise Auszahlung 1775).*
93 auf meinem Walle] *Vgl. II 3,87f.*
96 Ordnungstifterin] *Die ebenso wie H. völlig besitzlose Karoline neigte ähnlich wie er zur Verschwendung, wie später ihre Bedenkenlosigkeit bei der kostspieligen Ausbildung der Söhne zeigte.*
97 Kritischte] *Kritischste.*
101 jungfräuliche Gegenkompliment] *Karolines Bedauern ihrer Armut, vgl. zu II 84,22; 97,9.*
102f. Murmelungen ... geantwortet] *Vgl. I 110,143–146.*
104 umgekehrt] *Das Briefblatt.*
106f. wie Sie ... angeboten haben] *Vgl. zu II 92,58f.*
107–112 Sohn meiner Schwester] *Vgl. II 112; zu II 81,8.*
109 Meine Mutter rühmt] *Der kleine Hans Christoph »denke sehr oft« an seinen Onkel und lasse ihn grüßen (Briefe an H. vom 4.11.1770 und 23.11.1771); er habe die Pocken gut überstanden, sei »recht munter« und freue sich sehr, »daß er zum Herrn Oheim soll« (15.7.1772; Gebhardt/Schauer II, S. 3, 5, 6).*
113 das Zweite] *Schauer (Anm. 130) vermutete die Erziehung von Hartknochs Sohn, vgl. II 81,9f.; auch Hamann hatte seinen Sohn Johann Michael »Mannah« zur Erziehung angeboten (B zu II 101).*
115ff. Aus dem Hause des Geheimen Rats] *Vgl. zu II 98,23ff.,27ff. In B$_3$ berichtete Karoline von einer »häßlichen Intrigue« ihrer ältesten Schwester, die nicht zu ihr kommen wolle.*
119 3. Gebote Gottes] *Eigentlich nur zwei Maximen.*
120 Maskenball] *Vgl. 132–136. In B$_3$ hatte Karoline mitgeteilt, daß am 25.8. in Darmstadt ein Maskenball sei; sie »entheilige« den Tag doch nicht, wenn sie hingehe?*
121 den ersten Brief schrieb] *I 83,3f.*
123 Sanct JohansNachtsZeiten] *Vgl. II 84,61; 92,4ff.*
125–128 damals ... vieles Eitle] *Beschreibung von H.s Zustand Karoline gegenüber im August 1770.*

132 Vermälungstage] *Vgl. zu II 97,110.*
133 unmündigen Tyrannen Namenstage] *Ludwig IX. Landgraf von Hessen-Darmstadt. 25. 8. Tag des Heiligen Ludwig.*
137 Felspfaffen] *Goethe, vgl. II 82,15; 93,10. – Ihrer Schwester] Friederike v. Hesse.*
137f. Lila mit dem übeln Magen] *Vgl. zu II 59,98ff. Lila sei wie »alle gute Leute« magenkrank (B₃).*
141 BartholomäusTage] *Am 24. 8., einen Tag vor dem Ball und H.s Geburtstag. – Pariser Bluthochzeit] Heirat Heinrichs von Navarra und Margaretas von Frankreich am 18. 8. 1572. In der Nacht zum 24. 8. 1572 wurden in Paris ca. 2000, in den Provinzen ca. 20 000 Hugenotten ermordet.*
143 Ihre Briefe] *Karoline befürchtete, B₂ sei verlorengegangen (B₃). Sie hatte darin über den Landgrafen, Moser und ihren Schwager geschrieben.*

101. AN JOHANN GEORG HAMANN, *Bückeburg, 1.–25. August 1772*

4ff. Drei Stücke] *Vgl. zu II 80,63–70; 88,85. Von Tiedemanns »Versuch« hatte Hamann in den »Zwo Recensionen« bloß eine geringschätzige Inhaltsangabe gegeben (»schaal und seicht«, vorwiegend über die Erfindung der Redeteile), H.s Sprachabhandlung aber als Ausdruck der ihm verhaßten Berliner Aufklärung unter Friedrich II. bekämpft.*
6 Zugabe und Gaukelspiel] *Die mit B erhaltene »Abfertigung«, die nur ironische, nicht faktische Zurücknahme der Rezension der Sprachabhandlung (vgl. Büchsel, S. 46ff., zu II 88,100).*
8ff. Alles verstehe ich nicht ... Sinn gewesen] *Resignation in bezug auf ein völliges Verstehen Hamanns. Dieser hatte von Hartknoch gehört, daß H. ihn »gar nicht mehr« verstehe (vgl. zu II 80,76ff.), und versicherte ihn seiner unveränderlichen Freundschaft und »Zärtlichkeit« (B). Vgl. 84–87. Nach A hatte Hamann alles über das »Misverständnis« antizipiert: »All Fehd hat nun ein Ende. Halleluja!« Er lachte »jetzt selbst über seinen sokratischen Gram, daß ein Jüngling wie Herder schwach gnug seyn sollte den schönen Geistern seines Jahrhunderts und ihrem bon ton nachzuhuren« (ZH III, S. 16f.).*
11 dem ... Alter Saturns] *Siehe R, S. 737.*
13f. Indeßen ists ... abgehe.] *Vgl. zu II 88,96f.; U. Gaier, »Herders Sprachphilosophie und Erkenntniskritik« (Stuttgart-Bad Cannstatt 1988), S. 146–156. H. erlag jedoch mit der Annahme der Identität ihrer Ansichten einer Selbsttäuschung; denn er führte den Diskurs der sensualistischen Aufklärungsphilosophie, Hamann aber den biblischen Diskurs.*
14f. Daß Gott durch Menschen, die Sprache würke] *Vgl. zu II 88,85f.–89; 162,109f.*
16 περιστασεις] *Nominativ Plural von peristasis (»Umstände«).*
16ff. nicht mystisch würkt] *Vgl. zu II 88,89.*
18f. angenommen ... beweisen] *Hamann gegenüber stellte H. entschuldigend die Preisschrift als Hypothese, nicht als Beweis hin. Vgl. aber den Schluß: »Der Verfaßer ... hat ... das Gebot der Akademie übertreten und keine Hypothese geliefert ... Er befliß sich lieber, veste Data ... zu sammlen, und seinen Satz so zu beweisen, wie die vesteste Philosophische Wahrheit bewiesen werden kann« (SWS V, S. 147).*
19 der Kabbalist u. Götterssprecher auf dem Dreyfuß] *Hamanns Maske als Autor der »Aesthetica in nuce. Eine Rhapsodie in Kabbalistischer Prose« (1762). In der Rezension der Sprachabhandlung forderte Hamann den »kabbalistischen Philologen« (= sich selbst) auf, die »höhere Hypothese« vom göttlichen Ursprung der Sprache zu rächen, in der »Abfertigung« wies er dieses Ansinnen von sich (Nadler 3, S. 19, 23). Der »delphische Dreyfuß«, Sitz der wahrsagenden Pythia (vgl. R, S. 737), wird im »Ritter von Ro-*

sencreuz« (vgl. zu II 88,85) erwähnt (Nadler 3, S. 32). Vgl. »Dithyrambische Rhapsodie« (R, S. 45; FHA 1, S. 35,15f.).
19f. den Wind anwehet] *Vgl. »Aesthetica in nuce«: »... der Wind bläst, wo er will« (Johannes 3,8; Nadler 2, S. 203).*
20 σημαινειν] *Anzeigen, ankündigen.*
22 Rätzel] *Vgl. Hamanns »Abfertigung«: »das ganze Rätzel, ... beruht auf ein Persiflage« (Nadler 3, S. 22). Vgl. zu II 101,27.*
23 als – – – zu Strasburg geschrieben] *Vgl. II 101,27.*
24 Prinzen von Holstein] *Vgl. zu I 78,5; erst nach dem Abschied geschrieben, vgl. I 105, 11f.*
26 Anonymisch an Formei] *Vgl. zu I 121,20; diese Art der Einsendung war die normale Bedingung bei Preisausschreiben.*
27f. »Schrift eines Witztölpels« ... »aus dem Königreich Yvetot«] *Zitat aus dem »Ritter von Rosencreuz«, der »zum Beschluß ... alle durchtriebene Witztölpel des Königreichs Yvetot ... auf seinen Erbsitz ladet« (Nadler 3, S. 33). Trotz H.s eiliger Anpassung an Hamanns Standpunkt kann die wissenschaftlich argumentierende Preisschrift nicht ernsthaft im nachhinein als beabsichtigte Satire (bzw. dementsprechende »Inszenierung« oder »Denkspiel« nach der Schöpfungshieroglyphe) auf die Berliner Akademie interpretiert werden (das tut U. Gaier in »Herders Abhandlung über den Ursprung der Sprache als ›Schrift eines Witztölpels‹«, H.-B. II, Nr. 1673), wie Hamann es in »Philologische Einfälle und Zweifel über eine akademische Preisschrift« (1772) gesehen hat (Nadler 3, S. 41, 48f., 50f.). Die ernst gemeinte Preisschrift war das Fazit jahrelanger sprachphilosophischer Überlegungen; vgl. I 40(N),52ff.; SWS II, S. 65–69). Der – auf den Stil bezogene – Satire-Aspekt schon vor H.s Kenntnis der Hamannschen Polemik, vgl. zu II 50(N),26; 61,12f.–14f. Gaier interpretiert das Hamannsche Wort »Witztölpel« mit der docta ignorantia, dem sokratischen Nichtwissen, »Tristram Shandy« und dem Narrenbegriff (ebd., S. 158); eher scheint aber dafür 1. Korinther 1,20 Vorbild zu sein, das Wirken Gottes, das Weise zu Toren macht (bzw. 1. Korinther 3,18: Man muß ein Narr werden, um weise zu sein). Zu »Yvetot« (vgl. R, S. 837) zitierte E. Büchsel (S. 201; zu II 88,100) das anscheinend auf ältere Vorstellungen zurückgehende Lied Bérangers »Il était un roi d'Yvetot« (1813, der König als eine Schlafmütze). Synonym für »nicht mehr existent«.*
29 in Ragusa oder Cornwall] *Mögliche abgelegene Stationen der Prinzenreise, an der H. nicht teilnahm; sonst hätte er vielleicht dort die Nachricht vom Ausgang des Preisausschreibens erhalten.*
29f. hinc ... rerum] *Terenz, »Andria« I,1,99.*
31 Leibniz-Aesthetische Hülle] *H. wußte, daß Hamann die Leibnizsche Philosophie nicht schätzte; vgl. zu I 12(N),78 (»sein scholastisches Geschwätz ist niemals recht nach meinem Geschmack gewesen ... Ein gewißes marktschreyerisches und pralerisches Wesen«, ZH II, S. 299, 301). Leibniz' Philosophie dominierte in der Philosophischen Klasse der Berliner Akademie (Sulzer, Formey, Merian und Johann Philipp Heinius, 1688–1775, Rektor des Joachimsthalschen Gymnasiums). Unabhängig davon war H. sein Leben lang Leibnizianer.*
31 Masque] *Maske, Hamannscher Begriff.*
33 Ihre Orakel] *Vgl. 8ff.,76f. Im Schlußabschnitt der Rezension der Sprachabhandlung: »Wir hoffen, daß einer unserer Mitbürger ... irgend einen Funken noch aus der Asche seines kleinen Küchenheerds anfachen wird, um dabey seine Zweifel und Orakul ... aufzuwärmen« (Nadler 3, S. 19).*
34 als aus der Wüste] *Vgl. zu I 115,56f.*
35 Politischen Beziehungen] *Hier: gesellschaftliche Rücksichten.*

35f. ehe Musen waren] *Vgl. Vergil, »Georgica« II, 475: »... primum dulces ante omnia Musae« (»... zuerst vor allen Dingen die süßen Musen«; vgl. Nadler 3, S. 48,40).*
36 der alte Vater aller Dinge] *Gott, vgl. 1. Korinther 8,6.*
36–39 Nikolai ... geflossen.] *Vgl. zu II 88,85.*
38f. edlen verstandbaren Canal] *Spott über den Berliner Rationalismus.*
40f. Denkart dieser Preis-Schrift] *H. distanzierte sich unter Hamanns Einfluß von ihr und widerrief in Bd. 2 der »Aeltesten Urkunde« (1776) den menschlichen Sprachursprung (SWS VII, S. 30f., 40–43), nachdem er in Bd. 1 einen 2. Teil der Preisschrift angekündigt hatte, »der Bestimmungen, Einschränkung und Anwendung des Ersten Theils enthalte« (SWS VI, S. 299). Vgl. III 32,38. Noch in den ersten beiden Teilen der »Ideen« (1784/85) wurde die Sprache im Hamannschen Sinn als »göttliches Geschenk« bzw. als Resultat göttlicher Unterweisung erklärt (SWS XIII, S. 138f., 435).*
42 Schrift über die erste Urkunde] *»Aelteste Urkunde«. Vgl.* **92–98.**
43 caussae secundae] *Zweitrangige Ursachen im Unterschied zur Grundursache (»causa prima«).*
44 das Gegentheil zeigen] *Vgl. zu* **40f.** *Dabei deutlicher Einfluß des »Ritters von Rosencreuz« (E. Büchsel, S. 71ff.; vgl. zu II 88,***100***).*
44 »Namenlos«] *Vermutlich: bei gewahrter Anonymität im Unterschied zu früheren Indiskretionen.*
46 Liebesbrief] *An Hamann zur Wiederanknüpfung ihrer seit I 62(N) unterbrochenen Korrespondenz.*
47 res gestas Dei per Hamannum] *Taten Gottes, durch Hamann ausgeführt. In A »res gestas« als Scherz aufgefaßt (ZH III, S. 17, 3. Absatz).*
48f. cantilenam ... in gremio] *»Singsang von der Magd und dem Ochsen und Esel und im Mutterschoß«, Zitate aus den beiden Weihnachtsliedern von Petrus Dresdensis (vgl. R, S. 436). H. meinte damit Hamanns Anspielung auf seine Familienverhältnisse, vgl. zu II 88,98.*
49 Einem meiner Gärten] *Vgl. II 1,73; 3,87–92.*
50 Wielands gegoldschaumten Spiegel] *Aus unechtem Blattgold (Tombak, Kupfer-Zink-Legierung = Schaumgold) bestehend. Hamann gegenüber beurteilte H. den Aufklärungsroman ungünstiger als in Briefen an Karoline oder Heyne, vgl. II 92,62–69; 85(N),62–69.*
51 die Antiphonie] *Gegengesang; Anspielung auf H.s beabsichtigte Heirat.*
52 (ceteris ... concludunt).] *Unter gleichen Umständen (d.h. besitzlos wie Hamann)..., die hypothetisch schlußfolgern. »Wenn wir einander an Schicksalen ähnlich sind; desto mehr Übereinstimmung für unsere Gesinnungen« (A).*
53–59 starke Muskel ... Gang fort!] *Scherzhafte anthropomorphe Übertragung partieller physiologischer Vorstellungen auf die Welt als Totalität (vgl. »Vom Erkennen und Empfinden«, 2. Fassung, 1775, SWS VIII, S. 280f.).*
54 wen] *wenn.*
55 Unzer in seiner Unphysiologie] *Johann August Unzer, »Erste Gründe einer Physiologie«, nach den von H. gelesenen »Göttingischen Anzeigen« (Rezension von Albrecht v. Haller im 65. Stück, 30.5.1772, S. 548–553) keine eigentliche Physiologie, sondern nur über »die Würkungen der Seele, und der Nerven« (ebd., S. 548). Der Rezensent fand es »merkwürdig, daß im Rückmarke auch Nerven, und aus dem Marke entspringen, folglich ihre äusserlichen Eindrücke sich daselbst entwickeln sollten, und dennoch zuverläßig die Seele im Rückgrade weder wohnt noch empfindet«. Das Herz schlage bei Verletzung des Rückenmarks unverändert. Anscheinend wirke die »zusammenziehende Kraft« der Muskelfasern ohne Nerven (ebd., S. 550f.). In den »Frankfurter gelehrten Anzeigen« vom 31.3.1772 wurde von Dr. Leuchsenring vor allem kritisiert, daß der*

Verfasser statt »Nervenkräfte« den »dogmatischtheologischen Begriff« der »Seele« gebrauchte.
60 Sokrates ... Alcibiades] *Sokrates' Geliebter, vgl. Hamanns »Sokratische Denkwürdigkeiten« (Nadler 2, S. 78–80).*
62 geheirathet] *Vgl. zu II 73,17ff.*
64 castus ... animo] *Fromm, rechtschaffen, an Gestalt und Geist edel.*
65 Schrittschuhlaufen] *Wortbildung Klopstocks von »schreiten«. Vgl. zu II 28(N),86.*
67 von Ihnen geredet] *In Hamburg im März 1770, vgl. zu I 105,73–79.*
68 Wansbecker Zeitungen] *»Der Wandsbecker Bothe«.*
68f. Jener Mathematicus] *Anekdote von Aristippos.*
70 Ein paar andre Menschen] *Goethe, Merck, Karoline Flachsland.*
72 Syrte] *Meerbusen; nach der Kleinen und Großen Syrte an der nordafrikanischen Küste.*
74 Ut Canis e Nilo] *Vgl. zu I 78,18.*
77 Parze mit Horn u. Klaue] *Atropos, siehe R, S. 735.*
78 Lindners Aesthetik] *Johann Gotthelf Lindner, »Kurzer Inbegrif der Aesthetik«.*
79 Arnold Kirchenhistorie] *Daniel Heinrich Arnoldt, »Kurzgefaßte Kirchengeschichte des Königreichs Preußen«. In den »Göttingischen Anzeigen« vom 24. 11. 1770 (Zugabe, 44. Stück) als ein »für die Kirchenhistorie überhaupt sehr nützliches Buch« besprochen (Walch).*
81–148 Da es kaum lohnt ... könnten: so p.] *2. Teil des Briefes, vgl. II Anm. 101.*
83 Unausdrücklichkeit] *Unbestimmtheit; etwas, das nicht ausgedrückt werden kann. Vgl. II 64,84f.*
89 jenes ... auch dies] *Das öffentliche Leben H.s im Bückeburger geistlichen Amt und sein Privatleben.*
90f. Hilft ... Kelter?] *2. Könige 6,27.*
92f. großen Bilde von der Urkunde] *Der Plan zur »Aeltesten Urkunde« und die ersten Entwürfe und Ausarbeitungen entstanden 1768/69, vgl. I 43(N),10–139; die endgültige Fassung wurde im Herbst 1770 konzipiert, vgl. I 105,43–64.*
94 Entdeckung] *Vgl. I 105,43; II 54(N),10; III 36(N),17f.*
95 Göttliche Botschaft] *Vgl. III 75,26–36.*
96 lese u. sammle] *U.a. die 101–107 genannten Werke, H.s Bestellungen aus der Göttinger Universitätsbibliothek, vgl. alle Briefe H.s an Heyne 1772.*
97 Gurt] *Ein Gürtel gehörte zur hohepriesterlichen Kleidung, vgl. 2. Mose 28,4; 3. Mose 8,7; Zeichen der Gewalt und Amtsvollmacht, vgl. Jesaja 22,21.*
97f. Ruf Gottes] *Vgl. 2. Mose 24,16.*
99f. Ihre Stelle ... der Muse entwöhnt] *Vgl. zu II 88,98.*
102 Perron d'Anquetil] *Anquetil-Duperron (über seine Reise vgl. SWS VII, S. 341f.).*
103 Gauren-Liturgien] *Siehe R, S. 765f.*
104 Schuking] *Vgl. zu II 85(N),32f.*
106,121f. Jones] *Vgl. zu II 85(N),33f. Davon hatte H. in den »Göttingischen Anzeigen« vom 8. 9. 1770 (Zugabe, 33. Stück) eine lobende Inhaltsangabe (von Heyne) gelesen.*
106 Dow] *Vgl. zu II 85(N),46.*
107 Holwell] *Vgl. zu II 94(N),14. – Georgii] Vgl. II 76(N),3–46.*
108f. Mac-phersons Ossian] *»Aus England habe mir Ossian, Evans Specimen of the ancient Welsch Bards 1764, Macphersons Dissertation on the ancient Caledonians etc. 1768 Quarto [verschrieben] die auch manches von Barden enthält« (A).*
109 Percy] *H. hatte die »Reliques« soeben von Boie erhalten, vgl. zu II 95(N),33. Von Hamann erst in B zu IV 15(N) erwähnt (ZH III, S. 360).*

110 Barden vor Karl Magnus] *Bereits Lessing hatte im »Vorbericht« zu Gleims »Preussischen Kriegsliedern« 1758 über den Verlust der von Karl dem Großen gesammelten Lieder geklagt. Noch Bd. 2 des »Athenaeums« 1799 enthielt eine Notiz A. W. Schlegels »Germanische Bardengesänge« über ein Preisausschreiben zur Entdeckung der verlorenen Gedichte. Vgl. II 103,12–15.*

113 aus der Nachbarschaft erbetteln] *Vgl. zu 96. – in penu] Mundvorrat.*

115 einem Freund] *Boie.*

116–119 Essai on Song-writing ... seyn möchte.] *Von Aikin, vgl. H.s Rezension in den »Frankfurter gelehrten Anzeigen« vom 24.11.1772 (94. Stück; SWS V, S. 470–474).*

117f. Ballads and Pastoral Songs] *»Die erste Klasse nennt er Balladen und Hirtengesänge« (ebd., S. 471).*

118 passionate and ... witty Songs] *»Die zweite Klasse ... die dritte Sammlung« (ebd., S. 472f.).*

120 Stevens ... Oxforder Bursche] *Vgl. II 118(N),5.*

121f. Jones ... Persischen Gedichten] *»Poems, consisting chiefly of translations«.*

123 Ferguson, Millar] *»Institutes of Moral Philosophy«; zu Millars »Bemerkungen über den Unterschied der Stände« vgl. H.s zeitkritische Rezension, R, S. 26.*

124 Beattie] *H.s Rezension siehe ebd.; aufklärungskritische Tendenz des common sense gegen einseitigen Rationalismus, Bekenntnis zu einer Philosophie des ganzen Menschen und zu Hamanns Glaubensphilosophie.*

125f. Sokrates Glauben u. Nichtswißen] *Am Schluß der Beattie-Rezension zitiert H. aus dem 2. Abschnitt von Hamanns »Sokratischen Denkwürdigkeiten« eine Stelle, die »vielleicht mehr als das ganze Buch« sage: »Unser eigen Daseyn und die Existenz aller Dinge ausser uns muß geglaubt und kann auf keine Weise ausgemacht werden.« usw. (SWS V, S. 462; Nadler 2, S. 73f.).*

127 meinem genannten Buch] *Vgl. zu 92f.*

128 eine andre Arbeit] *Vgl. zu II 66,82f.*

129 sub Rosa] *Vgl. zu I 131,71.*

130 auf voriger Meße] *Ostermesse 1772. Vgl. zu II 80,51.*

130f. Ihre beiden nördlichern Freunde] *Hartknoch und Hinz, vgl. II 102,48ff.*

133 in einer Höle] *Vgl. I 117,21f.*

134 Privatfreundschaft] *Mit Hartknoch, Georg Berens, Begrow, Frau Busch.*

136 Uebermuth] *Vor allem in H.s Stil, vgl. zu I 15,20ff.; 55(N),99.*

136–139 Blüthe ... Frucht werden kann.] *Vgl. zu I 15,43ff.*

139f. Ihr Sohn] *Vgl. zu II 100,113.*

143 Kanters Zeitungen] *»Königsbergsche Gelehrte und Politische Zeitungen«. »Ich lese keine Zeitungen mehr, so wenig gelehrte als politische – und habe mich jetzt so gut wie verschworen zu irgend einer mehr meine Feder zu entweyhen« (A).*

145 Der ganze Gang ... Geschenk.] *Vgl. II 64,82f.*

146 Armendirectorium] *Vgl. II 29a; II 40.*

148 Fischer] *Vgl. zu I 12(N),24. In A nicht erwähnt.*

149 Den 25. August] *3. Teil des Briefes.*

150 mehr als einmal geworden!)] *Vgl. II 97,109f.*

153 Dieweil alle ... Erfahrung p] *Vgl. Römer 5,3f.*

154 in der Wüste] *Vgl. zu I 86,28.*

157f. größern Riesenwerk] *»Paradise Lost«.*

158 die Hütte, dem Pallaste ... vorziehe] *Vgl. zu II 23,61.*

159 Interkalarjahr] *Schaltjahr.*

162 übermorgen der Ihrige] *Hamanns Geburtstag.*

164 Ritter Rosencreuz ... wieder aufwachen] *Wegen des Titels »... letzte Willenmeynung« und der Hindeutungen auf sein baldiges Ende, Grabmonument usw. (Nadler 3, S. 33).*
165 Palinodie singen, u. mit neuer Haut umgeben] *Gegengesang; hier: Widerruf des Urteils über H. in einer weiteren Schrift. »... werden Sie – – – mit Gottes Hülfe Ihr Vaterland und Ihren Pan wieder sehen von Angesicht zu Angesicht – verjüngt mit einer neuen Haut umgeben wie Sie es wünschen und ich glaube« (A).*
167 Fleischeslust ... hoffärtiges Wesen.] *Diese gehören zu den 7 Todsünden (Matthäus 12,45; Lukas 8,2 sieben Geister bzw. Teufel).*
168 descensus Averno] *Abstieg zur Unterwelt, siehe R, S. 719.*
169 difficilis reditus] *Schwierige Rückkehr.*
170 Fenelon in Kambrai] *1697 von Louis XIV. wegen seiner Stellung im Quietismusstreit (als Freund und Verteidiger der Madame Guyon) vom Hofe in sein Erzbistum Cambrai verbannt, erfüllte Fénelon dort seine Amtspflichten vorbildlich.*
171 habe fast keine Gemeine] *Vgl. II 100,33f.*
173ff. keinen Freund! ... denken werden] *Vgl. zu I 11,18f.*
177 Waßerrade der Welt] *Emblematisches Motiv, die Gewaltsamkeit und Bewegung des Lebens bezeichnend, vgl. SWS VIII, S. 481; XIV, S. 279.*
178 uneasiness] *Vgl. zu I 51,9.*
178f. Einzige Haus] *Westfelds Haus.*
179f. sic prandium, sic coena] *Wie das Frühstück, so die Mahlzeit.*
180 neues Jahr] *Vgl.* **149, 154.**
181 Schmidt ... schmiedet.] *Schmied, nach Sterne, »Tristram Shandy«, 3. Buch, Kap. 21/22.*
184f. Faunus, Pan u. Satyr] *Spitznamen Hamanns.*
185 Heerde, Bett u. Wiege] *In der Rezension der Sprachabhandlung erwähnte Hamann die »Asche seines kleinen Küchenheerds«, in der »Abfertigung den »tiefen Schlaf seiner Ruhe« und die Wiege seiner Tochter (Nadler 3, S. 19, 23f.).*

102. AN JOHANN FRIEDRICH HARTKNOCH, *Bückeburg, 25. August 1772*

4 mit den Büchern] *Vgl. zu II 64,63f.; 111,59ff.; 145,17; 149,13ff.*
6 zu meinen Arbeiten] *Vor allem für die »Aelteste Urkunde«.*
7 Über Bremen] *Vgl. II 64,63f.*
7f. Buchhändler Cramer] *Johann Heinrich Cramer.*
9f. eigner Verlag leidet darunter] *Wegen der Verzögerung der »Urkunde«.*
11f. nicht an einem dritten Ort zusammengekommen] *Vgl. II 80,19f.,38ff.; 81,5f.*
14 meiner Mutter] *Vgl. zu II 80,51–54,109f. Hartknoch versprach, den Brief an H.s Mutter »sobald es möglichst« zu bestellen (A).*
15 an Hamann] *II 101. Der durch Hartknoch bestellte Brief habe einen Umweg von 120 Meilen gemacht (A).*
16 Sachen ... überschickt] *Bücher beider Verlage, nicht zu ermitteln.*
18 auf der Meße] *Zur nächsten Ostermesse wollte Hartknoch nach Bückeburg kommen (A).*
21ff. Stritterschen Auszüge ... Rußischen Reisen.] *Hartknoch hatte die bei ihm vergriffenen Werke von Stritter, Pallas und Gmelin in Petersburg bestellt und wollte sie zusammen mit H.s Büchern schicken (A).*
25 auf die Meße ist Gelegenheit] *Vom Meßgut leihweise zur Benutzung Bücher zu schicken und zurück.*
27 mein Werk ... Gegenden von Asien] *Nach der »Aeltesten Urkunde« ist das biblische Paradies (siehe R, S. 793), die Wiege der Menschheit, in Asien zu suchen.*

29 Göttingen ... behülflich] *Vgl. zu II 101,96.*
31 Hesychius] *Nach A hatte Hartknoch nur den 1. Teil vorrätig, den 2. aber aus Amsterdam bestellt (A₁ zu II 149). Vgl. zu II 81,29f. – Die Punkte stehen für eine zögernde Redeweise, als ob es H. peinlich sei, Hartknoch ständig um etwas zu bitten; vgl.* **35–38.**
33ff. Ich hoffe ... Sie sind.] *Vgl. II 111.*
41 Zeiten des Exiliums] *H.s Auffassung seiner Bückeburger Zeit, die er später in Weimar in Erinnerung an seine ersten Ehejahre viel positiver beurteilte; vgl. VI 72(N),36ff.; VII 110,45f.; VIII 240,16ff.*
43 Ihr unabgewandtes Herz] *Vgl. zu II 80,18.*
45 Schritte u. Schickungen] *H.s Abreise von Riga, der Tod von Hartknochs Frau u. a.*
48ff. Äußerungen ... Unzufriedenheit hieselbst«] *Vgl. II 101,130ff. Hartknoch dementierte das und fragte, woher H. die »Gerüchte« von seiner Unzufriedenheit habe. Hinz sei zwar Hartknochs Freund, aber nicht sein Vertrauter. Nur mit Georg Berens spreche er über H. (A).*

103. AN RUDOLF ERICH RASPE, *Bückeburg*, 25. August 1772

5,36 reliques] *Percy, vor einem Jahr mit B leihweise erhalten, vgl. II 5,37f. Im August 1772 von Boie als Eigentum erhalten, vgl. zu II 101,109.*
8 in die Zeiten meiner Jugend] *In Mohrungen (preuß. Volkslieder, vgl. SWS XXV, S. 79f.) und in Riga (bei Sommeraufenthalten Erlebnis lettischer Tänze und Volkslieder, vgl. »Auszug aus einem Briefwechsel über Oßian«, SWS V, S. 170).*
12 aufgeklärten Gegenden] *Hessen-Kassel, vgl.* **97f.**
13f. goldnen kleinen Hausgöttern] *Metaphorisch für heimische Volkslieder, zu deren Sammlung H. schon in der 2. Sammlung »Ueber die neuere Deutsche Litteratur« aufgerufen hatte (SWS I, S. 266). Vgl. zu II 21(N),42–47; 101,110.*
15 Schweiz ... Schwaben] *H.s Hoffnungen auf bessere Überlieferung in der süddeutschen Kulturlandschaft (vgl. II 168,53; SWS V, S. 190) gründeten sich auf Bodmers »Sammlung von Minnesingern«.*
17f. was nicht ... gleichkommt] *Nicolais Verspottung der Volkslieder als plumpe Pöbellieder in »Freuden des jungen Werthers« (1775) und »Eyn feyner kleyner Almanach« (1777/78) bestätigte H.s Einschätzung.*
19f. Sylben zählen u. Prosodie auswendig wißen] *Vgl. SWS V, S. 189.*
20 hat sich Percy geschämet?] *Vgl. II 21(N),43f. H. »schämte sich« selbst und zog nach den Angriffen in Schlözers »Vorstellung seiner Universal-Historie«, 2. Teil (1773), in Ramlers »Lyrischer Bluhmenlese«, Bd. 1 (1774) und in Nicolais »Werther« seine »Alten Volkslieder« vom Druck zurück, vgl. III 131,46ff.; 132,27; 133,40–44. Auch die Aufnahme von Kunstliedern vergessener deutscher Dichter (im Titel: »Nebst untermischten andern Stücken«) in den 2. Teil der »Volkslieder« (1779) anstelle echter Volkslieder (SWS XXV, S. 27–30, 76–79, 107–111, 114f., 121f. aus den »Alten Volksliedern« nicht aufgenommen) ist darauf zurückzuführen (vgl. seine resignierende Begründung und Rechtfertigung ebd., S. 308f., 325f., 328ff., 545f.). Von den von Goethe im Elsaß gesammelten 12 Volksliedern (vgl. R, S. 697) hat er nur 3 aufgenommen (SWS XXV, S. 133f., 146f., 251f.). Vgl. IV 28,16–19; 89,31–41.*
22 Ihren Zweifel gegen Homer] *Raspe wollte von H. als »einem Prometheus« lernen und unterbreitete ihm seine Auffassung: »Homer ist wie Ossian stückweise durch Rhapsoden erhalten und nach verschiedenen Jahrhunderten zu verschiedenen Malen und auf verschiedene Weise zusammengesetzt worden.« Vgl. die Vorrede zum 2. Teil der »Volkslie-*

der« (1779): »Der gröste Sänger der Griechen, Homerus, ist zugleich der gröste Volksdichter. ... seine Rhapsodien blieben ... im Ohr und im Herzen lebendiger Sänger und Hörer, aus denen sie spät gesammlet wurden« (SWS XXV, S. 314).

24 wie Oßian, so Homer!] »Oßians Gedichte sind Lieder, Lieder des Volks« (SWS V, S. 160). »Homers Rhapsodien und Oßians Lieder waren gleichsam impromptus« (ebd., S. 182). Nach Blackwells »Enquiry« (dt. Übersetzung 1776, S. 146) waren die Rhapsoden »Stegreifsänger«. – Raspe freute sich, daß seine »Ketzerei übern Homer« H. nicht mißfiel (A vom 8. 9. 1772, Impulse 10, S. 279).

29ff. solche Gesänge ... müßen dauren.] Vgl. »Von Ähnlichkeit der mittlern englischen und deutschen Dichtkunst« (1777): »Alle unpolizirte Völker singen und handeln ... Ihre Gesänge sind das Archiv des Volks, der Schatz ihrer Wissenschaft und Religion« (SWS IX, S. 532).

32f., 39f. einzelne Rhapsodien ... verkittet] Raspe führte als Beweis »die Beschreibung von dem Pallast des Alcinous in der Odyssee« an (VII. Gesang, Vers 81–102), die ihm wegen des »Reichthums von Architectur und Sculptur« für die »Einfalt« der Zeit Homers »viel zu neu« erschien, und vermutete hier einen jüngeren Zusatz, eine Modernisierung durch den späteren Herausgeber (B). Damit haben Raspe und H. in ihrer Korrespondenz die Rhapsodentheorie schon ein Menschenalter vor dem 1795 von Friedrich August Wolf gegen H.s Aufsatz »Homer, ein Günstling der Zeit« erhobenen Prioritätsstreit (vgl. R, S. 627) vertreten.

34 Junktur] Verbindung, hier: Nahtstelle zwischen verschiedenen Gesängen (vgl. SWS XVIII, S. 434).

35 Homeristen] Homer-Philologen, z. B. Heyne. Raspe scheute jedoch die Intoleranz der »Homeristen« (A).

36f. Ein Gesang ... Tradition] Mehrfache Überlieferung von Liedern in Percys Sammlung, z. B. die alte und eine neuere Fassung der »Ballad of Chevy-chase« (Bd. 1, S. 4–17; 235–246) und die ähnliche »The Battle of Otterbourne« (S. 21–31). Als Rezensent der »Reliques« in der »Neuen Bibliothek der schönen Wissenschaften«, Bd. 1/1 (1765, S. 176–179) und Bd. 2/1 (1766, S. 54–89), worin er zuerst einen deutschen Percy forderte, war Raspe der kongeniale Gesprächspartner H.s für diese Probleme.

38 Auch bei Oßian] Vgl. 23f. Für H. und Raspe wie viele ihrer Zeitgenossen erklärten sich Homer, Ossian und die »Reliques« wechselseitig. H. fand dadurch seine im Anschluß an Blackwell u.a. entwickelte Theorie der Entstehung des Epos aus Liedern und Fragmenten bestätigt. Vgl. Alexander Gillies, »Herder und Ossian« (H.-B., Nr. 3474), S. 135ff. Für Ossian analog zu Homer hatte das zuerst Raspe in seiner Anzeige im »Hannoverschen Magazin« vom 18. 11. 1763 (mit auszugsweiser Übersetzung aus »Fingal«) behauptet (Hallo, S. 233, 238).

40–43 Andacht des Lesens ... Ganze der Natur.] Die Illusion der weiterdenkenden Phantasie beim einfühlenden Lesen verbindet die einzelnen Textstücke. »Vom Erkennen und Empfinden« (1778): »dies lebendige Lesen, diese Divination in die Seele des Urhebers« (SWS VIII, S. 208; vgl. »Reisejournal«, SWS IV, S. 458–461). Über das Ganze der Erkenntnis vgl. die »Hodegetischen Abendvorträge« von 1799 (SWS XXX, S. 509ff.).

44f. Ausdruck der ... Natur in Leidenschaft] Die anthropologische und ästhetische Grundposition des Sturm und Drang.

46f. Kunst nur entwickeln u. nachahmen] Anerkennung der Nachahmungstheorie: Nachahmung der ganzen Natur, nicht der »schönen Natur«, vgl. zu II 22,4f.; 70(N),19ff.

47ff. sinnlichen Seelenkräfte ... Kunsttrieben der Thiere] In seiner sensualistischen Erkenntnistheorie nahm H. wiederholt kritisch Bezug auf Reimarus' »Allgemeine Betrach-

tungen über die Triebe der Thiere« (SWS V, S. 22ff.). Über die Tierseelentheorie im 18. Jh. Vgl. Werner Krauss, »Zur Anthropologie des 18. Jahrhunderts. Die Frühgeschichte der Menschheit im Blickpunkt der Aufklärung«, hrsg. von Hans Kortum und Christa Gohrisch, Berlin 1978, S. 136–175, hierzu besonders S. 172ff.

53 vorigen Winter] *Im Februar 1772, vgl. II 48(N),26ff.; zuvor Ende Juli 1770 (vgl. I Anm. 80).*

53 Wallmodensche Sammlung] *Siehe R, S. 602. – H. ging nicht auf Raspes Frage nach der Architektur der Alten ein (ob die Pläne der öffentlichen Gebäude »dem Volke zur Prüfung vorgelegt« worden seien wie die Gesetze, daß sie »so majestätisch, so fehlerlos« seien?).*

54 Ihren Katalogus] *»Nachricht von der Kunstsammlung«.*

55 Muse mit der Rolle] *Klio, siehe R, S. 729, 771.*

61 Agrippina ... Pandataria] *Siehe R, S. 793. Raspe nannte das verbindlich »eine sehr glükliche Vermuthung«, bemerkte aber, daß der Kopf nicht zu der Statue gehöre, und überließ die Entscheidung »künfftigen Untersuchungen« (A; Impulse 10, S. 279).*

68 Plastischer Künstler ... lebenden Muse] *Als Liebhaber seiner jungen Frau (ähnliche Assoziationen in Goethes Gedichten »Künstlers Morgenlied«, 1773; »Kenner und Künstler«, 1774). Vgl. I 96(N),22–26. Raspe hatte in B seine späte Antwort mit »des jungen Hymens Liebkosungen« entschuldigt und meldete in A, seine Frau habe ihm vor drei Monaten einen »dem Walmodenschen schlafenden Amor« sehr ähnlichen Jungen geboren.*

70f. Ihr Werk ... Ideen hatten?] *Anfang August 1770 (vgl. I 80) hatte Raspe offenbar von einem geplanten antiquarischen Werk gesprochen. In A ging er nicht darauf ein.*

71f. Klotz] *Raspe hatte 1768 64 S. kritische »Anmerkungen über die Schrift des Herrn Klotz von Nutzen und Gebrauch der geschnittenen Steine« veröffentlicht (im 46. der »Briefe, antiquarischen Inhalts« von Lessing gelobt).*

75 Apollo, oder eine Niobe] *Raspe bot den Gipsabguß eines älteren Laokoon-Kopfes an (nach Hallo, S. 244f., im Hessischen Landesmuseum verschollen). Vgl. zu II 159,9; III 6,3f.*

79, 82 an Schlegeln] *Gottlieb Schlegel hatte auf seiner Reise nach Deutschland 1771 Raspe in Kassel besucht und an H. geschrieben (nicht überliefert, vgl. II 64,107ff.). Raspe hatte ihn als »ein vorübergehendes finstres Meteor, unbedeutend und ohne Folgen« schon vergessen (A).*

80 Stupor] *Dummheit, Stumpfsinn.*

83 Talanderschen Briefstellers] *Von August Bohse.*

85f. ihm ... gränze] *Mit ihm aneinandergeraten. Davon hatte er bei Raspe geschwiegen (A).*

87 Engelbrunner] *Vgl. zu II 5,11.*

89f. Casparson ... sein Brief] *Nicht überliefert (N, S. 800).*

90 cum usura] *Mit Zinsen. Ein Brief H.s an Casparson ist nicht nachweisbar.*

91–94 Mauvillon ... Briefe] *»Ueber den Werth einiger Deutschen Dichter«, sehr abschätzig über Gellert urteilend (»ein mittelmäßiger Dichter ohne einen Funken von Genie«). In den »Frankfurter gelehrten Anzeigen« vom 21.2.1772 hatte Merck in einer Rezension des Buches seinen Leipziger Lehrer verteidigt und seinen »wahren Einfluß auf die erste Bildung der Nation« gerühmt, obwohl auch er ihm das Verständnis für wahre Dichtkunst absprach. – Raspe meinte, Mauvillon müsse »erst schreiben und das Publikum schätzen lernen«, seine Gedanken seien noch ungeordnet (A).*

97 Beaux Esprits] *Schöne Geister, auch Anspielung auf die am Hof des Landgrafen von Hessen-Kassel herrschende französische Kultur, die Raspe in seinen Briefen kritisierte.*

104. AN KAROLINE FLACHSLAND, *Bückeburg, 29. August 1772*

3,5f. Was ist, ist gut!] *Vgl. zu I 58,192.*
3ff. Liebestäubchen] *Die Taube gehört zu den Attributen der Venus, siehe R, S. 741. Metaphorisch für Karolines impulsive Mitteilung ihrer Verlobung mit H. an ihren Schwager Hesse, als sie sich beim gemeinsamen Abendessen am 22. 8. 1772 über dessen Zank mit seinem Sohn ärgerte (in B_2 berichtet).*
7, 13, 17 versprochen] *»daß ich mit Herder versprochen bin« (zu Hesse). H.s Scherz ängstigte Karoline ein wenig: »daß ... Du mich nicht so grausam hättest quälen sollen mit meinem Versprochenseyn, Du böser Mann« (A).*
9 ohne den Geheimen Rat] *Hesse war Vormund der Waise Karoline. Erst Ende des 19. Jh. wurde in den fortschrittlichsten europäischen Ländern die Geschlechtsvormundschaft über volljährige unverheiratete Frauen abgeschafft.*
15f. Petrus am Kohlefeuer] *Vgl. die Verleugnung Christi, Matthäus 26,69–75. Karolines Reaktion darauf: »Du falscher Apostel! ... Du harter Mann!« (A).*
15f. Ma foi] *Meiner Treu, auf Ehre.*
18 Frauenzimmerstreich] *Die Bekanntmachung ihres geheimen Liebesverhältnisses, die den unentschlossenen H. vor Tatsachen stellte und zum Handeln zwang.*
21 Gott Capriccio] *Vgl. zu I 55(N),157. – Pfandspiel] Ein Gesellschaftsspiel. Vgl. II 106, 51–55.*
23ff. Ihr Wort nicht erfüllen] *Hesse sei »discret«, das habe er Karoline »heilig versprochen« (B_2).*
26 vest Siegel ... drücken.] *H. möge »unbesorgt« sein über »Schwätzerei«; sie habe Hesse »ein großes Siegel aufs Maul gedrückt« (A). Vgl. 94–98.*
29 Bubenstück] *Eine Ungehörigkeit. Vgl. 85ff.*
34 Werbebrief] *II 106.*
35 des Poßierlichen] *Des Spaßes.*
37 andre Manier] *Vgl. 19–23.*
38f. was Sie ... zu verschweigen scheinen] *Karolines gedrückte Lage, vgl. 43f.*
43ff. längst gelitten ... Ausflucht für diesem Hause?] *Durch B_2 wurde H. von der Unzufriedenheit Karolines in Hesses Haus endlich überzeugt. Vgl. zu II 98,23ff.*
48f. Geheime Rat ... geändert] *Nach B_2 hatte Hesse nach Karolines Mitteilung sich in einen »sanften, guten, zärtlichen Mann« verwandelt.*
53 Würfen seiner Natur] *Cholerische Emotionen.*
55 in seinem Hause bleiben] *Vgl. zu II 98,23ff.,27ff.*
58f., 79f. Plan mit Ihrer Schwester] *Hesse wollte sie mit Erlaubnis des Landgrafen in sein Haus aufnehmen. Vgl. zu II 116,4,23.*
62f. Sie haben ... geschrieben.] *Vgl. zu II 30,67–71; 66,61.*
63 Blöde] *Blödigkeit (= Schüchternheit).*
63ff. Ihrem letztern Briefe] *B_1; danach hatte Karolines älteste Schwester »ihren ganzen Verstand fast verloren« und irrte »mit einem einjährigen Mädchen auf die traurigste Art auf der Landstraße und überall herum« und mußte »zuweilen auf Stroh liegen«. Nach A war sie »als eine irrende aufsichtslose Person allen Niederträchtigkeiten ausgesetzt«.*
67 Pension des Landgrafen] *Sie konnte »sehr bequem davon leben« (A).*
69 einen kleinen Beitrag] *Karoline lehnte mit Dank das »edle Anerbieten« als überflüssig ab (A).*
72 Pflicht für einen Dritten ist Nothdurft!] *H.s soziale Haltung ist hier wie in anderen konkreten Fällen eindeutig (vgl. IV 254; V 237).*
77 nimm keinen Schritt vor] *Vgl. II 98,23ff.*

80 Anseyn] *Anwesenheit.*
83–89 Correspondenz ... unterhalten.] *Karoline bestand darauf, daß ihr Briefwechsel so bleiben müsse, »wie er ist«; sie hatte ihrem Schwager von dem »langen lieben Bubenstück« berichtet, »daß Merk Briefträger war«, und Hesse hatte nichts dagegen (A).*
86f. Liebesintrigue] *Von H. zu Beginn ihres Briefwechsels abgelehnt, vgl. zu I 83,72.*
91, 95 Versorgungen] *Nach B₂ versprach Hesse Karoline »dereinst eine ansehnliche Summe Geld« und plante, H. in Darmstadt »zu placieren«, was auch sie ablehnte (A).*
91f. Vorrede] *Gerüchte, die einer Sache vorhergehen (Antonym: Nachrede).*
94f. daß er ... vergeße] *Vgl. II 106,46ff.*
98 Requetensache] *Bittschrift, Gesuch (requète).*
99f. Bestimmung] *Determination nach der göttlichen Providenz.*
106 Geheime Rat] *Nach A hatte Karoline ihren Schwager überredet, noch am gleichen Posttag an H. zu schreiben (vgl. II Anm. 106).*
109 auf meinen letzten Brief Antwort] *A zu II 100 (vgl. II Anm. 100).*
112 nach dem Baum, Predigerpuppe] *Vgl. II 100,17–30.*

105 (N). An Louise Francisque Merck, *Bückeburg, Ende August 1772*

10 notre connoissance] *Im August 1770.*
11 joye maternelle] *Geburt der Tochter Adelhaide.*
12 Votre exile] *Das Leben der französischsprachigen Waadtländerin in Darmstadt. Vgl. zu I 97(N),11.*
20 Le sejour où je suis exilé] *In Bückeburg.*
22 fortifier le sentiment] *Gleichberechtigung des Gefühls gegenüber dem Verstand.*
28ff. pasteur ... soi-même)] *Vgl. II 100,33ff.*
39 belles ames] *Vgl. zu I 83,69.*
45 ce jargon Francois] *Vgl. 54ff.,76f.; I 67(N),23–28; I 119(N),7ff.*
49 Wieland] *So z. B. »Geschichte des Agathon«, VII. Buch, Kap. 7: »Es ist eine alte Bemerkung, daß man einem Frauenzimmer die Zeit schlecht vertreibt, wenn man sie von den Eindrücken, die eine andre auf unser Herz gemacht hat, unterhält.«*
51f. L'amie de mon amie] *Frau Merck als Freundin Karoline Flachslands, vgl. 67ff.*

106. An Andreas Peter von Hesse, *Bückeburg, 3. September 1772*

6f. gemeine] *Allgemein üblich, gewöhnlich.*
7 versichert mich] *Nach B₂ zu II 104 wünschte Hesse, mit H. »in nähere Freundschaft und Briefwechsel jetzt zu tretten«.*
8ff. dem Erstern] *Nach Karolines Mitteilung an ihren Schwager brauchte H. diesem nicht mehr ihre Beziehungen zu gestehen.*
16 Blödigkeit] *Vgl. zu II 104,63. –* Gothische Sitte] *Für barbarische, mittelalterliche (= altdeutsche) Formen. Vgl. H.s Entwurf »Vom gothischen Geschmack«, 1766 (SWS XXXII, S. 29f.).*
20f. zweijährigen Briefwechsel] *Seit August 1770.*
23f. können ... mehr sagen.] *Andeutung fehlender materieller Voraussetzungen für die Ehe, vgl. 39–42.*
30 Wohltaten] *Karolines Leben in Hesses Haus.*
40 Wolken und Nebel] *H.s Schulden und seine wachsende Unzufriedenheit mit seiner Lage in Bückeburg, vgl. II 97,7–103; 100,16–99; 108,32ff.*

48 der Vergessenheit anvertrauet] *Vgl. zu II 104,23ff.,26.*
49 Vorreden] *Vgl. zu II 104,91f.*
50 Mähre] *Mär, Märchen (Diminutiv), hier im Sinne von »Gerücht«.*
52 den Räuber vorzustellen] *Vgl. II 104,19–22. Von Karoline aufgegriffen: »es soll so viel wie möglich ein Raub seyn, wenn Du mich hohlst« (A_1 zu II 145).*
56 Vorbitterin] *Vgl. II 104,90–98.*
60 entgehen] *Im Sinne von »entfahren«.*
64 Einfalt und Nutzbarkeit u. Güte] *Vgl. II 80,61f.; 107(N),78f.*
65 Natur Einfalt] *Ein Leitbegriff des Sturm und Drang.*
66 ihrer Schwester] *Frau v. Hesse.*
67ff. Verdienste ... kleinen Theil der Menschen] *Selbstbescheidung in bezug auf Wirkungsmöglichkeit gegenüber den Illusionen des »Reisejournals« 1769, vgl. I 72,66–76; 73(N),12–21,54–66.*
69 Nachmenschen] *Nachwelt.*
71 Beifall eines Mannes] *Des Adressaten. Vgl. II 110,66–71.*

107 (N). AN PRINZ PETER FRIEDRICH WILHELM VON HOLSTEIN-GOTTORP, *Bückeburg,*
3. September 1772

6 meines neulichen Briefes] *Wie B nicht überliefert.*
7f. vorhergehenden Briefe] *Vom 2.1., 17.–27.2. und 30.4.1772 (Schauer II, S. 424), nicht überliefert.*
15 Briefwechsel wechselseitig] *Die Briefe des Prinzen waren inhaltsleer (vgl. N II Anm. 34).*
26f. auch eine Zeit Mein Prinz] *Vgl. zu II 34(N),231.*
35 einer höchsten Vorsehung] *Providenzglauben der Bückeburger Geschichtsphilosophie.*
45f. Ueberbringer des letzten Briefes] *Von B, nicht zu ermitteln.*
46–67 Kappelmann] *Cappelmann, für den H. beim Prinzen eintrat, obwohl er seinetwegen im September 1770 den Dienst quittiert hatte, vgl. I 94(N).*
54 gens parvenus] *Emporkömmlinge.*
58 Unternehmen] *Die Stelle des Oberhofmeisters bei der Prinzenreise anzunehmen.*
61f. der Fuchs auch den Löwen spielen] *Machtallüren zeigen.*
70–73 Mausoläum] *Vgl. II 42(N),83ff. Eine Beschreibung ist in den überlieferten Briefen nicht enthalten, ebenso nichts über andere Bückeburger Kunstwerke nach II 42(N),72–83 und 48(N),18–26.*
74 neuen Lehrer] *Johann Konrad Georg.*
78 praktischer Nutze] *Vgl. II 106,62ff.*
79 Plastik] *Vgl. zu II 48(N),51.*
80 Seelenlehre] *Psychologie und Gnoseologie.*
81 auf die Bibel] *Predigtvorbereitungen. – grossen Werke] Vermutlich hatte H. schon in Straßburg 1770 mit dem Prinzen über die »Aelteste Urkunde« gesprochen, vgl. I 105,43–64.*
83 in Jahresfrist erscheinen] *Erst im April 1774, vgl. III 70(N),9.*
83 Banks u. Solander] *Siehe R, S. 544.*
86 Diderot und Geßner] *Vgl. zu II 93,59.*
88 die Kupfer] *Geßners Landschaftsradierungen.*
93f. Erzählungen von Diderot] *Vgl. zu II 92,60.*
94ff. Geßnerscher Brief] *»Brief über die Landschaftsmalerei an Herrn Fueßlin, den Verfasser der Geschichte der besten Künstler in der Schweiz«, 10.1.1770. – Der Zürcher Maler und Kunsthistoriker Johann Kaspar Füßli (1706–1782) schrieb das fünfbändige Werk 1769–1779.*

97ff. Sulzers grosses Wörterbuch] »*Allgemeine Theorie der Schönen Künste*«, vgl. zu II 37,*119–126*.
100 Zeitläufte in Schweden] *Stärkung der königlichen Gewalt gegenüber der Adelsoligarchie des Reichsrates durch den Staatsstreich Gustavs III. am 19.8.1772 in Stockholm. Annahme einer neuen Konstitution und Bildung eines neuen Reichsrates am 21.8.1772.*
101 Ihrer Vettern] *Gustav III. und seine Brüder Karl und Friedrich Adolph.*
103 unbemerkte Art von Würksamkeit] *Zeit zur Selbstbildung.*
108 Herzogin] *Vgl. zu II 47,33; I 105,13f.*

108. AN KAROLINE FLACHSLAND, *Bückeburg, 9. September 1772*

3f. Brief an den H. Geheimen Rat] II 106 (*H nicht zugänglich, möglicherweise* »*3. Sept.*« *verlesen für 8.*).
8 das Andre meines letztern Briefes] *Vgl.* II 104,*69.*
9 Mage] *Magen; vgl.* II 100,*138. Nach Adelung die Form* »*Mage*« *nur veraltet für* »*Verwandter*«.
10 Ohrenübel] *Vgl.* II 12,*20f.*; 98,*34*; *zu* II 41,*8,14f.*
10f. Sanct Andreas u. Stephanus] *Siehe R, S. 702 und 554.*
14 an den Zähnen] *Vgl.* II 8,*15–23*; 9,*174ff.*
16ff. Lichtenberg] *Lichtenberg berichtete am 7.9.1772 aus Osnabrück an Johann Christian Dieterich über seinen Besuch bei Westfeld in Bückeburg zusammen mit Heinrich Philipp Sextro (1746–1836; Rektor der Altstädter Schule in Hannover, ab 1779 Pastor in Göttingen, 1784 Theologieprofessor in Göttingen, 1788 in Helmstedt, 1798 Hofprediger in Hannover und Generalsuperintendent der Grafschaft Hoya). Westfeld, der* »*vortrefflich eingerichtet*« *sei, habe sie mittags sehr gastfreundlich aufgenommen und in seinem Haus übernachten lassen.* »*H. Herder wurde gerufen, seine [Westfelds] Schwester, der es an Geist und Leib nicht fehlt, schenkte ein und so saßen wir bis Nachts um 12, nicht zu vergessen, daß uns seine Frau ein niedliches Souper bereitet hatte.*« *Am nächsten Tag, nach der Besichtigung des Schlosses,* »*wurde noch einmal zu Mittag gegessen, alsdann ritten H. Herder und H. Westfeld nach Minden vor. Wir durchkreuztten das Schlachtfeld mit einander und nahmen endlich von diesen vortrefflichen Leuten in dem Wirthshauß Abschied, worin der Hertzog Ferdinand war, als die Schlacht angieng, in einem Dorf, das Todtenhaußen heißt*« (*31.7.1759, Sieg der Verbündeten unter Herzog Ferdinand von Braunschweig über die französische Armee*). »*Georg Christoph Lichtenberg Briefwechsel*«. *Im Auftrag der Akademie der Wissenschaften zu Göttingen hrsg. von Ulrich Joost und Albrecht Schöne. Bd. I: 1765–1779, München 1983, S. 148–151.*
22 Göthe] *In B$_3$ zu* II 100 *hatte Karoline geschrieben:* »*Merk geht nach Gießen und wird vielleicht auf den 25.t Goethe mitbringen*«. *In A meldete sie:* »*Göthe, Merk und seine Frau sind in Coblenz, bey der la Roche.*« *Vgl.* »*Dichtung und Wahrheit*«, *13. Buch (WA I 28, S. 175, 184–187). Goethe und Merck waren vom 13.–20.9.1772 bei Familie La Roche in Ehrenbreitstein.*
22f. ersten Bekandschafttag] *Vgl. zu* II 100,***120ff.***
24 Schaudern] *Vgl.* »*Reisejournal*« *1769 (SWS IV, S. 438), dazu die Anm. 104,4f. und 104,21 in FHA 9/2.*
28 bereite blos vor] »*Aelteste Urkunde*«.
30 jene uralte Anordnung] *Das Gotteswort 1. Mose 2,18:* »*Es ist nicht gut, daß der Mensch allein sei; ich will ihm eine Gehilfin machen, die um ihn sei.*« *Vgl.* II 111,*15f.*

32 unter einer Wolke] *Karoline »drückt auch eine Wolke«, da die geistige Zerrüttung ihrer älteren Schwester ihren Plan des Zusammenwohnens zunichte machte (A). Sie fragte nach H.s Schwierigkeiten, vermutete als Grund etwas anderes als »die garstige GeldSache« und beklagte sich über mangelndes Vertrauen. Vgl. II 111,20–23.*
36 vorigen Brief] *Vgl. zu II 104,7.*
37 durch die Hand des H. Geheimen Rats] *Karoline wollte nicht, daß H. seine Briefe an Hesse schickte; auch die ihren sollten nicht über ihn gehen (A).*

109. AN KAROLINE FLACHSLAND, Bückeburg, 12. September 1772

6f. diesem schönen holden Jahre] *Vgl. II 108,27.*
8 Einsamkeit] *Vgl. II 111,12f.*
12f. wo Du ... Eden.] *So auch Karoline in B zu II 130: »es ist ja überall schön, gut, Paradies, wo Du bey mir bist«. Anscheinend ohne Quellenbezug (Anfragen an Theologen brachten kein Resultat); als Ausspruch Adams oder Evas nach ihrer Vertreibung aus dem Paradies wäre es äußerste Ketzerei. Vgl. auch I 110,86ff.; II 36,63f.*
14ff. das verlaßene Dorf] *Vgl. zu II 97,123f. Schauer vermutete eine verschollene Herdersche Übersetzung (Anm. 135). »Tausend Umarmung für das verlaßene Dorf. mein ganzes Ideal von dem sanften, unschuldigen, ruhigen, friedfertigen Landleben habe ich darinn gefunden ... aber Du bist mehr, mehr, als alle Landpriester und alles, was auf Erden ist« (A). Die soziale Problematik des Gedichts – Untergang der ländlichen Idylle durch die industrielle Revolution – hat Karoline völlig übersehen. Vgl. »Dichtung und Wahrheit«, 3. Teil (WA I 28, S. 156f.).*
17 anscheinende Kälte] *In II 110.*
18 englische Caroline] *Vgl. zu I 91,132.*

110. AN ANDREAS PETER VON HESSE, Bückeburg, 12. September 1772

3f. Ihr Brief ... den Meinigen!] *II 106 hatte sich mit Hesses nichtüberliefertem Brief gekreuzt.*
5f. blöde Bescheidenheit] *Tautologie.*
11f. unser langes liebes Bubenstück] *Vgl. II 104,29; zu II 104,83–89 (von Karoline erst nach H. gebraucht).*
15 delikater] *Empfindlicher.*
16 Ahndung] *»Dunkle Empfindung des Zukünftigen« (Adelung).*
18 Parade] *Schaugepränge.*
20 süßer Jacobischer Verslein] *Vgl. zu II 1,123.*
25 Wir beide Schuldige] *H. und Karoline durch ihren verheimlichten Liebesbriefwechsel.*
31f. durch meine Flachsland zu werden hoffe] *Vgl. II 114,38ff.,58–62.*
38f. langen ... Trennung u. Abwesenheit] *Von Karoline seit August 1770 bzw. seit dem Besuch in Darmstadt im April 1771.*
42 Analogie aller meiner Lebensscenen] *Vgl. I 98,9–75.*
44 In dem bin ich jetzt] *Vgl. II 108,32f.*
46 den Ersten Schritt gethan] *Vgl. zu II 104,18.* – **Einen Mittelsmann und Theilnehmer]** *Hesse.*
50 umirrenden Freund] *Herder.*

51 Paradiesische Mädchen] *Vgl. I 85,75.*
54 am Orte vereint] *Hesse hatte H. eine Berufung als Hofprediger nach Darmstadt in Aussicht gestellt, was er und Karoline aber wiederholt ablehnten (Karoline in A zu II 108, 109, 119). Vgl. II 119,29ff.*
56 Auftrag] *Farbauftrag.* – Grund] *Grundierung (Erklärung der bestimmenden Rolle der Providenz mit Begriffen der Ölmalerei).*
59 Romantisch] *Vgl. zu I 110,109f.*
61f. Schwester] *Schwägerin.*
68 Ihre Freundschaft u. Güte] *H. befolgte den Rat Karolines: »sprecht in einem Freundeton mit ihm, darauf bildet er sich was ein und darzu mit Euch berühmter Mann!« (A zu II 104).*

111. AN JOHANN FRIEDRICH HARTKNOCH, *Bückeburg, erste Hälfte September 1772*

3 ohne Manuscript] *Vgl. zu II 81,20 (B).* »Nach so vielem schlechten Zeuge, das ich verlegen muß, verlangt mich allmählich nach einem Buche, wie die Fragmente waren, das Epoche macht« (A_1).
4f. »zufrieden ... gäbe!«] *In den überlieferten Briefen dieser Zeit nicht enthalten.*
8 im Herzen arbeitet desto mehr] *Vgl. II 108,28.*
11 Lorbeerstrauch] *Symbol des Ruhmes; vgl. II 138,25ff.*
12 Einsamkeit] *Vgl. II 109,8.*
15 das schöne Jahr] *Vgl. II 108,27; 109,6f.*
15f. »daß ... allein sei«.] *Vgl. zu II 108,30.*
21f. der leidige Mammon ... Unbedachtsamkeiten] *H.s Schulden waren Haupthindernis seiner Eheschließung.*
24 Hätten wir beide uns gesehen] *Vgl. II 81,5f.*
28 Schatten] *Vgl. II 113,40.*
32 mit Einer Geldsumme vorgreifen] *H. wollte sie zurückzahlen (vgl. 36), nicht als Vorschuß für künftige Werke nehmen. Mit A_1 schickte Hartknoch einen Wechsel über 106 1/2 Reichstaler Holländisch Courant (= 140–145 Gulden in Louisd'or) und versprach für Weihnachten 100 Albertustaler, schickte aber schon mit A_2 einen neuen Wechsel über 105 Reichstaler Holländisch Courant.*
34 Intervenient ... Mediateur] *Vermittler.*
37f., 42 Situation] *Vgl. zu I 73(N),15.*
44 conditionell] *Bedingt.*
45 Ihre Umstände] *Hartknoch war im Handel erfolgreich, hatte sich aber mit seinem Hausbau, der ihn 2700 Reichstaler kostete, und mit »einigen zu großen Unternehmungen« finanziell übernommen (A_1).*
46 leiden ... der Erde).] *Hungerkrise in Deutschland, vgl. Heinz Stolpe, Die Auffassung des jungen Herder vom Mittelalter, Weimar 1955, S. 239–246. Die Rückständigkeit in der Agrarproduktion hatte nach Mißernten und dadurch steigenden Getreidepreisen in Mitteleuropa 1770–1773 zu einer »Fäulniskrise des Feudalismus« (Stolpe) geführt, die sich in verheerenden Hungersnöten – in Sachsen verhungerte 1771/72 ein Zwölftel der Bevölkerung – und in der Stagnation von Handel und Handwerk äußerte.*
49, 57 Bettelsituation] *Vgl. zu 21f.*
52ff. daß Sie mir ... helfen.] »Das denken Sie von Ihrem Freunde H[artknoch] ja nicht, daß er Sie verlassen werde, wenn Sie seiner Hülfe bedürfen ... Ich bin die Freude, die jede gute Handlung begleitet, zu schmecken fähig, und würdig, Ihr Freund zu seyn. ... Hei-

rathen Sie nun in Gottes Namen Ihr Mädchen.« *Er solle aber nicht verschwenderisch leben wie in Riga (A₁).*
56 selbst Hinzen] *Vgl. zu II 102,48ff.*
59 meine Bücher] *Hartknoch hatte »2 große Kisten voll gepackt, schlechte und gute« (A₁). Vgl. zu I 63(N),6f.; II 102,4.*
60 Esquisse] *Skizze, hier das Verzeichnis der Bücher.*
66 solchem Phantom aufopfern] *Der Prinzenreise bzw. der Stelle in Bückeburg.*
69 ruhiger, glücklicher] *Hartknoch schilderte in A₁ seine traurigen persönlichen Verhältnisse nach dem Tod seiner Frau. Seine Kinder waren bei seinem Schwager in Mitau. Seine Haushälterin, Trinchen Kunzendorf, war »kein Mädchen zum Umgange«; mehrere Heiratspläne waren gescheitert, weil ein anderer ihm zuvorgekommen war oder weil die Eltern des Mädchens nicht eingewilligt hatte.*
70 Brief an meine Mutter] *II 112.*

112. AN ANNA ELISABETH HERDER, *Bückeburg, erste Hälfte September 1772*

5 Neveu, Johann] *Vgl. zu II 81,8.*
6 in einem Jahre] *Erst 1775, vgl. III 160,3.*
6f. Schwester] *Anna Luise Herder (siehe R, S. 242).*
7f. Gegend meiner Erziehung] *Mohrungen.*
12 Trinchen] *Katharina Dorothea Güldenhorn.*
14 Das Geld] *Vgl. zu II 80,53.*

113. AN KAROLINE FLACHSLAND, *Bückeburg, 16. September 1772*

3 zweiten Brief] *Der erste nach der II 104 erörterten Mitteilung Karolines ist II 108. Den kurzen Beischluß zu II 110, II 109, zählte H. nicht mit.*
5f. Der Geheime Rat ... geschrieben] *Vgl. II 110,3f.*
7f., 11 ihm gleich wieder zu antworten] *II 110.*
9f. den Brief] *II 106.*
13–20 Sie gehen ... kein Apostel«.] *Vgl. zu II 104,7,15f.*
18 »im Zorn gesprochen«] *Vgl. II 104,10. »... wenn Sie wißten, daß eine Art von Wuth mich zu diesem Geständniß gebracht« (B₂ zu II 104).*
19f. »HochEhrwürden ... kein Apostel«.] *Zitate aus A zu II 104.*
23 3. Tage ... getragen.] *Schmerz darüber, daß Karoline seinen Scherz für Ernst genommen hat, was er nicht erwartete (vgl. II 108,35f.; 114,14f.).*
25 den Brief] *II 104.*
27 Alles hast Du gut gemacht] *Vgl. zu II 104,18,23ff.,26,83–89,106.*
29f. welch andrer, andrer! werden] *Vgl. II 110,30ff.; 114,38ff.,58–62.*
31 Leben u. Glück u. Bestimmung] *Vgl. 40ff.*
32f. zu rechter Maaße] *Die Maße = Verhältnis, Art und Weise (Adelung).*
35 schaudert ... Herbstwinde!] *Vgl. II 28,8–12; 31,96f.*
40 Schatten] *Vgl. II 111,28.*
46 Schwester] *Friederike v. Hesse.*
49 Späte Rosen!] *H. legte Rosenblätter in den Brief. »... ach, werde ich jemals in Deinem Garten Rosen pflanzen und Rosen für Dich brechen? späte Herbstrosen!« (A). Auch symbolisch verstanden, vgl. II 31,119f.*

114. AN KAROLINE FLACHSLAND, *Bückeburg, 19. September 1772*

6 das letzte] *B (= A zu II 104).*
7f., 16 2. von mir an Ihren Schwager] *II 106 und 110.*
8 3. an Sie] *II 108, 109 und 113.*
15 elenden Spaaseinfall] *Vgl. zu II 113,13–20,18,19f.,23.*
16 Geheimen Rats Mutter] *Ein Brief H.s an Johanna Elisabeth Hesse ist nicht nachweisbar.*
18 ihr Wort entziehen] *Das Verlöbnis auflösen.*
19 einem Wesen] *Gott.*
29 dem letzten Schritt] *Karolines Bekanntmachung ihres Liebesverhältnisses.*
31f. dieser u. kein Brief] *Wahrscheinlich der eindringlichste, ungeduldigste Liebesbrief H.s, von ähnlich beschwörender Rhetorik wie I 99 oder 100.*
33 Cidli aus Klopstock] *»Der Messias«, Bd. 1, 4. Gesang, Vers 748–768.*
35,40 Englisches Mädchen] *Vgl. zu I 91,132.*
38 Reich der Himmel] *Himmelreich, vgl. Matthäus 13,44ff. (»Ideen«, SWS XIV, S. 304).*
38f. Du sollst ... Manne machen] *Vgl.* **61f.**; *II 113,40ff.*
47 »Wie Nichts!«] *Vgl. Prediger Salomo 1,2.*
50ff. Sommer ... ohne Sie] *Vgl. II 109,6f.*
56 Noch 4. Briefe ... unbeantwortet] *Vgl. II 115,4.*
60 Ei] *Vgl. zu I 4(N),***114**.

115. AN KAROLINE FLACHSLAND, *Bückeburg, 23. September 1772*

4 6. Briefe] *Vgl. II Anm. 115. Situation wie II 26; 26a (= I 118).*

116. AN KAROLINE FLACHSLAND, *Bückeburg, 26. September 1772*

3 um Ihre Briefe pochte] *Von ihr Briefe fordern (pochen: bedrängen, plagen; nach Adelung veraltet); vgl. II 113,43; 114,3–20,55f.,65f.; 115,3f.*
4 Liebeswerk] *Karoline hatte nicht schreiben können, da ihre älteste Schwester zeitweilig in ihrem Zimmer wohnte. Diese konnte wegen ihrer geistigen Zerrüttung nicht von den Geschwistern versorgt werden, sondern mußte nach Worms in Pflegeaufsicht gegeben werden (A zu II 114), wohin Karoline sie am 3. 10. 1772 brachte (A_1, A_2). »... sie glaubt, wir wollen sie vergiften, ermorden, umbringen – und hat ihren Kopf mit Teufel und Hexen angefüllt« (B).*
8f. »Das ... hätte!«] *Zitat aus B, bezogen auf Karolines Plan, mit der Schwester zusammen zu leben.*
12f. Sich nieder werfen laßen] *H.s eigener Hang zur Resignation.*
14f. Auf mir ... verbergen?] *Vgl. zu II 108,32.*
15f. Ein Brief ... detaillirte] *II 100.*
17 kein Wort drauf geantwortet] *A zu II 100 ist auf dem Postweg verlorengegangen (A_1). Karoline hatte sich darin »über unsern Neveu gefreut« (A zu II 119).*
17 dem Geldbriefe] *II 97,8ff. Den unmittelbar folgenden Brief II 98 hat H. dabei nicht berücksichtigt.*
18 des Geheimen Rats Brief] *Vgl. zu II 110,3f.*
23, 46 mit Deiner Schwester] *Vgl. zu* **4**.
21, 38, 62 Keine Wolke] *Vgl. zu II 108,32.*

24 kleine, kleine Entwicklung] *Hartknochs Wechsel, vgl. zu II 111,32.*
24f. darf ich ... zu denken wagen?] *Karoline einen Heiratsantrag zu machen.*
25f. der Winter einsam, öde] *Vgl. II 114,54.*
28 zur Entscheidung] *Karoline sollte den Hochzeitstermin festlegen, vgl.* **40ff.**
31 Wink eines Engels durch die Wüste] *Vgl. 1. Mose 16,7; 21,17.*
32 den ersten Schritt gethan] *Vgl. zu II 114,29.*
40 Zueilen ... Voreilen] *H. sollte nicht denken, daß Karoline ihn »kalt abweiße«, sie habe ihm »schon lange lange zugeeilt« (A₂).*
43 das stumme Säumen ... unausstehlich!] *Während H. erst seiner Schulden wegen die Entscheidung hinausgezögert hatte, konnte er jetzt die Heirat kaum erwarten.*
47 solche arme Denkart] *Vgl. zu 4.*
48f. Ists nachher ... besprichst] *In A₁ und A₂ beteuerte Karoline, daß sie »jetzt allein für ihren Herder lebe«.*
49 um Dein Herz buhlen] *Sich um ihre Liebe bewerben.*
52ff. Ihr kalter Brief ... ist beßer!] *In Redezeichen kein wörtliches Zitat aus B, aber sinngemäß.*
55 Mode] *Veränderliche Sitte der Gesellschaft, nach dem Französischen (Adelung).*
59 dem Mahomet ... Gabriel brachte!] *Mohammed, Koran, 2. Sure.*
62 Deine Schwester] *Friederike v. Hesse.*
64 was ich Sie gebeten] *Vgl. 24f. Karoline schlug als Hochzeitstermin den Frühling vor: »wir wollen mit der ganzen Natur aufwachen und zusammenleben. ist das nicht heilig?« (A₂).*

116a. AN ERNST CHRISTIAN DUVE, *Bückeburg, nach dem 29. September 1772*

4 eingekommenen Opfern] *Geldspenden für die Kirche, meist nach dem Gottesdienst gesammelt (Kirchenkollekte).*

117. AN GRAF FRIEDRICH ERNST WILHELM ZU SCHAUMBURG-LIPPE, *Bückeburg, 1. Oktober 1772*

5 ArmenCurator Heine] *Johann Heinrich Heyne (* 1693) wurde am 5. 9. 1772 als »Kirchen- und Armenprovisor« von Graf Wilhelm entlassen. Im Niedersächs. StA Bückeburg ist folgendes Votum H.s vom 6. 9. 1772 überliefert:*

Ich glaubte, daß die Deklaration am anständigsten schriftlich geschähe, statt daß man ihm nachliefe und sich ‹harten› empfindl*ich*en Worten des Greises aussetzte. Fürs Armenhaus ist sodann Einführung des neuen Curatoris Anzeige gnug.
                                                                            Herder.

9 Pflegehauses] *Armenhaus in Bückeburg.*
12 neuen Curator] *Arthur Gier, seit 1768 Adjunkt Heynes, vorher Mädchenschulmeister; 1794 wegen Verschuldung nach Beschwerden aus der Bevölkerung entlassen (pensioniert).*
16 skandaleuse feine Entdeckungen] *Aus menschlichem Mitgefühl wollte H., wie er auch des Grafen Gesinnung einschätzte (6ff.), Kränkungen vermeiden.*
21 Armenrechnungen] *Abrechnung über die Armenkasse und Armenkollekten.*
22 Vakanz meiner Stelle] *H.s Vorgänger, der Oberpfarrer und Konsistorialrat Knefel, war am 6. 2. 1770 gestorben. H. trat am 5. 5. 1771 die Nachfolge an.* – illegitimes factum] *Ungesetzliche Handlung.*

23 jetzigen Rechnungsführer] *Vgl. zu* **12**.
24 terminus] *Rechnungslegung (Revision).*
25 Maleficanten] *Missetäter, Verbrecher. – de facto] Hier: eigenmächtig.*
27 Curator] *Heyne.*

117a. AN DAS SCHAUMBURG-LIPPISCHE ARMENDIREKTORIUM, Bückeburg, 3. Oktober 1772

Außer den verschiednen Anstalten zum Besten der Armen, womit sich unser Land bereits vorzüglich beglückt findet, haben Seine Durchlaucht, unser gnädigst regierende Landesherr, noch besonders auf den Ueberschuß von Dürftigen ein gnädiges Auge gerichtet, die nach Maasgabe eingezogner Tabellen u. Berichte durch Alter und Krankheit leiden, zuförderst aber noch nicht aus den bisherigen fundis unterstützt werden könnten. Zum Behuf solcher, doch würklich eines bedaurenswürdigen Theiles der Menschheit! ist also theils eine öffentliche Kirchenkollekte gnädigst verordnet, theils bei Vermögenden der Weg einer freiwilligen jährlichen Subscription erwählet worden, um solchergestalt die allgemeine Barmherzigkeit von fremden Flüchtlingen, auf einen edleren Zweck, elende Mitbürger zu versorgen einlenken, und durch eine genauere Vertheilung ins Ganze der Bedürfniß, nach u. nach der öffentlichen Noth völlig abhelfen zu können.

Das Armendirektorium, dem hierüber die genauere Aufsicht gnädigst anvertrauet worden, hoffet durch Vorstellung dieser edlen Absicht viele Menschenfreunde zu finden, die durch einen freiwilligen Beitrag an Gelde oder Lebensmitteln, durch eine freiwillige Subscription auf eine oder die andre Zeit des Jahrs durch künftige außerordentliche Mildheiten, die mit oder ohne Namen, allgemein, oder mit Bestimmung für diesen oder jenen Armen dem Collegio zukämen, auf solche u. andre Weise die Zahl unglücklicher u. dürftiger Mitmenschen werden vermindern wollen. Und da es so dann Pflicht des Collegii seyn wird, in Wahl und Maaße der Vertheilung sich alle Mühe der Genauigkeit zu geben: so ist aus der Verbindung solcher außerordentlichen mit den schon vorhandenen ordentlichen Anstalten des Armenwesens zu Einem allgemeinen Zwecke nicht anders als ein Bestes zu hoffen, das durch die abgetheilte Gütigkeit jeder einzelnen Privatperson kaum in solchem Maasse zu erwarten wäre.

Bückeburg den 3ten Okt. 772.

Von *Seine*r Durchlaucht zum Armendirektorio verordnete

P. S. Es wäre gut, wenn abgeredeter maaßen der Aufsatz falls nichts zu erinnern, oder zu ändern wäre, blos auf einen losen Bogen geschrieben, und so dann *Seine*r Durchlaucht zusamt dem Buche übergeben würde. Die Inschrift kann nachher immer geschehen.

ÜBERLIEFERUNG. *H: Bückeburg, Niedersächs. StA; von H. eigenhändig. Nach* **29** *signiert »Sch. K« (die Justizräte Albrecht Karl Schmidt und Knefel). – D: ungedruckt.*

ZUM TEXT: **16** *hoffet <also> durch Vorstellung.*

ERLÄUTERUNGEN: *Eine gleichzeitige eigenhändige Aktennotiz H.s vom 3. 10. 1772 über Armenkollekten und über das Gesuch von sieben Supplikanten, ins Pflegehaus auf-*

genommen zu werden, enthält als Randvermerk die Bewilligung des Grafen Wilhelm vom 10.10.1772 (H: Bückeburg, Niedersächs. StA).
6 Tabellen] *Vgl. II 142a,12; zu II 40,10f.*
7 fundis] *Fonds.*
13 der Bedürfniß] *Oberdt. Femininum (Adelung).*
14 Armendirektorium] *Vgl. die Erläuterungen zu II 29a und 40.*

118 (N). AN HEINRICH CHRISTIAN BOIE, *Bückeburg, vor dem 6. Oktober 1772*

4 Samlung der Gesänge] *Von Aikin, vgl. II 101,115–120.*
5 Akademische Bursche] *Stevens, »Songs, Comic and Satyrical«.*
7 Jones] *Vgl. zu II 101,121f.*
8 traité über die Orientalische Poesie] *Vgl. zu II 85(N),33f.*
9 habiler] *Fähig, tüchtig, geschickt.*
11ff. Hemsterhuis ... rapports] *Rezension von Feder in den »Göttingischen Anzeigen« vom 20.7.1772. Von Boie erhalten, vgl. zu II 164,3.*
12 Lettre sur la Sculpture] *Von Boie erhalten, vgl. II 128(N),17f.*
13 Catalogus] *Vgl. zu II 90(N),6.*
16 im Vorreiche der Welt] *Anamnesiegedanke nach Platons Dialog »Menon«.*
17 de la Harpe] *La Harpe. Vgl. II 124,66.*
19 Poem auf Winckelmann] *»Lobgesang auf meinen Landsmann Johann Winkelmann«, vgl. zu I 131,60.*
21 Heine] *Christian Gottlob Heyne erhielt von Boie eine Abschrift des Gedichts und fragte H. in B zu II 171(N), ob er es Riedel mitteilen wolle (vgl. zu II 180a[N],16f.).*
22 Kalender] *Göttinger Musenalmanach für 1773.*
23 Bardengesang] *Vgl. zu II 32(N),14–18.*

119. AN KAROLINE FLACHSLAND, *Bückeburg, 7. Oktober 1772*

3ff. Kleinmüthigkeit] *Karoline fürchtete, daß H. sich von ihr »ein ganz andres Bild« machen und beim Zusammensein dann enttäuscht sein würde. Er müsse sie »noch zuerst sehen und sein Herz prüfen«, ob sie ihm »denn auch noch gefallen kan«, wenn sie »sichtbar« um ihn sei (B).*
7 Mistrauen] *H. wußte um die Schwierigkeiten, die sich aus seinem hypochondrischen Charakter im Zusammenleben mit anderen ergeben mußten, vgl. 18.*
8f. Wo Liebe ist, da ist Glaube] *Vgl. 1. Korinther 13,7.*
9f. der Glaube ... abhangt] *Vgl. Hebräer 11,1; zu II 101,125f.*
14 Ich sehe, Du liebest mich.] *Karoline versprach »nichts – als gute, treue, ganze Liebe« (B).*
22 eine Wolke] *Vgl. II 108,32.*
23 »meiner Mislage wegen«] *Bezugnahme auf den Brief II 100, den H. irrtümlich für verloren hielt.*
25 Merck in Coblenz] *Vgl. zu II 108,22.*
26 das ganze Detail] *Vgl. II 100,143.*
27f. Schlafsucht u. das garstige Opium] *H. hatte sich durch seine Augenkur an das Medikament gewöhnt.*
28 mit ihr führet] *= mit sich führet.*
29ff. Eine Stelle ... erhalten zu haben?] *Vgl. zu II 110,54. Auch Karoline wollte nicht,*

»daß es im Publikum hieße ›durch den Schwager erhalten‹« (A).
31f. Der Himmel wird ... helfen] »*Das Schicksal mag walten; es ist unsre beste Mutter und Versorgerin*« *(A).*
34 Raupengewebe] *H.s psychischer Zustand in Bückeburg, von ihm als Schmetterlingsverpuppung empfunden.*
35 lobe ... sehr!] *U.a. seine* »*Grosmuth und edle Seele*« *(B). Vgl. zu II 109,***14ff***.* »*Über die Glückseligkeit, Dein zu seyn, geht kein Königreich. Das ist doch kein Lob, keine Schmeicheley ... Alle meine Freunde preisen mich glückselig*« *(A). In A₁ zu II 123:* »*Du bist ein braver Mann – mehr nicht, ich darf Dich nicht mehr loben.*«
37 Liebe ... Bescheidenheit] *Vgl. 1. Korinther 4,21.*
40ff. Geßner] *Vgl. zu II 93,***59***. Die drei letzten Idyllen der Ausgabe.* »*Dank, Dank für Geßner! ich habe die Stücke noch einmal gelesen und Du, mein Genius, mit mir*« *(A).* »*Das hölzerne Bein*« *war Karolines* »*LieblingsIdille*«.
41 Stücke Diderots] *Vgl. zu II 92,***60***.*
43 des leidigen Schönen ... Empfindung!] *Eine Grundposition der Sturm und Drang-Ästhetik.*
46 beinah 14. Tage] *Seit II 116.*
47 60. Lachter in der Erde] *In den Kohlengruben bei Stadthagen (Schauer, Anm. 143).* »*Lachter*« *– im Bergbau übliche Bezeichnung für* »*Klafter*« *(etwa 2 m).*
48 Brief ... Mutter todt ist.] *Katharina Dorothea Güldenhorn schrieb am 19.9.1772, daß ihre Mutter am 20.8. erkrankt und am 3.9.1772* »*aus der zeit in die Ewigkeit*« *gegangen sei. Sie hätte gewünscht, H. noch einmal zu segnen. Beim Begräbnis am 7.9. habe* »*der herr Caplan*« *(Trescho), der sie mit Pfarrer Skubich noch am 2.9. besucht und mit* »*einer baldigen Auflösung*« *getröstet hatte, über Sprüche Salomos 14,32 (*»*der Gerechte ist auch in seinem Tod getrost*«*) gepredigt (vgl. LB I,1, S. 31ff). H. sollte schreiben, was mit ihrer Hinterlassenschaft (kleines Haus am Holländischen Tor =* »*Bude*«*, Äcker, Garten) geschehen solle (Gebhardt/Schauer II, S. 7f.). Seinen Kummer über den Tod der Mutter teilte H. seiner Schwester in einem nichtüberlieferten Brief mit, den sie am 7.11.1772 beantwortete:* »*allein du kannst dir vorstellen was ich empfinde ich die ich sie fast Täglich um mich hatte und ihre Mütterliche Treue und liebe sahe*« *(ebd., S. 8).*
51 außer dieser Welt] *In Gedanken an die verstorbene Mutter, die er seit 1762 nicht wiedergesehen hatte, und in Jenseitsvorstellungen – eine individuelle Situation, die ihn für Lavaters* »*Aussichten in die Ewigkeit*« *besonders empfänglich stimmte (vgl. II 122,***37ff***.; II 127).*
53 Schwester! wie ... vor Gottes Thron] *Eine unsinnliche, platonische Umarmung wie im Himmel (vgl. Matthäus 5,34:* »*der Himmel ist Gottes Stuhl*«*).*
54 Otway] *Vgl. zu II 97,***119–122***. – Schmidts Gedichte] Vgl. zu II 97,***118***.*
55 nicht als Kunstrichterin] *Karoline protestierte:* »*Hab ich jemals eine solche Misgeburt von Frauenzimmer seyn wollen? ... ich würde kein Buch mehr ansehn, wenn ich eine Kunstrichterin oder gar ein gelehrtes Frauenzimmer dadurch würde*« *(A). Vgl. zu I 95,***53***,***62–79***.*
55f. Schwester] *Friederike v. Hesse.*

120. AN GRAF FRIEDRICH ERNST WILHELM ZU SCHAUMBURG-LIPPE, *Bückeburg, 10. Oktober 1772*

5 des veränderten Rußlands] *Von Friedrich Christian Weber.*

121. AN KAROLINE FLACHSLAND, Bückeburg, 17. Oktober 1772

3 tief gerührt] *In B schrieb Karoline, wie ihr »Herz zerrissen war« beim Abschied von der ältesten Schwester und wie sie mit H. »zusammen recht glücklich« sein wolle. Vgl. zu II 116,4,48f.*
10 der Früling] *Vgl. zu II 116,64.*
11 im Gedicht sagte] *Vorletzte Strophe des Gedichts »Komm Lichtstral! komm' in meine dunkle Seele« (»die Nachtigall – und Früling, Lieb und Jugend/und Freude kommt zurück«, SWS XXIX, S. 510) oder »Antwort auf die Felsweihe an Psyche«, Vers 23ff. (»und laßen auf den Früling blühn ...«, ebd., S. 511).*
12 Ihrer Gesundheit] *Karoline fand sich »schwächlicher worden« und ihre »Gesichts-Farbe ... nicht blühend« und wollte sich bis zum Frühjahr noch erholen.*
15 Ihr Haab' u. Gut zusammenpacken] *Nach B brauchte Karoline bis Dezember Zeit, um ihre »Kleider in Ordnung zu bringen«.*
15f. Ihre Schwester blas geworden] *Beim Gedanken daran, daß Karoline bald Darmstadt verlassen würde, wäre sie »beynahe hingesunken« (B).*
22 einem Verhängniß aufopfern] *Wie viele Frauen um ihres Mannes willen ihre Angehörigen zu verlassen.*
22f. nur eine Zeitlang dauret] *Unter dem Eindruck des Todes der Mutter (vgl. zu II 119,48,51) Gedanken an die Vergänglichkeit des Irdischen.*
25 Madame Merck] *Ihre Briefe an H. sind nicht überliefert.*
26 ich bin ja bei Ihnen!] *Im Geist und mit seinen Briefen.*
28 das Laub fallen ... Voriges Jahr] *Vgl. II 31,96–102,110ff.*
34f. meine Frage ... wünschte] *Vgl. zu II 116,28.*
37 Ihre blaße Farbe] *Vgl. zu 12.*
40–43 »in Schmerz ... oben trägt«] *Die II 41 beigelegte Nachdichtung »Die Dämmerung des Lebens« (vgl. II Anm. 41) nach Thomas Carews »Unfading beauty« (Percy, Bd. 1, S. 298, hier nur 2 Strophen). Variante der Fassung in »Alte Volkslieder« 1773 (SWS XXV, S. 125, Vers 12 und 21f.).*
44 ein ungleich süßeres Sentiment] *Das Gedicht sagt: Ungleich wertvoller als die vergängliche äußere Schönheit ist ein edles Herz.*
46 tief unter Ihren Füßen!] *Karolines Mißtrauen, daß H. nur ihre äußeren Reize liebe; dagegen 49ff.*
50 wie ich ... neulich schrieb] *Vgl. II 119,17–21.*
54f. »Unsre Flachsland ... Engel Gottes!«] *Zitat aus einem nichtüberlieferten Brief Mercks. »M[erck] hat recht, ich lebe auf« (A).*
57 Französisch] *Anscheinend hatte Merck von Karolines französischer Lektüre berichtet.*
62 Recept] *Vgl. II 63,12–18; 65,38–41; 82,32ff. Schon mit A konnte Karoline das Rezept schicken, da gerade die Herzogin von Pfalz-Zweibrücken-Birkenfeld mit Dr. Leuchsenring nach Darmstadt gekommen war (vgl. II 125,43).*

122. AN JOHANN HEINRICH MERCK, Bückeburg, 17. Oktober 1772

3 meinen letzten Brief] *Wahrscheinlich ein nichtüberlieferter Brief. Merck schrieb am 17.8.1772 an Sophie von La Roche über einen »gestern« erhaltenen »traurigen Brief von ihm, wo er sich ganz in der Wüste fühlt, und um Brosamen der Freundschaft, wie um Almosen bettelt. Ist es nicht traurig, daß dieser Mann, ein Hofprediger, ein Hofbeichtvater, ein Consistorialrath, in Westphalen an einem Orte seyn muß, wo er kein le-*

bendes Geschöpf um sich findet, mit dem er sich unterhalten kann, als sein Pferd!« (Kraft, S. 75).
4 Göthe] *Dessen nächster überlieferter Brief ist etwa vom 7.12.1772 (WA IV 2, S. 42f.).*
6 hiesigen Aufenthalt] *Bückeburg, vgl. 30–39.*
10 verwandt] *Abgewandt. Verwenden = wegwenden (Adelung).*
10f. das Alles vielleicht zurückgeben] *Den Vorwurf der Entfremdung von den Freunden.*
11f. Nichts zuhinderst, nichts zuförderst] *Sinngemäß: Nichts ist unmöglich.*
14f. Zauberphantom ... Elysium gehört] *Freundschaft als etwas Unwirkliches hingestellt; vgl. 64f.*
21 die Neigung] *H.s Liebe zu Karoline Flachsland seit August 1770.*
26 zurückwittere] *Sich gefühlsmäßig (eigentlich Geruchssinn) zurück versetzen.*
32 Gravität] *Feierliche, steife Würde.* – Affectation] *Erkünsteltes, geziertes Betragen.*
33f. Klagen anhören ... sitzen] *Im Schaumburg-Lippischen Konsistorium und Armendirektorium.* – Tabellen] *Vgl. zu II 40,10f.* – zwischen Dummköpfen] *Den Justizräten Knefel und Albrecht Karl Schmidt.*
34 Ernesti Bibliothek] *»Neue theologische Bibliothek«, siehe R, S. 687f.*
35 Theologische Libertin] *Vgl. II 132,29. Zu neologisch-freigeistigen Auffassungen tendierte H. als Theologe in Riga (vgl. Haym I, S. 305–308) und in der »Abhandlung über den Ursprung der Sprache«, war aber nie ein religiöser Freigeist.*
36 fast in einen Mystischen Begeisterer] *Während der Arbeit an der »Aeltesten Urkunde« ist zwar eine Zunahme des religiösen Gefühls und der Phantasie bei H. zu konstatieren, aber ein Mystiker war er nie (vgl. III 161,38–44). Die Formulierung 35f. ist in beiden Richtungen hypertroph.*
38f. Himmel u. Einsiedlerzelle] *H.s Einsamkeit in Bückeburg war eine wesentliche existentielle Voraussetzung seiner religiösen Verinnerlichung in dieser Zeit.*
42f. voraus ... Laune gewesen] *Vgl. II 106,63f.*
43 Capriccio] *Siehe R, S. 720.*
47f. Kopernikanische ... Ptolomäische] *Ironisch über die Konzentration auf das »Ich« als Zentrum des Kosmos.*
51f. Veränderung von Hausumständen] *Vgl. zu II 138,68.*
53 neuliche Reise] *Im September, vgl. zu II 108,22.*
58f. Immaterialismus unsrer Seele] *Nach Platon und der Patristik wie in der christlichen Religion generell ist die Seele eine immaterielle Substanz, während die französischen Materialisten sie aus materiell-physiologischen Bedingungen erklärten. Vgl. »Vom Erkennen und Empfinden der menschlichen Seele«, 1778 (SWS VIII, S. 193).*
61 unsre Erste Liebe] *Vgl. 23–29.*
63 Fibern] *Zarte organische Fasern (Muskel- und Pflanzenfasern) im Zellgewebe (Adelung).*
63 daß alles Eitel sei] *Vgl. Prediger Salomon 1,2.*
67 Ihren Zeitungen] *»Frankfurter gelehrte Anzeigen« 1772 (siehe R, S. 668).*
67, 70 Sokrates-Addison] *Siehe R, S. 544. »Wahrheit und Unparteilichkeit« als Leitlinie der Kritik (vgl. Bräunig-Oktavio, S. 399f.).*
67f. Göthe ... Hahnenfüßen] *Charakteristik seines Rezensionsstils. Goethe erschrak fünfzig Jahre später über diesen spöttischen Ton, als er seine mutmaßlichen Rezensionen aus den »Frankfurter Anzeigen« 1772 für die Werkausgabe sichtete. Einige besonders aggressive wurden ausgeschlossen (vgl. Bräunig-Oktavio, S. 243, 397).*
69 Irrländische Dechant] *Nach dem Vorbild Swifts in einem bittern Ton verletzender Polemik (vgl. ebd., S. 397ff.).*
72f. das schöne Runde fehlt] *H.s eigenwilliger Stil wurde früh von Hamann und immer wieder von Nicolai kritisiert, vgl. zu I 24,15; II 50,19.*

75 es ist nicht gut, daß] *Vgl. 1. Mose 2,18.*
76 ein Blatt von Zoroaster] *Aus der Arbeit für die »Aelteste Urkunde«, vgl. II 144(N),3–27; zu II 85(N),41.*
77 Göthe ... schreibe!] *Vgl. zu 4.*
78 die arme Roußillon] *In A zu II 121 schrieb Karoline: »Die arme Roußillon liegt sehr übel an Magenschmerzen hier, sie war den ganzen Sommer in Bergzabern krank.«*

123. An Karoline Flachsland, *Bückeburg,* 26. Oktober 1772

4 2. Briefe] *Vgl. II Anm. 123.*
5 Tod meiner Mutter] *Vgl. II 119,48ff.*
8 von meinem kleinen Neveu] *Vgl. II 100,107–112; der Brief war nicht verloren, sondern Karolines Antwort darauf vom 29. 8. oder 1. 9. 1772: »Es muß irgendwo ein Brieffreßer stecken, der alle Jahr Ein Brief von mir freßen muß« (A₁).*
12 Brief von Gleim] *A zu II 96.*
14 Pfaffenbosheit] *Daß bisher keine Ausgabe seiner Schriften zustande gekomken war, begründete Gleim mit der Nachläßigkeit des vorgesehenen Herausgebers, seines Freundes Johann Georg Jacobi, und mit einem Verdikt der Geistlichen gegen die Anakreontiker: »Priesterbosheit hats dahin gebracht, daß zu Berlin auch nicht ein zehnter Theil von Kennern und Liebhabern ihrer Einsicht und Empfindung treu geblieben ist« (A zu II 96).*
19 Mein Zustand] *Hypochondrie. Karoline mißbilligte Gleims unmännlichen »Klageton«, von dem H. sich nicht anstecken lassen sollte: »Es wird sich alles ändern« (A₁).*
23ff. Ohne Zweck ... darbet.] *Vgl. II 100,33–37. »nicht muthwillig sich zu der armseligen Pflanze gemacht – ach Gott, so öde, einsam bist Du von Menschen!« (A₁).*
28 Unwürksamkeit] *Keine Bestrebungen um eine andere Stelle.*
31 Abtrag des Zutrauens] *Das Zutrauen des Grafen Wilhelm durch sein Ausharren in Bückeburg rechtfertigen, vgl. 38ff. Auch Karoline hielt das für nötig (A₁).*
36 Reisegeld ... Anstalten] *Vgl. zu I 82,16,46; 106,3; 113,4.*
42f. auf den Frühling herzuladen] *»Alles alles zieht mich zu unserm Frühling, wo alles so herrlich und süß um uns und in uns leben und blühen wird – « (A₁).*
47 Elysium von Zufriedenheit] *Vgl. II 78,50–52. Karoline stellte sich ihr »Elysium« nicht ohne Kinder vor, »wild und muthig und freudig, lauter Buben« wie H., ein »süßer, goldener Vater« (A₂).*
49 Würksamkeit] *Vgl. zu II 106,67ff.*
50, 68 Deine Schwester] *Friederike v. Hesse.*
60 Traumhöle] *Vgl. aber II 18,8ff.; 23,40–132; 145,20–23.*
62 Musenalmanach] *Göttinger Musenalmanach für 1773. Karoline lieh ihn Merck zur Rezension (A₁); vgl. zu II 124,44.*
63 Stücke von Bürger] *»das Minneliedchen ..., hold und süß!« (A₁); ein weiteres »Minnelied«, »An die Hoffnung«, »Danklied«, »Penelope«. – auf Selmar] »Auf Selm[ars] Tod ist ganz vortrefflich« (A₁). – Minna-Schmidt] Klamer Eberhard Karl Schmidt, vgl. II 78,41–46.*
64 Uebersetzungen] *Karoline erwähnte das ihr noch unbekannte »Rosenknöspchen« (A₁). Vgl. zu II 95(N),5ff.*
66 Göthe] *»Goethe kommt den 15t. erst hierher; er arrangiert seiner Schwester HochzeitAngelegenheiten; sie heyratet den Schloßer« (A₁).*
67 Witterung] *Karoline genoß die »vortrefliche Herbstluft ... im Tannenwald« (A₁).*

124. AN JOHANN HEINRICH MERCK, Bückeburg, 26. Oktober = vor Mitte November 1772 (folgt nach II 129. Umdatierung, vgl. N, S. 800f.)

3ff. Freimüthigkeit] *Entfremdung, Unterbrechung des Briefwechsels wegen H.s Wandlung II 122,3–19,35f.; 132,25–32; vgl. II 75,15–23.*
6f. Paulus] *Vgl. 1. Korinther 8,1.4.*
10f. Wandelung] *Vgl. **32f.**; II 122,35f.*
11 Phänomen] *Vgl. zu I 58,13.*
12ff. Eitelkeit und Selbstsucht] *Vgl. II 106,63f.; 122,42–46.*
17ff. meine Flachsland] *B muß mißdeutende und besorgte Äußerungen über H.s offiziell noch ungeklärtes Verhältnis zu ihr enthalten haben, vgl. II 104,7–17.*
19 Keiner ... sieht] *Vgl. 1. Korinther 2,9.*
23 Geld und Gut] *Geldmangel, Unzufriedenheit mit der Stelle in Bückeburg und Hoffnung auf eine andere Berufung waren Gründe für H.s zögernde Haltung gegenüber Karoline bis zu der von ihr provozierten Erklärung II 91.*
24 Briefwechsel] *Seit dem 25. 8. 1770.*
25 edel ... aufopfernd] *Zu ihren Geschwistern, vgl. II 100,115f.; 138,43f., aber auch in häufigen Entsagungsbeteuerungen H. gegenüber.*
27f. Bild] *Vgl. II 9,35f.,71–141; 23,43–49; 39,3–12.*
29 böhmische Dörfer] *Vgl. zu I 30,36.*
30 nächsten Frühling] *Beabsichtigte Hochzeit, vgl. II 121,10ff.; 123,42ff.*
34 Quacksalberei] *Hier verächtliche Bezeichnung für den folgenden literarischen Inhalt (bis 86).*
35 großen Kopf] *»Frankfurter gelehrte Anzeigen«, 7. 8. 1772, siehe R, S. 669.*
36 Bütteleidee] *Eine Idee, die durch den Büttel (Gerichts- und Polizeidiener) geahndet zu werden verdiente.*
36ff. Zeitungs-Recension] *»Jenaische Zeitungen von Gelehrten Sachen«, 2. 11. 1772, siehe R, S. 677. Darin heißt es u. a. »was Sprache sey, sagt der Verfasser nicht«.*
39f. das ganze Ding nicht wahr ist] *Vgl. zu II 101,27f.,40f.*
41 rathen] *Nach der unter seinem Namen erschienenen Sprachabhandlung strebte H. erneut nach Anonymität, vgl. II 135,18–26.*
42f. Michaelis] *Bahrdt, »Kritiken über die Michaelis'sche Bibelübersetzung«.*
43 activ oder passiv] *Von oder über Michaelis.*
44 Musenalmanach] *Vgl. zu II 123,62; »Frankfurter gelehrte Anzeigen«, 13. 11. 1772, siehe R, S. 669. Boie war, wie er am 14. 11. 1772 an H. schrieb, mit der Rezension »nicht ganz zufrieden«, weil manche Gedichte zu Unrecht als »Figuranten« (Lückenbüßer) beurteilt worden seien (A zu N II 128).*
45 Bürger] *Vgl. zu II 123,63. Mercks Rezension: »Das Minnelied von Herrn Bürger ist besserer Zeiten werth«, ein Ferment gegen »empfindsame Dichterlinge«. – Minneantlitz] Antlitz, das Liebe ausdrückt (Wortbildung H.s); mhd. »minne« durch den Göttinger Hain wiederbelebt.* – Silberstimme] *Silberhell; zuerst von Friedrich Wilhelm Gotter im Musenalmanach für 1772 gebraucht, dann in Klopstocks »Messias«, Bd. 4, 16. Gesang, Vers 175.*
46 Engel Schmidt] *Vgl. zu II 123,63. Mercks Rezension: »Das Gedicht auf Selmars Tod ... ist ein Meisterstück in Tonfall, Sprache, Harmonie, und wahrer Empfindung.«*
47 Musenaccoucheur] *Der Herausgeber Boie als Geburtshelfer junger Dichter.*
48 Fehdebrief] *Vgl. zu II 123,14.*
50 immer auf mich mit] *Wie zu II 80,76ff. bezog H. die Standeskritik zu Unrecht auf sich persönlich.*

51 geantwortet] *Nicht überliefert.*
53ff. Meier'scher Buchhandlung] *Siehe R, S. 386; ihre Veröffentlichungen wollte H. nicht rezensieren, weil er sich für Büchersendungen verpflichtet fühlte.*
56 Benzler] *»Herrn J. C. Velthusen ... Authenticität«, von H. ungünstig beurteilt, siehe R, S. 26. – Dodd] Rezension vom 18. 8. 1772, siehe R, S. 669. – Devisen] Von Ludwig August Unzer, »eine elende oder mittelmäßige Burschenarbeit«, siehe R, S. 26.*
57f. Vorsteher ... mihi] *Helwing; »ein bedeutender Mensch und, wie ihm selbst scheint, mir eng befreundet«.*
59 der Schwachen bequemen] *Vgl. 1. Korinther 9,22.*
59–63 Regner Lodbrogs Gesang] *»Krákumál«, siehe R, S. 682.*
60 Uebersetzer] *Penzel, vgl. III 175(N),32f.*
63 alte Nord-Literatur] *Dazu äußerte H. sich in »Ueber die neuere Deutsche Litteratur« (SWS I, S. 264ff.), 1.»Kritisches Wäldchen« (SWS III, S. 24f.), »Auszug aus einem Briefwechsel über Oßian« (SWS V, S. 165f., 169, 177–181), »Ideen«, 4. Teil (SWS XIV, S. 275f.), »Iduna« (SWS XVIII, S. 483–502), »Adrastea«, 10. Stück (SWS XXIV, S. 311–317). Zu seinen Edda-Nachdichtungen in den »Volksliedern« siehe R, S. 665.*
63f. Von Klotz ... ärgert mich] *»Briefe Deutscher Gelehrten«, siehe R, S. 320; H.s Brief I 39. – In B zu II 149 (vgl. N, S. 801) schrieb Hartknoch: »Lesen Sie doch die Briefe versch[iedener] Gelehrten an Kloz, u. erfahren Sie, was P[astor] Harder für ein boshaftes Geschöpf ist.« Harder sandte an Klotz am 25. 9. 1770 eine Probe seiner »Ilias«-Übersetzung zur Beurteilung (die ersten 7 Bücher waren fertig) und berichtete ihm von seiner Burke-Übersetzung (vgl. zu I 51,88–94), deren Mskr. H. mitgenommen habe, um sie zu kommentieren. Über H.s »Eitelkeit und Pralerey« verärgert, habe er absichtlich Homer-Zitate falsch übersetzt, um ihn der Unkenntnis des Griechischen zu überführen. Seinem (nichtüberlieferten) Dankbrief zufolge habe H. das nicht gemerkt (Bd. 2, S. 56–59).*
65 Klotzens Liebesschreiben] *Nicht überliefert.*
66 disson] *Abweichend. – Harpe's Eloge] La Harpe, schon am 7. 1. 1772 wahrscheinlich von Merck selbst rezensiert.*
67 Hemsterhuys] *»Lettre sur l'homme«, siehe R, S. 26; N, S. 801; aber nach Bräuning-Oktavio (vgl. R, S. 668) in den »Frankfurter gelehrten Anzeigen« rezensiert von Ludwig Karl v. Schrautenbach (1724–1783, Herr zu Lindheim in der Wetterau, philosophischer Herrnhuter, Freund Mercks). Vgl. zu III 18,19f.*
68f. Hartley] *Eine Rezension kam nicht zustande; nach »Gefundene Blätter« (siehe R, S. 21) vom Übersetzer »verstümmelt« und mit »Spalding-Mendelsohnscher Philosophie« verwässert (SWS V, S. 269). Vgl. III 80,44–47.*
70 der erste Theil] *D. h. das 1. Kapitel des ersten Teils (»Observations on the frame of the human body and mind, an on their mutual connexions and influences«), »Of the doctrines of vibrations and association in general« (Ausgabe London 1791, Bd. 1, S. 5–114). Kap. 2 enthält die Anwendung dieser Lehren auf die einzelnen Sinne und Triebe, Kap. 3 ihre Anwendung auf Verstand, Leidenschaften, Gedächtnis und Einbildungskraft, Kap. 4 unterscheidet 6 Klassen geistiger Vergnügungen und Schmerzen. Der zweite Teil (Bd. 2) enthält »Observations on the duty and expectations of mankind«, über die moralischen (gesellschaftlichen) und religiösen Pflichten und Vorstellungen.*
73–76 Lavater's biblische Erzählungen] *Vgl. II 127(N),260–276. In den »Frankfurter gelehrten Anzeigen« am 30. 6. 1772 von Schlosser wegen ihres Nutzens für die moralische Erziehung der Jugend gelobt.*
75 nam ... ista] *»Denn dir wird jene Hefe angeschmiert« (Merck als dem Direktor der Zeitung).*

76 Homer ... Damm's Uebersetzung] *Die »Homerische Natur« seiner Prosaübersetzung wurde auch in Schlossers Rezension von Karl August Kütners »Homers Iliade« (Leipzig 1772) in den »Frankfurter gelehrten Anzeigen« vom 30. 6. 1772 gerühmt.*
78 ganzer] *Veralteter Komparativ.*
78f. Mährchen- und treuherzige Rhapsodistenton] *Vgl. zu II 103,22,24,32f. Nach Blackwells »Enquiry« schmückte Homer in der »Odyssee« Nachrichten aus dem unbekannten westlichen Mittelmeer zu »Wundermährchen« aus, »Mährchen von Riesen und Ungeheuern und Hexen und Wilden, oder andern abentheurlichen Dingen« (dt. Übersetzung 1776, S. 279, 273).*
80 Vater Homer] *»Vater der Dichtkunst«, vgl. »Ueber die neuere Deutsche Litteratur« (SWS I, S. 289, 298f., 301).*
80ff. Göthe] *Zur Straßburger Homer-Lektüre vgl. »Dichtung und Wahrheit«, 12. Buch (WA I 28, S. 145), den Brief an Johann Daniel Salzmann, Juni 1771 (WA IV 1, S. 258), die Goethe zugeschriebenen Rezensionen (WA I 37, S. 199–204) in den »Frankfurter gelehrten Zeitungen« vom 11. und 15. 9. 1772 über David Christoph Seybolds »Schreiben über den Homer« (Eisenach 1772) und über Johann Justus Herwigs »Franken zur griechischen Litteratur« (Würzburg 1772) sowie »Die Leiden des jungen Werthers« (WA I 19, S. 39f.,124).*
83 sehen konnte)] *Nach der Sage und (nicht authentischen) antiken Bildnissen war Homer blind (vgl. »Vom Erkennen und Empfinden der menschlichen Seele«, SWS VIII, S. 188), vgl. Goethes Beschreibung in Lavaters »Physiognomischen Fragmenten« (WA I 37, S. 339f.).*
85 humour] *Feuchtigkeit; Laune, Stimmung (engl. Lehnwort »Humor«).*
85f. Wolke ... Sonnenglanz] *Im eigentlichen klimatischen Sinn wie auch metonymisch für das Seelenleben.*
87 Leben zurück hätte] *Vgl. »Journal meiner Reise im Jahr 1769« (SWS IV, S. 346f.,455).*
88 Lebenskraft] *Vis vitalis, vigor vitae; ursprünglich von Aristoteles angenommene organische Kraft. Ein Sturm und Drang-Begriff, vgl. Goethe an Lavater, August 1776 (WA IV 3, S. 100); »Faust« I, Vers 3278.*
89 ignis ... aqua] *Nasses Feuer, Luft und Wasser.*
92 liebet Eure Frau] *Vgl. II 78,11–26; 177,19f.*
93f. Weißagen] *Vgl. I 115,83ff.; aber positiv beurteilt bei sich selbst und bei Karoline, vgl. I 108,15f.,55f.,63f.; 112,3–45; die Belege von »Träumen und Vorzeichen« R, S. 249.*
94 Nerve] *Ältere feminine Form; hier »Kraft, Empfindungsvermögen«.*
96 Ihren Brief] *Nicht überliefert.*

125. AN KAROLINE FLACHSLAND, *Bückeburg*, 30. Oktober 1772

4f. beklagten ... meiner Briefe] *»Schreibe mir bald, ... Ich habe Ihren Brief noch nicht« (B).*
5 2. Briefe von mir] *II 119; 121.*
6 Einer ist nachher geschrieben] *II 123.*
10 langen 2. Jahren] *Liebesverhältnis seit August 1770, letzte Begegnung im April 1771.*
14–17 im Wansbecker Boten] *Fingierte Nachricht am 20. 10. 1772: »Wie das Gerücht sagt, dürfte Herrn Herder die erste Stelle bei der neuen Academie zu Mitau angetragen werden, und wir schmeicheln uns, daß er sie annehmen werde.« Claudius begründete seine Erfindung in einem undat. Brief an H. vom November 1772 (Nachlaß I, S. 371ff.; Schauer, Anm. 164): »Ich schrieb aus der Gazette de Cologne, daß der Herzog [von Kur-*

land] alle die Professores schon ernannt habe, und da fiel mir ein, daß er Sie wohl zum Director ernannt haben könnte – «, vielleicht könne er »Seiner Durchlaucht auf einen vernünftigen Gedanken helfen.« Wie Penzels Stellengesuch an H. vom 1. 11. 1772 (vgl. N III Anm. 175) beweist, wurde das Gerücht geglaubt. Karoline, die mit H. überall hingehen wollte, wurde von ihrer Schwester wegen der weiten Entfernung und ihrer künftigen Trennung beeinflußt, H. Bewerbungen in Göttingen oder Gießen vorzuschlagen (A).
14f. *die Landschaft ... Universität]* Die Stände gründeten in Wirklichkeit in Mitau nur ein »Akademisches Gymnasium«.
19 meinen Freunden] Hartknoch, Georg Berens, Begrow u. a. in Riga.
20 ein Spatziergang] *Die Entfernung zwischen Mitau und Riga beträgt etwa 40 Werst, die in wenigen Stunden Fahrzeit zurückgelegt wurden. Vgl. I 16,4ff.; 22,4f.,46f.*
22f. in den dortigen Gegenden mehr zu machen] *Vgl. zu I 73(N),10–13,17,18f.*
23f. verwünschten ... Deutschlande –] *Charakteristik der deutschen Kleinstaaterei.*
24f. als wärs Fabel] *Vgl. II 142,7ff.*
25 Brief aus Liefland] A_1 zu II 111.
29f. eine kalte Umarmung, die in Briefen] *Thematisierung der Brieflibe wie II 31,67ff. (darüber C. Haux, vgl. zu II 3,80).*
32 Schäferfreundin mit ihrem Lämmchen] *Vgl. zu II 59,98ff. Karoline berichtete, daß Lilas Lämmchen gestorben und durch »einen treuen Hund« ersetzt sei. Sie liebe noch immer v. Reutern (vgl. II 82,19–27), ein Berliner »DeutschFranzos« v. Boden habe sich vergebens um sie bemüht und ein reicher junger Mann aus Zweibrücken ihretwegen die »Auszehrung« bekommen, aber sie könne »nichts für ihn thun« (A).*
35 Bettelbrief] II 126.
37 meiner Mutter Tode] *Vgl. zu II 119,48.*
39f. Fallet ... Blätter] *Vgl. II 31,96ff.*
43 Recept] *Vgl. zu II 121,62.*
46 Brief an Lavater] II 127(N). *Die Darmstädter Freunde erfuhren nicht, daß Karoline den Brief »hier auf die Post gegeben«, waren aber sehr neugierig (Leuchsenring) auf den lehrreichen Inhalt, von dem Lavater nach Bern geschrieben hatte (B zu II 148). Vgl. zu II 151,156f.*

126. AN ANDREAS PETER VON HESSE, *Bückeburg*, 30. Oktober 1772

3 Gleims Michaelis] *Johann Benjamin Michaelis.*
3f. zum Professorat in Gießen bestimmt] *Hesse antwortete (vgl. N, S. 801), daß Michaelis sich dort beworben hatte, aber keine Stelle frei war – die philosophische Professur war seit 1771 mit Christian Heinrich Schmid besetzt – und auch für Claudius »im philosophischen Fach keine Stelle ledig« sei. Er bedauerte, ihm nicht helfen zu können. – Nach A zu II 125 war die Stelle für Michaelis in Gießen »Unwahrheit in der Zeitung« (wie zu II 125,14–17). Karoline wünschte, daß »ein paar von den schlechten Menschen abgiengen dort, sie sind wie auf den Galeeren zusammen gebracht«. Bahrdt »führt sich wie ein Bube auf, hat Händel«.*
10 voriges Jahr geheirathet] *Vgl. zu II 73,17ff.*
12 eine Menge Sprachen] *Vgl. III 182,11ff.*
13f. Sekretär ... bei welchem Hrn. gewesen] *1764/65 bei Graf Christian Friedrich von Holstein zu Lethraborg.*
14 Appliciren] *Verwenden lassen, sich zu etwas schicken.*
15 als Bernstorff fiel.] *Vgl. zu I 105,5.*

16ff. eine Seele ... fähig ist] *Vgl. zu III 182,8f.*
17 wie ein Silberton] *Vgl. 4. »Kritisches Wäldchen« (SWS IV, S. 107).*
19 wie Diogenes leben] *Bedürfnislos wie Diogenes von Sinope.*
20f. Musikdirektor und Schrittschuhläufer] *Sie musizierten zusammen und liefen gemeinsam Schlittschuh (vgl. zu II 101,65).*
21 Wansbecker Bote] *Der Zeitungsname (siehe R, S. 662) als Synonym für den Verfasser.*
25 ins Haus regnen] *H. fühlte sich von der Situation des Freundes mit betroffen.*
26 Küssen] *Kissen.*
28 Schriftsteller ... Genie u. wahre gute Herz] *Antithetisch aufgefaßt, vgl. zu I 21(N),18f.*
37 Einschlusse] *In II 125.*

127 (N). An Johann Kaspar Lavater, Bückeburg, 30. Oktober 1772

6 Brief ... aus Liefland] *Vom 12.1.1768, auf dem Postweg verloren (vgl. I Anm. 41; N II Anm. 127). Lavater hatte ihn nicht erhalten (A). Nach I 75,74 und II 148,38f. könnte er auch eine Fiktion sein.*
7 Sylbenmaas Ihres Gedichts] *Lavaters »Aussichten in die Ewigkeit« sind »ein Theil des Stoffes zu einem [seit 1766 unter dem Eindruck der Lektüre Bonnets geplanten] Gedichte von dem zukünftigen Leben«, herausgegeben, »um neue Gedanken, nützliche Urtheile und Zurechtweisungen« dafür zu erhalten. Genies sollten Lavater »ihre eigenen Aussichten in die Ewigkeit« mitteilen (Bd. 1, Vorbericht zur ersten Auflage, S. 8, 12). Von den »Fragmenten« begeistert, hatte Lavater in dem verschollenen Brief vom November 1767 (vgl. I Anm. 41) H. um seinen Rat gebeten. Ursprünglich war die Oden- bzw. Liedform vorgesehen, dann dem jeweiligen Inhalt gemäße Abwechslung der Versarten und Prosa (1. und 3. Brief, S. 29f., 62–67; weitere Erörterungen über Prosa und Hexameter in der Vorrede von Bd. 2, S. VII–XIII).*
9 vor meiner Reise] *Vor Mai 1769.* – Fragen über den heiligen Geist] *Vgl. zu I 75,76.*
13–259 das Buch] *»Aussichten in die Ewigkeit«, 1./2. Teil. In A fragte Lavater, ob H. »den dritten Band ... nicht gesehen« habe (vgl. II 151,92f.,131–134). Lavaters Quellen waren (nach dem 2. Brief, S. 38–54) die menschliche Natur, Analogieschlüsse von wirklichen Dingen auf mögliche und die Verheißungen der Heiligen Schrift. Der vorliegende Brief gleicht einer theologischen Abhandlung; er schließt sich in der Unsterblichkeitsproblematik an die mehr philosophischen Betrachtungen I 58 und 76(N) an. – Zum Gedankengehalt der »Aussichten« vgl. Haym I, S. 538–541; Christian Janentzky, J. C. Lavaters Sturm und Drang im Zusammenhang seines religiösen Bewußtseins, Halle/Saale 1916, S. 27–65; Karl Pestalozzi, Lavaters Utopie (in: Literaturwissenschaft und Geschichtsphilosophie. Festschrift für Wilhelm Emrich. Hrsg. von Helmut Arntzen u.a., Berlin, New York 1975, S. 283–301); Max Wehrli, Lavater und das geistige Zürich, S. 14ff., Sukeyoshi Shimbo, Geisterkunde und Apokatastasis-Rezeption bei Lavater und Jung-Stilling, S. 104ff., Gisela Luginbühl-Weber, Lavater, Mendelssohn und Bonnet über die Unsterblichkeit, S. 116–121, 126 (letztere 3 Aufsätze in: Das Antlitz Gottes im Antlitz des Menschen. Zugänge zu Johann Kaspar Lavater. Hrsg. von Karl Pestalozzi und Horst Weigelt, Göttingen 1994 = Arbeiten zur Geschichte des Pietismus, Bd. 31). – Zu H.s situationsbezogener Lektüre vgl. II 148,40–47; zu II 119,51; 122,38f. Lavater datierte von H.s Brief eine neue Epoche in seinem Leben und schrieb am 1.5.1773 an Spalding, H. habe ihm »über die Aussichten sehr wichtige Dinge gesagt« (Janentzky, S. 63).*
20f. so vieles Gute ... gehört] *Vgl. 258.*
22f. Apostolische Karakter] *Der Lehre der Apostel gemäß, als »Bote Gottes«.*

23, 230 Intuition] *Unmittelbare Anschauung im Gegensatz zur diskursiven verstandesmäßigen Erkenntnis.*
27 Gefühl des Geistes u. der Kraft] *Vgl. 1. Korinther 2,4. Vom »Beweise des Geistes und der Kraft« für die Gewißheit der göttlichen Offenbarung wollte Lavater in dem geplanten Gedicht »mit dem äussersten Nachdruck reden« (5. Brief, Bd. 1, S. 110).*
28 Idee der Ähnlichkeit Christi] *Nach dem 5. Brief hat Christus »sehr viel Aehnlichkeit mit den Menschen überhaupt« und zugleich mit Gott in Lavaters Vorstellungen (Bd. 1, S. 89). »Ich soll Christo ähnlich werden« (11. Brief, »Von der Vollkommenheit des himmlischen Cörpers«, Bd. 2, S. 42, auch S. 11ff.,26f., 36f., 170, 232). Später las H. darüber in Bd. 3 den 21. Brief »Von dem Anschauen der Gottheit und dem Umgang mit Christo« und den letzten, 25. Brief (S. 224ff., 309f.). Es war auch der Grundgedanke von Lavaters »Physiognomischen Fragmenten« und von H.s nach 1. Mose 1,26f. auf der Gottebenbildlichkeit des Menschen beruhendem Humanitätsbegriff (vgl. »Ideen«, SWS XIII, S. 148f., 191; XIV, S. 290f.).*
28f. der ersten Auferstehung werth zu werden] *Im 8. Brief, »Von der Auferstehung der Todten und dem darauf folgenden Gerichte«, wird nach Lukas 20,35 vor der allgemeinen Auferstehung »eine erste Auferstehung der vorzüglich Gerechten« und ihre »Theilnehmung an dem Reiche Christi«, dem Tausendjährigen Reich (»moralisches Reich Christi auf Erden«), angenommen als Ermunterung »zur bestmöglichen Anwendung unserer moralischen Kräfte«. Lavater wußte, daß sein Chiliasmus »wider den theologischen und philosophischen Bon-Ton« war (Bd. 1, S. 228, 230; Bd. 2, Vorrede, S. XXXIff., LXVIff., XC).*
30f. kalter, Nervenloser Ton ... übers Christentum] *Theologischer Rationalismus (Neologismus).*
31ff. die Moral ... Politik von außen] *Vom popularphilosophischen Standpunkt wurde die Religion im Dienst des aufgeklärten Absolutismus zur Ethik säkularisiert. Vgl. »An Prediger. Funfzehn Provinzialblätter« (SWS VII, S. 229-242).*
32 Englischer Philosophen] *Philosophische Beweise der geoffenbarten Religion durch Locke, Clarke, Joseph Butler u. a. (vgl. SWS VII, S. 304).*
35, 105f. Menschheit] *Hier nicht die Gesamtheit der Menschen, sondern die menschliche Natur als Abstraktum.*
36, 106 ein Ganzes ... würkenden Kräfte] *Organische Totalität (eine Sturm und Drang-Idee), nicht mit rationalen Begriffen zu erfassen.*
37 Spalding] *Vgl. H.s spätere Polemik gegen Spaldings Schrift »Ueber die Nutzbarkeit des Predigtamtes« in »An Prediger«.*
40 Hauptzweck Ihres Buchs] *Vgl. zu 7.*
43, 250 Resignation] *Selbstverleugnung, Ergebung in den göttlichen Willen.*
46f. Vorrede des 2ten Theils] *Ebd., S. XC-XCV, CVIIIff., verteidigt Lavater seine exegetischen Meinungen gegen Einwürfe ungenannter Leser.*
50f. willkührlicher Baumeister ... kleinen Ideen] *Vgl.* **61f.** *Beispiele dafür sind Lavaters optische und akustische Phantasien, wie vom himmlischen Lichtkörper Christi und der Auferstandenen und ihrer Fähigkeit, alle Geräusche im Weltall auf einmal zu hören und unterscheidend zu verstehen, im 11. Brief (Bd. 2, S. 42-47, 108-112).*
53f. eigner Sinn ... dahinein gegeben] *Vgl. Römer 8,6; Albrecht v. Haller, »Briefe über die wichtigsten Wahrheiten der Offenbahrung« (Bern 1772), S. 22: »Der Mensch wird mit der Quelle alles Übels, mit dem Eigenwillen gebohren.«*
57 die Augen niederschlagen] *Demütig sein, vgl. Hiob 22,29. –* **nicht wißen wollen]** *Vgl. 1. Korinther 1,27; 8,2. Über die Ewigkeit vgl. Matthäus 24,36. – Als korrespondierender Text mit zahlreichen Parallelstellen zu diesem Brief ist die Trostpredigt »Ueber die dunkeln und hellen Aussichten« (R, S. 41; vgl. zu II 77,54) zu lesen: Nach der »ganzen Ord-*

nung der Natur Gottes« hat jedes Lebewesen gerade die Fähigkeiten, die es braucht. Voraussicht über Leben und Tod wäre dem Menschen unnütz, da diese nicht in seiner Macht liegen, und schädlich, weil er dann die Aufgaben seiner irdischen Bestimmung vernachlässigen würde.

61f. Maulwurfswerkmeisterei] *Vgl. zu 50f.; Bückeburger Geschichtsphilosophie: »Insekt einer Erdscholle« (SWS V, S. 559).*

63f. Kein Auge ... Ohr p] *Vgl. 1. Korinther 2,9 (1. Brief, Bd. 1, S. 32; SWS XXXI, S. 208).*

64f. 3ten Himmel ... konnte] *Vgl. 2. Korinther 12,2f.*

66 nicht wißen ... werden] *Vgl. zu 57.*

67f. Abstraktionen ... Begriffe] *Die allgemeinen Aussagen der Bibel über das Jenseits lassen eigentlich Lavaters sinnlich konkrete Phantasmen nicht zu. Vgl. 86–89.*

73 d'un bout à l'autre] *Von einem Ende zum andern.*

81f. 3tes Lied ... Leben] *Klopstock, »Geistliche Lieder«, 1. Teil, »Dieses und jenes Leben«.*

82 Ode an die Genesung] *»Die Genesung«, siehe R, S. 316.*

83f. Gesänge von der Himmelfahrt] *»Der Messias«, Bd. 4, 19./20. Gesang.*

84 Perspektive des Gerichts] *Ebd., 18./19. Gesang: Adams Vision des Weltgerichts. Vor Erscheinen von Bd. 4 war durch den Vorabdruck des Abbadona-Fragments darauf hingedeutet worden, vgl. zu I 55(N),178f.*

85f. über Mangel ... beklagten] *Das zukünftige Leben sei von keinem Lavater »bekannten Dichter je bearbeitet worden«; Youngs »Nachtgedanken« und verschiedene »lateinische und englische Gedichte von der Unsterblichkeit der Seele« würden sich »mehr mit Beweisen für das fortdauernde Leben der menschlichen Seele, als mit der Beschaffenheit des himmlischen Lebens beschäfftigen« (1. Brief, Bd. 1, S. 31f.; vgl. Bd. 2, Vorrede, S. XIX).*

86ff. wir schauen ... zu Angesicht] *Vgl. 1. Korinther 13,12 (vgl. SWS V, S. 586).*

90 Schmetterling ... Raupe] *Geläufige emblematische Metapher der Metamorphose und Entwicklung. Ein wegfliegender Schmetterling als Bild der Seele in der Titelvignette von Bd. 2, entsprechende Zitate aus Leibniz' »Nouveaux Essais« und Bonnets »Contemplation de la nature« in Bd. 1 der »Aussichten« (S. 171f., 175, vgl. Bd. 2, S. 134).*

91 Spekulant] *Spekulativer Denker.*

95f. das Werden ... Entwicklung] *Gesichtspunkt Gottes, »Allanblick«, dem gegenüber die Bückeburger Geschichtsphilosophie die »Eingeschränktheit« des menschlichen Standpunktes betont (SWS V, S. 559f., 584ff.).*

101f., 147, 173 die Offenbahrung ... nicht verstehe)] *Erst 1774 entstand die 1. Fassung der zeitgeschichtlichen Exegese von »Johannes Offenbahrung«.*

103f., 149 Moralischen Sinn ... Menschlichkeit] *Wie II 34(N),188–191 ein Beleg für H.s frühes Verstehen des Christentums als Humanitätsreligion. Vgl. 113ff.*

105f. Menschheit] *Vgl. zu 35 und 36.*

109 Caput mortuum] *Vgl. zu I 58,30.*

113ff., 118f., 249f. auf dies Leben ... künftigen Engel] *Im irdischen Leben gut sein und handeln als Voraussetzung für die künftige Vervollkommnung; vgl. aber zu I 58,204ff.*

119 Sokrates Dämon] *Siehe R, S. 543.*

120 Bild des Erlösers] *Christus als Beispiel »der höchsten moralischen Vollkommenheit«, zugleich »die höchste intellektuelle, physische und politische«, die »höchste denkbare Vollkommenheit« der menschlichen Natur (5. Brief, Bd. 1, S. 105; über Christus ebd., S. 88–93, 101–105).*

123 Gespräche bei Mondenschein] *Vgl. II 174,44ff.; zu II 27,51–115. Lavater wollte seine Vermutungen über die Entwicklung neuer Sinne im künftigen Leben nur einem*

Freund »beym stillen Mondschein« anvertrauen (11. Brief, Bd. 2, S. 127). Nach Eberts Erläuterungen zu seiner Übersetzung von Youngs »Night Thoughts«, 1. Nacht, ist des Mondes »blasser Schimmer, mit der Dunkelheit und Stille der Nacht vereiniget, in einer tiefsinnigen Seele ernsthafte oder schwermüthige Gedanken zu erwecken und zu unterhalten fähig« (Bd. 1, S. 42f.).
125f. künftige Kräfte ... vervollkommnen] *Vgl. aber I 76(N),***43–60***.*
128 Saitenspiel] *»Der ganze Leib des Menschen ist einem musicalischen Instrument gleich, das durchaus mit Saiten bespannt ist« (11. Brief, Bd. 2, S. 182). Vgl. »Vom Erkennen und Empfinden«, Fassung von 1775 (SWS VIII, S. 316).*
128f. Bonnet ... Keim der Zukunft] *Lehre von der Präexistenz der Keime nach »Contemplation de la nature« und »La Palingénésie Philosophique« (»Aussichten«, 12. Brief, »Von der Erhöhung der physischen Kräfte«, Bd. 2, S. 145f., 197–203).*
131, 208 Licht- oder Glaskörper] *Nach Christi Verklärung auf dem Berg Thabor (Matthäus 17,2) nimmt Lavater von ihm – und dann auch von den ihm ähnlich werdenden Auferstandenen (»Verklärten«) – einen »Lichtkörper« an, »der den Glanz der Sonne verdunkelt«. Er besteht aus Glas, das »dem Lichte seinen freyen Durchgang läßt« (11. Brief, Bd. 2, S. 41, 43, 54). –* 1. oder Millionen Augen] *Lavater behauptet, daß die Menschen im Jenseits »so viel Augen haben werden, als nöthig sind, um die unendlichen Tiefen der Schöpfung Gottes auf einmal von allen Seiten zu betrachten«. Er gibt keine Zahl an und läßt offen, ob tausende wie bei den Insekten oder ein einziges dazu hinreichend sein werden (ebd., S. 95ff.).*
133f. Gott sehen ... thätig seyn] *Vgl. Matthäus 5,8; Galater 5,6.*
134 der Rather] *Lavater mit seinen himmlischen Phantasien.*
136 Ungeheuer] *Annahme, daß die Größe der Bewohner zu den Ausmaßen der jeweiligen Himmelskörper in einem Verhältnis stehe und ein Wesen denkbar sei, »das ein Sonnensystem mit seiner Hand umspannt« und – nach dem Wachstum der Kräfte in quadratischer Progression – leicht Berge versetzen könne (11. Brief, S. 152, 154; 12. Brief, S. 188, 279f.). Vgl.* **226ff.**
139f. halten die Apostel ... Maas?] *Vgl. den 2. Petrus-Brief, Kap. 3 über das Weltende.*
141, 156f. den jetzigen Menschen] *Vgl. Paulus-Briefe und Johannes-Briefe.*
143f. Engel bei der Himmelfahrt Jesu] *Vgl. Apostelgeschichte 1,10f.*
146 wo Erscheinung, wo Bild] *Vom Leben im Jenseits.*
147 Offenbarung Johannes'] *Vgl.* **101f.**
150 die würkliche Pflanze] *Die menschliche Seele.*
152f. dem Manne ... Ewigkeit gelehret!] *Jesus Christus.*
153ff. Auferstehung ... ins Moralische gemahlt!] *Vgl. Matthäus 22,30; Lukas 20,35f.; Johannes 5,28f.*
154 Meßias] *Siehe R, S. 710.*
157 »Hier solch ein Haus] *Vgl. 2. Korinther 5,1.*
158 der Bauch ein Gott] *Vgl. Philipper 3,19.*
159f. ein Weib ... freien laßen«] *Vgl. Matthäus 22,25–30.*
163, 170 wankenden Bischof] *Siehe R, S. 82. –* Pfeiler] *Vgl. Offenbarung 3,12.*
173 Sprache der Offenbahrung] *Metaphorisch, vgl.* **101f.**
174 Poetischer Maschinerei] *In dem geplanten Gedicht, vgl. zu 7.*
180 supercilium] *Hochmut.*
183 Naturlehre] *Bd. 2 der »Aussichten« (= 11. und 12. Brief) ist ganz auf Analogien zur irdischen Naturlehre gegründet (Optik, Akustik, Mechanik, Hallersche Physiologie, Leibniz-Bonnetsche Kräfte- und Entwicklungslehre). – Schwürigkeiten ... hat] = Einwände gemacht hat.*

185–188 Das Licht ... undurchdringlich.] *Lavater hielt, gestützt auf ein Zitat aus Hallers »Elementa Physiologiae corporis humani«, Bd. 5, S. 443f., das Licht für durchdringlich (»Aussichten«, Bd. 2, S. 51–54). Der holländische Arzt und Naturforscher Hermann Boerhaave (1668–1738), Hallers Lehrer, und andere Gelehrte nannten das Licht »Semicorporeum« (Halbkörper), weil ihm die »Undurchdringlichkeit (impenetrabilité)«, eine der wesentlichsten Eigenschaften der Körper, fehle (ebd., S. 48f.).*
187 Dioptrik] *Strahlenbrechungslehre, Theorie der Fernrohre und Mikroskope (Brechung des Lichts beim Übergang aus einem durchsichtigen Körper in einen anderen).*
188 Poetischer Ausruf] *Vgl. zu 202f.*
189f. großer Physiolog] *Von H. zitiert und gerühmt in »Aelteste Urkunde«, Bd. 2 (SWS VII, S. 11, 24), »Vom Erkennen und Empfinden« (SWS VIII, S. 171, 180) und »Ideen«, 1. Teil (SWS XIII, S. 73, 121), S. 124: »der gelehrteste Physiolog aller Nationen«.*
190 nicht großer Naturlehrer] *Hallers Leistungen in Botanik und Anatomie waren unbestritten. »Naturlehre« im engeren Sinn war im 18. Jh. Physik (Adelung: »Lehre von den Ursachen der Veränderungen in der Körperwelt«).*
191 Eulers Theorie vom Licht] *»Nova theoria lucis et colorum«.* – Boscowich] *Boscovich, »Dissertatio de lumine«.*
192 Benuenuti] *Benvenuti, »Dissertatio physica de lumine«.*
195, 206 ausgebreiteter Aether] *Im 6. Stück der »Adrastea« entwickelte H. eigene Gedanken im Anschluß an Eulers Äthertheorie (SWS XXIII, S. 528f., 536ff.).*
196f. der gröbern Materie ... gleichartig] *Vgl. das aus »Adrastea« weggelassene »Fragment über Licht, Farben und Schall« (SWS XXIV, S. 437, 439).*
197 Sensorium] *Sitz der Empfindung.*
199 ihren 2. Löchern] *Augen.*
201 Komplicabilität] *Fähigkeit zur Verwicklung; »Zusammendrängbarkeit« (»Aussichten«, Bd. 2, S. 136).*
202 meprise] *Irrtum.*
202f. Wir übersehen ... Nadelöhr] *Das Licht ist so fein, »daß man, mit dem unsterblichen Haller zu reden, die Hälfte des unendlichen Tempels des unbekannten Gottes durch ein Nadelöhre erblicken kann« (»Aussichten«, Bd. 2, S. 47).*
203 das Hemisphär] *Richtig Femininum.*
204 Conus] *Kegel. »Ein Lichtstral verbreitet sich ... immer weiter und weiter«, so daß man ihn sich »als einen Kegel vorstellen kann, dessen Basis unendlich groß ... ist« (ebd., S. 135).*
207 Undulationen] *Wellenbewegungen.*
208, 211 Lichtkörper] *Vgl. zu 131.*
212 Keimbefruchtung] *Vgl. zu 128f. Gestützt auf Bonnets »Souveraine Perfection Mixte« (»Betrachtung über die Natur«, 7. Hauptstück: »Begriff von der höchsten vermischten Vollkommenheit«, nach dem frz. Original zitiert im 12. Brief, Bd. 2, S. 197ff.), dichtete Lavater den verklärten Menschen die Fähigkeit an, »die Materie zu organisiren«, »Keime aller Arten zu befruchten«, d. h. mit »ihnen angemeßnen Stoffen« zu verbinden und »eine Pflanze, ein Thier, einen Menschen, eine Welt hervor zu bringen« (ebd., S. 200, 203, 205, 208).*
213 Maschine] *Im Gegensatz zum organischen Körper eine künstliche Einrichtung. Vgl. zu I 3,22.*
214 Elektrische, Magnetische Kraft] *Im 18. Jh. wurde der Zusammenhang beider Kräfte vermutet und experimentell nachgewiesen; die wissenschaftliche (gesetzmäßige) Begründung erfolgte erst 1820 durch den dänischen Naturforscher Hans Christian Örsted (1777–1851).*

218 unbekante Kräfte] *Pantheistische Vorstellung, vgl.* **246**.
221ff. eine Kraft ... eine Welt findet] *Leibnizsche Kräftelehre, vgl. zu I 58,67,113f.*
226 das blos Gigantische] *Vgl. zu* **136**. *Am Schluß von Brief 12 werden die verklärten Menschen in Besitz »gleichsam unendlicher Kräfte« als »Mitgenossen und Theilhaber der göttlichen Natur« (Bd. 2, S. 281f.) gesehen.*
227 BillardKugel] *Im 2. Brief Analogie der Fortbewegung eines Planeten mit der einer »hölzernen Kugel« beim Kegeln (Bd. 1, S. 43).*
228f. Aussicht ... Zweck] *Nach H.s Meinung scheinen diese in den ersten beiden Teilen zu fehlen. Die religiösen und moralischen Probleme sind dem 3. Teil vorbehalten.*
230f. Homers Götter, die sich mit Steinen werfen] *»Ilias«, 21. Gesang, Vers 403–408: Athene bringt Ares durch Steinwurf zu Fall.*
231 qua tales] *Wie beschaffen.*
234 auch Sinne darinn] *Vgl. zu* **123**.
235 das Unendliche ... kein Bild] *Vgl. zu* **136**. *Darüber Burkes Unterscheidung des Erhabenen und des Schönen (»schöne Gegenstände sind klein«), vgl. I 50(N),74–85; »Kalligone« vom Erhabenen (SWS XXII, S. 259ff.).*
237 Maximum ... Minimum] *Auf Leibniz zurückgehendes dialektisches Prinzip in Johann Heinrich Lamberts »Neuem Organon«, § 232.*
238 Blatt ... zu Ende] *Beginn der letzten Seite des Briefes.*
239f. Ahndungen] *Vgl. zu I 112,15.*
240 Unsterblichkeit u. Ewigkeit] *Vgl. I 58 und 76(N) passim.*
241 Analogien u. Symbolen ... über die ganze Welt] *Vgl. II 174,9–20; u. a. Kreislauf der Jahreszeiten, Metamorphose des Schmetterlings.*
242f. unsre Philosophen u. Theologen] *Rationalisten und Neologen.*
243 in barbara] *Wort der alten Scholastik zur Bezeichnung eines Syllogismus, dessen Prämisse und Schluß gleich sind (Barbara, celarent, Darii, ferio, baralipton). Vgl. Bückeburger Geschichtsphilosophie (SWS V, S. 482).*
245f. Offenbahrung ... verborgnen Gott der Natur] *Synkretismus christlicher Mystik mit pantheistischen Vorstellungen.*
246 Licht des Glaubens] *Vgl. Johannes 12,46.* – verborgnen Gott] *Vgl. Jesaja 45,15. Der »deus absconditus« in Luthers Streitschrift gegen Erasmus von Rotterdam »De servo arbitrio« (1525), der unerforschlich zu verehren sei, während Gott sich im »Wort« (Evangelium von Jesus Christus) offenbart habe (»deus revelatus«), vgl. zu II 34(N),162–165 meinen Luther-Aufsatz, S. 245–250.*
248 will zur andern Zeit noch reden] *Vgl. hierzu besonders II 151; 162; 174.*
249f. den künftigen Engel in uns zu wecken] *Vgl. zu* **113ff.**
257 Menschlichen Stellen Ihrer Aussichten] *U.a. im 11. und 12. Brief: »der Mensch seiner ursprünglichen Natur, und der innern Anlage nach, immer noch eine Copie des Sohnes Gottes ..., daß wir göttlichen Geschlechts sind ...« (Bd. 2, S. 31f.). »Was ist der Mensch? Ein freyes, lebendiges, selbstthätiges Wesen, begabt mit empfindenden, denkenden, moralischen, physischen Kräften, die sich unendlich vervollkommnen lassen; ein Wesen, das vermögend ist, die größten Veränderungen in dem Zusammenhang aller Dinge zu bewirken und zu veranlassen; ein Wesen, das bestimmt ist, ohne Aufhören fortzudauren und ohne Aufhören thätig zu seyn; bestimmt zu einer Vollkommenheit, die alle Begriffe übersteigt ...« (ebd., S. 213).*
257 Ihren Predigten] *Siehe R, S. 342. »Vermischte Predigten« erschienen 1773 in Frankfurt und Leipzig.*
260 Erzählungen des Alten Testaments] *»Biblische Erzählungen für die Jugend«. Vgl. zu II 124,73–76.*

261 Theil haben sollen] *Nach der lobenden Rezension von Leß in den »Göttingischen Anzeigen« vom 24.10.1772 »haben nämlich mehrere daran gearbeitet«.*
262 einer sehr rührenden Zeit] *Vgl. II 119,48–52.*
264 der 2te Theil] *Erzählungen aus dem Neuen Testament enthaltend (Zürich 1774).*
265 Sprache der Bibel] *H. war von früh an bestrebt, die Bilderwelt der orientalischen Volkspoesie und die sprachliche Originalität der Luther-Bibel gegen neologische Modernisierungstendenzen zu erhalten. Vgl. 288.*
270 der Geist verfliegt] *1. Sinn, Verstand; 2. alkoholische Flüssigkeit, die in gasförmigen Zustand übergeht. – Chymiker] Chemiker.*
271 Michaelis ... Spalding] *Johann David Michaelis als Hauptvertreter der rationalistischen Bibelkritik, Johann Joachim Spalding als einflußreichster Neologe.*
273 Vehikulum] *Beförderungsmittel.*
275 Erzählung von der Schöpfung] *Vgl. zu 260.*
277 Tobler] *Johannes Tobler.*
277f. Heß] *Johann Jakob Heß, »Geschichte der drei letzten Lebensjahre Jesu«. – Beide waren »Dutzfreunde« und »unentbehrliche Gehilfen« Lavaters (A).*
279f. mein Freund u. Lehrer] *Vgl. I 51,4.*
280 oft gehört] *In seinen Vorlesungen.*
281 seine Träume Bogenweise] *»Träume eines Geistersehers«. Von der satirischen Behandlung der ihn bewegenden Fragen enttäuscht, spielt Lavater im 11. Brief auf diese »unphilosophisch ... raisonnierende« Schrift an (Bd. 2, S. 177f.).*
282 Jünglingsbuch] *Kant war bei Erscheinen seiner »Allgemeinen Naturgeschichte ...« 31 Jahre alt. – Ihrer Ideen] Physiko-theologische Hypothesen wie die Lavaters, aber in einer wissenschaftlicheren Form als bei dem religiösen Schwärmer.*
283 ohne Namen] *Anonym erschienen; der Konkurs des Verlegers war die Ursache der geringen bzw. verspäteten Verbreitung des Buches, das Lavater, Lambert und Laplace unbekannt blieb.*
284 Mittelsonne] *Die Sonne als Mittelpunkt des Weltsystems und der Schöpfung: Kant, »Allgemeine Naturgeschichte«, 2. Teil, Zugabe zum 7. Hauptstück: Allgemeine Theorie und Geschichte der Sonne überhaupt; Lavater, »Aussichten«, 9. Brief (Bd. 1, S. 272).*
284f. ein Engländer ... behauptet hat] *Thomas Wright von Durham (1711–1786), »An original Theory or new hypothesis on the Universe«, London 1750 (vgl. »Adrastea«, SWS XXIII, S. 525), die Grundlage für Kants Vermutungen.*
288 Sprache des Orients] *Vgl. zu 265; I 75,77f.*
289 Ihrem Gedicht] *Vgl. zu 7.*

127a (N). An Christian Gottlob Heyne, *Bückeburg, etwa Oktober 1772*

3 Jones, Ulegbei] *Vgl. zu II 85(N),33f.; 94(N),19; 99(N),31.*
3, 7 Journal de Savans] *Siehe R, S. 677.*
3 Ihre Musen] *»Prolusionis caussa de litterarum artiumque« (R, S. 267).*
4, 10 Ihr Zeitungsblatt von Hetrurien] *»De fabularum religionumque Graecarum« (R, S. 266). Die griechische Mythologie und Kunst sei durch pelasgische und griechische Kolonisten von Griechenland nach Italien gelangt und so den Etruskern bekannt geworden, deren Darstellungen aber von den gewöhnlichen Kunstwerken der Griechen (nach neueren, philosophisch geläuterten mythologischen Vorstellungen) abweichen und eher der alten griechischen Fabel, einer Vermischung pelasgischer, ägyptischer, phönizischer und*

thrakischer Religionsbegriffe, entsprechen. Auch in der römischen Mythologie hat sich die ältere Götterlehre der Griechen erhalten (nach Heynes Autorreferat in den »Göttingischen Anzeigen«).
7 nun Zendavesta] *Von Anquetil, vgl. zu II 99(N),31.*
10 die Abhandlung] *Vgl. zu 4.*
11 Societät] *Hier »Novi Commentarii Societatis Regiae Scientiarum Gottingensis«.*
11f. Programm ... Merkur] *Nach »Prolusionis ...« (vgl. zu 3) lehrt die Fabel von den Musen im alten Griechenland, »daß die ganze Wissenschaft und Gelehrsamkeit des damaligen Zeitalters in Musik, Tanz und Poesie bestand, daß man noch keine Buchstabenschrift kannte oder ... nicht gebrauchte«. Merkur ist »ursprünglich und von Aegypten aus nichts weiter als der symbolische Ausdruck von Verstand, Sprache und Schrift (logos) und nachher von allen Dingen, wodurch die rohen Griechen ihre Cultur erreicht hatten« (Heynes Autorreferat in den »Göttingischen Anzeigen« vom 28.9. 1772, S. 1002f.).*
13 liebe, gute Frau] *Therese Heyne hatte am 26.9. und 8.10.1772 wie zu II 74(N),3f. ihre enthusiastischen und »träumerisch zärtlichen« Empfindungen für H. zum Ausdruck gebracht und über sein Stillschweigen geklagt.*

128 (N). AN HEINRICH CHRISTIAN BOIE, *Bückeburg, vor dem 4. November 1772*

5 Ihr Almanach] *Vgl. zu II 118(N),22.* – sanften Gattung] *Liebeslyrik, Elegien.*
7 Nancy] *»O Nancy wilt thou go with me« (SWS V, S. 473). Vgl. zu II 95(N),46ff.* – Elegiechen] *Vgl. zu II 95(N),42–46.*
7f. Bürger- u. Schmidtsche Stükken] *Vgl. zu II 123,63.*
11 die Meinigen] *Vgl. zu II 95(N),5ff.*
13 Englische Liederchen] *Vgl. zu II 118(N),4f.*
17 Lettre sur la Sculpture] *Vgl. II 118(N),12.*
18 Jones] *Vgl. II 118(N),7–10.*
19 Gatterer] *Vgl. zu II 57(N),37.* – Hurd] *Vgl. zu II 133,32.* – Hume] *Um welche Schrift es sich handelte, war nicht zu ermitteln.*
24 meines WinckelmannGedichts] *Vgl. zu II 118(N),19.*
25 Beschreibung des Apoll im Belvedere] *»Geschichte der Kunst des Alterthums«, 2. Teil, Die Statue des Apollo. Vgl. SWS XXIX, S. 298.*
26 Callimachus] *Kallimachos.*
26f. der letzte Theil ... werden soll] *»Plastik«, vgl. das Gedicht (zu 24): »Wenn er [H.s Geist], aus solcher Schattenhülle, Traum der Vollkommenheit fernher zu tasten wagt« (Fassung von 1771, SWS XXIX, S. 301).*
28 Platonische Laune] *Schöpferkraft, der Eros in Platons »Symposion«.*
29, 34 Quark von Poesie, Autorschaft] *Vgl. II 29(N),5ff.*
30 7. Bettelkünsten der Musen] *9 Musen, hier Assoziation zu den an der mittelalterlichen Artistenfakultät gelehrten »septem artes liberales« (Grammatik, Rhetorik, Dialektik; Arithmetik, Geometrie, Astronomie, Musik).*
32 Vulkans, oder Sanct Patriks Höle] *Siehe R, S. 742 und 430.*
35 alte Romanzen, Lieder, Kantaten] *Allgemein: ältere Gedichte H.s im Mskr., vgl. I 137,40–45.*
39 Beeiferungen um die Musen] *Vgl. »Musenaccoucheur« (II 124,47).*
41 Madame] *Therese Heyne. Mit A schickte Boie einen unter seinen Papieren »zwey Posttage« liegengebliebenen (nicht überlieferten) Brief von ihr.*

42 Sinner] »*Essai sur les dogmes de la Metempsychose*«. – Koth von 2. engen Gaßen] *Auszüge aus Holwell und Dow, außerdem die Fabel vom Fegefeuer Sanct Patricks (nach der Rezension Albrecht v. Hallers in den »Göttingischen Anzeigen« vom 23. 5. 1771).*
45 Auszug aus der Encyklopédie] *Von Joseph de Laporte, vgl. II 131(N),28.*
51 Ueberseztung Platons bei Ray] »*Dialogues de Platon*« *(bei Rey).* »*Plato ist leyder auch bey Vandenhoek nicht da*« *(A).*

129. AN KAROLINE FLACHSLAND, *Bückeburg, 4. November 1772*

4f. übermüthige, wohllüstige Freude] *Vgl. zu II 119,35.* »*In was für süße Phantasieen und Elysium ich schwebe, das wird im Frühling alles aufblühen –*« *(B).*
9f. an mir irrest ... betrügest] *H.s hypochondrische Selbsteinschätzung, vgl. II 123,18–23.*
12 in dieser Klaße] *Schwärmer, vgl. II 122,36–39.*
15 fetter] *Vgl. II 130,3f.* »... *mit Deiner fetten Brust! sie mag immer durch die Freude schwellen*« *(A).*
20 leicht, wie Epheu] *Vgl. I 98,101f.*
21–43 Don-Quichotte] *Ein Lieblingsbuch H.s; Karolines Schwager las es seinerzeit vor:* »*der Erste Roman, unter allen, für mich. Die Episoden von Liebesgeschichten im ersten Theil haben so was Bezauberndes und Süßes, das ich nicht ausssprechen kan, besonders die Geschichte der Maria, der jungen unschuldigen Clara, Chrysostomus etc.*« *(B).*
24, 42 Feenmäßiges, Spanisches u. Zauberhaftes] *Vgl.* »*Adrastea*«, *3. Stück (SWS XXIII, S. 294); zu H.s unrealistischem Spanienbild Manfred Tietz, Herders Spanien in der Sicht der neueren Hispanistik (H.-B. II, Nr. 1092).*
26 eine Reise durch Spanien] *Siehe R, S. 692 oben: Baretti. In der Rezension Heynes in den »Göttingischen Anzeigen« vom 21. 1. und 9. 2. 1771 werden u. a. Stegreifsänger, Volksbelustigungen (S. 141* »*überall Abends bis Mitternacht nichts als Singen und Tanzen*«*), Lustschlösser und -gärten, Wüsteneien, Rückständigkeit der Landeskultur erwähnt (S. 142* »*diese und einige andre Stellen erläutern verschiednes im D. Quixote*«*).*
27f. Sancho Panssa mein Held] *Vgl.* »*Adrastea*«, *5. Stück (SWS XXIII, S. 412). Auch ein Lieblingsheld Hamanns (vgl. Nadler 3, S. 128), der in den »Königsbergschen Zeitungen« vom 4. 3. 1776 Bertuchs Übersetzung wegen ungenügender Sprach- und Sachkenntnis negativ rezensierte:* »*Weh dem Publico, das sich an dem Originalgeist eines Schriftstellers versündigt*« *(Nadler 4, S. 431). – Karoline hörte* »*heute das Capittel, wo der gutherzige Sancho seine Statthalterschaft verläßt, zu seinem Grauschimmel lauft, wie ein Freund, ihm klagt und mit ihm davon geht*« *(B).*
33f. Carl der 12. ... verhönet] *In seinem Lager bei Bender (siehe R, S. 748) wartete der König von Schweden 4 Jahre auf die Kriegserklärung der Türkei an Rußland. Zu seinem Zeitvertreib gehörte die Lektüre antiker und frz. Klassiker, u. a. der Satiren und Episteln von Boileau-Despréaux. Satire VIII, Vers 99:* »*Quoi donc, à votre avis, fut-ce un fou qu' Alexandre?*« *(vgl. SWS XXIII, S. 415). In seiner* »*Histoire de Charles XII, roi de Suède*«*, Rouen 1730 (Übersetzung* »*Leben Carls XII. Königs von Schweden*«*, Stockholm = Leipzig 1733) erzählt Voltaire irrtümlich:* »*Als er die Epistel an den König in Franckreich Ludwig XIV. bey ihm [Boileau] las, wo der Verfasser Alexandern als einen Thoren und Rasenden vorstellet, riß er das Blat entzwei*« *(S. 229). Der Boileau-Herausgeber Claude Brosette (1671–1743) wies Voltaire in einem Brief am 20. 3. 1732 auf den Fehler hin (John Richardson Miller, Boileau en France au dix-huitième siècle, Baltimore 1942, S. 230).*
37f. Der 2te Theil ... Verfasser.] *Er ist auch von Cervantes (vgl. R, S. 111). Auch Karoline fand ihn* »*nicht so lieblich, er ist mehr politisch*« *(B).*

38 Zwischengeschichten] *Siehe R, S. 111. Vgl. zu 21–43.*
39 Gil-Blas] *Von Le Sage, vgl. »Adrastea«, 3. Stück (SWS XXIII, S. 294).*
44 Musenallmanach] *Vgl. zu II 123,62.*
44f. Bürger- u. Schmidtschen Liederchen] *Vgl. zu II 123,63.*
47 Natur!] *Das wichtigste Schlagwort des Sturm und Drang.*
49 verlohren gemeinte Brief] *II 100, vgl. zu II 119,23; 123,8; in B charakterisiert: »stund nicht von Ihrem Neveu in dem Brief, ... worinnen Sie Ihre ganze Situation in B[ückeburg] detailirten, wie Sie mit dem Gr[afen] allein spatzieren gehn müßen, wie er Metaphiesiert etc.«*
54 Doktor Leuchsenring] *Vgl. zu II 121,62.*

130. AN KAROLINE FLACHSLAND, *Bückeburg, 11. oder 14. November 1772*

3 fetten Manne] *Vgl. II 129,14–18.*
6ff. Wenn nur meine Seele ... erscheinen wird.] *» Warum, ach warum bildest Du Dich mir immer anderst vor, als Du selbst bist?« Karoline wollte ihrerseits H. vorbereiten auf ihre »Schwäche, Armuth des Geistes, der Seele und Körpers« und fürchtete, daß er sich in ihr getäuscht hätte (A).*
9f. nicht sehen u. doch glauben!] *Vgl. Johannes 20,29. »Dein Mädchen sieht und glaubet« (A).*
10 das gute Herz] *Vgl. II 114,23f. »Alle Deine Briefe zeigen mir ja Dein volles, gutes, edles Herz« (A).*
11 Mittagssonne] *»Freilich erwarte ich Dich nicht mehr in der Hitze der hellen Mittagssonne, die Zeit kan eine solche Flamme nicht ausdauren; aber in der stillen Liebe Deines Herzens« (A).*
12,18f. innigste Freundschaft] *Vgl. zu I 98,84.*
13 Göttliche, Himmlische Werkzeug] *Vgl. II 100,95f.; 114,38ff.*
17 Schutzengel] *Vgl. I 84,13.*
20f. gemeine] *Gewöhnlich, durchschnittlich.*
21 unzeitig] *Unpassend.*
22 Mine] *Miene.*
25 hinzuschütten] *Vgl. 1. Samuel 1,15.*
25f. wie Du sagst, glaubest] *»ich glaube an Dich, mein Herder, wie an meinen Gott; Du wirst mich mit Geduld tragen« (B).*
26f. diesen Glauben ... mich trägest] *Vgl. 1. Korinther 13,7.*
29 Dame, die auch Welt gesehen hat] *Karoline hatte in B gemeldet, daß sie »Morgen früh« mit ihrem Schwager »zum erstenmal in die Oper nach Manheim« fahren werde. In A erklärte sie, »nicht so sehr eine galante Dame geworden« zu sein, sondern sich »von einem so abentheurlichen Spectackel zu erholen«.*
30 Oper, Masken, Antiquitäten] *Vgl. zu II 134,3ff.*
31 Sympathien] *Geheime Kräfte und Gefühle der seelischen Übereinstimmung, vgl. 39f.; I 110,99.*
32 Venus ... zurücksieht] *Venus Kallipygos (Original ehemals in Rom, Villa Farnesina, jetzt in Neapel, Nationalmuseum), vgl. VI 48,16.*
33 Niobe ... Apollo] *Siehe R, S. 733f., 808.*
34 Hermaphroditen] *Siehe R, S. 726. – Amor u. Psyche] Vgl. »Wie die Alten den Tod gebildet?« (SWS V, S. 667ff.). Karoline sah sie nicht; die »arme Psyche« (sie selbst) habe lebend allein dagestanden »ohne ihren geliebten Amor« (A).*
35 Laokoon] *Siehe R, S. 729f.*

36 2. halbe Tage] *Am 27./28. 8. 1770, vgl. I 86,* **39–43**.
37f. schöne Seele ... schönen Körpern] *Vgl. zu I 18,***54***; 83,***69**.
40 Platonische Liebe] *Vgl. zu* **31**.
41 mein Zeiger] *H. hatte noch keine bessere Stelle in Aussicht. Vgl. II 100,***32ff**.
42 Concert] *Am Hofe, vgl. II 46,***37f**.; *49,***38**.
44 Auktion des verstorbenen Grafen] *Vgl. II 77,***49**; *154,***17f**.
45 Hausrath] *»Es gieng mir ein Stich ins Herz, da Du von Hausrath sprachest – ich weiß nicht warum« (A).*
47f. Ahndung von Wunderbarem] *Vgl. zu I 112,***15**.
49 Räthsel] *»Auch mir ist alles Traum und Räthsel« (A).*
49f. meine Eva ... aus meiner Seite] *Vgl. 1. Mose 2,21f.*
51 Paradiese ... Distel trägt] *Vgl. 1. Mose 3,17f.*
52f. ausraisonnirt] *Verstandesmäßig erklärt.*
54f. Sanct JohannsNachttraum] *Karoline hatte ihrem Schwager und ihrer Schwester »St. Johannis NachtTraum vom göttlichen Shakespeare« vorgelesen und war trotz »der garstigen kalten Versen von Wiel[and] ... oft ganz außer sich« (B). Vgl. auch II Anm. 91; II 100,***123**.
55 Puck] *Der »wunderliche Gott Puck« (B); siehe R, S. 737.*
57 die Rowe] *Elizabeth Rowe, »Friendship in Death«.*
63 worum ... windet –] *Vgl. II 79,***53**.

131 (N). AN PRINZ PETER FRIEDRICH WILHELM VON HOLSTEIN-GOTTORP, Bückeburg, 15. November 1772

10 neuen Begleiter] *Johann Konrad Georg.*
12 Juristerei] *Georgs Beruf.*
17 poetischer Kabinetsprediger] *H. selbst von März bis Oktober 1770.*
17f. mathematisch mahlerischen Prinzen] *Vgl. II 42(N),***40ff**.
20ff. den Kopf ... denkender Grübler] *Grundposition des Menschenbildes des Sturm und Drang, vgl. zu II 28(N),***69**.
25 Diderot] *Vgl. II 107(N),***93f**.; *zu II 92,***60**.
28 Melanges] *»Mélanges de littérature«. – Auszug aus der Encyklopädie] Vgl. zu II 128(N),***45**.
28f. das Mathematische Rechnen] *Zu H.s geringachtender Beurteilung der mechanischen Künste und der »Encyclopédie« als von untergeordnetem Wert für die Menschenbildung vgl. die Bückeburger Geschichtsphilosophie (SWS V, S. 537, 553), »Adrastea«, 6. Stück (SWS XXIII, S. 479: »beim Rechnen denkt man so wenig, als man neue Begriffe erjaget«); darüber Martin Fontius (H.-B. II, Nr. 0896).*
35, 42 jetzt Alles in Europa Politisch umkehrt] *Palastrevolution in Dänemark (vgl. zu 49–68), Staatsstreich in Schweden (vgl. zu II 107(N),***100**, die 1. Teilung Polens (Definitivtraktat in Petersburg am 3. 8. 1772), vgl. Fabel 52 (SWS XXIX, S. 407), Bückeburger Geschichtsphilosophie (SWS V, S. 547; dazu Jürgen Brummack in FHA 4, S. 879–882).*
36 auch eine Rolle haben] *Vgl. II 107(N),***101–105**.
38 patronus Scholarum] *Vgl. II 11,***39f**.
40 Natur- und Völkerrecht] *Von Hugo Grotius (1583–1645), Pufendorf u. a. begründet, setzt die allen Menschen gemeinsame Vernunft voraus, für alle Menschen unabhängig von Zeit und Ort gleich und unveränderlich, dominierte bis zum Siegeszug der Historischen Rechtsschule im 19. Jh. – droit de convenance] Recht der Konvenienz (Übereinkunft, Schicklichkeit).*

43f. einmal mit großem Tumult zerbricht] *Möglichkeit einer europäischen Revolution.*
44ff. So sehr alle ... jauchzen] *Ironische Sprache und Gegenwartskritik der Bückeburger Geschichtsphilosophie.*
48 Reisen] *Vgl. II 28(N),110–114; zu II 34(N),260.*
49–68 Münters Bekehrung] *Balthasar Münter, »Bekehrungsgeschichte des vormahligen Grafen J.F. Struensee«.*
50ff. Unglücklicher! ... bekehrt!] *Ironisches Epigramm H.s auf Münters Buch.*
51 des Königs] *Christian VII. von Dänemark.*
53 Lobe der Zeitungsherren] *Der Rezensenten, u.a. Leß in den »Göttingischen Anzeigen« vom 8.10.1772: »Unter allen Bekehrungs-Geschichten der Religions-Feinde ... ist keine einzige so wichtig und lehrreich als diese.« Struensee sei durch zu strenge Religionsmoral in seiner Jugend und durch Wollust zum Materialisten geworden. Seine stufenweise Bekehrung durch Münter sei musterhaft und glaubwürdig. – In den »Frankfurter gelehrten Anzeigen« vom 8.9.1772 (nach Bräuning-Oktavio von Schlosser) aber nicht gelobt: Struensee sei kein Philosoph gewesen, seine Bekehrung religiös nicht überzeugend (damit übereinstimmend auch H.s Meinung 55–58).*
54 des Bekehrers] *Münter.*
55 dem armen Sünder] *Dem durch geistlichen Beistand auf seine Hinrichtung vorbereiteten Struensee.*
61 Juden u. Materialisten zu bekehren] *Gläubige einer uralten Religion und philosophische Atheisten als zu christianisierende Ketzer zusammengeworfen vom Standpunkt eines bekehrungssüchtigen Predigers wie Münter (vgl. 68). Vgl. »Adrastea«, 7. Stück (SWS XXIV, S. 61–75).*
63 erlaubt ... der Welt vorzulegen] *H. lehnte als Seelsorger die Veröffentlichung der Bekehrungsgeschichte ab.*
64 Zeitungs- u. Pränumerationsartikel] *Ein Buch, über das die Zeitungen schreiben und das durch Vorausbezahlung erschienen ist.*
70 hypochondrisch] *Vgl. II 123,18–23.*
73 Gabe der Verwunderung] *Vgl. II 34(N),233f.*
76f. Gedankenträume einer Idealischen Welt] *Vgl. 15f.*

132. AN JOHANN HEINRICH MERCK, *Bückeburg*, 17. November 1772

6 suppliren] *Ergänzen, ausfüllen.*
8 unsre Herzen verschloßen] *Vgl. II 28,15–23.*
8f. ärger ... Bosheit] *Vgl. Prediger Salomo 9,3.*
9 Stein u. Fleisch] *Vgl. Hesekiel 36,26.*
11 Endreim vom Echo] *Siehe R, S. 723.*
22f. mit hundert Armen umfaßen] *Wie einer der drei Hekatoncheiren, Riesen mit hundert Armen, darunter Briareus, siehe R, S. 720.*
24 Beinkleidmacher] *Schneider; »Beinkleid« nach Adelung eingeführt für das »für niedrig und unanständig« gehaltene Wort »Hosen«.*
27f. Taufe der Wolke u. des Meers] *Vgl. zu I 3,12f.; Matthäus 3,11; 1. Könige 18,44.*
28 äußere Lage)] *Seereise 1769.*
29 ein Freigeist ... gewesen] *Vgl. zu II 122,35.*
31 Feuertaufe] *Biblische und märchenhafte Verwandlungsmetapher; Verleihung übernatürlicher geistlicher Gaben, vgl. Matthäus 3,11.*

34 Peter Squenz] *Hier nur als Beispiel für einen, der Unsinn redet; das folgende ist kein Zitat aus Shakespeares »A Midsummernight's dream« oder aus Gryphius' Lustspiel (siehe R, S. 434). – Wahr … unwahrscheinlich.] Vgl. den 13. der »Briefe, das Studium der Theologie betreffend«: »Das Wahrscheinliche ist gerade nicht immer … das Kennzeichen der Wahrheit: sonst müßte jener Indianische König [= indischer Prinz] recht gehabt haben, der das Eis läugnete, weils ihm unwahrscheinlich war« (SWS X, S. 164; nach Lockes »Essay concerning Human Understanding«, 4. Buch, Kap. 15; FHA 9/1, S. 1032). Vgl. ferner Boileau-Despréaux, »L' art poétique« (Paris 1674), 3. Gesang, Vers 48: »Le vrai peut quelque fois n'être pas vraisemblable«.*
35 wehen] *Vgl. Johannes 3,8.*
36f. zweijährige Mühe … Hirns] *Merck machte während dieser Zeit als Vermittler des Liebesbriefwechsels H. oft Vorwürfe, Karoline Flachsland so lange im Ungewissen über ihre Zukunft zu lassen.*
37 Ihres Hrn u. Freundes] *Wahrscheinlich Goethes, vgl. zu II 93,**10,12f**.*
42 supponiren] *Voraussetzen, vermuten, unterstellen.*
43 Vorbild Swift) … Spiegel] *Vgl. II 122,**68f**.; V 200,**19f**.; SWS IX, S. 503.*
44 Traum] *Über die Wahrheit des Traumes schrieb H. im 3. Stück der »Adrastea« (SWS XXIII, S. 287, 289–292); vgl. II 174,**13ff**.; III Anhang d, Beilage (S. 307f.).*
45 Becher … im Thale] *Vgl. Jesaja 51,17.*
47 andern Kelch] *Vgl. Psalm 116,13.*
48 Runzeln] *Vgl. I 53,**21**; 102,**161**.*
50 leidigen Tröster] *Vgl. Hiob 16,2.*
50f. Wahrsager, Naturkenner u. Zeichendeuter] *Vgl. Jesaja 19,3; 3. Mose 19,31; siehe R, S. 715.*
52 Elihu] *Siehe R, S. 703.*

133. AN CHRISTOPH FRIEDRICH NICOLAI, *Bückeburg*, 23. November 1772

3f. Recension von Klopstocks Oden] *Vgl. II 88,**20–80**. Nicolai gestand in A, vielleicht wegen der »kleinen Handschrift« Hs. nicht alles verstanden zu haben, und wiederholte seine Bemerkungen über die Rolle der Musik für den Rhythmus der Griechen (vgl. zu II 88,**39**). Klopstocks Oden, nicht für den Gesang bestimmt, erschienen ihm »in einem Zeitalter und in einer Regierungsform, wo die zu solchen Oden gehörige Musik nicht vorhanden, auch unmöglich ist … entweder Ungeheuer oder Meisterstücke einer neuen Art zu seyn«, die er nicht begreifen könne.*
4 über die Sylbenmaasse] *Vgl. zu II 88,**25f**. H. unterscheidet nachgeahmte griechische, freie und von Klopstock erfundene, z. B. nordische Silbenmaße.*
6f. Ähnlichkeit des Hexameters mit dem Pohlnischen Tanze] *Vgl. zu II 88,**39**.*
8 Succeßion] *»Sylbenmaasse … als Folge von Tönen zu einer Melodie« (SWS V, S. 359).*
11 Bogen, den ich vor Jahren gesehen] *»Lyrische Sylbenmaasse«, siehe R, S. 314; vgl. SWS V, S. 358. – Ebert] Johann Arnold Ebert.*
12 Gothische] *Vgl. zu II 106,**16**. »Gewisse Formen des Schönen müssen in der Sculptur, wie Proportionen in der Baukunst wieder kommen, oder die Kunst wird wieder Gothisch d. i. es werden … Glieder verwickelt« (SWS V, S. 359).*
13 Baukunst] *Vgl. zu II 88,**53**.*
15 Ihre … Gedanken] *Vgl. zu II 88,**39**. Nicolai wollte die geplante Abhandlung über Musik und Rhythmus nicht schreiben, um nicht »alle Dichter und Kunstrichter« und die zahlreichen Klopstock-Anhänger gegen sich zu haben (B).*

17f. Klopstock ... geregt.] *Durch seine »Oden«-Ausgabe 1771.*
19 Zeichen meiner Ideen] *Sprachliche Zeichen als Abstraktionen, vgl. »Abhandlung über den Ursprung der Sprache« (SWS V, S. 18f.).*
20 figiren] *Festigen, sich einprägen.*
21f. iudicium auris, nicht mentis] *Urteil des Ohrs, nicht des Verstandes.*
23 über meinen Styl] *Vgl. zu II 50,19. Eine »Prose voll beständigem Nachdruk« werde dunkel oder ermüdend, und H.s Neubildungen und zusammengedrängte Metaphern seien z. T. unverständlich bzw. von fehlerhaftem Ausdruck (B).*
24 spannen ... hinter den Wagen.] *H. wies Nicolais Rat, einfacher und verständlicher zu schreiben, als unbrauchbar zurück; denn seine individuelle Schreibart war durch sein komplexes Denken, die Gleichzeitigkeit verschiedener Aspekte, bedingt. Vgl. die Selbstcharakteristik H.s in der Beurteilung von Winckelmanns Jugendschriften: »... seine Seelenkräfte sind noch unzertheilt und er möchte gern, wie die Kinder, die zu sprechen anfangen, Alles auf Einmal geben, Alles auf Einmal reden« (»Denkmahl Johann Winckelmanns«, SWS VIII, S. 452).*
26 An Jenem] *An seinem Denken.*
27 a posteriori] *Im Nachhinein.* – Ihr Kram von Grammatik] *Nicolais Beispiele aus H.s Bardenrezension (B).*
29 Luther] *Umfangreiches Zitat aus Luthers Vorrede zum »Deutschen Psalter« 1531 als 2. Abschnitt (SWS V, S. 350ff.).*
29f. Bei Briegleb ... weggelaßen] *Vgl. zu II 22,13.*
30 ακεφαλως] *Kopflos. Die Rezension beginnt unvermittelt: »Uns sind freilich Ausgaben vom Horaz bekannt, wo auch jede Ode ...« (SWS V, S. 303).*
32 Sulzer] *Vgl. II 150,7f.,11ff.* – Hurd] *Vgl. zu II 150,10.* – andre Recensionen] *In A nicht erwähnt. H.s zuvor abgeschickte Rezensionen sind in Bd. XVII,2 (1772) der »Allgemeinen deutschen Bibliothek« abgedruckt.*
33 Blackwell sur la Mythologie] *Das Werk war in allen Berliner Buchläden vergriffen (A).*
35 grossen Werk] *»Aelteste Urkunde«.*
38 H. Moses] *Mendelssohn, vgl. dazu II Anm. 133 (in A nicht erwähnt).*

134. AN KAROLINE FLACHSLAND, Bückeburg, 25. November 1772

3 Reise nach Mannheim] *Vgl. zu II 130,29.*
4 Oper] *Karoline berichtete von der Aufführung von Metastasios opera seria »Temistocle« (Libretto 1736) in Mannheim am 4. 11. 1772: »es gefiel mir durchaus nicht. lauter gemahlte Menschen, gemahlte Leinwand, Papdeckel, Silberlahn [= draht], elende, elende Kunst, ich habe für meine ganze LebensZeit genug an diesem armen Spectackel – Die Ballets waren mir unausstehlich – und noch überdies die arme Illusion zu beleidigen. Die Zauberin Medea kam in einem Luftwagen an dicken Seilen hangend – Die Hauptsache, die Musick aber war schön, lieblich, aber um einen Grad geringer als ich sie vom Bach [= Musik von Johann Christian Bach, 1735–1782, seit 1759 Kapellmeister in London] erwartet. Ein armer, schöner, leichter Castrat sang einige Arien wie ein Engel und sein Vater Themistocles auch, aber Themistocles der Feldherr, sang!« (B).* – Pietro Metastasio (1698–1782) *war seit 1729 Kaiserlicher Hofdichter in Wien und galt aufgrund seiner Melodramen (Libretti) und lyrischen Werke als einer der größten Dichter Europas.*
6f. ein ganz Drama in Musikalische Bilder zu kleiden] *Was H. damals mit kritischem Blick auf die italienische Oper unmöglich erschien, wurde wenig später mit Glucks frz. Reformoper »Iphigénie en Aulide« (Libretto von Le Blanc du Roullet nach Racines Tragödie) rea-*

lisiert (Pariser Uraufführung am 19.4.1774). Vgl. III 106; »Adrastea«, 4. Stück (SWS XXIII, S. 336).
9 bis Du Engel seyn wirst] *Vgl. zu II 127(N),***50f.,113ff.,120,226.**
11f. Musikalischer Augenblicke … fähig] *Begrenztheit des irdischen Seelenvermögens.*
14 Antikensaale] *Für die Enttäuschung durch die Oper wurde Karoline »reichlich entschädigt durch die Antiquen, die sich in eine Scheuer, vermuthlich von dem elend glänzenden Hoff und dem Affentand der Stadt dahin geflüchtet haben«. Ihr gefiel am meisten Apoll, ihrer Schwester aber Antinous. Ferner werden erwähnt die Mediceische Venus, Laokoon, Castor und Pollux, Silen mit dem Bacchuskind – »wir hatten etliche entzückende Stunden da« (B). – aus meinem Zwischenbriefe] Vgl. II 130,***30–40.**
15f. kein Kompliment … machen.] *Ohne Schwärmerei sehe und habe sie bei H. »alles das, was Don Qu[ichotte] nur in der Luft sah« (B).*
18 Pfarrin von Wakefield] *Pfarrerin, Pfarrersfrau in Goldsmith' Roman, Kap. 1; siehe R, S. 201.*
21 Eva … linker Seite] *Vgl. zu II 130,***49f.**
23 Ribbe] *Rippe.*
25 hier u. da] *»Aber wo soll und wird denn unser Elysium seyn!« (B). Vgl. zu II 125,***14–17.**
26 wo Du nicht hinwillt] *Veraltete Form wie Du sollt (47). Auch Karoline war bereit, »überall, überall« mit H. zu leben (B).*
27 »er soll an seinem Weibe hangen!«] *Vgl. 1. Mose 2,24. Für Karolines Schwester war H.s Äußerung ein Trost (A_1).*
29 Kurland] *Vgl. II 136(N),***62f.**; *zu II 125,***14–17.**
30f. mein Pathmos] *Bückeburg, vgl. II 136(N),***52**; *siehe R, S. 795. Karoline hatte keine Abneigung dagegen, »in Bückeb[urg] wird ja Hütte genug für uns seyn« (A_1).*
32 Augenkur] *In Straßburg Oktober 1770–März 1771.*
33 Ganymedes] *Siehe R, S. 725.*
37 Einen falschen Schritt] *Die Annahme der Bückeburger Berufung.*
38 2. Jahr ohne Sie] *Karoline lobte die Vorsehung; vielleicht habe H. »sich die 2 Jahre über mehr an sein armes Mädchen gewöhnt, als wenn es ihm gerade in seine Arme gefallen wäre« (A_1).*
40f. in Göttingen] *Vgl.* **54**; *II 136(N),***32ff.,47f.**
42 Eine Auktion] *Vgl. II 130,***44f.**
42f. Haushälterin] *Karoline wollte H.s Haushälterin sein, er sollte »nur eine Magd dingen, die kochen kan« (A_2). Vgl. II 145,***19f.**
46 lumpen] *Lumpigen. – D[echant] Swift] Lies »D[octor] Swift«. Swift betrachtete seinen Aufenthalt in Irland (seit 1713) als Verbannung.*
51 in allen 2. Jahren nichts gearbeitet] *Untertreibung; Lektüre und Vorbereitung aller in den Bückeburger Jahren erschienenen Schriften. Karoline schrieb, daß H. seine »arme Gemeinde erbaut und getröstet« habe, dies gehe »über allen Ruhm der großen Welt« (A_1).*
54 Proßeßor] *Vgl. II 136(N),***35–38**; *zu II 125,***14–17.**
56 Heine … unthätiger Mann] *Vgl. dagegen zu II 76(N),***79**; *hier: Heyne sei vermutlich nicht wirksam für H.s Berufung.*
58 gegen ander stille] *Heyne hatte erst am 14.9.1772 (B zu II 136(N) sehr teilnahmsvoll an den hypochondrischen H. geschrieben.*
58ff. Walch] *Er erhielt den Konsistorialratstitel durch königliches Reskript vom 21.10.1772 (»Göttingische Anzeigen« vom 31.10.1772). Vgl. II 158,***27f.**; *zu I 107,***11.**
61 Glaskörner] *Glassplitter.*
64 Um Claudius … geschrieben!] *Vielleicht an Hinz, der Brief (Empfehlung wie II 126) ist nicht nachweisbar. Karoline bedauerte Claudius (B), vgl. zu II 126,***3f.**

64f. Ihre Freundin] *Vgl. zu II 125,32.*
67 Zweifel auf dem Herzen] *Gegen H., in einem B beigelegten Brief des Fräuleins v. Ziegler an Karoline (nicht überliefert). Vgl. II 135,17,36f. Nach A zu II 137 irrte H. sich mit seiner Vermutung.*
73 die beste Statue] *Anspielung auf das Pygmalion-Motiv, siehe R, S. 737. Vgl. II 52,39ff.; 114,62.*
75f. Denke, arbeite ... u. Trost] *H. überläßt sich in den praktischen Entscheidungen des Lebens der tatkräftigen Führung Karolines.*
78 Meine Gräfin] *Maria zu Schaumburg-Lippe. Karoline hatte in B nach »dieser edlen Frau« gefragt. Vgl. II 135,15ff.,27–31.*
79 das Theologische Gewand] *Die Briefe der in Herrnhuterkreisen erzogenen Gräfin Maria sind Ausdruck ihrer für H.s ganzes Leben vorbildlichen Seelenfrömmigkeit. An ihren geliebten und verehrten Seelsorger und Lehrer schrieb sie in größter Demut und Bescheidenheit über seine Predigten, ihre Lektüre und religiösen Empfindungen.*
80 Schwester] *Friederike v. Hesse.*

135. AN KAROLINE FLACHSLAND, *Bückeburg, 28. November 1772*

4 an mich nichts mehr zu schreiben wißen?] *Von Karoline mit Beteuerungen inniger Liebe und Sehnsucht dementiert (A).*
9 Unanakreontisch] *Echte, nicht spielerisch ertändelte Gefühle ausdrücken wie die Dichter der Anakreontik des 18. Jh. (z. B. Gleim, Uz, Götz).*
11 Brief von ... Hamann] *Vom 6./7. 10. 1772 (A zu II 101).*
12 sonderbar schließt ... Ruf nach Norden] *Vgl. zu II 146(N),123f.; 125,14–17. »Und also werden wir doch noch nach Curland reisen, mir ahndets eben so wie Ihrem Freund Haman.« Goethe, der Karoline H.s Brief gab, konnte sich ihn als Kurator in Kurland vorstellen, aber als Professor würde es ihm »nirgends gefallen« (A).*
13 die Aufschrift] *»Meinem Freund Herder dem pythischen Sieger zu erfragen citissime [= schnellstens] Deutschland«. Beischluß zu Hamanns Brief an Johann August Eberhard am 7. 10. 1772 (Ziesemer/Henkel III, Nr. 379) mit der Bitte um Weiterbeförderung durch Nicolai, weil H. in II 101 »den Ort seines Aufenthalts vergessen« hatte: »... mir nicht zu melden, wohin ich meine Antwort richten soll und wo Sie leben, als wenn Sie in gantz Europa oder in Norden schon so bekannt wären wie Sie vermuthl. in Deutschland bereits seyn müßen« (an H.). »Pythischen Sieger« (nach den Apoll zu Ehren in Delphi abgehaltenen Spielen) nannte Hamann H. als Preisträger der Berliner Akademie auch in »Philologische Einfälle und Zweifel« (Nadler 3, S. 46, 48).*
15 im Gegentheil] *In Gedanken zu ergänzen: »in Bückeburg bleibe«.*
15f., 27–31 Brief meiner Gräfin] *Baum, 17. 9. 1772: Zweifel über den Gegensatz von Gesetz und Glauben in den Paulinischen Briefen. Freude über H.s Ablehnung des »Regelzwangs« in der Religion. »Lehren Sie ferner ... freudig fort; Sie werden gewiß nicht immer im Schatten und aufs Gerathewohl arbeiten« (Erinnerungen I, S. 349f.). Letzteres in A zitiert.*
17, 36f. den Ihrigen von Lila] *Vgl. zu II 134,67; N, S. 801.*
17, 31 Diese ... Klopstocks Maria.] *Gräfin Maria als Verkörperung der Schwester des Lazarus oder, wahrscheinlicher, der Mutter des Messias in »Der Messias«, Bd. 1, 4. Gesang, Vers 645–650 (»unwissend der eigenen Würde, ... reines Herzens, ... die menschlichste Seele«), 661–666 (»die fromme Hörerin Jesus«); vgl. III 223,32–40.*
18 Streit u. Fehde] *Vgl. III 32,26–29.*

19 die Briefe ... leer hinzuschicken] *H.s Rezensionen für die »Frankfurter gelehrten Anzeigen« waren nach Bräuning-Oktavio, S. 141 (vgl. R, S. 668) »demnach so etwas wie ein Gratiale für Mercks Dienste als messager d'amour«.*
20 Frankfurter ... einigen Antheil genommen] *Siehe R, S. 668f. Karoline wußte davon, denn in B₁ zu II 77 schrieb sie, Merck habe sich »recht sehr, sehr über die Recensionen ... gefreut«, Goethe habe sie auch gelesen.*
21f. der eitle Schloßer ... geschwatzt] *»Daß Du über den hochgeEhrten Herrn Schloßer schimpfest, hast Du nicht ganz recht. es kennt Dich ja jedermann an Deinen AdlersFittigen, Herr Adler!« (A). Vgl. II 138,64ff. – Schlosser kämpfte in seinen freigeistigen Rezensionen über religiöse und ethische Fragen (Bräuning-Oktavio, S. 223f., schreibt ihm 103 Rezensionen auf den Gebieten der Nationalökonomie, Rechtswissenschaft, Theologie, Philosophie und Pädagogik zu, wovon 55 gesichert sind) gegen die Frankfurter lutherische Orthodoxie, seit Juli 1772 als Redakteur in Vertretung Mercks, und wurde neben diesem für den Hauptverfasser gehalten (ebd., S. 216).*
22f. man schreibt mir davon aus allen Gegenden] *Claudius, vgl. II 146(N),103f.; R, S. 669; Heyne und Kästner, zu II 99(N),47,48f.; Nicolai, zu II 150,20–29; Hartknoch, zu II 149,87.*
23f. für alle Kritik ... begraben seyn] *Vgl. III 32,29f.*
26 Sichc ... zuvorgesagt.] *Vgl. Matthäus 24,25.*
27f., 30 geistliche Sprache] *Vgl. zu II 134,79. Die »Andacht darinnen« hatte für Karoline »recht was anziehendes« (A).*
28 Bedürfniß der Situation] *Notwendigkeit, durch Standesunterschiede bedingt.*
32f. weil ... belebet.] *Weil H. keinen Brief Karolines erhalten hat.*
33f. in Freude ... um Sie sind] *Dennoch bezeichnete Karoline sich – ohne H. – als »arme Einsiedlerin« (A).*
35 Psyche] *Vgl. zu II 68,113. – Westphälischen Einsiedler] Selbstbezeichnung H.s schon zu Beginn der Bückeburger Zeit, vgl. II 13,101.*
36f. mit »Hochzeitlicher Freundschaft lieben«] *Vgl. Matthäus 22,11f. Zitat aus dem Brief Lilas, vgl. zu 17.*
38f. eheliche Freundschaft ... Kreuz] *Vgl. zu I 98,84. »Das süße Hauskreuz mag uns immer inniger verbinden; mir ists kein Kreuz, sondern Leben und Seligkeit« (A).*

136 (N). AN THERESE HEYNE, Bückeburg, November 1772

4, 113 Ihr neulicher Brief] *Vgl. zu II 128(N),41; außerdem die in N II Anm. 136 unter B angeführten vorhergehenden Briefe, voll von überschwenglichen Gefühlen und Liebeserklärungen an H., einen »Geist von höherer Art«, einen »Liebenswürdigen« (26. 9. 1772).*
10 simuliren] *Sich verstellen, heucheln.*
12 Ihrer Freundschaft noch nicht werth] *Ähnlich in vielen Briefen an Karoline Flachsland.*
21ff. kaum einen Himmel ... Gegend des Lichts] *Gedankenwelt von Lavaters »Aussichten in die Ewigkeit«, vgl. II 127(N); 1. Johannes Brief 1,5; Offenbarung 21,23f.*
27f. Schein u. Seyn] *Vgl. zu II 58(N),16.*
31 Aufenthalts in Göttingen] *Im Februar 1772, vgl. II 54(N).*
32, 48 »wie wenn ich bei Ihnen wäre!«] *Gedanke an eine Professur in Göttingen, vgl. II 79,17–23; 134,40f.,54f.*
35 Profeßoren u. Michaelisse] *Zu dieser Zeit für H. negative Synonyme. Vgl. zu II 76(N),72.*
35–38 Polyhistors! ... der Wißenschaften erliegen.] *H.s negativer Bewertung ist Selbstkritik immanent; denn seine Gelehrtenkritik traf auf ihn selbst zu, vgl. »Journal meiner Reise im Jahr 1769«. Dagegen das Ideal des ganzen Menschen vgl. II 131(N),19–24.*

39f. Gelehrsamkeit ... gehöret)] *In der Bückeburger Geschichtsphilosophie beklagte H. den Verfall der im Altertum mit dem Leben verbundenen Gelehrsamkeit zu einem mechanischen Handwerk (vgl. SWS V, S. 535ff.). Vgl. I 95,54–57,82–87; zu II 4,161f.*
41 im Kopf eines jungen Menschen] *H. selbst in der Zeit des »Reisejournals« 1769.*
42 Dunst ... für die Welt] *Vgl. I 72,66–81.*
44f. Schwindel des Kopfs ... Herz] *Vgl. II 131(N),20.*
49f. Falten des Herzens] *Vgl. I 53,19–24.*
52–55 wüsten Insel ... Höle in der Einöde] *Vgl. II 134,30f. H.s Befürchtungen hinsichtlich seiner isolierten Situation in Bückeburg waren z. T. unbegründet, vgl. die nachbarschaftliche, mütterliche Hilfe der Frau v. Bescheffer (III 257,32–38).*
62 meine Stelle ... ist besetzt] *Vgl. I 62(N),102ff.; zu II 3,112f.; 64,109f. Am 15./26. 12. 1771 war Johann Jakob Harder als Nachfolger Loders berufen und am 4./15. 2. 1772 in sein Amt eingeführt worden.*
63 Zeitungsgerücht] *Vgl. zu II 125,14–17.*
66f. In Hannover ... zu suchen] *Keine Konnexionen bei der hannoverschen Regierung, die zu einer Berufung nach Göttingen führen könnten. Vgl. 89ff.*
69f. Gnade meines Hrn] *Des Grafen Wilhelm zu Schaumburg-Lippe.*
72ff. lang gnug ... geleistet haben] *Vgl. II 123,36–40.*
76 eine Maria von Antlitz] *Vgl. II 135,16f.,31.*
79 Haus mit Besemen kehren] *Vgl. Matthäus 12,44.*
82f. u. kommt ... Ewigkeit!] *Vgl. zu II 6,63f.*
84f. komme ich ... mit meinem Weibe] *Vgl. VI 81(N),16–19.*
93 fixirten] *Befestigt, häuslich eingerichtet.*
93f. Glück Ihres Lebens] *Vgl. zu II 58(N),23f.*
96f., 129ff. in der bestartigsten ... Familie] *Am 26. 9. 1772 schrieb Therese Heyne umgeben von »dem unschuldigen Getöse ihrer unwissenden und also glücklichen Kinder«.*
102f. Ihre Seele ... unheiter] *Ihre melancholisch-empfindsame Schwärmerei war pathologisch.*
107 ein Freund] *H. meinte wohl sich selbst.*
115, 126 Mine] *Miene. Vgl. II 58(N),3f.*
118 Gespräche Ihres kurzen Umgangs] *Im Februar 1772.*
120 auf mich zu zürnen] *Weil H. ihre schwärmerischen Briefe lange nicht beantwortet hatte, vgl. II 74(N),3ff.*
123f. tönendes Erz, oder klingende Schelle] *Vgl. 1. Korinther 13,1.*
132–135 wir werden Uns bald sehen ... Ein Punkt sind.] *Paraphrase von 1. Korinther 13,12.*
134f. in Einem Wesen ... Nichts] *Die Nichtigkeit aller Dinge vor Gott ist die Grundtendenz der Bückeburger Geschichtsphilosophie.*

137. AN KAROLINE FLACHSLAND, *Bückeburg, etwa 5. Dezember 1772*

9 jetzt noch nicht kann] *H.s Schulden erlaubten ihm noch keine Eheschließung; vgl. II 91,24–28; zu II 111,32.*
10 Stimme seines Genius] *Vgl. I 112,9–15.*
11 mich vom Prinzen beurlaubte] *Im Oktober 1770, vgl. I 105,11–17.*
14 Bileam] *Siehe R, S. 703.*
16 Brief der Gräfin] *Vgl. zu II 135,15f.*
24 Staatsdame] *Vgl. zu II 130,29.*
27 zwischen ein paar kleinen Gärten] *Vgl. II 3,87–90.*

28 Unglauben] *Vgl. zu II 130,6ff. H. mache sich ein zu vorteilhaftes Bild von ihr und sehe sie jetzt durch einen Schleier. Karoline befürchtete, daß H. seinen Entschluß, sie zu heiraten, einmal bereuen könnte – »ein armes Mädchen, ohne alle Vorzüge« (B).*
37 ahnden] *Ahnen.*
38f. Ihre Freude u. Glück dieses Lebens] *Abhängig von Karolines Verbindung mit H. (in A zitiert).*
39 meine Fehler] *Vgl. II 97,11f.; 129,9f.*
52f. neue Schöpfung] *Vgl. II 123,43ff.*
54 unsre Präliminarien] *Vgl. zu I 110,22.*
55 haben Wir Uns ... gewöhnt] *Karoline fürchtete die »kleinen Misverständniße« in der ersten Zeit des Zusammenlebens nicht, das sie sich »nicht so romantisch oder überirdisch, aber dafür desto menschlicher« dachte (A).*
56f. Xsti liebes Kreuz ... zu tragen] *»... bekäme ich doch nur recht viel Kreuz und Mühe und saure Arbeit, neben Dir und mit Dir« (A).*
62 Sich von den Ihrigen entfernen!] *Vgl. zu II 125,14–17 am Schluß.*
63 im Anfange mißvergnügt] *Nicht nur am Anfang, sondern immer während seines Aufenthalts in Bückeburg.*
64–68 schrecklich wäre es ... suchen wollten.] *Von Karoline mit dem Bekenntnis ihrer Liebe und des Vertrauens auf H. entschieden dementiert (A).*
70 erst der ... thätige Mann zu werden] *Vgl. II 138,58ff.*
74 Deinen Freund einmal Selbst gebildet] *Vgl. II 114,61f.*
78, 80 Edenmäßig u. Arkadisch] *Vgl. zu 55; II 109,12f.; R, S. 719.*
83 zwischen den Balsambüschen u. im Haine] *Vgl. zu I 103,111.*
86 in der Schule geübt] *In Seelenstärke, vgl. 82; zu 56f.*
87 Federthor] *Hier: Briefsteller, Stilist.*

138. AN KAROLINE FLACHSLAND, *Bückeburg, 12. Dezember 1772*

4ff., 30, 80 dunkle Wolke] *Bezugnahme auf Karolines »neulich schwermüthigen« Brief (B zu II 137, vgl. zu II 130,6ff.; 137,28). In A₁ erklärte Karoline die »Wolke« als »Misverstand, Irrthum«.*
10 Ihre u. meine Freunde] *Merck, Goethe, Leuchsenring. »Von M. und G. kein Worth gegen Sie gehört«, beteuerte Karoline (A₁).*
13 »vor meiner Unruhe u. Gedankenfahrt«] *Zitat aus einem nichtüberlieferten Brief Karolines. Ähnlich H. über sich selbst in I 98,89f., Andreas Peter v. Hesse über H. in I 99,172ff.*
16 ohne Zweck] *Vgl. II 100,32–36; 123,23ff.*
16f., 26 Menschheit] *Abstraktum: Menschlichkeit, die menschliche Natur; hier nicht als Gattungsbegriff.*
20 Zeit meiner Eitelkeit] *Vgl. II 106,63f.*
21 Natur, Wesen u. Wahrheit] *Vgl. zu II 129,47.*
22 durch den Kopf ermattet] *Vgl. II 131(N),20–24.*
22f. in Ihrem Schoos u. an Ihrer Brust] *Vgl. II 79,53.*
25 Unsterblichkeit] *Hier nicht Unsterblichkeit der Seele gemeint (vgl. I 58), sondern durch Ruhm in der Geschichte. Vgl. II 111,11; H.s Vorlesung in der Weimarer »Freitagsgesellschaft« am 4.11.1791 »Ueber die menschliche Unsterblichkeit« (SWS XVI, S. 28–50).*
25f. Schaale ... Kern] *In übertragener Bedeutung als Gegensatz schon in der mhd. Dichtung und bei Luther.*

27 Zweck auf der Welt] *Vgl. **36f.**; II 106,64; 107(N),78f.*
29 willt] *Ältere Form von »willst«.*
32 Einen Menschen ... glücklich zu machen] *Vgl. II 130,13f.*
34 denken, (fatales Wort!)] *Vgl. zu 22.*
37 Zweck Gottes] *Vgl. 27.*
39 einen andern Plan] *Eine andere Liebe? – H. sei die »erste einzige Liebe« in ihrem Leben. »Die 2 Jahre Liebe war doch immer die ProbeZeit für den ersten starken, plötzlichen Eindruck« (A₁).*
40 Othem] *Odem (dichterisch für Atem).*
41 Wüster] *Verlassener.*
42f. Ueberfläche] *Okkasionell für »Oberflächlichkeit« (nicht in Adelung und Grimm).*
44 ihr Geschwister] *Oberdt. Kollektivum: »das Geschwister«.*
46 meinem Stande] *Als Prediger.*
47f. Stand eines ... Priesterweibes] *Nach H.s Goldsmith-Lektüre, vgl. II 134,17ff.; 148,27ff.*
49f. mit guten Kindern ... selbst ohne sie] *Vgl. zu II 148,79.*
53f. Luther (deßen Lebensumstände ... lese)] *Von Friedrich Siegmund Keil.*
55 Churfürst] *Friedrich III. der Weise von Sachsen.*
55f. Herzog von Sachsen] *Georg der Bärtige.*
56 König in England] *Heinrich VIII., siehe R, S. 148. – Pabst u. Kaiser] Clemens VII. und Karl V. bekriegten einander, wirkten aber gemeinsam gegen die Reformation. Auf dem Reichstag in Nürnberg 1524 wurde ein kaiserliches Mandat zur strengen Befolgung des Wormser Edikts (1521, Ächtung Luthers) erlassen.*
57 Baurenkrieg] *Ausbruch Anfang 1525; Luthers Hochzeit 13.6.1525. – säen u. drechslen] Luther säte Küchengewächse im Garten des Augustinerklosters in Wittenberg und drechselte mit seinem Famulus Wolfgang Sieberger (vgl. Julius Köstlin, Martin Luther. Sein Leben und seine Schriften. 2. Auflage, Bd. 2, Elberfeld 1883, S. 168f.).*
58 Verzeihen Sie ... die Vergleichung.] *»Du bist Luther, das habe ich mir immer gesagt, und es freut mich, daß Dus fühlst, wenn Dus gleich nicht gestehen willt« (A₁).*
59 Schuhriemen aufzulösen] *Vgl. Johannes 1,27.*
60 kümmre Dich nur nicht] *= Mach Dir keine Sorgen.*
62 vor dem kalten Januar zu fürchten] *Karoline fragte in B nach dem Hochzeitstermin »so flugs nach dem Januar? wollen wir nicht den kalten Winter vorbey stürmen lassen«.*
64ff. auf Schloßern schimpfe] *Vgl. zu II 135,21f. Karoline räumte ein, »er ist seiner Eitelkeit wegen berühmt in aller Welt – nur, ohne Schloßers Posaune, kennt ja jedermann Deine Recensionen«(A₁).*
66 enger] *Engstirniger, einseitiger.*
68 Merck ... mehr absondert] *Am 7.12.1772 zog Merck in ein Haus neben dem Gasthof »Traube« (B). Er hatte seit 1766 bei seinem Schwager Christoph Ludwig Hoffmann in der Rheinstraße gewohnt, seit Anfang 1772 als Nachbar Andreas Peter v. Hesses am Mathildenplatz. Im Dezember 1773 kaufte er ein Haus in der Luisenstraße, das er im Juni 1781 gegen Höpfners Haus (Persiussches Haus) an der Alexanderstraße tauschte (Johann Heinrich Merck. Ein Leben für Freiheit und Toleranz. Katalog der Gedenkausstellung zum 250. Geburtstag und 200. Todestag. Hrsg. von Fritz Ebner und Mitarbeitern, Darmstadt 1991, S. 178ff.).*
71f. einen Brief ... mißverstanden] *Nach Schauers Vermutung (Anm. 159) II 122 (nicht II 124). Karoline hielt das für ein Mißverständnis H.s (A₁), dem Merck »gewiß von ganzem Herzen ergeben« sei (A₃).*
74f. Mitler u. Zwischenfreund] *Vgl. I 93,20–23. Auch Karoline wollte Merck trotz seiner Launen immer als »unsern ersten Freund und LiebesBote« lieben (A₁).*

77 Göthe] *Goethe wollte an H. aus Frankfurt schreiben (B). In A₁ zu II 134 hatte Karoline erzählt, daß Goethe mit Merck zeichne und Maler werden wolle. Er glaubte, H. wäre »ihm nicht so ganz gut«.*
82ff. Brief der Gräfin] *Vgl. zu II 135,15f.*
85 Wetterwendischen] *So wollte H. nicht gegen Karoline handeln.*
87 plötzlichen Veränderung] *In der Hoffnung auf seine Berufung nach Riga. Karoline hatte aber nichts gegen »ein Pilgrims- und Wanderleben« (A₁).*
89 Ihrer Schwester] *Friederike v. Hesse.*
91–101 Brutus ... Porcia] *Vgl. II 79,42ff. Hier die mittlere Fassung (R, S. 7; vgl. SWS XXVIII, S. 63f.).*
92 im Plutarch] *»Bioi paralleloi«, Brutus, Kap. 23.*
96 die Worte Homers] *»Ilias«, 6. Gesang, Vers 429–433: »Hektor, siehe, du bist mir Vater jetzo und Mutter/und mein Bruder allein, o du mein blühender Gatte! Aber erbarme dich nun und bleib' allhier auf dem Turme! Mache nicht zur Waise das Kind und zur Witwe die Gattin!« (Voß). Nach Blackwell, »An Enquiry«, S. 374 der deutschen Übersetzung, ist die Erzählung der Andromache »ganz Eingebung der Natur; und der Gebrauch, den sie davon macht, ist über allen Ausdruck seelenschmelzend«.*
96f. nächst die Stelle abschreiben] *II 141,36–46.*
97 die Wunde] *»... der Tochter Cato schmerzen keine Wunden fürs Vaterland!« (»Brutus«, SWS XXVIII, S. 63).*
102 Tändler] *Wer sich »zum Zeitvertreib oder zur Belustigung mit unerheblichen Kleinigkeiten oder unnützen Dingen beschäftigt« (Adelung), sich kindisch und albern benimmt.*
104ff. Klopstock ... Meßias] *Bd. 2, 7. Gesang, Vers 314–497, Begegnung und Gespräch der Mutter Maria mit der Römerin Portia, nicht der Frau des Brutus, sondern des Pontius Pilatus (vgl. Matthäus 27,19), die ihr einen Traum von Sokrates erzählt: Sokrates weist sie auf die Gottheit und das Leiden Christi hin. Sie hat eine Vision von der Auferstehung der Toten und wird zum wahren Glauben bekehrt (Vers 399–449).*
107 liebe Porcia] *»... mein Brutus! o würd ich edle Porcia!« (A₁).*
108f. »o ihr Götter ... würdig«.] *Vgl. II 156,12. In Wielands »Shakespear Theatralische Werke«, Bd. 4 (Zürich 1764), »Julius Cäsar« II/3: »O ihr Götter, macht mich eines so edlen Weibes würdig!« – Shakespeare (»O ye gods,/render me worthy of this noble wife!«) nach Plutarch (vgl. zu 92), Kap. 13.*

139. AN FRAU WESTFELD, *Bückeburg*, 18. Dezember 1772 *und*
140. AN CHRISTIAN FRIEDRICH GOTTHARD WESTFELD, *Bückeburg*, 18. Dezember 1772

H. speiste 1771/72 im Haushalt Westfelds. Er bemühte sich, vor seiner Heirat einen Teil seiner Schulden abzutragen. Vgl. N, S. 801.

141. AN KAROLINE FLACHSLAND, *Bückeburg*, 25. und 26. Dezember 1772

3 meinen Brief] *II 137.*
4 in einige Wärme aufwallest] *Vgl. zu II 137,64–68.*
10 mich nicht zu loben] *In B₁ »der brave, thätige, unruhige, würksame Mann für die Welt«, in B₂ »mein braver, edler Mann«; vgl. zu II 138,58,107.*

13f., 49ff. ein Christkindlein] *»Die Kindheit Jesu« (Mskr.), R, S. 8. Auch Gräfin Maria erhielt eine Abschrift (vgl. II 145,11f.). Karoline gefiel die Arie Marias an der Krippe (SWS XXVIII, S. 29f.), »mit FreudenThränen über ihrem holden Knaben hangend, betend – ihr alles nun, ihr König«, am besten in Gedanken an ihren künftigen »Erstgebohrnen« (A_2).*
15 Werk der Liebe u. Andacht] *»Pietatis, non musae opus«.*
16 Mercks Brief] *Vgl. zu II 138,71f.,74f. – meine Lina] Erstmals Gebrauch der Kurzform von »Carolina«. In A_1 zu II 145 erinnerte sich Karoline, daß ihre verstorbene Mutter sie so genannt hatte.*
20 Porcia] *Vgl. 36–46; II 138,91ff.*
22 komme wieder] *Nach dem Gottesdienst.*
22f. nicht ... Kind glaube.] *Vgl. zu II 138,87. »... also kein Wort mehr davon. ich denke sonst, Du hältst mich für ein Kind« (B_2).*
27ff. ein Mann ... ganz.] *Wechselseitige Ergänzung der Geschlechter zur menschlichen Totalität. Vgl. die Fabel vom geteilten Androgynen in Platons »Symposion« (189C–193B) in »Aelteste Urkunde«, Bd. 2 (SWS VII, S. 46ff.), »Ideen zur Philosophie der Geschichte der Menschheit«, 1. Teil (SWS XIII, S. 156).*
29f. Adam ... Thier- u. Engelsweisheit] *Vgl. 1. Mose 2,20; »Aelteste Urkunde« (SWS VII, S. 36–42).*
30f. Traum seines Herzens] *Vgl. 1. Mose 2,21; »Aelteste Urkunde« (SWS VII, S. 44–50); das Gedicht »Der erste Traum« in »Adrastea«, 3. Stück (SWS XXIII, S. 297f.).*
32 diesen geistlichen Arbeitstagen] *Weihnachten.*
34 mit mir Eins seyn soll] *Vgl. 1. Mose 2,24; »Aelteste Urkunde« (SWS VII, S. 48).*
36–46 »Deja ... Andromaque etc.«] *Dacier, »Les Vies des Hommes Illustres de Plutarque«, Brutus, Kap. 23.*
37 Elèe] *Elea, lukanische Küstenstadt (latein. Velia).*
47 mein Geschmier darüber] *Vgl. zu II 138,91–101. Karoline bat um das Mskr. (A_2), es wird aber in ihrem Briefwechsel nicht mehr erwähnt.*
50 Lieblingszug] *Weiter nicht erwähnt.*
51 die ganze Geschichte] *Vgl. zu 13f.*
52 Lavaters Brief] *A zu II 127(N). Karoline war über den Brief erstaunt und bedauerte, daß H. »in eine so wunderliche Situation mit dem Mann gekommen« war (A_1, A_2; vgl. zu II 148,38). Auf ihre Frage, ob sie ihn Merck und Leuchsenring zeigen dürfe (A_1), antwortete H. nicht. Der Brief wurde mit A zu II 148 zurückgesandt.*

142. AN KAROLINE FLACHSLAND, Bückeburg, 30. Dezember 1772

4 voriger dürrer Brief] *II 141.*
5 über Wort u. Brief weg sind] *Keine ernsten Mißverständnisse mehr wie I 99 bis I 102.*
5f. Wort ... Geist ... Herz ... That] *Semantische Anklänge an die Logos-Lehre, vgl. »Erläuterungen zum Neuen Testament« (SWS VII, S. 356).*
7f. Brief des närrischen Klaudius] *Vgl. zu II 125,14–17; II Anm. 142. Karoline wollte gern Klopstock und Claudius sehen; sie freute sich über den Brief, den »selig verstorbenen Herrn Director in Mietau« und H.s »orientalische Entrüstung darüber« (A).*
10 komme Frühling] *»So komme, Frühling, o komm o komm, und bring mein'n Jüngling, in meinen Arm! so geh denn Winter!« (A).*
12 was ich Dir geben, thun soll] *Karoline lehnte Geschenke entschieden ab: »... bringe mir nichts mit, als Dich selbst, Dich ganz; Dein Herz will ich, sonst nichts« (A).*
14 Der Mensch ... in sich sucht –] *Vgl. III 122(N),30ff.*

142 a. AN DAS SCHAUMBURG-LIPPISCHE ARMENDIREKTORIUM, *Bückeburg, Dezember 1772*

So viel ich aus den Äußerungen S e i n e r Durchl a u c h t gegen mich schließen kann, dörfte eben nicht das Amplum aller aus allen Cassen u. Stiftungen Ernährten u. Begünstigten ad valvas templorum angeschlagen werden: sondern nur das Verzeichniß

1) derer, die v o n d e r M i l d e d e s P u b l i k u m d*as ist* von C o l l e k t e n u. S u b s c r i p t i o n geniessen, u. eben deßwegen auch d e m P u b l i k u m vorgestellt u. gleichsam beglaubigt werden, daß sie davon geniessen u. also C o l l e k t e u. S u b s c r i p t i o n w o h l v e r w a n d t s e y. Bei Abdruck aller andern die dem Publikum minder angehen, z. E. Pflegehaus, Armenkaßen etc. sehe ich mindere Absicht.

2) Wäre dies der Wille S e i n e r Durchl a u c h t so gehörte auch so fern E x t r a c t a u s d e n A r m e n t a b e l l e n dazu, als diese Personen dem Publikum n o t h d ü r f t i g müssen vorgestellt werden, d*as ist* Alter, Krankheit, Umstände etc. die nicht jedem Einzelnen Leser aus dem bloßen Namen der gedruckten Person vorleuchten u. ohne welche kaum die Absicht der zu druckenden Tabellen erreicht würde, die sonst blos Namenregister u. n i c h t e i n G e m ä l d e d e r v e r s o r g t e n D ü r f t i g k e i t sind.

3) Hatten beide vorstehende Stücke Grund: so müste vor allen Dingen von der S u b s c r i p t i o n G e b r a u c h g e m a c h t w e r d e n, daß die auf den Tabellen restirten Unversorgten davon genössen: denn sonst blieben nur die v o n d e r C o l l e k t e T h e i l n e h m e n d e n übrig, welches kaum des Drucks werth wäre.

Alles dies ist blos meine muthmaaß*liche* Meinung, die kurz darauf hinausgeht, es sey Mens Serenissimi, dem Publikum ein Gemälde der versorgten Dürftigkeit, z u d e r d a s P u b l i k u m b e i g e t r a g e n, auf welche Weise u. aus welchen Gründen d i e s e versorgt u. also der Beitrag gut verwandt worden vorzulegen. Wodurch alsdenn die Sache wohl eine andre Gestalt erhielte etc.

d. Herder

ÜBERLIEFERUNG. *H: Bückeburg, Niedersächs. StA; von H. eigenhändig. – D: ungedruckt.*

DATIERUNG: *Das Subskribentenverzeichnis zum Besten der Armen in der Grafschaft Schaumburg-Lippe wurde Ende 1772 gedruckt. Die Korrekturbogen schickte H. mit folgendem Votum an die Armendirektion zurück (undat., H: ebd.):*
  Hiebei zurück mit dem Original. Ich habe aber gleich im Anfange so viel nicht blos Druckfehler sondern falschgerechnete Anzeigen gefunden, daß ich eine nochmalige genaue Durchsicht Zahl für Zahl etwa durch Curatorem Gier etc. für u n u m g ä n g l i c h halte. Meine AnfangesCorrekturen sind blos Titular, u. da ich mit den titulis curiae hiesigen Orts so unbekant bin als mit der Art Druckfehler zu bemerken, so laße alles anheim. H.

ZUM TEXT: **7** u. <es> gleichsam, **11** der *nachträglich eingefügt*, **20** welches kaum < die kaum, **21** Alles dies, *davor getilgt:* Und da es geheißen, daß.

ERLÄUTERUNGEN:
3 Seiner Durchlaucht] *Graf Wilhelm zu Schaumburg-Lippe.*
4 Amplum] *Gesamtheit.*
4f. ad valvas templorum] *An die Kirchentüren.*
10 Pflegehaus] *Vgl. zu II 117,9; 117a.*

12 Armentabellen] *Vgl. II 117a,6; zu II 40,10f.*
18 restirten] *Übrigbleibenden.*
22 Mens Serenissimi] *Die Absicht seiner Durchlaucht.*

142 b. AN DAS SCHAUMBURG-LIPPISCHE ARMENDIREKTORIUM, *Bückeburg, Ende 1772*

Da mich heute Unpäßlichkeit behindert, dem ArmenCollegio beiwohnen zu können: so habe in Erinnerung bringen wollen, daß weil S*eine* Durchl*aucht*, unser gnädigst regieren- der Landesherr sich neulichst nach dem Fortgange der Einrichtung zu Folge des Armenre- gulativs zu erkundigen geruhet, ich aber nicht weiß, wie weit die Subsc*ription* bereits ge- kommen? oder ob sie zu Ende sei? etc. für solche und für die darauf folgende Einrichtung der Betreib vielleicht erforderlich wäre.

Der Past*or* Reischauer hat sich unter mancherl*ei* Vorwänden dem monatl*ichen* Bericht entziehen wollen: ich hielt aber für gut, ihn keine Ausnahme machen zu laßen, weil jed- weder unter eben solchen Vorwänden folgen könnte.

Der – – – aus Meinsen, der des Invaliden Kellermeiers Sohn hat, hat sich um Pflegegeld gemeldet: es müste entweder wenig seyn, weil der Bursche schon groß ist, u. dem vor seine Kinder ganz läßigen Vater (ders auch immer gewesen) die Vorsorge mehr aufgeschoben werden, oder vielleicht, da der Vater sein Invalidengehalt jetzt verliehrt, hieher den Kin- dern etwas zufließen können – von welchem Departement ich die Beschaffenheit nicht weiß.

Alles dies cum conformatione in plurima vota

Herder

ÜBERLIEFERUNG. H: *Bückeburg, Niedersächs. StA; von H. eigenhändig.* – D: *ungedruckt.*

DATIERUNG: *vermutlich wie II 142a (im gleichen Aktenfaszikel).*

ZUM TEXT: **15f.** hieher den Kindern etwas zufließen < hiezu die Kinder empfehlen, **18** in < ad.

ERLÄUTERUNGEN:
5f. Armenregulativs] »*Regulativ über das Armen-Wesen im hiesigen Lande*«, *12. 11. 1772 (Druck).*
6 Subscription] *Vgl. II 142a,6f.,17f.*
8 Betreib] *Betriebsamkeit, Geschäftigkeit.*
12 Der – – –] *Nicht ermittelt.*
13 vor] *Für.*
14 läßigen] *Nachlässigen.*
16 Departement] *Hier: Invalidenversorgung.*
18 cum ... vota] *Der Stimmenmehrheit beitretend.*

143. AN GRÄFIN MARIA BARBARA ELEONORE ZU SCHAUMBURG-LIPPE, *Bückeburg, etwa 1772*

Vgl. II Anm. 143; zu II 49,10ff.,68f.

144 (N). AN CHRISTIAN GOTTLOB HEYNE, *Bückeburg, Ende 1772/Anfang 1773*

3 Zendavesta] *Vgl. II 164,15; zu II 127a(N),7.*
6 Evenement] *Ereignis (frz.).*
8 Mosheims Zeit] *Mosheims »Versuch einer unpartheiischen und gründlichen Ketzergeschichte«. In der »Aeltesten Urkunde«, Bd. 1, schrieb H. ironisch, Mosheim habe »eine ganz neue Orientalische Philosophie, wie einen neuen Welttheil erfunden« (SWS VI, S. 468).*
10 Streitigkeiten ... Johannes] *H. wandte sich in der »Aeltesten Urkunde« und in dem unveröffentlichten »Johannes«-Kommentar (vgl. R, S. 46) gegen Johann David Michaelis' Auffassung in der »Einleitung in die göttlichen Schriften des Neuen Bundes«, daß »die Schriften Johannes ganz eine Streittheologie gegen Gnostiker« seien (SWS VI, S. 479; vgl. SWS VII, S. 316,318).*
13, 25f. im AltGriechischen von Thrazien] *Heyne, »De origine Graecorum« (über die von Thrakien her erfolgte Besiedlung Griechenlands, vgl. »Ideen«, 3. Teil, SWS XIV, S. 95ff.).*
14 Evidenz] *Gewißheit.*
15 Schlötzer ... Norden] *Vgl. zu II 76(N),64. Schlözer hielt Germanen, Thrakier und Phrygier für ein Volk (a. a. O., S. 274).*
16 Orphischen Hymnen] *Siehe R, S. 424; »Aelteste Urkunde«, Bd. 1 (SWS VI, S. 397-405). – Izeschne's] Siehe R, S. 728. Im »Zend-Avesta« »Anbetungsgrüsse (Izeschne) an die Feruer's (Freueschim) und andre himmlische Wesen, manche fast in der Manier der Orphischen Hymnen« (»Persepolis«, SWS XV, S. 580, Anm. a).*
17 seine Religion] *Des Orpheus.*
20 AltZend] *Altpersische Sprache. H.s Vermutungen der Sprachverwandtschaft gehen der wissenschaftlichen Indogermanistik um zwei Generationen voraus.*
22 Brodem] *Dampf von heißem Brot oder kochendem Wasser (Adelung). – Scheuren] Scheuern, oberdt. für »Scheunen«.*
24 liturgische Gestalt] *Gottesdienstliche Form. Vgl. das letzte Kapitel von Bd. 1 der »Aeltesten Urkunde«, »Religion Zoroasters« (SWS VI, S. 491–500).*
28 Originen] *Ursprünge.*
29,41 Programm von den Musen] *Vgl. zu II 127a(N),3,11f.*
30 Hinsetzen in die Zeiten] *Historische Einfühlung.*
31f. nach einem Ganzen umzusehen] *Ein großes, zusammenhängendes Werk auszuarbeiten.*
34 Plastik] *Für seine geplante Schrift »Plastik« sah H. in Heyne einen Sachverständigen; vgl. II 57(N),31f.; zu II 55(N); 70(N),47ff.*
35 entschuldigen] *Daß H. ihr nicht selbst schrieb.*
36 Ized, u. Ferouls ... Parsisch] *Vgl. zu 16; siehe R, S. 724, 728, 795.*
37f. Ausbleiben des Buchs] *Vgl. 3.*
38f. Samskretan-Veda's] *Siehe R, S. 693. Etwa 40 Jahre später wurde in Europa das Sanskrit-Studium von Friedrich und August Wilhelm Schlegel begründet.*
46 Beausobre] *»Histoire critique de Manichée« wurde vergessen und erst mit A geschickt. – Baldeus] Vgl. zu II 99(N),38. – dörfen] Brauchen.*

145. AN KAROLINE FLACHSLAND, *Bückeburg, 2. Januar 1773*

3 Daphnis u. Chloe] *Von Longos, die Übersetzung Grillos (Schauer vermutete in Anm. 166, es habe sich um Geßners Idyllen gehandelt, obwohl H. diese schon II 119,40ff. überschickt hatte).*

4, 24 aus der lieben Himmlischen Hand] *Der beigelegte Brief von Gräfin Maria vom 31. 12. 1772 endet:* »Den Einschluß [D: Anschluß], der meinem Willen so ungemäß ist, schäme mich wirklich zu erwähnen, als in so weit, daß Sie geruhen wollen, eine alte Gewohnheit [Neujahrsgeschenk] zu übersehen« *(Erinnerungen I, S. 355).*
6 angestanden] *Das Geschenk der Gräfin anzunehmen. In A_1 und A_2 äußerte Karoline überschwenglich ihre Dankbarkeit, aber auch* »Schrecken« *und* »Beschämung« *über* »so viel Geld« *(5 Louisd'or = 25 Reichsthaler) und klagte, ihrerseits nichts für H. tun zu können.*
6ff. 100. Kleinigkeiten ... guten Kaufs] *Karoline aber wollte* »den goldnen Liebesschatz« *aufheben, um später mit H. zusammen etwas zu kaufen (A_1).*
11 Klopstocks Lieder] »Geistliche Lieder« *(R, S. 313) hatte H. der Gräfin geliehen, die sie* »ganz himmlisch« *fand und am 31. 12. 1772 zurücksandte. Sie erhielt sie als Geschenk zurück.*
11f. Bogen Papier Christkindlein] *Vgl. zu II 141,13f.; 148,61.*
13 liebt sie Dich ... zum Voraus] *Karoline war* »wunderbar begierig, sie zu kennen« *und* »ihr für ihre Liebe zu danken« *(A_1).*
17 meine Bücher aus Liefland] *Vgl. II 146(N),56f.; 153,49f.; zu II 64,63f.; 111,59; 149,13.*
18 2. Bücherposten bezahlt] *Bücherschulden getilgt; vgl. II 100,89f.*
18f. an ... Hamann geschrieben] *II 146(N).*
19 Haushälterin] *Vgl. II 172,36f.; zu II 134,42f. Karoline dankte dafür in A_2.*
21f. Erste Neujahrsnacht ... geträumt] *Vgl. II 123,59f.; zu II 141,30. Nach dem aus heidnischer Zeit stammenden Volksaberglauben und Brauchtum gehen die Träume der* »Zwölfnächte« *zwischen 24. 12. und 6. 1. in Erfüllung (vgl.* »Adrastea«, *3. Stück, SWS XXIII, S. 288). Karoline konnte* »leider nicht« *von H. träumen (A_1; ebenso B zu 138).*
23 Einge] *Einzige.*
25 Wollust u. Delikateße] *Hier etwa synonym.*
27 Schwester u. Brüder] *Friederike v. Hesse, Ferdinand Maximilian und Friedrich Siegmund Flachsland.*

146 (N). AN JOHANN GEORG HAMANN, Bückeburg, 2. Januar 1773

4 ex die et consule] *Aus Tag und Jahreszahl (die Römer benannten die Jahre nach den regierenden Konsuln).*
5 auspicire u. augurire] *Vorhersagen machen wie die römischen Vogelschauer (Priester), die auspices und augures.*
6 H. Eberhard] *Vgl. zu II 135,13.*
6f. Päderastien am alten Sokrates] *Die altgriechische Knabenliebe war nach christlichen Moralvorstellungen Unzucht (vgl. 1. Korinther 6,9; 1. Timotheus 1,10). Hier ist Eberhards* »Neue Apologie des Sokrates« *gemeint; vgl. II 150,48–52.*
7 an H. Nikolai] *Vgl. II 150,32f.*
10 ohne alle ZwischenSokrate] *Ohne Mittelsmänner, wie hier Eberhard und Nicolai. Das war auch Hamanns* »eigener Wille« *(A_1).*
12 zu wißen begehren)] »... ich erwarte Nachricht von Ihrem Aufenthalte und Ihrem rechten Character in dem Sie stehen« *(B).*
14, 71 Minden] *Siehe R, S. 787; vgl. II 149,57f.* – unsers Königs] *Friedrich II. von Preußen.*
17f. den Archimedes am alten Graben ... stören] *Um H.* »den Mund recht wäßericht zu machen«, *hatte Hamann in B den Titel seiner neuen Schrift und seine genaue Anschrift*

»von Herrn Johann Georg Hamann genannt Magus in Norden haussäßig am alten Graben No 758. zu Königsberg in Preußen« mitgeteilt. »Archimedes« *nach der antiken Anekdote (Valerius Maximus, »Factorum et dictorum memorabilium libri novem« VIII,7,7) vom Tod des griechischen Mathematikers, der dem feindlichen römischen Soldaten zugerufen haben soll:* »Störe meine Kreise nicht!«

19, 68 Manna, Wachteln oder Fleischtöpfen] *Vgl. 2. Mose 16,3,13–35.*

20 in einer Wüste] *Vgl. II 150,35. Nach A_1 hatte Hamann »seit 3 Monathen selbst in einer Wüste gelebt und in einer Entfernung der Welt«.* – Ihren andern Schriften] *Vgl. II 149,33–62.*

24 Ihre Schrift] *Vgl. 17f.*

25 (citissime] *Vgl. zu II 135,13.*

27 Ihrem guten Wahn] *Vgl. zu II 101,8ff. (das Zitat am Schluß).*

28, 65 Sokratischer Dämon] *Vgl. ebd. und R, S. 543.*

29f. schönen Geister u. Garköche des Jahrhunderts] *Aufklärer nach dem Vorbild Voltaires.*

31 Bewundrung in Liefland] *Vgl. I 51,105ff.; 98,42ff.,51–54.*

33 Reisen] *Vgl. I 98,62–65; II 1,85f.*

36 Hofwelt] *In Eutin, vgl. I 79,10–14; 98,66f.*

37f. 2. Jahren Kreuz u. Leiden] *1771/72 in Bückeburg.*

41 Erpochen] *Ungestüm ertrotzen.*

43f. belle Philosophie ... Mäntelchen] *Vgl. II 1,65–69.*

44 asotische] *Üppig, ausschweifend, liederlich.*

46f. Kirchenprovisors] *Vorsteher, Verwalter einer Gemeinde.*

49 Weg ... vermacht] *Wegen seiner Schulden konnte H. nicht von Bückeburg weggehen.*

52f. Schwabenalter] *Sprichwörtlich: mit 40 Jahren.*

53 Auction] *Vgl. II 130,44f.*

54 folgenden Früling ... heimzuholen] *Vgl. II 142,10f.*

56 augurien] *Vorzeichen, vgl. zu 5.*

57 Nachricht ... Bremen] *Vgl. zu II 145,17.*

59f. Bibel] *Durch H.s Predigten und Seelsorge wurde die Bibel auch der Gräfin Maria »täglich lieber, ihr bestes Buch« (Erinnerungen I, S. 358; vgl. II Anm. 148). – Vgl. IV 248,88ff.*

60 αθαυμαστια] *Verwunderungslosigkeit.*

62 wie Hiob] *Vgl. II 132,51.* – Pansoph] *Allgelehrter, Alleswisser (von H. überwiegend in pejorativem Sinn gebraucht, vgl. SWS XXX, S. 513f.); hier wahrscheinlich Westfeld gemeint.*

63 wie Elihu] *Vgl. zu II 132,52.*

64 Wandelwüste] *Wüste der Wandlung, vgl. II 122,35f.; Anspielung auf 4. Mose 32,13.*

67 Murmelungen] *Die »magischen« Sprüche des kabbalistischen Sehers Hamann, vgl. zu II 84,6f.*

69f. Hieroglyphe meiner Zeitrechnung] *Gedächtnismal, mnemonische Figur; vgl. »Aelteste Urkunde«, 1. Teil (SWS VI, S. 294ff.).*

70 Klient] *Untergebener, Schutzbefohlener eines Patrons (= Hamanns).*

73 dem vorigen] *Vgl. 13.*

75 noch gegen mich zeihen] *H. hatte nach eigener Einschätzung noch nicht viel dafür getan.*

77 in re literaria] *Als Schriftsteller.*

78 mandemens] *Verordnungen.* – Ediktalcitationen] *Obrigkeitliche oder gerichtliche öffentliche Vorladungen.*

79 Landesherr] *Graf Wilhelm zu Schaumburg-Lippe.* – vorigen Kriege] *Siebenjähriger Krieg 1756–1763.*
80 Abbtiana] *Vgl. zu II 2,42; 22,67.*
81 kein Abbt] *Abbt war des Grafen Wilhelm vertrauter Freund gewesen, vgl. dagegen II 100,16f.*
82f. Kameelhaar ... wilden Honig] *Metaphorisch; H. verglich sich mit dem oppositionellen Wüstenprediger Johannes dem Täufer (Matthäus 3,4).*
84 Maria voll tiefen Herzens] *Vgl. zu II 135,17.*
86 divinirt] *Erahnt, erraten.*
86f. devant les grilles de la cour] *Vor den Sprechgittern des Hofes (wie im Kloster, in übertragener Bedeutung: nicht unter vier Augen). Vgl. II 148,69f.*
88 wehrt] *Wert.*
89 Mark u. Bein] *Vgl. Hebräer 4,12.*
89f. für ganz Deutschland ... todt] *Für die deutsche Literatur, die literarische Öffentlichkeit.*
90f. Marktgelehrsamkeit] *Zeitgemäße Gelehrsamkeit für den Markt; vgl. »Marktgold« zu II 76(N),72.*
91 A – –] *Arsch.*
92f. Korrespondenzen ... in Liefland] *Mit Gleim, Mendelssohn, Weiße, Nicolai, Klotz, Ebert.*
93f. Konsistorialstolz ... fulminanten Brief] *Von Gleim, vgl. zu II 96,12. Fulminant = heftig, eifernd.*
95–98 Allgemeinen Deutschen Bibliothek] *H.s Rezensionen siehe R, S. 24f.*
99 Klopstocks Oden] *Vgl. II 133,3ff.* – Sulzer] *Vgl. II 150,7–13.*
101 selbst wehklagt] *Vgl. zu II 133,23.*
102 einander zu segnen] *Abschied zu nehmen.*
103 Frankfurter Zeitung] *Vgl. zu II 135,19,20.*
104 Cantor oder Küster ... nachsingen] *Formulierung von Claudius, siehe R, S. 669.*
105 2. Menschen] *Vgl. zu II 101,70.*
106f. mein Buch ... Urkunden] *»Aelteste Urkunde«.*
108 Entdeckungen] *Vgl. II 54(N),7–17.*
110 Sylvan] *Siehe R, S. 739.* – principia rerum gesungen] *Den Anfang aller Dinge; vgl. zu I 43(N),141–147. »Origines war ein kleiner Versuch, den ich nach den Sokr[atischen] Denkw[ürdigkeiten] schreiben wollte. Ich weiß aber nichts mehr davon. Der Muth davon zu schreiben ist mit ganz entfallen – aber die Idee liegt mir noch immer im Gemüthe. ... In Riga habe einen halben Bogen über die Genesin aufgesetzt die ich immer bedaure verloren zu haben« (A_1).*
112 »Du bists!«] *Vgl. Matthäus 14,27,33.* – vor seinem Hingang] *Vgl. zu II 101,164.*
114 unsägliche historische Suchereien] *Vgl. I 105,43–64; 125,37f.*
116f. Ein großes Resultat! ... glauben!] *Vgl. III 75,26–32.*
117f. Gott Adams ... Stunde.] *Vgl. Judith 13,9.*
118 andres Werk] *»Plastik«.*
118f., 146f. meine Hütte bauen] *Vgl. 53f.; Matthäus 17,4.*
120 meinen Karakter] *Vgl. zu 12.*
121f. Schwersprechendsten Mann ... Schwätzers Gott] *Hamann stotterte (»eine gebrechliche Aussprache«, Nadler, Bd. 3, S. 327) wie Moses, der seines Bruders und Sprechers Aaron Gott war (2. Mose 4,10–16). Vgl. II 34(N),131f. Ähnlich sah H. sein Verhältnis zu Hamann.*
122f. Kindern! ... ichs kann.] *Hamann erwähnte am Ende von B Sohn und Tochter, seine »Freude und Krone«, die er H. vermachen wolle (ebenso am Schluß der »Philologischen*

Einfälle und Zweifel«, Nadler, Bd. 3, S. 53), damit er »selbige erziehen, ernähren und kleiden« könne.

123f. glauben Sie mich dorthin?] *Vgl. zu II 101,165.*

124 haße Eure Majestät] *Vgl. N II Anm. 146 (Zum Text). Zu der nachträglichen Tilgung, wahrscheinlich in Vorbereitung einer Edition, vgl. Arnold, Erkenntnisgewinn aus handschriftlicher Überlieferung (H.-B. II, Nr. 2008), S. 157f. Zu H.s Einstellung zum friderizianischen Militarismus vgl. zu I 10,12f.*

125 Gothen u. Wenden] *»Ursprünglich waren da die Gothen, ... und Preußen ist ihr Stammsitz; ... die Wenden waren in Polen« (Entwurf der Rezension von Thunmanns »Untersuchungen«, SWS V, S. 409; vgl. SWS XXXIII, S. 204).*

126 Thunmanns Abhandlungen] *»Untersuchungen über die alte Geschichte einiger Nordischen Völker«. Hamann schrieb nach der Lektüre des Buches: »Ich versteh nichts von dem Fache; aber der Geist des Mannes entzückt so wie mich Schlötzers Styl und Ton immer wiederstanden hat, non possum dicere quare?« (A_1).*

127 Schlötzer] *Vgl. N II Anm. 146 (Zum Text); zu II 76(N),64.*

128 Michaelis Erwartungen] *Genitivus objectivus: die Erwartungen der Gelehrten an Johann David Michaelis. – seine Bibel] »Teutsche Uebersetzung des alten Testaments«, von H. negativ beurteilt (vgl. SWS V, S. 267). – Niebuhrs Reisen] »Beschreibung von Arabien«. H. erwartete offenbar, daß die Ergebnisse der Reise Michaelis' Forschungen widerlegen würden.*

129 Gottsched] *Abwertend: ein rechthaberischer, von seiner Zeit überholter Kritiker. Hamann, der Michaelis' »Mosaisches Recht« für »ein sehr unterhaltendes und nützliches Werk« hielt, wollte für die »Aelteste Urkunde« H.s »Gottsched« sein (A_1).*

130 Mosaisches Recht] *H.s negative Rezension siehe R, S. 26; vgl. III 19,27–53.*

131 Choro auditorum] *Zuhörerschaft (seiner Schüler, vgl. SWS V, S. 267).*

132 viri ... filio] *Frans Hemsterhuis, »dem würdigsten Sohn des würdigsten Mannes«, Tiberius Hemsterhuis. Hamann hatte bisher seine Schriften nicht gesehen (A_1).*

136 Diderot] *»Diderots moralische Versuche [»Oeuvres morales«] haben mir wie ein alt Stück Rindfleisch geschmeckt oder wie ein zäher Elendsbraten, für den weder meine Zähne noch mein Magen gemacht sind« (A_1).*

137 Anti-Newtonische ... Optik] *»Ich habe über Ihren anti-newtonischen Geschmack in der Optik herzlich gelacht; weil er mit meinen Grillen eine Ähnlichkeit hat. Ich bin immer der Meynung gewesen daß das ganze kanonische System von Thorn [Geburtsstadt von Kopernikus] auf optische illusiones hauptsächlich beruht und denke noch eine revolution zu erleben« (A_1). – H. hatte – wahrscheinlich durch Merck – von einem ungedruckt gebliebenen Mskr. Hemsterhuis', »Traité sur l'optique«, gehört. In der Rezension der »Lettre sur les Désirs« in den »Frankfurter gelehrten Anzeigen« vom 12. 5. 1772, nach Bräuning-Oktavio von Schrautenbach (vgl. zu II 124,67), werden Hemsterhuis u. a. »neuste Aussichten in die Sternkunde« zugeschrieben. Bei der Behandlung von Newtons Optik im 6. Stück der »Adrastea« wird er jedoch nicht erwähnt.*

139 professionarius] *Berufsmäßiger Gelehrter.*

141 Platons Vorwelt] *Vgl. zu I 112,35.*

141f. Klopstocks Meßias fertig] *In A zu II 128(N) hatte Boie mitgeteilt, daß »der Meßias bis auf einige Bindeverse fertig« war und um Weihnachten »der Druck der Großen Ausgabe angefangen« würde. In B_1 und B_2 zu II 169(N) schrieb er vom Druck der letzten Gesänge, die er mit A zu demselbem Brief übersandte.*

142f. Deutschen Grammatik] *Vgl. II 150,40–43.*

143f. Rabelais ... Cervantes] *Nach B hatte Hamann 1772 »des Cervantes Meisterstück in fonte [«Don Quixote« im Original] und die Androgyne du Diable Maitre Rabelais cum*

comentario perpetuo des le Duchat« [»*Gargantua et Pantagruel*«, Amsterdam 1711, von einem Freund Scheffners geliehen] gelesen (vgl. Hamanns Bibliothekskatalog, Nadler, Bd. 5, S. 101, Nr. 560, 561). Vgl. II 129,21–43; IV 15(N),131; ein Blatt mit Sprichwörtern aus Rabelais (HN XIV, 203).
144 hiesiger Bibliothek] *Schloßbibliothek in Bückeburg.*
145f. Orpheus – bis Jamblichus] *Vgl. I 105,53;* »*Aelteste Urkunde*«, *Bd. 1 (SWS VI, S. 357f., 397–405).*
147 Ihr Büchlein über ... mich] *Vgl. 17f.*

147. AN JOHANN WILHELM LUDWIG GLEIM, *Bückeburg, vor dem 9. Januar 1773*

3, 11ff. gleich antworten] *Auf Gleims vertrauliche Anfrage (*»*Allein zu lesen*«*), ob H. im Falle seiner Berufung die durch den Tod von Johann Christian Michaelis vakante Stelle des Halberstädter Generalsuperintendenten annehmen würde (B).*
4 hier] *In Bückeburg.*
7f. (durch mancherlei Veränderung gewitzigt)] *Vor allem durch die Enttäuschungen in Zusammenhang mit seiner Rigaer Designation, vgl. I 63(N),103f.; zu II 3,112f.; 136, 62.*
10 plenarie designirt] *Völlig, ganz bestimmt.*
11f. circumjacenten Cirkumstantien] *Ringsherumliegende Umstände.*
14f. ohne mich ... handeln] *Ohne eine feste Zusage H.s ihn dem Minister v. Zedlitz vorschlagen (B). Vgl. II 149,79ff.; II Anm. 155.*
17 Botenfrau des Homers] *Iris (siehe R, S. 728), vgl.* »*Ilias*«, *2. Gesang, Vers 786f. (D: Düntzer vermutete Ate, nach* »*Ilias*« *IX, 512; vgl. R, S. 719).*
22 Eine Seele] *Vgl. II 148,67–70.* – Mark u. Bein] *Vgl. Hebräer 4,12.*
24 In omni ... tempore] *In jedem Fall, in jedem Zustand und zu jeder Zeit.*
25 nächsten Früling] *Vgl. II 142,10f.*

148. AN KAROLINE FLACHSLAND, *Bückeburg, 9. Januar 1773*

9 Posttag Ihres Briefes] *Empfang von B.*
12 von Franz Leuchsenring schreiben] *Er war am 31. 12. 1772 mit dem Erbprinzen Ludwig X. von Hessen-Darmstadt aus der Schweiz zurückgekehrt, nach Karolines Urteil* »*nicht so melancholisch, ... vielmehr heitrer und vester ... in seinem Charakter*«*, und glaubte, daß H.* »*zufrieden mit ihm seyn*« *werde. Er wollte dableiben, bis H. nach Darmstadt komme, und einmal ihn und Karoline in Bückeburg besuchen (B).*
18, 27 schöner Seelen] *Vgl. zu I 83,69.*
21 Regelnmaas von Jacobis] *Vgl. zu II 1,123,128.*
22 Seine Heiligen] *Diejenigen Leuchsenrings.*
24f. Jeder handle nur ganz aus Sich ... sich Treu] *Vgl. III 122(N),30–35.*
26 Land u. Leute zu durchziehen] *Wie Leuchsenring.*
27f. wir sind ... geschaffen hat] *Vgl. zu II 134,18.*
29 mit uns selbst Friede machen] *Vgl. Epheser 2,15.*
30 Gesetz u. Evangelium!] *Typologisches Wechselverhältnis zwischen Altem und Neuem Testament, die heilsgeschichtliche Zusammengehörigkeit von Altem und Neuem Bund, ein Grunddogma des Protestantismus: Überwindung des Gesetzes durch das Evangelium, des ersten Adam durch den zweiten Adam (= Jesus Christus); anstelle von Sünde und Tod ewi-*

ges Leben und Erlösung (vgl. »Aelteste Urkunde«, Bd. 2, SWS VII, S. 121–124). – Lob u. Zucht!] *Verhalten gegenüber Gott, vgl. 2. Timotheus 1,7.*
31 Lobverbreiten in der Schweiz] *Nach Mercks Mitteilung »waren kleine Cabalen« gegen H. in der Schweiz, in denen Geßner geschwiegen, Leuchsenring aber ihn verteidigt habe (B).*
32 Darf] *Im Sinne von »brauchen, es nötig haben«.*
38 Lavater] *Vgl. zu II 125,46; 141,52. »was haben Sie ihm geschrieben, und wie kommen Sie zu der sonderbar schwärmerisch-heiligen Brüderschaft?« (B).*
38f. in Liefland ... in Paris] *Vgl. II 127(N),6–11 und Anm.*
40 las ich seine Aussichten] *Vgl. II 127(N),13ff.*
41 Klopstock] *H. hielt ihn zeitlebens für den größten dt. Dichter, vgl. II 127(N),78–81.*
44 wähnt] *In einem Wahn, einer irrigen Meinung befangen sein.*
44f. Wahrheit des Herzens] *Vgl. II 127(N),21,26.*
45f. seine zwei Theile ... langen Brief] *II 127(N), besonders 13–259.*
46f. mit der schärfsten und lindesten Hand] *H.s Kritik am Phantastischen in Lavaters »Aussichten in die Ewigkeit«.*
47–51 Sein Brief ... sehen] *Schwärmerisch-enthusiastischer Freundschaftsbrief, A zu II 127(N); vgl. II 141,52f.*
51 eher ... Deutschland] *H. fühlte sich in seinem religiösen Empfinden mit Lavater verwandt.*
53f. noch nicht geantwortet] *II 151.*
54 mich nicht compromittire] *Das tat Lavater seinem Wesen nach doch. Vgl. I 75,72ff.; II 151,46ff.,89ff.; 162,16–51; III 40,7–11.*
55f. diese Bekantmachung nicht gefällt] *Vgl. zu II 125,46.*
57f. ein Mensch von kalter Erde] *Vgl. VI 72(N),104.*
59 lieben Gräfin ... Brief] *Vgl. II Anm. 148.*
61 mein doppeltes Geschenk] *Vgl. II 145,11f. Sie nannte es »auf gewisse Weise das angenehmste, was sie vielleicht in ihrem Leben erhalten; größere Freude habe ihr wenigstens noch keines gemacht«. Die Kantate wünschte sie von Bach komponiert (Erinnerungen I, S. 355f.). Vgl. II 160,40f.*
62 durch Mark u. Bein] *Vgl. II 147,22f.*
64ff. folgenden Brief] *B zu II 147. Vgl. II 154,5ff. »Wenns nur kein WochenGedanke von Gleim ist! wenigstens hat ers so gut gemeint.« Karoline wünschte, daß »etwas aus dem Einfall würde«, und tröstete H. wegen der Gräfin damit, »daß der Umgang ja nur in Briefen bestund, der von Halberst[adt] kan fortgesetzt werden«(A).*
67 Zwei Augen hier zu] *Vgl. zu II 49,56–59.*
68 Verpraßen der Tage] *Weiterer Aufenthalt in Bückeburg als Zeitverschwendung gesehen.*
71 Mercks Schweizerreise] *H.s Einladung dazu in einem (nicht überlieferten) Brief Mercks sah Karoline als boshaften »Schelmenstreich« an, wodurch er sie in ihrer »Einzigen, süßesten« Brautzeit von H. trennen wollte (B).*
74 Land des Lebens] *Vgl. Psalm 142,6.*
76 Einge] *Einzige.*
76f. meine Lina Herder ... ichs schrieb] *Den Namen seiner Ehefrau.*
79 Kindererklärung] *Vgl. II 138,49f. Karoline hoffte auch ohne Kinder mit H. glücklich zu sein: »so sehr und äußerst ich mir Kinder wünsche, so war es doch ein Trost, daß Du auch ohne sie mit mir leben köntest« (B).*
82 kleiner Schiffer] *Westfelds Sohn, vgl. II 92,53f.; 161,51.*
85 Buhlerinschwester] *Westfelds Tochter, vgl. II 92,54ff. »Buhlerin« (Liebhaberin) in der älteren, nicht abwertenden Bedeutung. – Ei] Vgl. zu I 4(N),114.*

85–88 wenn Wir ... dies Leben] *Vorfreude auf eigene Kinder mit Karoline.*
90f. Griechin ... Griechischsüß] *Vgl. II 161,4–7; zu I 85,41f.*
95 Ihres Bruders Glück] *Friedrich Sigmund Flachsland war »vor etlichen Tagen Steuer-Secretair mit Besoldung« in Darmstadt geworden (B). Vgl. zu II 66,61; 91,47.*
97 seine Seele] *Vgl. zu II 19,36f.,42; 27,151; 33,94.*
98 leidende Schwester] *Friederike v. Hesse.*
98–101 An Merck ... liebe ich sehr.] *Vgl. zu II 138,71f. Ein weiterer Brief H.s an Merck vor III 1 ist nicht nachweisbar, es sei denn, ein früherer wäre falsch datiert.*
101ff. Leuchsenrings Bild in Crayon] *Bleistiftzeichnung, vgl. zu II 151,156f.*
102 adorniren] *Schmücken.*
103 die beiden Herren] *Lavater und Leuchsenring. Karoline wünschte, daß nur H.s Bild das ihre trage, dessen »großen Contrast« mit ihrem »blaskranken Gesicht« sie bedauerte (A).*
104 Klopstocks und Hamanns Bild] *Vgl. I 32,73; IV 214,36ff.* – Altdeutscher Art] *Nach altem Brauch.*
105 Lila] *»Lila kommt auch bald hierher« (B). Fräulein v. Ziegler weilte im April 1773 in Darmstadt am Sterbelager ihrer Freundin v. Roussillon (A zu II 175).*
108f. Hämorrhoiden] *Vgl. zu II 77,5f.*

149. AN JOHANN FRIEDRICH HARTKNOCH, *Bückeburg, etwa 10. Januar 1773*

3 Geschenke u. Sachen] *Vgl. zu II 111,32,59. Hartknoch meldete in B: »Ihre Bücher, Meublen p sind mit Schiffer Meyerdirks von Bremen d. 18. Oct[ober] hier abgegangen. Ich habe sie an Br[uder] Cramer in Bremen addressirt, u. denselben gebeten, beide Kisten H. H. Bükeburg # 1 u. 2 marquirt mit erster wolfeilen Geleg[enheit] nach Bükeburg zu senden.«*
4f. Windeln u. Schlamm der Kindheit] *Niedergeschlagenheit H.s durch die Erinnerung an die Rigaer Zeit bei Erhalt seiner Bücher und verschiedener Gebrauchsgegenstände. Hartknoch hatte nur Stühle, Tische und Spiegel wegen ihrer Zerbrechlichkeit für sich behalten (B, vgl. N, S. 801).*
7f. »Du sollt ... mehr haben«] *In biblischer Diktion formulierte Reue über seine Trennung von Hartknoch, vgl. 51f.; II 166,35ff.*
9 Crepundiis] *Kinderklappern, metaphorisch wie 4f.*
11f. löcherichter Keßel ... Kaffeemühle] *»Auf den löcherichten Keßel läßt man einen Flicken setzen, die Kaffeemühle vom Zirkelschmidt stellen, und damit holla!« (A_1).*
13 Nachtkann] *Nachttopf, vgl. III 90,52.* – Taborschen Bücherkloak] *Siehe R, S. 565; vgl. II 153,49f.; zu II 145,17. Hartknoch lehnte die Verantwortung dafür ab, »daß der Taborsche Bücherkloak mitgegangen«, denn er konnte nicht »unterscheiden, was gut und nüzlich« für H. war (A_1).*
16 Irrländerstreich] *Vgl. zu II 70(N),55.*
18 Vignoles] *Vgl. II 81,32f.*
18f. Clemens ... Jamblichus] *Vgl. II 81,15f.; zu II 146(N),145f.*
20 Hesychius] *Vgl. zu II 81,29; 102,31.*
21f. sollte Ostern ... schicke ichs?] *Für die 105 Reichstaler könne H. »nun nach Belieben eine Schrift« verfassen, wenn Hartknoch sie »nur Ostern erst erhalte« (B). H. sollte sein Mskr. mit seiner Anordnung zum Druck an Breitkopf senden (A_1, A_2).*
24 die beiden Wechsel] *Vgl. zu II 111,32.*
24ff. denn leider! ... danken könnte.] *In A_1 als unverständliche Stelle zitiert; Hartknoch wünschte aber keine Erläuterung, da er sich nicht getroffen fühlte. Hinz und Frau Busch hätten über (ihm unbekannte) dunkle Briefe H.s geklagt.*

27 acceptiert] *Wechsel angenommen, eingelöst.*
28 Fallissements] *Bankrott, Zahlungsunfähigkeit von Handlungen und Banken.*
30 mit Jemand] *Vermutlich Westfeld, vgl. zu II 146(N),62.*
31 Providenz demonstriren] *Die göttliche Vorsehung mit Vernunftgründen beweisen, in theologischer Hinsicht ein ketzerisches Unterfangen, da Gottes Wege unerforschlich sind; vgl. 65f.,74f., Bückeburger Geschichtsphilosophie.*
33 Hamanns Schriften] *Jetzt in Sammelband O (Düsseldorf, Goethe-Museum), siehe R, S. 218. Vgl. II 166,6,12; III 18,43f.; 25,45.*
35 Noten] *Handschriftliche Anmerkungen.*
38 steckte ... Kastenbrett] *Die Bücherkisten; vgl. das »Hohelied Salomos« 5,4.*
39 Sulamith] *Siehe R, S. 715.*
40, 46, 60 Oberpastor] *Essen. Dagegen A₁: »«Ueber Hamanns Schriften irren Sie sich. Der Mann, der sie mir abgeliehen, ist Hofmeister in Ehstland geworden. Sie sollen sie aber zuverläßig u. bald haben. Er ist es werth, der Mann, dem ich sie geliehen, denn er ist ein Kenner der Alten u. ein Freund Ham[anns] als Schriftstellers. Der Oberpastor u. die ganze Clerisey hat jezt ganz was anders zu thun; sie wollen neml[ich] ein neu Gesangbuch machen, die Lieder dazu wählen, u. Schl[egel] soll sie corrigiren.«*
41 sie zögerte] *Ihre Rückgabe hinauszögerte.*
47 Hand eines Freundes] *Vgl. 34ff. – Klumpe] Unförmige Masse.*
48 Seinem Büchervorrath] *Essen besaß ca. 4000 Bde. (Abraham Jakob Penzel, Sammlung merkwürdiger und wichtiger Briefe, die von angesehenen Standespersonen an ihn geschrieben sind, Bd. 1, Leipzig 1798, S. 242).*
50 der Lenz] *Als Schimpfwort, siehe R, S. 347.*
50f. gegen mich betragen] *Vgl. zu I 68,118f.,188f. – fodern] Fordern.*
55 sogeich] *Lies: sogleich.*
56 letze ... gelezt] *Sich an etwas erfreuen, vergnügen.*
58 von Memel bis Minden] *Vgl. II 146(N),14,71.*
61 Moloch] *Siehe R, S. 710.*
62 in secula seculorum] *In Ewigkeit.*
63 extorquiren] *Erpressen, erzwingen. – Vetter] Pegelow. Nach Begrows Mitteilung war sein Vetter »gesund, u. jezt in Paris« (A₁).*
68 der Wackerste unter 1000] *Vgl. Prediger Salomo 7,28. – Feldhauptmann] Alte Bezeichnung für militärische Befehlshaber, z. B. in der Luther-Bibel.*
69 was Begrow fehlt?] *Daß H. keine Briefe von ihm mehr erhielt. Hartknoch war nicht mehr so vertraut mit ihm wie früher, »weil die 2 Weiber Schröder [Begrows Wirtin] und Busch sich nicht leiden können« (A₁).*
71 dicken Reisenden] *Pegelow, vgl. N I 122a,4ff.*
74 quare] *Warum.*
75 Gott ... aus Nichts schafft] *Vgl. 1. Mose 1,1ff.*
76f. Moses ... Dampfspitze herab kommen] *Vgl. zu II 64,61f. H. meinte damit seine Arbeit an der »Aeltesten Urkunde«. Nach A₂ war alles seiner Entscheidung überlassen.*
78 Ackerschweiß seiner Stirn] *Vgl. 1. Mose 3,19; H.s Versprechen zu 21f.*
79 (Sub Rosa dictum!)] *Vgl. zu I 131,71.*
79f. Generalsuperintendentur ... im Halberstädtischen] *Vgl. zu II 147,3. Hartknoch erschien diese Aussicht nicht »sehr reizend«, Riga sei H. »nicht ein Haar näher, u. wer wolte doch in dem Staate des K[önigs] v[on] Pr[eußen] leben?« (A₁).*
85f. Wirthschaft? ... u. Nahrung?] *Vgl. zu II 111,45. In A₁ berichtete Hartknoch von guten »äußern Umständen« und einer »Bilance« von »bereits 5000 Thalern Vermögen«. – Heirath?] In der Liebe war Hartknoch »noch immer unglücklich«; dafür rühmte er sei-*

nen ältesten Sohn »Hänschen« als seine »Herzensfreude« (A₁). *Vgl. zu II 111,69; 166,32.*
– Freundschaft? Lebensart?] *Hartknoch verkehrte freundschaftlich mit Wilpert, (Georg) Berens und Bötefeur, nicht mit Zuckerbecker, der »ganz unbrauchbar zur Freundschaft durch sein Schwärmen« sei (A₁).*
87 Frankfurter Zeitungen] *Vgl. II 146(N),103f.; zu II 135,19,20. Nach B las Hartknoch »jezo die Frankfurter Zeitungen, ein schönes Journal« und freute sich, »die Fußstapfen seines Herders« zu kennen. In A₂ bat er den Freund, darin seinen Verlag zu empfehlen.*
88 Recension von Liefländischen Sachen] *Vgl. zu II 88,9. Diese Rezension sei »gewiß« von H. (B).* – Nikelschen Bibliothek] *Nicolais »Allgemeine deutsche Bibliothek«, siehe R, S. 24f.*
90 L] *Eines der Siglen H.s in dieser Zeitschrift, siehe R, S. 334.*
91 vale et fave] *Lebe wohl und sei mir gewogen. Vgl. II 146(N),102. Für Hartknoch aber war Nicolai als Geschäftspartner sein »großer u. sehr nüzlicher Freund«, der auch H.s Dank verdiene (B und A₁).*
92ff. Bode ... Gerstenbergschen Briefen] *Vgl. zu II 12,14,15,17; 168,47ff.*
96 fremde Zusätze ... liefern] *»Von Deutscher Art und Kunst«, siehe R, S. 697.*
99 Einlage] *Nicht überliefert.*

150. AN CHRISTOPH FRIEDRICH NICOLAI, Bückeburg, 15. Januar 1773

5 Ihre Bibliothek in Unordnung bringe] *Vgl. II 146(N),95–102.*
7 Kleckbogen] *Entwurf; von »klecken« = einen Klecks machen (Adelung), schmieren, schlecht schreiben.*
7f. Anmerkungen über Sulzer] *Vgl. zu II 88,81; III 48,7ff.; siehe R, S. 25.*
8 Augias Arbeit] *Siehe R, S. 719.*
9 Klopstock] *Rezension von »David. Ein Trauerspiel«, wie die folgenden Rezensionen siehe R, S. 25.* – Lindner] *»Kurzer Inbegrif der Ästhetik«, 2. Teil.*
10 Hurd] *»Horazens Episteln an die Pisonen«, H.s Rezension nicht überliefert (R, S. 25); die entsprechende Rezension in der »Allgemeinen deutschen Bibliothek« ist von Ebeling, Abdruck in »Herders Werke« (Hempel), hrsg. von Heinrich Düntzer, 23. Teil, S. 206ff.* – Creuz] *»Lobrede auf ... Creuz« (von Sinclair?).* – Antoni] *Konrad Gottlob Anton, vgl. III 48,3.*
14 so känntlich in der Bibliothek] *In B₂ erzählte Nicolai H. eine Anekdote aus Edmond François Gersaint, »Catalogue raisonné de toutes les pièces de Rembrandt« (1751), wie Rembrandt von einer frivolen Radierung (Mönch und Nonne) seinen Namen entfernt habe, aber immer an seinem Stil zu erkennen war. So auch Lessing, »sogar sein Anklopfen« sei zu unterscheiden. »Wir andern unoriginale Schriftsteller, schleichen unter der Menge weg, und haben nicht den Nachtheil, daß wir erkannt werden, wenn wir unerkannt bleiben wollen.« Vgl. zu II 50,19; 133,23.*
17 dictator figundae clavis] *Nach Livius, Buch VII, Kap. 3 wurde ein »Diktator zum Nageleinschlagen« von den alten Römern in Notzeiten gewählt, um die Götter zu besänftigen (der Nagel am Jupiter-Tempel sollte Seuchen vertreiben). Von Hume angeführt in »The Natural History of Religion« (London 1755), 14. Abschnitt.*
20–29 eine überladne Nachricht ... Theologorum.] *»... seitdem sich hier das Gerücht verbreitet, daß verschiedene sehr weltliche theologische Artikel in den Frankfurter gelehrten Anzeigen, von Ihnen sind, so wird Sie die Hochwürdige Zunft nicht mehr unter sich leiden wollen, sondern unter die Layen verstoßen« (B₂). Nicolai hatte seine Informationen von Georg Wilhelm Petersen (1744–1816, aufgeklärter Theologe, Prinzenerzieher in*

Darmstadt, Mitarbeiter der »Frankfurter gelehrten Anzeigen« und der »Allgemeinen deutschen Bibliothek«), der ihm am 6.11.1772 »zuverlässig« über H.s Frankfurter Rezensionen schrieb (Bräuning-Oktavio, S. 143).
22f. Recensionen ... 7. aufzählen] *Siehe R, S. 669 oben.*
25 Styl u. Manieren kennen] *Vgl. zu* **14**.
26f. meine HochWürdigkeit] *Nicolai bezweifelte im Scherz die Anrede »Hochwürdiger Herr« im Briefanfang seines Schreibers (B_2), vgl. zu* **20–29**.
28 Querlequitsch] *Siehe R, S. 798f.*
29 summi ... Theologorum] *Höchste Ehren des Standes der verehrungswürdigen Theologen.*
30 jetzt genante Zeitungen so sehr ändern] *Vgl. II 159,31f. Herausgeber und Mitarbeiter der »Frankfurter gelehrten Anzeigen« des Jahrgangs 1772 hatten am 29.12.1772 ihre Tätigkeit beendet, »da mit Ende dieses Jahrs diejenigen Recensenten, über deren Arbeit die meiste Klage gewesen, ein Ende ihres kritischen Lebens machen wollen« (»Nachrede« von Goethe, WA I 38, S. 332). Am 26.1.1773 schrieb Boie an Merck: »Nie hat man vielleicht einen sichtbareren Abfall gesehen, als die wenigen Blätter des neuen Jahres machen. Ich werde sie nicht mehr lesen« (Wolff II, S. 33). Ähnliche Urteile von Johann Heinrich Voß, Nicolai, Friedrich Heinrich Jacobi und Lavater (vgl. Bräuning-Oktavio, S. 513f.).*
32f. den Brief ... Hamanns Einlage] B_2*; Einlage = B zu II 146(N).*
33 eine neue Schrift fertig] *Vgl. II 146(N),17f.*
35 in der Wüste] *Vgl. II 146(N),20.*
38f. als obs nach Siberien hinflöge] *H. wollte von literarischen Neuigkeiten keinen Gebrauch machen.*
39 Leßing ... H. Moses?] *Nicolai ging in A nicht auf die Fragen ein.*
40 Klopstock ... Grammatik.] *»Die deutsche Gelehrtenrepublik«. Mitteilung von Claudius in dem zu II 125,14–17 zitierten Brief: »Klopstock schreibt jetzt eine Deutsche Grammatik.« – Meßias] Vgl. zu II 146(N),141f.*
44f. Metrischen Materien ... schwiegen.] *Äußerung in B_1, vgl. zu II 88,39; 133,3f.,15; 168,60.*
45f. Die Bücher ... nächstens] *Rücksendung der Rezensionsexemplare, vgl. III 21,4.*
46 cum gratia Vestri Amanuensis] *Mit Gunst Ihres Schreibers.*
47 meine Rechnung ... Schulden] *Die Abrechnung über Bücherschulden und Rezensionshonorar (zusammen 46 Reichsthaler 2 Groschen) erfolgte erst mit B_2 zu III 92.*
48 H. Eberhard] *Vgl. zu II 88,105f.; 146(N),6f. In »Gefundene Blätter« in den »Königsbergschen Zeitungen« vom 3.–17.2.1774 als »großer Heidenseligmacher« verspottet (SWS V, S. 268).*
53 beaux-esprits] *Schöne Geister, Literaten, vgl. zu II 146(N),29f.*
53f. schafft Euch ... würken kann] *Andeutung der Diskrepanz zwischen Gelehrten und Volk, die in der Literaturtheorie des Sturm und Drang problematisiert wurde. Vgl. Hans Dietrich Irmscher, Herder über das Verhältnis des Autors zum Publikum (II.-D., Nr. 3402).*

151. An Johann Kaspar Lavater, Bückeburg, 18. Januar 1773

8 Ihnen nicht gleichthun] *Lavater duzte H. schon in seinem ersten Brief (B). H.s Brief war nicht wie der Lavaters als gefühlsbetontes Bekenntnis, »ohne vorher zu denken« (A), beabsichtigt.*
9f. versiegelter Hieroglyphenwirrwarr] *Vgl. zu I 105,43–49.*

11f. kleinen Republiken ... Vaterland zu haben] *Vergleich der Schweiz mit antiken Polisdemokratien. Die Bückeburger Geschichtsphilosophie rühmt »die schöne Idee einer Republik in Griechischem Sinne, ... mit dem Namen Vaterland« und im Mittelalter »Kriegerische Republiken und wehrhafte Städte« im Kontrast zum mechanischen Maschinenstaat des modernen Absolutismus (SWS V, S. 495, 525, 534f.), während H. in Riga noch die (russische) absolute Monarchie als Vaterland bejaht hatte (»Haben wir noch jetzt das Publikum und Vaterland der Alten?«, SWS I, S. 22–26).*

14 Fündling] *Findling.*

19f. δι εισοπτρου ... προσωπον] *1. Korinther 13,12 (durch einen Spiegel in einem dunklen Wort ... von Angesicht zu Angesicht); auch Schlußmotto der Bückeburger Geschichtsphilosophie (SWS V, S. 586).*

21, 39 Goldschaumrand] *Wie ein vergoldeter Gemälderahmen.*

22 Trescho oder Willamov] *Annahme H.s, daß Mohrungen durch Treschos Erbauungsschriften oder als Geburtsort des »Dithyrambensängers« bekannt sei.*

23 ProvinzialKänntniße] *In der Mohrunger Stadtschule bei Rektor Grimm (vgl. Haym I, S. 20ff.; LB I,1, S. 36–41).*

24 literarischen Wandel] *Studium an der Albertus-Universität.*

25 Schule u. Predigtamt] *Domschule und vorstädtische Kirchen in Riga.*

25f. in Frankreich u. Holland] *Vgl. I 67–75; 77; 78.*

26f. Ruf ... Holstein-Eutin] *Vgl. I 77,6f.*

27f. die Höfe ... traversirt] *Durchgezogen, vgl. zu I 80,5.*

28 Augenkur] *Vgl. I 140(N),27–34.*

29 gegenwärtigen Ruf] *Vgl. zu I 82,16. – Konst[orial] R[at]] Lies: Konsist[orial] R[at],*

32 unus ... allein] *Alles Synonyme.*

33 Rohrdommel in der Wüste] *Vgl. Jesaja 34,11.*

34 künftigen Früling] *Vgl. II 142,10f.*

37 (si ... eris)] *Wenn du inzwischen zuverlässig sein wirst. Vgl. 46ff.*

39 diesen Rahmen] *Vgl. 21.*

40 Heraklea] *Siehe R, S. 772.*

42 hervormurmle ... Rhapsodisten] *Vgl. zu II 146(N),67.*

43f. Demonstrator«] *Vgl. zu I 58,6.*

45 aufnehmen] = *In Verwahrung nehmen, vertraulich behandeln (Adelung). »Aufnehmen will ich noch vor dem Demonstrator« (A, H: Kraków).*

46ff. unser Briefwechsel ... zu bekannt] *Vgl. zu II 125,46; 141,52; 148,54f.*

52 Blöde] *Zaghaftigkeit, Bescheidenheit.*

53f. Freundschaft ... versiegelt] *Vgl. zu 170f.*

56 Apokryphe] *Verborgene, nicht für die Öffentlichkeit bestimmte Schrift.*

57 Priestergesinnungen] *Vgl. zu II 96,12.*

60 Anschlagzettel ... im 3ten Theil] *»Aussichten in die Ewigkeit. Dritter und letzter Band«, 1773. Vorrede, S. XIVf. Lavater nannte hier »Gönner und Freunde«, an die kritische Bemerkungen, Urteile, Vorschläge und Beiträge zu seinem geplanten Gedicht (vgl. zu II 127(N),7) eingesandt werden konnten (u. a. Spalding in Berlin, Zollikofer oder Reich in Leipzig, Deinet oder Schlosser in Frankfurt a. M., Klopstock in Hamburg, Resewitz in Kopenhagen, Hartknoch in Riga, Ebert in Braunschweig, Zimmermann in Hannover, andere in Breslau, Halle, Schaffhausen).*

62f., 73ff. Umhörungen unmaßgeblicher Rathschläge] *Lavaters Verfahren wurde von H. entschieden abgelehnt.*

65f. ich habe noch nie ... gewagt] *Vgl. II 127(N),46–59.*

68f. dem Höhern ... empfehlen] *Jesus Christus, vgl. zu II 127(N),28,120.*

70 wo fast keine Religion ist] *Vgl. 87f.* »*... mit welcher Wahrheit urtheilst Du von dem gegenwärtigen Zustande der Religion – nein – es ist nicht auszusprechen, wie alles Larve, Kleid und Mantel nach dem Wind – wie alles pure, bare Seelenlosigkeit ist*« (*24. 2. 1773, Nachlaß II, S. 35; A$_2$ zu diesem Brief*).
71f. Elias ... Ahabs] *Siehe R, S. 703, 701f.*
72 Taubenkrämerei, 77f. Geißel ... Heiligthum] *Vgl. Matthäus 21,12.*
73 die Ueberbliebnen] *Baalspriester, die der Ausrottung durch Elia (1. Könige 18,40) entgingen (vgl. 2. Könige 23,5).*
75, 85 ein Dichter der Religion] *Lavater, vgl. zu II 127(N),7.*
79 Zusammenruf] *Vgl. zu 60.* – tuba] *Kriegstrompete der Römer; übertragen: Aufruf.*
80 Klopstock] »*Der Messias*«.
82 individuellsten Gefühls] *Pietistische Tradition der persönlichen Jesus-Liebe.*
84f. loci ... universalissimi] *Gemeinplätze des allumfassenden gemeinen Menschenverstandes (Rationalismus).*
87 Pech u. Schwefel] *Teufels- und Höllenattribute.*
87f. Gräuel unsrer Zeiten] *Vgl. zu 70.*
88 mich ... ehemals verdorben] *Vgl. II 122,35; 132,29; 146(N),29f.*
89f. Alexanders ... Mund] *Siehe R, S. 240; vgl. zu 170f.*
92, 96 meines vorigen Briefes] *II 127(N).*
92, 122 Ihren 3. Theil] *Vgl. zu 60.*
93 den 2ten der Palingenesie] *Lavaters Übersetzung von Bonnets »La Palingénésie Philosophique«.*
95f. einen Theil ... zurücknehme] *Betrifft wahrscheinlich H.s Kritik an Lavaters großenteils auf Bonnet gestützten naturphilosophischen Spekulationen, vgl. II 127(N), 182–237.*
99f. Hieroglyphe aus dem Heiligthum] *Vgl. 81f.; II 127(N),166f.*
102 σημαινειν] *Vgl. zu II 101,20.*
103, 115 ahnden] *Vgl. zu I 112,15.*
106f. ein Exemplar Ihrer Aussichten] *Vgl. II 162,68f.; III 8,31f.; in B zu II 174 »mit der Meßgelegenheit« angekündigt (BH 1351–54).*
111ff., 161f. meinen Embryon von Plan] *II 174.*
122 großen Ankündigung] *Die »Aussichten in die Ewigkeit« insgesamt sind Ankündigung eines Gedichts gleichen Inhalts, vgl. zu II 127(N),7. Der erst 1778 erschienene Bd. 4 enthält nur Nachträge und Verbesserungen Lavaters und Urteile von Zeitgenossen.*
123ff. Publikum] *Vgl. II 162,42f.; 163,43; zu II 150,53f.*
125 kleinen Haufen] *Lavaters »Aussichten«, ursprünglich Privatbriefe an seinen Freund Zimmermann aus den Jahren 1768–1772, waren durch die Veröffentlichung »eigentlich« für »eine verehrungswürdige Schaar grosser Männer«, eine geistige Elite, bestimmt, u. a. Breitinger, Bodmer, Geßner, Klopstock, Gellert, Haller, Bonnet, Sulzer, Wegelin, Lambert, Kant, Spalding, Ernesti, Sack, Jerusalem, Cramer, Resewitz, Crugot, Basedow, Herder, Mendelssohn (Bd. 1, Vorbericht, S. 11). Spätere Schriften Lavaters hatten den Untertitel »Manuscript für Freunde«, »Den Freunden des Verfassers gewidmet«, »Durchaus bloß für Freunde« usw.*
128ff. dessen Offenbarung ... die Zukunft] *H.s eigenes Ziel, vgl. III 75,30–35.*
131 Abhandlungen ... 3ter Theil] *Von der Erhöhung der geistigen, sittlichen und politischen Kräfte, von Sprache, geselligem Leben, Beschäftigungen und Gesinnungen der Seligen im Jenseits, vom Elend der Verdammten, von Zeit und Ewigkeit.*
133 Zuwallen] *Leidenschaftlich entgegenkommen.*

135 des Ersten Theils] *Vgl. II 127(N),27–30. Briefe über den Zustand der Seele nach dem Tode, von der Auferstehung, vom Himmel und von der zukünftigen Vollkommenheit der Christen.*

135 Uebersetzer Bonnets] *Vgl. zu 93.*

137f. die Urtheile ... zugezogen] *Vgl. zu II 127(N),7.*

138 Teig ... durchsäuret.] *Vgl. Galater 5,9.*

139f. verbergen sich in Höle] *Vgl. II 64,61f.; 149,76.*

142f. aus der Offenbarung Dichtkunst] *Vgl. 82,85f.; Hamann, »Aesthetica in nuce« (Nadler, Bd. 2, S. 209ff.); von H. realisiert in der Hieroglyphe der Uroffenbarung (»Aelteste Urkunde«). Vgl. Gerhard Vom Hofe, Herders »Hieroglyphen«-Poetik: zur schöpfungstheologischen Grundlegung einer »höheren Dichtungslehre« in der »Aeltesten Urkunde« (H.-B. II, Nr. 1695); Ulrich Gaier, Herders »Aelteste Urkunde des Menschengeschlechts und Goethe« (H.-B. II, Nr. 1687).*

145 Klopstock] *Vgl. zu 80.* – **Milchbach]** *Vgl. Hiob 20,17.*

146 tief getrunken)] *Vgl. N III 46a nach Pope, »An Essay on Criticism«, 2. Epistel, Vers 215f. (R, S. 445).*

147 das Studium ... Nächte] *Die Arbeit an der »Aeltesten Urkunde«, vgl.* **150–154.** – *Alles Ältere] »Fragmente«,»Kritische Wälder«, »Torso über Abbt«.*

148 Preisschrift] *»Abhandlung über den Ursprung der Sprache«.* – **Spreu ... zerstreuet]** *Vgl. Jeremias 13,24.*

151 Gelübde jener Römer] *Nicht ermittelt, um welche Vota es sich handelte. Vgl. zu II 150,17.*

155 Mitarbeiter] *Am Reich Jesu Christi, vgl. III 265(N),21.*

156f. Ihr Bild u. das Bild Leuchsenrings] *Vgl. II 148,101ff. Mit B erhalten: Lavater, »schlechter Abdruck« eines Kupferstichs; Leuchsenring von ihm gezeichnet, H.s Freund in Holland (B). In einem Brief aus Darmstadt vom 22.2.1773 fragte Leuchsenring Lavater, warum er H. sein Bild geschickt und was dieser über die »Aussichten« geschrieben habe. Lavater antwortete am 1.3.1773, er habe H. damit »Freude machen« wollen. H. habe ihm »viel unvergleichliches« geschrieben, u.a., daß Lavater »den künftigen Engel« im Menschen »nicht genug bearbeitet« und sich mehr seiner eigenen »Maulwurfsmeisterey« gefreut habe (Briefe von und an F. M. Leuchsenring 1746–1827. Hrsg. und kommentiert von Urs Viktor Kamber, 1. Halbband, Stuttgart 1976, S. 32f.).*

157 Bild meiner Freundin] *Vgl. II 33,3–33.*

159 Hülsen ... Kern.] *Vgl. 4. Mose 6,4. Eine im Pietismus geläufige Metapher, vgl. SWS V, S. 574 (Schlaube und Kern).*

161f. Ich kann nicht ausführen] *Vgl.* **111ff.**

163 Kant] *Vgl. II 127(N),***285ff.** *oder – wie über Bonnet und Physiognomik – im Anschluß an die Lektüre von Bd. 3 der »Aussichten« (S. 55 Erwähnung der »Träume eines Geistersehers«; S. 47–51 Auszug aus Bonnets »Essai analytique sur les facultés de l'ame«, Kopenhagen 1760; S. 108–115 Lavater über die physiognomische Sprache im Himmel).*

165 H. Dainet] *Deinet.*

166 andre Einlage] *An Karoline Flachsland, vgl. II 153,25ff.*

166f. Butlers Predigten nicht herausgeben] *»Fifteen Sermons«. In Bd. 3 der »Aussichten«, S. 234–243, Auszug über die Erkenntnis Gottes aus dem in Lavaters Händen befindlichen Mskr. der Übersetzung von Johann Felix Heß. Vgl. II 127(N),32; III 19,***129f.**

168f. Ihres großen Gedichts] *Vgl. zu II 127(N),7. »An meinem Gedichte <Der Mensch> noch kein Wort, als eine Skizze zu einem simpeln Anfang in Jamben« (A).*

170f. Knote u. Siegel unsrer Freundschaft] *Als »unaussprechlich kostbares Wort« in A$_2$ vom 24.2.1773 zitiert (vgl. zu 70).*

152. AN KAROLINE FLACHSLAND, *Bückeburg, etwa 20. Januar 1773*

*Vgl. II Anm. 152. In B hatte Karoline H. vorgeschlagen, ihren unter Aufsicht der Landgräfin Karoline von Hessen-Darmstadt in Zweibrücken erzogenen Neffen Hessenzweig (»tressirt wie eine Marionnette«) und den zehnjährigen Sohn eines mit Leuchsenring befreundeten Berner Predigers und Gelehrten zusammen mit H.s Neffen in Pflege zu nehmen. In A_1 dankte Karoline voreilig für H.s Einwilligung bezüglich Hessenzweigs, den sie nach Bückeburg mitnehmen wollte. Der Berner aber sollte eine Absage erhalten. Auf den vorliegenden Brief (mit den Bedenken wegen Hessenzweig und mit offenbar sehr negativen Äußerungen über Bückeburg im vernichteten Teil des Briefes, vgl. II 153,**46f.**; 156,**129f.**; zu II 154,**14f.**) bezieht sich die Äußerung in A_2: »Den Brief habe ich nach Deinem Verlangen verbrannt – der erste Brief von Dir verbrannt, es that mir bis in die Seele weh.«*
6 Erdklos] *Vgl. 1. Mose 2,7.*
8f. der Mann selig werde durchs Weib.] *Vgl. 1. Korinther 7,16.*

153. AN KAROLINE FLACHSLAND, *Bückeburg, etwa 23. Januar 1773*

3f. Briefen ... keine Antwort] *B ist A_2 zu II 145; demnach waren nur II 148 und 152 noch unbeantwortet.*
5 mein Engel] *Auch B: »mein Engel, mein Geliebter«.*
6 Lapperei] *Vgl. zu II 145,***4,6.*** – mich loben] *»Du edler Mann! ... der für alles sorget«(B).*
7 Lina] *Vgl. zu II 141,**16.***
11 Melibokus] *Siehe R, S. 787.*
11f. Einst ... Lob.] *Vgl. 1. Korinther 12,25f.*
14 hundert ... Leben] *Anwendung des Palingenesiegedankens, vgl. zu I 58,**163f.***
15 für mich aber ich für Dich?] *Karoline verhelfe H. zu seiner Vervollkommnung. Zweifel, ob er ihr etwas bedeuten kann.* – Kyrie Eleison!] *Herr, erbarme dich!*
16f. Bücher meiner lieben Gräfin] *An H. geliehene oder von ihr zurückerhaltene Bücher H.s, z. B. Bonnets »Palingénésie« (erwähnt in ihren Briefen an H. vom 31.12.1772 und 5.1.1773, Erinnerungen I, S. 355,358).*
17 einigen Ellen grüner Seide] *Geschenk der Gräfin Maria.*
17f. Ihrer blauen Seide] *Vgl. I 102,**281ff.***; 110,**29ff.** (Schauer, Anm. 173).*
18f. einem Briefe ... nicht schicke!!!] *Nicht überliefert. Dazu Karoline: » – wenn Du nicht in die Gräf[in] verliebt wärest, so wärst Du ein Erdenklos! Du weißt nicht einmal, wie viel Erlaubniß ich Dir schon dazu gegeben ... ich könnte Dir auch 2 Zettelchen von Goethe zeigen, aber ich thus auch nicht« (A).*
20 Binden] *Halsbinden nach der Mode.*
21 ein M. darinn] *»Die M., die die Wäsche geschickt, heißt gewiß Maria« (A).*
24 An Merck ... geschrieben] *Nicht überliefert oder ein früher datierter Brief.*
24f. bekümmertes Mädchen] *Karoline und Merck waren nach B »einander wieder herzlich gut«, H. sollte die negativen Äußerungen in Karolines Briefen diesbezüglich ausstreichen (z. B. in B_2 zu II 141, daß Merck gegen sie »kälter« sei).*
25 an Göthe und all Eure Klerisei] *Nicht überliefert.*
25f. Antwort an Lavater] *II 151, zur Weitersendung wie II 125,**46.***
28 Deine Schwester] *Friederike v. Hesse habe H. »zu lieb, als daß sie an Ceremoniel, das niemals ihre Sache ist, denkt«; nur fürchte sie sich »ein wenig« vor ihm (A).*
30 die Auferweckung Lazarus] *Vgl. II Anm. 153. In dem ebd. angeführten undat. Dankbrief brachte Gräfin Maria ihre Rührung über das »biblische Gemählde der Aufer-*

weckung Lazari« zum Ausdruck. Gerade in dieser Geschichte hatte sie beim Tode ihres Bruders Trost gesucht. In ihrem Brief vom 9.4.1773 dankte sie H. dafür, daß er die Kantate, »gantz unerwartet, aber wie angenehm« für sie und den Grafen, hatte von Bach komponieren lassen. – Karoline las die Kantate ihrer Schwester vor, und sie »haben zusammen über die Maria und Lazarus geweint« (A).

34 Merck ... Knittelversen] *Vgl. II Anm. 153. Mercks satirische Anweisung für angehende Dichter (nach Swift) wird ironisch zurückgewiesen; »Reimhart« solle alles gehen lassen und sich nicht in Gottes Schöpfung einmischen.* – *Karoline hatte sich die Knittelverse Mercks, Goethes und H.s vorlesen lassen und ihre »Munterkeit und Laune gelobet und bewundert« (A). Mercks Reaktion ist nicht überliefert. Vgl. Goethes Episteln an Merck (WA I 4, S. 195f.) und die Bemerkungen darüber im 18. Buch von »Dichtung und Wahrheit« (WA I 29, S. 84).*

36 Reisehabit] *In A zu II 142 erwähnte Karoline ihre »zum Reiserock bestimmte grau und blau ausgeschlagene Bequesche« (Pekesche, polnischer Überrock mit Schnüren).* – Equipiren] *Ausstatten.*

39 Raubfrist] *Der vorgesehene kurze Aufenthalt H.s zur Hochzeit in Darmstadt, vgl. II 106, 51–55. »... es soll so viel wie möglich ein Raub seyn, wenn Du mich hohlst« (B zu II 152).*

42 Erdklos] *Vgl. zu II 152,6.*

43f. Göthe ... ein Engel!«] *Vgl. II Anm. 153: »Meine Schwester Caroline ist ein Engel, und wie sie Dich liebt!«*

46 Heßenzweigleins] *Vgl. zu II 152; 154,14f.*

47f. bedeutender Name ... Lustspielen.] *Redender Name (= appellativum als nomen proprium): ein (illegitimer) Zweig am landgräflich hessischen Stammbaum.* – *In den Lustspielen der Gottschedin (aus der »Deutschen Schaubühne nach den Regeln der alten Griechen und Römer eingerichtet«, 6 Bde, Leipzig 1740–1745): z.B. die Herren von Ahnenstolz, von Zierfeld, von Wildholz (»Die ungleiche Heirath«), Herr Wahrmund (»Die Hausfranzösinn, oder die Mammsell«), Herr Hauptmann von Wagehals (»Das Testament«), die Herren Vielwitz und Sinnreich (»Der Witzling«), die Frauen Glaubeleichtin, Zanckenheimin, Seuffzerin, die Herren Wackermann, Liebmann, von Muckersdorff, Magister Scheinfromm (»Die Pietisterey im Fischbein-Rocke; Oder die Doctormäßige Frau«, 1736).*

49f. 2. Kasten Bücher aus Liefland] *Vgl. zu II 111,59; 149,3,13.*

50 Aprilfreude] *Ungegründete Freude, die in Enttäuschung umschlägt.*

51f. aus Noth ... autorisiren] *Um seine Schulden bei Hartknoch zu tilgen und ihm mit einem neuen Buch zu nützen, vgl. zu II 111,3; 149,21f. Vor der Heirat wurde aber kein Werk mehr fertig.*

53 auf Ostern besuchen] *Vgl. zu II 102,18; 180,7. Hartknoch kam erst im April 1774 nach Bückeburg, vgl. III 18,33; 72,5f.*

54 Reisecompagnon mit dem Prinzen] *1770 Herr v. Cappelmann (nach Schauer, Anm. 173, Nachricht in nichtüberlieferten Briefen von Fräulein Duhamel an H.).*

55f. Haibutten] *Heilbutt, ein Schollenfisch; wegen seiner Plattheit hier Metapher für »Dummkopf«.*

154. AN KAROLINE FLACHSLAND, Bückeburg, etwa 30. Januar 1773

4 das Halberstädter Ding] *Vgl. zu II 147,3; 148,64ff.*

5 es Nichts ist] *Vgl. II Anm. 155. »Es hat nicht seyn sollen – das ist immer die beste Beruhigung«; Karoline konnte sich H. nicht als Generalsuperintendenten von Halberstadt und als Gesellschafter von Gleim und Jacobi vorstellen (A_1). Wegen der Gräfin Maria freute sie sich über das Scheitern von Gleims Plan (A_2).*

5ff. ein Einfall ... neulich geschrieben] *Vgl. II 148,65f.; 156,3ff.*
9ff. Prädestinatianer] *Anhänger der Prädestinationslehre (Gnadenwahllehre, Hauptvertreter: Augustinus, Luther, Calvin); Vorherbestimmung durch göttliche Providenz.*
11f. David ... der Knabe todt war.] *Vgl. 2. Samuel 12,19–23.*
12 nichts dabei gethan] *Vgl. II 147,14f.*
14f. unser Zweiglein hier?] *Vgl. II 153,46f.;* **156,59–81;** *158,18–24; zu II 152. In A₁ räumte Karoline ein, daß sie »in der ersten Freude« H.s Meinung falsch verstanden haben könne, und bat um »ein deutliches und vernehmliches Ja oder Nein«; denn bei seiner Einwilligung seien »so viele Abers«.*
16 Loben ... Anstalten] *Vgl. zu II 153,6.*
17 Alles ... leer.] *Vgl. II 153,50f.*
17f. Sachenauktion] *Vgl. II 130,44f.*
20f. fürchtest Du ... Fremde etc.] *Karoline war »vor der Reise und fremden Lande noch kein Gedanke der Furcht eingekommen«, nur die Trennung von ihren Geschwistern fiel ihr schwer (A₂).*
22 Erquickung aller meiner Gebeine] *Vgl. Sprüche Salomos 3,8.*

155. AN JOHANN WILHELM LUDWIG GLEIM, *Bückeburg, Anfang Februar 1773*

6 als ob ich gewünscht] *Vgl. II 147,7ff. H. fürchtete zu Recht kränkende Gerüchte über eine vergebliche Bewerbung in Halberstadt. Vgl. III 129,26–34.*
10 diese Reihen] *Zeilen.*
13 Schmidt] *Klamer Eberhard Karl Schmidt.*
16 Katull] *Catull, ein Vorbild Klamer Schmidts; vgl. N III 81,16ff.,23.*
17 terses] *Lat. »tersus«, sauber, artig, nett.*
20 Pabst Hammoniens, Götzius] *Über Johann Melchior Goeze in Hamburg, in »Hendecasyllaben« (siehe R, S. 521).*
21 Präkordien] *Gegend um das Herz, als Sitz der Empfindungen angenommen.*
24ff. Himmelsstückchen im Musenallmanach] *»Ueber Sellmars Tod«, vgl. zu II 124,46.*
25 seiner Minna] *»An meine Minna«, vgl. II 78,41–46.*
26 Himmelfahrt von Guido] *Berühmt war Guido Renis »Himmelfahrt Mariä«, 1619 in Bologna gemalt und nach Genua (Chiusa di Sant' Ambrogio) gesandt (Max v. Boehn, Guido Reni, Bielefeld und Leipzig 1925, Abb. 19).*
27 da ich Sie sehe] *H. und Gleim trafen sich zuerst im Juli 1775 in Pyrmont, vgl. III 175(N),68f.*
28 Fersenstiche] *Vgl. 1. Mose 3,15. –* Gaffzeit] *Zeit unwissender Neugier.*
29 krank] *Mitteilung in B. Gleim kränkelte den ganzen Winter 1773 hindurch (Gleims Leben von Körte, Halberstadt 1811, S. 174).*
32 auch in meinem Priesterkleide] *Vgl. zu II 96,12.*
35 Schwarzkafer] *Geistliche.*

156. AN KAROLINE FLACHSLAND, *Bückeburg, 6. Februar 1773*

3ff. Wocheneinfall] *Vgl. zu II 147,3; 148,64ff.; 154,5.*
6f. mit dem Berlinschen Ministerium ... zerfallen] *Eine irrige Annahme H.s, wie Gleims dauerhaftes Freundschaftsverhältnis zu Zedlitz zeigt (vgl. Körte, Gleims Leben, S. 194 bis 198). Vgl. zu II 147,14f.*
8 das Kind ist todt] *Sprichwörtlich: das Projekt ist gescheitert.*

10 das harte Wort hinschreiben] *Vgl. 52. Wenn es in Bückeburg »so viele Hindernißte« für ihr Zusammenleben mit H. gäbe und er sie dort nicht hinwünschte, wollte Karoline »ein Halbjahr länger« auf ihn warten (B). Vom »Aufschub« zu schreiben habe sie »Thränen genug gekostet« trotz ihrer Bereitschaft, sich für H. »ganz aufzuopfern« (A).*
12, 29 O ihr Götter ... werth.] *Vgl. zu II 138,108f.*
13 halbe Pilgrimme] *Vgl. zu II 138,87.*
14 der beste Riß] *Entwurf, Plan. Vgl. II 110,38–44.*
17ff. Ich bin beßer versorgt ... fehlen werde.] *Ganz andere (positive) Einschätzung seiner Bückeburger Situation als bisher, vgl. II 100,32–42.*
20ff. Jedermann freut sich ... hier wünscht] *Vgl. II 137,16–19; 160,15f.*
23 Ich werde ... größer] *Vgl. II 113,39f.*
25 Zweck des Lebens] *Vgl. II 106,62–66; 113,31f.; 114,58ff.; 123,23ff.,48f.; 137,56f., 70ff.; 138,16ff.,26f.,36f.*
26 Patriarch] *Vgl. die in H.s erstem Ehejahr idealisierte Vorstellung der alttestamentlichen Patriarchenwelt in der Bückeburger Geschichtsphilosophie als »das goldne Zeitalter der Kindlichen Menschheit« (SWS V, S. 481).*
29f. gib sie mir ... zu geben!] *Vgl. I 99,296 (= 24. Strophe, Vers 95).*
31ff. »seit Wochen ... Uns walten!«] *Zitat aus B (hier »seltsame ungewöhnliche Träume«). Nach A hatte Karoline dank der Liebe H.s in seinem »goldenen« Brief »keine unruhigen Träume mehr«.*
41f. »daß Du ... leidest«] *Zitat aus B (Mitleid mit H. und der Gräfin Maria wegen ihrer eventuellen Trennung), vgl. zu II 148,64ff.*
43 »Dein blaskrankes Gesicht«] *Karoline fürchtete, daß H. darüber erschrecken würde (B), vgl. zu II 148,103.*
47 zeigst ... Gedichten an Dich?] *H.s Briefe und Gedichte an sie zeigte Karoline »keinem Menschen« (A).*
48,131 Merck neulich schrieb] *Nicht überliefert.*
48f. alle meine Romanzen] *Merck und Goethe sahen bei Karoline »nur die englischen Romanzen« (H.s Nachdichtungen nach Percys Balladen). Merck übersetzte damals selbst »viel altenglische Romanzen, hold und süß und schön« (B zu II 153). Am 2.4.1773 schrieb er an Nicolai, er »verdeutsche beynahe die ganze Sammlung der Reliques of ancient Poetry« (Kraft, S. 86).*
52 Aufschub] *Vgl. zu 10.*
54 in Deinem ReiseKleide] *Vgl. zu II 153,36.*
56f. Ein Mädchen ... in die Fremde mit?] *Zuerst wollte Karoline kein Dienstmädchen (A). Dann war ihr »ein recht gutes Mädchen abtrünnig geworden«; schließlich fand sie ein anderes, »gesund, munter und gutherzig«, das mit ihr »bis ans Ende der Welt« gehen wollte (A_1 und A_2 zu II 172). – Rahel oder Rebekka] Vgl. II 172,34; siehe R, S. 713.*
59–62 Aber mit unserm Heßenzweig ... dableiben«.] *Karoline wollte der Landgräfin von Hessen-Darmstadt den Mangel an Lehrkräften in Bückeburg verschweigen in der Annahme, daß sie wahrscheinlich nur »kurze Zeit« dableiben würden. Ein Hindernis für die Erziehung des Jungen sah sie darin, daß er nur französisch sprach, H. und sie aber nicht (B). In A sah Karoline ein, daß H. recht hatte und die derzeitigen Umstände in Bückeburg (vgl. 129) gegen die Aufnahme des jungen Hessenzweig sprachen.*
66f. gegen mein Herz ... entsetzlich.] *Vgl. 88f.,102f.; II 158,22f. Verdacht, daß H. den Zögling Hessenzweig nicht bei sich aufnehmen wolle. Da H.s Wille Karoline wie ihr »eigener Wille« war, erschrak sie über die Möglichkeit, ihm eine »falsche Seite anzudichten« (A).*
68f. Wunderdinge ... sagen wird] *»Die Welt soll es an uns noch sehen, daß es glückliche Ehen geben kann« (A).*

71 Leuchsenrings Süßigkeit] *Vgl. zu I 142,56f. Karolines Erklärung in B zu II 153, sie habe Leuchsenring »noch nie so geliebt wie jetzt«, weil er H. so lieb habe, hatte auf H. eine gegenteilige Wirkung.*

72,83 Situation] *Vgl. zu I 73(N),15.*

75f. Alle jungen Leute verderben hier zum Jammer] *H.s begründete Unzufriedenheit mit dem Schulwesen in Schaumburg-Lippe erläutert ein von Schauer in Anm. 177 zitierter Brief Heinrich Wilhelm v. Zeschaus aus Weißenfels vom 3. 10. 1784 (A zu V 56, vgl. N, S. 814), wonach in der Militärschule auf dem Wilhelmstein (vgl. zu II 100,54) »alles was gute Sitten, was äußerlicher Wohlstand [= Anstand], was Moral und Tugend in sich begreift, dort gänzlich verbannt war«, von fast 30 Zöglingen »kein einziger noch einen Funken von Religion hatte, sondern alles Deist, Materialist pp war« und einige Lehrer, wie der Leutnant Prätorius, in ihren Vorträgen die »geoffenbarte Religion« verspotteten. Graf Wilhelm war über diese Zustände nicht informiert, erst 1776/77 versuchte er, sie abzustellen (Erinnerungen I, S. 260).*

78 Leuchsenrings Rathschlägen] *Nach Karolines Wunsch sollte er »conditionen« machen für die Erziehung Hessenzweigs und eines jungen Schweizers durch H. (vgl. zu II 152).*

84 Kamtschatka] *Eine der entlegensten Gegenden der Welt, H. bekannt durch Auszüge aus Stepan Petrowitsch Krascheninnikows »Beschreibung des Landes Kamtschatka« (Petersburg 1755; dt. Übersetzung aus einer englischen, Lemgo 1766; BH 3017; HN XXIX,1,19).*

85f., 95 meinen Neffen] *Vgl. II 100,107ff. Wie Katharina Dorothea Güldenhorn am 7. 11. 1772 an H. schrieb (Gebhardt/ Schauer II, S. 9), wollte Christoph Neumann seinen Sohn Johann Christoph nicht zur Erziehung an Güldenhorns und H. geben. Deswegen sollte H. selbst an den Vater schreiben (nicht nachweisbar). Der Schuhmacher Herwardt am Holländischen Tor in Mohrungen, der Vormund des Kindes, berichtete in einem undat. Brief (Anfang 1773) von Neumanns ablehnender Antwort vor dem Magistrat und bat H., durch »eine scharffe anrede sein gewissen recht zu rühren« und eine Verzichtserklärung auf sein mütterliches Erbe zugunsten seines Neffen zu schicken (ebd., S. 10f.). Am 6. 7. 1773 schrieb H.s Schwester, Neumann habe seinen Sohn am 6. Juni zu Güldenhorns gegeben, weil er von seiner Stiefmutter schlecht behandelt wurde (ebd., S. 11).*

87 meine arme Mutter ist todt] *Vgl. zu II 119,48.*

90 wie A. B. C.] *Siehe R, S. 641.*

91 hier allein ... zusammen leben zu lernen] *Vgl. II 137,45–57.*

97 Allein u. Ödeseyn] *Nicht deswegen hatte Karoline den kleinen Hessenzweig nach Bückeburg gewünscht, es war »nichts als alte erste Liebe« (A).*

100 fremden Pflichten] *Erziehung fremder Kinder.*

102f. mir ja keine falsche Seite andichtest] *Vgl. zu 66f.*

104 Geschichtchen »Vergiß mein nicht«] *»Zu unsern Winterspielen bekam ich neulich ein BlumenStrauß, und placirte jede Blume, und das Blümlein Vergiß mein nicht placirte ich an meine Brust und ahndete, daß Dus seyn müßtest und siehe, Du warsts. ich war ganz außer mir« (B). Vgl. zu II 78,77.*

106 die Blume des Namens] *Vergißmeinnicht. Die symbolische Bedeutung der Blumen nach dem Volksbrauch ist schon in Volksliedern des 15. Jh. beschrieben.*

107f. Ich greife ... in die Bibel] *»In die Bibel stechen« in dem Glauben, daß der zufällig getroffene Bibelspruch eintreffen werde; hier als Spiel.*

108 Dein Spielchen] *Vgl. zu 104.*

109f. Esther ... Haman] *Siehe die Namen in R, S. 704, 702, 709, 705. Diese Geschichte konnte Karoline sich nicht deuten (A).*

112f. »Weib ... werdet p«] *Vgl. Johannes 4,21.*
113f. »Wahrlich ... wiedergebohren werde etc.«] *Vgl. Johannes 3,3. Darüber und über 120 ist Karoline »in die Höhe gehüpft«, sie wollte H. »zur Freude wiedergebohren werden« (A).*
115 Frau Konsistorial Rat Herder] *Vgl. II 148,76.*
115f. wahrlich wahrlich ich sage euch] *Vgl. Johannes 16,20.*
116 über ein Kleines] *Vgl. Johannes 16,16.*
120 »Doch ist weder ... den Mann«] *Vgl. 1. Korinther 11,11.*
121 u. andres ... gegen über.] *Karoline fragte danach, falls es kein »übelbedeutender« Spruch gewesen sei, und schlug als Antwort auch dreimal Bibelstellen auf: 2. Samuel 19,28 und 18,29; Markus 16,17 und 15,30; Apostelgeschichte 7,50; letzteres frappierte sie (A).*
122 Gräfin ... Brief] *Nicht überliefert.* – Manna] *Vgl. 2. Mose 16,31f.*
125 ich werde ... beßer] *Vgl. zu II 49,10ff.; 134,79.*
127f. Hosianna in der Höhe!] *Vgl. Matthäus 21,9.*
129f. verbrennen Sie] *Vgl. zu II 152.*
131 Wohnt er gut?] *Vgl. zu II 138,68. Merck habe im neuen Haus bessere und behaglichere Zimmer, sehe aber »fast keinen Himmel« (A).*

157. AN PHILIPP SANDER, Bückeburg, 9. Februar 1773

5 Beikommendes Konferentialschreiben] *Vom 3.2.1773, vgl. II Anm. 157. Danach sollte H. am 21.2.1773 (Gedächtnistag des Bückeburger Schloßbrandes am 21.2.1732) über Jesaja 26,16 predigen. Gezeichnet war das Schreiben »Anstatt und von wegen Seiner Durchlaucht zur Regierungs-Conferenz verordnete Räthe und Assessores: Spring. Schmid. Sander.« – H. sandte das Schreiben an die Regierungskonferenz zurück (12–15).*
5f. durch einigen Irrthum ... ergangen.] *H. deutete damit höflich an, er habe die Amtsanmaßung der Regierungskonferenz verstanden und weise sie zurück. Vgl. II 100,46–49.*
7 Ruf meines Landesherrn] *Vgl. zu I 106,3; 107,11; die Vokation vom 1.9.1770 (B zu I 107).*
10 FundationsPatent] *Gründungsurkunde, »Verordnung die zu errichtende Regierungs-Conferenz betreffend«, 22.1.1765.* – (Titulus)] *Verhandlungspunkt, steht hier anstelle von »Regierungskonferenz«.*
11 Ausnahme des Punkts] *Die Geistlichen (H. als Konsistorialrat) seien nicht der Regierungskonferenz untergeordnet.*
13 behörigem] *Gehörig, geziemend (Adelung).*
14 Partikulier] *Privatperson, kein der betreffenden Behörde unterstellter Beamter.*
16 Verfügungen ... communiciret] *Verfügungen der Regierungskonferenz mitgeteilt, hier von H. als für ihn unverbindliche Information hingestellt.*
18 eines andern Collegii] *Des Schaumburg-Lippischen Konsistoriums, einer von der Regierungskonferenz unabhängigen und ihr gleichgeordneten Behörde.*
20 nicht anders als so jemals annehmen] *D.h., ein für allemal habe die Kommunikation zwischen beiden Behörden auf gleichem Fuße zu erfolgen.*

158. AN KAROLINE FLACHSLAND, Bückeburg, 13. Februar 1773

3 auch an Sie das Folioblatt] *Nach Schauers Vermutung war das andere Folioblatt ein nichtüberlieferter Brief an Leuchsenring, dem dieser Brief beilag (Anm. 179). »Leuchs[enring] kam ... mit Deinem lieben verzeihenden Brief« (A).*

4 Liebeleer u. erzürnet] *B ist sachlich, ohne die üblichen schwärmerischen Liebesbeteuerungen. In A entschuldigte Karoline sich, sie fürchtete H. mit ihrer Liebe zu ermüden und bat ihn, »den GrimaßenBrief« zu verbrennen. In A₁ zu II 160 bezeichnete sie ihren »Ernst und Kälte« als ein vorübergegangenes »Wölkchen«.*
6 Leuchsenrings Brief] *Mit B übersandt, wofür Karoline »tausendmal um Verzeihung« bat; nicht überliefert. Karoline frisierte soeben ihre Schwester zu einem Konzert des berühmten Violonisten Antonio Lolli (1733–1802, Konzertmeister in Stuttgart 1762–1773), als Leuchsenring kam, um bei ihnen an H. zu schreiben. H. antwortete sogleich, vgl. zu 3; II 161,76.*
9f. Frau Schwester) ... verkomplementiren!] *Friederike v. Hesse sagte zu Leuchsenring »zum Spaß«, er solle an H. ihr Kompliment machen, und Karoline diktierte ihm »Frau Schwester« (B). Vgl. II 161,77; zu II 153,28.*
11f. Männergesellschaft ... sitze] *Karoline glaubte, »daß Männer MännerGesellschaft haben müssen, und daß ein Mann seine liebe Ehefrau, und wenn sie ein zehnfacher Engel wäre, gar bald müde werden kan, wenn er den ganzen Tag bey ihr sitzt, ohne beyder Verschulden – es ist menschliche Natur« (B).*
15 Höre ... wittern, umarmen] *Synästhesie als Ausdruck der Unmittelbarkeit von H.s Gefühl, vgl. das einheitliche »sensorium commune« der »Abhandlung über den Ursprung der Sprache« (SWS V, S. 61).*
18 mit Heßenzweig Abers mache] *Vgl. zu II 152; 154,14f.*
19 den Brief bekommen] *II 152.*
20–23 Daß ich aber ... in alle Himmel empor.] *Vgl. zu II 156,66f.*
22 Weissagerin u. Prophetin] *Vgl. zu II 79,29f.*
24 siebenfach Erdklos] *Vgl. zu II 152,6; 153,18f. – siebenfach] Vgl. II 156,125.*
25 Mit Heine ... gesprochen] *Nur in Andeutungen an Therese Heyne II 136(N),32ff., 47–50,89ff.; vgl. II 134,56ff.; dann direkt II 171(N). Karoline fand in B Göttingen für H. »einen der besten Orte für Würksamkeit, Leben und Gesellschaft« und wünschte, er könnte »mit Heyne davon sprechen«. Gott möge »einen unnützen Profeßor dort (wos nicht mangeln wird)« in die »selige Ewigkeit« rufen, damit für H. Platz würde. – beregte] Angeregte, berührte (Grimm).*
27 mein dummer Konsistorial Rat] *Vgl. II 134,58–63.*
29 das große Toupe] *Toupet (frz.), H.s modische Frisur, über der Stirn aufgebauschter Haarschopf (H.-Porträt von Strecker, 1775, im Hessischen Landesmuseum Darmstadt), während die Geistlichen eine Perücke zu tragen pflegten. Wenn H. als Generalsuperintendent »mit dem hohen Toupe« nach Halberstadt gekommen wäre, hätte es nach Karolines Meinung »Aufruhr« gegeben (B). Vgl. zu II 1,65.*
30 Poßen!] *Nichtigkeiten.*
31 bin so sehr in andrer Welt] *Hochzeitsvorfreude.*

159. AN RUDOLF ERICH RASPE, Bückeburg, etwa Mitte Februar 1773

4 gegenwärtiger Schrift] *»Abhandlung über den Ursprung der Sprache«. – Murr habe »neulich« an Raspe geschrieben, er wisse nicht, warum die Berliner Akademie H. »den Preis gegeben, da er doch den Ursprung der Sprachen nicht bewiesen hätte«, und Mauvillon sehe H.s Kategorie »Besonnenheit« (vgl. SWS V, S. 31–34) »vielmehr für Resultat als Ursach der Sprachen an«. Von letzterem sollten zur nächsten Michaelismesse »Méditations sur la nature humain« erscheinen, die u.a. »auch eine Theorie vom Ursprung der Sprachen« enthielten, wonach »Sprachfähigkeit und Erfindung« unmittelbar aus »einer*

vorzüglichen Organisation des Menschen« hervorgingen. Raspe hatte in dem »ungeordneten Chaos« der Handschrift Mauvillons manches Beachtenswerte bemerkt (A; Impulse 13, S. 270). Die 1767–1772 geschriebenen »Méditations« sind wegen des Bankrotts der Schreuderschen Buchhandlung in Amsterdam nicht erschienen, das Mskr. ist verloren.
4f. Haß des Verfassers] *Vgl. II 50(N),7ff.*
6 an eine Ecke Ihres Bücherschranks] *Raspe stellte sie »zu den wenigen vortreflichen Büchern, die unserm Vaterlande Ehre machen« (A; ebd., S. 269).*
8 eitelversprechender] *Unwahr, vergeblich versprechend (Adelung).*
9 Kopf Laokoons, Apollos, Niobe] *Vgl. II 103,74–78; III 6,3f. – Der erste für H. angefertigte Gipsabguß des Laokoon-Kopfes war vom Bücherschrank Raspe auf den Kopf gefallen, »betäubt lag er unter seinen Scherben« (A; ebd., S. 270). – Kunstkapelle] Kunsthaus in Kassel.*
10 Bülow] *Herr v. Bülow hätte Raspe entschuldigen sollen (A, ebd.).*
11 occiput ... sinciput] *Hinterhaupt ... Vorderhaupt; hier Büsten gemeint.*
12f. Dechant Swift ... Irrlandverbannung)] *Vgl. II 5,23f.; zu II 134,46.*
13f. Rath ... Edelgesteine] *Raspe war hessen-kasselscher Rat und Aufseher des landgräflichen Antiquitäten- und Münzkabinetts.*
17 ad interim] *Einstweilen.*
18 nichts darf] *Nichts bedarf.*
19f. wozu es denn war] *Studienmaterial für die »Plastik«.*
22 Deutsche Grammatik] *Vgl. zu II 150,40. Klopstocks Grammatik werde Raspe willkommen sein, wenn sie verständlicher als seine Gespräche »Vom Sylbenmaasse« (vgl. R, S. 319) geschrieben sei (A, ebd.). Er befürchtete aber das Gegenteil. – Meßias] Vgl. zu II 146(N),**141f.***
24 Mönchischen Unwißenheit] *Durch H.s Abgeschlossenheit bzw. Entfernung von den literarischen Zentren. Andererseits waren die Mönchsklöster im Mittelalter gerade die Zentren der Wissenschaft und Literatur (vgl. »Ideen«, 4. Teil, SWS XIV, S. 480).*
26 Holwell] *Vgl. zu II 94(N),**14**; 99(N),**31**. – Dow] Vgl. zu II 85(N),**46**. – Ihrer Bibliothek] Raspe war 2. Bibliothekar der landgräflichen Bibliothek in Kassel.*
26f. Perron d'Anquetils Zoroaster] *Vgl. II 144(N),3–8. Raspe besaß das Werk nicht und wollte es auch nicht erwerben, da er in »The Monthly Review« (vgl. R, S. 695) eine negative Rezension gelesen hatte (A, ebd.).*
27f. Reliques] *Vgl. zu II 103,**5**.*
28f. Samen ... fahren] *Vgl. Prediger Salomo 11,1.*
29 Wind ... immer!] *Vgl. Johannes 3,8.*
30 zu Hof u. Hause] *»Haus und Hof«, aus der Erklärung des 1. Artikels des Glaubensbekenntnisses, des 2. Hauptstücks im Katechismus Luthers. – im Korbe ... der Mutter] Elisabeth Raspes Kinder; vgl. 5. Mose 28,5 und 1. Mose 49,25.*
31f. an den Frankfurter Zeitungen arbeite?] *Vgl. zu II 150,30f. In B hatte Raspe H.s wahrscheinliche Mitarbeit an den »Frankfurter gelehrten Anzeigen« erwähnt und gewünscht, »daß sie sich in ihrem Ton erhalten mögen« als »ein heilsahmes Gegengifft academischen Dünkels und eine trefliche Nach-Kur der Klozischen Kribbel-Krankheit«. Die um 1770 in Deutschland epidemische Kriebelkrankheit (Ergotismus) war eine durch das Mutterkorn im Brot verursachte Vergiftung (vgl. Johann Ernst Wichmann, »Beytrag zur Geschichte der Kriebelkrankheit im Jahre 1770«, Leipzig 1771, rezensiert in den »Göttingischen Anzeigen« vom 7. 3. 1771). Merck schrieb am 2. 1. 1773 an Raspe: »Es ist nun Gottlob alles glüklich mit diesem Jahre zu Ende, u. weder Herder, noch ich, oder meine*

andern Freunde die unbekannt seyn wollen, werden den geringsten Antheil mehr an dieser Rauferey haben« (Kraft, S. 81).
33 hoffe ... zu umarmen] *Auf der Durchreise nach Darmstadt zur Hochzeit, vgl. II 183.*

160. AN KAROLINE FLACHSLAND, *Bückeburg, 20. Februar 1773*

3 Knüttelversen] *Betrifft die Beilage, vgl. II Anm. 160; II 172,40. »Ueber Ihren geistlichen Brief [»geistliches Hirten- u. Trostschreiben«, SWS XXIX, S. 529, nicht nachweisbar] und BilderFabel haben wir uns herzlich ergötzt. Der bunte Specht [= Goethe] wird nicht wissen, wie ihm geschieht. Aber – armer trüber Falk! wenn Du Dein trüberes Weibchen holst und fliegen lehrst und hoch über der Erde wir fliegen, dann sehn uns keine Spechte mehr« (A_1). Vgl. auch zu II 153,34.*
8 kribbelt] *Nach Adelung niedersächs. Form von »kriebeln« (jucken).*
9 ernste Mine] *Miene, vgl. zu II 158,4.*
11 Griechin] *Vgl. II 161,4–7; zu I 85,41f.*
13 Freundschaft, Schwesterschaft] *Karolines Beziehungen zu Merck, Leuchsenring, ihren Freundinnen v. Roussillon und v. Ziegler und zu ihren Geschwistern.*
15f. welchen Theil ... zu nehmen scheint] *Vgl. II 156,20ff.*
20 Hartgläubiger)] *Ungläubiger.*
25f. »ein Leben ... seelig«] *Idyllzustand, vgl. II 3,86–91. Auch Karoline wünschte, »still, verborgen und selig« bei H. in »seinen Gärten und Wäldern« zu leben (A_1).*
28 Viertheiljahrs Bruder- u. Schwestergemeinschaft] *Zeit der Eingewöhnung in das Zusammenleben.*
30 Göthe, Merck u. Leuchsenring] *Vgl. zu I 142,23f.; II 93,10,12f.; 124,17ff. »Vor den 3 Herren fürchte ich mich nicht; sie können uns nichts nehmen und nichts schaden; sie sind auch zu gutherzig dazu« (A_1).*
31f. lange Weile bei mir] *Vgl. zu II 158,11f. Von Karoline als Mißverständnis zurückgewiesen, daß sie sich bei H. langweilen könnte (A_1).*
32 Etablißement ... auf Lebenszeit] *Eheschließung, vgl. zu I 83,67.*
34 vorgetändelt] *Karoline wies »Brauttändeleyen« und »solches Geschwätz« als unpassend für ihre Liebe zurück (A_1).*
37 liebstes Weib] *Vgl. II 91,38.*
38 fast täglich an mich geschrieben] *Vom Februar 1773 ist nur der zu 40f. zitierte Brief der Gräfin überliefert.*
39 Predigtabschrift] *Nicht nachweisbar.*
40f. die Kindheit komponiren laßen] *Vgl. zu II 141,13f.; 145,11f.; 148,61. Gräfin Maria hörte am 11.2.1773 abends »die himmlische Musik von Bach zu der Kindheit Jesu«, dankte H. für »ein wirkliches, nicht gemeines Fest« und bedauerte, »den Verfasser nicht laut preisen zu dürfen«. Graf Wilhelm nannte es »ein Gemählde von Raphael« und hatte H. »stark im Verdacht« (Erinnerungen I, S. 358f.). In A_2 bat Karoline H., »die Musick über das Kind Jesu« mitzubringen.*
42 langen, langen Brief] B_2.
44ff. »Gehts noch ... mit den Haaren an der Eiche] *Vgl. 2. Samuel 18,29 und 18,9. Die erste Stelle vgl. zu II 156,121.*
45 Absolon!«] *Absalom, siehe R, S. 701. – Herr König, u. Jungfer Königin!] = H. und Karoline, die ihn in B_2 »Herr König mein Engel« (nach 2. Samuel 19,28) anredete.*
47 Himmelspeise mit Eins] *Manna (vgl. II 156,122) »auf einmal«.*

48f. den Hrn ... Seewaßer ist] *Merck habe sich über die ihm von H. geschickten »englischen Bücher« sehr gefreut, er und Goethe hätten sich »über die Punsch- und Bischoffflecken aufgehalten, die darinnen sind« (B_2). Vgl. aber zu II 67,15.*
50 »wenn warme Lüfte gehn!«] *»Jedermann will wissen, wenn Du kommst. Doch nicht eher, als wenn der Frühling grünt und blüht und warme Lüfte gehn« (B_2).*
50f. Ein Mädchen] *Nur H. zuliebe wollte sie eins suchen (A_1). Vgl. zu II 156,56f.*
51 Frau Schwester] *Vgl. II 161,77; zu II 158,9f.*

161. AN KAROLINE FLACHSLAND, *Bückeburg, 27. Februar 1773*

3 Welche Schatten?] *Vgl. zu II 158,4. An H.s Liebe zweifelnd, hatte Karoline »halbe Nächte in ihrem Bett herumgewinselt, laut geschrien und, wenn der leidige Tag kam, nicht gewußt, was sie thun sollte« (B). In A entschuldigte sie den »kurzen dummen Uebergang von Misverständniß, der nicht so tief aus ihrer Seele kam«, als H. vermutete.*
4f., 71 süßes Geschwätz ... meine Griechin] *Vgl. II 148,90ff.; auch I 88,19; 102,190f.; II 160,11; VI 15(N),59; 39(N),80f.; 52(N),46; zu I 85,41f. Karoline hatte geglaubt, ihre Liebesbriefe seien für H. nur unnützes »Geschwätz« (B); vgl. zu II 158,4. Dagegen ist H.s Wortgebrauch hier von der anakreontischen Dichtung beeinflußt, vgl. Gleim, »Versuch in Scherzhaften Liedern«: »An Herrn Ewald Christian von Kleist« bzw. »An Uz« (SWS IV, S. 110).*
7 Klopstocksche Ode] *Klopstocks Oden bezeichneten für H. den Gipfelpunkt der zeitgenössischen Poesie. – Griechisches Herzensgebet]* *Vgl. z. B. »Wunsch«, »Hochzeitslieder«, »Fragmente Griechischer Lieder« in den »Volksliedern« (SWS XXV, S. 273, 403f., 407f.).*
8 Tanz] *Wie die Tonkunst ursprünglich »Sprache der Leidenschaft« (SWS IV, S. 120).*
9 Sprache des Herzens] *Vgl. die »Oden«-Rezension (SWS V, S. 350): »ganzer Ausfluß ... eines erregten Herzens«.*
9f. den Brief] *II 148.*
10 Grillenfängerin] *Karoline wegen ihrer unbegründeten Selbstquälerei, vgl. zu 3.*
14–17 Leuchsenring ... vermochte] *Vgl. II 148,12–18.*
21, 47, 60 Ohnmacht] *Nach dem Empfang von II 158 bekam Karoline »den Nachmittag eine Ohnmacht, die Erste in ihrem Leben« (B). Nach A war es »Ohnmacht der Liebe«.*
25 Wiedergeburttigel] *Alchimistischer Begriff (Schmelztiegel); vgl. III 8,26f.; 79,13f.*
27 Trüben] *Die Trübe (Plural), Trübsal.*
30 Kein Mai!] *Vorschlag Karolines, H. möge »im Maien« kommen, »es ist der schönste Monath im Jahr« (B). Es wurde nicht viel eher (vgl. II Anm. 183).*
33 Verzögrung] *Karoline habe nur um H.s willen »von Zögerung gesprochen« und »sich selbst vergessen« (B). – in den Balsamgebüschen?]* *Vgl. II 137,83; zu I 103,111. – im Wagen?]* *Bei einer Ausfahrt in die Wälder um Darmstadt, vgl. II 12,19ff.*
34 ersten Zusammenkünften?] *Im August 1770 in Darmstadt.*
41 für ein Bild seyn!] *Karoline »fantasirte sich Tag und Nacht süße, himmlische Scenen des Beysammenlebens vor«, in denen sie H. zeigen könne, »was für ein Bild er in ihrer Seele« sei (A).*
45f. säen, pflanzen ... nicht kannst] *Vom »Säen und pflanzen und handeln und häußliche Wirthschaft lernen« erwartete Karoline ein neues Leben (A).*
47f. Du must ... reisen!] *H.s Erfahrung von 1769.*
48f. Westphalen sehen! ... hum! hei!] *Ironisch, vgl. II 21,46f. Karoline aber wollte keine »Dame am Hoffe werden« und war über den »losen Spaß« erschrocken (A).*

50–57 allerliebstes Büchlein ... ausgeschnitten] *Klamer Eberhard Karl Schmidt, »Elegien an meine Minna«, vgl. II 165,28.*
50ff., 58ff. Einer Frauen] *Frau Westfeld.*
51 kleinen Schiffers u. Mädchens] *Vgl. II 148,82–85.*
51f. im Bilde kennet] *Vgl. II 165,28f.*
54 herzbrechend durchharlekinisiret] *Herzzerreißend verspottet.*
56 Westphälisch gebunden] *Kunstlos; vgl. zu II 21(N),46f.* – ihr u. Dein Name steht doch darinn] *H. sollte seiner Nachbarin sagen, »daß ihr Name Westfeld« für Karoline »das Liebste« in dem Buch sei (A).*
61 eine Ohnmacht gehabt] *Darüber war Karoline »herzlich erschrocken« (A).*
61f. Deinen u. Leuchsenrings Brief] *Vgl. zu II 158,4,6.*
62f. zur Ader gelassen] *Vgl. zu I 108,6. Karoline fürchtete, H. würde dadurch schwächer.*
63 dem Mann] *Westfeld.*
69 Geblüt] *Die ganze Masse des im Körper befindlichen Bluts (Adelung).*
71 Geschwätz! Geschwätz!] *Vgl. zu 4f.*
75 den Apostel] *Lavater, II 162 als Beischluß. »Lavaters Brief ist besorgt« (A).*
76 seinen Plan] *Das Avertissement von Leuchsenrings »Journal de Lecture« (siehe R, S. 677) übersandte Karoline mit B zu II 158. Wie H. war auch Merck gegen das Projekt und prophezeite sein Mißlingen. Leuchsenring wollte »die besten Pieçen aus Romanen etc. zusammensuchen, und abdrucken« und verlangte nach der Pränumeration 3 Sols (Sou) pro Bogen (B zu II 158). Durch Verbreitung des Avertissements half H. dennoch, Abonnenten zu gewinnen; vgl. III 9; 13,19–29; 18,53.* – dies Buch] *Vgl. zu 50–57.*
77 Fr – – Schwester] *Vgl. II 160,51; zu II 158,9f.*
77f. sehr hoch u. französisch] *H. hätte Friederike v. Hesse »keinen ärgern Possen spielen können als sie Madame la Baronne zu nennen« (A).*

162. AN JOHANN KASPAR LAVATER, *Bückeburg, 27. Februar 1773*

5 auf dem Wege] *H. befürchtete wechselseitige Mißverständnisse in der Korrespondenz mit Lavater und dessen Indiskretion (darüber bis 58). Vgl. zu II 125,46; 148,54,55f.*
8 in meinem Briefe] *II 151.*
12 nicht ohne ... Sie sind] *Anerkennung der unverwechselbaren Individualität Lavaters, seiner ganz persönlichen Religiosität.*
16ff. Aber nun ... Wink gab?] *Vgl. II 151,43–59,89ff.,170f. Lavater versprach: »Heiliger, als alles, was mir je auf Erden heilig war – verschloßner, versiegelter, als alles soll mir Deine Freundschaft, Dein Briefwechsel, Dein alles seyn« (A). Aber er blieb die personifizierte Indiskretion.*
17 εἴδωλον] *Gestalt, Bild; im Neuen Testament im Sinne von Trugbild, Götzenbild (vgl. Apostelgeschichte 7,41 = Goldenes Kalb).*
26 α u. ω] *Vgl. Offenbarung des Johannes 1,8.*
35f. Eine Person] *Nicht zu ermitteln. Lavater konnte die Person »unmöglich errathen« und stellte es H. anheim, sie ihm »näher zu bezeichnen«, da seine abweichende Erfahrung »sehr lehrreich« für ihn sein würde (A).*
39ff. »wie nöthig ... bauet«] *Notwendigkeit eigener Urteilsbildung.*
42f. Apokalyptische Thier] *Vgl. Offenbarung des Johannes 13,18; siehe R, S. 702.*
43 Publikum] *Vgl. II 151,123ff.; 163,43.*
45ff. in Ihrem Journal ... Person aus] *»Ich muß einen ganz ächten, unverstellten Band Tagebuch herausgeben, ... und ich fange mit dem Abend des X. Novembers an« (B). Vgl.*

N II Anm. 127, zu A; Haym I, S. 542, Anm. 95. *Lavater veröffentlichte im 2. Teil seines* »Tagebuches« *B zu II 127(N) mit Auszügen aus H.s erstem Brief und aus A zu II 162 vom 13.3.1773, druckte aber statt H.s Namen* »N.« *(ebd., S. 1–6, 260). Vgl. dazu III 40,6f.*

50f. Gerechtigkeit ... Menschenliebe anfängt.] *In A zitiert und variiert:* »Menschenliebe, die allerhöchste ist im Grunde auch nichts mehr und nichts weniger, als Gerechtigkeit.«

52f. Baum mit ... Wipfel in die Erde?] *Sinnbild für Verkehrtheit, vgl. Bückeburger Geschichtsphilosophie (SWS V, S. 572).*

54 unsre Freundschaft besiegeln] *Vgl. zu* 16ff.; *II 151,53f.*

55 Früchte bringen in Geduld] *Vgl. Lukas 8,15.*

56 Tagbuch] *Vgl. zu* 45ff.; *hier als Urteil des Gerichts nach dem Tode verstanden, vgl. Offenbarung des Johannes 10,2.*

58 ad laetiora!] *Zu Erfreulicherem!*

59 Ein Weib habe ich nicht] *Lavater hatte in B gefragt, ob H. eine Frau, Kinder und* »Freunde in Bückeburg« *habe.*

59f. wie ich ... geschrieben] *Vgl. II 127(N),251; 151,32–36,157.*

60 instar omnis] *Anstatt aller.*

61f. Jugendfreunde ... geschrieben] *Nicht expressis verbis, vgl. II 151,25.*

63 entwickeln] *Hier: das in II 151 nur Angedeutete in Gedanken weiter ausführen.*

63f. Bückeburg ... Geographieunwißender] *Lavater wußte nicht,* »wie weit Bückeburg von Zürich ist« *(B).*

64 Republikaner] *Vgl. II 151,11f.*

65 Ihren Freund Zimmermann] *Zimmermann (H. als Adressat der* »Aussichten in die Ewigkeit« *bekannt) schätze und liebe H. sehr; der Mann sei viel besser als in seinen von Hypochondrie beeinflußten Schriften (A).*

66 ορμην] *ορμη, Drang, Antrieb, Lust.*

67f. mit dem Früling aufzugrünen hoffe] *Vgl. II 151,34ff.*

68 Ihre Aussichten] *Vgl. zu II 151,106f.; III 8,31f.*

70–137 Ihr Problem vom Glauben] *Im 13. Brief* »Von der Erhöhung der Geistes-Kräfte« *in Bd. 3 der* »Aussichten in die Ewigkeit« *nimmt Lavater an,* »daß sogar auch der Glaube in dem zukünftigen Leben noch statt haben werde. Die Dinge, die hier geglaubt werden, werden dann freylich Gegenstände des Anschauens seyn. Aber alles werden wir nicht auf einmal erkennen« *(S. 60f.). Nach dem 14. Brief* »Von der Erhöhung der sittlichen Kräfte« *sind* »der Glauben und die Hoffnung in dem gegenwärtigen Leben etwas moralisches. Sie werden das auch in dem zukünftigen seyn« *(S. 85). H.s folgende Ausführungen tendieren zur Bückeburger Geschichtsphilosophie, deren Schlußmotto identisch ist mit den von Lavater im 13./14. Brief paraphrasierten Schriftstellen, vgl.* 123f. *Dieser antwortete:* »Deine Gedanken vom Glauben, im Grunde vollkommen die meinigen, wiewol ich sie nie so überschauend in der Seele zusammengefaßt, haben mich innigst erquickt.«

76–80 Philosophische Abhandlung vom Glauben als Region der Menschlichen Seele] *In H.s gnoseologischer Abhandlung* »Vom Erkennen und Empfinden der menschlichen Seele« *sollte dem Glauben keine* »große Region« *eingeräumt werden. Vergleichsweise ähnliche Gedanken enthält H.s Entwurf von Ende 1766* »Betrachtungen über den Glauben, als den Mittelpunkt der Religion« *(SWS XXXII, S. 161ff.), eine historische Übersicht von der Patriarchenzeit über den Glauben der Propheten, Apostel und der Kirche bis zum Glauben als* »Grundsatz der Moral«.

78f. Grundvesten] *Grundfesten, Fundament eines Gebäudes. Vgl. die Bückeburger Geschichtsphilosophie über den orientalischen Despotismus (SWS V, S. 483).*

81 Receptibilität] *Empfänglichkeit.*

84, 134f. viele Glieder an Einem Körper Gottes] *Vgl. Römer 12,4; 1. Korinther 12,27. Derselbe Gedanke in III 29,24f.; 122(N),30ff. und in der Predigt vom 12.1.1772 (vgl. zu II 45,70ff.).*
85 Natürliche Geschenk des Glaubens] *Vgl. Römer 12,3.*
88 dies Talent] *Glauben.*
89f. die beßre Gestalt ... Vernunft behauptet.] *Nach letzterer war Geschichte das Resultat zweckbewußter, zielgerichteter Handlungen der Menschen, vor allem der Staatsmänner und Feldherren. Diese glaubten, die künftigen Wirkungen ihres Tuns aus den Lehren der Vergangenheit, besonders den Fehlern früherer Staatsmänner, berechnen zu können (Pragmatische Geschichtsauffassung). H. lehnte den personalistischen Pragmatismus der Aufklärung ab und verwies dagegen in der Bückeburger Geschichtsphilosophie passim auf »ein blindes Schicksal«, das Walten der göttlichen Vorsehung (Providenz, »Allanblick«), der gegenüber der Mensch »Insekt einer Erdscholle«, »Ameise«, »Fliege« sei und nur einen geringen Ausschnitt der Geschichte erblicken könne (SWS V, S. 530f., 559, 585).*
91–95 Zeitalter ... des Menschlichen Geschlechts] *Lebensaltertheorie (SWS V, S. 488; SWS VI, S. 269), siehe R, S. 682.*
92 mehr zum Glauben] *Im Kindesalter des Individuums wie der Menschheit, dem orientalischen Patriarchenalter, dem »goldnen Zeitalter der Kindlichen Menschheit« mit »einer Art von Kindlichem Religionsgefühl« (SWS V, S. 481,485).*
93f. Autorität der Offenbarung] *»Unterweisung des Vaters selbst an diese Kindheit – Offenbarung!« (SWS V, S. 566). Im 1. Teil der »Aeltesten Urkunde« die Offenbarung Gottes durch die Natur, die »aufgehende Morgenröthe« (SWS VI, S. 267).*
95ff. Jahre dem vortreflichen Stuffengange Gottes ... zu erziehen.] *H.s Studien für die »Aelteste Urkunde« seit 1768, deren Nebenprodukt die Bückeburger Geschichtsphilosophie ist. Vgl. »Gang Gottes über die Nationen« (SWS V, S. 565).*
96 nachgeschlichen] *Vgl. »Ueber die ersten Urkunden des Menschlichen Geschlechts« (vgl. zu I 43(N),38f.), Einleitung, 1. Abschnitt: »Der Denkart der Nationen bin ich nachgeschlichen ... « (SWS XXXII, S. 151; FHA 5, S. 15).*
97f. bald ... zu lesen] *Vgl. III 18,3–14; 29,28ff.,37f.; 87,10ff.*
99f. Geschichtschreiber ... Menschengeschlecht] *Vgl. »An Prediger. Funfzehn Provinzialblätter« XIII. (SWS VII, S. 300f.).*
102 Anfang unsrer Kirche] *Die Entstehung der christlichen Religion wird im 2. Abschnitt der Bückeburger Geschichtsphilosophie dargestellt (SWS V, S. 516–522).*
104 Zeitalter des völligen Unglaubens] *»... einerlei Erziehung, Philosophie, Irreligion, Aufklärung, Laster«; das 18. Jh., das sich »in so dummen Unglauben erschöpfte« (SWS V, S. 577f.).*
106f. unser Zeitalter ... vergreisetsten Vernünftelei] *Wenn auch die expressis verbis ausgeführte Lebensalteranalogie der Bückeburger Geschichtsphilosophie beim »Mannesalter« der Römer endet (SWS V, S. 499), nimmt doch die polemisch geschilderte Gegenwart manchmal greisenhafte Züge an (vgl. ebd., S. 534, 538, 541, 557, 570, 577, 579).*
109 Maße] *Masse.*
109f. Menschenkräfte ... allein würkt] *»Abhandlung über den Ursprung der Sprache«: »Der Ursprung der Sprache wird also nur auf eine würdige Art Göttlich, so fern er Menschlich ist« (SWS V, S. 146). Vgl. II 101,14f.; zu II 88,85f.,88f.*
112 das Absinken noch nicht am Ende] *»Da sich also Schwäche in nichts als Schwäche endigen ... doch es ist nicht mein Amt weißagen!« (SWS V, S. 579, vgl. 562 »das Ende der Tage«).*
113–116 ein ganz andres Zeitalter ... Gegentheil scheint] *Vgl. III 75,30–35. »Religion, Vernunft und Tugend müßen durch die tollesten Angriffe ihrer Gegner unfehlbar einmal*

gewinnen!« (SWS V, S. 578). »Die älteste Philosophie wird überall ... die jüngste werden« (»Aelteste Urkunde«, Bd. 2, SWS VII, S. 17, Anm. r).

117 Wunderkräfte ... Luther] »Vom Erkennen und Empfinden«, 2. Fassung 1775: »Im Jurist und Mönchen Luther schlief schon alle der Zunder, der auf Tetzels Funken wartete: derselbe rege, dunkle Trieb ...« (SWS VIII, S. 328).

120f. Gott gebe ... dem Unwilligen] »Mensch, du warst nur immer, fast wider deinen Willen, ein kleines blindes Werkzeug« (SWS V, S. 532).

121 dem völlig Fahrlosen] *Vergeblich, erfolglos, ungeeignet.* »Dem Fahrlosen ... giebt Gott Wunderkräfte – das lehrte mich Martin von Schlierbach – ein Mann, voll tiefen, einfältigen bonsens, und – vor Zeiten voll Glaubens – ein württembergischer armer Bauer« (A).

123f. Kapitel 12.13. des 1. an die Korinther] *Vgl. zu* **70–137.** *Kap. 12: Verschiedene geistliche Gaben, vgl. hier zu* **84.** *Kap. 13: Preis der christlichen Liebe.*

124 Ihre Fragen] *Vgl. zu I 75,76.*

125 in Fenelons Briefen] Lavater hatte diese »erst vor wenigen Wochen ungelesen«, weil er »zum Lesen sehr wenig Zeit habe«, einer Freundin geschenkt. Diese habe darin Lavaters Gedanken »in Absicht auf moralische Sachen« wiedergefunden (A).

126 Law u. Krugott] *William Laws Erbauungsschriften und Martin Crugots Predigten empfahl Lavater in Bd. 3 der »Aussichten« als »einen Schatz von Christlicher Moral« (S. 303–308).*

128 (Oeuvres spirituelles Tome 2. u. 4.] *Zu korrigieren: 2. in 4. (Quart). Übersetzt waren* »Traités spirituels«, *nicht die* »Lettres spirituelles«.

129f. deßen Seele ... Freundin Johannes] *Eine Johannesseele (vgl. VI 111,48f.; VIII 145,53f.). Über Fénelon im 42. der »Briefe, das Studium der Theologie betreffend«:* »... es war eine große, reine und zarte Seele in ihm« (SWS XI, S. 37; vgl. »Adrastea«, 1. Stück, SWS XXIII, S. 48f., 51f.).

131 Exempel solcher Gaben in unsrem Zeitalter] *Vgl. zu I 75,76.*

132f. Matthäus 24,4.5.11.12.)] *Jesus Christus warnt die Jünger vor Verführern und falschen Propheten.*

134f. (wir sind ... Einem Leibe)] *Vgl. zu* **84.**

136f. γνωσει oder προφητεια ... γλοσσαις oder ενεργημασιν] *Durch Erkenntnis oder Weissagung ... durch Sprachen (Zungenreden) oder Wundertaten. Vgl. 1. Korinther 12,8–10.*

138 versiegeln] *Vgl. zu* **16ff.**

138f. Ode an Gott] *Zürich 1770.*

163. AN JOHANN WILHELM LUDWIG GLEIM, *Bückeburg, Anfang März 1773*

4f. Briefe ... leer werden] *Wie auch II 147; 155.*

7 Jacobi schrieb ... antwortete ihm] *H.s Antwort ist nicht überliefert, vgl. II Anm. 163. Johann Georg Jacobi hatte am 3. 6. 1769 an Klotz über dessen Rezension der »Kritischen Wälder« in Bd. 3 der »Deutschen Bibliothek« (siehe R, S. 663) geschrieben:* »H*** wird entsetzlich brüllen. Nie sahe ich in einer Schrift mehr bittre Galle, als in der seinigen; aber er verliert dabey. Seine Verzerrungen bey dem lachenden Witze seines Gegners machen ihn nur noch lächerlicher. Dieser macht sich mit seinen Wäldchen eine blosse Kurzweil, und er stampfet und schnaubt. Ich läugne nicht bey alle dem, mein Liebster, daß ich die Wiederherstellung aller Dinge wünschte, und mit Klotz, Leßing und Herder, in einer Rosenlaube lachen und trinken möchte« (»Briefe Deutscher Gelehrten an den Herrn Geheimen

Rath Klotz«, Bd. 2, S. 174). In seinem Entschuldigungsbrief an H. vom 13. 12. 1772 erklärte er, aufgebracht über die Bitterkeit des anonymen Autors der »Kritischen Wälder« habe er »in einem Augenblicke des Unwillens jene fatale Stelle« geschrieben. Als er den Brief gedruckt las, sei er über seine »niedrigen Ausdrücke« erschrocken, die nicht seiner sonstigen Denkungsart, den »reineren, sanfteren Empfindungen« in seinen Liedern, entsprächen. Er wünschte, nicht H.s Achtung zu verlieren.

8 Hora] *Siehe R, S. 727.*
16 in Abschriften] *Vgl. II 172,43–49; zu II 177,70.*
18 Nachricht] *Durch Merck, vgl. zu 172,42ff.*
23 den ganzen Brief] *H.s an Jacobi. – Ihrem Freunde] Johann Georg Jacobi.*
24f. dessen Ruf, ... nicht bestimt] *Vgl. zu II 155,6; 158,25.*
26 Taumelmarkt] *Vgl. Jesaja 19,14.*
29f. verbrennen ... nicht allgemein zu machen] *Vgl. die berechtigte Befürchtung der Indiskretion Lavaters II 162,3–58.*
34–38 Ihrem Freunde ... aboliren.] *Gleim schrieb am 7.3.1773 über H.s Klage an Jacobi (damals in Halberstadt) und erhielt sogleich dessen Antwort, die er im Original an H. schickte: Jacobi hatte H.s Brief seinem Bruder mitgeteilt und »mit umgehender Post« zurückerhalten. Falls sein Bruder eine Abschrift genommen hätte, so wollte er ihn »heute gleich« um deren Vernichtung bitten. Beide seien »Verehrer des herderischen Genies« und über Johann Georgs Äußerung gegen H. in den Briefen an Klotz bekümmert gewesen. Gleim wurde gebeten, den verärgerten H. zu beruhigen. Gleim wünschte in seinem Begleitbrief vom 7.3.1773 H.s Verzeihung für Johann Georg Jacobi, dessen Bruder sich hätte »vorsichtiger verhalten sollen«.*
38 aboliren] *Beseitigen, tilgen.*
40f. 2. ähnliche Nachrichten] *Vgl. zu 29f.; II 148,54ff.*
43 vielköpfigen Drachen, Publikum] *Vgl. Offenbarung des Johannes 12,3; ähnlich II 162,42f.*
44 ahnden] *Ahnen.*
48 darfs nicht sagen] *= Brauche nicht zu sagen.*

164. AN CHRISTIAN GOTTLOB HEYNE, *Bückeburg, 6. März 1773*

3 dieses Buches] *Hemsterhuis, »Lettre sur l'Homme et ses Rapports«, durch Boie aus der Göttinger Universitätsbibliothek erhalten, vgl. N II 118,11–14. H. hatte die Provenienz des Buches vergessen und Boie in einem nichtüberlieferten Brief danach gefragt. Boie schrieb am 9. 2. 1773, es »gehörte der Bibliothek, und war schon großes Suchen darnach gewesen« (B₁ zu N II 169). Heyne machte H. deswegen Vorwürfe: »... der selige Hamberger und Dietz haben die ganze Bibliothek durchsuchen müssen, um das Buch zu finden. Nun stehe ich beschämt da!« (A).*
5 Casiri] *Dessen Katalog der arabischen Mskr. der Escorial Bibliothek und (nicht zu ermittelnde) spanische Bücher wollte Heyne über die portugiesischen Verbindungen des Grafen Wilhelm zu Schaumburg-Lippe für die Göttinger Akademie erwerben. Nach A nahm er zunächst von der Bestellung des Casiri Abstand, weil er »den Ausgang einer andern Negotiation, von Straßburg aus, abwarten« mußte.*
10 Schnupfe, Katarrh, Arbeit, Mißvergnügen] *»Denken Sie, daß wir auf Rosen schlafen?« erwiderte Heyne, charakterisierte seine Situation mit einem Tretrad und schilderte die Last der kritischen Arbeiten an seiner aus Anforderungen des Vorlesungsbetriebs hervorgegangenen Pindar-Edition. Vgl. II 171(N),40f.*

12 verwesend liege unter den Todten] *Vgl. Psalm 88,6.*
15 alle Bücher] *Vgl. N II 127a,3f.; zu II 99(N),31. – Zoroasters Ankunft] Vgl. II 144(N),3f.*

165. AN KAROLINE FLACHSLAND, *Bückeburg, etwa 6. März 1773*

4f. Ihre Ankündigung ... vortreflich ist] *In B zitierte Karoline den 2. und 3. Absatz aus ihrem Verehelichungsgesuch (H: Darmstadt, Hessisches StA; hier nach D, vgl. II Anm. 165):*
»Durchlauchtigster Landgraf,
Gnädigster Fürst und Herr.

Euer Hochfürstlichen Durchlaucht bin ich seit so vielen Jahren, für die mir zugeflossene Fürstliche Huld und Gnade so tiefgerührt verpflichtet, daß ich keinen Schritt von Wichtigkeit in meinem Leben wagen werde ohne Euer Hochfürstlichen Durchlaucht höchste gnädige Einwilligung.

Der gräflich Bückeburgische Consistorialrath Herder lernte mich vor zwei Jahren bey seiner Durchreiße hier kennen und gedenkt durch eine nähere Verbindung mich glücklich zu machen.

ich unterwinde mich, es Euer Hochfürstlichen Durchlaucht in Unterthänigkeit zu berichten, und um höchste gnädigste Einwilligung unterthänigst zu bitten.

Das Andenken der so unendlich vielen Gnade, Grosmuth und Fürstlichväterlichen Huld und der tiefste Dank meines Herzens dafür, werden ewig unauslöschbar bei mir sein, und es wird das Glück meines Lebens vollkommen machen wenn Euer Hochfürstlichen Durchlaucht, mich ferner hoher Gnade würdigen werden.

ich ersterbe in tiefster Ehrfurcht
                Euer Hochfürstlichen Durchlaucht

Darmstadt den 27ten Febr. 1773.

                                unterthänigste Magd
                                Caroline Flachsland.«

(In B erklärte Karoline, das sei eine Vorsichtsmaßnahme gewesen, um den Landgrafen nicht gegen sie oder ihre Geschwister aufzubringen. »Er mag nun einwilligen oder nicht, so geschiehts doch!!!«*).*
5f. darüber ... Antwort hoffe] *Nach B zu II 170 empfing Karoline einen Brief vom Landgrafen, worin er ihr* »zu dem ehelichen Verlöbniß mit dem Bückenb[urger] Consist[orial]r[at] Herder von Herzen gratulirt!« *(nicht im HN überliefert).*
7ff. fernere Gütigkeiten ... abzubiegen] *Nach A hat der Landgraf Karoline* »weiters keine Gnade angeboten«.
15, 32f., 48f. Fürstin von Stadthagen] *Charlotte Friederike Amalie Fürstin zu Schaumburg-Lippe residierte in Stadthagen.*
15f. sich also ... zu erklären geruhet.] *In einer Gesellschaft, in der Merck* »Romanzen, Lieder treuer Liebe« *vorlas, flüsterte* »jemand« *Karoline ins Ohr, die Herzogin von Pfalz-Zweibrücken-Birkenfeld habe Briefe aus Bückeburg erhalten* »vermuthlich von der alten Gräfin« *mit der Nachricht, daß H. seine Heirat mit Karoline Flachland* »dort declarirt« *habe. Man sei* »jetzt sehr wohl mit ihm zufrieden, er predige jetzt den wahren Glauben, aber im Anfang sei er ein Freygeist gewesen« *(B).*
17 Cour gemacht] *Seine Aufwartung gemacht, vgl. II 1,75f.*
22f. Xstus oder Belial] *Vgl. 2. Korinther 6,15; siehe R, S. 702. Im 3. Stück der »Adrastea« spielte H. auf eine Legende von »Christus und Belial« an (SWS XXIII, S. 283), der ein*

geistliches Drama vom Belials-Prozeß zugrunde liegt, »Consolatio Peccatorum, sive Liber Belial. Processus Luciferi contra Jesum« von Jacobus de Ancharano (1368 entstanden, 1482 gedruckt).

25 Ihren Namen gewußt hat] *In B₁ zu II 177 schrieb Karoline, daß ihr Name nicht aus Bückeburg an den Darmstädter Hof gelangt sei, sondern daß die Landgräfin von Hessen-Darmstadt es erraten habe.*

26f. in dem Hause ... lebe] *Bei Westfelds, vgl. zu II 139; 140.*

27f. Ihrem Exemplar Klopstockscher Oden] *Vgl. II 74(N),20f.,30–35; siehe R, S. 314.*

28 die Elegien] *Vgl. zu II 161,50–57.*

29 Ihr Bild] *Vgl. II 33,3–33. – kein Brief ... namentlich] Die meisten Briefe H.s an Karoline Flachsland waren Einschluß an Merck, mehrere an Friedrich Sigmund Flachsland, einzelne an Andreas Peter und Friederike v. Hesse, Goethe und Leuchsenring.*

30f., 60 Ihrer alten Fürstin] *Friederike Charlotte Prinzessin von Hessen-Kassel.*

32 ehe Sie selbst es sind] *Ehe Karoline als Frau Herder in Bückeburg ist.*

32f. unsre alte Fürstin] *Vgl. zu 15.*

34 ein Haus] *Nicht zu ermitteln, um welche Bückeburger Familie es sich handelte.*

35 Wohlstand] *Anstand, guter Ton.*

36 Politischpietischfürstlichen] *Verschreibung für »... pietistisch...«, vgl. 18. Nach Westfelds Mitteilungen war die Stiefmutter des Grafen Wilhelm »eine stolze, und doch gerade gar nichts bedeutende deutsche Fürstin, die sich in dem Umgange mit Frömmlingen für alle die Glückseligkeiten schadlos hielt, die ihr, wie sie glaubte, gebührten, und die sie doch nicht hatte« (Erinnerungen I, S. 279).*

40 zur Bettlerin ... schlechtesten Gattung] *Durch ihre Wohltätigkeit hatte die Fürstin sich hoch verschuldet (1773 auf 30 000 Taler, vgl. Schaumburg-Lippe III, S. 513, Nr. 442). Als Mitglied des Armendirektoriums urteilte H. mit Sachkenntnis.*

41 betriegen] *Betrügen.*

42 Gewäsch] *Vgl. 59–62. Karoline reagierte darauf unbekümmert: »Die alten Fürstinnen und Schwätzerinnen mögen reden, was sie wollen, was kümmerts uns! ich glaube selbst, daß unsre Alte der Ihrigen meinen Namen gesagt – laßt sie wäschen zusammen, sie können uns nichts damit nehmen« (A).*

44–58 Einem Brief der Gräfin ... Besorgniß.] *H.s Briefwechsel mit Gräfin Maria sollte geheim bleiben; er hatte nur Karoline wiederholt davon berichtet und ihr sogar einige Briefe der Gräfin übersandt (vgl. II 62,13–17; 135,15ff.,27–31; 148,59ff.; 177,26f.); seine Besorgnis darüber vgl. II 138,82ff.; 170,7ff.; 172,56f.*

48f. Stadthagener Kupplerin] *Vgl. zu 15; im Sinne von »Klatschbase«.*

55ff. schreibe mir ... gesagt habest] *Karoline beruhigte H. darüber, nur ihre Schwester wisse von den Briefen, »die alten Weiber erfahren nichts davon«. Nichts solle H. stören »in der Bekantschaft dieser lieben Heiligen« (A).*

58 Adelherz] *Hoheit der Seele.*

60 (Ihrer alten Fürstin] *Vgl. zu 30f.*

66 mache Dich zur Reise fertig] *»Nach Ostern bin ich reisefertig« (A).*

67 dahinzeucht] *Dahinzieht.*

70 Deine Schwester] *Friederike v. Hesse.*

71 Menschheit] *Vgl. zu II 127(N),35. – Geheime Rat] Hesse sprach »sehr oft« von H. und ließ für ihn ein Zimmer vorbereiten (A).*

72f. Von Madame Westfeld ... Grüße] *Karoline erwiderte die Grüße »tausendmal« (A).*

73f. mein Engel, die ... sollte] *»Du, mein Engel, Bruder, holder Bräutigam, bist mir Alles, Alles – ... Dich sollte eine beßere Sterbliche, als ich bin, glücklich machen« (A).*

166. AN JOHANN FRIEDRICH HARTKNOCH, Bückeburg, 10. März 1773

3 Dank] *Für 2 Briefe (anscheinend keine neuen Geld- und Büchersendungen seit II 149,3).*
4 Meßgeschäft u. Freierstunden] *Vorbereitung auf die Reise zur Leipziger Messe (vgl. 14); vgl. zu 32.*
6,12 Hamanns Schriften] *Vgl. zu II 149,33,40. Nach B₂ hatte Hartknoch sie noch nicht zurückerhalten. Vgl. III 18,43f.; 25,45.*
6 Magus] *Den Titel hatte Hamann 1762 durch Friedrich Karl v. Mosers »Treuherziges Schreiben ...« erhalten und sanktioniert. Er gebrauchte ihn selbst in »Philologische Einfälle und Zweifel«, »Au Salomon de Prusse« und »Selbstgespräch eines Autors« (Nadler, Bd. 3, S. 35, 48, 52f., 57, 59, 77), ebenso Nicolai in seiner Antwort auf letzteres, »An den Magum in Norden«.*
7 einen Brei eingerührt] *Mit den Veranstaltungen zur Herausgabe der »Philologischen Einfälle und Zweifel«, vgl. II 167; 168.* – Aldi Manutii u. Nicolao-Muzelii] *Nach dem Buchdrucker und dem Schulmeister (letzterer vgl. Nadler, Bd. 2, S. 202), ironische Bezeichnung für Nicolai, der in seiner Schrift »Muzelii clavis vestibuli Marchici« (»Schlüssel der märkischen Vorhalle«) erwähnte.*
8 Summus Aristoteles ... Euripides] *Siehe R, S. 62.* – salva venia] *Mit Erlaubnis zu sagen.* – die Nase zuzuhalten] *Vgl. II 167,10.*
9 Selbstgespräch eines Autors«] *Hamann wollte mit der Schrift Nicolai zum Druck der bereits von den Verlegern Hartung und Kanter aus Vorsicht abgelehnten »Philologischen Einfälle und Zweifel« bewegen und verlangte für diese »30 Friedrichdor in baaren Golde« (Nadler, Bd. 3, S. 70).*
10 epistola M[agistri] Coelii] *Die Ergänzung von »M. Coelii« wurde nach II 167,6 vorgenommen, hätte aber unterbleiben sollen oder als »M[arcus]« erfolgen müssen. = Nicolai, »An den Magum in Norden«, siehe R, S. 415; Coelius ebd., S. 118.* – Schrift an den König] *»Au Salomon de Prusse« (und »Philologische Einfälle und Zweifel«), sollte laut einer Mitteilung des im Februar/März 1773 in Berlin weilenden Kanter »französisch und deutsch gedrukt werden, ist an den König gerichtet« (B zu II 168).*
11f. worinn auch ich ... Ehre habe.] *Vgl. zu II 167,17f.*
12 die alte Schriften] *Vgl. zu 6.*
14 alle die Herrn] *Nicolai und seine Freunde.*
16 wie Hamlet ... muckt!] *III/2 Beobachtung des Königs durch Horatio während der Theateraufführung »Die Mausefalle«.* – *Nach A₂ »dachte in Berlin alles gut« von H., dennoch versprach Hartknoch, während seines mehrtägigen Aufenthalts zu hören, »was man von ihm auch nur so muckt«.*
19 das Oekonomische Schriftchen des Pastor Eisen] *»Die Kunst, alle Küchenkräuter und Wurzeln zu trocknen« war H. durch einen Messekatalog als Hartknochs Verlagsprodukt bekannt, im Briefwechsel vorher nicht erwähnt.*
20 mit ihm in Korrespondenz] *Nach A₁ (Zitat aus diesem Brief III 5,14–20) schrieb Hartknoch vor seiner Abreise zur Messe an Eisen wegen der Kräutertrocknung. Eisen richtete daraufhin 2 Briefe an H. (vgl. II Anm. 166) und bat ihn, über Hartknoch den Empfang zu bestätigen (vgl. III 18,28ff.). Beide Briefe, Torma, 1. und 8.4.1773, sind veröffentlicht in: »Johann Georg Eisen (1717–1779). Ausgewählte Schriften. Deutsche Volksaufklärung und Leibeigenschaft im Russischen Reich«, hrsg. von Roger Bartlett und Erich Donnert, Herder-Institut Marburg 1998 (Quellen zur Geschichte und Landeskunde Ostmitteleuropas, 2), S. 621–625.*
22 Recept des Aufbewahrens der Küchengewächse] *Eisen schickte am 1.4.1773 nach Riga für den Grafen zu Schaumburg-Lippe »zwei kleine Kabinete von seinen besten Präparaten«*

(Proben verschiedener getrockneten Kohlsorten u.a. »in kleinen Kartusen« = Pappschachteln), die er bereits »an alle Europäische Höfe« versandt habe (»nur nach Lisabon hatte er noch keine Gelegenheit«), mit Rezepten der Zubereitung und handschriftlich seinen »Unterricht, wie die nothwendigsten Gemüß-, Salat- und Gewürzkräuter und Wurzeln getrocknet werden können« (4 S. Rezepte: »Zugemüß. 1. die Sauern, 2. die Süssen, Salate, Gewürz«, a.a.O. nicht abgedruckt), der im Herbst 1773 »vollständig und weitläuftig im Drucke erscheinen« werde (erweitert 1774 bei Hartknoch, nur 1. Teil; Text der Druckschrift in: Eisen Ausgewählte Schriften, S. 331–364). – H. übergab Brief und Sendung mit III 10.
23 meinen Hrn] *Graf Wilhelm zu Schaumburg-Lippe, vgl. III 5,10ff.*
24 in Vestungen] *Vor allem auf dem Wilhelmstein, vgl. zu II 100,54. In seinem Brief vom 8.4.1773 äußerte Eisen die Hoffnung, daß »die Kenntnis dieses neuen Nahrungsmittels ... besonders dem Seewesen zu statten komme, vorzügl. aber denen, die nach den beiden Indien fahren – nicht weniger in den amerikanischen Bergwerken p«. Er erwartete »aus St. Petersb[urg] tägl. den Entschluß der Kaiserin zu erfahren, wie bald u. wie weit es für die Flotte u. Armee gebraucht werden solle« (H: Bückeburg, Niedersächs. StA).*
26 pigerrimus, negligentissimusque] *Der Trägste und Nachlässigste. Angeregt durch Hamanns »Selbstgespräch« (vgl. zu 9), das H. mit B zu II 168 erhielt (vgl. II 167,3), sofort gelesen hat (Nadler, Bd. 3, S. 77,19 »pigerrimum«; Hamann zitiert aus Nicolais Schrift »An den Magum im Norden).*
27 Hans Nord] *Nach Gellerts gleichnamiger Fabel ein Betrüger. Hartknoch aber erwiderte: »Er ist kein Hans Nord, denn die Kräuter ...« (A₁), Zitat fortgesetzt III 5,14ff.*
28 Rußische Zucharen] *Suchari. Die Antwort Hartknochs (in A₁) zitiert III 5,18ff.*
32 Ihrer Freierei] *Vgl. zu II 149,85f. Nach B₂ war Hartknoch »mit seinen Liebesanschlägen nicht ein Haarbreit weiter«. Das umworbene Mädchen hatte sich über seinen Antrag »so zweideutig erklärt«, daß er nicht wußte, »ob es ein Korb, oder ob es Blödigkeit« (Schüchternheit) war. Ihre Mutter lebe so eingezogen, daß er sie nicht besuchen könne. Nach Hartknochs Brief vom 10./21.8.1773 (vgl. III Anm. 18; N, S. 802) war die Mutter gegen ihn, und die Tochter folgte ihr.*
33 entre deux] *Zwischen zweien.* – Hymen] *Siehe R, S. 727.*
34 Hinz schreibt mir] *Nicht überliefert.*
35 Ihrem Kleinen] *Johann Friedrich; denn den Tod des Jüngsten an den Blattern meldete Hartknoch in B₂. Vgl. zu II 64,21.*
35ff. welch ein Narr ... Freunden der Jugend.] *Vgl. II 149,7f.*
37 so fortkommen] *Vgl. zu II 149,85f.*
38 eigne Zweige] *Kinder, vgl. zu 35.*
40 et quidem haud ita inepte] *Und gewiß nicht eben unpassend.*
41 in classicis] *In klassischen Autoren, vgl. zu II 149,18,20.*
42 domum deducere meam sponsam] *Meine Braut heimführen.*
43 zeitige Nachricht] *Nach A₁ wollte Hartknoch Mitte April 1773 in Berlin sein. H. sollte an Nicolai schreiben, wo Hartknoch ihn zum »Rendez-Vous« treffen könne. Vgl. zu II 180,7f.*

167. An Johann Georg Hamann, Bückeburg, 11. März 1773

3 Ihr Selbstgespräch] *Vgl. zu II 166,9,26. Hamann hatte dessen Sendung in B₂ angekündigt und H. gebeten, »den Tag des Empfangs und wo mögl. mit erster Post« zu melden.*
4 Expreßen] *Eilboten. »Verschwenden Sie aber nicht zu viel Geld auf Expreßen« (A).* – Minden] *Vgl. II 146(N),71f.*

5 Recepiße] *Empfangsschein.*
5f. Stelle aus dem ... Cölius] *Nach A hat H. eine »vidimirte Copie des Serotinischen Briefes« (B zu II 168) mit diesem Brief an Hamann geschickt. »Serotinus« (spät kommend) = Beiname von M. Coelius in Nicolais Antwortschrift (vgl. zu II 166,10).*
6 composéen] *Zusammengesetzt, gemischt.*
9 Absalon u. das Weib von Thekoa] *Vgl. II 168,8,19,28,41f.; 2. Samuel 14; siehe R, S. 701,715. »Selbstgespräch«: »... giebt es kein Weib von Thekoa für den verstoßenen Herder? – Soll auch sein Funke verlöschen [wie der Winckelmanns], daß dem deutschen Genie kein Name und nichts übrig bleibe – Preußen weint über ihre Kinder und will sich nicht trösten lassen, denn es ist aus mit ihnen« (Nadler, Bd. 3, S. 78). –* dicht vor meiner Thür] *Vgl.* 16.
10 den Besen wendet] *Um den Unrat fortzukehren. –* übel riecht] *Vgl. II 166,8.*
11 mit Schande]*= Mit Schamgefühl. Dazu Hamann: »Unterdeßen ist es mir lieb daß das schändl. Capitel vom Patriotismus nicht in Ihrer christl. Moral ganz defect zu seyn scheint« (A). –* Patriotische Absicht] *Die »Wohlfahrt des Vaterlandes« (Nadler, Bd. 3, S. 79). Vgl. zu 9. Nach Nicolai war es »beßer, daß man H[amann] beredet (wenn er beredet werden kann), seine Patriotische Philippicam im Pulte ruhen zu laßen« (B zu II 168).*
13 Lateinisch-Deutschen Urschrift] *Vgl. zu II 166,10.*
14 durch den Spiegel Hrn Nikolais] *Dessen Mitteilung und Interpretation in B zu II 168.*
16 gränze] *Berühre, angehe, tangiere; vgl. II 168,15.*
17f. Französische Akademien ... wünsche] *Kanter (vgl. zu II 166,10) hatte Nicolai informiert, daß Hamann »insbesondere über die deutsche Literatur« geschrieben habe, »die der König beschützen soll, und die deutsche Gelehrten, mit denen der König die hiesige Akademie besetzen soll«, wobei besonders H. »eine Stelle zugedacht wird« (B zu II 168). – »Au Salomon de Prusse«: »Herder sera Platon et le President de Votre Academie des Sciences« (Nadler, Bd. 3, S. 59).*
20f. Gemeine ... Pflichten, 27f. ein Geistlicher ... Hülle braucht, 38 Provinziallage ... Amt!] *Vgl. zu II 80,82. Hamann beruhigte H. mit freundschaftlichem Spott: »Ich freue mich, daß Sie in Ihren Mantel und Kragen so verliebt sind. Sehen Sie meine Muse nicht für Potiphars Weib an. ... Ihre Provinciallage – Ihre Krisis – Ihr Amt sind freylich noch große problemata für mich. Ich werde alle meine Magie aufbieten um im Lande der Schatten nicht anzustoßen« (A).*
24 Heerde] *Gemeinde. –* Joab] *Siehe R, S. 707; metaphorisch.*
27 Mien Man Hoam] *Siehe R, S. 389.*
30 Zeit meiner Krisis] *Die Entscheidung seines theologischen Standpunktes, vgl. II 122,35f.; 124,10f.*
30f. In bivio ... Herkules] *Siehe R, S. 726.*
31 Wüste der 40. Tage] *Vgl. Matthäus 4,1f.*
34 Mich auszulaßen] *Vgl. zu 17f.*
36 Nikolaus Laterne] *Vgl. zu* 14.
37 tecum ... obtempera] *Motto im Titel des »Selbstgesprächs«: »Tecum loquere: et Te adhibe in consilium: Te audi: Tibi obtempera. M. Tullius Cicero ad Curionem. Epist[olae] II. 7.« (Nadler, Bd. 3, S. 67; Mit dir spreche ich und dich ziehe ich zu Rat, dich habe ich angehört, dir gehorche ich.)*
41 nach Ihrer Schrift ... geträumt] *Vgl. II 146(N),17f. »... träumen Sie von Ihrem Mädchen u. eben so sanft von Ihrem Hamann« (A).*
42 in Wegen u. Bestellungen] *Briefe und Schriften Hamanns gelangten an H. durch Nicolai und seine Freunde, also über literarische Gegner Hamanns, vgl. 3–7; II 146(N),6–12.*

43 krause Anomalische Allegorische Figuren] *Hamann lachte darüber: »Ha! ha! Die krause anomalische allegorische Figuren sind mir zum Element worden, ohne das ich weder athmen noch denken kann« (A).*
43f. Er nur allein ... von Grenzlinie] *Vgl. den »Allanblick« Gottes zu II 162,89f. am Schluß.*
46 Ihren Brief] B_1 *und* B_2 *zusammen.*
47 Ein Schatte!] *»Selbstgespräch« und B zu II 168. – tremula anus] Wie eine zitternde Greisin.*
48 das Stück] *Vgl. zu 13.*
49 die Coelii etc. (welche Kette ... gesehen] *Nicolai, seine Freunde, Kanter usw. – »Sorgen Sie nicht. Die Coelii und die ganze Kette von der Sie träumen haben nichts gelesen, und wißen von nichts« (A).*
50 Königsberg ... nahe!] *Vgl. II 146(N),71f.*
51 in vanum et irritum] *Nichtig und unwirksam.*
52 ein Prytaneum] *In Athen, siehe R, S. 746. »Eben das Prytaneum, womit Sie mir drohen, wünsch ich mir, wenn es nicht anders seyn kann« – die Haltung eines Märtyrers, der über »alle die kleinen Ungemächlichkeiten, denen die Außenseite noch ausgesetzt seyn möchte«, erhaben ist. Gleichzeitig legte Hamann seine Kinder »ihrem Pflegevater« H. und seiner »Liebsten«, dem »poetischen Mädchen«, ans Herz und verlangte dringend deren Namen zu wissen (A). – Nicolai hatte vor der – seiner Meinung nach nicht nur gefährlichen, sondern auch unnützen – Veröffentlichung von Hamanns Mskr. gewarnt: Wenn man 60 Jahre alt sei, ändere man seine Meinung nicht, um so weniger, wenn man König sei, »dem niemals widersprochen wird«. Friedrich II. würde, wenn Hamanns Schrift überhaupt bis zu ihm gelangte, diesen seiner »wetterwendischen Schreibart« wegen »des Tollhauses würdig halten, und vielleicht alle deutsche Gelehrte dazu« (B zu II 168).*
55 Präkordien] *Vgl. zu II 155,21. – φιλον ητορ] Liebes Herz, nach Pindar, 1. Olympische Ode, 4. Vers; im »Selbstgespräch« Anrede des Autors an sich selbst (Nadler, Bd. 3, S. 69,3; 78,12; 79,1,13f.).*

168. AN CHRISTOPH FRIEDRICH NICOLAI, Bückeburg, 11. März 1773

3 neue Stück ... Bibliothek] *Mit* B_1 *und* B_2 *zu II 150 hatte Nicolai Bd. 17, 1./2. Stück und Bd. 18, 1. Stück geschickt, jetzt also Bd. 18, 2. Stück.*
3f. Speciosa miracula] *Glänzende Wunder. Vgl. »Selbstgespräch«: »Fehlt es wol dem kleinen Roman deiner Autorschaft an speciosis miraculis ...« (Nadler, Bd. 3, S. 69).*
4 mendacia] *Täuschungen, Lügen. – gedruckten Sendschreiben] Vgl. zu II 166,9,10.*
4f. Hartknochs Brief] B_2 *zu II 166.*
8, 19, 28, 41 Absolon] *Vgl. zu II 167,9.*
9 Schreiben des Selbstredners] *Hamanns »Selbstgespräch«.*
11 Patriotismus ... Visionengefühl] *Vgl. zu II 167,9,11. – ad modum Hamanni] Nach der Art Hamanns.*
12 außer Briefwechsel] *Ihr Briefwechsel war 3 Jahre unterbrochen (1769–1772).*
12f. das Schreiben ... Eberhard] *Vgl. II 146(N),6ff. Von H. verwechselt mit dem durch Hartknoch veranlaßten ersten Brief Hamanns, B zu II 101 (vgl. zu II 80,76ff., Mitte).*
13f. Ueberschrift] *Vgl. zu II 135,13.*
15 beide] *»Verschwunden oder verloren« (14). – mit verstoßen ... grenzen] Vgl. zu II 167,16.*
16 Aufenthalt in Liefland] *1764–1769.*

18 die Stelle] *Vgl. zu II 167,9.*

19, 28 Absolon ... zu Gesur oder unterm Thore] *Vgl. 2. Samuel 13,37f.; 2. Samuel 15, 2–6.*

21, 25 illustrandi oder exempli statuendi caussa] *Zur Erläuterung oder um ein Beispiel aufzustellen. – M[agister] Coelius] Vgl. zu II 166,10.*

25ff. Pegasus ... Ausholen mit trift!] *Nicolai entschuldigte das »Mißverständniß« mit seiner »Ungeschicklichkeit zur dunkeln Schreibart«, die »den Profanen nicht vorbehalten« sei. Aber selbst Hamann sei von vielen »sehr oft falsch verstanden worden« (A_1).*

26 gesporet] *Gespornt.*

28 Gesur] *Absaloms Exil, siehe R, S. 766; hier für »Absalom« H.s »Exil« Schaumburg-Lippe. Nicolai hatte dabei überhaupt nicht an H. gedacht: »Bei dem Lande Gesur ist mir wahrhaftig nicht eingefallen, daß Sie eine Reise nach Frankreich gethan haben«(A_1).*

29 Allerberühmtesten ... Vaterlandes] *Preußen.*

29f. des Salems ... Weisheit] *Für Berlin.*

30f. um einen graubärtigen Kuß gebulet] *Vgl. 2. Samuel 14,33; metaphorisch: H. hat nie die Gunst Friedrichs II. begehrt. Vgl. II 146(N),124.*

31f. dem Sohn Zeruja ... Croupier zu erhaschen] *Vgl. 2. Samuel 14,29–32; metaphorisch: H. hat nie einen Fürsprecher in Berlin gesucht. – Sohn Zeruja] Vgl. II 167,24.*

32 Croupier] *Spielgehilfe beim Glücksspiel; heimlicher Beistand. Nicolai wollte Hamann »zu verstehen geben, daß es nicht rathsam sey politische Rathschläge zu geben, wenn man nicht darum gefragt worden, und daß wenn man nicht einen mächtigen Croupier habe, dies sogar gefährlich seyn könne. ... Pa-Da bedeutet Spandau, Te-Ti Stettin [= Festungshaft]« (A_1). Vgl. »An den Magum in Norden«: »Das Weib von Thekoa hatte einen Generalfeldmarschall [Joab] zum Croupier, der ihr die Worte in den Mund gelegt hatte, das war ihr Glück. Denn hätte sie sichs aus eignem Triebe einkommen lassen, für den schönen Absalon zu sprechen, wer weiß, ob sie anstatt einer Reise nach Pe-kin chapeaubas [mit abgenommenem Hut] nicht unvermuthet eine Reise mit verhülltem Kopfe und mit Manschetten an den Händen, nach Pa-Da oder Te-Ti angetreten hätte« (Karl Hermann Gildemeister; »Johann Georg Hamann's, des Magus in Norden, Leben und Schriften«, Bd. 2, Gotha 1857, S. 113).*

32f. seine Studentenjahre] *Von H. irrtümlich auf sich bezogen (vgl. den ähnlichen Fall II 80,75–78). Nicolai wollte mit »deutschen Studenten« nur Absaloms dreijährigen Aufenthalt in Gesur umschreiben (A_1).*

34 Radklifsdoktorei] *Siehe R, S. 454. Vgl. Pope, »Imitations of Horace, The First Epistle of the Second Book of Horace« (1733), Vers 183f. »Ev'n Radcliff's Doctors travel first to France;/nor dare to practise till they've learn'd to dance«. Erst durch die literarische Anspielung kam Nicolai in diesem Zusammenhang auf Frankreich, vgl. zu 28.*

35ff. einem Plato ... beneiden könne] *Gleichgültigkeit gegenüber dem Ruhm bei Mit- und Nachwelt.*

36 aus Elektrisirten Stecknadeln] *Im 18. Jh. wurden viele Experimente mit der neuentdeckten Elektrizität gemacht, vgl. II 9,175f. Hier metaphorisch für falschen Ruhm.*

37ff. andern Planen ... im Wege lägen] *Vgl. zu II 167,20f.,30.*

39–44 Coelius ... unnütze Mühe gebe.] *Nicolai habe sich unbefugt in H.s Probleme eingemischt. H. aber hat empfindlich mehr auf sich bezogen, als tatsächlich gemeint war.*

41f. Absolom ... nicht gegeben!«] *Kein Bibelzitat, sondern Cento aus Matthäus 27,24 und 2. Samuel 14,2.*

42 Weibe von Thekoa] *Vgl. zu 32 und II 167,9.*

44 Zonam perdidit! quo vult, eat!] *Er hat die Geldbörse verloren! Er möge gehen, wohin er will; nach Horaz, »Epistolae« II,2,40 (siehe R, S. 281).*

46 Fragment von Nationalliedern] *Vgl. II 149,92ff.; zu II 12,14. Nicolai wußte, daß H. »eine Abhandlung von den Nationalliedern« schreiben wollte, und wünschte, »ein Kapitel von den Nationalrythmis« beizutragen, »aber wer etwas wahres darüber schreiben wolte, müste sich in jedem Lande lange und zwar unter dem Gemeinen Manne aufgehalten haben« (B). Damit wollte er keinesfalls H. von der Abhandlung abschrecken, sondern nur auf die Notwendigkeit hinweisen, »bloß auf der Stelle« zu beobachten und sich vor übertriebenen Schlußfolgerungen zu hüten (A_1).*
47ff. Im Fluge ... gegeben] *Vgl. II 12,13–17; 149,92f.; III 17,24f. Wie Haym I, S. 454f. detailliert belegt, ist der »Ossian«-Aufsatz erst im Sommer 1771 entstanden; vgl. zu II 12,15.*
49f. ich wollte nicht ... bleiben soll] *Wie in der Rigaer Zeit fürchtete H., daß schriftstellerische Tätigkeit unter seinem Namen seinem Ansehen als Geistlicher schaden würde. Und gerade H.s Interesse an Volksliedern hat Schlözer im 2. Teil der »Vorstellung seiner Universal-Historie« 1773 – als Rache für die abschätzige Rezension des 1. Teils (vgl. R, S. 26) – als unstandesgemäß bezeichnet für Theologen, »denen Volkslieder, die auf Straßen und Fischmärkten ertönen, so interessant wie Dogmatiken sind« (vgl. Haym I, S. 641).*
51f. Reste von Nationalliedern aus dem Munde des Volks samle] *»In mehr als einer Provinz sind mir Volkslieder, Provinziallieder, Bauerlieder bekannt, ... nur wer ist der sie sammle? ... sich um Lieder des Volks bekümmre? auf Strassen, und Gassen und Fischmärkten? im ungelehrten Rundgesange des Landvolks?« (SWS V, S. 189).*
52 das Dunkelste u. Unkultivirtste] *Nach Nicolais Verständnis von Aufklärung und Kultur. Vgl. zu II 103,17f.*
53f. Beyern, Tyrol, Schwaben ... Sachsens u. Berlins] *Vgl. zu II 103,15. Die überwiegend katholischen Länder waren weniger aufgeklärt als der protestantische Norden.*
54ff. jener Böotier ... Beinahmen gaben] *Siehe R, S. 750. Nach Pindar, 6. Olympische Ode, »Hagesias dem Syrakuser, dem Sieger mit dem Maultiergespann« (HN XV,163), Vers 90: Βοιωτια υς (»dem alten Schimpfwort böotische Sau«). Ein Böotier, der Grunzlaute der Schweine sammeln wollte, ist nicht zu ermitteln.*
57 meine Recensionen dunkel sind] *Vgl. zu II 133,3f. In A_1 wiederholt; Nicolai wollte die »Oden«-Rezension im Druck, worin er »kein Wort« zu ändern versprach, noch einmal lesen. Mit A_2 schickte er den Abdruck, betonte sein Wohlgefallen und seine »in verschiedenen Stücken« abweichende Meinung.*
60 von Klopstock ... sagen] *Vgl. zu II 88,39; 133,3f.,15; in A_1 wiederholte er sein Unverständnis für poetische »Imagination«, erklärte aber, daß nicht seine »Privatmeinung« der Beurteilung der »sehr großen Talente« Klopstocks nachteilig werden solle.*
63 krall] *Grell, lebhaft (Grimm).*
64 puer Absolon ... gustus.] *Der Knabe Absalom (= Herder) hat nicht den allgemeinen Verstand und Geschmack.*
65 diesen Recensionen mit Unwillen unterzogen] *Vgl. zu II 88,20.*
66 Säekorb] *Der Sämann brachte das Saatgut bei der Breitsaat aus einem Säkorb oder einem Satuch auf den Acker. – Gäte] Gäthacke, zum Ausgäten (Adelung: oberdt. für hochdt. »jäten«) des Unkrauts.*
67 Ändern Sie] *Vgl. zu 57.*
68 des Todes werth] *Vgl. 5. Mose 17,6.*
69 Autorgefühl] *In B appellierte Nicolai an H.s Autorgefühl und Verständnis für Friedrich II., der als französischer Autor nicht für die deutsche Literatur zu gewinnen wäre. Vgl. zu II 167,17f.,52. »Ein jeder Autor mag hier nur in seinen Busen greifen, und bedenken, daß einem Autor der zugleich König ist, die Selbsterkenntniß weit schwerer wird, als einem Autor, der sich für den Kunstrichter fürchten muß« (B). In A_1 wiederholt; Ni-*

colai »*möchte mündlich über diese Sache [die Lage der deutschen Literatur am preußischen Königshof] viel sagen, aber schriftlich sei es nicht dienlich*«.
75f. An H. Hamann ... Vorstellungen gemacht] *Vgl.* II 167.
77 durch mich ... abbringen laße] *Vgl. zu* II 167,**11.** *Hamann gab den Druck des Mskr.* »*Philologische Einfälle und Zweifel*« *(mit* »*Au Salomon de Prusse*«*) auf.*
78 einem Dinge ... scheint.] *Hamann hielt diese Schrift* »*für sein Chef-d'Oeuvre*« *(Nicolai in B) und hatte daran* »*ganzer neun wo nicht zwölf Jahre gedichtet*« *(*»*Selbstgespräch*«*, Nadler, Bd. 3, S. 70). In B zu* II 146*(N) von Hamann als seine* »*erste und vielleicht letzte Arbeit*« *angekündigt.*
79 Eisen auf einem fremden Ambos] *Hamann nahm H.s Preisschrift zum Anlaß seiner eigenen Schriften.*
81 Inlage] II 167 *oder* 166.

169 (N). AN HEINRICH CHRISTIAN BOIE, *Bückeburg, vor dem 12. März 1773*

3–8 diese PindarsVersuche ... erreicht.] *Boie erbat* »*das entscheidende Urtheil eines Kenners*« *über die Probe einer Pindar-Übersetzung von einem seiner jungen Freunde (Johann Heinrich Voß), vor allem über seine* »*Sprach- und Uebersetzungsmanier*« *(B$_2$, Impulse 10, S. 284). Siehe R, S. 598. Nach H.s Urteil verfehlte der Versuch, im Anschluß an Heynes Pindar-Kolleg (vgl. zu* II 171*(N),***40f.***) im Sommer 1772 bis Anfang 1773 entstanden, Pindars Sprache und Gesamteindruck. Im Herbst 1776 hat Voß nur die von Heyne gebilligte 1. Pythische Ode überarbeitet und im Novemberstück 1776 des* »*Deutschen Museums*« *veröffentlicht, ohne den pindarischen Strophenbau nachzuahmen (vgl. Wilhelm Herbst, Johann Heinrich Voß, Bd. 1, Leipzig 1872, S. 78f., 182f., 274). Nach Boies Brief an Knebel vom 6. 7. 1772 hat Voß die Oden* »*nicht unglücklich deutsch gemacht*«*; Übersendung von Abschriften Boies am 7. 3. 1773 (Knebel* II, *S. 130, 143).*
8 bisherigen Deutschen Versuchen] *Vgl. zu* I 131,**65ff.**; II 28*(N),***101f.,103** *(Klopstock = Schönborn, gerühmt im Gegensatz zu Damm und Grillo in H.s Rezension von Heynes* »*Pindari carmina*« *im* »*Wandsbecker Bothen*«*, SWS* XXXIII, *S. 214f.); Grillo (Proben im 306.–308. der* »*Briefe die Neueste Litteratur betreffend*«*, vgl. zu* I 40*(N),***27ff.***;* »*Fragmente*«*, 2. Ausgabe, SWS* II, *S. 140f.); Steinbrüchel (Proben im 31. der* »*Briefe die Neueste Litteratur betreffend*«*, 1759, vgl.* »*Fragmente*«*, 2. Sammlung, SWS* I, *S. 292f.); Damm (*»*Versuch einer prosaischen Übersetzung der griechischen Lieder des Pindar*«*, Berlin und Leipzig 1771, H.s Rezension in den* »*Frankfurter gelehrten Anzeigen*« *vom 1. 5. 1772, SWS* V, *S. 427; vgl.* »*Adrastea*«*, Bd. 6, 1804, SWS* XXIV, *S. 335). – H.s eigene Übersetzungen Pindars, der nach Boie* »*in unserer Sprache ... nicht gefallen kann*« *(an Knebel, 5. 6. 1773, Knebel* II, *S. 145), sind in Riga und in Bückeburg entstanden (SWS* XXVI, *Einleitung, S.* IXf., *188–210; HN* XV, *158–166;* XXIII, *118,32;* XXVIII, *10,19).*
11f. ponere totum nescius.] *Horaz,* »*Epistolae*« II,*3, Vers 34f. (siehe R, S. 281), betrifft das organische Ganze des Kunstwerks.*
14 Horaz Ode pindarum quisquis] *Oden* IV,*2,1 (siehe R, S. 280):* »*Wer auch immer danach strebt, mit Pindar zu wetteifern, schwebt auf wachsüberzognen Federn Dädalus'*« *(= ist von vornherein zum Scheitern verurteilt).*
16f. Mönchsode an den Heiligen F.] »*Annolied*«*, siehe R, S. 645.* »*F.*« *steht für einen beliebigen Namen, wenn der richtige entfallen ist; vgl.* I 116*(N),***99.**
18 Opitzschen Gedichten] »*Martin Opitzens von Boberfeld Gedichte*« *von Bodmer und Breitinger.*

19 MönchsSylbenmaas] *Mhd. Reimpaarverse.*
20 Pindarischen ... Schwung] *Vgl. zu I 131,65ff.*
21 Odengebäude] *Vgl. »Fragmente einer Abhandlung über die Ode« (siehe R, S. 45) und II 88,24–78.*
23 Meinen Brief] *Nicht überliefert.*
24 von Klopstock empfangen] *Die letzten Gesänge des »Messias« und »Die deutsche Gelehrtenrepublik«, vgl. zu II 146(N),141f.; 150,40.*
25 imperti!] *Teile es mit!*

170. An Karoline Flachsland, *Bückeburg, 13. März 1773*

4 Himmelvollen Brief] *B ist voller Liebesbeteuerungen, vgl. zu II 161,41,45f.*
5, 25f. die Reise] *Nach Darmstadt zur Hochzeit (vgl. II Anm. 183).*
7 letzten peinlichen Brief über die Briefe meiner Gräfin] *Vgl. II 165,44–58; zu II 165,55ff.*
12 Schrank] *»Der allmächtige Kleiderschrank hat mir gefallen; bald sehe ich Alles« (A).*
15–18 von Leuchsenring ... ihm nächstens schreiben] *Beide Briefe sind nicht überliefert. Vgl. 35–39.*
22 so sonderbar geträumt] *Vgl. II 145,20–23; zu II 174,13.*
23 Deine Idee]= *Der Gedanke an dich.*
27 Freundin Westfeld] *Vgl. II 165,28f.*
29f. Elende Kleinigkeiten!] *Ostern, vgl. II 172,5; 175,6; 177,31; 178,25.*
31f. aus Straßburg wiederkam] *Im April 1771.*
32 da Wir Uns zuerst kennen lernten] *Im August 1770.*
34 nichts schicken] *Karoline hatte mit B Meinhards »Versuche über den Charakter«, Bd. 1 (ein Geschenk ihres Schwagers an sie) geschickt, damit H. mit Frau Westfeld ein paar Lieder Petrarcas in Übersetzung lesen könne – als Gegengabe für die »Elegien« Klamer Schmidts (vgl. zu II 161,50–57).*
34f. meine Muse ist verstummt] *Im Gegensatz zu den vielen Gedichten H.s in früheren Briefen an Karoline, vgl. R, S. 31f. »... wenn Deine Muse jetzt an mich denken kan, so würde michs betrüben. Dich selbst, Dich selbst bringe mir, das Einzige für mich auf der Welt« (A).*
35–39 Leuchsenring ... wegreisen] *Karoline war froh über H.s briefliche Versöhnung mit Leuchsenring; denn sie hielt sich für »die fatale Ursache« von beider Uneinigkeit. Sie wollte »ihn nöthigen, daß er noch hier bleibt« bis zu H.s Ankunft. Seine Komplimente im Brief an H. seien nur die Antwort auf dessen Anrede (»Hochgeschätzter und HochzuEhrender Herr«) gewesen, und seinen Hut trage er »immer unterm Arm« (A).*
41 unsern Geburts- u. Vermälungstag] *Den 25. August (1770), siehe II 97,109f. wegen I 83 und A dazu; vgl. II 9,182ff.; 16,45f.; 19,4f.; zu II 9,182f.; 97,110.*
43 die Nachtigall] *Vgl. II 3,90; 4,14; 6,22.*
44 das Ermatten] *Karolines Seele sei bei H., er solle sie ihrem »ermatteten Körper« wiederbringen und »Leben und Seligkeit« (B).*
45 Deine Schwester] *Friederike v. Hesse.*
48–52 Brief des Pastors ... Von Deutscher Baukunst.] *Bestellung der drei Schriften Goethes. Karoline schickte zwei aus ihrer Bibliothek und eine aus Leuchsenrings Besitz (A) und fragte in B zu II 178 nach dem Empfang. Am 9.4.1773 sandte Gräfin Maria den »Brief eines LandPastors« an H. zurück (vgl. zu II 178,21ff.). Die »Baukunst« schickte H. an Bode zum Nachdruck in »Von Deutscher Art und Kunst« (im Mai 1773 erschienen, vgl. III Anm. 6).*

171 (N). AN CHRISTIAN GOTTLOB HEYNE, *Bückeburg, etwa 20. März 1773*

4 Ihren ganzen Brief] *Heyne klagte in B über seine Vielgeschäftigkeit, vgl.* **31,** *zu 40f.; II* 164,10. *H. ging auch nicht ein auf Heynes Frage nach drei goldenen und silbernen Denkmünzen des Grafen zu Schaumburg-Lippe, die ein Sammler in Göttingen erwerben wollte.*
5–8 den Punkt ergreifen ... an mich zu denken?] »*Ach wenn Sie nur mehr orthodox wären! Jetzt ist man in H[annover] so erpicht darauf, einen Theologen zu haben, der ein kluger Schalk, u. kein so einfältiger als – seyn soll. Seiler hat seine Klugheit bewiesen, da er sie in H[annover] selbst bey der Nase geführt hat!*« (B). *Vgl. zu II 173(N),5,15f.*
9 in der Theologie keinen Namen] *H. hatte damals noch keine größeren theologischen Veröffentlichungen, wie gedruckte Predigten, dogmatische oder exegetische Schriften, vorgelegt. Vgl. II 173(N),20f.*
10 sonst Schwächen gegeben] *Die Ableugnung seiner literaturkritischen Werke in öffentlichen Erklärungen gegen Klotz, vgl. I Anm. 57.*
12 Ueber meine Orthodoxie] *Vgl. II 173(N),17f.; zu 5–8; II 122,35; 165,15f. Der Verlauf der Göttinger Berufung 1775 zeigte, daß Heynes Bedenken aufgrund seiner genauen personellen und institutionellen Kenntnisse nur zu berechtigt waren. Vgl. III 207.*
16 Talente des Vortrags] *Deren war H. sich aufgrund seiner Beliebtheit als Prediger in Riga und auf verschiedenen Stationen seiner Reise (vgl. I 79,12f.; 88,165f.; 140(N),68f.; Anm. 81; zu I 98,46) sicher; vgl. II 173(N),19.*
18 einen Schalk braucht] *Vgl. zu 5–8.* »*Schalk*« = *mhd.* »*Knecht*«, *später* »*unschuldig scheinender Betrüger*« *(Adelung).*
20 Welterfahrung] *Vgl. II 173(N),19f.*
24f. Seiler] *Vgl. zu 5–8. Als Theologieprofessor in Erlangen hatte er die Berufung nach Göttingen ausgeschlagen, vgl. III 116(N),16.*
26 meine Streitjahre sind vorbei] *Prinzipielle Selbsttäuschung H.s: Nach der Rigaer Polemik gegen Klotz und Riedel (vgl. III 32,29f.) folgten in Bückeburg die für H. sehr ärgerlichen Auseinandersetzungen mit Schlözer, Michaelis, Spalding und Teller, später in Weimar die mit Kant und seiner Schule.*
28f. sagen Sie ... Connexion kommen könnte] *Heyne versprach, unverzüglich an Brandes zu schreiben, der H.* »*ungemein*« *schätze, um sich bei ihm Rat zu holen, wie H.* »*auf eine oder die andre Art ins Spiel zu bringen*« *sei. Nach seiner Antwort wollte er H. benachrichtigen, was er selbst tun könne (A).*
30f. von hier muß ich weg] *Vgl. II 100,32–36; 148,67f.*
31 Ihrer Geschäfte] *Vgl. zu 4.*
32 Vorwort] *Fürsprache, Empfehlung (Adelung).*
33f. 4.jährigen Stillschweigen] *Keine Veröffentlichungen seit den* »*Kritischen Wäldern*« *1769, die 1772 erschienene Preisschrift nicht berücksichtigt.*
34 Frankfurter Zeitungen] *Vgl. II 149,87; 150,20–26.*
35 ein ganz andrer Mensch zu werden] *Vgl. II 106,62ff.; 122,35f.*
36f. an Ihrer Seite werden können] *Vgl. II 136(N),47f.,55f.*
37f. an Ihre liebe Therese] *Sie hatte gleichzeitig mit B einen schwärmerisch-melancholischen Brief an H. gesandt, ihm sein seltenes Briefeschreiben vorgeworfen – er hatte A zu II 136(N) mit ihrer Bitte um eine seiner Predigten nicht beantwortet – und von ihrer Lektüre des 16./17. Gesangs des* »*Messias*« *erzählt, bei der ihr im Geiste H. gegenwärtig gewesen wäre. Vgl. zu II 136(N),4.*
40 Beausobre] *Vgl. zu II 144(N),46; III 36(N),55; 61(N),27f.*
40f. Pindar ... Mühe machen muß.] *Die Edition war noch nicht abgeschlossen; vielleicht hatte Heyne fertige Druckbogen geschickt. Seine Beschreibung der Entstehungsgeschichte*

in B (vgl. zu II 164,10) ist in den Anfang von H.s ausführlicher Rezension »Pindari carmina« im »Wandsbecker Bothen« eingeflossen (vgl. R, S. 26; SWS XXXIII, S. 206ff.), worin die verdienstvolle Textkritik gerühmt, das Fehlen von »Real-Erläuterungen« kritisiert und von Heyne ein Kommentar »mit anschauendem, warmen Dichtergefühl« gewünscht wird (ebd., S. 214). Vgl. Heeren (vgl. zu II 59(N),58), S. 163ff.

172. AN KAROLINE FLACHSLAND, Bückeburg, 24. März 1773

5 Osterfest] 1773 Ostersonntag: 11. April. H. konnte erst nach Verrichtung seiner zahlreichen Amtspflichten am höchsten Fest des Kirchenjahres nach Darmstadt reisen; vgl. zu II 170,5,29f.
7 Nacht u. Tag sich wiegt] Äquinoktium: Nacht und Tag einander gleich (Sonnenaufgang 6 h, Sonnenuntergang 18 h). Die Frühlingsnachtgleiche (21. 3.) ist der kalendarische Frühjahrsanfang.
8 Sie schon im Bilde] Vgl. II 33,3–33; 165,29. Karoline hielt sich in Natur für häßlicher: »Ihr werdet Alle vor mir zurückweichen und Euch kreuzen und segnen. Gott behüte nur mein Herz, daß Dir das nicht misfälli« (A_1).
12ff. Freundin Westfeld ... unmuthig.] Karoline sandte ihr mit A_1 und A_2 gute Wünsche. – Als H. in Darmstadt weilte, besuchte Frau Westfeld Hartknoch auf der Leipziger Messe. »... ich würde freilich voreilig urtheilen, wenn ich hier sagen wolte, wie sie mir vorgekommen wäre«, schrieb der Rigaer Freund am 10./21. 8. 1773 (III Anm. 18, vgl. N, S. 802).
16f. »aber von wem ... erst trennen!«] Fingierte Einwendung Karolines. »An den Abschied denke ich nicht und werde auch keinen nehmen; meine Schwester [Friederike v. Hesse] würde untröstlich seyn. wenn ich gestorben wäre, müßte ich ja auch fort« (A_1).
22ff. erste Auftritt der Scene ... Schäferaufzug] Vergleich des Lebens mit Karoline mit einem Theaterstück bzw. einer Schäferidylle.
23 zum Lernen u. Versuchen] Vgl. II 156,91f.
24f. vergeßen ... ist] Vgl. Philipper 3,13.
26 so lange keine Briefe] Der zuletzt empfangene war B zu II 170. Vgl. 59.
30f. ein Bett besorgen] In A_1 fragte Karoline, ob sie auch Bettvorhänge kaufen solle, und meinte, die Bett- und Matratzenfüllung sei das Porto nicht wert und sollte in Bückeburg besorgt werden (je 60 Pfund Wolle und Roßhaar, 30 Pfund Federn). Vgl. II 177,46–49. Nach A_2 hatte sie das Bett in Darmstadt bestellt, sandte aber Angaben für die Matratzenherstellung. Vgl. II 178,10–15.
32 Wohlstand] Vgl. zu II 165,35.
33f. ein gutes Mädchen] Vgl. zu II 156,56f.
34 Rebekka ... Isaak] Metaphorisch für Karoline und H.; vgl. II 156,56; siehe R, S. 713.
36 Andreas der Apostel] Siehe R, S. 702. Er werde »ein gutes Pendant zu unserm Apostel« (Leuchsenring?) sein, meinte Karoline (A_1).
39 »Komm u. siehe!«] Vgl. Johannes 1,46.
40 BilderFabel übelgenommen] Vgl. zu II 160,3. Goethes vorausgegangenes Gedicht in Knittelversen und seine Antwort sind nicht überliefert. »Junker Berlich[ingen] hat nicht ursache böse zu seyn«, H. habe »ihm ja lange nicht so geantwortet, wie er zuerst gepfiffen«. Leuchsenring ließ durch Karoline um eine Abschrift der »Bilderfabel« bitten; denn »Göthe gibts nicht wieder heraus« (A_1).
42ff. Merck ... herumginge etc.] Merck, dessen übertreibender Brief an H. nicht überliefert ist, kannte von H.s Brief an Johann Georg Jacobi »nur 3 Zeilen« des Anfangs, die ihm

Frau von La Roche mitgeteilt hatte, und sah darin »Zweideutigkeiten, Fratzen etc.«; Karoline »schien es Ironie [H.s über Jacobi] zu seyn« (A₁). Vgl. II 177,69ff.
44 vielen Abschriften] *Vgl. II 163,16ff.*
44f. an Gleim darüber geschrieben] *II 163.*
45f. Jakobi ... communicirt.] *Vgl. zu II 163,34–38.*
47f. durch Leuchsenring ... kaßiren.] *Leuchsenring sei »unschuldig« und »mehr als jemals gegen solche Indiscretionen aufgebracht« (!); er teile »keinem Menschen Briefe oder Papiere in Abschrift« mit (A₁). In »Dichtung und Wahrheit« hat Goethe Leuchsenring charakterisiert, wie er umherreiste und überall aus seinen Briefschatullen vorlas (WA I 28, S. 178f.).*
50 An Ihre Schwester schreiben] *H. müsse seine Ankunft dem Geheimen Rat v. Hesse melden; an dessen Frau brauche er nicht zu schreiben (A₁). Vgl. II 179.*
53 Klopstocks neue Gesänge] *Vgl. zu II 146(N),141f. Auch Claudius hatte »einige Gesänge« mit eigenhändigen Korrekturen Klopstocks geschickt (undat.; Anfang 1773; Nachlaß I, S. 376).*
55 Ihr Bruder] *Vgl. zu II 148,95,97. Karolines älterer Bruder, »ein armer Schelm«, war »wieder sehr melancholisch«; denn »seine verheurathete Geliebte nagt ihm das Herz und Leben und Alles ab«, sie wollte sich scheiden lassen, stellte aber unerfüllbare Ansprüche (A₁).*
56 Argwohn über die Briefe der Gräfin] *Von Karoline in späteren Briefen nicht mehr erwähnt. Vgl. II 165,43–64; zu II 165,55ff.*
59 bekomme 3. Briefe] *Vgl. II Anm. 172.*

173 (N). AN CHRISTIAN GOTTLOB HEYNE, *Bückeburg, Ende März 1773*

3f. Halten hinterm Berge] *H. meinte, er wäre schon nach Göttingen berufen worden, wenn er sich Heyne früher anvertraut hätte.*
5 wie Sie schreiben] *»Konnten Sie nicht vor dem Jahre eben so gut den Mund aufthun? Bey den ersten Bewegungen, die hier oder vielmehr in H[annover] geschahen, dachte ich an Sie«. Bei »den vielen Predigervacanzen« in Göttingen hätte sich für H. »eine Combination mit einer Profession der Theologie« machen lassen; aber »seit acht Tagen« waren alle Stellen besetzt (B).*
7 äußerst mißvergnügten Tone] *Bei H.s Besuchen in Göttingen im Februar 1772; danach in Briefen, vgl. II 57(N),16ff.; 70(N),5ff.; 85(N),97ff.; 94(N),9ff.*
8 gegen die Frau Hofräthin immer freier geschrieben] *Vgl. II 58(N),27–32; 74(N),9–14; 136(N),30–74,133f.*
10 einem Freunde sich aufdringen] *Vgl. II 134,56ff.; 158,25f.*
11 schmerzlich u. unangenehm] *Wegen der Unerfüllbarkeit.*
15f. das Hannoversche Ministerium ... schwankt] *»... in H[annover] wußte man eigentlich selbst nicht, was man wollte: bald einen bloßen Orthodoxen, bald einen Theologen mit Predigergaben, bald – aber hauptsächl. doch einen Mann mit einiger WeltKlugheit, der seinen H. Collegen, wenn sie mit dem Strange der Orthodoxie, des Fanatismus oder der Tummheit fortlaufen, ein wenig die Wage hält« (B).*
16 speciebus] *Vorstellungen, Begriffen.* – Kombination] *Von Prediger und Theologieprofessor.*
17 meine Orthodoxie] *Vgl. II 171(N),12ff.*
19 taliter qualiter] *Wie auch immer beschaffen.* – Predigergaben] *Vgl. II 171(N),16f.* – Weltklugheit] *Vgl. zu 15f.; II 171(N),20f.*

20 Sauerteig] *Vgl. II 122,53.*
21 Autorität] *Vgl. II 171(N),9.*
22 verplempert u. verschüttet] *Tautologie; »verplempern« = unnützes Verschütten einer Flüssigkeit (Adelung).*
23 Biegsamkeit u. Friedenliebe] *Von H.s »Biegsamkeit u. Behäglichkeit« hatte Heyne sich »nie eine große Vorstellung machen« können (B).*
26 Ein Wort Nachricht] *Geheimrat v. Bremer nahm Heynes Antrag (für H.) »überaus gnädig« auf; über H. sei »sehr viel berathschlagt worden.« Man dachte an H. als Nachfolger des nach Harburg abgehenden Förtsch, obgleich man für dessen Stelle »einen alten geprüften Theologen von Reputation« suchte (A). Vgl. III 36(N),46f.*
29 tumer Weise] *= Törichter Weise, vgl. zu 3f. »Tumm«, oberdt. Schreibweise von »dumm«, vgl. zu 15f.*

174. AN JOHANN KASPAR LAVATER, *Bückeburg, Ende März/Anfang April 1773*

4–162 »Unsterblichkeit der Seele u. künftiges Leben«] *Materialien (vgl. 164) zu Lavaters Gedicht vom künftigen Leben (vgl. zu II 127(N),7), die H. in II 127(N),238–249, 287ff. und II 151,111ff.,161f. versprochen hatte. – Während in I 58 und I 76(N) die Debatte über Unsterblichkeit mit philosophischen (metaphysischen) und moralischen Argumenten vom Standpunkt der Aufklärung geführt worden war, dienen jetzt zu ihrem Beweis Naturanalogien, mythologische Vorstellungen des Altertums und die Aussagen der als Geschichtsquelle verstandenen Bibel (Altes und Neues Testament), gegründet auf die christliche Glaubensgewißheit. Zusammenfassend dazu Haym I, S. 544. Lavater dankte nur für den »herrlichen Brief«, den »geist- u. trostvollen Brief«, wollte aber »itzt nichts drüber sagen, nur einfältig erst drüber denken, u. forthören« (A), obwohl H. eine weitere briefliche Diskussion darüber angeboten hatte (166f.). H. gelang es nicht, durch seine einfühlende Beschreibung morgenländischer poetischer Bilder Lavater »in die wahre Sprache des Orients hinzureißen« (II 127(N),287f.). Vgl. seine Kritik an »Abraham und Isaak« III 19,57–116.*
7, 9, 28 ahnden ... Ahndungen] *Vgl. zu I 112,15.*
9 Offenbahrungen u. Symbolen] *Weissagungen der Priester, Seher, Schamanen, weisen Frauen; sichtbare Gegenstände und konventionelle Zeichen als Verkörperung unsichtbarer Geister; fortlebende religiöse Traditionen (vgl. »Ideen zur Philosophie der Geschichte der Menschheit«, SWS XIII, S. 388ff., 460).*
10 Menschengeschlecht auch der dunkelsten Gattung] *Wilde, völlig unzivilisierte, heidnische Völker. H. glaubte, daß es keine Naturvölker ganz ohne religiöse Vorstellungen gebe, es sei denn ein Rückfall in tierische Roheit. Vgl. 20f. »Auch die wildesten Völker haben sich darinn geübt: denn kein Volk der Erde ist völlig ohne sie« (»Ideen«, SWS XIII, S. 162, vgl. S. 388, 392, 459). »Und so ist der allgemeine Menschenglaube an die Fortdauer unsres Daseyns die Pyramide der Religion auf allen Gräbern der Völker« (ebd., S. 392). De Pauw dagegen sprach in »Recherches Philosophiques sur les Américains« z. B. den Patagoniern jede Religion ab (dt. Übersetzung, Bd. 1, Berlin 1769, S. 227).*
12 zu dieser Aussicht] *Unsterblichkeit.*
13f. Schlaf u. Traum ... Tag u. Nacht.] *Die Analogie zwischen dem Leben des Menschen und der kosmischen Natur ist ein Platonischer Gedanke (vgl. »Timaios« 90, »Nomoi« 903), der besonders in der Romantik literarisch wirksam wurde. H.s psychologisches Interesse am Unbewußten in Nacht, Schlaf und Traum ist bedingt durch seine ganzheitliche Sicht des Menschen unter besonderer Berücksichtigung der unteren Seelenkräfte (»den*

ganzen dunkeln Grund unsrer Seele«, SWS II, S. 258, vgl. SWS IV, S. 31ff.) und durch seine Wertschätzung kindlicher Phantasie (Naturvölker: »Ein Menschengeschlecht in seiner Kindheit ist wie der Mensch in seiner Kindheit«, SWS VI, S. 269). Seit seiner Jugendzeit sind diese Themen und Motive präsent in Gedichten und Abhandlungen bis in sein Spätwerk »Adrastea«: »Schlaf und Tod. Ein Abendsegen«, 1767; »Die Dämmerung«, 1769; »Träume der Jugend«, »An den Schlaf«, 1787; »Nacht und Tag«, 1795; »Die Nacht«, 1801 (SWS XXIX, S. 292f., 315ff., 73f., 107f., 159, 218–222); die Paramythien »Der Schlaf«, »Der Tod. Ein Gespräch an Lessings Grabe«, »Nacht und Tag«, 1785 (SWS XXVIII, S. 133–136, 142f.); »Der Traum. Ein Gespräch mit dem Traume«, 1801 (SWS XXIII, S. 290ff.). Tendenzen sogenannter »Präromantik« sind hier evident; Rudolf Unger (vgl. zu I 58,5) hat S. 32–59 durch zahlreiche Parallelen die Einwirkung insbesondere der »Paramythien« auf Novalis' »Hymnen an die Nacht« (1797) glaubhaft gemacht. Vgl. auch »Kalligone« (SWS XXII, S. 119f., 235f.) und über die orphische Hymne ϑυμιαμα *(SWS XXVI, S. 179f.) den »Versuch einer Geschichte der lyrischen Dichtkunst« von 1766 (SWS XXXII, S. 112). Der zur psychologischen Selbstbeobachtung neigende Mitternachtsgeborene H. (vgl. »An die Mitternacht«, »Mitternachtsgesicht meines Genius«, 1764; »Mein Schicksal«, 1770, SWS XXIX, S. 249, 341) war in seinen letzten Lebensjahren Lehrer und väterlicher Freund Gotthilf Heinrich Schuberts (»Die Symbolik des Traumes«, Bamberg 1814).*

15 Geschäftigen Rastlosen Tages] *Vgl. die Paramythie »Nacht und Tag« (»mein geschäftiges, rastloses Leben«; SWS XXVIII, S. 142) und Novalis' 1. »Hymne an die Nacht«.*

17, 26 Himmelsbilder, Sterne u. Welten] *Vgl. »Das Gesetz der Welten im Menschen«, 1796; »Die Nacht«, 1801 (SWS XXIX, S. 161, 218); »Wie die Alten den Tod gebildet?« (SWS V, S. 667).*

18 inniges Gefühl der Natur] *Bei Kindern und Naturvölkern.*

19ff. tiefes Symbol ... ganzen Natur spricht] *Schlaf und* 26 Ermatten der Natur] *Ankündigung und Symbol des Todes: »... unter allen Nationen der Erde sind die Begriffe vom Tode und dem Todtenreich vorzüglich aus Bildern der Nacht, des Schlafes und Traums zusammen gedichtet worden« (»Wie die Alten den Tod gebildet?«, 1786; SWS XV, S. 439). »... überall verstandne Symbole« (»Vom Geist der Ebräischen Poesie«, 1. Teil, SWS XI, S. 369). Der Aufsatz »Wie die Alten den Tod gebildet?« im »Hannoverschen Magazin« 1774 mit der Deutung des Todesgenius als »Schlafes Bruder« (SWS V, S. 664) war ein Parergon von H.s mythengeschichtlichen Studien für Bd. 1 der »Aeltesten Urkunde«, mit denen er zum Vorläufer von Joseph Görres (»Mythengeschichte der asiatischen Welt«, 2 Bde, Heidelberg 1810) und Friedrich Creuzer (»Symbolik und Mythologie der alten Völker«, 6 Bde, Leipzig, Darmstadt 1810–1823) wurde.*

21 Sprache Gottes, die täglich in der ganzen Natur spricht] *»... die Sprache Gottes jeden Tag und jede Nacht« (»Wie die Alten den Tod gebildet?«, SWS V, S. 667).*

22 Zwischenzeiten] *Morgen und Abend.*

22f., 27 Arbeit ... verdamt ist] *Vgl. 1. Mose 3,19; »Aelteste Urkunde«, Bd. 2 (SWS VII, S. 103ff.).*

24f. Sancho Panssa vom Schlafe ... ausbreitet!] *Cervantes, »Don Quijote«, 2. Teil, Kap. 68: Lobrede auf den Schlaf (vgl. »Wie die Alten den Tod gebildet?«, SWS V, S. 666).*

32 Analogie zwischen Schlaf u. Tode] *Vgl. zu* 19ff.; III A d,32ff.,44f.

33f. die Seele ... sich in eine andre Welt begiebt] *Bei Lebenden vorübergehend ins Reich der Träume, vgl. »An den Schlaf« (VI A 3,*16–19; *SWS XXIX, S. 107), »Kalligone« (SWS XXII, S. 232f.). Im Tod verläßt die Seele den Körper ganz: »Schmetterling, als Symbol der Seele, neben dem ausgestreckten Todten« auf antiken Grabmonumenten (»Wie die Alten den Tod gebildet?«, SWS V, S. 668).*

34 das habe ich hundertmal bemerkt] *Selbstbeobachtung seiner Träume, vgl. III A d,* **74f.**
34f. andern Raum- u. Zeit- u. Kräftenmaas] *In der Phantasie gibt es »Unermeßliches ohne Maasstab« (»Kalligone«, SWS XXII, S. 256, vgl. S. 250, 259f.).*
35–43 Ein Mensch ... zu lesen wünschte.] *Idee zu einem Reflexionsgedicht ähnlich wie Youngs »Night Thoughts«.*
35 Selbstgespräch] *Vgl. die Gedichte »Selbstgespräch« (Blaues Studienbuch, SWS XXIX, S. 245f.) und »Zweites Selbstgespräch« von 1764 (Studienbuch A 1, SWS XXIX, S. 258ff.).*
36 (Schlaf u. Einschlafen an andern] *Zu ergänzen »beobachtete«. Vgl. »Aelteste Urkunde«, Bd. 1 (SWS VI, S. 268, Fußnote: Beschreibung des Einschlafens in Hallers »Elementa Physiologiae«).*
36 4. Lebensaltern] *Morgen = Kindheit, Mittag = Mannesalter, Abend = Greisenalter, Nacht = Tod.*
37 Hinsehnen nach Ruhe] *Vgl. das Gedicht »Sehnsucht nach Ruhe und Tod«: »Tod und Nacht und ... Schlaf« (Blaues Studienbuch, SWS XXIX, S. 241f.); der Sabbat als ersehnter »Tag der Ruhe« (SWS VI, S. 162, vgl. S. 58f., 62; SWS V, S. 481).*
38f. ersten Kindheit der Welt] *Nach der Lebensaltertheorie (siehe R, S. 682) die Patriarchenzeit im Morgenland (SWS VI, S. 70f.; SWS XXXII, S. 235ff.; SWS V, S. 481–486, 562).*
41 Hamlets Monolog] *III/1 über Leben und Tod, 1773 übersetzt (SWS V, S. 255f.).*
41f. Pythagoräischen Wiedererinnrung] *Erinnerung an die eigene Präexistenz; siehe R, S. 453.*
44f. Schimmerlicht des Mondes ... gießt] *»Das Mondlicht«: »Des Mondes stiller Schimmer senkt auf alle Wesen Ruh; ... Ein Licht aus andrer Welt«, 1797 (SWS XXIX, S. 128f.). Vgl. zu II 27,***57f.***; 127(N),***123.***
45f. Romantisch] *Vgl. zu I 110,***109f.***; II 27,***51–115.***
46f. Morgenländischer Patriarch] *Vgl. zu* **38f.**
47 wie Abraham gen Himmel sieht] *Vgl. 1. Mose 15,5. – Tycho] Brahe.*
48ff. älteste Morgenländische Vorstellungen ... Psalmen] *Vgl. »Vom Geist der Ebräischen Poesie«, 1. Teil, 7. Gespräch (SWS XI, S. 363–380).*
49, 91 Todtenreiche] *Hebräisch »Scheol« (ebd., S. 368, 376), in der Septuaginta mit »Hades« übersetzt; für Gute und Böse gleichermaßen ein freudloses Schattendasein. Erst im Urchristentum setzte sich der Glaube an Auferstehung und Gericht nach dem Zwischenzustand des Totenreiches durch.*
51–55 Mysterien der alten Aegypter ... Dichtkunst hierüber] *Vgl. das Gedicht »Alte Aegyptische Philosophie«, 1768 (SWS XXIX, S. 305); Bückeburger Geschichtsphilosophie (SWS V, S. 491f.); »Aelteste Urkunde«, Bd. 1, 2. Teil, »Schlüssel zu den heiligen Wissenschaften der Aegypter« (besonders SWS VI, S. 347ff., 360ff.); »Denkmahl Johann Winkelmanns« (SWS VIII, S. 476f.); »Ideen«, 3. Teil (SWS XIV, S. 75–82).*
55f. Plato's ... Phädon, sind die Pythagoräischen Ueberbleibsel] *Vgl. zu I 58,***5,212f.*** *Pythagoräische und orphisch-empedokleische Einflüsse in »Phaidon« sind die Seelenwanderungslehre, die Verwerfung des Leibes, das Todesstreben, die Zahlenspielerei (104 C) und die Beschreibung des Tartarus (113 C). Platons intensive Pythagoras-Rezeption ist u.a. bezeugt in Aristoteles' »Metaphysika« (987 b).*
57 Moses Mendelssohn] *Vgl. zu I 58,***236.***
59 die Wilden ihre ganze Seelentheologie] *Die Magie der Naturvölker und ihre Vorstellungen vom Totenreich waren H. aus Reisebeschreibungen und Missionsberichten bekannt. Vgl. »Hades und Elysium«, Parergon zu »Vom Geist der Ebräischen Poesie«, 1. Teil, im Aprilheft des »Teutschen Merkur« 1782 (SWS XVI, S. 333–340); »Ideen«, 1./2. Teil (SWS XIII, S. 307ff.; SWS XIV, S. 603). Größte Beachtung der Ethnologen ver-*

dienten nach H. »der Nationen charakteristische Träume« (SWS XIII, S. 330): in den »Lettres édifiantes et curieuses« (R, S. 683) hatten die Patres den sie beeindruckenden »Traum-Realismus«, Geisterglauben und Totenkult nordamerikanischer Stämme festgehalten (Quellenbelege vgl. Eva Lips, Das Indianerbuch, Leipzig 1956, S. 117–145).

61 Kümmel schneiden] *Siehe R, S. 333.*

63 die eine Dichtkunst geben musten] *Bezug: Trümmer des ältesten Glaubens (58, vgl.* **19ff.**), *Entstehung der Poesie aus dem Mythos, vgl.* »*Versuch einer Geschichte der lyrischen Dichtkunst*«: »*göttlicher Ursprung*« *(nach Lowth, SWS XXXII, S. 93ff.);* »*Ueber die ersten Urkunden des Menschlichen Geschlechts*«, *Einleitung (ebd., S. 150ff.; FHA 5, S. 14ff.);* »*Vom Geist der Ebräischen Poesie*«, *2. Teil (SWS XII, S. 6ff.);* »*Ideen*«, *2. Teil:* »*Träume die ersten Musen, die Mütter der eigentlichen Fiction und Dichtkunst*« *(SWS XIII, S. 308). Vgl. den poetischen Mythos von Amor und Psyche auf Grabmonumenten (SWS V, S. 667ff.). Aus der Ähnlichkeit von Gräbersymbolen in Ägypten, Asien, Griechenland und Italien hat der spätromantische Rechts- und Kulturhistoriker Johann Jakob Bachofen (1815–1887) völker- und seelenkundliche Deutungen des urzeitlichen und frühgeschichtlichen Menschen abgeleitet und eine auf Naturmythen und Vegetationsriten beruhende Urreligion rekonstruiert (*»*Versuch über die Gräbersymbolik der Alten*«*, Basel 1859), wozu Ansätze in Gedanken und Formulierungen bereits in H.s* »*Aeltester Urkunde*« *über die Symbolik* »*in der Urzeit der Menschlichen Bildung*« *zu finden sind (SWS VI, S. 394).*

64 Vernünftelei und Kunstfülle unsrer Zeit] *Kritik am Rationalismus und der nicht volksverbundenen Kunst.*

65 Nachtstück] *Gemälde, dessen Szene von Mond, Fackeln, Kerzen usw. erleuchtet wird.*

66 Schimmerlichte] *Vgl. zu* **44f.**

68f. Bibel ... Quelle der Weisheit u. Dichtkunst] *Vgl. Hamann,* »*Aesthetica in nuce*«: »*Das Heil kommt von den Juden*« *(Nadler, Bd. 2, S. 210).*

69 sehr abgeleitete Ströme] »*Warum bleibt man aber bey den durchlöcherten Brunnen der Griechen stehen, und verläst die lebendigsten Quellen des Alterthums?*« *(ebd., S. 209).*

70f. dem Gange Gottes ... Kindheit des Menschlichen Geschlechts] *Vgl. zu* **38f.***; II* **162,95ff.**

71 thätlich geredet] *Durch Taten (vgl. SWS VI, S. 286f.) geredet, vgl.* **124,140.**

72 das erste Buch Mose] *Gegenstand von H.s Studien zur* »*Aeltesten Urkunde*« *seit 1768, vgl. I 43(N),***10–139.**

72f. verdeckte Hieroglyphe)] *Metaphorisch für bisherige ungenügende Erklärung. Vgl. zu I 105,***43–49.**

73 Vaterdrohung eines Todes] *Vgl. 1. Mose 2,17;* »*Aelteste Urkunde*«*, Bd. 2, S. 32.*

74 Nach Mühe u. Schweiß zur Erde werden] *Vgl. zu* **22f.**

76 ersten Erschlagnen] *Abel.*

77f. Geßner] *Vgl. I 98,***138–145.**

78f. die Stimme ... Bluts schreiet] *Vgl. 1. Mose 4,10;* »*Aelteste Urkunde*«*, Bd. 2, S. 142.*

80f. Sicherheit ... bevestigt] *Vgl. 1. Mose 4,15;* »*Aelteste Urkunde*«*, Bd. 2, S. 144f.*

81 Vater aller Sterblichen] *Adam wurde 930 Jahre alt (1. Mose 5,5).*

82 des Todes sterben] *In Klopstocks* »*Der Tod Adams*« *(siehe R, S. 313), 1. Mose 2,17 (Luther-Bibel). Klopstock suchte hinter der einfachen Konstruktion mit dem Infinitivus absolutus im Hebräischen einen tieferen Sinn (Muncker, Klopstock, S. 18).*

84, 86, 152 Henoch] *Siehe R, S. 705. –* »*nahm ihn Gott weg u. ward nicht u. s. w.*«*] 1. Mose 5,24; vgl.* »*Zerstreute Blätter*«*, 3. Sammlung,* »*Blätter der Vorzeit*«: »*Der Schwan des Paradieses*« *(SWS XXVI, S. 329f.) nach dem* »*Sepher Hajjaschar*« *zur Genesis (nach Mitteilung des Kölner Oberrabbiners Dr. Schwarz an Düntzer; Herder's Werke, 6. Teil).*

87 (Judas Vers 14)] *Henoch weissagte das Weltgericht, vgl. »Aelteste Urkunde«, Bd. 2, S. 158ff. – verderbte Gott eine ganze Welt] Sintflut, vgl. 1. Mose 6,12f.17; 7,21ff.; »Aelteste Urkunde«, Bd. 2, S. 162–167 (»Sündfluth«).*
88 fast 2. Jahrtausenden] *Die Lebensjahre der zehn Urväter (jeweils bis zur Zeugung des ersten Nachkommen) von Adam bis Noah nach 1. Mose ergeben zusammen 1656 Jahre bis zum Anbruch der Sintflut.*
88f. Deisten ... Ursprung der Religion] *In Polemik gegen diese ist die »Aelteste Urkunde« entstanden. Gegen Boulangers universale Katastrophentheorie vgl. H.s Entwurf »Zur Geschichte der Wissenschaften aus Boulanger« (R, S. 49). Die Entstehung der Religion aus Furcht behauptete Hume in »The Natural History of Religion« (London 1755), vgl. H.s Auszüge vom 1.–3. 8. 1766 (SWS XXXII, S. 193–197).*
90 Knote der Errathung] *Ein zu lösendes Rätsel, vgl. zu 87. In der Patriarchenzeit noch keine Unsterblichkeitshoffnungen.*
91 Todtenreich] *Vgl. zu 49; »ein finsteres Todtenreich der Riesen unterm Wasser« (»Aelteste Urkunde«, Bd. 2, S. 167).*
91f. die erste Welt] *Die Zeit Noahs, vgl. 1. Petrusbrief 3,20f.*
93 Kürze des Lebens] *Nach dem langen Leben der Urväter (vgl. SWS XXXII, S. 236; VI, S. 182) führte Gott ein immer kürzeres Lebensalter der Menschen ein (1. Mose 6,3: durchschnittlich 120 Jahre, vgl. »Aelteste Urkunde«, Bd. 2, S. 164ff.). Während die Urväter fast 1000 Jahre alt wurden, verringerte sich das Lebensalter von Sem bis Moses von 600 auf 120 Jahre (vgl. 1. Mose 11; 5. Mose 34,7).*
94, 101 Nationalschauplatz] *Das »Heilige Land« Palästina, insbesondere Kanaan, das Abraham verheißene Land (vgl. 1. Mose 12,7), das Gott Moses vor seinem Tod zeigte (vgl. 2. Mose 3,8; 5. Mose 34,1–4).*
96f. Erschlagnen ... Hinweggenommnen.] *Abel, Adam, Henoch.*
98 Bilde der vertilgten Welt] *Vgl. 1. Mose 7,21–23.*
99 eine Lehre Stuffenweise] *Vgl. 139; II 162,96f.*
102 Nationalbildern u. Geschichten] *Geschichte des jüdischen Volkes von Abraham bis Jesus Christus.*
104 Isaaks Opferprobe] *Vgl. 1. Mose 22,1–18.*
105f. letzten Visionen des Segnens] *Der Jakobsegen, siehe R, S. 706; der Mosesegen, Weissagung über die zwölf Stämme Israels 5. Mose 33.*
107 Matthäus 22.] *Vers 41–46 Jesus zu den Pharisäern.*
108 Patriarchenzeit] *Vgl. zu 38f.*
109 paralogistische Absurdität] *Fehlschluß, Unsinn.*
110 Einweihung des Landes] *Vgl. zu 94.*
111 Hinsehen der Patriarchen] *Jakob, Joseph, vgl. 1. Mose 47,29f.; 50,24ff.*
112 Johannes 8.] *Vers 56.*
114 Opfer] *Im Alten Testament von großer Bedeutung (vgl. 1. Mose 4,3ff.; 3. Mose 1–7), von alten Religionen überkommen als Frömmigkeitszeichen zum Zweck der Versöhnung mit Gott. Vgl. »Vom Geist der Ebräischen Poesie«, 2. Teil (SWS XII, S. 95–99).*
115 Abrahams, Moses, Davids] *Erinnerungen der Juden vgl. 1. Mose 48,16; Johannes 8,53; Lukas 16,29; Johannes 9,29; Matthäus 12,3; Apostelgeschichte 2,29ff.*
115 Weißagungen] *Durch Priester, Seher und Propheten, die vom Geist Gottes ergriffen waren; vgl. 1. Samuel 10,5f.10f.; 19,20ff.; Jesaja 44,25.*
116 Todtenerweckungen] *U.a. durch den Propheten Elisa, vgl. 2. Könige 4,32–36; »Blätter der Vorzeit« (vgl. zu 84), »Der Wunderstab des Propheten«, nach »Pirke Rabbi Elieser« oder »Tanchuma« (SWS XXVI, S. 355f.,486). – Wegnehmung Elias] Vgl. 2. Könige 2,11; »Blätter der Vorzeit«: »Elias« (SWS XXVI, S. 354f.) nach »Taba debe Elia« (vgl. zu 84).*

117f. Propheten ... innerhalb Judäa gedacht] *Heilsverkündigungen für Israel, vgl. z. B. Jesaja, Kap. 62; Jeremia, Kap. 23 und 31; Hesekiel, Kap. 37; Hesekiels Vision des neuen Tempels, Kap. 40–48.*

120f. Christus ... ans Licht brachte!] *Vgl. Johannes 6,48–58; 8,51; 11,25f.; 14,6.*

121ff. Jüdischen Meinungen ... idealisirte!] *Das aus der jüdischen Nationalreligion hervorgehende Christentum wurde durch den Missionsbefehl Christi (Matthäus 28,19f.) zu einer Weltreligion. Vgl. »Ideen«, 4. Teil, 17. Buch (SWS XIV, S. 290–341); »Vom Geist des Christenthums« (SWS XX, S. 8ff., 32ff., 91ff., 97ff.).*

123f. Unsterblichkeit ... Gericht lehrte] *Vgl. Matthäus 10,15; 12,36; Kap. 24; Johannes 11,25f.; 12,48; »Erläuterungen zum Neuen Testament« (SWS VII, S. 458f., 461ff.).*

124 Erweckungen] *Totenerweckungen, vgl. Markus 5,22ff.35–43 (Tochter des Jairus); Lukas 7,11–16 (Jüngling zu Nain); Johannes, Kap. 11 (Lazarus).*

126f. von Jüdischen Schlacken reinigten] *Paulus (siehe R, S. 712) hat mit dem pharisäischen Judentum gebrochen und im Urchristentum für die Freiheit des Geistes vom Mosaischen Gesetz gewirkt. Vgl. »Ideen« (SWS XIV, S. 294); »Vom Geist des Christenthums« (SWS XX, S. 46f.) und dazu den viel weiter ausgreifenden historischen Entwurf »Vom Geist des Christenthums bei seiner Pflanzung und Fortpflanzung«, 1797 (SWS XXXII, S. 526).*

127 Vision der Offenbarung] *Offenbarung des Johannes, siehe R, S. 651f.*

133 die ganze Kette selbst ist Poesie] *H. sah wie Hamann die ganze Bibel als poetisches Buch (Urpoesie) über die geschichtliche Offenbarung Gottes an, die sich »durch menschliche Vorfälle« (140f.) geäußert habe. Vgl. zu 63; »Vom Geist der Ebräischen Poesie« passim.*

137ff. Trümmer ... in der Welt] *Vgl. die mythen- und religionsgeschichtlichen Betrachtungen im 3. Teil der »Aeltesten Urkunde«, »Trümmer der ältesten Geschichte des niedern Asiens« (SWS VI, S. 424–501) und den altpersisch-frühchristlichen Synkretismus in den »Erläuterungen zum Neuen Testament«. Nach 70 n.Chr. wurde die jüdische Religion in der Diaspora in allen Teilen des Römischen Reiches verbreitet und im Orient bis nach Indien. Christentum und Islam sind in ihren Ursprüngen dem Vorbild des jüdischen Monotheismus verpflichtet. Nach Juda ha-Levi, »Kusari« § 66, sind alle Wissenschaften von den Juden zu den Chaldäern, Persern, Medern, Griechen und Römern übergegangen; er behauptete den jüdischen Ursprung der Kultur schlechthin.*

142 Meine Dichtkunst] *Für Lavaters Gedicht, vgl. zu 4–162.*

143, 145f. die Philosophie unsres Jahrhunderts] *Die philosophischen Beweise der Unsterblichkeit vom Standpunkt des Deismus, z. B. in Mendelssohns »Phädon«, vgl. I 58 und I 76(N).*

146f. Sie, die sich ... dem Glauben nähern muß] *Die Poesie, vgl. zu 63.*

148 Immaterialität, Einfachheit] *Die Einfachheit und Unkörperlichkeit der Seele, als Monade begriffen (Leibniz).*

149 Moralischen Beweise] *Weil auf Erden keine Gerechtigkeit herrscht, muß es ein künftiges Leben geben. Vgl. zu I 58,166. – Unterlage] Unterlegenheit.*

151f. Abels Leiche ... Noah] *Vgl. 75f.,84f.,87,90; Hiob vgl. zu II 37,105; »Vom Geist der Ebräischen Poesie«, 1. Teil (SWS XI, S. 364f., 377).*

153 ahndet] *Ahnungen haben. – der sterbende Schächer] Vgl. Lukas 23,40–43.*

154 ein sich fragender Heide] *Ein römischer Hauptmann, vgl. Lukas 23,47.*

155 rührendere Situationen] *Vgl. 150, 160; diese wären in dem geplanten Gedicht Lavaters wirkungsvoller als abstrakte Lehren.*

157 Gruppe des Sokrates] *Seine Schüler (siehe R, S. 543), die bei seiner Hinrichtung durch den Schierlingstrank im Gefängnis anwesend waren (nach Platons und Mendelssohns »Phädon«), vgl. zu I 58,7,9f.,185f.*

161, 167 Doch davon nächstens.] *Nicht erfolgt.*
169 beikommende Frage] *Nicht überliefert, ebenso »die Nachricht wegen Stürze [?] auf einem besondern Blatte« (A; nach H: Kraków).*
170 Diese Blätter] *Der Aufsatz über Unsterblichkeit 3–161.*

175. AN KAROLINE FLACHSLAND, *Bückeburg, 3. April 1773*

4f., 13f. für Sie Alles ... zu werden.] *Vgl. II 110,30–32; 114,58–62.*
6 Ostern] *Vgl. zu II 172,5.*
7 Möbel] *Gräfin Maria bat H. in ihrem Gratulationsbrief zur bevorstehenden Heirat vom 31.3.1773 um Erlaubnis, zur Einrichtung seines Hauses »wenigstens diese Meubles überreichen« zu dürfen (Erinnerungen I, S. 361).*
8f. neuen, treuen Leuten] *Vgl. II 145,19f.; 172,35–38.*
15 Herzogin von Zweibrücken] *Vgl. zu II 165,15f.*
16f. que Vous êtes ... merites] *Daß Sie eine nicht allein anmutige, sondern auch sehr verdienstvolle Person sind.*
18 durch meine süße Gräfin] *Gräfin Maria wurde »von unbekannter Hand ... letzthin ein Lob einer lieben Ungenannten zugeschrieben«, das ihr »Verlangen nach deren Bekanntschaft ungemein erhöhet« (vgl. zu 7).*
19 solides merites] *Wirkliche Vorzüge, Verdienste. Karoline lachte herzlich »über die solides merites«, die sie nicht an sich finden konnte. Die Herzogin kannte sie »aus Tradition« und ihrem »ernsten, blassen Gesicht« (A).*
22 vielleicht nach Acken] *Kurbad Aachen. Karoline fragte danach noch in A zu II 178. Im September 1773 war die Gräfin in Rheda (Schaumburg-Lippe III, S. 359).*
23 ihre Schwägerin verlohren] *Gräfin Wilhelmine Henriette zur Lippe-Biesterfeld war in ihre Heimat zurückgekehrt, vgl. II 77,51f.*
24f. Sie ihr gefielen ... gewiß.] *Am 2.6.1773 schrieb Gräfin Maria an H., der 26. Mai, als sie seine Freundin zuerst sah, werde »einer der frohesten Tage« ihres Lebens sein; sie »kenne noch keine, die ihr gleich wäre, keine Bekanntschaft, deren erste Stunden sie so beseligt hätten« (Erinnerungen I, S. 363).*
26f. alte adliche Nachbarin ... als Mutter] *Frau v. Bescheffer. Karoline hat ihr in den »Erinnerungen« als »unserer Mutter«, »treuester Rathgeberin«, »Wohlthäterin vieler Leidenden« ein Denkmal gesetzt (Erinnerungen I, S. 236).*
28 Dein Bild] *Vgl. II 172,7ff.*
31f. Abkündigen ... Dispensation nur ausbitten] *Kirchenbrauch: Bekanntmachung (Proklamation) einer bevorstehenden Hochzeit von der Kirchenkanzel aus, in Sachsen »Aufgebot« genannt. »Es ist nemlich der löbliche Kirchenbrauch, daß wir uns dreimal als arme Opfer der Christlichen Gemeine darbringen müßen, daß, wenn von ohngefähr eines oder das andre an uns Theil begehret, wir es in Zucht und Ehren abweisen« (B). Karoline wollte vom Landgrafen (vgl. zu II 165,5f.) die Dispensation (Erlassung) vom Aufgebot erbitten, die sonst 10 Taler kostete (B und A); nur zwischenzeitlich, in B₁ zu II 177 und B zu II 178, wollte sie lieber die Gebühr entrichten. – Vgl. II 181,10–13.*
33ff. unsre Namen ... schon Wittwe] *Karoline hatte sich »lange genug« wie eine Witwe gefühlt und wollte das einmalige Aufgebot in Darmstadt erst zu H.s Ankunft verkünden lassen (A).*
36 Einspruch] *Vgl. zu 31f.; II 181,10f.*
37–40 Leuchsenring ... gehört dazu.] *Vgl. zu II 170,35–39. H. habe seinen Brief »zu ernsthaft genommen«; er sei ein aufrichtiger Freund und liebe H. »von ganzer Seele«.*

41 nach Berlin u. Hamburg zu schicken] Vgl. zu II 161,76.
43f. Ihre Schwester] *Friederike v. Hesse* grüßte H. »tausendmal« (A).
44f. was Sie denken? ... wähnen?] »... *wirds doch kaum mein Herz Dir stumm sagen können. ... nicht rasch, nicht berauschend ist unser Band der Liebe – sanft und ewig – mein ganzer Körper und Seele ist voll inniger, stiller Freude und Wonne – ... durch mich soll unser Band keine Feßel seyn – Die ganze Welt ist Dein – und Du mir meine ganze Welt. ... Alle die übertriebenen Phantasien weggenommen, können wir die glücklichsten Sterblichen zusammen werden*« (A).
46 nur eine kleine Zeit] Vgl. Johannes 7,33.
48 Die Landgräfin ... da zu seyn] *In Leuchsenrings nichtüberliefertem Brief an H., danach im Gespräch mit Karolines Schwager* (erwähnt in B₁ zu II 177). Karoline, die »*noch nicht ganz reisefertig*« war, schrieb in A, daß die Landgräfin Karoline von Hessen-Darmstadt »*noch sieben Tag im Mai*« dableibe, bevor sie mit drei Töchtern auf Einladung Katharinas II. nach Petersburg reiste (erste vertrauliche Mitteilung darüber in B; vgl. III Anm. 1).

176. AN GRAF FRIEDRICH ERNST WILHELM ZU SCHAUMBURG-LIPPE, Bückeburg,
5. April 1773

Vgl. II Anm. 176 und N, S. 801. – Graf Wilhelm wünschte H. zu seiner Heirat »*alle ersinnliche Zufriedenheit, Vergnügen und Wohlergehen*« (A).

177. AN KAROLINE FLACHSLAND, *Bückeburg, 7. April 1773*

3 auch einen Brief] Vgl. 26f.
4 Leuchsenring an Merck] Vgl. zu II 73,8; 75,25. Um H. auf die Mißstimmung zwischen Merck und Leuchsenring vorzubereiten, hatte Karoline B₁ den ein Jahr alten Brief Leuchsenrings an Merck beigelegt (Merck hatte ihn damals an Leuchsenring zurückgeschickt und Karoline »*ihn ohne sein Wissen abgeschrieben*«). »*Seit diesem Brief und vorher schon hat M[erck] überall gegen den L[euchsenring] gesprochen, ihn bey allen seinen Freunden, die doch M[erck] blos durch L. hat kennen lernen, lächerlich machen wollen und hundert andre solche Falschheiten ... Dazu kam noch sein Betragen im Hauß gegen seine Frau und sein niederträchtiger Geitz, der auch macht, daß er keines Menschen Freund ohne Intereße seyn kan*« (B₁).
5f. nicht recht nach meinem Sinn geschrieben] Vgl. II 75,24–29; aber III 57,38–44; 75,75–90.
6 Eifersucht] *Schon damals Synonym von* »Neid« (Adelung); *hier aber positiv gebraucht wie* »Eifer«.
7 Aufopfrung ... Wir sind] Vgl. II 127(N),**289f.**
9 Mercks Karakter] Vgl. II 138,73–76; zu II 75,25,27,27f. *Der schwierige, aber für H., den jungen Goethe, Wieland u. a. sehr anregende Charakter Mercks ist in* »Dichtung und Wahrheit« (WA I 28, S. 95ff.; 29, S. 93) *und in Falks Aufzeichnungen* »Goethe aus nährm persönlichen Umgange dargestellt« (Leipzig 1832) *dokumentiert.*
12 daß Sie sich wegwünschen] *Karoline äußerte über die von Leuchsenring beklagte Indiskretion Mercks:* »... *es ist mir leid, daß ich ihm jemals was vertraut. ich danke Gott, daß ich weggehe; denn es neigt sich völlig zum Ende der Freundschaft*« (B₁).
13 Zwischen Ihnen u. Merck ... Kälte] Vgl. II 138,68–71.

14 Buttervogel] *Auch »Butterfliege« (engl. butterfly), »Molkendieb«, Bezeichnung für Schmetterlinge besonders in Niedersachsen (Adelung). Vgl. Leuchsenrings Charakteristik III 29,49–75.*
15 Halte] *Plural von »der Halt«, Festigkeit einer Sache (Adelung).*
19ff. Madame Merck ... gethan hat.] *Merck hatte »die Geschichte seines Herzens in der Schweiz« (I 93,17f.), d.h. seiner leidenschaftlichen Jugendliebe und überstürzt geschlossenen Heirat – sein Sohn Henry (Emanuel) wurde fünf Monate danach geboren –, H. im August 1770 anvertraut. Vgl. auch I 93,184; I 96(N),52f.; I 133(N),122; II 37,56; 78,14–26; 124,92.*
23 mein Stillschweigen] *Vgl. zu II 178,7ff.*
26 Beilage] *Vgl. II Anm. 177; zu II 175,7,18. In ihrem folgenden Brief vom 9. 4. 1773 (H: Bückeburg, Niedersächs. StA) wünschte Gräfin Maria H. »öffentlich« Glück zur Verheiratung und warf ihm vor, daß er ihr und dem Grafen »die Bekandtschaft einer so Edlen vortreflichen Freundin so lange entzogen« habe.*
28 lüstet] *Sinnliches Verlangen nach etwas empfinden; im Niedersächsischen noch statt »gelüsten« gebraucht (Adelung).*
31 nach Ostern] *Vgl. zu II 172,5.*
32 just gegen Ende Aprils] *Vgl. II 178,26. Karoline wünschte, daß H. »ganz zu Ende des Aprills« käme; sie befürchtete zu Recht, daß es Mercks und Leuchsenrings wegen eine Mißstimmung geben würde (nach A fürchtete das auch Merck). »Junker Berlichingen« (Goethe) habe »neulich einen Jahrmarkt in Versen hierher geschickt, um Herrn M[erck] die cour zu machen und L[euchsenrings] Person darinn aufzuführen« (B_1). Deutlicher als im Frömmler Mardochai im »Jahrmarktsfest zu Plundersweilern« wird der »falsche Prophet« Leuchsenring karikiert in »Ein Fastnachtsspiel vom Pater Brey« (Erstdruck beider Farcen im »Neueröfneten moralisch-politischen Puppenspiel«, Leipzig und Frankfurt 1774). Noch 1789 war Karoline wegen der sie betreffenden Anspielungen gekränkt (vgl. B_2 zu N VI 59 und B zu N VI 65).*
32f. der Hof ... vor Aufbruch] *Vgl. zu II 175,48.*
33f. der Badensche Hof ... abgesegelt] *»Der Markgraf und die Markgräfin von Durlach kommen mit ihren Prinzen nach Ostern und bleiben 8 oder 10 Tage – sie reisen zusammen nach Engelland –« (B_1). Vgl. II 178,26f. Mit der »schwarzen Frisur« meinte H. die ihm unsympathische Markgräfin, vgl. I 88,81–92. Karoline berichtete über den in Wirklichkeit kürzeren Besuch: »Der Badische Hoff macht hier eine abstechende Figur mit unserm Hoff. Die gelehrte Marggräfin saß neben unsrer Fürstin wie eine NäheFrau – Der Erbprintz hat mich unter ihnen allen allein interessirt mit seinem melancholischen AntinousGesicht« (A).*
35 ihn so zu guter Letzt] *Merck vor seiner Abreise nach Petersburg als Rechnungsführer der Landgräfin am 6. 5. 1773 (B zu II 175 und B_1).*
37 Unserm Geschwister] *Karolines Geschwister.*
42 wie vor ihrem Bilde] *Vgl. II 146(N),84f.*
46 Ihren lieben Brief] B_2.
46f. mit den Betten] *Vgl. zu II 172,30f.*
50 respective Trauschein] *Beilage zu B_2, die Heiratsgenehmigung des Landesherrn, vgl. zu II 165,4f.,5f.*
51 den Meinigen] *Vgl. zu II 176.*
52 Eya!] *Vgl. zu II 92,41.*
56 Taufschein] *Die amtliche Bescheinigung (Auszug aus dem Kirchenbuch), »daß jemand getauft und von ehrlichen Eltern gezeuget ist« (Adelung).*
58 Dein Bruder oder der geheime Rat] *Friedrich Sigmund Flachsland und Andreas Peter v. Hesse als Amtspersonen.*

62 im Feste] *In der Osterwoche.*
64f. Leuchsenring ... Recidiv] *Karoline war von Leuchsenring ganz eingenommen: »L. ist fast den ganzen Nachmittag bey uns, und ließt uns in Voltaire, Wieland oder userm Freund Yorick und Tristram Shandy vor. er lebt und webt um uns und ganz in meiner Glückseligkeit und ist so ganz, so innig unser Bruder. ich weiß gewiß, wenn Ihr Euch beyde einmal kennt, Ihr ewige Freunde seyn werdet. er hat mir versprochen, in einigen Jahren zu uns nach B[ückeburg] zu kommen« (B₁). H. und Karoline befürchteten eine ähnliche Situation wie im April 1771 (vgl. zu I 142,23f.). In ihren »Erinnerungen« deutete Karoline nur an, daß Leuchsenrings Kritik an H.s Charakter sie beide gekränkt hätte (I, S. 235). Vgl. zu III 1,17.*
68 Schwester] *Friederike v. Hesse.*
68f. An den H. Geheimen Rat] *II 179. Vgl. zu II 172,50.*
69 Brief von Wieland] *Auch von seiten der Wieland-Forschung ist kein solcher Brief nachgewiesen. Vermutlich handelte es sich um eine Einladung zur Mitarbeit an der soeben begründeten Monatsschrift* »Der Teutsche Merkur« *(siehe R, S. 659), wie sie Wieland zu diesem Zeitpunkt an viele Schriftsteller sandte. Vgl. zu II 96,69–73.*
69f. Ihr Bericht über Jakobis Brief] *Vgl. zu II 172,42ff.,47f.*
71 meinen blinden Lerm] *Vgl. II 163. Ein Brief Leuchsenrings an Johann Georg Jacobi ist nicht überliefert, ein Gespräch über H. mit ihm nicht bezeugt.*

178. AN KAROLINE FLACHSLAND, *Bückeburg,* 10. April *1773*

3 am Ruhetage Xsti] *Ostersonnabend, als Jesus im Grab lag.*
6 meine Eingeweide erquicket] *Vgl. Sprüche Salomos 3,8 (»Gebeine« statt »Eingeweide«, die im Alten Testament nur in Verwünschungen genannt werden).*
7 Den Brief ... von Merck] *II 177. Karoline befürchtete, Merck habe den Brief »aufgebrochen«, um (aus H.s Antwort) zu sehen, was sie über ihn und Leuchsenring geschrieben habe (B).*
10 hier das Bette besorgt ist] *Vgl. zu II 172,30f. (B).*
16 Ihrem Mädchen] *Vgl. zu II 156,56f. (B).*
19 ein Mann werden] *Vgl. II 114,38f.,61f.*
21 Henkersmahlzeit] *Vgl. II 100,20f.,28.*
21ff. Von der Gräfin ... sombre Mine schilt] *Gräfin Maria dankte für die »heutige« Predigt, in der H. »vielen Seegen ausgestreuet« habe, und wünschte, er möge »durch nichts ein niederschlagendes düstres Bild mehr in seiner schönen Seele Platz finden lassen« (vgl. zu II 177,26).*
26 nur Ende Aprils da bin] *Vgl. zu II 177,32.*
26f. Vom Badenschen Hofe ... Nachricht] *Vgl. zu II 177,33f.*
29 Briefe ... nachschicken.] *Da H. in der Woche nach dem 18. 4. (vgl. II 180,6) abreiste, werden ihm nur die beiden letzten Briefe Karolines vor der Hochzeit (A zu diesem Brief und A zu II 177) nachgeschickt worden sein.*
31 das reizendste Wetter] *In Darmstadt begann »der Frühling mit Regen« (B). Nach A hoffte Karoline, mit H. »im Blüthenduft und LerchenGesang zusammen wandeln zu können«.*
36f. Seiner Durchlaucht u. Ihre Erlaucht] *Graf Wilhelm und Gräfin Maria. »Daß die Gräfin in unsern Zimmern war, macht sie ja noch viel schöner!« (A).*
42 feierlich gratulirt] *Vgl. zu II 177,26.*

179. AN ANDREAS PETER VON HESSE, *Bückeburg*, 10. April 1773

3f. mein langes Stillschweigen] *Seit II 126. Vgl. II 177,68f.; zu II 172,50. – Hesse freute sich über H.s Brief, war aber, u. a. mit einem Hausbau, zu sehr beschäftigt, um zu antworten (A zu II 177).*
6 Parnaß] *Siehe R, S. 735; hier für »deutsche Literatur«. Vgl. den Plauderbrief über literarische Novitäten II 13.*
14 Ende Aprils] *Vgl. zu II 170,5; 177,32.*

180. AN JOHANN FRIEDRICH HARTKNOCH, *Bückeburg*, 12. April 1773

3 Einen Antwortbrief] *Vgl. II Anm. 166; N, S. 801.*
4f. dieser Brief in Leipzig] *Als Beischluß zu II 180a(N),30–33.*
6 quasimodogeniti] *1. Sonntag nach Ostern, 1773 der 18. April.*
7f. Sie kommen ... zurückeilen] *Vgl. zu 11; H. und Karoline reisten etwa Mitte Mai 1773 von Darmstadt über Homburg, Kassel und Göttingen nach Bückeburg. Wie schon 1772 (vgl. zu II 64,134) kam es auch diesmal zu keinem Treffen mit Hartknoch (vgl. zu II 166,43).*
9 Prophet Habakuk, dem Engel Gottes am Schopfe] *Siehe R, S. 705; vgl. V 25,41f.,44.*
11 der Brief fliegt mir nach] *In dem II Anm. 180 (A₂ zu II 166) genannten Brief wünschte Hartknoch H. Glück zur Hochzeit und lud ihn und Karoline nach Leipzig ein, da er selbst der Messe wegen nicht nach Darmstadt reisen konnte.*
13f. neue Verbindung ... ein Weib fast nöthiger] *Vgl. zu II 166,32. Hartknoch verheiratete sich erst 1774 wieder.*
16 Wiedergeburt meines Fleißes] *Hartknoch hatte von H. zuletzt 1769 die »Kritischen Wälder« verlegt. 1774–1776 erschienen bei ihm die Bückeburger Geschichtsphilosophie, die »Aelteste Urkunde«, »An Prediger. Funfzehn Provinzialblätter« und »Erläuterungen zum Neuen Testament«. Vgl. III 29,31–36.*
17 tacite] *Insgeheim, stillschweigend.*
17f. Uebersetzung ... Hemsterhuis] *Vgl. III 18,18–23.*
21f. Diderots Anmerkungen zum Theater] *»Discours sur la poésie dramatique«, 1758.*
22 coaevus] *Gleichaltriger.*
22f. Akademie der Geister] *Vgl. II 118(N),15ff.; 146(N),140f.*
24 Bei- oder Unrath meiner Gedanken] *Beabsichtigte Anmerkungen.*
25f. auscultes ... saltator] *Du sollst gehorchen und ein Wort gewähren, mein indianischer Tänzer. – Aptnacce] Siehe R, S. 745; nach Rasle in »Lettres édifiantes et curieuses« (Bd. 17, 1726), R, S. 683.*
26 Tanzmeister] *Während H.s und Hartknochs Jugendzeit an der Königsberger Universität.*
27 Winckelmanns Reliquien] *Vgl. II 180a(N),16ff. – Plastik] Vgl. zu I 79,25ff.; III 28,9f. – Kennicot] Dessen Bibelkollation, vgl. II 180a(N),29.*
27f. meine andre Schrift] *»Aelteste Urkunde«.*
28 Etwas Praktisches] *»An Prediger«, vgl. III 29,39–42.*
29 in temporalibus] *»Zeitliche« (weltliche) Einkünfte; hier das Streben nach einer theologischen Professur, vgl. II 171(N),6–11.*
30 Es sind die letzten Zeiten! ... Noth] *Apokalyptische Rede wie III 75,34f. Vgl. zu II 111,46.*
30f. mit den Musen ists aus] *Hamannsche Diktion, vgl. zu II 167,9.*

31 Was von Hamann] *Vgl. zu III 18,42.*
32 Mandeln] *Arznei- und Genußmittel.*
33 durch Meiersche Buchhandlung mehr] *Siehe R, S. 386. Vor III 18 ist kein weiterer Brief an Hartknoch nachweisbar.*
34 Zäpflein] *Purgativ.*
35f. Was aus Berlin ... Gangbares] *Vgl. zu II 166,16.*
35 per Hamannum] *Vgl. II 101,47; 167,37ff.*
36 Significes] *Sollst du anzeigen. –* Hinz] *Zur Messe in Leipzig.*

180a (N). AN CHRISTIAN FELIX WEISSE, Bückeburg, 12. April 1773

3 Je näher ... desto getrennter] *Aus Riga hatte H. an Weiße geschrieben, seinen Brief vom Mai 1770 aber in Deutschland nicht beantwortet (vgl. N Anm. II 180a) = B. – Weiße freute sich über H.s unerwarteten Brief und beteuerte seine freundschaftliche Gesinnung (A; Impulse 13, S. 271).*
7 Westphälischen Morrast] *Vgl. II 21(N),46f.*
11 Schmidtschen Allmanach] *»Almanach der deutschen Musen«, siehe R, S. 644. – Darin könnte H. ihn nicht mehr finden, Weiße sei als »KreissteuerEinnehmer, Leipziger Stadt-Trankstener Einnehmer und WeinInspector« der »deutschen BuchhändlerWaare« fremd geworden (A).*
11f. quid egerint ... viri] *Was diese berühmten Männer getrieben haben.*
15 seit Klotz todt ist] *Vgl. zu II 35,35; 50(N),78f. – H. behauptete, seit dem Streit mit Klotz in der deutschen Literatur vergessen zu sein.*
16f. Riedel ... Andenken erneure] *Riedel hatte »an alles was Odem hat ... wegen Winkelmannischer Nachrichten und Briefe geschrieben« (A; Impulse 13, S. 272), auch an Heyne (A zu II 164; B₁ zu N II 169), aber nichts erhalten. Von den angekündigten »Nachgelassenen Schriften« (vgl. SWS VIII, S. 442) erschien nur die Neuausgabe der »Geschichte der Kunst des Alterthums«, in die handschriftliche Zusätze und die »Anmerkungen über die Geschichte der Kunst des Alterthums« eingearbeitet waren. H. hat Riedels Ausgabe abgelehnt (ebd., S. 471; SWS XV, S. 50).*
18 Briefschaften] *In B hatte Weiße sich gerühmt, er besitze von Winckelmann »manchen artigen Aufsatz aus Italien« (LB III, S. 32). Zuvor hatte er in seinem Brief an H. vom 30.12.1768 vermutet, nach den Briefen, die er selbst von Winckelmann erhalte habe, müßten »noch viele Posthuma vorhanden seyn«; Heyne habe deswegen nach Rom geschrieben. Am 15.3.1769 antwortete Weiße auf H.s Bitte um Winckelmann-Mskr., er habe die Briefe Winckelmanns aus acht Jahren beim Umzug verlegt. A zufolge waren sie verschwunden, vermutlich von einer Magd zum Anheizen des Ofens benutzt. Bei Oeser fanden sich nur Kollektaneen, während ein Vorlesungsmskr. über Universalhistorie für die Tochter des Grafen von Bünau verschollen blieb. Weiße vertröstete H. aber auf die von Johann Michael Francke (1717–1775), Winckelmanns Freund und Kollegen an der Bünauischen Bibliothek, geplante Lebensbeschreibung (Impulse 13, S. 272). Letztere ist nicht erschienen, seine Quellen gingen in Daßdorfs Ausgabe »Winckelmanns Briefe an seine Freunde« (2 Bde, Dresden 1777, 1780) ein.*
18f. ohne Monument schlafen?] *Vgl. zu I 47,24. – »... dein ermordeter Körper ruht sanft auch ohne Denkmal« (»Der Teutsche Merkur«, September 1781; SWS XV, S. 50).*
19 Riedel ihm nun keins errichten kann] *H. kannte Riedel als Klotzianer und Rezensenten seiner »Fragmente« und »Kritischen Wälder« und hatte im unveröffentlichten »Vierten Wäldchen« seine kompilierte Ästhetik vernichtend analysiert, vgl. I 75,57–67.*

22 einst um Winckelmanniana gebeten] *Vgl. zu 18; N II Anm. 180a.*
23–28 Klopstocks Meßias ... Monument des Jahrhunderts] *Vgl. zu II 146(N),* **141f.**
26f Epoche ... verändert hat] *Vgl. II 122,***35ff.**
29 Kennikots ... Million Pfunde] *Übertreibung, siehe R, S. 308.*
31 mit diesem Brief] *II 180. Hartknoch, der nach Breitkopfs Information »die Woche vor der Messe« ankomme, sollte ihn »unter dem Thore erhalten« (A).*
34 großen Productionen der Genies] *Ironisch gemeint.*
35 Saat ... im Grase zu ersterben] *D. h. Unkraut, etwa Trivialliteratur, überwuchert die wertvollen Versuche.*
36 Todtenlisten] *Etwa nach Süßmilchs Tabellen zur Bevölkerungsstatistik (»politische Arithmetik«).*
37 Ihr großen Leute] *Weiße zählte zu den Freunden Lessings und Hagedorns.*
37f. Facit gemacht] *= Die Rechnung abgeschlossen.*

181. AN GRAF FRIEDRICH ERNST WILHELM ZU SCHAUMBURG-LIPPE, Bückeburg, 15. April 1773

5 Genehmigung meiner Heirath] *Vgl. zu II 176.*
7 Verwilligung zu solcher Reise] *Graf Wilhelm genehmigte H. eine »sechs-wöchige Abwesenheit«. Vgl. II Anm. 181 und N, S. 801. – Die Gräfin erwähnte in ihrem kurzen Brief vom 18. 4. 1773 (kurz vor H.s Abreise) besorgt das »Gerede«, daß man H. »andernwärts hin berufen möchte«.*
11f. Dispensation ... Kirchenproklamation] *Der Graf wollte diese befehlen. Vgl. II 175,***31ff.**
13 Accidens] *Amtsgebühren, Nebeneinkünfte.*

182 (Text) = III 271a (Erläuterungen)

183. AN RUDOLF ERICH RASPE, *Kassel, vor dem 26. April 1773*

*Vgl. II Anm. 183; Besuch auf der Rückreise mit Karoline III 6,***18–21.**

KOMMENTAR ZU BAND 3

Mai 1773 – September 1776

1. AN JOHANN HEINRICH MERCK, *Darmstadt, Anfang Mai 1773*

3 nach Ihrer Reise] *Vgl. zu* **11.** *Von der Rußlandreise traf Merck am 20.12.1773 wieder in Darmstadt ein. Vgl. Johann Heinrich Merck. Ein Leben für Freiheit und Toleranz (zu II 138,68), S. 97–103.*
4 die Landgräfin] *Karoline von Hessen-Darmstadt.*
7 Philosophin, 8 Madame] *Frau Merck.*
7f. Nachbarschaft zur Rechten] *Nicht ermittelt. Vgl. zu II 138,68.*
9 Contes moraux] *Vgl. III Anm. 1; zu II 92,60; 119,40ff. Im Februar 1773 gratulierte Merck Geßner zur frz. Übersetzung seiner »Idyllen« (in der Gemeinschaftsausgabe mit Diderots »Contes«) und bezeichnete sie als »eine Lieblings-Lektüre« seiner Frau, »die kein Wort deutsch lesen kann« (Kraft, S. 84f., vgl. zu II 8,33–52). Damit distanzierte Merck sich nachträglich von der abfälligen Rezension Goethes (vgl. zu II 97,113).*
9 Messias Theil 1.2] *Siehe R, S. 312f.*
10 Geheimen Rath] *Andreas Peter v. Hesse.*
11 Abreise] *Vgl. III Anm. 1; zu II 175,48; 177,35.*
17 Magister Tityrus] *Siehe R, S. 575. Vgl. zu II 177,32,64f. Damals aber kam es zu keinem Zerwürfnis zwischen H. und Leuchsenring, der ihn und Karoline am 11.5.1773 nach Homburg zu Luise v. Ziegler begleitete und dann über Mainz, Koblenz, Düsseldorf, Kleve, Holland und die Niederlande nach Paris reiste (Leuchsenring an den Zürcher Obmann Johann Heinrich Füßli, Leiden, 16.6.1773; Abreisetermin aus Darmstadt im Brief an Iselin, Darmstadt, 9.5.1773; Ankunft in Paris am 16.8.1773 im Brief an Füßli, 18.8.1773; Briefe von und an F.M. Leuchsenring 1746–1827. Hrsg. von Urs Viktor Kamber, Stuttgart 1976, S. 38, 40f., 49).*

2. AN JEREMIAS JAKOB OBERLIN, *Darmstadt, 6. Mai 1773*

5 Unterredungen] *Vgl. zu I 141,3.*
7 Griechischen Mathematikern] *Siehe R, S. 674.*
12 ein Freund] *Vermutlich Westfeld, vgl. zu II 146(N),62.*
20 Persuasorien] *Überredungsmittel.*
25 Akademie] *Universität Straßburg.* – Museums] *Studierzimmer (Bitte um eine wiss. Publikation Oberlins). A nicht nachweisbar.*
29 neuer Blüthe] *Vgl. zu II 180,16.*
30 Lobstein] *Vgl. I 140(N),27–33.* – Müller] *Philipp Jakob Müller.*
36 Phrygischen Köpfen] *Siehe R, S. 796.*
41 Bückeburg] *H. unterzeichnete den in Darmstadt geschriebenen Brief mit seinem damaligen ständigen Aufenthaltsort.*

3. AN GRAF FRIEDRICH ERNST WILHELM ZU SCHAUMBURG-LIPPE, *Bückeburg, 23. Mai 1773*

5f. Rückkunft] *Vgl. zu II 181,7. H. und Karoline waren am 11.5.1773 von Darmstadt nach Homburg gereist (vgl. zu III 1,17), von dort über Frankfurt (Haym I, S. 564), Kassel (vgl. III 6,18–21) und Göttingen (20.5.1773, vgl. V 245(N),12f.; VI 81(N),16–19) nach Bückeburg.*
7 die Fremde] *Karoline Herder.*

9 Bürger des Staats] *Grafschaft Schaumburg-Lippe. Nach Karolines »Erinnerungen« war die »liebevolle Theilnahme« der Bückeburger an H.s »häuslichem Glück allgemein sichtbar« (I, S. 238).*
12f. einem Unbekannten und Werthlosen] *Devotionsstil. – Graf Wilhelm nahm H.s »Gesinnungen« in diesem Brief mit Dankbarkeit auf und wiederholte in A »die Versicherung der Hochachtung« (N, S. 801). H. und Karoline wurden am 26. Mai in das Schloß »Zum Baum« (vgl. R, S. 747) »zur Mittagstafel geladen. ... Wir wurden ausgezeichnet gütig, gnädig, theilnehmend empfangen« (Erinnerungen I, S. 237; ebd. S. 363, Gräfin Maria an H., Baum, 2. 6. 1773: Freude über ihre Bekanntschaft mit Karoline).*

4. AN ANDREAS PETER VON HESSE, *Bückeburg, nach dem 23. Mai 1773*

3 Dank] *Vgl. II 110,51f. – In ihrem (in III Anm. 4 erwähnten) gleichzeitig »in Thränen« geschriebenen Dankbrief nannte Karoline ihren Schwager »Wohlthäter, Vater u. Freund«, entschuldigte sich für »manches unangenehme« in ihrem Betragen gegen ihn, empfahl ihm ihre Schwester (seine Frau) und bezeichnete sich selbst als »das glücklichste Weib auf Erden«.*
4 meine Lina] *Vgl. II 148,76.*
5 den ihrigen] *den Ihrigen D; Karolines Geschwistern.*
10 Engelsnatur] *Vgl. I 98,***135***; 121,3f.; II 33,16,48–52; 46,8,55; 47,4,84f.; 49,5; 59,75,84; 104,48; 114,35; 116,21; 121,36; 160,12; 165,73; 178,20.*
17f. sich einander ... erfreuen] *Karoline schrieb: »ich hoffe daß keines des andern seine Glückseligkeit stören wird, u. ich erwarte Nachrichten des Lebens von Ihnen« (wie zu 3).*
23 die Reise] *Vgl. zu III 3,5f.*
27 Reisejournal] *Über die Reise von Darmstadt nach Bückeburg; nicht nachweisbar, vermutlich gar nicht geschrieben.*
28 Busenberges] *Siehe R, S. 752.*
33 Wiedersehen] *H.s und seiner Familie Besuch in Darmstadt zwei Jahre später, Ende Juni bis Ende Juli 1775 (III Anm. 172).*
43 Romanzen] *Im 18. Jh. Synonym für »Balladen«. – Zu den literarischen Interessen Hesses vgl. I 123; 135; II 13.*
44–51 Falkenstein ... plauderhaften Knaben] *Volkslieder, Goethes Slg. (andere Reihenfolge) siehe R, S. 697; Initien und Einzelnachweise in H.s »Volksliedern« siehe R, S. 15f. In der 1778/79 erschienenen Slg. sind nur Nr. 1 und 3 (= Goethes Nr. 4) beibehalten worden. Alle Lieder sind in »Des Knaben Wunderhorn« von Achim v. Arnim und Clemens Brentano (3 Bde., Heidelberg 1806 und 1808) enthalten.*
54f. 3 erhaschte Stücke] *Nicht zu ermitteln.*

4a (N). AN REINHARD KONRAD WIPPERMANN, *Bückeburg, 24. Mai 1773*

8f. Mitwoch ... zu Füßen legen] *Vgl. III 3,7f.; zu III 3,***12f.***; N III Anm. 4a.*

5. AN GRAF FRIEDRICH ERNST WILHELM ZU SCHAUMBURG-LIPPE, *Bückeburg, 28. Mai = 27. Mai 1773 (Umdatierung, vgl. N, S. 802)*

5 Kantischen Schriften] *Vermutlich die »Allgemeine Naturgeschichte«, »Beobachtungen über das Gefühl des Schönen und Erhabenen«, »Der einzig mögliche Beweisgrund zu einer Demonstration des Daseyns Gottes« oder andere kleinere Schriften der vorkritischen Periode.*

6 regierenden Weisen] *Graf Wilhelm.* – gestern] *Vgl.* **22;** *zu III 3,***12f.**
7 Geisterträume] »*Träume eines Geistersehers«.* – »*Die Träume aus der Geisterwelt machen mich einen so vortheilhaften Begriff von dem Kantischen Genie, daß Ich alle Aufmerksamkeit auf desselben mir gestern communicirte Schriften wenden werde*« (A, vgl. N, S. 802).
8 wenn ichs ihm melden darf!] *Nach I 51 ist kein weiterer Brief H.s an Kant nachweisbar.*
10f. Ueber die Kräutertrocknung … Gnade gehabt] *Vgl. II 166,***19–31;** *zu II 166,***19–28;** *III 10.*
11f. gestrige Antwort] *Hartknochs Brief aus Liebau vom 5. 4. 1773 (N, S. 802).*
12 nach Petersburg geruffen] *Hartknoch schrieb, H. müsse auf eine Antwort Eisens verzichten, wenn er* »*nach Petersburg gereist ist*« *(vgl. aber zu II 166,***20,22,24***).*
14–20 »die Kräuter … man sie bricht.«] *Zitate aus Hartknochs Brief.*

6. AN RUDOLF ERICH RASPE, *Bückeburg, 29. Mai 1773*

3 Laokoons Kopf] *Der zweite für H. angefertigte Abguß; vgl. III 9,***17;** *77,***12f.;** *zu II 103, 75; 159,9.*
6 Klopstock] *Vermutlich der soeben erschienene Bd. 4 des* »*Messias« oder Druckbogen davon. Vgl. zu II 146(N),***141f.;** *172,53.*
7 Lieder] *Alte deutsche Volkslieder. Raspe teilte H.s Interesse an deren Sammlung; vgl. zu II 103,***36f.;** *A zu II 103 vom 8. 9. 1772 (Impulse 10, S. 277f.).*
9 Mancherlei zu sagen] *Die folgenden überlieferten Briefe an Raspe enthalten nur* »*Kommißionen*« *(vgl. III 77,***26***).*
9f. Pfingstabendtag] *H. mußte die Pfingstpredigt vorbereiten.*
10 Dalmatien] *Raspe fand nach A (vgl. N, S. 802) die* »*Bayerischen u. Schwäbischen Lieder*« *nicht (vgl. II 103,***15***), schickte aber eine* »*Abschrift eines populären Liedes aus Morlachien und Dalmatien*« *(*»*Ein Gesang von Milos Cobilich und Vuko Brankowich*«, »*Volkslieder*«, *SWS XXV, S. 196–200) aus Abbate Fortis'* »*Osservazioni sopra l'isola Cherso ed Osero*« *(Venedig 1771) nach* »*einer wahren Begebenheit des 14ten Jahrhunderts*« *(Impulse 10, S. 285). Es handelt sich dabei – was H. nicht wissen konnte – um kein echtes Volkslied, sondern um ein im Volkston gehaltenes Gedicht des kroatischen Franziskanermönchs Andrija Kačić-Miošić (1704–1760) aus seiner Chronik* »*Razgovor ugodni naroda slovinskoga*« *(1756, erweitert 1759).*
11ff. Klopstock … groß u. gut] *Subskription für* »*Die deutsche Gelehrtenrepublik*« *(1774, siehe R, S. 313). Klopstock wollte* »*einen Versuch machen, ob es möglich sey, daß die Gelehrten Eigenthümer ihrer Schrifften werden. Denn jezt sind sie dies nur dem Scheine nach; die Buchhändler sind die würklichen Eigenthümer*« *(Informationsblatt* »*An Herrn Herder*«, *4. 5. 1/73, vgl. N, S. 802, zu 27.).* – *Raspe kannte Klopstocks Plan noch nicht, war hinsichtlich des Erfolgs skeptisch, wollte aber* »*nach Vermögen gern mitwürken*« *(A; Impulse 10, S 286). Vgl. III 22,***3–12,** *27,***3–21***.*
12 salva venia] *Mit Verlaub.* – Pachtbuchhändler] *Verleger.*
13 rege Hände] »*Collecteurs*«, *die Subskribenten warben.*
15 Werks über die Geogenesie] »*Specimen historiae naturalis globi terraquei*«, *vgl. III 77,***24***.*
18 Stunden Ihres Umgangs] *Besuch auf der Durchreise in Kassel, vgl. zu II 183; III 3,5f.*
18f. neue Nachricht ost- u. westwärts her gesagt] *Vgl. II 5,***20–24***.*
21 Madame] *Elisabeth Raspe.*
25 Rhapsodie] »*Von Deutscher Art und Kunst*«*.*
26 Favete linguis] *Sagt nichts Übles! (Horaz,* »*Carmina*« *III,1, Vers 2; siehe R, S. 279).*
– *Raspe erkannte im* »*Briefwechsel über Ossian*« *H.* »*ganz*«, *wünschte ihm weiterhin*

Glück »in Aufsuchung alter Lieder« und »daß man unsre alten Traditionen und neue Sangwürdige Begebenheiten für die Geschichte und die Poesie zu nutzen anfangen möge« (A; S. 285).

7. AN ANDREAS PETER VON HESSE, Bückeburg, Ende Mai 1773

4 Westphalen] *In H.s meisten Erwähnungen (siehe R, S. 836) Synonym für Kulturlosigkeit.*
5 Seiner Durchlaucht] *Landgraf Ludwig IX. von Hessen-Darmstadt.*
5f. Exercierhause in Darmstadt] *Siehe R, S. 755; Abb. in: Johann Heinrich Merck. Ein Leben für Freiheit und Toleranz (vgl. zu II 138,68), S. 41.*
8 mein Herr] *Graf Wilhelm zu Schaumburg-Lippe. Vgl. III 39,5f.*
12 Werkmeister] *Schuhknecht, vgl. III 39,6ff.*
13 einzuknüpfen] *»Ernstlich anbefehlen« (Adelung).*
17 Geschenke] *Hochzeitsgeschenke am 2.5.1773. – Rosa u. Teniers] Siehe R, S. 478, 568.*
18 Adam u. Eva] *Anonymes Paradiesbild, nicht verifizierbar.*
20,26 Altenburg] *Auf dem Busenberg, siehe R, S. 752.*
21 Landbacchanale] *Nächtliche orgiastische Feste im Geheimkult des Dionysos, hier die »kleinen oder ländlichen Dionysien«, metaphorisch für ein Gartenfest Hesses.*
25 Hauskindtaufen] *Scherzhafte Anspielung auf die sexuellen Freizügigkeiten bei den Bacchanalen.*
26f. jetzt unter Druckers Stempel] *»Von Deutscher Art und Kunst«.*
27 Frau Schwester] *Friederike v. Hesse.*
28 Concertmeister, Tänzerin] *Ihre Kinder: Ernst und Johanne Henriette.*

8. AN JOHANN GEORG ZIMMERMANN, Bückeburg, 2. Juni 1773

H. eröffnete die Korrespondenz mit Zimmermann, um ihn als »Collecteur« von Subskribenten für Klopstocks »Gelehrtenrepublik« zu gewinnen (A; S. 332, Anm. 1; H: GSA); vgl. III 27,17–21. Zimmermann empfing den (nur als Auszug überlieferten) Brief, »ins Blaue des Himmels geschrieben«, am 7.6.1773 (A; S. 331f.).
6f. Da Lavater ... empfahl] *Zimmermann und Lavater waren seit ihrer ersten Begegnung in der »Helvetischen Gesellschaft« in Schinznach 1765 die engsten Freunde. Als Hrsg. von Lavaters Aufsatz »Von der Physiognomik« im »Hannoverschen Magazin« vom 3., 7. und 10.2.1772 und separat (Leipzig 1772) weckte Zimmermann lange vor dem Erscheinen der »Physiognomischen Fragmente« dafür das Interesse der Öffentlichkeit. Später warb er für das Werk Subskribenten und verteidigte es als streitbarer Publizist. Bereits im Vorbericht zu den »Aussichten in die Ewigkeit« hatte Lavater gemutmaßt, daß Zimmermanns bloßer Name ihm »vielleicht schon ein gutes Vorurtheil verschaffen« könne (Bd. 1, S. 8). Vgl. zu II 162,65.*
9f. Erscheinung] *In weiterer Bedeutung: eine ungewöhnliche und unerwartete Sache (Adelung).*
10 ganze Exsistenz in der Religion] *Lavaters prophetisch-apostolisches Sendungsbewußtsein, vgl. II 127(N),20–26; 148,48f.*
13 Menschenkenner] *Vgl. Lavaters ureigenstes Anliegen im ganzen Titel der »Physiognomischen Fragmente«. – ahnden] Vgl. zu I 112,15.*
15 zu sehr verbreiteten Thätigkeit] *Insbesondere in seiner weitverzweigten Korrespondenz.*

17f. sein Religionssystem] *Das theologische Zentrum von Lavaters pietistisch-eschatologisch geprägtem Gefühlschristentum bildete seine ganz individuelle Christologie. Vgl. zu II 127(N),28.*
19f. Plan u. Gang Gottes mit den Menschen] *Vgl. H.s Bückeburger Geschichtsphilosophie.*
20 Schwärmereien und Auswüchse] *Diese auch von H. konstatierten Eigenschaften Lavaters (vgl. II 148,43f.,50ff.) nahmen immer mehr zu und führten 1780 zu ihrer Trennung.*
23 Aergerniß u. Thorheit] *Vgl. 1. Korinther 1,23.*
23f. Irreligiöse Weise] *Materialistische und atheistische Philosophen.*
24 Philosophische Theologen] *Rationalistische Neologen wie Spalding. Vgl. zu II 127(N), 31ff.,32.*
26f. Tiegel ... zu einer Läuterung] *Vgl. zu II 161,25.*
28f. Wohlthat ... begegnet zu haben] *Vgl. II 148,40–52.*
31f. seine Schriften ... Briefwechsels] *»Aussichten in die Ewigkeit« und andere Schriften (als Geschenk) sowie Kopien von Lavaters Briefen an andere, die H. an ihn zurücksenden sollte. Vgl. III 19,18–26; zu II 151,106f.*
34 Ers ist] *Lavater – als Physiognom Theoretiker des Sturm und Drang-Individualismus – verkörperte durch sein ganzes Leben und seinen Glauben den Anspruch auf Individualität, der religiös im Pietismus wurzelte, philosophisch aber in Leibniz' Monadenlehre.*
36ff. Eine gewisse ... Kraft ist?] *In A zitiert; Zimmermann war von H.s Urteil über Lavater, insbesondere von der »Richtigkeit und Wahrheit dieser Anmerkung frappirt«. Was bei mittelmäßigen Menschen Krankheit sei, »ist bei Lavater Natur« (A; S. 332).*
38f. Geschichte von Demokrit zu Abdera] *Nach antiken Legenden hielten die Einwohner von Abdera (siehe R, S. 743) ihren Mitbürger Demokrit für verrückt (vgl. Aelian, »Varia historia« IV,20). Diogenes Laertios sagt darüber nichts. Wieland gestaltete das Motiv im 1. Teil seines satirischen Romans »Die Abderiten« (»Der Teutsche Merkur«, Jan., Febr., Mai, Juli 1774; separat Weimar 1774).*

9. AN RUDOLF ERICH RASPE, *Bückeburg, Anfang Juni 1773*

4–13 eine Sache ... thun müsten.] *Leuchsenrings »Journal de Lecture«, siehe R, S. 677; vgl. zu II 161,76. Das Avertissement ist abgedruckt in: Briefe von und an F. M. Leuchsenring (vgl. zu III 1,17), S. 288–291; das Inhaltsverzeichnis der Bde. 1–3 ebd., S. 296–300; positive Rezensionen in der »Allgemeinen deutschen Bibliothek« von 1777/78 ebd., S. 292–295. Raspe wurde in die Subskribentenwerbung einbezogen.*
7 Erbprinzen] *Ludwig X. von Hessen-Darmstadt.*
9 Französische Uebel] *Eigentlich euphemistisch für Syphilis, hier für die dominierende Rolle der frz. Kultur an den Höfen Deutschlands. Über Kassel schrieb Raspe am 10. 7. 1772 an Nicolai, daß »man hier am Hofe blindlings an Voltaire und jeden französischen Windbeutel glaubt« (Hallo, S. 92).*
13 Uns erwiesne Freundschaften] *Vgl. III 6,18.*
14 Madame] *Raspes Frau.*
17 Kopf des Laokoons] *Vgl. zu III 6,3.*
18 Madame *lies* Madonne] *Vgl. N, S. 801. Raspe versprach, den Abguß der Büste (nicht ermittelt) zusammen mit seiner »Geogenesie« (vgl. zu III 6,15) zu schicken (A, vgl. N, S. 802; Impulse 10, S. 285).*

10. AN GRAF FRIEDRICH ERNST WILHELM ZU SCHAUMBURG-LIPPE, Bückeburg, 5. Juni 1773

5 durch meinen Korrespondenten] *Hartknoch, vgl. III 5,13f.; zu II 166,20.*
6f. von seiner Erfindung Nachricht erhalten] *Vgl. II 166,23ff.*
8f. doppelte Probe ... zusammt seinem Briefe] *Vgl. zu II 166,20,22,24. – Am 15. 7. 1773 schickte Eisen direkt an Graf Wilhelm eine Abschrift der vollständigen Anweisung zur Kräutertrocknung (vgl. R, S. 146) und äußerte den Wunsch, daß sein »neues Nahrungsmittel« auch in Portugal eingeführt werden möge. Am 28. 10. 1773 dankte er ihm für die »gnädigste Aufnahme« der Kräutertrocknung (nach einem nichtüberlieferten Schreiben des Grafen an Eisen) und sandte ein gedrucktes Exemplar der Anweisung. Diese habe in St. Petersburg bis hin zur Kaiserin viel Beifall gefunden, Ablehnung aber durch die Schiffsärzte der britischen Admiralität. Ferner informierte Eisen den Grafen über seine »Herbaria viva« zur Verbreitung der Kräuterkenntnis und über seine Methode der Blatternimpfung (»Die Blatternimpfung erleichtert und hiemit den Müttern selbst übertragen«, Riga 1774; russ. bereits 1773); Johann Georg Eisen. Ausgewählte Schriften (vgl. zu II 166,20), S. 628f., 632f. – Anfang Oktober 1773 empfahl Graf Wilhelm die Erfindung Eisens dem Premierminister von Portugal, Marques de Pombal, und kündigte die Übersendung von Kräuterproben und Beschreibung durch den nach Portugal reisenden Oberst James Ferrier an (Schaumburg-Lippe III, S. 360).*

11 (N). AN CHRISTIAN GOTTLOB HEYNE, *Bückeburg, vor Mitte Juni 1773*

3 Brandes] *Vgl. zu II 171,28f.; 173,26.*
5 hiesig Bedienter] *Schaumburg-lipp. Konsistorialrat.*
6 den Brief] *An Brandes; nicht überliefert.*
8 theologisch homiletischen Wegscheide] *H. hatte in dem Brief seinen theologischen Standpunkt als Prediger zwischen Orthodoxie und Neologie entwickelt. Brandes, dem in der zeitgenössischen Theologie »Klarheit und Richtigkeit der Begriffe« fehlten, stimmte in seiner Antwort (vgl. III Anm. 11) H.s Programm einer praktischen Theologie zu. Bestimmte Lehrsätze, »ein Symbol und eine Orthodoxie« seien notwendig, müßten aber auf »den rechten Zweck« gerichtet sein. Dazu gehörte »mehr als Exegetik und Ketzergeschichte«. H. könnte »mit der Zeit« die Wünsche der hannoverschen Regierung bezüglich der Theologischen Fakultät in Göttingen erfüllen.*
12 speremus] *Laßt uns hoffen.*
15f. was Wir ... sprachen] *Im Februar 1772 in Göttingen. Vgl. 22ff.*
16f. Eräugniße] *Nach Adelung die etymologisch richtige Schreibweise für »Ereignisse« (von »Auge«).*
18 Augendiener] *Ein Diener, »der sich nur so lange gefällig erweiset, als er gesehen wird« (Adelung).*
19 suppliren] *Ergänzen.*
23 die ersten 3. Jahre] *1768–1770.*
25, 32 das Cameral eines Landes] *Die Einkünfte des Landesfürsten (fürstl. Kammer) aus der Volkswirtschaft und den Landesfinanzen betreffend.*
27f. mancherlei ... Studien] *Vgl. II 146(N),62f.*
32 Lehrer des Kamerals] *Kameralist (Universitätslehrer).*
33 Beckmann] *H.s Fehleinschätzung lag wahrscheinlich eine persönliche Aversion Heynes zugrunde; denn Michaelis hatte Beckmann als Sekretär der »Societät der Wissenschaften«*

*vorgeschlagen (Heeren, S. 119; vgl. zu II 59,**58,63–66**). Graf Wilhelm dagegen versicherte Beckmann in einem Brief vom 29.6.1777 seiner »großen Hochachtung« (Schaumburg-Lippe III, Nr. 592). Noch in einer älteren Niederschrift zur 5. Slg. der »Briefe zu Beförderung der Humanität« (1795) schnitt Beckmanns »Physikalisch-ökonomische Bibliothek« ungünstig ab im Vergleich zu frz. Werken (vgl. SWS XVIII, S. 569).*
36 mein Freund] *Westfeld.*
38ff. die Wissenschaften ... unsres Jahrhunderts] *Vgl. VI 108,**114**.*
41f. hiesige wahre Mißlage] *Vgl. zu II 22,**55,56**. Graf Wilhelm beteuerte trotzdem am 6.8.1772 seine Wertschätzung Westfelds, der »von niemand in seinem Lande Verfolgung zu befürchten habe« (Schaumburg-Lippe III, Nr. 448).*
42 wie ein Baum von oben herab vertrocknet] *Das prophezeite Swift von sich selbst bei einem Spaziergang vor Dublin mit Freunden (nach John Boyle, Earl of Orrery, »Remarks on the Life and Writings of Dr. Jonathan Swift«, 1751, zitiert in Edward Youngs »Conjectures on Original Composition«, 1759; »Gedanken über die Original-Werke«, übersetzt von H. E. v. Teubern, Leipzig 1760, S. 56).*
44 jungen Greis] *Oxymoron.*
46 Akademie] *Universität Göttingen.*
47 Museum] *Vgl. zu III 2,**25**. – Ruhetempe] Siehe R, S. 739.*
49 Preisschrift] *»Ueber die Abstellung des Herrendienstes«. Vgl. III 73,3f. In der von der Göttinger »Societät der Wissenschaften« am 14.11.1772 mit der Preismedaille ausgezeichneten Schrift wies Westfeld nach, daß »die Frohndienste dem Staate nachtheilig seyen durch den Zeitverlust, den der arbeitende Theil der Nation dabey leide; sie vermehren die Consumtion ... Die Industrie [Fleiß] verringere sich durch die Herrendienste, folglich auch die Cultur des Landes«. Die Frondienste sollten nach und nach, zuerst versuchsweise, abgeschafft und die »Naturaldienste« teils durch »Naturalabgaben«, teils durch »Dienstgeld« abgelöst werden (»Göttingische Anzeigen«, 147. Stück, 7.12.1772, S. 1253).*
51 Schrift vom Deutschen Leibeigenthum] *Ein nicht realisierter Plan Westfelds.*
52 Möser] *In Beiträgen zu den »Osnabrückischen Intelligenz-Blättern« (seit 1766; gesammelt als »Patriotische Phantasien«, 4 Teile, Berlin 1774/75, 1778, 1786) und in der »Osnabrückischen Geschichte. Allgemeine Einleitung« (Osnabrück 1768), aus deren Vorrede der inhaltlich wichtigste Teil über die vier Perioden der deutschen Geschichte, die »gemeinen Landeigentümer« und die »Schicksale des Reichsgutes« den Schluß der Slg. »Von Deutscher Art und Kunst« bildet (vgl. R, S. 697). Möser zeigte den historischen Ursprung der Leibeigenschaft und rechtfertigte sie als staatsnotwendige Einrichtung, als Existenzgrundlage von Besitzlosen und als Schutzherrschaft, forderte aber von den Gutsbesitzern Erleichterung der Zwangsdienste und Festlegung der Abgaben. Ihre Umwandlung in freie Erbpacht sollte nicht administrativ, sondern durch individuellen Vergleich der Gutsherren mit ihren Leibeigenen erfolgen (z. B. »Gedanken über den westphälischen Leibeigenthum«, 3., 10., 17., 24.12.1768).*
57 unter der Rose] *»Sub rosa«, vgl. zu I 131,**71**.*
59 kützlich] *Kitzlich*

12 (N). AN PRINZ PETER FRIEDRICH WILHELM VON HOLSTEIN-GOTTORP, Bückeburg, 19. Juni 1773

5 Heirathreise zurück] *Vgl. zu III 3,**5f**.*
5f. Brief Euer Durchlaucht] *Nicht überliefert.*
9f. meinen Prinzen ... u. Hafen.] *Vgl. H.s psychologisch-pädagogische Bemühungen um den Prinzen 119–127; II 34(N),**229–292**; 42(N),**40–71**; 107(N),**25–33**.*

13 das kleinste, schlechteste Insekt] *Vgl. zu II 34(N),218.*
18 Werkzeug Gottes] *Vgl.* **48ff.**
20 Tropfe am Eimerrande] *Vgl. Klopstocks Ode »Die Frühlingsfeyer«, 2. Str. (»Nur um den Tropfen am Eimer,/Um die Erde nur, will ich schweben«) nach Jesaja 40,15.*
24f. Alle Philosophie ... arme Dienste] *Vgl. II 131(N),***19–24.**
30f. Religion in u. für den Menschen ... ausfüllte] *Allgemeinste Bestimmung der Religion im Sinne des Humanitätschristentums, von Bedeutung für den ganzen Menschen, besonders aber für seine Gefühlswelt.*
32 wo das irrdische Auge nichts siehet] *Vgl. 1. Korinther 2,9.*
33 Glauben, Hoffnung, Zuversicht] *Vgl. Hebräer 11,1. – Herz u. Gebein stärkt] Vgl. Jesaja 58,11.*
34f. aufs Dunkle, Unsichtbare ... das Helleste ist] *Vgl. 2. Korinther 4,18.*
37 Stand u. Kragen] *Als Prediger, vgl. I 63(N),9.*
38 eingeheuchelt oder eingehandwerkt] *Kritik an der Geistlichkeit.*
39 Freimüthigkeit u. Freiredigkeit] *Synonyma.*
42 jene Taube] *Vgl. 1. Mose 8,9.*
42f. leichtsinnigen ... Flüchtlinge] *»Flatterhafter, leichtsinniger Mensch« (Adelung); Freigeist, vgl. II 122,35.*
46 daß ich Nichts bin] *Vgl. zu II 34(N),218.*
48 Werkzeug Gottes] *»Mensch, du warst nur immer, fast wider deinen Willen, ein kleines blindes Werkzeug« (Bückeburger Geschichtsphilosophie; SWS V, S. 532). Vgl.* **50ff.**
52–83 Der gröste Gesandte Gottes ... aller Tugend gewiesen] *Wie II 34(N),***188–205** *eine zentrale Aussage der Christologie H.s, die von der Bergpredigt des Matthäus-Evangeliums und von der Logos-Lehre des Johannes-Evangeliums entscheidend geprägt war. Vgl. zu* **59f.**
54f. zu dem Nichts, in dem Gott würke] *Vgl. Johannes 6,38 (SWS VII, S. 416).*
55ff. Zeiger am Zifferblatte] *Hamanns Gleichnis für die sichtbare Natur: »Ich halte mich an den Buchstaben und an das Sichtbare und Materielle wie an den Zeiger einer Uhr – aber was hinter dem Zifferblatte ist, da findet sich die Kunst des Werkmeisters, Räder und Triebfedern, die gleich der mosaischen Schlange eine Apokalypse nöthig haben« (A zu I 43; ZH II, S. 416).*
59f. Evangelisten Johannes ... Jünger seiner Brust] *Vgl. »Johannes« (R, S. 46) und »Erläuterungen zum Neuen Testament« (R, S. 8).*
64f. Schlachtschaafe der Aufopferung ... von Abraham an] *Vgl. II 174,***104***; Psalm 44, 23.*
66 Nichtsehens u. Dennochglaubens] *Vgl. Hebräer 11,1.*
67f. 11. u. 12. Kapitel an die Ebräer] *Siehe R, S. 651; Kap. 11: Glaubensfestigkeit im Alten Testament; Kap. 12: Ermahnung nach dem Vorbild Jesu. Vgl.* **79.**
70–73 Dreyssig Jahre ... so starb er] *Lebensstationen Christi.*
74 Ausfüllungsgeschöpf] *Stellvertreterfunktion.*
74f. Fegopfer der Welt] *Vgl. 1. Korinther 4,13; Opfer der Entsühnung, Reinigung von Sünden.*
76 »wir hofften, er sollte etc.«] *Lukas 24,21; Messias-Erwartungen der Jünger.*
78 darum eben hat ihn Gott erhöhet] *Philipper 2,9.*
81 Baum] *Eine bei H. häufige organologische Geschichtsmetapher (Bückeburger Geschichtsphilosophie).*
85 einzige Religionstugend] *Vgl.* **70, 87–91.**
88 sehen nicht aufs Sichtbare, sondern Unsichtbare] *Vgl. 2. Korinther 4,18.*
88f. vergessen, was hinten ist] *Vgl. Philipper 3,13.*

III. 12. An Prinz Holstein-Gottorp, Juni 1773

94–97 Wenn man nie ... Glück hielte] *Absage an zeitgemäße äußerlich-weltliche Zwecke. Vgl.* **114ff.**
97 Kraft] *Vgl. 1. Korinther 2,4f.*
98f., 100, 124f. Glaube, Liebe, Hoffnung ... am meisten] *1. Korinther 13,13.*
100 Sucht] *»Heftige Begierde« (Adelung).*
101–108 wenn man sich ... Seele u. Gliedern] *Totalitätsgefühl des Sturm und Drang. Vgl. zu II 28(N),69.*
104, 110 freie Kraft Gottes, 107 freie Geschöpf Gottes] *Cento von 1. Korinther 2,4 und 2. Korinther 3,17.*
104ff. keine Einschränkung ... zu stimmen] *Vgl. II 131(N),22ff. In H.s Kritik des Genie-Kultes des Sturm und Drang in* »Vom Erkennen und Empfinden« (1778) *erscheint das einseitig ausgebildete »Genie« als Fehlentwicklung der arbeitsteiligen Gesellschaft, wie eine Mißgeburt (SWS VIII, S. 217f., 223f.; älteste Fassung 1774, ebd., S. 261).*
109 deconcertiren] *Verwirren, aus der Fassung bringen.*
110 vollen guten Zuge] *Vgl. des Petrus Fischzug, Lukas 5,4.*
110f. in der Schwachheit ... würkt] *Vgl. 2. Korinther 12,9.*
111f. glaubte, traute ... nicht sähe] *Vgl. Johannes 20,29; Römer 8,25; zu 32,33.*
112, 117 Freude, Friede, Glückseligkeit] *Vgl. Römer 15,13.*
115 äußern Endzweck, oder auf unser Selbst] *Vgl.* **94ff.**
120 Selbstquälerei] *Vgl. zu 9f.*
122 wie ein Schif unter den Winden des Himmels] *Luther: »ein menschlich Herz ist wie ein Schiff auf einem wilden Meer, welches die Sturmwinde von den vier Orten der Welt treiben« (SWS V, S. 351); vgl. zu II 133,29.*
123 sich selbst vergäße] *Vgl.* **114f.**; *Matthäus 16,24.*
124 was Gut ist] *Vgl. Hesekiel 33,14.*
128 Meine Heirath] *Am 2.5.1773 in Darmstadt.*
131 zum Zwecke mit gehabt] *Vgl.* **46ff.**
133 aufgeopfert] *Vgl.* **64,74.**
134 Heße] *Andreas Peter v. Hesse.*
135f. Aufenthalt in Darmstadt] *Etwa 12.8.–27.8.1770.*
138 meiner letztern Reise] *Nach Darmstadt am 19.4.1773; vgl. zu II 181,7.*
139 Landgräfin] *Karoline von Hessen-Darmstadt.* – Herzogin] *Karoline von Pfalz-Zweibrücken-Birkenfels.* – Prinzessinnen] *Amalia Friederike, Wilhelmine und Luise Auguste von Hessen-Darmstadt.*
140 vor der Abreise] *Vgl. zu III 3,5f.*
140–145 Fürstin] *Friederike Charlotte Prinzessin von Hessen-Kassel.*
141 ihren Enkel] *Den Adressaten.*
143 vor 2. u. 3. Jahren] *Bei H.s Aufenthalt in Darmstadt im August 1770 und im April 1771.*
147 Bischofes] *Herzog Friedrich August von Holstein-Gottorp,* Herzogin] *Ulrike Friederike Wilhelmine von Holstein-Gottorp; die Eltern des Adressaten.*
151 mit dem Pyrmonter] *Der Prinz beabsichtigte, in das Kurbad zu reisen.*
154 zum Fluge dahin] *Nach Pyrmont. H. und der Prinz sahen sich aber erst im Juli 1775 in Darmstadt wieder. Vgl. III 201,64–69; Anm. 172.*
155 oft zusammenbin] *In Gedanken.*
157 beikommende Blätter] *»Von Deutscher Art und Kunst« (R, S. 697).*
158f. vom Münster in Strasburg] *Goethe, »Von Deutscher Baukunst«.*
165 selbst zu ersehen] *Vgl. zu* **154.**

13. AN CHRISTOPH FRIEDRICH NICOLAI, Bückeburg, 19. Juni 1773

4 Reise, Heirath, Reise] *Vgl. zu III 12(N),**128,138**; III 3,5f. – Nicolai entschuldigte sich in A, daß er nicht zur Hochzeit gratuliert hatte (er hatte das jedoch, von Merck informiert, in* B_2 *getan).*
5 mehr, als Einen Brief] B_1 *und* B_2.
6 Geschenk ... Nothanker] *Nicolais satirischer Roman gegen Orthodoxie und Pietismus, »Das Leben und die Meinungen des Herrn Magister Sebaldus Nothanker«, mit* B_2 *übersandt: »Betrachten Sie es als einen Strumpf, den ein Galeerensclave strickte, wenn der Wind, ihm die Mühe des Ruderns ersparte.«*
13 in Göttingen] *Auf der Rückreise von Darmstadt, vgl. zu III 3,5f. –* Revolution] *Hier metaphorisch für »Aufsehen«.*
14 Barbar] *Ursprünglich »Nichtgrieche«, dann verallgemeinert »Ungebildeter«.*
16 im Kasten] *Im Reisekoffer. –* Recension] *»Göttingische Anzeigen« vom 15. 5. 1773 (von Abraham Gotthelf Kästner): kurze Inhaltsangabe des Romans, der »nichts Wunderbares« enthalte und »eigentlich nur für Gelehrte geschrieben« sei.*
17 der schwarze Strich] *Metaphorisch für »sich von der Kritik getroffen fühlen«. Der Rezensent erwähnt, daß die Anspielungen des Romans auf Gelehrte »nicht allen lieb seyn werden«.*
18 ein Mehreres Nächstens] *Das geschah nicht; vgl. III 92,50ff. – Nicolai war auf H.s Urteil neugierig. Er hatte für seinen Roman, der »deutsch, obgleich nicht nach deutscher Art und Kunst« sei, so großen Beifall (u. a. auch von Friedrich II. und Katharina II.) nicht erwartet und sah darin ein Zeichen für die literarische Armut der Nation (A).*
19-29 Avertißement] *Vgl. zu III 9,4–13.*
26 Recueil] *Sammlung.*
27 Toiletten] *Putztische im Ankleideraum.*
30 litterarischer Wüste] *Vgl. zu III 7,4.*
34 Briefgestalt] *Wegen eines großen Tintenflecks.*

14. AN GRAF FRIEDRICH ERNST WILHELM ZU SCHAUMBURG-LIPPE, Bückeburg, 20. Juni 1773

5, 14 Schreiben des Hrn Zimmermann] *A zu III 8.*
6 Cacault] *»... ein Franzose, der Deutsche sucht, ein philosophischer Reisender, der den Menschen in seinem Vaterlande studirt hat«, zwei Jahre in Italien und eineinhalb Jahre in Deutschland gewesen sei und noch in die Schweiz, nach Holland und England gehen wolle (A zu III 8). Auf Cacaults Übersetzertätigkeit hinweisend, erkundigte Nicolai sich in A zu III 21 nach H.s Meinung von ihm, erhielt darauf aber keine Antwort.*
8-12 »Philosophischer Kopf ... aufwarten zu dörfen«] *Frei nach A zu III 8 (Zimmermann hatte Cacault geraten, nach Bückeburg zu gehen, »wenn er Deutschen Originalgeist in seiner Fülle sehen wolle«).*
13 Flatterer] *»Unbeständiger Mensch« (Adelung).*

15. AN GRÄFIN MARIA BARBARA ELEONORE ZU SCHAUMBURG-LIPPE, *Bückeburg, vor dem 22. Juni 1773*

4 eine neue Religion annehmen] *In einem undat. Brief an Karoline Herder (H: Kraków) schrieb Gräfin Maria: »... meine Bentheimen weint um einen Liebling der nach ihrer Furcht einer vortheilhaften Heyrath wegen katholisch worden«. Vgl. III Anm. 15. Der*

Bruder der Gräfin Bentheim-Tecklenburg zu Rheda (siehe R, S. 75), ein Graf zu Sayn-Wittgenstein-Berleburg, war konvertiert. H.s Brief sollte die Freundinnen darüber trösten.
6 wasserklaren Deismus] *Bückeburger Geschichtsphilosophie ironisch: als Gegensatz zu nationalen Religionen »der Menschenliebendste Deismus«, der »lichte, hellglänzende Deismus« (SWS V, S. 519, 527).*
14f. das Äußere ... aufs Innere würken.] *Vgl. 2. Korinther 4,16.*
16 so ein Schritt] *Eine Konversion.*
18f. Satzungs- ... Pabstreligion] *Vgl. II 34(N),181–186.*
20 schöne Gebäude, Bilder und Ceremonien] *Die Kirchen des ursprünglich bilderfeindlichen Protestantismus halten keinen Vergleich aus mit den künstlerisch prunkvollen katholischen Sakralgebäuden, ebenso die protestantische Liturgie.*
21 Donna] *Domina (Herrin, Gebieterin).*
25f. Irrthümer und Aeffereien] *Vgl. II 34(N),248.*
31 beste Vorsehung Gottes] *Vgl. Bückeburger Geschichtsphilosophie.*
38 den äußeren Fehltritt] *Konversion.*
42 so edle Seelen] *Vgl. zu 4.*
50f. Die Krankheit ist nicht zum Tode] *Johannes 11,4.*

16. AN GRAF FRIEDRICH ERNST WILHELM ZU SCHAUMBURG-LIPPE, Bückeburg, 7. Juli 1773

5 Kant ... Krankheiten des Kopfs] *»Versuch über die Krankheiten des Kopfes« (R, S. 303). – folgenden] Beifolgenden. Vgl. zu III 5,5,7.*

16a (N). AN JOHANN KONRAD GEORG, Bückeburg, 16. Juli 1773

7, 15, 23 mit meinem Briefe] *Der letzte überlieferte Brief H.s an Prinz Peter Friedrich Wilhelm von Holstein-Gottorp ist III 12(N).*
7f. Fehltritt ... Prinzen] *Wenn es sich im Datum (40) um ein Schreibversehen für »1775« handeln würde, könnte man an des Prinzen Absicht zu konvertieren denken; vgl. III 179(N),5–9; 201,64–69. Seine Religionsschwärmerei deutete sich schon lange vorher an (vgl. 19f.).*
11 zum Dulden u. stillen Thun] *Vgl. III 12(N),92–127.*
12, 26f. Lieblingsideen] *Vgl. II 34(N),246–250; 42(N),40–43; 131(N),15f.*
13f. des Prinzen vorhergehenden Briefen] *Nicht überliefert.*
29 Eine Ecke meines Lebens] *H.s Zeit als Lehrer und Reiseprediger des Prinzen, März bis Oktober 1770.*

17. AN JOHANN GEORG HAMANN, Bückeburg, 21. Juli 1773

5 Selbander] *Zu zweit (veraltet; Adelung, Grimm).*
5f. Karoline Flachsland] *»Sie können leicht denken, daß ich auf Ihre gewesene Mlle Flachsland eben nicht sonderlich zu sprechen bin, und daß ich die Parthie aller der reichen, witzigen und galanten Mädchen nehme, die durch der ersteren Wahl zur Consistorial-*

räthin Herdern nunmehro ausgeschloßen worden. Dieser Querstrich durch mein Testament ist eine Sache, die ich nicht so leicht werde verschmertzen können« (A₂).

7 Ihr übriges Erkundigen] »Wie heißt das poetische Mädchen, das Sie gefeßelt? Ist Ihr Name ein Geheimnis; und ihr Stand, und ihr Auge, und die Farbe ihrer Haare und alle die tausend Kleinigkeiten, die den Himmel auf Erden im Herz eines glückl. Liebhabers schaffen —— « (B). – Pan] Vgl. zu II 101,**184f.** (R, S. 734).

12 um uns] H.s Lebensverhältnisse in Bückeburg.

16f. mit Haab u. Gut, Acker, Vieh, u. s. w.] Luther, »Katechismus«, 2. Hauptstück: Glaubensbekenntnis, 1. Artikel, Von der Schöpfung (Auslegung): »... dazu Kleider und Schuhe, Essen und Trinken, Haus und Hof, Weib und Kind, Acker, Vieh und alle Güter ...«

17 am alten Graben?] Vgl. zu II 146(N),**17f.** – Hieroglyphe] Rätselhaft, dunkel.

21 laßen Sie mich jetzt ruhen] Vgl. zu II 167,**20f.**,**38**.

23 Die Meinige] H.s Autorschaft, vgl. zu II 180,**16**.

24 »von Deutscher Art u. Kunst«] Siehe R, S. 697. Die »fliegenden Blätter« hatten Hamann wider seine Gewohnheit »fast eine halbe Nacht gekostet« (A₁); er glaubte, das meiste sei von H.s Hand, »selbst das Stück von deutscher Bauart«, und wollte wissen, was H. »und wem das übrige gehört« (A₂).

25 auf Reise geschrieben] Vgl. zu II 168,**47ff.**

27f. auf die liebe Theologia zu studiren] Entwurf »An Prediger«, vgl. III 18,**15ff.**

28 voila tout!] Das ist alles!

28f. Wood ... ein feiner Herre] Hamann hatte, durch H.s Hinweis »neugierig gemacht«, ihn zu lesen, »mehr Aufschluß über das Originalgenie in ihm gefunden« als in William Duffs »Essay on Original Genius and its Various Modes of Exertion in Philosophy and the Fine Arts, particularly in Poetry« (London 1767), unterschrieb aber H.s Urteil, »daß er ein feiner Herr ist« (A₂). Später, in »Vetii Epagathi Regiomonticolae hierophantischen Briefen«, bezweifelte er, daß »Woods topographischer Versuch dem Homer näher komme« (Nadler 3, S. 151). H.s Kritik bezog sich auf Woods »normatives, rationalistisches und klassizistisches Denken«, das Überlegenheitsgefühl der Aufklärung über die geschilderten barbarischen Sitten (Friedrich Meinecke, »Die Entstehung des Historismus«, 2. Aufl., München 1946, S. 257ff.). Über die epochemachende Wirkung Woods, die Erklärung Homers als »die abgespiegelte Wahrheit einer uralten Gegenwart«, zunächst durch Heynes ausführliche Inhaltsangabe des »anfangs sehr seltnen Originals« in den »Göttingischen Anzeigen« vom 15. 3. 1770, vgl. Goethe, »Dichtung und Wahrheit«, Dritter Teil, 12. Buch (Tübingen 1814; WA I 28, S. 145) und eine anonyme Rezension in den »Frankfurter gelehrten Anzeigen« vom 23. 4. 1773 (WA I 37, S. 204ff.). Nach Heerens Urteil (vgl. zu II 59,**58**) hatte kaum »etwas sonst eine ähnliche Revolution in Heyne's Ansicht und Studium des griechischen Alterthums gemacht« wie das Werk des reisenden Briten als Lehrbeispiel darüber, »einen alten Dichter in dem Geist seiner Zeit und seines Volks zu lesen« (S. 211f.). Dagegen schätzte H. noch in »Adrastea« Blackwells »Untersuchung« viel höher ein als den »viel- und zuvielgepriesenen Versuch« Woods (SWS XXIV, S. 228).

29 Beilage aber zum seeligen Sokrates] »Beylage zun Denkwürdigkeiten des seligen Sokrates«.

30f. Flamme, aber Wind des Herrn! ... Sausen.] Vgl. Hohelied 8,6; Johannes 3,8.

31 Inlage] Wahrscheinlich an Katharina Dorothea Güldenhorn, die – selbst »schon 7 Jahre im Ehestande gelebt und noch keinen Tag zufrieden außer in Gott« – am 6. 7. 1773 an ihn und Karoline Segenswünsche zur Hochzeit und eine Empfehlung von H.s Neffen übermittelt hatte.

33f. Bode ... protegiren möchten] *Da es schon zwei deutsche Übersetzungen »Tristram Shandys« gab, wollte Bode sich vor dem Druck seiner Übersetzung durch eine Subskription absichern. Am 19. 5.1773 bat er H. darum, seinen Namen als Subskribentensammler »für Bückeburg in den Subskriptionsplan setzen zu dürfen« und ihm von Möser für Osnabrück und von Hamann für Königsberg dieselbe Erlaubnis zu verschaffen (V.u.a. Herder III, S. 285). Ein Brief H.s an Möser bzw. dessen Tochter Jenny v. Voigts ist nicht nachweisbar (vgl. Möser-Bibliographie 1730–1990, hrsg. von Winfried Woesler unter Mitarbeit von Brigitte Erker, Jochen Grywatsch, Folkert Klaaßen, Martin Siemsen. Tübingen 1997).*
34 Klinker] *Von Smollett. Hamann hatte H. »Humphrey Klinkers Reisen« als vergnügliche Lektüre empfohlen (B), schätzte den Übersetzer sehr, erklärte aber bezüglich der Subskription für »Tristram Shandy«, er »habe keinen Einfluß mehr in die Stimme des hiesigen Publici« (A₂). Seinem Brief an H. vom 13.11.1773 zufolge hat Hamann in Königsberg nichts für Bode tun können. – Yorik] Sterne (siehe R, S. 84f.).*
35 Interpretiren] *Hier »übersetzen«.*

18. AN JOHANN FRIEDRICH HARTKNOCH, *Bückeburg, Anfang August 1773*

6 Voltaire] *»Essai sur l'histoire générale«. – Harder] Johann Jakob Harder, »Die Philosophie der Geschichte des verstorbenen Herrn Abts Bazin« (BH 3799). Der Übersetzer Harder vermutete in der Vorrede zu Recht, daß es sich um ein Werk des »noch lebenden berüchtigten Voltaire« (»La Philosophie de l'histoire«, Amsterdam 1765; 1768 als Einleitung des »Essai«) handle (anonyme, gegen Voltaires skeptische Geschichtsauffassung gerichtete Rezension in den »Königsbergschen Gelehrten und Politischen Zeitungen« vom 19.9.1768, 76. Stück).*
7, 13f. so wenig mit meinem Namen] *Die Schrift erschien anonym. Vgl. III 25,7ff.,20f.; 32,22–26; 78,27ff.; 90,49ff.*
8 Kolen auf die Schädel] *Nach Sprüchen Salomos 25,22. Vgl. III 104,33. Metaphorisch für die scharfe Polemik H.s gegen den Zeitgeist.*
10f. in groß Octav] *H.s Anweisung wurde von Hartknoch befolgt.*
11 niedlichen Schriften unsres Jahrhunderts] *Ironisch.*
12 wird jetzt abgeschrieben!] *Von Karoline (vgl. III 32,3f.,19), damit der Drucker nicht H. an seiner Handschrift erkennen konnte. Vgl. III 25,8f. Dadurch entstanden viele Errata und Druckfehler, wie der erfahrene Hartknoch in A voraussagte. Vgl. III 57,19ff.; 80,9ff.; 86,26f.; 104,40.*
12ff. Wo soll ich sie Ihnen hinsenden] *»Das Manuscript bitte nach Weißenfels an Ife zu schicken, von Büdingen Ihren Brief zu datiren und Anordnung des Drucks zu machen.« H. könne die Aushängebogen an einen vertrauten Freund schicken lassen, um unerkannt zu bleiben (A). Vgl. III 57,26f.,30f.*
15ff. bei einer andern] *Entwurf »An Prediger«. – »Ich wünschte, daß Sie geschwinder ausbrüteten; denn Sie sitzen auf Archäologie der Hebräer, Plastik, verbesserten Fragmenten und wie das weiter heißt, seit 1769« (A).*
18 Hemsterhuis Schriften] *Vgl. II 180,17f.,21–25; III 25,27ff.,33ff.; 35,22–25; 57,17; Haym I, S. 723f.*
19f. Sur les desirs ... in meiner Hand.] *»Lettre sur les Désirs«, vgl. II 180,20; III 25,30; 35,23f. Vermutlich ein Geschenk Mercks (Wilhelm Scherers Einleitung zum Neudruck der »Frankfurter gelehrten Anzeigen vom Jahr 1772«, Heilbronn 1883, S. XLII), vgl. II 124,67f. Nach der Frankfurter Rezension der Schrift (vgl. zu II 146(N),137) existierten davon »nicht mehr als 80 Exemplare«.*

20f. Nach Plato ... gegeben.] *Vgl. II 146(N),135–141.*
21 von mir Etwas dahinten] *Vgl. II 180,24; III 35,25; der Nachtrag »Liebe und Selbstheit« (siehe R, S. 22).*
24f. Meßfreundschaft] *Von der Leipziger Messe an H. gesandte Bücher aus Hartknochs Verlag.*
25 Bahrdt] *»Die neusten Offenbarungen Gottes«.*
26 nicht zu sehr ins Theologische] *»Das theologische Zeug von Bahrdt und Töllner geht beinahe am besten. So wenig versteht Ihr Schriftsteller, was Buchhändlergeist ist« (A). Vgl. III 57,36f.*
28ff. Pastor Eisen] *Vgl. zu II 166,20,22,24; III 10,8f. – Von Eisen »kommt Michael ein neues Werk über die Trocknung p heraus«. Friedrich II. habe ihm »eine goldne Medaille geschenkt, so was, oder doch einen eigenhändigen Dank« von Graf Wilhelm zu Schaumburg-Lippe habe Eisen »wol erwartet« (A).*
30 an ihn schreiben] *Vgl. III 25,38f.*
31 das sechste Gebot] *Luther, »Katechismus«, 1. Hauptstück: Die 10 Gebote. – »Ich habe zum 2ten mal fehl gefreyt, und bin jezt ohne Gefühl« (A). Vgl. zu II 166,32.*
33 künftige Ostern] *H. hoffte auf Hartknochs Besuch zur nächsten Messe (vgl. III 72). – komm u. sieh!] Vgl. Johannes 1,46.*
35f. meinen Neffen ... Michael zu Meße?] *»Zur Mich[aelis]Meße reist keiner von uns, aber Ostern will ich gerne Ihren Neffen mitbringen. Er muß zu der Zeit in Königsberg seyn« (A). Aber erst 1775 brachte Hartknoch Johann Christoph Neumann nach Bückeburg (vgl. III 160).*
41 mit den Eurigen?] *Hartknoch erinnerte daran, daß außer seinem Hans »alle todt« seien (vgl. zu II 166,35), und verwies auf seinen Brief vom 10./21. 8. 1773 (vgl. N, S. 802), worin er von dem ehemaligen Schweizer Buchhändler Fuesli berichtet hatte, der seit einem Jahr in Riga lebte und als Hofmeister zu General Soltikow nach Petersburg gehen und Hartknochs Sohn mitnehmen sollte. Vgl. III 201,55f.*
42 Hamann ... bei der Rückreise?] *Hartknoch hatte Hamann bei der »Hin- und Rückreise nur en passant gesprochen« und war wegen des Angebots der »Philologischen Einfälle und Zweifel« für »30 Louisd'or« (vgl. zu II 166,9) gegen ihn eingenommen. »Er ist überdem nicht mein Mann. Hinz drukt jezt A-wische genug von ihm«, die »Französ. Schrift (»Au Salomon de Prusse«, ungedruckt geblieben, vgl. zu II 166,10; Hamann an Hinz, 19. 7. 1773, ZH III, S. 50–53), die »Neue Apologie des Buchstaben h«. Auch habe Hinz »Zusäze zu Nicolais Antwort auf das Selbstgespräch« (vgl. zu II 166,9,10) als Mskr. erhalten (A). Dabei handelte sich um Hamanns Schrift »An die Hexe zu Kadmonbor«.*
43 seine Schriften] *Vgl. zu II 149,33. Hartknoch hatte sie, »an die Meyersche Handlung in Lemgo addressirt«, nach Leipzig geschickt (A).*
45 allotriis] *Nebensachen.*
47f. Einige fliegende Blätter ... geben.] *Hartknoch hatte »Von Deutscher Art und Kunst« gesehen, aber nicht gelesen. »Dank, wenn Sie mir etliche fliegende Blätter geben wollen« (A).*
49f. nach der Reihe beantwortet] *Von Hartknoch »ad 1.« bis »ad Postscr[iptum]« ausgeführt (A).*
51 Etwas Geld] *»Geld habe ich nicht, brauche aber welches hochnöthig« (A).*
52 ich denke jetzt sehr an Euch] *Vgl. zu II 180,16.*
53 Avertißement] *Vgl. zu III 9,4–13. H. vergaß, es beizulegen; Hartknoch war »aber neugierig darauf« (A).*

19. AN JOHANN KASPAR LAVATER, *Bückeburg, etwa 7. August 1773*

3 verheirathet bin] *Seit dem 2.5.1773. Vgl.* **13ff.**
4f. auf die Fragen ... schwieg.] *Vgl. zu II 162,59.*
5–10 Nicht mehr einsam ... Dank seyn.] *Vgl. III 12,128–133.*
7 Kon- Sub- u. Exsistenz] *Bestandheit, Fortdauer, Dasein.*
8f. Anschaun Gottes ... schmecke] *Vgl. Psalm 34,9.*
10 Geliebten u. Schwester] *H. und Karoline hatten einander oft in ihren Briefen als »Bruder« und »Schwester« bezeichnet. Vgl. zu II 47,67–74,87f. – »Küße Deiner Geliebten in meinem Namen die Hand, wofern Du nicht mehr thun darfst ...« (A).*
11ff. Leuchsenring ... da gefunden.] *Vgl. zu III 1,17. Leuchsenring blieb bis 1781 in Paris. 1785/86 lebte er in Zürich und befehdete Lavater als abergläubischen Schwärmer und angeblichen Kryptokatholiken.*
14 Geburtstag] *Hochzeitstag.*
14f. Abends ... Weinen] *»Ein ehrwürdiger alter Geistlicher [der Darmstädter Stadtpfarrer Walther; Haym I, S. 564] copulirte uns im Kreis meiner Verwandten, bei einer schönen Abendröthe. ... Der Abschied von meinen guten Geschwistern war mir schmerzlich ...« (Erinnerungen I, S. 234).*
18f., 25, 57 überschickten Freundessegen ... Briefwechsels] *Vgl. zu III 8,31f.*
20 Reiseverwirrung] *Vgl. zu III 3,5f.*
23f. einen Hang zu hingeworfnen Gedanken] *Vgl. die Vielzahl nichtausgeführter Entwürfe (R, S. 44–49), besonders aber die mehr als dreißig Studien- und Exzerptenbücher im handschriftlichen Nachlaß H.s (vgl. Suphans Schlußwort zu SWS XIV, S. 653–666, 669f., 679ff.).*
26 will ich Ihnen treulich sagen] *Vgl. III 29,8–27; 52,82ff.*
27f. Recensent Michaelis u. Semlers ... unzufrieden sind] *Vermutlich in Lavaters übersandten Tagebuch- und Briefkopien enthaltenes Urteil über H.s Rezensionen »D. J. Sal. Semleri Paraphrasis Evangelii Johannis«, »J. D. Michaelis Mosaisches Recht« und »Versuch über die siebenzig Wochen Daniels« (R, S. 26).*
30 Jahr- Monat- u. Wochenmäckler] *Journalisten, Rezensenten.*
34f. Ton der Frankfurter] *Vgl. II 85(N),55–60; 99(N),47ff.; 124,75; 135,18–26; 146(N),103ff.; 150,20–26,30f.; 171(N),34f.*
35 die Hrn] *Merck, Goethe, Schlosser usw.*
36–53 gegen Michaelis] *»Vollkommen beruhigt hast Du mich über den Recensionston gegen Michaelis. Es geschieht ihm nicht unrecht« (A₁; N, S. 802). Auch für diese Rezensionen gilt, was Karoline über die polemische Tendenz der »Aeltesten Urkunde« am 12.9.1805 aus Freiberg an Johann Georg Müller schrieb: »Den nahen brühwarmen Nachrichten aus Göttingen von den Wirkungen, die Michaelis hervorbrachte, und die er [H.] oft durch reine und unreine Kanäle erfuhr, haben wir dies Bittere zu verdanken« (V.u.a. Herder III, S. 341). Vgl. zu II 59,63–66; 76(N),72.*
38 in Semlers Parallele] *In der zu 27f. genannten, Semlers große Verdienste lobenden Rezension kritisierte H. dessen Streittheologie und das zu nüchterne Bild des Johannes und spielte (mit der zu II 76(N),72 angeführten Stelle) auf Michaelis' angebliche religiöse Heuchelei an. Vgl.* **49ff.**
41f. den Bißen zeigt ... auf die Schnauze schlägt] *Sprichwörtlich; Stelle bei Luther nicht ermittelt.*
42f. Geldschinderei] *Geldgier, vgl. zu II 76(N),72.*
44f. Semmlern ... verunglimpft] *»... ein Erzengel, der selbst dazu beitragen kann, Semlern loszulassen und [als Ketzer] zu verdammen, wie Er will!« (SWS V, S. 444).*

46 Laut in der Wüsten] *Vgl. Jesajas 40,3; Matthäus 3,3.*
47 Narrheiten Semlers über den Kanon] *»Abhandlung von der freyen Untersuchung des Kanons«, Beweis, daß man ihn untersuchen dürfe (vgl. SWS V, S. 444).*
47f. Baumgartensches Lehrbuch] *Wie Baumgartens Kompendien.*
50 Progymnasmen u. Prolegomenen] *Vorübungen und vorbereitende Einleitungen.*
51 keine Stimme Gottes!] *Vgl. zu II 76(N),72 zum Schluß.*
53 Bibel Altes Testament] *Vgl. zu II 146(N),128.*
54 Ihren Recensenten] *Goethes Rezension des 3. Teils der »Aussichten in die Ewigkeit« in den »Frankfurter gelehrten Anzeigen« vom 3.11.1772 (vgl. R, S. 198) tadelte die – auch von H. kritisierte (vgl. II 127(N),47–70,86–98) – rationalistisch-spekulative Transposition irdischer Verhältnisse in das Jenseits und vermißte Wärme des Gefühls, Ahnungen und Empfindungen; »es ist so alles in die Seele hereingedacht.« Lavater hatte zuerst auf H. als Rezensenten geschlossen und wollte sich »gern belehren lassen« (an Zimmermann, November 1772); vgl. Bräuning-Oktavio (R, S. 668), S. 509.*
56 als die Athener über Paulus] *Ein ebenso inkompetenter Richter; vgl. Apostelgeschichte 17,19–21.*
58–116 Abraham] *»Abraham und Isaak. Ein religioses Drama«. – »Am meisten empfehl' ich Dir Abraham. Mit der Feder in der Hand lies ihn, behandl' ihn wie Dein Manuscript. Zerstöre, verwirf, bau an, bau drüber und drunter – und wenn er deß alles nicht werth ist, so schreib' nur freymüthig drein: taugt überall nichts« (B). – H.s Urteil leuchtete Lavater im wesentlichen ein; er erwartete in dem Mskr. von H.s Hand »hundert Merkzeichen, Winke, Durchstriche, Verbeßerungen, – wofern es solcher fähig ist« (A). Nach A zu III 29 war er enttäuscht, als er das Mskr. durchblätterte, ohne »ein Wörtchen, ein Strichchen« von H.s Hand zu finden. Lavaters unpoetisches Drama entsprach H.s einfühlsamer Auffassung morgenländisch-patriarchalischer Lebensweise und Dichtung nicht; vgl. II 127(N),287f. Er wußte, daß er H.s Anforderungen 113ff. nicht gerecht werden konnte (A zu III 29).*
61f. alle biblischen ... Dramas haße] *Vgl. 85 und 95ff.; zu II 74(N),38ff.*
66 aus der Zeit] *Exegese aus dem Geist der historischen Entstehungszeit, ohne aktualisierende Tendenzen, vgl. 109f.; zu II 127(N),265.*
69 Was Sie letztens von Klopstock schrieben] *Klopstocks »Messias« sei »nicht der Prophetische, nicht der evangelische«, sondern »so modern, so universitätsgerecht, so theologisch – daß er einem Bibelkenner und Lichtsucher unerträglich wird«. Man sehe ihn »mehr leiden als handeln«, sehe »immer alles um ihn herum – und ihn, ihn selber nicht«. »Hundert Situationen Jesu« habe Klopstock »überhüpft«, sein Gott sei ebenso »unempfindbar«, nicht »der simple und erhabene Gott der Propheten«. Bei vielen unvergleichlichen Stellen erschien für Lavater »das Ganze unerträglich.« In Klopstocks »Geistlichen Liedern« und »Oden« sah er »Armuth der Ideen, der Beschauungen, der Empfindungen« und »handgreifliche« Fehler: »Der größte geistliche Poet – ein so unerträglich seichter Theologe – ein solcher Feind des Geschichtlichen!« (B). Nach H.s Meinung traf das alles noch mehr auf Lavaters eigene Dichtung zu.*
71 (Genesis 12 bis 22.)] *Abrahams Berufung bis Opferung Isaaks.*
74 kindelnd] *Umgangssprachlich: »kindisch tun, sich wie ein Kind verhalten«.*
75 Charakterwort] *Vgl. »Machtwörtern«, zu I 23(N),49.*
76f. in Milch aufgelöst] *Metapher schwächlicher Empfindsamkeit, vgl. II 1,127ff.; 4,179.*
77 Mark u. Bein] *Vgl. Hebräer 4,12.*
77f. »Nimm Deinen Sohn Isaak«] *1. Mose 22,2.*
80ff. welch andrer Abraham? ... u. des Herzens!] *In Lavaters Drama.*

83 die Bibel] *1. Mose, Kap. 11–25. – Paulus Abraham schildert] Nur als Vorbild der Glaubensfestigkeit angeführt, Galater 3,6–9.*
84 αδικια] *Ungerechtigkeit. Vgl.* **112**.
87 22. Kapitel Moses] *1. Mose 22: Opferung Isaaks.*
88–91 Klopstocks Meßias] *Vgl. zu* **69**.
88 Sulli] *Sully. –* Henriade] *»La Henriade«.*
89 travesti!] *Lächerlich verkleidet, entstellt.*
93 Gott ... siehet!] *Vgl. 1. Mose 22,8. –* diluirt] *Frz. diluer: verdünnt (= ausgedehnt).*
94 El Schaddaj] *Siehe R, S. 703f. –* Holz u. Glut] *Vgl. 1. Mose 22,7.*
95 fatale Form des Drama] *Vgl. zu* **61f**.
96 Joseph ... des Ur- u. Großvaters sänge!] *Joseph in 1. Mose 37,24 oder 39,20; ein Lied über Abraham und Isaak.*
98 Pantomime] *H. schwebte eine mehr choreographische Bearbeitung des biblischen Sujets vor. Vgl. »Vom Geist der Ebräischen Poesie«, 2. Teil (SWS XII, S. 177–182).*
99ff. Iphigenia von Aulis] *Siehe R, S. 728; von Euripides.*
104 Theatercoups] *Bühnenstreiche.*
106, 111f. Regeln ... Griechische Bretter u. Namen] *Anwendung der drei Einheiten des altgriechischen Theaters im biblischen Drama Lavaters.*
109f., 113ff. auf Bibelgrund] *Vgl. zu* **66**.
112 Wort Gottes in Ungerechtigkeit aufzuhalten] *Vgl.* **84ff**.
118 Pyrmonter Brunn] *Siehe R, S. 798.*
121f. »Von Deutscher Art u. Kunst«] *Siehe R, S. 697. – Lavater hatte die Sammlung »mit großem Vergnügen« gelesen, als er geistliche »Lieder für die Landjugend« zu schreiben anfing (A).*
123ff. Schweizerlieder] *1767–1798 in 9 Auflagen, die gelungenste und populärste Nachahmung von Gleims »Preussischen Kriegsliedern in den Feldzügen 1756 und 1757 von einem Grenadier«. Vgl. Ulrich Im Hof, Lavater als Patriot. In: Das Antlitz Gottes im Antlitz des Menschen (vgl. zu II 127(N),13–259), S. 300–316. – Lavater versprach, originale Schweizerlieder aufzutreiben und H. zu schicken, aber ohne Noten. »Naive, oft grobe Satyren, trotzender Nationalstolz, Characterisirung Lasterhafter geben den alten ein originelles Gepräge.« Lavater hatte 1767 seine »Schweizerlieder« gedichtet, »ohne irgend ein einziges altes Schweizerlied gesehen zu haben«, und damit seinem Vaterland einen »täglich wachsenden Dienst« geleistet, da sie in Schinznach gesungen wurden (A). Vielleicht hat er H. das Lied »Dusle und Babele« gesandt (SWS XXV, S. 23f., 201f.); denn in A zu III 29 erwartete er »Schweizerlieder von verschiedenen Orten« (Nachlaß II, S. 70).*
127f. was ich schon für einen guten Anfang habe] *Vgl. III 25,***24ff**.
129f. Butlers Predigten] *Vgl. zu II 151,***166f**. *Lavater ging darauf nicht ein.*
130 zum Dank *lies* zum Druck] *Verlesung infolge flüchtiger Schrift.*
131f. Einem Buch ... betrift Offenbarung] *»Aelteste Urkunde«.*

20 (N). AN GOTTHOLD EPHRAIM LESSING, Buckeburg, 14. August 1773

3f. Einen Brief ... nicht beantwortet] *Nicht überliefert, vgl. N III Anm. 20. – Lessing antwortete auch auf diesen Brief nicht; er erklärte das in A zu N IV 60: »Sie sind sehr gütig, daß Sie nach zwei Briefen, die ich nicht so beantworten konnte, als ich gern wollte, und also lieber gar nicht beantwortete, mich noch des dritten würdigen.«*
6 »Volkslieder«] *Vgl. III 25,***24ff**.
7 Heldenbücher] *Mhd. Epen, vgl. das Heldenbuch (R, S. 675).*

7f., 14f. biblische Altdeutsche Kommentare] *Siehe R, S. 648 links unten.*
10 Reliques of ancient Poetry] *Percys Vorbild für eine deutsche Slg.*
11 Altfränkische oder ... ältere Deutsche Poesie] *Ahd. Dichtung; Altfränkisch ist ein Dialekt des Ahd.*
14 Ihrer Bibliothek] *Wolfenbüttel, siehe R, S. 836.*
14f. AltDeutsche ... Genesis] *Siehe R, S. 649 links Mitte.*
15 die Oxfordsche] *Siehe R, S. 793.*

21. AN CHRISTOPH FRIEDRICH NICOLAI, *Bückeburg,* 14. August 1773

4 Bücher] *Rücksendung von Rezensionsexemplaren. – Denis] »Die Lieder Sineds des Barden«, vgl. III 48,5f.*
4f. Recensionen] *Einige der II 150,9f. genannten Rezensionen hat H. später geschickt (vgl. III 48,3), vermutlich mit diesem Brief, auch die nichterwähnte über »Lucians Schriften aus dem Griechischen übersetzt« (von Johann Heinrich Waser, 1713–1777; SWS V, S. 400f.) oder andere, bisher nicht ermittelte Rezensionen.*
5f. »von Deutscher Art u. Kunst« ... nicht recensiren.] *Nicolai akzeptierte die Gründe für H.s Ablehnung. Erst 1776 erschien in der »Allgemeinen deutschen Bibliothek« eine sehr positive (anonyme) Rezension, in der H.s beide Aufsätze am meisten gelobt wurden.*
7 den Verfasser der Baukunst] *Goethes Schrift »Von Deutscher Baukunst« wurde in Bd. 14 der »Neuen Bibliothek der schönen Wissenschaften und der freyen Künste« (1773) von Krubsacius (vgl. zu II 88,81) negativ rezensiert, in den »Frankfurter gelehrten Anzeigen« vom 4. 12. 1772 von Merck (nach Bräuning-Oktavio, vgl. R, S. 668) mit Auszügen »allen Verehrern der Kunst« wärmstens empfohlen.*
10 Götz von Berlichingen] *Die 1773 erschienene Druckfassung. Nicolai kannte den »Götz« noch nicht und wußte nicht, woher er ihn bestellen sollte (A).*
13f. Abschied ... nehmen.] *Nicolai bedauerte das sehr und versuchte, H. zur Zurücknahme seines Entschlusses zu bewegen, den vermutlich Nicolais Kritik an einigen von H. geschätzten Werken in seinem letzten Brief beeinflußt habe (nichtüberlieferte Beilage zu B, vgl. O. Hoffmann, S. 101). Sein Geschmack »an gewissen Schriften« sei von dem H.s »himmelweit unterschieden«, was wahrscheinlich an Nicolais fehlenden Kenntnissen liege. Er wünschte aber die Fortsetzung von H.s Rezensionen, in denen »diese Dichtart mit allem Feuer der Einbildungskraft vertheidigt« werde. Wenn ein anderer als H. solche Bücher rezensierte, »würde der Abfall allzustark seyn« (A).*
14f. unbequemer] *Vgl. II 146(N),99–102; 150,5.*
16 giert] = *gärt (»gieren«, ältere Form von »gären«).*
23 Katalogen] *Verlags- und Sortimentskataloge Nicolais. – Diderot] »Collection complète des oeuvres«, vgl. III 48,7. Nicolai lieh H. sein eigenes Exemplar (A).*

22. AN FRIEDRICH SIGMUND FLACHSLAND, *Bückeburg, August 1773*

3–9 Aufsatz von Klopstock] *Vgl. zu III 6,11ff.; N, S. 802, zu 27. Nach den Informationsblättern erschien im »Hamburgischen Correspondenten« am 11. 6. 1773 Klopstocks Subskriptionsplan für »Die deutsche Gelehrtenrepublik« vom 8. 6. 1773 (Text in »Gelehrsamkeit ein Handwerk? Bücherschreiben ein Gewerbe?« Dokumente zum Verhältnis von Schriftsteller und Verleger im 18. Jahrhundert in Deutschland. Hrsg. von Evi Rietzschel, Leipzig 1982, S. 132–136).*

7 Darmstadt] *H. wollte hier seine Schwäger als Subskribenten-»Collecteurs« gewinnen, vgl. III 23,10ff.; 27,8ff.*
7f. »Allgemeine Gesetze des Reichs der Gelehrsamkeit«] *In »Der Hypochondrist«, 2. Auflage (vgl. R, S. 658) und im »Wandsbecker Bothen« (vgl. R, S. 662) vom 29. 6.–6. 7. 1771 ein kürzerer Vorabdruck, »Gesetzbuch der Gelehrtenrepublik in Deutschland«.*
9 videbis] *Du wirst sehen.*
12, 15 doch Klopstock] *Für den verehrten Dichter bemühte man sich mit patriotischem Eifer sogar für ein scheinbar aussichtsloses Projekt. Vgl. Goethe, »Dichtung und Wahrheit«, 12. Buch (WA I 28, S. 113–116). Insgesamt kamen mehr als 3600 Subskribenten in ganz Deutschland und den Hauptstädten Europas von Lissabon bis Petersburg zusammen (Muncker: Klopstock, S. 444).*
14 dem Mohren ... Landgrafen] *Ein Diener Ludwigs IX. von Hessen-Darmstadt (Lokalanekdote, die H. von Karoline erfuhr).*

23. AN ANDREAS PETER VON HESSE, *Bückeburg, August 1773*

6ff. Glucks Kompositionen ... zu erhalten] *Nachrichten und Versprechen Riedels in seinem Brief an H., Wien, 28. 7. 1773 (Impulse 13, S. 273f.).*
6f. Allgegenwart] *»Die Allgegenwart Gottes« (R, S. 316). Riedel hatte H.s Wunsch einer Komposition über »den Allgegenwärtigen! die Frühlingsfeier« und dergleichen in der »Nachschrift« zum »Auszug aus einem Briefwechsel über Oßian« (SWS V, S. 206) erwähnt.*
7 deutschen Mädchens] *»Vaterlandslied« (R, S. 318), nach Riedels Brief von Glucks Nichte und Adoptivtochter Marianne Hedeler (1760–1776) mit »vieler Empfindung« gesungen. – ganzen Hermanns Schlacht] Riedels Mitteilung zufolge hatte Gluck das ganze Bardiet komponiert, nach seinem Brief an H. vom 20. 11. 1773 (H: Kraków; vgl. Impulse 13, S. 307) aber »keine Zeile« Noten geschrieben, so daß diese Musik mit Glucks Tod verlorenging.*
10 ehemalige Herausgeber] *»Klopstocks Oden und Elegien« (Darmstädter Slg., vgl. R, S. 314).*
10ff. Subscription ... geschähe] *Vgl. III 22,6ff.; 27,8ff.,22f.*
12f. aus den hiesigen ... geschämet.] *Vgl. III 27,3–21.*
14, 18 Busenberge] *Siehe R, S. 752.*
15 Heldenbuch] *Siehe R, S. 675. – Sachsenspiegel] Von Eike von Repgow (R, S. 145).*
15f. Ritterchroniken u. Stadtgeschichten] *Wie 19 Anspielung auf den von den »Darmstädter Empfindsamen« gepflegten Mittelalterkult.*
17 Westphälischen Heide] *Vgl. zu III 7,4.*
17f. in der Trümmer] *Pluraliatantum (nach Adelung von »das Trumm«), hier veraltet auch als Singular.*

24. AN DIE SCHAUMBURG-LIPPISCHE RENTKAMMER, *Bückeburg 6. September 1773*

4f. Accidentien] *Nebeneinkünfte.*
6 600. Thaler] *Vgl. zu I 82,16; III 154(N),29–33.*
7 Expedition dieses Anschlages] *Berechnung der amtlichen Nebeneinkünfte.*
8 Holz] *Brennholzdeputat. – Opfer] Kirchenkollekte. – Alle Schreiben H.s an die Rentkammer und an Kammerrat Spring dokumentieren die kleinlichste Sparsamkeit der gräflichen Finanzverwalter und die unregelmäßigen, stets rückständigen Gehaltszahlungen.*

25. An Johann Friedrich Hartknoch, Bückeburg, 13. September 1773

4 noch keine Antwort] *Wie Hartknoch in A beteuerte, hatte er auf III 18 (bezüglich der Bückeburger Geschichtsphilosophie) sofort geantwortet (vgl. zu III 18,12ff.).*
5 Arbeit so langer Jahre] *Seit 1769.*
7ff. mein Name in petto] *Geheimgehalten, vgl. zu III 18,7,12,12ff.*
11 gegenwärtig drei Theilen] *Der Gesamtumfang des Stoffes war durch die Vorstufe »Ueber die ersten Urkunden des Menschlichen Geschlechts« (vgl. R, S. 3) vorgegeben, so daß die »Aelteste Urkunde« auf insgesamt sieben Teile konzipiert war (vgl. III 36(N),20); dazu Arnold (H.-B. II, Nr. 1685), S. 53f.*
13–18 älteste Urkunde ... Geschichte enträthselt.] *Vgl. III 35,15–19 (Formulierung geringfügig variiert).*
19 groß Oktav] *Die »Aelteste Urkunde« erschien im Quartformat; vgl. III 26,7,30f. – Spaldings Gefühle] Vgl. III 26,7; zu I 13(N),63–78. – Laokoon)] Die »Aelteste Urkunde« und Lessings »Laokoon« sind in der gleichen kräftigen Frakturschrift gedruckt.*
20f. Titel ... Michaelis Katalogus] *Vgl. die Angaben für den Katalog zur Ostermesse III 35,10–25.*
21 nicht von der Philosophie der Geschichte)] *Da H. es in III 18 »nicht verboten« hatte, brachte Hartknoch den Titel in den Messekatalog (A); vgl. III 35,10.*
24ff., 31ff. »alte Volkslieder«] *Vgl. III 28,6ff.*
27f., 33f. Hemsterhuis Schriften] *Vgl. zu III 18,18. Hartknoch bat H., die Übersetzung »in den berühmtesten Zeitungen« anzukündigen; er selbst »wohne dazu zu weit ab«. Er freute sich sehr über H.s neue Schriften und versprach, ihn einige Zeit nicht wegen der Fortsetzung der »Fragmente« zu mahnen (A). Vgl. III 32,37.*
30 Sur les desirs] *Vgl. zu III 18,19f.*
36f. quanti vis pretii] *Soviel du willst. Hartknoch war »durch allzuvieles Drucken« in »großer Verlegenheit« wie nie zuvor, versprach aber, sobald er es könne, H. »redlich beizustehen« und ihn jährlich zu unterstützen. H.s »jezige« ökonomische Situation müsse »nur kümmerlich seyn«, wenn er »nicht auskommen« könne. Ihm selber helfe nur Georg Berens (A). Vgl. III 28,10f.,15f.,20f.; 25,29–34; 37,3f.*
38f. Pastor Eisen] *Vgl. zu III 10,8f.; 18,28ff.*
40 selbst an Sie schreiben] *Zuerst in III 72.*
41 Schnackiges] *Spaßiges (Schnake = niedersächs. »Schwank«).*
44 die Bücher] *Die fertigen Mskr. sollte H. alle an Ife schicken. Hartknoch wollte diesen »heute« davon benachrichtigen, daß er diese Schriften gemäß den Anordnungen H.s drucken solle (A).*
45 Philosophie der Geschichte] *Vgl. zu III 18,12ff. Hartknoch versprach ihm die Geheimhaltung seiner Autorschaft (A). – Hamanns Schriften] Vgl. zu III 18,43.*
46 Erzfreßer] *Scherzhaft für Oberpastor v. Essen. Um einmal sein Nachfolger werden zu können, müsse H. sich mit »etwas gedruktem« bei den Rigaern in Erinnerung bringen (A).*
47 Oberschenken u. Becker] *Siehe R, S. 711.*
49 nach Petersburg] *Vgl. III 28,25f.; 35,44f.; 57,42f.*

26. An Bernhard Christoph Breitkopf, Bückeburg, 23. September 1773

5ff. Manuscript von 3. Theilchen ... Laokoon] *Vgl. III 25,11–19.*
7 Groß Octav] *Vgl. 30ff.*
9f. völlige Freiheit gelaßen] *Vgl. zu III 25,44.*

14 die Ersten Aushängebogen] *Vgl. III 32,14; 33,4; Anm. 26.*
16 Titel] *Vgl. III 33,8ff.*
19 auf Schreibpapier] *Geleimtes, festes Papier; die Freiexemplare des Autors in besonderer Qualität gewünscht.*
20 Druckpapier] *Ungeleimtes Papier.*
21f. mit ein paar Reihen ... melden] *Vgl. III Anm. 26.*
30f. Wegen des Formats] *Vgl. 7.*
31f. Winckelmanns ... QuartSchriften] *Siehe R, S. 623.*
32f. Papier ... Druck] *Vgl. 7ff.*

27. AN FRIEDRICH GOTTLIEB KLOPSTOCK, Bückeburg, 25. September 1773

4 mit leerer Hand] *Hinsichtlich der Subskribentenwerbung für »Die deutsche Gelehrtenrepublik«; vgl. zu III 6,11ff.,13.*
6 ein funfzig Meilen weiter in Deutschland] *Zur Hochzeit in Darmstadt, vgl. zu III 12(N),128.*
7 Zanthier] *Nach dem »Verzeichnis der Subskribenten, Beförderer, und Collecteur« der »Gelehrtenrepublik« (S. 7–70) hatte er als »Beförderer« 5 Subskribenten gewonnen (Jodeleit/Trunz, S. 333).*
7f. diesen kleinen Ort] *Bückeburg, vgl. zu II 1,86.*
8 auswärts begab] *D.h., die Informationsblätter (vgl. N, S. 802 zu 27) nach auswärts schickte.*
8ff. Darmstadt] *Vgl. 22f.; III 22,7ff.; 23,10–13.*
11f. die Größe ... anerkenne] *Vgl. jedoch III 22,6,11ff.*
13f. Hamann ... schrieb] *»Der Titel zu Klopstocks Subscriptions Versuch hat all mein Blut in Wallung gebracht noch eh ich das Compliment an mich in seinem Briefe an den Hofprediger Lindner [als Kollekteur] gelesen habe. Ich bin der erste gewesen, der unterschrieben, ein Büchlein dazu gekauft und auf Werbung ausgegangen bin. Diese Idee ist eines Klopst[ock] würdig, sie mag von ihm behandelt werden, wie sie wolle« (A₂ zu III 17).*
16 Westphalen] *Vgl. 53; zu III 7,4.*
18f. H. Zimmermann ... ausgemacht] *Vgl. zu III 8 (Anfang).*
19–21 den, der sich ... Collecteurs fand.] *Rüling, nach dem Verzeichnis (vgl. zu 7) »Beförderer« für Hannover (39 Subskribenten, darunter Zimmermann). Da Rüling sich aus Liebe zu Klopstock um die Subskription bemühte (A zu III 8; H: GSA), wurde er nicht unter den am Gewinn beteiligten »Collecteurs« aufgeführt.*
23 Geheime Rath Heße] *Vgl. III 23,10ff. Im Verzeichnis (vgl. zu 7) als »Beförderer« genannt (103 Subskribenten gewonnen).*
26 lauter Kritik] *Klopstock hatte in seinem Leben noch »an keinen Criticus« geschrieben, H. solle »die Ausnahme machen«, weil er durch »eigne starke Empfindung Criticus« sei. Klopstock, dem in der »Theorie der Poesie« nur Erfahrung etwas galt, liebte im Gegensatz zu H.s bildhafter Sprache die »dürren Worte« und wünschte solche auch in H.s Brief (B).*
29f. in Ihrem Hermann oder David ... keine Handlung] *Klopstock wollte wissen, warum H. »Hermanns Schlacht« ohne Handlung finde (B). Vgl. »Auszug aus einem Briefwechsel über Oßian«, über Klopstocks »Hermanns-Schlacht«: »Wenn in seinem Bardit wenig Drama ist: so ist wenigstens das Lyrische im Bardit, und im Lyrischen mindstens der Wortbau so Dramatisch, so Deutsch!« (SWS V, S. 175). – Zu »David« vgl. zu II 74(N), 38ff.*

30 dramatischen Kunstwort u. Kunstbegrif] »... bis zur Definition der Handlung« (B).
31–40 historischer, Epischer Handlung ... bildend wären] *Wenn die Gesetzmäßigkeiten der dramatischen Gattung nicht befolgt würden, könne ein Stück doch als episch-lyrische Dichtung wirken.*
35f. Evenement] *Ereignis.*
38 zu meinem Lesen] *Shakespeares Dramen z. B. hat H., wie die »Alten Volkslieder« zeigen, auch als Quelle für Balladeskes und Lyrisches benutzt (vgl. SWS XXV, S. 33–60, 112ff.).*
42 haße ... alle Kritik] *Vgl. 26; III 19,30–35; 31(N),36ff.; 32,29f.*
43 Sie persönlich zu kennen] *Im Mai 1783 (vgl. IV 275).*
44 mit meiner Lina ... fühlen] *Vgl. die bedeutende Rolle von Klopstocks Oden als Ausdruck ihrer eigenen Gefühle im Briefwechsel 1770–1773.*
45 Wanderung des Lebens] *Geistliche Metapher.*
48f. Seele ... ledigsten fühlt] *Gegensätzliche Vorstellung zu H.s Gefühl seiner eingeschränkten Existenz.*
51 Originalfragmente Macphersons] *Vgl. zu II 37,74–92.*
52 Sie in Verbindung gehört] *Klopstock selbst hatte u. a. 1768 an Denis geschrieben, daß er mit Macpherson korrespondiere (J. M. Lappenberg, Briefe von und an Klopstock, Braunschweig 1867, S. 211); H. konnte die Nachricht mündlich von Bode, Boie oder Claudius haben.*
55 durch Claudius] *Klopstock beantwortete den Brief nicht, Claudius sandte nichts Ungedrucktes von ihm.*
58 Verdientester der Schriftsteller unsrer Zeit] *Diese Einschätzung bewahrte H. bis in seine letzten Werke (vgl. SWS XXIV, S. 202, 217, 220f.).*
59 Ihrem Bilde] *Ein Kupferstich, vgl. I 32,73.*

28. AN JOHANN FRIEDRICH HARTKNOCH, *Bückeburg, Mitte Oktober 1773*

4 die 3. Theile ... bei Breitkopf] *Vgl. III 26.*
5 die Philosophie der Geschichte ... ohne meinen Namen] *Vgl. III 18,12ff.; 32,19–22. Ife meldete dem Verleger, »daß er die Philosophie der Geschichte von einem Unbekannten und nachher noch ein ander Manuscript erhalten« (A).*
6f. Volkslieder ... Altdeutschen)] *»Alte Volkslieder. Erster Theil. Englisch und Deutsch. Zweiter Theil. Englisch-Nordisch und Deutsch.« Vgl. das Inhaltsverzeichnis (SWS XXV, S. 3f.). 14 Lieder, darunter 3 aus Shakespeare, waren Percys Sammlung entnommen.*
7f. liegt da ... ist heut auch fort] *Beim Schreiben des Briefes wurde H. von Karoline über die Absendung des Mskr. informiert.*
9 die Plastik] *Vgl. II 16,23–27; III 79,58–61. Die überarbeitete Fassung erschien erst 1778.*
10, 15f., 20 Geld] *Vgl. zu III 25,36f. Wie Karoline berichtet, fing ihr Ehestand mit Schulden an (Erinnerungen I, S. 234). Mit A schickte Hartknoch einen Wechsel über 100 Reichstaler und empfahl H. »etwas mehr Wirthschaft«, das sollte bei seinem Besuch »künftige Ostern der vornehmste Gegenstand« ihrer Unterhaltung sein.*
13 ausgähren zu laßen] *Vgl. III 32,36f.*
14 von allen Seiten] *Auf den Gebieten der Theologie, Geschichtsphilosophie, Literaturgeschichte und Ästhetik.*
17 Künftigen Ostern] *Vgl. zu 10.*
18 Trauer] *Todesfälle von Mutter und Kind waren bei Geburten im 18. Jh. häufig.*

20 aus meiner Faule hier heraus] *H. hoffte auf eine Berufung nach Göttingen, vgl. zu II 173(N),26; III 11(N),8. – Faule] H.s Amt in Bückeburg, wo für ihn »Nichts zu thun« war (II 100,32ff.).*
22 αυτος εφα] *Über Pythagoras: »Er selbst hat's gesagt« (Scholion zu Aristophanes' »Wolken«, V. 196).*
24 Gianonne] *Vgl. zu I 48(N),103ff. Von der dt. Übersetzung in Großquart erschienen Bd. 1 und 2 1758/1762 in Ulm, Frankfurt und Leipzig bei Gaum, Bd. 3 und 4 1768/1770 in Leipzig in Hartknochs Verlag. – Guignes] Vgl. III 37,19.*
25f. Brief ... nach Petersburg] *Vgl. zu III 25,49.*

29. AN JOHANN KASPAR LAVATER, *Bückeburg, Mitte Oktober 1773*

5 das brüderliche Du zurückruffen] *Zitat aus B; nur ein flüchtiger, von Lavaters »Eigensinn« hervorgerufener, für ihn nicht realisierbarer Gedanke.*
8–12 in Deinen Sachen ... andrer Gedanken bin.] *Vgl. III 19,18–26. Lavater hatte um Bemerkungen H.s zu seinen Briefen (auf eingelegten Papierstreifen) gebeten (B).*
13 Religionsseele] *In der Gotterergebenheit und kindlichen Frömmigkeit Lavaters sah H. ein Vorbild, vgl. 94; III 8,9–12.*
15–23 das scheinbar Klaßische ... als ichs nur könnte.] *H. hielt die poetische Form von Lavaters religiösen Schriften für ungeeignet (im Gegensatz zur einfachsten Sprache).*
24f. im Reich Gottes mancherlei Gaben] *Vgl. Römer 12,6.*
25 zu reden im Geist] *Vgl. 1. Korinther 14,2; Apostelgeschichte 18,25.*
25f. sprechen mit dem Sinn] *Vgl. 1. Korinther 14,19.*
26f. wer so spricht, bessert die Gemeine] *Vgl. 1. Korinther 14,4.*
28f. Zwei oder Drei Büchelchen] *Vgl. III 28,4ff.*
29 Aufsätze] *Die »Vorreden« in den »Alten Volksliedern« (SWS XXV, S. 5–13, 63–68, 81–88).*
29f., 33f. so lange ... gelegen] *Vgl. III 32,36f.*
30f. mit Einem ... noch schwanger.] *Vgl. 39–42.*
31f. die ersten Schriften ... geschrieben habe] *Vgl. I 43(N),231f.*
33 Schweizerweibe] *Vgl. III 31(N),14.*
35 Angesichtsbilde] *Vgl. 99; III 40,62ff.*
36f. »eine nach Jahrtausenden enthüllte heilige Schrift!«] *Vgl. III 25,13–18.*
37f. Schlüßel zur Menschlichen Geschichte] *Die Bückeburger Geschichtsphilosophie.*
39 Volkslieder] *Vgl. zu III 28,6f.*
39ff. das Vierte] *»An Prediger«.*
42 Spaldingschen Tractats] *»Ueber die Nutzbarkeit des Predigtamtes«.*
43 unter den Rosen] *Vgl. zu I 131,71; II 162,16ff.*
45f. am tiefsten hinab] *Am hoffnungslosesten.*
47 in den Hefen] *Bodensatz, das Schlechteste. Lavater nannte das Jahrhundert in B »das wäßernde, Gotteinschränkende, antichristliche«.*
49f. Von Leuchsenring ... Sie meinen.] *Lavater interessierte sich sehr für ihn, spürte aber etwas Trennendes, »so ein Gemisch von Natur und Listigkeit, – so viel Nonchalance u. so viel Elan« (B).*
50f. In Holland ... bekannt] *Vgl. zu I 112,76f.*
52–69 Meine Seele ... Hrn Raths] *H.s grundsätzliche Antipathie gegen Leuchsenrings Charakter, vgl. II 1,111–193; 4,162–180.*
58 Toleranz] *Dem Kontext nach Verschreibung für »Intoleranz«.*

60f. Caprices ... du siècle] *Launen der Menschenliebe und der Philosophie des Jahrhunderts.*
65 Berlocke des Sentimens] *Spielereien des Gefühls.* – Philosophie des femmes] *Frauenphilosophie.*
68f. komme meine Seele nicht in den Rath] *1. Mose 49,6.* – dieses Hrn Raths] *Leuchsenring war seit 1768 Hessen-Darmstädtischer Hofrat.*
70 Pondilly] *Bondeli, vgl. zu II 63,26.* – Philosophischen Christgemeinde] *Leuchsenrings empfindsame Freundinnen und Freunde.*
70–75 Es war ein Mann zu Ephesus] *Apostelgeschichte 19,23–40.*
71 Demetrius] *Siehe R, S. 703; hier für den Empfindsamkeitsapostel Leuchsenring.*
76 Pfenninger] *Lavater rühmte in B die »pure, bare Natur« seines Freundes.*
77 Fueßli] *Der Maler Johann Heinrich Füßli.*
78 Essai on Rousseau] *Vgl. III 40,23f.; N I Anm. 127.*
80 Ich liebe jetzt Alles, was Schweizer ist] *Vgl. zu 33.*
81 Ihr Breitinger] *»Historische Lobrede auf Johann Jacob Breitinger« (BH 3289; 4118).*
83ff. Niklaus von der Flühe] *Lied in den »Schweizerliedern«, vgl. III 19,123; Flüe siehe R, S. 163.*
87 gemeinschaftlichen Vater] *Gott.* – Vorbild u. Bruder] *Jesus Christus.*
88 schränke Dich ein] *Lavater verzettelte sich in einer Vielgeschäftigkeit, besonders in einem ausgedehnten Briefwechsel; vgl. 14f.; III 8,15f.*
92 Ihr letzter Brief] *B vom 21. 8. und 2. 9. 1773 (vgl. N, S. 802); zu III 19,10. Innige Anteilnahme Lavaters an H.s Eheglück.*
94 im Bilde] *Vgl. zu II 151,156f.*
97 sein Profil] *Lavater hatte um H.s »crayonnirtes oder getuschtes Profil« und »ein Schattenbild« Karolines gebeten.*
99 meinen Schatten] *Vgl. zu 35; III 40,62.*

30. AN GRAF FRIEDRICH ERNST WILHELM ZU SCHAUMBURG-LIPPE, Bückeburg, 20. Oktober 1773

5ff. Recherches philosophiques sur les Americains ... sur les Chinois] *Von de Pauw; in der Fürstl. Hofbibliothek in Bückeburg erhalten (O. Müller III, S. 307).* – H. hat das zweite Werk im 2. Teil der »Aeltesten Urkunde« charakterisiert als »ein Buch voll Gelehrsamkeit, Scharfsinn, Ueberhauen, Rechthaberei und Lüge: die Wahrheit kanns oft durch den Ton und die Anwendung werden« (SWS VI, S. 368).

31 (N). AN JOHANN GEORG HAMANN, Bückeburg, Anfang November 1773

5 keinen zerreißen] *Über A₁ zu III 17 schrieb Hamann: »Ich habe Ihnen bereits den 19huj[us] geantwortet, dies Geschmier aber zurückgenommen, weil es nicht abgegangen« (B).*
5f. Der weggeworfne Pinsel ... vortreflich] *Hamann, »Wolken«: »Ueberdruß, der jenem Maler den Pinsel aus der Hand warf« (Nadler 2, S. 97); nach Plinius Secundus d.Ä., »Naturalis historia« XXXV,10(36): Als dem griechischen Maler Protogenes auf dem Bild des Jalysus der Geifer an der Schnauze eines liegenden Hundes nicht gelang, warf er vor Ärger einen Schwamm auf die Stelle (»spongeam inpegit«) und erzielte unbeabsichtigt die gewünschte Wirkung (vgl. Montaigne, »Essais« I, 33; in Bodes Übersetzung*

Bd. 2, S. 140). *In H.s »Dithyrambischer Rhapsodie« (R, S. 45) »wird ein rhapsodischer Rabbi, ... um die schaumwütende Leidenschaft zu malen, seinen Pinsel werfen« (nach James Harris, »Three treatises, the first concerning art, the second concerning music, painting and poetry, the third concerning happiness«, London 1744, S. 6f., »that Painter ..., who being to paint the Foam of a Horse, ... threw his Pencil at the Picture«; FHA 1, S. 30, 885).*

7 in jedem Ihrer Briefe] *»Wenn Herder einen Brief von Hamann erhielt, so war es für ihn ein Festtag; dann konnte er nicht mehr im Zimmer bleiben, er mußte hinaus ins Freie, seine ganze Seele war bewegt« (Erinnerungen I, S. 65).*

8 Ihr Haus ... ausschreiben.] *Alle häuslichen Vorkommnisse im Detail schildern – das hat Hamann in vielen Briefen wirklich getan.*

9 blauen Augen u. braunen Haaren] *Karoline war nach einer früheren Aussage H.s blond, vgl. I 103,65,128. Vgl. Hamanns Rezension von Kants »Beobachtungen über das Gefühl des Schönen und Erhabenen« in den »Königsbergschen Zeitungen« vom 30.4.1764: »Gleich blauen Augen und braunen Haaren, wird das Erhabene und Schöne auf ein zweydeutig Mittelding eingeschränkt« (Nadler 4, S. 289). Die einzig mögliche Referenzstelle in Kants 2. Abschnitt, »Von den Eigenschaften des Erhabenen und Schönen am Menschen überhaupt«: »Selbst die bräunliche Farbe und schwarze Augen sind dem Erhabenen, blaue Augen und blonde Farbe dem Schönen näher verwandt.«*

9f. etwas übel zu sprechen sind] *Vgl. zu III 17,5f.*

12 in Wolken ansehen] *Karoline kannte Hamann nur aus H.s Erzählungen.*

14 Schweizermädel] *Siehe R, S. 817.*

15 Codicill Ihres Testaments] *In A₁ zu III 17 schrieb Hamann in bezug auf seinen Sohn Johann Michael: »... mein kleiner Bastart wird sich nunmehro auf seinen ihm zugedachten Pflegvater wenig Rechnung mehr machen können.« Vgl. II 101,139ff.; zu II 146(N),122f.; 167,52.*

17f. Von Deutscher Art u. Kunst] *Vgl. zu III 17,24.*

19 Götz von Berlichingen] *»Göthe ist doch noch Ihr Freund. Der Name seines Götzen wird wol ein Omen für unsern theatralischen Geschmack seyn, oder die Morgenröthe einer neuen Dramaturgie –« (A₂).*

21 Ein Exemplar] *Vgl. III 75,8.*

22 etwas reichers] *Die »Aelteste Urkunde«, vgl. III 75,6ff.*

24 Hinzen] *Vgl. zu III 18,42.*

26 den Layenbruder] *Friedrich Karl v. Moser, nach seinem »Treuherzigen Schreiben eines Layen-Bruders an den Magum in Norden«. Hamann hatte in B geschrieben: »Der Layenbruder ist den 17 h[uius] durchgegangen nach S[ankt] Petersburg – hat sich im Gasthause doch nach mir erkundigt. Ich habe an ihn geschrieben den 22 –«. Und zuvor (irrtümlich ungedruckt): »Der Layenbruder ist diese Woche nach Petersburg hier durchgegangen ohne sich um sein Gemächte, den Magum von Norden bekümmret zu haben.« In A₁ rühmte Hamann den »wohlthätigen Staatsmann« Moser, den er am 28.11.1773 kennengelernt hatte: »Er hat alle meine Erwartung erfüllt und bisher ist unsre Freundschaft gewesen wie zwischen Alcibiades u. Sokrates.« – H.s Urteil war von Merck und den Darmstädter Verwandten negativ beeinflußt (vgl. zu II 91,49; 93,49), später kam es zu einer freundschaftlichen Korrespondenz mit Moser (vgl. N IV Anm. 165a).*

33 Die Frankfurter Zeitungen] *Hamann hatte nach den Verfassern und nach H.s Anteil gefragt (B).* – ein gewißer Merck] *H. hatte wegen Mercks Indiskretionen mit ihm gebrochen. Vgl. III 57,38–44; 75,75–90; zu II 177,12.*

35 nur wenig dazu geliefert] *Siehe R, S. 668f.*

36 mit Schlötzer ... Verdruß bekomme] *Vgl. III 32,26–29. »Rügen Sie ja nicht, liebster Herder, den Schlötzerschen Misthaufen. ... Ich schmeichle mir, daß Ihnen die Königsbergsche Recension mehr Gnüge thun wird als die Wandsbeckische« (A₂). Siehe R, S. 518; Haym I, S. 642f.*

37 verführen laßen] *Von Hamann selbst: »Mein alter Verleger u. Gevatter [Kanter] hat mich inständigst ersucht Sie zu Beyträgen oder Beylagen seiner Zeitung aufzumuntern, auch wo es mögl. wäre zu einem Wochenblatt« (B und daran gemahnt am 13. 11. 1773). Es blieb aber H.s einziger und letzter Beitrag.*

37ff. in die Königsbergschen Zeitungen ein Blatt] *»Gefundene Blätter«, die summarisch-fragmentarische Aburteilung der literarischen Neuerscheinungen des Jahres 1773, beginnend mit dem vollendeten »Messias«, über Barden und Anakreontiker, Journalisten, Übersetzer, Historiker und Theologen, wurde von Hamann mit Anfang und Ende versehen und redigiert (R, S. 21, 224). Vgl. III 75,41–48. Im Februar 1774 in der Zeitung erschienen, wurde der Beitrag vielfach Hamann zugeschrieben (»Der Teutsche Merkur«, November 1774: Christian Heinrich Schmid, »Fortsetzung der kritischen Nachrichten«, siehe R, S. 519), von Merck u.a. aber als »Herder's Machtsprüche ... über den ganzen weiten Ocean deutscher Literatur« erkannt (an Nicolai, 29. 3. 1774; Kraft, S. 110).*

39f. glühende Funken] *Büchertitel von Mönchen, z. B. Beda.*
41 Ihre 2. Kinder] *Johann Michael und Elisabeth Regina.*
41f. Magus aus Norden] *Vgl. zu 26.*

32. An Johann Friedrich Hartknoch, Bückeburg, Anfang November 1773

3 Ihr Brief] *B, vgl. zu III 25,36f. Hartknoch ließ Karoline grüßen.*
3f. Handlangerin an Gottes Wort] *Als Kopistin von H.s Mskr.*
9 zusammen leben] *H. hatte die Hoffnung auf eine Berufung nach Riga noch nicht aufgegeben, vgl. III 25,45ff.*
9f. Ihr Bild] *Hartknoch hatte sich von Ernst Gottlob in Leipzig für H. malen lassen (B); das Bild ist nicht überliefert. Vgl. III 35,5f.*
10 3. von ihren Geschwistern] *Nur von Karolines beiden Schwestern Ernestine Goll und Friederike v. Hesse sind Porträts bekannt (Gebhardt/Schauer I, Tafel XXII, 1; JGG XXI (1935), nach S. 128).*
13 Meine Manuscripte] *Vgl. III 28,4–8.*
14 Probebogen] *Von der »Aeltesten Urkunde«, vgl. III 33.*
16 an Breitkopf die Urkunde] *Vgl. III 26. Nach der Benachrichtigung durch Breitkopf fragte Hartknoch am 30. 10./10. 11. 1773 H., warum er das Mskr. der »Urkunde« nicht auch lieber an Ife geschickt habe: »In Leipzig durchschnupft man alles, und trägt sich dann mit Noten und Anecdoten herum, ehe das Werk noch vollendet ist. Ja vorige Ostermesse hat ein Fabricant vom Autor die frappantesten Sätze daraus gestohlen und in sein Machwerk geflickt. Senden Sie daher künftig nichts mehr an Breitkopf; der Mann ist ohnedem gar zu theuer.«*
17 King] *Vgl. III 18,25.*
18f. Ife ... Empfang gemeldet.] *Vgl. zu III 28,5.*
20 Ife schon Wind gegeben] *Vgl. zu III 25,44,45.*
21 Briefe an Ife diktiren laßen] *Vgl. zu III 18,12,12ff.*
24 wegen meines Hofes] *Graf Wilhelm zu Schaumburg-Lippe war ein Repräsentant des kleinstaatlichen aufgeklärten Absolutismus.*
24f. Grundsätze des Jahr100.] *Vgl. III 18,8f.*

26 erschrecklichen Lärm machen] *Vgl. III 28,14f. Besonders in den Rezensionen im* »*Teutschen Merkur*« *(vgl. zu III 31,37ff.) und 1778 in der* »*Allgemeinen deutschen Bibliothek*« *(vgl. FHA 4, S. 834f.); zur Rezeptionsgeschichte überhaupt Regine Otto,* »*Nur ein Wort über Herders Philosophie der Geschichte*« *(Herder-Bibliographie 1993–1994 im Herder Yearbook 1996, Nr. 0300).*
27ff. Feind an Schlötzer ... Mensch ist.] *Vgl. die leichtfertige und ungerechte Rezension von* »*A. L. Schlözers Vorstellung seiner Universalgeschichte*« *(R, S. 26); zu II 76(N),72 (am Schluß); 99(N),47. Schlözer richtete den ganzen 2. Teil seiner* »*Vorstellung*« *gegen H., warf ihm als Dilettanten* »*Unwissenheit*« *und* »*Ungezogenheit*« *vor und diffamierte den Geistlichen mit Zitaten aus dem* »*Ossian-Briefwechsel*« *als* »*witzigen Belletristen*«*, der nur das Sprachrohr neidischer Göttinger Kollegen sei (vgl. Haym I, S. 640f.). Claudius verteidigte H. in der umfangreichen Rezension von Schlözers Schrift im* »*Wandsbecker Bothen*« *vom 31.12.1773, 5. und 8.1.1774. Vgl. zu III 31(N),36.*
30 Klotz] *H.s Polemik gegen ihn im 2. und 3.* »*Kritischen Wäldchen*« *und die ärgerlichen Auseinandersetzungen in der Presse, Vgl. I Anm. 57; zu I 56,32.*
31 Ankündigung von Hemsterhuis] *Vgl. zu III 18,18; 25,27f. Im* »*Wandsbecker Bothen*« *vom 8.12.1773 (Nr. 196):* »*Von des jüngern Hemsterhuis Schrift-Stücklein, davon einige nur für wenige Freunde gedruckt sind, wird eine deutsche Übersetzung und Sammlung bei Hartknoch in Riga herauskommen, mit Anmerkungen eines andern. Man macht dies deswegen hier vorläufig bekannt, damit sich an dem bekannten Stücklein Sur l'homme keine Tagelohn-Übersetzers Hand erfreche.*«
36f. alter Empfängniß ... Kinder.] *Vorarbeiten spätestens seit 1768/69.*
37 Fragmente] *Vgl. zu III 25,27f.*
38 2ten Theil zum Ursprung der Sprache] *Vgl. II 50(N),31ff.; im 1. Teil der* »*Aeltesten Urkunde*« *die Fußnote:* »*Herders Preisschrift vom Ursprunge der Sprache. Wir haben Nachricht, daß ein zweiter Theil folgen solle, der Bestimmungen, Einschränkung und Anwendung des Ersten Theils enthalte*« *(SWS VI, S. 299). – H. hat keinen 2. Teil geschrieben.*
40 mit einer neuen Eva] *Vgl. II 64,16–31; 180,13f.; III 28,26f.; 86,12–20.*
41 Suidas] *Vgl. II 81,30; III 35,4.*
42 sordide] »*Schmutzig, geizig, filzig*«*, H.s Epitheta für die Meyersche Buchhandlung in Lemgo, an die Hartknoch Hamanns Schriften, Hesychios (Bd. 2) und den Suidas* »*längst*« *(am 10./21.8.1773) geschickt hatte (B).*

33. AN BERNHARD CHRISTOPH BREITKOPF, Bückeburg, 8. November 1773

4 Druck und Probebogen] *Vgl. III 32,14.*
9f. statt Holzschnitte nur Striche] *Das Titelblatt enthält keine Vignetten, über dem Verlagsort nur eine Zierleiste*
12f. Manuscript des 2ten u. 3ten Theils] *Vgl. III 42; 57,22f.*
16 Fortbestellung dieses Briefes] *Vermutlich war III 32 beigeschlossen.*

34. AN GRAF FRIEDRICH ERNST WILHELM ZU SCHAUMBURG-LIPPE, Bückeburg, 10. November 1773

6 Buch] *Nicht zu ermitteln.*

35. An Johann Friedrich Hartknoch, Bückeburg, Mitte November 1773

4 Suidas u. Hesychius Theil 2.] *Vgl. zu II 102,31; III 32,41,42.*
5 Ihr Porträt] *Vgl. zu III 32,9f.*
7f., 38 bei einem sehr wichtigen Werke] *»Johannes« (R, S. 46); vgl. II 144(N),3ff.*
10 im Meßkatalog falsch angekündigt] *Vgl. zu III 25,21.*
12, 15, 21, 22 A., A. oder U., V., H.] *Die vorangestellten Buchstaben als Hinweis für die Einordnung der Titel im alphabetischen Meßkatalog.*
15–20 Älteste Urkunde ... (von Herder.)] *Vgl. III 25,13–18. Das Werk erschien anonym.*
15 Menschengeschlechts] *So auch im Buchtitel; zuerst »Menschlichen Geschlechts« (III 25,13).*
16 nach Jahrtausenden] *So auch III 25,14; im Innentitel des Buches »nach Jahrhunderten« (SWS VI, S. 195).*
17 Aufschluß der sieben Hermes Wißenschaften] *Zuerst »gefundner Schlüßel zu den sieben heiligen Wißenschaften« (III 25,15f.); im Buch »Schlüssel zu den heiligen Wissenschaften« (SWS VI, S. 325).*
18f. Älteste Denkmale der ... erläutert.] *Zuerst »Die Denkmale der ältesten ... enträthselt« (III 25,17f.); im Buch »Trümmer der ältesten Geschichte des niedern Asiens« (SWS VI, S. 424).*
21 Volkslieder] *Vgl. zu III 28,6f.*
22–25 Hemsterhuis] *Vgl. zu III 18,18,19f.*
24f. über den Menschen und seine Beziehungen] *Vgl. zu II 164(N),3.*
26 Die drei ersten] *Vgl. III 28,4–8.*
27 von Ife ... meiner Briefe] *Nicht überliefert. H.s Briefe machten, wie Hartknoch befürchtete, die bisherige Geheimhaltung der »Geschichtsphilosophie« hinfällig (A); vgl. III 32,18–23; 57,18.*
28 bei Breitkopf ... in Quart gedruckt.] *Vgl. III 25,19; 26,31.*
30–34 auf Weihnacht bezahlen ... Hilf!] *Vgl. zu III 28,10 (von H. noch nicht empfangen). Hartknoch konnte in nächster Zeit nicht mehr schicken, da er »zu viel unternommen« hatte und selbst in Geldnöten war. Er versprach erneut, H. nicht zu verlassen, ermahnte ihn aber, sparsam zu wirtschaften (A).*
35 Wetsteins Neues Testament] *Hartknoch hatte das Werk »im Laden stehn« und wollte es »künftigen Sommer« mitbringen (A). Vgl. III 57,33f. H. erhielt die Sendung erst im Sommer 1775 (vgl. III 201,46).*
37 Holländischen Buchhändlern] *Vgl. zu II 102,31.*
38 meinem Werk] *Vgl. zu 7f.*
42 Menschheit] *Hier für »Menschlichkeit«.*
44 Brief ... nach Petersburg] *Vgl. III 25,49; 28,25f. Hartknoch schrieb: »Von Rathsamhausen keine Antwort; laß das Loch Petersburg fahren! der Teufel sitzt drinne« (A).*

36 (N). An Christian Gottlob Heyne, Bückeburg, Mitte November 1773

3 so lang nicht geschrieben] *Seit Juni 1773, vgl. III 11(N).*
6 Schlötzers Verdiensten ... zu bewahren] *Indem er im 2. Teil seiner »Vorstellung« H. als Geistlichen diffamierte, vgl. 37–43; zu III 32,27ff.*
11–14 »älteste Urkunde ... Geschichte.«] *Kürzere Formulierung des Titels, vgl. III 35, 15–19.*
15 Theologische ... Mythologie] *Vgl. II 54(N),10–16.*
16 bald hoffentlich lesen werden] *Vgl. III 70(N),9.*

17f. Nur lauter ... als Entdeckungen selbst] *Gegen den Altertumsspezialisten äußerte H. sich jetzt (vgl. zu 15) bescheidener als im Titel seines Buches.*
20 den folgenden Theilen] *Die »Aelteste Urkunde« sollte gemäß der Schöpfungshieroglyphe (vgl. zu I 105,43–49) aus sieben Teilen bestehen; vgl. IV 18,23–26.*
23 bringt nur Frucht für andre] *Vgl. Johannes 12,24.*
25–28 Michaelis ... nicht genannt wäre] *Die in der »Aeltesten Urkunde« in polemischer Absicht angeführten Schriften von Johann David Michaelis siehe R, S. 387.*
29 da ich noch nach Göttingen nicht gehöre] *Vgl. zu III 11(N),8.*
30 Walch] *Mit seinem »Entwurf einer vollständigen Historie der Ketzereyen« als »der beste Schriftsteller der Kirchengeschichte« gerühmt (SWS VI, S. 477). – Gatterer] In der »Aeltesten Urkunde« nicht erwähnt; wahrscheinlich Verwechslung mit Meiners, von dem die Darstellung der ältesten griechischen Philosophen gewünscht wird (SWS VI, S. 441).*
31 Warburtons Höllenfahrt mit Aeneas] *Polemisch gegen Warburtons Hypothesen, siehe R, S. 603. Doch ist Heynes Edition »P. Virgilii Maronis opera« in einer Fußnote angeführt (SWS VI, S. 408).*
33 sub prelo] *Unter der Presse.* – nur Sammlung] *»Alte Volkslieder«, vgl. zu III 28,6f.*
34 unter heiliger Rose] *Vgl. zu I 131,71; die Bückeburger Geschichtsphilosophie, vgl. III 18,4–14.*
35 Urin- u. Dreckseher] *Fäkalische Diagnosemethode der alten Medizin.* – Dreckseher des Styls] *Die H. in seinen anonymen Schriften identifizierten, z. B. Nicolai, vgl. zu II 50(N),19; 150,14.*
37ff. Schlözer] *Vgl. zu III 32,27ff.*
40 Treffen uns doch einmal wieder.] *Bei Aufenthalten Schlözers in Weimar (wie im Oktober 1784, vgl. Goethe an Herzog Karl August, 18. 10. 1784) und in durchweg rühmenden Erwähnungen und Rezensionen seiner Schriften (vgl. SWS XIV, S. 267; SWS XVI, S. 57; SWS XVII, S. 326; SWS XX, S. 303–306).*
41 eine Sache vor Jahren] *Vor einem Jahr (Rezension vom 28. 7. 1772).*
42 Standmäßig] *Als Geistlichen, vgl. zu III 32,27ff.*
44 bewusten Sache] *H.s Streben nach einer Theologieprofessur in Göttingen, vgl. zu II 173(N),3f.* – Westfeld] *Vgl. III 11(N),15–55. Westfeld wurde Ende 1773 hannoverscher Beamter (vgl. Erinnerungen I, S. 238).*
46f. keinen talem u. illum, u. obscurum virum] *Keinen solchen und jenen und unbekannten Mann.*
50 bisher geschlafen] *Vgl. II 47,61f.*
50f. Arbeiter hat ... eine Weile müßig.] *Vgl. das Gleichnis von den Arbeitern im Weinberge, Matthäus 20,3.6f.*
53f. mit meinem Stillschweigen ... schonen wollen.] *Vgl. zu II 173(N),26.*
55 Beausobre] *Vgl. zu II 144(N),46; 171(N),40.*
56 Aßemann] *Vgl. III 38(N),12.*
57 die Parsen] *Anquetil-Duperrons »Zend Avesta«, vgl. II 144(N),3–23.*
59 Ihre arme Frau] *Therese Heynes Schwindsucht verschlimmerte sich, vgl. III 38(N), 27–33.*
66 Ball in seiner Hand!] *Vgl. III 12(N),46–52.*

37. AN JOHANN FRIEDRICH HARTKNOCH, *Bückeburg, Ende November 1773*

3 Das GeldPapier] *Wechsel, vgl. zu III 28,10.*
5 Breitkopfs] *Vgl. III 33.*
7 Ife ... säumt Etwas!] *Vgl. III 35,27.*

10 Schreibpapier] xxx *zu III 26,19.* – Volkes Lieder] *Vgl. III 28,6ff.*
11 der Drucker] *Ife.*
13f. Du schreist ... zu Ife!] *Vgl. zu III 18,12ff.; 32,16.*
15 noch ein Manuscriptlein] »*An Prediger*«. *Vgl. III 54(N),9.*
18 Wetstein] *Vgl. zu III 35,35.*
19 Deguigne's] *Vgl. III 28,24f.* – Rabe] »*Mischnah*«. *Vermutlich ist ein früherer Brief H.s an Hartknoch mit diesem Bücherwunsch verlorengegangen.*

38 (N). AN THERESE UND CHRISTIAN GOTTLOB HEYNE, Bückeburg, Ende November 1773

4 Unterweisung ... in dem Herrn!] *Nicht überliefert.*
5f. 2. Zettel] *Ankündigung der »Alten Volkslieder« und der Schrift »An Prediger«. Vgl. III 36(N),32f.; 54(N),9.*
7f. Sicherheit ... Eile darfs nicht] *Vermutlich eine künftige Berufung nach Göttingen betreffend.*
9 Ueber Schlözer] *Vgl. III 36(N),37–40; zu III 32,27ff.*
11 Distelnkauens] *Als Esel.*
12 Aßemann] *Assemani; Aufschub der Bestellung aus der Göttinger Universitätsbibliothek III 36(N),56.*
13, 21 Court de Gebelin] *Bestellung, vgl. III 54(N),3ff.*
14 Lenore] *Von Bürger. Therese Heyne hatte am 21.11.1773 H. gebeten, ihr »recht offen« zu sagen, »wie ihm das Stück Leonore gefällt«; sie habe schon »viel Streit darüber« gehabt (B). –* Kramer] *Karl Friedrich Cramer. Über seinen Besuch in Bückeburg im Sommer 1773 ist nichts bekannt.*
17f. nackte Schädelköpfe] *Vgl. die drittletzte Strophe von Bürgers Ballade »Lenore«, Vers 5f. »Zum Schädel ohne Zopf und Schopf,/Zum nackten Schädel ward sein Kopf«.*
23 Mithelferin] *Vgl. zu III 32,3f.*
24 des Registers] *Vermutlich der »Aeltesten Urkunde« (SWS VI, S. 502–511).*
29 schwacher Brust] *Therese Heyne hatte am 24.10.1773 »auf ihrem Krankenbette« von Übelsein und Schwäche geschrieben, am 21.11. von ihrer »bösen Brust«. Vgl. III 36(N),59.*
31 Meine Mutter hier ... schon geschrieben] *Nichtüberlieferter Brief Karolines (vgl. N III Anm. 36), in dem sie u.a. von Frau v. Bescheffer geschrieben hatte.*
34f. Eleonore ... Cramer] *Vgl. zu 14.*

39. AN GRAF FRIEDRICH ERNST WILHELM ZU SCHAUMBURG-LIPPE, Bückeburg, 8. Dezember 1773

5f. Plan des Exercierhauses] *Vgl. III 7,5–16. Ein Kupferstich (A; vgl. N, S. 802).*
6f. Baumeister] *Schuhknecht.*
7ff. über die Bauart ... etwas mehrern] *Graf Wilhelm wünschte »einige Nachricht von der inneren Einrichtung der Zimmermanns-Arbeit« (A).*
10 Kants Bildniß] *Siehe R, S. 302. »Es wird mir der Tag wo ich das Portrait eines Kants von der Hand eines Herder's empfange, unvergeßlich seyn« (A).*

40. An Johann Kaspar Lavater, Bückeburg, etwa 18. Dezember 1773

5 Ihre Briefe, an mich] *B₁, B₂*.
5f. an alle Welt ... Bücher] *Mehrere Sendungen von Lavaters Briefkopien und Druckschriften; vgl. III 19,18–26; 29,8–17.*
6 Tagbuch] *»Unveränderte Fragmente aus dem Tagebuche«. »... verzeihe, dulde noch diesmal – lies es mit Brudernachsicht!« (B₁).*
7 Stellen, die von mir handeln] *Am Anfang der Auszug aus A zu II 127(N), der Empfang von H.s erstem Brief (vgl. N II Anm. 127).*
8 einfältiger] *Einfach, ungekünstelt (Adelung).*
9 Gottesschwätzer] *Lavater dankte für die Bezeichnung: »... glaube mich doch stark genug, bitterste Wahrheiten anzuhören« (A). Vgl. III 52,57–61.*
12 NachtKamisol] *Nachtjacke.*
15 Ministre de la Parole de Dieu] *Diener des Wortes Gottes; Prediger.*
18 Pfenninger] *Vgl. N, S. 802. Lavater bat um H.s Meinung von Pfenningers »Fünf Vorlesungen von der Liebe der Wahrheit« (B₁; vgl. III 75,172–175) und rühmte in A seinen Freund.*
23f. Füsslis Porträt] *Aufgrund von III 29,76f. charakterisierte Lavater ihn: »Füßli in Rom ist eine der größten Imaginationen. Er ist in allem Extrem – immer Original; Shakespeares Maler – nichts als Engländer und Zürcher, Poet und Maler. ... Reynolds weissagt ihn zum größten Maler seiner Zeit. Er verachtet alles. Er hat mich, der erste, mit Klopstock bekannt gemacht. Sein Witz ist gränzenlos. Er handelt wenig, ohne Bleistift und Pinsel – aber wenn er handelt, so muß er hundert Schritte Raum haben, sonst würd' er alles zertreten. Alle Griechischen, Lateinischen, Italiänischen und Englischen Poeten hat er verschlungen. Sein Blick ist Blitz, sein Wort ein Wetter – sein Scherz Tod und seine Rache Hölle. In der Nähe ist er nicht zu ertragen. Er kann nicht einen gemeinen Odem schöpfen. Er zeichnet kein Porträt – aber alle seine Züge sind Wahrheit und dennoch Karikatur. Von seinen Schriften hab' ich keine Zeile« (B). – A zufolge waren B beigelegt »Klagen von meinem Freund Heinrich Füßli, als er mich zu Bart[h] zurückließ. 1762« (9 Seiten leidenschaftliche Prosa und Verse Füßlis) mit der Bitte um Rücksendung (H: noch bei den Briefen aus H.s Nachlaß, Kraków).*
23 Essai on the writings of Rousseau] *Vgl. N I Anm. 127. Im 11. Brief der »Aussichten in die Ewigkeit« (Bd. 2, S. 166) hatte Lavater das frz. Motto vom Titelblatt der anonymen »Remarks« zitiert.*
24–28 Chodowiecki] *Vgl. III 52,29ff.*
26f. Hogarth] *»Moses and Pharao's Daughter«. Joseph Warton urteilte in seinem Essay über Pope, »daß in Hogarths ernsthaften Stücken ... einige Züge des Lächerlichen kenntbar sind, welche sich für die Würde seines Gegenstandes nicht schicken. ... in seiner Tochter Pharaons wird die Figur des Kindes Moses, die viel eher Frechheit als Schüchternheit ausdruckt, zum Exempel geführt, daß dieser Künstler ... dem Hange seiner Einbildungskraft zum Spaßhaften nicht widerstehn konnte« (»Sammlung vermischter Schriften«, Bd. 6, S. 111f.).*
28 Ihre Physiognomik] *Vgl. 49f. Mit Anmerkungen Zimmermanns war 1772 im »Hannoverschen Magazin« und separat der programmatische Aufsatz »Lavater, von der Physiognomik« erschienen. »Itzt bin ich Physiognom«, meldete Lavater in A.*
29 warum? werden Sie ... sehen.] *Vgl. III 28,9f.*
31, 37f., 46 Jerusalems ... Betrachtungen] *»Betrachtungen über die vornehmsten Wahrheiten der Religion«, 2. Stück. Vgl. III 52,24ff. Die anderen Stücke hat H. sehr positiv beurteilt, vgl. I 44,36–43; »Briefe das Studium der Theologie betreffend« (SWS X, S. 33, 41).*

32 Hokuspokusmacher] *Taschenspieler. »Hocus Pocus« angeblich Eigenname eines Taschenspielers in England im 17. Jh.; zum nomen appellativum für »Gaukelei, Blendwerk« geworden. John Tillotson (1630–1694, Erzbischof von Canterbury) leitete den Ausdruck von den Worten bei der Konsekration der Hostie »hoc est corpus meum« her. – Lavater fand H.s Einschätzung unpassend, obwohl auch er Jerusalem unterschiedlich beurteilte (A).*

40 Ihr Spalding] *Lavater weilte 1763/64 bei Spalding in Barth (Schwedisch-Vorpommern). In A zu II 127(N) schrieb er resigniert: »... mein lieber, frommer Spalding ist nicht begeistert von Christus«.*

40f. 2te Auflage des Predigers] *Vgl. zu III 29,42.*

41–44 was ein Prediger ... Etwas zu seyn] *In »An Prediger« bekämpfte H. die aufgeklärten Berliner Theologen, vor allem Spalding, als Diener des absolutistischen Staates und vertrat die prophetisch-demokratische Auffassung vom Prediger als »Boten Gottes ans Volk« (SWS VII, S. 190).*

44 Manteldreher] *Sprichwörtlich: Wer den Mantel nach dem Wind dreht.*

45 frommheulend] *»Spalding ist ein eleganter ... schwacher Mann gegen Herder – aber kein Heuler!« Lavater war erschrocken und bat H., bei seinen Urteilen »auch an das Wort Brüderlichkeit« zu denken (A).*

46 Ting! Ting! Ting!] *Onomatopöie für Glockenklang.*

47 Gotts Wort so theur] *Kostbar, selten (Luther); vgl. 1. Timotheus 1,15.*

49f. Physiognomik ... Prediger Gottes] *Lavater wollte das Studium der Gottebenbildlichkeit des Menschen und der Abweichungen davon zur Grundlage der Menschenliebe und des Glaubens machen.*

52 lernt auf zwei Beinen stehen!] *»Dank für Deine Erweckung – auf meine beiden Beine zu stehen« (A).*

53 Neujahrsbriefchen unsres Freundschaftstages] *B_2: am 10.11.1772 hatte Lavater den ersten Brief von H. empfangen, II 127(N), für ihn ein »unvergeßlicher Tag«, an dem H. »sein Pflegevater« geworden sei.*

54 Hochzeitgedicht an Schloßer] *Im »Almanach der deutschen Musen, auf das Jahr 1774« (vgl. R, S. 644), S. 212ff. Lavater selbst hatte es nicht drucken lassen (A).*

56–59 Leuchsenring] *Vgl. III 29,49–70. H. habe »viel Wahrheit« über Leuchsenring gesagt, auch für Lavater sei er »zu schwer mit seiner Gegenwart« gewesen (B). Dieses Urteil wiederholt in A.*

56 in Paris] *Am 6.11.1773 schrieb Leuchsenring an Karoline, er sei »fast immer kranck« gewesen, habe »mit Rousseauen einige schöne Stunden verlebt«, die »hommes de lettres« aber »größtentheils unausstehliche Leute« gefunden. Die Weiblichkeit sei »hier sehr erniedrigt«. Gleichzeitig schrieb er an H., in Paris sei er »mehr Philosoph als Mensch«. Die Enzyklopädisten hätten »hier viel geschadet«; Philosoph und Atheist seien Synonyme. Diderot habe er »täglich im Haag gesprochen. Der Mann ist nun eben kein Philosoph. Rousseau auch nicht« (Briefe von und an F. M. Leuchsenring, S. 56f.).*

62 zwey Bilder] *Silhouetten von Ernestine Rosine Goll und Karoline Herder. Lavater fand schon Karolines Handschrift »sehr viel und sehr laut« sprechend, »doch noch mehr ihr Gesicht« (A).*

66 Herders Schatten] *Vgl. III 29,97f. Lavater bestand doch auf seinem Wunsch: »Schattenriß ist Gotteswort – Gemälde – Bahrdtsche, Tellersche Paraphrase« (A).*

68 Kinder ... gefüttert werden] *Zitiert aus dem Tagebuch (vgl. zu 6).*

41 (N). AN HEINRICH CHRISTIAN BOIE, Bückeburg, 19. Dezember 1773

8 schöneingebundnen Calender] »Musenalmanach für das Jahr 1774«, Göttingen.
10 eingeladen] Vgl. III 65(N),3.
11 kleines Völklein] »Seligkeit der Liebe« (Percy, »Reliques«, Bd. 1, S. 304f., »Winifreda«), 2. Strophe, 4. Vers: »Dieß kleine hohe Völklein, dieß!« (»Volkslieder«, SWS XXV, S. 370 unten).
13 2 Engelländer] Boies Zöglinge, siehe R, S. 87.
14f. Claudius u. Klopstock] Vgl. zu III 65(N),3ff.

42. AN BERNHARD CHRISTOPH BREITKOPF, Bückeburg, 24. Dezember 1773

4 Rest des Manuscripts] Vgl. III 33,12ff.
8f. Censur] Als oberster Geistlicher in Schaumburg-Lippe wie später in Sachsen-Weimar (wo es keine eigentliche Zensur gab) trug H. Verantwortung für Veröffentlichungen im Land hinsichtlich ihrer Rechtgläubigkeit. In Kursachsen wurde besonders streng auf Orthodoxie geachtet (z. B. das Vertriebsverbot des Rates der Stadt Leipzig für die »Leiden des jungen Werthers« vom 30. 1. 1775), was mögliche Bedenken des Leipziger Druckers veranlaßt haben konnte.
10f. des Ueberschickens der Bogen] Vgl. III 33,4; III Anm. 42.
12 Verleger] Hartknoch.

43. AN JOHANN GEORG HAMANN, Bückeburg, Dezember 1773

3 ein ehrlicher, aufrichtiger Freund] Pegelow, vgl. I 116(N),44–49; N I 122a,5–12,26ff., 42–51; II 149,64ff.
6 Zeit meiner Blindheit] Während der Tränenfisteloperationen, vgl. I 140(N),27–33.
12 Pumpernickel] Westfälisches grobes Schwarzbrot aus Roggenschrot. – Vgl. III Anm. 43 und A: »Morgen vor 8 Tagen [13. 8. 1774] erhielt ich einen Brief, abermal sine die et consule aus Bückeburg nebst einem Stück Pompernickel. Ich lief noch denselben Abend nach der Stadt um den Mann aufzusuchen ... Aber der Pompernickel war verschimmelt und der Brief vom Xbre 773 alt, wie ich nachher aus D[octor] Pegelow ReiseJournal mir von seiner eignen Hand bescheinigen laßen. Der ehrl[iche] Mann hat mich 2mal besucht und wir haben als gute Freunde den 17 huj[us] Abends bey einer Bouteille Bier u. einem Pfeiffchen nach Nordischem Gebrauch uns einander empfohlen. Er hat auch unsern unartigen Claudius u. sein BauerMädchen besucht. Bitte also künftig immer ein Stück Pumpernickell durch beßere Commissionairs zu bestellen, die nicht Jahr u. Tag zur Kluft zwischen uns nöthig haben.«
12f. eßen ... zu meinem Gedächtniß] Vgl. die Worte der Einsetzung, 1. Korinther 11,24.
13f. zur Erinnerung ... der Eicheln.] Anspielung auf »Des Ritters von Rosencreuz letzte Willensmeynung«: »... Erzväter, die sich Aborigines oder Autochthones, in einer mehr grunzenden als blöckenden Natursprache nannten, und das Glück hatten in großen Eichenwäldern zur Welt zu kommen« (Nadler 3, S. 29). Vgl. die Lobrede auf das goldene Zeitalter in Cervantes' »Don Quijote«, 1. Teil, Kap. 11; auch Boethius, »De consolatione philosophiae«, 2. Buch, 5. Gedicht.

44. AN HERRN STAAKMANN, *Bückeburg, 1773*

Welches der verschiedenen Mskr. aus dieser Zeit an den Kopisten geschickt wurde, ist nicht zu ermitteln.

45. AN WOLF KARL VON LEHENNER, *Bückeburg, etwa 1773*

(Lehenner, seit 1758 in Hausarrest, hatte im Siebenjährigen Krieg die Grafschaft unter eine habsburgische Landesadministration bringen wollen; vgl. Schaumburg-Lippe III, S. 468, Nr. 150.)
3f. beikommendes Buch] *Nicht zu ermitteln.*
7f. Schilteri thesaurum] *Vgl. III Anm. 45.*

46. AN GRAF FRIEDRICH ERNST WILHELM ZU SCHAUMBURG-LIPPE, *Bückeburg, 1773/1774*

5 Hallers Usong] *Vgl. III Anm. 46; zu II 28(N),63. H. hatte den Roman anscheinend noch nicht gelesen.*

46a (N). AN JOSEPH IGNAZ VON LEYDEN AUF AFFING, *Bückeburg, Ende 1773/Anfang 1774*

3 Weisheit aus Fingerhüten] *Wahrscheinlich nach III 47,72f. oder überhaupt ein sehr freies Zitat Schubarts aus diesem Brief.*
4 kastalischen Quell] *Siehe R, S. 779.*
6 ex pleno] *Aus dem vollen. Vgl. Pope, »An Essay on Criticism«, 2. Epistel, Vers 215f. (zitiert R, S. 445).*

47. AN JOSEPH IGNAZ VON LEYDEN AUF AFFING, *Bückeburg, 2. Januar 1774*

Hochgebohrner etc.

Euer Excellenz Befehle, über die hofmännische Lesemethode meine Meinung zu sagen, komme ich aus Ursachen, die nicht von mir abhiengen, sehr spät, aber desto williger und gerührter nach über die Ehre des Zutrauens, die mir mit diesem Befehle unverdient geschiehet. Gedachte Lesemethode nehmlich, dünkt mich, nichts weniger als eine A. B. C. Ketzerei, sondern vielmehr Versuch eines aufgeklärten Kopfes, den Eingang ins Reich der Wissenschaft gleich beim ersten Schritte zu erleichtern, wo er, wie niemand, der zwei Stunden in einer Landschule gewesen, läugnen kann, immer noch manche unnöthige Erschwerung hat. Daß Buchstaben gesprochen, nichts als Glieder eines unsichtbaren Körpers der Rede, und geschrieben, nichts als Hieroglyphen und zwar oft unvollkommene Hieroglyphen der Rede sind – wer dies etwa nicht Hoffmann glauben wollte, dörfte es Lamberten in der Symbolik seines Organon glauben; und je weiter man in der Geschichte aus der Zeit, wo alles unters Joch der Regel fällt, hinauf geht, desto allgemeiner findet man sie dafür erkannt. Die Griechen haben doch gewiß nicht mit dem ganzen Namen der Buchstaben buchstabiret: Morgenländer noch weniger, wo der Name nun gar nichts oder wenig oft vom Schalle ausdrukt. Jeder Schulmeister, in jeder kleinsten Schule, jede Mutter und Wärterin mit etwas hellem Kopfe, erfindet immer schon selbst erleichternde Zeichen, dem Kinde die Figur des Buchstabs merklich und seinem Schalle verwandt zu machen; wie unschiklich solches auch oft, bei zehen Proben, die ich davon anführen könnte, auch fiele. So fern ists also nichts, als eigentlicher Versuch, den Erleichterungen, die jeder sich selbst macht, gar ex tempore macht, und oft nach Mühe erst erfindet, mit einer durchdachten Vorarbeit zu Hülfe zu kommen und zu leichten. Eben so untadelhaft verbeßernd sind die gewählten Fälle des Buchstabierens oder quasi Buchstabierens, die Hofmann will; sie sind würklich erläuternde Aufschlüsse und wahre Bestandtheile unserer Sprache, als die ersten Sylben, die sonst hintern A. B. C. hingeworfen werden. Kann ich einen Körper nur durch Anatomie kennen lernen, so ist der immer der faßlichste Prosektor, der mir nicht blos Fleischfetzen, sondern Gliederbau und Glieder zeigt, sie sanft ablöset, oder so viel als möglich den Körper ganz läst, damit ich Art und Wesen sehe; wohlangewandt würde dies die hofmännische Methode thun: sie entziefert gleichsam mir das Bild, und bringts gleich und zwar nach der lebendigen Worthaltung in Etymologie und Sylben in Uebung.

Daß sie aber, die Methode, Schwürigkeiten der Annahme findet, – auch das ist mir nicht ganz unbegreiflich. Alle Nebenursachen, die oft am lebendigsten mitwürken, ausgeschlossen, will die Lehrart, wenn ich so sagen darf, einen um so intensivern Fleiß von Lehrers und Schülers Seiten, je mehr der schleppenden Extensivdauer damit abgehen soll – und das ist freilich nicht jedermanns Ding! Der Lehrer muß gleichsam mit Hand und Mund oder vielmehr gegenwärtigem Kopf und Mund vor-, der Schüler mit Auge und Mund gegenwärtig nacharbeiten: und der Anstrengung sind Lehrer beim A. B. C. nicht gewöhnt, sie lallen als Maschienen, einer unerwekten Maschiene vor, und denn allerdings wird Hofmanns Methode nicht blos unwürksam, sondern auch verderblich.

Nun, wird Einer sagen können: mein Knabe fasst nicht: der Ander, fasst wohl, aber vergißt: der Dritte, fasst wohl, aber halb, und wird in seinem Leben nicht buchstabiren lernen: der Vierte endlich gar, fasst wohl, aber wird er nicht zu sehr angegriffen, da er zwei Jahre Arbeit in einer so kurzen Zeitfrist machen soll? Einwürfe oder Mängel, die nur aus unvollkommener Nachahmung oder Anwendung entstehen, und also gegen das Beyspiel des Erfinders nicht gelten. Nur so fern dörften sie gelten, daß das gegebene gute Vorbild vielleicht sie unreif aufgedrungener Nachfolge warnte. Die Methode werde in Schriften bekannt: ihr erster Lehrer ziehe Lehrlinge, denen er also das Lesen leichtet; er ziehe auch, wenns seyn kann, Nachfolger, die durch lebendige Ansicht und Liebe seiner Methode gleichsam unvermerkt in den Geist derselben treten: durch solche leichte Wege werde sie also stille Gewohnheit – und die Schüler bekommen gewiß Wohlthat! Solten aber ungeschikte Subjekte sich darnach modeln wollen, blos weil sie Norm ist, so glaub ich, wäre fast der vorige langwierige Schlendrian besser. Er ist langwierig, ein Weg, mit Bänken und Stühlen vermauret, daran man sich ja halten soll, um gesunde Füße zu behalten – schwache, furchtsame, ungelenke Füsse mag er auch also immer sichern.

In meinem engen Horizonte wäre das meine Meynung, die ich mit der offenen Unvorgreiflichkeit vortrug, die ich glaubte, den Befehl Euer etc. am gehorsamsten erfüllen würde. Wäre ich unbestimmt gewesen: so würde ein gnädiger Wink mich leiten und wo ich sonst etwas zu Ausbreitung, Anwendung oder Berichtigung dieser Methode thun könnte, würde ich nichts, als eine mir angenehmste Pflicht thun!

Welch ein würdiger Zeitpunkt für Menschenfreunde von Euer etc. Stande, die gegenwärtige Erneuerung und Fundamentalerneuerung des Schulwesens in den dortigen Landen! Wo in den protestantischen Ländern Verbeßerungen gemacht sind, oder werden können, ists meistens nur neuer, junger, brausender Most in alte Schläuche, wo mit der Zeit beides umkommt: neues Gebäude oder gar nur Angebäude auf alte Gerüste, wo vielleicht zwei Extreme von Geschmak und Art streiten! Da hingegen dort der Grund izt wenigstens ganz rein ist, und der Bau von unten aufgeführt werden kann. Wie wünschte ichs, daß es also würde! daß man nicht den Lieblingsvorurtheilen des Jahrhunderts nach nur verkleisterte, Quintessentirte, Polyhistorische Realwissenschaft für ganze Schulen zurichtete, da immer jeder Einzelne wenig oder nichts weiß. Es ist erschreklich, wie dahin alles läuft, das Getränk zu verdünnen, ohne daß jemand denkt, obs auch damit Kraft behalte? geschweige denn, daß jemand ihm neue Kraft gäbe! Philosophie du bon Sens im Fingerhute eingeschlukt – darauf geht die Kunst, und es wäre doch so leicht, so groß und so gut, theils gewisse Mängel zu vermeiden, theils gewisse Höhen und Vorzüge unserer Zeit würklich anders zu nutzen – sobald man nur bestimmte, gegebne Ansicht und Zwecke hätte. Ich glaube dies mit einiger Sicherheit sagen zu können, weil ich eben zu diesem, der Menschheit so würdigen Zwecke, Einrichtung der Schulen lange gearbeitet, einige Jahre gereiset, und izt wenigstens im Stillen zusehe und mich – auch insonderheit wie sehr auf die Anstalten freue, die das Siegel Euer etc. von Seite Geistes und Herzens an sich tragen werden. Wie gerne wäre ich in diesem Betracht jedem fernern gnädigen Befehl erböthig, der ich mit tiefer Ehrfurcht beharre

       Euer etc.
Bückeburg den 2. Jenner 1774.

ÜBERLIEFERUNG. H: *nicht nachweisbar.* – D: *Annalen der Baierischen Litteratur vom Jahr 1780. Nebst der Lebensgeschichte des Johann Arentins. Ersten Bandes drittes Stück. Nürnberg 1781, S. 212–216:* »Schreiben des Herrn Consistorialrath Herders an des B** von L** Excellenz.« *(gefunden und dem Bearbeiter freundlicherweise mitgeteilt von Dr. Mark Lehmstedt, Berlin).* – Vgl. N III Anm. 46a; III Anm. 47.

ZUM TEXT: **17–23** Jeder Schulmeister ... zu leichten., **32–47** Daß sie aber ... Nachfolge warnte., **51–81** Solten aber ... beharre] *Text, der in der III 47 zugrunde liegenden Abschrift fehlt.*

3 die hofmännische Lesemethode] *Franz Xaver Hofmann hatte* »öffentliche Proben in München abgelegt, daß die Kinder nach seiner Methode das Lesen leichter, und schneller lernen, als nach der bisher gewöhnlichen Buchstabier-Methode. Seine Erfindung besteht darin, daß die Kinder durch sinnliche Merkmale die Buchstaben kennen, und mittels der kleinen Täfelchen, auf welchen sie geschrieben sind, zusammensetzen, und aussprechen« (D, S. 211). – *In seinem* »Buchstaben- und Lesebuch. 1787« *erklärte H.,* »bei dem sogenannten Buchstabiren oder Syllbiren kann keine allgemeine Methode vorgeschrieben werden, weil meistens jeder Lehrer seine eigene Vortheile hat« (SWS XXX, S. 296).
6f. A. B. C. Ketzerei] *Verstoß gegen die Buchstabiermethode als älteste Methode des Lesenlehrens, deren Nachteile einzelne Pädagogen schon vor dem 18. Jh. kritisierten, während im 18. und 19. Jh. die Lautiermethode, die Schreiblesemethode u. a. entwickelt wurden.*
9 in einer Landschule] *H.s Erfahrungen bei Schulvisitationen im Schaumburger Land.*
10ff. Daß Buchstaben ... Hieroglyphen der Rede sind] *Vgl. zu 13.*
12 Hoffmann] *Hofmann.*
13 Symbolik seines Organon] »Neues Organon«, *Bd. 2 (vgl. R, S. 336), § 9:* »Unsere Buchstaben sind Zeichen artikulierter Töne, und daher die geschriebenen Wörter nur mittelbare Zeichen der Begriffe« (S. 10). *Im 2. Hauptstück der Semiotik,* »Von der Sprache

an sich betrachtet«, § 96a: *über die Buchstaben als »Figuren« und »Schlüssel zur Zeichnung der Rede« (S. 59).*
14 hinauf geht] *Ins Altertum zurück.*
15f. mit dem ganzen ... buchstabiret] *»Alpha, Beta« usw.*
16 Morgenländer] *Die vom Laut abweichenden Buchstabennamen des Hebräischen.*
18 erleichternde Zeichen] *Vgl. zu 3.*
22 ex tempore macht] *Improvisiert.*
25f. wahre Bestandtheile ... Sylben] *Nach Lamberts »Organon«, 3. Hauptstück der Semiotik, »Von der Sprache als Zeichen betrachtet«, § 111, macht man »wegen der geringen Anzahl der Buchstaben ... vielmehr die Sylben als Buchstaben zur Grundlage der Bedeutung der zusammengesetzten Wörter« (S. 67).*
27 Prosektor] *Leichenzergliederer in der Anatomie.*
30 entziefert] *Entziffert.*
48 leichtet] *Erleichtert.*
63 Schlendrian] *Die hergebrachte Gewohnheit (Adelung).*
62 Fundamentalerneuerung des Schulwesens] *In den letzten Regierungsjahren Maximilians III. Joseph (Kurfürst 1745–1777) wurden in Bayern aufklärerische Reformen des Schulwesens eingeleitet, aber unter dem von Exjesuiten beeinflußten Karl Theodor (Kurfürst 1777–1799) wieder rückgängig gemacht. Erst unter Maximilian IV. Joseph und seinem Minister Montgelas setzte sich nach 1800 in Bayern die Aufklärung durch.*
64 junger, brausender Most in alte Schläuche] *Vgl. Matthäus 9,17.*
68 Lieblingsvorurtheilen des Jahrhunderts] *Bückeburger Geschichtsphilosophie: »... die Erziehung wurde gesetzt in schöne Realkänntniße, Unterweisung, Aufklärung, Erleichterung ad captum [nach der Fassungskraft] und ja in frühe Verfeinerung zu artigen Sitten« (SWS V, S. 543).*
69 Quintessentirte] *Auszüge des Wesentlichen.* – Polyhistorische] *Wissenschaftsgeschichtlich gesehen nahm H. eine Position zwischen Polyhistorismus und Enzyklopädismus ein, was ihn nicht hinderte, beide Wissenschaftsauffassungen überwiegend negativ zu beurteilen (vgl. Bückeburger Geschichtsphilosophie, SWS V, S. 530; »Hodegetische Abendvorträge« 1799, SWS XXX, S. 513f.).*
72 Philosophie du bon Sens] *Philosophie des gesunden Menschenverstandes, vgl. Holbach.*
72f. im Fingerhute eingeschlukt] *Vgl. III 46a(N),3.*
76f. zu diesem ... lange gearbeitet] *Vgl. I 68,113–120; 72,54–81; 73(N),12–18.*
77 einige Jahre gereiset] *1769–1771.*
78 im Stillen zusehe] *Resignation in bezug auf eigene Wirkungsmöglichkeiten in der Grafschaft Schaumburg-Lippe, vgl. II 100,32–37.*

48. AN CHRISTOPH FRIEDRICH NICOLAI, *Bückeburg, Anfang Januar 1774*

3 letzte Recension] *Von allen H. für die »Allgemeine deutsche Bibliothek« aufgetragenen Rezensionen. Wie zu III 21,13f. bedauerte Nicolai das als Verlust für die Zeitschrift (A).*
3f. Anton. Deutsche ... de metro] *Konrad Gottlob Anton. Vgl. III Anm. 48; II 150,10.*
5 Sined der Barde] *Vgl. III 21,4.*
6 Rhingulph dem Barden] *Vgl. II Anm. 35.*
7 Diderots Werke] *Vgl. III 21,23ff.*
7f. Recension von Sulzers Wörterbuch] *Vgl. zu II 88,81.*
9 frei] *»Freimüthige Recensionen, wofern sie unpartheiisch und mit einleuchtenden Beweisen begleitet wären, würde ich niemals bereuen« (A).*

10 mir Feinde zu machen] *Vgl. III 32,26–30.*
11 darf] = *brauche. –* Journal literaire] *Siehe R, S. 678. –* daraus] *Aus Sulzers »Allgemeiner Theorie der Schönen Künste«.*

49. AN GRAF FRIEDRICH ERNST WILHELM ZU SCHAUMBURG-LIPPE, Bückeburg, 6. Januar 1774

5 Geschenk] *Eine größere Geldsumme »zur Vermehrung der Büchersammlung eines Mannes, dessen seltenes Genie so wie aus eigener Quelle auch durch die trefflichste Anwendung der Lecture Menschen belehrt und verbessert« (B; vgl. N, S. 802).*
6 Huldreiche Beischrift] *Vgl. zu 5.*
7 Einigen] *Einzigen. –* Anwendung] *In eigenen Schriften.*
10f. Universum ... Aufklärung oder Nutzbarkeit] *H. paßte sich mit diesen Schlagworten der ihm widerstrebenden Vorstellungswelt seines Landesherrn an (vgl. zu III 40,41–44; »Nutzbarkeit« für H. ein Reizwort seit Spaldings Buch, vgl. zu III 29,42).*
12 Fragmente] *»Ueber die neuere Deutsche Litteratur«.*

50. AN GRAF FRIEDRICH ERNST WILHELM ZU SCHAUMBURG-LIPPE, Bückeburg, 9. Januar 1774

5 Sujet, das ich vor Jahr u. Tag für die Musik versuchte] *»Brutus«, Druckfassung 1774 (vgl. III Anm. 50), eigenhändiges Mskr. im Niedersächs. StA Bückeburg, Fürstl. Hausarchiv (vgl. O. Müller I, S. 1–12); die älteste und mittlere Fassung siehe R, S. 7; Musik vgl. zu II 78,72 (Bachs Partitur ist verlorengegangen). In der StB-PK sind Abschriften des Textes von fremder Hand (Ms. germ. fol. 1059), Entwürfe und einzelne Szenen in älteren Niederschriften und von 1774 erhalten (HN XVII, 42–54).*
6 wie wenig ich Dichter bin] *Vgl. II 29(N),5f.*
8 der edlen erhabnen Denkart] *Des Grafen, der seinen 50. Geburtstag beging. – »Mit dem lebhaftesten Vergnügen habe ich das mit Römischem Gefühl, Schackespear's Geist und deutscher Stärke des Ausdruck's gefaßte Singspiel ‹Trauerspiel› Brutus empfangen.« Einladung H.s »morgen zu Mittag« (A; vgl. N, S. 802). Gräfin Maria schrieb am 10.1.1774 an Karoline, der Graf habe ihr »gestern« aus H.s »Brutus« vorgelesen (H: Kraków). Graf Wilhelm wollte »deutsche Stärke in eine fremde Sprache übertragen und verewigen« (Gräfin Maria an H., Januar 1774; Erinnerungen I, S. 366). Im Fürstl. Hausarchiv Bückeburg ist das Konzept seiner frz. Übersetzung der 2./3. Szene des 3. Aktes überliefert (vgl. O. Müller I, S. 13–22; O. Müller II, S. 7–17; SWS XXVIII, S. 553).*
9 Roman] *Erdichtung.*

50a. AN BERNHARD CHRISTOPH BREITKOPF, Bückeburg, 12. Januar 1774

HochEdelgebohrner Herr
    HochzuEhrender Herr,

Urkunde Erster Theil ist mir heute kommen, u. alles im Druck hat meinen ganzen Beifall. Da Vorrede 1ten Theils weg ist, so mag sie wegbleiben: Das Erste Blatt werde durchgeschnitten u. das, was darauf steht, komme als Haupttitel vor, so auch bei T*heil* 2. u. T*heil*

3. Es läuft in Einem fort u. ich wüste keinen schicklichern Haupttitel. Er kann ja eingeschlagen werden. Die folgenden Theile werden abgedruckt, wie sie sind.

Ueber fahrende Post erbitte mir nach vorgedrucktem Titel 3. Ex*emplare* 2. auf Schreib- u. Eins auf Druckpapier. Hätte auch die ergebenste Bitte, Eins auf Schreibpapier vom ersten Theil in ein Couvert zu siegeln, mit der Aufschrift

      Hrn Lavater
        Prediger in Zürich

und es an Hrn Reich zu übersenden, der oft an ihn etwas zu bestellen hat. Euer HochEd*el*geb*oren* verbinden mich damit sehr.

Zum Zweiten u. Dritten Theil gut Glück. Für die gütige Versprechungen über Nichtgemeinmach*un*g des Werks u. Aufbewahren des M*an*us*crip*ts danke verbindlichst u. verharre mit dankbarer Hochacht*un*g

P. S. Auf dem Haupttitel werden Euer HochEdelgeb*oren* die 2. Sätze vielleicht etwas von ander rücken können, wie ungefähr ver te u. so auch Th*eil* 2. u. 3.

Den 12. Jenner 774.   Herder

ÜBERLIEFERUNG. H: StB-PK (Autographenslg.). – Präs: »praes[entatum] den 24 Jan[uar]«. – D: (Auszug) Auktionskatalog Stargardt/Haus der Bücher Basel 652, 19. 9. 1992, Nr. 216; Faksimile S. 117.

ZUM TEXT: 5 1ten Theils *nachträglich eingefügt.*

4 Urkunde Erster Theil] *Vgl. III 51,5.*
5 Vorrede] *Alle drei Teile des ersten Bandes haben keine Vorrede, im HN ist keine überliefert.*
6f. Haupttitel ... Theil 3.] *Vgl. zu III 35,16,17,18f.*
10 auf Schreibpapier] *Vgl. zu III 26,19.*
12 Hrn Lavater] *Vgl. III 68,7f. (in diesem Band S. 499).*
16 Zweiten u. Dritten Theil] *Vgl. III 51,10ff.*
16f. Nichtgemeinmachung] *Vorzeitige Bekanntmachung, insbesondere des ungenannten Autors, vor dem Erscheinen des Buches.*
17 Aufbewahren des Manuscripts] *Das Druckmskr. der »Aeltesten Urkunde« ist dennoch nicht überliefert.*
20 verte] *Rückseitig waren die Titel in den gewünschten Abständen aufgeklebt.*

51. AN GRAF FRIEDRICH ERNST WILHELM ZU SCHAUMBURG-LIPPE, Bückeburg, 14. Januar 1774

5 der erste Theil] *Vgl. III 50a,5.*
8f. Theologischen Enthusiasmus] *Entschuldigend gegenüber dem Deismus des Grafen. Graf Wilhelm hat am gleichen Tag* »bereits den Anfang mit der Lecture gemacht und viele Schönheiten zu bewundern darin angetroffen« *(A; vgl. N, S. 802).*
10 zwei folgenden Theilchen] *Vgl. zu III 35,16,17,18f.*
12 bald zu Füßen legen] *Vgl. III 55,8f.; 58,5f.*
14 gestrigen Abends] *Nach dem Tagebuch der Gräfin Maria (Niedersächs. StA Bückeburg, Fürstl. Hausarchiv) war H. am 13. 1. 1774 abends zum Konzert ins Schloß eingeladen.*

52. An Johann Kaspar Lavater, Bückeburg, 15. Januar 1774

4 HokusPokus] *Vgl. zu III 40,32.*
6 Spalding] *Vgl. zu III 40,45. Im 18. Fragment der ersten Slg. »Ueber die neuere Deutsche Litteratur« 1767 hatte H. Spalding unter den »neueren Originalschriftstellern« angeführt, die »die Ehre unsrer Deutschen Litteratur sind«, und ihn als einen »Schriftsteller, nicht blos des Vaterlandes, sondern auch der Menschheit« gerühmt, der vielleicht »gesunden Menschenverstand in den Kanzelvortrag« bringen könne (SWS I, S. 218, 223).*
13f. webt Moral vor] *H.s Hauptangriffspunkt gegen Spaldings Schrift »Ueber die Nutzbarkeit des Predigtamtes« (vgl. »An Prediger«, SWS VII, S. 233–241), das Selbstverständnis der Prediger als »Verordnete Lehrer der Weisheit und Tugend!« (ebd., S. 240). In A gab Lavater H. völlig recht, Spaldings Theologie sei auch ihm »unausstehlich«.*
14 kontestirt] *Streitet.*
15 Zeitkrisis] *Das Krisenbewußtsein um 1770 hat H. unter eschatologischem Aspekt in der Bückeburger Geschichtsphilosophie umfassend reflektiert: »... auf dich ist das Ende der Tage kommen!« (SWS V, S. 562). Zur Krise der Theologie vgl. II 162,104–116.*
16 neuere Schrift] *Vgl. zu 13f.*
16f. geistliches Ansehen] *Vgl. III 40,41–44f.*
18 der Ausdruck] *»frommheulend« (III 40,45).*
20f. liest ... jetzt befindet] *Wie so oft im Briefwechsel mit Karoline: die unterschiedliche psychische Situation von Briefschreiber und -leser bewirkte Mißverständnisse.*
22 ist Menschheit!] *= ist menschlich.*
23ff. Jerusalem] *Vgl. zu III 40,31,32. Auch Lavater fand in Jerusalems 2. Stück »einige homiletische Ausdrücke« kritikwürdig (A).*
27 Das Erste Buch Mose] *In der »Aeltesten Urkunde«.*
29 Chodowiecki] *Vgl. III 40,24ff. B zufolge kannte Lavater von ihm nur den Kupferstich »Les adieux de Jean Calas, à sa famille«, 1767 (der von Voltaire angeprangerte Justizmord an dem protestantischen Kaufmann in Toulouse 1762). In A nannte er ihn einen »meisterhaften Porträtzeichner – und glücklichen Caricatürier«, bedauerte aber, unter »einigen hundert Blättern«, die der Künstler ihm »zur Durchsicht und Auswahl« geschickt hatte, »nicht 6 gute und edle Gesichter« gefunden zu haben.*
29f. Hogarth] *Vgl. zu III 40,26f.*
32 Füßli] *Vgl. zu III 40,23f.*
34 Göthe] *In Briefen vom 14.8., 1.9. und 19.11.1773 hatte Lavater Goethe um die Zeichnung eines Christuskopfes gebeten, dieser sich aber gegen das Christentum geäußert (vgl. RA I, S. 51ff.).*
36–43 Schlötzer] *Vgl. zu III 32,27ff. Lavater hatte H. gebeten, Schlözer »als ein Christ« zu antworten (B). In A gab er ihm recht, Schlözer erinnere ihn »an einen Hund, der jede vorbeifahrende Kutsche anzubellen herbeieilt«.*
42 in Spanien] *Die Nachricht aus Göttingen ist nicht überliefert, vgl. III 38(N),9. Claudius schrieb im November 1773 an H., Schlözer sei »nach Africa gegangen« (Nachlaß I, S. 374).*
44–48 Der Erste Theil] *Der »Aeltesten Urkunde«, vgl. III 51,5ff.*
48f. an Breitkopf] *III 50a.*
52 mit der ganzen Fülle der Seele] *In A malte Lavater phantasievoll die Situation aus, wie er die »Aelteste Urkunde« erhalten und zusammen mit Pfenninger lesen würde.*
53ff. Gottesoffenbahrung] *Vgl. III 12(N),46–52; 75,26–37.*
57 Gottesschwätzer] *Vgl. zu III 40,9.*
65 Predigten] *Vgl. III 107,4–13. Lavater wollte daraus für seine eigenen Predigten lernen (A).*

69 übers Leben Jesu] *Vgl. N III Anm. 124a; SWS XXXI, S. 238–353.*
71 Physiognomik] *Vgl. zu III 40,28,49f.*
72 Mein Schif ... auf wildem Meer] *Metaphorisch für H.s Mißvergnügen an seiner Situation in Bückeburg, nach Luthers Psaltervorrede, zitiert in der Rezension von Klopstocks »Oden« (SWS V, S. 351). – unter der Wolke] Metapher für persönliche Schwierigkeiten, vgl. zu II 108,32.*
75 ein paar andre Seelen] *Gräfin Maria, Frau v. Bescheffer u. a.*
76 Vorgebürge der guten Hoffnung] *Vgl. I 3,40f.*
77 Brüderlichkeit] *Vgl. zu III 40,45.*
79 Lohn groß ist] *Vgl. Psalm 19,12.*
81 Ihre Sachen] *Vgl. III 40,5f.*
82ff. Eine Engelsseele ... liebet.] *Gräfin Maria. Am 7.11.1773 schrieb sie an Karoline, daß sie Lavaters Briefe »noch einige Tage« behalte (H: Kraków).*
83 (sit venia facto!)] *Mit Verlaub!*
84 Ihr Journal] *Der Tagebuchbrief (B zu II 174) bzw. eher das Tagebuch (vgl. zu III 40,6). – selbst Vierter] Als vierter zusammen mit drei anderen.*
85 Stück von Pergolese] *Nicht nachweisbar.*

53. AN GRAF FRIEDRICH ERNST WILHELM ZU SCHAUMBURG-LIPPE, Bückeburg, 25. Januar 1774

5 Voltärsche Sachen] *Werke Voltaires in der Fürstl. Bibliothek. – Alverdißen] Siehe R, S. 744.*
7 Gegenwart in Hannover] *Vgl. III 54(N),21f.*
10 Donnerstag bis Dienstag] *27.1.–1.2.1774. Vgl. III 55. – Gräfin Maria schrieb am 26. und 27.1. sowie am 3.2.1774 an H. über ihre und des Grafen Besorgnis, ihn »wegen seiner vorzüglichen Talente« durch einen auswärtigen Ruf zu verlieren (Erinnerungen I, S. 367f.). Am 28.1.1774 schrieb sie an Karoline zu ihrem Geburtstag, der Graf sei über H.s Reise nach Hannover traurig (H: Kraków).*

54 (N). AN CHRISTIAN GOTTLOB HEYNE, *Bückeburg,* 22. und 26. Januar 1774

3ff. Court de Gebelin] *Vgl. N III 38,12f. Der ablehnenden Einschätzung entspricht die Fußnote zu ägyptischen Symbolen im 2. Teil der »Aeltesten Urkunde«: »Erschreckliches Zeug hat hierüber noch am neuerlichsten Mr. Court de Gebelin in seinem monde primitif analysé et comparé avec le monde moderne einen ganzen Quartband durchgeräthselt, in dem – Alles und kein Wort wahr ist« (SWS VI, S. 346f.). H.s Interesse belegen jedoch ausführliche Exzerpte in HN III, 24. Court de Gébelin hat wie H. die Bibel als Geschichtsquelle ernst genommen und seine Vorstellungen von der Urgeschichte auf die Genesis gestützt.*
6f. An Bremer geschrieben] *Nicht überliefert.*
7f. Rehkopf] *Der Helmstedter Theologieprofessor lehnte die Berufung zum Generalsuperintendenten und Universitätsprediger in Göttingen ab.*
8 Strube] *»Den orthodoxen Herrn Geheimen Justizrath Strube haben Sie noch nicht gewonnen«, schrieb Zimmermann an H. am 22.4.1774 (Nachlaß II, S. 337).*
9 ProvinzialBlätter] *Vgl. zu III 38(N),5f.*
12 Gnade u. Freundschaft] *Von seiten des Landesherrn und seiner Gemahlin. – nimmt zu an Weisheit, Alter] Vgl. Lukas 2,52.*

13 Himmels-Erdbürgerin] *Vgl. zu III 38(N),29.*
13f. Keine Stimme noch Laut!] *Vgl. 1. Könige 18,26.29.*
21 Einen Tag warten] *Einen Posttag später abgesandt (Mittwoch statt Sonnabend).*
21f. Brief von H. von Bremer] *Vgl. N III Anm. 54. Bremer beteuerte seine Hochschätzung für H. und lud ihn nach Hannover ein, um zu predigen.*
22 Morgen geh ich hin.] *Vgl. zu III 53,10.*

55. AN GRAF FRIEDRICH ERNST WILHELM ZU SCHAUMBURG-LIPPE, Bückeburg, 1. Februar 1774

5 meine Ankunft] *Vgl. zu III 53,10. Nach dem Tagebuch der Gräfin Maria (vgl. zu III 51,14) war H. bereits am 31.1.1774 »wiedergekommen«. Der Graf wollte ihn nach der »bedeutenden Reise« sehen und lud ihn durch ein Billett der Gräfin an Karoline am 1.2.1774 für diesen Abend zum Konzert ein (H: Kraków).*
8f. Urkunde] *Vgl. III 51 und 58; zu III 51,8f.*

56. AN JOHANN GEORG ZIMMERMANN, *Bückeburg*, 2. Februar 1774

3f. nach Hause begleitet] *Am 31.1.1774, nach mehreren Tagen freundschaftlichen Zusammenseins, vgl. III Anm. 56.*
8 Selbstmärterer] *Zimmermanns hypochondrische Veranlagung, bewirkt von »täglich anhaltendem, Leib und Seele tödtendem körperlichen Schmerz«, seinem alten Bruchleiden (A). Vgl. zu II 2,25.*
9 ungesucht gefunden] *»Daß wir uns beide, ohne uns zu suchen, gefunden haben ...« – ein »Wunder der Vertraulichkeit ... bei einem Menschen, der ganz Zurückhaltung ist« (A).*
11f. meine eigne Ideen ... u. Knoten des Herzens] *»... stille Entfaltungen der verborgensten Knoten an einen Mann voll himmlischer Weisheit und Güte, ... bei dem man nicht nur Trost, sondern Belehrung und Zurechtweisung sucht« (A).*
18ff. Kontrast ... Sie zerstöret.] *»Contrast in allem hat mich getödtet und tödtet mich täglich« (A).*
24 Ihren Amtsgeschäften] *Als Königl. Großbritannischer Leibarzt und begehrter ärztlicher Ratgeber von Fürsten und Adel.*
24f. Moralischen Ursachen ... wenig würken] *Zimmermann nannte in einem Brief an Gräfin Maria Niedersachsen »Land des phlegmatischen Gefühls und der kalten Zurückhaltung« (Brief der Gräfin an Karoline, 23.3.1774; H: Kraków).*
26 Leim- u. Erdklosse] *Der irdische Mensch nach 1. Mose 2,7.*
32 Trebern] *Rückstände beim Keltern und Bierbrauen.*
33 HungerKur an Empfindungen] *»... dies ist mein Fall nicht! meine feinsten, zärtlichsten Gefühle sind immer rege« (A).*
34 eine Schweizerwiese!] *»Eine Schweizerreise ... wäre anitzt Tod« (A).*
36 Mitempfindung] *Mitgefühl.*
40f. Himmelsseele] *Vgl. II 49,52–59.*
41 ihr Kind] *Comtesse Emilie, vgl. III 86,67f.*
46 Freundin u. Lebenserhalterin] *Luise v. Doering, Tochter des Geheimen Justizrates Strube, »die ganze Empfindsamkeit, die ganze Grazie einer Aspasia, ... das höchste Ideal von weiblicher Liebe zu allem, was edel, schön, groß und tugendhaft ist« (Zimmermann an Sulzer, 20.4.1774; Bodemann I, S. 235). Ihr widmete Zimmermann 1784 sein Werk*

»Ueber die Einsamkeit« *(4 Bde, Leipzig 1784/85), weil »sie allein auf Erden ihn von Zeit zu Zeit aus dem gefährlichen Todesschlummer erweckt, in den er versunken lag, durch unaussprechliche Traurigkeit, durch alles mögliche häusliche Unglück und durch Krankheiten, die ihm alle Kraft der Seele vernichteten« (S. IV).*
48 8. Uhr Abend] *Am 31. 1. 1774.*

57. AN JOHANN FRIEDRICH HARTKNOCH, *Bückeburg,* 12. Februar 1774

3f. Den 12. Febr. im Jahr Christi 1774.] *Vgl. III Anm. 57. Hartknoch hatte in B moniert, daß H. »auf keinen seiner Briefe das Datum setze«.*
5 Die Schuld ... zürnen] *Ife hatte Hartknoch mitgeteilt, daß H. die Mskr. der Bückeburger Geschichtsphilosophie und der »Alten Volkslieder« »wieder zurückgenommen« hatte. Hartknoch fürchtete, daß sie wie die 2. Ausgabe der »Fragmente« liegenbleiben würden, und drohte, letztere »bloß aus Rache, so wie sie ist, herauszugeben«. Auch rechnete er dadurch mit der Aufdeckung von H.s Anonymität (B). In A entschuldigte er den »Ton« von B mit seiner Besorgnis und hoffte auf Ifes Verschwiegenheit.*
6 treufleißigen Ife] *Ironisch, vgl. 15f.; wie I 115,91f. Am 30. 4. 1774 schrieb Hartknoch aus Leipzig, die drei Bücher (vgl. zu 17) seien noch nicht fertig, am 15. 5. dasselbe: »Schicken Sie dem Faulen nichts mehr, sondern alles an Breitkopf; der mag mich immer prellen, er ist dennoch der beste« (B₂ zu III 78).*
7f. Der Brief ... einem Briefe durch Ife] *III 35 und 37. Hartknoch befürchtete in B den Verlust seines Wechsels, vgl. zu III 28,10. H.s Empfangsbestätigung (III 37) hielt er für verloren (A).*
10 Ihnen »an Gelde« Rest bleibe] *Hartknoch klagte in B über seine durch zu viele Unternehmungen schwierige Situation, versprach aber H. weitere Hilfe und ermahnte ihn zur Sparsamkeit. H. hat seine Schulden an Hartknoch nicht abtragen können, vgl. III 78,20ff.*
11ff. Breitkopf ... schicken sollte] *Vgl. zu III 32,16; I 79,25ff.; II 17,23f.*
14f. die Urkunde ... fertig] *Vgl. III 51, 55 und 58.*
15–18 von Ife weiß ... mir antwortet.] *Hartknoch entschuldigte, daß »die Herren [Buchdrucker] ... nicht gern die Feder in die Hand nehmen«, wollte Ife »indessen einen tüchtigen Wischer [Rüge] geben« (A).*
17 Drei Sachen] *Geschichtsphilosophie,* »Alte Volkslieder«, »An Prediger«. – Hemsterhuis] *Vgl. zu III 18,18; 109; 131,68–72.*
20f. Druckfehler] *Vgl. III 80,9ff.; 86,25ff.; IV 18,20f.; SWS V, Vorbericht, S. XXVII, S. 594. Hartknoch behauptete in A, Ife drucke »gut, und correcter als Breitkopf, er müßte sich denn jetzt geändert haben«. Jedenfalls sei er um ein Drittel billiger als Breitkopf.*
22 von Breitkopf nahm ... wieder] *Vgl. III 33,12ff.; 42,4ff.*
24f. Ich mich Ife entdeckt] *Vgl. zu 5.*
26 Manuscript ... mit fremder Hand] *Vgl. zu III 18,12.*
27, 30 Korrektor in Hamburg] *Claudius in Wandsbeck nahe Hamburg oder nach Hartknochs Vermutung Bode, ein nachlässiger Korrespondent (A).* – von Büdingen aus] *Vgl. zu III 18,12ff.*
29 Ihr Brief] *A zu III 25, worin es von Ife heißt: »Er druckt sauber und ist verschwiegen« (H: Kraków).*
33 Wetstein] *Vgl. zu III 35,35.*
34 Blanchini] *Bianchini, vgl. III 75,155.*
36 Töllner] *Am 20. 1. 1774 gestorben. Vgl. zu III 18,26.*
37 Bahrdt] *Vgl. III 86,46.*

38–44 Merck ... Sie nicht wißen] *Am 10./21. 8. 1773 schrieb Hartknoch, er habe mit Merck (zur Leipziger Messe) viel von H. gesprochen (H: Kraków); in B zu III 37 berichtete er von Mercks Besuch in Riga auf der Rückreise von Petersburg: Merck schien etwas gegen H. zu haben, »wollte aber nicht mit der Sprache heraus«. Er sagte, H. hätte »sich um eine Stelle in Petersburg bemüht«. Rathsamhausen aber könne H. nicht helfen. Vgl. zu III 35,44. Hartknoch beteuerte in A, er habe Merck nichts von H.s Unzufriedenheit mit seiner Stelle in Bückeburg gesagt, und vermutete, Begrow habe diesem einen (nichtüberlieferten) Klagebrief von H. an Pegelow vorgelesen. Merck aber habe den Inhalt von H.s (nichtüberliefertem) Brief an Rathsamhausen erzählt. Vgl. Merck an Nicolai, 28. 8. 1774: »... wir schreiben seit meiner Rükkunfft aus Rußland nur als Hofleute an einander, wegen einer Trätscherey die Hartknoch aus gutem Herzen zwischen uns angelegt hat« (Kraft, S. 119).*
39 et talia] *Und dergleichen.*
41 Diakon in Riga] *Diakon an der Jakobskirche war als Nachfolger Loders seit 1772 Johann Jakob Harder.*
45 das herrlichste zufriedenste sagen] *Vgl. II 102,49ff.*

58. AN GRAF FRIEDRICH ERNST WILHELM ZU SCHAUMBURG-LIPPE, Bückeburg, 13. Februar 1774

5 Den dritten Theil] *Vgl. III 51 und 55.*

59. AN HEINRICH SPRING, *Bückeburg*, 14. Februar 1774

5f. Gehalt ... rückständig] *Vgl. III 60, 66 und 67; zu III 24,8. Um die rückständigen Gehaltszahlungen mußte H. bis zum Ende seiner Bückeburger Zeit kämpfen. Seine Eingaben gelangten nicht an den Landesherrn, sondern wurden von dessen Beamten kleinlich und willkürlich bearbeitet. Vgl. Nicolaus Heutger, Herder in Niedersachsen. Zum 200. Jahrestag seiner Ankunft in Bückeburg, Hildesheim 1971, S. 18–21.*

60. AN HEINRICH SPRING, *Bückeburg*, nach dem 14. Februar 1774

5 versprochnen Quartals] *Vgl. zu III 59.*

61 (N). AN CHRISTIAN GOTTLOB HEYNE, Bückeburg, 19. Februar 1774

3 Ihr Brief] *Nicht überliefert.*
5 Kleidung ... vor Bauern gehe] *Die schwarze Amtskleidung eines protestantischen Landpredigers war offenbar in Hannover moniert worden; H.s Auftreten hatte nicht der steifen gesellschaftlichen Etikette entsprochen.*
7ff. Süßigkeit ... zu warnen] *In Heynes nichtüberliefertem Brief.*
11 was Wesen meines Standes] *Thema der Schrift »An Prediger«, vgl. III 54(N),9.*
12 viereckte Schuh] *Pars pro toto für »Mode«.*
14 meine Reise] *Vgl. zu III 53,10; 54(N),21f.*
15 zweer Freunde] *Heyne und Zimmermann setzten sich für H.s Berufung nach Göttingen ein.*

III. 63. An J. F. Hartknoch, Februar 1774 497

18ff. nach Gedanken ... eben so wenig.] *Selbstbehauptung als unangepaßter Charakter, zeitlebens für H. typisch.*
19f. im Sack] *Im Alten Testament als Kleidung der Trauer und Buße, vgl. Psalm 30,12; Matthäus 11,21.*
21 den aufrichtigsten Deutschen HerzensDank] *Die Epitheta sind im Kontext synonym (Adelung: »redlich nach Art der alten Deutschen«).*
25f. Vorrede ... Hälmchen wächst.] *Damit gab H. – vorläufig – seine Hoffnung auf eine Göttinger Berufung auf.*
27 Beausobre] *Vgl. III 36(N),55.*
29f. ohne Nachbarn u. Klienten] *D. h., ohne daß H. Nachbar und Schützling Heynes war.*
30f. unnütze Mühe ... unwürdigen Freund] *Vgl. zu 15.*
35f. alle Briefe ... abolieren] *H. hat die entsprechenden Briefe Heynes über seine Göttinger Bemühungen vernichtet, während seine eigenen erhalten sind.*

62. AN GRAF FRIEDRICH ERNST WILHELM ZU SCHAUMBURG-LIPPE, Bückeburg, 23. Februar 1774

5 Information] *Hausunterricht (als Hofmeister).*
7 beliebte] *Gewünschte.* – Examen] *Ein obligatorisches theologisches Examen der Kandidaten vor der Ordination zu einer Pfarrstelle wurde in die Kirchenordnung der Grafschaft Schaumburg-Lippe aufgenommen (vgl. III 191,4f.). Die Bildung des Predigerstandes war zeitlebens ein Hauptaugenmerk in H.s amtlicher Tätigkeit, doch die Gründung eines Predigerseminars gelang ihm nicht (vgl. VII Anm. 363; VIII Anm. 404).*
9 von allen geistlichen Gliedern] *Als Prüfer im Kandidatenexamen.*
12 Bauchsorgen] *Die Ernährung einer eigenen Familie.*
13 vikariirend] *Als Vikar einen Pfarrer vertretend.*
15 Direktion] *Anleitung, Aufsicht.*
17 Ruf Gottes] *Die Ordination. Ein Examen danach wäre nur eine Formsache.*
19f. diesen Gang etablieren] *Vgl. zu 7.*
21 zu wählenden freien Texte] *Vgl. das Gutachten gegen die starre Befolgung anachronistischer Perikopenverzeichnisse VII 403.*
26 Bibel ... allseitig betrachtet] *Vgl. IV 248,88ff.*

63. AN JOHANN FRIEDRICH HARTKNOCH, *Bückeburg, Februar 1774*

4 An Jenem] *»An Prediger« als Produkt von H.s aktuellen kirchenamtlichen Bestrebungen. Vgl. zu III 37,15. – bei dieser] Die Bückeburger Geschichtsphilosophie als Ausdruck seiner aktuellen Zeitkritik.*
5 seit Michael abgeschickt] *Vgl. III 28,5f.*
6 noch nicht gedruckt] *Vgl. zu III 57,6.*
9ff. die Volkslieder] *Vgl. III 80,15ff.; zu III 28,6f.*
12f. Philosophie .... Provinzialblätter] *Vgl. III 80,8f.*
13f. sagt Ife, daß er –] *Vgl. zu III 57,15–18.*
15 Hexe von Kadmonbor] *Hamann, »An die Hexe zu Kadmonbor«, vgl. III 75,57; 86,51; zu III 18,42. In A$_2$ zu III 17 hatte Hamann angekündigt: »Eine Antwort pro M. Coelio, der sich selbst widerlegt und abstrafen muß. ... Wenn der Hexe zu Kadmonbor kein Prozeß gemacht werden wird: so giebt es in unserm Jahrhundert kein höllisch Feuer mehr«.*

64. AN REINHARD KONRAD WIPPERMANN, *Bückeburg, Anfang März 1774*

6 meinen Namen zuerst vor ein Stück] *Vgl. zu III 50,5; III Anm. 64. Graf Wilhelm hat auf H.s Bedenken Rücksicht genommen: Der Verfasser des »Brutus« wird auf dem Titelblatt des Druckes nicht genannt, dafür aber der Komponist.*
7 Musikalischen Dichter] *Vgl. I 26(N),***124–129***.*
7f. wenige Exemplare] *Gräfin Maria schrieb am 21.3.1774 an Karoline: »Hier sende noch ein paar Exemplare des Brutus – es ist Alles, was noch anbieten kann, und tut mir leid, daß es so wenige sind« (H: Kraków; Haym I, S. 508f.).*
9f. »Wohlgefallen«] *Wahrscheinlich Zitat aus B.*

65 (N). AN HEINRICH CHRISTIAN BOIE, *Bückeburg, vor dem 5. März 1774*

3 vorbeireisen] *Trotz der Einladung nach Bückeburg III 41(N),***10f.,16***.*
3ff. kein näher Wort von Klopstock zu schreiben] *Vgl. III 41(N),***14f***. Boie war am 13.12.1773 nach Hamburg und in seine Heimatstadt Flensburg gereist und nach einem längeren Aufenthalt in Hamburg, wo er jeden Abend mit Klopstock verbrachte, am 8.2.1774 wieder in Göttingen angelangt (vgl. Weinhold, S. 61–64).*
6f. Sammlung Oden ... in Darmstadt nachgedruckt] *»Klopstocks Oden und Elegien« (siehe R, S. 314). Boie hatte am 19.4.1772 darum gebeten (vgl. Impulse 10, S. 277). Zuvor war das Buch an Therese Heyne ausgeliehen (vgl. zu II 74(N),***20f***.), dann (durch Boie) an Karl Friedrich Cramer (vgl. IV 149,9–13). Erst am 28.2.1781 sandte Boie es mit der »Bitte um Verzeihung« an H. zurück (vgl. Impulse 11, S. 274f.).*
10, 22 Heine Archäologie] *Vgl. zu II 76(N),***77f***.*
14, 23 »neue Apologie des Buchstaben h.«] *Vgl. zu III 18,***42***.*
14 Dieterichs Katalog] *Vgl. zu II 90(N),***6***.*
21f. De l'homme] *Von H. zuerst in Bd. 2 der »Aeltesten Urkunde« (SWS VII, S. 74) und in »Vom Erkennen und Empfinden« (SWS VIII, S. 222, 310) angeführt.*

66. AN HEINRICH SPRING, *Bückeburg, 7. März 1774*

4f. Mit dem Kammerschreiber ... abgerechnet] *Vgl. III 60,3f.; zu III 24,7.*
5f. Verzeichniß des Empfangenen] *Nicht überliefert.*
6 Posten] *Rechnungsbeträge.*
7f. terminus der Bezahlung] *Michaelis (29.9.1773), vgl. III 59,5.*
9 eine angefangne Oekonomie] *H.s eheliche Haushaltung.*

67. AN HEINRICH SPRING, *Bückeburg, nach dem 7. März 1774*

6 600 Thaler Gehalt] *Vgl. III 24,6.*
9f. Einkünften der Pfarre] *Vgl. III 237.*
11 privatus] *Privatmann.*
13 Michael] *Vgl. zu III 66,7f. – Martini] 11.11.*
14 Kammerschreiber] *Vgl. III 66,5.*
15 Quittungen] *Vgl. III 66,5f.*

68. AN BERNHARD CHRISTOPH BREITKOPF, Bückeburg, 12. März 1774

Euer HochEdelgebohrnen,

geehrte Zuschrift nebst den Büchern ist mir übergekommen, und daß Dieselbe Bedenken getragen, nach der Schweiz Exemplare zu senden, kann ich nicht anders als billigen; statte auch für diese gerechte Vorsicht im Namen des Verlegers selbst, Dank ab. Alle diese Remessen können bis zur Meße warten, weil das Buch noch nicht heraus ist, u. in Absicht Hrn. Lavaters nehme auch mein Wort zurück. Ich werde selbst ein Exemplar an ihn besorgen, aber nicht eher, als bis die Ausgabe Nachtheilsfrei ist, u. überhaupt sollen die mir zugesandten Exemplare so lange liegen. Ich habe sie noch nicht gesehn, weil sie noch auf nächster Post liegen; weiß also auch nichts zu schreiben; hoffe aber, es wird, meinem neulichen Briefe nach, Alles ausgerichtet seyn u. habe also nichts, als vielfach den Dank zu wiederholen, den ich Euer HochEdelgeboren wegen so richtiger u. baldiger Förderung dieses Werks schuldig bin. Mit vieler Hochachtung beharrend

Euer HochEdelgeboren
gehorsamster Diener
Bückeburg d. 12. März 774.   Herder

ÜBERLIEFERUNG. H: UB Erlangen. – Präs: »1774 12 Maerz/20 [März]/ – 26. – Bückeburg Herder No. 139.« – Ferner Antwortmarginalien: »R[espondi] d[en] 26. Merz. Melde daß wir auf wiederholtes Ansuchen des H. Lavaters ein Exemplar seines Werks an seinen hiesigen Comiss[ionär] H. Reich gegeben, der für die Redlichkeit des Schwietzer Buchführers zu Winterthur steht; und melde es damit er selbst bey H. Lavater nöthiges erinnern könne.« – D: Bd. III, Br. 68 nach Abschrift des früheren Besitzers. – B: nicht überliefert. – A: 26. März 1774, nicht überliefert.

ZUM TEXT: 5 für < dafür, 6 ist und 10 weil sie ... liegen *nachträglich eingefügt*, 13 richtiger < richtigen.

3, 9 Büchern] *Freiexemplare von Bd. 1 der »Aeltesten Urkunde«.*
6 Remessen] *Sendungen (eigentlich von Geld oder Wechseln).* – Meße] *Im Mai 1774.*
6 noch nicht heraus] *Neuerscheinungen wurden zur Messe ausgeliefert.*
7 in Absicht ... Wort zurück.] *In III 50a, 10–15 (in diesem Band S. 491) hatte H. um Übersendung des fertigen Buches an Lavater gebeten.*
8. selbst ein Exemplar an ihn besorgen] *Vgl. III Anm. 79.*
9 Nachtheilsfrei] *Vor Messen waren Neuerscheinungen am meisten vom Nachdruck gefährdet.*
11 meinem neulichen Briefe] *Nicht überliefert.*

69. AN GRAF FRIEDRICH ERNST WILHELM ZU SCHAUMBURG-LIPPE, Bückeburg, 29. März 1774

5 neulich gnädigsterwähnten Denkmünze] *Vgl. R, S. 146f. H. hatte anscheinend dem Grafen gesprächsweise mitgeteilt, daß Eisen für seine Sendungen Dank erwarte (vgl. zu III 18,28ff.).*
8 das Bild Euer Durchlaucht] *Auf der Münze nicht ausgeführt.*
8f. der Name mit den ... Beziehungen] *Die portugiesischen wurden auf der Münze nicht erwähnt. Vgl. III 74,12f.*

9f. Corona civica] *Bürgerkrone (aus Eichenlaub), römische Auszeichnung für die Rettung eines Bürgers (»ob civem servatum«). Vgl.* **17ff.**
11 herbarum conservatori] *Auf der Münze.*
12 N. N. Eisen] *Vgl. III 74,***15ff.**
13f. populis alimenta ministrat] *Vgl.* **20***; auf der Münze. Vers nicht ermittelt. H. übersetzte die lat. Inschriftvorschläge für den Grafen, der die französische, deutsche, englische, italienische und portugiesische Sprache, aber anscheinend weniger die klassischen Sprachen beherrschte.*
18f. Füllhörner mit Kräutern] *Auf der Münze. Vgl. III 74,***13f.**
26 »Servatori ... alimento.«] *Nicht ausgeführt. – Der Graf fand H.s Entwürfe »unverbeßerlich« und meinte, daß sie »die Absicht auf die zierlichste und ausdrückendste Art« erfüllten. Es fiel ihm »schwer, unter beyden Vorschlägen zu wählen«. Er wollte den Münzgraveur zu H. schicken, damit er ihm die nötigen Anweisungen geben könne (A, vgl. N, S. 803, 69. und 121.).*

70 (N). AN CHRISTIAN GOTTLOB HEYNE, *Bückeburg, etwa 20. April 1774*

3 Böseseyn u. Kälte] *Heyne schrieb B »in der Absicht, daß ja keine Kälte zwischen uns einbricht«.*
3f. meinen Brief] *III 61(N).*
4f. verdeckten Loosurne] *Metapher für H.s Schicksalsgefühl.*
6 Antrag] *Brief von Brandes vom 25.3.1774 mit der Anfrage, ob H. bereit sei, auf Exaudi (15.5.1774) in der Schloßkirche von Hannover zu predigen, da man ihn als Kanzelredner kennenlernen wollte. H.s ablehnende Briefe an Brandes sind nicht überliefert. Vgl. N III Anm. 70.*
9 Urkunde ... incognito] *Vgl. III 68,***10ff.** *– in petto] Geheimgehalten.*
11 der ProvinzialLandpastor] *»An Prediger«. Vgl. zu III 57,6.*
12f. zu viel sagen u. bitten müste] *Vgl. zu III 36(N),***17f.**
16 ältesten Kindheitstück des Menschlichen Geschlechts] *Die Genesis als ältestes Geschichtsdokument, Anwendung der Lebensaltertheorie (siehe R, S. 682).*
19 Theil 2. u. 3.] *Über Ägypten und Vorderasien, vgl. III 35,***17ff.**
21f. es gleich ... aufs Papier zu werfen.] *Heyne ging, »in Wollust schwimmend«, beim sofortigen Lesen »jede Scene der werdenden Natur« durch und bewunderte H.s »Adlersflug«. Er notierte aber nur eine größtenteils zustimmende Zusammenfassung der Hauptgedanken des 1. Teils der »Urkunde der ersten Stufe der Cultur« (A).*
23f. Huets u. Boulangers u. Puffendorfs] *Also keine topographische, geologische oder naturrechtliche Deutung der Genesis wie in Huets »Traité de la situation du paradis«, Boulangers »L'Antiquité dévoilée« und Pufendorfs Schriften (R, S. 452). Vgl. zu II 85(N),***15.**
24 wohin Sie ... gestellt haben] *Vgl. zu II 70(N),***11–17.**
27 aus Haß nach dem Druck] *»Eine Schrift gedruckt zu sehen, war ihm die schärfste Kritik. ‚Jetzt erst wünschte ich sie schreiben zu können', sagte er mehrmals: ‚wie manches sollte besser seyn!'« (Erinnerungen II, S. 297).*
28 Stellen gegen Michaelis] *Vgl. III 36(N),***25–28***; 99,***31f.**
29 πολλα μοι υπ αγκονος βελη] *Pindar, 2. Olympische Ode, Vers 83f. D. h., viele Argumente.*
30 nicht für Göttingen sondern Deutschland geschrieben] *Vgl. III 36(N),***28f.** *Wenn Karoline ihn später beim Vorlesen seiner Mskr. »zuweilen bat, harte Stellen zu mildern, so*

sagte er: ‚ich schreibe nicht für Weimar, ich schreibe für Deutschland, für die Welt.'« (Erinnerungen II, S. 297).
32 Der Provinzmann wird alles gut machen.] *Das Gegenteil war der Fall: H. machte sich mit seiner Polemik gegen Spalding und seine Anhänger viele Feinde unter den Theologen, auch in Göttingen.*
34 Ihr Aeneas] *»P. Virgilii Maronis opera«, die Teile 3 und 4 erschienen erst 1775; wahrscheinlich in einem nichtüberlieferten Brief Boies mitgeteilt.*
37 Genesung Ihrer besten Frauen] *Therese Heyne hatte an Karoline von ihrer Besserung geschrieben und von der Güte und Liebe ihres Mannes in ihrer Krankheit (B). Vgl. zu III 38(N),29.*
37f. Halbmütterchen] *Karoline war im fünften Monat schwanger. Ihr Brief ist nicht überliefert.*
42 wieviel Zendavest koste] *In Paris kostete Anquetil-Duperrons Ausgabe 57 Livres (A).*
43 L[ouisdor] *lies »L[ivres]«.*

71. AN GRAF FRIEDRICH ERNST WILHELM ZU SCHAUMBURG-LIPPE, Bückeburg, 22. April 1774

5 Das beikommende Schriftchen] *Vgl. zu II 166,19; »Unterricht von der allgemeinen Kräuter- und Wurzeltrocknung« (erweiterte Ausgabe des 1. Teils), Riga 1774. –* Hartknoch] *Er war vor der Leipziger Messe im April 1774 nach Bückeburg gekommen, vgl. III 72,7f.*
8 Pastor von Bergkirchen] *Zerssen, vgl. II 89.*
14 Wollbrecht] *Wolbrecht erhielt die Pfarre von Bergkirchen, vgl. N III Anm. 265.*
20 Foderniße] *Erfordernisse.*
22 Rescript] *Verfügung des Landesherrn.*
23 Scholarchat] *Schulaufseheramt (von H. verwaltet). –* Bergmann] *Rektor der Schule von Stadthagen, erhielt die Pfarre Wolbrechts in Meinsen. Vgl. III 224,7.*
31 kein Pfarrjahr abzugeben] *Die Witwe des Vorgängers hatte einen befristeten Anspruch auf das Gehalt des Amtsnachfolgers. Vgl. zu III 135,12f.*
33 ohne Frau u. Kinder stirbt] *Zerssen.*
35 doppelte Gemeine] *Bergkirchen und Meinsen.*

72. AN JOHANN FRIEDRICH HARTKNOCH, Bückeburg, 23. April 1774

5 Ihnen gleich nachschreiben] *Nach Hartknochs Abreise von Bückeburg, vgl. zu III 71,5. Nach einem Brief der Gräfin Maria an Karoline vom 21.4.1774 reiste Hartknoch in der Nacht zum 22.4. ab (H: Kraków).*
6 Bielefelder Leinwand] *Vgl. 15ff; siehe R, S. 750.*
10f. mit der rothen Kape] *Kappe, vgl. III 76,16f.*
11 daß Sie tausendmal beßer wären als wir] *Der »leidige Hochmuthsteufel« plagte Hartknoch, als er das las (A vom 2.5.1774; vgl. N, S. 803).*
16 Mutter Bescheffer] *Vgl. zu II 175,26f.*
20 »Ein Gebet um neue Stärke«] *Arie aus Grauns »Der Tod Jesu«.*
20f. »Sie fliehet fort«] *Vgl. zu I 95,44.*
21 Ihren Schatten] *Hartknochs Silhouette.*
22 unsrer Gräfin] *Nach dem Tagebuch der Gräfin Maria (Niedersächs. StA Bückeburg, Fürstl. Hausarchiv) waren Herders und Frau v. Bescheffer am 22.4.1774 bei ihr.*

23f. unser Hänschen] *Hartknochs Sohn Johann Friedrich.*
27 Beausobre] *Vgl. III 61(N),27f.; zu II 144(N),46.*
29 Assemann] *Assemani, vgl. III 38(N),12; III 238(N),21f.*
31 Orientalibus] *Vgl. III 80,54. Hartknoch hatte am 2. 5. 1774 einen Messekatalog geschickt, in dem H. seine Bücherwünsche anzeichnen sollte. – Geschichte der ersten Welt]* »Aelteste Urkunde«, Bd. 2. – Neuen Testament] *Vgl. zu III 35,7f.*
32 ohngefähr angegeben] *Im Gespräch.*
35 Brief an Herders Schwester] *Vgl. III 99,15f.*
36 mit Pegelow] *Pegelow reiste im Dezember 1773 von Bückeburg ab und war erst im August 1774 in Königsberg; vgl. III Anm. 43.*

73. AN CHRISTIAN GOTTLOB HEYNE, *Bückeburg, Ende April 1774*

3 Westfeldsche Preisschrift] *Vgl. zu III 11(N),49.*
4 vide Avertißement] *Vgl. zu III 11(N),51.*
6 seit Göttingen] *20. 5. 1773, vgl. zu III 3,5f.*
8 Brief von Brandes] *Vgl. zu III 70(N),6. – meinem Brief] Ablehnung einer Predigt in Hannover, nicht überliefert.*
8f. Zimmermann geschrieben] *»Der Brief an Brandes war sehr edel« (vgl. III Anm. 73).*

74. AN GRAF FRIEDRICH ERNST WILHELM ZU SCHAUMBURG-LIPPE, *Bückeburg, Ende April 1774*

5 Münzzeichnungen] *Vgl. zu III 69,26.*
6 Einem Kopfstücke] *Vgl. zu III 69,8.*
7 Römisch] *Vgl. III 69,17.*
8 Paludament] *Kriegsmantel. – Trident] Dreizack.*
12 Umschrift] *Anstelle von Bild und Umschrift auf der Rückseite der Münze:* »Wilhelmus I./Dei grat[ia] Com[es] Regn[ans]/in/Schaumburg/etc./MDCCLXXIV.«
13 Fruchthörner] *Vgl. III 69,18f.*
15f. Vornahmen des Pastors] *Vgl. III 69,12. – Auf der Vorderseite der Münze:* »Herbarum/conservatori./I. G. Eisen/ Eccl[esiae]Torn[ensis] in Livon[ia]/Past[or]. Populis alimenta ministrat.« *Abb. in: Erich Donnert, Johann Georg Eisen (1717–1779). Ein Vorkämpfer der Bauernbefreiung in Rußland, Leipzig 1978, nach S. 128. – Vgl. III 86,5–10.*
17 kleinen Schrift] *Vgl. zu III 71,5; auf dem Titelblatt:* »von Johann Georg Eisen/Pastor zu Torma, in Liefland, der freien/ökonomischen Gesellschaft zu St. Petersburg Mitgliede«.

75. AN JOHANN GEORG HAMANN, *Bückeburg, Anfang Mai 1774*

3 Mit welchem Maas Ihr messet] *Vgl. Matthäus 7,2. – großer Bogen] Auch B ist ein langer Brief (Hamann wollte den Bogen nicht halbieren).*
4f. mein Buch gefallen ... hat] *Hamann hatte das von Hartknoch übersandte* »Aushäng-Exemplar« *der* »Aeltesten Urkunde« »gestern Abend und Nacht durchgelaufen« *und deutete Gemeinsamkeiten und prinzipielle Unterschiede ihrer Auffassungen an:* »Die Herren Polonii unsers Jahrhunderts, ... werden vielleicht sagen, daß Herder den alten Hamann

aushammannisirt habe. Wir beyde verstehen aber das Ding beßer« (B). *Vgl. dazu S.-A. Jørgensen in »Bückeburger Gespräche über J. G. Herder 1988«* (H.-B. II, Nr. 1688).
5 link] *Falsch.*
6 Fascination] *Verblendung.* – Exemplar] *»Aelteste Urkunde«, Bd. 1.*
7, 25 abreisenden guten Hartknoch] *Vgl. III 72,5–11.*
7f. Preisschrift, Deutsche Art] *Hamann hatte um die »Abhandlung über den Ursprung der Sprache« und um »Von Deutscher Art und Kunst« gebeten* (B).
8 Brutus] *Vgl. zu III 50,5; 64,7f.*
8f. Pontius Pilatus des guten Geschmacks in Preußen] *Hamann hatte »das Monstrum horrendum heute sogl[eich] dem iudici competenti alles Schönen u. Erhabenen in die Hände gegeben, damit er es zergliedern soll«* (B). *Vgl. zu III 31(N),9. – Kants Briefe an Hamann vom 6. und 8.4.1774 enthalten eine scharfsinnige, aber grundsätzlich negative Analyse der »Aeltesten Urkunde« mit treffenden Bemerkungen über H.s schwärmerischen Dilettantismus gegenüber den Orientalisten und über seine »Göttersprache der anschauenden Vernunft«* (ZH III, Nr. 403 und 405; Kant's gesammelte Schriften, Bd. X, Nr. 86 und 88). *Aus seinen das Buch H.s verteidigenden Antwortbriefen an Kant vom 7.4.1774 und undat. von April 1774* (ZH III, Nr. 404 und 406; Kant's gesammelte Schriften, Bd. X, Nr. 87 und 89) *machte Hamann seine Schrift »Christiani Zacchaei Telonarchae Prolegomena« (in* Λ *angekündigt), während er dem Freund die diesbezüglichen Briefe Kants schonend vorenthielt. Vgl. Christoph Bultmann, Die biblische Urgeschichte in der Aufklärung. Johann Gottfried Herders Interpretation der Genesis als Antwort auf die Religionskritik David Humes (Beiträge zur historischen Theologie 110), Tübingen 1999, S. 171ff.*
13 Kanaan] *Siehe R, S. 778.*
15f. Das Weizenkorn ... bringen soll] *Vgl. Johannes 12,24.*
16 Schlaube] *Niederdt. »Hülse«. Vgl. Bückeburger Geschichtsphilosophie (SWS V, S. 574); »An Prediger« (SWS VII, S. 224).*
19f. dem Publikum ... Zacken ins Maul] *Die »Aelteste Urkunde« als bewußte Provokation gegen den Zeitgeist.*
22, 92 Silenus] *Siehe R, S. 739. Hamann umarmte H. »mit allem wilden Feuer eines Silens«* (A). – seit dem Druck ... ansehen können] *Vgl. zu III 70(N),27.*
24f. Annotaten ... Quellen suchen] *Hamann erwartete von H. das Geschenk »eines sorgfältig durchgegangenen und für seinen captum durch Anführung der Quellen und Stellen zubereiteten Exemplars« bzw. ein »durch Marginalien erläutertes Exemplar«, um sich darüber zu erklären* (B).
25f. im Miste lesen] *Wie Vergil nach Donatus des Ennius Gold (»se aurum colligere de stercore Ennii«; vgl. SWS I, S. 372).*
26 Wiederholt] *Vgl. 17f.*
26–29 der Wahrheit ... Gottes Ruhm bestehe] *Vgl. II 146(N),106ff.,116f.*
30ff. Offenbarung ... Weisheit unsres Geschlechts werde.] *»Und so wird einst Alles bestätigt werden. Die Hypothesen unsrer Weisen über die lebende Menschengeschichte werden Fabeln werden, ... Die älteste Philosophie wird überall, wie hier, die jüngste werden ...« (»Aelteste Urkunde«, Bd. 2; SWS VII, S. 17).*
31 Kritik u. Politik] *Der Inhalt der zeitgenössischen Theologie im Verständnis der Neologen: philologische Bibelexegese und moralisch-politische Disziplinierung des Volkes durch den Prediger als besoldeten Diener des absolutistischen Staates (vgl. »An Prediger«; SWS VII, S. 238–241).*
32ff. magre Bibel ... fetten Kühe Pharaons] *Vgl. 1. Mose 41,1–4.18–21.*
33 7. Wißenschaften der Alten ... Welt] *Septem artes liberales (Grammatik, Rhetorik, Dialektik, Arithmetik, Geometrie, Astronomie, Musik).*

35 bis ein Tag ... Alles entsiegelt.] *Apokalypse und Weltgericht.*
36f. der Wißenschaften Diener] *Der Theologie, »Verbi Divini Minister«.*
39 Theil 2. u. 3.] *Diese hatte er Heyne besonders empfohlen, vgl. zu III 70(N),19. Hamann las das Geschenkexemplar »mit gantz verschiedenen Aussichten«, H.s »Winke zu folge über den ersten Theil«, und wollte sich bei der wiederholten Lektüre danach richten (A). – der 4. u. 7.] Hamann wünschte darüber »einiges reelle Licht«. Vgl. III 110,17–25; zu III 36(N),20.*
41 Beitrag zur Königsbergschen Zeitung] *Vgl. zu III 31(N),37ff.*
43 Kanter ... Verräther] *Vgl. zu III 31(N),37. Hamann nannte H.s Vorwürfe ungerecht; er sei sein »eigener Verräther von außen und innen«, indem er sich durch seinen Stil (z. B. Weglassen des Artikels) und seine Urteile (über Klopstock und die Bardenpoesie) verrate (A).*
44ff. Lavater citirt ... beziehet] *Lavater habe an Kant geschrieben und dabei H.s gedacht (B). In einem Brief vom 8. 2. 1774 bat Lavater seinen »Lieblingsschriftsteller Kant«, sich nach der Aufführung eines aus Winterthur gebürtigen Musketiers im Regiment Alt-Stutterheim, Johann Rudolph Sulzer, zu erkundigen. Außerdem wünschte er »einige Lichtgedanken« für sein geplantes Gedicht vom künftigen Leben (vgl. zu II 127[N],7) und rühmte »das unaussprechliche Glück, Herders Freund zu seyn« (Kant's gesammelte Schriften, Bd. X, Nr. 81). Durch Kanter erfuhr Hamann von einem »Hirtenbrief« Kants an Lavater (A). Dieser ist nicht überliefert; Lavater dankte dafür am 8. 4. 1774 und stellte Fragen nach der in Kants Brief angekündigten »Critik der reinen Vernunft« (ebd., Nr. 90). In seinem Brief an H. vom 6. 4. 1774 (H: GSA) folgt nach Lavaters Dank für die »Aelteste Urkunde«: »Kant, der mir in einer Menschenangelegenheit schreiben mußte – schreibt mir – ‚Herders Freunde sollten ihn von der undankbaren, der schlüpfrigen Bemühung, anstatt die Wißenschaft oder den Menschen zu critisiren, die Critik der Bücher u. ihrer Verfaßer zu betreiben – abbringen' – Mich dünkt der Mann hat Recht u. – mich dünkt, Du werdest's nun auch so finden!«*
46 wie die beschworne Natter, mein Ohr verstopfen] *Vgl. Psalm 58,5f.*
47f. keinen Zeitungsartikel mehr lesen] *»Beynahe möchte ich wünschen, daß Sie keinen einzigen Beytrag zu keiner Zeitung noch irgend einem andern periodischen Blatt liefern möchten« (B). H. schrieb erst 1797–1800 wieder Rezensionen (für die Erfurtischen »Nachrichten von gelehrten Sachen«).*
49 die Urkunde ... fortsetzen] *Vgl. III 118(N),49ff.*
50f. eine kurze, simple ... bis zur Sündfluth] *»Aelteste Urkunde«, Bd. 2 (= 4. Teil).*
52 Etwas anders] *Vgl.* **114f.**; *zu III 35,7f.*
53 ein ehrlicher Landsmann] *»Vergeßen Sie Ihr Vaterland nicht und Ihren Freund« (B).*
55 Ihren neuen Sachen] *Vgl. zu III 18,42.*
56 Buchstaben H.] *»Neue Apologie des Buchstaben h«. – schlechten Buchhändler] Dieterich, vgl. N III 65,14f.*
57 Lettre perdue] *Vgl. III 99,22ff. – Hexe] Vgl. zu III 63,15. – Behemoth] Siehe R, S. 702.*
58 in meiner Höle Lokalursachen] *Vgl. I 117,21f.; zu III 7,4.*
61 buchstabire] *D. h., äußerst gründlich lese.*
62 Hartknoch] *Er kam am 20. 5. 1774 (»vorigen Freytag«) in Königsberg an und übergab Hamann H.s Geschenke (A).*
63f. schicken Sie ... Nazir] *Vgl. 151; siehe R, S. 410. Johann Michael wollte nicht mehr zu H., als er hörte, »daß die Braut in petto schon einem andern zugedacht war« (A); d. h. die erwartete Tochter Karoline Herders war für Hartknochs Sohn bestimmt, wie Hartknoch zu Hamann sagte. Dieser sei »allzusehr Vater«, als daß er seinen »Nazir« weggeben könnte (B zu III 86).*

67f. Zeit unsrer Hoffnung] *Vgl. III 96,4ff.*
68 Halbmütterchen] *Vgl. zu III 70(N),37f.*
69 wie Mann und Jüngling] »*Umarmen Sie Ihre ... Androgyne*« *(A).*
70 Akten] *Konsistorialakten.*
72 Knaut] *Hamann und andere Freunde H.s in Königsberg vermuteten, daß der anonyme Roman Wezels »Lebensgeschichte Tobias Knauts« von H. sei: »Im Knaut schimmert Ihre Praedilection an Beattie u. der Unzerschen Physiologie durch« (B). Vgl. II 101,55–58, 124ff. Hamann entschuldigte sich in A auch mit Assoziationen zu dem von H. geschätzten Hartley (vgl. zu II 124,68f.), er habe H. jedoch nicht als Verfasser genannt.*
75 Merck] *Hamann (er hatte den Namen vergessen) hielt ihn »nicht nur für den grösten Belletristen, Virtuosen, Scheerenschleifer, – ja für etwas ärgers als einen Frankfurter Recensenten« und wollte ihm – wegen seiner feindseligen Äußerungen über Moser – »die Augen auskratzen«, wenn er noch einmal durch Königsberg reiste. Zuwider war ihm auch Mercks »verfluchte Distinction zwischen Mensch und Autor – und religiösen Gesinnungen« (B). – malae notae]* Üblen Merkmals, Wortspiel zu »Merck«.
79f. Ihren Brief ... zugeschickt] *Vom 13.11.1773 (Ziesemer/Henkel III, Nr. 396), als Merck Hamann auf der Rückreise von Petersburg besuchte.*
80 eine kahle Antwort] *Nicht überliefert.* – keine Zeile mehr] *Vgl. III 205,26.*
81ff. Geheimniße ... verunstaltet.] *Vgl. zu III 57,38–44. Außer Mercks eigener Indiskretion über H.s Verhältnis zu Karoline (vgl. zu II 177,12) haben Intrigen Leuchsenrings zum Bruch seiner Freundschaft mit H. beigetragen.*
83f. Der 3te Mensch] *Die anderen vielleicht Gottlieb Schlegel und Oberpastor v. Essen.*
86f. behülflich seyn ... mein Weib.] *Vgl. I 93,20–23; zu I 84,3.*
88 Freund des H. Friedrich Nikolai] *Durch seinen Besuch in Berlin und Briefwechsel (von Nicolai in A zu III 21 und 48 erwähnt) und als Rezensent für die »Allgemeine deutsche Bibliothek« in den Jahren 1772–1779.*
89 in der Schweiz] *Frau Merck war mit den Kindern während der Rußlandreise ihres Mannes bei ihren Eltern in Morges (Abreise am 15.5.1773, nach B zu II 178).* – zur neuen Quaal] *Vgl. II 177,19ff.*
91f., 113 originibus des Menschlichen Geschlechts] *Siehe R, S. 221; vgl. zu I 50(N), 165.*
94f. was Ihr Herz u. Geist dabei empfunden] *Hamann vertröstete H. auf seine neueste Schrift »Christiani Zacchaei Telonarchae Prolegomena« (vgl. III 90,48f.) und versprach, ihm bei »rechter Muße« seine »aufrichtigen Gesinnungen« über die »Aelteste Urkunde« mitzuteilen: »Alles Blendende der Preisschrift schreckte mich nicht ab selbige zu verdammen; und alle Misverhältniße, wenn ich selbige auch in Ihrer neuesten Enthüllung einmal finden sollte, werden mich eben so wenig abschrecken Ihnen zuzujauchzen« (A).*
96f. neuen Heidenlehrer] *Starck, über dessen Werdegang, Schriften und Disputationsvortrag als Theologieprofessor in Königsberg »De tralatitiis ex gentilismo« (am 24.3.1774) B ausführlich berichtet. Hamann hatte ihm vor der Disputation Tobias Pfanners »Systema Theologiae Gentilis« (Basel 1679) geliehen (Nadler 5, S. 28, Nr. 148).* – Aeschylus] *»De Aeschylo« (nach A seinem »guten Freund Klotz« gewidmet).*
98 dogmaticis] *»Diese Disputation enthält blos den ritus; eine zweyte soll die Dogmata in sich schließen.« Diese wurden »wol niemals erscheinen; aber wie leicht würde es ihm werden die Lehre der Menschwerdung, Versöhnung der Heil. Dreyeinigkeit als Reliquien des Heidenthums zu behandeln« (B).*
98f. alnetanae quaestiones] *»Quaestiones Alnetanae de concordia rationis et fidei« (»concordantia« in R irrtümlich nach Ueberweg).*
99f. demonstratio evangelica] *»Petri Danielis Huetii ... Demonstratio evangelica«.*

100 Cudworth] »*The true intellectual system*«, u. a. gegen den angeblichen Atheismus im Altertum (vgl. SWS VI, S. 440, 442f.). – ritus] Heilige Bräuche.
101 Jurieu] »*Histoire critique des dogmes et des cultes, ... où l'on trouve l'origine de toutes les idolâtries de l'ancien paganisme, expliquées par rapport à celles de Juifs*«.
103 Mornaeus] *Mornay.*
104 Essener ... Therapeuten] *Siehe R, S. 152, 569.*
105 Pythagoräer] *Siehe R, S. 453.*
107 das Thema] *Starcks Disputationsthema über den Synkretismus von heidnischer und christlicher Religion. Von beiden sprach ihm Hamann* »*den geringsten Verstand*« *ab (B).*
108 ausgewaschne Grundsuppe] *Bodensatz einer Flüssigkeit.* – Voltäre] *In* »*Essai sur l'histoire générale*«; »*Dictionnaire philosophique portatif*« *(Genf 1764);* »*Questions sur l'Encyclopédie, par des amateurs*« *(9 Bde, Genf 1770–1772).*
108f. Frerets] *Fréret.*
109ff. Boulanger] *Hamann wünschte eine Nachricht bzw. Inhaltsangabe* »*von Boulanger's Christianisme developpé*«, *worüber Starck mit ihm gesprochen hatte (B). Es handelte sich um Holbachs* »*Le Christianisme dévoilé*«, *als Werk des verstorbenen Boulanger getarnt. Vgl. zu I 13(N),* **99ff.***; 25(N),* **25–46.**
113 in den Kram mischen] *Hamann hatte* »*große Lust diesen katholischen Pfaffen [Hellsichtigkeit Hamanns in bezug auf Starck!] zum Proselyten des von ihm immer gespotteten und verlachten Luthers zu machen*« *(B). Im Brief an Kant vom 7. 4. 1774 (vgl. zu 8f.) nannte er Starck einen* »*römisch-apostolisch-katholischen Ketzer und Krypto-Jesuiten*«. – Origenes] = *Origines, vgl. zu 91f.*
113f. Ihr Neues Testament] »*Neu, treu und frey [vgl. Hamanns Schluß zu H.s Beitrag (41), SWS V, S. 269] sollte meine Uebersetzung des N. T. werden, in der ich mit Johannes anfangen und dem Geschichtsschreiber Lucas aufhören würde. Noch nicht eine Zeile dazu angesetzt, und ich weiß nicht ob ich diesen Einfall jemals ausführen werde*« *(B).*
114f. von mir einen Beitrag] *Vgl. zu III 35,7f.*
116 Leßing] »*Stehen Sie noch in Verbindung mit Leßing, den Sie, wie ich höre, in Hamburg haben kennen gelernt? Der ehrl[iche] Mann nimmt sich auch der guten Sache an*« *(B). Gemeint waren der 1. und 2. Beitrag* »*Zur Geschichte und Litteratur. Aus den Schätzen der Herzoglichen Bibliothek zu Wolfenbüttel*« *(1773/74) wegen der Grenzziehung zwischen Vernunft und Glauben (vgl. Rudolf Unger, Hamann und die Aufklärung. Studien zur Vorgeschichte des romantischen Geistes im 18. Jahrhundert. Bd. 1, Halle 1925, S. 436). In* »*Gefundene Blätter*« *(vgl. zu* **41***) rühmte H., daß Lessing sich* »*den neuen aller Menschenfreundlichsten Heidenseligmachern mit Wink und Stoß widersetzte*« *(SWS V, S. 265).*
118 Lavater] *Seine enthusiastische Resonanz auf die* »*Aelteste Urkunde*« *in Briefen vom 6. und 22. 4. und 11./12. 5. 1774 (vgl. III Anm. 79) war für H. kaum erkenntnisfördernd.*
119 duo vel nemo] »*Zwei oder niemand*«. *Persius, 1. Satire, Vers 1–3; Schluß des Mottos auf dem Titelblatt von Hamanns* »*Sokratischen Denkwürdigkeiten*« *(Nadler 2, S. 57).*
121 εν εδαφο] *Starck hatte in seiner Disputation immer en edafo nach der 2. Deklination (o-Deklination) gesagt und sich auf den Wortgebrauch bei Semler berufen, Hamann ordnete* το εδαφος *aber richtig der 3. Deklination (konsonantischen Deklination) zu (danach:* εν εδαφει) *und fragte H. danach (B).*
122 terra, solum, paviment] *Boden, Erdboden, Fußboden.* – εδαφος *kann auch* »*Grundtext*« *heißen, was der von Hamann angezweifelten Bedeutung* »*Urkunde*« *entspricht.* – γη] *Erde, Erdboden.*
124, 133 Suidas] *Siehe R, S. 694.* – Hesychius] *Vgl. III 35,4.*

126 Wörterbuch] »*Wörterbuch des Neuen Testamentes*«. – ein Zeitungsschreiber] *Nicht ermittelt. In den »Göttingischen Anzeigen« vom 18.3.1773 (33. Stück) wurde Tellers Verdienst um die Hermeneutik des Neues Testament sehr gerühmt (von Leß). H. urteilte darüber vernichtend (»Tellers Wörterbuch ist ein ewig hingehender Pleonasmus von ‚ein Christ werden!'«, SWS VII, S. 412, vgl. S. 209).*
128 Beilage] »*Zusätze zu seinem Wörterbuche*«.
130 Laufbahn der Griechischen Sprache] *Studien zum Neues Testament, vgl. zu 114f.* – Septuaginta] *Siehe R, S. 648.*
131 Apokryphen Ψευδεπιγραφα] *Siehe R, S. 650.*
132 Gnostiker] *Siehe R, S. 671.*
133 Clemens] *Vgl. II 149,18.* – Philo] *Philon von Alexandria.*
134 Sextus] *Sextus Empiricus.*
136 Philologische Arbeit] *Bibelexegese zur »Aeltesten Urkunde«.*
136f. historischen] »*An Prediger*« *z. T.;* »*Caroli Magni progenies*«, *Preisschrift;* »*Wie die Deutschen Bischöfe Landstände wurden*«, *Preisschrift.*
138 Freundinnen] *Gräfin Maria, Frau v. Bescheffer.*
141 Romantischen Briefe] *Vgl. zu I 53,68f. Hamann hatte sie »vor einigen Jahren« mit Beifall gelesen und fragte nach dem Verfasser (B).*
143f. wider seinen Willen gedruckt] *Dafür gibt es keinen Beweis. Die angeblich in »Gießen« erschienene anonyme Farce wurde auf Veranlassung Mercks im März 1774 bei Wittich in Darmstadt gedruckt.*
145 Klopstock] *Hamann las die 2. Hälfte des »Messias« zum ersten Mal; viele Stellen erinnerten ihn an den span. Ritterroman »Amadis de Gaula« (1508) und die Romane von Madeleine de Scudéry (1607–1701).*
146 Neuen Werk] *Wahrscheinlich von Claudius übersandte Druckbogen der »Deutschen Gelehrtenrepublik«, vgl. III 79,35–42.*
151 Ihren Hans] *Vgl. zu 63f.*
152 Winckelmanns posthuma] *Vgl. zu N II 180a,16f.*
153 dem Felde] *Kunstgeschichte und Ästhetik.* – Kennikot] *Kennicot, vgl. IV 219,40–43.*
154 Tichten u. Trachten] *Vgl. 1. Mose 6,5.* – »*Dichten*« *im Sinne von* »*nachdenken*« *(Adelung).* – Wetstein] *Vgl. zu III 35,35.*
157f. (sub Rosa!)] *Vgl. zu I 131,71.*
158 Göttinger Bibliothek] *Vgl. H.s Briefe an Heyne.*
159 Zendavesta] *Vgl. zu III 70(N),42.*
160 ihn u. Sadi einmal herauszugeben] *Für Übersetzung und Herausgabe des Zendavesta wurde Kleuker gewonnen; zu H.s Nachdichtungen Sadis siehe R, S. 38.* – lente] *Langsam.*
162 Bode] *Hamann ließ »Mancherley, und Etwas«, die Beilage zu seiner Bolingbroke-Übersetzung, von ihm drucken (B).*
163 unangenehmes Lehrgeld] *Mit »Von Deutscher Art und Kunst«, vgl. II 149,92–97. Schlechtes Papier, viele Druckfehler, die »Nachschrift« zum »Ossian-Briefwechsel« durch Irrtum des Setzers erst hinter dem »Shakespear«-Aufsatz in z. T. kleinerer Type gedruckt. Wie Bode am 19.5.1773 entschuldigend schrieb, hätte er sonst »vier statt einem Bogen umdrucken müssen« (V u. a. Herder III, S. 285).*
164 Klaudius] *Claudius.* – schlechter Commißionär)] *Nachlässig in der Erfüllung von Aufträgen.*
165 Vetter von Nikolai] *Nicolai, für H. ein negativer Charakter. Später (in Weimar) entwickelte sich zwischen H. und Bode ein freundschaftliches Verhältnis (vgl. Nachschrift zum 51. »Humanitätsbrief«; SWS XVII, S. 253f.).*
166 Füßli] *Vgl. III 110,115–120; zu III 40,23f.*

168 Mengs weit übertreffen] *»Mengs – liebenswürdiger, edler, kunstfester – aber weder Gedanke noch Flamme Füßlis« (Lavater in A zu III 52).*
169 Hartmann] *Gottlob David Hartmann. Lavater hatte große Erwartungen auf diesen Freund gesetzt: »Er ist noch weniger, aber er kann mehr werden, als ich glaubte. Er hat mehr Stärke als Delicatesse; er ist fürs Große, nicht fürs Schöne – fürs Gerechte, nicht fürs Erhabene. ... Vermuthlich wird er Professor der Philosophie zu Mitau. ... Er wird gewiß der größte Poet, und kann ein großer Philosoph werden« (B₁ zu III 40). – Hartmann besuchte Hamann auf der Durchreise nach Mitau und war mit ihm bei Kant (A zu III 99). Am 5.10.1774 schrieb Hamann an Hartknoch über Hartmann: »In dem jungen Mann liegt ein Klotz und Comp[agnie] in folio« (ZH III, S. 113).*
172 2mal nicht geantwortet] *Nur ein anonymer Brief Hartmanns an H. ist überliefert (vgl. III Anm. 75; H: Kraków), in dem er ihn mahnt, den Torso »Ueber Thomas Abbts Schriften« fortzusetzen, und vom Autor der Sprachabhandlung Ratschläge für eine Arbeit über die deutsche Sprache erbittet.*
172f. (3. Vorlesungen über die Wahrheit) *»Fünf Vorlesungen von der Liebe der Wahrheit«. – Hamann schrieb am 22.5.1775 an Claudius, daß ihm »die erste [Vorlesung] am besten und die letzten am schlechtesten gefallen« und daß alles »auf einen gesetzlichen Pharisäismus« hinauslaufe (ZH III, S. 184).*

76. An Johann Friedrich Hartknoch, *Bückeburg, Anfang Mai 1774*

4 Pack mit Meßsachen] *Vgl. III 78,24f.*
5ff. ProvinzialBlätter u. Lieder ... Geschichte] *Vgl. III 78,26f.; zu III 57,6.*
11 Körber] *Vgl. III 78,11–19.*
15 Bleistiftzettelchen] *Nicht überliefert.* – Predigten] *Darum hatte Hartknoch bei seinem Besuch gebeten. In Leipzig erzählte er dem Buchhändler Steiner aus Winterthur davon (A zu III 79).*
16f. wir sehn ... rothen Mütze nach.] *Vgl. III 72,10f.; 78,40.*
17 Georg] *Berens.* – ohne Lindwurm] *Attribut des Sankt Georg.*
18f. incognito ... cognito] *Kreuzweise zu lesen.*

77. An Rudolf Erich Raspe, *Bückeburg, 21. Mai 1774*

3 Ihren lieben Brief] *Nicht überliefert.*
4 Verzeichniß] *Gipsabgüsse aus dem Kasseler Kunsthaus (vgl. zu I 80,3).*
10 fürs sichre Einpacken zu sorgen] *Vgl. III 117,9–15.* – Der Herr] *Graf Wilhelm zu Schaumburg-Lippe.*
12 mein Laokoon] *Vgl. zu III 6,3.*
14f. ob gnug] *Vgl. III 117,3,7f.*
16 Einkästigung] *Einpacken.*
17 Karlshafen] *Siehe R, S. 779.*
19 der Leibniz fand] *»Oeuvres philosophiques« (»Nouveaux Essais«).*
20f. das älteste ... Monument der Welt] *Erstes Buch Mose.*
22 vor 5. seligen Jahren] *Vgl. I 80.*
24 Dichter einer Kosmogonie] *Vgl. zu III 6,15.*
25 alten Graubärten] *Vgl. 7. Als »Philosophen« im ersten Inventar der Antiken des Museum Fridericianum um 1780 (Hallo, S. 245).*

78. AN JOHANN FRIEDRICH HARTKNOCH, *Bückeburg, nach Mitte Mai 1774*

5f. in Deiner u. unsrer Lage] *Geldmangel.*
6f. was ist, ist gut] *Vgl. zu I 58,192.*
7f., 45ff. dem weißen Hut ... das Tuch] *Am 30.4.1774 sandte Hartknoch aus Leipzig einen »Manns- u. Frauenhut« und für Karoline noch ein »seiden Tuch« (H: Kraków).*
8 Mütterleinbrüstlein] *Vgl. III 97(N),5–15.*
9, 49 die Dose] *Am 30.4.1774 schickte Hartknoch an H. seine ersten Einnahmen von der Messe, 30 Reichstaler in Gold (B vom 30.4. und 15.5.1774).*
11–19, 72 Körber ... im Guten gedacht.] *Hartknoch wollte dem Buchhändler in Minden helfen und ihn in Leipzig seinen Freunden empfehlen. Dazu erbat er am 2.5.1774 H.s Meinungsäußerung über ihn (H: Kraków).*
14 Meiers u. Helwings-Schurkengebrüder] *Helwing, der Vorsteher der Meyerschen Buchhandlung in Lemgo (R, S. 386), zugleich Buchhändler in Hannover, vgl. II 27,56; 124,57f.*
16 Leiser] *Leyser (zwei mögliche Deutungen siehe R, S. 354).*
20, 54, 72 Katalog] *Meßkatalog, am 2.5.1774 aus Leipzig geschickt, in dem H. seine Bücherwünsche anzeichnen und den er »mit erster Post« zurücksenden sollte. Vgl. III 80,22f.*
24, 70 Pack an Lavater] *Vgl. III 76,4.*
24f. Officianten] *Beamter.*
26f. Provinzialblätter ... Philosophie] *Vgl. III 76,5f.*
27f. unterdrücken ... Namen.] *Vgl. III 18,7–14; 32,23–26.*
29 Samogitien] *Siehe R, S. 814.*
30 Ihr Bild ist bei Lavater] *Hartknochs Silhouette, vgl. III A a,14ff.*
32 Meintels ... Koncordanz] *In der 1. Ausgabe der »Briefe, das Studium der Theologie betreffend«, 12. Brief, als »nützliches Buch« bezeichnet, das aber für H.s Plan »zu viel und zu wenig« habe (SWS X, S. 151).*
34 perscribas] *Du schreibst genau auf.*
35 glühende Kohlen] *Vgl. III 18,8; 104,33.*
38, 51 Deinen Sohn] *Vgl. zu I 89,6ff.; II 81,9.*
40 Rothmütz] *Vgl. III 72,10f.; 76,16f.*
49 Beitrag zum Pyrmonter Brunnen] *Vgl. zu 9; III 79,4f.*
53f., 69 Ihr Brief] *Aus Leipzig vom 15.5.1774.*
54 Present u. Catalogus] *Vgl. 7f.,9,20.*
56 daß wir Euch vergessen] *Hartknoch bat am 15.5. um die Empfangsbestätigung seiner Sendungen vom 30.4. und 2.5.1774. Nachdem er in Bückeburg »alle Wärme der Freundschaft« empfunden hatte, befürchtete er, daß H.s »Herz wieder erkaltet!« (B).*
58 Zöllner ... lieben] *Vgl. Matthäus 5,46.*
59f. glauben ... höret!] *Vgl. Johannes 20,29.*
61, 73 Ife] *Vgl. zu III 57,6.*
63 meine Hand] *Vgl. zu III 18,12; 32,3f.*
72 mein Wort für Körber] *Vgl. 11–19.*

79. AN JOHANN KASPAR LAVATER, *Bückeburg, etwa 25. Mai 1774*

3 Schwalbach] *Siehe R, S. 816. Am 22.4.1774 schrieb Lavater, daß Bauarbeiten an der Waisenhauskirche ihm eine sechswöchige Abwesenheit ermöglichen würden, die er zu einer Badekur anwenden wollte. In B zog er den »Schwalbacher Brunnen« als Ort für die ersehnte persönliche Begegnung mit H. in Erwägung (ab Ende Juni 1774).*

4 hämorrhoidalischen Kolik] *Vgl. II 148,108ff.; III 19,118; zu II 77,5f.*
9 Olim! providebit Deus!] *Einst! Gott wird dafür sorgen!*
10 Deinen Vater] *Seit dem Tod Johann Heinrich Lavaters (am 4.5.1774) schwebte der Sohn »in Träumen voll Leerheit und Angst«, litt »Tode und Auferstehungsschauer« (B). – Aussichten in die Ewigkeit] Vgl. zu II 127(N).*
11 Steckenpferd] *Vgl. zu I 110,112f.*
12 wiße u. nicht wiße?] *Vgl. II 127(N),61–66.*
13f. (Schmelztigel ... Gold!)] *Alchimistische Metapher für die Läuterung der Seele.*
14f. Du fühlst ... mag.] *Vgl. II 127(N),20–26; III 29,12ff.*
16 Bild Gottes im Menschen] *Der H. und Lavater verbindende anthropologisch-religiöse Aspekt, der u.a. in ihren physiognomischen Studien zum Ausdruck kam. Vgl. zu II 127(N),28.*
17 Epopee ... mit dem Menschen] *Das Thema der Bückeburger Geschichtsphilosophie, vgl. II 162,96f.,99f.*
18 Fröschgequäck] *Vgl. III 81 (N),13.*
18f. Entwicklung ... erwarte!!!] *Eschatologische Glaubensgewißheit H.s wie III 75,35.*
19ff. Lazarus] *Vgl. zu II 153,30.*
20 Tropfe aus einem Ocean!] *Vgl. III 12(N),20.*
22 Darmstadt] *Lavater nannte als seine – in einem Atlas aufgesuchte – Reiseroute die Orte Schaffhausen, Balingen, Tübingen, Stuttgart, Ludwigsburg, Heilbronn, Heidelberg, Darmstadt, Frankfurt und bat H., ihm dort (für seine physiognomischen Studien) »kennenswerthe Menschen zu nennen« (B). Nach A reiste Lavater am 12.6.1774 aus Zürich über Straßburg und Darmstadt »nach Frankfurt zu Goethe, dann auf Schwalbach«.*
23 (des Ministers] *Andreas Peter v. Hesse. In A versprach Lavater, sein Haus aufzusuchen.*
24 Leibmedikus)] *Johann Wilhelm Hesse. Beide Brüder hatten den Geheimratstitel. – Schwester meiner Frau] Friederike v. Hesse.*
26f. das Kreuz etwas gedrückt] *Sie war in ihrer Ehe unglücklich.*
29f. Brüder meiner Frau] *Ferdinand Maximilian und (der ältere) Friedrich Sigmund Flachsland.*
30 Pfenninger] *Er sollte Lavater ins Bad begleiten (B und A).*
31 Angemeldet] *Der Brief ist nicht überliefert.*
33 Zimmermann ... Pyrmont.] *Vgl. III 94,10ff.*
34 kleine Liebesbriefe] *Vgl. III Anm. 105.*
35–42 Klopstocks GelehrtenRepublik] *Vgl. III 75,145–151; zu III 6,11ff.*
43 Entwurf ... 2te Urkunde] *Vgl. zu III 75,50f.; das ungedruckte Schaffhauser Mskr., das nur bis zum Sündenfall (1. Mose 3) reicht.*
44 vielleicht mehr rühren, als die erste] *In A_2 zu III 239 schrieb Lavater voller Bewunderung über Bd. 2 der »Aeltesten Urkunde«: » Wer daraus nichts lernt, wird nie lernen. Es ist auch viel deutlicher, interessanter, unterhaltender, stoffreicher, als der erste Band.«*
47–57 Obers u. unters ... Mund] *Anwendung der Schöpfungs- oder Sabbat-Hieroglyphe (vgl. zu I 105,43–49) auf das Antlitz des Menschen. – Lavater, dem die Entdeckung der »heiligen Sieben« als »Geheimniß der Urkunde« durch H. »immer unbegreiflicher« wurde, fand für die Gestalt des Menschen folgendes Schema:*

»Licht/Verstand
Sonne/Herz
Sabbath/Vermehrungsseegen –

und dann die 4 Punkte des Ansatzes der Ärm' u. Beine«. Er fragte aber nach der »Fortsetzung der Parallele! wo da Himmel u. Himmelsgeschöpfe – Erde u. Erdgeschöpfe – und im Menschengesicht?« (B).

58ff. Plastik] *Eutiner Fassung (zu Gesicht und Symmetrie besonders SWS VIII, S. 156–161; in der Druckfassung ebd. S. 68f.); vgl. zu I 79,25ff.; 89,24.*

59 Deiner Physiognomik] *Vgl. III 105,30ff.*

59f. die aber auf jener ruhet] *H. deutete damit an, daß seine Forschungen grundsätzlicher als die Lavaters waren.*

61 si Di favent] *Wenn die Götter günstig sind.* – Reise nach Italien] *Vgl. I 82,50f.; II 41,169; 68,99; 78,63f.; III 110,94f.*

62ff. Planeten um die Sonne ... Ptolemäischen System] *Eine mittlere Position nahm Brahe ein. Vgl. zu II 146(N),137. In dem Kapitel IV. »Zeitrechnung der Aegypter« im 2. Teil der »Aeltesten Urkunde« ist von der unterschiedlichen Planetenordnung und Zeiteinteilung im Altertum die Rede (SWS VI, S. 378–381).*

66,74 Nordalbingischen Bernhard] *»Bernhard's aus Nordalbingien Schreiben an Johannem Turicensem« von Basedow.*

67 Herostrat] *Vgl. III 80,39f. Basedow kenne »das Christenthum – oder die menschliche Natur nicht« (A).*

68f. Elementarist] *Nach seinem »Elementarwerk«.*

71 Triumphton! ... Epoche!] *Basedow als Apologet der Aufklärung.*

73f. Provinzialblätter ... lauren.] *Vgl. III 54(N),9; zu III 37,15. Lavater bat, sie nach Schwalbach zu senden (A).*

75 Steuren] *Steuern, »einer Sache Einhalt tun« (Adelung).*

79f. (ein Bauer ... Wunder gethan] *»Martin Keil von Schlierbach that keine Wunder bei mir, aber ich glaube, daß Er thun könnte, wenn er recht ins Gedränge käme, und ich war Thor genug, ihn ins Gedränge jagen zu wollen« (A). Vgl. zu II 162,121.*

81 vermischten Schriften] *Bd. 1, am 6. 4. 1774 als Messeneuheit angekündigt.*

83 der Engel ... hinab ins Waßer.] *Vgl. Johannes 5,4.*

80. AN JOHANN FRIEDRICH HARTKNOCH, Bückeburg 28. Mai 1774

4 Minden u. Rinteln] *Siehe R, S. 787, 802.*

6 nicht deutlich ist] *Ironisch wie 3ff., da Hartknoch in B, wie so oft, über die fehlende Datierung der Briefe H.s geklagt hatte (»sine die et consule« nach A).*

8,39 Nordalbingen] *Vgl. zu III 79,66.*

8f. Provinzialblätter u. Geschichte] *Vgl. zu III 57,6.17. Hartknoch hatte Ife zur Messe gemahnt, beide Schriften »sobald wie möglich zu drucken« (A).*

9f. Druckfehler] *Vgl. III 86,25ff.; 90,20f.; zu III 57,20f.* – makulatur] *Schmutzpapier.* – an Ife schreiben] *Dann Hartknoch damit beauftragt, vgl. 14,37.*

14 auf [ohann] 24. 6.

15, 38 Volkslieder zurückgesandt werden] *In einem nichtuberlieferten Brief und zuvor III 63,9ff. Hartknoch versprach in A, in H.s Sinne an Ife zu schreiben. Vgl. III 83(N),31ff.; 86,29–32; 131,46–50,73–77,88ff.; 132,27; 133,39–44.*

18 girren] *Wie die Tauben klagen (Adelung).*

21 willt] *Willst (ältere Form).* – sogleich darauf Antwort] *Vgl. zu III 78,56.*

22f. der Katalog ... die Schachtel] *Vgl. zu III 78,7f.,9,20.*

24ff. Mittwoch ... Nächsten Posttag] *Posttage in Bückeburg waren Mittwoch und Sonnabend (vgl. II Anm. 12).*

25 hinkende Boten] *Scherzhaft, in übertragener Bedeutung, siehe R, S. 675f.*
26f. Nächsten Posttag ... gedankt] *III 78. Hartknoch erhielt den Brief »einen Posttag später« als III 80 (A).*
27 mit Herz, Hand u. Mund gedankt] *Vgl. Paul Gerhardt, »Ich singe Dir mit Herz und Mund«.*
29f. Herr lehre uns unsre Tage zählen!] *Keine Schriftstelle ermittelt.*
31 Bücher noch nicht] *Vgl. zu III 78,20.*
32 Hertel] *Vgl. III 86,33.*
33 Die ersten Bogen der Geschichte] *Vgl. III 57,20.*
36 Wagenschmier] *D.h., Hartknochs Drucker und Kommissionär sollten schneller handeln.*
37 Reste von Bogen] *Vgl. 8ff.*
38 Volks Lieder] *Vgl. 15ff.*
39 Herostrat] *In übertragener Bedeutung für Basedows Verhältnis zum Christentum.*
41 Elementenwerks] *Vgl. zu III 79,68f.* – kenne ihn persönlich] *H. hatte Basedow im April 1770 in Hamburg kennengelernt. Vgl. III 259,107.*
42 Damm] *Über den freigeistigen Theologen und »berühmten Teufelsbanner unsrer Tage« (SWS VII, S. 381) waren Anekdoten im Umlauf.*
44–47 Hartlei] *Vgl. zu II 124,70.*
45 Noten] *Von Pistorius, vgl. zu II 124,68f.* – zweiten Theil] *Kap. 1. »Of the Being and Attributes of God, and of Natural Religion«; Kap. 2. »»Of the Truth of the Christian Religion«; Kap. 3. »Of the Rule of Life«; Kap. 4. »Of the Expectations of Mankind, here and hereafter, in Consequence of their Observance or Violation of the Rule of Life«.*
47 Georg] *Berens.*
49 Römer 5.] *Über die Rechtfertigung durch den Glauben und die Überlegenheit der Gnade über die Sünde.*
50 ersten Entwurf] *Vgl. zu III 79,43.*
50f. von Pyrmont komme] *Vgl. III 90,5f.*
52 Moses] *»Aelteste Urkunde«, Bd. 2, als Exegese von 1. Mose, Kap. 2–6.*
53 Geschenke an Büchern] *Vgl. zu III 78,20.*
54 Orientalia] *Vgl. III 72,31.*
56 Hamann] *Hartknoch hatte mit B zu III 86 Hamanns Antwort auf III 75 abgeschickt und mit Erläuterungen zu vier dunklen Stellen versehen (trotz der Exponenten im Text in Ziesemer/Henkel nicht beachtet). Er hatte Hamann im Vertrauen alles über H.s Lage in Bückeburg verraten und auch, daß er H.s Reisen finanziert hatte (vgl. zu I 78,13). Hamann vertraute ihm an, daß er das Mskr. »Philologische Einfälle und Zweifel« Moser geschenkt hatte (vgl. N, S. 800, zu 87.).*
59 viel Segen] *Vgl. III 96,4ff.*
60 Deinen Jungen] *Vgl. III 78,38.* – eine Anke von Tharau!] *Lied von Dach (oder Albert), hier: eine Braut, vgl. III 32,40.*
60ff. In dem Kistchen ... nicht zwei.] *Vgl. zu III 78,7f.,9.*
61 (auf der Post sind keine 10. Thaler gekommen)] *Auf der Rückseite von B₁ zu III 78 neben der Adresse: »nebst 1 Kistchen in Leinen, 10. R[eichstaler] an Werth«.*
63 Klopstocks gelehrte Republik] *Vgl. III 79,35–42.*
64 Gesch[ichte] lies Gesch[enk] *Vermutlich ein Band »Predigten«. Hartknoch hatte am 15.5.1774 mit Johann Heinrich Steiner und Carsten Niebuhr bei Zollikofer »eine sehr vergnügte Abendmahlzeit gehalten«.*
66 beide Sachen spedirt] *Die Auslieferung der Bückeburger Geschichtsphilosophie und der Schrift »An Prediger« erfolgte Mitte Juni 1774, vgl. III 86,25–28.*

81 (N). AN KLAMER EBERHARD KARL SCHMIDT, *Bückeburg*, 28. Mai 1774

(D₁: Auszug in: Klamer Eberhard Karl Schmidt's Leben und auserlesene Werke, hrsg. von dessen Sohne und Schwiegersohne. Bd. 1, Stuttgart und Tübingen 1826, S. 24f.)

3 Ihrem Büchlein] *»Katullische Gedichte«.*
3f. Cornelius] *Cornelius Nepos.*
6 der Critik abgestorben] *Vgl. III 27,42; 31(N),36f.; 32,29f.*
10 Verbittung] *Entschuldigung.*
12 Deutschen Helikon] *Siehe R, S. 726. Vgl. Christian Heinrich Schmid, »Kritische Nachrichten vom gegenwärtigen Zustande des Teutschen Parnaßes« im »Teutschen Merkur«, Mai, Juni und Dezember 1773.*
12f. Uhus ... Bären] *In der erst im Februar 1775 anonym erschienenen Literatursatire Heinrich Leopold Wagners, »Prometheus, Deukalion und seine Recensenten«, gehören u. a. Papageien, Esel, Nachteulen, Gänse, Frösche und Löwen (von den Titelvignetten verschiedener Rezensionsorgane) zu den »Dramatis personae«.*
14 Echos von Midasstimmen] *Gerüchte, vgl. R, S. 732.*
16 Katull] *Catull.*
22 Sänger-Petrarcha] *Vgl. zu II 97,118.*
23 Sänger-Katull] *Vgl. zu 3.*
26 Gleim] *Gleim hatte am 20. 3. 1774 für Karoline seine »Gedichte nach den Minnesingern« (Berlin 1773) und an H. das Mskr. von »Halladat« zur Beurteilung geschickt und von Schmidt »nächstens eine ganze Sammlung seiner catullischen Gedichte« angekündigt. Nur von H. sei der junge Dichter aufgemuntert worden, den »unsere critischen Dunse ... in verschiedenen ihrer ungelehrten Nachrichten angegrunzt und angeschnarcht« haben (V. u. a. Herder I, S. 34).*

81 a. AN DAS SCHAUMBURG-LIPPISCHE KONSISTORIUM, Bückeburg, 1. Juni 1774

Allerdings muß, meinem Erachten sogleich
   1.) die M i l c h k u h heraus gegeben
   2.) die Aufrührer, mit welcher Autorität es auch geschehen, gestraft werden – und glaube ich nicht, daß Einer meiner Hrn Kollegen, der Pflicht- u. Rechtmäßig in seinem Collegio fühlt, andrer Meinung seyn kann. Die Strafe zu bestimmen überlaße ich den ältern Gliedern, nur bin der Meinung, daß vom Consistorio die Bestimmung geschehn müße, da dagegen peccirt worden. Wären dergleichen Sachen frei u. zu thun löblich, so wollte lieber im Sande spielen, als im Consistorio richten.
   Bückeburg d. 1. Jun. 774.   Herder

ÜBERLIEFERUNG. H: *Kopenhagen, Privatbesitz: Prof. Dr. Erik Dal.* – D: *ungedruckt.*

ZUM TEXT: **4** geschehen, ⟨fühlbar⟩ gestraft werden, **7** daß ⟨es⟩ vom Consistorio.

4 Aufrührer] *Ein nicht zu rekonstruierender Verstoß einer Dorfgemeinde gegen Vorschriften des Konsistoriums. Vgl. zu II 89,9f.*
8 peccirt] *Verstoßen, gesündigt (»pecciren« von »peccare«).*

82. An Johann Friedrich Hartknoch und Jakob Friedrich Hinz, *Bückeburg, Anfang Juni 1774*

3f. Sachen Ihrer Fabrik] *Neuerscheinungen aus ihren Verlagen von der Leipziger Messe.*
5 Kratzfuß] *Verbeugung.*
6 gelehrtes Schreiben] *Nicht überliefert.*
7f. jus talionis] *Wiedervergeltungsrecht.*
9ff. Penzel ... über Katull] *Vgl. III 175(N),**34ff**.*
11f. In posterum Deus providebit!] *Für das Künftige wird Gott sorgen!*
13 durch H. Weiße ergangnen Brief] *Vermutlich B zu III 80.*
14ff. Briefe an ... einhändigen zu laßen.] *Briefe an Willamovius und Essen (außer den Rigaer Billetten I 41 und 57) sind nicht nachweisbar, an Hamann zuletzt III 75.*
15 Super pastorem ... de Essen] *Oberpastor von und zu Essen (scherzhaft).*
16 Bohnenstroh] *Die trocknen Stengel und Blätter der Bohnen (Adelung). Vermutlich eine sprichwörtl. Redensart für »Erfolg«.*

83 (N). An Heinrich Christian Boie, *Bückeburg, 8. Juni 1774*

7 ist Klopstock da] *Vgl. **11–16**.*
8 sich ... tapfer angreifen] *Sich anstrengen, daß der Almanach gut wird.*
8f. die Unbeschnittenen] *Im Alten Testament die Feinde des Volkes Israel. Hier in übertragener Bedeutung für die Kritiker Klopstocks und die Gegner des Sturm und Drang.*
11 Klopstocks Werk] *Vgl. III 79,**35–42**. – Banquerout] Bankrott.*
15 Wienerischen Korrespondenz] *Klopstocks Briefe an Joseph II., Fürst Kaunitz u. a. über seinen im April 1768 entworfenen Plan eines Wiener Nationalinstituts zur Hebung der Wissenschaften und Künste in Deutschland 1768–1772; im Februar 1773 zusammengebunden (50 Briefe), an vertraute Freunde versandt (Muncker: Klopstock, S. 420).*
17f. Hartknoch ... Dieterich selbst sprechen.] *Über den Verlag von Hemsterhuis' Schriften, die H. und Boie übersetzen wollten; vgl. zu III 57,**17**.*
20f. Ihre Bogen u. die Vignettenprobe] *Hemsterhuis-Übersetzung Boies, nicht überliefert.*
25 Michaelis Bibel ... Josua] *Johann David Michaelis, »Teutsche Uebersetzung des alten Testaments«, Bd. 4, 2. Hälfte, Bd. 5, 1. Hälfte.*
26 – Bibliothek] *Michaelis, »Orientalische und Exegetische Bibliothek« (siehe R, S. 688).*
27 nach Pyrmont] *Vgl. III 88.*
31ff. die Volkslieder ... zurückverschrieben] *Vgl. zu III 80,**15**.*
33f. wenn Sie einige haben] *Boie übersetzte selbst englische Volkslieder.*

84 (N). An Christian Gottlob Heyne, *Bückeburg, 8. Juni 1774*

3 Provinzialblättern] *Vgl. zu III 80,**66**.*
7f. Jamblichus ... u. Timaei Lexicon] *Vgl. III 118(N),**36**,**58f**. H. benutzte beide Werke für die aus dem Entwurf »Johannes« entstandenen »Erläuterungen zum Neuen Testament« (vgl. SWS VII, S. 346, 392).*
11–15 Klopstocks Kindereien] *Vgl. III 75,**148–151**; 79,**35–42**; 80,**63**. Heyne war über »das Klopstockische Possenspiel« verärgert, mit dem »das alte Kind geglaubt dem Buchhandel und selbst der Deutschen Litteratur eine andere Richtung zu geben«. Klopstock kenne »von dem Zustand der Gelehrsamkeit in Deutschland nicht einmal das ABC« (A).*

17 nach Pyrmont] *Vgl. III 88. Heyne, der am Fieber litt, bedauerte, nicht dort sein zu können (A).* – einige Hrn von Hannover] *Zimmermann nannte am 22. 4. 1774 (vgl. III Anm. 84) den Konsistorialpräsidenten von dem Bussche, Heyne in A Brandes.*
19 Heine] *Heyne.*
21 Inlage] *N III 83. Heyne äußerte über Boie: »Das vorher unbedeutende Männchen wird täglich affectirt englisch unausstehlicher« (A).*

85 (N). AN JOHANN JOACHIM SPALDING, Bückeburg, 15. Juni 1774

4 nicht erkennen will] *»An Prediger« erschien anonym.*
7, 18ff. Stellen aus seinem Buch] *»Ueber die Nutzbarkeit des Predigtamtes« und »Gedanken über den Werth der Gefühle«.*
9 in der Vorrede] *Die Zitate (als Mottos vor neun der fünfzehn »Provinzialblätter« und als Allusionen im Text) seien nur »Gelegenheiten ... über gewiße ähnliche Materien weiter hineinzugehen und zu forschen. Man kann uneinig in Meinungen seyn, und doch die Denkart eines Mannes, selbst mit dem, was uns Mangel oder Irrthum dünkt, sehr ehren« (SWS VII, S. 227).*
15f. Tellers ... Nothankers] *Die Berliner Rationalisten und Neologen.*
16 Nothankers] *Nicolai nach seinem Roman (vgl. zu III 13,6), siehe R, S. 418f.*
18ff. von einem Buch] *Vgl. zu 7.*
23 Der zu starke Ton] *H.s leidenschaftliche Polemik gegen Spaldings Auffassung vom Predigtamt (vgl. zu III 40,41–44) äußerte sich in einem emotional regellosen Stil mit umgangssprachlich-okkasionellen (eigenen) Wortbildungen (vgl. Haym I, S. 630ff.) und höhnischen Anwürfen.*
26f. Gegenschreier ... voraussehe] *Spaldings Freunde, Teller, Sulzer und Nicolai, reagierten empört. Vgl. III 102(N),6–98; 104,27–32; 114,7–12; 129,29ff.; 131,7–14; 175(N), 51ff.; 181(N),80f. Zimmermann zitierte in A zu III 105 aus Sulzers Brief vom 12.12. 1774: »Herder ist mir unbegreiflich. Sein Betragen gegen Spalding ist hier jedermann ein Räthsel: wie ist es möglich, daß man denselben Menschen lieben und hassen, hochschätzen und verachten könne?« (Nachlaß II, S. 344).*
28 Kabale] *Geheime tückische Ränke.*
30f. Zeiten des Widerspruchs ... vorbei seyn sollen] *Vgl. III 32,29f.*
31 Rettung u. Aufklärung der Offenbarung] *Vgl. III 75,28–32.*
34 der Tag] *Der Tag des Gerichts, vgl. III 75,35.*
35f. Versengung aller Dornen ... Stoppeln] *Vgl. Jesaja 9,17; 47,14.*

86. AN JOHANN FRIEDRICH HARTKNOCH, Bückeburg, 18. Juni 1774

5, 7 Inlage ... Medaillen.] *Graf Wilhelm zu Schaumburg-Lippe sandte an Eisen mit Dank für dessen »Unterricht von der allgemeinen Kräuter- und Wurzeltrocknung« und die »Proben aus dem Herbario vivo« als Zeichen seiner Wertschätzung von »Erfindungsgeist, Talenten« und deren nützlicher Anwendung »eine goldene und zwey silberne Medaillen« (16. 6. 1774; Schaumburg-Lippe III, Nr. 480). Eisen dankte am 22. 8. 1774 aus Torma, rühmte das Interesse des Grafen an der Menschheit und erwähnte eine Verbesserung des »Herbarium vivum« und die langjährigen vergeblichen Bemühungen um die »Abschaffung der Leibeigenschaft« (Johann Georg Eisen. Ausgewählte Schriften, S. 646f.; vgl. zu II 166,20).*

6 eilig, sicher u. treu] *Wie eine Münzumschrift bzw. Devise der Reichspost von Thurn und Taxis (?).*
10 Empfang melden] *Hartknoch erhielt Brief und Medaillen am 2./13. 7. 1774. Als Ersatz für seine Unkosten durch das Porto wünschte er von Graf Wilhelm eine kupferne Medaille (A; vgl. N, S. 803).*
12 Heirathsnachricht] *Während seines achttägigen Aufenthalts in Königsberg auf der Rückreise nach Riga hatte Hartknoch durch Hinz' Vermittlung Albertine Toussaint kennengelernt, ihr »gutes Herz, voll sanften Gefühls« entdeckt und an Heirat gedacht, zweifelte aber noch, ob sie nach Livland gehen würde (B).*
15 aus dem Hause] *Toussaint.*
17f. wie Adam ... sagen könntest.] *Vgl. 1. Mose 2,23 (vgl. »Adrastea«, 3. Stück, »Der erste Traum«; SWS XXIII, S. 297f.).*
19 Gut] *Die Mitgift.*
20 fahre zu u. thue frisch] *Vgl. Jesus Sirach (siehe R, S. 650) 31,27.*
21 Brief aus Königsberg] *B.* – Hamanns] *A zu III 75.*
24 strikte kaufmännisch] *Mit exakter Datumsangabe des Bezugsbriefes und Betreff. Gustav Berens nannte das am 16. 12. 1769 in Bordeaux (A auf H.s nichtüberlieferten Brief vom 2. 12. 1769, vgl. I Anm. 74) »einen Kaufmanns-Styl« (LB II, S. 131).*
25 Exemplare von Predigern u. Philosophie] *Vgl. zu III 80,66.*
26 Druckfehler] *Vgl. zu III 80,9f.*
27 Praefaminis loco] *Anstelle der Vorrede. Vgl. III 90,20f.; SWS V, Vorbericht, S. XXVII; »Vorrede«, S. 594 (der Originalausgabe beigegebene Liste von 32 Druckfehlern).*
29–32 Die Volkslieder ... entlaße!] *Vgl. zu III 80,15. Hartknoch hatte Ife angewiesen, H. das Mskr. zurückzuschicken oder, falls er schon mit dem Druck angefangen hätte, diesen bis zu einer Gegenorder H.s fortzusetzen (A).*
30 pariren] *Gehorchen.*
33 Pack von Hertel] *Vgl. III 80,31; 82,3f.*
34 Wetstein] *Vgl. zu III 35,35. H. werde ihn »bald erhalten« (A).*
35 Johannes] *Siehe R, S. 46.* – das Kleck] *Der Kleck bzw. Klecks = Flecken (Adelung); in H.s Sprachgebrauch für »Entwurf«, abgeleitet von »klecken« (nach Grimm seit Luther verächtliches Kraftwort für »schreiben«).* – 2. u. 3. Kapitel Mose] *Vgl. zu III 79,43. »Du must auch fleißig über die Urkunde seyn, damit das nicht Fragmente u. leere Versprechungen bleiben« (A).*
36, 62 auf Pyrmont] *Vgl. III 88.*
37f. das Oelkrüglein von Sarepta] *Vgl. 1. Könige 17,14; R, S. 815.*
39–42 unsre Briefe ... u. warteten.] *Vgl. III 80,27ff.,35ff. H. solle »kaufmännischer« denken und nicht »von dienstbaren Geistern u. von beßern Anstalten« reden. Des Portos wegen würden die Briefe nicht einzeln befördert (A).*
44 Meßkatalog] *Vgl. zu III 78,20. Hartknoch versprach, alles, was H. darin angestrichen hatte und er entbehren könne, einzupacken und für ihn nach Bremen zu schicken (A).*
46 Bahrdts Bibliothek] *»Allgemeine theologische Bibliothek« (R, S. 643). Vgl. zu III 18,26. Am 10./21. 8. 1773 (vgl. N, S. 802) hatte Hartknoch vertraulich mitgeteilt, daß in seinem Verlag »künftige Ostern« dieses Periodikum unter Leitung Bahrdts beginnen werde.* – Pauli] *Hartknoch nahm sich daraufhin vor, das Buch zu lesen (A).*
49 die vom Engel] *Erwähnt in der 1. Niederschrift des 1. und 2. Buches der »Erläuterungen zum Neuen Testament« (SWS VII, S. 442, Lesart b; HN IV, 8).*
51 Hexe] *Vgl. zu III 63,15.*
52 seine andre Sachen] *Vgl. III 75,56f.; zu III 18,42.*

53 Arabische Uebersetzung] *Für H. hatte Hartknoch von Johann Gotthelf Lindner »den Tograi für 15 Gr[oschen] Preuß[isch Curant]« erworben (B). Übersandt am 15./26. 10. 1774 (A₂ zu III 100; vgl. N, S. 803).*
54 Ursprache] *Arabisch.*
55 Uebersetzungen aus Rom] *Es handelte sich hier um eine Oxforder Edition.* – Hariri Consessus] *Edition von Albert Schultens.*
56 Alphabetum tibetanum] *Von Georgius. Wie das vorhergehende Buch von Hartknoch übersandt.*
58 von Thunmann] *Ein Brief an H., »den philosophischten Sprachkenner der je gewesen« (vgl. N, S. 803), und seine Schrift »Untersuchungen über die Geschichte der Völker von Osteuropa«.*
61 Georg Berens] *In A wurden die Grüße erwidert.* – Matrimonialsache] *Ehesache, vgl. zu 12.*
67f. das einzige Kind unsrer liebsten Gräfin] *Emilie Comtesse zu Schaumburg-Lippe.*

87. AN JOHANN KASPAR LAVATER, *Bückeburg, 18. Juni 1774*

3 Sub Rosa das Buch!] *Vgl. zu* **10**; *I 131,71f.*
4 zum Emser Brunnen] *Siehe R, S. 759. Offenbar Mitteilung Zimmermanns, da Lavater selbst bisher Schwalbach als Kurort genannt hatte (vgl. zu III 79,3,22).* – Eden] *Das Paradies, siehe R, S. 793.*
6f. Zimmermann ... schon entflohen.] *Zimmermann weilte am 16. und 17. 6. 1774 in Bückeburg auf dringende Einladung des Grafen Wilhelm, der um den Gesundheitszustand der Gräfin Maria sehr besorgt war (dessen Brief vom 15. 6. 1774; Schaumburg-Lippe III, Nr. 479). Nach dem Tagebuch der Gräfin (vgl. ebd., S. 518) konnte er ihr helfen, aber ihr Kind starb (vgl. III 86,67f.).*
9 Pyrmont] *Vgl. III 88. Zimmermann war mit Frau v. Doering (vgl. zu III 56,46) den ganzen Juli 1774 in Pyrmont (Bodemann I, S. 237).*
10 dies Buch] *Bückeburger Geschichtsphilosophie. Vgl. III 76,6; 78,26f. Lavater sah in dieser und in »An Prediger« überall »Licht, und Basedow, der den Verfasser nicht weiß, nichts als Nacht« (A).*
10f. zeige u. sage niemand meinen Namen] *Lavater hatte Hartmann bei seinem Besuch (vgl. zu III 75,169) H.s Brief III 29,37f. lesen lassen, ihm aber Schweigepflicht auferlegt. Hartmann sprach darüber in Riga mit Hartknoch, der es H. im Juni 1774 vorwurfsvoll mitteilte (V. u. a. Herder II, S. 61).*
12 freue Dich ... Zürcher bist!] *Vgl.* **21f.** *Gegenüber den deutschen Verhältnissen erschien H. der politische Zustand der Schweiz verklärt als bürgerliche Freiheit und Demokratie. Wie Karoline am 7. 9. 1807 an Johann Georg Müller schrieb, soll H. mehrmals gesagt haben: »Müller hat doch ein Vaterland – o wie viel ist dies wert! Meine Kinder haben keines« (Hoffmann; Müller, S. 293).*
14ff. Felix Heß] *»Denkmal auf Johann Felix Heß«, vgl. III 107,27ff.*
17 Vorreife] *Frühreife.*
19, 41 ein Buch] *»An Prediger« hatte H. an Pfenninger geschickt, denn Lavater als Schüler und Freund Spaldings (vgl. zu III 40,40,45) fürchtete er zu verletzen. Pfenninger dankte begeistert am 29.–31. 8. 1774 (H: Kraków).*
21 Stellen, die ... Monarchie sind] *H.s Polemik gegen die Auffassung vom Prediger als Diener des absolutistischen Staates, vgl. zu III 40,41–44.*
23 Deine Briefe] *Lavaters Briefe enthalten keine wesentlichen Äußerungen über die Geschichtsphilosophie und »An Prediger«. Vgl. zu* **10**. *An Hartmann (vgl. zu III 75,169)*

zählte er am 10.10.1774 beide Schriften zu den »goldensten Werkchen des Jahrhunderts« (Janentzky, Lavaters Sturm und Drang, S. 97; vgl. zu II 127(N),13ff.).
24 Deinem Brunnen] *Bad Ems.*
25 Der Engel Gottes steige Dir hernieder] *Vgl. Johannes 5,4.*
27 idealisch] *Im Geist.*
29 meine Geschwister] *Vgl. III 79,29f.*
30 Moser] *In Lavaters Briefen an H. nicht erwähnt.*
31 Vor Merck hüte Dich] *Vgl. III 75,75–90.*
32 Deine Physiognomik] *Vgl. zu III 40,49f.*
33 Feuerkette ... Funken] *Vgl. II 9,175f. und »Erläuterungen zum Neuen Testament« (SWS VII, S. 416).*
36 Philosophie] *Bückeburger Geschichtsphilosophie.*
37f. wie Schlüßel ... Ende der Welt] *Vgl. III 75,34f. Diese eschatologische Deutung der Geschichte trifft zu auf die »Erläuterungen zum Neuen Testament«, die mit dem Abschnitt »Auferweckung der Todten, Gericht und Weltende« enden (SWS VII, S. 458ff.; vgl. Haym I, S. 575).*
41f. 1. Exemplar ... einem Briefe] *III 85(N).*

88. AN GRAF FRIEDRICH ERNST WILHELM ZU SCHAUMBURG-LIPPE, Bückeburg, 30. Juni 1774

5 HämorrhoidalKolik] *Vgl. III 79,4f.*
6 von folgendem Montage an] *4.7.1774.*
8 auf drei Wochen] *Graf Wilhelm gewährte H. drei Wochen Urlaub und wünschte »den besten Erfolg« der Kur (A, vgl. N, S. 803). Vgl. III 90,5ff.*

89. AN GRAF FRIEDRICH ERNST WILHELM ZU SCHAUMBURG-LIPPE, Bückeburg, 3. Juli 1774

5 gegenwärtige Schrift] *Bückeburger Geschichtsphilosophie.* – blöde] *Furchtsam, zaghaft.*
6 würde ichs auch gar nicht wagen] *Graf Wilhelm war ein Vertreter des aufgeklärten Absolutismus, den H. in dem Pamphlet bekämpfte. Vgl. III 32,23ff.*
7 das Bekänntniß entfahren] *In einem Gespräch mit dem Grafen.*
9f. vor zwei Jahren verfaßt ... erscheinen] *In Wirklichkeit hatte H. 1772 nur Material gesammelt (vgl. II 66,82ff.) und im Sommer 1773 die Schrift verfaßt (vgl. III 18,3ff.). Eine holländische Preisfrage zur Geschichtsphilosophie wurde nicht ermittelt, vielleicht nur als Entschuldigung fingiert.*
11 Das Einseitige] *Die zeitkritische Polemik.*
13 die Gegenseite ... helle dargestellt] *Von Voltaire, Iselin u.a. vom Standpunkt des aufklärerischen Fortschrittsoptimismus.*
14 zweiter Theil ... Dokumente] *Eine auf den Adressaten zugeschnittene andere Konzeption als III 87,36ff.; vgl. auch IV 18,17–21.*
21f. vergäßen ... überreichet.] *Vgl. zu 6. Eine Meinungsäußerung des Grafen zu der Schrift ist nicht überliefert.*
22 Beitrag zu vielen Beiträgen] *Der Untertitel der Geschichtsphilosophie.*
23 Stimme aus der Wüste] *Vgl. Matthäus 3,3.*
29 einige andre Blätter] *»An Prediger«.*

90. An Johann Friedrich Hartknoch, Bückeburg, 23. Juli 1774

5, 70f. vom 18. Juni] *B*.
6f.,70f. aus Pyrmont ... 14. Tage gewesen] *Vgl. III 88.*
8–19, 74 Ehe, Bräutigamschaft] *Vgl. zu III 86,12. In einem undat. Brief von Juni 1774 (V. u. a. Herder II, S. 61) schrieb Hartknoch, er sei »durch einen Refus [einen in Riga erhaltenen Korb] schon ganz schüchtern und traue jetzt zu wenig.« Vgl. zu III 95,3ff.*
20 Ife] *Hartknoch entschuldigte in menschlichem Mitgefühl den säumigen Drucker, der mit seinen Angestellten und durch Krankheiten in seiner Familie viel Kummer gehabt und zur Messe »abgezehrt« ausgesehen habe (B).*
20f. Verzeichniß von Druckfehlern] *Vgl. zu III 86,27. Ife schickte an Hartknoch zu seiner Rechtfertigung die Druckmskr. der Geschichtsphilosophie und der Schrift »An Prediger« und hatte darin »entsetzlich viel Stellen roth angestrichen, wo der begangene Druckfehler im Manuscript steht« (A zu III 95).*
21 Abbitte] *H.s Briefe an Ife sind nicht überliefert.*
23 Wetstein u. Bianchini] *Hartknoch wunderte sich, daß H. sie noch nicht hatte (A). Vgl. zu III 35,35; 57,34. – io Triumphe!] O Triumph!, Freudenausruf.*
24 Kirchers Schriften] *Mit der in A₂ zu III 100 (vgl. N, S. 803) aufgelisteten, sehr reichhaltigen Büchersendung (durch »den Schiffer Friedrich Rist, der das Schiff die Stadt Bremen führt«) schickte Hartknoch für H. (an den Bremer Buchhändler Johann Heinrich Cramer) u. a. »Oedipus Aegyptiacus« und weitere Schriften Kirchers sowie die anderen 24f. und 28 genannten Werke. Vgl. zu III 114,6. – Kabbala denudata] Von Knorr von Rosenroth.*
25 Pocock] *Pococke. – Shaw] Vgl. zu I 105,70.*
26 ausgezognen Niebuhr] *»Beschreibung von Arabien«.*
26f. Büsching] *Nicht zu ermitteln, um welche Schrift bzw. Zeitschrift es sich handelte.*
27f. Brief- ... Wetterstreit] *Vgl. III 80,20–30; 86,39–43.*
28 Poly] *Poole. – Golius] Sein arabisches Lexikon.*
30f., 68 Kupferstiche] *Siehe R, S. 682.*
32 keine Bleibe haben] *Vgl. H.s Bemühungen um eine Berufung nach Göttingen II 171(N) bzw. seine Hoffnung auf eine andere Stelle. – Bräutigam] Vgl. zu 8–19.*
33f. unreine Geist ... geschmückt] *Vgl. Matthäus 12,43f.*
34 Besemen] *Oberdt. Plural von »Besen«, so von Luther gebraucht (Adelung).*
35, 37 Berens ... Die Summe] *Nach B wollte Georg Berens H. 230 Albertustaler geben (V. u. a. Herder II, S. 62). Hartknoch versprach in A, sie bald zu übersenden.*
37 errette uns ... Noth] *Vgl. Apostelgeschichte 7,10.*
39f. Handschrift] *Revers, Schuldverschreibung.*
41–45, 78 Johanna Schwarz] *Verheiratete Dyrsen; vgl. zu II 27,111.*
45f. Mit Mitau u. Hartmann ist Nichts.] *Hartmann wollte H. zur vakanten Stelle des Theologieprofessors in Mitau mit einem Gehalt von 600 Albertustalern verhelfen (B). Hartknoch riet H. dazu in einem undat. Brief von Juni 1774, weil er »von da aus« eher die Aussicht habe, Oberpastor in Riga zu werden (V. u. a. Herder II, S. 61). Vgl. zu III 75,169. In A wunderte Hartknoch sich über H.s kurze Ablehnung, erwähnte »1000 Thaler Gehalt« und versprach, sich für H.s Berufung einzusetzen.*
47 Brief aus Königsberg] *B zu III 86.*
48 etwas auf meine Urkunde] *Vgl. zu III 75,8f.;94f.*
51 erschreckliches Wetter alles 3. wegen] *»Aelteste Urkunde«, Bückeburger Geschichtsphilosophie, »An Prediger«. Vgl. III 104,27ff. – Nikel] Nicolai.*
52 fulminanten Brief] *»Heftig eifernd«, B zu III 92; vgl. III 131,15f. – Nachtkanne] Nachttopf.*

52f. »Ich habe ... zugesandt«] *Unzutreffende Behauptung, vgl. III 92,24ff.*
55f. Mendelssohn ... in Pyrmont] *Vgl. III 94,38–43; IV 160(N),20ff.*
58 Fachphilosoph] *Vgl. V 50(N),25f.* – Leyen] *Laien.*
61 macht keine –] *Vgl. 9.*
62 von der Ehe] *Von Hippel, vgl. IV 62(N),70–75.*
65 Teppiche] *Mit der Büchersendung (vgl. zu 24) schickte Hartknoch* »6 Teppiche, an die Erde zu legen«. *Vgl. III 133,11f.; 158,17f.*
67 erinnern] *An seinen Besuch im April 1774.*
73 dem September ... entgegen] *Vgl. III 96,4ff.*
78 eine Verwandte von Georg Berens] *Nichte, vgl. zu 41–45.*

91 (N). An Johann Joachim Spalding, *Pyrmont oder Bückeburg, zweite Hälfte Juli 1774*

6f. Daß die ProvinzialBlätter ... das sagte.] *Vgl. 49ff.*
9 im Vorbericht] *Vgl. zu III 85(N),9.*
11 aus Luther] *Aus der* »Vorrede« *zu Bd. 1 der Gesamtausgabe der deutschen Schriften, Wittenberg 1539, vor dem vierzehnten Blatt (SWS VII, S. 302).* – Melanchthon] *Aus dem vorangestellten Brief an den Leser der* »Loci Praecipui Theologici nunc denua cura et diligentia summa recogniti multisque in locis copiose illustrati« *von 1543 (nach Thomas Zippert in FHA 9/1, S. 945), vor dem sechsten Blatt (SWS VII, S. 252).*
15, 54 billigen] *Gerechten, maßvollen.*
16 unrichtigsten Gesichtspunkt] *D.h., man könne nicht vom Motto auf den Inhalt schließen.*
21 beregter Stellen] *Veraltet für »erwähnte Stellen« (Adelung).*
23 den Brief] *III 85(N).*
24ff. Heuch- u. Schmeichelei ... Widerspruch verbände.] *Privatbrief und Buch machten in der Tat – und zu Recht – auf Spalding selbst (B und A) und seine Freunde einen zweideutigen Eindruck. Vgl. 37f.,51ff.*
30–34 wir nicht selbst ... selbst sind.] *Sophistischer Rechtfertigungsversuch, in dem der Autor die Verantwortung für sein Buch an das Lesepublikum (und dessen Rezeptionsmißverständnisse) delegiert, ebenso wie er zwischen der Person Spalding und seiner literarischen Wirkung unterscheidet (34ff.).*
39 das wenigste Sie betrifft] *Vgl. aber zu III 40,41–44.*
39f. künftiger Ausgabe] *Obwohl H. wiederholt an eine neue Ausgabe dachte (IV 18,30; VI 161,104), hat sich erst Johann Georg Müller 1807 einer freien Umarbeitung der »Provinzialblätter« für die Gesamtausgabe der Werke unterzogen, indem er Teile der Druckfassung und des Entwurfs (vgl. zu 41) kontaminierte und die Polemik abschwächte (vgl. Haym I, S. 611, Anm. 50; SWS VII, Einleitung, S. XVIff.).*
41 farrago von 2. Bänden] *Allerlei, Gemengsel (lat., span.); der Entwurf (HN IV,2f.; SWS VII, S. 173–224, unvollständig, vgl. S. XVIIf.). Der Entwurf ist im Unterschied zu der vorrangig aktuell polemischen Druckfassung eine historische Darstellung parallel zur Bückeburger Geschichtsphilosophie und »Aeltesten Urkunde«: die Geschichte des geistlichen Amtes und seines Verfalls (»I. 1. Patriarchen. 2. Priester. 3. Propheten; II. 1. Christenlehrer. 2. Lehrer der Kirche. 3. Predigerphilosophen«). Vgl. Haym I, S. 612–626.*
45 gütiges Schreiben] *Spalding hatte die Schrift »An Prediger« mit »so viel Tadel und solchem Tadel« nicht gleichgültig aufgenommen. H. habe sein Buch »Ueber die Nutzbarkeit«*

mißverstanden; ihre gemeinsame geistliche Aufgabe sei wichtiger als ihre nur in der Methode (»langsame Schritte zur Wahrheit« und »Adlerflug«) unterschiedlichen Auffassungen (B).

46 andre Nachrichten aus Berlin] *In Pyrmont wurden H. Gerüchte zugetragen, vgl. III 94,8ff.,22ff.*

47f. in Berlin nur ... Einen Exemplar exsistirte] *Vgl. III 94,24f.*

49–53 ein vornehmer Geistlicher ... andern Seite redet] *Spalding schickte H.s Schrift zum Lesen an Wilhelm Abraham Teller und zeigte ihm seinen Brief. Gleich danach schrieb Teller über H.s zweizüngiges Verhalten an seinen Freund Jerusalem (nach Teller an H., N III Anm. 91; Impulse 13, S. 275f.).*

54 billiges Herz] *Vgl. zu 15. In B bat Spalding auch H. um »unparteiische Billigkeit für seine Brüder, die Prediger und die Menschen«.*

55ff. die Uebersendung ... reuen dorfte.] *Vorwurf der Indiskretion gegen Spalding, der in der Mitteilung an seine Berliner Freunde nichts Unrechtes sah (A). Vgl. III 94,28f.*

61f. zweite, simple Erklärung gegen Euer HochWürden] *Nach III 85(N); an Spalding allein gerichtet.*

62 Urtheile andrer] *Vgl. zu 49–53.*

64 kränkliche Zufälle] *Spalding erwähnte seine »apoplektischen Zufälle« (B).*

92. AN CHRISTOPH FRIEDRICH NICOLAI, Bückeburg, 29. Juli 1774

5 Brief] *B₂. –* Bild] *Nicolais Silhouette, die Christian Felix Weiße anfertigen ließ, als Gegengabe für die Silhouetten H.s und Karolines, die Hartknoch mitgebracht hatte (B). –* Geld] *36 Taler in Gold, die Abrechnung für H.s Rezensionen für die »Allgemeine deutsche Bibliothek« 1773/74 (vgl. O. Hoffmann: Nicolai, S. 135f.).*

8 Pyrmonter getrunken] *Vgl. III 88,5ff.*

12 abzubiegen u. davon zu schweigen] *Fast in jedem Brief hatte Nicolai H.s Stil kritisiert. In B₂ hatte er resümiert, daß ihre Meinungen immer weiter auseinandergingen. In A beteuerte er mehrfach seine »Offenherzigkeit« und beklagte H.s Zurückhaltung und Mißverstehen von B₂.*

16 Abschied sagt] *Vgl. zu III 21,13f.; 48,3.*

17f. Patriarchenscheidung] *»Wenn wir aber scheiden, so sey es brüderlich, wie jene Patriarchen: ‚Wilt Du zur rechten, so will ich zur linken.'« (B₂). Vgl. 1. Mose 13,9.*

22 unschuldige Urkunde] *Fast der ganze Brief Nicolais enthält sein ironisch abwertendes Urteil über Bd. 1 der »Aeltesten Urkunde« (vgl. Haym I, S. 648).*

22f., 31 nicht gelesen haben, nicht verstehen] *»Ob ich gelesen habe, ist keine Frage; daß ich verstehen soll, verlangen Sie vielleicht selbst nicht« (B₂).*

24ff. Ich habe ... beschweren zu müssen] *Nicolai war in Leipzig »ein Exemplar auf Schreibpapier zugesendet worden«, er vermutete, auf H.s Veranlassung (B₂).*

26 Ahndung] *Hier: Bestrafung.*

27 des seeligen Klotzens] *Vgl. zu II 35,35; III 32,30.*

28 in dreifacher Absicht sonderbare Briefe] *Ungebetene Urteile über eine unverstandene und anonyme Schrift an deren vermuteten Autor.*

30 Mich ... Publikum?] *Alle drei Absichten wären verfehlt. Nach A sollte der »Ton der importunen Freundschaft« H. darauf hinweisen, »daß er Schaden stifte wo er zu nutzen glaubt«.*

35ff. das Phantastische, abscheuliche Ding ... Phantasieloser ... Genius] *Polemisch vergröbernde Zusammenfassung von Nicolais Urteil und dessen Charakter; die Kontro-*

verse auf einen Nenner gebracht. – Nicolai fühlte sich mißverstanden; er habe zuviel Phantasie (A).
36 herzlich betrüben] *Der Leser der »Aeltesten Urkunde« »wird betrübt« über H.s Sprachstil, der im »Wandsbecker Bothen« mit »reißenden Fluthen« verglichen werde (B_2).*
39ff. den Recensenten ... wahrscheinlich wird] *Bd. 25, 1. Stück (1775); siehe R, S. 642.*
46 Ihre Denkart zur Norm] *Die normativen Tendenzen in Nicolais Briefen an H. betrafen nur den Stil, während er andere Auffassungen in den Rezensionen durchaus gelten ließ. Vgl. zu II 88,20; III 21,13f. Auch in A wies Nicolai H.s Vorwurf entschieden zurück; trotz gegensätzlicher Meinungen habe er H.s Rezensionen abdrucken lassen.*
47ff. Wie H. Nikolai ... Amen!] *H. sprach Nicolai auf verletzende Art die fachliche Kompetenz über den Inhalt der »Aeltesten Urkunde« ab. Nicolai fühlte sich in A dadurch nicht beleidigt, sah aber in »solchen Worten, das Signal zur Feindschaft« (auch 25f.,63–66).*
49 in secula seculorum] *In Ewigkeit.*
50 »Meine Einbildung] *»Sie bilden sich ohnfehlbar ein, Ihre Lea habe mir meine Götzen gestolen, und ich käme nun über den Scheideweg zurück, um sie mit Gewalt zu holen« (B_2). Vgl. 1. Mose 31,19.30. – in Sandwüsten]* »*Mir war wirklich gesagt worden, Sie wären mit Ihren Heerden zwischen Sandwüsten und reißende Flüsse gerathen, und da kam ich ganz unschuldiger Weise, und wollte helfen« (B_2). Nicolai versuchte, den ihm unverständlichen Metaphernstil H.s ironisch nachzuahmen. – meine Schreibart]* »*Sie schreiben orientalisch« (B_2).*
51f. Nothnagels Sandwüsten] *Vgl. zu III 13,6.*
53f. »Einer Ihrer Freunde ... 3ten mal verständlich«] *»Einer Ihrer Freunde, hat an einen andern geschrieben, er solle nicht eher über die Urkunde urtheilen bis er sie siebenmahl gelesen hätte! War es denn nicht möglich es so einzurichten, daß sie wenigstens beym 3ten und 4ten mahle verständlich wäre!« (B_2). Nicolai notierte auf seiner Kopie von A: »Lavater«.*
56 den Wandsbecker] *Am 3., 7. und 10. 6. 1774 (siehe R, S. 662); Schluß der Rezension der »Aeltesten Urkunde«: »daß die Sprache in diesem Buch nicht sei wie ein gewöhnlich Bette, darin der Gedankenstrom ordentlich und ehrbar hinströmt, sondern wie eine Verwüstung in Damm und Deichen.« Danach B_2: »es wäre besser, sie sey wie die Donau, die alles mit sich fortreißt, oder wie ein angeschwollner Strom, der Bette und Damm durchbricht und in reißenden Fluthen über Feld und Wald daherbraust.«*
57 Sebaldus Nothanker] *Vgl. zu III 13,6.*
57f. Eberhards Predigten] *Wahrscheinlich Johann August Eberhards Antrittspredigt.*
61ff. Denken Sie ... nicht gebühren?] *Vgl. zu 46.*
65f. des Artikels der Christlichen Liebe] *Vgl. Römer 12,10; 1. Korinther, Kap. 13.*
68ff. für so manche ... verbunden] *In A vorwurfsvoll zitiert.*
70 nicht den mindesten Groll] *Ebenso schließt A.*
75ff. ob auf dem Kaukasus ... Brydon sie beschreibt?] *Bei der Lektüre von Brydones »Reise«, S. 169 (Sonnenaufgang, vom Aetna aus beobachtet) kam Nicolai wegen der Ähnlichkeit der Beschreibung mit der in der »Aeltesten Urkunde« der Gedanke, Moses könnte »anstatt auf Sinai auf dem Aetna« gestanden haben und »das Paradies anstatt in Klein-Asien vielmehr in Sicilien gewesen« sein, »da die orientalische Bilder- und Hieroglyphensprache nach Europa herüber verpflanzt werden kann« (B_2). Vgl. zu 50.*
78 Allegorischen Beutel] *Nicolai warnte vor dem übermäßigen Gebrauch der Metaphern: »da Methaphorische Ausdrücke einem Beutel gleichen, den man nach Belieben auf und zuziehen kann« (B_2).*

93. AN FRIEDRICH VON HAHN, Bückeburg, 5. August 1774

3 mein Buch] *Die Bückeburger Geschichtsphilosophie.*
5 das Licht] *Die Aufklärung.*
7 macht das Licht glücklich?] *Voller Hohn wies H. nach, daß die Aufklärung gerade gegen das individuelle Glück wirkte (vgl. SWS V, S. 545–553).*
8 Gallflecken] *Metaphorisch für die sarkastische Kritik der Gegenwart im 2. Abschnitt (vgl. SWS V, S. 534–553).*
10 neue Ausgabe] *Vgl. IV 18,19ff.*
10f. das 3te Stück] *»Dritter Abschnitt. Zusätze« (SWS V, S. 554–586): positivere Sicht der Gegenwart mit (unbestimmten) hoffnungsvollen Aussichten auf die Zukunft.*
13f. unsre Reise] *Vermutlich hatte Hahn in Pyrmont mit H. über den Plan einer gemeinsamen Italienreise gesprochen.*
15 verändert] *Seit der ersten Begegnung in Eutin im Frühjahr 1770 (vgl. zu I 79,4).*
17 Sirocco] *Heißer Südostwind an der Adria, hier metaphorisch für unangenehme Situation.*
18 Nachrichten] *Vgl. zu III 91,46.*
21 bouteille] *Flasche (Pyrmonter Wasser), H.s Nachkur, vgl. III 90,60,77.*
23 Preisfrage] *2. Preisaufgabe der Berliner Akademie für 1775/76, siehe R, S. 690; darüber Gespräch mit Hahn in Pyrmont.*
23f. medius terminus] *Mittelsatz, Verbindungsbegriff in einem Vernunftschluß.*
24f., 33f. (erkennen u. geniessen)] *»Vom Erkennen und Empfinden«, älteste Fassung, siehe R, S. 17.*
25f. im Wesen … eines eingeschränkten, sich vervollkommenden Geistes] *»Das Hauptgesetz also des Einflußes und der Abhängigkeit beider Kräfte liegt in der Natur des eingeschränkten, endlichen Wesens« (SWS VIII, S. 255).*
27f., 30 höhern Mathematik] *Vgl. III 120,12–15.*
31 fast immer Oel der Leidenschaft nöthig] *Selbsteinschätzung H.s, besonders für seine Bückeburger Schriften mit ihrer zeitkritischen Polemik zutreffend.*
35, 46 Bolingbrocke] *Vgl. III 110,87f.*
36f. frauenzimmerlich] *Behutsam, ordentlich nach Frauenart.*
37 Ihrer Bibliothek] *In Neuhaus, Hahns Gut bei Kiel. Friedrich Leopold Graf zu Stolberg-Stolberg nannte die Bibliothek (12000 Bände) 1779 »eine Quintessenz der griechischen, deutschen, lateinischen, englischen, französischen und italienischen besten Schriften« (D_2, S. 403f.).*
38 Plastik] *Vgl. zu I 79,25ff.*
38f. Bibliothek Ihres Schwagers] *Wulff v. Blome; er besaß auf seinem Gut Salzau östlich von Neuhaus viele Ansichtswerke (D_2, S. 404).*
39 ungeselligen Einöde] *Bückeburg, vgl. zu III 7,4.*
40 daß man doch für Etwas da ist] *Vgl. zu II 100,33f.*
40f. was man soll … streben muß] *Vgl. III 122(N),30ff.*
41f. Nachricht] *Vermutlich wollte Hahn sich wegen einer Berufung H.s nach Holstein erkundigen.*
43 Philoktet] *»Philoktet auf seiner wüsten Insel« (SWS V, S. 552), hier metaphorisch für H.s Existenz in Bückeburg; siehe R, S. 11, 736.*
44f. älteste Urkunde … Register] *»Erster Theil. Eine nach Jahrhunderten enthüllte heilige Schrift« (SWS VI, S. 195–324) und das analytische Inhaltsverzeichnis »Rücksicht« (ebd., S. 502–511).*
47 Frau Gemalin] *Wilhelmine Christine v. Hahn.*

93a. AN CHRISTIAN GOTTLOB HEYNE, *Bückeburg, etwa Anfang August 1774*

3 eine Münze] *Vgl. zu III 74,15f.; 86,5.* – in den Zeitungen] *»Göttingische Anzeigen«.*
5 Timaeus] *III Anm. 93a korrigiert N, S. 803. Vgl. zu III 84(N),7f.* – Ihr Fieber] *Vgl. zu III 84(N),17.*

94. AN JOHANN KASPAR LAVATER, *Bückeburg, Mitte August 1774*

3 Deine Zeilen] *B, nur Empfangsbestätigung von H.s Schriften; vgl. zu III 87,10,19.*
3f. übersandte Schweizerbrieflein] *Häfeli an Lavater, Elsau, 17.7.1774. Begeisterte Zustimmung zu H.s »Aeltester Urkunde«, dem »himmlischen Buch« eines »ausserordentlichen Genies«, dessen »nervigte Sprache manchem Torheit und Aergernis ist und Dunkel verbreitet« und dessen Lektüre »Selbstdenken und angestrengtes Aufmerken« verlangt. Häfeli habe daraus vieles gelernt und seine anderen Bücher »auf die Seite gelegt«. H. begleite ihn »auf allen seinen Wegen, und öffne ihm Auge und Herz zu sehn die schöne Natur, und in derselben zu fühlen – Gott«. Lavater habe Häfeli zuerst »des Irrthums gebahntem Pfad entrissen« (Bonin, S. 30f.).*
5 von ihm Nachricht] *Lavater sandte H. »ein ziemlich ähnliches Bild des redlichen Candidaten Häfeli, eines der redlichsten Forscher der Wahrheit« (A).*
6 unter welchem Drucke] *»O ihr Menschen, o Nachtwirbel! – Ich habe viel zu leiden; dies ist alles, was ich Dir itzt sagen kann« (B). Ebenso A: »Ich bin jetzt außer mir, ...; es liegen Läste ohne Zahl auf mir.«*
8 »homo proponit] *... sed deus disponit.« Der Mensch denkt, Gott lenkt. Schon in William Langlands Versdichtung »The Vision concerning Piers the Plowman« (1362); nach Sprüche Salomos 16,9.*
9f. Versammlungsort eines Unwetters, 12 trübe Wolke] *Vgl. 22ff.; zu III 91(N),46, 49–53.*
11 Zimmermann] *Vgl. zu III 87,9.*
14 Brunne] *Ältere (richtige) Form von »Brunnen« (Grimm).*
15 Initiation] *Einweihung.*
16 ein Kind] *Vgl. III 96,4ff.*
17f. helfe ... vom Schwert] *Cento aus Psalm 22,21 und Hebräer 4,12.*
20f. das Anstößige beider Schriften] *Vgl. zu III 87,10,19.*
21 Spalding nicht also] *Vgl. zu III 91(N),45f.*
22ff. Nachricht ... zugeschickt.] *Vgl. zu III 91(N),24ff.,46,49–53.*
24f. Ein Exemplar ... in Berlin] *Vgl. III 91(N),47f.*
25f. ein 2tes Blatt] *III 91(N).*
27f. Seinen Brief ... schicken.] *B zu III 91(N); vgl. zu 21; nicht an Lavater geschickt.*
28 unreife Güte] *Vgl. III 105,54.*
29 übersendest nicht!] *»An Prediger«.*
31 aisance] *Ungezwungenheit, Gemächlichkeit.*
34 Du must nicht erliegen!] *Vgl. zu 6.*
36f. Zusammenkunft mit Basedow ... mit Göthe] *In Bad Ems. Lavater übermittelte mit B (vgl. zu III 87,10) einen Gruß Goethes. Über Goethes Reise mit Lavater und Basedow auf Lahn und Rhein (15.7.–12.8.1774) vgl. »Dichtung und Wahrheit«, 14. Buch (WA I 28, S. 263–281).*
37 detrompiren] *Enttäuschen, eines Besseren belehren.*

38–43 Moses Mendelssohn] *Vgl. III 90,55–60. Lavater urteilte wie H. über ihn: »Alles Heitre! aber ressort philosophischer Schöpfungskraft, anziehende, begeisternde Erhabenheit – nirgends!« (A).*
40f. wenig ... Anhänglichkeit] *Der in Pyrmont anwesende Johann Georg Zimmermann bemerkte, daß Herder und Mendelssohn »den höchsten Beyfall fanden, aber ... jeder dieser zwey Männer für den andern etwas Repulsives hatte« (an Sulzer, 4. 12. 1774; Bodemann I, S. 242).*

95. AN JOHANN FRIEDRICH HARTKNOCH, *Bückeburg, Ende August 1774*

4 ersten nähern Nachricht] *Hartknoch hatte am 2./13. 7. 1774 über seine erfolgreiche Brautwerbung berichtet (H: Kraków). Vgl. zu III 86,12. Am 19./30. 7. 1774 berichtete er Karoline H., die ihm in Bückeburg die Geschichte ihrer Liebe zu H. erzählt hatte, ausführlich »den Anfang und die Fortschritte seiner Liebe für Albertinchen Toussaint« und zitierte aus seinem Briefwechsel mit Albertine, ihrer ältesten Schwester, Sophie Marianne Courtan, und ihren Schwägern, den Königsberger Kaufleuten Jean Claude Laval und George Gottlieb Rappolt. Außer Hinz hatte ihm auch Hamann zu dieser Verbindung geraten (H: Kraków).*
7 mit Rappolt] *Nicht dieser, sondern Frau Courtan hatte von einem »allerliebsten Duett« geschrieben, das Hartknoch mit seiner Braut singen solle. Zuvor müsse er »alle Morgen ein frisches Ei herunterschlucken, um seine Stimme helle zu machen« (nach Hartknochs Bericht an Karoline). – herzer Herr]* »Herz« *als Adjektiv im 17. Jh. »traut, lieb, wert« (Grimm). Vgl. VII 168,57f.*
8 alten Sündenkram fegt aus] *Scherzhaft über Hartknochs abgewiesene Heiratsanträge in Riga, Vgl. zu II 166,32 (darüber erneut am 2./13. 7. 1774). Vgl. 1. Korinther 5,7.*
9 Heirath] *Vgl. III 100,3,21.*
12 die Bücher] *Vgl. III 100,16. Hartknoch hatte am 2./13. 7. 1774 angekündigt, die von H. im Meßkatalog angestrichenen Bücher, wenn er sie nicht verkaufen könne, zusammenzupacken und nach Bremen zu schicken (vgl. zu III 90,24). – an Hartmann ... geschrieben]* Nicht nachweisbar. Vgl. III 99,46f.; 100,17ff.; zu III 90,45f.
15 Das von Berens] *Vgl. III 100,14ff.; zu III 90,35. – Ebbe- u. Fluthmann]* Wechselhaft.
15f. weibliche Jüngling dort] *Matthias Claudius.*
17 in die Pforten gezogen] *Nach Riga zurückgekehrt.*
22 Begrows Brief] *Ein nichtüberlieferter Brief H.s an Begrow, wahrscheinlich mit einer scherzhaft-anstößigen Überschrift.*

96. AN JOHANN KASPAR LAVATER, *Bückeburg, 3. September 1774*

3 Den 24. August] *B, vgl. zu III 94,5,6,38–43.*
4 Griechenweiblein] *Vgl. zu I 85,41f. – In B zu III 105 bezeichnete Zimmermann Karoline als »Engel mit Griechischer Stirn und Nase und Schweizerischer alter, liebenswürdigster Treuherzigkeit« (Nachlaß II, S. 342f.).*
4ff. mein Ebenbild ... gebohren.] *Gottfried H.*
7 ihn Gott geopfert] *Taufe in der Bückeburger Stadtkirche am 2. 9. 1774. Gräfin Maria dankte am 30. 8. 1774 vom Wilhelmstein für die Ehre der Patenschaft und bat darum, daß Frau v. Bescheffer sie bei der Taufe vertrete, da sie am nächsten Tag mit Graf Wil-*

helm nach Hagenburg gehe (H: Bückeburg, Niedersächs. StA, Fürstl. Hausarchiv). Am 1.9.1774 schrieb sie aus Hagenburg, daß sie dabei »vielleicht ein Bischen geweint« hätte, und das sollte H. nicht sehen (H: ebd.). *Vgl. III 86,67f.*
10f. ευδοκια εν αγαπητω, εν εικονι] *Wohlgefallen am Geliebten, am Bild. Vgl. III 99,12; nach Matthäus 3,17; 12,18. Lavater schrieb, das Bild werde sich von dem H.s entfernen (A).*
14 neuem Beruf des Lebens] *Lebenszweck. Vgl. III 99,13f. Lavater schrieb in seiner »Mitfreude«, H. werde »nun dreifach leben!« (A).*
15 die Geheime Rätin] *Charakteristik Friederike v. Hesses von Lavater. Vgl. zu III 79,23.* – Häfeli] *Vgl. zu III 94,5.*
16 in Einem der Jünger] *In »Der Messias«, 3. Gesang, Vers 105–524, Charakteristik der zwölf Jünger.*
17 2. Herders] *Schweizer Geschlechter, siehe R, S. 260.*
19 Johannes] *Siehe R, S. 46; vgl. III 99,44f.,62ff. Lavater wünschte von H.s »Paraphrase doch bäldest ein Morceau [Bruchstück]« (A).*

97 (N). AN CHRISTIAN GOTTLOB HEYNE, *Bückeburg*, 5. September 1774

3 Geschenke] *Neuerschienene Bücher.*
5f. 28. August ... erfreuet.] *Vgl. III 96,4ff.*
9 zum Besuch] *Vgl. III 99,11.* – Lucina] *Siehe R, S. 730.*
11 ähnlich ... u. Abbild] *Vgl. III 96,4,10f.; 99,9,12.*
13f. ohne ... Milchfieber] *Vgl. III 99,11; 100,11.*
17 Ihre vortrefliche Freundin] *Vgl. zu II 58(N),23f.*
18 nehmen ... Theil] *»Sie haben sich so in das Patriarchische Ideal hineingearbeitet, daß ich wohl glaube, von vielen Tausenden empfindet nicht einer den Segen der Verheißung so wie Sie« (A).*
20 Ihrem Fieber] *Vgl. III 93a,5; zu III 84(N),17.*
25 Therese wieder gestärkt] *In A zu III 84(N) hatte Heyne nach einem vierzehntägigen Krankenlager seiner Frau ihre langsame Besserung erwähnt.*
27 Timäus ... was drinn lag] *Vgl. III 118(N),58ff.; zu III 93a,3,5.*
28f. Priestlei's Method ... of air] *Vgl. III 98,16ff.; 118(N),19f.*
31 Ribov] *Heyne ging in A auf diesen Wink mit dem Zaunpfahl nicht ein. Vgl. zu II 173(N),5,26.*
32 Beausobre] *Vgl. III 118(N),21f.; zu II 171(N),40.*
40 lege, corrige, occulta!] *Lies, berichtige und verbirg es! (die Bückeburger Geschichtsphilosophie).*

98. AN GRAF FRIEDRICH ERNST WILHELM ZU SCHAUMBURG-LIPPE, Bückeburg, 5. September 1774

5 Fulda's Preisschrift] *»Ueber die zween Hauptdialekte der deutschen Sprache«; vgl. III 253(N),183f.*
9 Theilnehmung mit unsrer Freude] *Vgl. zu III 96,7.*
13 Katalogus] *Vgl. zu III 78,20.*
13f. Priestley ... kleine Werke] *»Auserlesene kleine Werke«.*
16ff. Priestley's Buch ... zu erhalten.] *Vgl. III 97(N),28f.; 118(N),19f.*

99. An Johann Georg Hamann, Bückeburg, 10. September 1774

4 Ihr Brief] B_2.
7 Ihr 44.tes] *Am Anfang von B_2 machte Hamann »Feyerabend ... für sein 44 Jahr«.*
9 mein Ebenbild] *Vgl. III 96,4f.*
11 zum Besuche] *Vgl. III 97(N),9. – ohne Milchfieber] Vgl. III 97(N),13f.*
12 ευδοκιαν εν εικονι, εν αγαπητω του κολπου] *Wohlgefallen am Bild, am Geliebten des Schoßes. Nach Matthäus 3,17; 12,18 und Johannes 1,18. Vgl. III 96,10f. »Ist jemand der die Vaterfreuden lebhafter kennt, so ist es Ihr Freund« (= Hamann, A). Hamann hatte einen »Gevatterbrief« erwartet (B_2).*
13f. wiedergebähren ... Berufs!] *Vgl. III 96,14.*
15 Pegelow] *Vgl. zu III 43,12. – D.] Doctor.*
15f. Brief an meine Schwester] *Vgl. III 72,35f. Katharina Dorothea Güldenhorn klagte in ihren Briefen an H. vom 29.5. und 23.8.1774, daß sie immer vergebens auf Nachrichten von ihm warte und seine Freunde die ihnen anvertrauten Briefe 3 oder sogar 7 Monate liegenließen (Gebhardt/Schauer II, S. 12–15).*
16 an dem Vieles lag] *H.s Schwester sollte ihren Neffen in Königsberg Hartknoch übergeben. Vgl. zu III 18,35f. – Inlage] An die Schwester.*
19 Claudius ist ein hinkender Bote] *Siehe R, S. 675f.*
20 Asmus ... seyn sollte.] *= Asinus (Esel).*
20f. Mancherlei noch Etwas] *Hamanns Selbstanzeige seiner Bolingbroke-Übersetzung (R, S. 219). Bode schickte erst am 14.2.1775 an Hamann 12 Freiexemplare (ZH III, Nr. 435).*
21, 64 προλεγομενα] *»Christiani Zacchaei Telonarchae Prolegomena«, vgl. zu III 75,8f.,94f. Von Hamann am 9.5.1774 über Claudius an Bode zum Druck gegeben, der damals sehr überlastet war und das Mskr. lange liegenließ (B_2; Claudius an H., 13.9.1774, Nachlaß I, S. 386). – Postlegomena] Nachwort, hier nur als Wortspiel zum Vorhergehenden.*
22 lettre perdue] *Vgl. III 75,57. Falls H. die Schrift nicht erhalten habe, könne er zur Herbstmesse auf eine »mit zwey Lettres perdues vermehrte Ausgabe« rechnen (B_2). In einem Brief an Hartknoch vom 23.9.1774 zitierte Hamann 22f.,27f. und 36–40 und bat um die Übersendung der neuen Ausgabe an H. durch Hinz (ZH III, Nr. 413), den er selbst am 21.8.1774 darum gebeten hatte (ebd., Nr. 410).*
23, 28 Catalog] *Messe- oder Sortimentskataloge.*
24 Treuherzigkeit] *Hamann hatte in B_1 vom »treuherzigen Bruder« Moser (vgl. zu III 31(N),26) geschrieben und von H. »Offenherzigkeit« über seine »Prolegomena« (vgl. zu 21) gewünscht.*
24f. was ... drauf folge?] *Nichts erfolgte auf die satirische Klage Hamanns über seine dienstlichen und finanziellen Verhältnisse. Vgl. III 163,27ff.*
27 Claudos] *Die Hinkenden (Akkusativ Plural). – Claudios] Vgl. 19.*
29ff. Die Recension ... Fehler ansehn wird] *Hartknoch hatte Hamann eine Rezension der »Aeltesten Urkunde« im »Hamburgischen unpartheyischen Correspondenten« vom August 1774 (siehe R, S. 675) mitgebracht, worin H. Spott und Tadelsucht und eine falsche Etymologie im Hebräischen vorgeworfen wurde. Auch Hamann hatte den Fehler erkannt (B_2): H.s Ableitung des Wortes »Rakia«, Himmelsweite, von »Rakak«, verdünnen (SWS VI, S. 233, 237), in der Polemik gegen Johann David Michaelis' »Historia vitri apud Hebraeos« (in »Commentarii Societatis Regiae Scientiarum Gottingensis«, Bd. 4, 1754; vgl. SWS VI, S. 228, Anm. a). Nach W. Gesenius' Wörterbuch (1810/12) hatte H. recht (John W. Rogerson).*

31f. der ganze Michaelis aus dem Werk] *Auch Hamann wünschte, daß die Polemik gegen den berühmten Orientalisten »aus der Urkunde ausgestrichen wäre«, erinnerte H. aber am Beispiel der »Fragmente« daran, »daß durch neue Ausgaben keine Palingenesie möglich ist« (A).*

32 2te Auflage] *Hartknoch hatte 1781 von Bd. 1 »nur ungefähr 200 [Exemplare] noch« (A_1 zu IV 166); 1787 erschien davon eine unveränderte 2. Auflage.*

33f. in den Erfurtern] *»Erfurtische gelehrte Zeitungen« vom 14. 7. 1774 (siehe R, S. 667).*

36–40 Mit der Urkunde ... kein Exemplar – –] *Von Hamann zitiert, vgl. zu 22.*

36 2. andre Stücke] *Bückeburger Geschichtsphilosophie; »An Prediger«. Vgl. III 110, 36ff.*

40 über alle 3. viel leiden!] *Vgl. III 104,27f.,30–33; 110,40–46.*

42 Spanischen Schlößern] *Sprichwörtlich für »Luftschlösser, Chimäre«; z. B. in La Fontaines »La laitière et le pot au lait« (»Das Milchmädchen und der Milchtopf«; »Fables« III, 133): »des chateaux en Espagne«.*

43 Geschichte aus Königsberg] *Wahrscheinlich nur lokale mündliche Überlieferung.*

44f. unter 2ter Abschrift] *Vgl. 62ff.; zu III 96,19.*

46f. nach Mitau ... Winke!] *Hamann erwähnte ein Königsberger Gerücht, Hartmann sei gegen die Berufung Starcks nach Mitau und für H., der vielleicht »wieder in unsre Gegenden und das glückl. Norden verpflanzt seyn« wolle (B_2). In A aber riet er H. davon ab; er erwartete nichts von Hartmann, nachdem dieser auf der Durchreise auf ihn und Kant keinen besonderen Eindruck gemacht hatte. Vgl. III 110,58f.; zu III 90,45f.; 95,12.*

48 Meiners] *Hamann fragte in B_2 nach dem in einer Fußnote der »Aeltesten Urkunde« (Originalausgabe, S. 299; SWS VI, S. 441) erwähnten Gelehrten (vgl. zu III 36(N),30), den er mit Johann Werner Meiner verwechselte (in Hamanns Bibliothek dessen hebräische Sprachlehre, Nadler 5, S. 50, Nr. 176). – die Revision] Vgl. zu II 85(N),56f.*

48f. eine Psychologie] *»Kurzer Abriß der Psychologie«.*

49 K. u. W. Seite 154.] *Hamann vermutete unter der Abkürzung (SWS VI, S. 327) »Kant u. Wieland« (B_2); in der Fußnote steht der abgekürzte Titel von Goguets »Untersuchungen«.*

51ff. Ihren Plan ... keine Handlung!«] *Hamann hatte vom 5. 6. bis 10. 7. 1774 »alle Sonntage ein Pensum [»Aelteste Urkunde«] gelesen ... aber fast keinen Vortheil von dieser gantzen Lesung gehabt«, sein »Kopf scheine nichts so gut als im Gantzen zu faßen«. Er hoffte aber, H.s Wunsch (vgl. zu III 75,91f.) noch zu erfüllen: »ein Plan, vor deßen Umfang er bis weilen selbst erschrecke ..., gantz Drama, kein Epos« (B_2).*

57 meines Gottgegebnen] *Vgl. 5–14.*

60ff. 7. Augen im Stein] *Von Johann Ernst Faber. Hamann hatte nach dem »Ausleger« gefragt und wo man die Schrift finde (B_2). H. ging später nicht mehr darauf ein. Die von Faber aus dem Englischen übersetzten und erläuterten »Betrachtungen über den Orient aus Reisebeschreibungen« von Thomas Harmar (Hamburg 1772) hatte er in den »Frankfurter gelehrten Anzeigen« vom 28. 8. 1772 überwiegend negativ beurteilt (SWS V, S. 448–452).*

62 Zend-Avesta] *Von Anquetil-Duperron. – Neuen Testament] Vgl. III 96,19f.*

63 den Tellers] *Vgl. III 104,37ff.; zu III 91(N),49–53. – Jannes u. Jambres] Siehe R, S. 706.*

64 Finger der Kraft] *Vgl. 1. Korinther 2,4. – προλεγομενα] Vgl. zu 21.*

65 den 25. u. 28. August] *Vgl. 6f.*

65f. Männin] *Karoline. Vgl. 1. Mose 2,23.*

100. AN JOHANN FRIEDRICH HARTKNOCH, *Bückeburg*, 10. September 1774

3 Heil Euch] *Hartknoch schrieb über die Vorbereitungen zu seiner Hochzeit am 13. 9. 1774 (B).*
5f. Vaters Ebenbild] *Vgl. III 96,4f.; 97(N),11; 99,8f.*
8 sein Pathe] *Neben der Gräfin Maria u.a. (vgl. R, S. 251). Hartknoch nahm die »Pathenpflicht« gern auf sich und versprach, für H.s Kind wie für sein eigenes zu sorgen, »sobald es nöthig ist« (A_1).*
10 Männin] *Vgl. zu III 99,65f.*
11 Kein Milchfieber] *Vgl. III 97,14f.; 99,11.*
12 wiedergebohren] *Vgl. III 96,14; 99,13f.*
13 Lucina] *Vgl. zu III 97(N),9.*
14 das Berenssche Papier] *Wechsel (mit A_1 übersandt), vgl. III 95,15; zu III 90,35.*
16 Eure Bücher] *Vgl. zu III 95,12. Nach A_1 standen die Bücher »im Laden« bis zur nächsten »Schiffsgelegenheit« am 15./26. 10. 1774.*
17 nach Mitau] *Vgl. zu III 90,45f. Hartknoch berichtete in A_1, daß Sulzer wegen der »Provinzialblätter« gegen H. eingenommen sei und in einem Brief an Hartmann vor H.s Charakter und seiner Unverständlichkeit gewarnt habe.*
20 Erstlinge meiner Jugend] *Vgl. III 31(N),24; nach 1. Mose 49,3.*
21 neuen Stande] *Vgl. zu 3.*

101. AN BERNHARD CHRISTOPH BREITKOPF, *Bückeburg*, 21. September 1774

4 ein Manuscript] *»Erläuterungen zum Neuen Testament«. Vom endgültigen Druckmskr. sind nur einzelne abgeschnittene Blätter erhalten (HN IV, 15–22; vgl. SWS VII, Einleitung, S. XXXVIIf.). Von der Vorstufe »Johannes« (R, S. 46) sind zwei Niederschriften überliefert (HN IV, 5, 7), von den »Erläuterungen« drei Niederschriften (HN IV, 8–14), darunter das erste, zurückgezogene Druckmskr. (HN IV, 13, 14), um das es sich hier handelte. Vgl. III 104,37ff.; 114,18–22.*
5 wie die älteste Urkunde] *Vgl. III 26.*
6 Anmerkungen] *Umfangreiche exegetische Ausführungen über den Grundtext in kleinerem Druck, vgl. 23f.*
7 Einleitung] *In gleicher Schriftgröße wie der Grundtext gedruckt.*
8 Hauptstücke ... bezeichnet] *Gliederung wie Bd. 1 der »Aeltesten Urkunde«: drei Bücher mit je sieben Kapiteln (»Hauptstücken«) – nach der Sabbat-Hieroglyphe (vgl. zu I 105,43–49).*
9 Register] *Ein Inhaltsverzeichnis steht am Schluß des Buches; ein Register kam nicht dazu, vgl. III 146,6f.*
13 paginiren] *Das geplante Register.*
16 ein Alphabet] *23 Druckbogen; die 144 Quartseiten des Originaldrucks machen mit 9 Bogen weniger als die Hälfte eines Alphabets aus. – Rand] Vgl. III 26,8.*
17 Zollikofer] *Zollikofer hat nicht nur Korrektur gelesen, sondern die Umarbeitung der Schrift veranlaßt, vgl. III 104,37f.*
20f. nicht während des Drucks ... komme.] *Vgl. III 42,11f.*
27 Commißion] *Auftrag.*
28 mit ... besuchen.] *D. h., einen Probebogen schicken.*

102 (N). AN JOHANN JOACHIM SPALDING, *Bückeburg*, 29. September 1774

4ff. meinem letzten Briefe] *III 91(N).*
6 von H. Teller] *Vom 22. 9. 1774 (Impulse 13, S. 274–278).*
9, 43, 57 »herzhaften« Erklärungsbrief] »... *herzhafte Erklärungen meines Herzens« (ebd., S. 277).*
10 einig] *Einzig.*
11, 47ff., 53f., 92 einem fremden Briefe] *H. an Spalding, III 85(N) und besonders III 91(N).*
14f. an Fremde ... erdichten] *An Jerusalem, vgl. zu III 91(N),49–53.*
19,25 Gloße über meinen zweiten Brief] *Tellers Brief an H. – ein Kommentar zu III 91(N).*
21f. Ich kann ... Sie wenden] *Vorwurf der Indiskretion an Spalding, der anderen H.s Briefe zu lesen gab. Von Spalding zurückgewiesen; er sah darin nichts »Unerlaubtes«, da er mit H. »nie in vertraulicher Verbindung gestanden« hatte (A).*
27 Gloßatoren] *Ausleger, Worterklärer.*
28f., 41, 60 Zweideutigkeit von Charakter] *Vgl. zu III 91(N),24ff. Darüber hatte auch Teller an Jerusalem geschrieben (vgl. Impulse 13, S. 275).*
30f. Verbindungen mit Berlin, Halberstadt] *Ein »auswärtiger Freund« H.s (Gleim) habe ihn »dem Hrn. Chef des hiesigen geistlichen Departements [Zedlitz] sehr dringend zur Generalsuperintendur in Halberstadt empfohlen« und »die abschlägliche Antwort des Hrn. Ministers« den Berliner »geistlichen Räthen« zugeschrieben (ebd.). Vgl. zu II 147,3; 155,6; 156,6f. Teller unterstellte H., daß er deswegen die »Provinzialblätter« verfaßt habe. Vgl. 80; III 110,40ff.; 116(N),64ff.; 129,30ff.*
31ff. Göttingen ... jenes Blatts zu fabriciren] *Wie »durchgehende Reisende aus Göttingen« in Berlin versichert hätten, wäre H. »nicht abgeneigt die daselbst [durch den Weggang Förtschs] erledigte Generalsuperintendur ... anzunehmen«. In einem H.s »hohen Geistesflug so ganz ähnlichen Fragment von Urtheilen über den neuesten Meßcatalogen« in den »Königsbergschen Zeitungen« (vgl. zu III 31(N),37ff.) würden die Brandenburger Theologen verdammt, die Göttinger und deren »Liebling« Seiler (in Erlangen) sowie Jerusalem (in Braunschweig), der Freund der Hannoverschen Kuratoren, aber gelobt (Impulse 13, S. 275).*
34 Bubenhafteste Weise] *In nichtswürdiger Art (Bube = Nichtswürdiger).*
34f. Lobrede auf Sie] *Die »Provinzialblätter« seien »eine Erniedrigung des wahrhaft großen Spaldings zum unchristlichsten Prediger, planlosesten Schriftsteller, kriechendsten Schmeichler der Großen«. Spalding »der Mensch und der Gelehrte und der Schriftsteller« sei »ganz nur Ein Mann« (gegen H.s Trennung des Menschen und Schriftstellers, vgl. III 91(N),34ff.) und »ein großer Segen für unser Berlinsches Publicum« (Impulse 13, S. 275ff.).*
38f., 50 an einen andern mißvergnügten ... aufzulösen] *Zitat Tellers aus einem Brief »vor einigen Jahren« (ebd., S. 277).*
42 Zeitungs-] *Vgl. zu 31ff..*
45 keinen Beruf] *Neigung, Grund, Veranlassung (Adelung).*
50 Er ist nicht werth] *Vgl. 39.*
51, 93, 99 billiger] *Vgl. zu III 91(N),15,54.*
52ff. zum Publikum ... aus Privatbriefen] *Vgl. zu III 91(N),24ff.,30–34.*
53ff. in einem Privatbriefe ... Hausfriedens.] *Tellers Brief sei kein »Hausfriedensbruch«; nachdem er von H.s Beschwerde an Spalding erfuhr, mußte er sich gegen H. selbst über seinen Brief an Jerusalem rechtfertigen. H. sollte Teller selbst antworten (A).*
62ff. den Knoten ... wegzuhauen] *Topos vom Gordischen Knoten, siehe R, S. 725.*

64f. Ich nehme ... zurück] *Vgl. III 112(N),***4**. *Spalding wollte »den ganzen Handel vergessen« und sich nur dann durch Veröffentlichung des Briefwechsels mit H. rechtfertigen, wenn für ihn oder seine Freunde »etwas Nachteiliges ins Publikum gebracht würde« (A).*
70 Teufelgesinntes Buch, das Libell] *H. habe in seinem »Herausforderungslibell« (= Schmähschrift »Provinzialblätter«) Spalding »einem solchen Engel Gottes die teuflische Larve eines finanzirenden [wuchernden] Jesuiten angedichtet« (Impulse 13, S. 275, 277; vgl. SWS VII, S. 282f., 293).*
74 haben dörfen] *Zu haben brauchte.*
75 unzeitige Güte] *Die Übersendung der »Provinzialblätter« an Spalding, vgl. III 113,* ***35f.***
79 Denkart ... so fremde] *Vgl. III 92,****43ff****.*
80 abscheuliche Beweggründe zu schreiben] *Vgl. zu* ***30f.***
83f. Spaldings Briefe gedruckt] *Vgl. zu II 13,****82****.*
87 ersinnt Märchen] *Vgl. zu* ***30f.***
90f. diesen Brief ... communiciren.] *Spalding lehnte das Ansinnen ab, sich »als Unterhändler u. Mittelsperson brauchen« zu lassen, um Teller »solche Beleidigungen ... zu hinterbringen«; dieser solle nie erfahren, daß H. »so über ihn geschrieben« habe (A).*
94f. eine andre Schrift ... nähcr angeht] *Vgl. III 99,****62ff****.; 104,****37f****.; zu III 101,****4****.*
97 Verbindungen ... erdenken] *Vgl.* ***30ff****. –* Ispahan] *Siehe R, S. 775.*
98 kleinkreisig] *»... kleinkreisige Denkart« (SWS VII, S. 283).*
99ff. billige Bitte] *Vgl.* ***89ff****.*
103 keiner Schmeichelei u. Heuchelei] *Vgl. III 91(N),****24****.*

103. An Graf Henrich Ernst zu Stolberg-Wernigerode, *Bückeburg, 1. Oktober 1774*

3–14 Wenn David ... dem Liede zu!] *Vgl. N, S. 803.*
7, 11 Vaterkönig] *Gott.*
12 milden Sohne] *Jesus Christus.*
17f. Sammlung ... Gesänge] *»Neue Sammlung geistlicher Lieder«. – Nach D (N, S. 803) begegnete H. dem Grafen zuerst am 9.7.1774 in Pyrmont.*

104. An Johann Friedrich Hartknoch, *Bückeburg, 15. Oktober 1774*

3 Brief u. Wechsel] *B, vgl. zu III 100,****14****.*
4f. 326 Thaler ... obs so ist] *»Der Wechsel ist ehrlich mit 326 Thlr. bezahlt worden, und Euer Wechsler verdient nicht aus dem Tempel getrieben zu werden« (A₂). –* Courant] *Gangbare Münze.*
6 meine Handschrift] *Berens werde von H. keine Schuldverschreibung verlangen (A₂).*
7 Gelehnte] *Geliehene.*
9 Mein Bübchen] *Hartknoch lobte auch seinen Sohn, der von ihm Schreiben, »im Laden arbeiten« und Noten lerne, von seiner Frau aber Lesen und Französisch (A₂).*
10ff. blauen Augen ... von der Mutter] *Vgl. III 31(N),****9****; 105,****60****; 107,****23****.*
12 Gesicht von mir] *Vgl. III 96,****4f****.; 97(N),****11****; 99,****9****; 100,****5f****.*
14f. webe ihn ... dem Herrn.] *Opfern, das »Webeopfer« oder »Schwingopfer« (»weben« nach Adelung in veralteter Bedeutung »langsam hin und her bewegen, Opfer, welche em-*

porgehoben und gegen die vier Himmelsgegenden bewegt wurden«), vgl. 2. Mose 29,24; 3. Mose 8,27.

15 Pathen] *Vgl. III 100,8.*
16 Basteln] *»3 paar Kinderschuhchen oder Pasteln« schickte Hartknoch mit der Büchersendung am 15./26. 10. 1774 (vgl. zu III 90,24).*
17 Alles zu vergeßen] *Vgl. 27f.*
18 Tapete] *Teppiche, vgl. zu III 90,65.*
19 Glückwunsch] *Vgl. zu III 100,3.*
20–24 die Erste Zeit ... müssen gestimmet werden] *Karoline mußte sich demnach ihrem Ehemann anpassen. – »Ich und mein Englisch [vgl. zu I 91,132] Weibchen haben uns schon gestimmt, mich Eures Gleichnisses zu bedienen« (A₂).*
27f. Ueber meine Bücher ... Stürme.] *Vgl. 39–42; III 102(N),70f.; 110,113f.; zu III 92,22,35ff.*
29, 32 Hartmann ... Mitau] *Hartmann wäre gut, wenn er »ein gemeinnütziger Gelehrter« würde, anstatt »große Männer im deutschen Merkur anzuzapfen« (A₂). Hartmann veröffentlichte im »Teutschen Merkur« 1773/74 drei philosophische Aufsätze. Vgl. III 110,58–61; 114,15–18; zu III 99,46f.*
30ff. die Hrn in Berlin ... ein Amt zu haben.] *Vgl. zu III 102(N),30f.*
31 mit sieben Mäulern] *Vgl. das Tier mit sieben Köpfen in Offenbarung 13,1.*
33 Kohle auf meinen Schedel] *Vgl. zu III 18,8.*
35 unnützer] *Vgl. II 100,32ff.*
36 Augurium] *Weissagung.*
37 Mein Zend-Avesta] *Vgl. zu III 101,4.*
37f. Zollikofer ... zurücknehme] *Vgl. III 101,17f.; 102(N),94f.; 114,18–22. Der betreffende Brief Zollikofers an H. und die Rückforderung des Mskr. an Breitkopf sind nicht überliefert (über das zurückgezogene Druckmskr. vgl. SWS VII, Einleitung, S. XXXVff., 465–470).*
39f. gemelli ... nati] *Zwillinge, unter einem bösen Stern geboren.*
40 Druckfehler] *Vgl. zu III 80,9f.; 90,20f.*
41f. Phantasie, Einbildung, Styl] *Vgl. zu III 92,35ff.,36,50,78. Zimmermann schrieb am 4.9.1774 über die Geschichtsphilosophie, daß nur »wenige Leute fähig« seien, H.s Stil »recht zu fassen«, und daß dadurch »viel von der Wirkung seiner großen Ideen verlorengehe« (Nachlaß II, S. 341). Auch Hartknoch meinte, H. sollte seinen Stil ändern und nicht polemisch schreiben (A₂).*
46 Wetstein et Compagnie] *Vgl. zu III 90,23.*
47 an Herteln] *Vgl. III 80,31ff.*
48 Schatten] *Hartknochs Silhouette. – Meßbücher] Vgl. III 86,33f.*
48ff. Hamann hat ... gelesen] *Hamann beschrieb in A zu III 99, wie er bei Neumond Hartknochs Brief an H. (B) versehentlich geöffnet und mit teilnahmsvoller Neugier gelesen hatte. Vgl. III 110,73f.; zu III 100,14,17.*

105. AN JOHANN GEORG ZIMMERMANN, *Bückeburg, zweite Hälfte Oktober 1774*

6 von Zimmermann, Lavater] *B; der erwähnte Brief von Lavater ist nicht nachweisbar.*
7 Othemholen] *»Othem, Odem« seit Luther in gehobenem und poetischem Stil Nebenform von »Atem«.*
8 ausgereist gewesen] *Zimmermann war vom 11. bis 26.9.1774 von Hannover abwesend, in Ballenstedt, Halberstadt, Wernigerode, Wolfenbüttel und Braunschweig (Bodemann I, S. 81, 238).*

9 »geht hin in alle Welt!«] *Christi Missionsbefehl, vgl. Markus 16,15.*
9f. Tage zählen] *Bis zu einer auswärtigen Berufung.*
10f. zweite Aprilreise nach Hannover] *Schon durch die erste Reise nach Hannover im Januar 1774 (vgl. III 61(N),**14ff**.) fühlte H. sich »in den April geschickt« (zum Narren gehalten). Er hatte am 20.9. an Zimmermann geschrieben, daß er Klopstock in Hannover sehen wollte (B). Von Klopstocks Einladung nach Karlsruhe (Aufenthalt von September 1774 bis März 1775, Verleihung des Hofratstitels) und einem möglichen Treffen mit H. in Hannover schrieb auch Claudius am 13.9.1774 (Nachlaß I, S. 386). Vgl. III 116(N).*
12–18 H. von Wüllen] *Vor dem Druck der Abhandlung »Wie die Alten den Tod gebildet?« (R, S. 22) verlangte er als Herausgeber des »Hannoverschen Magazins« (siehe R, S. 675) die Auslassung von zwei theologischen Stellen. Sein mit B übersandter Brief an H. ist nicht überliefert. Vgl. III Anm. 121. Die Abhandlung wurde später nicht in die »Plastik« aufgenommen (**19f.**), sondern in erweiterter Fassung in die 2. Slg. »Zerstreute Blätter« (vgl. R, S. 20).*
13 Kautelen] *Vorbehalte, Vorsichtsmaßnahmen. – Die zweite] Von der Auferstehung (im Druck beibehalten, vgl. SWS V, S. 674f.).*
14f. Mosheim ... demonstrirt habe.] *»Dissertatio de Jesu Christo«.*
18 das Manuscript] *Druckmskr., Abschrift von unbekannter Hand mit eigenhändigen Korrekturen H.s (HN II, 45; SWS V, Vorbericht S. XXVIIIf.).*
18f. Für Reich] *Als selbständige Veröffentlichung in der Verlagsbuchhandlung »Weidmanns Erben & Reich« (vgl. R, S. 461).*
21–25 Plastik ... tastende Gefühl.] *Vgl. den Entwurf »Über die schöne Kunst des Gefühls« (Paris, 2.12.1769; SWS VIII, S. 94ff.), dagegen den allgemeineren Untertitel der Druckfassung R, S. 12.*
26ff. Nur ein Blinder soll tasten! ... zerstreuen!] *Vgl. Eutiner Fassung der »Plastik«: »Gestalt – der tastende, unzerstreute Blinde sammlet sich davon weit gründlichere und vollständigere Begriffe, als wir, die mit der Leichtigkeit des Sonnenstrals über die Oberfläche hinwegglitschen« (SWS VIII, S. 121).*
29f. einst unter Menschen u. Statuen ... weissagte.] *Vgl. zu I 79,**25ff**.*
30f. Was Lavaters Physiognomik ... Statue werden.] *Nur scheinbar wird Lavaters Werk ein höherer Stellenwert (»Raphael«) zuerkannt. Vgl. IV 80,**15–19**; zu III 79,**59f**.*
33–44 Geschichte von der Merck in Darmstadt] *Die Namen sind im Brief diskret nur mit den Anfangsbuchstaben bezeichnet. Verglichen mit den einstigen galanten und mitfühlenden Briefen H.s an Madame Merck, ist doch seine moralische Entrüstung spürbar (**41f.**).*
34 ins Kloster gebracht] *In einer im Druck weggelassenen Stelle in B schrieb Zimmermann, Merck habe seine Frau in der Schweiz abgeholt, ihre Untreue entdeckt (Ehebruch mit einem Berner Herrn v. Grafenried) und wohl in ein Kloster gebracht (H: Kraków). Das in Darmstadt geborene Kind aus dieser Verbindung wurde in Pflege gegeben und ist vermutlich bald danach gestorben (sogenannte »Engelmacherinnen«).*
36 instruirt] *Eingeleitet. – Landgraf] Ludwig IX. von Hessen-Darmstadt.*
40f. an Vorwürfen ... vergeben.] *Vermutlich war H. durch seine Schwägerin Friederike v. Hesse über die Situation Mercks genau informiert.*
43 einen andern Dienst suchen] *Darmstadt war Merck durch seine persönlichen Verhältnisse und durch den Tod der Landgräfin Karoline verleidet; er suchte vergebens durch Nicolai eine Anstellung in Berlin und wollte durch Höpfners Vermittlung in Kassel Raspes Nachfolger werden (Kraft, S. 115ff., 134f., 138ff.).*
44 dörfen] *Müssen.*
45 Heine in Hannover gewesen] *In A zu III 116(N) entschuldigte Heyne sich, daß er in den acht Tagen in Hannover in den Michaelisferien (nach dem 29.9.) keine Zeit für einen*

Abstecher nach Bückeburg hatte. Zimmermann hatte »mit diesem großen Manne einige unvergeßliche Stunden zugebracht« (A).
48 Sulzers Werk] *Bd. 2 der »Allgemeinen Theorie der Schönen Künste« war erschienen (B). Vgl. III 110,112f.* – incidenter] *Bei Gelegenheit (54).* – sub Rosa] *Vgl. zu I 131,71; bezieht sich auf das folgende.*
50, 57 ein Wort von mir ... schätze] *Zimmermann schrieb am 4. 12. 1774 an seinen »Herzensfreund« Sulzer, H. sei »im Umgange ein überaus sanfter liebenswürdiger Mann, der in Sprache, Manieren, Ruhe ganz außerordentlich mit seinen Schriften contrastirt, nicht nur mit Verehrung, sondern mit Liebe oft mit mir von Ihnen gesprochen hat, ... der sich aber ganz umzuwenden scheint, wenn er vor dem Publico steht und Gott Apollo in seinen Adern glühet«. Sulzer antwortete am 12.12.1774, vgl. zu III 85(N),26f. Er wies ferner auf den Widerspruch zwischen den von H. mit Zimmermann geführten Reden und »Von Deutscher Art und Kunst« hin, Stellen (»Aufschneidereyen und Prahlereyen«) in einigen seiner Schriften, obwohl Sulzer darin nicht genannt worden war (Bodemann I, S. 241ff.; von Zimmermann abschwächend zitiert in A).*
52 von mir sonderbare Begriffe] *Vgl. zu III 100,17.*
53 am Tode des Pabsts] *Clemens XIV. war am 22. 9. 1774 gestorben.*
54 aus Gutmüthigkeit] *Vgl. III 94,28.*
56 weder aus Furcht, noch Selbstsucht] *Vgl. zu III 102(N),30f.*
58f. Nachahmung ... Aristoteles] *Vgl. zu I 43(N),56.*
60 blauen Augen seiner braven Mutter] *Vgl. III 104,10ff.*
61 Ihrer Freundin] *Der »Engel« Luise v. Doering (B).*
61f. in Zürich] *U. a. Lavater.*
67 Die Gräfin] *Gräfin Maria war mit dem Grafen Wilhelm bis Anfang November 1774 in Hagenburg. Vgl. zu III 96,7.*
68 tacitus rumor] *Unausgesprochenes Gerücht.*

106. An Christoph Willibald Gluck, Bückeburg, 5. November 1774

3 ein Musikalisches Drama] *»Brutus«, vgl. zu III 50,5; 64,6. Die beiden Briefe Riedels über Glucks Klopstock-Kompositionen (vgl. zu III 23) ermutigten H., sein Werk an Gluck zu senden und ihm seine Auffassung vom Wesen musikdramatischer Dichtung zu unterbreiten. Eine Antwort ist nicht nachweisbar.*
5 des Aufsatzes] *Hier das Textbuch gemeint. Vgl. 17.*
6 Poesie u. Musik] *Vgl. I 26(N),124–129.*
6–11 Der große Zwist ... das Ganze werde.] *Während in der Entstehungszeit der Oper in Italien (Ende 15. bis Ende 16. Jh.) »die Poesie und die Sprache herrschte«, wurde Mitte des 17. Jh. »die Musik zur Hauptkunst« (4. »Kritisches Wäldchen«, SWS IV, S. 119). In der »Nachschrift« zum »Briefwechsel über Oßian« wünschte H., »daß keine beider Schwestern herrsche oder diene« (SWS V, S. 206). Vgl. seine Kritik der den Text vernachlässigenden zeitgenössischen Oper und seine Forderung eines lyrischen Gesamtkunstwerkes (im Anschluß an das Musikdrama des an dieser Stelle charakterisierten, aber nicht namentlich genannten Gluck) im Aufsatz »Tanz und Melodrama« im 4. Stück der »Adrastea« (SWS XXIII, S. 336).*
12 daß der Musikus nachgäbe u. blos folgte] *Gluck ließ, »Adrastea« zufolge (a. a. O.), »der Handlung selbst seine Töne nur dienen«.*
13 Musikalischen Aufsätzen] *Kompositionen, vor allem Glucks Reformoper »Iphigénie en Aulide« nach dem Libretto von Marquis Le Blanc du Roullet (nach Racines gleichna-*

miger Tragödie von 1674), uraufgeführt in Paris am 19.4.1774. Riedel hatte H. am 28.7.1773 Glucks Reise nach Paris angekündigt (Impulse 13, S. 274).
15 ebauchirte] *Flüchtig entwarf. Vgl. II 79,42.*
21f. Es soll ... rühren] *In den Aufzeichnungen über »Schöne Künste« in Paris am 2.12.1769 hatte H. »eine neu zu schaffende Deutsche Oper ... mit Menschlicher Musik und Deklamation ... mit Empfindung« gefordert (SWS IV, S. 484).*
25 alles rund zu machen] *Gemeint ist anscheinend musikalische Virtuosität (der »Mechanisch vollkommenste Theil, Läufe, Gänge, Wohlklänge, Künstlichkeiten fürs Ohr«, SWS IV, S. 117).*
27 Portia u. Brutus] *»Brutus«, III. Handlung, 1. Szene (SWS XXVIII, S. 63f.); vgl. II 138,**91–103**.*
29f. die Wenigen Stücke ... gehört habe.] *Nicht zu ermitteln.*
34 Dämon] *Sokratischer Dämon, vgl. R, S. 543.*
36 Plutarchs Leben Brutus] *Vgl. zu II 141,**36–46**.*
36f. Shakespears Julius Cäsar] *Vgl. II 25,**36–39**.*
37f. Kommentar ... in Musikalischen Hieroglyphen!] *Vgl. **18f**.*
39 Brutus auch ein edler Deutscher] *Als Paradigma für die Resignation republikanischen Freiheitsgefühls, vgl. II 79,**44–48**.*

107. AN JOHANN KASPAR LAVATER, *Bückeburg, 5. November 1774*

3, 32 Gelegenheit] *»Fahrende Gelegenheit« (Adelung), Fuhrwerk, mit dem man etwas wegschickt. – Ludwigsburg] Siehe R, S. 784.*
4–12 Predigten ... geändert.] *Vgl. III 52,**65–70**.*
12 Leben Jesu] *Vgl. zu III 52,**69**.*
13 Kantaten] *Lavater erwähnte nur »Die Auferweckung Lazarus« (A_2). Vgl. III 79,**19ff**.
– mutandis mutatis] Mit den notwendigen Abänderungen.*
14f., 33 Spectrum Dionis von Füßli] *Vgl. III 134,**117f**.*
15 Kupfern zu Noah] *Zeichnungen zu Kupferstichen nach Bodmers »Noachide«, vgl. III 130.*
16 Elias in seiner Kunst] *Wie der Prophet, siehe R, S. 703.*
17f. etwas ... von mir sagen.] *Lavater wollte Füßli die Bückeburger Geschichtsphilosophie und »Aelteste Urkunde« schicken, um ihn für H. zu interessieren (A_1).*
19 Bildgen von mir] *Silhouette.*
21 neulichen Brief] *B.*
21f. Billet-doux von Deiner Freundin] *»Liebesbriefchen« von Barbara Schultheß an Lavater (Beilage zu B), nicht nachweisbar.*
22f. Mein Kleiner ... am Himmel.] *Vgl. III 104,**10f**.*
24 meine Paraphrase] *Vgl. zu III 96,**19**; 101,**4**.*
27 Leben Heß] *Vgl. zu III 87,**14ff**.*
32 Päckgen] *Predigten und Kantate erhielt Lavater am 16.12.1774 (A_2).*

108. AN GRAF FRIEDRICH ERNST WILHELM ZU SCHAUMBURG-LIPPE, *Bückeburg, 8. November 1774*

5 Brabeck] *Vgl. III 176,**14–17**. Der Domherr war ein geschätzter Gesprächspartner und Korrespondent in den letzten Lebensjahren des Grafen (vgl. Schaumburg-Lippe III, S. 422, 434f., 441).*

109. An Johann Christian Dieterich, Bückeburg, 10. November 1774

3 Hemsterhuis' Schriften] *Vgl. N III 111,34f.; III 114,26ff.; 131,68–72; zu III 18,18; 83,17f.*

110. An Johann Georg Hamann, Bückeburg, 14. November 1774

3, 38, 50 Telonarcha] *Siehe R, S. 567.* – Prolegomena] *Vgl. zu III 75,8f.; 99,21.*
4 24. [Sonntag] nach Trinitatis] *1774 der 13. 11.*
10 mein Buch] *»Aelteste Urkunde«.*
11 der Maulwurf ... doch weiter.] *Vgl. III 75,35ff. – Hamanns »Erstes Antwortschreiben« endet mit dem Zitat aus Shakespeares »Hamlet« I/5 »Well said, old mole! [Maulwurf]... A worthy pioneer!« (Nadler 3, S. 129).*
11f. Claudius schreibt ... anzusehen ist] *»Ich schicke sie heute auch an Hamann zur Oberrevision; ... Ihr Exemplar können Sie für nichts weiter als Correcturbogen ansehen« (vgl. III Anm. 110).*
15 Im 2ten Theil] *Im »Zweyten Antwortschreiben« rühmte Hamann H.s Orthodoxie und bekannte nachdrücklich, daß er einen vernunftgemäßen Beweis der wahren Religion aus der Übereinstimmung der Überlieferungen aller Völker nicht für möglich halte.*
17, 23 2. u. 3. Theils] *Vgl. III 35,16–19. Wie andeutungsweise bereits gegenüber Heyne (vgl. III 70[N],12–20) räumte H. ein, daß es sich um Hypothesen handelte, was auch aus Hamanns Verteidigung hervorging.*
19 Lambeaux] *Lappen, Lumpen; Bruchstücke.*
20 Narren des Jahrhunderts] *Hier für die unhistorische Betrachtungsweise, die Vergangenheit nach dem Muster der Gegenwart zu rekonstruieren. Vgl. III 92,43–49.*
22f. Streitton ... herausbleiben wird.] *Vgl. III 79,43f.; zu III 99,31f. Hamann ersuchte H., »sich aller Lügen, Solöcismen, Personalien und Verfolgungsnachrichten ... so streng als möglich zu enthalten« und den »2ten Band durch eine Palingenesin des Styls zu unterscheiden« (A). Doch Bd. 2 der »Urkunde« enthält die gleiche Polemik gegen Deisten und zeitgenössische Bibelexegeten wie Bd. 1.*
23 Chaos] *Der leere Raum, die ungeformte Masse vor allen Dingen.*
24 Theil 4] *Vgl. zu III 80,52.*
24f. der erste Theil] *Über 1. Mose, Kap. 1 bis Kap. 2,3; vgl. III 35,15f.*
26, 32 Apollonii] *»Apollonius Philosophus«, Spitzname Kants in den »Prolegomena«, wie Hamanns Maske »Zacchäus« (vgl. R, S. 633, 715) nach dem Titel der frühchristlichen Schrift »Consultationum Zacchaei Christiani et Apollonii Philosophi Libri III« (vielleicht von Euagrius, 4. Jh. n. Chr.), den Hamann im »Spicilegium« des Lucas d'Achery (Paris 1723) fand (A; vgl. Nadler 3, S. 128, 359).*
29f. S. 5. ... beurtheilen«] *Nadler 3, S. 126.*
30 S. 12. den Momamuschi] *Mamamuschi, am Schluß der »Prolegomena«: »der Mamamuschi von 3 Federn, seine Gansfeder, seine Schwanenfeder und seine Rabenfeder«; erklärt in A; siehe R, S. 369f.*
31 Velo veli Deo] *»Hülle des verborgenen Gottes« von Gallois (Nadler 3, S. 126). In A erläutert: »Jemand sagte hier, daß auf Ihrem Titel ›verhüllte‹ statt ›enthüllte‹ stehen sollte.« Vgl. III 35,16.*
32 beigelegte Skelett des Apollonius] *Zitat aus dem Eingang des »Ersten Antwortschreibens«, Kants Briefe über die »Aelteste Urkunde«, vgl. zu III 75,8f. Hamann versprach H.*

diese »Consultationes Apollonii« als Gegengabe für die vertrauliche Mitteilung einer Abschrift von H.s Briefwechsel mit Spalding (A); vgl. III 132,**19f.**
33 der Verfolg meines Werks] *Vgl. zu III 36(N),***20.**
34 in magnis voluisse] *Properz, »Elegiae« II,10,6. Von Hamann im »Ersten Antwortschreiben« angewandt auf H.s Polemik gegen die bisherigen Bibelexegeten (Nadler 3, S. 126).*
35 Stellen Moses und der Richter] *1. Mose 27,27.29 (Nadler 3, S. 126); 1. Mose 40,8 (ebd., S. 132); Richter 7,13; 9,36 (ebd., S. 132f.).*
36 meine andre 2. ... Schriftchen] *Vgl. zu III 99,***36.** *Hamann hatte sie von Hartknoch erhalten und »2mal durchgelaufen«.*
38f. von Aktien schreiben] *Im »Ersten Antwortschreiben« heißt es, des Apollonius Imprimatur werde »den Buchdrucker in M« (in Marienwerder = Kanter) bewegen, »keinen Schriftsteller nach dem Actien-System zu beurtheilen« (Nadler 3, S. 126).*
39f. was meinen Stand ... näher trift] *»An Prediger«.*
40ff., 51f. Die in Berlin ... unterzuschieben] *Vgl. zu III 102(N),***30f.**
43 das Salz beißt] *D. h., H.s Polemik hat gewirkt.*
44ff. vom Julius fast ... mehrerm entgegen.] *Vgl. zu III 94,***9f.;** **104,***27f.*
47 mein beßerer Mensch geboren] *Vgl. III 104,***28f.**
48 kein Feind ... nicht genutzet.] *»Etiam ab hoste consilium«, war ein Wahlspruch Hamanns (u. a. Nadler 2, S. 356; 3, S. 189; ZH VI, S. 240); nach Ovid, »Metamorphoses« IV, Vers 428: »fas est et ab hoste doceri«.*
49 mit Leid, Kosten u. Mühe] *Vgl. III 113,***48;** **114,***18–22.*
49f. den Tag voraus] *Am 12.11.1774, vgl. zu* **4.**
51 Die Menschen in Berlin] *Vgl. zu* **40ff.**
52,61 διαβολος] *Verleumder (Neues Testament »Teufel«).*
53 Michael] *Siehe R, S. 710. –* επιτιμησαι σοι Κυριος!] *»Der Herr strafe dich!« (Brief des Judas 9).*
58–61 Der Ruf nach Mitau ... mir hilft.] *Vgl. III 90,***45f.;** **104,***29–34;* **114,***15–18; zu III 99,***46f.**
64ff. der Knabe ... des blauen Himmels.] *Vgl. III 104,***9ff.;** **107,***22f.*
68 äußerliche Veränderung] *Eine auswärtige Berufung.*
69 corpora delicti] *Beweisstücke des Verbrechens – hier für H.s Streit mit den Berliner Theologen.*
71 auf Flammenasche] *Vgl. Horaz, Oden II,1,7f.*
73 Der Wechsel ... Luna zeigte] *Vgl. zu III 104,***48ff.** *– Luna]* Siehe R, S. 730.
74f. Bettelnegocianten] *Geldverleiher, Wechselhändler, Wucherer (vgl. SWS XXIV, S. 71 oben).*
75 Kleckschulden] *Kleine Schulden (Grimm).*
76 Berens] *Vgl. zu III 90,***35.** *Hamann lobte H., daß er beim Bruder seiner lieben »Catin« (Katharina Berens) Hilfe gesucht hatte. Ihm selbst hatte Moser bei seinen Schulden ausgeholfen (A).*
78 kukken] *Nebenform von »gucken« (Adelung).*
79 meliora fata] *Ein besseres Schicksal.*
80 auf dem fahlen Pferde] *Nicht eindeutige sprichwörtliche Redensart: »unaufrichtig sein«; hier aber »kein Glück haben« (Karl Friedrich Wilhelm Wander, Deutsches Sprichwörter-Lexikon. 5 Bde, Leipzig 1867–1880). Wahrscheinlich Anspielung auf Hamanns Schulden. Nach A hatte dieser mit Mosers Hilfe »sein Haus von Schulden frey gemacht« aber immer noch 500 Gulden Schulden.*
82f. es müßte ein Wunder ... gern reiste.] *Vgl. zu I 10,***12f.;** *II 146(N),***124.**

84 Städte] *Stätte.*
87 Bollingbroke] *Vgl. III 93,35.*
89 Shakespear] *»Works«, die Ausgaben von Warburton und Theobald.* – Dodsley] *Vgl. zu II 90(N),8.* – die Reliks] *Vgl. zu II 101,109.*
90 den Resten] *Sowohl die aus Riga erwarteten Bücher H.s als auch weitere bedeutende Ausgaben englischer und französischer Schriftsteller, vgl. N III 111,33.*
92 einmal ohne Bücher] *Eine Illusion H.s, der wie Hamann als Polyhistor nicht ohne seine große Privatbibliothek leben konnte.*
93f. Zeichnung durch Bildnerkunst] *Erst nach vorangehenden plastischen Arbeiten Zeichnen lernen (vgl. »Plastik«, SWS VIII, S. 61f.).*
94 nach Italien] *Vgl. N III 111,37f.; zu III 79,61. Hamann riet davon ab: »... laßen Sie sich die Grille vergehen das heil. Grab der schönen Künste zu besuchen. Denken Sie öfterer nach Norden und an Ihre dasige Freunde« (A).*
96 Klavigo u. Leiden des jungen Werthers] *»Clavigo« wird nicht, »der liebe Werther« oft in Hamanns Briefen erwähnt. Der frommen Gräfin Maria zu Schaumburg-Lippe gefiel der »Werther« nicht (an Karoline, 26.11.1774; H: Kraków).*
97f. Anmerkungen ... Shakespeare Stücke.] *Von Lenz, von H. anfangs irrtümlich Goethe zugeschrieben. »Amor vincit omnia«, Übersetzung von »Love's Labour's Lost«.*
98, 122 Musenallmanach] *Für 1775.*
99, 123 2. Stücke W.] *Zwei Dialoge von Leisewitz (Sigle W.), von H. irrtümlich Goethe zugeschrieben, vgl. III 111(N),8f.*
100ff. Lenz] *Vgl. III 163,47f.*
103 Berlinische Litteratur Geschmack] *Nicolai u.a.*
105 Mendelssohn in Pyrmont] *Nicht an Hamann, sondern an Hartknoch (III 90,55–60) und an Lavater (III 94,38–43) hatte H. über ihn geschrieben.*
106 Idol meines Grafen] *Vgl. die Briefe an Mendelssohn von Graf Wilhelm (in Pyrmont) am 17. und 19.7.1774 und von Gräfin Maria (auf dem Wilhelmstein) am 30.8.1774 über gemeinsam zugebrachte »schätzbare Stunden« in Pyrmont. – Der Graf »wäre lang mit der Laterne umher gangen, einen Weisen zu suchen, hätte ihn aber nirgend gefunden als in Herrn Mendelssohn«. Bitte um sein Bildnis (Schaumburg-Lippe III, Nr. 486, 487, 490). – Bild von Chodowiecki] Kupferstich (1774). Am 15.10.1774 dankte Graf Wilhelm dem Philosophen für das »sehr wohl gerathene Portrait ... eines Mannes, an dem Europa Weisheit, Tugend und Gelehrsamkeit verehret« und für das Mskr. der »Abhandlung von der Unkörperlichkeit der Menschlichen Seele«, das er am 20.10. zurücksandte, nachdem die Gräfin davon eine Abschrift angefertigt hatte (Schaumburg-Lippe III, Nr. 494, 495).*
107 Frau von Ompteda] *Vgl. III 181(N),106–111.*
108 Königin von Dännemark in Zelle] *Siehe R, S. 837.* – stante pede] *Stehenden Fußes, aus dem Stegreif.*
110 Vir bonus ... Apollo.] *Vgl. III 181(N),113f. Nach einem Vergil zugeschriebenen Gedicht, siehe R, S. 590.*
112 an der Physiognomik] *In B zu III 105 erwähnte Zimmermann »eine vortreffliche Anzeige von Lavaters Physiognomik« im Meßkatalog für die Ostermesse 1775.* – Sulzers Wörterbuch] *Vgl. zu III 105,48.*
114 daß ich für jedem Posttage zittre] *Vgl. III 112(N),9f.; zu 44ff.*
114f. Hennings Geschichte der Seelen] *Von Justus Christian Hennings. Von Hamann nicht erwähnt.*
116f. Kupferzeichnungen ... zur Noachide.] *Vgl. III 130.*
117 Füßli] *Vgl. III 75,166ff.; vgl. zu III 40,23f. In A zu III 52 hatte Lavater das Urteil eines ungenannten großen Kenners mitgeteilt, »seines Gleichen sei in Rom nicht«.*

118 Mengs] *Vgl. zu III 75,168.*
119 nach einer andern hoffe ich] *Vgl. III 107,14f.*
120 Klopstock ist in Karlsruh] *Vgl. zu III 105,10f.*
122 Im Musenallmanach ist ein Auftritt] *Vgl. zu 98; Szene aus »Hermann und die Fürsten« (R, S. 313).*
124 mehr Lyrisches … Genie sei.] *Vgl. zu III 27,29f. Hamann erinnerte H. in A an dieselbe Feststellung in der »Aesthetica in nuce« (Nadler 2, S. 215).*

111 (N). AN HEINRICH CHRISTIAN BOIE, *Bückeburg, Mitte November 1774*

3 Wiederkunft] *Von der im Juli 1774 angetretenen Reise mit seinem Zögling John Vaughan nach Holland (über Pyrmont, Gießen, Koblenz, Köln, Aachen, Spa, Lüttich nach Antwerpen, Rotterdam, Haag, Leiden, Amsterdam und zurück; Weinhold, S. 64–71). –* Kalender] *Musenalmanach für 1775; siehe R, S. 685.*
6 unter O.] *Sigle H.s im Musenalmanach. –* in den Boten] *»Der Deutsche, sonst Wandsbecker Bothe« 1774 (vgl. Haym I, S. 520); siehe R, S. 28.*
7 für die Musen] *In den Musenalmanach.*
8f., 18 Die beiden Stücke von W.] *Vgl. zu III 110,99.*
10 Klaudius] *Claudius, Gedichte im Musenalmanach 1775 (R, S. 116).*
11 Klopstock] *»Lyda« (R, S. 317). –* Brückner] *Gedichte (R, S. 97).*
12, 16 Miller] *Vgl. zu 18; Nonnenlieder. –* Voß] *Johann Heinrich Voß, »An die Herren Franzosen« (im Musenalmanach für 1774); Gedichte 1775.*
13 Stolbergs] *Christian und Friedrich Leopold Grafen zu Stolberg-Stolberg, Gedichte 1775. –* Frauenlob] *Vom letzteren. –* Flickstücken] *Mittelmäßige Gedichte, die zur Füllung des Almanachs dienen.*
14f. Mitternacht, Wilhelm, Untreu u. Erscheinung] *Hölty, »Elegie auf ein Landmädchen«; Miller, »Hannchen an Wilhelm«; Voß, »Um Mitternacht« u. a.*
15 Romanzenton] *Empfindsame Balladen.*
16f. dem Französischen] *»Almanach des Muses«, siehe R, S. 644.*
18 J.] *Sigle Johann Martin Millers im Musenalmanach für 1775. –* Rammler] *Sein Kupferstichbildnis im Musenalmanach.*
20 Meiner Frauen Schwester] *Ein nichtüberlieferter Brief von Friederike v. Hesse. Boie war am 16./17. 10. 1774 in Darmstadt bei Merck und Andreas Peter v. Hesse (Weinhold, S. 70).*
23 den Knaben auf dem Arm] *Goethe, »Der Wandrer«, letzter Vers.*
24, 36, 47 Reise] *Boies Plan einer Reise in die Schweiz und nach Italien mit seinen englischen Zöglingen zerschlug sich.*
25 Göthe] *Boie traf ihn in Frankfurt am 15. und 17. 10. 1774 (Weinhold, S. 70f.).*
26 Englischen Büchern] *Vgl. zu II 67,15.*
27 für den Louis] *Am 19. 4. 1772 hatte Boie H. den Empfang eines »Ludwigs« (Louisdors) für Büchererwerbungen quittiert (Impulse 10, S. 276).*
28 Hudibras] *Von Samuel Butler. Eine engl. Ausgabe in 2 Bdn. erwarb Boie für H. am 25.11.1779 (B zu IV 91; vgl. Impulse 11, S. 266).*
30 den versprochnen Klopstock] *Vgl. N III 65,6ff.,17. Vielleicht eine Ode oder ein Exemplar der »Gelehrtenrepublik«.*
31 Bollingbroke] *Vgl. III 93,35.*
33 Swift] *Vgl. VIII 174,8f. –* Boßvet] *Bossuet.*
35 an Hemsterhuis gehen] *Vgl. zu III 109,3.*

37f. Italienisch lernen ... Italien] *Vgl. zu III 110,94.*
40 Heine in Hannover] *Vgl. zu III 105,45.*
41ff. Klopstock ... fortgereiset.] *Vgl. zu III 105,10f. –* dupirt] *Zum Besten bzw. zum Narren haben.*
42 Zelle] *Siehe R, S. 837.*
47 Bücher ... deponirten?] *Boie besaß viele englische Bücher. Vgl. zu* **24**.

112 (N). AN JOHANN JOACHIM SPALDING, Bückeburg, 17. November 1774

4 meine ... Briefe] *III 85(N); 91(N); 102(N). Spalding sandte die Originale zurück (A).*
5 (Abschrift davon] D_1 *der ersten beiden Briefe H.s liegen Abschriften aus Spaldings Nachlaß zugrunde, denen die Antwortbriefe nach dem Original beigefügt wurden (Haym I, S. 611, Anm. 49).*
5f. die an mich geschickten Briefe] *Vom 2.7., 8.8. und 9.10.1774; Karoline hatte davon Abschriften angefertigt (H: Kraków).*
8f. meine Briefe zu publiciren ... ins Publikum gebracht] *Spalding verstand unter »ins Publikum bringen« (vgl. zu III 102[N],***64f.***) etwas drucken, nicht einem Dritten zeigen (A).*
9f. jeden Posttag ... höret.] *Vgl. III 110,***49ff.,114;*** zu III 113,***6.***
10f. Der Herr ... und Dir!] *1. Mose 16,5. – Dagegen betonte Spalding ihr gemeinsames geistliches Amt: »Laßen Sie uns bloß, mit gleicher Liebe zu Gott u. Menschen, Wahrheit suchen!« (A).*

113. AN JOHANN GEORG HAMANN, *Bückeburg, etwa 18. November 1774*

3 meines Briefes] *III 110.*
4 Hartknoch ... Auszug Ihres Briefes] *B (= A_1 zu III 104; vgl. N, S. 803), vermutlich am Vortage erhalten (vgl. III 112[N],***9f.***).*
6 Irrgängen Ihrer Phantasie] *Hamann hatte am 24./25.10.1774 in großer Sorge um den Freund in Bückeburg an Hartknoch geschrieben, daß H. »sich mit seinem Landesherrn überworfen hätte und gegenwärtig brodtlos und verlaßen säße, sich angeboten [= um eine auswärtige Stelle beworben] hätte aber vergeblich, in seinem Wandel und Kleidung sich durch so viel Soloecismen auszeichnete als in seinem Styl«. Da ihm von der Nachricht »die Hälfte nicht ganz unwahrscheinlich vorkam«, bat er den Verleger sehr dringend um Auskunft über H.s Schicksal, wobei er »nur die äußersten Enden seiner innigsten Gedanken und Gesinnungen« berühren konnte (B).*
6f. Lügenpropheten] *Die Nachricht stammte aus einem in Königsberg eingegangenen Brief aus Brandenburg, den Hamann, nachdem er ihn selbst gelesen hatte, für nicht authentisch, »sondern bloß Geschwätz« hielt (B). Absender und Adressaten dieses Klatschbriefes hat Hamann nicht mitgeteilt. Nach A »verrieth der gantze Ton einen elenden Schwätzer und Familienzüge«.*
8 außer Dienst ... u. verlaßen] *Vgl. zu* **6;** *III 114,***8f.***
10 Entfernung] *Distanz (zum Landesherrn, vgl. II 100,***16f.***).*
11 meine Worte ... von der Asche] *Vgl. III 110,***71.***
13 in meinen Nieren sticht] *Vgl. Psalm 73,21.*
13f. der gute Name ist edle Salbe] *»Hohelied Salomos« 1,3.*
15f. non sine vano ... metu] *Horaz, Oden I,23,3f.*

18 Apostaten] *Abtrünnige (dem christlichen Glauben), hier für die Neologen um Spalding.*
21f. durch Feuer läutern] *Vgl. 1. Petrusbrief 1,7.*
22 Die bösen Geister] *Vgl. zu 18.* – Solöcismen] *Sprachfehler, vgl. zu 6.*
22f. Lügen ... Verfolgungsnachrichten] *Vgl. zu III 110,22f. Hamann, der wegen der erwarteten Geburt seines dritten Kindes (Magdalena) nicht sofort antworten konnte, schickte H.s Brief, »die Wirkung des [von Hartknoch] mitgetheilten Auszuges«, am 30.11.1774 an Hartknoch und bat ihn, H. »so bald als möglich« zu schreiben und ihm »alle die Grillen von Conspirationen in Babel« (Berlin) zu benehmen (ZH III, Nr. 421).*
24 nicht biße ... Salz] *Vgl. III 110,43.*
26–29 Spalding ... Belial gatten?] »*Ich sehe daß der Verfasser der Provinzialblätter ein Prediger ist, der das Mäntelchen auf beyden Schultern trägt und Luthern mit Spalding – Ich will aber nicht sagen, wie reimt sich Christus und Belial?« (B). Vgl. R, S. 702.*
26 Luther] *Vgl. »An Prediger« (SWS VII, S. 258, 272, 276f., 279ff., 302, 305). In A nannte Hamann Spalding »Antiluther zu Böhmisch-Breda« nach Friedrich Melchior Grimms Schrift gegen Rousseaus Singspiel »Le Devin du village« (1752) »Le petit prophète de Boehmischbroda« (1753; vgl. Nadler 3, S. 105).*
27f. den grossen Spalding] *Vgl. zu III 102(N),34f.*
30f. Othem Gottes ... wehet] *Vgl. Hiob 4,9; 27,3; zu III 105,7.*
31 aus Rauch Feuer] »*Um das Gold seiner Autorschaft von den Schlacken zu reinigen, dürfte freilich eine kleine Feuerprobe unumgänglich seyn. ... Der gewaltige Rauch scheint doch immer ein wirkliches Feuer zu verrathen ...« (B).*
32 Blüte Frucht werde] »*Es ist wahr, einige meiner Saamenkörner scheinen sich durch Herders Fleiß und Feder in Blumen und Blüten verwandelt zu haben, ich wünschte aber lieber Früchte und reife« (B).*
33 unreif] *I 15,24.* – Heerling] *Vgl. Jesaja 5,2.4. Wein, der wegen zu später Blüte nicht reifen konnte (Grimm).* – todter Dornbusch] *Vgl. Jesaja 5,6.*
34 egarement du coeur] *Verirrung des Herzens. Vgl. zu II 80,76ff. Hamann meinte, H. hätte nicht an Spalding schreiben sollen (A); vgl. zu III 110,32.*
35f. Ich schickte ... reden zu müssen] *III 85(N).*
37 zeigt den Brief] *Vgl. zu III 91(N),49–53.*
38 schreibe 2. Briefe] *III 91(N); 102(N).*
39 3. Briefe zurückfodre] *Vgl. zu III 112(N),4.*
40 dörfen] *Bedürfen, brauchen.*
41 Diabolen] *Vgl. zu III 110,52,60f.*
42 tacite] *Verschwiegen, heimlich.*
42f. ans Licht nehmen] *Veröffentlichen (nicht erfolgt).*
44ff. es mit mir ... den Knoten] »*Die Wahrheit zu sagen, halt ich es mit ihm gegen seine Gegner, aber wider ihn mit seinen Freunden. Der ganze Knoten beruht darauf, beide Partheyen unterscheiden zu wissen« (B).*
47 von Klotz gnug belehrt] *Vgl. III 32,29f.*
48 werfe ... in Makulatur] *Vgl. III 114,18–22.*
49 Berlin-Babel] *Vergleich mit Babylon, siehe R, S. 746.*
50 Feuerroße ... Elias!] *Hamann als Prophet Elia, siehe R, S. 703.*
51 höre nicht auf, mich zu warnen] *Vgl. III 131,19–24.*
53 ecclesia pressa] *Die unterdrückte Kirche. H. »hörte und sah allenthalben, besonders im Preußischen, nichts als die empörendsten Behauptungen, Mißverstand und Spott gegen christliche Religion« (Erinnerungen I, S. 244).* – *In B zu III 169 wünschte Hamann, daß H.s zweite Berliner Preiskrönung »für unsere ecclesiam pressam glücklich ausschlagen*

möge«, wobei er den Begriff mehr auf die von ihm angeführte literarische Partei anwandte (ZH III, S. 187).
54f. die Hartmanns mit den Sulzers] »*An die Mitauschen Aussichten lohnt es nicht zu denken.*« Hamann vermutete, daß bei H.s Anstellung in Mitau sich »*die Denkungsart seiner jetzigen Gegner*« und auch Hartmanns »*sehr geändert haben würde*« (B). Vgl. III 104,**29–33**; 114,**15–18**; zu III 99,**46f.**; 100,**17**.
55f. Gott errette ... mich] *Vgl. Psalm 70,2.*
56 Brutus schläft] *Siehe R, S. 99.*
57f. Virtus ... sordidae] *Horaz, Oden III,2,17.*
58 Solöcismus] *Vgl. zu* **22**.

114. An Johann Friedrich Hartknoch, *Bückeburg,* 19. November 1774

4f. der Wechsel ... Deine 2. Briefe] *Hartknoch hatte am 15./26.10.1774 gefragt, ob H. die 230 Albertustaler erhalten habe, am 22.10./2.11.1774, »ob Wechsel und Bücher gut angekommen sind« (H: Kraków). Vgl. III 104,***3f.***; zu III 90,***35***.
6 Verzeichniß von Büchern] *Insgesamt 114 Titel, z. T. jeweils mehrere Bde., theologische, historische, philosophische, kunsthistorische und wenige poetische Werke, alles, was Hartknoch von H.s Desideraten »jetzo vorräthig« hatte. Was H. nicht mehr brauchte, bat Hartknoch, ihm »gelegentlich retour zu geben«, da er alles verkaufen konnte. Vgl. zu III 90,***24***. – Das vollständige und kommentierte Verzeichnis dieser Bücher soll im Anhang zu der von Ralph Häfner vorbereiteten Edition des vor der Übersiedlung nach Weimar von H. angefertigten Inventars »Meine Bücher. Den 21. Jun. 1776« (HN XXXIV,2) veröffentlicht werden.*
7 der Zweite mit Hartmann u. dem Auszug] *Der beigelegte Brief Hartmanns an H. ist nicht überliefert. Den sehr genauen Auszug aus Hamanns Brief (vgl. zu III 113,***6***) entschuldigte Hartknoch damit, daß Hamanns Urteil von H. und seinen Werken, das er »immer hochgeschätzt« habe, ihm »in ein und andrer Absicht nützen« könne.*
8 Brodlosigkeit] *Vgl. zu III 113,***6***.
9f. Briefen an Spalding] *Vgl. zu III 113,***26–29***.
11 Leviten] *Siehe R, S. 353.*
11f. Verfolgen ... Schändlichkeit.] *Vgl. III 113,***23***.
13 das Publikum auch] *Vgl. III 113,***39ff***.
15ff. an Hartmann ... nicht mein gewesen.] *Vgl. III 104,***29–33***; zu III 90,***45f.***; 100,***17***. In A versprach Hartknoch, »heute« deswegen an Hartmann zu schreiben.*
18 Wetstein] *Vgl. zu III 35,***35***.
19–22 einige Bogen von Zendavesta in Makulatur] *Wegen der zu scharfen Polemik gegen Teller. Vgl. III 131,***30ff.***; zu III 101,***4,17***; 104,***37f.*** Hartknoch wollte den finanziellen Verlust »gern tragen« (A).*
25 Zendavesta] »*Erläuterungen zum Neuen Testament*«. – Fortsetzung des 1ten Buches Mose] »*Aelteste Urkunde*«, Bd.2. – Volkslieder] *Vgl. zu III 80,***15***.
26ff. Hemsterhuis] *Vgl. III 109; 111(N),***35***; 131,***45f.***; zu III 83(N),***17f.***,***20f.*** Nur ungern trat Hartknoch dieses Projekt an einen anderen Verleger ab, wobei er an H.s Verbindlichkeiten gegen Dieterich und Boie zweifelte (A).*
27 Kupfer] *Für Vignetten.*
29f. Leiden Werthers ... neuen Menoza] *Vgl. III 110,***96,100ff***.
36 Auftrag als Muse] »*Ich bitte Ihre Frau, daß sie Ihre Muse sey, und Sie etwas antreibe*«; *sonst bleibe die »Aelteste Urkunde« Fragment wie alle bisherigen Werke (15.10.1774; H: Kraków).*

115 (N). AN ERNST ANTON HEILIGER, Bückeburg, 30. November 1774

5f. der Kranke] *Johann Christian Wilhelm Meier, um dessen Stelle als Oberprediger bereits ein Vierteljahr vor seinem Ableben Bewerbungen beim Schaumburg-Lippischen Konsistorium eingingen. Vgl. III 123,7f.,15f.; 135,4–7; 136(N),10ff.*
9f. daß ich ... nicht den mindesten Einfluß habe.] *Vgl. III 123,5ff.; 148(N),4. Auch die folgenden Briefe an Grupen zeigen, daß die Entscheidungen allein von Graf Wilhelm getroffen wurden.*
12 einen Prediger vom Lande] *Einen schaumburg-lippischen Dorfpastor.*
15ff. Pastor Grupen ... Kollegen zu verschaffen.] *Vgl. III 136(N),6f. Vermutlich hatte H. ihn bei seinen Aufenthalten in Hannover kennengelernt.*
17f. Sobald die Stelle ... zu thun sei?] *Vgl. III 135.*

116 (N). AN CHRISTIAN GOTTLOB HEYNE, *Bückeburg, November 1774*

3 Reise nach Hannover] *Im November 1774.*
4 abgestanden] *Hat Abstand davon gewonnen.*
6 Rückkunft Westfelds] *Besuche in Bückeburg; vgl. zu III 36(N),**44**.
7 Bremerscher Brief] *Nicht überliefert.*
9–13 Sommerrede] *Wovon im Sommer des Jahres in Hannover geredet worden war. – Heyne beruhigte den Freund, »der alte Plan«, ihn nach Göttingen zu berufen, bestehe noch trotz »großer Schwierigkeiten«; v. Bremer »halte noch an der Stange« (A).*
15 Rathfragungen] *»Rathfragen«, veraltete Zusammenziehung von »um Rat fragen« (Adelung).*
16 Seiler] *Vgl. zu II 171(N),24f. –* R[ehkopf] *Vgl. zu III 54(N),7f.*
17f., 47 Teller] *Vgl. III 102,6f.,11ff.*
18 Lotterbuben] *Luthers Übersetzung von spermologos (»Lumpensammler, Schmarotzer, der von Klatschgeschichten lebt«) in Apostelgeschichte 17,18 (nach Adelung veraltete Bedeutung).*
22 um eine Stelle verlegen] *Vgl. zu III 113,6.*
23 Cura animarum] *Seelsorge.*
31 um zu predigen] *Vgl. zu III 70(N),6; 73,8.*
33 Busch] *Bussche.*
34 darüber Rücksprache nehmen] *Über eine zu haltende Predigt.*
41 vom Abbt] *Chappuzeau, Abt von Loccum, sprach nach Zimmermanns Brief an H. vom 4.9.1774 »mit Entzückung« von den »Provinzialblättern« und von H.s Orthodoxie (Nachlaß II, S. 340).*
44 Schatten von Abreise empfunden] *Vgl. zu III 53,10.*
47 J[ohann] F[riedrich] Teller] *Verwechslung der Vornamen Wilhelm Abraham Tellers und seines Bruders.*
48f. das Haus wird gebaut] *Das Haus für den künftigen Generalsuperintendenten, vgl. III 181(N),28f.*
49–52 Sodann müste ... wenns so ware, so –] *Hinweis für Heyne, sich weiter für H.s Berufung einzusetzen.*
55 Brandes] *H. hatte ihm die »Aelteste Urkunde«, »An Prediger« und die Geschichtsphilosophie geschickt, Brandes ihm dafür am 23.6. und (für die letzte Schrift) am 19.11.1774 gedankt (H: Kraków; Erinnerungen I, S. 313f.). –* Vollborth] *Volborth.*
60 Säulen Herkules] *Siehe R, S. 726.*

64 ProvinzialBlätter] *Vgl. zu* **41**.
67 KonsistorialDreckseele] *Saloppe Ausdrücke und sogar Schimpfwörter gehörten zu H.s leidenschaftlich bewegter Sprache in Briefen, amtlichen Schriftstücken und literarischen Werken.*
67f. geschrieben, um – – –] *Um sich bei den Göttinger Theologen und dem Hannoverschen Ministerium anzubiedern; vgl. zu III 102(N),***30f.,31**.
70f. kalt historisch gemacht] *Chronologische Schilderung seiner Reise nach Hannover, angeblich möglichst sachlich gehalten (!).*

117. AN RUDOLF ERICH RASPE, *Bückeburg*, 1. Dezember 1774

4, 20 Inlage] *Geldsendung eines Freundes von H. an einen verarmten Reisenden, nicht zu ermitteln; vgl. III 119,***5–8,10ff.,16f.,27**; 128,**8–11,17,19,23f**.
7 der Rest] *Vgl. III 77,***14f**.
7ff. die beiden Köpfe] *Gipsabgüsse von Büsten des Sokrates und Diogenes aus dem Kasseler Kunsthaus, vgl. zu III 77,***25**.
13 KabinetsSekretär] *Wippermann.*
15 mein Herr] *Graf Wilhelm zu Schaumburg-Lippe.*
22 muntern Buben] *Vgl. III 99,***5ff**.
23 Non ... infans!] *Nicht ohne Schutzgötter (sei) ein mutiges Kind!*

118 (N). AN CHRISTIAN GOTTLOB HEYNE, *Bückeburg, Mitte Dezember 1774*

3 Einen Brief bekomme] *B.*
3f. ausgetilgt aus Ihrem Buch des Lebens] *Vgl. Psalm 69,29.*
5 in Hannover waren] *Vgl. zu III 105,***45**.
6 einem Briefe] *Nicht ermittelt.*
8 Jo!] *»Io triumphe!«, Ausruf der Freude.*
10 occasionem de die locoque] *Gelegenheit von Tag und Ort.*
12 Unser Bube] *Vgl. III 99,***5ff**. *Heyne hatte H. zu seiner »Heldenthat Glück gewünscht« (vgl. zu III 97[N],***18**) *und die Anteilnahme seiner Frau übermittelt (B).*
13, 45 Ihre ... Frau nicht schriebe] *Vgl. zu III 97(N),***25**.
16 Timäus] *Heyne vermißte die ihm angeblich übersandte Schrift H.s »Timäus« (Verwechslung in B). Vgl.* **58ff**.
17 Urkunde ... ProvinzialBlätter] *Vgl. III 70(N),***9**; 84(N),**3ff**.; *zu III 97(N),***40**.
19 Priestlei] *Heyne hatte erst jetzt die beiden gewünschten Bücher aus London erhalten, vgl. zu III 97(N),***28f**.; 98,**16f**.
21 Beausobre] *Vgl. III 97(N),***32ff**. *Heyne wollte das Werk zusammen mit Priestley schicken (B).*
23 gemmis astriferis] *Gori, »Thesaurus gemmarum«.*
25 Meiners] *Heyne fragte, ob H. dessen »Versuch über die Religionsgeschichte« schon habe, und sprach dem Verfasser jede »eigene Erfindung« daran ab (B). Vgl. III* **139,53–56**.
26 mit einem kalten Lobe abspeisen] *Vgl. zu III 70(N),***21f**.
31 Weinberg] *Metaphorisch nach Matthäus 21,33–43 (Gleichnis von den Weingärtnern). – heredi cedit] Dem Erben zufällt. – ein Haus zu bauen] Da Heyne Ostern 1775 seine Mietwohnung aufgeben mußte, hatte er im Herbst 1774 »das kleinere Scherfische*

Haus an der Leine« gekauft und ließ es ausbauen, wozu er von der Hannoverschen Regierung einen Vorschuß unter günstigen Bedingungen bekam (B; Heeren, S. 166f., vgl. zu II 59,58).

32 ad Leinam] *An der Leine, siehe R, S. 782.*
33 Münchhausen] *Gerlach Adolf v. Münchhausen.* – Papierne Pyramide] *Wahrscheinlich Gatterers Vorlesung.* – *In B zu III 105 wandte Zimmermann Horaz, Oden III,30,1f. (»... pyramidum altius«) auf die Bückeburger Geschichtsphilosophie an (Nachlaß II, S. 343).*
36 Jamblichus] *Vgl. zu III 84(N),7f.*
38 Recension] *Vgl.* **25–29.** *Heyne versprach Göttinger Rezensionen von H.s Schriften, »insonderheit von der Urkunde«, fragte aber gleich, wer sie machen solle (B). In A betonte er seine Unfähigkeit dazu.* – *Die »Aelteste Urkunde« wurde in den »Göttingischen Anzeigen« nicht besprochen, vermutlich, um H. zu schonen.*
39 seit Westfeld weg ist] *Vgl. II 146(N),62f.; zu III 36(N),***44.** – Kriegskunst] *»Freyer Auszug von Santa-Cruz-Marzenado«.*
41f. nicht den mindsten Zweck seiner Arbeit siehet] *Vgl. II 100,32–37.*
45 Reihe von Kleinen] *Ernst Wilhelm Ludwig, Therese und Marianne.*
48f. Erläuterungen ... Morgenländischen Quellen] *Hier zuerst die (fast identische) Formulierung des endgültigen Titels der Schrift.*
49ff. Erste Geschichte ... Urkunde unterbrechen] *Vgl. zu III 75,***49ff.**
52–57 von Phalaris Briefen] *Temple, »Miscellanea«, Bd. 2 (siehe R, S. 568). In A nicht erwähnt.*
58ff. Timaeus] *Vgl. zu III 93a,3,5.*

119. AN RUDOLF ERICH RASPE, Bückeburg, 22. Dezember 1774

4 einen Brief] *III 117; vgl. III 128.*
5 die Statuen] *Vgl. zu III 117,7ff.* – ein Brief] *Vgl. zu III 117,4.* – à la poste restante] *Postlagernd.*
9 der ... sich gemeldet] *Nicht zu ermitteln.*
10 Laufzettel] *Zur Umfrage bei Poststationen nach liegengebliebenen Sendungen, vgl.* **20f.**

120. AN FRIEDRICH VON HAHN, Bückeburg, 24. Dezember 1774

3, 18 meine Abhandlung] *Vgl. zu III 93,***23,24f.**
3f. eingesandt] *Im Dezember 1774. Erneut eingereicht (mittlere Fassung) im Dezember 1775, da im Juni dieses Jahres keiner der eingesandten Arbeiten der Preis zuerkannt und die Aufgabe für das Jahr 1776 wiederholt wurde; vgl. III 214,***123ff.**
5 zu kurz] *24 Quartblätter (HN V, 24).* – vermuthlich wirds ein Franzose] *Preisträger wurde der Popularphilosoph Johann August Eberhard, vgl. III 246,9.* – 3ten Theil] *Der Fragestellung und der Abhandlung (III.»Grundsätze«), siehe R, S. 17. Die »Aufgabe« ist am Schluß der Einleitung der mittleren Fassung im Wortlaut wiedergegeben (SWS VIII, S. 269).*
5f. Helvetius] *In beiden Hauptwerken des materialistischen Philosophen ist der Fragestellung des III. Teils vorgearbeitet worden.*
6 gelabbert] *Mitteldt. »labern, labbern« = unsinnig schwatzen (Grimm).*
6f. Concipient] *Der Verfasser (Entwerfer) der Frage (= Sulzer).*

10, 18 die Abhandlung] *Eine Abschrift.*
12, 15 höhere Mathematik] *Vgl. III 93,27–30.*
13f. Sinnlichkeit ist nur Phänomenon] *Ein Leibnizsches Theorem; vgl. zu I 58,67.*
16 la Fontaine ... Baruch] *La Fontaine, vgl. I 128,71.*
20 Bollingbrocke] *Vgl. III 93,35f.*
22ff. den 28. August ... mein Bild] *Vgl. III 99,5–9.*
25 die gottähnlichste] *Vgl. III 96,10f.; 99,12.*
26f. das warme entnervende Getränk] *Chinesischer Tee als (angeblich) entkräftendes Modegetränk (vgl. »Ideen«; SWS XIV, S. 12, 16).*
30 prestabilirte Harmonie] *Leibniz, »La Monadologie« § 78–81; vgl. zu I 58,132f. H. glaubte, mit seiner Auffassung vom einheitlichen Erkenntnisprozeß den Leib-Seele-Dualismus des Rationalismus überwunden zu haben.*
30f. nicht mehr braucht] *H.s Untersuchungsmethode war nicht metaphysisch, sein sensualistischer Empirismus ging von physiologisch-psychologischen Erfahrungen aus.*

121. AN GRAF FRIEDRICH ERNST WILHELM ZU SCHAUMBURG-LIPPE, Bückeburg, 26. Dezember 1774

5f. Schrift des Spinoza] *»Ethica« (dt. Übersetzung), vgl. III 129,19f. Der Graf nannte es »das schönste oder schlimmste Buch, das je geschrieben worden« (Gräfin Maria an Karoline, 27. 12. 1774; H: Kraków).*
7f. Abhandlung ... Hannöverschen Magazin] *Vgl. zu III 105,12–18. Nach dem Brief der Gräfin Maria (ebd.) gefiel die Abhandlung dem Grafen (vgl. Haym I, S. 714).*

122 (N). AN GRÄFIN MARIA BARBARA ELEONORE ZU SCHAUMBURG-LIPPE, *Bückeburg, Ende Dezember 1774*

4f. die 2 Predigten ... geschrieben] *Wahrscheinlich Weihnachtspredigten unter den Leben-Jesu-Homilien (R, S. 41); nicht ermittelt. Die Gräfin hatte um Abschriften gebeten (B).*
7 ein Wort zu diesem Zwecke] *Geistlicher Privatzuspruch.*
8 warme Rausche zum Guten] *Bei religiösen Schwärmern, vgl. im »Zinzendorf«-Aufsatz im 7. Stück der »Adrastea« die »heißen Gruben der Mystiker, der Pietisten und Separatisten« (SWS XXIV, S. 36).*
10 kein Geist ... der ängstlichen Gesetzlichkeit] *Vgl. 72f.; vgl. zu II 49,17f. Im Pietismus dominierte die »Predigt des Gesetzes«.*
10f. der Freiheit u. Freude] *Die Predigt des Evangeliums, vgl. 2. Korinther 3,17; Galater 5,22.*
13f. die Apostel fühlten ... sterbliche Hülle] *Vgl. 2. Korinther 12,7.*
14 Auflösung] *Tod. – das Bild Gottes u. Jesu] Vgl.* **17ff.,22,28f.;** *zu II 127(N),28,120,* **257.**
18 es wird ihr nicht bewiesen] *Im Gegensatz zur philosophischen Debatte über die Unsterblichkeit der Seele mit Mendelssohn I 58 und 76(N).*
20f. Der Geist Gottes ... ins Herz] *Das Dogma von der Unsterblichkeit spiegelt sich in der Gefühlswelt des Menschen.*
22 Leben Gottes ... das ewige Leben.] *Vgl. 1. Johannesbrief 5,20; Unsterblichkeit als Glaubensgewißheit im Ergebnis der sittlich-religiösen Entwicklung der Seele, nicht als philosophisches Theorem.*

22–26 Was nicht zu ... Herrlichkeit Jesu.] *In »Erläuterungen zum Neuen Testament« (vgl. zu III 118[N],48f.): »Nichts soll in jene Welt hinüber gehen, als was in Christo gethan ist, der das Vorbild der stillen, reinen, allgemeinen Gottesliebe in Menschengestalt wurde. ... Wir wundern uns nicht, wenn der Stein fällt und die Flamme steigt: so werden wir Naturgesetz fühlen, wenn das Ewige zum Ewigen geht und Finsterniß und Erde in die große Verwesung der Welt sinket« (SWS VII, S. 462f.).*

27–30, 49, 67 lichthelle Reinigung ... wie ein Lichtstrahl] *Vgl. Lukas 11,36; zu II 127(N),204.*

30ff. Jeder Mensch ... in seinen Gebeinen] *Vgl. zu II 45,70ff. In der ebd. angeführten Predigt ferner: Jeder »werde, was er seyn soll« (SWS XXXI, S. 192). Hier wirken wahrscheinlich mehrere Faktoren zusammen: der durch Reformation und Pietismus aktualisierte paulinische religiöse Individualismus (vgl. Römer 12,4–6), die Gottebenbildlichkeit des Menschen, das humanisierende Vorbild Jesu und als philosophische Grundlegung der Individualität die »eingeborenen Ideen« Leibniz' als allgemeinste Bestimmungen der Monade (vgl. H.s Exzerpt aus der Vorrede der »Nouveaux Essais«, SWS XXXII, S. 214; »Metakritik«, SWS XXI, S. 153f.). Die bedingungslose Anerkennung des Eigentümlichen und Individuellen wurde zur Hauptmaxime des Sturm und Drang, als ihr theoretisches Fundament wirkten in größeren Kreisen Lavaters »Physiognomische Fragmente«.*

33f. von Lüsten u. Begierden getrieben] *Vgl. Titus 3,3; Galater 5,24.*

35 eine wohlgestimmte Laute] *Vgl. zu I 93,134–139; II 127(N),128.*

40f. das Lob ... alles leicht werde.] *»Selige Seele, der Alles, Alles im Ueberwinden leicht wird!« (B).*

42 meine säuerliche Denkart] *H.s Hypochondrie.*

45f. unzufrieden u. unvollendet] *Vgl. zu 30ff.*

46 auf ... Discretion] *Auf Gnade und Ungnade.*

50f. Raupe ... Schmetterling] *Vgl. zu II 127(N),90.*

53 Lichtanblick Gottes] *Vgl. Psalm 4,7; 89,16; zu II 127(N),131,202f.*

54 den Geist nicht in sich dämpfen] *Vgl. 1. Thessalonicher 5,19.*

55f., 65, 69 Anlage zur Wahrheit ... sanfte Güte] *Charakter der Gräfin, die »in einer Brüdergemeine [Herrnhuter] aufgewachsen war; die Sanftmuth, Demuth, Gottergebung, das liebevolle Wesen derselben hatte sich ihr innigst mitgetheilt, oder vielmehr nur ihre eigene Natur entwickelt« (Erinnerungen I, S. 198).*

59 Witze] *Verstand; Fähigkeit, Ähnlichkeiten festzustellen; vgl. zu I 95,91f.*

61f., 72f. träge Furcht ... Ueberschnellung] *Vgl. 66f.,71ff. »Alle meine Fehler, die Sie mir vorhalten, sind wahr; es sind deren noch mehr« (A).*

72f. verwirrete ... Seele] *Vgl. zu 10.*

76 vorigen Sontags] *25.12.1774.*

80f., 84f. Wahrheit u. Recht] *Vgl. Psalm 111,7. Die hier behauptete Allgemeingültigkeit und Gleichheit vor Gott widerspricht den Differenzierungen des historischen Individualismus.*

87f. die beiden Geschlechter ... andere Pflichten] *Vgl. zu I 95,62–79.*

89, 92 wo wir weder Mann noch Weib seyn werden] *Vgl. Galater 3,28.*

89f. sind wie die Engel Gottes im Himmel] *Vgl. Matthäus 22,30; »Ueber die Seelenwanderung« (SWS XV, S. 279).*

90 den Willen Gottes thun] *Vgl. 1. Johannesbrief 2,17.*

92f. so wenig eine Christa] *Siehe R, S. 703.*

98 Directeur de Conscience] *Gewissensrat (Beichtvater). »... den such' ich nicht, den brauch' ich nicht, den mag ich nicht; einen so verhaßten Namen giebt Ihnen mein Herz nicht; Gottes Lohn dem Freund, ... der Segen ist« (A).*

101 zum Sontage] *Neujahrstag (1.1.1775).*
103 das Fünkchen nicht auszulöschen] *Vgl. Matthäus 12,20.*
103f. zu einer Flamme zu erziehen] *Vgl. Jesus Sirach 11,33.*
104 sein Sacrament] *Hier das Abendmahl.*
107 Duwe] *Duve.*
108 über Lucas 10,17–20.] *Neujahrspredigt 1775 (R, S. 41), vgl. III 134,**151f**.*
113 Krämpfe] *Am 27.12.1774 klagte die Gräfin in einem Brief an Karoline über Krämpfe (H: Kraków).*
113ff. PhiloktetesLeiden ... Flammenheer] *Siehe R, S. 736. Vgl. in »Philoktetes« (R, S. 11; das Mskr. erwähnt im vorgenannten Brief) Herkules: »Gedenke, nach welchem Leiden, Dulden – Denke in welchem Flammenkampf« (SWS XXVIII, S. 77).*

123. AN JOHANN FRIEDRICH GOTTFRIED GRUPEN, Bückeburg, 31. Dezember 1774

5 Hofrat Brandes] *Brandes empfahl am 19.11.1774 Grupen für die von ihm gewünschte Predigerstelle in Stadthagen (H: Kraków). H.s Antwortbrief ist nicht nachweisbar; Zimmermann hat ihn gelesen, wie er in A zu III 105 schrieb.* – KonsistorialRat Heiliger] *Vgl. III 115(N).*
7 nichts thun kann] *Vgl. III 115(N),**9f**.; 147(N),**3ff**.* – der Kranke] *Vgl. zu III 115(N), **5f**.*
9–14 daß von Ihrer Seite ... der Stelle spräche.] *Vgl. III 135,6–10.*
11 ingenuem] *»ingenu« (frz.), aufrichtig, unbefangen, offen.*
17–21 Es ist ... gedeihet immer.] *Lob der göttlichen Providenz.*

124. AN JOHANN FRIEDRICH GOTTFRIED GRUPEN, *Bückeburg, 1774*

3 die geistliche Braut] *Scherzhaft für das geistliche Amt.* – Anzügliches] *Anziehendes, Reizendes.*
6 Feldzug] *Manöver.* – Hagenburg] *Siehe R, S. 769.*
7 Catalog] *Von einer Bücherauktion in Hannover. Vgl. III 138(N),**16**; 142(N).* – Kriegsbücher] *Der Hauptmann war selbst Militärschriftsteller.*

124a (N). AN EINEN PASTOR IN DER GRAFSCHAFT SCHAUMBURG-LIPPE, *Bückeburg, etwa 1774*

Vgl. N III Anm. 124a.

124b (N). AN EINEN PASTOR IN DER GRAFSCHAFT SCHAUMBURG-LIPPE, *Bückeburg, etwa 1774 = nach April 1775, vgl. III 153(N)*

5 Visitation] *Kirchenvisitationen in der evangelischen Kirche: »die Untersuchung der Kirchenrechnungen und des übrigen kirchlichen Zustandes einer Gemeinde durch den Superintendenten« (Adelung). Vgl. III 259,**56f**. H. achtete z.B. darauf, daß die Geistlichen sich nicht mehr um ihre Landwirtschaft als um die Seelsorge kümmerten (Heutger, S. 36f.; vgl. zu III 59,**5f**.).*

124c (N). AN EINEN PASTOR IN DER GRAFSCHAFT SCHAUMBURG-LIPPE, Bückeburg, 4. Januar 1775

5 Eheverschreibung] *Ehevertrag.*
5f., 8f. Copulation] *Trauung.*
6 Proclamation] *Kirchliches Aufgebot.*
7 inhibirt] *Untersagt.*

125. AN GRAF FRIEDRICH ERNST WILHELM ZU SCHAUMBURG-LIPPE, Bückeburg, 9. Januar 1775

5 Schulordnung] *Der Grafschaft Schaumburg-Lippe.*
5f. hiesiger Schule] *Die dreiklassige Lateinschule in Bückeburg.*
7 des Rektors] *Daniel Anton Rauschenbusch. – nur 2.*] *Schüler.*
9 künftigen Donnerstag] *12. 1. 1775.*
12 höchste Gegenwart] *Vgl. III 126,5f.*

126. AN GRAF FRIEDRICH ERNST WILHELM ZU SCHAUMBURG-LIPPE, Bückeburg, 12. Januar 1775

5 Examen] *Vgl. III 125,9.*
7f. noch vorgekommen sind] *Nachdem Graf Wilhelm sich entfernt hatte.*
9 Preismünzen] *Der Graf »ließ zur Aufmunterung junger Leute in den lateinischen Schulen zu Bückeburg und Stadthagen [und an der Militärschule zum Wilhelmstein] verschiedene Preis-Medaillen in Gold und Silber prägen, und solche bei den öffentlichen Schulprüfungen an die fleißigsten und tugendhaftesten Schüler austheilen« (Erinnerungen I, S. 259). Vgl. II 43,**10ff.**
12ff. In Unterricht ... ein näherer Entwurf] *Vgl. III 127, Beilage.*
15f. das alte Rad der bösen Gewohnheit] *Vgl. III 127,***131.**

127. AN GRAF FRIEDRICH ERNST WILHELM ZU SCHAUMBURG-LIPPE, Bückeburg, 14. Januar 1775

5 dem Examini beizuwohnen] *Vgl. III 126,5f.*
6 Aufsatz der Änderungen] *Vgl. III 126,***12ff.**
12f. Dispensationskaße] *Für die Zahlung von »Erlaßgeldern« (Gebühren für die Befreiung von amtlichen Vorschriften), vgl. zu II 27,79f.,80f.*
15 kontribuiren] *Beitragen.*
29–138 Einige Erläuterungen ... Schulordnung ... bestehen] *Eine andere Fassung dieses Gutachtens mit gleichem Inhalt und in vielem auch identischen Formulierungen und Phrasen (z. B.* **133** *Rusthaus guter Menschen) ist unter der Überschrift »Einige Erläuterungen zu beßerer Anwendung der Schulordnung« (1778/79) veröffentlicht worden (H: GSA, eigenhändig, undat.; SWS XXX, S. 426–429; FHA 9/2, S. 284–288). Die Bemerkung über Geographie (***90ff.***) fehlt, und die mit römischen Zahlen bezeichneten Abschnitte stehen in dem angeblichen Weimarer Schriftstück z. T. in anderer Reihenfolge: I. (Geschichte) = II.; II. (Erzählungen) = III.; III. (Aufsätze) = IV.; IV. (Naturlehre) = VI.; V. (Mythologie) = V.;*

VI. (Geometrie) = I.; VII. (Latein) = VII. Identisch sind die 63, 75, 114 und 116 angegebenen Paragraphen der Schulordnung, die wohl kaum in Schaumburg-Lippe und in Sachsen-Weimar dieselbe gewesen ist (in FHA sind beide Gutachten abgedruckt, ohne daß der Kommentar auf ihr Verhältnis zueinander eingeht). Wahrscheinlich handelt es sich in beiden Fällen um denselben Bückeburger Vorgang.
32 Namen- u. Zahlenreihe der Regenten und ihrer Kriege] *Bereits im »Reisejournal« 1769 wird Geschichte (nach dem Vorbild Voltaires u. a.) als »Universalgeschichte der Bildung der Welt«, d. h. als Kulturgeschichte der Menschheit, nicht als »Reihe von Königen, Schlachten, Kriegen, Gesetzen, oder elenden Charakteren« verstanden (SWS IV, S. 353, 379).*
36f. was für sie ist] *Ein der altersbedingten Aufnahmefähigkeit der Unterstufe entsprechender Lehrplan, vgl. 38–42,54f.,60f.,63f., 66–69,90f.,95f.,100f.,109f.,120–123.*
43 wie Mythologie] *Vgl. 97ff.; »Unterhaltungen und Briefe über die ältesten Urkunden«: »Alle älteste Geschichte, wenn sie nützlich werden soll, muß als Philosophie und Dichtkunst, als eine Art von Mythologie studirt werden« (SWS VI, S. 187).*
46 In Griechenland ... erst] *Gilt nur für den Elementarunterricht, denn gleichzeitig kritisierte H. die Geringschätzung der ägyptischen Kulturgeschichte durch Winckelmann (Bückeburger Geschichtsphilosophie, SWS V, S. 491) und berücksichtigte den alten Orient und Ägypten ausführlich im Unterrichtsplan für Zeschau (SWS XXX, S. 398ff.).*
47–50 das Menschliche] *Die geschichtliche Entwicklung der Humanität in gesellschaftlichen Organisationsformen.*
53 Charte der Menschheit] *In doppelter Bedeutung: als Verfassungsurkunde (charta) und als Länder- und Völkerkarte.*
57f. Iselins Geschichte] *»Philosophische Muthmaßungen«. In der Rezension von Millars »Bemerkungen über den Unterschied der Stände« (R, S. 26) dagegen hatte H. auf das »für klaßisch« gehaltene Buch, »das unstreitig einen sehr großen Plan in sich hat«, die Bibelstelle Matthäus 23,27 angewendet (SWS V, S. 453). Das Werk gliedert sich in acht Bücher: Band I, 1. »Psychologische Betrachtung des Menschen«. 2. »Von dem Stande der Natur«. 3. »Von dem Stande der Wildheit«. 4. »Von den Anfängen des gesitteten Standes bis zur Vestsetzung der häuslichen Gesellschaft«. Band II, 5. »Von den Fortgängen der Geselligkeit zu dem bürgerlichen Stande«. 6. »Von den Fortgängen des gesitteten Standes bey den orientalischen Völkern«. 7. »Von den Fortgängen des gesitteten Standes bey den Griechen und bey den Römern«. 8. »Von den Fortgängen des gesitteten Standes bey den heutigen europäischen Nationen«.*
59 Reccard] *Dessen beliebtes Realienbuch.*
63 Knabenstyl] *Stil eines Knaben, hier mündlicher Ausdruck.*
69 Helvetius u. Montesquieu Citationen] *Anführungen (Zitate) aus deren Werken.*
77 Konvolut] *Ein Bündel, eine Rolle Schriften.*
80, 115, 120, 124 Knaben, die nicht studiren] *H. wünschte die doppelte Bildungsaufgabe der Schule berücksichtigt: »die unteren Klassen als Realschule für nützliche Bürger, die oberen als wissenschaftliches Gymnasium [Lateinschule] für Studierende« (Erinnerungen II, S. 136). Dementsprechend sollte der Lateinunterricht in den unteren Klassen reduziert werden. Vgl. V 138,91–107.*
83, 124, 128 Eckel] *Nebenform von »Ekel«, nach Adelung häufige, aber falsche Schreibweise.*
84, 123 Exponiren] *Erklären.*
87 Papageyen] *Vgl. II 11,116. Gegen das Auswendiglernen und Nachsprechen (104).*
90f. Geographie ... geht mit der Geschichte] *Vgl. das »Reisejournal« 1769 (SWS IV, S. 387) und die Weimarer Schulrede über Geographie als »Basis der Geschichte« in humanistischem Sinn, 1784 (R, S. 44; SWS XXX, S. 102).*

93 Naturlehre] *Vgl. »Reisejournal« 1769 (SWS IV, S. 372f.,376f., 381f.).*
97ff. Mythologie ... Physischmoralischen Deutung] *U. a. die allegorische Mytheninterpretation Francis Bacons in »De Sapientia Veterum« (1609; vgl. SWS I, S. 434, 448).*
107f. Sokrates lies ... erfinden] *Sokratische Methode nach Platon, »Menon« (82a–85b).*
112 das Latein gekürzt] *Vgl. zu 80; V 138,54–78; »Reisejournal« 1769 (SWS IV, S. 388, 396ff.).*
122 diese arme Kleine] *= Kleinen.*
131 Rad der Gewohnheit] *Vgl. III 126,15f.*
133 Rüsthaus] *Zeughaus.*

128. AN ELISABETH RASPE, Bückeburg, 23. Januar 1775

6f. Den 2ten December ... zu schreiben] *III 117.*
9 4. Louisd'or] *Vgl. III 119,5.*
12 schrieb ich ... zum zweiten male] *III 119.*
18f. Sollten etwa ... verreiset gewesen?] *Vgl. III Anm. 117. Raspe hatte seine Frau mit den zwei Kindern zu ihrem Vater nach Berlin gebracht und war dort geblieben. Anlaß für diese Reise war seine Ernennung zum Hessen-Kasselschen Residenten in Venedig im August 1774 (Hallo, S. 52f., 113, 140).*
21 meines Freundes] *Raspe.*
23 der Brief] *Vgl. III 117,4f.; 119,5ff.,10ff.,27.*
23f. der Reisende] *Vgl. 9ff.,15; III 119,9.*
27 meinen Freund] *Vgl. III 117,6; 119,6f.*
31 Rückerinnerung] *Vgl. zu III 6,18.*

129. AN JOHANN WILHELM LUDWIG GLEIM, Bückeburg, Ende Januar 1775

3 So lange] *Vgl. B.*
5, 47 Ihr rothes Buch] *»Halladat oder Das rothe Buch«. Am 20.3.1774 hatte Gleim das Mskr. an H. geschickt mit der Bitte um Rücksendung »mit dem nächsten Posttage« zum Druck (V. u. a. Herder I, S. 34). Ein entsprechender Brief H.s ist nicht überliefert. Gleim sandte das Buch mit A.*
6 edle Seelen] *U. a. Graf Wilhelm (Dank an Gleim, 20. 7. 1775; Schaumburg-Lippe III, Nr. 518) und Gräfin Maria zu Schaumburg-Lippe (an Henriette Karoline Luise Fürstin von Anhalt-Dessau; Körte, Gleims Leben, S. 184f.).*
7f. Ihr Tropfe] *»Gott ist Schutz und Schild« (R, S. 188). Gleim hat nur den ersten Änderungsvorschlag befolgt. – »Tropfe«, Nebenform von »Tropfen«, seit 18. Jh. vorwiegend nur in poetischem Gebrauch, z. B. bei Klopstock (Grimm).*
9f. Posaune Morgenlands ... Engel, Einer der Sieben] *Vgl. Offenbarung des Johannes 8,2.*
12–17 daß vor Gott ... ist Gott!] *Vgl. »Erläuterungen zum Neuen Testament«: Spinoza, »die höchste Moral der Vernunft, die er selbst mit dem Christenthum Eins fand. ... durch Liebe in der ganzen Welt zusammenwürkend und unzertheilt wie das Licht« (SWS VII, S. 374f.; vgl. »Vom Erkennen und Empfinden. Erster Versuch« am Schluß; SWS VIII, S. 202).*
19 Spinoza Moral] *»Ethica ordine geometrico demonstrata«. »... abgezogen von seiner Metaphysik, den völlig Moralischen Theil seiner Sittenlehre« (SWS VII, S. 462). – B. v. S. Sittenlehre ist der korrekte Titel der Übersetzung.*

20 das 3. u. 4te Buch)] *Erste Zahl nicht eindeutig lesbar; Düntzer las »das zweite und vierte« (D). III. »Über den Ursprung und die Natur der Affekte«; IV. »Über die menschliche Unfreiheit, oder die Macht der Affekte«. – II. »Über die Natur und den Ursprung des Geistes«.*
21 Sittenlehrer] *»The Moralists« (Spaldings Übersetzung), 3. Teil: Naturhymnus des Theokles (R, S. 537). H. hat seine Nachdichtung der rhythmischen Prosa in alkäischen Strophen (SWS XXVII, S. 397–406), eigens für Gräfin Maria angefertigt, am 14. 2. 1775 in ihr Gedichtbuch (R, S. 505) eingetragen (Buch der Gräfin Maria, S. 151–163; vgl. SWS XXVII, S. 418; Haym I, S. 757), aber erst 1800 in der 2. Ausgabe von »Gott« veröffentlicht. Die Gräfin schickte H. am 13. 2. 1775 »das verlangte liebe Buch« zur Eintragung und dankte am 15. 2. für »die fremde Arbeit«, die »den Unbekannten, Unerforschlichen, Allgütigen so innig besingt« (Erinnerungen I, S. 381, 384). O. Müller deutet diese Stelle auf den im Buch vorausgehenden 1. Gesang von »Pope'ns Versuch über den Menschen« und datiert die Shaftesbury-Eintragung zwischen 15. 2. und Mai 1775 (a. a. O., S. 138–145, 147f., 163).*
22 der kalte, geometrische Gläserschleifer] *Vgl. »Gott«, 1. Gespräch (SWS XVI, S. 422). Kontamination biographischer Elemente mit der Methode seines Philosophierens (vgl. zu 19).*
23 Deismus] *Ende des 17. Jh. in England entstandene und in der europäischen Aufklärung des 18. Jh. im Kampf gegen den orthodoxen Offenbarungsglauben sich durchsetzende Natur- und Vernunftreligion (»Freidenker«).*
25 mein Geschmier gefallen] *Gleim dankte in B für den »Strom von Wahrheit, Tugend und Weisheit« in H.s »dreien Geistes- und Herzensergießungen«, »Aelteste Urkunde«, Bückeburger Geschichtsphilosophie und »An Prediger«.*
25f. alles bricht den Stab Wehe] *Vgl. Jeremias 48,17. Nach »Vom Geist der Ebräischen Poesie« eines der unübersetzbaren Wortspiele der Propheten »mit jenem Stabe Sanft und Wehe« (SWS XII, S. 196).*
26 Wehe] *Interjektion drohender Prophezeiungen im Alten Testament und Neuen Testament; vgl. Offenbarung des Johannes 9,12. – Grobheiten] Vgl. III 131,7–18.*
27f. jetzt von allen Rufen ... abzulaßen] *Gleim hatte bei der vakanten Stelle in Klosterbergen an H. gedacht, wußte aber, daß Resewitz dafür vorgesehen war (B). Vgl. zu II 147,3; 155,6.*
28f. in die Länder ... nie begehret] *Vgl. II 168,30f., 31f.*
29–32 von Berlin aus ... vom letzten voll] *Vgl. zu III 102(N),30f.*
35 gegen Ihren Freund Schmidt ahndete] *ahnte; vgl. III 81(N),12–15; zu III 81(N), 26.*
37 απεχω κ[αι] ανεχω] *Von Epiktetos.*
40ff. Iris] *Siehe R, S. 676. Karoline sollte dafür Subskribentinnen gewinnen. Im folgenden Ausführung des Bildes: Iris = Regenbogen.*
43 Graf von Wernigerode] *Graf Henrich Ernst zu Stolberg-Wernigerode, vgl. zu III 103, 17f.*
44 die Fürstin] *Christiane Anna Agnes, Gemahlin des vorigen.*
46 Lügner ... Lästerer] *Vgl. zu II 96,12.*
48 mein Weib spricht von Ihnen] *Aus persönlicher Bekanntschaft, vgl. zu II 8,119,121, 126f.*
49 Rüstzeuge] *Werkzeuge, vgl. Apostelgeschichte 9,15.*
50 Wiz] *Vgl. zu III 122(N),59.*
54f. Valentin ... zusandte] *Vgl. III Anm. 129; Goldsmith, »The Vicar of Wakefield«, Kap. 4.*
56 Zerreißen u. vergeßen] *Wegen 26–34; wahrscheinlich Schimpfwörter für Berliner Theologen, deswegen die unleserlichen Tilgungen von fremder Hand (III Anm. 129).*

130. AN GRAF FRIEDRICH ERNST WILHELM ZU SCHAUMBURG-LIPPE, *Bückeburg, Januar 1775*

5 Füßlis ... Zeichnungen] *Vgl. III Anm. 130; zu III 107,15. Füßlis acht Originalzeichnungen sind verloren. Die Kupferstiche danach (1764) und nach vier Zeichnungen Rodes sind von dem Berliner Maler und Stecher Christian Gottfried Matthes (1738 – um 1805), einem Schüler Rodes. Vgl. Gert Schiff, Johann Heinrich Füssli 1741–1825. Text, Oeuvrekatalog, Abbildungen. 2 Bde, Zürich 1973, Nr. 291–298.*
6, 14 die Rodischen] *Von Christian Bernhard Rode (Nr. 6, 7, 11, 12).*
7, 14 Japhet] *Siehe R, S. 706.*
7f. das Erste ... siehet.] *»Japhet begegnet den Töchtern Siphas«.*
8, 10, 14 Sipha] *Siehe R, S. 714.*
8ff. Das Zweite ... erwürgt hat.] *»Asa mit seinem sterbenden Vater Zippor im Tempel zu Jarmut«.*
9f. Sohn seinen Vater ... erwürgt] *Seide den Sopir (R, S. 596).*
10f. Das Dritte ... Noah.] *»Sipha, vom Opfer zurückkehrend, umarmt die Söhne Noahs«.*
11f. Das Vierte ... der Väter.] *»Sipha vermählt seine Töchter den Söhnen Noahs«. – S. 151 ... (Seite 122.)] Seitenangaben von Bodmers Patriarchade »Die Noachide«, die H. vernichtend beurteilte (R, S. 25).*
12f. Das Fünfte ... daliegt.] *»Dagon spricht zu dem gestürzten Riesen von Assur«.*
13 Riesen] *Vgl. 1. Mose 6,4; SWS VII, S. 166f. –* Luftschiff] *Vgl. SWS II, S. 171f.; SWS XV, S. 251 (»Noachide«, 5. Gesang, Vers 600ff.).*
14f. Das achte ... entschlafen ist.] *»Sem findet Sipha tot am Opferaltar«.*
15 Mine] *Miene.*
15f. Das 9te ... befielt.] *»Die Muse zeigt dem Dichter, wie die Arche der Flut entkommt«.*
16 Das zehnde] *»Die Seele Lamechs spricht im Mondhades zur Larve des in der Sintflut umgekommenen Tydor«.*

130 a (N). AN DAS SCHAUMBURG-LIPPISCHE KONSISTORIUM, *Bückeburg, etwa Anfang 1775*

5 proklamiren] *Dreimaliges kirchliches Aufgebot von der Kanzel nach der Sonntagspredigt. –* zusammengeben] *Kirchliche Trauung ohne Aufgebot. –* Amtsmäßig beschreiben] *Durch einen Amtsschein, vgl. N III 124c,5.*

131. AN JOHANN FRIEDRICH HARTKNOCH, *Bückeburg, Anfang Februar 1775*

3 Deinen Brief] B_1, B_2. *Vgl. zu III 104,20–24.*
6 Wetstein u. Consorten] *Vgl. zu III 35,35; 90,23.*
7 Rede von Nikolai] *In B_1 Zitat aus einem Brief Nicolais an Hartknoch: »Herr Herder hat mir alle Freundschaft aufgesagt, in einem Briefe, über dessen Ausdrücke Sie sich wundern werden. Ich bin zu offenherzig gewesen. Ich glaubte dies einem Freunde schuldig zu sein; ich hätte aber bedenken sollen, daß derjenige, der nur gelobt sein will, die Wahrheit nicht zu hören verlangt. Unser Freund ist jetzt im traurigsten Traume Ruhms; ich befürchte, die Welt wird ihn erwecken, ehe ein paar Jahre vorüber sein werden.«*

8 Traum von Ehre] *Vgl. 10ff., 29f.,52, 59.*
11f. »Die Welt ... wecken!«] *Paraphrase von Nicolais Brief; vgl. 13,64ff.; zu 7.*
13 Konsorten] *Genossen.*
15 Nikolais impertinenten Brief] *Vgl. III 90,51f.; zu III 92 passim (B₂).*
16 meine Antwort] *III 92.*
17 Engelsbrief mit Engelsribbenstößen] *Vgl. zu III 92,12,30,35ff.,46,47ff.,68ff.,70.*
19 laßt uns einen Bund ... machen.] *Vgl. 1. Mose 15,18.*
20f. schreibe mir die Stimmen ... nicht] *Vgl. 40f.*
21f. in Deinen eignen Worten] *Vgl. 25ff., 37–40.*
24 von meinem ärgsten Feinde lernen] *Vgl. zu III 110,48.*
28f. An meinem Styl ... Denkart auch] *»Wirklich sollten Sie Ihren Stil ändern, und andere Leute, die mit Ihnen dissentiren, zufrieden lassen« (B₁). Vgl. II 133,23–28; III 132,34ff.*
30f. Den Thoren ... nach Ihrem Rath] *»Steht er Ihnen im Wege, so gehen Sie dem Narren vom Mittelstein« (B₁).*
31f., 51, 78 von Zendavesta ... in Makulatur geworfen.] *Vgl. zu III 104,37f.; 114,19–22.*
34 ein Kind] *Vgl. 96ff.; III 97(N),5f.*
37 Reden der Narren] *Wie Nicolai.*
42 Hartmann ... nun schreibest] *Vgl. zu III 104,29. In B₂ befürchtete Hartknoch, daß das Gymnasium in Mitau »noch gar eingeht«.*
43 2. Anonymische Briefe] *Vgl. zu III 75,172.*
44 Das mischt die Berliner Rotte] *Vgl. III 104,29–33.*
45f. Hemsterhuis ... gestochen.] *Vgl. zu III 114,26ff.,27.*
46 Volkslieder] *Vgl. zu III 80,15.* – Publikum] *Vgl. III 114,13f.*
47f. 1. Bogen des 1. Theils] *»Alte Volkslieder«, 1. Druckbogen (HN XIII, 13), enthält »Das Lied vom jungen Grafen«, »Fair Rosamond« (engl. Text), »Die schöne Rosemunde« (SWS XXV, S. 13–17, Mitte; vgl. Anm. S. 656).*
48f. ob das Englische korrekt gedruckt wird] *Vgl. 75ff.*
50 Das Verrechnete] *Vgl. 74. Hartknoch hatte die »Volkslieder« »schon verrechnet« (B₁).*
51ff., 78f. das 2te u. 3te Kapitel Mose] *»Aelteste Urkunde«, Bd. 2; vgl. III 140,14ff.*
58–66 Schreibe an Nikolai] *Vgl. zu 7; aber III 133,36f. Nach A₂ schrieb Hartknoch doch an Nicolai, was H. ihm aufgetragen hatte.*
64ff. die Welt] *Vgl. 11f.*
68 Briefe] *Nicht überliefert.*
68–72 Rüling ... Boje erscheinen] *Rülings und Boies Hemsterhuis-Übersetzungen sind nicht erschienen. Vgl. N III 250,45f.*
73f., 88ff. Volkslieder] *Vgl. III 132,27; 133,40–44.*
78 Erste Geschichte der Menschheit] *Vgl. zu 51ff.*
80ff. Mein Cousin ... zu bringen.] *H.s Neffe (»cousin germain« = Geschwisterkind), vgl. III 133,16–32; zu III 18,35f.*
87 Komißion] *Auftrag.*
88 Unterstütze ... an Ife meinen Wunsch] *In A zu III 133 (vgl. N, S. 803) versprach Hartknoch, an Ife zu schreiben, »daß er die Volkslieder nicht druckt« (vgl. Impulse 10, S. 288).*
91ff. Deinen Sohn] *Vgl. zu III 104,9. Hartknoch jun. wurde nicht zur Erziehung zu H. geschickt, wie der Vater es früher gewünscht hatte, vgl. zu I 89,6ff.*
96 haar] *Vgl. III Anm. 131 am Schluß (nach Grimm).*

132. An Johann Georg Hamann, Bückeburg, 11. Februar 1775

4 Inlagen] *III 133 und an H.s Schwester (vgl. Hamann an Hartknoch, 27.2.1775; ZH III, Nr. 437). – Eine Inlage auch das vorige Mal (III 114 war Beischluß zu III 113).*
7 Ihren Brief] *B.*
10 Sünde büßen ... in der Wahrheit.] *Cento aus Lukas 15,7; Psalm 39,3; Epheser 6,14 und Hebräer 13,9.*
12 Ihrer Tochter] *Magdalena Katharina; in B Bericht über die Haustaufe (durch Lindner am 2.12.1774) und die Gevatterschaft von »Confusions Rath« Claudius.*
13f. wie ein Löwe] *Vgl. 1. Makkabäer 3,4.*
15f. Claudius hat ... senden soll.] *»Den letzten December 1774« schickte Claudius in Hamanns Auftrag an H. ein Exemplar der »Prolegomena« (vgl. zu III 110,3f.,12) und »zwei an die Darmstädter Freunde«, deren Namen er nicht wußte, außerdem für H. »Mancherley und Etwas« (vgl. zu III 99,20f.; Nachlaß I, S. 387f.).*
16 Moser] *Vgl. zu III 31(N),26. Dieser sollte ein Exemplar erhalten, die Hamann verhaßte »Meerkatze« Merck aber keinesfalls. Das zweite war für Lavater bestimmt (A). Vgl. III 139,7–11.*
17 Merck] *Vgl. III 75,75–90.*
18ff. Spaldings Briefwechsel ... Apolloniis] *Vgl. zu III 110,32.*
21–25 Stockmars Familie] *Wegen seines neuen Direktors hatte Hamann in B (und bereits in B zu III 110) nach dessen Darmstädter Familie gefragt. Siehe R, S. 557. Hamanns Hoffnung eines beruflichen Aufstiegs unter ihm (nach siebenjähriger Übersetzertätigkeit war er jetzt nur »expedirender Copist«) war »abermal zu Waßer geworden« (A).*
22 Pirmasenz] *Siehe R, S. 796f.*
26–29 ein Buch ... liefere, **33–38** Um uns ... tiefer Höle] *Zitiert in Hamanns Brief an Hartknoch (vgl. zu 4).*
26 ein Buch ... mit Kleister u. Schere fertig.] *Vgl. III 133,38f.; zu III 131,31f. Hamann warf H. mangelndes Vertrauen zu seinen Freunden vor, daß er ihm den Inhalt nicht genannt hatte; er »verdiente von Rechts wegen aus dem Albo der Hamannianer ausgestrichen ... zu werden« (A). Vgl. zu 37.*
27 Volkslieder] *Vgl. III 133,40–44. Hamann hatte in B »ungedultig« danach gefragt.*
28f. an Fortsetzung ... Urkunde] *Vgl. zu III 131,51ff. Hamann gefiel H.s »Vorsatz sich auf die Fortsetzung der Urkunde einzuschränken« (A).*
30f. Hartknoch ... bringt mir meinen Neffen] *Vgl. III 133,16–32.*
33f. Um uns ist ... Licht aufkläre.] *Cento aus Psalm 107,10.14; 139,11f; Hiob 11,17; 12,22; 28,3; Jesajas 42,16.*
34ff. Wird mein Auge ... Denkart Zeuge!] *Vgl. zu III 131,28f. Hamann riet H. durch Hartknoch (Zitat in B₂ zu III 131), »sich des polemischen Tons, so viel möglich, zu enthalten, mit mehr Fleiß zu schreiben, und weniger Stärke und Singularität im Ausdruck zu affectiren, sich mit keinen Apologien und Nebendingen aufzuhalten« (an Hartknoch, 31.11.1774; vgl. zu III 113,22f.). In B verwies er H. ernstlich »die Gräuel der Verwüstung in Ansehung der deutschen Sprache, die alcibiadischen Verhuntzungen des Articuls, die monströse Wortkuppleryen, den dithyrambischen Syntax und alle übrige licentiae«, die seinen Stil ausmachten, in dem man kaum »einen reinen Deutschen Period« finde. Auch Luther schreibe »nicht immer die Sprache eines Trunkenbolds«. Vgl. zu III 133,49f.*
35f. ungelenken ... Denkart] *Ironisches Zitat in A (ZH III, S. 168).*
36 (velut aegri somnia] *Horaz, »Epistolae« II,3,7. – Platos Höle]* Nach *»Politeia«.*
37 Silen] *Vgl. zu III 75,22. – Pan] Vgl. zu III 17,7. – Orpheus] Anspielung darauf, daß Hamann in »Der Teutsche Merkur« von November 1774 »zum Oberhaupt einer sehr an-*

*sehnlichen Secte und Schule unter den schönen Geistern des deutschen Parnaßes creirt«
worden war (Hamann an Hartknoch, vgl. zu 4; R, S. 660), vgl. III 139,33f.*
38 in tiefer Höle] *Vgl. zu I 117,21f. Hamann sprach H. Mut zu: »... halten Sie die beste
Welt weder für Platons noch Plutons Höle – vielleicht ein Fegfeuer zu einer beßern Bestimmung« (A).*

133. AN JOHANN FRIEDRICH HARTKNOCH, Bückeburg, 11. Februar 1775

5 Briefchen an Ihr liebes Weibchen] *Karolines Grüße vom gleichen Datum – »Die Freundin und Geliebte von unserm Hartknoch ist doch auch unsre Freundin« (vgl. III Anm. 133) –, die von Albertine Hartknoch am 25.2./8.3.1775 herzlich erwidert wurden. Sie freute sich über die Wertschätzung ihres Mannes und bat, auch sie in diese Freundschaft einzubeziehen (H: Kraków).*
8 Gottfried war krank] *Vgl. III 132,12ff.*
11 Teppich u. Schuh] *Vgl. zu III 90,65; 104,16.*
16 unsren Vetter ... mitbringen.] *Vgl. zu III 131,80ff.*
17f. schon voriges Jahr ... war schuld] *Vgl. zu III 43,12; 99,15f.,16.*
20ff. Adreße von meines Mannes Schwester] *Hartknoch wollte Frau Güldenhorn schreiben, daß sie mit dem Jungen bei seinen Schwiegereltern in Königsberg auf ihn warten solle (A, vgl. zu III 131,88; Impulse 10, S. 288). Vgl. III 140,17-28.*
25 ein liebes Weib] *Karoline kannte sie nur aus wenigen Briefen und H.s Erinnerung.*
30f. Körber] *Vgl. III 160,10,12; zu III 78,11-19. – Minden] Siehe R, S. 787.*
35 etwas Kränkendes] *Es schmerzte Hartknoch, »daß unser liebe Herder durch angethane Beleidigungen niedergedrückt u. muthlos wird« (A). Vgl. den etwa gleichzeitigen undat. Brief III 131,7-41,56-67 und 132,33-38. Vermutlich wirkten die theologischen Angriffe gegen die »Aelteste Urkunde« und »An Prediger« jetzt zusammen mit Schlözers Diskreditierung des Theologen und Volksliedersammlers H. von 1773 (vgl. zu III 32,27ff.; Haym I, S. 726f.). Nicolai hatte an Graf Wilhelm am 12.1.1775 seine »Freuden des jungen Werthers« geschickt, der Graf ihm am 30.1. dafür gedankt (Schaumburg-Lippe III, Nr. 501; vgl. III 139,90-95); darin wurde H.s Stil parodiert (vgl. III 163, 56ff.).*
36f. bei H. Nikolai ... nennen] *Vgl. III 140,35; zu III 131,58-66.*
38 Buch übers neue Testament] *Vgl. III 132,26; zu III 131,31f. Da H. das entstehende Buch in seinen Briefen an Hartknoch bisher immer nach seiner wichtigsten Quelle »Zendavesta« genannt hatte, glaubte der Verleger, es handle sich um ein anderes und »Zendavesta« würde wie die »Fragmente« liegenbleiben (A). Vgl. III 140,14.*
40ff. Volkslieder] *Vgl. III 131,46-50,73-77,88ff.; zu III 131,88. In A beklagte Hartknoch, daß Ife »zum Notendruck [zu den Liedern sollten die Melodien abgedruckt werden] u. zu neuen englischen Lettern Vorschuß empfangen« hatte, den er »nie wiederkriege, weil er ein armer Teufel ist. Ueberdem ist das Publicum, sind alle Buchhändler getäuscht« (Impulse 10, S. 288). Vgl. III 140,10-13.*
45 nicht mehr vor Ostern schreiben] *1775 der 16.4.; vgl. aber III 140.*
46f. guter Vater] *Vgl. III 131,92f.*
47 Georg Berens] *Vgl. III 110,76f.; 140,39f.; zu III 104,4f.,6. A zufolge hatte Berens Hartknoch zweimal besucht und seine und Hamanns Briefe gelesen.*
49f. Hamann hat ... bin thun?] *Hamann, der mit Hartknochs Erlaubnis den an diesen gerichteten Einschluß zu III 132 las, verstand den Satz nicht (an Hartknoch, vgl. zu III 132,4). Karoline meinte die Stelle in B zu III 132 nach Hamanns »bellum grammati-*

cum« gegen H.s Stil: »Die Frau Consistorialräthin sollte die Stelle des Apolls oder des Magus in Norden vertreten und Ihr eingeschlafenes Ohr zu erwecken suchen« (ZH III, S. 135).

134. AN JOHANN KASPAR LAVATER, Bückeburg, nach dem 20. Februar 1775

3 Brief vom November 1774.] *B₁, darin bat Lavater, ihm »physiognomische allgemeine oder besondere Reflexionen zu senden; Citationen aus Büchern, die er nicht kenne, Charaktere, z. E. Luther, Caesar, Brutus, Hedlinger, Sulzer etc.«*
5 der Unbarmherzigkeit ... anklagtet.] *Pfenninger in einer Nachschrift zu B₂: »Lavater ist in furchtbarem Gedränge! Helfen Sie ihm doch auch mit Beitrag zur Physiognomik.«*
6f., 130f. Dein Avertissement] *»Physiognomische Fragmente. Avis au Public«. In B zu III 105 hatte Zimmermann auf die »vortreffliche Anzeige« im Meßkatalog hingewiesen und prophezeit, daß die Gelehrten über die Physiognomik »schimpfen werden, weil sie von einer ganzen und so wichtigen Wissenschaft mehrentheils nicht einmal eine Idee haben; und die Großen der Erde, die von allen Betrügern am meisten betrogensten Menschen, sie vergöttern werden« (Nachlaß II, S. 343).*
9f. von ihm ... Briefe gehabt.] *A zu III 105.*
10f. an Pfenninger ... sagte] *H.s Briefe an ihn sind nicht nachweisbar (vgl. N, S. 804).*
12f. nicht zeichnet] *Vgl. VI 30(N),***24ff.**
13f. blödes] *Hier: kurzsichtig, unscharf.*
15 auserwählter Gottes, wie ein Dichter] *Vgl. Römer 8,33; »Versuch einer Geschichte der lyrischen Dichtkunst« (1766): »Vorzüglich ist aber der Ursprung der Dichtkunst mit göttlicher Ehre belegt: so wie schon nach Platon's Ausdruck, die Dichter selbst, heilige und göttliche Geschöpfe sind« (SWS XXXII, S. 93). Nach Platon, »Ion«: »Denn ein leichtes Wesen ist ein Dichter und geflügelt und heilig ... durch göttliche Schickung« (534b). Vgl. »Fragmente« (SWS I, S. 176).*
17 feinem, dem Malerischen der Physiognomik] *Vgl. III 79,59.*
18f. blinze ... Maulwurf.] *»Blinzen = mit halb verschlossenen Augen sehen« (Adelung). Vgl. die Metapher »Maulwurfsauge« für die Aufklärung in der Bückeburger Geschichtsphilosophie (SWS V, S. 478).*
20–134 meine Gedanken] *H.s konzise Darstellung der Physiognomik im Sinne Lavaters, von diesem als »unaussprechlich wichtiger Brief« erkannt (A). H. ging dabei von seinen Studien zur »Plastik« aus, vgl. III 79,47–61.*
21 das Werk ... zu Ende seyn] *Der erste der vier Bände »Physiognomische Fragmente« war am 11. 3. 1775 im Mskr. »vollendet« (A).*
22 anschauend erkannt] *»Anschauende Erkenntnis« = hier für unmittelbare Erkenntnis durch das Sehen, Intuition. Vgl. zu III 75,8f. (Mitte). Als ästhetischer Begriff vgl. Mendelssohn, »Ueber das Erhabene und Naive«: »... wir erlangen eine anschauende Erkenntnis von einer Sache, wenn wir das bezeichnete uns deutlicher vorstellen als das Zeichen« (»Bibliothek der schönen Wissenschaften und der freyen Künste«, Bd. 2, 2. Stück, S. 264f.).*
24–36 Der Mensch ... Du kannst, vor.] *Einwände gegen Gültigkeit und Mißbrauch der Physiognomik.*
24 Plasma] *Gebilde. – Leimmaske] »Leim« = oberdt. Form von »Lehm« (Adelung).*
24f. eine Welt ... webender Geister] *Nach der Leibnizschen Kräftelehre, vgl. zu 74.*
26f., 30, 72 Zifferblatt ... Uhr treibe.] *Vgl. zu III 12(N),***55ff.**
28f. Misbräuchen zuvorkommen] *Vgl.* **34ff.**

31–34 Fürsten ... kein blöderes Geschlecht] *Schwach an Verstand und Beurteilungskraft.*
31f. affektiren] *Erkünsteln, zur Schau tragen, vorgeben.*
32 begaffenden Adlersblick ... Potsdam] *Anspielung auf die weitgeöffneten Augen Friedrichs II. auf seinen Porträts.*
34f. armseligen Menschenkindern] *Untertanen, vgl. zu 6f. Ein schlechter äußerer Eindruck würde nach verabsolutierten physiognomischen Kriterien der Charakterdeutung fürstliche Ungunst bewirken.*
37–65 Gesinnung ... werde Wesen!] *Vgl. die breitere Ausführung dieser und ähnlicher Gedanken im 3. und 4. Abschnitt der »Plastik« (SWS VIII, S. 42–52, 68f.; vgl. zu III 79, 58ff.).*
38 es werde Licht!)] *1. Mose 1,3.*
39 Mine (habitus, countenance] *Miene, Haltung, Gesichtsausdruck.*
41 ersten Menschlichen Handlung] *Die Benennung der Tiere (1. Mose 2,20) als Beginn einer »werdenden Menschensprache« (»Aelteste Urkunde«, Bd. 2, SWS VII, S. 40f.).*
46 Gesicht ... Spiegel der Seele] *Lavaters Grundgedanke der Physiognomik (vgl. zu III 40,49f.), das einfühlende Anschauen des Psychischen im Physischen.*
48 der Allanschauer] *Gott, vgl. »Allanblick« in der Bückeburger Geschichtsphilosophie (SWS V, S. 559).*
50f. einen Bruch auflöse] *Vgl. 66f.*
51 indechifrabel] *Nicht zu entziffern, unerklärbar.*
53 Zeichnungen von Tollen ... Kranken] *In Bd. 2, Fragment XVI mit 6 Tafeln (vgl. H.s Rezension, SWS IX, S. 460).* – Angefochtnen] *Vom Teufel versucht, zum Bösen bzw. zum Zweifel verführt.*
64f. Aus der Figur ... Wesen!] *Die Physiognomik sollte nach Lavaters Absicht der Religion dienen, vgl. zu III 40,49f.*
67 daß Körper Geist werde] *Im eschatologischen Sinn, vgl. 102; zu II 127(N),28,28f.* – ανθρωπος ψυχικος] *Der natürliche (irdische, sinnliche; wörtlich aber »seelische«) Mensch nach 1. Korinther 2,14. Vgl. »Vom Erkennen und Empfinden«: »... ein Seelenmensch (ανθρωπος ψυχικος) dem alle mechanische Triebwerke und Glieder willig dienen« (SWS VIII, S. 192), dazu Häfner, S. 146f. (vgl. zu I 105,43–49). Im Brief des Judas 19 hat Luther ψυχικοι als »Fleischliche« übersetzt, H. aber als »thierische Menschen« (SWS VII, S. 532).*
68 englischen Wesen] *Engeln, vgl. zu I 91,132.*
70 Figur] *Gestalt, Abbild.*
71f. Sinne ... Zifferblatts.] *Vgl. 25ff.*
73 Sympathie ... real.] *»Gefühl und Versetzung unseres ganzen Menschlichen Ichs in die durchtastete Gestalt« (»Plastik«, SWS VIII, S. 56f.), Mitempfindung als Voraussetzung plastischer und physiognomischer Erkenntnis.*
74 Der Mensch ist ein Inbegrif der ganzen Welt] *Die Idee des Menschen als Mikrokosmos, zuerst bei Demokrit und Aristoteles, in der Gnosis, der Mystik, seit der Renaissance in Kupferstichen verbreitet, als Abbild, Gleichnis und Spiegel des Makrokosmos von Paracelsus, Leibniz (»La Monadologie« § 56, 83) u. a. gebraucht. Vgl. »Ueber Leibnizens Grundsätze von der Natur und Gnade« 1769: »... die Seele ein lebendiger Spiegel des Universum« (SWS XXXII, S. 226); »Aelteste Urkunde«, Bd. 1: »Mensch, Bild Gottes! ... Hieroglyphe der Schöpfung ... kleine Welt! Inbegrif, Symbol und Abbildung Himmels und der Erde« (SWS VI, S. 314f., 320).*
75f. von keiner Eigenschaft ... ein Analogon davon] *Plotin, »Enneades« I, Buch 6, Kap. 9: »Neque vero oculus videret solem, nisi factus solaris esset« (Goethe, »Zahme Xenien« III, 1823: »Wär' nicht das Auge sonnenhaft, die Sonne könnt' es nie erblicken ...«; WA I 3,*

S. 279). *Nach Platon, »Politeia« (p. 508). Später ein geläufiger Topos der Mystik.*
77f. Bild unsrer Seele] *Vgl. zu 67.*
78 der Keim] *Vgl.* II 127(N),**118ff.** *—* (πν[ευμα]) *Luft, göttlicher Atem, Lebenshauch (hebräisch »ruach«); im Neuen Testament der Geist Gottes. Der* ανθρωπος πνευματικος *ist »der geistliche Mensch« (vom Geist Gottes, d. h. Jesu durchdrungen), der Gegensatz zum* ανθρωπος ψυχικος *(zu 67). Vgl. 1. Korinther 2,14.15.*
79 sein Wesentlichstes überkleiden] *Vgl. 2. Korinther 5,2.*
80f. Läuterungskern] *Wie der Gegensatz* 69f. *aus der Begriffswelt des Pietismus.* — Bild Gottes in Jesu] *Vgl. Römer 8,29; 2. Korinther 4,4; zu* II 127(N),**28***. In »Johannes« (R, S. 46) ist ein Abschnitt »Jesus als Mensch, das Ebenbild der Gottheit« überschrieben (SWS VII, S. 323).*
80—83 Er soll ... er hervorblickt] *Der* ανθρωπος πνευματικος *als Gegenstand einer christlichen Physiognomik.*
81 lebendigen Menschen] *Den* ανθρωπος ψυχικος.
84 Jesu ... auf Thabor] *Vgl. Matthäus 17,1f.; Markus 9,2f.; R, S. 823.*
85f. mit Paradiesmenschen ... sprechen] *Mit Mose und Elia, vgl. Lukas 9,30f.*
87 Ertödtung ... Absterben] *Vgl. Johannes 12,24.*
88 seinen Geist übergeben] *Vgl. Lukas 23,46; Psalm 31,6.*
88f. dorfte nicht verwesen] *Vgl. Apostelgeschichte 2,31; 13,34; Psalm 16,10.*
89 Ideal der irrdischen Menschheit ... Jesus] *Vgl. zu* II 127(N),**120**. *Auf einer niedrigeren Stufe die optimale Realität* **103—106**, *keine Gleichstellung Jesu, des geistigen Menschen, mit den Griechen (vgl. Häfner, S. 147; zu* I 105,**43—49**). — *Seit Giotto strebten Maler und Bildhauer in ihren Christusbildern nach menschlicher Schönheit. Die Suche nach dem Ideal steht in Widerspruch zu Lavaters Behauptung der Einzigartigkeit eines jeden Individuums.*
90 (Johannes 12,23. bis Kap. 17.)] *Vom Einzug in Jerusalem bis zum hohepriesterlichen Gebet (vor seiner Gefangennahme).*
90f. den Augenblick seines Todes ... Himmelfahrt] *Dennoch die häufigsten Motive der christlichen Ikonographie.*
92 Raphaels Verklärung] *Raffael, »Verklärung Christi«.* — Himmelfahrt in Original] *Vgl. zu* II 42(N),**74—79**.
93ff. Bild Jesu ... der Weg sei] *H. bezweifelte zu Recht die Möglichkeit. Über Karl Ludwig Junkers »Christusköpfe« urteilte selbst Lavater: »Schade, daß die meisten sehr verunglückt sind« (»Physiognomische Fragmente«, Bd. 4, S. 437).*
97f. Unendlichkeit ... unter Hüllen] *Vgl. Hebräer 7,16; zu* **74**. — *»Jeder Punkt der Schöpfung Gottes ist eine Welt und ein Bild der Unendlichkeit« (»Physiognomische Fragmente«, Bd. 3, S. 355).*
98f. im dunkeln ... Schlafe.] *Vgl. zu* II 174,**13f.**; *»Ueber Thomas Abbts Schriften«, 1. Stück, Einleitung: »den ganzen dunkeln Grund unsrer Seele, in dessen unabsehbarer Tiefe unbekannte Kräfte, wie ungebohrne Könige, schlafen« (SWS II, S. 258).*
99ff. Bild Gottes im Menschen ... Graden der Vollkommenheit] *Vgl. zu* **80—83**.
100 (figurative ... realiter] *Bildlich, in der Vorstellung und in Wirklichkeit.*
102 Apokalypse] *Vgl.* **108ff.**; III 75,**30—35**; *den eschatologischen Duktus der Bückeburger Geschichtsphilosophie und zu* III 87,**37f.**
103—106 Die Schönheit ... nichts gewußt.] *Vgl.* **124ff.** *In »Über Ideale der Alten; schöne Natur, Nachahmung« in Bd. 3 der »Physiognomische Fragmente« behauptete Lavater vom Standpunkt der Nachahmungsästhetik, Menschen und Natur seien in der griechischen Antike schöner gewesen als in der Neuzeit. Wieland widersprach aufgrund besserer Kenntnisse in »Gedanken über die Ideale der Alten« (»Der Teutsche Merkur«, August—Oktober 1777), indem er die Schönheit der griechischen Kunst mit der Imagina-*

tion (den Idealen) der antiken Künstler begründete. – H.s »Plastik« bezieht sich auf griechische Bildwerke als Vorbilder und auf Winckelmanns »Geschichte der Kunst« als wichtigsten grundierenden Text für diesen Aspekt; die Schönheit der Skulpturen wird mit der durch Klima, Sitten und Nationalcharakter bedingten freieren Einstellung zur Nacktheit begründet (vgl. SWS VIII, S. 19–22, 25f., 53f., 62f.).

106f. vom geistigen Menschen] ανϑρωπος πνευματικος, vgl. zu 78.

112 Leben Jesu schreiben] *In den vorausgehenden überlieferten Briefen Lavaters nicht erwähnt. Vgl. II 127(N),277ff.; IV 15(N),132ff. –* »An Prediger«: »Ein Leben Jesu, ganz im Geiste der Evangelisten für unsre Zeit« *(SWS VII, S. 308). –* Evangelisten] *Siehe R, S. 704.*

113 Anschauend] *Intuitiv.*

114f. sondern werden] *Wie Jesus Christus, vgl. zu II 127(N),28.*

116 Füßli Pack] *Ein Päckchen mit Zeichnungen aus Rom, in B$_1$ erwartet. B$_2$ war »etwas von Füßli« beigelegt.*

117 Spektrum] *Erscheinung. Vgl. III 107,14f. Nach Plutarch,* Βιοι παραλληλοι, *»Dion«, Kap. 55: Durch eine furchtbare Erscheinung deutet die Gottheit Dions nahes Ende an. Während einer gegen ihn gerichteten Verschwörung sieht er abends in seiner Halle eine große Frau, die wie die tragische Furie aussieht, mit dem Besen das Haus kehren. Vgl. G. Schiff, Füßli (wie zu III 130,5), Nr. 330. »Das Gespenst des Dion«.*

118 Sulzer] »*Allgemeine Theorie der Schönen Künste*«, *Bd. 1, S. 90:* »*Wem ein Kupferstich von Fueßli, der 1768. in London heraus gekommen ist, darauf Dion wie er in Sirakusa ein Gespenst sieht, vorgestellt wird, zu Gesichte kommt, der kann darauf vielerley gute Wege, Aufschriften anzubringen, auf einmal sehen*« *(Artikel* »*Aufschrift/Beredsamkeit*«*). Ausführlicher in dem Artikel* »*Historie/Historisches Gemälde*«*: Der* »*von seinem Sitz in dem größten Schrecken und Entsetzen zurückfahrende Mann*« *ist durch griechische Inschriften als Dion charakterisiert.* »*Eine Figur, die man an ihren brennenden Haaren und an der wüthenden Bewegung, in welcher sie mit einem ebenfalls brennenden Hebebaum einen Altar umstürzt, gleich für eine Furie oder für ein höllisches Gespenst hält, fährt wüthend durch den Saal*« *(ebd., S. 542f.).*

119 Luther] *Vgl. zu 3; III 215,21–25.*

120 Brutus] *Vgl. zu 3. In Bd. 2 der* »*Physiognomischen Fragmente*« *von Goethe (WA I 37, S. 355–358, 2 Abb.).*

120f. wenigen Briefen in Cicero] *Vgl. R, S. 99; N I Anm. 141a.*

122 Aristoteles] *Die pseudoaristotelischen* φυσιογνωμονικα, *2. Jh. n. Chr., die erste systematische Physiognomik (vgl. SWS IX, S. 444; WA I 37, S. 348).*

122f. Gauricus ... in Graevii thesaurus] *Verwechslung, siehe R, S. 175, 208.*

123 Hippokrates] »*Prognostikon*«, *Kap. 2.*

124 Galenus] Περι χρειας των εν ανϑρωπου σωματι μοριων.

124ff. Die Griechen ... können u. werden.] *Vgl. zu 103–106. Winckelmann erklärte in der Vorrede zur* »*Geschichte der Kunst*«*, er* »*hätte mehr sagen können, wenn er für Griechen, und nicht in einer neuern Sprache geschrieben, welche ihm gewisse Behutsamkeiten aufgeleget*«*. Nach der Beschreibung der weiblichen Brust in der* »*Plastik*« *klagte Herder, er habe* »*diese Vorsichtigkeit [des Verschweigens] leider! noch mehr nöthig*« *(SWS VIII, S. 53).*

126 mitlern Zeiten] *Mittelalter.*

127 Metascopie] *Gedankenleserei, Gemütserschauung.*

130 Ankündigung] *Vgl. zu 6f.*

132 stumpf] *Unproduktiv. –* Glaubchristen Jakobus] *Siehe R, S. 706. Jakobus war dem Glauben nach Christ, aber noch dem mosaischen Gesetz treu. Damals entstand aus einem aus dem ersten Mskr. der* »*Erläuterungen zum Neuen Testament*« *ausgeschiedenen Stück (HN IV, 24) die selbständige Schrift* »*Briefe zweener Brüder Jesu*« *(R, S. 6).*

133f. Du hast ... für andre.] *Keine Bibelstelle.*
135 Füßli ... zugesandt zu werden] *Vgl. zu III 107,17f.*
136ff. meinen Predigten] xxx *III 107,4–12. In B₂ äußerte Lavater sich begeistert über die am 16. 12. 1774 empfangenen Predigtabschriften, die er drucken lassen würde, »wenn sie populärer wären« (Nachlaß II, S. 121).*
139f. Schema für eine Person ... versteht.] *Vermutlich Gräfin Maria zu Schaumburg-Lippe.*
140 Leben Jesu in Predigten] *Vgl. N III Anm. 124a.*
146f. Pfenninger ... Antwort.] *B₁ hatte Lavater eine Silhouette Pfenningers beigelegt, der in seiner Nachschrift zu B₂ H. mit dem Jüngsten Gericht drohte, wenn er seine Predigten nicht drucken ließe.*
148 Eure Bilder] *Die Silhouetten.*
149 Bei Göthe] *Von Goethe an Lavater gesandte Silhouetten.*
150f., 154ff. Dein Manuscript] *»Vermischte Gedanken«.*
152 die Predigt] *Vgl. III 122(N),108.*
155 für zu Viele] *Vgl. zu 150; II 151,125. – (Februar 20.)] 1774, in Lavaters Mskr.*
156 Drei ... Personen] *Gräfin Maria, Frau v. Bescheffer und vermutlich deren Tochter.*

135. AN JOHANN FRIEDRICH GOTTFRIED GRUPEN, Bückeburg, 27. Februar 1775

4 Tod des Superintendenten] *Johann Christian Wilhelm Meier starb am 27. 2. 1775 in Stadthagen. Vgl. zu III 115(N),5f.*
6f., 16f. Der Weg ... Nichtandringende.] *Vgl. III 123,9–14.*
8 noch einige Tage hingehen lassen] *Vgl. III 136(N),10–13.*
12f. der Witwe ... offen bleiben] *Das vom Landesherrn gewährte »Witwenhalbjahr« oder gar »Gnadenjahr« sicherte der Witwe die Einkünfte der Stelle für diese Zeit. Mitunter mußte der Amtsnachfolger währenddessen den Dienst ohne Gehalt ausüben. Vgl. III 152(N),16ff.; zu III 71,31.*
14 Helger *lies* Helper] *Er wurde Pastor in Stadthagen. Vgl. III 221,10.*
15, 34 Ordinatus] *Ein in das geistliche Amt Eingeführter, zum Prediger Geweihter. Vgl. III 191,73f.*
18 meiner Stelle] *Als Oberprediger in Bückeburg und als Konsistorialrat, vgl. zu I 82,16.*
20 affektire] *Erzwinge.*
23 Statthagen] *Stadthagen, siehe R, S. 820.*
25 distinguirt] *Unterschieden.*
27 Stelle in Statthagen] *Oberprediger.*
34 der Rektor] *Vgl. 14f.*
35 Probpredigt] *Vor der Berufung zu halten, zunehmend nur noch eine Formalität, die auch wegfallen konnte, wie z. B. bei H.s Vokation nach Weimar (vgl. III 230,8,23ff, 34–37).*
37 denken ... nicht an mich.] *Vgl. III 136(N),5ff. – Brieftasche] Die Post wurde darin weggebracht, vgl. zu II 85(N),54.*

136 (N). AN JOHANN FRIEDRICH GOTTFRIED GRUPEN, Bückeburg, 3. März 1775

4 Memorial] *Gesuch, Bittschrift.*
5ff. Es bekomt ... nicht durch.] *Durch die von Grupen gewünschte Vermittlung H.s, vgl. 17ff.; III 123,9f.; 135,37.*

8 meinen Hrn.] *Graf Wilhelm zu Schaumburg-Lippe.*
10–13 Nochmals ... noch offen.] *Vgl. III 135,6–13.*
14 den Schritt] *Die Rücksendung des Gesuchs, vgl. III 137(N),10f.; 141,5f.*
16 zu entschütten] *Zu äußern.*
19 Französischen Umschlag] *In Grupens Schreiben an den Grafen, Einschluß an H., war anscheinend die Rückseite nicht, wie üblich, für die Adresse frei gelassen; deswegen sollte er ein leeres Blatt als Couvert (Enveloppe) verwenden.*
20f. thun ... melden.] *Vgl. III 123,7.*
22f. im Wege stehe?] *Vgl. III 135,17–22.*

137 (N). AN JOHANN FRIEDRICH GOTTFRIED GRUPEN, Bückeburg, 7. März 1775

5 präsentiren] *Anbieten, vorschlagen. Vgl. III 138(N),4ff.*
9f. ansehnlichen Freunde ... in Hannover] *U. a. Brandes, vgl. III 123,5. In A zu III 105 nannte Zimmermann Chappuzeau und Gabriel Wilhelm Goetten (1708–1781, Hofprediger und Konsistorialrat in Hannover).*
10f. Meinen letzten Brief ... empfangen.] *III 136(N).*

138 (N). AN JOHANN FRIEDRICH GOTTFRIED GRUPEN, *Bückeburg, etwa Mitte März 1775*

4ff. der Magistrat ... bitten.] *Vgl. III 137(N),4f.*
5 Barkhausen] *Barckhausen schlug den Ruf aus, vgl. III 141,15–18; 144(N),12.*
9 Kabinett] *U. a. Kabinettssekretär Wippermann.*
10 eines Ministers] *Aus Hannover, vgl. III 141,23ff.*
12 Gegenparthei] *Vermutlich die Verwandten Barckhausens.*
14 Connexionen in Hagenburg] *Vgl. 5 und 19f.*
15 Non hospes ... tutus.] *Kein Gast ist vorm Gastfreunde sicher.*
16 Katalogum] *Auktionskatalog einer in Hannover stattfindenden Bücherauktion, vgl. III 124,7ff.; 142(N),5–17; 144(N),47; 145,18f.*
18 Heiliger] *Vgl. III 115(N). –* unter ... Couvert.] *Als Einschluß eines Briefes an einen anderen.*

139. AN JOHANN GEORG HAMANN, *Bückeburg, 25. März 1775*

5 ungeheures Gothisches System] *Riesig, unförmig, abenteuerlich (vgl. den Entwurf »Vom gothischen Geschmack etc.«, um 1767; SWS XXXII, S. 29f.).*
7 προλ[εγομενα] an Darmstadt] *Vgl. zu III 132,15f.,16.*
7f. der Eine Name] *Merck; Hamann war über die Unterstellung, daß er diesem etwas schicken wolle, »rasend böse« auf Claudius und wollte »ihm die Kolbe lausen« (B).*
12ff., 58 Murmelung der Sibylle über die Ehe] *»Versuch einer Sibylle über die Ehe«. In B zu III 132 kündigte Hamann diesen als »kleinen Commentar über einige Stellen des 2ten Cap. Genesis« an (ZH III, S. 131). Claudius' Frau schickte am 13. 2. 1775 an Karoline die Schrift, von der sie nichts verstanden hatte (Nachlaß I, S. 388).*
16f. Embryon unter der schwarzen Hebamme Händen] *Die im Druck befindlichen »Erläuterungen zum Neuen Testament«, vgl. zu III 132,26.*

17 Krethi noch Plethi] *Siehe R, S. 709.*
19–25 Ihnen vorruffen ... »neue Magier aus Orient] *Vgl. zu III 132,26. Anspielung auf Hamanns Schrift »Die Magi aus Morgenlande« in den »Kreuzzügen des Philologen«; vgl. Matthäus 2,2.*
21 das goldne Kalb] *Siehe R, S. 705.*
25 Ihren Bucephalus] *Bukephalos, siehe R, S. 101.*
26f. über Bilder ... zu beklagen] *Vgl. III 163,14f.; zu III 132,34ff.*
27 αλλοτρια] *Nebensachen. – reite auf Einem Eselsfüllen] Vgl. Johannes 12,14f.*
28 Höcker meines Kameels ... Wallfahrt] *Vgl. 10; I 12,41f.; Jesajas 30,6. In Hamanns »Christiani Zacchaei Telonarchae Prolegomena« »Kameele sammt ihren Höckern und Frachten« (Nadler 3, S. 130).*
29 wo Er war] *Jesus Christus.*
30f. Χρεματισθεις] *»Göttlich belehrt« (Matthäus 2,12). Vgl. III 159,27; 163,11.*
32 Terror Panicus] *Siehe R, S. 734. In Shaftesbury, »A Letter concerning Enthusiasm« beschrieben nach Polyainos' (2. Jh. n. Chr.) στρατηγηματα, 1. Buch, Kap. 2 (Nadler 4, S. 137f.).*
33 das berüchtigte Stück Ihres Merkurs] *Vgl. zu III 132,37. In B ließ Hamann die Alternative »Krieg oder Bündnis« mit dem »Merkur« noch unentschieden.*
34 Träge] *Trägheit.*
36 Sproße der todten Wurzel] *Vgl. Römer 15,12.*
37 Weide an Waßerpfützen Weimars] *Vgl. Psalm 137,1f.; Jesajas 44,4; metaphorisch für Wieland.*
38 Sebaldus] *Vgl. zu III 13,6.*
40 Freudenmacher Werthers] *Vgl. zu 90–95.*
41 geht mit der Meße über] *Als literarische Ephemeriden beurteilt.*
44 dem Publikum verrathen] *In B zu III 132 tadelte Hamann, daß H. sich an Spalding als Autor der »Provinzialblätter« verraten hatte.*
45 die Urkunde nicht wohl aufgenommen] *Vgl. III 99,33ff. In Briefen an Hartknoch hatte H. über Nicolais Aufnahme der »Aeltesten Urkunde« geklagt, vgl. III 90,51–54; 104,27f.; 131,7–18,57–66.*
46 über Verdienst] *Nach Nicolai habe Meiners der »Aeltesten Urkunde« mehr Ehre angetan, als H. verdiene (B).*
46f. thuts nicht ... Zacchäus?] *Vgl. zu 28.*
48 Merkur- u. Romanhelden] *Vgl. 33, 38, 40.*
49f. Vetter Nabal ... Herz ersterbe)] *Vgl. 1. Samuel 25,37. In B ist Nicolai, der in seinen Urteilen über H. »nicht immer Unrecht« habe, als »Vetter Nabal zu Böhmisch-Breda« zitiert.*
50f. fremde Sprache] *Vgl. Hesekiel 3,5. Hamann stellte in A fest, daß H. ihn »bisweilen gar nicht, bisweilen gantz unrecht verstanden« habe. Infolge einer »geheimen Gleichförmigkeit« ihrer Umstände würden sie einander ihre »eigene Vorurtheile« beimessen.*
51f. im Munde süß ... im Bauche krümmet!] *Vgl. Offenbarung des Johannes 10,9.*
53 Meiners] *Vgl. zu III 118(N),25. Hamann hatte das Buch »mit vieler Zufriedenheit« gelesen (B), abwertend urteilte dagegen Goethe (an H., 1.4.1775; WA IV 2, S. 252).*
54 Schlötzerianismus] *Vgl. zu II 76(N),64; zu III 32,27ff.*
55 Maulwurfsgang] *Vgl. zu III 134,18f.*
57 mehr gefunden, als ich werth bin] *»Blos Ihrem guten Glück haben Sie eine Karoline zu verdanken, die vor tausend Weibern werth ist eine Mutter von Menschenkindern zu seyn« (B).*
58, 101f. die Autorhosen] *Hamann riet H., Karoline »die Hosen seiner Autorschaft« zu geben und »ihren Geschmack und ihr Urtheil« über seinen Stil zu konsultieren (B).*

61 vidi] *Zustimmung, Druckreiferklärung (ich habe gesehen).*
62 Franzose] *Zanthier, vgl. III 118(N),39ff.*
62f. Theologe] *Zollikofer, vgl. III 104,37f.; SWS VII, Einleitung, S. XXXVIIIff.*
64 zu Ihren Geburten] *Hamann meldete erfreut, daß Hartknoch eine abschließende, erweiterte Fassung von »Le Kermes du Nord« verlegen wolle (B). Dazu ist es nicht gekommen.*
65 Ankunft hieselbst] *Vgl. III 133,14ff.*
65 mitbringt] *Schriften Hamanns. – was er hat] Insbesondere H.s neue Schriften.*
66f. Einen langen Brief] *Der war Hamann »nicht möglich«; der Überbringer Hartknoch sollte von ihm berichten und »den Laconismum« seines kurzen Briefes kompensieren (A).*
68 Unser Bube] *Vgl. III 99,5ff.*
71 mystischer Traum des Wandsbecker Boten] *Claudius habe »den mystischen Traum gehabt«, daß Hamann eine Einladung H.s nach Bückeburg »angenommen hätte« (B).*
73 laßet mir einen Spielmann kommen] *Vgl. 2. Könige 3,15.*
75–78 Ein Bauer ... erhoben hat.] *Boßhardt an Lavater über die »Aelteste Urkunde«, zitiert daraus, preist die Schönheit der Schöpfung und den Menschen als Nachahmung Gottes, läßt »Herrn Herder zu 1000 Malen« grüßen (H: Kraków; undat., Sedezformat, 26 S. beschrieben). Vgl. III 140,30f.; 155,11ff.; 169,81.*
80 Sterbenden Nachbar Nabal] *Siehe R, S. 711; vgl. zu 49f. Hier für Meier, vgl. zu III 135,4.*
81 Philosophie] *Die Bückeburger Geschichtsphilosophie, vgl. aber zu III 104,41f.*
82 überzeigt] *Nebenform von »überzeugt« in Anlehnung an »zeigen« (Grimm).*
85 laßen Sie ... ruhn] *Vgl. 34f.*
87 das Hebräische] *Vgl. III 159,65; IV 125,60–64; R, S. 771. – Am 25. 8. 1804 schrieb Karoline an Johann Georg Müller, »daß der freche Bahrdt in seinem Ketzeralmanach vom Vater sagte, er wolle ihm beweisen, daß er kein Ebräisch verstände« (V. u. a. Herder III, S. 335).*
90–95 »An Seine Durchlaucht ... Buch lesen.] *Vgl. zu III 133,35.*
96ff. Leßing ... Deisten nicht verlaße.] *»Fragmente eines Ungenannten«, in »Zur Geschichte und Litteratur«, 3. Beitrag, 1774 (»Von Duldung der Deisten«). Hamann hatte Lessing zuvor als Bundesgenossen gegen die Neologen angesehen, vgl. zu III 75,116.*
102 Autorin] *Vgl. zu 58.*
103 Degradation] *Vgl. zu III 132,21–25.*

140. AN JOHANN FRIEDRICH HARTKNOCH, *Bückeburg, 25. März 1775*

4, 36 Ihr Bild] *Silhouette. – Brief] B (vgl. N, S. 804; Impulse 10, S. 287f.).*
4f. Ihrer Frauen] *Vgl. zu III 133,5.*
7 Bücher ... aus Leipzig] *Vgl. zu III 131,6.*
8 über Meer] *Vgl. III 158,14ff.; 160,27ff.; zu III 90,24; 114,6. In B fragte Hartknoch besorgt nach der Ankunft des Bücherballens in Bremen; nicht mit 300 Albertustalern könnte er »diese Bücher wiederkaufen, u. viele davon sind schwer zu haben«.*
10 Volkslieder nicht herauskommen] *Vgl. zu III 133,35,40ff.*
11 redreßiren] *Wiedergutmachen.*
14 Zend-Avesta ... sind Eins.] *Vgl. zu III 133,38.*
14f. Fortsetzung der Urkunde] *Vgl. III 233; zu III 131,51ff.*
17 meinen Neffen näher nehmen] *Vgl. zu III 133,20ff.*

18ff. nicht der leibliche Sohn ... Toußaints Hause] *Dort solle H.s Schwester und »ihrem Sohn alles Gute widerfahren« (B). Frau Güldenhorn brachte ihren Neffen doch nach Königsberg, wo ihr bei ihrem kurzen Aufenthalt die »sehr vürnehme Famielge« Toussaint »vill ehre erwiesen« habe (an H., 5. 9. 1775, nicht »1777«; Gebhardt/Schauer II, S. 24f.). Vgl. III 159,5ff.*
21f. Oberlandes] *Siehe R, S. 792.*
22f. voriges Jahr ... Pegelows Bestellung] *Vgl. zu III 133,17f.*
23f. »Wer ein Kind ... mich auf.«] *Vgl. Matthäus 18,5. Auch zitiert in Frau Güldenhorns Brief an Karoline Herder, 6. 7. 1773 (Gebhardt/Schauer II, S. 12).*
25 Holland] *Preußisch-Holland, siehe R, S. 798.* – Elbing] *Siehe R, S. 759.*
26 von Einer Geburt u. Erziehung)] *Hartknoch war wie H. völlig mittellos nach Königsberg gekommen. Sein Vater war Torschreiber, Organist und Stadtmusikus in Goldap (Preußisch-Litauen).*
27 Hauptstadt] *Königsberg.*
29f. meiner Schwester etwas von mir ... schicken] *Am 29. 5. 1774 hatte sie H. um eines seiner Bücher gebeten, um es in der Vorstellung zu lesen, daß sie ihn selbst reden höre (Gebhardt/Schauer II, S. 14).*
30f. Ein Bauer ... verstanden.] *Vgl. zu III 139,75–78.*
32 Exemplar vom Neuen Testament] *Vgl. III 159,9f.; 164,7ff.,20f.*
33 Vaterlandes] *Preußen.*
34 einem Waisen] *Johann Christoph Neumann war Halbwaise, aber sein Vater kümmerte sich nicht um ihn (18f., vgl. Frau Güldenhorns Briefe an H. vom 23. 8. 1774 und 11. 4. 1775, Gebhardt/Schauer II, S. 15, 18).*
35 In Berlin schweige von mir] *Vgl. III 133,36f.; zu III 131,58–66.*
37 unser Geliebter ... Seele ruhet.] *Vgl. Matthäus 12,18.*
39 Hänschen] *Hartknochs Sohn.* – Inlage ... Berens] *Nicht nachweisbar, vgl. zu III 133,47.*

141. AN JOHANN FRIEDRICH GOTTFRIED GRUPEN, *Bückeburg, zweite Hälfte März 1775*

5 den Hrn] *Graf Wilhelm zu Schaumburg-Lippe.* – Memorial] *Vgl. III 136(N),4ff.*
6 Kabinetts Sekretär] *Wippermann.*
9 Stadthager ... Loostopf zu setzen] *Als einer der Kandidaten vorgeschlagen für die vakante Pfarrstelle, um die Grupen sich bewarb.*
10 Patronus scholarum] *Vgl. II 11,39f.*
11 präjudicirlich] *Schädlich, nachteilig.*
13 Nullen ... eine 1.] *H. durchschaute das Vorschlagsrecht des Magistrats als Scheinmanöver, da letzlich doch der Wille des Landesherrn allein entschied. Vgl. III 137,4ff.*
15ff. AmtsRat Barkhausen] *Barckhausens Brief, anscheinend an einen anderen Adressaten, ist nicht ermittelt.*
17 sich dort beßer steht] *In Bassum, siehe R, S. 747. Vgl. III 144(N),12.*
17ff. sein Bruder ... Pastor Wedekind] *Die anderen beiden Kandidaten auf der Wahlliste; vgl. III 138(N),5f.*
24, 31 Gemmingen] *Ludwig Eberhard v. Gemmingen. Vgl. III 138(N),10f.; 147,7f.; 152(N),9f.*
25 neulich aus Hannover] *Vgl. III 116(N),3f.*
28 Vorsicht] *Vorsehung.*

30 Je später mein Wort] *Vgl. III 136(N),6f.,17ff.*
32 keines ... Jotas.] *Nicht das geringste.*
34 Merkel] *Merckel, Pastor in Hagenburg.*
34f. Memorial eines Fremden] *Grupen als Hannoveraner.*
36 Deserteur] *Anspielung nicht zu ermitteln.* – Quilibet ... metimur!] *Wir alle messen die anderen nach unserm eigenen Maß!*

142 (N). AN JOHANN FRIEDRICH GOTTFRIED GRUPEN, *Bückeburg, Ende März 1775*

3 eine mißvergnügte Antwort] *Vgl. III 144(N),4ff.*
5,17 übersandten Katalog] *Vgl. zu III 138(N),16.*
6f. Linscotani] *Linschoten.*
8 Lerbecke Chronica] *Vgl. III 171,6f.*
8f., 11 –] *Die Striche bedeuten die Wiederholung der darüberstehenden Wörter und Zahlen.*
9 Scrivers Gedenksprüche] *Vgl. III 171,5f.*
11 Michaelis] *Georg Michaelis.*
14 vor wenig] *Für wenig. Vgl. III 144(N),47.*
17 Seine Durchlaucht] *Vgl. zu III 141,5.*

143. AN HEINRICH SPRING, *Bückeburg, 3. April 1775*

5 Gehalt des alten Jahres] *Vgl. zu III 59.* – Michael] *Vgl. 72; zu III 66,7f.*
6 Martin] *Vgl. zu III 67,13.* – Ostern] *1775 der 16. 4.*
7, 60 Kammerschreiber] *Vgl. III 66,5.*
10, 42 Anfänger der Haushaltung] *Vgl. zu III 66,9.*
17f. meine Besoldung] *Vgl. zu I 82,16.*
19ff. 600. Thaler ... betragen könnten] *So in Westfelds Brief an H. vom 14. 10. 1770 (LB III, Nr. 47).*
20 Accidentien] *Nebeneinkünfte, vgl. III 24,8.*
24 Sander)] *Philipp Sander.*
25, 48f., 55 600. Thalern] *Vgl. III 24,6; 67,4ff.*
34 resolvirt] *Beschlossen.*
34f. Quartal Weise 50. Thaler] *Vgl. 43; III 67,8f.*
35 was meine Stelle trüge] *Vgl. III 67,9f.*
46 auswärtige Zugänge] *Von Hartknoch und Georg Berens.*
50 Gehalt Quartalweise] *Vgl. 56f.*
57f. Rechnungführung der Naturalien] *Von H. der Rentkammer übergeben, vgl. zu III 24,7.*

144 (N). AN JOHANN FRIEDRICH GOTTFRIED GRUPEN, *Bückeburg, 4. April 1775*

4ff. Der Ausdruck ... nichts meldeten] *Vgl. III 142(N),3f.*
7 Brief mit der beßern Nachricht] *Nicht überliefert.*
10–18 Bürgermeister Kapaun ... gesetzt hätte.] *Die Briefe von Kapaun und H. sind nicht nachweisbar.*

12 da es Barkhausen ausgeschlagen)] *Vgl. III 141,17f.* – ihre Wahl] *Vgl. III 141,9.*
17f. der ruffen ... hätte.] *Graf Wilhelm zu Schaumburg-Lippe.*
18 sub conditione] *Unter der Bedingung.*
20 Josephstage ... Portugal] *Vgl. zu II 68,19f.*
22, 53 (Sub Rosa!)] *Vgl. zu I 131,71.*
22f. Antrag ... Superintendentur] *Auf einem Blatt des Nachlasses (HN XXXV,1) notiert: »3. April 1775 Sup[erintendentur] vorläufig angetragen [durch Kammerrat Spring, vgl. III 154(N),5]. 12. 4. das Dekret überliefert. 13. 4. die Gage genommen [vgl. III 149,10f.]. 19. 4. bestimmt, daß sie vom Gehalt abgezogen werde [vgl. III 154(N),25ff.]. 21. 4. das Archiv empfangen. 22. 4. Cirkul[ar] der Anmeldung [III 153(N).]« Gräfin Maria hatte bereits am 27. 12. 1774 an Karoline geschrieben, daß H. Superintendent werden sollte (H: Kraków; Haym I, S. 758, Anm. 18).*
27f. nach der Stelle ... nicht dränge] *Vgl. III 135,18–22.*
30f. Superintendentur u. Stadthager Pfarre verbunden] *Wie bei Meier, vgl. zu III 135,4.*
32f. von der Stelle ... nicht trennen] *Vgl. zu III 135,18.*
37 collineirt] *Linien zusammenziehen.*
37ff. Eisen] *Vgl. zu III 86,5. An die Ehrung mit der Denkmünze knüpfte sich wahrscheinlich das Gerücht einer Berufung Eisens nach Schaumburg-Lippe. Weil die Gutsbesitzer seines Kirchspiels die Bauern gegen ihn aufhetzten, wollte Eisen im Februar 1775 sein Amt niederlegen. Im September 1775 erhielt er die Entlassung vom Livländischen Konsistorium, ging nach Petersburg, war 1776–1778 in Mitau und zuletzt auf dem Gut Jaropolz des Grafen Tschernyschew (Johann Georg Eisen, Ausgewählte Schriften, S. 96f., 655, 663, 680; vgl. zu II 166,20).*
41ff. Spreche ich ... vermuthet.] *Vgl. III 136(N),5ff.,17ff.*
47 angezeichneten Bücher] *Vgl. III 142(N),6–12.*
49f. Bürgermeister zu Stadthagen] *Vgl. 10ff.*

145. AN JOHANN FRIEDRICH GOTTFRIED GRUPEN, *Bückeburg, vor dem 8. April 1775*

7 in Hagenburg] *Siehe R, S. 769.*
7f. in unserm Lande ... seyn werde?] *Wegen absolutistischer Willkür; vgl. III 154(N), 37.*
12 meinem Weggehn] *Gerüchte über H.s Bemühungen in Hannover um eine Berufung nach Göttingen, vgl. 18f.*
15 zu einem andern Zweck] *Um alte Streitigkeiten zwischen den Gemeinden und den Landpredigern zu schlichten, vgl. III 153(N),17–27; 154(N),49ff.; 157(N),7–19; 159,17.*
16 Der Sache ... zu geschweigen] *Grupens Bewerbung um die Stadthagener Pfarre.*
18 Kupferstiche] *Vgl. zu III 124,7.*
19 Bücher gnug] *In der Universitätsbibliothek.*
20 te consule ... obtempera.] *Geh mit dir zu Rat, überlege es bei dir selbst und handle danach. Nach Cicero, »Epistolae« II,7 Vgl. zu II 167, 37.*

146. AN BERNHARD CHRISTOPH BREITKOPF, *Bückeburg, 8. April 1775*

4 meiner Schrift] *Vgl. zu III 139,16f.*
6 Vorrede] *»Einleitung« (SWS VII, S. 337–354).* – Register] *Vgl. III 101,9.*

147. AN JOHANN FRIEDRICH GOTTFRIED GRUPEN, *Bückeburg, nach dem 8. April 1775*

3 erhaltnen Stelle] *Vgl. III 148(N),3f.*
7 Stelle im Consistorium] *Vgl. III 135,24f. –* Seine Excellenz] *Vgl. III 152(N),9ff.; zu III 141,24.*
11 Ich weiß ... gesagt habe.] *Vgl. III 136(N),4–7,17ff.; 144(N),40–43; 145,16f.*

148 (N). AN CHRISTIAN GOTTLOB HEYNE, *Bückeburg, nach dem 8. April 1775*

3f. Die Stelle ... heut schreibt] *Nicht überliefert, vgl. III 147,3.*
4 Consistorium ... erfähret] *Vgl. III 115(N),9ff.*
5, 21 Wiß] *Der Göttinger Pastor hatte Therese Heyne um eine Empfehlung an H. gebeten. Heyne übersandte ein (nichtüberliefertes) Billett von Wiß an H. (B). Vgl. III 154(N), 46f.*
7f. an jedem Spinneweb ... feßeln] *Heyne rügte die Annahme der Superintendentur; H. würde »seinen Käfig mit neuem Drath umziehen«, während seine Freunde sich um seine Berufung bemühten (B).*
8f. wie ungern ... annehmen muß] *Vgl. III 144(N),26–30; 152(N),12ff.; 154(N),5–9; 159,14ff.*
10 noch mehreres halber] *Vgl. zu III 145,15.*
11f. Lazarus ... heraus!] *Vgl. Johannes 11,43. –* Zaubergruft] *Vgl. III 132,36; 154(N),37.*
13 Profeßorstelle Zachariäs] *Heyne teilte den Weggang Gotthilf Traugott Zachariaes mit (B). –* Aemuliren] *Wetteifern.*
15 Akademischen Zahl] *Vgl. »die Zahl des Tiers«, Offenbarung des Johannes 13,18.*
15f. Predigerstelle] *Als Universitätsprediger, vgl. III 181(N),11.*
18 seid doch allesamt leidige Tröster!] *Vgl. Hiob 16,2.*
18f. Ihrer armen Frauen] *»Meine arme Frau ist selten in einem leidlichen Zustande« (B).*
21 diese Stelle] *H.s eigene derzeitige Stelle.*
22 den genauen Etat] *Vgl. III 143,17–21; die Beilagen zu III 237 und 266.*

149. AN GRAF FRIEDRICH ERNST WILHELM ZU SCHAUMBURG-LIPPE, *Bückeburg, 13. April 1775*

5 aufgetragene Aufsicht der Kirchen] *Ernennungsdekret zum Superintendenten der Grafschaft Schaumburg-Lippe vom 8.4.1775 (HN XXXVI, 43), vgl. zu III 144(N),22f.*
10 Einkünfte der Stelle] *Vom Grafen willkürlich einbehalten, vgl. III 150,9ff.; 151; 154(N),12–29; 159,14ff. –* ad pios usus] *Zu frommen Zwecken.*
12 bei dem ersten Antrage] *Vgl. III 144(N),22–33.*

150. AN HEINRICH SPRING, *Bückeburg, 13. April 1775*

6 diesen Befehl] *Vgl. III 149,10f.*
7 Legat] *Vgl. III 154(N),18f.*
9 Entsoldung] *Vgl. III 151,7; 154(N),20ff.*
10 in re publica] *In Staatsangelegenheit(en).*

151. AN HEINRICH SPRING, *Bückeburg, nach dem 13. April 1775*

4 bitte nochmals] *Nach III 150.*
4f. alles, was ... seyn zu laßen] *Vgl. 7f.; III 150,9ff. Bezugnahme auf vorausgegangene mündliche Äußerungen, vgl. III 154(N),24f.*

152 (N). AN JOHANN FRIEDRICH GOTTFRIED GRUPEN, *Bückeburg, 18. April 1775*

3 Glück wünschen] *Vgl. III 147,3.*
5–8 die Stelle ... ein Pfarrer geworden] *Vgl. III 154(N),42–46.*
9ff. den Minister ... Consistorium zu haben wünschten] *Vgl. III 147,6ff.; zu III 141,24. Grupen wurde erst 1778 Konsistorialrat.* – sollicitiren] *Um Fürsprache bitten, ersuchen.*
12ff. meine Superintendentur] *Vgl. zu III 148(N),8f. – H.s Amtsnachfolger wurde 1777 Peithmann und 1778 Grupen.*
14 das sollen Sie mündlich hören] *Vgl. III 154(N),10–29.*
16 Gnadenjahr] *Vgl. zu III 135,12f.*
18 et si quid interim] *Und wenn etwas inzwischen ...*
21 Ambabus!!!] *Mit beiden Händen (ambabus manibus).*
22 Montag] *24.4.1775. Am 23.4. schrieb Graf Wilhelm auf dem Wilhelmstein an Gräfin Maria über seine Rückkehr »morgen nachmittag« (Schaumburg-Lippe III, Nr. 508).*
24f. H. ConsistorialRat Heiliger ... Brief] *Nicht überliefert.*

153 (N). AN DIE GEISTLICHKEIT DER GRAFSCHAFT SCHAUMBURG-LIPPE, *Bückeburg, 22. April 1775*

8 zur Superintendentur zu ernennen] *Vgl. zu III 144(N),22f.; 149.*
17–27 wo einige ... bittre Wurzel vermehren.] *Vgl. zu III 145,15. Diese Ermahnung der Prediger zur Versöhnung mit ihren Gemeinden wurde H. als nicht sachgerechte Einmischung ausgelegt, so daß er dem Zirkularbrief das Schreiben III 157(N) nachschicken mußte.*

154 (N). AN CHRISTIAN GOTTLOB HEYNE, *Bückeburg, Ende April 1775*

3 meinen neulichen Brief] *III 148(N).*
5–8 Den 3. April ... nahm ich sie an] *Vgl. zu III 144(N),22f.*
9 Bauerhund] *Nach Düntzers falscher Lesung als sprichwörtliche Redensart verstanden (Haym I, S. 758). Der Sinn aber ist, daß die von Bauern gehaltenen Wach- und Hütehunde nicht für die Jagd ausgebildet sind.*
12 grün Donnerstag)] *13.4.1775. – die nehmliche Gesandschaft] Wie 5 Kammerrat Spring, vgl. III 149,9. – »was maassen] Weil, wie denn, indem (nach Grimm veralteter Verwaltungsstil).*
13f. die Einkünfte ... verwenden!«] *Vgl. III 149,10f.*
15 ***] *Anstelle eines Schimpfwortes.*
16f. »daß ich eine Stelle ... gratis verwalte!«] *Vgl. III 149,11–14; 150,6ff.*
18 Legat eines Privati] *Testamentarische Stiftung einer Privatperson, hier von Karl Anton Dolle (vgl. III 237,56,65f.,75ff.), 50 Taler jährlich.*
20 Einkünfte ... Reformation] *Aus der landesfürstlichen Kammer.*

20f. meine Stelle ... sichern] *H. wollte der Nachrede entgehen, daß die Ausstattung der Stelle sich unter seiner Amtsführung verschlechtert hätte.*
23 den Brief an Sie] *III 148(N).*
24f. laut gegen jedermann ... sprach] *Vgl. zu III 151,4f.*
27f. nicht mehr als 600. Thaler] *Vgl. III 143,19.*
29f. meine Pfarre ... nur 320. Thaler beträgt] *Vgl. III 237,38.*
30ff. 700 Thaler ... angewiesen waren] *Vgl. III 143,18ff.*
32 das Uebrige aus Rentkammer] *Also fast 300 Taler (abzüglich der 50 Taler für die Superintendentur).*
33 hinc illae] *Vgl. zu II 101,29f.*
34 dieser 2te gnädige Wille] *Vgl. 25ff., der erste 12ff.*
36 mit mir fühlen] *Mit H.s Benachteiligung.*
37 Despotischen Narren- u. Zauberlande] *Die mit absolutistischer Willkür regierte Grafschaft Schaumburg-Lippe.*
39 entfernter von der Akademie] *Vgl. II 136(N),34–39.*
40 Halssache] *Ein Kriminalverbrechen, wodurch das Leben verwirkt ist; hier: Angelegenheit, in der es um Leben oder Tod geht.*
42 Poße] *Possen (nachteiliger Streich).*
43 KonsistorialRat] *Vgl. zu III 152(N),9ff.*
43f. elende Pfarrstelle] *Vgl. III 152(N),5–8.*
47 Wiß] *Vgl. zu III 148(N),5.*
48 wie Montesquieu Genua] *Das er nicht wiedersehen wollte; nach »Lettres de Monsieur de Montesquieu«, 70. Brief (in der Übersetzung S. 193ff.).*
49ff. Unruhen ... aufgefodert sind] *Vgl. zu III 145,15.*
52 Verbrennen ... Feuer.] *H. mußte die Ungnade seines Landesherrn fürchten, falls dieser Brief bekannt geworden wäre.*
53 Seys den Ihrigen auch also.] *Heyne mit seiner leidenden Frau war schon »zufrieden, wenn er nicht ganz im Schatten des Todes« saß (A).*

155. AN JOHANN KASPAR LAVATER, *Bückeburg, Ende April 1775*

3 mein Schatte] *Silhouette.*
3f. zwei Büchern] *»Erläuterungen zum Neuen Testament« und »Briefe zweener Brüder Jesu«. Lavater, Pfenninger, Häfeli, Stolz, Boßhard u. a. »labten und sättigten sich« daran (A_1, A_2).*
5, 11 beim Großen] *Das erstgenannte Buch.*
6 im Manuscript] *Vgl. zu III 161,23.*
6f. Physiognomik ... im Entwurf] *Vgl. III 134,130f.; zu III 40,28.*
7f. Pfenninger] *Er war Lavaters Helfer (Diakon) an der Zürcher Waisenhauskirche geworden (B).*
8 Urkunde ... nicht an Füßli] *Vgl. III 134,135f.; zu III 107,17f.*
11f. Dem Bauer ... ermuntert.] *Vgl. zu III 139,75–78.*
13f. Neuen Testament] *Vgl. zu 3f.*

156. AN LEONHARD JOHANN KARL JUSTI, *Bückeburg, 1. Mai 1775*

5ff. kleinen Blätter] *»De Bileami asina loquente«.*
7f. die Benner und Konsorten] *Orthodoxe Lutheraner.*
9–13 Ein Poet ... zurecht gewiesen.] *Bileam; siehe R, S. 703.*

14 Kindeszeitalter der Welt] *Lebensaltertheorie; siehe R, S. 682.*
14f. Der Wundermann sah Wunder] *In »Vom Geist der Ebräischen Poesie« erklärte H. Bileams Vision mit den »gewaltsamen Zuständen der Einbildung ... eines Schamanen« (SWS XII, S. 159).*
17 Xanthus] *Siehe R, S. 742. – Aesops Thiere] Tierfabeln.*
21 Uebersetzung des Liedes Moses] *»Weissagungsgesang Mosis an die Israeliten«.*
22 Staubwaller] *Für »Schlange« (nach 1. Mose 3,14).*
23 Klopstockischen Gebrauchs] *Poetisch »Wanderer«, z. B. »Der Messias«, Bd. 3, 15. Gesang, Vers 511: »Kommst, ein Waller des Meers!« oder Eisode »Die Kunst Tialfs«, Vers 78 und 80: »... den Waller auf bestirntem Krystall, ... den Waller in durchblümtem jungen Grase«.*
25f. Pilgerlebens, der Wallfahrt] *U. a. »Wallbruder« (seit dem Mittelalter gebräuchlich).*
28f. Schicksalsrollen] *Schreibrollen mit Urkunden, Satzungen, Bestimmungen und Personenverzeichnissen (wie Zunftrollen, Regimentsrollen), hier Verzeichnis der über die Menschen verhängten Schicksale.*
29ff. Poetische Sprache ... Sprache des Volks] *Vgl. »Volkslieder«, 2. Teil: »... daß Poesie ... im Anfang ganz Volksartig ... Alle Welt und Sprache, insonderheit der älteste graue Orient liefert von diesem Ursprunge Spuren die Menge« (SWS XXV, S. 313). »Vom Geist der Ebräischen Poesie«, 2. Teil: »Die Poesie ist eine Rede der Götter« (SWS XII, S. 6). Vgl. zu III 134,15.*
31 Bibelübersetzung Luthers] *»Ueber die neuere Deutsche Litteratur«, 3. Sammlung: »Er ists, der die Deutsche Sprache, einen schlafenden Riesen, aufgewecket und losgebunden« (SWS I, S. 372). Vgl. Arnold, Luther im Schaffen Herders (H.-B. II, Nr. 0795), S. 242–245.*
37f. dieser edle Poetische Geist ... verkannt worden.] *Seine Rehabilitierung war H.s Absicht in dem Werk »Vom Geist der Ebräischen Poesie« wie zuvor das Anliegen von Lowth in seinen Praelectiones »De sacra poesi Hebraeorum«.*
38f. neueste Aesthetische Sprache] *U. a. der Klopstockianer.*
41 Multa cadent] *Horaz, »Epistolae« II,3,70.*
42f. Fahren Sie fort ... zu geben] *Vgl. R, S. 857; III Anm. 156.*

157 (N). AN EINEN PASTOR IN DER GRAFSCHAFT SCHAUMBURG-LIPPE, Bückeburg, 5. Mai 1775

5 meines Cirkulars] *Vgl. III 153(N). Nach Erinnerungen I, S. 300 war auch das zweite Schreiben ein Zirkularbrief und das vorausgehende Schreiben der Prediger nicht mehr vorhanden.*
6f. gegen die friedfertige Gesinnung ... sagen wollen.] *Vgl. zu III 153(N),17–27.*
10f. auf weßen Seite ... Gesinnung halte.] *Vgl. 13f.; III 153(N),20–23.*
16 Gemeinde] *Wie der Adressat nicht zu ermitteln. – Termine] Vgl. III 153(N),25f.*
20 23 im Cirkular sagte ... hotte.] *Vgl. III 153(N),10–16.*

158. AN JOHANN FRIEDRICH HARTKNOCH, Bückeburg, 6. Mai 1775

4 schreibst auch nicht] *Hartknochs letzter (überlieferter) Brief zuvor war B zu III 140 (vgl. N, S. 804).*
8 vom Buben] *Vgl. III 133,16; zu III 18,35f.*
9 nach der Meße zurückeilen] *Vgl. III 164,30f.*

12 Unser Bube] *Vgl. III 100,7ff.*
13 Unsern Hochzeittag] *Vgl. zu III 19,3,14f.*
14 Kramer] *Johann Heinrich Cramers Brief ist nicht überliefert; vgl. zu III 90,24. –* der Balle] *Vgl. zu III 140,8.*
16 Wetstein] *Vgl. zu III 131,6.*
16f. Hertel schrieb] *Nicht überliefert.*
17 Teppich u. Basteln] *Vgl. zu III 90,65; 104,16.*
20 Reihen] *Zeilen. –* Berens] *Vgl. III 140,39f.*
22f. Vom Tande ... desto tiefer.] *Vgl. III 131,20–27.*
24 Buchhändlerungelegenheit] *Vgl. zu III 133,35,40ff.* »Ungelegenheit« = *Mühe, Beschwerde, Verdruß (Adelung).*

158a (N). AN DAS SCHAUMBURG-LIPPISCHE KONSISTORIUM, *Bückeburg, nach dem 13. Mai 1775*

Vielleicht eine Angelegenheit des Armendirektoriums.

159. AN JOHANN GEORG HAMANN, *Bückeburg, Mitte Mai 1775*

3 Verstehn oder Mißverstehn] *Vgl. zu III 139,50f.*
4 Gott versteht Uns.] *Lieblingsspruch Sancho Pansas, siehe R, S. 111. Zitiert in »Christiani Zacchaei Telonarchae Prolegomena« (Nadler 3, S. 128,6f.).*
6, 42 meine Schwester also gefallen] *Frau Güldenhorn brachte am 18. 4. 1775 ihren Neffen zu Hamann, der über sie schrieb:* »*Ihre Schwester ist eine sehr liebe Frau, die mir sehr gefällt und durch ihr Misgeschick [ihr Mann war Alkoholiker] noch liebenswürdiger wird. ... Sie hat mich ein paar Stunden beynahe, recht gelehrt unterhalten, weil es für meinen eigensinnigen Geschmack keine Schönheit ohne Wahrheit, Güte und Größe giebt*«. *Danach schickte sie Hamann ihren ganzen Reiseproviant (Schinken, Brot und Butter). Am 19. 4. sprach er sie »im weißen Roß vor ihrer Abreise« und gab ihr seine letzten Schriften für Trescho mit, obwohl ihre Verbindung »seit undenkl[ichen] Jahren gänzl[ich] aufgehört« (B). Deswegen und weil Hamann ihr negative Rezensionen über H.s Schriften gegeben hatte, hielt sie ihn für einen »recht Falschen Man« und wollte »nichts mit ihm zu Thun haben«, obwohl er »guttes von ihr geschrieben« hatte (an H., 5. 9. 1775, nicht »1777«; Gebhardt/Schauer II, S. 23).*
7f. süße Salbe ... Bart u. Kleid'] *Vgl. Psalm 133,2. – Aaron siehe R, S. 701.*
9f. einige meiner Operum ... lüstern gewesen] *Vgl. zu III 140,29f.,32.*
10f. die kleinste im dürren Lande] *Für Mohrungen, siehe R, S. 787. Vgl. Hosea 13,5. – H. hat Preußen, Königsberg (vgl. 53) und Mohrungen nicht wiedergesehen.*
11f. Nehmen ... in Ihr Bündlein ein] *Vgl. 1. Samuel 25,29.*
12 beide Weiber u. beide Söhne] *Karoline, H.s Schwester, seinen Sohn und seinen Neffen.*
14ff. Superintendent ... geworden.] *Vgl. III 154(N),5–37.*
17 Friede zu stiften] *Vgl. zu III 153(N),17–27.*
22 Weben des Menschlichen Schicksals] *Vgl. »Webegesang der Valkyriur« in »Alte Volkslieder« 1773 und »Von Deutscher Art und Kunst« (SWS XXV, S. 96; SWS V, S. 180).*
25 Reste meiner Autorschaft] *Vgl. III 132,26f.*
26 Brüder Jesu] *»Briefe zweener Brüder Jesu«, vgl. III 160,23f.; 163,7f.*

26f. Magier aus Morgenland] *»Erläuterungen zum Neuen Testament« (vgl. 2. Buch. I. »Die Geburt Jesu«. Anmerkung 2. »Von den Weisen aus Morgenlande«, SWS VII, S. 397–401).*
27 χρηματισμῳ] *Weissagung, vgl. III 139,30f.; 163,11; 169,77. Anspielung auf Hamanns »Magi aus Morgenlande« (vgl. zu III 139,19–25).*
28f., 68 Hierophantischen Briefe] *»Vetii Epagathi Regiomonticolae hierophantische Briefe«, vgl. III 169,46–52.*
30ff. Traum] *Er ging in Erfüllung, vgl. III 259,9f.,50ff. Karoline war eine große Träumerin (vgl. die Nachweise R, S. 249 unten).*
35 opera an Trescho zu schicken] *Vgl. V 240(N),69ff.*
36 ProvinzialBlättern] *Vgl. III 181(N),83f.*
39 meiner Frau Bruder] *Ferdinand Maximilian Flachsland. –* Jäger vor dem HErrn] *Nimrod, siehe R, S. 711.*
40 Herzoge von Oldenburg] *Herzog Friedrich August von Holstein-Gottorp, Vater des Prinzen Peter Friedrich Wilhelm.*
43f. Hartknoch ... zu kommen.] *In B zu III 160. –* Ihren Brief] *B.*
47 letze] *Sich erfreue, vergnüge (nach Adelung veraltet).*
48 »nach Göttingen!«] *Vgl. III 145,12–17.*
50 von der ganzen gelehrten Zunft sondern] *Vgl. III 148(N),13ff.; 154(N),37ff.*
53 Claudius] *Er »befand sich seit einiger Zeit gar nicht wohl« (an H., 25.4.1775; Nachlaß I, S. 389).*
54 Göthe] *»Dem Hafen häuslicher Glückseeligkeit und festem Fuse in wahrem Leid' und Freud' der Erde wähnt' ich vor kurzem näher zu kommen, bin aber auf eine leidige Weise wieder hinaus ins weite Meer geworfen« (an H., Anfang Mai 1775; WA IV 2, S. 261f.). –* Zimmermann] *Verschiedene Briefe von H. und Karoline an ihn sind verschollen (vgl. III Anm. 105 und 167).*
58–62 des großen Nikolai ... Prometheus] *Von Heinrich Leopold Wagner. Bis zu Goethes Erklärung »Gelehrte Nachricht« vom 9.4.1775 in den »Frankfurter gelehrten Anzeigen« am 21.4.1775 (32. Stück; WA I 38, S. 422) für sein Werk gehalten. Zimmermann schrieb am 13.4.1775 an H., Goethe habe »alle seine Gegner darin bis auf die Knochen gebrannt, nämlich seine gedruckten Recensenten. Hätte er aber die Urtheile unserer hiesigen Ochsen und Esel gewußt (die noch zehntausendmal dümmer sind), so hätte er mit Caligula geschrien utinam una cervix [wenn sie doch einen Nacken hätten!] – und ich hätte mögen den Hieb thun« (Nachlaß II, S. 349).*
62f. Prolog ... Helden u. Wieland.] *Zwei Farcen von Goethe.*
64 paar langgeschriebne Manuscripte] *»Plastik« und »Aelteste Urkunde«, Bd. 2; vgl. III 140,14ff. Beide Schriften sind zur Herbstmesse 1775 nicht erschienen.*
65 studire Hebräisch] *Vgl. zu III 139,87.*
66, 84 Sammlung Bücher] *Vgl. zu III 160,27ff.*
68 orphisches Ei!] *»Philologische Einfälle und Zweifel«.*
70 zu meiner Muse] *Vgl. zu III 133,19f.; 139,58.*
74, 84ff. Doktor Lindner] *Johann Gotthelf Lindner.*
74–77 Artikel eines Legats ... nicht gewesen wäre] *Vgl. zu III 154(N),18.*
77 D.] *Doktortitel.*
78f. Mütze oder des Filzes] *Doktorbarett.*
81 von Ihrem Bilde ... Kopie] *Vgl. III 163,63f.; 169,68f.*
84f. Predigt ... Wiedergeburt.] *Vgl. Titus 3,5.*
87 Antiphonie] *Gegengesang. –* Sprüchwörter] *Sprüche Salomos.*

160. AN JOHANN FRIEDRICH HARTKNOCH, *Bückeburg, Mitte Mai 1775*

3–6 Tausend Dank ... wirst kommen!] *Vgl. III 159,43ff.; 163,3ff.*
8 wie ein Hirsch] *Vgl. Jesajas 35,6. – Mund des Unmündigen Dir danken] Vgl. Matthäus 21,16.*
9 keine Komplimente] *Keine Umstände.*
12 Luhden] *Siehe R, S. 784.*
13 Kleinen Bremen] *Siehe R, S. 779.*
15 meiner Frau Bruder] *Vgl. zu III 159,39.*
17,30 Wetstein] *Vgl. zu III 131,6.*
18 Minden] *Siehe R, S. 787.*
23 Die Exemplare] *Der zur Messe erschienenen »Erläuterungen zum Neuen Testament«.*
23f. die Brüder Jesu ... geben könnte.] *Mit handschriftlichen Eintragungen, vgl. III 159, 26; 163,7f.*
24f. Schick diesen Brief] *III 159.*
27 Der Bücherballe] *Vgl. zu III 140,8.*

161. AN JOHANN KASPAR LAVATER, *Bückeburg, Mitte Mai 1775*

4 Deinen Brief] *Aufforderung an Semler, als »declarirter Gegner aller solcher teuflischer Besitzungen« zu Gaßner hinzufahren und seine Wunderheilungen eingehend zu prüfen.*
4, 8 Zeitung] *»Neue Hallische Gelehrte Zeitungen«, 13. 4. 1775 (30. Stück), S. 233ff. Mitteilung Semlers, daß er am 11.4. Lavaters Brief erhalten, dem »rechtschaffenen Mann« sogleich geantwortet und, seinem Wunsch entsprechend, den Brief zur Beantwortung auch an Nössel gegeben habe. Er teilte Lavater seine Überzeugung mit, daß die vom Teufel Besessenen in den Evangelien nur Geisteskranke gewesen seien, und bat ihn, ihm gesammelte Nachrichten über Gaßner zu schicken. Exorzisten und Geisterbanner (wie der Leipziger Kaffeehauswirt Schröpfer) seien nicht »Zeichen der Zeit«, sondern Auswirkungen von Irrtümern.*
4 hohngekrischen] *Hohn gekreischt. Semler hat sachlich, nicht höhnisch geschrieben.*
10 Meine Bücher] *Vgl. zu III 155,3f.*
12 Physiognomik] *Vgl. zu III 134,21. »Reichen hab' ich Ordre gegeben, Dir ein Exemplar zu schicken meines Quarts [Quartformat] – aber sags niemand; denn ich kann sonst keine Exemplare schenken« (A).*
15 Geschäfte, Verdruß p] *Vgl. III 154(N),5–37.*
16 meines Weibs Bruder] *Vgl. zu III 159,39.*
17f. Schwester Sohn ... auch Hartknoch.] *Vgl. III 163,3ff.*
18f. Du u. Pfenninger ... gerückt] *Lavater war vom Diakon zum Pfarrer der Zürcher Waisenhauskirche aufgerückt, Pfenninger vgl. zu III 155,7f.*
20 Superintendentur] *Vgl. zu 15.*
23 eine Arbeit in Manuscript] *»Johannes Offenbarung«, die zuerst Gräfin Maria zur Lektüre erhielt (5. und 11. 5. 1775 an Karoline, H: Kraków).*
24 ein Exemplar der Prolegomenen] *Vgl. III 139,10f.; zu III 132,16.*
25f. Wenigstens schreibt er ... aussehe.«] *»... an den Physiognomisten um ihm Lust auch zu einem Schattenriß meines Kopfs zu machen« (B zu III 139).*
29–33 Oetingers Schrift] *»Gespräch vom Hohenpriesterthume Christi«.*
31 theologia vitae] *Vgl. III 169,9.*

33 Schwärmern] *Religiöse Enthusiasten, die ihre Einbildungen für göttliche Offenbarungen halten (Adelung).*
36 Schustermirakels] *Kollektivbezeichnung H.s für Böhmes philosophisches Gesamtwerk. Als Lutheraner hielt er »die Jakob Böhmesche Offenbarung« für »verderblich« (SWS XXXI, S. 459).*
39–44 Mystiker] *Vorbildlich an den Mystikern (Neuplatonikern, mittelalterlichen und neuzeitlichen Theosophen) waren für H. der Reichtum und die Tiefe des religiösen Gefühls (vgl. »Ideen«, SWS XIV, S. 483). Selbst war er jedoch nie Mystiker, sondern in seinem von der Vernunft geleiteten Weltverständnis auf die Gesamtheit menschlicher Erkenntniskräfte orientiert (vgl. »Vom Erkennen und Empfinden«). Vgl. zu II 122,36. Lavater fand H.s Äußerung über Oetinger und die Mystiker »treflich« (A).*
41 Wolffianern] *Popularphilosophen der von Johann Christian Wolff gebildeten Schule.*
45f. daß Oetinger Sie in die Zahl setzt] *Lavater für einen Mystiker hält.*
50ff. Semler ... die Anwendung.] *Vgl. III 162,4f. In A wies Lavater H. auf seinen »Beitrag zur gelehrten Geschichte unsrer Zeit« in den »Frankfurter gelehrten Anzeigen« vom 12.5.1775 hin, worin er seine Absicht darlegte, Gaßners Teufelsaustreibungen, die ihm kein Betrug zu sein schienen, philosophisch zu untersuchen.*
52 Gebärmutter in jedem Gemüth] *Sexualmetapher Hamanns für psychische Prozesse (»Wolken«, »Des Ritters von Rosencreuz letzte Willenmeynung«; Nadler 2, S. 97; 3, S. 31).*
53 Christus ... das nicht.] *Vgl. III 162,5f.*

162. AN JOHANN KASPAR LAVATER, *Bückeburg,* 20. Mai 1775

3 der Semmlersche Dreck] *Das Zeitungsblatt, vgl. zu III 161,4. Semler veröffentlichte danach seine Korrespondenz mit Lavater in »Sammlungen von Briefen und Aufsätzen«.*
5 die Akta der Welt zu geben] *Vgl. III 161,51. Lavater wollte damit »noch zuwarten. Etwas Kraft ist gewiß da« (A).*
5 Pharisäer] *Siehe R, S. 712.*
6f. Was müst' er ... Siege ppp] *Der berühmte rationalistische Theologe Semler mit seinen zahlreichen Schriften ließe sich nicht zu Lavaters Wunderglauben bekehren.*
8 Teufelsbesitzungen] *Besessenheit vom Teufel, vgl. zu III 161,4.*
10 Teufel] *Siehe R, S. 715, 740.*
11 Physiognomik] *Vgl. zu III 161,12.*
11f. liege vor Anker] *Vermutlich im Hinblick auf die erwartete Berufung nach Göttingen.*
12f. etwas von Gaßner lesen] *Vgl. zu III 161,50ff.*

163. AN JOHANN GEORG HAMANN, *Bückeburg,* 3. *und* 4. Juni 1775

3ff. Hartknoch hat uns ... erfreuet] *Am 4.6.1775 reiste er von Bückeburg ab (vgl. III 164,25,32f.) und nahm diesen Brief mit.*
5, 25 Hierophantischen Briefen] *Vgl. zu III 159,28f.*
5f. zurückgeblieben waren] *Am Druckort Leipzig.*
8 meine opera ... zuzurüsten.] *Vgl. III 159,25ff.; zu III 160,23f.*
9 meine Magier] *Vgl. zu III 159,26f.*
9f. Stern oder Irrwisch ... schreien machen werden] *Vgl. III 139,28; Matthäus 2,2.9–11.16–18 (Bethlehemitischer Kindermord).*

11 χρηματισθεντες] *Göttlich belehrt (Matthäus 2,12: Gott befahl ihnen im Traum ...). Vgl. III 139,30f.; 159,27; 169,77.*
12f. Dreimal ... wieder angenommen] *Vgl. III 99,44f.; 104,37ff.; 114,19f.; 131,31f.; 132,26; 139,21f. Das Mskr. wurde viermal geschrieben (SWS VII, Einleitung, S. XXIX–XLI).*
14 Schreibart sorgfältiger] *Vgl. zu III 139,26f.*
16 Orthodoxie] *Nach Haym I, S. 667 sind die »Erläuterungen zum Neuen Testament« H.s »orthodoxeste Schrift«. Die orthodoxe Tendenz, gemildert durch H.s mystisch-poetische Auffassung, verfolgte H. mit Absicht auf Göttingen und mit Rückversicherung durch Zollikofer, vgl. II 173(N),17f.; III 139,61ff. – zwischen Felsen u. Steinspitzen] D. h., ohne anzustoßen.*
18f. Mosaischen Denkart ... Neuen Testaments] *Zwischen der althebräischen Überlieferung und dem Urchristentum sah H. einen umfassenden Synkretismus jüdischer, altorientalischer und neuplatonischer religiös-philosophischer Strömungen, der das entstehende Christentum grundlegend beeinflußt hat. Jesus Christus ist aus dem Messianismus der spätjüdischen Apokalypse hervorgegangen, die ihrerseits auch von der Religion Zoroasters geprägt war. Religionsgeschichtliche Ansätze Mosheims – vgl. zu II 144(N),8 – konnte H. mit dem von Anquetil-Duperron übersetzten »Zend-Avesta« konkretisieren, indem er diese neuentdeckte Quelle zur Exegese der Evangelien heranzog.*
20 Hellenismus] *Die Kultur der Diadochenreiche nach Alexander dem Großen aus griechischen und orientalischen Elementen; besonders die griechische Sprache und Philosophie der Juden in Alexandria (Septuaginta, Philon).*
21 Brüder Jesu] *»Briefe zweener Brüder Jesu«, in der Meyerschen Buchhandlung erschienen; vgl. zu II 124,53ff.*
23 Brodem] *Vgl. zu II 144(N),22.*
24 Philosophie] *Bückeburger Geschichtsphilosophie.*
27 Beilage zur lettre perdue] *Siehe R, S. 221.*
28 Ihr Mäcen] *Guichard. – quando invenies parem] Wann wirst du einen gleichen finden.*
33f. steril promontory ... of a fool] *Shakespeare, »Hamlet«, II/2, Vers 310, »a sterile promontory ... a foul and pestilent congregation of vapours« (Hamlet über die Erde: »ein unfruchtbares Vorgebirge ... eine faule, verpestete Ansammlung von Dünsten«).*
36 Ankömmling] *H.s Neffe Johann Christoph Neumann.*
40 Aeskulapiushahn] *Siehe R, S. 717; auch konkret Hamanns Haushahn. Johann Christoph hätte ihn »beynahe ersäuft« und Hamanns Sohn »eben so leicht das Auge ausgestochen« (Hamann an Hartknoch, 25. 4. 1775; ZH III, S. 176). – Nazirsohn] Siehe R, S. 410.*
42 Hephästion] *Von Johann August Starck, erwähnt in A zu III 110.*
42ff. Ihre Prolegomena ... gegangen] *Vgl. III 161,24f.; zu III 132,15f.,16.*
43f. unde u. ubi)] *Woher und wo.*
44ff. Göthe] *»Hamanns Prolegomena haben auch dem was implicite Krafft in mir ist sehr wohl gethan« (an H., 25. 3. 1775; WA IV 2, S. 249).*
47f. Lenz] *Vgl. III 110,100–104.*
49 Klaudius nachgedruckt] *Von Flörke in Danzig (vgl. Claudius an H., 3. 10. 1775; Nachlaß I, S. 398). Claudius hatte am 6. 5. 1775 30 Exemplare zum Vertrieb an H. geschickt und dankte am 26. 5. für das mit Karolines Bruder übersandte Geld (Nachlaß I, S. 389, 391).*
51 asinus] *»Asmus omnia sua ...«, vgl. III 99,20.*
54 Physiognomik] *Vgl. zu III 161,12.*
54f. Zimmermann ... colligirt] *Der königliche Leibarzt hatte »fast täglich« (A zu III 105) in vornehmen Kreisen die meisten Subskribenten für das teure Werk geworben (die An-*

gabe ist in den überlieferten Briefen an H. nicht enthalten). Nach Zimmermanns Brief an Sulzer vom 14.6.1775 waren es 11 000 Taler (Bodemann I, S. 247).
55f. Nothankers 2.ter Theil] »Das Leben und die Meinungen des Herrn Magister Sebaldus Nothanker«. Graf Wilhelm zu Schaumburg-Lippe dankte Nicolai dafür am 15.5.1775, für den 3. Teil am 1.5.1776 (Schaumburg-Lippe III, Nr. 509, 540).
56f. Leiden u. Freuden ... zugesandt] Vgl. zu III 133,35.
58 Wohl uns des feinen Hrn!] Von Decius.
59 Armendirektorium] Vgl. zu II 29a und II 40.
62 Kanter] Vgl. III 175(N),21f.,40–46.
64 Kopie von Ihrem Bilde] Vgl. III 169,68f.
67 Preußischer Pan] Vgl. zu III 17,7.
70 Ihrer Claudius] Vgl. III Anm. 163 und III 169,53f.

164. AN JOHANN FRIEDRICH HARTKNOCH, Bückeburg, 7. Juni 1775

5 Brief an Ihre Frau] Nicht überliefert. Vgl. III 201,8f.
7 Brief nach Mohrungen] An Frau Güldenhorn. Vgl. III 175(N),12–15; 185,4ff.
8, 20 Erläuterungen] Vgl. III 159,9f.; zu III 140,29f.,32.
11 unsern Johann] Vgl. zu III 163,36.
14 Luhden] Vgl. III 201,6; zu III 160,12. Dort war Hartknoch abgeholt und verabschiedet worden.
17 verte] Wende um!
18 Civilisirter Hartknoch] Vgl. III 175(N),17–20.
21 Brüder Jesu] Vgl. zu III 163,21.
23 Hierophantische Briefe] Vgl. zu III 163,5.
25 Gestriges Gespräch] Die Einsilbigkeit dieses Dialogs dokumentiert das zunehmend distanzierte Verhältnis H.s zu seinem Landesherrn, vgl. II 100,16f.; III 154(N),5–37.
28 H. Hartknoch ... gewesen?] Gräfin Maria hatte Hartknoch offenbar kennengelernt, da er ihr in seinem nächsten Brief (Berlin, 10.6.1775) sein »ehrerbietigstes Compliment« ausrichten ließ.
29 Respondi] Ich habe geantwortet.
31 die Rigische Meße] In B zu III 160 schrieb Hartknoch, »daß den 20. Juni Jahrmarkt ist bei uns«.
33 Ehegestern.] Am 4.6.1775.
35 H. Zimmermann hat ... geschrieben] Vgl. zu III 167,4f. Gräfin Maria schrieb am 22.5.1775 an Karoline, daß sie einen niedergeschlagenen Brief von Zimmermann (vom 20.5.1775) erhalten habe (H: Kraków).
37 Sein König] Georg III. von Großbritannien.
39 er klagt sehr im Briefe] Zimmermann war von großer Brieflast gedrückt, seine Gesundheit »in der größten Zerrüttung«, »Unlust« herrschte »in jeder Ader und jedem Nerv« (B zu III 167).

165. AN GRAF FRIEDRICH ERNST WILHELM ZU SCHAUMBURG-LIPPE, Bückeburg, 7. Juni 1775

5 gegenwärtiges Buch] »Erläuterungen zum Neuen Testament«. Der Graf dankte am 8.6.1775 (vgl. N, S. 804).

166. An Johann Wilhelm Ludwig Gleim, Bückeburg, 10. Juni 1775

3 rothes Buch] »Halladat«, vgl. zu III 129,5.
5 unschuldiger Hütten] Vgl. zu II 23,61. – schwirrender voller Thale] *Täler, in denen Vögel, Insekten, Blätter und Luft sich mit zitterndem Laut bewegen (Grimm).*
7 wer Ohren hat p] *Vgl. Matthäus 11,15.*
7f. verfolgte Gleim] *Vgl. zu II 123,14.*
8 er hat seinen Lohn ... Heuchlerschurken] *Vgl. Matthäus 6,2.*
9 kriechende ... Gewürm der Erde] *Vgl. 1. Mose 3,14f.*
10 Sie kommen ... her!] *Gleim war noch ungewiß, ob er nach der Badekur »in Meyenberg« (Meinberg, Dorf in Lippe-Detmold, Schwefel- und Schlammbäder) nach Bückeburg kommen könne (A).*
12 vielleicht ... der Wandsbeckerbote] *Matthias Claudius, vgl. III 163,51f.*
12f. Unschuld ... seiner Seele] *Eine sittliche, religiöse und poetische Natur.*
16 Erläuterungen] *Vgl. zu III 165. Gleim dankte für die »zu tiefgelehrten Anmerkungen« (A).*
17 die Handwerkshülle] *Die theologisch-dogmatische Form.*
18 Gott im Bilde der Menschheit] *Die unbegreifliche Gottheit machte sich den Menschen menschlich begreiflich: »Bild Gottes in der Menschlichen Seele, Gedanke! Wort! Wille! That! Liebe!« (SWS VII, S. 356). – Das Innre der Religion] Vgl. zu III 129, 12–17.*
19 der Seher Gottes] *Gleim in »Halladat«. Vgl. das Gedicht »Der Beruf«: »Der Seher Gottes ist ein Menschenfreund!« (GSW 6, S. 7,11).*
19f. predige, erläute, streite] *Die »Erläuterungen« gliedern sich in »Hauptstücke« (wie Predigttext) und »Anmerkungen« (Auslegung), vgl. III 101,6ff. H.s Polemik, die auch Zollikofer nur gemildert, nicht ganz getilgt hat, richtet sich gegen den »aufgeblasnen Unsinn« in den Auslegungen der Neologen und Modephilosophen (vgl. SWS VII, S. 349, 384, 426, 457).*
23 wo kanns man haben?] *Gleim schickte mit A ein Exemplar für Gräfin Maria und zehn weitere Gratisexemplare für H.s Freunde. –* Markthändler] *Buchhändler.*
24 Nachdruck] *1775 bei Esslinger in Frankfurt am Main und Leipzig erschienen. »Nachdrucker bekümmern mich nicht. Die armen Schelme wollen leben« (A).*
27 Der Waßertropfe] *Vgl. zu III 129,7f. Als Nr. 17 des 2. Teils zusätzlich gedruckt.*

167. An Johann Georg Zimmermann, *Bückeburg, 13. Juni 1775*

4 nach der Schweitz!] *Vgl. III 164,35f.; III Anm. 172. – »Ich gehe nicht nach Pyrmont, sondern nach der Schweitz, wenn mir der König dazu die Erlaubnis giebt« (B). Er erhielt Urlaub auf vier Monate (Ischer, S. 137).*
5 aufleben] *Vgl. zu III 164,39.*
6 Elysium] *Siehe R, S. 723.*
7 Lethe] *Siehe R, S. 730.*
11 von beiden Seiten ... Tagwerk vollendet] *Vgl. III 163,54f.*
13f. Brief, Empfehlung ihres Bruders] *In B teilte Zimmermann Karoline mit, daß er ihren Bruder (vgl. III 159,39f.) an den holsteinschen Leibarzt Bondeli empfohlen hatte.*
15 fleucht] *Fliegt.*

168. AN JOHANN HEINRICH SAMUEL FORMEY, Bückeburg, 18. Juni 1775

6 Preis ... das zweite mal] *Vgl. zu II 7,3f. In franz. Sprache kündigte Formey H. einen neuen akademischen Triumph an: sein Memoire über den Verfall des Geschmacks (»Ursachen des gesunknen Geschmacks bei den verschiednen Völkern«) sei in der öffentlichen Versammlung am 1.6.1775 gekrönt worden (B).*
8 in Golde erhalten zu können] *»en espece« (B). Vgl. III 174(N),5; 259,* **169.**
9 Denkmünze] *Vgl. zu II 7,7.*
10 Assignation] *Anweisung. –* Minden] *Siehe R, S. 787.*

169. AN JOHANN GEORG HAMANN, *Bückeburg, 18. Juni 1775*

3 redliche Theilnehmung] *Hamann gratulierte H. zur zweiten Berliner Preiskrönung, von der er am 8.6.1775 in den Zeitungen gelesen hatte (B).*
4, 19ff., 26, 82 Abhandlung] *Vgl. zu III 168,6. Anscheinend hat H. sie nicht an Hamann geschickt, vgl. zu* **21.**
5 Miethpferd] *Vgl. II 12,***25ff.;** *39,***95–98.**
6 Pythischen Preis] *So von Hamann genannt (B); siehe R, S. 737. –* Trinitatisfest] *1775 der 11. 6.*
7 non possum dicere quid?] *Ich kann nicht sagen, was?*
8 wie Loth in meiner Hofthür] *Vgl. 1. Mose 19,1.*
9 Oetinger theologia] *Vgl. III 161,***31.**
9f., 14f., 44f. Wandsbecker ... Bothe!] *Vom 6.6.1775, siehe R, S. 662.*
11 Voßische Geistode] *Johann Heinrich Voß, »Auf die Ausgießung des heiligen Geistes«.*
12 mein Motto!] *»Multa renascentur, quae iam cecidere – –« (Horaz, »Epistolae« II,3,70: Vieles wird wiedererstehen, was schon untergegangen ist.). Das Motto auf der anonym eingereichten Preisschrift diente als Kennzeichen.*
15 Drei redlicher Theilnehmer] *Gräfin Maria, Frau v. Bescheffer, Zanthier.*
16 Korrespondent] *»Hamburgischer unpartheyischer Correspondent« (R, S. 675).*
17 Nikels et consorten] *Nicolai und seine Anhänger.*
19 Ruch] *Lutherdeutsch für »Geruch«, nach Adelung veraltet.*
21 Meinen Grundsätzen ... treu] *Hamann fragte, ob H. seinen »Styl verleugnet« und sich in Widerspruch zur Bückeburger Geschichtsphilosophie gesetzt habe, ob er »wie Ulysses oder wie Aiax zu Werke gegangen« sei, d.h., sich den Berlinern angepaßt oder auf seinem Standpunkt verharrt habe (B). Nachdem er die gedruckte Preisschrift (nicht von H. geschickt bekommen) am 6.12.1775 gelesen hatte, urteilte er, H. habe den Preis verdient, »auch Wahrheiten gesagt, aber in der Hauptsache zu wenig für seine Freunde und Feinde«. Er handle aber klüger, indem er an seine Preisrichter denke (A zu III 181; ZH III, S. 212). –* Freiheit] *»Griechenfreiheit« (SWS V, S. 619ff., 654).*
22 Teufelsdreckgeschmack] *Despotismus als Hauptursache des Geschmacksverfalls (»Joch der Monarchie«, »Hofgeschmack«, »Knechtschaft«, »Sklaverei«, SWS V, S. 625, 643, 653f.). –* schnarchende] *Ungestüm, drohend reden (Adelung).*
24 meine Handschrift] *H.s eigenhändige Reinschrift, Druckvorlage der Akademie (nicht überliefert).*
25 supponiren] *Voraussetzen, vermuten.*
26 im Kleck] *Entwurf, 1. Niederschrift (HN II, 41). – Hamann wünschte sich die Preisschrift, zunächst wenigstens ihr Schema, dann den Druck (B).*

27 konterfeit] »*Contrefeien*« = *abmalen. Abschrift der 2. Niederschrift von fremder Hand (HN II, 42).*
29 Sulzer] *Hamann wollte »gern wißen ob Sultzer sein votum gegeben« (B). Vgl.* **42f.**
30 Merian] *Vgl. zu II 50(N),***11.**
31 Weguelin] »*Weguelin hat einen langen Auszug gemacht [vgl. SWS V, S. 596, »Précis«]. Ist das nicht eben der Schweitzer, der eine Abhandl[ung] über Sparta geschrieben in deutscher Sprache?« (B). = Wegelin, »Politische und moralische Betrachtungen«.*
33 Religiose Gespräche] »*Religiöse Gespräche der Todten«.*
34ff. Sokratischen Gespräche von W.] »*Die letzten Gespräche Socratis«, vgl. zu II 96,* **69–73.**
37 caracteres ... romaines] »*Caractères historiques«. –* Plane zur Politischen ppp] »*Plan raisonné«.*
39 Politisch-historisch Werk] »*Histoire universelle«.*
40 der Buchhändler] *Johann Georg Decker.*
41 Urheber meines Preises] *Nicolai sagte zu Hartknoch, »daß die Franzosen bei der Academie dawider förmlich protestirt hätten, endlich aber Herr Wegelin doch durchgedrungen wäre« (Hartknoch an H., 10.6.1775; III Anm. 164).*
42f. gegen Sulzers Moralische Belletristerei] *U. a. »Geschmack und Tugend ist nicht Einerlei« (SWS V, S. 610). Vgl. zu II 70(N),***19ff.**
46 Und nun ... redlich theilen.] *Textbeginn auf der Rückseite des Blattes.*
47, 73 Hierophanten] *Vgl. zu III 159,28f.*
48 aus Lemgo] *Meyersche Buchhandlung.*
49 Nichts u. Etwas] »*Wenn man alle jüdische und heidnische Bestandtheile vom Christentum mit pharisäischer Kritik absondern wollte: so bliebe eben so viel als von unserm Leibe durch eine ähnliche metaphysische Scheidekunst übrig – nemlich: ein materielles Nichts oder ein geistiges Etwas, das im Grund für den Mechanismum des Sensus communis auf Einerley hinaus läufft« (Nadler 3, S. 142).*
49f. Abgötterei gegen die 1te Kirche] *Die von Hamann bekämpften Auffassungen Starcks in »De tralatitiis«.*
50 der 4te Abschnitt ... Brüder Jesu] *Über »die Geschichte der ältesten Christlichen Gemeine«, Nazaräer und Ebioniten, die Glaubwürdigkeit der Evangelien (vgl. SWS VII, S. 510–527).*
51f. Honig ... in den Gedärmen] *Vgl. Offenbarung des Johannes 10,9. –* Purganz] *Abführmittel.*
52 in Octav gedruckt] *Hamann wünschte in seinem Brief an Hartknoch vom 25.4.1775 den Druck der »Hierophantischen Briefe« in Quartformat (ZH III, S. 176) und wiederholte den Wunsch in B.*
53f. Freund Hain ... mitgab.] »*Königsbergsche Zeitungen«, 39. Stück, Beilage (R, S. 224). Vgl. III 163,70.*
54, 57, 79, 83 Ruprecht Pförtner] *Zitat daraus, siehe R, S. 484.*
56f. zu Pyrmonts Brunnen hergebeten] *Vgl. III 163,51f.; N, S. 798 oben.*
58f. auf Swifts Monde] *Falsche Zuschreibung, siehe R, S. 565.*
60 Mysterien Buche] *Hamann wollte als Fortsetzung des »Versuchs einer Sibylle über die Ehe« »die Mysterien des Hymens zum Mittelbegriff brauchen überhaupt die Mysterien der Alten zu erläutern« und bat H. dafür um Literaturangaben (B). –* Meursius] »*Eleusina«, von Hamann vermutungsweise genannt (B).*
62 in Warburtons Sendung Mose] »*The Divine Legation of Moses« (SWS VI, S. 405, a).*
63 Gronovschen Sammlung] *Gronovius, »Thesaurus«.*

66 für Hephästion] *Vgl. zu III 163,42. Dieses am 25.4.1775 abends gelesene »heillose Geschmier« wirkte auf Hamanns Hypochondrie und beunruhigte ihn acht Tage lang (B). Er reagierte darauf bereits in den »Hierophantischen Briefen«, später in »ΚΟΓΞΟΜΠΑΞ« und »Schürze von Feigenblättern«.*
66f. für die Sibylle] *Vgl. zu 60. Daraus wurde später »ΚΟΓΞΟΜΠΑΞ«.*
68 Mohrenkopf] *So nannte Hamann H.s Sohn nach seiner Silhouette (B).* – Ihr Bild] *Vgl. III 163,63ff.*
70 Neumann] *Vgl. III 163,38ff.*
71 der Erste] *Vgl. III 99,5ff.* – Gevatter] *Vgl. III 259,35.*
75 Einen durch ihn ... in Leipzig] *III 159.* – den 2ten] *III 163.*
76f. Magier ... χρηματισθέντες] *Vgl. zu III 163,11.*
78 Dogmatischen Gebrauch] *Vgl. zu III 166,17.*
80 König des Himmelreichs] *Vgl. Johannes 18,36f. (»Erläuterungen zum Neuen Testament«, SWS VII, S. 395).* – feiren] *Feiern.*
81 Vom Bauer] *Vgl. zu III 139,75–78. Hamann wünschte in B Nachrichten von ihm.* – Füßlischen Brief] *Im Briefwechsel mit Hamann nicht wieder erwähnt, anscheinend zu schicken vergessen, vgl. zu 4. Es handelt sich um einen Brief des Malers aus Rom an Lavater im März 1775, von diesem abschriftlich Goethe mitgeteilt, der ihn am 25.3.1775 an H. schickte: »... von Lavatern ein herrlicher Füßli Brief. Was für eine Glut und Inngrimm in dem Menschen ist.« (WA IV 2, S. 249). Auch Merck und Zimmermann erhielten Abschriften; letzterer war darüber »unendlich vergnüget« und schrieb am 13.4.1775 an H., daß Rüling den Brief getadelt, dagegen Klockenbring ihn gelobt habe (Nachlaß II, S. 348; H: GSA). Darin verurteilte Füßli Klopstocks »erhabene Andachtsoden ... und beinahe Alles von seiner teutonischen Mythologie«. Die meisten von Davids Psalmen und Klopstocks Oden würden sich »auf ein Privat-Gefühl, eine Localität oder andere empfindungsvolle Grille stützen ... Ein wahres allgemeines, lebhaftes Gefühl ergießt sich durch ein ähnliches Bild in alle Herzen, weil ein falsches, örtliches, individuelles nur Einigen, und aus gewissen Zeiten und Orten gefallen, und alle Andern verwirren und betäuben muß.« Solche Bilder fänden sich bei Homer, Sappho und im Buch Hiob, nicht bei Klopstock, Haller, Dusch usw. Klopstocks »Vaterlandspoesie« habe keine Grundlage: »wo ist das Vaterland eines Deutschen – – – – – ? ist es in Schwaben, Brandenburg, Oesterreich oder Sachsen? ... Ein Knecht, worauf hat er stolz zu seyn? ... Freiheit von dem Schmeichler [des dänischen Königs] Christian's!« (Wagner I, S. 58–62).*
82f. Le Kermes du Nord] *Vgl. zu III 139,64.*
84 unverwelkliche Krone] *Vgl. 1. Petrusbrief 5,4.*
85 Schweisfüchsen] *Fuchsfarbene Pferde; so nannte Hamann seine Kinder (B).*
86 Kreuzfeld] *Kreutzfeldt, »einen geschickten geistreichen Mann vom Schulcollegium«, wollte Hamann als seinen Freund und als Lehrer seines Sohnes gewinnen (B).* – Litthauische Lieder] *Vgl. III 181(N),138ff. Nach Leonid Arbusow, Herder und die Begründung der Volksliedforschung im deutschbaltischen Osten (H.-B., Nr. 4188), S. 164f, handelte es sich um »Die kranke Braut«, »Abschiedslied eines Mädchens«, »Lied des Mädchens um ihren Garten« und »Lied des jungen Reuters« (SWS XXV, S. 143ff., 186ff.).*
87 Preußischen Sammlung] *John, »Preussische Blumenlese«.* – Volkslieder] *Das Anfang 1775 eingestellte Projekt wurde im Herbst 1777 von H. selbst wiederaufgenommen, vgl. III 133,40ff.; IV 17.*
89 etwas anderm] *Vielleicht die Nachricht von seiner erhofften Berufung nach Göttingen.*
91 Allgemeinen Deutschen Bibliothek] *Vgl. III 181(N),79ff.*
92 laßet sie fluchen] *Vgl. Psalm 109,28.*

170. AN PASTOR WEDEKIND UND PASTOR WOLBRECHT, Bückeburg, 22. Juni 1775

5 meiner Wiederkunft] *H. reiste mit seiner Familie am 23.6.1775 nach Darmstadt (vgl. III 171,1) und kehrte am 28.7. zurück (vgl. III 176,5f.).* – Visitation] *Untersuchung der Kirchenrechnungen und des Zustandes der Gemeinde durch den Superintendenten. Vgl. III 181(N),7.*
8 Kirchenrechnungen] *Rechnungen über die Verwaltung der Kirchengüter.*

170a. AN DIE GEISTLICHKEIT DER GRAFSCHAFT SCHAUMBURG-LIPPE, Bückeburg, 22. Juni 1775

HochEhr- und HochWohlEhrwürdige Herren
Allesamt HochzuEhrende Herrn und Brüder

Mit gnädigster Bewilligung S*einer* Durchlaucht, u*nseres* g*nädigsten* LandesHerrn verreise ich auf drei Wochen, bitte also meine Hochgeschätzte Hrn und Brüder die etwa an mich einzusendende Sachen, Schultabellen etc. die Abschub leiden, zu meiner Wiederkunft, die ich zu melden die Ehre haben werde, zu verschieben; dringende Angelegenheiten aber nicht an mich, damit durch meine Schuld kein Aufschub werde, sondern unmittelbar ans Consistorium zu senden.

Nach meiner Wiederkunft hätte ich zugleich eine angelegentliche Bitte, daß da bei dem letzten Quartal, wie ich schon weiß u. aus den noch nicht erhaltenden Tabellen vermuthlich eben so wißen werde, aus mancherlei gegründeten u. ungegründeten Ursachen häufige Vakanzen der Schule einfallen oder wenigstens versucht werden, meine Hrn und Brüder (S. T.) deren ein jeder das Lokal seiner Gemeine doch am besten kennet, mir mit gütigem Rath u. reifüberdachten Meinung an die Hand gehen wollen

„wie jeder an seinem Ort nach Beschaffenheit desselben die Sommerschulen einzurichten am bequemsten u. nöthigsten fände, damit theils der herrschaft*liche* Befehl, daß Sommer Schulen durchweg fortdauren sollen, nicht eludirt u. etwa von andrer Seite auf wahre Unmöglichkeiten u. unüberwindliche Schwürigkeiten (leichtzuhebende fallen von selbst weg, u. alles gute Ding wird Anfangs schwer) Rücksicht genommen werde."

Jede Meinung, mit der ich hierüber beehret werde, darf ohn' alle Umgänge u. Briefform nur so kurz, treffend u. gleichsam historisch abgefaßt seyn, als jeder meiner Hrn Amtsbrüder sich selbst etwa ein reifes Resultat bisher bemerkter Forderniße u. Schwürigkeiten sagen würde. Ich würde hiedurch, bei so häufigen Anläufen um Erlaßung, wo ich doch nichts erlaßen kann, sehr geleitet u. vielleicht Mittel an die Hand gegeben, den bisher schwürigsten Theil der öffentlichen Erziehung zu ebnen. So lange, versteht sich, muß man fortarbeiten, wenns auch gegen den Strom wäre.

        Mit Pflichtmäßiger Hochachtung u. Ergebenheit beharrend

           Euer HochEhr- u. HochWohlEhrwürden

Bücke*b*urg d. 22. Jun. 75.   gehorsamster Diener
                                                      Herder

ÜBERLIEFERUNG. H: *Bückeburg, Niedersächs. StA; von H. eigenhändig.* – Adr: *An die Hrn Prediger (S. T.) in Bückeburg, Petzen, Frille, Meinsen, Vehlen, Steinbergen, Sül-*

beck, Stadthagen, Meerbeck, Lauenhagen, Probsthagen, Heuersen, Lindhorst, Bergkirchen, Hagenburg, Steinhude. – bleibt bis zur Wiederkunft in Steinhude. – Präs: »praes[entatum] B[ücke]burg den 22ten Jun. Nachmittag um 2 Uhr. – Peezen 23ten Jun. in Bückeburg erhalten u. den 24ten weggesandt. – Frille den 24ten Jun. abgesandt eodem. – Meinsen den 24ten Jun. abgesandt den 25ten. – Vehlen den 25 Jun. –Sülbeck den 26ten Jun. abges. den 27ten. – Stadthagen den 27ten Jun. abges. eodem. – Merbeck den 27ten Jun. empfangen und weitergesand. – Lauenhagen die eod[em] des abends spät empf[angen] u. am folgenden früh wieder abgesandt. – Probsthagen den 28ten Vormitt[ags] um 10 Uhr u. sogleich weiter gesandt. – Heuerssen, am 28sten. Vormittags um 12 Uhr. – Lindhorst eodem Abends. – Bergkirchen den 29ten Jun. – Hagenburg den 30ten Junii. – Steinhude den 30 Junius.« – D: ungedruckt.

ZUM TEXT: **19** von andrer < auf andrer, **25** hiedurch < hiebei.

5f. verreise ich auf drei Wochen] *Vgl. zu III 170,5.*
7,12 Schultabellen] *Verzeichnisse der Unterrichtsstunden, Schulklassen usw.*
14 Vakanzen] *Ferien.*
17ff. Sommerschulen] *Die Landjugend mußte bei den Erntearbeiten helfen, so daß im Sommer nur auf Befehl des Landesherrn Schule gehalten wurde.*
19 eludirt] *Hintergangen.*

171. AN GRÄFIN MARIA BARBARA ELEONORE ZU SCHAUMBURG-LIPPE, *Bückeburg, 22. Juni 1775*

5 Bücher aus der Auktion] *Vgl. zu III 124,7. Vgl. III 142(N),9,11.*
7 Chronicon] *Von Lerbeck, vgl. III 142(N),8.*
8f. Seiner Durchlaucht ... aufzuwarten] *H. hatte sich am 20. oder 21. 6. von Graf Wilhelm, der auf dem Wilhelmstein weilte, kurzfristig Urlaub erbeten, vgl. zu* **17**; *III 173,6. Korrespondenz hätte zu lange gedauert, so daß H. selbst hinfuhr.*
10 Wilhelmsfeld u. Observatorium] *Im Steinhuder Meer, siehe R, S. 820. – Gräfin Maria schrieb an H. über die materiellen und moralischen Folgen der 1773 begonnenen Meliorationsarbeiten ihres Gemahls bereits am 4. 9. 1774:* »Die gantze Gegend nach dem Meere zu wird jetzt viel rianter [freundlicher], das so lang öde gewesene Moor zeigt jetzt schöne Gärten, Häuser, Wiesen und frohe Menschen, die nun glücklich mit ihrem kleinen Eigenthum sind, da sie vorher nichts hatten – Das so beliebte Gartenstehlen allhier soll durch die neuen Culturen von selbst aufgehört haben, ist das nicht schön!« *(O. Müller III, S. 4; Erinnerungen I, S. 371f.). Ihre überwältigenden Eindrücke von der Sternenwelt, die ihr der Graf im Observatorium erklärt hatte, schilderte sie H. am 1. 9. 1774 (Erinnerungen I, S. 370f.).*
13 Lehrlinge] *Die Offiziersschüler der Militärschule auf dem Wilhelmstein.*
15 Peithmann] *Prediger in Steinhude, vgl. zu III 152(N),***12ff.**
17 Reise] *Nach Darmstadt, vgl. III 201,64–69.* »Das fortdaurende Vertrauen und die Achtung, die man Herder von Seite des Eutiner Hofes bezeugte, veranlaßte, daß ihm von den fürstlichen Eltern eine Reise nach Darmstadt zu ihrem Sohn, dem Prinzen Peter, der sich damals dort aufhielte, aufgetragen wurde. Die geheime Bestimmung dieser Reise sollte ein Familien-Geheimniß bleiben, welches Herder seinem Grafen nicht mittheilen durfte« *(Erinnerungen I, S. 248). Mit H.s Wissen vertraute Karoline in einem nichtüberlieferten Brief am 22. 6. den geheimen Zweck der Reise, die als Verwandtenbesuch ausgegeben wurde, der Gräfin an. Diese versprach der Freundin im Abschiedsbrief vom glei-*

chen Tag, darüber zu schweigen, und dankte für H.s Brief (H: Kraków; O. Müller III, S. 5,7). Ihren Gemahl jedoch informierte sie am 23. 6. über H.s Auftrag durch Estafette vom 20. 6. aus Oldenburg (O. Müller III, S. 5f.).
18f. Engel ... Waßer bewege.] *Vgl. Johannes 5,4. – Gräfin Maria war vom 24. 6. bis 24. 7. 1775 in Pyrmont (O. Müller III, S. 6; Schaumburg-Lippe III, S. 390f.). Wie sie am 1. 8. 1775 an H. schrieb, verspürte sie keinen Erfolg der Kur, sondern einen Rückgang ihrer Gesundheit (Erinnerungen I, S. 387).*

172. AN JOHANN KASPAR LAVATER, Darmstadt, Anfang Juli 1775

4 Freund Zimmermann] *Vgl. zu III 167,4.*
6 Biedermann] *Ein rechtschaffener Mann (nach Adelung veraltet).*
7–10 Schau an ... mir offenbar] *Scherzhafte physiognomische Bemerkung.*
11 in statua] *Als Standbild.*
13 ein Wölkchen] *Zimmermanns Hypochondrie.*
17f. Schattenreich von Menschenzügen] *Lavaters »Physiognomische Fragmente« bzw. seine Silhouettensammlung.*
19f. Prophet Elias] *Siehe R, S. 703.*
23f. Offenbarung Johannes] *Vgl. zu III 161,23; 190,35–40.*
30 Meister Schmidt Breitinger] *Johann Jakob Breitinger war Lavaters Gegner, weil er glaubte, daß dieser »die jungen Theologos von soliden critischen Studien abhalte« (Sulzer an Zimmermann, 8. 3. 1777; Bodemann I, S. 263). Vgl. IV 7,69.*
31 Viehmagdnachbarsmann Hottinger] *Lavaters Zürcher Hauptgegner, so genannt wegen seines Pamphlets »Sendschreiben an den Verfasser der Nachrichten von den zürcherischen Gelehrten« (erwähnt in B). Die »Nachrichten« waren von Lavater, der als »Wunderthäter« damals, wie Zimmermann am 14. 6. 1775 an Sulzer schrieb, »in Zürich verachtet und verfolget« war, »wie es da kein Mensch gewesen ist« (Bodemann I, S. 247). U. a. wurde ihm in dem »Sendschreiben« vorgeworfen, daß er »an eine allwissende Viehmagd oder Wasserprophetinn, als ans Evangelium geglaubt« (»Lavaters Sämtliche kleinere Prosaische Schriften vom Jahr 1763–1783«, Bd. 3: Briefe, Winterthur 1785, S. 263).*
32 Gaßner] *Vgl. zu III 161,50ff.*
33 Pffeffinger] *Siehe R, S. 436.*

173. AN GRAF FRIEDRICH ERNST WILHELM ZU SCHAUMBURG-LIPPE, Darmstadt, 17. Juli 1775

5 Die Geschäfte] *Vgl. zu III 171,17.*
9 Kinde ... die Nächte durch] *Gottfried H. war zehn Monate alt. Vgl. III 176,9.*
11 Vergünstigung] *Vgl. III 176,6ff.*
14 Freude ... meines Glückes] *Unaufrichtiger Devotionsstil, vgl. III 154(N),34–37.*

174 (N). AN JOHANN HEINRICH SAMUEL FORMEY, Bückeburg, 28. Juli 1775

5 50. Dukaten] *Vgl. III 168,8.*
7 Clause ... Avertissement] *Klausel (Einschränkung, Vorbehalt) in der Ankündigung, daß die prinzipielle Begriffsbestimmung ungenügend sei.*

8–13 von Grundsätzen der Theorie ... gewußt hätte.] *Der Beantwortung der eigentlichen Frage (Thema der Preisschrift, als II. Teil, danach »III. Folgen«) hatte H. nach einer kurzen Einleitung vorangestellt »I. Grundsätze zu Betrachtung der Frage aus der Seelenlehre«, über das Verhältnis des Geschmacks zu Genie, Vernunft und Sitten (SWS V, S. 600–613).*
16–20 »Hofprediger ... Superintendent] *Auf dem Titelblatt wurden in der Folge alle Amtsbezeichnungen weggelassen.*
16 »Hofprediger] *Der reformierte Hofprediger des Grafen Wilhelm hieß Catel (Haym I, S. 496).*
20 Billet] *An die Akademie, nicht nachweisbar.*
29 4. wöchentlichen Reise] *Vgl. zu III 170,5.*

175 (N). AN JOHANN GEORG HAMANN, Bückeburg, 29. Juli 1775

4f. Reise nach Darmstadt] *Vgl. zu III 170,5.*
5 Hans u. Gottfried] *Johann Christoph Neumann und Gottfried H.*
6f. Brief ... mit 2. Büchern] *III 163.*
7 einen andern ... Preisfrage] *III 169.*
9 Minden] *Siehe R, S. 787.*
10f. (das Postgeld ... geben] *Hamann war wegen »ausgebliebener Zinsen« so in Geldverlegenheit, daß er für seinen Brief H. »das Postgeld aufbürden« mußte (B).*
12ff. meine Schwester ... ich schrieb doch gleich] *Vgl. III 164,7f. Frau Güldenhorn hatte nach ihrem Brief an H. vom 11.7.1775 noch keine Nachricht von der Ankunft ihres Neffen erhalten und sorgte sich um ihn, da Hartknoch nach Hamanns Auskunft schon wieder in Riga war. Sie entschuldigte die Ungezogenheit des Kindes und bat Karoline, mit ihm Geduld zu haben (Gebhardt/Schauer II, S. 21). Am 5.9.1775 (nicht »1777«) bestätigte sie den Empfang der Briefe H.s und Karolines, die vermutlich Hartknoch nach Riga mitgenommen habe (ebd., S. 23).*
15 den Brief ... ihm nach.] *Vgl. III 185,4–7.*
17–20 Er ist ... erscheinet.] *Vgl. III 164,18. Hamann, der nicht wie Hinz die Familie Toussaint verehrte, teilte H.s Meinung und gestand seiner Schwester »mehr Geschmack« zu als Albertine Hartknoch. Er habe darüber »auch eine Menge Beobachtungen gemacht«, aber die »Ungleichheit der Charactere« sei für Hartknoch gut (A).*
21 Kanter] *Vgl. III 163,62.* – Windbeutel] *Windmacher.*
22f. Zimmermann ... gelebt)] *Vgl. III Anm. 172.*
23f. Geschichte von Lavater] *Hamann war verärgert über den ihm von Kanter gezeigten »Kupferstich eines schwindlichten Kopfs in der Kappe eines Schweißtuchs«, den Lavater nach dem in Mosers Besitz gelangten Ölgemälde (R, S. 217) für Bd. 2 der »Physiognomischen Fragmente« anfertigen ließ. Sein sichtbares linkes Ohr war zu einem »Esel Ohr« verzeichnet (B). Vgl. 66ff.*
26f. Ich u. mein Weib ... unkenntlich] *Vgl. III 181(N),115ff.,128.*
28 prangern] *Am Pranger stehen.*
29 hintertreiben] *Vgl. III 181(N),129f.*
30 Penzel] *Mit tiefem Mitgefühl berichtete Hamann vom Schicksal des von preußischen Werbern hintergangenen »weyland M[agister] Paentzel gegenwärtigen Musquetier beym Alt-Stutterheimschen Regiment«, den sein Freund Christian Jakob Kraus soeben zu ihm gebracht hatte und der als ehemaliger Korrespondent H.s ihn grüßen ließ. Hamann hielt ihn für einen »Kopf von ungeheuren Fähigkeiten« und beklagte seine »eigene Dürftigkeit,*

um diesen unglückl. Mann nicht unterstützen zu können«. Nach Mitteilungen Kanters sei er »als der lüderlichste Mensch, Renegat des calvinschen u. römischen Glaubens bereits ausposaunt worden«. H. wurde um Informationen gebeten (B).

30–34 Manuskript ... die Ursach.] *Vgl. II 124,59–63; Übersetzung des »Krákumál«, siehe R, S. 682.*

34ff. Manuskript über Katull ... zurückschickte.] *Vgl. III 82,9ff. Das nichtüberlieferte Mskr., eine Jugendarbeit, hatte Penzel schon 1769 zur Durchsicht an Nicolai geschickt. Nach dessen offenbar negativem Urteil versicherte er ihm in einem Brief vom 28.2.1770 aus Jeßnitz, die Schrift zu unterdrücken und nicht zu veröffentlichen (Hans Köppe, Abraham Jakob Penzels Lebensirrfahrten. Eine Menschen- und Kulturtragödie aus dem 18. Jahrhundert, Leipzig 1936, S. 388, 390).*

37 Brief von ihm] *Vgl. III 253(N),**174f.**; N III Anm. 175.*

38 Bei Strabo ... sein Leben] *In der Vorrede an Büsching in Bd. 1 (1775), die Fortsetzung in der Vorrede an Johann David Michaelis in Bd. 3 (1777).*

40–45 von Kanter erzälen ... auf Trutenau.] *Er war »gestern Nacht erst von Leipzig« gekommen, »voll von Basedow, Semmler, Nicolai«, Eberhard, Teller, »Aufschnidereyen über Basedow, seinen Zweykampf mit Lavater sich einander zu bekehren ... eigenhändigen Königl. Handschreiben« an einen Minister in Ruhestand usw. (B).*

45 Trutenau] *Siehe R, S. 825.*

46f. die Gräfin in unserm Hause gewesen] *Gräfin Maria zu Schaumburg-Lippe. Kanter besuchte Gleim und erzählte ihm, »daß er bei Herder die regierende Gräfin gefunden hätte« (A zu III 166).*

48 Starck] *Er hatte sich von Hamann ein Exemplar der »Hierophantischen Briefe« erbeten, und Hamann hatte ihn zu seinem Beichtvater erwählt (B). – Dithyramb] Begeisterungslied (Preislied zu Ehren des Dionysos).*

49f. Hüte Dich ... schläft.] *Beichtvater: hier Starck. Vgl. Jesus Sirach 8,22.*

51ff. Recension der ProvinzialBlätter] *In »Allgemeine deutsche Bibliothek«, Bd. 23, 2. Stück (kein Sigle); siehe R, S. 642.*

54f. Ihre opera ... Zauberbüchern] *Ebd., Bd. 24, 1. Stück; siehe R, S. 642. Nach A hatte Hamanns »einziges Tichten und Trachten und die gantze Bosheit seines Herzens gegenwärtig kein ander Ziel als den Vetter Nabal [Nicolai] zu B.B. [Berlin Babel] und seine beyde Gesellen Hd. Dh.« Daraus wurden die »Zweifel und Einfälle über eine vermischte Nachricht«, vgl. III 253(N),**121–126.***

55 Zauberbüchern] *Siehe R, S. 698.*

55–58 Kästner hat ... Dunse lesen.] *Abraham Gotthelf Kästner, Epigramm auf Nicolais »Sebaldus Nothanker«.*

58 Dunse] *Vgl. zu II 2,**40.***

59ff. Göthe ... nach Frankfurt begleitete] *Am 27.7.1775 schrieb Goethe an Sophie von La Roche, er habe H. in Darmstadt getroffen und nach Frankfurt begleitet (WA IV 2, S. 269). Es war am Sonnabend (= 22.7.1775), wie Merck, der mitreiste, an Höpfner schrieb (undat.; Kraft, S. 139).*

60 Schweizerreise] *Mai–Juli 1775 (Rückkehr nach Darmstadt am 21.7.1775).*

61 weidlich voll von ihm] *Sehr erzürnt auf ihn.*

62 nächstens reiben] *Gedicht »Nicolai auf Werthers Grabe«.*

62f. Kanters Mährchen] *Hamann war auf seinen Verleger zornig, der von ihm unwahre »Klatschereien in Ansehung des Göthe gemacht haben« sollte (B).*

64 alles aufhascht, was Sie betrifft] *Vgl. zu III 163,**44ff.**; IV Anm. 5.*

64f. mit seinen Schriften ... guter Junge.] *D.h., ist im Leben anders als in seinen Schriften.*

66 Claudius ... Moser] *H. gelang es, Moser für Claudius zu interessieren, der in Darmstadt die Stelle eines geheimen Kanzleisekretärs, dann Oberlandkommissars erhielt (Moser an H., 1.11.1775; H: Kraków), sie aber wegen der Geburt seiner 2. Tochter am 13.11. 1775 erst im April 1776 antrat. Vgl. III 208,22f.; 234,3ff.; Claudius an H., 2.8., 18. und 25.11., 5.12.1775, 2.1., 28.2. und 16.3.1776 (Nachlaß I, S. 394f., 399–406, 408f.).*
68f. Gleim in Pyrmont] *Am 27.7.1775 auf der Rückreise nach Bückeburg, vgl. III 176,11,14.*
72 Johann ist voll] *Neumann (vgl. zu 5) war voller Dankbarkeit gegen Hamann.*
73 Pathengeschenk] *Vgl. III 163,38ff.; 169,69f.*
75 Inlage] *Ein nichtüberlieferter Brief an H.s Schwester.*

176. AN GRAF FRIEDRICH ERNST WILHELM ZU SCHAUMBURG-LIPPE, Bückeburg, 29. Juli 1775

7 Vergünstigung zur Reise] *Vgl. zu III 171,8f.,17.*
8 einige Tage ... dauren müssen.] *Vgl. III 173,8ff.*
11f. Pyrmont ... Euer Durchlaucht.] *Graf Wilhelm war im Juni und Juli 1775 wiederholt in Pyrmont, wo die Gräfin zur Kur weilte. Vgl. zu III 171,18f.; Schaumburg-Lippe III, S. 388ff.*
12f. Himmen ... folgendes Buch] *Hymmen, »Beiträge zur juristischen Litteratur«.*
14 Gleim] *Vgl. III 175(N),68f.; zu III 129,6. Für Gräfin Maria war seine Bekanntschaft »wie ein gefundener Schatz« (an H., 1.8.1775; Erinnerungen I, S. 387f.). – Brabeck] Vgl. zu III 108,5.*
17 Stolberg- u. Lippische Herrschaften] *Stolberg-Wernigerode und Lippe-Detmold.*

177. AN JOHANN WILHELM LUDWIG GLEIM, *Bückeburg*, 1. August 1775

3, 7 voll von Ihnen] *In Gedanken ganz erfüllt.*
5 Zusammenseyns] *In Pyrmont, vgl. zu III 175(N),68f.*
5f. »Hier ist ... Hütten baun!«] *Vgl. Matthäus 17,4.*
7f. Unsre Gräfin ... besuchen] *»Ich freue mich seines Versprechens, uns noch dies Jahr zu besuchen«, schrieb Gräfin Maria am 1.8.1775 an H. (vgl. zu III 176,14).*
9 kein Umweg] *Von Pyrmont über Bückeburg nach Halberstadt. – Den nach Pyrmont (15) adressierten Brief erhielt Gleim erst in Halberstadt, da er schon nach Bückeburg abgereist war (A).*
12, 16 Nichtchen] *Sophie Dorothea Gleim.*
16 Diogeneslaterne] *Nach Diogenes von Sinope.*
18 Ihre Sura ... gedruckt!] *In »Die goldnen Sprüche des Pythagoras«, 1775.*
19 einem Landhause] *Baum, siehe R, S. 747.*

178. AN JOHANNE HENRIETTE HESSE, Bückeburg, 5. August 1775

3 Romanzen] *Balladen aus H.s Volksliedersammlung.*
4 Stricken u. Flicken u. Haushalten] *Karoline ermahnte ihre Nichte in dem voranstehenden Brief, sich »keine Mühe u. Arbeit verdrüßen« zu lassen, bis sie »die Haushaltung, Nähen und Flicken gelernt« habe.*
5f. Schreiben Sie ... ausführlich.] *Das verlangte auch Karoline.*

6 Ihre Mutter] *Für Friederike v. Hesse, die krank gewesen war, sollte die Tochter »Gesellschaft u. Aufheiterung jetzo seyn«, wie Karoline schrieb.*
7 einem Liebhaber] *Scherzhaft; Karolines Nichte war erst elf Jahre alt, trotzdem in der 2. Person Plural angeredet (von Karoline geduzt).*
8 Ihr Bild] *Auch Karoline wünschte Henriettes Porträt.* – ausrichten] *An ihre Eltern.*
9 Geheimen Rath] *Andreas Peter v. Hesse.*
10 Johann von Mohrungen] *Johann Christoph Neumann, der sich am liebsten mit Schreiben beschäftigte, wie seine Tante Güldenhorn am 17.1.1775 an H. geschrieben hatte (Gebhardt/Schauer II, S. 17).* – Herrn von Falkenstein] *»Das Lied vom Herrn von Falkenstein« (SWS XXV, S. 251f.).*

179 (N). AN JOHANN KONRAD GEORG, *Bückeburg*, 6. August 1775

3 Ihre Reise] *Von Darmstadt nach Eutin.*
4 Fama] *Siehe R, S. 724.*
5 im Kloster] *In der Einbildung des Prinzen Peter Friedrich Wilhelm zu Holstein-Gottorp, der zum Katholizismus konvertieren wollte, vgl. III 201,64–69; zu III 16a(N),7f.*
8 Lethe] *Siehe R, S. 730.*
9 schreibe ich an ihn] *Nicht nachweisbar.*
12 meiner Darmstädter Reise] *Vgl. zu III 171,17.* – ***] *Philippine Christiane Amalia, Tochter von Johann Wilhelm Hesse, mit der Georg ein Liebesverhältnis angeknüpft hatte; vgl. IV 11(N),14ff.*
15 jetzigen Situation] *Als Hofmeister und Begleiter des zunehmend geisteskranken Prinzen, vgl. IV 11(N),17ff. In ihrem Brief vom 5.8.1775 an Christiane Hesse (vgl. N III Anm. 179) zitierte Karoline aus einem Brief Georgs (nichtüberliefert wie alle seine Briefe an H.), den H. am 3.8.1775 empfing (B): »Bei meinem jetzigen traurigen und stillen Leben habe ich inzwischen Zeit genug, den unersetzlichen Verlust zu beklagen, den ich durch meine Abreise von Darmstadt erlitten habe.« Karoline empfahl Christiane, die Einwilligung ihrer Eltern »durch Nachgeben, Gehorsam und Liebe zu gewinnen« und sich damit »auch zu den Haupttugenden eines braven Weibes gegen ihren Mann« zu gewöhnen. Am 24.9.1775 erhielt Karoline ein »Briefchen« Christianes und antwortete am 28.10. (vgl. N III Anm. 179), daß sie anscheinend »noch diesen Winter« nach Göttingen ziehen würden, wo H. »theologischer Professor u. Universitätsprediger« werde.*

180. AN PASTOR WEDEKIND UND PASTOR WOLBRECHT, *Bückeburg*, 12. August 1775

5f., 8 Die Visitation ... zu halten] *Vgl. III 170,5f.; 181(N),7.*
6 Abkündigung] *Bekanntmachung.*
9 Kirchen Rechnung] *Vgl. zu III 170,8.*

181 (N). AN JOHANN GEORG HAMANN, *Bückeburg*, 25. August 1775

3 32. Geburtstage] *H. zählte den ersten mit.*
4 Buben] *Gottfried.*
7 Visitationen] *Vgl. III 180,5f.*
8 Ihren Brief] *B.*

10ff. Antrag ... erhalten] *B zu III 184.*
13 an Gehalt ... nicht verbeßere] *Vgl. III 184,12–16.*
14 an Lage] *Vgl. zu II 97,15; 100,33f. – Schule zu lernen] Als Universitätslehrer.*
15f. aus meiner Höle ... knirschen muß] *Vgl. II 100,32–36; III 132,36; 154(N),34–37; zu 183(N),24.*
16 knirschen] *Verkürzt für: »mit den Zähnen knirschen« (Grimm).*
17 Spanische Gaul ... Pflug] *Andalusische Rassepferde wurden nicht zur Landarbeit genutzt.*
17f. Pegasus oder Hippogryph] *Siehe R, S. 727, 735.*
18 stockichtes Geblüt] *H.s Hypochondrie.*
21f. mit Steinen ... Zauberlande.] *Die Grafschaft Schaumburg-Lippe nördlich des Wesergebirges, dessen landschaftliche Reize H. anfangs gepriesen hatte, vgl. II 3,89f.; 27,61ff.,94,99. Vielleicht ist auch der Wilhelmstein gemeint, vgl. zu II 100,54. Zu den politischen Implikationen vgl. III 154(N),37.*
22 Magus] *Vgl. III 31(N),41f.*
23 Verträglichkeit] *Vgl. III 32,29f.; 131,30–34; 187(N),10. – Ruhe von Autorträumen] Vgl. III 132,26f.; 187(N),11f.*
26 antwort ich] *III 184.*
27f. Koppe ... mir nach] *Koppe sollte »im Rang nach ihm stehen, auch weniger Gehalt bekommen« (B zu III 184; Erinnerungen I, S. 314).*
28f. General-Superintendentur] *Vgl. III 116(N),48f.; 253(N),19ff.; zu II 173(N),26.*
31f. Eure Kinder ... im Testament vermacht] *Vgl. zu II 146(N),122f.*
35 Kanter schwatzte] *Vgl. III 175(N),40ff. – Ruf an Arnolds Stelle] »D. Arnold ist todt«(B). Daniel Heinrich Arnoldt war am 30. 7. 1775 gestorben.*
37 Krötengeheck in Berlin] *Nicolai, Teller und die Anhänger Spaldings, vgl. III 104,30ff. – Spionerien] Von »espionner« (frz.), auskundschaften.*
38f. hinkomme ... Gecken entgegen] *In Göttingen die Orthodoxie.*
41ff. Professor Heine ... matt geworden ist] *Vgl. II 134,56ff.; zu III 116(N),9–13.*
44 Bremer] *Vgl. zu III 54(N),21f.; 116(N),9–13. – Schirm u. Schild] Vgl. Psalm 91,4.*
46 Prinz Karl von Mecklenburg] *Karl II. Ludwig Friedrich von Mecklenburg-Strelitz. – Königin] Charlotte Sophia von Großbritannien.*
47 par hasard] *Zufällig. – in Darmstadt mitpredigen] Am 16. 7. 1775 (R, S. 41).*
50f. Predigt in Hannover ... rund ab.] *Vgl. zu III 70(N),6.*
52 widrig vorgekommen] *Vgl. II 136(N),34–40.*
53 Predigerstelle bei einer Gemeine] *Vgl. zu II 98,32.*
55 träumte ... Seherin] *Vgl. zu III 159,30ff.*
58 Das Schreiben] *B zu III 184.*
60 blöden] *Zaghaften, furchtsamen.*
62 Vettel] *Siehe R, S. 590. – heurathen] Im 16.–18. Jh. Nebenform von »heiraten«.*
64 Ihr Orakel] *Hamann glaubte, auf H.s Entschluß keinen Einfluß zu haben, wünschte aber sein Festhalten am geistlichen Amt und sprach sich gegen die »Schulfüchse« und die »Mördergrube« Göttingen aus (A).*
66 Penzel] *»Gantz Königsberg hat sich für diesen armen unglückl. Menschen interessirt auf eine unglaublich freygebige Art ... Er geht außer Uniform bereits. Der Gouverneur [Generalleutnant v. Stutterheim] hat die ihm unnatürl. Menschenliebe, ihm seinen Abschied so leicht als mögl. zu machen und heute fängt er Collegia privatissima über die Geschichte an. Ich freue mich wie ein Kind über ihn und meine Vaterstadt« (B). – Penzel erhielt aber nur Erleichterungen im Dienst (als »Freiwächter«) und wurde nicht entlassen, weshalb er 1778 desertierte.*

66f. sich ... aufnehmen] *Seine bürgerlichen Umstände verbessern (Adelung).*
68 Bernsteinufer] *Preußen.*
69 Die Akademie] *Universität Königsberg.*
70 Erläuterungen] »Erläuterungen zum Neuen Testament«. *Hamann fand »die Einleit[ung] sehr interessant«, las erst die »Briefe zweener Brüder Jesu«, danach die »Erläuterungen« und war »mit diesen letzten Arbeiten zufriedner als mit irgend einer älteren«, schränkte sich aber auf »das Gantze und Allgemeine« ein. H. solle »den Geist immer milder und vor allem markicher werden« lassen (B).*
71f. Kein Buch ... widerstünde!] *Vgl. III 163,12ff.*
72f. δουλια του αιωνος τουτου] *Knechtschaft dieses Zeitalters.*
74f. herrlichen Schatze von Urkunde] »Zend-Avesta« *als religionsgeschichtliche Quelle. Meiners bezweifelte 1777/78 in Göttinger Akademievorträgen – wie vor ihm William Jones und John Richardson – Alter und Echtheit des »Zend-Avesta« und erklärte Anquetil-Duperron für einen Betrüger, wogegen Kleuker und H. auftraten (vgl. »Adrastea« und »Persepolitanische Briefe«, SWS XXIV, S. 353f., 516). Aber noch im 3. Teil der »Ideen« sah H. »die Bücher Zoroasters« als Zeugnisse eines späteren religiösen Synkretismus an: »... so offenbare Merkmale einer Vermischung mit spätern Meinungen der Bramanen und Christen« (SWS XIV, S. 55). Erst durch die sprachwissenschaftlichen Forschungen von Rasmus Christian Rask (»Über das Alter und die Echtheit der Zendsprache«, 1826) wurde der Echtheitsbeweis erbracht.*
76 der erste Theil von Zend-Avest] *Vgl.* **104**; *III 200.*
77 Recension ... Allgemeinen Deutschen Bibliothek] *Bd. 25, 1. Stück (siehe R, S. 642), S. 23–61, unsigniert. Hamann ignorierte die globale Kritik des Rezensenten an H.s Methode, Sprache und unhaltbaren Hypothesen, wenn er fand, daß H. »wol nichts eigentl. zur Last fällt als die falsche Citation aus den Proleg[omena] des Jablonsky. Laßen Sie sich doch dies ein für allemal eine Warnung seyn, nichts auf Credit zu citiren. Ich glaube keinem fremden Zeugniße« (B). Aber H. behielt lebenslang seine ungenaue Zitierweise bei, wie jeder Kommentator seiner Werke feststellen kann. – Der Rezensent Johann August Eberhard tadelte H.s abfällige Urteile über Jablonski, Brucker u.a., denen er mangels eigener Quellenkenntnis vieles verdanke (vgl. zu II 76[N],18). Er wies auf S. 47–52 nach, daß H. infolge flüchtiger Jablonski-Lektüre ein Epigramm aus Eusebios irrtümlich Clemens Alexandrinus zuschrieb und »dem Jablonski nachcitirt«, daß die Schöpfungshieroglyphe sich schon in des kleinasiatischen Kirchenvaters und späteren Bischofs von Lyon Irenäus (2. Jh.) Schrift »Adversus haereses« I,14 finde (»Aelteste Urkunde«, Bd. 1, S. 167f. der Erstausgabe; SWS VI, S. 337ff., Anm. S. 524), während die angeführte Stelle bei Irenäus nicht von alter ägyptischer Religion handle, sondern vom Aeonensystem des Gnostikers Markos aus der Schule des bedeutendsten gnostischen Lehrers Valentinus (2. Jh.).*
78 in der Walchischen] »Philologische Bibliothek«, *siehe R, S. 689 (Meiners lobte H.s Gabe der Einfühlung in morgenländischen Dichtergeist und Stil, kritisierte aber die Hypothese der Schöpfungshieroglyphe und andere religionsgeschichtliche Konstrukte). Hamann war auf die Rezension »sehr neugierig« (B).*
80 Beurtheilung der ProvinzialBlätter] *Vgl. zu III 175(N),***51ff.***
81 Hd, u. Dh.] *Vgl. zu III 175(N),***54f.***
81f. unum idemque] *Ein und denselben.*
83f. Trescho ... das Blatt] »In unsern Zeitungen sind Sie von Trescho geneckt worden« *(B). Rezension der »Provinzialblätter« in den »Königsbergschen Zeitungen« vom 24. 7. 1775.*
83 Feuerpfeilen] »An Prediger«, *XI. Blatt:* »Jugendeindruck« *H.s von heuchlerischen Priestern,* »Tartuffen« *(vgl. SWS VII, S. 282–285; Haym I, S. 31). Zimmermann erkannte*

in der »Geschichte eines Menschen«, von dessen negativen »Jugendeindrücken« ebd. die Rede ist, H.s »Porträt« (A zu III 105; Nachlaß II, S. 347).

85f. Alles kommt vom Herrn ... noch Gutes.] *Vgl. 1. Mose 24,50.*

87f., 92 Vom Layenbruder ... Bitte u. Frage.] *Hamann hatte um Nachrichten von Moser und Claudius gebeten. Vgl. zu III 175(N),66.*

89 sub Rosa] *Vgl. zu I 131,71.*

89f. Operibus piis] *Frommen Werken.*

94 Gleim u. seine Nichte] *Vgl. die Einladung III 177,7–13. Ihr Besuch etwa 19.–22. 8. 1775.*

96 »hier ist gut seyn!«] *Vgl. III 177,5f.*

98 ingenuus homo] *Ein offenherziger Mensch.*

99 alten Witwe] *Frau v. Bescheffer.*

102 Waßerflüßen Babels] *Vgl. Psalm 137,1.*

103 Zanthier] *Er ging im Herbst 1776 nach Portugal.*

104 Kleuker] *Vgl. III 208,41f.*

106 Physiognomik ... Seite 191.] *»Physiognomische Fragmente«, 1. Versuch, S. 191: Silhouette »von einer sehr verständigen, gelehrten und frommen Frau«.*

107f. Königin in Dännemark] *Karoline Mathilde, in Zelle (Celle), vgl. III 110,108.*

110 in Pyrmont] *Im Juli 1774.*

111 Brief] *Nicht überliefert.*

112ff. Verse ... auf Mendelssohn] *Vgl. zu III 110,110.*

114 Sapienti Sat!] *»Dem Weisen reicht's!« (Plautus, »Persa«, IV,7,19).*

115ff. Seite 192. ... 194. numerus 4.] *S. 192 und Tafel nach S. 194, 4. zwei Silhouetten Karoline Herders; stellt »eine außerordentl. zarte, edle, feine, aufgeklärte, und ausgebildete Seele vor! Ein weiblicher Engel!« (S. 193).*

117 H – e Seite 196.] *Tafel nach S. 196. Hamann hatte »gestern« das Buch zur Ansicht bekommen, H., Karoline und Goethe nicht darin gefunden und fragte nach »H-n p. 196. ... 232. 233 und 258« (B). Siehe R, S. 235. »Hartmann« in Lavaters Handschrift eingetragen.*

118f. Seite 207. ... schätze] *Tafel vor S. 207 vier Profilumrisse (Fürst, Gelehrter, Offizier, Mediziner), nicht numeriert; man soll sie erraten. Beschreibung des Fürsten: »die gütigste, die bescheidenste Seele ... Ein gesundes Urtheil« (S. 208). Vgl. I 139,7.*

120ff. Jung] *Vgl. Goethes Charakteristik Jungs in der Straßburger Tischgesellschaft 1770/71 und als Verehrer H.s im 9. Buch von »Dichtung und Wahrheit« (WA I 27, S. 250–254, 322).*

123 Potiphars] *Verwechselung, siehe R, S. 713. – Asna-Neitha] »Ase Neitha«; vgl. R, S. 702.*

124 Seite 223. ist Göthe] *Silhouette, »bis auf den etwas verschnittenen Mund, der getreue Umriß von einem der größten und reichsten Genies, die ich in meinem Leben gesehen« (ebd.); zitiert in H.s Rezension (R, S. 26; SWS IX, S. 420).*

125 S. 233.] *Profilumriß »eines vielwissenden, bisweilen tiefblickenden, von wenigen zu hoch erhabnen, von vielen zu tief verachteten, dunklen Schriftstellers, der sich's vermutlich zum Verdienst anrechnet, ohn allen Schatten von heiterm Witz zu schreiben, obgleich seine Einbildungskraft bey aller Trockenheit seines Geistes und seiner Schreibart die originellste von der Welt ist« (ebd.). In Lavaters Schrift »Oetinger«; nach H.s Rezension »vom Verf[asser] nicht zureichend entwickelt« (SWS IX, S. 420).*

125 Seite 241. ... genannt] *Tafel vor S. 241 vier Silhouetten. 1. Klopstock (Name nicht genannt; eine zweite Silhouette auf S. 244): »Der erhabenste, muthigste, sanfteste und kühnste Dichter des Jahrhunderts. Ein Mann von unverführbarer Geschmacksfestigkeit« (S. 241f.). – 4. Moses Mendelssohn (Name nicht genannt): »eine Sokratische Seele! ... Sohn Abrahams, der einst noch mit Plato und Moses – erkennen und anbeten wird, den*

*gekreuzigten Herrn der Herrlichkeit!« (S. 243f.). Beide (und **125f.**) nach H.s Rezension »treflich bezeichnet« (SWS IX, S. 421).*
125f. numerus 2. ... wahr ist.] »*... einer der feinsten Beobachter, der feinsten Menschenkenner, der feinsten Kritiker! – weniger schöpferische Kraft, als feine, viel und tief auffassende Empfindsamkeit!« (S. 242). In Lavaters Schrift »Klockenbring von Hannover«.*
127 Seite 245. über Homer] *Zeichnung von Lips, Tafel vor S. 245 (vgl. III 215,16). Beschreibung S. 245f., als »Meisterstück und gewissermaßen Schlüssel zum Lesen Homers selbst« zitiert in H.s Rezension (SWS IX, S. 421f.), siehe R, S. 199 unter »Lavater«. – 266. über Rameau] Kupferstich von J. G. Sturm nach J. J. Calfieri, Tafel vor S. 265, »mit einer lieben süßen Beschreibung« (SWS IX, S. 422) auf S. 266 (R, S. 199).*
127f. Verse am Ende] *S. 272 (Schluß des Bandes) »Lied eines physiognomischen Zeichners«, 19.4.1775 (Vgl. R, S. 199).*
128f. sehr hüten, hineinzukommen] *Vgl. III 232,53ff.; 253(N),196; IV 15(N),42ff.*
129f. Um Ihr Bild ... bekümmern] *Vgl. III 175(N),28f. H. verhinderte die Veröffentlichung des Bildes nicht, sondern lieferte auf Lavaters Bitte eine Beschreibung dazu; vgl. III 215,9–13.*
130f. an Lavater ... keine Briefe.] *Zuletzt III 172; von Lavater A₁ und A₂ zu III 155.*
131 Seite 122. ... carricatur.] *»Drey Carrikaturen« (Namen nicht genannt), Tafel nach S. 122. »Falschheit und Niederträchtigkeit, ... Speise für die Raben, ... Gottesvergessenheit« (SWS IX, S. 419).*
132ff. Wie schrecklich ... geschrieben] *Nicht in den überlieferten Briefen an Hamann; vgl. III 105,33–44; zu III 75,75.*
132 Judas Ischarioth] *Siehe R, S. 708.*
134f. neulich ... in Darmstadt] *Vgl. zu III 170,5.*
135 mehr gedauert als geärgert] *Vgl. III 190,15f.*
136 compesce mentem!] *»Bezähme den Zorn!« (Horaz, Oden I,16,22).* – Nikkels Unverschämtheit] *Vgl. zu III 175(N),54f.*
137 Ostracism] *Scherbengericht der athenischen Volksversammlung, das zur zehnjährigen Verbannung das Gemeinwohl gefährdender Staatsbürger führen konnte. Steinigung war eine Todesstrafe im alten Orient.*
138 Kreuzfeld ... 3. Volkslieder] *B waren »ein paar Dainos« beigelegt, deren Wert Hamann nicht beurteilen konnte. Vgl. zu III 169,86.*
141 Hans] *Johann Christoph Neumann.*
141f. Hausmutter ... Dreiblatt.] *Anna Regina Schumacher und ihre Kinder.*

182. AN JOHANN KONRAD GEORG, *Bückeburg, Ende August 1775*

(vgl. N, S. 804)

3 vom Prinzen] *Vgl. III 179(N),6–9.*
6 Claudius] *Vgl. zu III 175(N),66. Da Claudius die ihm von Moser angebotene Stelle eines geheimen Kanzleisekretärs in Darmstadt nicht recht zusagte (vgl. seinen Brief an H. vom 2.8.1775; Nachlaß I, S. 394f.), suchte H. gleichzeitig – ohne Erfolg – in Oldenburg und in Hannover (vgl. Westfeld an H., 24.10.1775; H: Kraków) eine passende Stelle für ihn.*
7 des Wandsbecker Bothens] *Siehe R, S. 662.*
9 Kindern] *Vgl. zu III 175(N),66. Vielleicht ist der Brief von Ende 1775.*
11ff. Rechnen, schreiben ... Dänisch etwas] *Aufzählung der Kenntnisse nach dem zu 6 angeführten Brief.*

14 Ihres Herrn] *Herzog Friedrich August von Oldenburg (Holstein-Gottorp).*
18 OberlandesDirektor *lies* Oberlanddrost] *Holmer (Drost = niedersächs. »Amtshauptmann«, Landdrost = »Landeshauptmann«).*
20 Sekretair] *Lies:* Sekretar.

183 (N). AN CHRISTIAN GOTTLOB HEYNE, *Bückeburg, Ende August 1775*

3 Angetragen] *Der Antrag war B zu III 184. – Alles, was mir nicht werden soll] Durch Veranstaltung des Hannoverschen Konsistoriums war die von H. gewünschte Generalsuperintendentur »auf immer von der Universität abgesondert« worden. H.s Freunde würden sich aber dafür einsetzen, daß er sie später noch erhielte (B).*
4–7 600 Thaler ... die Hälfte zurück] *Vgl. III 184,12–16.*
8 noch nicht geantwortet] *III 184. Heyne wünschte vorher H.s Gedanken zu wissen (B).*
10 Ihr Brief] *B.*
11 Theologische Collegien] *Vgl. III 184,16ff. –* Eintretender] *Anfänger.*
13 mit 800. Thalern] *Diese Gehaltsforderung wäre eine Absage, weil »zur Erhöhung jetzt platterdings kein Rath« sei; eventuell sei eine Forderung von 700 Talern durchzusetzen (A).*
16 einige Worte zu schreiben!] *Vgl. 24, aber III 187(N),3f.*
17 wie davon ... zu leben?] *Man könne davon leben, »aber eingeschränkt« (A). –* Wohnung?] *Vgl. III 198(N),13–17; 199(N),18–21. –* Reise?] *H. müßte 200 Taler Reisegeld verlangen (A). Vgl. III 187(N),8f.*
18f. vorher Doktor werden müße] *»Doctor werden müssen Sie nicht« (A).*
19 Zachariae] *Dieser und alle anderen Theologieprofessoren hätten »nicht mehr gehabt, als erst durch Zulage«, wofür »mit der Zeit Rath werden« sollte (A).*
22 liebe Kranke] *Vgl. zu III 148(N),18f.; 154(N),53.*
22f. trocknen Herzens über dem Vorfall] *Vgl. III 181(N),55–60.*
24 Rath] *Wenn H.s Lage in Bückeburg »unerträglich« sei, müsse er den Göttinger Antrag annehmen. Dort werde er auswärtige Berufungen erhalten und könne dann Bedingungen stellen. Entscheidend aber sei, daß H. »Kiesel habe, an die er sich reiben« könne; der akademische Vortrag sei »eine Art Probirstein des Grillenhaften und Brauchbaren«. H.s Einsamkeit in Bückeburg sei seinem »lebhaften Geiste ... zu gefährlich«; sein »Gespinste u. Gewebe« werde für alle anderen unbrauchbar (A). Ähnlich argumentierte H. gegenüber Hamann III 181(N),14–21.*
25 Supplikanten] *Bittsteller.*
28 UniversitätsPredigerei] *»Universitätspredigen ist früh« (A). Der 1. Universitätsprediger, Leß, wollte »seiner Gesundheitsumstände wegen von dem Predigtamte enthoben« sein, der 2., Esdras Heinrich Mutzenbecher (1744–1801), war einem Ruf als Prediger nach Den Haag gefolgt (1780 in Amsterdam, seit 1789 Generalsuperintendent in Oldenburg).*

184. AN GEORG FRIEDRICH BRANDES, *Bückeburg, 2. September 1775*

6 angetragnen Stelle] *Vgl. III 181(N),11.*
8 Predigtamt bei einer Gemeine] *Vgl. III 181(N),52ff.*
12–16 Ohne alle Accidentien ... auf die Hälfte hinuntergesetzt] *Wegen der höheren Lebenshaltungskosten in Göttingen, vgl. III 183(N),4–7.*

12 Accidentien] *Vgl. zu III 143,20.*
13 große, bequeme Wohnung] *Das Pfarrhaus (jetzt Herderstraße 27), 1745 erbaut, war bei H.s Ankunft neu hergerichtet worden. Vgl. II 1,71f.; Heutger (vgl. zu III 59), S. 13.*
14 Gärten] *Vgl. II 1,73; 3,87ff.* – Emolumente] *Vorteile des Amts, Nebeneinnahmen; vgl. die Beilage zu III 237.*
15f. kaum eben so vielem Gehalt] *600 Reichstaler Gehalt und 40 Reichstaler Licentgelder (hannoversches Kassengeld) jährlich (B).*
16f. theologischen Vorlesungen] *Vgl. III 183(N),11f.*
19f. Etablißement] *Einrichtung.*
20 Reisekosten] *Vgl. zu 40; III 183(N),17.*
21 Zubüßungen] *Bestreitung von Kosten z. T. aus eigenen Mitteln.*
22f. höher placirt] *Höher gestellt (besonders an Gehalt).*
23 Fortrückung] *Beruflicher Aufstieg.*
27 Supplikant] *Vgl. III 183(N),25.*
34 sich zurückdienen] *Vgl. III 183(N),7.*
39ff. wenn auch ... noch entschlöße.] *Vgl. III 187(N),4f.*
40 Vorstellungen] *Vgl. III 187(N),5ff. Das Ministerium erhöhte das Gehalt »vorläufig« auf 660 Reichstaler (= wie Leß und Miller) und bestimmte für H. 150 Taler Reisekosten (A).*

185. AN JOHANN FRIEDRICH HARTKNOCH, *Bückeburg, Anfang September 1775*

3 im Belt oder Pommerschen Sande?] *Siehe R, S. 748, 797.*
4f. Wo sind die Briefe ... nichts bekommen.] *Vgl. zu III 175(N),12ff.*
5f. Meine Frau ... geschrieben.] *Vgl. zu III 164,5.*
6 Brief von Springer] *Nicht überliefert; vgl. N, S. 804.*
7 Hat Nikel ... untergeschlagen?] *»Nicolai hat gewiß keinen unterschlagen« (A_1).*
8 mit Deiner Schwangern? u. Buben?] *»Meine Frau und mein Kind sind gesund« (A_2).*
9 Zend-Avest] *»Zendavesta kann zu Breitkopf gehen« (A_1). Vgl. III 200. In A_2 wiederholte Hartknoch die Anweisung zum Druck; er habe »wenig oder nichts zur Ostermesse«.*
12 Ruf nach Göttingen] *Hartknoch interessierte das Schicksal seines Freundes sehr; deswegen ärgerte er sich über H.s »so kurzen Brief, kaum daß dieser den Ruf nach Göttingen wie im Vorbeigehen, im Postscript zu erwähnen Zeit oder Lust habe« (A_1).*

186. AN KAROLINE AUGUSTE VON BREMER, *Bückeburg, Mitte September 1775*

5 verlangte Predigt] *Vgl. zu III 181(N),47; III Anm. 186. Frau v. Bremer dankte in A (vgl. N, S. 804) für Brief und übersandte Predigt.*
6 vorjährigen Anwesenheit] *Ende Januar 1774 (vgl. zu III 53,10) und im November 1774 (vgl. III 116[N],3).*

187 (N). AN CHRISTIAN GOTTLOB HEYNE, *Bückeburg, Mitte September 1775*

3 Ihren Brief] *B.*
4f. schon geantwortet ... Gehör fänden] *Vgl. III 184,8f.,39ff.*
5f. die Vorstellungen ... zeigten blos an] *Vgl. III 184,12–24.*
8 200 Thaler Anzugsgeldern] *Vgl. zu III 183(N),17; 184,40.*

10 friedlich ... still seyn] *Vgl. zu 20.*
11f. Autorschaft ... zu Ende.] *Vgl. III 132,26–29.*
11 Kapricen] *Launen.*
12f. aus Bückeburg hinweg muß] *Vgl. III 154(N),34–39; zu III 183(N),24. H.s Mißverhältnis zu seinem Landesherrn eskalierte bald darauf in der Stockschen Simonie-Affäre, vgl. III 191.*
14 Speichelcur] *Kur, durch die »verdorbene Säfte zu den Speicheldrüsen geleitet, und durch den Auswurf des Speichels fortgeschafft werden« (Adelung). D. h. Reinigung.*
15 Theilnehmung] *Besonders an H.s geistiger Entwicklung, vgl. zu* **19f.** *und* **25.** *Heyne betonte seine »Verehrung u. Liebe« und »heldenmüthige Freundschaft, dem liebsten u. würdigsten Freunde [kränkende] Dinge zu sagen, die man sich selbst verhelen möchte« (B).*
15f. hätten ... Lohn dahin] *Vgl. Matthäus 6,2.5.16.*
19f. die 2. Jahre ... zu fürchten scheinen.] *Heynes Bestrebung, H. von Bückeburg »wegzureißen; vor 2 Jahren immer noch besser, aber in 2 Jahren vielleicht zu spät!« (B).*
20 Schreckbilder] *»Man fürchtet für die Ruhe von Göttingen; denn die, die Sie beleidigt haben [Schlözer, Michaelis], werden aufgebracht werden; u. wer stehet für Ihr ferneres Betragen gegen sie?« Orthodoxe und Nichtorthodoxe hätten Bedenken gegen H., letztere wegen seiner lebhaften »Einbildungskraft« (B).*
24 überstiegen] *Die Hindernisse (Steine).*
25 Brüter] *Über H.s wissenschaftliche Isolierung in Bückeburg: »Sie kämen von Ihrem Neste, wo Sie da für sich brüten, in einen Aegyptischen Backofen« (B). –* Schneider, Weber, Verschneider] *In Bückeburg, »wo Sie für sich Ihren Faden spinnen, u. wieder weben u. selbst verschneidern, u. kein Christenmensch ist im Stande, von Ihrem Gespinste u. Gewebe Gebrauch zu machen« (B). Vgl. zu III 118(N),38.*
29 meinem Schreiben] *III 184.*
30 Mediateur] *Vermittler.*
31 übers erste Antwort] *Vgl. zu III 184,40.*

188. AN ALBRECHT KARL SCHMIDT, *Bückeburg, vor dem 21. September 1775*

3 Hochzeitgedicht] *Nicht zu ermitteln.*
6, 23f. impertinenten] *Unverschämt, trotzig. Vgl. III 191,40,60.*
7, 14f. Exspectanz] *Anwartschaft auf ein Amt. Vgl. III 191,42ff.*
9f., 20 Ordination] *Einweihung in den Predigerstand.*
10 Ordines] *Die Weihe(n). –* Pastoralia] *Pfarramtssachen.*
12 Unterprediger in Stadthagen] *Rust, vgl. III 191,69–73.*
13 seines kranken Collegen] *Des verstorbenen Superintendenten Meier, vgl. zu III 115(N),5f.*
14 Substitut] *Amtsvertreter. –* Ordinatum] *Den Ordinierten.*
14f. Exspectanzscheine] *Vgl.* **22ff.** *Dazu ein undat. Votum in den Konsistorialakten (nach Heidkämper, S. 41):*
  Wenn dies Stück beim Konsistorium bleibt, habe ich nichts zu sagen, da ad consistorium darunter steht. Zu Examiniren habe ich weder Lust noch Pflicht, da es von mir nicht gefordert worden und Exspectanz schon da ist, ohne daß Examen nöthig erachtet worden.
                                                                                      Herder.
16 Ueber das Examen rümpft er] *Als Zeichen der Verachtung die Nase rümpfen. Vgl. III 191,5,10f.,40f.,56f.*
24 Supplikanten] *Bittsteller.*

189. An Johann Wilhelm Ludwig Gleim, Bückeburg, 23. September 1775

5 das Waßer so gut bekommt] *In B₁ schrieb Gleim, daß »die guten Wirkungen des Wassertrinkens sich einfinden wollen«, in B₂, »daß nun das Bad [Meinberg und Pyrmont] erst wirkt«.*
8 Morgens wegwaren] *Vgl. zu III 181(N),94.*
9f. Onkel ... Nichte.] *Gleim und seine Nichte, vgl. zu III 177,12.*
10 exempli gratia] *Zum Beispiel.*
11 Wandsbecker] *Exemplar von »Asmus omnia sua secum portans«. vgl. zu III 234, 11–14.*
12 Harl] *Siehe R, S. 771. Sie hatten dahin einen Ausflug gemacht.*
13f. Nachmittage ... Visitation aus.] *22.–24. 8. 1775, vgl. III 180,5f.; 181(N),7; 191, 48.*
14 Zanthier] *Grüße an ihn, Kleuker und Frau v. Bescheffer in B₁ und A.*
15 Sülbeck ... Stadthagen] *Siehe R, S. 821, 820.* – Reuter] *H. hatte Gleims Reisewagen von einem gräfl. Diener geleiten lassen.*
17 Hagenburg] *Siehe R, S. 769. Gleim besuchte hier Gräfin Maria, seine »Heilige« (B₁), die ihn in Pyrmont eingeladen hatte (vgl. zu III 177,7f.).*
18 Entbindung] *Hier: Befreiung von Krankheit.*
20f. Ruf nach Göttingen ... in England] *Schreiben des Hannoverschen Ministeriums an Georg III. von Großbritannien am 19. 9. 1775 mit der Empfehlung H.s und der Bitte um Gehaltserhöhung auf 660 Taler sowie um die königl. Entschließung (Bodemann II, S. 67f.). Vgl. zu III 184,40.*
23 Einigung mit Lavater] *In B₂ reichte Gleim H.s Freund Lavater, der sich als Verehrer Spaldings gegen ihn geäußert hatte, die Hand zur Versöhnung.*
24 Sein Brief] *An Gleim, September 1775 (Abschrift mit B₂ übersandt, nicht überliefert); vgl. zu 25. Gleim hatte Lavater durch Zimmermann mit »Halladat« erfreut (A₁ zu III 190).*
24f. Ihres Korans] *»Halladat«.*
25 in Ihre Versart setzen können] *Das »Juni 1775« datierte Gedicht an Gleim »Auch mir hast, Vater-Freudenschöpfer Du« (SWS XXIX, S. 539) ist demnach die Paraphrase eines Briefes Lavaters analog zu »Halladat«.*
27 Spaldingiana] *Wahrscheinlich Briefe, das Zerwürfnis zwischen Spalding und Gleim betreffend; vgl. zu II 13,82.* – die neuen Stücke] *Mskr., vgl. III 177,18; 208,6ff.,36f.*
28 Briefwechsel zwischen Alexis] *Nicht nachweisbares Mskr.*
30 von Deutscher Art u. Kunst] *Siehe R, S. 697. Am 20. 3. 1774 hatte Gleim an H. geschrieben, wie gern er mit ihm über den »Briefwechsel über Oßian und die Lieder alter Völker« sprechen würde (V. u. a. Herder I, S. 34).*
31 Unser Bube ... gekrankt.] *Vgl. III 194,16.*
31f. Reise nach Darmstadt] *Vgl. zu III 170,5; 171,17.*
32ff. Die Gräfin ... in Rheda gewesen] *Gräfin Maria reiste am 12. 9. 1775 nach Rheda (Ankunft am 14. 9.; Brief des Grafen Wilhelm vom 12. 9. 1775; Schaumburg-Lippe III, Nr. 520, Anm. S. 523) und war am 21. 9. zurück im Baum (Brief an Karoline, 24. 9. 1775; H: Kraków).*
35 Gräfin von Rheda] *Charlotte Gräfin Bentheim-Tecklenburg zu Rheda.* – Fürstin von Detmold] *Casimire Gräfin zur Lippe-Detmold (Fürstin genannt als Prinzessin von Anhalt-Dessau).*
40 Ihrem Kreuz] *Gleim erwähnte in B₁ seiner Nichte »Ordenskreuz« (als Stiftsdame in Halberstadt).*

48 Sinngedichte] *Berlin 1769 (R, S. 190).* – Volksliedern] *Gleim mahnte H. ständig an die Herausgabe seiner Volksliedersammlung (vgl. III 133,40ff.)*
57f. wenn wir in Göttingen ... oft sehn] *Gleim wünschte sehr, daß H. in seine Nähe käme und »posaunte« überall sein Lob als eines »Engelmenschen« (B_1, B_2).*
61 der kranke Magen] *Vgl.* **10,43** *und* **56**. *Nach A machte Gleims Nichte sich über Karolines Sorge lustig; denn sie war gesund und stopfte sich mit »frischem Pflaumenkuchen« voll.*

190. AN JOHANN KASPAR LAVATER, *Bückeburg, Ende September 1775*

3 todt oder lebend?] *»So todt als jemals. Ich schwebe, träume und bin nur in dem Augenblicke, wo ich ... beten oder eine Thräne trocknen kann« (A_1).*
4 die Seligen im Monde] *Vgl. »Ueber die Seelenwanderung«, 2. Gespräch (R, S. 22): »Wie, wenn unser Mond z. E. (mich dünkt, auch Milton schildert ihn so und mehrere morgenländische Sekten haben ihn dafür gehalten) das Paradies der Erholung wäre ...« Dazu Milton, »Paradise Lost«, 3. Gesang, Vers 460ff. »Those argent fields more likely habitants/translated Saints or middle Spirits hold/betwixt th' angelical and human kind« (SWS XV, S. 277).*
5 halbweges Dir näher gewesen] *In Darmstadt.*
6 gab Zimmermann ... Wunsch mit] *III 172.*
7 Dich zu besuchen] *Nicht erfolgt. Sie sahen sich erst am 18.–20. 7. 1786 in Weimar auf Lavaters Durchreise nach Bremen (vgl. V 188,39–52).* – wie der Blitz in der Nacht] *Vgl. Shakespeare, »A Midsummernight's dream«, I/1, Vers 145 »Brief as the lightning in the collied night« (SWS VI, S. 259; XXII, S. 121).*
8 schreckliche Dinge ausgebracht] *Vgl. zu III 172,31. »Ich bin vor der ganzen Welt als wahnsinnig – oder bevogtet [unter Vormundschaft gestellt] – oder Schwärmer verrufen worden, indeß ich in Zürich alle meine Geschäfte verrichte« (A_1).*
9f. Dein Amt antratst] *Vgl. zu III 161,18f.; nach A zu III 161 traten Lavater und Pfenninger ihr neues Amt Mitte Juni 1775 an.*
10 Superintendentur] *Im April 1775, vgl. III 153(N).*
11 einen Brief schuldig] *Auf III 172.*
13 heiliger Vogel] *Ein Adler, Habicht oder Reiher als Bote oder Zeichen der Götter aus dem Olymp (nach der griech. Mantik).*
15 Göthe gesprochen] *Vgl. III 175(N),59–65.*
15f. Merck ... als ich glaubte] *Vgl. III 181(N),134f. »Daß Du Merken besser gefunden hast, kömmt vermuthlich daher, weil Du auch besser bist; wer leidet, kann mitleiden« (A_1). Ähnlich urteilte Merck: »Ich habe H. sehr zu seinem Vortheil verändert gefunden – ungleich toleranter, u. mässiger – das Bissige mag immer fort Bestandtheil seines Wesens machen, es ist aber doch sehr eingewikelt« (an Höpfner, Ende Juli 1775; Kraft, S. 139).*
16f. Lenz ... mir genahert] *Er wohnte in Straßburg bei Karolines Freundin Luise König, hatte von ihr Karolines Briefe zu lesen bekommen, bat diese am 13. 7. 1775 um Silhouetten, schickte an H. am 23. 7. das Mskr. seiner Komödie »Die Soldaten« und am 28. 8. – mit einem um H.s Freundschaft werbenden, ihm huldigenden Bekenntnisbrief im Sturm und Drang-Ton – das Mskr. einer Aristophanes-Adaption, »Die Wolken« (III Anm. 228; Haym I, S. 776f.). – »Lenz ist ein trefflicher Junge. Etwas mehr Geschmack und mehr Festigkeit zu räsonniren, und der Mann wär' unbezahlbar. Ich kenn' ihn persönlich. Es ist ein Zappeln des Genies in seiner kleinen Figur! Du kannst*

Dich auf seine Seele verlassen, ob er gleich Etourderien [Unbesonnenheiten] ausspricht« (A_1). *Karoline nannte ihn in ihrem Brief an Luise König (III Anm. 205) »eine Engelsseele«.*
17f. Gleim ... besucht] *Vgl. zu III 181(N),94.*
19 Vielleicht sehe ich Claudius] *Auf seiner Reise nach Darmstadt, vgl. III 234,3; zu III 175(N),66.*
20 verändre ... meinen Aufenthalt] *Vgl. III 181(N),11; 185,12.*
20f. köstlich an Arbeit] *Vgl. Psalm 90,10.*
22 Deiner Physiognomik] *H. hatte ein Exemplar des 1. Versuchs geliehen. Lavater riet H., deswegen an Reich zu schreiben (A_1). Vgl. III 202; 215,14ff.; zu III 161,12.*
25 viel Flickwerk ... schicken.] *Vgl. III 215,31ff.; 223. – Lavater wartete darauf mit Sehnsucht und versicherte, daß er das physiognomische »Spiel zur gemeinnützigsten Sache zu machen« hoffe (A_1).*
26f. Beiträge aus Mystikern] *Vgl. zu III 161,39–44.*
27–34 Deine Grundsätze ... geworden.] *Vgl. dazu H.s lobende Rezension des 1. Versuchs (R, S. 26).*
28 abahnde] *Vgl. zu I 112,15.*
31 ewige Apologie oder unbestimmte Ausschüttung] *Die ständige Verteidigung der neuen physiognomischen Wissenschaft und die unsystematisch breite Form, die H. dann aber in seiner Rezension verteidigte (SWS IX, S. 413).*
32 Linneus] *Linné.*
33 Brißon] *Brisson. – Populär seyn] »Sei populär!« bat Lavater H. wiederholt (A_1; Nachlaß II, S. 147; zu III 134,136ff.).*
35 Meine Apokalypse] *Vgl. zu III 161,23. Lavater bestätigte den Empfang in A_2, vgl. zu III 215,33–46. Nach Gräfin Maria, Goethe, Lavater und seinen Freunden lasen das Mskr. Lenz, Graf Henrich Ernst zu Stolberg-Wernigerode und Zollikofer (Haym I, S. 679f.).*
36 Schale ... Kern] *Pietistische Metaphorik.*
37 Kommen Christi] *Titel der Druckfassung »Maran Atha« (= unser Herr kommt!). – A. O, Anfang, Ende] Vgl. Offenbarung des Johannes 1,8; 21,6; 22,13.*
38 Bilder] *Vgl. »Briefe, das Studium der Theologie betreffend«, 21. Brief: »eine Erklärung nicht der Offenbarung Johannis, sondern ihrer Bilder, als symbolische Sprache, als Poesie betrachtet. ... ein Bilderbuch vom Ausgange der Sichtbarkeit und der Zukunft des Reichs Jesu in Bildern und Gleichnissen seiner ersten schrecklich-tröstlichen Ankunft« (SWS XI, S. 139, 141).*
38f. Seele ... im Himmel schwebt] *Während der Offenbarungen und Visionen, vgl. 2. Korinther 12,2.4.*
39f. Pathmoshöle] *Vgl. Offenbarung des Johannes 1,9; siehe R, S. 795.*
41 Mein Leben ist wahrer Tod] *Vgl. 2. Korinther 4,11.*
42f. Niemand ... hilft mir!] *Vgl. Psalm 22,12. »Du mußt allein stehn, das ist Dein Schicksal« (A_1).*
44 danieder gewesen?] *Lavater hatte am 22.7.1775 (III Anm. 172) die unmittelbar bevorstehende Niederkunft seiner Frau erwähnt. Am 29.7. wurde sein Sohn David geboren (A_1). – entwöhnt] Gottfried H. der Muttermilch entwöhnt.*
45 Pfenninger] *Er war zehn Wochen krank (A_1). – Schultheß] Vgl. zu III 107,21f. Lavater charakterisierte in A_1 diese Freundin im Vergleich mit der viel geistreicheren Jungfer v. Muralt als »stark und fest, ... streng und stolz«.*
48ff. hier einen Freund] *Kleuker, vgl. III 181(N),103f.; 259,144–153. Lavater fragte, wer es sei, und wünschte seine Silhouette (A_1).*

191. An Graf Friedrich Ernst Wilhelm zu Schaumburg-Lippe, Bückeburg,
   3. Oktober 1775

3 pro relatione humillima] *Als untertänigster Bericht = H.s Amtsbericht als Superintendent (vgl. III 195,9f.,23–26,35ff.,48f.,55f.), den er am 26.10.1775 Punkt für Punkt rechtfertigte (»Rechtfertigung und Bewährung meines Amtsberichts, den Candidaten Stock betreffend, den ich ungeprüft und ungereinigt zum Prediger ordnen sollte und nicht konnte«, Beilage zu III 203 = SWS XXXI, S. 745–750). Der Graf verfügte daraufhin am 18.10.1775 an das Konsistorium: »Die Ordination des Cand[idaten] Stock bleibt ausgesetzt bis derselbe sich wegen der von Herrn Superintendent Herder d. 3. ergangenen pro memoria enthaltenen Anklagen legitimirt hat« (Heidkämper, S. 41). Die Untersuchung sollte durch eine Justizkommission erfolgen, vgl. III 195,5ff.*
4f. Der Kirchenordnung … citirt.] *Vgl. 56f.,81–94; zu III 62,7.*
5 Er kam nicht] *Vgl. 8 und 40f.; III 188,16f.; »Rechtfertigung« zum ersten und zweiten Abschnitt (SWS XXXI, S. 746).*
6 Assessor Meier] *Bruder von Johann Christian Wilhelm Meier.*
7 Brief] *Nicht überliefert.*
9 JustizRat Schmidt] *Albrecht Karl Schmidt.*
10f. »ohne Examen ordinirt werden sollte.«] *Vgl. III 195,10f. Als Verfasser der »Provinzialbriefe« (vgl. zu III 40,41–44) mußte H. seiner tiefsten Überzeugung nach gegen diese fürstliche Willkürmaßnahme protestieren, um das Ansehen des geistlichen Standes zu wahren, der nicht »bloße Maschiene eines irrdischen Befehls« sei (»Rechtfertigung«, SWS XXXI, S. 749).*
15–33 1. Candidat Stock … beweisen.] *Vgl. III 196,27ff.; »Rechtfertigung« zu 1.–3. (SWS XXXI, S. 746f.).*
15, 19, 36 Rinteln] *Siehe R, S. 802.*
16 Schwarz] *Gottfried Schwarz.*
22, 30 Edelmann] *Nicht ermittelt.*
28, 31, 61 Simonie … crimen Simoniae] *Verbrechen des Schachers mit geistlichen Ämtern.*
28 – sich toll stellte] *Vgl. »Rechtfertigung« (SWS XXXI, S. 747).*
29 seinen Freund] *Einen Pfarrer, nicht ermittelt.*
30f., 83 ius patronatus] *Patronatsrecht eines Grundbesitzers: Vorschlagsrecht für Kandidaten bei vakanten geistlichen Stellen und Aufsichtsrecht über die Verwaltung der Kirchengüter seines Sprengels.*
32, 58f. Infamie] *Ehrlosigkeit, Schande.*
34–53 4. Also gezeichnet … geschmähet worden.] *Vgl. »Rechtfertigung« zu 4. und 5. (SWS XXXI, S. 747).*
35 testimonium] *Zeugnis, vgl. 18f.; »Zeugniß des Nichtkönnens« (SWS XXXI, S. 747).*
40 mit Trotz u. Impertinenz] *Vgl. 60; III 188,6,23f.; »Rechtfertigung« zum zweiten Abschnitt (SWS XXXI, S. 746).*
42 Exspectanz] *Vgl. zu III 188,7,14f.*
45f. in dreier Herrn Land das Gerücht] *Vgl. III 195,45f.; »Rechtfertigung« (SWS XXXI, S. 747f.). Schaumburg-Lippe, Hessen-Kassel, Hannover.*
47 4000. Thalern] *In der »Rechtfertigung« fragte H., ob Stock das Recht hätte, »sein heilig köstlich Amt als schändlichen Gewinn des Lotterietopfes anzusehen« (SWS XXXI, S. 749). – Anwartschaft] Auf eine Pfarrstelle.*
48 Visitationen] *Vgl. III 180,5f. – Ausländer] Keine schaumburg-lippischen Untertanen.*
50f. hiesige Rentkammer … Geld brauchte] *Die schaumburg-lippischen Finanzen waren nach Westfelds Zeugnis »in schlechten Umständen« (Erinnerungen I, S. 287).*

61 Eid der Simonie] *Vgl. zu 28;* »*Rechtfertigung« (SWS XXXI, S. 747f.).*
63–68 Die Hände ... nach Gunst.] *1. Timotheus 5, 21.22 (hier umgekehrte Reihenfolge).*
70–73 Pastor Rust ... zu beschauen.] *Vgl. III 188,11–14.*
74 Rektor in Stadthagen] *Helper, vgl. III 135,13ff.,34.*
76f. Schaumburgscher Ordinatus ohne Stelle] *Vgl. III 188,17ff.*
82–94 »Ob wir ... nicht zulassen.«] *Zitat aus der Schaumburg-lippischen Kirchenordnung (= landesgesetzliche Bestimmungen nach der Reformation in evangelischen Ländern, hier aus der Regierungszeit des Fürsten Ernst von Holstein-Schaumburg).*
82 Gerechtigkeit an der KirchenBestallung] *Vgl. zu 30f.*
88 seinen Sitten] *In der* »*Rechtfertigung« zitierte H. 1. Timotheus 3,2.3.7 »ein Lehrer [Bischof] soll unsträflich seyn ...« und bezeichnete Stock als »Ungeziefer«, »Unflath« und »rauchenden Höllenbrand« (SWS XXXI, S. 746, 748f.).*
90 Prädikanten] *Prediger.*
101 Superintendent] *Zur Kennzeichnung als Amtsbericht, vgl. zu 3. So unterzeichnete H. in Bückeburg sonst nur noch III 195 und die* »*Rechtfertigung« (vgl. zu 3; SWS XXXI, S. 745).*

192. AN PASTOR WEDEKIND, *Bückeburg, vor dem 14. Oktober 1775*

4, 6 Rang in den Kirchenständen] *Rangstreitigkeiten um Kirchenstühle, die von Gemeindemitgliedern zur Nutzung gekauft wurden.*
5 litigates] *Die streitenden Parteien, vgl. III 193,20.*
6 Krügerin] *Eine Frau Krüger oder Gastwirtin in Lindhorst. Vgl. III 193,7–14.*
7 der Schein] *Vgl. III 193,9,12.*
9 Weichen] *Vgl. zu III 193,4,7.*
11ff., 15 Jacobi Katechismus] *Vgl. II 11,58–205; III 210,5ff.,9,16ff.*
14, 16 Gesenius] *Vgl. III 210,4,8f.,12f.*

193. AN PASTOR WEDEKIND, *Bückeburg, 14. Oktober 1775*

4, 7 Weichen in dem Kirchenstande] *Vgl. zu III 192,4.* »*Einem anderen nachgebend Platz machen« (Grimm).*
7–14 Die Krügerin] *Vgl. III 192,6–10.*
15, 17 seine Stelle] *Ein Kirchenstand.*

194. AN JOHANN WILHELM LUDWIG GLEIM, *Bückeburg, Mitte Oktober 1775*

4f. Claudius! ... mißlungen.] *Vgl. zu III 182,6. Claudius selbst reflektierte auf die vakante Amtsverwalterstelle in seinem Geburtsort Reinfeld in Holstein (an H., 1.9.1775; Nachlaß I, S. 397). Im November 1775 nahm Claudius die Stelle des Oberlandkommissars in Darmstadt an (an H., 18.11.1775; ebd., S. 399f.). Vgl. zu III 175(N),66.*
8 Englische Seele] *Vgl. zu I 91,132. – sie] Anna Rebecca Claudius.*
9ff. gelehrten Sprachen ... Spanisch] *Vgl. III 182,11ff.*
12ff. Eine Staatlose ... Staatslüge.] *Vgl. III 182,10f.,13,20f.*
14 Ich lege ihn auf Ihr Herz] *Gleim schrieb sofort an Claudius, bat ihn, zur Aussprache* »*nur auf einen Tag« nach Halberstadt zu kommen und schickte 5 Louisd'or Reisegeld.*

Claudius konnte aber nicht kommen. Gleim hatte für ihn eine Stelle als Französischlehrer im Pädagogium Klosterbergen in Aussicht und wollte die Unterwelt (den Acheron) in Bewegung setzen, wenn er die Götter nicht umstimmen könne (A_1).
16 Unser Bube] *Vgl. III 189,31; 201,10ff.*
17 was ich mit mir trage] *Vor allem den Ärger wegen der Stockschen Affäre, vgl. III 191; 195; 196.*

195. AN GRAF FRIEDRICH ERNST WILHELM ZU SCHAUMBURG-LIPPE, Bückeburg, 16. Oktober 1775

5f. Befehl ... übergeben] *B; vgl. zu III 191,3.*
7 Verschonung mit dieser Kommißion] *Graf Wilhelm verhielt sich einsichtig und hob die Untersuchungskommission wieder auf (an die Regierungskonferenz in Bückeburg, ? 17.10.1775; Schaumburg-Lippe III, Nr. 523).*
8, 52, 56 Fiskal] *Öffentlicher Ankläger.*
9ff., 23–26, 36f., 48f., 55f. Bericht ... unterthänigst verbat.] *III 191.*
15f., 22f., 43, 47, 60 vor einer Commißion oder fremden Gerichts Collegio] *Justizkommission, bestehend aus Albrecht Karl Schmidt und Knefel. Das war ein Eingriff in die Rechte des Konsistoriums als einer nur unter dem Landesherrn stehenden unmittelbaren (Konzept: »immediaten«) Behörde und wurde vom Superintendenten als persönliche Kränkung empfunden. Vgl. III 196,39ff.; zu II 157,5f.*
16 der Christlichen Obrigkeit selbst] *Dem Landesherrn.*
19, 31 die Ursachen anzeige] *Vgl. III 191,15–53.*
20f. Fackel der Wahrheit ... meines Landesherrn] *Vgl. III 191,45ff.,58–63.*
23 niedergesetzt werden könnte?] *Danach im Konzept (III, S. 348, Z.7ff.) die Androhung der Amtsniederlegung als Superintendent und Konsistorialrat, von der in der behändigten Ausfertigung nicht mehr die Rede ist. Von diesem Passus abgesehen, stellt letztere aber keine mildernde Fassung dar; die Exklamation 45ff. wurde z. B. erst jetzt formuliert. Das Vorhandensein mehrerer Fassungen dokumentiert – wie auch bei H.s Werken – die emotionale Bewegtheit seiner Schriftstellerei (vgl. Haym I, S. 147f.).*
25 Bestallung] *Amtseinsetzung, vgl. zu III 149,5.*
30, 38f. Mitglied] *Des Konsistoriums.*
35 unmittelbarer Diener] *Konzept: immediater Diener.*
45f. allgemeines Gerücht dreier Länder] *Vgl. zu III 191,45f.*
50 beweisen] *Vgl. III 196,21f.*
56ff. Ankläger ... beschimpft werde.] *Vgl. III 196,8f.,13. Der Graf versicherte H., seine Justizräte hätten ihn nicht beleidigt; der Ausdruck »Anklage« in dem Befehl und Schreiben über die Untersuchungskommission stamme von ihm selbst, er sei »von Unvollkommenheiten, auch grammatikalischen, nicht frey« (A, vgl. N, S. 804f.).*

196. AN GRAF FRIEDRICH ERNST WILHELM ZU SCHAUMBURG-LIPPE, Bückeburg, 17. Oktober 1775

5f. die Kommißion aufgehoben] *Vgl. zu III 195,7. »Unsere vorzügliche Achtung vor einem Mann, der wie der Superintendent Herder sich durch Talent und Wissenschaften einen ausgebreiteten Ruhm erworben, beweget uns alles ihm Unangenehme so viel mög-*

lich abzulehnen und aus diesem Betracht haben wir auch den Befehl zu oberwehnter Commission wiederrufen« (Konzept vom 20.10.1775, vgl. N, S. 805). Überliefert ist auch eine mündliche Äußerung des Grafen, er gebe nach, damit H. keinen Anlaß habe, *»sein Amt niederzulegen und vor der ganzen Christenheit als ein Märtyrer zu scheinen«* (Schaumburg-Lippe III, S. 524, Anm. 524).

7 Konferenzprotokoll] *Protokoll der Regierungskonferenz (vgl. zu II 157,5), vgl. zu III 195,7.*

7f. Schreiben] *Von Albrecht Karl Schmidt, 17.10.1775: Mitteilung, daß nach H.s schriftlicher Beschwerde an Graf Wilhelm* »besagte Comission aufgehoben sey und ein anderer Weg eingeschlagen werden wird« *(HN XXXVI, 53; vgl. Erinnerungen I, S. 307).*

8f. Anklage«] *Vgl. zu III 195,56ff.*

8–11 »eine von mir den Candidaten ... nicht hat«] *Wie auch 36ff. Zitat aus dem Schreiben Schmidts (vgl. Erinnerungen I, S. 307).*

10 forum] *Gericht(shof).*

12 Rettung ... meiner Ehre] *Vgl. zu III 195,15f.,56ff.*

13 kein Ankläger Stocks ... gestrigen Briefe] *III 195,8,29,52,56.*

15 unter meinem foro] *Unter dem Urteilsspruch des Superintendenten.*

18 ad Consistorium)] *Vgl. III 191,5.*

18f. über ihn berichtet] *III 191.*

19 Fiskal] *Vgl. zu III 195,8.*

21 meinen Bericht beweisen] *Vgl. III 195,50–53.*

25 Replik u. Duplik] *In der Rechtssprache Gegenrede des Klägers auf die Klagebeantwortung des Angeklagten – und zweite Verantwortung des letzteren.*

27ff. über die Punkte ... zu wenig gesagt] *Vgl. III 191,15–33,36f.*

29 coram Consistorio] *Vor dem Konsistorium.*

30 coram foro] *Vor dem Gericht.*

31 aus welchen Quellen ichs habe.] *Nach der* »Rechtfertigung« *(vgl. zu III 191,3) ein Privatbrief aus Rinteln und ein Schreiben von einem Mitglied des Hannoverschen Konsistoriums (SWS XXXI, S. 746f.), nicht überliefert.*

32 dorfte] *Durfte = nötig hatte, Veranlassung hatte.*

32f. freiwillig dazu erboten] *Vgl.* »Rechtfertigung« *(SWS XXXI, S. 746).*

33 rechtfertige meinen Bericht] *Vgl. zu 31.*

34, 44, 50 unbezüchtigtes ... Bezüchtigungen] *Nebenformen von* »bezichtigen« *(= beschuldigen).*

36ff. »Commißion ... einer Pfarre –«] *Vgl. zu 10f.*

40f. Untüchtigkeit ... keine Justitzkommißion] *Über die für H. kränkenden Kompetenzüberschreitungen der Regierungskonferenz vgl. zu III 195,15f.;* »Rechtfertigung« *(SWS XXXI, S. 745).*

41 die beiden gegebnen Herrn] *Schmidt und Knefel.*

42f. ein Examen] *Vgl. III 191,54–57.*

45ff. als berichtender Superintendent] *Vgl. zu III 191,3.*

47f. von einem öffentlichen Collegio ... gescholten] *Vgl. zu 7.*

48f. eine Commission ... untersuchen] *Vgl. III 195,5ff.; zu III 195,7,15ff.*

49f. der Commissarius ... unterwirft] *Schmidt, vgl. 10ff.,14.*

50f. zweien öffentlichen Collegiis] *Regierungskonferenz und Konsistorium.*

52 Gnugthuung] *Genugtuung, vgl. zu III 195,56ff.*

52–56 nochmals ... zu reden.] *Vgl. III 195,43–47.*

197. An Graf Friedrich Ernst Wilhelm zu Schaumburg-Lippe, Bückeburg, 17. Oktober 1775

5 (Verdruß und Unlust freßen mich] *Wegen der Stockschen Affäre war H. so gereizt, daß er sich im sprachlichen Ausdruck seinem Landesherrn gegenüber keine Zügel mehr anlegte. Vgl. die auch von Gräfin Maria (an Karoline, 2.11.1775; H: Kraków; Haym I, S. 765f.) gerügten »harten Ausdrücke« in der »Rechtfertigung« (vgl. zu III 191,88).*
6f. Donnerstag und die Freitagsnacht] *19./20.10.1775. Graf Wilhelm bewilligte den verlangten Urlaub (A, vgl. N, S. 805). Vermutlich war H. in Rinteln, um Beweismaterial gegen Stock für seine »Rechtfertigung« zu beschaffen (Haym I, S. 764).*

198 (N). An Heinrich Christian Boie, Bückeburg, 18. Oktober 1775

4 TodesNachricht] *Vgl. III 199(N),3f. Therese Heyne starb am 10.10.1775 an Lungenschwindsucht.*
6f. mein Mann schreibt eben] *III 199(N).*
9 einem privat Briefe aus Hannover] *Nicht überliefert.*
9f. Bestättigung ... aus Engelland] *Vgl. zu III 199(N),15.*
13 ein Haus miethen] *Vgl. III 199(N),18.*
15 Zachariä Wohnung] *Vgl. III 199(N),20f.*
19 Klafter] *Längenmaß (6 Fuß), besonders für Haufen Scheitholz (Brennholz, nach Adelung »Klafterholz«).*
24 Meubles] *Vgl. III 199(N),21.*
27 Commissionen] *Aufträge.*
28f. unsre Heyne ... eine Heilige] *Vgl. zu II 58(N),23f.*
30 es ist alles eitel unter der Sonne!] *Prediger Salomo 1,2f.*

199 (N). An Christian Gottlob Heyne, Bückeburg, 18. Oktober 1775

3 neulicher Sonntag] *Am 15.10.1775 kam Boies nichtüberlieferter Brief mit der Todesnachricht, vgl. zu III 198(N),4. Heyne war zunächst völlig gebrochen: »... so einsam, so verlassen kann kein Mensch nicht sein« (A₁).*
5 Vorwürfe ... wechselsweise] *H. und Karoline hatten seit langem nicht an Therese Heyne geschrieben.*
12f. Sie wars immer mit] *Vor allem der Gedanke des freundschaftlichen Zusammenlebens mit Heyne und seiner Frau ließ H. eine Berufung nach Göttingen wünschenswert erscheinen, vgl. II 136(N),47–60; 201,38f.*
15f. meine Bestättigung ... nicht worden] *Vgl. III 198(N),9f.; zu 29f.*
16 Dimißion] *Entlassung.*
18 ein Haus] *Vgl. III 198(N),13. »Für Ihr Unterkommen ist längst ein Entwurf gemacht« (A₁).*
20 Zachariaes ... Wohnung] *Vgl. III 198(N),15; zu III 148(N),13.*
21 Hausgeräth] *Vgl. III 198(N),23ff.*
25f. Alles Koth ... Müh] *Vgl. III 94,30; 198(N),30; Jesus Sirach 10,9f.*
26 wie wirs ... zum Abschied erfahren] *Der Ärger wegen der Stockschen Affäre.*
27f. Was wärs ... festhielt. Amen.] *Theologischer Trost für den Witwer Heyne.*

29f. einigen Rath ... bin ja jetzt Ihr.] *Heyne riet, »um alles in der Welt« nichts zu übereilen, sondern »den völligen Ruf« zu erwarten. »Die Verfolgung der Theologen hat einen neuen Aufenthalt in den Weg zu legen Mittel gefunden, und dieser muß erst weggeräumt werden« (A_1). In A_2 bat er noch um »vierzehn Tage Geduld« und machte H. Hoffnung auf einen »guten Ausgang«.*

200. AN BERNHARD CHRISTOPH BREITKOPF, Bückeburg, 25. Oktober 1775

4 auf Hrn Hartknochs Befehl] *Vgl. zu III 185,9.* – ein Manuscript] *Kleukers »Zend-Avesta«.*
6f. Kings Gebräuche] *Auch Druckmuster für die »Aelteste Urkunde«, vgl. III 32,16f.; III Anm. 200.*
11 Kommißion] *Auftrag.*
16 Probebogen] *Vgl. III 208a(N).*

201. AN JOHANN FRIEDRICH HARTKNOCH, Bückeburg, 25. Oktober 1775

4 beide Einerlei Vorwurf] *Vgl. III 185,3f.; zu III 185,12.*
6 Luhden] *Vgl. zu III 164,14.*
7 Brief aus Berlin] *B zu III 185, ein kurzer und sachlicher, durchaus freundschaftlicher Brief, in dem der sehr beschäftigte Hartknoch ein Gespräch mit Nicolai referierte. Vgl. zu 54; III 169,41.*
8 Wöchnerin u. Tochter] *Albertine Hartknoch hatte am 30. 8. 1775 eine Tochter geboren, die den Vornamen der Mutter erhielt.*
10ff. Unser Bube] *Vgl. III 194,16. Hartknoch schrieb, man müsse Kleinkinder auf einem Leinentuch kriechen lassen (A, vgl. N, S. 805).*
13f. gibt allen ... Namen wie Adam] *Vgl. 1. Mose 2,19f.; »Aelteste Urkunde«, Bd. 2 (SWS VII, S. 40f.).*
14 Determinationen] *Bestimmungen.*
15 meiner leidigen Philosophie] *Anthropologie. »Einziehung der Philosophie auf Anthropologie« (»Problem: wie die Philosophie ...«, R, S. 47; SWS XXXII, S. 59).*
18f. den Menschen aufrecht gestellt] *Vgl. »Aelteste Urkunde«, Bd. 2 (SWS VII, S. 73–76); »Ideen«, 1. Teil (SWS XIII, S. 119, 128ff., 135ff., 150ff., 161, 201).*
20 Säugmaschiene] *Eine schröpfkopfartige Milchpumpe zur Entleerung der weiblichen Brust, wenn die Brustwarze wund ist und das Kind nicht saugen kann. Das Gerät hatte Hartknochs Frau, Frau Vegesack u. a. »trefliche Dienste gethan«; Hartknoch wollte es zur nächsten Ostermesse wieder mitbringen (A). Vgl. III 235,28f.*
22 worüber meine Frau doch schreiben muste] *Vgl. zu III 164,5. Karoline hatte Regeln zum Stillen und zur Säuglingspflege aufgeschrieben, die Hartknochs Frau »aus Unachtsamkeit« nicht befolgte, weshalb sie »viel leiden« mußte (A).*
23f. Der Ruf soll ... nicht an mir.] *Vgl. zu III 199(N),15f.*
24f. Professor ... 700 Thalern.] *Vgl. III 181(N),11; zu III 184,40.*
25 unter Schlangen u. Skorpionen] *Vgl. 5. Mose 8,15; die Göttinger Professoren. Hartknoch wünschte »viel Glück zu dem Ruf« und meinte ermutigend: »... die Leute müßen einen fürchten, wo sie nicht zur Liebe zu bringen sind« (A).*
26 Wüterei, Armuth] *H.s situationsbedingte, übertreibende Charakteristik des kleinstaatlichen Absolutismus in Schaumburg-Lippe.* – verschloßne, stumme Pein] *Die Situation der Gräfin Maria, vgl. 29f.* – Soldaten entlaufen] *Vgl. III 141,36.*

27 Hauptleute schneiden sich die Hälse ab] *Nicht ermittelt; vgl. IV 2,7–11. – Pfarren werden um Leihkapitale verkauft] Die Stocksche Affäre, vgl. III 191,46f.*
28 von meiner Reise] *Vgl.* **64–69**; *zu III 171,17.*
29 auf hoher darbender Tafel] *Am Hof.*
31ff. Klavier] *Hartknoch hatte H. ein Klavier aus Riga versprochen und wollte es nach Göttingen schicken (an H., 28.10./8.11.1775; V. u. a. Herder II, S. 76). Er sah davon ab in der Meinung, daß dort bessere Klaviere hergestellt würden (A). Vgl. III 205,6–9.*
33f. Deine Bücher ... zurück] *Da H. doch nicht nach Göttingen ging, wo er durch die ausgezeichnete Universitätsbibliothek versorgt worden wäre, hat er die ihm von Hartknoch für seine wissenschaftlichen Arbeiten zur Verfügung gestellten Bücher behalten. Vgl. zu III 90,24; 114,6.*
35 Raben ... am Bach Krith] *Vgl. 1. Könige 17,3–6; siehe R, S. 781.*
36f. Philoktet] *Siehe R, S. 736. Vgl. zu III 122(N),113ff. In dem zu 31ff. genannten Brief erwähnte Hartknoch die Opernpartitur »Philoktet« von Johann Christoph Friedrich Bach, die er an den Komponisten zurückschicken wollte; am 20.4./1.5.1776 (vgl. N, S. 806 zu 235.) schrieb er, Hinz habe das Buch in Libau liegenlassen, es werde mit »erster Gelegenheit« übersandt (verschollen).*
38 Troja] *Hier metaphorisch für Göttingen. – die Heine] Vgl. zu III 198(N),4.*
39f. daß wir sein ... werden.] *Vgl. Epheser 1,14.*
40 Thomas Zuckerbecker] *Sein Bruder Johann war am 11.9.1775 gestorben.*
42 Sic transit –] *Siehe Patricius (R, S. 430). – □ Freimaurerloge.*
42f. Georg Berens] *Er halte sich seit einiger Zeit fern, obwohl Hartknoch ihm »dazu keinen Anlaß gebe« (A).*
43–46 seinem Bruder] *Karl Berens. – Bötefeur] »Mit Bötefeur ist nicht viel zu machen, er ist ein aufgeblasener Narr«. Hartknoch wußte nicht, wo beide sich auf einer Reise in Deutschland befanden (A).*
46 Wetstein] *Vgl. III 160,17ff.; zu III 131,6. – an Hertel] Vgl. III 104,47.*
47ff. Kleukers Zend-Avesta] *Vgl. III 200; zu III 185,9.*
49f. übers 2.–5. Kapitel Genesis] *Vgl. III 80,50; 86,35; 118(N),49ff.; 131,51ff.,78f.; zu III 79,43. Hartknoch freute sich sehr darauf, »nicht als Verleger, sondern als Christ« (A).*
50f. Die Urkunde] *Vgl. III 75,49. Hartknoch hatte von Bd. 1 der »Aeltesten Urkunde« »so viel vorräthig, das sonst wie ein Theil der Wälder Makulatur werde«, wenn keine Fortsetzung folge (A). Nur vorübergehend hat H. Bd. 2 als Unterbrechung der eigentlichen »Urkunde« betrachtet, die trotz aller späteren Fortsetzungspläne damit ihr Ende gefunden hatte.*
51 nur Göttingen] *Wegen der Universitätsbibliothek, vgl. III 75,157f.*
52 in der Schweiz ... KatechismusVorstellung] *»Aelteste Urkunde«, 1. Teil, Kap. 1/2 von Häfeli paraphrasiert (siehe R, S. 213). Darüber informierte Lavater H. am 22.7. und 7.10.1775; er sollte »seine Paraphrase haben, bevor sie gedruckt wird« (8.11.1775). Ein Druck ist nicht nachweisbar, das Mskr. umfaßt 24 Blatt (HN III,25). – Eine andere Paraphrase schickte der Kandidat der Theologie Christian Heinrich Schreyer aus Dresden am 5.7.1790 an H. zur Beurteilung (H: Kraków; Mskr. nicht nachweisbar).*
54 kehr um zur ersten Liebe] *»Das dachte ich, daß Du mich einen Wankelmüthigen nennen würdest, u. ich habe nicht einmal gewankt. Nicolai kann mich nicht ändern, er, dessen eigennützige Freundschaft ich mehr u. mehr verachte« (A).*
55 Deinem Hans] *In B zu III 185 hatte Hartknoch den Rat Lavaters einzuholen gebeten, wie er seinen Sohn »in Zürich unterbrächte, daß er was rechts würde, und ob er ihn nicht selbst ins Haus nehmen möchte«. In den überlieferten Briefen an Lavater ist H. darauf nicht eingegangen. – Füßli] Vgl. zu III 18,41. Nach A war noch nicht geklärt, ob*

Hartknochs Sohn, derzeit noch in Mitau bei Hinz, nach Petersburg gehen würde oder nach Zürich zu dem Buchhändler Johann Kaspar Füßli (1706–1782). Nach A zu III 235 (vgl. N, S. 806) hatte die Witwe des Generals A. I. Bibikow dem Hofmeister Fuesli (vgl. zu III 18,41) erlaubt, den jungen Hartknoch zusammen mit ihren Söhnen zu unterrichten.
59f. die abgeschriebenen Predigten] *Vgl. zu III 76,15.*
63 an Ostern ... die Meße gehn] *Hartknoch war seit Dezember 1775 todkrank und konnte erst Ostern 1778 wieder zur Leipziger Messe reisen. Vgl. III 235,4ff.*
64 Darmstädter schnelle Reise] *Vgl. zu III 171,17.*
64f. Prinz von Hollstein] *Peter Friedrich Wilhelm von Holstein-Gottorp, vgl. zu III 179(N),5.*
65 eine Prinzeß] *Charlotte Wilhelmine Christiane von Hessen-Darmstadt.*
67 vom Herzog] *Friedrich August von Oldenburg (Holstein-Gottorp).*
69f. Gottfried] *Vgl. 10–17.*
71 unser Hans] *Vgl. zu III 181(N),141.*

202. AN PHILIPP ERASMUS REICH, Bückeburg, 25. Oktober 1775

(ÜBERLIEFERUNG. H: jetzt FDH.)

5ff. H. Lavater ... erhalten würde] *Vgl. zu III 161,12 (nach der Ostermesse); 190,22. Reich wußte nichts von Lavaters Versprechen (A, vgl. III 215,14f.).*

203. AN GRAF FRIEDRICH ERNST WILHELM ZU SCHAUMBURG-LIPPE, Bückeburg, 27. Oktober 1775

5f. Rechtfertigung und Bewährung] *Vgl. zu III 191,3; III Anm. 203.*
10f. HöchstDeroselben Gerechtigkeitsliebe] *Stock erhielt von der Schaumburg-Lippischen Rentkammer seine Anleihe (vgl. III 191,46f.) zurück und mußte innerhalb von 24 Stunden die Grafschaft verlassen (Haym I, S. 766). Das öffentliche Zeugnis erfolgte nicht, vgl. III 208b,14f.*
15 Justizkommißion ... Ankläger genannt worden] *Vgl. zu III 195,7,15f.,56ff.; 196,5f.*

204. AN JOHANN GEORG ZIMMERMANN, *Bückeburg, Ende Oktober 1775*

3 Willkomm] *Zimmermann war am 5.10.1775 von seiner Schweizreise (vgl. zu III 167,4) nach Hannover zurückgekehrt (Ischer, S. 147).*
5f. Mit neuem Schweitzerblut ... Muth] *Vgl. III 167,5f.*
11 Die Sage geht ... zurück seyn soll] *Vgl. N, S. 805; III 199(N),15; zu III 199(N),29f.*
12 Maulwurfshügel] *Vgl. III 213(N),38; 253(N),30.*
14 kann hie nichts eher machen] *Vgl. III 199(N),16. – age quod agis] Tue, was du tun kannst.*
15 Von Lavater ... durch Sie] A_1 *zu III 190. Zimmermann hatte den Brief nicht mitgebracht und bei seiner Abreise von Zürich Lavater nicht gesehen (A).*
16 Sohn u. Tochter] *Zimmermann hatte seine Tochter Katharina, »eine sehr gute Seele«, nach Hannover mitgebracht (A). Sein Sohn Johann Jakob studierte damals in Straßburg.*

16ff. Mein Bube ... Namen.] *Vgl. III 201,10–14. Zimmermann grüßte den »lieben Apfelschalenfresser« (A).*
19 Frau von Döring] *Vgl. zu III 56,46. – Hofrath Brandes] Am 17. 12. 1775 entschuldigte er die Verzögerung der Antwort aus London mit der Unpäßlichkeit des Hannoverschen Gesandten (B zu III 211).*

205. AN JOHANN HEINRICH MERCK, *Bückeburg, Oktober 1775*

6 Canapee] *Ruhebett, Sofa.*
6f. Clavier des Hrn. Geheimen Raths] *Andreas Peter v. Hesse war sehr musikalisch.*
10f. theologischer Professor und Universitätsprediger] *Vgl. III 181(N),11. In dem in III Anm. 205 erwähnten Brief an Luise König folgt danach: – beynah wieder unsern Willen, aber hier ist nichts mehr für meinen Mann, er versauret beynah, er muß in ein anderes thätiges Feld (a. a. O., S. 86f.).*
12 blauäugigen Mädchen] *Franziska Charlotte Merck.*
13 Fränzels] *Franz Anton Merck.*
14–18 Mein Gottfried ... Stütze.] *Vgl. III 201,10–17. In dem in III Anm. 205 erwähnten Brief: Unser Sohn wird wie ein Hirsch auf den Bergen, er war sehr krank am Magen ist aber wieder beynah hergestellt – ist in allen Unarten, welches man Genie nennt seinem Vater ganz ähnlich (a. a. O., S. 87).*
17 Perd] *Pferd (Kindersprache). –* Siege] *Ziege.*
20 Göthe] *Vgl. III 175(N),59–65. Goethe wartete im Oktober 1775 in Frankfurt auf die Kutsche, die ihn auf Einladung des Herzogs Karl August nach Weimar abholen sollte. –* die Stockhausen] *Luise Henriette Friederike v. Stockhausen, geb. v. Ziegler, zog im August 1775 mit ihrem Mann zu seinem Regiment nach Anklam.*
21 drei unschuldigen] *Henry (Emanuel), Adelhaide, Franziska Charlotte.*
26 Unterzeichne alles.] *Die letzten überlieferten Worte H.s an Merck, den er einmal als vertrauten Freund und gleichgesinnten Geist ähnlich wie Hamann geschätzt hatte. – Vgl. III 75,75–90.*

206. AN GRAF FRIEDRICH ERNST WILHELM ZU SCHAUMBURG-LIPPE, *Bückeburg, 12. November 1775*

5 Preisschrift] *Vgl. zu III 168,6; 169,21,22,41. Ein Dankschreiben des Grafen ist nicht nachweisbar, vielleicht wegen der deutlich antiabsolutistischen Tendenz der Schrift. Vgl. zu III 247,108.*
5f. mir gestern geworden] *Der fertige Druck.*
6 eine Knabenübung] *Vgl. III 174(N),14f.*

207. AN JOHANN GEORG ZIMMERMANN, *Bückeburg, Mitte November 1775*

3 Recepisse] *Empfangsschein. Mit B wurde der Brief übersandt, den der Prinz von Mecklenburg-Strelitz (vgl. zu III 181[N],46) am 17. 10. 1775 an Zimmermann geschrieben hatte: »Der König habe von der Geschicklichkeit Herders die größte Meinung, inzwischen mache man gegen seine Orthodoxie verschiedene Zweifel und Einwendungen; es hätte daher das Ministerium nochmals über diese Sache eine genaue Prüfung anzu-*

stellen und alsdann weitern unterthänigsten Bericht abzustatten« (H: Kraków; Erinnerungen I, S. 315).
4f. mir leid für ... Rechtfertigung haben.] *Bremer, Brandes, Heyne, Zimmermann.*
6 Heterodoxie] *Abweichung vom angenommenen kirchlichen Lehrbegriff.*
7 Ketzermeister] *Inquisitoren.*
9 Kabinette] *Hier das des Königs von Großbritannien, vgl. III 208,14.*
10 den Haufen] *Die Göttinger Professoren.*
11f. Um mein [meine = *Druckfehler*] Aus- u. Fortkommen ... unruhig gewesen] *Vgl. I 98, 59–65.*
13 unorthodox] *Vgl. III 214,110ff.*
14 Wachsnase] *Metapher für Beliebigkeit, Möglichkeit willkürlicher Auslegung (Adelung). »... so wächsern, daß man es drehen kann, wohin man will« (Hamann, »Kreuzzüge des Philologen«; Nadler 2, S. 190).*
17 Prüfungen einer orthodoxesten Universität] *Zweifel H.s seinerseits an der (altlutherischen) Rechtgläubigkeit der angeführten Göttinger Theologen.*
17f. Michaelis ... Bibelerklärer] *Vgl. zu II 146(N),128. Michaelis' rationalistische Exegese stellte in mancher Hinsicht für H. eine Entweihung der Heiligen Schrift dar (vgl. »Aelteste Urkunde«, Bd. 2, SWS VII, S. 36f., Anm. S. 562: Michaelis als »Brunstübersetzer«).*
18 Walch, Leß, Miller die Pinselpfeiler] *Walch, Dekan der theologischen Fakultät, und die Ordinarien Leß und Johann Peter Miller als »Einfaltspinsel«.*
19 Hem! ... ecce!] *Lateinische Interjektionen der Verwunderung und Klage.*
21 Willkommen Mademoiselle Zimmermann] *Vgl. zu III 204,16.*
22 Protokoll aus England] *Vgl. zu 3.* – einen Traum] *Vgl. zu III 159,30ff.*
23 guten Entschlüßen für Deutschland] *Zimmermann hatte aus seiner Schweizreise »das gewonnen, daß er jetzt in Deutschland weit lieber sei als vorher« (B). Er war, wie er am 26. 5. 1776 an Sulzer schrieb, für immer vom Heimweh befreit (Bodemann I, S. 252).*

208. AN JOHANN WILHELM LUDWIG GLEIM, Bückeburg, 18. November 1775

6 Secretaire in Duodez] *Karoline hat ein kleineres Papierformat benutzt.*
7 beikommende 2 Manuscripte] *Vgl. III 189,27ff.* – H. von Busch] *Wilhelm v. Bussche, vgl. 35f.*
9 Nattern Gezische] *Vgl. 38f. In B und A kein Hinweis.*
12 gesunde Magens] *Vgl. III 189,43,61.*
13 Der Ruf nach Göttingen] *Vgl. III 199(N),15f.*
14 Wege an den König gefunden] *Vgl. III 207,9f.*
14f. das Ministerium ... siegen] *Zimmermann erwähnte in B zu III 207 die »Ministerialversicherung, daß es gewiß gelingen werde, obgleich mit zu wenig Geld« (Nachlaß II, S. 350).*
20–23 unserm Claudius ... Jährlichem Gehalt.] *Vgl. zu III 175(N),66; 194,4f.*
24 für Ihr Wollen] *Vgl. zu 26f.*
26f. Nach KlosterBergen ... Geld.] *Vgl. zu III 194,14.*
30 Unser Junge] *Vgl. III 204,16ff.*
35 Interpolator] *Einer, der in Handschriften zur Ergänzung Sätze und Abschnitte einschiebt.*
38 Seher Gottes] *Vgl. zu III 166,19.*
40 pflückt] *Nach Adelung mit den Fingerspitzen (von Daumen und Zeigefinger) rupfen (= zupfen).*

41 Kleuker] Vgl. zu III 189,14. Kleuker hatte aus Lemgo an Gleim geschrieben, der für ihn eine bessere Stelle in Preußen suchen wollte (A). Aber vergebens empfahl er 1776 den Übersetzer des »Zend-Avesta« an Zedlitz (Körte, Gleims Leben, S. 195f.).
42 Ihren Benzler] Vgl. zu II 96,60.

208 b. AN JOHANN FRIEDRICH GEORG WILHELM VON OHEIMB, *Bückeburg,* 2. Dezember 1775

– – – Schämen muß ich mich allerdings, daß ich recht wie ein Pfaffe bei Euer Hoch-Wohlgebohrnen geschmauset u. denn recht wie ein Pfaffe fortgezogen bin u. stumm meinen Mund gewischet. Da ich aber sogleich wieder in den Mittelpunkt meines geistlichen Haders trat u. gern nicht eher schreiben wollte bis ich was melden könnte, so hat sich die Sache verschoben. So verschoben, daß ich fast noch jetzt nichts zu schreiben weiß. So bald mein hoher Richter zurückkam, hatte ich ein Stück fertig, das „Rechtfertigung und Bewährung meines Amtsberichts hieß, den Candidaten Stock betreffend, den ich ungeprüft u. ungereiniget zum Prediger ordnen sollte u. nicht konnte". Die Beilagen lagen dabei: ein höflicher Brief dabei, daß ich in die Stärke meiner Gründe, der Pflicht u. Wahrheit so viel Zutrauen setzte, daß Seine Durchlaucht mir das öffentliche Zeugniß nicht vorenthalten würden, daß ich in Amt u. Pflicht recht gehandelt u. immer so handeln müste, wie ich denn auch nicht anders, als immer so handeln könnte. Das Zeugniß ist nun wohl freilich nicht erfolgt, wie leicht zu erachten; die Sache aber liegt, daß niemand weiß, wo Stock an ist. Ich allein bin jetzt, wie billig, der hitzige, gefährliche, böse Mensch, ders auf sich hat u. dem man an Gallatägen 3. Schritt vom Leibe ein Compliment macht p Was mich dabei freut, ist, daß ich andre Menschen durch meine Schande zu Ehren bringe. Der H. JustizRat Knefel ist IIter weltlicher ConsistorialRath geworden, mit einem grossen Briefe ans Consistorium warum ers würde, da so lange nur 1. Rath gewesen, als nehmlich

1) weil Seine Durchlaucht bisher in grosser Theurung von Räthen gewesen u. also keinen ans Consistorium abzumüssigen gehabt hätten. Was erstlich falsch, (das Gegentheil wahr ist, nehmlich daß Seine Durchlaucht immer weniger Räthe bekommen, wenn Sie, bei fortfahrendem Abzuge u. Viehsterben keine machen) u. wenns wahr wäre, schändlich ist u. nicht gesagt werden müste, weil ein LandesHerr so viel Räthe haben muß, als er für seine Allerhöchsten LandesCollegien braucht, damit nur Vota möglich werden.

2) aus Ursachen von den Weltberühmten, übergrossen u. vor Augen liegenden Geschicklichkeiten, Treue u. Erfahrung gedachten H. JustizRates, die weitläuftig gerühmt wurden. Sehr gefährlich, sagte jener Advokat, stehts um eine Jungferschaft, die Brief u. Siegel nöthig hat, dafür erkannt zu werden u. um manche Geschicklichkeiten würde es noch schlimmer stehen, wenn nur ein Mensch es der Mühe werth hielt, sie zu bemerken, anzuläugnen oder anzuzweifeln. Ich bin leider! aber der Mensch nicht; ich finde hier Alles vortreflich, was vom LandesHrn gestempelt wird, eben weils der LandesHerr dazu stempelt. Die wahresten Nationalgüter sind die, die sich so auf den Boden beziehen, daß sie anderswo nicht gebraucht werden können: die bleiben gewiß im Lande.

Aber auch ich bin ja noch drinn? Und auch mich will noch niemand fremdes haben! Es hat sich ein wunderbarer Anstoß zugetragen, daß die Sache zum 2 ten mal in England ist. Wenn sie sich so u. so geendigt hat, will ichs erzählen: ich weiß es auch nur aus dem Gerüchte. Wir sitzen also noch hier u. werden wahrscheinlich noch hier Neujahr feiern: befinden uns aber recht wohl. Dies Alles, wie ich wohl nicht einmal zu bitten brauche, unterm Siegel.

Daß sich Euer HochWohlgeboren so übel befunden haben und zum Theil noch befinden, ist uns sehr nahe gegangen. Es ist ein böses Jahr u. in England, wo alles Gute u. Böse immer im höchsten Grad ist, sollen ja viele dran gestorben seyn. Sich schonen, Diät halten, nicht viel im Nassen nach dem Backhause gehen, sich nicht ärgern u. ängsten, ist wohl die beste Kur. Es ist freilich HausKreuz gnug, ein neubezognes Landhaus auf Einmal als Lazareth zu sehen: jedes Kreuz aber muß man tragen, oder man kommt selbst hinan: wie es mit Euer HochWohlgeboren auch geschehn ist: gut nur, daß Sie wieder herunter sind. – Nun muß man sich fürm zweiten mal hüten.

Von unsrer Landreise kamen wir eben in der Mittagstunde in Hochadelicher Equipage herrlich zurück, speisten bei der Frau von Bescheffer und priesen noch vielfach die Gnade und Höflichkeiten, die wir in so reichem Maasse genossen hatten. „Ja! ein guter Wirth und Gesellschafter ist er!" erscholls von allen Seiten; u. ich hatte dabei nur über meinen Fuß zu klagen, daß der ein so übler Gast u. Gesellschafter hatte seyn müßen. Er hat sich auch bald gebessert u. ich werde mich ein andermal hüten, daß mir die Stocks nicht in die Füße fahren. Sie sinds nicht werth u. stören uns und andre – Leben Euer HochWohlgeboren für Alles, recht gesund u. vergnügt! und komme es bald, daß wir in Freude, Früling u. Sommerszeit Ihren Sitz der Ruhe u. des Vergnügens zwischen Bergen u. Fluße, im Thale, das recht die Natur zur Freude u. Verborgenheit gemacht hat, noch Einmal sehn u. kosten können. Wo und wie es auch sei, verharre ich jederzeit – viele Empfehlungen u. Danksagungen meiner Frauen mit eingeschloßen nebst Allem was wir sonst auf unserm Herzen u. Gewißen haben – voll Liebe u. Hochachtung

Euer HochWohlgebohrnen

                      unterthäniger Diener
                      Herder

Gegeben in unsrer Superintendentur
  ohne Gage d. 2. Dec. 775.

ÜBERLIEFERUNG. H: Bückeburg, Niedersächs. StA. Anfang fehlt. – D: ungedruckt. – A: nicht überliefert.

ZUM TEXT: **8** fertig, daß H *Schreibversehen,* **14** ist <zwar> nun wohl, **24** daß Seine Durchlaucht < daß er, **32** wenn <sich> nur ein Mensch, **38** 2 *zweifach unterstrichen,* **68** Dec. < Nov.

3 Pfaffe] *Ursprünglich neutral für Geistliche, nach Adelung längst veraltet und nur noch verächtlich gebraucht.*
5f. meines geistliche Haders] *Die Stocksche Affäre.*
8 mein hoher Richter] *Graf Wilhelm zu Schaumburg-Lippe.*
8ff. »Rechtfertigung und Bewährung ... konnte«] *Vgl. zu III 191,3; III Anm. 203.*
10 Beilagen] *Vgl. zu III 196,31.* – ein höflicher Brief] *III 203.*
12ff. das öffentliche Zeugniß ... handeln könnte.] *Vgl. III 203,11ff.*
16 Stock] *Vgl. zu III 203,10f.*
17 an Gallatägen] *Am Hof.* – Compliment] *Verbeugung.*
19f. einem grossen Briefe] *Nicht ermittelt, sein Inhalt bis 30.*
20 nur 1. Rath] *Zuvor war nur Albrecht Karl Schmidt weltlicher Konsistorialrat. Er und Knefel waren die Justizkommission zur Untersuchung der Stockschen Affäre, vgl. III 196,40f.*
22 Theurung] *Mangel.*
27 Vota] *Abstimmung.*
29 gedachten H. JustizRates] *Knefel.*

30f. Sehr gefährlich ... erkannt zu werden] *Sprichwörtlich.*
33–36 ich finde hier ... gewiß im Lande.] *Sarkastisch.*
38ff. die Sache zum 2ten mal in England ... dem Gerüchte.] *Vgl. zu III 207,3.*
47 Landhaus] *Der Generalleutnant v. Oheimb, ein Verwandter der Frau v. Bescheffer, war Gutsbesitzer zu Entzen (Enzen), in einem Dorf bei Stadthagen.*
51 Equipage] *Reisewagen des Gastgebers.*
54 meinen Fuß] *Vgl. III 201,36f.*
56 die Stocks] *Vgl. zu 8ff.*
67f. Superintendentur ohne Gage] *Vgl. III 154(N),13–17.*

208 c. AN JOHANN GEORG ZIMMERMANN, *Bückeburg, Anfang Dezember 1775*

– – – Verzeihen Sie – daß ich Sie in Sache einer Komedie zum Richter und Rathgeber ruffe. Was hiebey liegt, ist ein vortrefliches Stück von meinem Freunde – das er ohne Nennung und Bekanntmachung seines Namens (den wohl gleich jeder im 2. Ackt kennt) will ge-
5 druckt haben. Der Bogen soll zwey Dukaten kommen, und ich glaube er ist mehr werth. Wäre Herr Reich der Mann, der es annähme, schön druckte, und etwa eine so honorable Summe von zwanzig Ducaten auslangte? – Aber Abschlag muß nicht erwartet werden dür- fen – gegen so ein Stück – oder ich ärgerte mir das Hirn aus. Was meynen Sie nun, lieber Freund, kann man's ihm antragen? Wollten Sie es Herrn Reich antragen? Er ist ihr Freund,
10 der Verfasser auch, ich auch. Wie wär's, wenn Zimmermann sich aufmachte, und so einen Brief, nachdem er's gelesen, darüber sendete, als es das Stück verdient, und sein Genius ihm einflüstern wird. Amen. Des Verfassers halbe Seele hängt an diesem Stücke; meiner Frauen Herz dito; sie hat unter Kinder Geschrey das Stück abgeschrieben, weil man des Verfassers Hand in Leipzig kennt, und daß also die Schuld nicht auf uns sey. Der Verfas-
15 ser dieser Komedie ist in seinen Stücken ein so hoher starcker reiner Herzensprediger und Weltevangelist, als keine theologische Facultät in Deutschland. Im unerwarteten Falle be- komme ich eilig das Stück zurück, damit ich's nach – sende. Ich versuche zuerst mit die- ser Anfrage bey Herrn Reich, über die ich nochmals Verzeihung erbitte. Doch was Verzei- hung? Fahre hin, liebes Stück, Zimmermann ist dein Vater! – – –

ÜBERLIEFERUNG. *H: nicht nachweisbar. – D: (Auszug) Mark Lehmstedt: Struktur und Arbeitsweise eines Verlages der deutschen Aufklärung. Die Weidmannsche Buch- handlung in Leipzig unter der Leitung von Philipp Erasmus Reich zwischen 1745 und 1787, Leipzig 1990 (Diss. maschinenschriftlich), S. 110. – Textgrundlage: Zimmermann an Reich, 7.12.1775 (H: Zürich, Zentralbibl.).*

DATIERUNG: *»Den 5. December erhielt ich einen Brief von einem der grosten Genies und der berühmtesten Männer in Deutschland, wovon ich Ihnen hier einen getreuen Aus- zug mittheile.« Danach: »Und ich sage, fahre hin, liebes Stück, Reich ist dein Vater; gehe es also mit diesem Briefe auf die Post, und erwarte so bald als möglich Antwort« (ebd.). – A: 19. Dezember 1775 (H: GSA; Bonin, Nr. 1); beigelegt war Reichs Brief an Zimmer- mann, worin er schrieb, was er für Lenz tun wolle (nicht nachweisbar).*

3 ein vortrefliches Stück] *Lenz' Mskr. »Die Soldaten«, vgl. zu III 190,16f.*
5 zwey Dukaten] *»Was ich verlange? Nichts verlange ich, einen Ducaten, zwei Ducaten, was der Kerl geben will.« Das Stück sollte aber erst in einem Jahr gedruckt werden (Lenz*

an H., 20.11.1775; Freye/Stammler I, Nr. 83; Nachlaß I, S. 233). Vgl. III 228,14f.
10f. so einen Brief ... sendete] *Zimmermann reagierte sofort, indem er an den Verleger H.s Brief zitierte.*
13f. weil man des Verfassers Hand in Leipzig kennt] *Lenz' Name sollte »im Anfange verschwiegen bleiben« (an H., 18.11.1775; Freye/Stammler I, Nr. 82; Nachlaß I, S. 231).*
15 Herzensprediger] Vgl. zu III 190,16f.

208 a (N). AN BERNHARD CHRISTOPH BREITKOPF, Bückeburg, 12. Dezember 1775

4 Zend-Avestbogen] Vgl. III 200,16f.; 235,16ff.; zu III 185,9; 200,4.

209. AN JOHANN GEORG ZIMMERMANN, *Bückeburg, 21. Dezember 1775*

5 aus den Bedingungen] *Bremer hatte Zimmermann gebeten, als Freund H. für die Erfüllung der Bedingungen zu gewinnen. Der König von Großbritannien machte H.s Berufung davon abhängig, daß er sich zur Prüfung seiner Rechtgläubigkeit einem Kolloquium mit der theologischen Fakultät unterwerfe. Brandes und Bremer schlugen H. vor, das Kolloquium in der für ihn ehrenvolleren Form einer theologischen Doktorpromotion zu akzeptieren; die Unkosten würden ihm erstattet werden. Auch Frau v. Löw, der Prinz von Mecklenburg und Zimmermann selbst baten H., sogleich nach Hannover zu kommen (B).*
7, 13 frei es angetragen] Vgl. III 181(N),10f.
10, 20 Burschenbedingung] *Bedingung, der ein Student (»Bursche«) sich unterwerfen muß; für H. erniedrigend.*
12, 18 Hänselei] *»Hänseln« = jemanden lächerlichen Gebräuchen unterwerfen (Adelung).* Vgl. III 213(N),13.
15 Othem in der Nase] Vgl. zu III 113,30f.
18 kukullirte] *In eine Mönchskutte (cuculla) gehüllt.* Vgl. III 213(N),70.
20 die er alle –] *Zu ergänzen: »verachtet«.*
24 mit Indignation] *Zimmermann sah H.s »gerechte Indignation« voraus (B).*
25, 38 Fühlest Du nicht ... leide?] *»Ich fühle alles, und begreife alles, meine Geliebten, unaussprechlich tiefer, als ihr glaubt« (A).*
26f. Hohngelächter ... meinen Feinden!] *In einem Brief an Merck vom 28.12.1775 stellte Nicolai es sich als lächerlich vor, »daß Herder mit Walch über Theologie redet, ... es wird ein Gastmahl des Fuchses und Storches daraus« (Haym I, S. 768).*
28 den König sehen] *Zimmermann hatte sich erboten, eine Äußerung H.s vor den König zu bringen (B).*
29 Conditio sine qua non] *Unerläßliche Bedingung.*
33 Profeßor mit niedrigerm Solde] Vgl. III 184,14ff.,34.
38f. Fühle Dich ... sei Herder!] Vgl. zu 25. *»Ich nähme nichts an, sagte ich, wenn ich Herder wäre«, schrieb Zimmermann, wollte H. aber, auch auf Bitte der Frau v. Bremer, zur Mäßigung raten (A).*
44 in gutem Wohlseyn] Vgl. aber III 208b,16ff.,40ff.
48 sagen Sie jedem ... fühle.] *Zimmermann las den Brief Frau v. Löw und Frau v. Doering vor, die ihn »herrlich fanden«, referierte daraus mündlich an Frau v. Bremer, schickte einen mildernden Auszug an ihren Mann und sagte Brandes, daß H. »durchaus alle vorgeschlagene Bedinge verwerfe« (A).*

210. AN GRAF FRIEDRICH ERNST WILHELM ZU SCHAUMBURG-LIPPE, Bückeburg,
22. Dezember 1775

3 pro relatione humillima] *Vgl. zu III 191,3.*
4, 8f., 12ff., 20, 24f. Geseniussche Katechism] *Vgl. III 192,14,16; 218,6,14.*
5f., 8f., 16ff., 25 der Jakobische] *Vgl. II 11,58–205; III 192,11f.,15; 218,7f.,12f.; zu II 11,58.*
6, 25f. erster Bericht in Amtssache] *II 11.*
8, 23ff. Gesenius ... zu bestätigen] *Vgl. zu II 11,198–203.*
11 visitirt] *Vgl. III 180.*
13 hergestellet] *Wiederhergestellt.* – konfirmirt] *Vgl. III 218,14.*
17 Lese- u. Buchstabirbuch] *Vgl. III 218,13.*
21 Ansuchen der Lindhorster Dorfschaft] *Vgl. III 192,11–16.*
22 Deputation] *Abordnung.*
23 gegenwärtiger Befehl ... Landesordnung] *Vgl. III 218,4–9,11,15.*
27 Der Befehl ... des Pastors Roß wegen] *Streitigkeiten über Kirchenrechnungen, nicht ermittelt.*
28, 33 Altarleute] *Altardiener (in protestant. Kirchen oft zugleich Kirchenvorsteher).*

211. AN GEORG FRIEDRICH BRANDES, Bückeburg, 26. Dezember 1775

5ff., 23f., 41 In Sommers Mitte ... anzusetzen] *B zu III 184; III 181(N),11.*
8ff. jetzo zu Ende ... nöthig sei] »*Da Herder noch keine academische Lehrstelle bekleidet habe, so würde er zuvorderst den Gradum Doctoris Theologiae anzunehmen ... sich einem Examini oder Colloquio bei der theologischen Facultät in Göttingen zu unterwerfen haben.« Das sei für alle künftigen Theologieprofessoren und Universitätsprediger festgesetzt worden (B).*
11ff. Bereitwillig ... noch unvereinbar.] *H. schrieb an Brandes noch viel gemäßigter als an die Freunde Zimmermann und Heyne (dagegen das erregte Schreiben III 219).*
12 designirt] *Bestimmt, ernannt.*
14 Geschäfte eines dreifachen Amts] *Oberprediger, Konsistorialrat, Superintendent.*
17 Anstoß meiner gegenwärtigen Stelle] *H. rechnete damit, von Graf Wilhelm zu Schaumburg-Lippe keinen Urlaub zur Reise nach Göttingen zu bekommen oder nach seiner Darmstädter Reise (vgl. zu III 171,17) und der Stockschen Affäre (vgl. III 191) sein Mißverhältnis zu ihm weiter zu verschlimmern. Auch Zimmermann sah darin ein »unübersteigliches Hindernis«. Nach einer Beratung im Hannoverschen Ministerium am 11.1.1776 schlug Bremer vor, daß H. die Reise nach Göttingen zur Promotion als Notwendigkeit wegen des Legats (vgl. III 159,74f.) begründen sollte (A zu III 212).*
18f. einen ganz andern Namen] *Vgl. III 209,12,29.*
20 Hohngelächter meiner Feinde] *Vgl. zu III 209,26f.*
22 mit wem?] *Vgl. zu III 209,20.* – ein späteres Gesetz] *Vgl. zu 8ff.*
24 ohne solche Bedingungen] *Vgl. zu 5ff.*
26f., 44 schriftliches Colloquium] *Brandes mißbilligte den Vorschlag, weil H. da »eine ganze Dogmatik schreiben« müßte und sein Ausweichen vor dem mündlichen Kolloquium »viel nachtheiliger wirken« würde (A). Zimmermann meinte, der König müßte erst um Genehmigung des schriftlichen Verfahrens ersucht werden und würde die Sache verärgert liegenlassen (A zu III 212).*
30 eine Sache des Brots] *Um eine Stelle zu erlangen.*

32, 45 im Dunkeln] *Vgl. III 213(N),33f. –* des Colloquenten] *Des im Kolloquium zu Prüfenden.*
33 par cum paribus] *Als gleicher mit gleichen.*
37 Sache der Ehre] *Zimmermann erklärte, daß niemand in Göttingen darin eine Ehrensache sehe, sondern »eine hergebrachte Uebung ... nur inter pares« (A zu III 212). Vgl. III 220,38f.*
42f. itzt Alles ... horchet.] *Übertreibung; H. fürchtete wie in seiner Reisezeit die Fama über sein Schicksal (vgl. I 72,185f.). Anspielung auf seine Beziehungen nach Holstein, der Schweiz und dem Baltikum. –* Graubündtern] *Siehe R, S. 768.*
45 Name Legion] *Vgl. Markus 5,9.*

212. An Johann Georg Zimmermann, Bückeburg, 26. Dezember 1775

3 Abschrift des Briefes an Brandes] *III 211.*
3f. Brief an den Hrn Geheimen Rat] *An Bremer, nicht überliefert; vgl. III Anm. 211.*
6f. unergründlicher ... Hinterlist] *Das sei der Vorschlag nicht, der ja nicht von H.s theologischen Gegnern in Göttingen stamme, »die freilich Michaelis regiert«, sondern vom Ministerium, das »keinen andern Ausweg wußte, um dem König Herders Orthodoxie zu beweisen« (A).*
9 den Stab in die Hand] *Alttestamentliches Herrschaftszeichen (Hirtenstab), vgl. 1. Mose 49,10; Micha 7,14.*
10 Ihre freie Meinung vom Brief] *»Der Brief an Brandes herrlich!« Brandes habe ihn kaltblütig aufgenommen (A).*

213 (N). An Christian Gottlob Heyne, Bückeburg, 28. Dezember 1775

3 gedauret] *Wegen der in H.s Sicht nutzlosen Bemühungen um seine Berufung. –* Bremern] *Bremer setzte sich in Hannover am meisten für die Berufung H.s ein, da er ihn »wie sein Leben« liebte. In seinem Auftrag schrieb Zimmermann an H. (B zu III 209). Vgl. III 214,25f.*
6f. Reise nach Göttingen] *Vgl. zu III 211,8ff.*
7–12 meine hiesige Stelle] *Vgl. zu III 211,17.*
12–15 Die Ehre ... gehänselt zu werden] *Vgl. zu III 209,10,12; 211,8ff.,37.*
16 Schulkollege] *Vgl. III 214,17ff.*
17 als Gesetz] *Vgl. III 211,22ff.; zu III 211,8ff.*
18 Designation ohn solche Bedingungen] *Vgl. III 211,5ff.*
19ff. gibt das Ministerium ... abweisen] *Vgl. III 214,28–31.*
21ff. der Theologen Haß ... durchkriechen würde?] *Göttinger Theologen hatten dem König von Großbritannien Zweifel an H.s Orthodoxie und Verträglichkeit eingeflößt. Zimmermann informierte H., er sei verleumdet »durch Göttingische Professors bey dem Königlichen Hofprediger Görling, der neulich von Göttingen nach London kam« (A zu III 209).*
23 non putaram] *Das hätte ich nicht vermutet.*
24 Ate mit ihrem Eisenfuß] *Siehe R, S. 719; χαλκοπους Εριννς (Sophokles, »Elektra«, V. 482 griech.).*
27–32,45 Colloquium, aber schriftlich] *Vgl. zu III 211,26f.*
28f. weder Zeit ... noch Anstand.] *Vgl. zu III 211,17.*

33f. im Finstern ... Dunkeln fechten.] *Vgl. III 211,32f.; 214,32.*
34, 37 Ankläger] *Vgl. III 207,5f.; 214,35f.*
38 Maulwurf] *Vgl. III 253(N),30,66.*
43f. der Prediger ... wenn Ers will.] *Vgl. zu III 211,17.*
45–48 Ich habe das Ministerium ... Amts gebeten.] *Vgl. III 211,28–39.*
53 nach Mambrins Helme] *Siehe R, S. 731; Cervantes, »Don Quichotte«, 1. Teil, Kap. 21. H. sah in der angeordneten Promotion eine Don-Quichotterie.*
54–57 der Antrag ... nicht thun!] *Vgl. III 211,39–43.*
60 die lebende Situation] *Die unmittelbare Kenntnis der Göttinger Universitätsverhältnisse.*
62 seligen Schattens] *Therese Heyne, vgl. zu III 198(N),4.*
63 Es scheint ... soll] *Vgl. zu 75.*
64ff. Sache meiner Ehre] *Vgl. 46f., 76f.; zu III 211,37.*
67 ein Heterodoxer ... auf ein Geschwätz] *Vgl. zu 21ff. »Wer mit den Orthodoxen anbindet, wer ehrgeizige stolze Menschen beleidigend angreift, muß sich auf alles das gefaßt machen« (B).*
68f. mit dem Kopf ... einsalben] *Vgl. III 214,108ff.*
70 einkutten] *Vgl. zu III 209,18.*
73 puer doctorandus] *Knabe, der Doktor wird. Vgl. 13; III 209,19f.*
74 eines höhern Königs] *Jesus Christus, vgl. Johannes 18,37.*
75 jenseit des Meeres] *In Großbritannien. – Vielleicht wirds Durchreise] H. hatte inzwischen Goethes Brief vom 12.12.1775 mit dem vorläufigen Antrag der Generalsuperintendentur von Sachsen-Weimar erhalten (WA IV 3, Nr. 372) und »mit frohem Herzen: Ja!« gesagt (Erinnerungen I, S. 251).*
76 sub Rosa] *Vgl. zu I 131,71.*
77 Hollunken] *Halunken (nach Adelung etwa »Lumpenkerl«, am wahrscheinlichsten von sorbisch »Holunk«, Waldbewohner). – Meergrundkratzer] Vgl. III 253(N),30f.*
79 A**] *Ars, ältere dt. und niedersächs. Form von »Arsch« (Adelung); vgl. I 122a(N),41.*
80 Hobel u. Pritschwerkzeug] *»Pritsche« = Holzklatsche, Schlegel, Schlaginstrument des Harlekins. Anspielung auf mittelalterliche Depositionszeremonien zur Aufnahme der Pennäler nach dem Probejahr in die Studentenschaft, possenhafte und rohe, gesundheitsschädigende Quälereien mit Beil, Hobel, Schere, Bartmesser u.a., die bis ins 17. Jh. ausgeübt wurden. Damit verglich H. sein Doktorexamen.*
82 ein ander Weib] *Heyne ging erst 1777 eine zweite Ehe ein.*
83 baß] *Veraltete Grundform von »besser« (Adelung).*

214. AN JOHANN GEORG ZIMMERMANN, *Bückeburg, 28. Dezember 1775*

3f. beleidigt] *Zimmermann ärgerte nur, daß H. den Eilboten mit B zu III 209 bezahlt hatte, obwohl auf dem Brief »franco« stand: »Ich will meinen Buckel deinem gerechten Zorne nicht hergeben, Herr Superintendent« (B, A). Vgl. 87f.*
4–7 Mein Brief] *III 209.*
7 Brandes Brief] *B zu III 211.*
8 eine Halseilige Sache] *Eilig, als ob es ums Leben ginge. Hier Amtsarbeiten als Superintendent, vgl. III 210.*
10–14 Examen ... keine Ausnahme] *Vgl. zu III 211,8ff.*
17 Schulkolleg] *Lehrer.*
22 seinen Brief habe beantworten müssen] *III 211.*

23 Rescript] *Schreiben, Verfügung eines Landeskollegiums (oder Fürsten). Brandes habe das Ministerialreskript nicht abgeschickt, weil er »vermuthlich lieber privatim« mit H. verhandeln wollte (A).* – Designation] *Vorläufige Ernennung.*
25ff. An H. von Bremer] *Vgl. zu III 212,3f.*
28–31 Wer leistet mir ... wollens zeigen!«] *Das Ministerium werde H. »gegen alle unangenehme Vorfälle schützen«, und »die Vocation nach Göttingen sei die gewisse Folge« der vorgeschlagenen Reise. Nach der Sitzung des Hannoverschen Ministeriums am 11.1.1776 wurde ihm »vollkommene Sicherheit gegen alle Chicanen und Consequenzenmachereyen der Fakultät« zugesagt; das Protokoll des Kolloquiums sollte an das Ministerium gehen (A).*
32 in dem Dunkel] *Vgl. 74f.*
35 Ankläger] *Vgl. 51,78f.*
41, 54, 72 Göttinger Fakultät] *Theologische Fakultät.* – diesen Antrag] *Vgl. 43f.; III 181(N),10f.*
43f., 46 Ueberläufer] *Aus Schaumburg-Lippe.*
47 Exkretionen] *Ausscheidungen.*
49 die andre Weise, die ich vorgeschlagen] *Schriftlich, vgl. III 211,25–28; zu III 211,26f.*
52f. Bremer ... zu erreichen streben] *Vgl. zu III 209,5.*
57f. es war mein Vorsatz ... zanken)] *Vgl. III 187(N),10ff.*
63 Miller] *Vgl. zu III 207,18.*
65 (cum exsequiis rite perfungendis)] *Mit einem in herkömmlicher Weise zu überstehenden Leichenbegängnis.*
69f., 72f. Einseitigaufopfernde] *Allein auf H.s Seite.*
70f. im Ministerium ... mir entgegen] *Das Ministerium stehe zu H. und handle nicht ungerecht; aber der König sei gegen H. eingenommen (A).*
78 Haube] *Hier für Doktorbarett.*
80 Stockmeister] *Kerkermeister (Adelung).*
82 Brandes ... übernommen.] *Die Promotion war sein Vorschlag.*
86, 89–94 den Brief] *III 209; vgl. zu III 209,48.*
94 stygischem Feuer] *Der Unterwelt angehörend, von Styx abgeleitet (R, S. 739).*
98 Auszug aus Lavaters Brief] *In A zu III 207; Zimmermann fragte, ob der Brief verloren sei (B). Lavater lobte darin H. als »einen der größten Menschen des Jahrhunderts« und sein Mskr. »Johannes Offenbarung« (vgl. III 215,35f.), wünschte ihm Sanftmut, Demut und Simplizität in Göttingen und erwartete von ihm wieder einen Sieg bei Beantwortung »einer Preisfrage der Berlinischen Academie« (Nachlaß II, S. 352).*
98f. Billet der Frau von Löw] *An Zimmermann, 19.11.1775 (H: Kraków; Erinnerungen I, S. 315, teilweise in frz. Sprache): Die theologische Fakultät gestehe H. zwar die Orthodoxie zu, »tadle aber seine oft unbestimmten und dunkeln Ausdrücke« und daß er die Apostel Jakobus und Judas nicht für die wahren Verfasser der unter ihren Namen vorhandenen Episteln halte.*
101 ein paar Zeilen] *H.s Brief an Frau v. Löw und ihr mit A übersandtes Antwortbillett sind nicht nachweisbar.*
102 die **] *Anstelle eines Schimpfwortes für H.s Gegner in Göttingen (R, S. 640).*
103–106 ich habe ... das Gegentheil.] *»Briefe zweener Brüder Jesu«; siehe R, S. 651.*
104 vindicirt] *Zurückgefordert.* – Luthers] *»Luther nannte den Brief strohern« (SWS VII, S. 500)* – *in der Vorrede zum Jakobus-Brief in seiner Bibelübersetzung, Neues Testament 1522 (R, S. 364). Ebd. in der ersten Gesamtausgabe der »Biblia« (1534) achtete er ihn »für keines Apostels Schrift«.*
107 Protestationen] *Gegenreden, Zurückweisungen.* – summarisch] *Kurz und bündig.*

108ff. Die Zeit ... Orthodoxie bei sich.] *Vgl. III 219,43f.*
108 Concilien] *Höchste Kirchenversammlungen (Synoden) der katholischen Kirche zur Entscheidung strittiger Glaubensfragen. Vgl. III 229,17f.*
109 trepanirten Schädel] *Bei Gehirnoperationen aufgebohrt.*
110f. »ich bin orthodoxer als sie!«] *Vgl. zu III 207,17,17f.*
111 ich habe Luther ... u. erkannt] *Vgl. III 215,24ff.; Arnold, Luther im Schaffen Herders (H.-B. II, Nr. 0795).*
112 väterlichen Brief] *Billett vom 23.12.1775 (vgl. N, S. 806), Beilage zu B. Bremer schrieb, daß er keinen Anteil an den Schwierigkeiten habe, die man H. bereite. Er solle zur Beratung nach Hannover kommen. In A beteuerte Zimmermann, daß Bremer H. »immer auf den Händen tragen« werde.*
113 Brief an Ihn u. Sie u. Brandes] *III 212; 211; zu III 212,3f.*
115f. Mühe für Lenzen ... Soldaten] *Vgl. zu III 208c,10f. Reich hatte am 30.12.1775 an Zimmermann geschrieben, daß er die Bogenzahl noch nicht wisse, wovon die Höhe des Honorars abhing (A). Vgl. III 228,3f.*
117f. Reich ... schreibt] *Beilage zu A zu III 208c.*
119f. Göthe ... Seele!«] *»... ist eine ...« (an H., 12.12.1775; WA IV 3, S. 4). In A zitierte Zimmermann gegenseitig aus Wielands Brief vom 8.1.1776 dessen enthusiastische Äußerung über Goethe, »das größte, beste, herrlichste Menschliche Wesen, das Gott geschaffen hat« usw. (Wieland-Briefwechsel, Bd. 5. Bearbeitet von Hans Werner Seiffert, Berlin 1983, S. 461f.).*
121 so angreifen] *Wie in »Götter, Helden und Wieland«. – Ist Sulzer verreist?] Zimmermanns Freund war im Herbst 1775 in der Schweiz und in Frankreich, derzeit in Nizza, und wollte im Frühjahr nach Italien reisen (A).*
122–126 2ten Preisschrift ... u. Eckstein.] *»Vom Erkennen und Empfinden«, mittlere Fassung (R, S. 17); vgl. III 246,9ff.; 253(N),185ff. H. hatte darin wiederholt Sulzers psychologische Abhandlungen rühmend angeführt (SWS VIII, S. 270, 289, 296, 319), ging aber nicht analytisch-trennend wie dieser, sondern ganzheitlich-synthetisch vor. Vgl. zu III 120,3f.,5. Siehe R, S. 690. Zu H.s vergeblicher Anpassungsstrategie gehörte auch das Motto aus Friedrichs II. »Poésies diverses«, Berlin 1760 (SWS VIII, S. 270).*
122f. sub Rosa!!!] *Vgl. zu I 131,71.*
127f. In meinem Lande ... Ruf nach Göttingen] *Vgl. III 145,12ff.; 201,28.*
129 dem Grafen so abgestorben] *Seit der Reise nach Darmstadt und der Stockschen Affäre, vgl. III 201,25–30; 208b,16f. In A beklagte Zimmermann, daß eine von ihm »in Darmstadt angezettelte Sache so entsetzlich unangenehme Folgen« für H. hatte (vgl. zu III 171,17).*
130 Profeßorhandel] *Vgl. II 171(N),6ff.*
132 plerren] *Plärren = schreien.*

215. AN JOHANN KASPAR LAVATER, Bückeburg, 30. Dezember 1775

5 Dein Brief] *B₂.*
5f. Pfenningers Brief] *Vom 10.11.1775 (vgl. N, S. 806). Pfenninger erzählte Karoline von seinem Leben und bedichtete H.s Preisschrift »Ursachen des gesunknen Geschmacks«. Dazu B₂: »Wir freuten uns kindisch, daß die Narren Dir doch immer huldigen müssen«.*
6, 10ff. Hamanns Bild] *Der soeben fertige Kupferstich (vgl. zu III 175(N),23f.; 181(N),129f.), mit B₂ übersandt.*

9f., 13 Hamanns Karakter] »*Hamans Charakter in die Physiognomik von Dir? O – dürft' ich!*« *(B₂). In Bd. 2 der »Physiognomischen Fragmente«, S. 285f. (SWS IX, S. 471f.).* »*Deinen herrlichen Hamann hab' ich hie und da gewässert*« *(A; Nachlaß II, S. 161).*
14 Reich schrieb mir] *Nicht überliefert. vgl. zu III 161,12; 190,22; 202,5ff.*
16 Homerskopf] *Aus Bd. 1, vgl. zu III 181(N),127.*
17 Raphael ... Denker] *Raffael, »Stanzen«, Denker aus »Schule von Athen« (R, S. 455); Beschreibung von Goethe (WA I 37, S. 337f.; Abb.).*
18 Seufzer ... Psalm 22,1–6.] *2. »Mein Gott, mein Gott, warum hast du mich verlassen?«*
20 Platte] *Kupferstichplatte.*
21f. Luthers Stirn ... noch nicht.] *Zitat aus einem Brief Lavaters. Bereits in A zu III 52 hatte Lavater von H. eine Charakteristik Luthers »auf einem besondern Blättchen« gewünscht (Nachlaß II, S. 88).*
22 facies oris vultusque] *Das Antlitz (des Mundes) und die Gesichtszüge (= die Physiognomie).* – In meinem Vaterland Preußen sind Kranache] *Werkstattarbeiten oder Zuschreibungen, wie ein Luther-Bild in der Pfarrkirche von Mohrungen (nach W. Dobbek noch Anfang 1945 vorhanden).* – *Erst allmählich bildete sich im letzten Drittel des 18. Jh., besonders unter dem Einfluß der Französischen Revolution, die Vorstellung eines (gesamt)deutschen Vaterlandes heraus und verdrängte den territorialstaatlichen Vaterlandsbegriff.*
24 will ich ihn schildern] *In Bd. 3 der »Physiognomischen Fragmente«, S. 276 (SWS IX, S. 472f.).* – seine Schriften] *Vgl. Arnold (wie zu III 214,111), S. 228. In Bückeburg machte H. sich umfangreiche Auszüge (38 Blatt, HN XXVII, 32) aus der Jenaer Ausgabe »D. M. Lutheri Opera omnia« (Jena 1556).*
24f. sein Leben] *Vgl. zu II 138,53f.*
25ff. ich kenne ... für Ketzer halten.] *Vgl. zu III 214,110f.*
26 Nachfolgerviehes] *Nach Horaz, »Epistolae« I,19,19.*
27 suspicione quadam] *Unter einem gewissen Verdacht.* – Gerdesii historia] *Von Gerdes.*
28f. Melanchthon] *Charakterbeschreibung von H. (SWS IX, S. 475), nicht in den »Physiognomischen Fragmenten«.*
29 Eure Reformatoren] *Zwingli und Heinrich Bullinger in Zürich, Berchtold Haller in Bern, Johannes Oekolampadius in Basel, Calvin in Genf, u. a. Nur Zwingli in den »Physiognomischen Fragmenten«, Bd. II, Tafel vor S. 271: Umrißzeichnung; Beschreibung S. 271; Bd. III, Tafel vor S. 275: Medaillonporträt; Beschreibung S. 275.*
30 Deinem Haller] *Albrecht v. Haller: Kupferstich von Lips (1775) in Bd. 4, Tafel nach S. 252; Profilporträt von Pfenninger S. 253, die »Nase ... voll Sagazität«. H. muß eine Beschreibung Hallers schon im Mskr. gesehen haben.*
31f. Rhapsodien ... zum Wegwerfen.] *Vgl. III 223.*
33 Meine Offenbarung] *Vgl. zu III 190,35. Lavater fragte in B₂, ob das Mskr. zum Druck an Steiner in Winterthur gegeben oder an H. zurückgesandt werden solle (Nachlaß II, S. 149).*
34 Gelegenheit von Strasburg] *Vgl. III 228,17. H. erhielt das kursierende Mskr. von Lenz aus Straßburg zurück, dem es am 14. 1. 1776 Lavater geschickt hatte (vgl. III Anm. 215).* – Heße] *Andreas Peter v. Hesse.*
35 Es muß umgeackert werden.] *Bis zur Druckfassung »Maran Atha« liegen drei verschiedene Niederschriften der Umarbeitung vor (HN VI, 32, 41, 43; vgl. SWS IX, Vorbericht, S. VIIIff.)*
36 nur Poetischer Kommentar] *An Zimmermann (vgl. zu III 214,98):* »*eine helleuchtende Offenbarung Johannis, die wenigstens über die Poesie dieses Buches unschätzbarer Commentar ist*«.

37 2. Punkte] »... *noch nicht paraphrastisch [umschreibend erklärend] genug. Hätt' auch ein paar Fundamentalgedanken mehr erwiesen gewünscht, z. E. das Datum der Apocalypse« (B₂; Nachlaß II, S. 149).*
38 unter Diokletian] *Schreibversehen statt Domitian, siehe R, S. 136, 138. Das Ende der Herrschaft Domitians 96 n. Chr. (»Johannes Offenbarung«, SWS IX, S. 6, 58, 74) als Entstehungszeit der Apokalypse nach Irenäus (»Adversus haereses« V,30,3; vgl. zu III 181(N), 77) hat H. 1779 in »Maran Atha« aufgegeben zugunsten einer früheren Datierung unter Nero, 63/64 n. Chr. (SWS IX, S. 251f.). Damit erhielt die in der ersten Fassung 1774 als »Zeichen, Unterpfand, Vorbild des letzten größeren Ausganges der Dinge« gesehene Zerstörung Jerusalems 70 n. Chr. (SWS XI, S. 139, vgl. zu III 190,38) wieder den Status eines geweissagten künftigen Geschehens (vgl. R, S. 651f.) wie bei Abauzit (vgl. IV 75,72f.).*
39 extorquierte] *Erzwungene.*
43 Bilder] *Vgl. zu III 190,38.*
44 bis der Herr kommt] *Vgl. 1. Korinther 16,22; R, S. 652.*
45 Joseph] *Josephus.* – Matthäus 23.24.] *Kap. 23: Jesu Rede gegen die Schriftgelehrten und Pharisäer; Gerichtswort über Jerusalem. Kap. 24: Von den Zeichen der Endzeit.*
46 Blättlein] *Nicht überliefert.*

216. AN PASTOR WEDEKIND, *Bückeburg, Ende 1775/Anfang 1776*

4 Briefe, der verlohren] *Nicht nachweisbar.*
6, 9 voll zu habenden Jahre] *Schulpflicht 6 Jahre.*
7f., 9f., 12 Erkenntniß] *Kenntnisse (Neutrum ist nach Adelung falsch, nur in der juristischen Bedeutung »Abfassung des Urteils« richtig).*
11 anwenden, wozu er sie will] *In Landwirtschaft oder Gewerbe.*
14f. Schulmeister ... 6. Thaler] *Demzufolge erhielt ein Landschullehrer für jedes von ihm unterrichtete Kind jährlich 1 Taler Schulgeld.*
17f., 21, 24 vom Consistorio dispensirt] *Kurzzeitiger Schulpflichterlaß in Ausnahmefällen.*
20 numerus 3.] *Notfälle, vgl.* **16ff.,24**.
22 einsegne] *Konfirmiere.*
23 Auskunft] *Mittel zu Erreichung einer Absicht (Adelung).*

217. AN JOHANN FRIEDRICH GOTTFRIED GRUPEN, *Bückeburg, Anfang Januar 1776*

3 Einführung ... 2. Epiphanias] *Introduktion Grupens als Oberprediger in Stadthagen am 14.1.1776, vgl. III 220,3f.; 224,4f.; H.s Einführungsrede SWS XXXI, S. 408–416. Die Ernennung war im April 1775 erfolgt, vgl. III 147,3; 152(N),16f.; zu III 135,12f.*
9 Fassung] *Geistige Haltung.* – Synodus] *Kirchenversammlung, Versammlung der Geistlichen in Kirchenangelegenheiten.*
14 Schulexamen] *Vgl. III 224,5.*

218. AN PASTOR WEDEKIND, *Bückeburg, 4. Januar 1776*

5–8, 11, 15 Befehl] *Vgl. III 210,23ff.*
9f. Visitation] *Vgl. III 180,5.*
10 schriftlich ... mitzutheilen] *Vgl. III 192,11–16.*

12f. der Jakobische ... Schule] *Vgl. III 210,8f.,17.*
13f. was in der Kirche ... Gesenius] *Vgl. III 210,13.*
16 ein paar Zeilen] *Am 12.1.1776 bestätigte Wedekind brieflich den Empfang des gräflichen Befehls (H: Bückeburg, Niedersächs. StA).*
17 sonderbarer] *Besonderer, auszeichnender.*

219. AN GEORG FRIEDRICH BRANDES, Bückeburg, 5. Januar 1776

5, 29 Mein letzter Brief] *III 211.*
7 öffentliches Colloquium] = *Schriftliches Kolloquium.*
10, 32 eine Sache ... der Ehre] *Vgl. 111f.; III 220,38f.; zu III 211,37.*
14–18 ein schneller Brief] *B (vgl. N, S. 806), daraus zitiert.*
19 Pro tempore] *Zur Zeit.*
20 Augsburgische Konfeßion] *Confessio Augustana, siehe R, S. 657.*
21ff. »über die rechtgläubige ... anzuhalten«] *Aus dem Ernennungsdekret zum Superintendenten, vgl. zu III 149,5.*
22 Symbolischen Büchern] *Siehe R, S. 694.*
26f. Der dunkle Verläumder] *Vgl. 84–87,102f.; zu III 213(N),21ff.*
32 Landspflicht] *Als Untertan und Superintendent der Grafschaft Schaumburg-Lippe.*
33f. Orthodoxal-Citation] *Vorladung zur Überprüfung der Rechtgläubigkeit.*
37 ausländischen Universität] *Göttingen im Verhältnis zu Schaumburg-Lippe.*
40 meinem Lande] *Schaumburg-Lippe.*
43f. Die Zeiten ... orthodoxisiren zu laßen] *Vgl. III 214,108ff.*
45 ist Göttingen das Rom schwerlich] *Vgl. III 207,16–19.*
46f. einem Inquisitorischen ... ausweichen] *Vgl. zu III 211,26f.*
47 blöde] *Furchtsam. – darf] Brauche.*
51f. inkompetentes ... Ketzermeistern] *Die Göttinger theologische Fakultät. Vgl. III 207,7.*
53f. noch auf keiner ... gelehret!«] *Vgl. zu III 211,8ff.*
57ff. Streit- und ... Superintendens angetragen] *In Gießen, vgl. I 135,20ff.; 136,56ff.; 140(N),66f.; zu I 135,20,29f.*
62 Phönixe] *Siehe R, S. 736.*
63f. noch keine ... herausgegeben«] *Gutachten der theologischen Fakultät Göttingen vom 9.11.1775: Schwierigkeiten, über H.s Orthodoxie zu urtheilen, da H. »gar keine eigentlich dogmatische Schriften herausgegeben« (Bodemann II, S. 70).*
65ff. Zweck von ... Theologen entgegen] *»Aelteste Urkunde«, »An Prediger«, »Erläuterungen zum Neuen Testament«, »Briefe zweener Brüder Jesu«; gegen das »deistische Jahrhundert« auch die Bückeburger Geschichtsphilosophie.*
66f. rechtgläubigen Theologen] *Ironisch für Deisten und Rationalisten, vgl. zu III 207,17f.*
67f. vielleicht kommt ... wurzelfester gethan] *H.s theologische Schriften wirkten vorwiegend in schwärmerisch-pietistischen Kreisen (Lavater-Kreis, Gräfin Maria zu Schaumburg-Lippe und ihr befreundete Fürstinnen), kaum auf Universitätstheologen (Eichhorn), so daß von einer effektiven Gegenwirkung gegen neologische Strömungen keine Rede sein kann.*
70f. Dogmatik ... Ketzereien entstanden.] *Aus dem Widerspruch gegen altkirchliche Dogmen entwickelten sich die häretischen Lehren der Arianer (nach Arius, gest. 335 n. Chr.), Pelagianer (nach Pelagius, gest. um 418), Antitrinitarier, Unitarier und Sozinianer (nach Fausto Soccini, 1539–1604) u.a.*

73, 82, 93 Konfeßionen] *Vgl. 20.*
75 falsarium] *Betrüger, Fälscher.*
79 ***] *H.s Gegner, vgl. zu III 214,102.*
80, 113 den Ruf antrug] *Vgl. III 181(N),10f.; 184,5ff.*
83 Fleuch] *Oberdt. Imperativ von »fliehen«.* – Lehramt] *Die Göttinger Professur.*
88–91 Ich wiederhole nichts ... vorgelegt werden] *Vgl. III 211,5–10.*
90 dem Zeigefinger Deutschlands] *Der Fama, vgl. III 209,26f.*
91 re ipsa] *Durch die Sache selbst.*
94 Bube] *Ungezogener Knabe bzw. boshafter, lasterhafter Erwachsener (Adelung).*
95f. welcher Schulkolleg ... laßen] *Vgl. III 214,17ff.*
99f. Probepredigt ... verbat.] *Vgl. zu III 73,8.*
107f. Erhörung meines vorigen Briefes] *Die Bitte um ein schriftliches Kolloquium III 211,25–45.*
110 Medium] *Mittel, Hilfsmittel.*
110f. diese edle Salbe ... entweiht wird.] *Vgl. Prediger Salomo 10,1.*
120 Die Wärme] *Vgl. III 222,6ff. Dennoch sehr gemäßigt im Ton gegenüber den meisten gleichzeitigen Briefen an Zimmermann und Heyne.*

220. AN JOHANN GEORG ZIMMERMANN, *Bückeburg,* 13. Januar 1776

3 Introduktion nach Stadthagen] *Vgl. 68; zu III 217,3.*
5 Ihren Herzvollen] *Brief, B.*
6 des H. von Bremer ... Brief] *Vgl. zu III 214,112. Zimmermann hatte H. um eine »dem Minister, seinem Freunde zeigbare Antwort« gebeten (B), deswegen die Dankesbekundungen 8ff.,26–32,50–53, der gemäßigte Ton des Briefes und dennoch die Bitte, ihn zurückzuhalten (vgl. 49ff.,67f.,76f.). Zimmermann ließ alles bei sich »ganz stille ruhen« und wartete auf die Ergebnisse der Unterredung mit Westfeld, vgl. zu 68f. (A).*
12 Colloquium über die Orthodoxie] *Vgl. III 219,33ff.*
17 meinem Lande] *Schaumburg-Lippe.*
18–23 Daß ich hieselbst ... Doktor-Namen erklärt.] *Vgl. III 159,74–77; zu III 154(N), 18; 211,17.*
21 das große D.] *Doktortitel.*
23f. Alles hier ... verbreitet] *Vgl. III 145,12ff.*
24f. Schleichwaare spielen] *Sich wie ein Schmuggler heimlich aus dem Lande stehlen, vgl. 63.*
26 meine Reise] *Nach Göttingen.*
28 kostbaren Würde] *Doktortitel (die hohen Promotionskosten versprach das Ministerium zu übernehmen).*
30 meines Wohlthäters] *Bremer. Vgl. zu III 214,28–31.*
35f., 46f., 66 Protokoll ... führen sollen] *Vgl. ebd.*
38f. »Elue!«] *Vgl. III 213(N),64ff.; zu III 211,37.*
43f. die GeneralSuperintendentur u. eine Profeßorstelle] *Vgl. III 148(N),13–17; 181(N),28ff.; 253(N),19ff.; zu II 173(N),26; III 183(N),3.*
45 der König ... prävenirt] *Der König von Großbritannien war voreingenommen, hatte eine vorgefaßte Meinung; vgl. zu III 214,70f.*
49f. ich will ... nichts geschrieben haben.] *Bitte, diesen Brief nicht als definitive Antwort zu werten; vgl. 76f.*
56 Reihe] *Zeile.*

57 öffentliches Colloquium] = *Schriftliches Kolloquium, vgl.* **70ff.**
60f. »Zurückführung ... gebracht hat«] *Vgl. III 211,***41ff.***; 219,***113ff.***
64f. ein junger Mensch ... aus Mitau] *Koppe, vgl. zu III 181(N),***27f.***
68f. Westfeld] *Westfeld war mit Brandes und Zimmermann am 11. 1. 1776 bei Bremer zum Essen eingeladen. Westfeld sollte sich am Ende der Woche mit H. an der hannoverschen Grenze treffen, um ihn zu dem Kolloquium zu überreden (B; Nachlaß II, S. 355). Vgl. zu III 222,***26ff.***,***55f.***
74 den Minister] *Bremer.*
76 Der Wage] *Niedersächs. und ältere Nebenform (16. Jh.) von* »Wagen« *(Adelung, Grimm).*

221. AN JOHANN FRIEDRICH GOTTFRIED GRUPEN, *Bückeburg, nach dem 14. Januar 1776*

4 magistratus] *Stadtrat von Stadthagen.* – Mitlehrers] *Helper.*
4f. Stelle ... im Kirchengebet] *Nicht zu ermitteln.*
7 sub hoc oder illo titulo] *Unter diesem oder jenem Titel.*
10 Helger] *Vgl. zu III 135,***14.*** – desiderandorum] *Mängel, Wünsche.*
10f. geschrieben] *Nicht nachweisbar.*
12f. Rath u. Aufsicht] *Vgl. III 224,***4f.***,***8.***
14 literis elegantioribus] *Schöne Wissenschaften.*
15 eine sinkende Schule] *Hier die Lateinschule in Stadthagen.*

222. AN GEORG FRIEDRICH BRANDES, *Bückeburg, 20. Januar 1776*

5f. meinen vorigen Brief] *III 219.*
6–9 Wärme ... den zuthuenden Schritt selbst] *Vgl. III 219,***120f.***
7f. Theilnehmung vieler Gönner] *Vgl. III 220,***8ff.***
11 Wille des Königs!«] *Durchführung des Kolloquiums.*
15 mich ... schriftlich zu confrontiren] *Vgl. zu III 219,***107f.*** *Nach B entspräche das nicht dem Willen des Königs, würde Erläuterungen ohne Ende verursachen und sich in die Länge ziehen.*
17 auf alle meine Briefe] *III 207; 209; 211; 213(N); 214; 219; 220; ein nichtüberlieferter Brief an Bremer (III 212,***3f.***).*
18 das letzte Schreiben] *B (vgl. N, S. 806).*
19 andre Wohlthäter] *Bremer, vgl. zu III 214,***112.***
20–24 vorgeschlagne Weg ... mich frei überlaßen] *Endliches Einlenken H.s, doch zum Promotionskolloquium zu gehen, vgl. 36,50,53–59.*
26ff. Sicherheit! ... mich sorgen!«] *Das stand so nicht in B, sondern war H.s Bedingung, die Westfeld in seinem Bericht an Bremer vom 19. 1. 1776 über seine Unterredung mit H. festhielt:* »völlige und ungezweifelte Sicherheit, daß ohne eine gegründete Einwendung gegen seine Geschicklichkeit und Orthodoxie seine Beförderung nach Göttingen zu Stande kommen würde« *(Bodemann II, S. 90). Vgl. zu III 214,***28–31.***
29ff. Gesetz der Stätigkeit ... statt findet] *Übertragung mathematischer Naturgesetze – hier das Leibnizsche Kontinuitätsgesetz – auf die menschliche Psyche. H. vermutete, daß die feindselige Einstellung der Göttinger Theologen sich nicht so bald ändern würde.*
34 meinem Amt] *Als Superintendent in Schaumburg-Lippe.*

36ff. Doktorei ... nothwendig wäre)] *Vgl. III 220,18–23. Nach B war die Promotion vor der Professur normal, keinesfalls erniedrigend, sondern ehrenvoll.*
40 Kosten] *Brandes hatte in B einen Beitrag des Hannoverschen Ministeriums zu den Reisekosten zugesagt.*
42 privatus] *Privatperson (nicht im Amt).*
47 das Magisterwerden] *»Magister septem artium liberalium«.*
48f. membris] *Mitgliedern.*
55ff. alle Umstände ... weiseste gewesen] *H.s Einlenken bewirkten die letzten Briefe von Zimmermann (B zu III 220) und Brandes (B) und der von Bremer (vgl. zu 19), vor allem aber die Unterredung mit Westfeld (vgl. zu 26ff.; III 220,68f.) am 18.1.1776 in Hessisch Oldendorf (vgl. N, S. 806; Haym I, S. 498).*
58f. herüberkommen] *Das hatte Bremer vorgeschlagen (vgl. zu 19).*
60 meine vorgetragne Punkte] *Sicherheit seiner Anstellung, Ersetzung der Reise- und Promotionskosten, Erlaß der Magisterprüfung. Brandes ging darauf nicht ein und wünschte nur von H. eine beliebige Zeit für das Kolloquium bestimmt (A, vgl. N, S. 806).*
64f. bei meiner Durchreise ... halten sollte.] *Vgl. zu III 219,99f. Es kam nicht mehr dazu, da H. den Ruf nach Sachsen-Weimar annahm (vgl. III 225,13ff.).*

223. AN JOHANN KASPAR LAVATER, *Bückeburg, 20. Januar 1776*

3 Flicke zur Physiognomik] *Vgl. III 215,31f. Pfenninger, der H. sein Projekt eines christlichen Journals unterbreitete (vgl. N, S. 806), übermittelte H. »Freud' und Dank« von Lavater, der zur ungestörten Fertigstellung von Bd. 2 der »Physiognomischen Fragmente« ins Hegi gereist war (A).*
6–15 Der Christus] *Anonymer Kupferstich aus H.s Besitz, nicht nachweisbar; vgl. IV 7,72. Nach Pfenningers Meinung hatte das »Bild Jesu unendliche innere Wahrscheinlichkeit«, aber Lavater fand »unausstehliche Krummheit, Rohe, nicht Simplicität des Charakters drin« (A; Nachlaß II, S. 156, 161) und hat es nicht unter die »Christusbilder« in Bd. 4 (S. 437–456) aufgenommen.*
11 Raphael] *Raffael, vgl. III 134,92.*
14f. Durch solch ein Bild ... ansieht.] *Vgl. III 134,93ff.*
16, 18f. Mark Antonin] *Marcus Aurelius Antoninus; in den »Physiognomischen Fragmenten« nicht vorhanden. – Scipio] Bd. 2, Tafel nach S. 254; Beschreibung von Goethe S. 254 (WA I 37, S. 354; Abb.).*
16f. Madame Scarron] *Nicht nachweisbar (R, S. 501).*
17 nachgegriffelt] *Nachgezeichnet oder -radiert.*
18 Solonskopf] *Ein Medaillonporträt in Bd. 3, Tafel vor S. 53, Nr. 9; zwei Zeilen auf S. 53.*
20 Campanella] *»Physiognomische Fragmente«, Bd. 4, 3. Abschnitt: »Stellen aus verschiedenen Schriften mit und ohne Anmerkungen des Verfassers. VII. Fragment. Vermischte Stellen«, S. 192f., Auszug aus »De sensu rerum et magia«. Baco] Bd. 4, ebd., »III. Fragment«, S. 167, 180–183, lat. Auszüge aus »De dignitate et augmentis scientiarum«. – Maximus Tyrius] Bd. 4, ebd., »IV. Fragment«, S. 184f., Auszüge aus »Philosophische Reden«, 7. Rede. – Homer, Pindar] Keine Auszüge in den »Physiognomischen Fragmenten«.*
21 Netz von faulen u. guten Fischen] *Vgl. Matthäus 13,47f.*
23 künftige Auszüge] *Nicht nachweisbar.*
25–28 ein liebes Antlitz] *Silhouette der Gräfin Maria zu Schaumburg-Lippe. Nicht in die »Physiognomischen Fragmente« aufgenommen.*

26 paar Worte ... drüber schreibe] *Vgl.* **32–40.**
28 Einfluß] *Auf H.s religiöse Verinnerlichung.*
32f. »Reines Herzens! ... thaten –«] *Klopstock,* »*Psalm*«, *1753, 9. Strophe (R, S. 318); nach Matthäus 5,8; vgl.* »*Erläuterungen zum Neuen Testament*« *(SWS VII, S. 429).*
36 »ich bin des Herren Magd!«] *Vgl. Lukas 1,38.*
37 blödem] *Zaghaft.* – Zephyrtritte] *Siehe R, S. 742.* – Carita] *Siehe R, S. 720.*
40 einer Erstandnen] *Auferstandenen.*
41 Beschreibung Simons] *Simon II., siehe R, S. 714.*
42 die 3. auf dem Blatt] »*Physiognomische Fragmente*«, *Bd. 1, Tafel nach S. 192:* »*Sechs weibliche Silhouettes*«; *auf S. 193 ist Nr. 3 als* »*Sittsamste, Bescheidenste und Frömmste*« *charakterisiert, kein Name genannt (nichts darüber in A).*

224. AN GRAF FRIEDRICH ERNST WILHELM ZU SCHAUMBURG-LIPPE, Bückeburg, 22. Januar 1776

3 pro relatione humillima] *Vgl. zu III 191,3.*
4f., 8 Einführung des Pastors Grupen] *Vgl. zu III 217,3.*
6 Vakanz] *Unbesetzte Lehrerstelle oder Schulferien.*
7 Bergmann] *Der frühere Rektor war seit 1774 Pastor in Meinsen.*
10f. in Bückeburg Examen ... verbeßert] *Vgl. II 43; III 126.*
11, 17 Corrector] *Lehrer der Mittelstufe, während der Rektor Helper die oberen Klassen unterrichtete.*
12 ex tempore] *Improvisiert.*
13 Münzen zur Aufmunterung] *Vgl. zu III 126,9.*
14 Klasse des Cantoris] *Johann Wege betreute die Unterstufe.*
16 Winkelschulen] *Unerlaubte Privatschulen.*
24 patronus scholarum] *Vgl. zu I 106,3.*

224 a (N). AN JOHANN GEORG ZIMMERMANN, Bückeburg, 31. Januar 1776

3 zur Doktorpromotion bereit] *Vgl. zu III 222,***55ff.**,**60,64f**. *Am nächsten Tag empfing H. den offiziellen Antrag der Generalsuperintendentur von Sachsen-Weimar (B zu III 225). – Zuvor hatte er am 20. 1. 1776 an Zimmermann geschrieben (nicht überliefert), worauf dieser am 31. 1. antwortete. Danach und nach A war für Zimmermann, der auch von Weimar wußte, die Situation noch unklar. In einem nichtüberlieferten Brief vom 2. 2. 1776 machte H. dem Freund Mitteilung von der Berufung nach Weimar, worauf dieser ihn am 7. 2. bat, an Bremer zu schreiben, der H. seit dem 3. 2. täglich erwartete (Nachlaß II, S. 359).*

225. AN KARL FRIEDRICH ERNST VON LYNCKER, Bückeburg, 3. Februar 1776

5 des Herzogs] *Karl August von Sachsen-Weimar.*
6 zu so wichtigen Stellen] *Eines Sachsen-Weimarischen Oberhofpredigers, Oberkonsistorial- und Kirchenrats und Generalsuperintendenten (B).* »... *ich fühle die Wichtigkeit des Amts, der Stellen und der Pflichten*« *(vgl. zu* **18ff.***). Lynckers Schreiben (Original vom 24. 1. 1776, HN XXXVII, 74) war veranlaßt durch ein Reskript des Herzogs an*

das Oberkonsistorium vom 23. 1. 1776, den ihm »wegen seiner Gelehrsamkeit und Stärke in der geistlichen Beredsamkeit, auch sonstiger guter Eigenschaften« empfohlenen H. – das war auch die Begründung im Berufungsdekret vom 15. 5. 1776 (HN XXXVII, 82) – »um eine baldige Antwort und Erklärung zu ersuchen« (Herder-Album, S. 54).

9 Pflichten und Beziehungen] *Vgl. III 253(N),77ff.*

10 reif erwogen] *Seit Mitte Dezember 1775, vgl. zu III 213(N),75. Am 2. 1. 1776 schrieb ihm Goethe, der Herzog wolle »absolut keine Pfaffen Trakasserien über Orthodoxie und den Teufel« (WA IV,3, S. 13), am 7. und 15. 1. wünschte er die Fürsprache eines »rechtgläubigen« Theologen, z. B. Jerusalems, für H. (ebd., S. 16f.), aber am 24. 1. 1776 triumphierte er, er »brauch der Zeugnisse nicht, habe mit trefflichen Hezpeitschen die Kerls [Weimarer Geistliche] zusammengetrieben«, d. h. den Herzog zu absolutistischen Maßnahmen veranlaßt (ebd., S. 22). Vgl. Goethes scherzhafte Gratulationsepistel, vor dem 20. 2. 1776 (ebd., S. 31ff.).*

12f. eines Ruhmvollen ... unter den Menschen] *Der devoteste Stil der Fürstenverherrlichung zeigt H.s zielstrebigen Pragmatismus, verglichen mit dem selbstbewußten, oft verletzenden Ton in den Schreiben zur Stockschen Affäre an Graf Wilhelm.*

16 Bau des Reichs Gottes] *Wirken für die Fortschritte des Christentums.*

18ff. Vom Beginn der Reformation ... Europa's] *Vgl. H.s Antrittspredigt am 20. 10. 1776: »Hier in einem Lande, das den ersten Stral der Reformation unsres großen Gottesmannes Luther mit empfing und weit fortsandte, in einem Lande, dessen Fürsten die edelsten standhaftesten Unterstützer und Beschützer dieser Reformation wurden ...« (SWS XXXI, S. 433).*

19 der edle Fürstenstamm] *Sachsen.*

20 die aufgeklärte Religion] *Protestantismus.*

21 einem neuaufblühenden Zweige] *Karl August.*

27 Anzug] *Ankunft.*

28 zuvorkommende geneigte Versicherungen] *Lyncker betonte in B seine Freude über die baldige persönliche Bekanntschaft mit H. und seine Hoffnung, »in Gemeinschaft eines so würdigen Collegen, viel Nuzbares stiften zu können« (ähnlich in A).*

29 Collegium] *Sachsen-Weimarisches Oberkonsistorium, siehe R, S. 833.*

37f. Schaumburg-Lippischer ... primarius] *Nur in seinem ersten Brief an den künftigen Vorgesetzten führte H. seine Amtstitel auf, vgl. III 230; 244.*

226. AN CHARLOTTE FRIEDERIKE AMALIE FÜRSTIN ZU SCHAUMBURG-LIPPE,
Bückeburg, 9. Februar 1776

5–12 die Predigt] *Zur Einführung Grupens, vgl. zu III 217,3.*

8f. sie beizulegen ... bleiben zu lassen] *Vgl. III 271,8f. In einem undat. Brief (Februar 1776) übermittelte Gräfin Maria den Dank der Fürstin und ihre Frage, »wer darunter begriffen ist«, denn sie »hätte gern einen bleibenden Nutzen dadurch geschaft« (Bückeburg, Niedersächs. StA, Fürstl. Hausarchiv).*

12 gute Salbe ... verflieget.] *Vgl. Prediger Salomo 10,1.*

13 regierenden Gräfin] *Maria zu Schaumburg-Lippe.*

13–17 Klosterbergische Sammlungen] *Siehe R, S. 680.*

16 jungen Gräfinnen] *Karoline Ferdinande von Bentheim-Steinfurt und Friederike Antoinette zu Schaumburg-Lippe-Alverdissen.*

19 Mütterliche Gnade] *Vgl. zu II 165,36,40.*

227 (N). An Christian Gottlob Heyne, Bückeburg, 25. Februar 1776

3ff. Die Anfrage ... geschehn] *Vgl. zu III 225,6. Heyne war von Brandes informiert worden, daß H. zum Promotionskolloquium kommen wolle, hatte dann von der Berufung H.s nach Weimar gehört und wünschte endlich Gewißheit über seine Entscheidung (B).*
5 pastor primarius] *Die Oberpfarrerstelle der Stadt Weimar wurde nicht in der Anfrage erwähnt, vgl. zu III 225,6.*
6 der Ruf] *Dazu Goethes Epistel (vgl. zu III 225,10):* »Wenn euch nun erst der Rath der Stadt/zum Oberpfarr berufen hat/Werd ihr vom Fürsten dann ernennt/Hofpredger General Superndent« *(WA IV 3, S. 32). Vgl. III 230,10,19ff.,27; 232,22f.,37ff.; 244,5,10; 245,5,7; 248,10f.*
7 schreiben nach Hannover] *Vgl. III 229; 232,36ff.*
8f. Zum Colloquium ... kommen.] = *gekommen. Vgl. III 224a(N).*
10 Platz] *Eine andere Stelle.*
11f. Schlag der Wünschelruthe] *Plötzlich wie durch Zauberei.*
13f. Träume ... zu lernen] *Vgl. II 136(N),31ff.*
16 was an mir verliert] *Wenn H. nach Weimar gehe, werde Heyne* »dreyfach trostlos seyn« *(B).*
17 Es hat nicht seyn sollen.] *Von Heyne resignierend wiederholt (A).*
19 Hochwürdiger Kompagnie] *Die Göttinger Orthodoxie sei gedemütigt und könne nicht triumphieren, da das Gerücht umgehe, H. wolle nicht* »mit so hämischen Collegen« *leben (A).*
20 habitata] *Bevölkerung, Einwohnerschaft.*
22 die mich ruffen wollten] *Das Hannoversche Ministerium, das ganz vom König von Großbritannien abhing (B).*
24 was die Hochwürdige Fakultät ... hat.] *Nach A könne man H.* »keiner Ketzerey zeihen« *und verstehe ihn* »auch nicht genug dazu«; *er habe* »noch keine eigentl. dogmatischen Schriften« *verfaßt, einzelne Sätze würden aber gegen die Symbolischen Bücher verstoßen (*»Aelteste Urkunde«: *Genesis als Allegorie;* »Briefe zweener Brüder Jesu«: *Jakobus und Judas keine Apostel, vgl. zu III 214,98f.). Vgl. III 232,47–51.*
25 quare?] *Warum?*
29 Bald mehr!] *Zwischen A und N IV 19 scheinen Briefe verloren zu sein.*

228. An Jakob Michael Reinhold Lenz, Bückeburg, 9. März 1776

4 einige Bogen Deiner Komödie] *Zimmermann hatte am 22. 2. 1776 vier Druckbogen der* »Soldaten« *angekündigt (Bonin, S. 29). Vgl. III 208c; zu III 214,115f.* – ohne Geld] *Lenz hatte in Straßburg Schulden und mahnte bei Zimmermann und Boie dringend Honorare an.*
5 Dein Brief ... werden sollte] *Lenz befürchtete, daß Sophie von La Roche über die Namensgleichheit verärgert sein würde:* »In den Soldaten muß der Name la Roche in die Gräfin von Rochau verwandelt werden; ich wußte es nicht, daß sie einen Sohn hatte« *(B; Nachlaß I, S. 236).*
7f. Wie die la Roche ... ein Engel] *In III/8 äußert die Gräfin im Dialog mit ihrem Sohn ihr Mitleid mit der von dem Offizier Desportes verführten Mariane Wesener, in III/10 fährt sie zu ihr und nimmt sie als Gesellschafterin zu sich, um sie vor dem Untergang zu retten.*

9 das ganze ... umgedruckt werden] *Der Name »Gräfin La Roche« steht über der 8. und 10. Szene und in der 9. des III. Aktes, der 3. des IV. Aktes und der 5. des V. Aktes.*
10f. Dazu hab ichs ... besorget] *Vgl. III 208c. Damit er als Geistlicher nicht als Komödiendichter diffamiert werden konnte, vgl. zu III 32,***27ff.**
12f. Der Kerl ... erscheinen laßen] *Reich hatte am 30. 1. 1776 an Zimmermann geschrieben, er wolle »Die Soldaten« nicht vor der Messe herausgeben (Zimmermann an H., 7. 2. 1776; Nachlaß II, S. 360); vgl. III 231,***5f.** *– Kerl ist Ausdruck von Lenz, vgl. zu III 208c,***5.**
13f. mit den letzten Bogen ... Dukaten] *Vgl. III 231,***3**; *vgl. zu III 208c,***5.**
15 Kommißion] *Auftrag, vgl. zu III 190,***16f.**
17, 19 Kantate] *»Die Auferstehung« (»Als Christus in die Hölle niederstieg«; Damm 3, S. 86ff.; wahrscheinlich 1764–1768 in Dorpat entstanden und von Ramlers »Auferstehung« und H.s Pfingstkantate angeregt).*
17 Dein Wort über meine Apokalypse] *In B (Nachlaß I, S. 236f.) über »Johannes Offenbarung« (vgl. zu III 215,***34**). *Lenz lobte die einfachen geistlichen Deutungen, besonders »die behutsam schöne Deutung des Endes der Dinge« und »das Bild vom neuen Jerusalem« (vgl. SWS IX, S. 92–96), und zitierte aus Abschnitt V: »Der Geist, der durch alle Gemeinen blickt und in dem Herzen aller Gläubigen rufet, das Sensorium Gottes in aller Welt ... Zeit der Duldung wurde!« (ebd., S. 64).*
18f. Laut des Geistes ... Einer Saite.] *Vgl. I 93,***136f.**; *»Vom Erkennen und Empfinden«: der Mensch als »Saitenspiel der Gottheit« (SWS VIII, S. 191, 316).*
20 mein Kleiner] *Gottfried.* – grinzt] *»Grinzen« Nebenform von »grinsen« bis Anfang 19. Jh. (= weinerlich reden, Grimm).*
22 Zurückziehung aus Göttingen] *»Aus Deiner Göttingerstelle nichts geworden? Schüttle den Staub über sie!!!« (B).*
23 zweite Antwort aus London] *Vom 4. 12. 1775, vgl. zu III 209,***5.**
24 Göthens Brief] *Vgl. zu III 213(N),***75.**
25 Der Herzog ... angefragt] *Vgl. zu III 225,***6.**
26 steckts] *»Bleibt stecken«. Vgl. III 231,***22.**
27 was zitterst ... erlöschen.] *In Lenz' Briefen an H. ist eine Todes- und Untergangsstimmung zu spüren: Es geht ihm »wie einem blöden Liebhaber ..., der zu reden zittert ... ich werde untergehen und verlöschen in Rauch und Dampf« (Dezember 1775; Nachlaß I, S. 234f.). »Komm bald, Herr Jesu!« (B; vgl. SWS IX, S. 98).*
27f. Funke Gottes] *Mystisch-pietistische Begrifflichkeit. Lenz führte in seinen »Meynungen eines Layen« den »prometheischen Funken ... diese uns belebende Kraft« an (Damm 2, S. 565).*
30 tichtetest] *»Tichten und Trachten« (Luther-Bibel, 1. Mose 6,5).*
32 meine Urkunde] *»Aelteste Urkunde«, Bd. 2; vgl. III 231,***25f.**; *233.*
32f. Dein Brief ... hindurch!] *B; am 30. 9. 1775 hatte Lenz geschrieben: »Unsere Seelen sind wahre Schwesterseelen« (Nachlaß I, S. 230). H. glaubte an das »geheime Band Gottes und der Natur, und menschlicher Seelen unter einander« (Erinnerungen II, S. 285).*
35 Meinungen des Layen] *U. a. von Hamanns und H.s Schriften beeinflußtes theologisches Hauptwerk Lenzens über Genesis, Mosaische Gesetzgebung und Christus (Damm 2, S. 522–618). »Die Meinungen – sind von mir« (A zu III 231).*
37 am Ufer des Rheins] *Lenz in Straßburg. –* am Bach Krith] *Vgl. zu III 201,***35.** *–* Raben] *Auf Gottes Geheiß brachten Raben dem Propheten Elia »Brot und Fleisch des Morgens und des Abends« (1. Könige 17,6).*

229. AN GEORG FRIEDRICH BRANDES, Bückeburg, 10. März 1776

6ff. Ruf nach Weimar ... zu melden] *Vgl. III 227(N),3ff. Brandes bedauerte in A in seinem eigenen Namen und in dem des Hannoverschen Ministeriums den Verlust für Göttingen und wünschte H. »dauerhaftes Glück«.*
10ff. das Colloquium ... zu verbitten.] *Vgl. III 227(N),8ff.*
17 sanfter u. sittiger] *Tautologie.*
17–21 Die Orthodoxe Universität ... erlangen mögen.] *Vgl. III 219,44f.; zu III 214,108. Gegenüber III 222 nahm H. hier wieder den sarkastischen Ton der vorausgehenden Briefe III 207; 209; 211; 213(N); 214; 219; 220 an.*
21 Ich schüttle den Staub ab] *Vgl. Jesajas 52,2; zu III 228,22.*
24f. Staubkorn der Schöpfung] *Vgl. III 232,49f.; Hiob 30,19.*
27, 35 »Mittheilung der Einwürfe gegen mich«] *Diese erfolgte bereits am 8.3.1776 durch Heyne, vgl. III 232,47ff.; zu III 227(N),24.*
30ff. Auch ein König ... Gerücht setzen] *Vgl. III 211,39–43.*
33 Ankläger] *Vgl. III 219,84f.,102f.*
34 Assassinen] *Siehe R, S. 746.*

230. AN KARL FRIEDRICH ERNST VON LYNCKER, Bückeburg, 16. März 1776

8 wegen einer in Ostern ... Predigt] *Zitat aus B (vgl. Konzept, III, S. 355). Nach einem Reskript des Herzogs Karl August an das Weimarische Oberkonsistorium vom 28.2.1776 (Abschrift HN XXXVII, 79) wurde H. durch Lyncker von diesem Kollegium ersucht, »am ersten OsterFeiertage die gewöhnliche Predigt dahier abzulegen« (B). Ostersonntag war der 7.4.1776.*
10 wegen des ausbleibenden Rufs] *Nicht in dem weitschweifigeren Konzept angegeben.*
10f. Konfirmationsarbeiten] *Nach dem Konzept war H. Confirmans generalis vom Lande, gewißermaasse der Mittelpunkt dieser Geschäfte.*
11f. den gehäuftesten Geschäften fürs ganze Jahr] *Vgl. zu II 172,5.*
13 bis zum Sonntage nach Ostern] *Quasimodogeniti (Konzept), 14.4.1776.*
17 oft zu sehr] *Konzept: manchmal sehr.*
19 über welche die Anfrage ... geschah] *Vgl. zu III 225,6.*
20 Ruf zu erhalten] *Vgl. zu 31.*
26 einer Predigt] *Konzept: einer Probepredigt. Danach im Konzept Erwähnung der Reisekosten: vielleicht fände sich auch eine alte Gewohnheit, die für das Kostbare dieser Reise sorgte.*
31 andere Zeitfrist] *Das Weimarische Oberkonsistorium schlug am 29.3.1776 zur Probepredigt Sonntag Rogate (12.5.), Himmelfahrt (16.5.) oder Sonntag Exaudi (19.5.) vor, aber ein herzogliches Reskript vom 2.5.1776 befahl die Ausfertigung der Vokationsurkunde, die am 15.5. vom Herzog unterzeichnet (HN XXXVII, 82) und von Lyncker am 24.5.1776 (Original ebd., 83) übersandt wurde.*
34f. der Wille derer ... kennen lernen wollen] *Der Weimarer Magistrat verzichtete schließlich auf die Probepredigt und stellte am 1.8.1776 das Ernennungsdekret von Bürgermeister (Traugott Lebrecht Schwabe) und Rat zum Oberpfarrer der Stadtkirche aus (HN XXXVII, 86; Dekret des Herzogs vom 1.8.1776, ebd., 85). Darin war festgehalten, daß H. nach der Augsburger Konfession und Formula Concordiae lehren sollte »in einfältigem rechten Verstand, ohne Einmischung unnöthigen Wortgezäncks oder gefährlicher Mißdeutungen, mit gebührender Bescheidenheit«.*
36f. Probe- zugleich eine Antrittspredigt] *D. h. nur die letztere, vgl. IV 9(N),179f.*

231. AN JAKOB MICHAEL REINHOLD LENZ, *Bückeburg*, Mitte März 1776

3 Deine Soldaten] *Vgl. III 208c; ein Exemplar des Drucks.* – 15. Dukaten] *Zimmermann hatte sie am 10.3.1776 mit den Exemplaren von Reich erhalten, am 11.3. an H. spediert und am 23.3. und 1.4. nach dem Empfang und der Weitersendung (an Merck in Darmstadt) gefragt (Nachlaß II, S. 363, 365).*
4f. Eben schreibt mir Zimmermann] *Brief vom 11.3.1776 (Nachlaß II, S. 362).*
5 heutigen Briefe] *Lenz wünschte, daß Reich das Stück »hoffentlich vor Michaelis nicht bekannt machen« würde (B).*
6 Nachdruck] *Vgl. III 232,9f.*
8 Deine Exemplare] *Zimmermann hatte an H. 11 Exemplare geschickt. Lenz wollte sie nicht aus der Hand geben (A). Nach A zu III 236 wußte Lenz nicht, ob Merck welche bekommen hatte, und besaß selbst kein Exemplar.*
9f. Spinnweb von Beziehungen] *In den »Soldaten« hatte Lenz in Straßburg »lauter Localverhältnisse« verarbeitet (an H., 18.11.1775; Nachlaß I, S. 231) und fürchtete »das mit Fingern deutende Publicum« (B). In A enthüllte er, ein Straßburger Mädchen, das Urbild der Hauptfigur Mariane (vgl. zu III 228,7f.), erwarte die Rückkehr ihres Bräutigams, eines Offiziers. Durch »Unverschämtheiten« der »Stadtwäscher« könnte »vielleicht das Stück ihr ganzes Glück und ihre Ehre verderben«. Deswegen wollte er es als Werk eines »Theobald Steenkerk aus Amsterdam« ankündigen lassen (A). Keinesfalls sollten Exemplare nach Straßburg geschickt werden (A zu III 236).*
11 Herostrat] *Herostratos.* – *H. empfand »Die Soldaten« »gerade von der Seite«, auf der Lenz es »empfunden wünschte, von der politischen« (Lenz an H., 20.11.1775; Nachlaß I, S. 232) und war daher an der Veröffentlichung interessiert.*
13 abgeschabten Mantel] *Topos: Propheten- oder Philosophenmantel.*
14–17, 28 die Wolken] *Nachdem das Wieland als Wüstling parodierende Mskr. unter Lenzens Freunden (Lavater, Schlosser, Goethe u.a.) kursiert war, rieten diese vom Druck ab. Helwing hatte inzwischen das Stück von Boie erhalten und Anfang 1776 gedruckt. Lenz erreichte, daß Boie die gesamte Auflage vernichtete (Briefe an Boie, Mitte April, 12.5. und Ende Mai 1776; Damm 3, S. 432, 445, 457), und ließ seine »Verteidigung des Herrn W. gegen die Wolken von dem Verfasser der Wolken« drucken (Damm 2, S. 713–736; 924–928). Im Dezemberheft des »Deutschen Museums« 1776 erschien (nach der persönlichen Bekanntschaft mit Wieland in Weimar) das Gedicht »Epistel eines Einsiedlers an Wieland«, in dem Lenz Wieland bittet, sein Lehrer zu werden (Damm 3, S. 194–197). Helwing erhielt als Ersatz von Lenz die Komödie »Die Freunde machen den Philosophen« zum Druck (Lemgo 1776; Damm 1, S. 273–316; 749ff.).*
19 Verschwinden] *Lenz schrieb, nach der Vollendung einer Schrift »Über die Soldatenehen« (Damm 2, S. 787–827; 946f.) werde er »wahrscheinlichst wohl sterben ... Ich hoffe Euch zu sehen, eh' ich gehe« (B).* – Morgenstern ... Gott loben.] *Vgl. Hiob 38,7.*
22 Mit Weimar stockts wieder] *Vgl. III 228,26.*
23 Probpredigen] *Vgl. III 230,8; zu III 230,31,34f. H. solle das »als eine Farce« ansehen, schrieb Lenz (A).*
24 Stadtphilister] *Stadtrat von Weimar.*
25 Mein Paradies] *»Aelteste Urkunde«, Bd. 2, I. »Anbeginn des Menschengeschlechts« (SWS VII, S. 3–59). Lenz war darauf »begierig« (A).* – Katastrophe] *Wendepunkt = II. »Abfall des Menschengeschlechts«, Sündenfall (ebd., S. 60–133) oder Ausgang = III. »Fortgang des Menschengeschlechts« bis zur Sündflut (ebd., S. 134–171).*
25f. Ostern fertig] *Vgl. III 233.*

28 das Gerücht geht, es ist Göthe.] *Darüber war Lenz verzweifelt; denn Goethe wußte nicht einmal, daß er sie schreiben wollte (A).*
29f. Stella] *Vgl. III 232,15–20.*
30 Flügel] *»Flügel der Morgenröte« (Psalm 139,9).* – Aurora] *Siehe R, S. 719.*

232. AN JOHANN GEORG ZIMMERMANN, Bückeburg, etwa 23. März 1776

3 antworte auf so vieles] *H.s letzter Brief an Zimmermann (nicht überliefert) war vom 27. 2. 1776; Zimmermann hatte seitdem viermal geschrieben (B).*
4 Exactitude] *Genauigkeit, Pünktlichkeit.*
6 Lenz ... Briefe] *Zimmermann hatte H. die Briefe zur Einsicht geschickt, die Lenz ihm wegen der Veröffentlichung der »Soldaten« geschrieben hatte (Lenz an Zimmermann, Ende Februar/Anfang März 1776; Damm 3, S. 387f., 395); vgl. III 208c.*
7 gehabte Mühe] *Zimmermann korrespondierte mit Reich über Druck und Honorar für »Die Soldaten«.* – seinen Sorgsamkeiten] *Vgl. zu III 231,9f.*
8 ut factum infectum reddi nequeat] *Damit das unvollendete Werk nicht zurückgegeben werden kann.*
14 goldnen Wellen des Jahrhunderts] *Gegensatz zu der vernichtenden Säkularkritik der Bückeburger Geschichtsphilosophie.*
15–20 Stella] *»Ein Schauspiel für Liebende in fünf Akten«.*
16 gnüglich] *Genüglich (angenehm, vergnüglich; Adelung). Nach Haym (Bd. 1, S. 782) spiegelten sich in H.s überschwenglichem Lob Empfindsamkeitsmoral und parteiische Freundschaft für Goethe.* – daß sich die Engel Gottes freuen] *Vgl. Lukas 15,10.*
17 hinten möcht' ich Fernando seyn] *In der ursprünglichen Fassung lebt Fernando (Baron und Offizier) mit der ältlichen Ehefrau Cäcilie und der jungen Geliebten Stella, die er beide verlassen hatte, einträchtig zusammen (WA I 11, S. 415f.). In der Trauerspiel-Fassung von 1806 (in »Goethe's Werke«, Bd. 6, Stuttgart, Tübingen 1816) vergiftet sich Stella, und Fernando erschießt sich.* – *Zimmermann scherzte: »Die Seminalkräfte Euer Hochwürden müssen sehr gut beschaffen seyn, weil Sie am Ende der Stella (die alles ist, was Sie sagen) Fernando seyn möchten« (A; H: GSA).*
18 Paradiesesblume] *Stella. Vgl. »Aelteste Urkunde«, Bd. 2: »Das Weib, die Krone der Schöpfung, ... eine Blume in Eden entsprossen« (SWS VII, S. 63).*
19 Lucie] *Fernandos und Cäcilies Tochter.*
22–27 keinen Ruf ... nach Quasimodogeniti reisen.] *Vgl. III 230,8,14f.; zu III 230,31,34f.*
29 Titel] *Zimmermann hatte sie »Frau Generalsuperintendentin« und »Oberkonsistorialrätin« genannt.*
29–32 von einem Braten ... beßern Braten] *»Wenn der Braten Ihnen als Hofbeichtvater gereichet ist, so möchten wohl Würmer daran hangen«; in seinen Berufungsfunktionen aber werde H. »immer gutes Essen« haben (A). Am 5. 4. 1776 schrieb Zimmermann an Karoline, daß ihn der Traum ängstige (H: GSA).*
32 sapienti sat] *Vgl. zu III 181(N),114.*
33ff. prophetischen Traum] *Zimmermann bat um dessen Mitteilung (A). Vgl. zu III 159,30ff.*
36 An H. von Bremer] *Vgl. zu III 224a(N),3. Auf H.s vertrauliche Mitteilung der Weimarer Berufung (nicht überliefert) hin gratulierte Bremer am 24. 3. 1776, bemerkte aber, »für seine Gelehrsamkeit wäre das größere Theater zu Göttingen weit passender gewesen«, und im Kolloquium hätte er leicht gesiegt (H: Kraków; Erinnerungen I, S. 323).*
37f. an H. Hofrat Brandes ... geschrieben] *III 229.*

38f., 42f. Von meiner Reise] *Zur Probepredigt nach Weimar, vgl. zu **22–27**.*
40 Descendenz] *Herkommen.*
41 Göttinger Kram] *Das geforderte Kolloquium.*
44 Doktorhut in Göttingen] *Zimmermann wollte H. als »allergeringste Abbüßung für so viele Calumnien und Chicanen« in Göttingen noch den Doktortitel umsonst verschaffen, hatte aber keinen Erfolg (an H., 2. und 16. 3. 1776; Nachlaß II, S. 361, 363).*
46 Filze] *Hier: Filzhüte.*
47f. Heine hat ... eingewandt haben.] *Vgl. zu III 227(N),**24**. Zimmermann bat um Mitteilung dieser »Anecdoten« (A, H: GSA).*
48 Nieswurz] *Helleborus, in Südeuropa heimische Giftpflanze, in der Antike u.a. zur Heilung des Wahnsinns angewandt (vgl. Horaz, »Sermones« (Satiren) II,3,82f.; »Epistolae« II,2,137). Hippokrates verschreibt im 2. Buch, Kap. 7 von Wielands satirischem Roman »Die Abderiten« (Weimar 1774) den Schildbürgern von Abdera sechs Schiffsladungen Nieswurz aus Anticyra (Küstenstadt in Phokis) gegen ihre Dummheit. – Rhabarber] Asiatische Heilpflanze, Abführmittel. – »Nieswurz, Rhabarber, und Stockprügel beschere der Himmel dem Schurkenvolke, daß Sie so garstig (in London) verläumdet hat« (A; Nachlaß II, S. 366).*
49f. kein zertretnes Staubkorn] *Vgl. III 229,**24f**.* ungerochen] *Ungerächt.*
52 Lavaters Zettel] *»Nachricht, Zürich, 22. 2. 1776« (R, S. 342); von Zimmermann am 13. 3. 1776 geschickt (H: GSA). In seinem Brief an H. vom 2. 3. 1776 nannte Zimmermann als Beispiel für den Lavater zugeschriebenen Unsinn die »physische Verbesserung der Natur durch das Othemholen und die Ausdünstungen Jesu Christi« (Nachlaß II, S. 361).*
53f. Seine Vignette von mir ... kein wahres Wort.] *Vgl. III 253(N),**196**; »Physiognomische Fragmente«, Bd. 2, S. 102: »Nachstehende Silhouette ist – eines unerreichbaren, immer fortdringenden, unter sich grabenden, hochauffliegenden, überschauenden, umfassenden, festen, allgewaltigen Genius voll Schöpfungs- und Zerstörungskraft. Wie seine Werke, Eine Pyramide, an welcher Mäuse nagen, und Insekten den Kopf zerstoßen« (zitiert von Zimmermann an H., 11. 3. 1776; H: GSA). Zimmermann fand H.s Silhouette »gut und sehr kennbar«, den Text »göttlich wahr«, aber aus H.s Schriften, nicht aus seinem Profil »herausgeziffert« (A; Nachlaß II, S. 366).*
55ff. ein paar Blätter ... Physiognomik] *Über »Physiognomische Fragmente«, Bd. 1 (R, S. 26). Zimmermann dankte für die »herrliche Recension ... voll Licht, Leben, Kraft und Wahrheit« (A). Lavater hatte dafür in A zu III 223 gedankt (Nachlaß II, S. 160).*
56ff. Kothjournal] *Die von H. stets beschimpfte »Auserlesene Bibliothek der neuesten deutschen Litteratur«, siehe R, S. 646. »Dieses Dreckmagazin (wie Sie es nennen) hat fünf Mitarbeiter in Hannover, wie mir Klockenbring sagt« (A).*
57 dahingekleckt] *Vgl. zu III 86,**35**.*
59–62 Deutschen Museum] *H. war zur Subskription eingeladen worden. Zimmermann beauftragte Boie, H. ein Exemplar der Zeitschrift zu schicken (A).*
63 Fortsetzung der Urkunde] *Vgl. zu III 231,**25**.*
64 Präparation der Kinder] *Konfirmandenunterricht, vgl. III 230,**10f**.*

233. AN BERNHARD CHRISTOPH BREITKOPF, Bückeburg, 31. März 1776

4 ein verspätetes Manuscript] *»Aelteste Urkunde«, Bd. 2.*
7 Druck ist wie die Urkunde] *Vgl. III 26.*
8 nur 3. Abschnitte gibts] *Vgl. zu III 231,**25**.*

10 Manuscript ist durchstrichen] *Korrigiert.*
11 simple Striche] *Vgl. III 33,9f.*
12 auf die Meße] *Vgl. III 235,20–25; 238(N),5f.,33f.; 242,12f. Das Buch erschien erst nach der Ostermesse.*

234. AN JOHANN WILHELM LUDWIG GLEIM, *Bückeburg,* 13. April 1776

3 Claudius ist hier gewesen] *Anfang April 1776 (vgl. III 253[N],144) auf der Reise nach Darmstadt, wo er es wegen der ihm nicht zuträglichen Luft nur ein Jahr aushielt; vgl. zu III 175(N),66. Claudius dankte aus Darmstadt am 18. 4. 1776 für H.s Gastfreundschaft, seine Frau dankte Karoline am 3. 5. für »die 7 guten Tage« in Bückeburg und rühmte die Freundschaft Friederike v. Hesses (Nachlaß I, S. 410ff.). Vgl. III 235,33; 239,33f.*
4 die Commißion] *Oberlandkommission in Darmstadt.*
5 2. Kindern] *Maria Karoline Elisabeth und Christiane Marie Auguste.*
9 herüber blasen] *Nach Halberstadt. Claudius hatte Gleim versprochen, ihn von Bückeburg aus zu besuchen (B).*
10 Pandorens Büchse] *Siehe R, S. 735.*
11–14 Papierasmus] *Dorothea Gleim hatte ihr Exemplar von Claudius' »Asmus omnia sua Secum portans« mit »dem Postillon von Hagenburg« an H. geschickt, damit er seinen Namen hineinschreibe (B). Vgl. III 263,30. Die abgeschnittene Widmung »Seiner Schwester Gleim/Herder« (H: GSA).*
15f. angetragen ... vom Herzog.] *Vgl. zu III 225,6.*
16 Dies docebit.] *Der Tag wird es lehren. –* Lethe] *Siehe R, S. 730.*

235. AN JOHANN FRIEDRICH HARTKNOCH, *Bückeburg,* 13. April 1776

4 Ruf von Deiner Krankheit] *Durch Hamann: »Von Hartknoch habe ... vor einigen Wochen gehört [um Neujahr], daß er in Lebensgefahr gewesen seyn soll wegen seines Gewächses, das ... aufgebrochen der Luftröhre zu nahe« (am 28. 1. 1776; B zu III 253[N]). Am 20. 4./1. 5. 1776 schrieb Hartknoch an H. von seinem am 30. 11. 1775 aufgeschnittenen Kehlkopfgeschwür, entsetzlichen Leiden, Todesnähe und dem nicht zuheilenden Loch im Hals (H: Kraków).*
6f. heute schreibt Breitkopf] *Nicht überliefert.*
10–14 et si placet ... patris affectu.] *Lateinisch geschrieben, weil Albertine Hartknoch es nicht verstehen sollte (vgl. III Anm. 235). Hartknoch schrieb in A (vgl. N, S. 806), daß er über seinen Nachlaß nicht disponiert habe, aber wegen der Mutterliebe Albertines für seinen Sohn unbesorgt sei.*
16 Zend-Avest] *Bd. 1, vgl. III 200.*
17ff. Kleuker in Lemgo] *Vgl. III 208,41f.; 238(N),10. Hartknoch schickte ihm am 2./13. 8. 1776 als Honorar 12 Louisd'or (H: Kraków).*
20ff., 36f. Der 4te Theil Urkunde ... fertig werde.] *Vgl. zu III 233,4,12f. Hartknoch dankte für das Werk und wünschte »nun noch den Beschluß« (A). –* Palmsontag] *31. 3. 1776.*
22 Kommst Du ... nicht selbst] *Hartknoch kam wegen seiner Krankheit erst zur Ostermesse 1778 wieder nach Leipzig, vgl. IV 49,4.*
27 dem Knaben] *Gottfried. –* Dein Bild] *Vgl. zu III 32,9f. –* dem Ungebohrnen] *Vgl. III 259,4,9f.*

28 die Säugmaschiene] *Vgl. III 238(N),40ff.; zu III 201,20. Am 20. 4./1. 5. 1776 schrieb Hartknoch, er habe vergessen, sie Hinz zur Messe mitzugeben. Nach A (vgl. N, S. 806) hatte er sie Anfang Juni an Herrn Roeck, seinen Spediteur in Lübeck, zur Übersendung an H. geschickt.*
30 Göttingerquark aufgegeben] *Vgl. III 229.*
32f. Wo es nun hingeht, weiß Gott.] *In seiner Krankheit erreichte Hartknoch das Gerücht von H.s Berufung nach Weimar, auch in einem Brief von Regierungrat Springer in Erfurt und in einer Nachricht der »Erfurtischen gelehrten Zeitungen« (R, S. 667). Gottlieb Schlegel habe einen Brief erhalten, daß »die Geistlichkeit im Weimarschen gegen Herders Berufung protestiert habe, weil er in der Urkunde behauptete, daß das 1. Buch Mosis ein Gedicht sey« (A).*
33 Klaudius war Ostern hier] *Vgl. zu III 234,3.*
35f. Hamann ... schreiben mag.] *Wegen der noch unentschiedenen Situation hinsichtlich der Weimarer Berufung, vgl. III 253(N),3ff.*
37 beschleichen] *Überraschen.*

236. AN JAKOB MICHAEL REINHOLD LENZ, Bückeburg, Ende April 1776

3–7, 25 einige Flicke in den Merkur] *Fabeln, nur drei wurden im Mai 1776 veröffentlicht (R, S. 29). Vermutlich hatte H. eine Auswahl aus seinen beiden Fabelmanuskripten geschickt (vgl. SWS XXIX, S. 379–416, 737f.). »Ich habe Deiner Fabeln etliche Wielanden gegeben, etliche dem Herzog gewiesen, der mir sie aus der Hand riß und sie für sich insgeheim abschreiben ließ, zugleich mich bat, das bei Dir zu entschuldigen und Dir zu versichern, daß sonst niemand sie zu sehen bekommen würde« (A).*
7 was Anders] *Vgl. III 159,141–144. – Goethe hatte am 2. 1. 1776 geschrieben, daß Wieland H. nach Weimar wünsche und als erster an seine Berufung gedacht habe. H. müsse »ihm auch helfen seinen Merckur stärcken davon sein Auskommen und seiner Kinder Glück abhängt« (WA IV 3, S. 13).*
8 Dein Brief] *Nicht überliefert.* – Epilogus galeatus] *»Über Herders älteste Urkunde des Menschengeschlechts« im Märzheft des »Teutschen Merkur« 1776 ist von Häfeli. Hartknoch hielt den mit der Sigle »C.« unterzeichneten Aufsatz, der ihm gut gefiel, für ein Werk von Claudius (A zu III 235; vgl. N, S. 806). Der Tropus – nach »prologus galeatus« im Vorwort des Kirchenvaters Hieronymus (um 340/50–420) zu seinen Schriften – bezeichnet die Verteidigung (»behelmt, geharnischt«) eines Autors.*
12 arbeite fleißig dazu] *Von Lenz erschienen im »Teutschen Merkur« nur die Gedichte »Auf die Musik zu Erwin und Elmire, von Ihrer Durchlaucht, der verwittibten Herzogin zu Weimar und Eisenach gesetzt« (Mai 1776; Damm 3, S. 188f.) und »An meinen Vater. Von einem Reisenden« (Januar 1777, Damm 3, S. 185) sowie die Aufsätze »Das Hochburger Schloß« (April 1777; Damm 2, S. 753–760) und »Nachruf zu der im Göttingischen Almanach Jahrs 1778 an das Publikum gehaltenen Rede über Physiognomik« (November 1777; Damm 2, S. 761–768).*
14 Zögern in Weimar] *Vgl. zu III 231,22,23.*
15 Sanct Lorenz Kohlen] *Siehe R, S. 360.* – Geträtsch] *Gerücht von der Weimarer Berufung.*
19–23 komm zu mir!!! ... bis wir erscheinen.] *Lenz antwortete erst, nachdem H. die Vokationsurkunde zugeschickt worden war, er hoffe, H. noch in Weimar zu sehen; es bedürfe keiner Reise nach Bückeburg mehr (A).*

237. AN HEINRICH SPRING, Bückeburg, 4. Mai 1776

4 beikommende Rechnung] *Jahreseinnahmen der Oberpfarre und Superintendentur (17–89).*
5 Noten] *Vgl. 48–54, 65–81.*
5f. voriger Rechnung] *Ostern 1775 nur über die Oberpfarre, da H. die Superintendentur damals erst antrat.*
7 zu Michael] *Vgl. III 266,21–52 die sich anschließende Rechnung von Ostern bis Michaelis 1776. – se ipsa] Von selbst.*
8 wenn ich abgehe] *H.s Weggang aus Bückeburg.*
10 Paßirung] *Annahme.*
11 abgethan] *Entlastet bezüglich der Einnahmen aus den Kirchenländereien.*
21 Weinkauf] *In Niedersachsen Nachlaßabgabe beim Tod eines Hörigen (»Auffahrt«); Lehnsgebühr bei der Belehnung von Bauernhöfen; Abgabe von einem gekauften Lehnsgut an den Lehnsherrn; Aufgeld des Käufers bei Abschluß eines Kaufs (»Leihkauf«), ursprünglich ein Umtrunk, der einen Vertrag rechtskräftig machte (Adelung, Grimm).*
23 Hudekamp] *Niedersächs. Pacht für eingefriedetes Weideland (»Hüte-Kamp«). – Witwe] Vgl. 77ff.; zu II 27,112.*
25 Canon] *Grundzins.*
28 Äußerungskaße] *Bei Verkauf oder Verpachtung von Bauernhöfen.*
29 Jetenburg] *Siehe R, S. 777.*
30 Maschvorwerk] *Von einem Hauptgut abgesonderte Ländereien bei Bückeburg.*
31 Zinskorn] *Als Grundzins abgegebenes Getreide. – Rocken] Roggen. – Haber] Nebenform von »Hafer«, nach Adelung nur noch umgangssprachlich.*
32 Nota 1.)] *Vgl. 48ff.*
33 Himte] *Niedersächs. Getreidemaß, an verschiedenen Orten von unterschiedlichem Gehalt; in Schaumburg-Lippe entsprach 1 Himten 33 Litern.*
34 Lochmann] *Kirchendiener in Bückeburg.*
36 Rücken] *Schweinerücken.*
43 Wallfeuer] *Auf der Wallhöhe am Pfarrgarten, vgl. II 3,88.*
44 Hagen der Wiese] *Mit Hecken und Buschwerk einhegen, nicht mit Vieh betreiben lassen (Adelung). – nota 2.] Vgl. 51ff.*
45 Censiten] *Zinsleute, Grundzinspflichtige.*
48f. nach der neuesten ... zu gut ist.] *Die Polemik gegen die aufklärerische Geringschätzung des geistlichen Standes aus den »Provinzialblättern« erstreckt sich bis in die Rechnungen an die gräflichen Beamten.*
51 Pedell Görz] *Schuldiener in Bückeburg.*
56 Dollisches Legat] *Vgl. 65f.,76f.; III 266,37–40; zu III 154(N),18.*
57 Introduktionen 1. Prediger] *Oberprediger Grupen, vgl. III 217.*
61 Visitationen] *Vgl. III 180,5f.*
67f., 73 Graf Friedrich Christian] *Zu Schaumburg-Lippe.*
69 Contributionsreceptor] *Steuereinnehmer.*
71 Fürst Ernst] *Von Holstein-Schaumburg.*
74 attestiret] *Beglaubigt.*
75 Lagerbuch] *Flurbuch (Kataster), die »genaue Beschreibung aller Felder und Äcker eines Ortes nach Größe und Lage« (Adelung).*
77 Accidentien] *Nebeneinkünfte.*
85 4teljährig empfangen 200.] *Vgl. III 67,8f.*
87 An Gehalt angesetzt 600.] *Vgl. III 67,6.*

238 (N). AN JAKOB FRIEDRICH HINZ, Bückeburg, 10. Mai 1776

4 Ihr Brief] *Vor der Reise zur Leipziger Ostermesse geschrieben (vgl. 35), nicht überliefert.*
5 Hartknoch gesund] *Übertriebene Hoffnungen auf seine Genesung, vgl. 36; III 253(N), 13; zu III 235,4,22.*
5f., 13–17, 28, 31, 33 meine Urkunde fertig wird] *Vgl. zu III 233,4,12.*
7, 43 Zend-Avest] *Vgl. zu III 200,4.*
8f. an Breitkopf geschrieben] *III 200.*
10 an Hartknoch selbst geschrieben] *Vgl. III 235,17f. – akkordirt] Verhandelt.*
11, 45 die Exemplare] *18 Exemplare (III 200,7f.).*
14 homme de lettres] *Gelehrter.*
15 3. Exemplare] *Vgl. III 239,3f. – Zürchergelegenheit] Postsendung nach Zürich.*
20 dort] *In Mitau oder sonst im Baltikum.*
21f., 32 Aßemanns ... u. Beausobre] *Vgl. zu III 72,27,29. Hartknoch schrieb in A zu III 235 (vgl. N, S. 806), H. solle sich Beausobre aus Leipzig schicken lassen, und rühmte Hinz' Freundesleistungen für seine Verlagswerke auf der Messe.*
23, 32 Ihre] *Vgl. IV 10,28ff.; 31,62f.; 72,26f.*
25 Phaedrus und Mela] *Nur von dem ersten Autor erschien eine Ausgabe in Hinz' Verlag.*
26 Kurischen Athen] *Mitau.*
28 An Hamann ... 1. Exemplar] *Vgl. III 253(N),127f.*
29 lang nicht geschrieben] *Vgl. zu III 235,35f.*
31f. Lemgoischen Buchhändlern] *Helwing.*
33 Hertel] *Hartknochs Kommissionär.*
39 Lindners Tod] *Die Nachricht anscheinend in B. Vgl. III 253(N),13ff. Wie Hamann, der den leidenden Freund täglich mehrmals besuchte, am 30.3.1776 an Hartknoch schrieb, starb Lindner an der Wassersucht und dem kalten Brand (ZH III, S. 226).*
40 Molliter ossa cubant.] *Ovid, »Amores« I,8,108.*
41 Maschiene mitgegeben] *Vgl. zu III 235,28.*
43f. Zend-Avesta ... nicht fremden Ruhm noch Schimpf] *Vgl. zu III 181(N),74f.*
46 2ten Ueebersetzung] *Hinz wünschte in B vermutlich H.s Rat hinsichtlich der Pascal-Übersetzung von Kleuker, vgl. IV 4,13.*

239. AN JOHANN KASPAR LAVATER, Bückeburg, 11. Mai 1776

3, 42 3. Exemplare Urkunde Theil 4.] *Vgl. III 238(N),15. Lavater und Pfenninger warteten darauf »mit schmerzender und süßer Ungeduld« (A₁) und dankten begeistert. Vgl. zu III 79,44. Lavater hätte Bd. 2 der »Aeltesten Urkunde« aber »noch sanfter, noch weniger anspielend« gewünscht (A₂; Nachlaß II, S. 167f.).*
4 Häfeli muß nichts herausgeben] *Vgl. zu III 201,52.*
6–16 Blatt von Hasenkamp] *»Ein christliches Gymnasium nach dem Landesväterlichen Herzen«.*
7f. »Unterhaltungen ... Freunden«] *Nicht erschienen (R, S. 343). »Von den Unterhaltungen hab' ich noch nichts gesehen« (A₁; Nachlaß II, S. 165). Der »Briefwechsel zwischen Lavater und Hasenkamp« wurde erst 1870 in Basel herausgegeben (von Karl Christian Eberhard Ehmann). Nach A₁ schrieb Lavater ihm »fast nie mehr«; er habe »nicht die mindeste Menschen- und Weltkenntniß«, sei »kränkelnd ... und sklavisch« (Nachlaß II, S. 165).*

10 etourdi] *Unbesonnen.*
11 »sur l'amour propre«] *Friedrich II. von Preußen, »Essai sur l'amour propre«. – ein 2ter Oetinger] Hasenkamp sah in dem württembergischen Theosophen sein Vorbild. Oetinger hatte 1774 Schriften gegen Lavaters »Aussichten in die Ewigkeit« und Bonnets »La Palingénésie Philosophique« veröffentlicht und beide des Schwenkfeldianismus bezichtigt (schwärmerische Sekte nach dem lutherischen schlesischen Mystiker Kaspar Schwenkfeld, 1490–1561).*
12 Weltgeist] *Weltlicher Sinn im Gegensatz zum geistlichen, nur auf die Ewigkeit gerichteten Streben. Der zu den »Stillen im Lande« gehörende Hasenkamp tadelte Lavaters Weltläufigkeit.*
13 Luthers Absolutismus] *Prädestination (Vorherbestimmung, Gnadenwahl), in »De servo arbitrio« (1525) theoretisch begründet in Auseinandersetzung mit der Diatribe »De libero arbitrio« (1524) des Erasmus von Rotterdam. Vgl. Arnold, Luther im Schaffen Herders (H.-B. II, Nr. 0795), S. 245–250. – Formula Concordiae] Siehe R, S. 668.*
14f. »auf die Preußische ... selig machen muß«] *Zitat aus der zu 6–16 genannten Schrift, die H. als erklärtem Gegner des Staatschristentums (vgl. zu III 40,41–44) aufs äußerste widerstreben mußte.*
19 Geheimniß freier Liebe, u. Gnade] *Vgl. 1. Korintherbrief, Kap. 13 (Preis der Liebe); Römer 3,24f.; 4,5; 6,14; 11,5f. (Gnadenwahl). – Hasenkamp war ein Gegner der Lutherschen Rechtfertigungslehre: 4. Artikel der »Confessio Augustana« (R, S. 657), Vergebung der Sünden nicht durch Verdienst und gute Werke, sondern allein durch den Glauben (»sola fide«).*
22 leidige Philosophie] *Rationalismus, Deismus, Materialismus.*
22f. zwischen Roß ... kein Unterschied] *Die zum Materialismus/Atheismus tendierende naturgeschichtliche Betrachtungsweise des 18. Jh. bewertete die Gemeinsamkeiten von Mensch und Tier höher als die Unterschiede; es bildeten sich evolutionstheoretische Denkformen heraus, u. a. bei Monboddo, Pietro Moscati (1739–1824), Pierre Louis Moreau de Maupertuis (1698–1759), Diderot, Goethe.*
23f. »Gnad' Euch u. Friede] *Vgl. 1. Petrus 1,2.*
24 den Auserwählten Gottes] *Vgl. Kolosser 3,12.*
25f. einst Roß u. Maul[tier] gehen werde] *Vgl. Sacharja 14,15 (der jüngste Tag).*
27 Pfennings Apologie] *Gemeint ist »Appellation an den Menschenverstand«. In A zu III 232 bat Zimmermann H., die »Appellation«, die er ihm schicken wollte, in der »Auserlesenen Bibliothek«, dem »Dreckmagazin« (R, S. 646), zu rezensieren. Am 10. 4. 1776 dankte er ihm für seine Zusage; er erhoffte von H.s Rezension, daß »neues Licht und neue Kraft alle Freunde Lavaters erfülle, und das Feuer von Herders Genius alle seine Feinde verzehre« (Nachlaß II, S. 369). Am 19. 6. 1776 schrieb Zimmermann, daß er sich über die Rezension freue. Vgl. III 259,118.*
28 Nächstens schreib' ich] *Kein Brief H.s an Pfenninger nachweisbar.*
29 Hottingerus, Breitingerus ad Semlerum] *Hottinger, »Briefe in der Person des Verfassers des Sendschreibens«, »J. J. Breitingeri Orationes IV solemnes«; Breitinger, in Semler, »Sammlungen von Briefen und Aufsätzen«. Dazu Lavater: »Breitinger ist ein Philo [in Klopstocks »Messias«, 4. Gesang, Vers 104ff. »ein gefürchteter Priester«, Pharisäer, Heuchler, verurteilt Jesus zum Tode, klagt ihn vor Pilatus an und hetzt das Volk gegen ihn auf, 6./7. Gesang] ... Hottinger hat wieder Briefe wider mich drucken lassen, ... elende Studentengewäsche« (A_1).*
30f. Wie gehts ... keine Zeit?] *Lavater schrieb in »Geschäfts- und Herzensdrange«, Frau und Tochter waren krank, der jüngste Sohn gestorben (A_1).*
31 Physiognomik] *Lavater hatte Reich angewiesen, Bd. 2 an H. zu senden (A_1).*

33, 40 Freudentag' mit Claudius] *Vgl. zu III 234,3.*
35 einen Buben] *Vgl. III 259,4,9f.* – Dieser] *Gottfried.* – inokulirt] *Gegen Pocken geimpft, vgl. III 253(N),155–158.*
36f. Neuseeland] *Siehe R, S. 790.*
39f. zusammenzuleben ... wünsche.] *Vgl. zu II 30,41–45,47.*
40f. von Antlitz zu Antlitz] *Vgl. 1. Korinther 13,12.*
42 wie meine Urkunde Dir schmecke] *Vgl. zu 3; III 79,44.*
43 mit Deiner Physiognomik] *Als Rezensent, vgl. III 259,116ff.*

240. AN PASTOR WEDEKIND, Bückeburg, 20. Mai 1776

5, 12 Introduction] *Amtseinführung durch den Superintendenten.*
7 Adiunctur cum spe succedendi] *Geistliches Hilfsamt mit der Hoffnung auf Amtsnachfolge.*
10 Visitationen] *Vgl. III 180,5f.*
11 Mensching] *Siehe R, S. 381; Sachverhalt nicht zu ermitteln.*
12 publiciren] *Bekanntmachen.*
16 Sonntag nach Pfingsten] *2. 6. 1776.*
18 Actu] *Feierliche Handlung (actus).*

241. AN ELEONORE AUGUSTE AMALIE GRÄFIN VON BENTHEIM-STEINFURT, *Bückeburg, Mai 1776*

4 Reihen] *Zeilen.*
5 Glückwunsch] *Zur Verlobung mit dem Grafen Ernst Kasimir II. von Ysenburg-Büdingen, vgl. III Anm. 241: »Mögen Sie in dem jungen Grafen den Mann finden, den Ihre Seele liebet«, schrieb Karoline H. an die Braut. Der Graf werde mit ihr glücklich sein, die Fürstin zu Schaumburg-Lippe aber viel verlieren. – Mit dem undat. Brief (nach dem 16. 6. 1776) sandte Karoline einen (nichtüberlieferten) Brief H.s an die Fürstin. – Am 18. 6. 1776 dankte sie für einen langen Brief über den Tod der Gräfin Maria, die sie noch am Freitag (14. 6.) besucht hatte, während H. nicht mehr zu ihr gelassen wurde. – Am 26. 6. 1776 u. a. Übersendung des Gedichts »Der Monat, der uns Dich und Deinen Bruder gab« (SWS XXIX, S. 538), vgl. zu III 242,17. Mitteilung, daß H. am 27. 6. in Stadthagen Schulexamen halten würde (H: GSA).*
7 ewig lieb haben werden] *Vgl. VII Anm. 225.*

242. AN GRÄFIN MARIA BARBARA ELEONORE ZU SCHAUMBURG LIPPE, *Bückeburg, Anfang Juni 1776*

6f. Vorrede Sadi's] *Gereimte Übersetzung der Vorrede zum »Rosenthal« (R, S. 38, 496f.). H. hat das hiermit übersandte Mskr. der 2. Hälfte zurückbekommen (HN XX, 87), während die 1. Hälfte sich in Bückeburg befindet (Fürstl. Hausarchiv; O. Müller I, S. 22ff.).*
8f. daß er Euer Erlaucht vergnüget] *Die Gräfin äußerte sich mißbilligend über den hohen Preis von Lavaters »Physiognomischen Fragmenten«, für die Graf Wilhelm subskribiert hatte (der Band zu 24 Talern); mit dem Geld hätte sie lieber die Armen unterstützt.*

»*Hundert tausendmal besser sind die Gedanken des Persers Sadi; für Ihre schöne Übersetzung danke unendlich, ich konnts mich nicht satt lesen, und bitte gar sehr um die Fortsetzung dieser angenehmen freyen sichern Correspondentz*« (B; H: Bückeburg, Niedersächs. StA, Fürstl. Hausarchiv).
12f. den 4ten Theil der Urkunde ... Probexemplar] *Vgl. zu III 233,12.*
14 jetzt nicht] *Wegen der zunehmenden Schwäche der schwindsüchtigen Gräfin, deren nahes Ende abzusehen war.*
17 Tausend Glück] *Die Gräfin freute sich auf ihre bevorstehende Auflösung, die sie seit Jahren ersehnt hatte.* – Geb- u. Nehmmonath] *Nach der Chronologie in B (zitiert III 247,48–57).*
18f. Gegeben ... sei gelobet.] *Vgl. Hiob 1,21.*

243. AN GRAF FRIEDRICH ERNST WILHELM ZU SCHAUMBURG-LIPPE, Bückeburg, 14. Juni 1776

6f. der rührende Befehl ... ans Consistorium] *Alle Prediger der Grafschaft sollten in das gewöhnliche Kirchengebet die Fürbitte um die Genesung der Gräfin einschließen (Niedersächs. StA Bückeburg, eigenhändiges Reskript des Grafen, Baum, 14.6.1776). Vgl. III Anm. 243.*
7f., 26 eben erhaltene Nachricht vom schwachen Befinden] *Von Karoline erhalten, die der Kranken am Freitag (14.6.1776) einen Besuch im Baum (R, S. 747) abstatten durfte. Vgl. III 247,60–66; 253(N),88f.; zu III 241,5.*
10–14 Ihre Erlaucht ... Worte.] *Keine der an Fürstenhöfen üblichen Devotionsformeln, sondern H.s tiefempfundenes Bekenntnis, vgl. zu II 49,10ff.*
15 meines Amtes] *Als Beichtvater der Gräfin.*
17ff. da Ihre Erlaucht ... allein wäre] *Mündlich mitgeteilt von Karoline, vgl. zu III 241,5.*
22 kommuniciren] *Gemeinschaftlich das Abendmahl nehmen (das wurde der Gräfin nicht erlaubt).*
24f. meines Vortrages] *H.s von der Gräfin hochgeschätzte Predigten. Noch im Mai 1776 hatte seine Predigt in Stadthagen sie »recht erquickt« (undat. Dankbrief; Erinnerungen I, S. 398).*
26 Küßen] *Ältere Form von »Kissen«, bei Adelung noch die einzige.*
28 diese Bitte] *Am 15.5.1776 hatte die Gräfin auf H.s Wunsch, sie noch einmal zu sehen, versprochen, ihn rufen zu lassen, wenn sie merke, daß ihr Tod nahe wäre (Erinnerungen I, S. 399). Wie aus dem Bericht von ihrem Sterben III 247,8f.,124f. und aus III 246,17f. und 253(N),103f. hervorgeht, wurde H. die Bitte, der Sterbenden seelsorgerischen Beistand leisten zu dürfen, von Graf Wilhelm abgeschlagen.* – Resignation] *Ergebung.*
29f. Ein Waßertrunk ... Belohnung] *Vgl. Matthäus 10,42; 25,35.*
31 der letzten Stärkung] *Abendmahl.*

244. AN KARL FRIEDRICH ERNST VON LYNCKER, Bückeburg, 15. Juni 1776

5 Brief] *Übersendung der Vokation; Aufforderung, möglichst bald zu kommen (B).* – Vocation] *Vokationsdekret des Herzogs Karl August für den Generalsuperintendenten und Oberhofprediger, Weimar, 15.5.1776 (HN XXXVII, 82). Vgl. zu III 230,31.*
6 Beiliegender Brief] *III 245.*
10 Werkzeug] *Vgl. III 248,10ff.*

11f., 16 in Absicht der andern Stelle und meiner Reise] *Als Oberpfarrer der Stadt Weimar, vgl. zu III 230,34f. Lynckers nächster Brief (A: Original vom 22.7.1776, HN XXXVII, 84), in dem H. bereits mit seinen Weimarer Titeln angeredet wird, enthielt die Zusage dieser Berufung (der Stadtrat werde den Befehl des Herzogs »zu ungesäumter Ausstellung« der Vokation erhalten) und 250 Taler Reisegeld mit dem Ersuchen um Beschleunigung seiner Ankunft.*
12f. resignire mich] *Ergebe mich.*
13 zu allen Pflichten ... bereit] *Zur Probepredigt.*

245. AN HERZOG KARL AUGUST VON SACHSEN-WEIMAR, Bückeburg, 15. Juni 1776

5 ergangener Ruf] *Vgl. zu III 244,5.*

245a. AN DIE GEISTLICHKEIT DER GRAFSCHAFT SCHAUMBURG-LIPPE, *Bückeburg, 17. Juni 1776*

Wegen des Geläuts ist ein ander Cirkular im Gange: der Weg ist beschrieben. Einer der Küster hat einen weitern Weg jetzo Peezens wegen; es kann aber nicht anders seyn. Das hier
5 befohlne wird künftigen Sonntag ausgerichtet: Das Geläute beginnet nach Einhändigung des Cirkulars, da es befohlen worden, sogleich.

Vehlen, Sülbeck, Steinbergen, (Peezen vorbei) Frille, Meinsen, Merbeck, Lauenhagen, Probsthagen, Heuersen, Lindhorst, Bergkirchen, Hagenburg, Steinhude u. bei großer Strafe wird den Küstern befohlen, es so eiligst als möglich fortzuschaffen. Jede Stunde Auf-
10 schub soll von ihnen gefodert werden.

ÜBERLIEFERUNG. H: Bückeburg, Niedersächs. StA. Konsistorialzirkular mit den Unterschriften Albrecht Karl Schmidts, Knefels und H.s, Text von H. eigenhändig. – Präsentatsvermerke sämtlicher Prediger der Grafschaft vom 18./19.6.1776. – D: ungedruckt.

ZUM TEXT: **6 des Cirkulars ... worden,** *nachträglich eingefügt.*

3 ein ander Cirkular] *Ein von Schmidt und H. unterschriebenes Konsistorialzirkular vom 17.6.1776 von Schreiberhand mit den Präsentatsvermerken der Prediger vom 18./19.6.1776 (Niedersächs. StA Bückeburg): Auf sechs Wochen wurde täglich 12–1 Uhr mittags Trauergeläut für Gräfin Maria in allen Kirchen der Grafschaft angeordnet. Für sechs Wochen wurde Orgel- und Kirchenmusik verboten.*
4 Peezens] *Siehe R, S. 795.*
4f. Das hier befohlne] *Befehl des Grafen Wilhelm an das Konsistorium, Baum, 16.6.1776 (Niedersächs. StA Bückeburg, eigenhändig und im Druck vervielfältigt): Die Gemeinden seien zur Dankbarkeit aufzumuntern, daß Gott ihn und alle Landeseinwohner elf Jahre lang mit dem Umgang der Gräfin Maria, einem Beispiel der edelsten Tugenden, beglückt hat. Jeder solle ermahnt werden, sich das vortreffliche Leben der Gräfin zum ewigen Muster dienen zu lassen. In seiner Abschiedspredigt hat H. in einem ganz persönlichen Herzensbekenntnis diesen »Befehl« weit überboten (vgl. zu III 247,83). Nach dem Zeugnis einer Teilnehmerin, der Fürstin Charlotte Friederike Amalie zu Schaumburg-Lippe, wurde er »dabey oft so bewegt, daß er stille halten mußte« (Kiewning, vgl. III Anm. 251, S. 197).* **– künftigen Sonntag]** *In den Predigten am 23.6.1776.*

246. AN JOHANN GEORG ZIMMERMANN, Bückeburg, etwa 19. Juni 1776

(ÜBERLIEFERUNG. H: Celle, Privatbesitz)

3 Unsre Gräfin] *Zimmermann fragte in B:* »*Stirbt sie? Ach gewiß wird sie wenigstens die Entfernung von Ihnen nicht überleben!*« *– Sonntag früh] Vgl. III 247,73–82.*
5 Windt] *Der Leibarzt der Gräfin Maria konsultierte Ende April 1776 Zimmermann in Hannover (vgl. III 247,31ff.); seitdem hatte dieser nichts aus Bückeburg gehört (B).*
6 absolvirt] *Entschuldigt.*
7 Metaphysische Bleimütze] *Als Gesprächspartner des Grafen Wilhelm (vgl. II 100,22ff.) mit* »*bleischweren*« *philosophischen Problemen belastet.*
9 Eberhard hat den Preis] *Für die 2. Preisaufgabe der Berliner Akademie 1775/76 (R, S. 690), vgl. III 259,163–166. – (Est Deus in nobis)] Motto von* »*Vom Erkennen und Empfinden*«*, mittlere Fassung (auch schon für die älteste Fassung; R, S. 17). Vgl. zu III 169,12.*
10 Anonymisch] *Da H. den Preis verfehlt hatte, wollte er mit der eingereichten Schrift anonym bleiben.*
11 an dens geschickt würde] *Vgl. III 253(N),190f. Am 3.8.1776 schickte Zimmermann an H. ein* »*Paquet*« *(H: GSA), vermutlich das Mskr.*
13 à la Junge] *Siehe R, S. 298.*
16 3. Tage vorm Ende ... den Ruf] *Vgl. III 244,5f.; 253(N),87. In der Abschiedspredigt am 15.9.1776 sagte H. darüber:* »*Die Gottheit hat es gefügt, daß ich mein Amt hieselbst beschließen sollte, da sie ihr Leben beschloß; 3 Tage vor ihrem Ende bekam ich meinen Ruf*« *(SWS XXXI, S. 427).*
17 das letzte Fädenchen] *Vgl. II 148,67ff.*
17f. sie nicht mehr gesehen] *Vgl. zu III 243,28.*
19 legt in Ihren Schoos] *Metaphorisch für* »*vertrauensvoll mitteilen*«*.*

247. AN GRAF HENRICH ERNST ZU STOLBERG-WERNIGERODE, Bückeburg, 22. Juni 1776

7 33.ten Geburtstag] *Wie III 181(N),3 zählte H. den ersten mit.*
8f. als Augenzeuge nicht berichten] *Vgl. zu III 243,28.*
10 Nachrichten von andern] *Karoline H., Dr. Windt, Eleonore Auguste Amalie Gräfin von Bentheim-Steinfurt (vgl. zu III 241,5). – Briefen des seligen Engels] Vgl. R, S. 860; zu III 242,17. Aufgrund dieser Quellen verfaßte H. hier – ganz historisch – eine ergreifende Kranken- und Sterbegeschichte der Gräfin.*
12 Muster der größesten Faßung] *Graf Wilhelm rühmte im Brief an seinen Schwager Friedrich Wilhelm Grafen zur Lippe-Biesterfeld* »*ihr herrliches Beispiel auf dem Kranken- und Sterbebette*« *(Juli 1776; Schaumburg-Lippe III, S. 414).*
14 Ihre Krankheit] *Lungenschwindsucht.*
15f. Revolution] *Umwandlung (hier: der Gesundheit).*
17 wuste das selbst] *Am 13.2.1776 schrieb sie in Todesahnungen an H., ihre* »*erste Pflicht*« *sei* »*sterben lernen*«*, am 15.2., daß sie* »*Gott vielleicht bald hinnähme ... O süßes, süßes Wort: Erlösung naht und kommt!*« *(Erinnerungen I, S. 391f.).*
21ff., 29,31ff., 67f., 74, 79 Der Arzt] *Windt.*
21,74 Huste] *Ältere Form.*
26 Karwoche] *1.–7.4.1776.*
26f. Quasimodogeniti] *14.4.1776.*

27 communiciren] *Vgl. zu III 243,22.*
28 Kind ... in die Mitte stellte] *Vgl. Matthäus 18,2.*
29 verbot ihr das Ausgehen] *Am 13. 4. 1776 meldete die Gräfin, daß sie »morgen weder zur Kirche noch zur Communion kommen« könne, sie habe sich »so lang und so herzlich auf den Tag gefreut!« (Erinnerungen I, S. 397).*
30, 139 zum Baume] *Siehe R, S. 747; am 20. 4. 1776 (Brief der Gräfin an Karoline, 19.4.1776; H: Kraków).*
33 reiste schnell zu ihm hinüber] *Vgl. zu III 246,5.*
34 in Stadthagen ... sahe] *Vgl. zu III 243,24f.*
35f., 41, 68, 79, 94 ihr Herr] *So nannte die Gräfin gegenüber Dritten ihren Gemahl, Graf Wilhelm zu Schaumburg-Lippe. Am 16. 5. 1776 schrieb sie an Karoline über ihre scheinbare Besserung, »wegen ihres Herrn hoffe sie, noch nicht zu sterben« (H: Kraków). Sie verheimlichte ihm ihren moribunden Zustand, während H. und Karoline ihren Tod »ein halbes Jahr voraussahen« (Erinnerungen I, S. 252f.).*
43f. daß ich mich freun würde ... hörte] *Vgl. zu III 242,17.*
46f. den letzten Brief ... schwachen Augen.] *B zu III 242. Darin: »Meine Nerven in Gesicht und Gliedern sind erstaunlich schwach; ich kann nur wenig schreiben, so sehr beben meine Hände« (Erinnerungen I, S. 100).*
48–57 »Baum, den 1. Juni 1776. ... wieder gestorben.«] *Zitat aus B zu III 242.*
51f. Zwillingbruder ... Mutter] *Lippe-Biesterfeld, Graf Ferdinand Johann Benjamin; Gräfin Barbara Eleonore.*
53 Vaters] *Graf Friedrich Karl August.*
54 Schwester] *Gräfin Wilhelmine Luise Konstantine von Promnitz.*
56, 90 Emilie] *Comtesse zu Schaumburg-Lippe.*
60–66 Freitag ... ewig!«] *Vgl. zu III 243,7f.*
70 Schreibtafel] *Notizbuch.* – Fürstin von Dettmold] *Gräfin Casimire zur Lippe-Dettmold, vgl. III 251,16f.*
73 Sonntag morgen] *16. 6. 1776.*
76 Bogatzki] *Bogatzky, »Güldnes Schatzkästlein«.*
76f. »was betrübst Du Dich meine Seele] *Psalm 42,6.*
80 Küßen] *Vgl. zu III 243,26.*
82 Schwester Stephanus] *Siehe R, S. 715.*
83 ein Engel] *Vgl. 10, 111 und 118; Abschiedspredigt: »unsrer theuren verblichnen Landesmutter, die recht als ein Engel zu mir trat, ... denn sie ist ein Engel« – H.s öffentliches Bekenntnis der Verehrung, Liebe und Dankbarkeit für ihre vorbildliche »Religion des Herzens« (SWS XXXI, S. 426f.).*
85 seligen Unwißenheit ... preiset] *Vgl. Matthäus 5,3.*
89 Tode ihres Zwillingbruders] *23. 4. 1772, vgl. zu II 77,49.*
93 nöthigen Sorge u. Liebe für dies Leben] *Am 13. 2. 1776 bat sie H., ihre »wenige Gesundheitssorge ihr nicht zur Sünde zu machen« (Erinnerungen I, S. 390).*
96 reichlichen Segen] *Davon ist auch in dem zu 12 angeführten Brief des Grafen die Rede.*
102 Fürstin von Stollberg] *Gräfin Christiane Anna Agnes zu Stolberg-Wernigerode, die Gemahlin des Adressaten, »Fürstin« als geb. Prinzessin von Anhalt-Köthen.*
104 Prinzessin von Anhalt-Deßau] *Henriette Karoline Luise von Anhalt-Dessau.*
107 Bogatzki Lied] *Bogatzky, »Die Freudenvolle Herrlichkeit des ewigen Lebens«, Lied Nr. 339 in »Die Uebung der Gottseligkeit« (S. 545ff.).*
108 suchte sie vorigen Winter] *In einem von Karoline »Mai 1775« datierten Brief an H. (aber wegen des Erscheinungstermins der Preisschrift »Ursachen des gesunknen Geschmacks«, für die sie dankt, nicht vor Dezember 1775) zitierte die Gräfin eine Strophe*

aus einem Lied, das sie einmal in einem alten Leipziger Gesangbuch gelesen hatte und das nicht dem vielstrophigen Bogatzkys entsprach, 1. und 7. (letzter) Vers: »Wird das nicht Freude seyn«, d.h., im Jenseits die lieben Verstorbenen wiederzutreffen (H: Bückeburg, Niedersächs. StA, Fürstl. Hausarchiv; Erinnerungen I, S. 386f.).

114 Erlaucht] *Titel von Grafen, dagegen Fürsten »Durchlaucht«, früher gleichbedeutend. Die Anrede »Durchlauchtigster Landesherr« an den Grafen zu Schaumburg-Lippe hängt mit dem Titel des Fürsten Ernst von Holstein-Schaumburg, vielleicht auch mit des Grafen portugiesischem Titel »Alteza« zusammen.*

116 Patriarchenhause] *Das Grafenhaus Stolberg-Wernigerode war ein Zentrum des Pietismus, Gräfin Maria mit der Familie befreundet. – in Pyrmont] Der Adressat war mit seiner Familie gerade in Pyrmont zur Kur.*

118f. meine nahe Reise nach Weimar] *Vgl. zu III 244,11f. In einem undat. Brief vom Februar 1776 an Karoline erwähnte die Gräfin das (von Wippermann mitgeteilte) Gerücht von H.s Weggehen nach Weimar, erneut am 9.4.1776 (H: Kraków), ebenso an H. am 13.2. und 9.4.1776 (Erinnerungen I, S. 390, 396f.).*

119f. noch nicht gemeldet)] *Vgl. H.s Entlassungsgesuch III 260.*

123 zu blöde] *Zu furchtsam, zaghaft.*

124 die Himmlische] *Gräfin Maria.*

129 das Buch ... im Manuscript gelesen] *»Aelteste Urkunde«, Bd. 2 (Irrtum in III Anm. 247 korrigiert in N, S. 806). Vgl. III 252,8f.; 253(N),131f.*

129–132 die Offenbahrung ... verschwiegen] *Vgl. zu III 190,35. Rücksendung des Mskr. mit einem Brief des Grafen von Ende April–11.5.1777 (H: Kraków). Nach einer Vorrede von Februar 1778 war »dies Buch dem Andenken der Ruhenden [Gräfin Maria] heilig, die noch in ihrem letzten Pilger- und Erdenjahr sich daran erfrischte« (SWS IX, S. 100).*

134 Brunnen] *Vgl. zu* **116.**

139 Begräbniß] *Am 7.9.1776 beim Schloß zum Baum; H.s »Gebet am Grabmaale Ihro Erlauchten« (R, S. 41). Die Grabmalsinschriften des Grafen vgl. zu III 253(N),110ff.*

141 Die Leiche] *Bis das Monument fertig war, ließ der Graf »den Leichnam in Spiritus aufbewahren« (Erinnerungen I, S. 253).*

248. AN JOHANN GEORG ZIMMERMANN, *Bückeburg, 26. Juni 1776*

(ÜBERLIEFERUNG. H: Celle, Privatbesitz)

3 Nachricht von Weimar] *Um H. vor Weimar zu warnen, teilte der klatschsüchtige Zimmermann ihm als »Beweis von Freundschaft« eine »ganz äußerst zuverlässige Nachricht« mit über »die Wirthschaft in Weimar« aus einem frz. Brief »der größten Freundin, die Goethe in Weimar hat« (Frau v. Stein) vom 10.5.1776: Goethe verursache hier einen großen Umsturz. Er habe eine gute Absicht, aber bei seiner Jugend zu wenig Erfahrung. Das ganze Glück sei verschwunden; der Hof sei nicht mehr, was er war. Der Fürst, mit sich und der ganzen Welt unzufrieden, setze alle Tage bei schwacher Gesundheit sein Leben aufs Spiel, sein Bruder sei noch schwächlicher, die Mutter vergrämt, die Gemahlin unbefriedigt, nichts stimme in dieser unglücklichen Familie überein. Noch schlimmer seien Nachrichten von Höflingen und aus Briefen der äußerst unglücklichen jungen Herzogin (B).*

5 Kraftgenies] *Ein Neologismus nach 1770. »Die Genies nach der neuesten Mode (die immer und allenthalben und oft ohne Rücksicht auf Zeit, Ort und Umstände kraftübenden Herrn) verirren sich zuweilen in ihren Handlungen« (B). – H. vertrat als Rousseauist* *einen demokratischen Geniebegriff: Genie ist nichts Übernatürliches, Exzeptionelles, sondern das normale Zusammenwirken aller körperlichen und geistigen Kräfte, die in der arbeitsteiligen Gesellschaft zerstörte natürliche Totalität des Menschen. »Jeder Mensch von edeln lebendigen Kräften ist Genie auf seiner Stelle, in seinem Werk, zu seiner Bestimmung«. H. verspottete die »Unförmlichkeit« sogenannter Genies, »was die Pöbelsprache Genie nennt«, einseitige »Ungeheuer«, »Schwätzer«, »das gröste Uebertreiben, ein Einzelner seiner Art zu werden« usw. (»Vom Erkennen und Empfinden«, 1778; SWS VIII, S. 223ff.). Vgl. Wolfgang Heise, Realistik und Utopie in Herders Humanitätskonzept (Herder-Kolloquium 1978; H.-B. II, Nr. 0307), S. 92–97.*

7 Lande der Todten] *Vgl. Psalm 88,6,13; hier metaphorisch für Schaumburg-Lippe.*
8 eben die u. ärgre Nachrichten] *Vgl. III 253(N),* **89ff.***; IV 4,21–25. Darüber zusammenfassend: Claus Träger, Herder als Literaturtheoretiker (Herder–Kolloquium 1978, wie zu 5), S. 62f. Friedrich Karl v. Moser prophezeite H. am 28.3.1776 in Weimar kein günstigeres Schicksal als in Göttingen (H: Kraków). Der berühmteste Kritiker der Weimarer »Kraftgenies« war Klopstock, der an Goethe am 8.5.1776 einen Mahnbrief wegen seines und des Herzogs liederlichen Lebenswandels geschrieben hatte, den Goethe am 21.5. entschieden zurückwies (WA IV 3, Nr. 462). Über diesen Briefwechsel sprach H. mit Zimmermann im Juli 1776 in Pyrmont, angeblich wünschte er davon eine Abschrift (Zimmermann an H., 26.10.1777; Nachlaß II, S. 377). Im Rückblick auf H.s Leben berichtet Karoline, daß auch H. bald nach seiner Ankunft in Weimar Goethes Prinzenerziehung (ähnlich wie Klopstock) in sehr negativem Licht sah (Erinnerungen II, S. 13f.; Suphan, S. 418ff.).*
10f. Der Ruf ... gekommen] *Vgl. zu III 244,5.*
11f. der Präsident ... Mittelsmann] *Vgl. III 225,* **28f.***; 244,10.*
12 Magistratsperson] *Verwaltungsbeamter.*
12ff. Eine Stelle ... nicht werden.] *Vgl. zu III 232,* **29,29–32***.*
14 hier ist siebenmal ärger] *Vgl. III 201,* **25–30***.*
15 Der Tod der Gräfin] *Vgl. III 253(N),* **86f.***; IV 3,49; zu III 246,16.*
17ff. Weißagung in Virgil] *»Aeneis« III,78–188 (R, S. 588). Der erwähnte Brief H.s an Zimmermann ist nicht nachweisbar.*
20 jetzt nach Creta!] *Weimar nicht als die endgültige Stelle angesehen.*
21ff. nach Pyrmont ... ohn Urlaub] *Vgl. aber III 249.*
22 Frau von Stein zu sprechen] *Nach dem Rat Zimmermanns (B).*
23f. von meinem Weggange ... wollen.] *Vgl. III 247,* **119f.***; 260.*

249. AN GRAF FRIEDRICH ERNST WILHELM ZU SCHAUMBURG-LIPPE, Bückeburg, 2. Juli 1776

5 Hämorrhoidalzufälle] *Vgl. zu II 77,* **5f.**
6 vier Wochen] *Graf Wilhelm bewilligte H. »Urlaub auf 3 Wochen um eine Cur in Pirmont zu gebrauchen« und wünschte »den besten Erfolg« (undat. Konzept, Niedersächs. StA Bückeburg). Vgl. III 248,* **21ff.***; Anhang d,* **18f.** *–* Frist] *Aufschub.*

250 (N). AN HEINRICH CHRISTIAN BOIE, *Bückeburg, 3. Juli 1776*

3f. 3. Jul. ... abgesandt.] *Vor der Reise nach Pyrmont geschrieben (vgl.* **48f.***), nach der Rückkehr abgesandt. Vgl. III 248,* **21ff.***; 249.*
7 schon neulich] *Aufträge wegen der geplanten Übersiedlung nach Göttingen, vgl. III 198(N).*

8 endlich nach Weimar] *Vgl. zu III 244,11f.*
9 in Einöde)] *D. h. ohne vertraute Freunde.*
11 Miethkutschen] *Vgl. III 263,5,9; 264(N),6ff.; 269(N),5ff.,28f.*
13 vortheiliger] *Vorteilhafter.*
14, 18 Fuhrwerk] *Vgl. 198(N),23ff.; 264(N),15–20.*
15 Extrapost] *Außerordentliche Personenbeförderung auf Bestellung (neben der regulären, öffentlichen Post mit festen Fahrzeiten). Vgl. III 263,6.*
16 Oeconomico] *Hauswirtschaftliches, wie N III 198.*
20 JakobsFamilie] *Vgl. 1. Mose, Kap. 31.*
22f., 30 Fuhrmann] *Vgl. III 264(N),15,18,22f.,31; 269(N),10ff.,31f.*
23f. Klaudius ... Reisewagen] *Am 28. 2. 1776 schrieb Claudius an H., daß er für die Reise zum Dienstantritt nach Darmstadt einen Wagen gekauft habe; am 16. 3. erwähnte er seinen »schweren Wagen« (Nachlaß I, S. 406, 409).*
26 IntelligenzBlättern] *Den Zeitschriften beigegebene Anzeigenblätter mit Verlagsneuerscheinungen, Warenanzeigen, Auktionsterminen u. a.*
31 in loco] *Am Ort.*
33 Johannis] *Am 24. 6.*
38 Deutsche Museum] *Vgl. III 232,59–62.*
39 Gatterer] *Vgl. zu II 57(N),37. –* Lieder] *Vgl. zu 43f.*
40ff. in Schuld] *Vgl. zu III 271a (= II 182).*
43 Uebersetzung des Warton] *Thomas Warton, »History of English Poetry«. Boie hatte eine Übersetzung angefangen, im »Wandsbecker Bothen«, Nr. 112 (15. 7. 1774) angekündigt und aufgegeben; denn um einen Auszug zu machen hatte er »nicht Gelehrsamkeit, nicht Hülfsmittel, Muße und Lust genug« (an H., 30. 10. 1777; Impulse 10, S. 297).*
43f. Sammlung Englischer Stücke] *Boie wollte 1774/75 eine Auswahl engl. Gedichte mit eigenen Übersetzungen herausgeben, kam aber mit der Arbeit nicht zum Abschluß (Weinhold, S. 73).*
44 Ich sammle keine] *H. hatte Anfang 1775 seine »Alten Volkslieder« vom Druck zurückgezogen, vgl. III 133,40ff. Am 14. 10. 1776 wünschte Boie »Trümmer seiner Sammlung« für das »Deutsche Museum« (Impulse 10, S. 289). –* Reliques] *Von Percy.*
45f. Hemsterhuis] *Vgl. III 131,71f. Am 22. 9. 1777 schickte Boie »den Hemsterhuys« (Impulse 10, S. 294).*
46 Die Uebersetzung] *»Brief über den Menschen und seine Beziehungen« (R, S. 37). H. hatte anscheinend erfahren, daß Rülings Übersetzung nicht veröffentlicht wurde.*
47 mit Göttingen verlohren] *Mit der für H. nun nicht möglichen Nutzung der Universitätsbibliothek.*

251. AN GRÄFIN CASIMIRE ZUR LIPPE-DETMOLD, Bückeburg, 16. Juli 1776

3ff. Fürstin ... Durchlaucht] *Als geborene Prinzessin von Anhalt-Dessau. Sie hatte ihre Freundin Gräfin Maria am 17.–22. 5. 1776 in Bückeburg und Stadthagen besucht (D, S. 195).*
5f., 34 gnädigen Brief] *B. Die Gräfin kannte H. aus Pyrmont 1775 und aus Stadthagen.*
6f. »der erste Brief ... nicht mehr!«] *Nach B.*
10f. Raupenhülle ... Schmetterling-Engel] *Vgl. zu II 174,33f.*
12 in Stadthagen die arme Wandrerin] *Vgl. III 247,36–44; zu III 243,24f.*
17 am Geschenk ... erfreuet] *Vgl. III 247,70f.*

20 Silhouetten] *B enthielt die Bitte um »einen recht ähnlichen Schattenriß« der Verstorbenen. Vgl. IV 3,47ff.; zu III 223,25–28. Mit A schickte die Gräfin ihrerseits eine Silhouette.*
22ff. gemaltes Bild] *Von Ziesenis (R, S. 505).*
25f. um die Erlaubniß dieser Kopie betteln] *Vgl. III 255,53–58. Ein Maler aus Braunschweig werde »vielleicht sehr bald herkommen« (A).*
27f., 34 Den Aufsatz ... des Landmannes] *Mit B Mskr. über Schulreform und gedruckter Plan der »Patriotischen Gesellschaft« (vgl. R, S. 358) zur Beurteilung übersandt.*
29 beide Anstalten] *»Patriotische Gesellschaft der Grafschaft Lippe« und Unterstützungskasse für die lippische Landwirtschaft, 1775 von der Gräfin gestiftet; Vorbereitung eines Schullehrerseminars (erst von Johann Ludwig Ewald realisiert; vgl. D, S. 196).*
32f. auf einige Stunden hinüber zu können] *In A bedauerte die Gräfin, daß H. noch nicht zu Besuch nach Detmold gekommen war. Vgl. III 255,5,12f.*

252. AN ELEONORE AUGUSTE AMALIE GRÄFIN VON BENTHEIM-STEINFURT, Bückeburg, 20. Juli 1776

3 Nachschrift] *Vgl. III Anm. 252: Karoline H. dankte für den »guten Tag« bei der Fürstin »vorgestern« (18.7.), die dem kleinen Gottfried einen »Reichthum von Spielsachen« geschenkt hatte, und bat die Gräfin, nicht mehr um Gräfin Maria zu trauern, »sondern über den seligen Engel zu frohlocken« wie ihre Schwester Gräfin Karoline. – Am 15.7.1776 hatte Karoline H. um einen Termin »in dieser Woche« für den Abschiedsbesuch in Stadthagen gebeten, sie wollten dafür ihren eigenen Wagen und »Herrendienstpferde« nehmen (H: GSA).*
4, 12 die gnädigste beste Fürstin] *Charlotte Friederike Amalie zu Schaumburg-Lippe, vgl. II 165,15–24,32–42,48f.*
6 Der 4te Theil der Urkunde] *Vgl. III 242,12–16.*
7 aus der Hand ... Engels] *Das Exemplar der Gräfin Maria, für das sie H. im Juli 1774 mit einem Gedicht gedankt hatte (Erinnerungen I, S. 366f.).*
8f. im Manuscript gelesen] *Vgl. III 247,129; 253(N),131f.*
10f. der ersten Kapitel der Bibel] *1. Mose, Kap. 2–6.*
14 Gräfin Caroline] *Karoline Ferdinande Maria von Bentheim-Steinfurt. – der Meßias] Vgl. III 256,11–14. H. besaß damals nur unvollständige Ausgaben (vgl. BH 5086–88, 5267–69).*
18 ehegestrige Gnade] *Besuch H.s und Karolines bei der Fürstin in Stadthagen am 18.7.1776.*
20f. ein hölzernes ... gegen Personen] *Offenbar H.s Verhalten in Stadthagen.*

253 (N). AN JOHANN GEORG HAMANN, Bückeburg, 20. Juli 1776

3 komme ich wieder.] *Mit einem Brief. Claudius schrieb am 6.3.1776 an H., Hamann bitte ihn, »ihm bald zu antworten« (Nachlaß I, S. 408). An Hartknoch schrieb Hamann am 30.3.1776 besorgt, H. habe ihm nicht geantwortet: »Böse seyn und fleißig mag er so viel er will; wenn er nur nicht krank ist« (ZH III, S. 227). Vgl. III 238(N),29f.*
3f. Ihr langes Schweigen] *Hamann hatte nach dem Empfang von III 181(N) lange auf eine Einlage von H.s Schwester gewartet, diese am 12.1. erhalten (nicht überliefert), selbst aber erst am 28.1.1776 geschrieben (B). Daß H. sich auf gleiche Weise rächen wolle,*

hatte Hamann seit Claudius' Bericht von seinem Besuch bei H. (vgl. zu III 234,3) nicht mehr geglaubt, sondern die Schuld auf »eine Verwickelung der Umstände« geschoben (A).
5 Es sollt erst entschieden seyn] *Im folgenden ein historisch objektiver, zusammenfassender Bericht über H.s langwierige Verhandlungen mit Göttingen und Weimar (6–83). Von dem die Göttinger Berufung betreffenden Schriftwechsel zwischen Ministerium, Fakultät und Georg III. sind H. offizielle und vertrauliche Mitteilungen gemacht worden, Einsicht nehmen konnte er nicht.*
6 daß man mich in Göttingen nicht haben wollte] *Hamann hatte geäußert, daß »man H. vermuthlich in G[öttingen] nicht haben will« (B).*
7 für Göttingen will man mich noch] *Zimmermann schrieb am 22.5.1776 an H., als sich die Verhandlungen wegen einer Probepredigt in Weimar hinzogen, Bremer sei »willig und bereit, mit ihm wieder anzufädeln«, was ihm auch Westfeld sagen sollte (Nachlaß II, S. 371).*
8 Das Ministerium] *In Hannover.*
10 in Pyrmont gesprochen] *Vgl. zu III 249,6.*
13 Protokathedrie] *Vorsitz. Hamann bezweifelte, daß H. »unter den Schulfüchsen und der Mördergrube« (= Göttingen) glücklich leben könnte. »Ein bischoffl Amt ist ein köstlicher Werk als die protokathedra unter Schriftgelehrten u. Pharisäern und mosaischen Publicisten« (B).*
14f. Generalsuperintendentur ... Profeßorstelle] *Vgl. III 148(N),13; 181(N),28ff.; zu II 173(N),26.*
16 Gibeoniten] *Siehe R, S. 766.*
16f. ihre Bibliothek] *Universitätsbibliothek Göttingen.*
19 der Generalsuperintendent weg] *Förtsch ging 1773 nach Harburg.*
20f. das Haus ... zum Bau zu verwenden] *Vgl. III 116(N),48f.; 181(N),28f.*
22 Zachariä kam auch weg] *Vgl. zu III 148(N),13.*
22f. bekam ich ... den Ruf.] *Vgl. III 181(N),11; B zu III 184.*
23 14. Tage unbeantwortet] *Vgl. III 184,45f. (B vom 13.8.1775).*
24 Sprung zur andern Stelle] *Vgl. zu III 183(N),3.*
25 Bedingungen ... erfüllt wurden] *Vgl. zu III 184,40.*
26 Ja zu sagen] *Vgl. III 184,8f.,39ff.; 187(N),3ff.*
26f. wie David beim Zipfelschnitte] *Vgl. 1. Samuel 24,6.*
29 dem Könige] *Georg III. von Großbritannien.*
30, 66 Die Ratten u. Maulwürfe] *Vgl. III 213(N),38,77; zu III 213(N),21ff.*
32–35 »wie Seine ... Rücksicht nehmen müsse.«] *Im Reskript Georgs III. vom 3.10.1775 an das Hannoversche Ministerium wird die Überprüfung der Orthodoxie H.s zur Voraussetzung seiner Berufung gemacht »bey den jetzigen irreligieusen Zeiten und der unter der Geistlichkeit selbst immer mehr überhandnehmenden freyen Art zu denken und zu lehren« (Bodemann II, S. 68f.).*
36f. durch ... Karl von Mecklenburg erfahren] *Vgl. zu III 207,3; N III Anm. 253.*
37 die Kerle] *Die Göttinger Theologen.*
38, 44, 60 Responsum] *Antwortschreiben. Hier gemeint das vom derzeitigen Dekan Walch unterzeichnete Orthodoxie-Gutachten der Theologischen Fakultät Göttingen vom 9.11.1775, auf Anforderung des Hannoverschen Ministeriums vom 1.11. erfolgt (Bodemann II, S. 69–72).*
39–44 wie jemand schreibt ... Apostel hielt.«] *Vertrauliche Mitteilung Heynes über den wichtigsten Inhalt des Gutachtens, vgl. zu III 227(N),24.*
44 Sottise] *Dummheit.*
46ff. ein dem Ministerium ... sprächen«] *Das Ministerium berichtete am 17.11.1775 an den König, daß die Theologische Fakultät kein bestimmtes Urteil über H.s Rechtgläubig-*

keit habe fällen, aber auch keine Heterodoxie nachweisen können und daß sie nach einem »überhaupt für die noch nicht öffentlich examinirten Universitätsprediger festzusetzenden Colloquio ... ein bestimmteres Urtheil abgeben sollte« (Bodemann II, S. 72).
48f. schreibt ... gehalten würde.«] *Königliches Reskript vom 4.12.1775, daß vor dem Ruf ein Kolloquium stattfinden solle (ebd.).*
50 Persuasorien] *Überredungsgründe.*
52–62 »Kein Colloquium ... u. so fort.«] *H.s Zusammenfassung seines Widerspruchs in den Briefen an Brandes, Zimmermann und Heyne III 209; 211; 213(N); 214; 219; 220.*
54 unerlaubter Schritt] *Vgl. III 211,**13–17**; 213(N),**10ff.**,**42ff.**; 214,**43–46**; 219,**35f.***
57 eben den Symbolen] *Vgl. III 219,**21ff.**,**76**.*
58 tesserae] *Losungen, Parolen.*
58f. Göttingen sei kein Rom] *Vgl. III 219,**43ff.***
61 ich wolle öffentlich antworten] *Schriftlich, vgl. zu III 211,**26f.***
63f. Doktorpromotion ... Kosten] *Vgl. III 222,**36–40**; zu III 209,**5**; 220,**28**.*
65 ein König von England] *Georg III. von Großbritannien in bezug auf H. wie Jakob I. zu Vorstius.*
65f. defensor fidei orthodoxae] *Verteidiger des rechten Glaubens, Titel Heinrichs VIII. von England.*
68 Repräsentationen] *Vorstellungen, vgl. zu III 227(N),**22**.*
69 Mördergrube] *Vgl. zu **13**; Höhle, in der sich Mörder aufhalten (Adelung).* – eine Träumerin] *Vgl. zu III 159,**30ff.***
70 Trotz Joseph] *So gut wie Joseph (R, S. 708).*
73f. Einladung zum Colloquium] *Vgl. zu III 211,**8ff.***
74f. Einladung ... Weimar] *Vgl. zu III 213(N),**75**; 224a(N),**3**.*
76–79 durch den Präsidenten von Lyncker ... annahm.] *Vgl. III 225.*
76 Anfrage] *Vgl. zu III 225,**6**.*
77 ununterschriebner Vokation, Amtsgeschäften u. Einkünften] *Mit B zu III 225 übersandte Kopien von Vokation und Bestallungsbrief, »Januarii 1776« (HN XXXVII,75, 76).*
80f. eine Gastpredigt] *Probepredigt, vgl. zu III 230,**8**,**31**,**34f.***
82 Niederkunft meiner Frauen] *Vgl. III 259,**4**,**9ff.***
84ff. die regierende Gräfin ... gestorben.] *Maria zu Schaumburg-Lippe; vgl. II 146(N), **83–89**.*
87 den eigentlichen Ruf] *Vgl. zu III 244,**5**.*
88 meine Frau konnts ihr noch sagen] *Vgl. III 247,**64ff.***
89f. Geschwätz von ... Weimar] *Vgl. zu III 248,**3**.*
93 Lutherischer Bischof des Landes] *Als Generalsuperintendent oberster Geistlicher des Herzogtums Sachsen-Weimar. Vgl. VI 44,**88**. – Durch die Reformation wurde in den protestantischen Ländern Deutschlands das Bischofsamt abgeschafft, die bischöfliche Gewalt auf den Landesherrn (Summus episcopus) übertragen.*
94, 98f. Verrichtungen ... nach alter Lutherscher Art] *Dem Bestallungsbrief waren ein »Verzeichniß der obliegenden AmtsVerrichtungen« und ein »Verzeichniß der Besoldung und Accidentien« beigelegt (HN XXXVII, 77). Vgl. zu III 230,**34f.** Dagegen die sich bald einstellende Enttäuschung IV 9(N),**77 107**.*
95f. Der unglückliche Johann Friedrich ... Sakristei] *Nach Goethes Beschreibung im Brief an H. vom 10.7.1776: »... rechts in dem Chor des unglücklichen Johann Friedrich Grab, ... und auf des Altar Blats Flügel den Johann Friedrich wieder in Andacht und die seinen von seinem Cranach und in der Sacristey Luther in drey Perioden von Cranach, immer ganz Luther und ein ganzer Kerl. ganz Mönch, ganz Ritter und ganz Lehrer« (WA IV 3, S. 86). Siehe R, S. 486f., 834 (Grabmal), **121f**.*

97 in Weimar gepredigt] *U. a. am 29. 9. 1518 im Schloß, 6 Predigten am 19., 24., 25. und 26. 10. 1522. Vgl. Köstlin (wie zu II 34(N),163), Bd. 1, S. 217, 560.*
98 Myconius] *Er war Reformator in Thüringen und in Leipzig.*
100f. ohne Bücher u. Umgang] *Bücher für seine wissenschaftlichen Arbeiten mußte H. aus der Göttinger Universitätsbibliothek kommen lassen. Der (gelehrte) Umgang beschränkte sich anfangs auf Westfeld, dann auf die sporadischen Besuche von Kleuker und Benzler aus Lemgo. Vgl. III 181(N),99–105.*
101ff. im verdorbensten ... Portugisischen Haß] *Emotionale Übertreibungen. Vgl. II 146(N),80.*
103f. die Gräfin ... nicht sprechen können] *Vgl. zu III 243,28.*
104f. in Amtsgeschäften einen Wirbelwind] *Die Stocksche Affäre, vgl. III 191.*
106f. Moser sagt] *Über den kleinstaatlichen Absolutismus, vgl. III 175(N),66ff.*
109 Ameisenkönig] *Herrscher eines Kleinstaates wie Schaumburg-Lippe. – Friedrich der Unsterbliche!] Friedrich II. von Preußen. – Ausreuter] Oberdt. Form von »Ausrotter« (Adelung).*
110ff. »unsrer erkennenden ... bestimmt ist«] *Deistisches Bekenntnis, anscheinend eine von Graf Wilhelm verworfene Fassung (Abschrift Karolines, GSA: »Himmlische Gabe, Hoffnung! daß die Schicksale dessen so an uns sichtbar ist, Vereinigungen nicht zerstören, so das Göttliche unsers Wesens verknüpfen, welches von dem Göttlichen Selbst so das Universum belebet, zur erkennenden Urkraft unsers Seyns bestimmt ist. W.«). Über dem Eingang in das Grabmal zum Baum (vgl. R, S. 747) steht: »Heilige Hoffnung! Ausfluß göttlicher Kraft! Quelle des beglückenden Gedanken: daß Verbindungen, welche den erkenntnisfähigen Theil unsers Wesens verknüpfen, allen Umbildungen des Wandelbaren ohngeachtet, unzerstörbar bestehen« (Erinnerungen I, S. 271).*
114 armen gejagten Hirsch] *Vgl. Claudius' »Schreiben eines parforce gejagten Hirschen an den Fürsten, der ihn parforce gejagt hatte, d. d. jenseit des Flusses« (»Vorlesung an die Herren Subscribenten« in »Asmus omnia Sua secum portans«, 3. Teil, 1778).*
117 Jetzt auf Sie] *Beginn des 2. Bogens.*
117f. Du sollt ... wie Dich selbst!] *Vgl. 3. Mose 19,18; Matthäus 22,39.*
118f. Mit Ihrem letzten Briefe ... zur Zeitung] *Mit B hatte Hamann alle seine Beiträge zur »Königsbergschen Zeitung« 1775 (2 Rezensionen und 8 Beilagen; Nadler 4, S. 386–418) und von Januar 1776 (2 Beilagen; ebd., S. 419ff.) geschickt.*
119 Recension über den Bon-sens u. die Republick] *23. 11. 1775 über Holbach, »Le Bon Sens« (Hamann fragte in B nach dem Verfasser); 20. 11. 1775 über Klopstock, »Die deutsche Gelehrtenrepublik« (R, S. 224).*
120 von der Meße] *Vgl. III 238(N),35.*
121 Zweifel u. Einfälle] *Vgl. zu III 175(N),54f.*
123f. Die zweite Hälfte] *Über das Verhältnis von Glauben (Orthodoxie) und Vernunft.*
124f. in der ersten ... läßigen Spiele] *Über Orthographie und Stil. Daran hatte Hamann im Sommer 1775 und letzten Winter gearbeitet (A).*
125f. die Recension] *Nicolais Sammelrezension über Hamanns Schriften, siehe R, S. 224.*
127f. Hinz gebeten ... mitzunehmen] *Vgl. III 238(N),28. Hamann bestätigte in A den Empfang des 4. Teils, hatte »ihn mit mehr Zufriedenheit als den Anfang gelesen« und wünschte »nichts so sehnlich als die Fortsetzung und den Beschluß«, wenigstens die Mitteilung des Inhalts der übrigen Teile »in nuce«, da er nur über das Ganze urteilen könne, »worinn wir übereinstimmen u. von einander abweichen« (ZH III, S. 236, 243f.).*
129 Urtheil ... von Moser, Claudius] *Nicht überliefert.*
130f. von Harling ... einen Brief] *Nicht überliefert.*
131f. Die seelige Gräfin, die das Manuscript gelesen] *Vgl. III 247,129.*

III. 253. An J.G. Hamann, Juli 1776

132f. meine Frau ... ernannt haben] *Vgl. zu III 133,49f.; 139,58.*
136f. Priester von Anathoth ... Rechabiten] *Vgl. Jeremias 35,5; siehe R, S. 702 und 713. Anspielung auf Hamanns »Zweifel und Einfälle«: Rezensenten, »die gleich dem Priester zu Anathoth ... den Kindern von der Rechabiter Hause sagen: Trinkt Punsch, Bischoff und Cardinal« (Nadler 3, S. 182). Hier meinte H. mit dem »Priester von A.« sich selbst als Verfasser der »Aeltesten Urkunde«.*
138 der Verfolg] *Deren geplante Fortsetzung. – die trockensten Sänftenträger] »Verständige« (Rezensenten) im Gegensatz zu »berauschten Trägern«, d.h. den Rezensenten der »Allgemeinen deutschen Bibliothek« (Nadler 3, S. 181, 184).*
139 Johannesjünger] *Vgl. Markus 2,18; siehe R, S. 708.*
141f. Titelblätter ... Band 1. u. 2.] *»Aelteste Urkunde«.*
144–148, 217 Klaudius] *Vgl. zu III 234,3.*
148 Faulheit] *Vgl. IV 116(N),219f. – Moser hat ... geklaget.] Vgl. III 259,124–131. Der Brief Mosers ist nicht überliefert (vgl. N III Anm. 165a).*
152 Organistenstelle] *Hamann scherzte in A, er wolle dann »den Calcanten Posten« (Bälgetreter) haben. Die Nachricht von Claudius' Unbehagen in Darmstadt kam ihm nicht unerwartet (ZH III, S. 241f.).*
155 Mein Bube] *Gottfried. – Vorigen Frühling] Schreibversehen für »diesen Frühling«, Vgl. III 239,35f.*
159 den gemahlten Buffon ... Deutsch] *»Naturgeschichte der vierfüßigen Tiere«. – H. vergaß, Hamanns Frage in B zu beantworten, ob Buffons »Discours« schon übersetzt sei (vgl. R, S. 224).*
160 Johnson] *= Johnstone.*
161 Püttel] *Punkt (Kleinkindersprache).*
161f. Pyrmonter] *H. gebrauchte die Nachkur zu Hause, vgl. 203; zu 10.*
164ff. Erfahrungen ... in den Grund reißen] *Das Sprechenlernen des Kindes führte H. zu Einsichten, die im Widerspruch zu seiner Theorie in der »Abhandlung über den Ursprung der Sprache« standen.*
167f., 201f., 210 Ich bitte Sie ... zu Gevatter] *Hamann freute sich über den »Vorläufer eines Gevatterbriefes« und wünschte, »daß der kleine Pathe schon da wäre« (A; ZH III, S. 235).*
170 Kreuzfeld] *Nach B war besonders er an der Fortsetzung der »Aeltesten Urkunde« interessiert (ZH III, S. 212f.). Hamann ließ ihn in seinem Exemplar lesen, ohne es ihm mitzugeben (A; ebd., S. 236f.). Am 18.1.1777 bescheinigte Hamann Hartknoch, Bd. 2 für Kreutzfeld erhalten zu haben (ZH III, S. 289).*
171 Reichardt] *Kreutzfelds »Intimus, Capellmeister Reichard, hat die Gnade unserm Landesvater zu gefallen« (B). Hamann entschuldigte Reichardts zerstreute Lebensart mit seinen Schwierigkeiten: »... eine Bande von Virtuosen zu regieren ist ärger als ein Regiment Soldaten« (A; ZH III, S. 237).*
172 Altvettel Albertine] *Die Universität Königsberg (R, S. 781).*
173 Hephästion ... Carmina Davidis] *Von Starck.*
174 Penzel] *Hamann nannte ihn in B und A scherzhaft »seinen Freund und Schwiegersohn« (ZH III, S. 213, 242), rühmte seine gelehrten Studien (Horaz und Geographie) und verteidigte seinen Charakter gegen H.s Mißtrauen mit einem harten Schicksal, seiner »Naivität und Unschuld« (A; ebd., S. 242f.).*
175 an mich ... schreibt] *Vgl. N III Anm. 175.*
176f. Lemgoer Bibliothek] *Hamann vermutete, H. sei »durch eine falsche Nachricht hintergangen worden«, und wünschte die Stelle zu wissen (A); vgl. III 259,111ff.*
179 Katastrophe seines Schicksals] *Glückswende (hier zum Guten), vgl. zu III 181(N), 66.*

181 Niedersächsische Wörterbuch] *Von Tiling u. a.*
182 Fuldas neues Buch] *»Sammlung und Abstammung Germanischer Wurzelwörter«.*
183 seine erste Preisschrift] *Vgl. zu III 98,5.*
185, 191 (sub Rosa!)] *Vgl. zu I 131,71. – zum 3ten mal die Krone erlangen] Vgl. zu III 214,122–126.*
188 der Preis 1. Jahr aufgeschoben] *Von 1775 auf 1776.*
189 2. Schriften in 2. Klassen ... auf Einmal] *Vgl. zu III 168,6.*
190 Eberhard aufgestellt!] *Vgl. III 259,163–166.*
190f. zurückgefodert ... publiciren] *Vgl. III 246,9ff.; zu III 261,17.*
191 noch ... nicht erhalten.] *Vgl. zu III 246,11.*
192f. zu einer Klasse ... Ähnlichkeit haben soll] *Bd. 2, S. 283, über einen unbekannten »M. Theosophus« (Profilporträt auf Tafel davor): »tiefer Verehrer von Jakob Böhm ... Man wird vielleicht bemerken wollen, daß dieß Gesicht eins von denen sey, die einigermassen ins Affengeschlecht sehen. Es ist nicht ganz zu läugnen – « Die Ähnlichkeit werde aber durch Vernunft widerlegt. Die Beschreibung von Hamanns Porträt (vgl. zu III 215,6,9f.) in demselben 36. Fragment »Religiöse«, S. 285f.*
194 Popens Einfall auf Newton] *Vgl. zu I 58,51f.; Hamann, »Wolken«, »Zwo Recensionen« (R, S. 445). – retorquirt] Umgekehrt, entstellt.*
195 Mit Ihrem Bilde] *Vgl. zu III 175(N),23f.; 181(N),129f.; 215,6. Hamann war vom Anblick seines Bildes in Lavaters Werk sehr erbaut: »Niemals hat Original und Copie sich einander so angestaunt, Autor und Kunstrichter, als der geneigte Leser über sich selbst.« Hamanns »Eitelkeit« verwandelte in seinen Augen den Physiognomen zu einem »Seher Gottes« und »Engel der mit einem Kelch vom Himmel erschien«, ihn in seinen Sorgen zu stärken (A; ZH III, S. 240f.).*
196 Silhouette von mir Seite 102.] *Vgl. III 259,155f.; zu III 232,53f.*
197 meine Frau ... 3mal verhunzt] *Vgl. zu III 181(N),115ff.*
199 Das Werk] *Bd. 2 der buchhändlerisch sehr erfolgreichen »Physiognomischen Fragmente« erschien H. reichhaltiger und unterrichtender als der erste, die »Ernte« davon erwartete er in Bd. 3 und 4 (vgl. seine Rezension SWS IX, S. 442f.).*
202 etwas von Ihnen zu lesen wünsche] *Hamann schickte als Beilage mit A die kurze Selbstanzeige der »Zweifel und Einfälle« in den »Königsbergschen Zeitungen« vom 3. 6. 1776 (45. Stück; Nadler 4, S. 433). In Bückeburg könne H. nur noch Hamanns Versteigerungskatalog (R, S. 224) erwarten (A).*
203f. ein Käuzlein in verstörten Städten] *Vgl. Psalm 102,7.*
204 der letzte Trunk zu Cana in Galiläa] *Vgl. Johannes 2,1–10 (Hochzeit zu Kana); R, S. 765, 778.*
205 besuchen] *Es blieb bei Wünschen und Absichten. 1788 wollte Hamann über Weimar nach Hause zurückkehren, starb aber vor der Abreise in Münster.*
207 Kopfküßen] *Kopfkissen, vgl. zu III 243,26.*
210 Männin] *Vgl. 1. Mose 2,23.*
213 Hartknoch] *Vgl. zu III 235,4. – von Lindners Tode] Vgl. III 238(N),39f.*
215 Herz ... vom Geschmack] *Naphtali Marcus Herz, »Versuch über den Geschmack«.*
216 Kant] *In A nicht erwähnt.*
217ff. Tönnies] *Vgl. III 259,120ff. Von Hamann nicht erwähnt.*
220ff. Leßing hinter Jerusalems Philosophischen Aufsätzen] *Siehe R, S. 352. Karl Wilhelm Jerusalem wies in seinem ersten Aufsatz aufgrund der allmählichen Entwicklung des Denkvermögens nach, »daß die Sprache dem Menschen durch ein Wunder nicht mitgeteilt sein kann, sondern daß er selbst der Urheber davon sein muß«. Lessing stellt in seinem »Zusatz« den Aufsatz in Beziehung zur Berliner Preisfrage für 1770 und zieht in Erwä-*

gung, daß »die Sprache den ersten Menschen gelehrt worden sein kann ... durch Umgang mit höhern Geschöpfen, durch Herablassung des Schöpfers selbst«. Dafür gebe es keinen philosophischen Beweis, sondern allenfalls »historische Gründe«. Der »Weg jenes Unterrichts« sei »der Güte des Schöpfers gemäßer« als eine langsame natürliche Entwicklung. – Hamann ging nicht darauf ein.
223 Penzel ... Kunst zu sehen] »Weder ihm noch mir ist so etwas eingefallen« (A).

254. AN FRIEDRICH VON HAHN, Bückeburg, 7. August 1776

3 so lange nicht geschrieben] *Vgl. III 120. H. hatte Hahns Adresse vergessen, die ihm auf seine Bitte Zimmermann am 3.8.1776 mitteilte: »à M[onsieu]r le Baron de Hahn Seigneur de Neuhaus et Basedow à Kiel« (H: GSA).*
4 dieses Inhalts] *H. schämte sich, Schulden machen zu müssen, vgl. 5,9,15f.,25.*
6 jetzt nach Weimar] *Vgl. III 253(N),77ff.*
8 diesem Lumpenorte] *Bückeburg, vgl. III 201,25ff.*
9 von dort] *Reisegeld aus Weimar.*
11 Wechsel nur auf 300 Thaler] *Hahn schickte mit A am 13.8.1776 für H.s Reise eine Anweisung über 60 Louisd'or (= 300 Taler) an den Bankier Hausmann in Hannover (H: Kraków; vgl. N, S. 806).*
11f. zahle ich ... die Hälfte] *Vgl. 17f.; IV 52,14ff.; 150,5ff.*
15f., 25 auf die stillste Weise ... als Philosoph.] *»Si tacuisses, philosophus mansisses« (nach Boethius, »De consolatione philosophiae« II,17).*
18 mein Papier] *Schuldschein.*
21 meinem Schwager] *Ferdinand Maximilian Flachsland, vgl. III 159,39f.*
26 in Pyrmont] *Vgl. zu III 249,6.*
27 Vermehrung Ihres Hauses] *Hahn äußerte in A die Hoffnung, bald Vater zu werden. Sein erster Sohn Friedrich Ludwig wurde am 9.9.1776 geboren und starb im April 1777 (D₂, S. 408).*
27f. Niederkunft meiner Frauen] *Singular, alte Flexionsform. Vgl. III 259,9ff.*
30f. Sie gleich – – –] *Vgl. zu 11.*

255. AN GRÄFIN CASIMIRE ZUR LIPPE-DETMOLD, Bückeburg, 10. August 1776

5 gnädige Aufnahme] *H. war auf Einladung der Gräfin Anfang August zu Besuch in Detmold gewesen.*
8f. die Predigt ... des seeligen Engels] *Mündliche Aufträge der Gräfin Casimire, vor allem Gräfin Maria betreffend.*
14 der edlen Person, 22 edlen Regentin u. Würkerin] *Gräfin Casimire als verantwortungsbewußte aufgeklärte Fürstin.*
25f. Gesetzlichkeit ... freier Liebe] *Vgl. Galater 2,16; 1. Korintherbrief, Kap. 13.*
27 Kindessinn] *Gräfin Casimire wollte darum beten (A).*
31 Muth u. Freude] *Vgl. Lukas 15,32.*
34f. der so oft ... gedeihen läßt] *Vertrauen auf die göttliche Providenz, vgl. zu II 34(N), 218.*
36f. Weg, zu dem uns Natur u. Religion winket] *Determinismus (Fatalismus) und Glauben.*
40 die einzelnen Fälle] *Im Gespräch von Gräfin Casimire erwähnt.*

44 blöde] *Furchtsam, zaghaft.* – Benzler] *Damals Lippischer Expeditionssekretär, vgl. IV 61,3f. Am 6. 8. 1776 hatte er H. seine elende materielle Situation geklagt (H: Kraków).*
45 Rentmeisterstelle] *Zahlmeisterstelle. »Gewisser Umstände wegen ging es nicht wohl an, daß Benzler die Rentmeister Stelle, die nun schon vergeben ist, erhalten konnte« (A).*
47 seinem Vaterlande] *Grafschaft Lippe-Detmold.*
48f. die Gott gezeichnet ... hat] *Benzlers Taubheit.*
50 Wie Christus vom Blindgebohrnen] *Vgl. Johannes 9,1–3.*
53–58 Gemälde unsrer Seligen] *Vgl. zu III 251,25f. In A bat Gräfin Casimire H., ihr »das Vergnügen mit dem Bilde« zu lassen, d. h., es für ihn kopieren zu lassen; es kam aber nicht dazu. Vgl. IV 100,24ff.*

256. AN ELEONORE AUGUSTE AMALIE GRÄFIN VON BENTHEIM-STEINFURT, Bückeburg, 16. August 1776

3 viel Freude u. Segen auf den Weg] *H. schloß sich dem Glückwunsch seiner Frau zur bevorstehenden Reise der Gräfinnen Eleonore Auguste und Karoline von Bentheim-Steinfurt zu ihrem Bruder und dessen Gemahlin an. Karoline H. bedauerte die Einsamkeit der »liebreichen« Fürstin in Stadthagen und dankte für einen Brief der Adressatin vom 13. 8. und für Zeichnungen der Gräfin Maria, »die lieben Portraits, gezeichnet von der Hand des Engels« (H: GSA).*
4 neue Schwester] *Schwägerin.*
5 natürlichen Briefe] *Nicht nachweisbar.*
6 vom seligen Engel] *Gräfin Maria.*
8–11 Cherubinischen Wandersmann] *Von Johannes Scheffler.*
11 Ihre edle Schwester] *Gräfin Karoline.* – den Meßias] *Vgl. 14; III 252,14ff.*
12f. gute u. böse Fische] *Vgl. Matthäus 13,47f.*
15f. Verse ... von der Seligen] *Vgl. III 257,51f.* – Gräfin von Rheda] *Vgl. zu III 189,35.*
19 meine Liebe mit ihrer Bürde] *Die hochschwangere Karoline H.*
21ff. Mein erster Bube] *Gottfried (28. 8.).* – ich] *25. 8.* – 2. oder 3. Freunde] *Hamann (27. 8.), Goethe (28. 8.).*
23f. die Fürstin] *Charlotte Friederike Amalie zu Schaumburg-Lippe, vgl. zu 3.*

257. AN ELEONORE AUGUSTE AMALIE GRÄFIN VON BENTHEIM-STEINFURT, *Bückeburg, 19. August 1776*

3f. Der kleine Gefangene] *August H.* – Geburtstäge] *Vgl. III 256,20–23.*
8 Sonnabend] *17. 8. 1776.* – 3. Fremde] *Vgl. III 259,11ff.*
8f. die liebe Mutter] *Karoline.*
13f. das Erstemal] *Vgl. III 96,4ff.; 97(N),5–11; 99,5–11.*
26f. wie Schatten durch Einen Lichtstral zerstört] *Vgl. III 255,32.*
27–30 immer mehr gegeben ... anordnet, führet!] *Vgl. zu III 255,34f.*
30f. Wenn der Mensch zur Welt geboren ist] *Vgl. Johannes 16,21.*
32–38 Die Frau von Bescheffer ... sie wieder!] *Vgl. zu II 175,26f. In einer Vorrede von 1778 zu »Johannes Offenbarung« dachte H. an »Sie, die mir und den Meinigen Mutter war« (SWS IX, S. 100).*
39 so macht Gott Alles gut! u. neu!] *Vgl. Markus 7,37; Offenbarung des Johannes 21,5.*
41 Meiner gesunden Kranken] *Karoline.* – den Brief] *Nicht überliefert.*

44, 56 Ihre Reise] *Vgl. zu III 256,3.*
45, 59 Fürstin] *Vgl. zu III 256,23f. − der Inspektorstein] Die Sorge um einen Inspektor des Waisenhauses in Stadthagen, vgl. zu III 258,4f.*
47 Abwesenheit Ihrer Kinder] *Der Gräfinnen von Bentheim-Steinfurt, vgl. zu III 256, 3.*
48 die liebe Selige] *Gräfin Maria.*
49 Zettel von der andern Maria] *Nicht überliefert; von Marie Griesen (R, S. 372).*
51 Rhedaer Verse] *Vgl. III 256,15ff.; siehe R, S. 692.*
53ff. Von Weimar ... trocknen] *Von Goethe am 9. 8. 1776: »Das Gefrage um dein Kommens gleich ich aus, ... alles nach deiner Bequemlichkeit, indess hat auch die Ölfarbe in deinem Hause verrochen« (WA IV 3, S. 95). Am 5. 7. 1776 hatte Goethe mit einem Plan der Superintendentur über die Renovierung des Hauses nach dem Auszug von Johann Wilhelm Seidler geschrieben (ebd., S. 79f.).*

258. AN ELEONORE AUGUSTE AMALIE GRÄFIN VON BENTHEIM-STEINFURT, Bückeburg, 21. August 1776

4f. Introduktion des Inspektors] *Seyd, vgl. 38 (N, S. 806f.); zu III 257,15. Die Einführung erfolgte am 27. 8. 1776 durch H., vgl. III 259,57f.*
6 Superintendent] *Vgl. zu III 149,5.*
7 Ordinirer] *Amtseinführer.*
10f., 26f. Maßte sich ... Einführung an] *Vgl. 53ff.; III 262,19f.*
12f. Unteraufseher] *Vgl. III 224,4f.,8.*
15, 19, 21, 33, 37 der Fürstin] *Vgl. zu III 256,23f.*
16 vocirter Prediger] *Berufener Prediger.*
22ff. Bisher sind die Stellen ... als Superintendent] *Vgl. zu III 115(N),5f.*
25 introduciren] *Einführen.*
29 Aufsicht] *Vgl. II 11,39f.*
31f. des vorigen Superintendenten] *Vgl. zu III 115(N),5f.*
34 der Stadtpfarrer] *Grupen.*
43 Mutter u. Kind] *Karoline und August H., vgl. III 257,3f. Am 20. 8. 1776 hatte die Adressatin ihre, der Fürstin und der Mademoiselle Borel Glückwünsche übersandt (H: Kraków).*
44f. heute ... nach der Kirche] *Taufe, vgl. III 259,4,8f.,29–39.*
47 der seelige Engel] *Gräfin Maria. − letzte Strophe des Liedes] Vgl. zu III 247,107; 14. Strophe (R, S. 86).*
53 Fundation] *Stiftungsurkunde.*
54 erste Prediger in Stadthagen] *Grupen, vgl. 10f.,26f.*

259. AN JOHANN GEORG HAMANN, Bückeburg, 24. August 1776

3 Gevatter] *Vgl. 6f.,31,35; zu III 253(N),167f.*
4 am Tauftage] *Vgl. 8f.,30,124.*
4f., 49, 88 Ihr Brief] *B.*
11–15 Sonnabend ... zu Bette] *Vgl. III 257,8–12; 263,22–25.*
13 Barkhausen] *Vgl. III 141,15f.*
14 puerperium] *Kindbett.*
15 Juno Lucina] *Siehe R, S. 728, 730.*

17 Trimpel] »*Trumpel, Trümpel*«, *mitteldt. mundartlich* »*kleiner Mensch*«.
22, 25f. der erste Freß- u. Laufmagister] *Gottfried.*
24 Weinstock] *Vgl. Psalm 128,3.*
25f. Tutterpapper] *Kleinkindersprache.*
27 Abel ... Kain ... Jakob zu Esau] *Siehe R, S. 701, 704, 706, 708.*
32ff. Frau von Bescheffer] *Vgl. III 257,32–38.*
36 cum pleno titulo] *Mit vollem Titel, d. h.* »*Oberland-Commissar*«. *Claudius teilte am 3. 9. 1776 sein* »*Gevatterfrohlocken*« *mit (Nachlaß I, S. 415).*
40 Zurüstung unsres Hauses] *Vgl. zu Anhang d,11–15.*
41 sein Haus antrug] *Goethe schrieb am 5. 7. 1776 an H. über die Superintendentur:* »... *sollts aber gar nicht fertig werden können so habt ihr immer meine Wohnung und Plaz genug drinn, und ich möcht wohl ein Faunchen in meinem Schlafzimmer gebohren haben*« *(WA IV 3, S. 80).*
42f. Genies ... ein Tollkopf werden] *Vgl. zu III 248,5.*
45 die Zwei] *H.s Söhne Gottfried und August.*
47 Kelch des Lebens] *Vgl. Psalm 116,13; zu III 253(N),195.*
50 Reise ... Mitte Septembers] *Vgl. zu III 263,13.*
51f. heut ... um meine Erlaßung ... gebeten] *III 260.* – Erlaßung] *Entlassung.*
52f. gerade an dem Tage ... annahm.] *Vgl. I 82.*
54f. Geburtstag unsrer Ehe] *Vgl. I 83.*
57 Visitation] *Am 25. 8. 1776; vgl. zu III 170,5.*
58 Introduktion ... Waiseninspektors] *Am 27. 8. (Hamanns Geburtstag), vgl. zu III 258,4f.*
58f. Mitwoch] *28. 8. 1776.*
60 Ihrem Trübsal] *Hamanns* »*innerer Mensch*« *war* »*von Gram, Unruhe, Verdruß, Aerger und kümmerl[ichen] Sorgen ausgemergelt*« *durch Lindners Tod, die mühsame Katalogisierungsarbeit und materielle Sorgen (B).*
63 schweren Beischrift u. Beilage] *Vgl. 69f.,81,86,160f. Eine Geldsumme, damit Hamann nicht aus Not seine Bibliothek zusammen mit der seines an der Wassersucht verstorbenen ältesten Freundes Lindner verkaufen mußte (in B hatte Hamann ausführlich von Lindners Tod berichtet und von seinem Entschluß, in dem ihm als Vermächtnis aufgetragenen Versteigerungskatalog der Lindnerschen Bibliothek seine eigenen Bücher mit anzubieten). Hamann nahm die Summe* »*mit hertzlichem Dank*« *an als* »*ein angenehm Opfer der Freundschaft und Liebe*«, *verbat sich aber weitere Geldsendungen, da er seine Bibliothek behalten konnte (A; ZH III, S. 257). Vgl. Josef Nadler, Johann Georg Hamann. 1730–1788. Der Zeuge des Corpus mysticum, Salzburg 1949, S. 262–269.*
64–67 Als der Priester ... das Geld dar.] *Vgl. Jeremia 32,7–9; siehe R, S. 702.*
71f. nicht so verbrieft ... beim Propheten] *Vgl. Jeremia 32,10–14.*
73 Fodrung] *Norddt. Form von* »*Forderung*«.
74 Lappenstreich] »*Lappen*« *im Sinne von* »*Lumpen*«, *d.h. eine Sache von geringem Wert, Lumperei.*
75 Ihre Bibliothek] *Im* »*Versuch einer Geschichte und Beschreibung der Stadt Königsberg*« *(1787/89) des Königsberger Schriftstellers und Regionalhistorikers Ludwig v. Baczko (1756–1823) ist sie* »*als eine sehr ansehnliche Bibliothek, reich an Werken über Philologie und Kritik*« *charakterisiert. H. konnte sich mit Recht Hamanns Leben ohne diese Bücher nicht vorstellen.*
79f. mir hilft Gott ... überflüßig durch] *Vgl. zu III 254,11.*
82f. Den Ballast ... weg] *Eigentlich* »*Schiffslast*«, *hier für wertlose Bücher.* »*Bei der köstlichsten Ladung fehlt es niemals an Ballast*« *(B; ZH III, S. 239).*
84 Tutenkrämer] *Tütenkrämer (niedersächs.). Nach H.s Behauptung kauften in Bückeburg nur die Kleinhändler Bücher, um Tüten daraus zu drehen.*

87 die Sie ... nicht erkannten!] *»Ich kenne die Hand auf Ihrem Couvert nicht recht«* (B; ZH III, S. 236).
89 Erziehung Ihres Hans Michel] *Hamann ärgerte sich über seinen Sohn, der »Lust u. Sitten verlerne«, so sehr, daß er ihn schon »dem Pontifex Maximus zu Deßau« (vgl. zu 100) schicken wollte* (B; ZH III, S. 236).
90 Mit Sorgen u. mit Grämen p.] *Paul Gerhardt, »Befiehl du deine Wege«, 2. Strophe (»Dem Herren mußt du trauen ...).*
90–98 Hans Christoph] *H.s Neffe Neumann, nach dem Hamann in B fragte.*
94 Handwerk] *In eine Kaufmannslehre, vgl. IV 31,58.*
95ff. dem Buben] *Oberdt. »Knabe«; Hochdt. (und »Preußisch«) nur in negativer Bedeutung als »böser, ungezogener Bube, Bösewicht« gebraucht (Adelung).*
96 Dialekt meiner Frauen] *Elsässisch.*
98 Ihr erster Wink] *Vgl. zu III 163,40.*
99 Nazir] *Siehe R, S. 410.*
100 Pontifex Maximus zu Deßau] *Basedow, vgl. zu 89.*
102 Treibhaus] *Philanthropinum in Dessau.*
103 Schwager-Jäger] *Vgl. zu III 159,39.*
107 persönlich kenne] *Vgl. zu III 80,41.*
109f. harret, wie ... Erden] *Vgl. Jakobusbrief 5,7.*
111ff. Penzel] *Vgl. zu III 253(N),***176f.*** *Nach A fingen Penzels Rezensionen erst in Bd. 3 oder 4 an und hatten alle die Sigle 13. Hamanns Durchsicht der »Auserlesenen Bibliothek« ergab »nicht die geringste Spur« für H.s Vermutung (ZH III, S. 259).*
114 Wilkes] *John Wilkes als anonymer Pamphletist. – 2. letzten Theilen] Bd. 9/10.*
115f. Zahl des Tiers 666.] *Vgl. Offenbarung des Johannes 13,18; verschiedene Deutungen des apokalyptischen Tiers siehe R, S. 702. – H.s Sigle unter allen seinen Rezensionen in der Lemgoer »Auserlesenen Bibliothek«.*
116 der Journalkritik feind] *Vgl. III 19,29–35; 31(N),36f.*
117–121 Lavaters Physiognomik ... Offenbarung Johannes'] *Siehe R, S. 26f.*
118 Pfenningers Apellation] *Vgl. zu III 239,27.*
119 Kloackpapier] *Siehe R, S. 680.*
121f. Klaudius sehr gerühmt] *Vgl. zu III 253(N),***217.***
124–131 von Klaudius gute Nachricht ... nicht aber Trieb] *»Es hat bisher zwischen mir und dem Director [der Oberlandeskommission, Karl Valentin Eymes] Irrung geobwaltet ... Es scheint auch, daß, nachdem ich vor einigen Tagen dem Herrn Präsidenten [Friedrich Karl v. Moser], der ein trefflicher Mann ist, gerade herausgesprochen, alles bessern Gang gehen wolle. ... also tischt in Euren Briefen hierher [an Karolines Verwandte] auch nichts davon auf«* (Claudius an H., 10.8.1776; Nachlaß I, S. 413). *Vgl. zu III 253(N),***148.***
131 wie die Lilie auf dem Felde leben] *Vgl. Matthäus 6,28.*
132 sehn wir uns gewiß] *Vgl. zu III 253(N),***205.***
134 fuimus Troes!] *Vergil, »Aeneis« II, 325.*
134f. Verfolg meiner Urkunde] *Vgl. zu III 253(N),***127f.***
136f. Theil 5–7.] *Vgl. IV 18,23–26.*
140 in der ersten Zeit ... schlafen.] *Hamann vermutete, daß H.s »bevorstehende Verpflanzung einen zieml[ichen] Stillstand verursachen« würde* (B; ZH III, S. 243).
141ff. meinem ersten Beitrage ... Hutten] *Siehe R, S. 22. Von H.s im Geist des Sturm und Drang erfolgter Idealisierung Huttens und seines Kampfes gegen das Papsttum distanzierte sich der Journalherausgeber Wieland aus Rücksicht auf das katholische Süddeutschland in einem unmittelbar auf den Aufsatz folgenden »Zusatz« (Juliheft, S. 34–37; SWS IX, S. 496f.). In der 5. Slg. »Zerstreute Blätter« 1793 erschien eine die Polemik mil-*

dernde Umarbeitung, »Denkmal Ulrichs von Hutten« (SWS XVI, S. 273-297; vgl. »Vorrede«, S. 133f.).
143 »es ist deiner Sünde Schuld«] Vgl. Psalm 32,5.
144-153 Kleuker] Vgl. IV 15(N),*109-123*.
146ff. »Menschlicher Versuch ... nicht ausgelesen] Vgl. IV 15(N),*134f.*
150 den alten Adam in uns] *Sprichwörtlich für »den alten Menschen« mit seinen Sünden und Fehlern (vgl. 1. Korinther 15,45; Römer 6,6; Epheser 4,22; Kolosser 3,9).*
151 gehöfelt] *Gehobelt (niedersächs.).* – *Ihr Brief ... erfreuen] Kleuker hatte Hamann seine »Zend-Avesta«-Übersetzung geschickt und mit »viel Achtung« geschrieben, Hamann aber keine Zeit zu antworten (B).*
153 Polyhistorie] Vgl. zu II 136(N),*35-38.*
154 Lavater ... Briefe] *Zuletzt A zu III 239.* – Ihr Bild] Vgl. zu III 253(N),*195.*
155f. Ich soll ... verunziert.] Vgl. zu III 232,*53f.*
156 Ihren Schatten] *Nach A hatte Christian Jakob Kraus versprochen, Silhouetten von Hamann und seiner Familie zu machen (ZH III, S. 261).*
159 Skripturen] *Schriftstücke.*
160f. Hypothek] Vgl. zu 63.
161 Höle] *Metaphorisch für Hamanns Seelenzustand, vgl. zu 60.*
163-166 Eberhards Preisschrift] *»Allgemeine Theorie des Denkens und Empfindens«. Vgl. III 253(N),190. Hamann hatte »noch gar nicht erfahren können worüber Eberhard den Preis erhalten« (B; ZH III, S. 243).*
166 neue Aufgabe] *Von Hamann nicht erwähnt. Die Preisfrage für 1778 betraf die Vervollkommnung von Methoden zur Berechnung von Kometenbahnen; der Preis wurde zwischen dem Marquis de Condorcet (1743-1794) und dem preuß. Artilleriehauptmann v. Tempelhoff geteilt.*
167 Journal litteraire] *Siehe R, S. 678.*
169 die 2te ... in Golde schicken] Vgl. III 168,*8ff.*; N III 174,*5f.*
169f. die 3te ... soll mir auch werden] Vgl. IV 109,*5ff.*
171 Noch Einen Brief ... hier.] Vgl. zu III 253(N),*202. A erhielt H. in Weimar.*

260. AN GRAF FRIEDRICH ERNST WILHELM ZU SCHAUMBURG-LIPPE, Bückeburg, 24. August 1776

5-8 Des Herzogs von Sachsen-Weimar ... zu beruffen] Vgl. III 245; zu III 244,5. *Graf Wilhelm bedauerte »die Entfernung eines Mannes von des Herrn Superintendenten großen Talenten«, wünschte ihm aber »Zufriedenheit und Wohlergehen« in seiner »Beförderung zu höherem Ansehen und Glücks-Umständen« (A; vgl. N, S. 807).*
10 bis in zukünftigen Monath] Vgl. III 270,*15ff.*
14ff. daß Alles ... getilget werden möge.] Vgl. III 253(N),*104ff.*
17f. wo ... uns ein Engel begegnete] Vgl. zu III 247,83. *Durch diese Erwähnung seiner Gemahlin wurde Graf Wilhelm »lebhaft gerührt« und äußerte seine Dankbarkeit gegenüber der »unendlichen Allmacht und Güte« (A).*

261. AN FRIEDRICH VON HAHN, Bückeburg, 28. August 1776

4 schnelle ... Güte.] Vgl. zu III 254,11. – einem Sohn] Vgl. zu III 257,*3f.*
5 Ihrer Gemalin ein Gleiches] Vgl. zu III 254,27. – Reisen] *Nach Weimar.*

7 »Es muß ... Bedeutung zusammenfallen«] *Problem der Semiotik; Zitat aus B (vgl. N, S. 807), worin Hahn H.s »Abhandlung über den Ursprung der Sprache« gelobt hatte. Im ersten Abschnitt des 1. Teils setzt H. sich mit Condillacs Auffassung vom sprachlichen Zeichen auseinander (SWS V, S. 18ff.).*
9 in Pyrmont] *Im Juli 1774, vgl. III 93.*
11 Leibniz] *Leibniz zählte wie Platon und Shaftesbury zu den Lieblingsautoren des polyhistorisch belesenen Hahn (vgl. Friedrich Leopold Graf zu Stolberg-Stolberg an seinen Bruder Christian, 27. 5. 1779; D$_2$, S. 403). Im Briefkontext ist an Leibniz' »Dissertatio de Arte combinatoria« (Leipzig 1666) über die »characteristica universalis« zu denken (vgl. »Ueber die neuere Deutsche Litteratur«, SWS I, S. 233; II, S. 96; »Adrastea«, SWS XXIII, S. 479).*
14 Pathengeschenk] *Vgl. III 259,***29.**
14f. ältesten Buben] *Gottfried.*
17 bald etwas in Palingenesie] *Erst 1778: die umgearbeitete Preisschrift »Vom Erkennen und Empfinden«, vgl. III 120; III 253(N),***190f.***; IV 52,***4f.**

262. AN ELEONORE AUGUSTE AMALIE GRÄFIN VON BENTHEIM-STEINFURT, Bückeburg, 29. August 1776

3 wiederholte Bemühung] *Vielleicht war der Introduktionstermin verschoben worden, vgl. III 259,***57f.** *(ursprünglich 27. 8. 1776).*
4f. Wöchnerin u. ... Siegmunds] *Augusts, vgl. III 259,***4,9f.**
5 Peezen] *Siehe R, S. 795.*
6 Visitation] *Vgl. III 259,***56f.***; zu III 170,5. – Fürstin] Vgl. zu III 256,***23f.** *– Vorspann] Vgl. zu III 252,3 (am Schluß).*
10 Vater des Waisenhauses] *Vgl. zu III 258,***4f.**
12, 15 Hagenburg] *Siehe R, S. 769.*
14 Mütterlein] *Karoline.*
16 kleinen Kourier] *Vgl.* **11.**
19f. Von meinem Briefe ... doch nichts.] *Vgl. III 258,***10–16,26f.**
21 Reise] *Vgl. zu III 256,3.*

263. AN JOHANN WILHELM LUDWIG GLEIM, *Bückeburg, Ende August 1776*

4 ohn daß Sie an Herzoge schreiben dörfen] *Gleim hatte H. gemahnt, über Halberstadt nach Weimar zu fahren; »auf ein paar Tage früher oder später wirds ja nicht ankommen. Allenfalls schreib' ich an den Herzog« (B). – dörfen] Dürfen (= brauchen, nötig haben).*
5 Miethkutscher] *Vgl. zu III 250(N),***11.**
6 mein Wagen] *Vgl. zu III 252,3 (am Schluß). – Extrapost] Vgl. zu III 250(N),***15.**
7 Einen bis Halberstadt zu bekommen] *Vgl. N III 264,***6f.**
9f., 27f. Miethkutschen ... bis Weimar] *Vgl. III 268,***7f.**
11f., 19, 30 Schwester Gleim] *Gleims Nichte Sophie Dorothea.*
13 Mitte September] *Abreise von Bückeburg nach Hannover am 20.9.1776 (vgl. III 269(N),***5f.***).*
16 mit einem 2. Buben] *Vgl. III 259,***4,9f.** *– Weinstock] Vgl. Psalm 128,3.*
17 Edition] *»Ausgabe«, scherzhaft gebraucht, vgl. VIII 198,***4.**
18 der Erste] *Gottfried, vgl. III 259,***22.**
20 Tutterpapper] *Vgl. III 259,***25f.***; Kleinkindersprache.*

22f. Benzler ... Kleuker u. Barkhausen] *Vgl. III 259,11ff.; zu II 96,60.*
24f. Als ich in Benzlers Haus trat] *Am Tag von H.s Abreise aus Lemgo (vgl. zu III 255,5) wurde Benzler eine Tochter geboren (Benzler an H., 6. 8. 1776; H: Kraków).*
25 Lucina] *Siehe R, S. 730.*
26 Gott öfne sein Ohr!] *Vgl. Hiob 33,16.*
30 den Tod mit der Sense] *Vgl. zu III 234,11–14.*
31 was noch Ärgers] *Nicht zu ermitteln.*

264 (N). AN HEINRICH CHRISTIAN BOIE, *Bückeburg,* 8. September 1776

6 Miethkutscher] *Vgl. III 250(N),11ff. – bis Halberstadt] Vgl. 18f.; III 263,7; 269(N),11.*
8 für meine Familie] *Vgl. III 250(N),10,14f.*
10f. Den Preis ... das Wohlfeilste] *Vgl. III 250(N),29; 269(N),8ff.*
13 den 16.17.18. September] *Vgl. zu III 263,13.*
15 Nordhäuser Fuhrmann] *Siehe R, S. 791.*
20f. Durch Hannover ... ungern] *Vgl. III 269(N),13f. Es war H. peinlich, seinen Gönnern Bremer, Brandes u. a. zu begegnen, nachdem er den Ruf nach Weimar angenommen hatte.*
23 guten Wagen] *Vgl. III 269(N),6f.,28.*
27 Ort des Durchganges] *Es wurde doch Hannover, wo Boie seit März 1776 als 2. Stabssekretär des Hannoverschen Heeres angestellt war (Weinhold, S. 76f.).*
28 Kramen] *Umräumen.*
31 Viehseuchsperre] *Vgl. III 269(N),22ff.,32f. Auf »die jetzige Plage der Viehseuche, unter der diese arme Stadt, so viel arme elende Leute ... leiden« ging H. in seiner Abschiedspredigt am 15. 9. 1776 ein (SWS XXXI, S. 430). Noch am 19. 3. 1777 klagte Gräfin Eleonore von Bentheim-Steinfurt über das Viehsterben (an Karoline H.; H: Kraków). – einen Paß] Vgl. III 269(N),31.*

265 (N). AN DIE GEISTLICHKEIT DER GRAFSCHAFT SCHAUMBURG-LIPPE, *Bückeburg,*
9. September 1776

5 seit geraumer Zeit ... letzten Zusammenkunft] *Durch das Gerücht seit Februar (vgl. zu III 247,118f.), dann seit H.s Visitationen und Introduktionen im August 1776.*
7–12 »von Seiner Durchlaucht ... entlaßen sei.«] *Vgl. zu III 244,5; 260,5–8.*
10 Roßla] *Siehe R, S. 812.*
15 Bitte um Ihre fernere Güte, Gebet] *Siehe N III Anm. 265: die herzlichen Abschiedsworte der schaumburgischen Prediger auf dem Zirkularbrief. Vgl. IV 3,50f.*
16f. Mein Amt ... nichtiger Schatte] *H. war nur ein Jahr und fünf Monate Superintendent in Schaumburg-Lippe, vgl. III 153(N).*
18 meines Nachfolgers] *Vgl. III 267,49–56.*
21 das Reich Jesu Christi blühe] *Fortschritte des Christentums im Glauben.*

266. AN HEINRICH SPRING, *Bückeburg,* 9. September 1776

4 Stumpfrechnung] *Schlußrechnung, abgebrochene Jahresrechnung (Grimm),* **21–51.**
4f., 37f. Dollischen Legat] *Vgl. III 237,65f.,75ff; zu III 154(N),18.*
5–9 Ende der Last ... sehr leicht ergibt.] *Vgl. zu III 59,5f.*

9f. Entlaßungsantwort meiner Dienste] *Vgl. zu III 260,5–8.*
11 Abschiedspredigt] *Siehe R, S. 41.*
18f. Daß Gier ... angeführet.] *Vgl.* **29f.**; *zu II 117,***12***.*
23 von Ostern 1776. bis gegen Michaelis] *Die Rechnung schließt sich an die vom 4. 5. 1776 an (vgl. III 237).*
29 Michael u. Martin] *29. 9. und 11. 11.*
31 Ausbeßerung einer Hecke, die Hälfte] *Vgl. III 237,***23,42***.*
34 Introduktion eines Pastors] *Wedekind in Lindhorst, vgl. zu III 240,16.*
37ff. Quitung] *Vgl. III Anm. 266.* – **Fundation]** *Vgl. zu III 258,***53***.*
39 vor Ostern 1775. Superintend gewesen] *Ernennung am 8. 4. 1775 (vgl. zu III 149,5). Ostern war 1775 der 16. 4.*
41 Examen in Stadthagen] *Am 27. 6. 1776 (vgl. zu III 241,5).* – **Vorspann]** *Vgl. zu III 262,6.*
42 Introduktion des Inspektors] *Vgl. zu III 258,***4f.***; 262,***3***.*
49f. das Quartal] *Vgl. III 143,***34f.***

267. AN GRAF FRIEDRICH ERNST WILHELM ZU SCHAUMBURG-LIPPE, Bückeburg, 10. September 1776

Beilage

I. Der Schule zu Stadthagen, die seit Bergmanns Abwesenheit sehr verlohren, wäre meines Erachtens einzig zu helfen, daß die beiden ersten Lehrer der Schule, Rektor u. Konrektor, die der Schularbeit müde sind u. nach Predigerstellen seufzen, hinwegbefördert, beide Stellen sodenn zusammengezogen und nur Ein tüchtiger Lehrer gesetzt würde. Jetzt sind 2. obre Klaßen so dünne, daß Ein Lehrer dem andern im Wege stehet; fürs erhöhete Gehalt wäre ein tüchtiger Lehrer zu erhalten u. auch des Subkonrektors Fleiß, der jetzt der beste an der Schule ist und sich viel Mühe gibt, durch einen etwannigen kleinen Zusatz aus obiger Quelle sehr aufzumuntern. So lange die beiden ersten Männer dasind, ist bei beider gutem Willen und bei sonstigem Geschick des Rektors, dem alle Lehrgabe fehlt, nichts zu verbeßern.

II. Der Schule zu Bückeburg würde durch eine gnädige Entlaßung des alten Cantoris mit gehabter Pension, wobei er etwa noch den Kirchengesang thun könnte, wenn er wollte, sehr geholfen. Wenn denn ein junger Mensch oder ein geschickter junger Schulmeister vom Lande, mit gnädiger Beihülfe aus der Schulkaße und Hoffnung an seine Stelle träte und diese, die zahlreichste Klaße in Ordnung brächte: so kämen nicht blos in die andern Klassen beßere Schüler, sondern überhaupt (denn die wenigsten rücken weiter) bekäme Bückeburg für den gemeinen Mann eine Schule, die es jetzt für die so nicht Latein lernen, nicht hat u. Jahre lang nicht gehabt hat. Das fähigste Subjekt der Schulkandidaten aus dem Lande ist Kauke von Hagenburg, ein Mensch von Lernsamkeit, Fähigkeit und Sitten, die übrigen sind dem Consistorio angezeiget.

III. Von Predigern zeichnen sich, so weit ich sie kenne, nach meinem besten Bewußtseyn aus:
Peithmann in Steinhude, durch Vorsichtigkeit, Frömmigkeit, unermüdeten Fleiß, exemplarisch Leben, Uneigennützigkeit (er hat sein Eignes bei seiner armen Stelle, wo er nichts fodert u. man ihn schlecht bezahlt, zugesetzt), Unverdrossenheit für Junge und Alte. Ich schreibe es blos als Zeuge, weil ich gerade befürchte, ihm damit keinen Gefallen zu erweisen, wenn ers wüste, aber als treuer Zeuge, daß Ihre Erl*aucht* die seel*ige* Gräfin ihn oft zum Superintend des Landes gewünscht; wenigstens verdient er Verbeßerung seiner Stelle, die, wie ich höre, die Gnade seines Landesherrn ihm auch zugedacht hat.

Nur müßte sie bald zutreffen können, denn er ist alt. Wedekind in Lindhorst nähme vielleicht noch mit einer andern Stelle vorlieb, die ihm (in dieser ist er gebohren u. erzogen, er ist für sie zu todt u. blöde) noch mehrere Erfahrung gebe, welchen Wunsch er selbst geäußert: die Stelle in Lindhorst wäre sodenn eine der besten des Landes.

Wolbrecht in Bergkirchen hat die meiste Naturgaben, einen offnen Kopf, guten Blick u. Ausrichtsamkeit in Geschäften, auch gute Kännntiß des Landes und einen Patriotismus für Vaterland u. Landesherrn, der bis zum Dichterischen gehet. Gute Studien u. guten Vortrag, wenn er will.

Grupen in Stadthagen schreibt einen guten lateinischen Styl, hat Känntniße von Büchern u. Gelehrten, einen zierlichen Vortrag, und scheint überhaupt nach Eleganz zu streben.

Bergmann in Meinsen, hat Känntniße, Frömmigkeit, ist aber sehr schwächlich u. matt.

Merkel in Hagenburg, ein guter Oekonom, der Pfarr- und Kirchenrechnung sehr gebeßert – aber auch nichts weiter.

Die im Stadthäger Amt kenne ich noch nicht gnug: einige haben viel Lob.

Berger in Steinbergen hat Studien, einen guten Vortrag und gute Gemüthsart, bisher sehr mit der Hypochondrie behaftet.

Denen, die ich auslaße, möchte ich mit diesem Gemälde Einjähriger Erfahrung nicht gerne etwas zum Nachtheile gesagt haben.

IV. Die von Ihr*er* Erlaucht der seel*igen* Gräfin bis zum Monat August inclus*ive* durch mich und meine Frau (die letzte Reihe durch Fr*au* von Beschefer) beschenkte Arme lege ich im Verzeichniße unterthänigst bei. Ich habe dies der letzten edeln Stiftung gemäß für Pflicht gehalten, weils manchem dieser Armen schwer fiele, das folgende Jahr zu erwarten.

V. Beim Pflegehause wärs vielleicht gut, wenn die Glieder desselben nicht zu Privatdiensten eines Aufsehers gebraucht werden dörften: wenigstens beugte man damit üblen Gerüchten des Pöbels vor.

VI. Dem Consistorio wären 2. oder 3. geistliche Mitglieder sehr nützlich u. nöthig. Sie hielten einander das Gegengewicht, der Superintendent wäre gebunden u. wenn er irrte, wiesen sie ihn zurecht. Jetzt ist er in eigentlichen Kirchensachen, Examinibus u. d*ergleichen* allein (wo die welt*lichen* Räthe nichts thun können), kann thun, was er will, oder darf nichts thun. Sollts überhaupt nicht wahrer u. beßer seyn, wenn der Unterschied zwischen weltlichen u. geistlichen Räthen wegfiele? Im Consistorio ist alles weltlicher Rath und jeder weltliche Rath soll über geistliche Sachen richten können. Geist- u. Weltliche dienen Einem Gott, Einem Landesherrn, in Einem Collegio, wo es auf den Unterschied der Kleider u. Frisur nicht ankommt. Und will eine Classe vor der andern gar Vorzüge, daß z. E. der jüngste welt*liche* Rath, weil er welt*lich* ist, über dem ältern geist*lichen* stehe, (wie *verbi causa* im Kalender des laufenden Jahres) so wirds, wie die Ritter- u. Gelehrtenbank in Reichsgerichten, das dem Zweck der Consistorien, die ursprüng*lich* geistlich seyn sollen, doch ganz zuwider läuft. Ueberhaupt hat nur Aberglaube und Unwißenheit oder Pfaffenstolz die Scheidewand zwischen Geist- u. Weltlichen gezogen, die beide Einem Landesherrn dienen, u. es wäre schön, wenn unter einem aufgeklärten Landesherrn die Leimwand wegfiele. Dem Geistlichen ists niederschlagend, wenn ein Weltlicher, blos weil er weltlich ist, sich über ihn brüstet – –

8. Schulmünzen u. 2. Sulzers habe ich an H. Hofr*at* Wippermann zurückgeliefert.

»Haec sine ira et studio, quorum caussas procul habeo.« Tacit*us*.
Herder.

ÜBERLIEFERUNG. H: Bückeburg, Niedersächs. StA (ehemals im Pfarrarchiv). – D(Auszug): Heidkämper, S. 39; danach Bd. III, Br. 267, Beilage. Ein anderer Auszug des Berichts (die Empfehlung Peithmanns): O. Müller III, S. 10. – A: nicht überliefert.

ZUM TEXT: **33** gutem Willem H Schreibversehen.

5 Schmidt] *Albrecht Karl Schmidt.*
6–9 Drucke des Gebets] *H. sandte das Mskr.* »Gebet, am Grabmaale Ihro Erlauchten« *vom 7. 9. 1776 (R, S. 41).*
10–14 Ein kleines Resultat] = *Beilage (Einschätzungen und Verbesserungsvorschläge).*
10f. Departement meiner Geschäfte] *Als Aufseher der Schulen (vgl. II 11,39f.; zu I 106,3) und als Superintendent der Grafschaft Schaumburg-Lippe (vgl. zu III 149,5).*
15f. meiner Reise] *Vgl. zu III 263,13.*
17 unterthänigste Aufwartung] *Graf Wilhelm kam am 18. 9. 1776 von Hagenburg zur Abschiedsaudienz nach Bückeburg (vgl. III 270,15f.).*
25 Bergmanns Abwesenheit] *Vgl. 68f.; zu III 224,7.*
26f. Rektor] *Helper, vgl. III 135,13f.* – Konrektor] *Nicht ermittelt.*
31 des Subkonrektors] *Geier, vgl. III 224,9.*
35f. des alten Cantoris] *Wege, vgl. III 224,14.*
39 die zahlreichste Klaße] *Die Unterstufe.*
42 für die so nicht Latein lernen] *Vgl. zu III 127,80.*
43 Kauke] *Nicht ermittelt.*
47 Peithmann] *Peithmann wurde H.s Amtsnachfolger und tauschte 1778 seine Stelle mit Grupen.*
54 Wedekind] *Vgl. III 141,19ff.*
56 blöde] *Schwach, zaghaft.*
60 bis zum Dichterischen] *Sein Abschiedsgruß ist Horaz nachgeahmt (N III Anm. 265).*
62 Grupen] *Er war Bibliograph.*
67 Merkel] *Merckel.*
70 Steinbergen] *Dorf südöstlich von Bückeburg.*
72 Einjähriger Erfahrung] *Vgl. zu III 265(N),16f.*
75 beschenkte Arme] *Gräfin Maria, H. und Frau v. Bescheffer übten Armenpflege als tätiges Christentum.*
79 Beim Pflegehause] *Armenhaus in Bückeburg.*
82 Dem Consistorio ... geistliche Mitglieder] *Vgl. III 208b,19–27.*
92 verbi causa] *Zum Beispiel.*
93 Ritter- u. Gelehrtenbank in Reichsgerichten] *Ständischer Anachronismus.*
96f. wenn ... die Leimwand wegfiele] *Lehmwand, metaphorisch für Standesgrenzen.*
99 Schulmünzen] *Preismedaillen, vgl. zu III 126,9.* – Sulzers] *Exemplare seines Lehrbuches, vgl. III 127,16f.*
100 »Haec ... procul habeo.«] *Tacitus,* »Annales« *I,1.*

268. AN JOHANN WILHELM LUDWIG GLEIM, Bückeburg, 11. September 1776

4 Ihren Brief] *Nicht überliefert.*
6 künftige Woche] *Vgl. zu III 263,13.*
7f. Einen Miethkutscher dort] *Vgl. III 263,9–13,27f.*
9 Abschiedspredigt] *Vgl. III 266,11 (R, S. 41).*

269 (N). AN HEINRICH CHRISTIAN BOIE, *Bückeburg*, 14. September 1776

5, 28 der Wage] *Niedersächs. Form.* – Donnerstag Abend hier] *Vgl. 30.*
5f. wir führen Freitag früh] *20. 9. 1776, vgl. zu III 263,13.*
8ff. genau den Preis] *Vgl. III 264(N),7ff.*
11f. da haben wir einen andern] *Vgl. III 268,7f.*
13f. der nur Hannover vermeidet] *Vgl. III 264(N),20f.*
15 was auf die Hand gaben] *Handgeld für den Fuhrmann.*
17 Ihre Bücher] *Von Boie geliehene englische Werke.* – Die Abhandlung] *»Philosophei und Schwärmerei« (für das »Deutsche Museum«, aber im »Teutschen Merkur« erschienen; R, S. 22), vgl. IV 9(N),149ff.*
18 meine Unmündigen] *H.s Kinder.*
21 verte] *Wende um!*
23 Philosoph-Regent-Helden unsres Landes] *Graf Wilhelm zu Schaumburg-Lippe, vgl. 32f.*
24 die offnen Straßen nicht anstecke] *Vgl. zu III 264(N),31.*
26f. alles schreiben ... gebeten habe.] *Vgl. 7–13.*
31 Paß] *Vgl. III 264(N),31f.*
35 Inlage ... an Zimmermann] *Nicht nachweisbar.*

270. AN JOHANN FRIEDRICH KLEUKER, *Bückeburg*, 14. September *1776*

3 letzten Brief aus dieser Gegend] *Frühere sind nicht überliefert.*
7f. der erste Theil vom Anquetil] *»Zend-Avesta« (insgesamt 3 Bde). »Wo sind die Zeiten, da Sie aus meinem Exemplar den Zend-Avesta mit jugendlichem Eifer übersetzten; wo sind sie?« (»Persepolitanische Briefe«, Mskr. 1798, 9. An Herrn D. Kleuker; SWS XXIV, S. 516). Obwohl H. das Werk Kleuker schenkte, ist es – vielleicht ein später erworbenes Exemplar – im Auktionskatalog seiner Bibliothek verzeichnet (BH 2630–32).*
8 Mythologia christiana] *Daraus übersetzte H. 1780 fünf Parabeln im 23./24. der »Briefe, das Studium der Theologie betreffend« (SWS X, S. 260ff., 266ff.), vgl. IV 148,34, Karl Gottlob Sonntag die 1786 mit H.s Vorrede (R, S. 21) erscheinenden »Apologen« (SWS XV, S. 597), vgl. V 150,5f.*
9f. An Benzler ... zu senden.] *Widerlegt durch den Außenvermerk III Anm. 270. H. schrieb an Benzler selbst (N III 270a).* – Minnesinger] *Bodmer, »Sammlung von Minnesingern«. Am 23. 8. 1776 hatte Benzler H. um die Mitteilung seiner »ältesten Minnelieder« (»Lieder der Liebe«, R, S. 11; drei ältere Niederschriften von 1776, HN VI,1, 3, 6; SWS VIII, S. XIV, 589–658) vor dem Druck gebeten (H: Kraków).* – Englischen Lieder] *Siehe R, S. 666.* – Museum] *»Deutsches Museum«.*
11 darf] *Brauche.*
12 Rittererzälung] *Siehe R, S. 692.* – Mitwoch] *18. 9. 1776.* – Platos Gespräche] *Ausgabe nicht zu ermitteln, vgl. zu II 128(N),51.*
14 wenn ... ich reise.] *Vgl. zu III 263,13.* – melde ichs] *Nicht nachweisbar.*
15 Abschied von der Gemeine] *Vgl. III 266,11 (R, S. 41).*
16 Abschiedsaudienz] *Vgl. zu III 267,17.*
18 14. Sept.] *Kreuzeserhöhung, exaltatio crucis (kathol. Fest seit 335 zur Erinnerung an die Weihe der Kreuzes- und Grabeskirche zu Jerusalem).*
19 Manuscripte] *Nicht ermittelt (vgl. R, S. 311).*

270a (N). An Johann Lorenz Benzler, *Bückeburg, Mitte September 1776*

3 Traum und Schatten] *Vgl. Pindar, 8. Pythische Ode, Vers 99:* »Von einem Schatten der Traum ist der Mensch« *(σκιας οναρ ανθρωπος; Übersetzung von Franz Dorneiff, 1921). Vgl.* »Adrastea« *(SWS XXIII, S. 232). – Bekanntschaft mit H. erst 1776, sporadischer Briefwechsel bis 1799 (vgl. N III Anm. 270a).*

271. An Charlotte Friederike Amalie Fürstin zu Schaumburg-Lippe, *Bückeburg, 19. September 1776*

6 Dank für alle ... Gnade.] *Vgl. zu III 252,3,4,18.*
7ff. Introduktionsrede] *Vgl. III 226,5–12; zu III 217,3.*
10 Komteßen] *Vgl. zu III 256,3.*

271a (= II 182). An Heinrich Christian Boie, *Hannover, etwa 23. September 1776 (bisher datiert: Bückeburg, vor dem 19. April 1773; Umdatierung, vgl. N, S. 801)*

3ff. Zettel] *Boie wollte anscheinend H. seine Schulden erlassen oder eine Gasthausrechnung bei der Durchreise in Hannover übernehmen, was H. ablehnte.*
6f. in Liefland ... gegeßen] *In Riga bei Frau Busch, vgl. I 102,88–93.*
7 »Mord u. Todtschlag« bekannt] *Unterscheidende Rechtsformel der schlimmsten Verbrechen; hier scherzhaft: man hat keine Geheimnisse voreinander.*
13 Obligation] *Schuldschein; H. hatte von Boie Geld geliehen. Vgl. III 250(N),40–43.*

Brief-Anhang

a) An Johann Friedrich Hartknoch, *Bückeburg, 28. Mai 1774*

4 ein Käuzlein in den verstörten Stätten] *Vgl. Psalm 102,7.*
7 Ihren Brief] *Nicht überliefert.*
8, 10ff. ärgerniß über Ife] *Vgl. III 80,9f.,15ff.,32–38.*
9 Philosophie u. ProvinzialBlätter] *Vgl. III 80,8f.*
13 Ihrem Portrait] *Vgl. zu III 32,9f.*
14 Ihren Schatten] *Silhouette, vgl. III 78,30.*
15–18 »Hartknoch hat ... thun könne!«] *Zitat aus B zu III 79 (Nachlaß II, S. 97f.).*
20 glücklich in Riga anlangen] *Hartknoch ist »glücklich nach Hause gekommen den 1. Juni« (A zu III 80). – diese Briefe finden] Den vorliegenden und III 80.*
21 was ... herrliches gearbeitet] *Vgl. III 80,49–52.*
22 gesunden braven Bub] *Vgl. III 100,3–10.*
25 Hanschen] *Hartknochs Sohn, vgl. III 78,38f.,51f.*
26 Hamann u. seinem Kleinen] *Vgl. zu III 75,63f.; 80,56.*

b) An Johann Friedrich Hartknoch, *Bückeburg, 10. Mai 1775*

4 Mein Mann hat ... etwas vergeßen] *In III 158.*
6f. daß Sie unsern kleinen Vetter mitgebracht haben] *Vgl. III 158,8–11; 159,42–45; 160,3f.*

7f. daß wir Sie nicht gesehn haben] *Hartknoch kam Anfang Juni 1775 mit H.s Neffen nach Bückeburg, vgl. III 163,3f.*
8 künftiges Jahr] *1776 konnte Hartknoch seiner schweren Krankheit wegen nicht zur Messe reisen, vgl. III 235,4–7.*
10f. Exemplare von den Erläuterungen] *»Erläuterungen zum Neuen Testament«, vgl. III 160,23.*
12–15 unsern Vetter Körbern mitgeben … abholen] *Vgl. III 160,10,12f.*
19f. schreiben kein Wort] *Hartknochs Brief aus Leipzig kreuzte sich mit diesem Brief (vgl. III Anm. Anhang b).*
24 Der Pack mit Teppich, Schuh u. Bücher] *Vgl. III 158,14,17f.; 160,27; zu III 90,24,65; 104,16.*
25 Georg Berens] *Vgl. III 158,20.*

c) An Eleonore Auguste Amalie Gräfin von Bentheim-Steinfurt, Bückeburg, 29. Juni 1776

4 schon wieder mit schreiben] *Vgl. zu III 241,5 (am Schluß).*
5 Ihr Briefchen] *Nicht überliefert.*
6 der Donnerstag] *27. 6. 1776 (vgl. zu 4).*
8 der lieben Fürstin] *Vgl. zu III 252,4.*
9 um die Entlassung … angehalten] *III 260.*
10f. Fräulein] *Bescheffer.*
11 unterthänigst aufwarten] *Abschiedsbesuch, vgl. zu III 252,3.*
13 Grabschrift] *Von Gräfin Maria aus Matthäus 25 gewählt, vgl. aber zu III 253(N), 110ff.*
14 Briefe von Weyhes] *Weihe, vgl. Anhang d,5f.*

d) An Eleonore Auguste Amalie Gräfin von Bentheim-Steinfurt, Bückeburg, 10. Juli 1776

6 Briefe von Weyhen] *Vgl. zu Anhang c,14.*
7 Leibes Bürde] *Karolines Schwangerschaft.*
9f. empfangen …] *Hier Dank für die Freundschaft der Adressatin weggelassen. –* noch nicht um seine Entlassung gebeten] *Vgl. Anhang c,9f.; III 260.*
11–15 Nachricht … reparirt werden] *Goethe an H., 5. 7. 1776 (WA IV 3, S. 79ff. mit dem Plan der Superintendentur). Vgl. III 259,40f.; zu III 230,34f.; 244,11f.*
15 dörfen … nicht eilen] *Brauchen nicht zu eilen. Goethe schrieb (WA IV 3, S. 80): »Kommt also sobald ihr könnt und wollt.«*
16f. zweiten westphälischen Jungen] *August, vgl. III 259,4–10.*
18 einige Tage nach Pyrmont] *Vgl. zu III 249,6.*
19ff. ein Tag … nicht zur Abschiedsvisite] *Vgl. zu III 252,3.*
22f. Abendsegen] *Beilage: Gedicht von 1767 (R, S. 30). Im »Buch der Gräfin Maria« (R, S. 505) an zwanzigster Stelle eingetragen. Ahnungsvolle Parallelen von Schlaf und Tod, Leben und Traum.*